Jochen Klepper mit seiner Frau
und der Tochter Renate

UNTER DEM

SCHATTEN DEINER FLÜGEL

AUS DEN TAGEBÜCHERN

DER JAHRE 1932–1942

VON

JOCHEN KLEPPER

MCMLVI

DEUTSCHE VERLAGS-ANSTALT

STUTTGART

HERAUSGEGEBEN VON HILDEGARD KLEPPER

Auswahl, Anmerkungen und Nachwort von Benno Mascher

97. Tausend aller deutschen Ausgaben 1976
© 1956 Deutsche Verlags-Anstalt GmbH., Stuttgart
Satz und Druck: C. H. Beck'sche Buchdruckerei, Nördlingen
Bindearbeit: Hans Klotz KG, Augsburg
Printed in Germany · ISBN 3-421-01755-7

INHALT

SEI MIR GNÄDIG, GOTT, SEI MIR GNÄDIG
DENN AUF DICH TRAUET MEINE SEELE,
UND UNTER DEM SCHATTEN DEINER FLÜGEL
HABE ICH ZUFLUCHT, BIS DASS DAS UNGLÜCK
VORÜBER GEHE

Psalm 57, 2

Das Tagebuch Jochen Kleppers dokumentiert eine immense existentielle Leistung. Mit seinem Erscheinen erst erlangt Jochen Klepper den ihm gebührenden Ort und Rang in der geistigen Realität dieser Zeit. Es ist wohl möglich, daß auch solche, die ihm nahe zu sein glaubten, betroffen sein werden von dem Reichtum der Probleme, Sichten und Erfindungen, die dieses kurze Leben beschwert und begnadet haben, von der Intensität des Dramas, das sich hier abgespielt hat. Und doch wird nur das Tagebuch des letzten kampferfüllten Lebensabschnittes vorgelegt, der Bericht von der Heraufkunft und dem Ablauf einer Katastrophe – und zwar eines Menschen wie eines Volkes –, die Klepper, erliegend, in einen Sieg verwandelt hat der Liebe, der Treue, des Glaubens. Alles Bedeutende, das wir von ihm besitzen, ist mit seinem herben Geschick verkettet – so wie er mit dem deutschen und dem jüdischen Volke, dem Volke also, das seine Sendung, das Reich, mißdeutete und mißbrauchte und dadurch ihr Opfer wurde, und den von Anfang Auserwählten, die glaubend oder nicht glaubend Gottes Zeichen, seines Fluches wie seiner Gnade, sein werden bis zum Ende. Die Geheimnisse dieser zwei Sendungen kreuzen sich auf tödliche Weise in Kleppers Leben.

Das Tagebuch setzt nach der Eheschließung und der Trennung vom Beuthener Elternhause ein. Diesen schwerwiegenden Abschieden folgt bald seine Lösung von der Sozialdemokratischen Partei, der er vermutlich aus sozialem und protestierend-christlichem Gewissen beigetreten war. Er gründet für seine kleine Familie, seine Frau und die zwei Töchter aus deren erster Ehe, Mädchen rein jüdischen Blutes, ein Heim, muß es unter der Verfolgung aufgeben, gründet ein zweites und drittes: das Symbol des unerreichbaren, des Ewigen Hauses erscheint immer großartiger über dem Leben dieses Mannes, der, wie wenige, dazu angelegt war, in bürgerlicher Ordnung zu leben, nicht um dieser willen, sondern um ihren religiös-symbolischen Gehalt, den Blick aus dem Hause auf die ewigen Dinge, zu vollziehen.

Die Lösung vom Vaterhaus aber und seiner Tradition ist nur der Anfang einer Rückkehr: die Vatergestalt in übermächtiger Größe beherrscht Kleppers Leben; sie hat etwas Schreckliches und Gnadenhaftes; der Vater hält den toten Sohn auf den Knien, der sich im Gehorsam geopfert, den der Vater aus Liebe geopfert hat. Der Vater ist Herr des Ewigen Hauses. Vater und Haus sind die bestimmenden Zeichen, Inhalte.

Aber man müßte wohl die Geistes- und Herzensgeschichte kennen, die vor dem hier gebotenen Tagebuch spielte, um den Dichter ganz zu verstehen; von Entscheidungen und Arbeiten aus jener frühen Zeit macht er sich schwer, von manchen, wie dem Plan eines Voltaire-Romans, wohl gar nicht los. Aber was seine Existenz angeht und sein Streben, so erfährt er Anfang der dreißiger Jahre eine radikale Verpflanzung. Aus Funk und Presse, einer gewissen Neigung zu einer mondänen Existenz – das Milieu der Mode etwa, der Erfindung und des Gewerbes, beschäftigte ihn lange – aus all dem, was Torheit ist vor Gott, herausgerissen, steht er plötzlich vor dem Todes-Ernst seines Vater-Buches, in dem tief Persönliches, Unsagbares als Erlebnis wie enttäuschte Sehnsucht das Übermächtig-Geschichtliche aufnimmt und durchblutet. Friedrich Wilhelms Befehl hat ihn getroffen; er übermächtigt ihn, zwingt ihn in preußische Form.

Das Menschliche spricht sich in strengster Wahrhaftigkeit aus: Treue, die nicht zerbricht. Vielleicht enthält das Tagebuch die schönsten Seiten, die Jochen Klepper geschrieben hat; sie gelten dem späten Alleinsein im weihnachtlichen Hause, das er Jahr für Jahr in festlicher, fast liturgischer Gemeinschaft mit dem Baum, den edlen Hausgeräten, der Winternacht – und immer in der Kirche erlebt. Er spricht mit dem Hause, das schon begonnen hat, zum Ewigen Hause zu werden. Sein Leben wird nicht vom bürgerlichen Jahr, sondern vom Kirchenjahr durchwaltet. Nur dieses ist wirkliche Zeit.

Schon auf den ersten Seiten wird der Selbstmord erwogen, in erstaunlicher Freiheit des religiösen Gewissens: es gibt nur eine Sünde, die nicht verziehen wird, die gegen den Geist. Und während die Aufgabe, die seinem Schutze überantworteten Töchter zu retten, zum Schicksal wird, drängt der Glaube in immer ernstere Tiefen: Jochen Klepper verbirgt sich nichts, er sieht die verschiedenen Seinsbezirke auseinanderklaffen, den vitalen, den bürgerlichen, den künstlerischen, den religiösen; er erfährt die Tragik der Ehe überhaupt; unter unlösbarer Bindung, in ringender, verzichtender und doch wachsender Gemeinsamkeit muß er die Hoffnung auf Nachkommen eigenen Blutes opfern; die Ordnung des Vatertums, die seine Geisteswelt regiert, kann in seinem Leben nur mittelbar, nur als Opfer dargestellt werden. Ehe wird Verzicht. Vielleicht mit Befremdung, vielleicht mit Furcht erkennt die um Jahre überlegene Frau einen Mann, fast noch Jüngling, dem der Glaube Leben ist: sein todernstes, sein einzigmögliches Leben. Er erkennt das Leiden des Judentums als ein Leiden ohne Idee und ohne Trost, weil ja nur der Glaube Leid und Stolz der in Ewigkeit Auserwählten tragen und ergreifen konnte – und dieser Glaube in so vielen, vielen geschwunden war. Sie werden verfolgt und ermordet, für das, was sie nicht mehr sind. Mit der äußersten Loyalität, aus dem ihn kennzeichnenden Bedürfnis nach Ordnung sucht er bei klarster Erkenntnis der Gefahren und Verbrechen die Anerkennung der Obrigkeit (eben als religiös fundierter Institution) zu behaupten; er möchte niemals vergessen, was er auch als Verfolgter der Staatsordnung noch zu danken hat, und ist darin reifer als deren radikale Gegner. Auch dem grimmen Herrn muß man gehorchen; denn wer Herrschaft sagt, der sagt auch Sünde. Erst nach dem Synagogensturm im November 1938 gibt er diese Achtung vor der Obrigkeit erschüttert auf. Der Waffendienst steht für ihn nicht in Frage: Wir sind alle Mörder vor Gott, der Sündhaftigkeit unterworfen, der Ordnung verpflichtet. Der Mann ist mit der Waffe verbunden. Der Wehrdienst führt ihn in die kaum gekannte Ferne, Fremde, Wirklichkeit. Völker begegnen ihm, das heiße Leben. Aber er bleibt ein Verurteilter, der auf Eid und Frist beurlaubt wurde: Gast, Knecht des Vaters.

Ihm gelingt die vollkommene Synthese des Luthertums und Preußentums – wie weit sie sich umgebildet hätte während der Arbeit am Luther-Roman, ist schwer zu sagen; zunächst schmilzt sein Luthertum das Preußentum ein, empfängt jenes von diesem eine gewisse Prägung und Farbe. Zwischen Luther und Friedrich Wilhelm fluten die Kräfte hin und wider, kämpfende Widersprüche und tiefste Beziehungen. Der preußische Pietismus und Barock strömen dieser religiös-geschichtlichen Einheit und Zwiespältigkeit zu. Offen zugewandt der unter dem Gericht der Sünde liegenden Welt, sieht der Dichter alle Geschichte in apokalyptischem Aspekt, wie Luther und Friedrich Wilhelm sie gesehen haben. Das entspricht der Zeit, die Jochen Klepper berufen und beauftragt hat. Ein Auftrag, wie er an ihn ergangen ist, kann nur in begrenztem Maße bewußt erkannt und ergriffen werden. Sein Inhalt erschließt sich genau in dem Grade, in dem er Gehorsam findet. Der Ernst der religiösen und künstlerischen Existenz, die kraft ihres Wesens problematisch ist und bleibt, unterwirft sich einer Dichtung, verzehrt sich an einer Vision, die nach ihrem Ursprung Abschied sind, Überlieferung, Rettung vielleicht, nicht Erneuerung. Das Potsdam Friedrich Wilhelms erscheint in seiner Zuversicht und Düsternis, Härte und menschlichen Fülle, Notwendigkeit und Gefährdung unmittelbar vor dem Untergang, nicht allein der Denkmale, sondern des preußischen Erbes, der Form und Macht und selbst des Namens. Es ist gegenwärtig auf eine fast unheimliche Weise über den schon geebneten Schlachtfeldern seines Untergangs, eine Luftspiegelung, ein erschreckendes Zeichen. Und auch der Himmel über Wittenberg, durch dessen Straßen der gealterte Prophet bangend, fürchtend, zürnend zur Kanzel schreitet, wäre ein rätseldunkler Himmel gewesen.

Als die wichtigste Aussage der Tagebücher hätte Jochen Klepper ohne Zweifel die für fast jeden Tag, für jedes Jahr ausgewählten oder ihm geschenkten Worte der Schrift angesehen. Von ihnen her müssen die Aufzeichnungen gelesen werden; nur das angenommene Wort wird sie verständlich machen; denn sie drücken nichts anderes aus als ein Leben nach dem Wort, aus dem Wort, in ihm und unter seinem Gericht. Das Wort ist die eigentliche Autorität für Jochen Klepper, die Weisung, die nie versagt, wenn sie auch oft eine dunkle, bedrückende, erschreckende ist. Durch sie wirkt Gott seines Knechtes Leben; dieser hört und fragt; er liest das Wort nicht: der Lebendige spricht; der Knecht ist nur Objekt des Wortes, Ton, in dem es sich ausprägt. Dem Wort, der einzigen von ihm verehrten Geistesmacht, dankt er die frühe und echte Reife seines Urteils; die Treue zum Wort macht ihn einsam, wenn er auch äußerlich eine gewissen Konzilianz und Menschenfreundlichkeit zu bewahren sucht; gemessen am Wort sind alle Worte und Wörter schal. Als Widerklang des Wortes erhebt sich sein der Kirche geweihtes Lied in reine Höhe.

Wie verhält sich das Wort zur Erfindung, Gestaltung, zur Kunst – und zur künstlerischen Existenz? Das ist wohl die schwerste Frage des Tagebuches. Ihr voraus geht die nach dem Verhältnis zwischen Erfindung und Geschichte, Kunst und geschichtlicher Wahrheit, also unter göttlicher Autorität stehender Wirklichkeit, deren Erkennbarkeit freilich selbst wieder ein heilloses Problem ist. Während der notgedrungenen Bearbeitung und Zusammendrängung des ungefügen Friedrich-Wilhelm-Manuskriptes hat der Dichter einen erheblichen Teil der Erfindung geopfert, um das von ihm geglaubte Geschichtliche zu halten – im wesentlichen aber das Dichterische in der Geschichte. Denn Geschichte, sofern sie noch von echten Menschen und echten Völkern getragen wird – nicht von Funktionären und Massen, Diktatoren und Kreaturen, Propagandisten und Rüstungspotential – ist wie ein Gebirge von Erz, von dichterischer Substanz durchzogen. Klepper hatte eine wunderbare Gabe, diesen Adern nachzuspüren und sie zu öffnen.

Das Thema des Luther-Romans aber wäre ein Leben aus dem Wort, wie es der Dichter erstrebte, gewesen. Was bleibt der Phantasie? Und ist es von Luther her denkbar, daß sein Leben als Roman dargestellt wird? Kann man, wenn man Tag für Tag, Stunde für Stunde Luthers Augen auf sich fühlt, eines Vaters, der weit furchtbarer ist als Friedrich Wilhelm, die Geschichte seines Geistes, seines Herzens in einer Form erzählen, deren Bestimmung es nun einmal ist und bleibt, Unterhaltung Suchenden Freude zu machen? Vernichtet nicht der ungeheure Ernst des Themas, der Lutherischen Existenz, das künstlerische Wachstum? Ist hier noch das Klima der Kunst, des Romans, des Spiels, der Vortäuschung? Nur das fertige Kunstwerk könnte diese Frage beantworten. Aber sicher gehört sie zu den sich steigernden, kaum mehr zu meisternden Schwierigkeiten, die die Arbeit aufgehalten haben. Jochen

Klepper und seine Frau fühlten es, daß er vor den Toren Wittenbergs eigentlich schon sein letztes Thema erreicht hatte, das Buch, nach dem er nicht mehr würde schreiben können, oder nur noch ein biblischer Gegenstand möglich gewesen wäre: und dieser hätte eine noch schmerzhaftere Entscheidung verlangt. Vielleicht wäre noch streng biblische Geschichte – oder die Legende geblieben. Wohl selten in der neuen Zeit ist dieser Widerspruch in solcher Heftigkeit durchlitten worden: das kann ja auch nur dann geschehen, wenn der künstlerische Gestaltungstrieb und das ihm entsprechende Vermögen – und der Glaube fast im gleichen Maße verpflichten, wenn sie ebenbürtige und einander zugeloste Gegner sind. Daß die Verpflichtung an das Wort in Kleppers Fall als letzte Instanz entscheiden mußte, ist keine Frage.

Bedrängnis von allen Seiten. Auf eine herzbeklemmende Weise wird diese Existenz angegriffen, in Frage gestellt, *ad absurdum* geführt. Wir ahnen, was das Tagebuch verschweigt. Als furchtbarer Vorwurf – und doch vorwurfslos – endete dieses Leben, durch Selbstmord im Glauben, in der Überzeugung, daß jegliches Tun und Lassen sündhaft ist. Wer, der Jochen Klepper kannte, klagt sich vor den drei Gräbern in Nikolassee nicht an? Die Freundschaft, die im Tagebuch an einer bestimmten Stelle eine Rolle spielt, war Kreuzung zweier Wege, nicht eigentliches Miteinandergehen; gerade hier erwies es sich, daß, auch unter größter Bereitschaft zu verstehen, zu lernen – und diese bestand gewiß auf beiden Seiten –, die Verschiedenheit der Bekenntnisse eine Verschiedenheit bis in die innerste Struktur bewirkt. Auch diese herbe Erfahrung gehört in das an Schmerzen reiche Buch.

Das Tagebuch ist in den vierzehn Jahren seit Kleppers Tod einer Mission entgegengereift, die es erst heute und morgen erfüllen kann. Es stellt einen uns fast fremd gewordenen Ernst in unseren Tag; es ist die Loslösung von aller literarischen Geschäftigkeit und Unverbindlichkeit und von jeglicher Eitelkeit der künstlerischen Existenz: hier bleiben allein Fügung in Gottes Wort und Auftrag, und der Mensch in der Tiefe der Zeit, der das Wort zu enträtseln und zu befolgen sucht. Klepper hat die Seinen an der Hand genommen, als es kein Recht und keinen Schutz mehr gab, und ist mit ihnen vor den Richter, den schrecklichen Vater, geeilt, sich schuldig wissend und doch unergründlicher Gnade gewiß: gerade dieser Tod ist, von ihm her gesehen, zu einem Glaubenszeugnis und einem Zeichen der Treue geworden; es war kein

Nein, vielmehr ein Ja, der glaubensstarke Schritt über die Schwelle des Ewigen Hauses – für uns bleibt er aufwühlende Anklage.

Über der Heillosigkeit allen Schreibens, Redens, Sendens, Druckens und Vergessens wurde das Kreuz aufgerichtet in den Arbeitszimmern, die Jochen Klepper, Flüchtling, der so gerne Bürger gewesen wäre, hinter sich ließ auf dem Wege ins Ewige Haus. In den letzten Tagen oder Stunden war er allein mit denen, die er beschützen sollte, seiner Frau und der jüngsten Tochter: wahrscheinlich verstand er dieses Verlassensein, das Scheitern aller seiner ritterlichen Mühen, den totalen Verrat der »Welt« als Gottes Ruf, das Versagen der Hilfe als Gottes Anwesenheit. Er war an eine Stelle genötigt worden, von der niemand zurückkehrt – und also können die Lebenden nicht urteilen über die Entscheidung, die er dort vollzog. Uns geht nur an, was vor diesem Geheimnis liegt, dem letzten Ich und Du zwischen dem Menschen und dem furchtbaren Vater –: diese unsere schlimme Wirklichkeit, unsere Schuld, die Verhärtung der Herzen.

Juni 1956   REINHOLD SCHNEIDER

Am 29. März abends traf nach der halbjährigen Trennungszeit, während deren wir uns nur besuchsweise gesehen hatten, Hanni hier ein, und wir bezogen die neue Wohnung in Südende, in deren herrlich renovierten Zimmern ich meinen Beuthener Barockschreibtisch und eine Barockkommode, meinen alten Kirchenstuhl, ein Empiretischchen, eine Couch, einen friesischen Renaissanceschrank, eine rosa Hyazinthe, einen Gummibaum und eine blaue Hortensie aufgestellt hatte. Wir suchten, was uns noch fehlte, in Antiquitätengeschäften und auf Auktionen, auf denen wunderschöne alte Sachen verschleudert wurden.

Ich empfand es als ein großes Glück, daß ich nun doch kennenlernte, wie schön es ist, gemeinsam seinen Haushalt zu begründen.

Jeder Tag in unserer neuen Wohnung, jeder Gang durch den Villenvorort Südende war uns eine neue Überraschung. Daß man es mit unseren beschränkten Mitteln in Berlin so schön haben konnte: Tag um Tag füllte sich die Wohnung: ein elfenbeinfarben gehaltenes, großes Zimmer wurde mit Barockmöbeln (nußbraun mit lavendelblauem Samt) mein Arbeitszimmer, kombiniert mit einem Empfangsraum; das anschließende noch größere resedafarbene Biedermeierzimmer bestimmten wir zur Bibliothek, um den Biedermeiercharakter möglichst zurücktreten zu lassen; an das große Fenster der Bibliothek kam ein runder Eßplatz; das altrosa Schlafzimmer war in friesischer Renaissance gehalten, feierlich durch goldene Holzheiligenfiguren und weißen und roten Samt; die beiden Kinderzimmer, Brigittes und Renates Schlafräume in Gelb und Blau, blieben modern, in das blaue Spielzimmer kamen meine Beuthener Biedermeiermöbel. Aus allen Zimmern ging der Blick ins Freie: auf einen wilden, abgeschlossenen Park, eine Blumengärtnerei vor dem Schlafzimmer. –

Die Kinder kamen eine Woche später als Hanni; sie ignorierten das große Berlin und lebten hier draußen wie in einer ganz kleinen Stadt. –

An stillen Sonntagen las ich Balzacs »Eugénie Grandet«, »Gobseck« und »Père Goriot«, alle drei Bücher waren·für mich voll herrlicher technischer Anregungen; ich las auch für das »Berliner Tageblatt« ein recht lohnendes Rezensionsexemplar »Jalna«[1] und zum ersten Male Knut Hamsun »Das letzte Kapitel«. Mir fremd und feindselig; mehr maniriert als voller Natur; dazwischen, kurz vor dem lächerlichen Ende des Schlußkapitels, fünfzig Seiten, die mich angeregt, ja aufgeregt haben um ihrer Technik, um ihrer Verwandtschaft mit meinen Plänen zu »Hoffnungslosigkeit«[2] willen; es steht außer Frage: am meisten wirkt die Technik eines Buches für mich.

Die zehn und zwanzig, ja dreißig beruflichen Aktionen dieser Frühlingsmonate und des beginnenden Sommers waren nicht ohne alle Resultate; die neuen Arbeiten, die ich schrieb, wurden veröffentlicht. Weniger gern gehe ich zu Besuch. –

Einen gewissen Eindruck machte auf mich die Bekanntschaft mit Günther Birkenfeld, der die beiden Romane »Liebesferne« und »Dritter Hof links« veröffentlichte. Birkenfeld ist ein mir fremdes Naturell – aber es berührte mich, zum ersten Male einen so ziemlich gleichaltrigen Menschen in derselben beruflichen Situation kennenzulernen. Ich hatte es noch nie mit jungen Schriftstellern zu tun gehabt.

Pfingsten war das erste Fest gewesen, das wir in Südende verlebten. Ein Fest voller Schönheit, von einem wahren Überschwang der Natur, daß trotz all der politischen Depressionen, die immer weiter um sich griffen, damals alle Menschen wie von einer wahren Begeisterung gepackt schienen; vom ersten grünen

Schimmer über den kahlen Ästen, den ersten Knospen an hatten wir den Frühling hier draußen miterlebt; Kastanien, Flieder, Linden, Buchen, Akazien, Birken, Tannen vor unseren Fenstern. Der Weg zum nahen Schwimmbad Südende durch Gärten, an dem kleinen, wilden Park vorbei ist immer wieder neue Freude für mich. Was macht auch das für mich aus, so nahe schwimmen zu können.

Aber unsere Freuden mußten billig werden, denn die Geldsorgen wuchsen von neuem. Hanni kaufte sich ein Haus, um den geretteten Rest ihres Vermögens möglichst sicher anzulegen; ein großer Entschluß, von vornherein ein Gegenstand neuer Sorgen und Anlaß zu Aufregungen, denn das Vermögen war nicht mehr groß genug, als daß sie hätte wirklich gut wählen können; wie sollte man nach des Reichskanzlers Brüning Sturz für uns disponieren? Die letzte Stütze politischen Vertrauens war hin! Alle Wege zur Rettung durch politische Vernunft waren abgeschnitten. –

Die Zusammenkunft mit Dr. Max Tau[3] vom Cassirer-Verlag sollte zu Anfang des Sommers eine Veränderung meiner Arbeiten bedingen. Da Cassirer keine neuen Autoren mehr herausbringt, wollte Dr. Tau für mich bei dem ihm verpflichteten Erich Reiß[4] einen energischen Versuch mit einer neuen Fassung meiner »Großen Directrice« machen. Das hieß das Buch noch einmal neu schreiben. Wir faßten den Entschluß für die großen Ferien. Wir beschlossen, diese Ferienarbeit nach Beuthen[5] zu verlegen; denn sie eilte. Und Beuthen war für uns allein erschwinglich. –

In Beuthen: Spaziergänge um die Stadt, auf den Oderwiesen, an reifen Feldern und hügeligen Waldrändern, Schwimmen in der Oder, Fahrt mit dem Marketenderboot zum Handel am Schleppzug, Entdeckung der eigentlichen Gliederung der Beuthener Einwohnerschaft in Schiffer, Fischer, Ackerbürger und Holzbauern – der Einmarsch der Schützen am dritten Abend des Schützenfestes; Kerzenillumination in den Fenstern, Lampions über den Straßen; Bäume, Mond und bengalische Flammen.

Aber alles war armseliger geworden, unfestlicher, politisierter; und nichts mehr von dem rührend vergnügten Badeleben, das einmal nahezu Beuthens größter Reiz gewesen war. Die Oder verlassen; die Bank der jungen und die Bank der alten Arbeitslosen am Hafen.

Noch nie hatte ich so wie jetzt gewußt, wie sehr ich mit Beuthen abgeschlossen habe. Seit der Plan zu »Hoffnungslosigkeit« entstand? Noch waren weithin die gleichen Schönheiten; aber sie lebten nicht mehr für mich. Es war wie zu Weihnachten nach der Kinderzeit: das Herz wurde nicht mehr weit.

Viel schwerer war, daß es sich mit den Eltern auch so verhielt. Bei Mutter empfand ich es am schmerzlichsten. Kein Versuch, nichts merken zu lassen, vermochte es zu ändern.

Vaters Leben: nur noch die Krankheit. Billum[6] steht mir jetzt am nächsten; er ist wohl auf dem Wege, ein großer Maler zu werden; dabei lebt er in einer ausgesprochenen Flucht vor der Kunst. –

So war also Hanni zum ersten Male länger als zu flüchtiger Durchreise mit mir in Beuthen gewesen, lernte die Stadt, die mir früher befreundeten Menschen, die Eltern, Billum näher kennen. – Für mich war das Wichtigste in diesen Wochen: mich nur mit dem Roman abgeben zu dürfen.

Die ganzen fünf Wochen über schrieb ich »Die große Directrice« in »Das Glück der Vergänglichkeit« um, ein neues Buch eigentlich; Hanni leistete mir die Abschrift.

VON DEN GROSSEN FERIEN BIS ZUM JAHRESTAG MEINER ANKUNFT
IN BERLIN AM 21. SEPTEMBER 1932

In Südende war nach unserer Rückkehr größere Stille zu finden als in Beuthen; und Sommer, Sommer. Unter unserem Schlafzimmerfenster blühten Dahlien über Dahlien. Die Freude, unsere Wohnung wieder zu haben, aber die wachsende, drängende Sorge, sie durchhalten zu können.

Militärischer Ausnahmezustand über Berlin verhängt. Die sozialistischen Minister mit Militärgewalt ihres Amtes entsetzt. Die unentschiedenen Reichstagswahlen. Die politische Situation wird durch ein Wort von Gustav Freytag am besten geschildert: »Der Adel und der Pöbel sind jeder einzeln schlimm genug, wenn sie für sich Politik treiben; so oft sie sich aber miteinander vereinigen, zerstören sie sicher das Haus, in dem sie zusammenkommen.« –

Vor einem Jahr wollten wir uns ein Haus in Südfrankreich kaufen und nur noch still uns und meiner Arbeit leben. Sollte denn mein guter Anfang in Berlin, die Probezeit, auf der wir unsere entscheidenden Entschlüsse eben für Berlin aufbauten, eine Irreführung bedeutet haben? War denn nicht schon damals alles maßlos schwer gewesen?! Noch nie hatten so wie jetzt politische Komplikationen für mich persönlich eine derartige Rolle gespielt wie jetzt. Ich habe mich vor Jahren der SPD angegliedert und in allem Protest bewußt zur Evangelischen Kirche gehalten. Die Bindung an die SPD konnte jetzt mein Verderben werden; auf linker Seite konnte man mich nicht erhalten und schickte mich selbst weiter bei den rechtsstehenden Redaktionen mit meinen Manuskripten hausieren ... Von der Zugehörigkeit zur Kirche aber, die gemeinsam mit dem Nationalsozialismus »aufstrebt«, wollte ich jetzt bestimmt keinen Gebrauch machen.

Ich brachte es nicht mehr fertig, dem Leben vorzugreifen: mit Sympathien und mit Hoffnungen nicht und nicht mit Versprechungen, ebensowenig aber mit Angstpsychosen. Ein bestimmtes Maß von Sorgen und Hoffnungen würde einem natürlich immer auferlegt bleiben. So viel, wie zu jedem Menschen quasi als elementarer Bestand gehört; aber mehr war es wohl kaum, und so gar nicht »individuell«. Der großen Gefahr der jungen Schriftsteller schien ich entronnen: das eigene Leben zurechtzudichten. Aber bisher kam in meinem Leben immer das gute Wunder; bis auf das eine: kein Kind von Hanni. Davor – es war unsere große Hoffnung nach der Trennung – verblassen alle anderen traurigen Erlebnisse der Vergangenheit, der ferneren und der nahen. Es ist furchtbar für jeden Künstler, der die Erfüllung aller in ihm liegenden Potenzen kennt, kein Kind zu haben.

Aber was auch von mir in der kommenden Zeit verlangt wird oder mir versagt werden mag an Arbeit und Erfolg – an dem zweiten Roman, an »Hoffnungslosigkeit« muß ich sofort weiterschreiben, das Buch sogleich in Angriff nehmen. In allen Stunden, in denen ich in diesen Wochen nicht am »Glück der Vergänglichkeit« schrieb, hat mein gesamter innerer Apparat nur für »Hoffnungslosigkeit« gearbeitet, so daß ein eigentümliches Gefühl von Fülle in mir herrschte.

Nun bin ich ein Jahr in Berlin und wage kein Urteil über diese Zeit zu sprechen. –

Die politischen Ereignisse, die auch die private berufliche Situation beeinflußten, überstürzten sich: erneute Reichstagsauflösung, »Errichtung« einer christlich-nationalen Kultur, Diktatur von Papen-Schleicher. Obwohl politische Indifferenz ein Ding der

Unmöglichkeit geworden ist, kann für mich Politik immer nur Sache einer Als-ob-Ethik bleiben, der Versuch einer ungefähren Einordnung. –

Eine Reportagenreihe »Leben der Kinder 1932« (Eine Jugend wird geopfert), die ich für mich und Günther Birkenfeld gemeinsam beim »Vorwärts« durchsetzte, und ein »Gespräch mit Eugen Diesel« für die »Woche« waren die einzigen Aufträge des Monats. Ihr Nebeneinander zeigt das Unwürdige, Verzweifelte meiner beruflichen Lage. Die Kinderaufsätze für den »Vorwärts« gehören zu den ganz wenigen Arbeiten unter meinen journalistischen Publikationen, die ich anerkenne.

Die Mitarbeit von Günther Birkenfeld benutzte ich als Schutz gegen mich selbst: zum ersten Male war ich ganz berufsmüde geworden. Bei den Studien zu dieser Reportage lernte ich Berlin kennen, ein wichtiger Eindruck. Dabei wurde mir klar, daß ich den sozialen Roman für abgewirtschaftet halte. Alle seine Probleme sind in die Politik überführt. Für mein Empfinden ist die depravierte Kirche der Romanstoff der kommenden Zeit. Aber ich werde niemals bewußt reformatorisch schreiben; ich kann von der Überzeugung nicht los, daß Gott seine Sache ganz allein führt und nur widerstrebend Instrumente gebraucht. –

Die Arbeit am Roman im Sommer hat sich natürlich längst als vergeblich erwiesen. Erich Reiß hat es nicht einmal für nötig befunden, mir einen Bescheid zu geben. Und erst als Dr. Max Tau ihm Vorwürfe machte, nach Wochen, entschloß er sich zu einem Anruf. Der Roman liegt jetzt bei Jakob Hegner[7] in Hellerau.

Eine pekuniäre Stütze mußte unbedingt außerberuflich geschaffen werden. Wir haben Erhard[8] als Pensionär zu uns genommen. – Und wir empfinden es schmerzlich, wieder nicht allein zu sein, nachdem wir so lange getrennt waren. Und die Ruhe für meine Arbeit? Wieder wird die Pedanterie meiner Tageseinteilung mir helfen müssen, die nach Stimmungen nicht fragt und meine Arbeit gegen die vielen Aktionen, Studien und Störungen durchsetzt.

Ein Wort habe ich noch zu meiner, jetzt oft erkämpften und nicht mehr durch das Temperament bedingten Aktivität zu sagen. Unternehmungsgeist und Dispositionsgabe haben mich fünfeinviertel Jahre hindurch getragen. Jetzt sind die von mir angewandten Techniken für mein Empfinden veraltet. Es geht nicht mehr um Manuskriptversand, Redaktionsbesuche, ein wenig gesellschaftliche Nachhilfe, um geschickte Themenerfindung. Heut heißt es meiner Meinung nach, unentwegt bei einer Gruppe hocken, die im politischen Spiel mittut. Bleibt für mich die SPD. Bleibt für mich der Evangelische Presseverband, an dem ich so lange arbeitete und der nun auf einmal in Person des mir gut bekannten Dr. Harald Braun[9] zu so großem Einfluß im Rundfunk gelangt ist. Ich werde niemals ein proletarischer Schriftsteller sein; das Religiöse wird mir bei der SPD immer im Wege stehen. Ich werde niemals diesen neuen nationalen Aufstieg des Protestantismus mitmachen können, ich werde seinen »Ton« nicht finden können und wollen und für diese Leute immer der allenfalls geduldete, harmlose Sozialdemokrat sein. Diese Kirche ist mein Todfeind. Aber ich kann nicht aus ihr austreten. Es hält mich etwas, das bis auf den ersten Jüngerkreis zurückreicht.

Seltsam ist es, daß ich alle beruflichen Ereignisse nur unter den Gesichtspunkten meiner schriftstellerischen Begabung sehe. Dabei bin ich der festen Überzeugung, eines der stärksten deutschen Regisseurtalente zu sein. Aber mein Instinkt diktiert mir, meine Hände vom Theater zu lassen. Die Gründe dafür liegen fraglos in mir, nicht in den Verhältnissen. Denn das Theater ist nicht entarteter oder komplizierter als die Kirche, die Partei, die Presse, die Literatur, in der ich stehe.

Die Verringerung des inneren Elans in meiner Aktivität hat nicht allein die Ursache in den wachsenden, erdrückenden politischen Schwierigkeiten. Ungleich mehr und besser erklärt sie sich aus meiner von Monat zu Monat stärker werdenden Überzeugung, daß das, was man seit Jahren Erfolg nennt, nicht lohnt. Ich bin eine Natur, die den Ruhm braucht wie das »tägliche Brot« – aber alles, alles, was den Anspruch erhebt, den Ruhm zu bedeuten, was ich selbst für den großen Erfolg hielt, lockt mich nicht mehr. Der Betrieb ist zu qualitätslos geworden, die »seriösen« Stellen zu snobistisch. Man weiß zu sehr, wie der Erfolg gemacht wird. Das hat meinen inneren Elan gebrochen. Und die Entscheidung, auf welche Seite der Schreibenden ich mich schlagen will, ist ja längst durch die natürlich entwickelte Richtung des Talentes gefallen. Dichtung als Bibelexegese; Bibelverkündigung wider Willen, da jede bewußte Steigerung des Künstlerischen ins Religiöse von mir abgelehnt wird; »Offenbarung«, gegen die ich Nüchternheit und Eleganz als Schutzwall aufrichte. Ich habe einen Moderoman schreiben wollen, und er wurde ein Buch von Verwerfung und

Erwählung; ich habe alle religiösen Partien wieder herausgestrichen und nur belassen, was unter den Erfordernissen psychologischer Begründung und geschmackvollen Effektes stehen bleiben mußte. Ich habe kläglich versagt, wo sich mein Buch als aktueller Roman geben wollte. Diese Umstände alle sagen, was mit mir los ist. Denn nach allen Strichen blieb eine theologische Substanz, unauffällig, an den Rand gedrückt, die einen revolutionären großen, kirchlichen Zeitroman tragen könnte, wie ich ihn nie, nie schreiben möchte, sehr wohl aber schreiben zu können glaube. Von »Hoffnungslosigkeit« hoffe ich, daß das Religiöse noch ungleich mehr hinter dem Buch stehen wird als in ihm. Dieses Religiöse, diese ganz klar umrissene Glaubensform, in die ich mich nicht steigere, von der ich mich nicht faszinieren lassen will und die mich dennoch immer stärker an sich bindet. Aber nie darf ich leugnen, daß mir nichts so herrlich erscheint wie die religiöse Wirkung der Dichtung.

Schreiben will ich, schreiben nach den Gesetzen meiner Intuition. Aber nicht meine Zeit über fremden, feindseligen schriftstellerischen Beschäftigungen hingehen lassen, wie die äußeren Verhältnisse sie von mir erfordern; die Liebe zu Hanni und der Widerwille gegen ein freiwilliges Gesinnungsmartyrium, zumal ich keine Gesinnung habe, sondern nur einen Glauben, der mich überfällt. Ich werde dreißig Jahr alt, und es gibt nur einen Roman von mir, gegen den ich größte Bedenken habe – drei Novellen, die ich liebe: »Geburt«, »Nacht in der Schachtel«, »Handel in Dornrick«; und ganz wenige Aufsätze, die ich nicht ablehne. Es ist entsetzlich wenig, wenn man innerlich so ausgefüllt ist.

22. September 1932 | Donnerstag

Leider drängt es mich zu dem unglückseligen Wagnis, in dieser Zeit der Novellenfeindlichkeit eine neu geplante größere Novelle »Der Kahn der fröhlichen Leute«, eine Erzählung von der Oder, bei mir durchzusetzen. Ich freue mich sehr auf diese neue Arbeit, die mich für längere Zeit beschäftigen wird. Hoffentlich ist sie finanziell auswertbar, damit ich mir nicht Vorwürfe machen muß, in so kritischem Moment meinen Neigungen gefolgt zu sein.

23. September 1932 | Freitag

Zum zweiten Male macht man mir bei Ullstein Hoffnungen, nachdem man mich vor zwei Jahren so grausam enttäuscht hat. Dr.

Monty Jacobs von der »Vossischen Zeitung« unterhielt sich zum ersten Male ausführlicher mit mir, erwärmte sich für die Andeutungen aus dem »Kahn der fröhlichen Leute« und erklärte sich bereit, mit mir zum Ullstein-Romanlektorat, zu Herrn Krell, zu gehen, der die »Directrice« seinerzeit anscheinend, beinahe nachweislich, ungeprüft ablehnte. Auch bei Monty Jacobs lautet das Gebot: Kleine Sachen, heitere Sachen – das heißt für den Autor: Pfennige verdienen und glänzender Laune sein. –

26. September 1932 | Montag

Weil ich keine Aufträge bekomme, kann ich den »Kahn der fröhlichen Leute« herunterschreiben. Ich habe während der Arbeit am dritten Abschnitt den Eindruck gewonnen, daß das ein neuer Roman wird, ein kurzer und leichter. Die Studien fallen mir in den Schoß, weil ich ja das Leben der Oder für »Hoffnungslosigkeit« in allen Details noch einmal notierte und weiter nach allen Meldungen aus meinem Zeitungsmaterial aufzeichnete. Für das Buch keine neuen Studien machen zu müssen, das ist unendlich wichtig.

Bis jetzt bin ich sehr glücklich, auf einmal mitten in einem neuen Roman zu stecken, auch wenn »Hoffnungslosigkeit« dadurch zurückgedrängt wird und einen unerwartet breiten Anlauf durch umfassende Studien und die neue Geschichte von der Oderlandschaft nimmt, an der ich im »Kahn der fröhlichen Leute« nun schreibe.

27. September 1932 | Dienstag

Hegner sandte mir einige Zeilen über »Das Glück der Vergänglichkeit«: »Ihr Manuskript habe ich leider noch nicht ganz lesen können. Soviel kann ich aber bereits sagen, daß es sehr viel Schönes und Eigentümliches enthält.« –

Uraufführung des neuen Anny-Ondra-Films »Kiki« unter der Regie von Karl Lamac. Zum ersten Male seit der Nielsenzeit[10] bin ich wieder von einem Talent gefangen.

Eine Äußerung von Brigitte über eine Mitschülerin ». . . die verachtetste aus der ganzen Klasse« und Anny Ondras Photos waren für mich die entscheidende Anregung für den »Kahn der fröhlichen Leute«. Meine Wilhelmine Buttenhof[11] ist eine Kombination aus Anny Ondra, Billum und Sarah Bernards Notizen über Schwester Regina. –

30. September 1932 | Freitag

Am »Kahn der fröhlichen Leute« arbeite ich zum ersten Male ohne den gefährlichen Druck, mir von vornherein die Aussichtslosigkeit der Veröffentlichung klarmachen zu müssen, wie es zum Beispiel auf sehr weite Sicht bei »Hoffnungslosigkeit« der Fall ist. Natürlich rechne ich aber wieder mit den verschiedensten Einwänden: zu schlesisch, obwohl es mir gerade so viel Freude macht, die Oder für die Literatur zu entdecken. Dann: Zeitflucht. Obwohl der Roman, soweit es sinnvoll ist, unleugbar die Züge der Gegenwart trägt. Aber ich fühle mich außerstande, schon jetzt einen Roman aus der Nachkriegszeit zu schreiben, und finde etwa die aktuellen Partien aus dem »Glück der Vergänglichkeit« herzlich dilettantisch. Ferner: Artistenmilieu unbeliebt. Gerade, was die Artisten betrifft, ist mein neues Buch aber ein Zeitroman, denn es handelt von der Hilflosigkeit der erwerbslosen Artisten, vom radikalen Ende eines Berufes.

In so anstrengender Weise mich das Konstruktive dieses Manuskriptes beschäftigt, geht mir doch der »Kahn der fröhlichen Leute« ungewöhnlich leicht von der Hand. Weil ich über Studien verfüge! Weil ich selbst so überrascht bin, ohne jede Initiative plötzlich in der Arbeit an einem neuen Roman zu stecken. Für sein letztes Drittel spüre ich Schwierigkeiten – aber man hat ja (trotz jener letzten Verzagtheit, die alle eigene Leistung anzweifeln muß, und das ist furchtbar!) – man hat ja ein so merkwürdiges Zutrauen zu seinem Talent, das immer mehr weiß als »man selbst«. –

2. Oktober 1932 | Sonntag

Es ist seltsam, wie sich beide Züge meines Wesens ohne Bruch miteinander vertragen: der Hang zur Festlichkeit und Feierlichkeit mit der immer stärker entwickelten abweisenden Art, die mir jetzt schon als ausgesprochene Menschenfeindlichkeit vorgeworfen wird und gegen die ich ganz merkwürdigerweise nicht ankämpfen will, weil ich die Ablehnung, die in mir so mächtig geworden ist, wie ein Fundament meines Wesens empfinde. Aber über ein nicht geringes Erstaunen, daß das in mir vorgeht, komme ich noch nicht hinweg.

Erst durch das neue Zusammenleben mit Erhard habe ich ermessen gelernt, daß Hanni und ich uns parallel entwickelt haben. Immer wieder äußern wir unabhängig voneinander das gleiche.

So auch jetzt, daß wir uns von allem gesellschaftlichen Leben zurückziehen wollen, solange unser Haushalt durch Abvermieten nicht den Zuschnitt hat, den wir uns so gewünscht hatten. – Menschliche Beziehungen, die uns lohnend wären, begegneten uns nicht. Und wir können uns nicht belügen. Mit Menschen nicht und nicht mit falschem Erfolg. Dies letztere ist der Punkt, an dem das Abweisende in mir seine Berechtigung erhält und nicht niedergekämpft werden darf. Dabei habe ich eine Abneigung gegen unliebenswürdige Talente.

Margot[12] war hier. Frisch, fraulich, sehr anfällig. Man kann herzlich und vergnügt mit ihr sein. Aber man ist beziehungslos geworden, so sehr, daß man es gar nicht merken läßt. Alles, was in einem Zusammenhang mit Beuthen steht, gibt mir noch immer einen leichten Stich durchs Herz. –

5. Oktober 1932 | Mittwoch

Ich wurde zu Dr. Braun in den Rundfunk bestellt. Zu eineinhalbstündiger Besprechung am Abend. Er habe außer mir niemand, mit dem er sich über seine neuen Aufgaben beraten könne. Aber es wird schwer für ihn sein, mich als »Entgelt« für meine Ratschläge zu beschäftigen, denn man hat den neuen Rundfunkleitern bezüglich der Mitarbeiter Wechsel, Wechsel vorgeschrieben. Aber bis jetzt stehe ich doch immer sehr im Schatten, obwohl es unverkennbar ist, daß ich immer mit den obersten Leuten direkt zu tun habe und nie, auch wenn es mir so schlecht geht wie jetzt, in dritte Garnitur absinke. Und charakteristisch ist immer für meine äußerlich deprimiertesten Zustände, in denen ich mir so wenig helfen kann, daß mir immer die Möglichkeit bleibt, anderen sehr behilflich zu sein. So bat mich Dr. Braun heut auch ausdrücklich, ihm nicht nur Themen, sondern auch Referenten zu nennen, und ich sehe Chancen für viele Leute, nur nicht für mich. Wieder heißt es Ideen haben, Ideen haben – die das, was mir am Herzen liegt, nicht einmal peripher berühren. Die mich also auch in meinem Existenzkampf nicht einmal entlasten. Ich muß sie anderen geben, während ich mit Hanni und meiner Kunst auf dem Spiele stehe. Keine Silbe ist übertrieben: Es ist ein verzweifelter Kampf. Noch zerstört er nicht mein Talent.

6. Oktober 1932 | Donnerstag

Ich will Manuskripte vor mir liegen sehen. Das ist die einzige Ungeduld in mir. Der »Kahn der fröhlichen Leute« bleibt eine völlige

Überraschung für mich, weil ich diesen Roman nicht plante, nicht ahnte, weil er heiter und unpsychologisch wird, weil er von einfachen Leuten handelt, die ich mir nie zu schreiben zutraute. Als Hanni mich im Sommer nach der Rückkehr aus Beuthen fragte, ob ich nicht etwas von unserer Marketenderfahrt und den beiden weißen Hafenbänken mit den Arbeitslosen schreiben könnte, vor »Hoffnungslosigkeit«, antwortete ich mit einem glatten »Nein«. Nun merkte ich aber, schon in den Wochen vor Beuthen, daß in den »Hoffnungslosigkeit«-Plänen die Oder eine immer größere Rolle spielte. – Ehe mir die sehr geschlossene, nun aber unablässig sich erweiternde Intuition zu einer Novelle »Der Kahn der fröhlichen Leute« kam, setzte ein leidenschaftliches Bedürfnis nach Lyrik (zum ersten Male!) und Musik, auch nach Opernregie, in mir ein. Dieses Buch ist lyrisch, trotz aller seiner derben Redensarten. – Während ich nun an diesem Roman schreibe, bin ich trotz meiner Müdigkeit und meiner Kopfschmerzen beinahe unentwegt wie in einem Farbenrausch, so sehr ich künstlerische Exaltationen hasse. In unserer Wohnung sind ungewöhnliche, schöne und reine Farben an Wänden und Gegenständen. Immer wieder ertappte ich mich dabei, wie ich Veränderungen, neue Zusammenstellungen vornehme, und meine Blumenleidenschaft steht damit in engster Verbindung. Dabei liegt dieser Roman so abseits vom Ästhetischen, aber zum Glück auch abseits von meinem religiösen »Fanatismus«. Während ich schreibe, während ich die kommenden Kapitel mit Hanni durchspreche, ist die Oder mit ihren Wolken, Wiesen, Wäldern, Schiffen in mir ein einziger Strom von Farbe, der mich oft maßlos erregt.

In allem, allem lebt die drückende und bange Frage: Rechtfertigt das literarische Ergebnis alle Errungenschaften, die in einem vorgehen, oder macht es sie lächerlich? Wie kühl denke ich heut an die »Große Directice«, das »Glück der Vergänglichkeit«, und außer einigen eigenartigen Gedanken erkenne ich an ihr eigentlich nur die Weite der Konzeption alles dessen an, was dann bis zur Fassung »Das Glück der Vergänglichkeit« hin gestrichen wurde. So bleibt nur ein privater religiöser Prozeß. Ein Künstler darf sich niemals so weit verirren, das viel zu nennen. –

8. Oktober 1932 / Sonnabend

Wieder war ich zu mehr als einstündiger Unterredung zu Dr. Braun in die Funkstunde bestellt. Vor allem redete er mit mir über den von ihm verfolgten Plan, mich zu seinem Assistenten zu machen. Für diesen Posten ständen 450.– Mark zur Verfügung. Heut bedeutet das für mich viel –, vor allem die Regelmäßigkeit einer Einnahme! Drei große Hindernisse stehen im Wege. Es müßte erst im Funk ein komplizierter Kettentausch stattfinden, der dadurch erschwert ist, daß es sich um politisch mit Hartnäckigkeit von ihren mächtigen Hintermännern gehaltene neue Leute handelt. Einen Zentrumsmann. Einen Deutschnationalen. Und nun ausgerechnet ich als religiöser Sozialist –? Da ist es gut, nicht zu hoffen.

9. Oktober 1932 / Sonntag bis 16. Oktober 1932 / Sonntag

Sechzehn Kapitel vom »Kahn der fröhlichen Leute« liegen fertig da. Kein beruflicher Erfolg half die Arbeit erleichtern.
Geduld und Geduld – und niemand fragt, woher das Geld für die Wartezeit kommen soll!

19. Oktober 1932 / Mittwoch

Die Möglichkeit meiner Anstellung an der Funkstunde zwang mich nun, mit dem »Vorwärts« reinen Tisch zu machen. –
Das Ausscheiden aus der SPD ist dabei für mich unvermeidlich. Lepère vom »Vorwärts« wird zu erreichen suchen, daß ich quasi stillschweigend Dispens von der Parteizugehörigkeit erhalte.
Das zu hoffen, habe ich schon zuviel Böses erfahren. Die ganze Angelegenheit nimmt mich so mit, daß ich mich auch körperlich recht elend fühle. Es ist mir furchtbar, so handeln zu müssen. Wie soll ein Mensch in dieser Zeit seinen religiösen, künstlerischen und politischen Notwendigkeiten folgen?
Von den Leitern der Funkstunde aber ist in jedem Falle, außer von Dr. Braun, zu befürchten, daß man auf meine bisherige Parteizugehörigkeit und Mitarbeiterschaft an linken Zeitungen mit der größten Reserve reagiert.
Meine schlaflosen Stunden wünsche ich keinem Menschen. Auch Hanni ist so herunter durch die Sorgen um ihr Haus.
Es ist ein hartes Wort für das Leben, das man liebt: »Gott reißt das Übel nicht von der Person, sondern die Person vom Übel.«
Aber an diesem Wort kann ich nicht rütteln. Es ist für mich Luthers Ergänzung der Bibel, ihre vollendete Exegese, das Motto meines Schaffens.

Trotz meiner großen Erschöpfung – ich schlafe nach drei Uhr, fünf Uhr ein und träume in den wenigen Stunden meines Schlafes entsetzlich – ist es mir gelungen, den Entwurf einer ganzen Vortragswoche für Dr. Braun noch fertigzustellen. Da er von mir selbst im Programm am 6. Dezember meine vorgeschlagene Montage über das Publikum haben will, war ich auch bereits im Schallplattenarchiv der Programmaustauschabteilung und habe mir interessantes, noch nie verwendetes Material zusammengetragen.

Von Dr. Braun habe ich den Eindruck, daß er mit größter Energie für meine Anstellung in der Funkstunde eintritt. Er sagte mir, so wie es jetzt in seiner Abteilung ist, gehe es keinesfalls weiter; und für ihn käme nur ich als Assistent in Frage.

Am Abend mußten dann noch zwei Telefongespräche mit Lepère geführt werden. Er besprach mit mir den Wortlaut, in dem ich den Austritt aus der Partei erklären soll, bot sich noch einmal als Garant dafür an, daß ich im Falle meiner Berufung in den Rundfunk im »Vorwärts« nicht angegriffen werden würde, betonte ausdrücklich, daß er nichts Ehrenrühriges in meinem Schritt sehen könne und daß er mir nur einen glücklichen Abschluß meiner Verhandlungen mit der Funkstunde wünsche.

24. Oktober 1932 | Montag

Asta Nielsen schrieb mir auf meinen letzten Brief: »Ich habe mit Dank Ihren Brief erhalten und beeile mich darauf zu antworten. Sie haben recht, wenn Sie sagen, daß alle Entscheidung über meine Kunst bei mir liegen muß. Ja, ‚so müßte‘ es sein. Sie irren aber, wenn Sie glauben, daß es so ist. Die Entscheidung liegt bei vier, fünf Manufakturisten, ob wir Schauspieler öffentlich leben oder sterben sollen. Was meine Gedanken, wie Sie schreiben, aber angeht, muß ich doch sagen, daß es außer für mich selber kein Interesse haben kann. Wie gleichgültig und überflüssig müssen meine Gedanken erscheinen, wenn meine Arbeit überflüssig ist. In meiner Kunst habe ich immer geglaubt, meine Gedanken zu zeigen, die können aber keine Bedeutung gehabt haben, wenn das Resultat so vernichtend ist. Also gut.

Mein Leben hat sich äußerlich insofern geändert, daß ich nicht mehr mit Chmara zusammen bin. Das heißt nach innen auch, indem ich jetzt zur Befreiung gelangt bin. Ich lerne momentan eine neue

Rolle, mit der ich wahrscheinlich bald auf Gastspiele gehen will. Es ist eine Qual, Text zu lernen, aber es muß ja sein. Es ist schwer, im Dialekt geboren zu sein. Erst sollte ich hier in Berlin im November spielen, aber das Stück wurde wieder hingelegt, die Theaterverhältnisse sind unvorstellbar. Ich war einige Wochen in Dänemark. Werden wir uns wieder einmal sehen? Ich hoffe.« Mit den Manufakturisten weiß ich Bescheid.

Die Presseverhältnisse sind auch unvorstellbar.

25. Oktober 1932 | Dienstag

Ich halte es für allzu bequem, vor lauter Erfahrungen komplett zu resignieren, mit all seinen Hoffnungen zu kapitulieren. Deshalb kann ich nicht anders, als mir – ein Wunder angesichts meines Pessimismus'! – meine positiven Erwartungen zwei Dingen gegenüber einzugestehen: der Anstellung im Funk, der Verwendbarkeit meines »Kahn der fröhlichen Leute«.

Für Hanni gibt es diese Hoffnung nicht mehr; sie erwartet nichts mehr für mich, obwohl sie mir alles zutraut.

Das »alles zutrauen« kann mich manchmal zur Verzweiflung bringen. Was höre ich für Elogen über meine Ideen. Warum holt mich da niemand? Warum bin ich da auf der ganzen Linie so entbehrlich?

Wird man mich nicht endlich entdecken? Biete ich mich nicht genug an?!

Ich bin mir selbst wie fremd, daß ich in zwei Dingen wieder Hoffnung habe!

31. Oktober 1932 | Montag

Heute war ich zu zwei Besprechungen in den Funk bestellt. Zu Dr. Braun und zu Herrn Krutschke, dem quasi organisatorischen und geschäftlichen Leiter der Vortragsabteilung. Beide äußerst liebenswürdig und anerkennend. Krutschke sagte mir, daß die Funkstunde in meiner Anstellung einen großen Gewinn sehen würde; und da ich nie auf den Gedanken kommen konnte, um eine solche Anstellung in dieser stellenarmen Zeit mich zu bewerben, da ich ferner von keiner offiziellen Seite präsentiert werde, darf ich ihm glauben. –

Noch einmal heißt es konzentriert Geduld haben.

Jedenfalls werde ich bis zum 15. November meinen »Kahn der fröhlichen Leute« beendet haben. Das Buch drängt in fortwährender Vereinfachung dem Ende zu – ich schreibe täglich ein Kapitel, erzähle es glatt herunter. Aber wo ich gehe und stehe und nicht schreibe, konstruiert mein Kopf unausgesetzt am Bau des auch für die Funkanwendung gedachten Romans.

3. November 1932 | Donnerstag

Gestern, am Nachmittag von Hannis Geburtstag, beendete ich den »Kahn der fröhlichen Leute«.

5. November 1932 | Sonnabend

Gestern während der Probe im Funk teilte mir Dr. Braun, der bald wegging, schnell leise mit, daß ich zum 15. November meinen Posten antreten könnte. Ich kann es erst ganz glauben, wenn der Vertrag unterzeichnet ist. Aber unsere Freude war doch gestern schon groß. Heut ist Hanni nach Breslau gefahren. Auch eine kurze Trennung ist Hanni und mir eine Last, und namentlich in der Spannung dieser Tage.
Mir werden sie dadurch erleichtert, daß ich mich nur mit der Überarbeitung vom »Kahn der fröhlichen Leute« abgebe. Ein Leichtsinn für meine Verhältnisse, jetzt nur daran zu denken. Aber ich hoffe doch nun einmal auf den Funk.

7. November 1932 | Montag

Der große Wahlsonntag ist trotz des schlimmen Verkehrsstreiks ruhig verlaufen. Das Ergebnis überrascht nicht; Rückgang des Nationalsozialismus (ob sich da nicht noch einmal Verzweiflung und Enttäuschung gefährlich auswirken muß?), Zuwachs des Kommunismus und Verstärkung der Papenanhänger, seiner einzigen Partei, der Deutschnationalen, weil Macht am besten überzeugt.

13. November 1932 | Sonntag

Am Freitagabend beendete ich die zweite Fassung vom »Kahn der fröhlichen Leute«; dann hatte ich in der Stadt zu tun und fand nach der Rückkehr die Notiz vor, ich sollte Dr. Braun noch abends in der Funkstunde anrufen. Ergebnis des Gesprächs: der Vertrag verzögere sich noch; Tagung der Intendanten mit Ministerium und Regierung; bevorstehende Umwandlung der Funkstunde AG. in eine G.m.b.H., usw. Aber ich sollte am nächsten Tage meinen Dienst antreten, noch am Sonnabend, zur Einführung in der Vortragsabteilung. So zog ich gestern in mein Zimmer in der Funkstunde ein, und heut haben wir das Ereignis unter uns, ganz intern, ein wenig gefeiert. Der Vertrag soll nun doch beschleunigt werden, so daß ich ihn wohl noch in dieser Woche erhalte.

Ich hatte zuletzt nur noch von Verschüttung in Sandgruben geträumt, von mühevollem Kriechen durch dunkle, endlose Schächte – von Verbrennungen, die ich nicht mehr spürte, Messerstichen, die ich nicht mehr fühlte – so weit hatte mich meine berufliche Bedrängnis gebracht!

Jetzt noch an meiner Rettung zu zweifeln, wäre wohl ein Unrecht! –

DU SOLLST MIT EINEM NEUEN NAMEN GENANNT WERDEN,
WELCHEN DES HERRN MUND NENNEN WIRD

Jesaja 62, 2

1. Januar 1933 | Sonntag

Ob eine Stadt zur Heimat werden kann, wenn man in gleichem
Maße wie ich eine Heimat besessen hat, entscheidet das erste
Weihnachten. Ich kann mich seit meiner Kinderzeit keines
schöneren Weihnachten entsinnen als dieses letztvergangenen
Festes.

Die dunklen Morgen über dem kleinen Wald vor unseren Fenstern; die riesige Tanne in meinem Zimmer, die Hyazinthen,
Tulpen, Veilchen, Mimosen, Leuchter, Goldbänder, die Stille
hier draußen, die Fülle der Glocken am Heiligen Abend, in den
Feiertagen, Silvester, Neujahr. Die Sorglosigkeit dieser festlichen
Tage dadurch, daß ich wieder Einnahmen hatte wie in meinen
besten Zeiten – die Aussicht, daß ich mich weiter halten kann. –

Mein Leben ist ein einziger religiöser Prozeß. Aber noch nie war
es so wie jetzt. Als sei ein vorbereitendes Stadium abgeschlossen.
Als beginne die Hauptzeit meines Lebens. Und es ist nicht ohne
Eindruckskraft für mich, daß dieses Jahr für mich den 30. Geburtstag bringt, den ich seit Jahren schon als etwas so Geheim-
nisvolles im Leben des Mannes empfand. Ich wage nicht anzu-
erkennen, was in mir vorgeht – das Leben vom Begreifen eines

Bibelwortes bis zum Begreifen des anderen. In einem arbeitsamen, nüchternen, nicht uninteressanten, überaus bürgerlichen Leben trotz des künstlerischen Berufes. Die Tage sind Münzen mit zwei verschieden geprägten Seiten.

Man weiß: Gott kann auf jeden Tag des neuen Jahres Leiden über Leiden häufen. Gott legt zuvor eine einzige Ausgefülltheit über das ganze Wesen: ».. . zu verkünden das angenehme Jahr des Herrn«. Er wird reden. Das ist das einzige Versprechen über die Zukunft. Das Versprechen, das alles andere auslöscht, was als Idyll und als zäher Kampf meines Lebens unentwegt wechselt, sich ablöst, ineinander greift, nebeneinander läuft.

2. Januar 1933 | Montag bis 12. Januar 1933 | Donnerstag

Von Ullstein Absage für den Roman; Brief von Krell: »... ich erinnerte mich einer früheren literarischen Begegnung, als Dr. Jacobs mir das Manuskript Ihres Romans ›Der Kahn der fröhlichen Leute‹ übermittelte. Leider kann auch Ihr neues Manuskript uns nicht zusammenführen. Der Roman ist zum Vorabdruck deshalb nicht geeignet, weil er reine *contemplatio* ist. Eine Handlung im eigentlichen Sinne gibt es nicht. Ihr sehr ausgesprochenes Empfinden für Naturnähe, überhaupt die Liebe zum Mikrokosmos zeigt eine tiefe Einfühlungskraft und wirkt ungemein sympathisch. Doch freilich ist der Aufbau insofern etwas unbeholfen, als die Folge der Dinge öfters zu stocken scheint. Das freilich dürften technische Schwierigkeiten sein, die der Begabung für feinfühlig herausgearbeitete Stimmungseinzelheiten noch im Wege stehen. Ich möchte – wenn Sie mir dieses Wort vergeben – von einer gewissen Monotonie reden, die aus der Liebe zu den Dingen entspringt, von einem allzu intensiven Eingehen, das den Leser außer acht läßt. Und an ihn müssen wir, so leid es uns tut, doch nun einmal denken. Jedenfalls habe ich mich gefreut, das Manuskript kennen zu lernen. Ich lege es heute mit bestem Dank in ihre Hände zurück.«

Am Dienstag, den 17., bin ich zu Krell bestellt. – Für mich bleibt der »Kahn« die plötzliche Wendung vom Konstruktiven meiner Natur zum Überraschenden, das in mir selber liegt und dem man selbst vertrauen soll.

»Hoffnungslosigkeit«, das bis ins einzelne in mir fertige Buch, werde ich nun vielleicht nicht mehr schreiben. Es war der Ausgangspunkt alles dessen, was ich schreiben werde. Es war die

Studie zum »Kahn«. Es war Abrechnung mit der Trauer um Beuthen.

Eine eigentümliche Bedeutung erlangte für mich der läppische Bericht, den ich für Dr. Braun zur Weitergabe an Direktion und Intendanz selbst verfassen mußte. Über dieser Bagatelle eines arroganten Gutachtens sind mir merkwürdigerweise die Augen über mich aufgegangen; ich sehe, wo ich Geltung haben könnte und wo ich völlig bedeutungslos bin; und dadurch fühle ich mich sicher. Die Prätention, das Calcul, die Konstruktion sind wie Zunder zusammengefallen – dieses ganze sich vor sich selber und der Umwelt in Szene setzen. Und an seine Stelle ist das Vertrauen getreten zu einem Talent, das ich mir so geartet nicht gedacht hatte; ferner: die Fügsamkeit, weiter aktiv zu sein, um die Zeiten zu überbrücken, in denen mir dieses Talent keine Existenz schafft.

Am Voltaire-Plan hänge ich noch sehr; nun schon seit sechs Jahren. Er soll noch ruhen, eher Abschluß als Anfang werden. Ich weiß nicht, was ich als nächstes schreiben werde. Aber ich zerbreche mir darüber nicht den Kopf. Sonst war ich voller klarer Pläne ... Man ist ganz anders, als man sich selbst sich vorgestellt hat. Nicht einmal dazu hat es bisher bei mir gelangt, meine äußere Position klar zu erkennen. Daß das vorbei ist, gilt mir als großer Fortschritt. Ich weiß nicht, wer ich bin; aber ich weiß nun, als was ich dastehe. Das macht bescheidener. Noch kann ich aber ein geheimes Gefühl innerer Größe nicht loswerden. Und dagegen soll ich vielleicht nicht ankämpfen, weil das in den religiösen Bezirk gehört; es gehört zu dem Bewußtsein der Verwandtschaft mit allen denen, mit denen Gott redete, jenem Ineinander von völliger Kleinheit bis zum Vergehen und dem Emporgerissenwerden zum Höchsten. Wie seltsam ist es aber, daß ich noch nie das Vaterunser beten konnte. Welche »Überraschung« hält Gott bereit? Welche Verwandlungen?

13. Januar 1933 | Freitag

> Ich dachte, ich arbeitete vergeblich und brächte meine
> Kraft umsonst und unnütz zu, wiewohl meine Sache
> des Herrn und mein Amt meines Gottes ist.
>
> *Jesaja 49, 4*

Gestern war ich bei Krell. Wie früher bei Ullstein, wie im Funk: das Ganze ist eine Schweinerei, die einzelnen Leute sind liebenswürdig, interessevoll, verständnisfähig. Zweck der Besprechung: ich sollte durch die erneute Absage nicht den Eindruck gewinnen, als hätte ich bei Ullstein keine Resonanz; Vergewisserung des großen Wohlwollens von seiten Krells und von Monty Jacobs. Man möchte mit mir auf weite Sicht arbeiten, wegen neuer Pläne, die ich fasse, laufend Fühlung mit mir nehmen. Ich erwies die Aussichtslosigkeit meiner Projekte »Hoffnungslosigkeit« und »Voltaire«. Außerdem möchte ich aus »Hoffnungslosigkeit« nun doch den Pfarrhausroman machen, der er sein muß, dazu muß Beuthen für meine Umwelt – Familie und Bekannte – Vergangenheit sein; ich werde auch dieses Buch ans Ende meiner Produktion stellen müssen; denn daß es gar nicht geschrieben wird, kann ich mir noch nicht ganz vorstellen. »Hoffnungslosigkeit« – »Voltaire«, meine Ausgangspunkte sollten das Ende werden? Wer wagt, Zukunft zu denken? Muß ich zu »Voltaire« selbst alt sein? Jedenfalls: ich sehne mich unbeschreiblich nach einem neuen Buch, das wieder einen so weiten Schritt bedeutet wie der »Kahn der fröhlichen Leute« vom »Glück der Vergänglichkeit« her. –

28. Januar 1933 / Sonnabend

In Frankreich wurde Paul Boncour als Ministerpräsident gestürzt, in Deutschland der General Schleicher als Reichskanzler. Die Frage ist: Hitler oder Papen. Nur nicht auf einen Krieg zusteuern. Nur das nicht!

31. Januar 1933 / Dienstag

Hitler ist Reichskanzler. Noch einmal ist das verhängnisvollste Bündnis zustandegekommen, das Gustav Freytag die größte deutsche Gefahr nennt: das Bündnis zwischen dem Adel und dem Pöbel. Im Funk müssen wir fast alle mit unserer Entlassung rechnen, obwohl es schon der reaktionäre Rundfunk war.
Als die erste »Reform« des Rundfunks kam, mußte ich mich als toten Mann betrachten. Es kam gegen alle vernünftige Überlegung anders, kam so gut. Kann sich das nochmals wiederholen? Der Verstand kann nur unmittelbarste Gefahren sehen!

4. Februar 1933 / Sonnabend

Nach dem augenblicklichen Stand der funkpolitischen Dinge ist damit zu rechnen, daß wir noch bis Mitte März im Rundfunk bleiben.

Zu den Absagen für den Roman habe ich nur zu sagen: Ich gebe den Kampf nicht auf, ich gebe die Hoffnung nicht auf, aber ich lasse von aller Prätention. Ich sehe meine Situation total klar. Nämlich: ich kann mich halten; ich habe kleine Teilerfolge; ich mühe mich furchtbar: aber ich darf nicht anfangen. Das ist sehr schwer. Und es ist eine religiöse Angelegenheit. Was will ich den Menschen sagen? Vom Glauben an den *deus absconditus* und den *deus revelatus*. Von Eltern, Kindern, Mann und Frau. Vom Idyll, vom Kampf, vom Abgrund, der jedes Leben umschließt. Von Heimat. Nichts von Aktivismus. Nichts von Entscheidung. Nichts von Überzeugung. Das kann ich nicht. Da bin ich einer, der gar nichts zu sagen hat.

Ich sehe mein Feld immer kleiner werden, aber ich warte mit Spannung und Sehnsucht auf mein drittes Buch. –

7. Februar 1933 | Dienstag

Begeisterter Anruf von Dr. Eggebrecht[13], dem Lektor der Deutschen Verlags-Anstalt, über den »Kahn der fröhlichen Leute« – sehr richtig aufgefaßt, keine Einwände. Kann das nun werden? Jedenfalls hat Eggebrecht schon mit der Stuttgarter Direktion telefoniert, daß sie die Sache beschleunigt. Ich scheue mich nicht, immer wieder zu hoffen. –

11. Februar 1933 | Sonnabend

Die Arbeitswoche im Funk schloß mit einer dreistündigen Besprechung zwischen allen Leuten der Vortragsabteilung ab. Welch merkwürdige Einheitsfront hat sich jetzt den Nationalsozialisten gegenüber ergeben! Nun gelten wir alle als gleich verdächtig, gleich demokratisch, gleich liberal, gleich kulturbolschewistisch. –

Diese »nationale Erhebung« ist furchtbar.

Hitler verkündet über alle Sender ein neues deutsches Reich »in Einigkeit, Kraft und Herrlichkeit, Amen!« Vom Sportpalast aus!

17. Februar 1933 | Freitag

Anruf von Dr. Eggebrecht von der Deutschen Verlags-Anstalt, Stuttgart. Er hätte langes Telefongespräch mit dem Stuttgarter Lektorat geführt, der dortige Lektor wäre vom »Kahn« genau so »entzückt« wie er, die Hauptklippe wäre umschifft, möglichst bis Mittwoch soll die Entscheidung fallen, nur noch der General-direktor; und wie es mit dem Vorabdruck stünde.

Der Generaldirektor und der Vorabdruck, die beiden sind aber für mich die Hauptklippe, und alles Interesse und alle Freund-lichkeit von Lektoren können mir wohl wenig helfen. Ob der »Kahn« heut auch noch Ware sein kann, – darum geht es, und keinem Verleger darf daraus ein Vorwurf gemacht werden. Dem Autor, der nicht bockig ist gegenüber seiner Zeit, aber auch nicht.

Und meine Stimmung bezüglich meiner Romane religiös ausge-drückt:

»Gott ist nicht ein Gott der Toten, sondern der Lebenden«.

19. Februar 1933 | Sonntag

> Joseph sprach: Gott hat mich lassen vergessen alles meines Unglücks und all meines Vaters Hauses ... und hat mich lassen wachsen in dem Land meines Elends.
>
> *1. Mose 41, 51. 52*

Zu wissen, was Zärtlichkeit ist, Grundlage meines Lebens und meines Schreibens – und doch so seltsam ablehnend zu leben, ganz beschränkt auf Hannis Liebe, auf die Kinder (viel ferner schon) – es ist seltsam. Zärtlich sein, aber sich nicht belügen zu können – das schafft die Schwierigkeit. –

Hanni und ich, die wir uns durch Hoffnungen nie verleiten oder nur in der Stimmung beeinflussen lassen, obwohl wir sie dank-bar hinnehmen, sind auf unseren letzten Sonntagsspaziergängen durch die verschneiten Gärten hier stark mit dem Gedanken be-schäftigt, ob wir uns für den Sommer einen Garten pachten und mir einen Hund halten können. –

Aber wir wissen, daß wir unter sehr gewissen Umständen wieder einmal vor dem Zusammenbruch unserer Existenzmöglichkeiten stehen.

20. Februar 1933 | Montag

> Ihr habt keinen Mangel an irgend einer Gabe und war-tet nur auf die Offenbarung unseres Herrn Jesu Christi.
>
> *1. Korinther 1, 7*

Anruf der Deutschen Verlags-Anstalt, Dr. Eggebrecht und Dr. Lang[14]: Der Roman ist angenommen. Anruf bei Hanni: – »nun müssen wir schnell die Widmung und das Gedicht hinschicken.«

Das Gedicht: »Es war nur eine kurze Oderfahrt stromauf.«
Die Widmung: »Zum 2. 11.«
Um halb drei bin ich auf die Deutsche Verlags-Anstalt bestellt:
Unterredung dauerte eine Viertelstunde. Ganz kleine Striche vor-
geschlagen. Bei Erscheinen des Buches bekomme ich Vorschuß.
Und im übrigen bin ich total müde vor Freude und Erstaunen,
daß der Anfang nun doch möglich ist! Gerade um den berühm-
ten 30. Geburtstag.

23. Februar 1933 | Donnerstag

> Hüte dich nur und bewahre deine Seele wohl, daß du
> nicht vergessest der Geschichten, die deine Augen ge-
> sehen haben, und daß sie nicht aus deinem Herzen
> kommen all dein Leben lang.   5. Mose 4, 9

Alles liegt wieder wie in einer Ferne – so schlägt die Arbeit über
einem zusammen! Aber nun wird allmählich von dem Bewußtsein, daß ein Abschluß erlangt, ein Anfang gefunden ist, von
diesem Bewußtsein her eine größere Ruhe kommen. Ich hoffe es
zuversichtlich und hüte mich, allzuviel an das nächste Buch zu
denken. Ich will noch gar nicht wissen, von welcher Art es ist,
ahne noch nichts von seinen Menschen.
Bei all seiner raffinierten Technik sein Talent nicht zu kennen,
es für unberechenbar halten zu müssen – das kommt mir wie ein
Glück vor. –

28. Februar 1933 | Dienstag

Mit großer Vehemenz die Vorabdrucksverhandlungen nochmals
in die Hand genommen, so daß diese Aktion als erledigt gelten
kann. Ich auch –.
Der Reichstag brennt – »von einem Kommunisten in Brand gesteckt«, manche sagen, von den Nationalsozialisten selbst, damit
aller Terror motiviert werde –?
Das ist keine phantastische Deutung.

1. März 1933 | Mittwoch

Erster Tag im März – mir immer ein lieber Tag. Aber dieser
Druck jetzt. Man ist so konsterniert.
Drei Stunden auf der Verlags-Anstalt, da laut gestrigem Bescheid
mit dem Druck des Buches begonnen werden soll. Die Striche
waren festzulegen. Es ging wunderbar glatt. Sogar die angenehme

Situation, daß ich meine eigenen Striche verteidigen mußte. Wieder nur so viel Lob und keine Bedenken. Ich war nicht verwöhnt.

Man wird so maßvoll. Die große Freude über das Buch erhält ihre starken Einschränkungen durch die Lage im Funk.

Hoffnungslosigkeit ist eine große Sache, – den Glauben nicht für eine Glücksgarantie zu nehmen.

Durch den Glauben bekommen Hoffnung und Hoffnungslosigkeit ihr ganz eigenes Vorzeichen.

Aber den Mut zur Hoffnung zu haben und mit keinem billigen Pessimismus sich zu begnügen, ist auch nichts Kleines.

3./4. März 1933 | Freitag und Sonnabend

Die ersten Vorfrühlingstage – und wie man sie hier draußen wahrnehmen kann!

Hilde[15] war anläßlich von Renis Geburtstag bei uns und brachte mir von sich Veilchen und von den Eltern eine blaue Hyazinthe mit. Ich hasse alles zarte dichterische Getue – aber an meiner Blumenleidenschaft läßt sich nichts ändern und leugnen; auch von Hanni eine rosa Hyazinthe; 5. März, unser Verlobungstag.

Über alledem lähmend und beunruhigend die bevorstehende Wahl. Daß sie eine Entspannung, eine Entscheidung bringt, glaube ich nicht. Und ob es nicht am schlimmsten kommt, wenn die Nationalsozialisten nicht den erwarteten Erfolg haben?

Daß ich immer bei einer Partei bleibe, das kann man nach meinem (nicht bereuten, wenn auch peinlichen) Austritt aus der SPD nicht behaupten. Aber man wird mich immer dort finden, wo keine Splitterpartei ist und wo man das in seinen Entschlüssen selbständige, maßvolle Bürgertum suchen zu müssen glaubt. Diesmal ist sein Mann Brüning. Und so spielen Hanni und ich an diesem großen Wahltag »Nathan der Weise« – die Jüdin und der Protestant wählen Zentrum. –

In dieser krankhaften Verzerrung des Nationalismus jetzt schlage ich zwar nicht ins Extrem um, aber ich begreife zum ersten Mal, was echter Nationalismus ist!

8. März 1933 | Mittwoch

Auf dem Funkhaus die Hakenkreuzfahne! Haben uns die Deutschnationalen, die einzigen, die uns halten können, schon aufgegeben?

Was uns schon jetzt an Antisemitismus zugemutet wird, ist furchtbar. Selbst Schnabels Beethovenabende mußten ganz plötzlich abgesetzt werden. Und das gerade in den Tagen, in denen ihm die Universität Oxford den Ehrenbürger für die »einzigartige Interpretation deutscher Kunst« verleiht. Wir im Funk können unsere Situation gegenseitig verstehen, aber die Achtung vor einander ist hin. Müde, dreißigjährige, vierzigjährige Kompromißler, durch primitive Existenzkämpfe verängstigt. Wie wir es drehen und wenden – das sind wir!

Und wie die Nationalsozialisten es drehen und wenden: sie können nichts zustandebringen als eine Verlagerung der Arbeitslosigkeit. –

9. März 1933 | Donnerstag

Im Funk bin ich völlig überlastet und überhaupt ziemlich zu Schanden gearbeitet. Unsere Autoren, auch die namhaften, versagen völlig, und ich muß alle Manuskripte in größter Hetze neu schreiben, meist mir auch noch das Material beschaffen. Und dazu die Ungewißheit unserer Lage im Funk. Die übrige politische Depression bleibt ja keinem Vernünftigen erspart. –

11. März 1933 | Sonnabend

Durch die Proben zur großen Volkstrauertagsendung – diesmal habe ich wenigstens eine anständige Besetzung: Lina Lossen, Lothar Müthel, Theodor Loos, Günter Hadank – ist es selbst am Sonnabend so spät geworden, daß kaum eine Abendstunde mit Hanni bleibt, und auch morgen bin ich durch den Funk gebunden. Bleibe ich im Funk, und nichts anderes kann ich ja wünschen, muß ich mit aller Energie um meine private Arbeit kämpfen.

Überhaupt: welche Flucht ins Private. An wen soll man appellieren in dieser Zeit. Was bringt diese so groß aufgemachte nationale Revolution? Pogromstimmung.

Ich fliehe nicht in eine pikierte Geistesaristokratie; das wäre anmaßend und lächerlich. Aber ich fliehe ins Bürgertum. Das Bürgertum hat es nicht leicht, sich zwischen zwei Revolutionen zu behaupten.

Und das ganze allgemeine Schicksal noch so groß angeschrieben – ich sehne mich so nach Kunst; ich mochte wieder schreiben, was mir wichtig ist. Was schreibe ich denn noch?

Es ist eine furchtbare Unruhe, ein furchtbarer Druck, eine furchtbare Isolierung – eine furchtbare Schwächlichkeit, eine furchtbare Angst um die Existenz –
Das alles möchte ich auf eine Seite schreiben.
Auf die nächste: Hanni. Die Kunst. – Auf die nächste: Gott.
So verlaufen jetzt die Tage. Und alles Gute, das man je erfuhr,
steht einem seltsam klar im Bewußtsein. –

14. März 1933 | Dienstag

Hanni und die Kinder werden zur Evangelischen Kirche übertreten. Über die Motive sind wir uns im klaren. Aber auch aus
solcher Taufe kann Gott etwas anderes machen ...
Welchen Umfang nimmt das Religiöse in den Gesprächen zwischen Hanni und mir ein. Aber ich weiß, daß es so etwas wie
Bekehrung vom Menschen aus nicht gibt und daß der Fromme
niemals bekehrungssüchtig sein kann. Nur »Wes das Herz voll
ist ...«
Daß ich aber fromm bin – das schreibe, sage ich so lapidar ganz
ruhig. Es ist das Geschenk meines Lebens. Jenes Geschenk, das
einem unter effektiven Qualen zu Teil wurde und nun die Frage
nach der Schuld und dem Übel stumm macht, obwohl man täglich die Schuld und das Übel durchlebt.

15. – 17. März 1933 | Mittwoch bis Freitag

Für mich bleibt meine Nüchternheit eins meiner stärksten Posi-
tiva. Denn ich weiß am besten, welches Maß an erregter Empfindung *en matière de* Kunst, welches Maß an Leidenschaft in
Sachen der Religion täglich in mir zu bewältigen ist. Und daß
sich die Nüchternheit etwa aus sprachlicher Impotenz erklärt –
lieber Himmel, wenn ich an etwas nicht zu zweifeln brauche, so
ist es die Flexibilität meiner Sprache! Ich kann mich genau des
großen Momentes erinnern, in dem ich deutlich spürte: meine
Sprache fängt an nachzugeben. Und wie habe ich dann vier Jahre
lang an meiner »Sprache« zweifeln gelernt.
Heute betrachte ich meine Sprache schon absolut als Besitz. Eins
der wenigen Besitztümer, über das man als Künstler in meinem
Alter schon verfügen kann. Es gibt ein paar Punkte, in denen ich
mich nicht anzweifle, weil Zweifel dort Undankbarkeit bedeutete.
Die Situation im Funk, im ganzen Beruf wird nun immer wirrer.

Wieviel Müdigkeit, Abgekämpftsein, Überanstrengung ist einem größer und größer geworden –
Wieviel Spannung, wieviel frohe Erwartung, Festlichkeit, Lebensfreude, Intensität durchbricht die Schwere jedes Tages!
Welches Maß an Leiden und Verbitterung hat man schon durchgemacht – aber was möchte ich schreiben? Das »Trotzdem« – jenes »Trotzdem« der Aussöhnung, des Dankes, der Aufgeschlossenheit – nicht das des Willens und der Tatkraft und Zähigkeit.
Wäre nicht in mir die Gewalt, der Radikalismus, die Unbeirrbarkeit meines Glaubens, das schaudernde Begreifen jedes Abgrundes – ich müßte glauben, daß ich um meine dreißig Jahre herum ein blasser Romantiker wäre, der über einem Streifen erster Schneeglöckchen hinter dunklem Gesträuch, dem Verbrennen des Herbstgestrüpps in der Gärtnerei, dem ersten Bestellen der Beete, über der Ahnung des ersten Frühlingsregens in einen Zustand innerer, zitternder Erregung gerät – über dem bloßen Gedanken an den Oderdamm mit seinen Margeriten im Juni – über der Erinnerung an das Ofenfeuer in der Frühe des Weihnachtsmorgens zu Hause –
Wie viel, wie viel von dem, was Hanni und ich hier leben, trägt den Keim in sich, nach einer kleinen Weile wieder klare Erinnerung zu sein, Heimat zu werden – wie viel von dem, was uns umgibt, hat diese Eignung. Mein Leben hat nur eine Leere: die unbetrügbare, nie schwindende, mein ganzes Wesen durchsetzende Bangigkeit nach einem Kind.
Von Gott aus ist alles geschehen. Aber Gott gibt über das Begreifen, und das Begreifen wächst mit der Gabe. –

21. März 1933 / Dienstag

Hanni fragt: ob ich nun vor Überanstrengung entweder einen Tobsuchtsanfall bekomme oder eine Ohnmacht. Mir ist manchmal, als erhielte mir jetzt meine Energie nur die Erinnerung an die drei guten Dinge dieses alten Lebensjahres:

> Der Einzug in Südende
> Der Roman
> Die Berufung in den Funk.

22. März 1933 / Mittwoch bis 26. März 1933 / Sonntag

Ich müßte nicht Presse und Funk hinter mir haben, wenn mir ein rundes Jahrzehnt nicht als etwas »Besonderes« erscheinen sollte: »Gedenktag«. Wenn aber im Ernst ein rundes Jahrzehnt mir als bedeutungsvoll für das Alter des Mannes erscheint, so ist es dieser Abschluß des dritten.

Da zieht es sich durch Wochen hin, wie es einem immer wieder vor Augen tritt, was man verlor und was man erwarb, was man litt und was man tat.

Der Geburtstag selbst war ein mühsam erkämpfter Tag ruhiger Arbeit, in seinen Mußestunden ganz Hanni und den Kindern bestimmt, von Hanni aus auf alles das eingestellt, was ich für diesen Tag liebe.

Was geschehen ist, darf mich nicht mehr mitnehmen. Man soll auf alles Vergangene nur insoweit zurücksehen, wie es spontane Dankbarkeit und die überwältigende Erkenntnis göttlicher Führung verlangt.

Ich bete nicht. Ich deute nicht. Ich plane nicht. Ich hoffe, ich fürchte, ich ahne nicht. Aber dauernd fühle ich mich durch Gott überwältigt, und keine Flucht in die Nüchternheit bewahrt mich davor.

Dr. Eggebrecht von der Deutschen Verlags-Anstalt war gestern abend bei uns. Ein seltsamer Abend. Einer, der wie eine Etappe ist. Ich habe zu meinem Verlag nicht das mindeste Verhältnis gehabt, außer daß ich es überaus anerkannt habe, wie der Verlag in dieser Situation es mit mir wagt, obwohl es feststeht, daß ich kein Geschäft für ihn werden kann. Und nun lehrt mich plötzlich der gestrige Abend, daß man meine Art und Entwicklung aufs aufmerksamste verfolgt, im Verlag die Eindrücke über mich ausgetauscht, subtilste persönliche Dinge zwischen den Zeilen gelesen hat. Daß man mich als Neuentdeckung betrachtet. Daß man mehr von mir will, weil man viel von mir erwartet. Daß man glaubt, daß mir bisher ein Unrecht geschehen ist. Daß ich meine ureigenste Linie einhalten soll. Daß man nicht möchte, daß ich einen falschen Namen bekomme, nämlich nur als Funkmann und nicht als Dichter. Und daß der Verlag durchaus nicht abgeneigt wäre, mir ein Existenzminimum von monatlich 300 Mark zu garantieren, wenn ich vom Funk weg muß oder will, eine Rente für zunächst ein Jahr. Und das in dieser Zeit und nach der Erfahrung, daß zunächst einmal alle namhaften Zeitungen und Zeitschriften den Vorabdruck meines Romans ablehnen.

Aus dem Funk will ich noch nicht weg. Es muß nur so werden, wie ich es Braun gegenüber als Forderung formuliert habe. Ich will aus dem Funk nicht weg, weil ich meine Übersiedlung in den Funk den gesamten Umständen nach als Fügung empfinden mußte.

Durch den gestrigen Abend heilen jahrealte Wunden, um es pathetisch auszudrücken; aber so ist es nun einmal. Das ist ein großer Moment im Leben eines Dichters: zum ersten Mal zu erfahren, daß man auf ihn wartet. –

Hanni würde ein Leben, wie Dr. Eggebrecht es mir vorschlägt, sobald ich es für notwendig halte, auf sich nehmen wie alles bisher.

Aber ich möchte es nicht. Hanni soll, solange es geht, den Dank für alles haben, was sie an mir getan hat. Und: noch ist kein neuer Roman in mir so spruchreif, daß ich solche Rechte für mich in Anspruch nehmen dürfte.

27. März 1933 | Montag

Das stille Pogrom hat heut in der Legalisierung des Boykotts gegen jüdische Geschäfte, Richter, Anwälte, Ärzte, Künstler einen Höhepunkt erreicht. Was damit in jungen Juden an Haß gesät wird, muß furchtbar werden. Anbruch einer neuen Zeit?

Zuckungen eines sterbenden Jahrtausends! Und oft berührt es mich stark, daß mein Leben in das sterbende Jahrtausend hineinwächst, mit ihm hingeht. Ja, es scheint mir ein Kernstück meiner Gedanken, meiner ganzen Geistes- und Seelenwelt zu sein, daß ich meine Zeit in diesem Sinne betrachten muß. –

Das Jüdische hat in meinem Leben zu weiten und tiefen Raum, als daß ich jetzt nicht in all dem Guten, das immer noch über meinem eigenen Leben reichlich bleibt, sehr leiden müßte. Denn mir ist, als gäbe die Heilsgeschichte der Juden der Weltgeschichte den Sinn. –

29. März 1933 | Mittwoch

Ein Jahr Südende. Wie weit ist uns der Aufbau wieder gelungen! An weiterem Ausbau ist jedoch kaum zu denken, da mein Avancement im Funk nun wieder ganz in den Hintergrund rückt. Die Einzelheiten dieses täglich sich verändernden Hexenkessels lohnt es kaum zu notieren. Ich verkapsele mich in meiner Arbeit und freue mich meines guten Verhältnisses zu Braun und zu meinem allmählich sich bildenden Schauspielerstamm, in dem ich »Neuentdeckungen« neben bekannten Namen habe.

Zu der ganzen jüdischen Boykottangelegenheit habe ich nur eins zu sagen: Ich traure um die evangelische Kirche. Gott macht uns seine Ferne deutlich. Aber ich kann von der Kirche nicht los, muß immer in ihr noch den Kern der Urgemeinde spüren.

Heut nacht habe ich geträumt, ich hätte im Anschluß an einen Gottesdienst in einer Kirche gepredigt, und es war ein unbeschreibliches Gefühl von Glück und Stärke, von Erfüllung.

Man darf nicht lügen mit dem Fliehen von Gott. Gewiß, ich fliehe in jedem meiner seltenen, sehr seltenen Gebete, sage wieder und wieder: Es war kein Gebet. Gott war es nicht. Ich war es. Es gilt nicht.

Aber ich kann es nicht leugnen: ich sehne mich nach Predigen. Und es gibt nichts, was mich so berührt wie die Propheten, – zu denen ich Luther zähle. Ich will nichts sein als ein protestantischer Dichter. Der Wunsch nach dem großen Erfolg ist damit in mir begraben. Was ist furchtbarer? Ein Volk zu sein, das wie die Juden Gottes Hand so schwer spürt?

Oder ein Volk, das diese schwere Hand darstellen muß wie wir Deutschen? Immer wieder geht es mir in diesen Tagen durch den Kopf, was jetzt in manchem jungen Juden geboren werden mag an schrecklicher Macht für die Zukunft. Aber auch in mir wird in diesen Tagen etwas geboren, was auf das Zentrum meines Lebens zustößt.

30. März 1933 / Donnerstag

Ich hatte »Atlantis« pünktlich fertig geschrieben. Nun galt es für Sonnabend die Sache rasch zu proben. Die Probe mußte ausfallen. Das Manuskript war nicht vervielfältigt worden, weil die Firma, mit der der Funk bisher sehr angenehm arbeitete, jüdisch ist. Die von mir bestellten Platten wurden mir entzogen, weil entweder die Firma oder der Komponist (Ich brauchte: »Meeresstille und glückliche Fahrt«) oder der Dirigent jüdisch ist. Meinen zuverlässigsten Sprecher mußte ich wegschicken, weil er jüdisch ist. Und im übrigen ist der Funk fast wie eine nationalsozialistische Kaserne: Uniformen, Uniformen der Partei-Formationen.

Am schrecklichsten sind mir die nationalsozialistischen Frauen. Die tragen auch die Schuld an der politischen Radikalisierung der Kinder.

Ich bin kein Antisemit, weil kein Gläubiger es sein kann. Ich bin kein Philosemit, weil kein Gläubiger es sein kann – –

Aber ich glaube an das Geheimnis Gottes, das er im Judentum beschlossen hat; und deshalb kann ich nur darunter leiden, daß die Kirche die gegenwärtigen Vorgänge duldet. Ich ahne, was es heißt, »Knecht Gottes« zu sein. –

2. April 1933 | Sonntag

Nun geht es wieder an: das Leben von Tag zu Tag, – das dem Christen und dem Künstler vielleicht einzig gemäße Leben.
In unserem Garten große Flecke über und über voller Veilchen. Ein kühler Frühlingstag, dunkle Wolken, erstes Grün, erste gelbe Blüten an noch schwarzen Sträuchern. Bestätigung dessen, was Dr. Eggebrecht von mir sagt: »Wenn man den ‚Kahn‘ liest, denkt man, die Mitternachtssonne ist in Schlesien zu suchen.«
Genau so ist es mit mir. Ich stamme weniger aus dem Osten als aus dem »nördlichsten Weinland«. –

3. April 1933 | Montag

Ich stehe dem Leben von Tag zu Tag nicht feindselig gegenüber. Es bleibt für mich dabei: es ist das dem Christen und dem Künstler allein gemäße Leben; und an nicht unwesentlicher Stelle gibt es eben den großen Bruch zwischen Künstlertum, Christentum und dem von mir so geliebten Bürgertum. Ist Gott nicht: dann ist mir alles gleich, Glück oder Unglück, Gut oder Böse, Tod oder Leben.
Ist Gott: dann ist mir erst recht alles gleich; dann soll er mit mir machen, was er will.
Eins meiner elementarsten Gefühle ist die Dankbarkeit, so sehr ich unter Übel und Schuld leide.
Die Nerven sind in Unruhe, aber die Seele ist ruhig. Die Vorgänge sind wirr, aber mein Schicksal ist geordnet. –

4. April 1933 | Dienstag

Meine alten Romanpläne sind so stark in den Hintergrund geraten, – meine Sehnsucht, etwas Neues zu schreiben, ist so stark geworden, daß ich fast glaube, es bahnt sich etwas Neues an. Aber ich habe nicht die geringste Vorstellung, was es sein könnte. Und ich mag nicht darüber grübeln. Ich mag nicht einmal daran rühren, wie ich überhaupt von der »Selbsterkenntnis« so entsetzlich wenig halte. Es ist Gottes Sache, wie weit er einem Menschen über sich die Augen öffnen will, und von Gott aus läuft wohl da die ganze menschliche Selbsterkenntnis auf das Bewußt-sein aus dafür, daß man sich geführt weiß. Das schließt alles andere in sich.

Ein Buch wie der »Kahn« hat für die Kenntnis meiner selbst x-mal mehr ausgemacht als die subtilste Autobiographie. –

Beuthen ist mit einer wahren Heftigkeit in mir wach, und ich mag keinen Unfrieden mit meiner Familie – und wünschte sie mir doch ganz fern, um endlich Beuthen schreiben zu können, wie es ist, mit jenen drei Figuren, die fertig in mir sind: Vater, Mutter, Billum. Ich glaube, »Hoffnungslosigkeit« müßte nicht mehr »Hoffnungslosigkeit« heißen, sondern »Der Rest unseres Lebens«. »Hoffnungslosigkeit« ist im Schwinden; doch durch den »Kahn« verdrängt oder besser: freundlich ersetzt.

Die Frage nach dem neuen Buch ist sehr laut, sehr schmerzlich, sehr erwartungsvoll. –

5. April 1933 | Mittwoch

Die antisemitische Boykottbewegung ist heut nicht mehr aufge-nommen. Fraglos unter dem Druck des Auslandes. Aber was hilft das, wenn nun der *numerus clausus* für die Ärzte, Anwälte, Künstler doch bleibt! Und das scheint nun unabwendbar. –

8. April 1933 | Sonnabend

Mein Berufsleben: Berlinischstes Berlin.

Mein Privatleben: Beuthen; nur ohne das »Heroische«, »Tra-gische«.

Aber viel von seiner Freundlichkeit.

Die Aufregungen meines gegenwärtigen Lebens berühren mich wenig. Die Anstrengungen mehr, weil sie an die künstlerische Substanz greifen. Aber sie helfen unser Leben behütet machen. Nur daß man es jetzt gar so deutlich weiß, daß jeden Tag Schluß sein kann. Um so dankbarer wird man für jeden Tag.

Aber jeden Tag ein wenig mehr **Muße**. Ganz ohne Frieden und Stimmung geht es nicht in der Kunst, und ich habe bisher die »Stimmung« bestimmt zu gering veranschlagt! Nur ein wenig Muße: und jene fruchtbare Stimmung ist da. Wenn man seine Stimmungen so filtrieren lassen muß, so schlimm prüfen lassen muß, können sie nicht mehr vage sein. Als sagte einer: Nimm es wahr. Es muß wieder für lange vorhalten.

Aber nun muß sich auch viel vorbereiten. Besser gesagt: etwas muß sich dicht vorbereiten. Denn alle alten literarischen Pläne – klare Kapitel meiner Entwicklung, obwohl gänzlich nicht-auto-biographisch – sind, wenn ich ehrlich bin, *ad acta* gelegt. Viel-leicht bis auf den »Voltaire«. Beuthen wird anders wiederkommen als in »Hoffnungslosigkeit«. Denn da war noch viel zu viel kom-plizierte, bewußte Handlung in der Konzeption. Ich will aber einfach so heruntererzählen, als wäre es eine leichte Sache, mit dem Schreiben und dem Leben.

Ich will einfach heruntererzählen, in dem wunderbaren Vertrauen darauf, daß mein Gehirn, auch wenn ich gänzlich andere Dinge treibe, unentwegt am Konstruieren eines Buches arbeitet, fast unter »Ausschluß meiner selbst« – wie ein selbständiges Wesen. Als nähme mir ein anderer alle konstruktive Arbeit ab. Deshalb sagen dann die verschiedenartigsten Verlagsleute: ich wäre ein naives Talent, das gleich in runden Kapiteln denkt und nicht zu bauen, nicht zu entwickeln braucht. Ehe ich Neues schreiben kann, muß aber eines von vornherein fertig sein: der neue Mensch des Buches.

Wer ist »fertig« in mir? Vater, Mutter, Billum; (Voltaire).

Welche Sphäre ist »fertig« in mir? Beuthen.

Welches Gefühl, welcher Gedanke, welches Bewußtsein, welche Anschauung, welche Erfahrung in mir ist so weit, daß ich damit anfangen kann, sie zu beschreiben? (»Fertig« sind sie nicht. Dauernd spürt man das Wachsen.) Der Glaube.

Das also ist mein Material.

Nun warte ich auf das neue Buch. Umkreise es dauernd. Alle alten literarischen »Projekte« scheinen mir *ad acta* gelegt. Viel-leicht auch der Voltaire. Er ist mir zu kulturgeschichtlich.

Meine Abscheu gegen Studien ist groß.

Dauernd, dauernd umkreise ich das neue Buch.

Wenn ich eine Wolke sehe, möchte ich sagen: Da ist es. Wenn ich ein Bibelwort lese, möchte ich sagen: Da ist es. Wenn ich ein Gedicht lese, mit Hanni spreche, an Billum, die Eltern denke – Was ist mein ganzes »Tagebuch«? Ein Hinschreiben auf das neue Buch zu.

Aber nun möchte ich es auch bald kennen.

Die fragende Empfindung ist nicht der Zustand, in dem ich künstlerisch leben kann; die blühende Empfindung ist es. Ich kann es nicht anders beschreiben. Wobei mir aber feststeht, daß das Blühende auch voller Schwere ist. –

11. April 1933 | Dienstag

Proben für »Stunden, die Geschichte machten«. Mit prominenter Besetzung, Chor und Orchester. Wahnsinnig anstrengend, da ich das Ganze mit nur drei Proben schaffen muß. Daneben laufen schon wieder die diffizilen Verhandlungen mit dem nächsten Geschichtshörbild. Autor Reinhold Schneider. Und eine Bach-Hörfolge für Karfreitag. Lieber Himmel, ist es so schwer geworden, im Monat 500 Mark zu verdienen, daß alle Zeit, alle Nerven, alles Talent nur auf die Funkarbeit konzentriert werden müssen? Wann kommt eine Entlastung? Wann kommt eine eigene Arbeit? Gibt es nur noch die Wahl zwischen Überlastung mit »Nebenarbeit« und furchtbaren Geldsorgen?

Warum darf einen die eigene, natürliche Arbeit nicht bescheiden ernähren? Ach, nur das wieder erreichen, daß ich an den Abenden, am Wochenende für mich arbeiten kann!

14. April 1933 | Freitag (Karfreitag)

In diesen Tagen ging es über den Rest meiner Kräfte, so weit, daß meine Nerven wirklich in einen gefährlichen Zustand gerieten; Mahlzeiten andeutungsweise, Schlaf ein »Opfer des Berufs«. Aber beide großen Sendungen sind wieder glatt herausgegangen: das erste Geschichtshörbild und die »Chronik der Familie Bach«, die ich an einem einzigen Abend von A bis Z umgeschrieben habe. –

Unabhängig von den immer neuen »politischen Entscheidungen« im Funk wird eine Entscheidung von mir aus fallen müssen. Nur kann ich mir nicht denken, daß ich den Funk im Herbst als Rettung bekam, um ihn im Frühjahr freiwillig zu verlassen. –

Nun gehören mir drei Tage. Nach der Karfreitags-Sendung nachmittags heim: die Wohnung wieder voller Veilchen; der Garten für Ostern gerüstet, von einem Gärtner in Pflege genommen; der ganze Roman zur Korrektur angekommen!

15. April 1933 | Ostersonnabend

Wie Gründonnerstag ein mir sehr lieber Tag der Kinderzeit; da kam immer viel Besuch an (diese Stimmung fehlt mir vielleicht in meinem gegenwärtigen Leben überhaupt ein wenig, weil ich so sehr gern Besuch habe; aber sonst habe ich alles, was ich je liebte, schöner denn je). Und die »nördlichen Aprile« scheinen ja tatsächlich von der Oder her mit mir nach Berlin gewandert zu sein. –

Die religiöse und die stimmungsmäßige Sphäre eines Festes sind nur zu klar getrennt. Ich mache allerdings immer wieder die Erfahrung, daß, unabhängig von der an keinen Termin bindbaren Erfahrung von Weihnachten, Ostern, Pfingsten, Karfreitag in Einem, in allen Festzeiten das Herz sich spürbar beiden Sphären aufschließt, sich zu ihnen hinwendet wie Pflanzen zum Licht. Ich könnte ohne Feste schwer leben.

16. April 1933 | Ostersonntag

Große rote Ostereier, kleine bunte, grüne Nester, rosa Körbchen, Hortensien, gelbe Osterglocken, Primeln, Veilchen, grüne Zweige, Seidenbänder, Wein, Glockengeläut – aber der Wind so kalt, daß die warmen Stuben einem wohl tun; aber der Tag so dunkel, daß ein flüchtiges Sonnenlicht einen freut. –
Der Roman ganz durchgesehen; nun also endgültig beendet! Auf der ganzen Linie sage ich Ja zu diesem Buch.

18. April 1933 | Dienstag

Heute setzen die Wirren im Funk noch einmal mit Vehemenz von neuem ein. –
Verkapseln, verkapseln, verkapseln. Es ist mir alles zuviel. Ich muß an zu vielen Fronten kämpfen, aber die Hauptschlacht bleibt ungeschlagen. Nur sage ich mir: daß ich in den Funk kam, trug so deutlich den Stempel der Fügung. Es wird weitergehen, auf den Sinn zu.
Was künstlerisch durch meinen Kopf jagt in all diesen Wochen, ist ein einziger Ausscheidungsprozeß. Was ausgeschieden wird, das weiß ich wohl. Nicht aber, was sich zu gleicher Zeit sammeln mag.
Denn trotz aller Erschöpfung glaube ich ja daran, daß sich Neues sammelt – dem Grade der Sehnsucht danach entsprechend? Immer will man das Neue.
Daß man »Ideen« hat und »Stoffe«, ist Unfug. Die sind das Neue nicht. Die sind nichts wert.
Nur der Zustand der Lebendigkeit gilt. Nur der plötzliche Hervorbruch des Lebens in einem, den man staunend erzählt, wie man seine ersten Worte bildete. Man muß Vater und Mutter schreiben, wie man Vater und Mutter sagte; man muß seinen Namen schreiben, wie man sich als Kind begriff. Ich will nichts als erzählen, weil alles so lebendig ist, daß es beschrieben sein

will. Eine unausgesetzte Taufe ist das Schreiben. Namen geben, Namen geben allen Dingen, die schon ihren Namen tragen und immer von neuem getauft sein wollen, bis sie ihren ewigen Namen tragen.

Namen geben den Eltern und Kindern, Namen geben der Landschaft, den Sternen, Namen geben den Leiden und Kämpfen, Namen den Lastern, Namen der Güte –

Nicht Pläne entwerfen!

Nicht Ideen haben!

Nicht Gestalten schaffen!

Taufen – das ist es. Das ist die ganze Dichtung!

Und in dem allen die eigene Taufe begreifen!

Das: Ich habe dich bei deinem Namen gerufen, du bist mein. So zu den Dingen und Menschen zu sprechen, ist die Dichtung.

So Gott zu einem selbst sprechen zu hören, ist der Glaube. Wo Gott mich nicht kennt, kann ich das Leben und seine Träger nicht nennen.

Wenn Gott mich nicht anredet, kann ich vom Leben nichts aussprechen.

Dort allein liegen die Geheimnisse der Produktivität. Es heißt nicht: Was soll ich jetzt schreiben?

Es heißt:

> Herr, wann wirst du wieder reden?
> Herr, wann wird der Garten Eden
> wieder erste Früchte bringen,
> die kein Säender ersann?
> Herr, wann wirst du wieder reden,
> daß ich Menschen, daß ich Dingen
> erste Namen geben kann?

Erzählung ist Taufe.

So einfach sind die Weisheiten, aus denen man lebt.

19. April 1933 | Mittwoch

Heute habe ich auf dem Deutschlandsender das 10. Kapitel aus dem »Kahn« gelesen.

Hilde war bei uns zum Abendbrot, um von den Feiertagen in Beuthen zu berichten. Alles berührt mich fremd und traurig. Aber alles in meinem Leben gewinnt nur einen religiösen Sinn. Auch in Sachen der Familie heißt es: Verkapseln, verkapseln;

damit man frei wird für sein wirkliches Leben, für sein wirkliches, aufgeschlossenes Leben.

20. April 1933 | Donnerstag

Die Hitler-Geburtstagsfeier im Funk ist einem wieder etwas über die Nerven hergegangen. – Der neue Intendant ist nun an der Arbeit; Dr. Brauns Kündigung ist zurückgenommen, so daß wir nun vielleicht für ein Jahr Ruhe haben. Meine Angelegenheit haben wir nun noch einmal genau durchgesprochen. Ich darf jetzt kein politischer Fall werden, deshalb kann der Kampf um eine eigene Abteilung für mich nicht aufgenommen werden. – Da ich jetzt keinen Roman schreiben möchte, ehe nicht einer völlig spruchreif ist, bin ich auch innerlich mit dieser Lösung einverstanden. Ich kann eine Karriere nicht erzwingen. Ich kann einen Roman nicht erzwingen. Ich glaube nicht an den Erfolg von Gewalttätigkeiten. – Und in eine der ersten Schichten scheine ich nun einmal nicht aufzurücken und zu den großen Einnahmen nicht zu gelangen.

Ich darf meinen Ehrgeiz nicht teilen. Mein Ehrgeiz muß sein: meine Situation als Schriftsteller immer klar zu sehen. Da schweigt der Ehrgeiz. Da schweigt die Geldgier. –

So ganz leicht wird mir das Resignieren gegenüber einer Karriere nicht. Daß nur noch die Politik entscheidet! –

Das Buch bleibt der enorme Ausgleich. – Für weitere Bücher nehme ich alles in Kauf.

21. April 1933 | Freitag

Wieder Anruf von Dr. Eggebrecht. Noch immer: ob ich nicht ein Fixum der Verlags-Anstalt nehmen und vom Funk weggehen will. Das mit dem Fixum ist heut absolut wie ein Wunder. Aber ich will noch keinen neuen Roman schreiben, obwohl ich es könnte, wie ich Hörfolgen schreibe. Aber das eben lehne ich ab. Und dann: daß ich in den Funk kam, war wie eine Fügung. Ich tue nichts selbständig.

Ob ich es nicht so will: in Arbeit eingesponnen sein, um Geld zu verdienen, um vorwärtszukommen, um frei zu werden, daß ich eines Tages ohne Sorgen so am Schreibtisch sitze, wie ich unter schwersten Sorgen selig über dem »Kahn«-Manuskript saß?

Der »Kahn« war Abschluß, war doch Versöhnung mit Beuthen.

War er denn auch schon Versöhnung mit der Kinderlosigkeit? Sie, und nicht die Oder, war am Ende zum Thema des Buches geworden. Und darum ist es doch ein Unrecht, daß man mich das Kapitel vom Knaben Oder streichen ließ.

22. April 1933 | Sonnabend

Um dieses Lebens mit Hanni willen brauche ich den Erfolg. Denn er allein schafft Geld. Um dieser Insel willen, um kommender Bücher willen brauche ich: gute Kritiken, repräsentative Aufträge, Photoveröffentlichungen, Anschluß an alle Prominenz. Und wenn ich sehe, was um mich »Erfolg« ist, so spüre ich nichts als grenzenlose Verachtung für die Produzierenden, für die Kritiker, für das Publikum. Ich hasse diesen Erfolg, hasse die Kollegen, hasse die Presse, hasse das Publikum und habe eine fanatische Sehnsucht nach den »Stillen im Lande«.
Damit Hanni und ich »Stille im Lande« sein können, muß all dieser Auftrieb sein! Wir werden sehr »Stille« werden. Denn jeder Versuch, uns einmal »draußen« zu amüsieren, mit Menschen Berührung zu haben, schlägt kläglichst fehl. Vorgestern, gestern und heute. Im Hinblick auf alles das bin ich menschenfeindlich und lebensmüde.
Aber ich zittere innerlich vor Lebens-Intensität, wenn ich »Religion«, wenn ich »Landschaft«, wenn ich (neue) »Heimat«, wenn ich »Liebe« denke.
Wenn ich aber an das Weiter, an die Zukunft, an den Fortgang, an das Neue denke im Kind, das ich nicht habe, von Hanni nicht habe, so bin ich nicht menschenfeindlich, so bin ich nicht lebensmüde, so zittere ich nicht vor innerer Lebendigkeit: so lege ich die Hände in den Schoß und fühle mein Leben von einem dunklen Griff durchstoßen. Aber es ist die Hand Gottes. –

25. April 1933 | Dienstag

Jeden Tag kommt mit untrügbarer Klarheit ein Moment, von dem ich sagen kann:
Wenn ich jetzt aufhören dürfte zu arbeiten, wäre ich ein einigermaßen harmonisches Wesen (so weit man es sein darf) – wäre ich im Besitz meiner Energien – wäre ich einer künstlerischen Receptivität und Produktivität fähig.
Aber die Arbeit geht jeden Tag über diesen Moment hinaus. Die Verhältnisse, die Arbeiten wachsen mir über den Kopf; aber wie

befremdet stehe ich vor dem Wunder, daß ich mich in dieser Zeit noch immer behaupten kann. Und in meiner engsten Sphäre Klarheit und Ruhe habe.

26. April 1933 | Mittwoch (Mein Tauftag)

> Schau die Güte und den Ernst Gottes: den Ernst an denen, die gefallen sind, die Güte aber an dir, soferne du an der Güte bleibst. *Römer 11, 22*
> (. . . sofern Gott dich in der Güte hält!!)

Ich müßte mich gut genug kennen, um am Anfang eines jeden Jahres die Perioden der Schwermut einzukalkulieren, die unweigerlich immer wieder kommen. Aber wenn sie da sind, so ist man wenig gewappnet, und sie verlangen einen ganz. –
Ich habe gar keine Lust zu meiner naturgemäßen Aktivität. Das, was ich nicht plante, wurde; das, was ich nicht erwartete, war vorbereitet. Ich will arbeiten, aber ich will nicht Ziele setzen.
Ob ich jemals das einzige dem Künstler und Frommen gemäße Wort mit meinem Herzen sprechen werde: »Mein Reich ist nicht von dieser Welt«?
Darf es mir um das Idyll mit Hanni gehen? Diesen Wunsch jedenfalls kann ich nicht ableugnen, daß uns unsere gegenwärtige Lebensweise erhalten bleibt. Und noch mehr soll sein: dann und wann eine Reise. Etwas mehr Zeit.
Nichts begeistert, beängstigt mich so wie die Menschen. Die Menschen weg! Sie erschöpfen mich maßlos. Die Menschen machen mich schwermütig, ich habe rasende Kopfschmerzen, bin entsetzlich müde.
Ich habe eine große Sehnsucht nach einem friedlichen Leben der Arbeit, der Ehe; viele mit mir.
Ich habe eine große Sehnsucht, mein Leben ganz im Glauben versinken zu lassen; das ist das Seltene, das Gott meinem Leben gab. Ich kenne das »Hungern nach dem Wort Gottes«.
Die menschlichen Pläne, Wünsche, Sehnsüchte, Leistungen, Unterlassungen haben so wenig mit der Führung durch Gott zu tun; ja, sie sind wohl immer Feind miteinander. Oder will Gott sie durchdringen, die menschlichen Dinge?
Man ist voller edler Züge. Man ist voller Laster. Man ist voller Hoffnung. Man ist voller Verzweiflung. Der Glaube fegt alles beiseite.

Heute kennen Hanni und ich uns vier Jahre.
In unserem Garten blühen drei Kirschbäume.

27. April 1933 | Donnerstag

Heut bin ich im Funk Leiter vom Dienst und lerne einmal auch
die Schwierigkeiten des Programmablaufs zur Genüge kennen
mit eingeschobenen Ministerreden, überzogenen Zeiten usw.
Hanni besuchte mich überraschend, damit mir die Zeit bis zwölf
Uhr schneller verginge. Aber immer muß ich arbeiten. Ich kann
beinahe nicht mehr. Immer die nächstliegende Arbeit frißt mich
auf. Nach meiner eigenen Produktion, meiner Laufbahn, meinen
Einnahmen kann ich nicht fragen. Es frißt mich auf. Verdiene
ich genug für uns? Komme ich vorwärts? Keine Pläne mehr. Nur
Konstatieren. Immer nur den Tag bewältigen. Meine Nerven
scheinen mir in Fetzen im Schädel zu hängen. Daß es so schwer
ist, sich zu behaupten. Auch das eine Quelle der »Schwermut«.
Aber obwohl es mir besser geht als Tausenden von Künstlern:
die Schule, die ich durchmache, ist hart. Ich bin nicht larmoyant.
Sie ist sehr hart, denn ich bin am Rande meiner Kräfte, und niemand weiß, wie zerstört es in mir aussieht, weil ich nicht dichten
kann. Weil ich so gehetzt bin. Finanziell durchkommen ist eben
nicht alles. Und mit falschen Erfolgen kann ich mich nicht belügen.

29. April 1933 | Sonnabend

Heut, am Sonnabend, nur einen Moment im Garten. Ein Kirsch-
baum blüht direkt in eine hohe Birke hinein. Fast unvorstellbar
der Gedanke, daß die Arbeit sofort wieder weitergehen soll. Da-
neben müssen Anregungen fürs Programm sein. Geht auch. Fällt
mir immerzu etwas ein. Ich habe das Gefühl, jenseits meiner
Kräfte zu arbeiten. Da, wie entwaffnend, das Lutherwort: »Denn
von der Arbeit stirbet kein Mensch.«
Es sich vom Halse schreiben. Aber nicht viel damit hermachen.
Jeder Tag ist von Gott. Jeder Tag »Exegese« meines Taufspruchs.
Es müßte einem den Mund verschließen, wenn man das begreift.
Strich durch den Etat. Strich durch die Pläne. Strich durch den
Ehrgeiz. Der Glaube ist schon wie ein Fels; aber die Nerven sind
darauf wie der Unrat der Vögel. Die Nerven sind furchtbar.
Verfluchter Ballast, den man selbst an diese dünnen Fäden hängt.
Wenn man nur die Aufgabe erledigte, die einem gerade gegeben

ist – wenn man nur wissen wollte, was einem täglich geschenkt wird – ich glaube, die Nerven reichten aus! Daß es echte Leiden, echte Leidenschaften gibt – darüber ist kein Wort zu verlieren. Aber die wenden einen zu Gott hin, während all das andere nur wie eine sinnlose Zerstörung zu sein scheint.

Wenn man in seinen Leiden und Leidenschaften versinkt, kann man die Bibel lesen, will man mit Vehemenz die Bibel lesen. Wenn man seinen Etat aufstellt oder seine Karriere arrangiert, geht es nicht.

Ich glaube, ich bin fertig mit der Sache. Manchmal arbeitet Gott mit einem einzigen Hieb. –

30. April 1933 / Sonntag

Meine Abspannung nach diesen Wochen – ich bin nun genau ein halbes Jahr im Funk – ist groß. Ob ich heute am Sonntagmorgen – Apfelblüte im Garten! – im Garten sitze, ob ich mich in der Wohnung einen Moment umlege: ich schlafe sofort ein.

Morgen geht die Arbeit wieder im alten Umfange weiter; sie geht weiter,

weil mein Ehrgeiz, auch wo ich ihn durchschaue, keine Ruhe läßt und ich vor ihm kapitulieren muß wie vor einem Trieb. Aber es ist ein Ehrgeiz ohne unfromme Sorge;

weil meine Produktivität dauernd wie ein Hund ist, der einen Knochen zwischen den Zähnen haben will. Ich ahne das Glück der Muße, aber auch hier kapituliere ich wie vor einem Trieb;

weil ich nur durch das hohe Maß und den befriedigenden Gehalt meiner Arbeit über den Schmerz hinwegkomme, daß ich, der ich so fest an die Fügung glaube, in dem Kreis, in dem man zur Welt kommt und den man in die Welt bringt, daß ich hinter mir mit meiner Familie gebrochen habe und vor mir keine Familie sehe. Dadurch ist mir, so furchtbar das ist, Erotik, die ich als höchste Lebendigkeit so hoch ansetze, sinnlos geworden bis ins physische Verlangen hinein. Und in einer Ehe, die gemessen an den gewohnten Erfahrungen in beunruhigendem Maße einer Vollkommenheit zugeht, tut sich ein schrecklicher Hohlraum auf, den beide im selben Moment immer wieder spüren. Ich kann kein Tier mit einem Jungen sehen, kein Kind, ohne daß alles in mir zusammenzustürzen scheint. Und das Gefährliche ist, daß Hanni wohl ahnt, wie es in mir aussieht. Göttliche Verheißungen kann ich nicht mit menschlichen Wünschen durcheinander bringen.

Die Arbeit geht weiter, weil ich keinen Roman schreiben will. Weil ich glaube, daß es Fügung war, als ich in den Rundfunk kam. Weil ich dieser mir so wenig genehmen Zeit entfremdet würde, hätte man mich nicht an einen solchen Brennpunkt geistigen und politischen und »volkskundlichen« Lebens geholt. –

9. Mai 1933 | Dienstag

Die Nationalsozialisten haben alle Macht in Händen: über die Parteien, Gewerkschaften, Zeitungen, Sender, Theater, Heer, Polizei, Justiz, Verwaltung, Universität, Schule ... Es ist beängstigend. Wer will dieser Verantwortung gewachsen sein, die Ansprüche so riesiger Anhängermassen befriedigen? Wie wird deren Enttäuschung sich äußern? Ich reagiere auf alles das mit einer entsetzlichen Abgespanntheit und äußerster Aktivität, also höchst paradox. Und darüber hinaus mit dem Glauben: geführt zu werden.

11. Mai 1933 | Donnerstag

Daß mein krankhafter, oberflächlicher Ehrgeiz nicht befriedigt wird, ist für Charakter und Arbeit nur heilsam. Denn mitunter ist es so, daß ich tief deprimiert bin, wenn ich einmal zwei Tage lang meinen Namen nicht gedruckt sehe. Und in diesem Zustand ist man für seinen eigentlichen Erfolg einfach noch nicht reif. Die alte, fast vergessene Ruhmsucht der Künstler bohrt und bohrt in mir. Sie ist schon wie ein Trieb. Alle Sublimierung, alle Erkenntnis, aller Wille, alle Haltung helfen wenig. Soweit sie notwendiger Bestandteil des Talentes ist, mag die Ruhmsucht gelten. Nur die Situation klar sehen. Wenn man zwanzigmal photographiert wurde, brauchen die Menschen noch in keiner Weise das Gesicht zu kennen, das man als Künstler hat. Also ist klar, was der echte Erfolg ist.
Ich fange an, mich durchzusetzen. Das ist alles. Und gewiß ist das heute viel. Namentlich wenn ich denke, wie ich zweimal aus dem Nichts heraus angefangen habe; erst in Breslau, dann in Berlin.

13. Mai 1933 | Sonnabend

Der Geistliche, bei dem Hanni sich zur Taufe angemeldet hat, – ein politisch sinnlos gewordenes Beginnen – hat sich erst heut nach vielen Wochen zum ersten Male gemeldet. Mit religiösen

Plattheiten. Hanni weiß hundertmal mehr vom Christentum als solche Pastoren. Bibellesen!

Hanni will aus politischen Gründen nicht Dissidentin sein. Damit basta. Und daß sie immer wieder etwas von Luther wissen will oder von den Bibelstellen, die von »Verwerfung« und »Erwählung« handeln, das hat mit diesem Übertritt gar nichts zu tun. Sie weiß es, und ich weiß es. Nun bin ich in die Situation des Judentums sehr verstrickt. So wie die Dinge liegen, müßte meine Ehe mich meinen Posten verlieren lassen. –

22. Mai 1933 | Montag

»Beuthen« – die zweite große Tragödie meines Lebens. Und nun selber keine Familie, kein Kind. Um das Verhältnis zu Mutter traure ich sehr. Was ich so nachts von Beuthen träume –. Im Traum Mutters Hände gehalten und sehr unglücklich. Deutliches Gefühl von Telepathie. Hanni davon gesagt. Brief von Mutter, die nichts davon wußte, bestätigt später Rest des innigen Verhältnisses zwischen Mutter und mir! –

24. Mai 1933 | Mittwoch

> Ohne Gott bin ich ein Fisch am Strand,
> ohne Gott ein Tropfen in der Glut,
> ohne Gott bin ich ein Gras im Sand
> und ein Vogel, dessen Schwinge ruht.
> Wenn mich Gott bei meinem Namen ruft,
> bin ich Wasser, Feuer, Erde, Luft.

Die Sendung meiner Hörfolge: »Der gestirnte Himmel über dir.« Für die drei Sender Berlin, Frankfurt/Main, Königsberg. Eine noble Sendung in »großer Besetzung«. Erfüllte Kindheitswünsche. (Wenn auch ursprünglich auf das Theater gerichtet.)

25. Mai 1933 | Donnerstag (Himmelfahrt)

Drei Stunden vor Beginn der Sendung lief die Denunziation beim Intendanten ein: Ich sei SPD-Mitglied. Hätte selbst die Äußerung getan: einer der ersten, der gehen müßte, wäre ich. Jüdische Familie. – Die Denunziation so wirksam wie möglich: nämlich über den Reichsverband der nationalsozialistischen Rundfunkhörer.

Neuer Kampf. Und ich bin so abgearbeitet. Hanni ist sehr ruhig.

Als Dr. Braun mit mir über meine Funktätigkeit verhandelte, war ich optimistisch. Diesmal sehe ich die Lage sehr ernst. Die seltenen, seltenen Gebete, die Gott einem gibt, weisen den Weg. Ich zweifle Gebete bis zum Äußersten an. Aber habe ich je gebetet, so war es gestern. Und danach kommt es schwer. Mit dem Beruf? Mit der Familie? Gott kann mit einem reden, »wie ein Mann mit einem Freunde redet«. Das ganze Gespräch mit Gott war:

> Gelobt sei der ewige Gott.
> Wirst du bleiben?
> Ja.
> Auch wenn es schwer kommt?
> Ja.

Frage und Antwort. Gelübde und Verheißung. Alles gibt Gott. Und ich lebe, um Gott zu erfahren. –

Die letzten Korrekturen des Romans. Endlich wieder einmal ausreichender Schlaf. Spaziergang mit Hanni. Mein eigenes jüngstes Gedicht immerzu im Sinn.

Und Hanni muß alles durchmachen ohne die Nähe Gottes. Das aber weiß sie: daß Glaube kein Glücksbrief ist. Und wenn sie etwas glauben könnte, so ist es der Glaube an Berufung und Verwerfung.

Ich habe noch so viel vom Glauben zu erfahren. Und deshalb hänge ich so am Leben.

Was ich bis jetzt gelebt habe, war mein Leben in Gott. Und wenn ich nun den Teil eines jüdischen Schicksals erlebe, so ist es mein Leben.

Ich glaube an alle Leiden von Gott her. Aber ich glaube auch an ein »seliges Schauen«.

Das ist etwas anderes als »Prüfungen, die man besteht«. Und es ist etwas anderes als Glück.

Es bleibt dabei: Künstler und Christen dürfen in der Welt nicht sicher werden. Mein Ruhebedürfnis war zu groß.

26. Mai 1933 | Freitag

Nun ist das Damoklesschwert der Denunziation vorüber. Der Intendant Arenhövel weiß, daß ich Sozialdemokrat war und eine jüdische Frau habe. – Seine Antwort: Nahe Freunde von ihm wären auch religiöse Sozialisten; das störe ihn gar nicht. Meine

Ehe sei meine Sache. Aber um ihretwillen muß nun mein Vertrag hinausgeschoben werden und mein Name darf nur selten in den Programmen auftauchen. – Brauns Aktion für mich war: daß er Arenhövel mein letztes, Braun gewidmetes Gedicht und meinen Roman brachte. Eine schöne Verteidigung. Kann das schon die Entscheidung sein?

27. Mai 1933 | Sonnabend

Ich fühle mich sehr zerschlagen, ja krank. Tag um Tag wird man zum Ernst erzogen. Aber seltsamerweise sieht man ja immer nur im Schmerz sich und seine Situation und die Menschen, mit denen man es zu tun hat, richtig. Der Zorn und die Freude verleiten einen zu falschen Bildern; und sehr gefährlich bleibt nun einmal für Naturen wie mich der kleine Tageserfolg.

Für den Garten zu kühl: langer Weg mit Hanni am Kanal, durch den alten Steglitzer Park. Bei allem Bedürfnis, mich in der Arbeit zu verkapseln, beinahe unfähig, allein zu sein. Aber nur Hanni! Ach, und möglichst wenig reden. Denn sonst wird es immer wieder: Beuthen. Der Beruf. Das Judentum. Und jenes immer gefährliche Begeistern am Religiösen, die gefährlichste aller Koketterien, die verwerflichste aller Eitelkeiten.

Es geht nicht ohne das ständige Erschrecken vor Gott. Aber woher kommt es, daß seit einiger Zeit das Wort vom »seligen Schauen«, nicht nur das vom »Glauben«, wie ein neues Motiv in mein Leben kommt?

Das Erschrecken vor Gott darf wohl nicht so groß sein, daß man ihm nicht auch zu jeder Stunde jede gute Gabe zutraut.

Alles läuft nach eigenen Gesetzen ab: Die Familientragödie. Der Berufskampf. Die eigene Geschichte in einer mir bluts- und gedankenfremden Zeit.

Und alles trägt plötzlich ein anderes Vorzeichen von Gott her.

> Um mir ein Bildnis meines Seins zu malen,
> errechne ich tagtäglich neue Summen.
> Dann setzt Gott seine Zeichen vor die Zahlen,
> und was mir galt, hat künftig zu verstummen.
>
> Ich sehe meine Ziffern rasch verbleichen.
> Was ich auch schrieb, hat seinen Sinn verloren.
> Und aus der Wirrnis werden Gottes Zeichen
> als einziger Wert, der morgen gilt, geboren.

> Abraham wartete auf eine Stadt, die einen Grund hat,
> deren Baumeister und Schöpfer Gott ist.
>
> *Hebräer 11, 10*

Brigittes[16] Geburtstag. Für uns ein ruhiger Sonntag. An »Verlorenes Land« arbeite ich ohne Interesse. Besser, man hätte die Sendung ganz abgesetzt; sie wird blasse Literatur. Wie in sozialistischen Zeiten ist im Funk alles abgeblasen, was nur entfernt auf das Ausland wirken könnte; man fürchtet sich wohl doch sehr vor Frankreich. Immer, wenn der Gedanke an einen Krieg wieder hinausrückt, atmet man auf. Nur das nicht! Nicht ein so müdes Volk in einen Krieg reißen. Denn trotz all der großen Begeisterung über Aufbau und Umschwung: die Menschen in Deutschland sind mürbe, sind verzagt, der einzelne steht verängstigt in seinem Existenzkampf. Wie viele Nationalsozialisten kommen beruflich zu mir, die nichts sind als vor Sorgen verzweifelte Menschen.

An eine »Krise des Kapitalismus«, an »Krise der Demokratie«, »Krise des Klassenkampfes« denke ich überhaupt nicht mehr; das kommt mir alles wie Museumsgegenstände vor. Aber ich glaube nicht an den Anbruch einer neuen Zeit. Ich glaube an die große Krise des Nationalismus am Ende unseres Jahrtausends; diese Krise vermute ich, und nicht den neuen Aufstieg des Nationalismus. Das Wort, das am lautesten gerufen wird, die Karte, die man immerzu ausspielt: die sind die wunde Stelle. Es ist meist so. Ich sehe nur Enderscheinungen, keinen Beginn.

Völlig positiv stehe ich dem Nationalsozialismus in zwei Punkten gegenüber: in der verwaltungsmäßigen Gleichschaltung der Länder des Deutschen Reiches bei stärkerer kultureller Berücksichtigung alles »Bodenständigen und Landsmannschaftlichen«. Unüberbrückbare Trennung: die Gleichschaltung von Kirche und Staat, Revolution und Reformation. Und der Antisemitismus. Eine antisemitische Reformation kann es nicht geben. Eins schließt das andere aus. So feindlich mir die ganze Situation der letzten Monate war: es schien fast unverkennbar, daß ich anfing, mich stärker durchzusetzen denn je. Mit dem »Landsmannschaftlichen, Bodenständigen«. Und mit der Theologie. Nun bin ich ganz aufs Warten gestellt, und niemand kennt seine eigenen Zeiten. Ich atme jedoch auf, daß der Versuch meiner politischen Einordnung – der meinem Bedürfnis nach Klarheit, meiner Ablehnung aller Extravaganz und Isolierung entsprang –, daß meine Parteizugehörigkeit ein Ende hat, immer weitere Vergangenheit wird. Damit hatte ich mir zuviel zugemutet und meine Bürgerlichkeit auf die Spitze getrieben.

Früher war es Mut, einer Oppositionspartei anzugehören. Heut ist es Mut, dieser siegreichen Partei nicht beizutreten, die alles in Händen hat. Jeder Versuch, politisch zu werden, wird eine Aufgabe meines Wesens bedeuten. Auch diese negative Erkenntnis, diese Ausschaltung von bestimmten, heut beinahe allein maßgebenden Bezirken bedeutet eine Einordnung, verweist mich auf die Betrachtungsweise, die für mich allein in Frage kommt, die künstlerische und die christliche.

Aber was ich tue, rede, schreibe, denke, arbeite – kann es denn so weitergehen mit meiner entsetzlichen Müdigkeit? Was ist mein leidenschaftliches Bedürfnis nach Schönheit und Ordnung, meine Abneigung gegen allen Verfall anderes als das Bedürfnis, mir einen Halt zu geben in meiner Müdigkeit! In hundert Einzelheiten der Haushaltsführung, der Arbeitseinteilung, der äußeren Gepflegtheit bekämpfe ich fast verzweifelt meine Müdigkeit. Und Müdigkeit heißt bei mir Kopfschmerzen. Aber arbeiten kann ich immer. –

1. Juni 1933 | Donnerstag

> Zuflucht ist bei dem alten Gott und unter den ewigen Armen.   *5. Mose 33, 27*

Zum Intendanten Arenhövel bestellt, da nun auch noch eine Anfrage des Propagandaministeriums direkt eingelaufen ist, diesmal mit folgenden »Anklagen«: Jüdische Familie, Redaktionsmitglied des »Vorwärts«. Ich habe nun eine Denkschrift einzureichen. Arenhövel der sehr freundlich war, sagte mir: »Die Entscheidung liegt ausschließlich beim Propagandaministerium. Von mir aus werde ich Sie als einen Mann herausstreichen, auf dessen Mitarbeit wir Wert legen.«

Ach, mit etwas mehr Freude und Aussichten arbeiten dürfen. – Wie geht auch die Freude am Buch in all den politischen und familiären Fragen unter. –

Wenn man mich doch weiterarbeiten ließe!

Aber ich sollte wohl nie vergessen, daß mein Roman aus meiner tiefsten beruflichen Baisse stammte. Nicht selbst disponieren!

> Wer sie ängstete, der ängstete ihn auch; und der Engel
> seines Angesichts half ihnen. Er erlöste sie, darum,
> daß er sie liebte und ihrer schonte. *Jesaja 63, 9*

Am Morgen einen Moment im Garten. Als ob alles Schwere
nicht da wäre. Diese Sonne nach kühlen Tagen, dieses Glänzen
des Rasens, und die Kirschen beginnen sich zu röten!
Meine persönliche Umwelt ist festlich; mein Leben außerhalb
dieses engsten Kreises so gehetzt; seit Hanni und ich uns kennen,
waren wir wie einer Verfolgung ausgesetzt.
Aber ich atme auf, daß ein Schlag den anderen abschwächt. Die
Familiengeschichte die berufliche Denunziation, die Sorge um
die Zukunft den nicht endenwollenden Schmerz, daß ich keine
eigene Familie habe. So braucht man nichts ganz auszukosten;
alles geht auf in einem allgemeinen Gefühl von Trauer und in
der Anspannung, sich nicht unterkriegen zu lassen. –

4. Juni 1933 | Sonntag (1. Pfingstfeiertag)

> Wisset, daß euer Glaube, wenn er rechtschaffen ist,
> Geduld wirkt. Die Geduld aber soll fest bleiben bis
> ans Ende. *Jacobus 1, 3. 4*

Den ganzen Tag Glocken, mit Hanni allein, den ganzen Tag
Sonne, leisester Wind, Blumen, Blumen, mit den Büchern im
Garten, Freude, zu Haus zu sein, und Beuthen gegenüber doch
ein leichteres Herz. Schlaf, der wie eine Barmherzigkeit ist!

> Barmherzig ist der Schlaf, der tiefe,
> als ob uns Gott zum Ursprung riefe
> und wieder »Adam« zu uns sagte.
> Barmherzig ist der Schlaf, der schwere,
> als ob uns Gott zum Ende kehre
> und nur der Jüngste Morgen tagte.

5. Juni 1933 | Pfingstmontag

Ich habe bis nachts um halb drei am »Fischzug« geschrieben, am
Tage nur eine kurze Rast im Garten – ach, gesteigerte Unruhe
eher und doch auch viel Verbitterung, der ich mich nicht verschließen darf, wenn ich nicht lügen will. Die Fügung in Gott,
der Dank gegen Gott verlangt auch die ganz eingestandene
menschliche Verbitterung.

Ich werde im Funk von Braun und Arenhövel mühevoll durchgehalten, habe keine Aussichten, habe ein Einkommen, das nach der Meinung der Zuständigen in keiner Weise meiner Tätigkeit und meinen Leistungen entspricht. Ich muß anonym arbeiten. Hörfolgen, ganze Zyklen, die von A bis Z mein geistiges Eigentum sind, immer stärker meinen Stempel tragen, laufen unter dem Namen anderer – träger und unbegabter – Autoren!

Auch in der Regie muß ich anonym bleiben, muß alles in Kauf nehmen, nur weil ich religiöser Sozialist war, eine jüdische Frau habe.

Schicksal als Jude, Schicksal als Geist, Schicksal als Künstler (Schicksal in der Familie) – Demütigungen, Demütigungen. Gegen meine Liebe, gegen meinen Ehrgeiz wird wilder Sturm gelaufen, und das in einer Zeit, in der ich bis an die Ohren in Kunst stecke, Einfälle, Erfahrungen, Formen und Konstruktionsvermögen zur Verfügung habe. Deutlicher als durch meine unentwegte anonyme Beschäftigung kann mir gar nicht gezeigt werden, wie stark an sich jetzt Aufnahmefähigkeit für meine Arbeit da ist. Und nun so im Schatten zu stehen, abgearbeitet, freudlos. Das alles muß ich klar sehen, denn ich hasse religiöse Schwärmerei.

7. Juni 1933 | Mittwoch

Gestern hatte ich den »Fischzug« probenfertig gemacht, die Schauspieler engagiert, alle Kleinigkeiten aufgearbeitet und wollte heut an die End-Arbeit. Als ich in den Funk kam, wurde ich zum Intendanten bestellt, der mir kurz mitteilte, daß ich »bis zur endgültigen Regelung meiner Angelegenheit« sofort die Arbeit einstellen und den Funk verlassen müsse.

30 Wochen war ich im Funk, voller Freude an der Zusammenarbeit mit Braun, voller Verbitterung gegen alles Übrige, voller Sympathie zu meinen Schauspielern, unter maßloser Anstrengung, die mich wirklich an den Rand meiner Kräfte brachte und mir im übrigen unser gutbürgerliches Durchkommen ermöglichte. Nun reißt alles jäh ab, und vor Presse und Verlag ist man als »nicht genehm« abgestempelt. Daß es zwischen Arbeit und Arbeitslosigkeit immer nur diese Extreme gibt.

30 Wochen im Funk – von der Beendigung des Romans bis zu seinem Erscheinen. Es ist hart, denn mein Erfolg war gut, und meine Arbeit hatte einen Plan und Gehalt.

Ich gebe nicht viel auf das »*tolle, lege!*«, aber es machte mich doch betroffen, als, abseits aller Möglichkeiten des Selbstbetruges, mir heut beim Zusammenräumen meiner Bücher im Funk folgendes Bibelwort »in die Hand gespielt« wurde:

»Die Weissagung wird ja noch erfüllt werden zu seiner Zeit und wird endlich frei an den Tag kommen und nicht ausbleiben. Ob sie aber verzieht, so harre ihrer; sie wird gewiß kommen und nicht verziehen.« Habakuk 2, 3.

Für mich ist die Weissagung meines Lebens mein Taufspruch Jesaja 43, 1.

Und meines Berufes wegen muß dieses Wort vom »Namen« einen besonderen Sinn für mich haben.

Arme Hanni. Der Zusammenbruch ihres Vermögens (dessen Reste nun unendlich wichtig für uns sind), der Zusammenbruch meiner Breslauer Existenz, der Zusammenbruch meiner neu aufgebauten Berliner Existenz im Sommer vorigen Jahres, als durch die erste, die »feudale« Gegenrevolution für alle freien Mitarbeiter in Literatur, Presse, Funk ein völliger Stillstand eintrat. Und nun das vierte Mal. Und die Aussichten immer geringer. Es ist viel in zwei Jahren Ehe.

Ich weiß, wie furchtbar Gott packen kann, wie viel er einem auferlegen muß – und trotzdem – trotz meiner Angst vor allen Kombinationen, mit denen man Gott ins Spiel sehen möchte, – trotz, trotz alles dessen kann ich nicht anders, als immer wieder an das »alle Dinge zum Besten kehren« glauben. Es glauben ist anders als das allmenschliche Hoffen. Zunächst sind mit dem schweren Schlag ja schon ganz primitiv zwei gute Vorgänge erfolgt. Das Damoklesschwert ist da. Und ich versinke nicht mehr in einem Maß von Arbeit, daß ich oft nur noch wie in Trance arbeitete. – Davon bin ich überzeugt: wenn ich jetzt wie früher auf Redaktionen laufen wollte, es würde mir mehr schaden als nützen. – Abwarten, ob auf das Buch hin ein paar Aufforderungen für Beiträge kommen: das ist für den Journalismus die einzige Möglichkeit, die ich noch habe. Und Strohmänner suchen, durch die ich wenigstens mit Beteiligung noch für den Funk arbeiten kann. Denn an den Beistand der Deutschen Verlags-Anstalt kann ich nicht recht glauben. Wie soll ein Verlag heut einen Autor durchhalten, der nicht ausgesprochen »Hoffnung der Nation« ist?

Wieder ein Abschluß. Gott macht seine Zäsuren anders als wir. Er macht die Zäsur, auch wenn es mir »ausgesprochen als Fügung« erschien, als ich in den Funk geholt wurde. Hinterher, wenn alles am Abschluß steht, dann erst wird man, soviel Gott es einem zu erkennen gibt, ein wenig erfahren, wie die Fäden alle zusammenliefen. –

Nur niemals religiöse Schwärmerei! Jetzt am wenigsten, wo es wieder so ins Dunkle geht.

Wenn ein Mensch von meiner Aktivität sich zur Passivität zwingt, muß etwas Seltsames geschehen sein. Denn meine Passivität kann und kann nun mit Resignation nichts gemeinsam haben. Denn ich bin voller Erwartung, so frivol es klingt: ich bin voll Spannung, wie Gott mich führt. Nur daß ich Hanni in alles hineinzerre. Aber auch diese Verantwortung wird der tragen, der größere Verantwortung für größere Verschuldungen an uns Menschen übernommen hat. Nur meine Nerven sind müde. Sonst nichts. Und allenfalls wird das Umstellen auf eine andere, auf meine eigentlichste Art der Produktion nicht so einfach sein, weil ich jetzt zu funkgemäß denken, formen, bauen mußte. Das braucht einen Übergang.

Hanni ist ruhig, teilt meine Meinung, daß alle geängstete Aktivität nur schaden kann. Aber sie ist wie zerschlagen.

Wie allein wir stehen, sieht man daraus, daß wir niemanden – außer Ilse Freund[17] – haben, dem wir etwas, das uns so beschäftigt, überhaupt nur mitteilen.

Ich habe gegenüber der nächsten Zukunft ein sehr schweres Gefühl.

Alles geht neu an – schönstes und schrecklichstes Signal des Lebenskampfes.

NACH DER ENTLASSUNG AUS DEM FUNK

8. Juni 1933 | Donnerstag

> Die er aus den Ländern zusammengebracht hat vom Aufgang, vom Niedergang, von Mitternacht und vom Meer, die sollen dem Herrn danken für seine Güte und für seine Wunder, die er an den Menschenkindern tut.
>
> *Psalm 107, 3. 8*

Was tut man an Tagen nach solchen Katastrophen: man schläft länger, badet, ordnet seine Papiere, nimmt eine längst fällige Zahnbehandlung in Angriff, gesteht sich ein, daß man viele Ge-

fahren, die vor einem liegen, zu erkennen vermag, hat ein Gefühl
von Schmerz und Scham, möchte nicht reden, hält es dann wieder
in der Stille nicht aus –. Der erste Abend, der erste Tag verbrau-
chen die Nerven so, wie es sonst Wochen tun.
Man wünscht sich, gleich wieder etwas schreiben zu können,
was gar nichts mit alledem zu tun hat.
Nun helfe ich mir künstlerisch ganz primitiv, indem ich meine
Kindheitserinnerungen, schon einmal in kritischer Zeit begonnen, neu plane; mehr noch nicht. Und nur deshalb, weil ich wieder »erzählend«, d. h. ohne Studien schreiben möchte.

9. Juni 1933 | Freitag

> Nun aber spiegelt sich in uns allen des Herrn Klarheit
> mit aufgedecktem Angesicht, und wir werden ver-
> klärt in dasselbe Bild von einer Klarheit zu der andern,
> als vom Herrn, der der Geist ist.   2. Korinther 3, 18

Dr. Braun, bei dem wir gestern abend waren, war mehr mitgenommen als ich, nur noch Resignation. Und ich glaube, Braun
ist zu resigniert, um mir viel helfen zu können.
Alle Last trägt nun Hanni. Bisher hatte ich es als großes Glück
empfunden, daß Hanni durch mich noch keine finanziellen Verluste erlitten hat.
Nun ist durch alles ein Strich gezogen: durch jede Domäne meines Stolzes und meiner Hoffnungen und durch einen weiten Bezirk meiner Liebe, den zur Familie. Nur Hanni bleibt. Nur das
Schreiben (für welche Zeit werde ich schreiben?). Nur der Glaube.
Ich kämpfe alle Ängste, Klagen, Anklagen nieder, weil ja noch
jeder Tag, den mir Gott gibt, gut ist, solange diese drei sind:
Hanni, das Schreiben, der Glaube. Und keine unmittelbare Not!
Auch durch das Leben mit Hanni, auch durch das Schreiben
kann einmal von Gott der Strich gezogen werden. An den Strich
durch den Glauben zu denken – ich glaube, an dieser Stelle begönne die »Sünde gegen den Heiligen Geist«, dort muß jene
geheimnisvolle Sünde verborgen liegen. –
Morgen soll im Propagandaministerium noch einmal über mich
verhandelt werden, es interessiert mich kaum zu hören, wie man
meine Ausweisung noch zu begründen gedenkt. Wenn sie nur
nicht den anderen Sendern Nachricht geben. Und wenn sie mir
die erste Aufnahme meines Buches nicht verpatzen. Ernstlich
interessiert mich aber auch das nicht.

Bis zum heutigen Tage nur bekomme ich vom Funk mein Geld. Eine schlimme Auswirkung des vertragslosen Zustandes; ich brauche nicht ausgezahlt zu werden.

Ich habe mich in meinem Beruf vor keiner Demütigung gescheut, wenn auch gegen sie angekämpft, solange es nur ging.

Ich habe jedes Maß von Arbeit auf mich genommen, wenn auch gegen Ausnutzung mich gewehrt. Beides, solange ich im Beruf bin.

Was ist nun das Ergebnis?

Ich pflanze im Garten Blumen an, schlafe, gehe mit Hanni weit spazieren, abends sind wir im nahen Kino – alles, um mich vor übereilten Aktionen zu schützen, während ich so schnell wie möglich wieder verdienen und den Anschluß gewinnen möchte.

Denn nun kann sich zwischen mich und meine Zeit eine dicke Schicht legen, eine böse Entfremdung wird vielleicht einsetzen. Ich werde alles, was geschieht, nicht im Abstand, sondern, fürchte ich, in der Verzerrung sehen. Emigranten-Stimmung tut nie gut; ich bin jetzt durchaus im Exil.

Hanni und ich entdeckten auf unserem heutigen Wege wieder ein schönes Stück unserer näheren Umgebung: die Dorfaue in Alt-Lankwitz, eine Kirche aus Feldsteinen, ein flaches, verfallendes Barockschlößchen, einen verzweigten kleinen Park mit Teichen und Hügeln, Heckenrosen unter Birken, Wildtauben, Lämmern, Kaninchen, einem Brunnenhäuschen, Taxusgängen, Feldwiesen – es war überaus schön. Abendsonne nach langem Regen und die vielen, vielen Glocken, die den Sonntag einläuteten!

Daß ich das alles wieder habe – den ganzen Tag mit Hanni verbringe – ein Gewinn ist auch wieder in diesem Zusammenbruch. Und daß man sich nicht zu fürchten braucht; daß das Schreckliche da ist.

Manchmal staune ich darüber, wie Gott es einem verwehrt, daß man manchmal seine Fügungen dankbar in allen ihren Auswirkungen erkennen möchte, wie hart er es ablehnt, daß man sagen möchte: »Du hast es sichtbar gefügt, darum wird es halten«. Jetzt bin ich soweit, vor allem Einzelnen den Mund zu halten und nur an die Fügung des Ganzen, des Lebens und des Werkes, zu glauben. Ganz gewiß glaube ich, daß Gott so groß ist, daß er es sich leisten kann, jeden Größenunterschied zu ignorieren und das

Kleinste zu besorgen — aber wir erkennen es nicht, wie er die kleinste Einzelheit fügt, sondern dürfen ihn nur im Ganzen glauben. Damit war ich immer sehr vorschnell: Gott zu danken, als wüßte ich im Moment, was er mir geschenkt hat. Ich weiß gar nichts, als daß Gott sich alles vorbehält, mich aber hält. Es klingt rhetorisch und dialektisch, ist aber Erfahrung, die Wortspiele in den Schatten stellt.

11. Juni 1933 / Sonntag

> Die Weissagung wird ja noch erfüllt werden zu seiner Zeit und wird endlich frei an den Tag kommen und nicht ausbleiben. Ob sie aber verzieht, so harre ihrer; sie wird gewiß kommen und nicht verziehen.   *Habakuk 2, 3*

Ich ordne meine Sachen und Schriften, als wäre es mein Nachlaß. Aber in meiner Situation ist solche Sichtung von fast heilender, beruhigender und ablenkender Wirkung. – Alles Alte, Kaputte, nicht Verwertbare abstoßen, reinen Tisch machen in Eigentum und Manuskripten. Wichtiger, als daß ich jetzt am Schreibtisch säße. Das wäre doch alles krank und gezwungen und überreizt. Ehe das wieder beginnen kann, muß noch viele Male richtiger Schlaf sein, schwimmen, in der Sonne liegen, weite Wege im Freien. –

12. Juni 1933 / Montag

> Wisset ihr nicht, daß ihr Gottes Tempel seid und der Geist Gottes in euch wohnt?   *1. Korinther 3, 16*

Heut fand ich das Manuskript meines Funkdebuts vom 12. 6. 27. Über August Hermann Francke. Ich habe damals dieselbe Linie eingehalten wie heute, ob Marxismus um mich war oder Nationalsozialismus. Aber wohin bin ich damit gekommen? –
Mit den »Kindheitserinnerungen«, das klappt jetzt nicht; Beuthen mischt sich zu schmerzlich darein.
Abschluß, Abschluß überall. Ich bin wie betäubt. Nicht Hanni zur Last fallen. Zum ersten Mal steht diese Notwendigkeit ernstlich vor mir, ich sehe keine Ausgleichsmöglichkeiten mehr wie sonst!
Mein Geld wird mich nur noch ein paar Wochen tragen. Aber ich muß meinen Kopf und meine Sinne klar halten, damit ich neu zu arbeiten vermag.

Wer von dem Wasser trinken wird, das ich ihm gebe,
den wird ewiglich nicht dürsten; sondern das Wasser,
das ich ihm geben werde, das wird in ihm ein Brunnen
des Wassers werden, das in das ewige Leben quillt.

Johannes 4, 14

Die Aussonderung und Bearbeitung der eigenen, verstreut nieder-
geschriebenen Gedichte, das ist jetzt eine brauchbare Beschäftigung, die mich künstlerisch hoffentlich wieder in Gang bringt.
Auf Journalismus werde ich mich schwer umstellen können.
Er war mir immer fremd, da ich ein kultiviertes Feuilleton in
meiner Berufszeit nicht mehr miterlebt habe.
Auf den Film könnte ich mich, glaube ich, seit er Tonfilm ist,
sehr rasch einarbeiten. Aber da fehlen mir alle Wege heranzukommen, und außerdem gelten dort die gleichen politischen Bedingungen wie im Rundfunk, und das Propagandaministerium
überwacht den Film genauso wie den Funk.

14. Juni 1933 | Mittwoch

Du, Herr, bist gerecht, wir aber müssen uns schämen.

Daniel 9, 7

Im Funk überstürzen sich die Ereignisse so, daß man mich und
meine Angelegenheit bald vergessen haben wird. Es wird sehr
still um mich werden.
Ich fasse es noch nicht, daß alles, woran ich mich geheftet habe,
zerronnen ist. Und die Ehe muß ja leiden unter der Selbstanklage,
der ich mich nicht entziehen kann – je weniger Hanni einen Vorwurf macht, desto mehr.
Und immer werde ich die Furcht haben müssen, daß drei Dinge
Hanni zum Selbstmord bringen: Wenn ich sterbe. Wenn sich
zeigt, daß sich bei Hanni die Krebskrankheit ihrer Familie ver-
erbt hat. Wenn ein völliger finanzieller Zusammenbruch kommt.
Ich werde es immer fürchten müssen, so gern Hanni auch lebt.
Auch in guten Zeiten hat dieser Druck mich nicht verlassen. Ich,
glaube ich, könnte betteln gehen, um zu leben. Alles, glaube ich,
könnte ich – nur Hannis Tod stellt mir mein Leben in Frage.
Und darum erschrecke ich vor Gott, der einen wohl ganz in
Händen haben muß. –
In dieser Zeit, aber schon, seit ich mich mit den Sternen befaßte,

erscheint mir die dialektische Theologie etwas verächtlich, die – wenn auch nicht Gott, so doch den Glauben in den radikalen Gegensätzen fassen zu können meint.

Alles, was der Mensch von Gott erfahren darf, muß eine Trübung und Verfärbung durch das Menschliche durchmachen.

Der Gott, der durch die Bibel – mit all ihren Grundsätzen – zu mir spricht, ist der Gott, der »wie ein Mann mit seinem Freunde redet«.

15. Juni 1933 | Donnerstag

> Wir haben erkannt und geglaubt die Liebe, die Gott
> zu uns hat.   1. Johannes 4, 16

Mein Buch ist erschienen; ein sonderbares Gefühl, wenn man sein erstes Buch unter solchen Umständen in Händen hält. Wieder ist es allein eine Sache, die nur Hanni und mich betrifft, und meine »Lehre« vom »einzigen Menschen«, den man braucht und ohne den alles nichts gilt, gewinnt eine eigentümliche Bedeutung für mich. –

16. Juni 1933 | Freitag

Es müßte etwas Neues beginnen. Alle meine Sachen und Angelegenheiten sind geordnet, alle Korrespondenz erledigt, tiefer Schlaf – es müßte nun neu beginnen.

Alle Verbindungen, die vor meiner Funkzeit vorlagen, helfen nicht mehr.

Die politischen Verhältnisse haben nun zum zweiten Mal alles verändert, und für die Neuen trage ich das Odium der Funkentlassung.

Das Geld für den Roman traf ein. Ich bin sehr befreit, noch von meinem Gelde leben zu können. Aber keinen Selbstbetrug gegenüber der Zukunft. – Hier kann nur ein Wunder helfen. Kein Fleiß, keine Taktik, keine Beziehung, keine Begabung.

Meine Isolierung ist zu groß. Die Vorbedingungen für einen neuen Anfang sind zu ungünstig. –

Der isolierte Künstler ist keiner.

Die gewohnte Arbeit fehlt, der gewohnte berufliche Aufbau fehlt, der gewohnte Brief nach und aus Beuthen fehlt, und noch tritt nichts an die Stelle der Dinge, die den Ablauf der Woche bestimmten. Gewiß, das sorgenvolle, aber freie Leben ist dem Schriftsteller gemäß. Aber es ist jetzt ein krankes Leben: ordentlich, ruhig, gepflegt – ins Leere hinein und sehr bald vielleicht ohne solide äußere Grundlage. Gegen äußeren Verfall werden wir bis zum letzten Tage kämpfen, an dem wir es noch können, glaube ich.

17. Juni 1933 | Sonnabend

Ich schreibe nun einen Aufsatz für die »Literatur«[18] im Auftrag. Mit etwas unbehaglichem Gefühl, daß man ihn mir zurückreichen könnte, da sich doch nun meine Situation im Funk so geändert hat.

Als ich in den Funk kam, hatte ich das Gefühl der Freiheitsberaubung, lange. Jetzt dagegen habe ich das Gefühl, meine Freiheit wiedererlangt zu haben, nicht.

Ich lese mein Buch.

18. Juni 1933 | Sonntag

> Aus sechs Trübsalen wird er dich erretten, und in der siebenten wird dich kein Übel rühren.
>
> *Hiob 5, 19*

Der Gesamteindruck ist freundlich, es trägt auch meine Handschrift, aber es hat nichts Autobiographisches, und diese mir angenehme Tatsache ist ungezwungen. Einiges Burschikose dagegen ist gewaltsam, einiges Lyrische entbehrlich, einige stilistische Eigentümlichkeiten störend. –

Unsere Ehe beschäftigt mich erklärlicherweise jetzt mehr als sonst, obwohl es auch sonst nicht gerade selten der Fall ist.

Der zweite Mann einer Frau und Stiefvater zu sein, ist sicher immer etwas Schweres. Unter Umständen, wie den jetzigen, ist es eine harte Aufgabe. Daß ich nun mit dem Vorwurf, ja, dem Schicksal, in meiner Ehe verantwortungslos gehandelt zu haben, lebe.

Mir ist klarer als früher, daß in meiner Ehe das Verhältnis Mann zu Frau eine erschreckend geringe Rolle spielt. Das A und O dieser Ehe ist: der übriggebliebene Mensch.

Daß ich durch einen politischen Gewaltakt aus meiner beruflichen Entwicklung geworfen bin, ist zunächst eine Äußerlichkeit.

Gott macht aber daraus einen Moment der Besinnung, der alle Tiefen aufrührt. Das, das, das sind die Resultate meines Lebens – hält man Rückschau, zählt man auf. Was bringe ich in die neue

Epoche mit? Nichts – als das Bewußtsein bestimmter, immer wiederkehrender religiöser Vorgänge.

Welche Ansprüche darf ich an mein weiteres Leben stellen? Gar keine. Alles, was man tat, war falsch. Und wenn der Mensch sich betrachtet, nicht in der Psychose, sondern in der Beugung vor einem eigenen Zusammenbruch, so kann er, so kann ich nur sagen: Es ist gut, ausgelöscht zu werden.

Hoffnung ist ein Trieb. Ehrgeiz ist ein Trieb. Glücksbedürfnis ist ein Trieb. Sie werden einen weiter jagen.

Der Glaube steht immer auf einem anderen Blatt, hat immer ein anderes Vorzeichen, ist immer entgegengesetzt. Aber man wird immer dieses Doppelleben führen müssen: zu handeln und zu warten, zu hoffen und abzuschließen, in den Trieben der Hoffnung, des Ehrgeizes, des Blutes, des Ordnungswillens und im Glauben zu leben; während alles, was man als sein eigentliches Wesen empfindet, nur versinken möchte im Glauben.

Daß aber der Glaube diese furchtbare Gespaltenheit umschließt, daß man nicht mehr loskann von der Überzeugung: mein Glaube muß betrübt, entstellt sein, weil Gottes Offenbarung in mich eingeht.

Ich habe mit einer Art Leidenschaft vom Glauben geredet, geschrieben, mich an der Dialektik des *deus absconditus* und *deus revelatus*[19] berauscht – nun verschlägt es mir die Sprache. Und dennoch jenes: »... wie ein Mann mit seinem Freunde redet.«

Vielleicht kommt es noch einmal so weit, daß man alles das auch nicht mehr von sich niederschreibt und endlich Gott anheimgestellt hat, wo, wie und wann es gesagt und geschrieben sein will.

Qualvolle Dreiteilung: Bürger zu sein, Künstler zu sein, Christ zu sein – nein, Vierteilung: denn das ganz Einfache, Qualvollste kommt dazu: Kreatur zu sein.

Alles möchte man dem Christsein unterwerfen, alles darin versinken lassen; aber die anderen drei stehen für sich, hart und herrisch. Und sind doch unterhöhlt, durchbohrt vom Christsein – wozu brauchen die drei anderen Naturen noch solchen Anspruch?!

Was Hanni – die alles so treu, so selbstverständlich, so ohne Vorwurf mit mir trägt – von den Möglichkeiten ihres Selbstmordes gesagt hat, das hat mich fast vernichtend getroffen. In meinem Leben ist ein Moment da, wo man alles wieder in Gottes Hände zurücklegt. Das sind nun die »30 Jahre«, auf die ich mit eigentümlicher Spannung gewartet hatte. Alles in Gottes Hände zurück. Aber der Bürger, der Künstler, die Kreatur wollen weiter ihre Art von Leben leben. Sie löschen nicht aus in Gott. Es wäre wunderbar, wenn es dieses Auslöschen gäbe. Gott kann es geben, und von dieser Gabe her wird einem vielleicht einmal die Stunde des Todes begreiflich sein.

19. Juni 1933 | Montag

Ein Anruf von Dr. Braun: Meine anonyme Beschäftigung mit der weiteren dramaturgischen Bearbeitung meiner »Aufriß«-Reihe wird möglich sein, mit 60% meines bisherigen Einkommens könnte ich wahrscheinlich wieder rechnen, die Zusammenarbeit in dieser indirekten Form würde bald wieder beginnen. Es wäre ein großes Glück für Hanni und mich. Es ist nicht dieser völlige Zusammenbruch meiner Existenz, nicht diese eisige Ausschaltung meiner Arbeit. –

Mein jüdisches Schicksal läßt sich in keiner Weise verbrämen und verklären; es spielt zwischen Gott und mir; aber aller übersteigerte Individualismus beängstigt mich; daß Gott in Geschichte, nicht in Verzückung meinerseits mit mir redet, in der Bibel, die zu allen mit einer Sprache spricht, in der »Gemeinde der Heiligen« – das alles macht es mir nur erträglich, wenn dieser Gedanke sich in mir fester und fester bohren will: Gottes Offenbarung muß in mir durch die Art, wie ich sie erfahren, einer furchtbaren Entstellung unterliegen, und was ich von Gott aussage, muß falsch sein, und der Moment, in dem es »richtig« ist, kann keinesfalls von mir kontrolliert und erfaßt werden.

Und doch gibt es eine Freude an der Predigt?

Und doch gibt es ein Erkennen der Gläubigen untereinander?

Und doch gibt es ein Bewußtsein für die Augenblicke, in denen Gott durch Geschichte, durch andere Menschen, durch die Bibel zu einem redet?

22. Juni 1933 | Donnerstag

> Wir müssen durch viel Trübsale in das Reich Gottes
> gehen.   *Apostelgeschichte 14, 22*

In all den Zusammenbrüchen dieser Tage lebt, was mich selbst angeht, in mir nur das Gefühl, daß Gott so hart an mir arbeiten muß, wenn das, was mein Leben ausmacht, nicht in Selbstbetrug untergehen soll. Selbstbetrug aber ist Feindschaft gegen Buße und Gnade.

Ich klage mich nicht larmoyant an, ich breche nicht hilflos zusammen, wenn es mich erschüttert, wie Gott in diesen Tagen an mir arbeitet und nie müde wird. So lange hat mich ein falsches Gerüst getragen, so oft, so lange Gott auch mich hielt – nun bin ich gescheitert und glaube dennoch, in Gottes Arme zu fallen, und deshalb ist mir in diesem Zusammenbruch im tiefsten Herzen wohl. Es konnte nicht so weitergehen – mit dieser Feindschaft der Lüge vor Gott. Es gibt nur das Gebet jetzt für mich: »Bleibe mit mir im Gericht.« Und einmal werde ich das alles nicht mehr schreiben dürfen, weil es voll Lüge und Eitelkeit ist. –

23. Juni 1933 / Freitag

Auch dieser Tag bringt einen Einschnitt. Ich habe bei der Deutschen Verlags-Anstalt nichts zu hoffen. Eine volle Stunde habe ich heut mit Dr. Kilpper, der auf der Rückreise von einer Verlegertagung in Brüssel hier war, verhandelt. Der Verlag ist in der Einhaltung des beschlossenen Vertrages und in der Abwicklung büromäßiger Angelegenheiten überaus korrekt. Da ist alles.

Ein neues Gedicht:

> Ich weiß nicht, hat es Sinn
> und lohnt es, daß ich lebe,
> nur weil mein Herz noch schlägt.
> Ich weiß nur, daß ich Rebe
> voll schweren Weines bin.
> Ich weiß nicht, soll ich sein.
> Ich weiß nur, daß die Erde
> mich Korn im Schoße trägt,
> daß ich zum Brote werde.
> Gott spricht aus Brot und Wein.

Ein solches Gedicht birgt die tiefsten Gefahren meiner Natur. Es gibt nur zwei Dinge, die mich am Leben halten: Hanni und die verkappte, geheime, verlogene Hoffnung, göttliches Werkzeug zu sein und nicht »nur« erlöster Mensch. – Dort wird mich Gott am tiefsten treffen müssen.

Die Kunst hält mich nicht am Leben.

Meine Einstellung zum Selbstmord hat sich sehr rasch geändert. Alles ist dem Menschen erlaubt, alles Gute, alles Schlechte, weil die Rechnung zwischen Gott und dem Gläubigen beglichen ist.

Wie konnte ich den Selbstmord ausnehmen? Mit welchem Recht zog ich eine Grenze? Mit welchem Recht sagte ich von dieser Schuld, sie könne nicht vergeben werden?

Heißt es: »Alle Sünde und Lästerung wird den Menschen vergeben; aber die Lästerung wider den Geist wird den Menschen nicht vergeben und die Sünde, daß er sich tötet, und die Sünde, daß er seine Frau zu sehr liebt, und die Sünde, daß er müde wird, auch nicht?«

Es heißt: »Alle Sünde und Lästerung wird den Menschen vergeben; aber die Lästerung wider den Geist wird den Menschen nicht vergeben.«

Die Sünde gegen den Heiligen Geist bleibt wohl Geheimnis; geoffenbart wird sie nur dem, der sie begehrt; der Gläubige glaubt sie als furchtbares Hauptstück des Glaubens, als Angelpunkt von Verwerfung und Erwählung. Er kann die Frage nach ihr nicht stellen.

Als ich zu schreiben begann, drehte sich mir alles nur um die Sünde gegen den Heiligen Geist. Dort suchte ich den Sinn der Geschichte, dort die Lösung des Rätsels um das Judentum. Dort allein erschauere ich. Nicht vor dem Selbstmord. Nicht vor der zu großen Liebe zu meinem letzten Menschen. Nicht vor der Schwäche, doch einmal müde zu werden. Ich bin noch nicht müde. Aber ich glaube, daß der Selbstmord unter die Vergebung fällt wie alle andere Sünde. Und der, der ich heute bin, will ich mit Hanni sterben. Was Gott daraus macht – wie er es ausgehen läßt, ob er mich, ob er Hanni wandelt, wen er nimmt in den Tod, wen er zurückstößt ins Leben, mit welchem Gebet er etwa noch einmal alles Menschliche in einem vernichtet – es geht mich nichts an. Mit den Gebeten und den Bibelworten ist es dasselbe: Jedes einzelne ist geschichtlich und psychologisch erklärlich, erweist sich als »falsch« in jedem Buchstaben. Dem Glauben ist das Ganze eine unumstößliche Gewißheit.

Warum ich noch schreibe –

Ich schäme mich, »Memoiren« zu schreiben, diese verlogensten und eitelsten aller Machwerke. Vielleicht ist der Tag nahe, an dem ich alle diese Blätter vernichte oder an dem ich ihnen keine Zeile mehr hinzufüge. Vielleicht ist aber gerade diese Folge von Aufzeichnungen mein einziges Buch, obwohl ich es hasse, im

Zwiespalt mit mir schreibe, weil ich mich danach sehne, nur in der Filterung des »unpersönlichen«, unprivaten Buches zu sprechen. Zu wem? Es ist mir gleich.

Nur wenn ich an die Sünde gegen den Heiligen Geist denke, rühre – nur dann, nicht aber in Gedanken an den Selbstmord, steht das Wort vor mir, daß es furchtbar sei, in die Hände des lebendigen Gottes zu fallen.

Zwischen Hanni und mir ist nun im reinen, was noch nicht im reinen war. Auch alle Angelegenheiten, die die Kinder betreffen, sind besprochen. Wer sterben will, wird es dem anderen sagen. Ich werde es nicht sein –, glaube ich.

Es sind kalte Regentage, aber sie tun mir nicht so weh, wie heißer Sommer mir weh tun müßte. Sie sind schonender als strahlende Schönheit. Wenn ich an den Beruf denke, so habe ich ein Gefühl von Schwere. Der Gedanke an Beuthen ist ein anhaltender Schmerz. Im Gedanken an Hanni fließt alles zusammen an Schwere, Schmerz, Dankbarkeit, Glück, entsetzlicher Selbstanklage, Vorwurf, Klarheit, Unentwirrbarkeit.

In der Welt gilt nur noch dies eine: Wir sind zwei Verfolgte. Daran ist nichts übertrieben. Keinen Moment aber vergessen wir, wie viele so neben uns leben, vor uns und mit uns vielleicht auch freiwillig sterben.

Wir werden uns nicht auf den Selbstmord zutreiben lassen, werden unser bürgerliches Leben, ich mein künstlerisches Leben wie immer führen.

Wir – Hanni und ich sind freilich, wo der Glaube beginnt, nach wie vor Getrennte, denn sie ist nur der Mensch dieser Welt – wollen keine Wunder von Gott erzwingen.

Aber wir wollen zusammen sterben. Und soweit ich Mensch bin, sage ich nun: Der Mensch, der mein Leben ist, soll auch die letzte Stunde meines Lebens bestimmen. Und dann ist nur noch Gott.

Hanni ist Mensch nur dieser Welt – und glaubt, wenn ich nicht alles an ihr verkenne, daß mein Glaube wahr ist. – Einen Gegensatz Christ und Jüdin hat es nie zwischen uns gegeben.

Der tiefe Zwiespalt zwischen uns war nur einmal da: als es um das Kind ging. Die Welt mußte nein sagen, wo das, was über der Welt ist, mich zu einem Kinde nur ja und wieder ja sagen ließ.

Wäre ich nicht in Hannis Leben gekommen: es wäre das erst finanziell behütete, dann eingeschränktere Leben einer Frau geworden, die junge Witwe wurde, und nur noch mit ihren Kindern lebte; etwas sehr Normales.

Wäre Hanni nicht in mein Leben gekommen, es wäre, was datenmäßig bestimmbar ist, eine Familienkatastrophe, krank, wirr und geängstigt, geworden.

Die Gegenüberstellung sagt genug.

Wenn wir bei den Kindern antippen, ob sie im Fall, daß Hanni und ich ins Ausland müßten, gern zu Ilse Freund nach Breslau gingen – große Begeisterung. Möge das Hanni alles erleichtern.

An Billum hänge ich sehr, obwohl er keine Verbindung mit mir sucht. Das merke ich jetzt.

An der Kunst hänge ich nicht. Weil sie ja die Menschen braucht, die einen zum Ende treiben.

Nur der Glaube.

Warum ich das schreiben mag?

In einer geheimen Hoffnung: in vielen Jahren werden Hanni und ich es einmal finden und sagen: »So weit waren wir – und leben doch.« Aber in ein paar Monaten kann alles verbrannt sein.

Denn der Entschluß setzt sich so eigentümlich fest, wie seinerzeit der Entschluß zu heiraten, dann der, nach Berlin zu gehen ... Man erkennt seine echten und falschen Entschlüsse, soweit es Ehrlichkeit überhaupt gibt.

Nur Gott kann es wenden. Aber man erzwingt ein Wunder nicht. Man kann nicht einmal darum beten.

27. Juni 1933 / Sonntag

> Nun will ich das Gefängnis Jakobs wenden und mich
> des ganzen Hauses Israel erbarmen. *Hesekiel 39, 25*

In dem Moment, in dem man bereit ist zu dem Trennungsstrich zwischen sich und der Welt, fällt man das völlig umfassende Urteil über sich und das Leben, und über allem, was vorher von einem gelebt und geschrieben wurde, ruht ein neues Licht. Der Rest eines Lebens scheint wie ein Leben für sich. Viele jetzt führen dieses Dasein neben uns. Denn in der Vernichtung friedlicher, bürgerlicher Existenzen wird der Weltkrieg, trotz allen Friedensschlüssen von 1919, bis jetzt und wer weiß wie lange noch fortgeführt; ein grausamer, stiller Krieg, in dem die Stillen im Lande heimlich fallen. »Aber es geht vorwärts, die Arbeitslosenziffer sinkt«, sagen die Verblendeten und Verantwortungslosen, die im

Zusammenbruch Macht ergattern wollen, um den Rest aller Existenzmittel allein reichlich in der Hand zu haben.

Und daneben das stille Pogrom, das alle Juden und wer sich mit ihnen verband, trifft. Viele gehen mit dem kleinen Betrag, den man über die Grenze mitnehmen darf, ins Ausland. Mein Beruf bietet uns im Ausland keine Lebensmöglichkeit.

Der stille Krieg, das stille Pogrom, machen Hannis und mein Schicksal zu einem von vielen. Als Jüdin in Deutschland, als Deutscher in Deutschland sind wir eingekreist, haben keinen Raum mehr.

Hanni wird nun an die Ordnung aller Angelegenheiten für die Kinder gehen; ich werde mich noch um neue Einnahmen bemühen, soweit es nur sinnvoll scheint, nachdem die Stellen, zu denen ich gehöre, der Verlag und der Rundfunk, mich aufgegeben haben. –

Eine Ehe ist eine Lebensgemeinschaft, aber kein Todesbund. Das gemeinsame Sterben liegt nicht im Sinn der Ehe, vielmehr wird sie durch einen solchen Entschluß gelöst, weil man über sich, den anderen und das verbundene Leben das Todesurteil spricht. Auch wenn man von außen eingekreist wurde. Ich sehe kein Entrinnen mehr, weil Hanni ein armseliges und geängstigtes neues Leben nicht beginnen will. Ich und mein Schicksal haben Hanni, die schon einmal sehr müde war, in ein geängstetes Leben gerissen und vor die Armseligkeit gestellt.

Ich bitte nicht erbärmlich um mein Leben: aber nur um des bloßen Lebens willen würde ich die Schuld an Hanni, Armut, Scheitern im Beruf auf mich nehmen, wenn mir Hannis Müdigkeit erspart bliebe. Gerade wenn man alles beiseitegeschoben hat, findet man ja – was mir schon lange Jahre klar ist – eine neue Möglichkeit zu leben; nur da zu sein.

Was weiß ich, was noch kommt an fürchterlichem Dasein: daß mir Hanni genommen wird und Gott mich zurückbehält. Dann ist nur noch Gott.

Oder daß Hanni allein weiterlebt und man sie vor einem zweiten Selbstmordversuch bewahrt! Die Gedanken schreiten jeden der entsetzlichen Kreise ab.

Der eine »andere Mensch«, die Natur, die Bibel – es lohnt zu leben, nach der großen Befreiung von aller nicht triebhaften Hoffnung!

Der Selbstmord ist das einzig Endgültige, das der Mensch tun kann. Darum streift er an Gottes Recht. Darum ist der Schauer vor dem Selbstmord so tief. –

30. Juni 1933 | Freitag

> Wer ist der, der den Ratschluß verhüllt mit Unverstand? Der Herr gab Hiob zwiefältig so viel, als er gehabt hatte.
> *Hiob 42, 3. 10*

Den ganzen Tag über trotz der Kühle Gewitter, Sturm, unermeßlicher Regen, danach das ganze Haus wie in einer einzigen Woge von Lindenduft – die alten, feierlichen Stühle, die goldenen Heiligen, die alten Gläser und Bilder: als lebte man in lange vererbtem Besitz, als hätte man Fuß gefaßt auf eigenem Boden. Die Liebe, mit der man alles zusammengetragen hat, ersetzt die Würde der Herkunft, und nichts gemahnt daran, daß wir das arme und geplagte Leben eines Schriftstellers führen, der in seiner Zeit nichts zu suchen hat. Alles in uns strebt nach Verwurzelung. Familie, Volk; bei mir noch: Kirche. Und doch darf sie nicht gelingen. Wir, die das Außenseitertum hassen, leben wie Verbannte. Wenn uns nur das Leben hielte, an dem ich so hänge, solange Gott mir darin begegnet und Hanni in unserer Liebe einen Sinn unseres Lebens sieht oder eine Zuflucht vor aller Sinnlosigkeit, eine Zuflucht, die um ihrer selbst willen alle Angst und Mühe unseres Daseins lohnt. Heut zum ersten Male sprach Hanni wieder davon; dann ist alle Müdigkeit bei mir wie weggeweht, und ich will leben, um der Wunder Gottes und der Wunder der Liebe willen, – leben von Verzicht zu Verzicht und von Kampf zu Kampf.

1. Juli 1933 | Sonnabend

> Der Tod ist der Sünde Sold; aber die Gabe Gottes ist das ewige Leben in Christo Jesu, unserm Herrn.
> *Römer 6, 23*

Die neuen Briefe aus Beuthen haben nicht mehr die Wirkung wie früher gehabt; alles, alles das muß fern von uns liegen, weil ich leben will mit Hanni und nicht zugrunde gehen an Schuld, die Gott vergeben hat. Und doch will ich mit Glückseligkeit leben, wenn Gott bei mir bleibt, mir den Menschen läßt, der, wenn die ganze Umwelt »Nein« zu mir sagt, immer noch das »Ja« des Lebens über mich aussprechen kann. So hart ich den Menschen und den Christen in mir trenne – den, der stirbt, und den, der in Gott lebt –, gibt es für mich einen Punkt, wo Ehe und Abendmahl in meinem Herzen zusammengehören, weil ich in der Ehe aus weiter Ferne ahnen kann, wie das Ich und »Das Andere« zusammengehören, und wie »Das Andere« Ja zu einem sagt. Obwohl ich niemals auch den geliebtesten Menschen verklären werde, wenn es um Gottes Sache geht.

3. Juli 1933 | Montag

> Herr, deine Güte ist ewig. Das Werk deiner Hände
> wolltest du nicht lassen.   *Psalm 138, 8*

Arbeit am »Weg durchs Feld«, Spaziergänge, im Garten. Aber die Gedanken kreisen um den einen Punkt: einen natürlichen Weg, das an Wundern – trotz aller Schwere – reiche Leben weiter leben zu können, sehe ich nicht. Immer münden die Pläne und Gedanken bei dem Ende, und nun, wo ich gescheitert bin, bleibt mir nichts, als wenigstens Hannis Kinder vor einer schweren Schädigung ihrer Existenz zu bewahren.

Die übernatürlichen Wege, an die ich glaube, auf die ich aber nicht poche, kennt nur Gott, und ich darf nicht nach ihnen fragen.

Dr. Braun ist nun gekündigt, zum 1. Oktober.

Wie sehr ich das Leben liebe trotz Schmerz und trotz Schuld – darüber habe ich mich in den letzten sieben Jahren nicht eine Stunde getäuscht.

4. Juli 1933 | Dienstag

> Ich rief zu dem Herrn in meiner Angst, und er ant-
> wortete mir.   *Jona 2, 3*

Auf einen dritten, so liebenswürdigen Brief von Krell/Ullstein war ich in der Romanabteilung Ullstein. Eine Stunde. Einwandloses, sehr reges Interesse an dem Plan eines Orchesterromans (wenn ich von ihm erzähle, kann ich mich selbst dafür erwärmen). Größte Anerkennung des »Kahns«, meiner Gedichte, große Hoffnungen auf mich gesetzt. Wie immer. Neu nur, daß Krell es nicht für ausgeschlossen hält, daß Ullstein mir auf ein Jahr ein monatliches Fixum von 300 Mark zahlt. –

Ich kann noch aktiv sein, ich kann noch arbeiten, ich kann noch glauben – aber auf einen so sichtbaren Ausweg hoffen, das kann ich und das kann Hanni nicht mehr. – Ich bin wie zerschlagen heimgekommen. Man hat mir schon zu viel versprochen. Die Wiederkehr der »beglückenden« Situationen erschöpft mich so.

6. Juli 1933 | Donnerstag

Die Pläne, die Hanni und mich bewegen, kommen uns krank vor. Wir würden den Kindern doch nur ein fiktives Vermögen hinterlassen, dessen Wert sich jeden Tag ändern kann. Man kann Kinder nicht zu Waisen machen, wenn das erste unüberwindlich scheinende Hindernis hinter einem liegt und man schon aus solchen Zusammenbrüchen gerettet wurde wie ich. – Wir müssen bis zum Schluß durchhalten. Ich lebe nicht aus einem Pflichtgefühl weiter, das sich jeden Tag seine Nahrung aus einer anderen Ecke holen möchte. Ich lebe, weil ich so am Dasein hänge und das Leben mit Hanni und das Warten auf Gott mir Selbstzweck ist.

Man kann nicht sagen: Ich nehme mir das Leben, aber ich bin bis zum Termin des Sterbens aktiv, als wollte ich noch leben. Man kann nicht eine Leiter an einen Ast anstellen und gleichzeitig den Ast absägen.

Aus dem Krankhaften unserer verkappten Erregung müssen wir heraus. Wie haben es beide gleichzeitig gespürt. Mich hält einfach der leidenschaftliche Wunsch, noch weiter da zu sein, dann der Schauer vor dem Unwiderruflichen. Hanni hält die Pflicht gegen die Kinder und Ilse und vielleicht das Mitleid mit meiner Lebenslust, auch hält sie manchmal das Glück unserer Liebe, unseres Zusammenlebens, und auch der Gedanke spricht mit, daß trotz aller Menschenfeindschaft Hanni mich am Schreiben erhalten möchte.

Ich selbst bin, was das Schreiben betrifft, verdammt bescheiden geworden. Alle großen Worte sind mir vergangen, und viele große Gefühle scheinen mir nebensächlich, ja, ich empfinde Scham für vieles, was ich geschrieben habe, und halte nicht für gar so umwälzend, was ich noch schreiben möchte; am alten »Voltaire«-Plan scheint mir etwas zu sein. Gewiß, an »Hoffnungslosigkeit« auch – aber das andere soll kommen, durch die Gedanken gehen, die guten Pläne nähren helfen und wieder verschwinden, ohne geschrieben zu werden. Die größte Skepsis spüre ich gegenüber den – als Form von mir so geliebten – Gedichten. Dort macht sich die Lüge am frechsten breit! In Tagebüchern und Gedichten! Tagebuch führe ich, weil ich fasziniert

bin von der Handlung, die ein anderer »mit meinem Blute«
schreibt. Daß ich mit künftigen Biographen kokettiere, glaube
ich nicht. Die werden mein Tagebuch nicht bekommen, so groß
wird mein Ruhm nach menschlichem Ermessen nicht werden.
Ich bin dreißig Jahre alt. Wie wenig Geschriebenes liegt von mir
vor, wie wenig für mich Bezeichnendes werde ich jetzt schreiben
können.

Aber mein Leben ist mir immerzu so wunderbar, daß ich es unentwegt betrachten könnte wie Andersen, der in seiner Biographie der Märchendichter, in seinen Märchen der Lebenskundige
war. Und nun, allmählich, empfinde ich es doch manchmal als
Befreiung, in kein Büro zu fahren, in keiner Regiezelle zu sitzen,
sondern in meinem Zimmer, den kleinen Wald vor dem Blick.
Der Funk war kein berufliches Dorado, sondern ein Hexenkessel
der Erregungen von Anfang an trotz allem, woran ich sehr bald
mit Wärme hing. Weg ist der Ballast der ehrgeizigen Pläne, weil
nur noch Gott meinen Plan machen kann in meiner Hoffnungslosigkeit.

Weg ist die Eitelkeit, weil ich in Selbstvorwürfen ersticken muß.
Weg sind die Selbstvorwürfe, weil die Schuld nur Gottes Sache
ist, oder alles ist gleich. Weg ist auch meine »dialektische Theologie«, mit der ich den »unfaßlichen Gott« so schön als *absconditus*« und *»revelatus«* zu fassen meinte. Ja, ich bin sehr rasch ein
erbitterter Gegner meiner Theologie, nicht aber meines Glaubens
geworden. Vielleicht begreift man es noch einmal mit seiner ganzen Existenz, was es bedeutet, daß das »Vater unser« vorgebetet
ist. Aussagen über Gott machen – nein. Bibelworte sagen – ja.
Nur in ihnen ist Gott ertragbar, nur in ihnen ist des Menschen
Rede über Gott zu dulden. Das freilich kann ich mir denken, daß
ein Mensch wie Luther die Bibel »weiterschrieb« mit einem solchen Wort wie: »Gott reißt das Übel nicht von der Person, sondern die Person vom Übel.« Aber es steckt schon in dem Wort:
»Nicht gebe ich, wie die Welt gibt« und: »In der Welt habt ihr
Angst.« In der Welt habe ich große Angst. Ich sehe keinen Weg
mehr für mich. Ich sehe zu viele, die am Ende sind.

7. Juli 1933 / Freitag

Die Stürme, die Gewitter, Wolkenbrüche, die jähen Sprünge von
Kälte zu Schwüle haben aufgehört. Ein stiller Sommertag. Ihn
friedlich durcharbeiten zu können, mit den Seinen gesund zu

sein, die geliebte kleine Umwelt noch zu haben, das alles wird man dankbar ergreifen müssen in einer Zeit, die Krieg und Bürgerkrieg unter nur dünner Decke birgt. Alle Parteien sind weggefegt – nun ist die Bahn frei für den Machtstreit innerhalb des Siegerlagers. Alle europäischen und amerikanischen Konferenzen, die in diesen Wochen stattfanden, scheitern. Amerika und Japan stehen in striktester Spannung einander gegenüber. Die Welt ist wirklich wie krank. Politische Spannungen waren immer, solche Arbeitslosigkeit aber noch nie. Die Zeitungen in Deutschland müssen sämtlich Hymnen über den Aufbau bringen. Von Selbstmorden erscheinen nur noch ganz vereinzelte, ungefährliche Meldungen. Daß die Welt so krank ist – das muß man dem Nationalsozialismus in all seiner Vermessenheit zugute halten. Und daß keiner jetzt helfen könnte; kein Feudalismus, keine bürgerliche Demokratie, keine Arbeiterinternationale, am allerwenigsten der Kommunismus, der hinter den Massen des Nationalsozialismus unentwegt droht, in den Reihen der Nationalsozialisten, unter den zu schnell Bekehrten, unter den zu lange Enttäuschten. –

10. Juli 1933 | Montag

Ein Anruf von Braun überraschte mich: Er hat einen ganzen Abend bei Kapeller von den »Sieben Tagen«, Ullsteins Funk-Zeitung, verbracht und mit ihm die Möglichkeiten erörtert, daß Kapeller mich auf einen kleinen Posten zu sich holt. Welche Instanzen über Kapeller hinaus zu entscheiden haben, weiß ich nicht. Kapeller sagte Braun, er möchte nicht auf mich zukommen, damit ich mir nicht zuviel Hoffnung mache. Ich soll mich melden. Könnte es denn wirklich noch eine Stellung für mich geben? Denn die Frage nach den Möglichkeiten, frei zu schreiben, darf ich ja gar nicht mehr stellen.

Bei Kapeller/Ullstein. Das große Hindernis, das für mich vorliegt, kann das neue Journalistengesetz werden! Wird es dem Beamtengesetz angeglichen, dann haben auch in der Presse Männer mit jüdischen Frauen keine Möglichkeiten mehr. –

12. Juli 1933 | Mittwoch

> Die Blinden will ich auf dem Wege leiten, den sie nicht wissen; ich will sie führen auf den Steigen, die sie nicht kennen.
> *Jesaja 42, 16*

Ich bin wieder ganz in der Arbeit; wenn es auch ohne Ziel und Weg sein muß – was bedeutet es nach diesen wirren, schweren

Wochen, daß der Tag sein Tagewerk hat; ich bin sogar gern bei der Arbeit, freue mich sogar meiner lieben Arbeitsumwelt. Der Strich durch die Hoffnungen auf einen beruflichen Aufstieg verliert von Tag zu Tag an Schmerzhaftigkeit. Wenn es so bleiben dürfte, wie es jetzt ist, – ich dürfte den Mund nicht aufmachen zu einer Klage; von der größten Liebe umgeben, so viel schöne Dinge um mich, keine Schulden und das Geld, das man für das Notwendige braucht, kommt noch ein, alle gesund – ein kleiner Kreis des Lebens und der Arbeit, aber keine Abdrosselung. Wenn sich das alles halten ließe.

Hannis Müdigkeit lastet am meisten auf mir. Wir erfahren zuviel von Schicksalen, die vor kurzem dem unseren sehr ähnelten und nun mit der Katastrophe in raschem Verfall enden. Hanni sieht immer nur dieses eine vor uns. Und ich kann auf solche Aussichten, wie Krell und Kapeller sie mir eröffnen, nicht mehr hoffen. Beim Roman, bei der Berufung zu Braun hatte ich mir meine Hoffnung eingestanden. Die 300.– Mark, die entweder Krell oder Kapeller mir zuschanzen wollen als Fixum für einen neuen Roman oder für Redaktionsarbeit an den »Sieben Tagen«, erscheinen mir unerreichbar. Wer kann es denn noch wagen, mit einem vom Propagandaministerium, dem alle für mich in Frage kommenden Gebiete unterstehen, fortgeschickten Autoren zu arbeiten?! Und warum soll ich vor dem bewahrt bleiben, was Millionen schon lange traf und immer Neue trifft?

Gott reißt das Übel nicht von der Person, sondern die Person vom Übel.

14. Juli 1933 / Freitag

> Zu seiner Zeit soll Juda geholfen werden und Israel sicher wohnen.
> *Jeremia 23, 9*

Kapeller rief an, ich soll ein offizielles Bewerbungsschreiben bei Ullstein einreichen. Es bestünden ein wenig mehr Aussichten als am Dienstag. Wenn wir uns doch weiter über Wasser halten könnten. –

16. Juli 1933 / Sonntag

> Er weckt mich alle Morgen; er weckt mir das Ohr, daß ich höre wie ein Jünger.
> *Jesaja 50, 4*

Ich bin aus diesem neuen Zusammenbruch weiter ernüchtert über mich selbst, aber eigentlich gänzlich ungebrochen hervorgegangen, so vielfach gescheitert ich bin. Ich ziehe Strich um Strich durch Hoffnung, Liebe, Ehrgeiz, Pläne - aber ich habe noch immer das Bewußtsein, daß es mir über alles Verdienst gut geht. Welche Ansprüche darf ich stellen? Ich sehe das Wenige vor mir, das ich mit meinen dreißig Jahren geleistet habe. Ich sehe das Viele vor mir, worin ich versagt habe.

Welche Vermessenheit, mich um einiger Pläne und Ideen willen als ein protestantischer Dichter zu fühlen, nur weil ich mir eine protestantische Dichtung in Verbindung mit meinem Namen wünsche. Ich danke Gott, daß er alles das in mir zerstört; wenn nur Hanni nicht darunter zu leiden brauchte.

Ich bin zu der Überzeugung gekommen, daß eine protestantische Dichtung fast unmöglich ist: sie kann von Vergebung und Gnade als ihrem Hauptinhalt nichts aussagen, weil sie, mit jedem ihrer Worte, den Anspruch auf Gnade und Vergebung braucht. Sie ist, überspitzt gesagt, ein künstlerischer Selbstmord, dauernd ausgeführt und fortgesetzt. Sie erfolgt unter der Buße, ohne von Buße reden zu können. Sie ist ein Lob Gottes, für das man Gottes Vergebung braucht. Sie steht völlig auf der Seite der Sünde, der Friedlosigkeit, der Schuld und des Übels, ist »Leiden dieser Zeit« und nichts von »Herrlichkeit, die an uns soll offenbart werden«. Sie ist kein Schritt auf Gott zu, sondern Abkehr von Gott: Lüge, Eitelkeit, Voreiligkeit, Oberflächlichkeit, Schönrednerei, Dialektik. Gott freilich kann es bewirken, daß er auch aus diesem Wust von Lüge und Eitelkeit spricht; der diesen Wust schreibt, wird es nie auch nur ahnen können, wenn Gott sich zu solcher »Dichtung« bekennt.

Mit allem Anspruch, mit allem Flehen um Vergebung kann ich aber nicht anders, als das zu begehren: ein protestantischer Dichter sein zu dürfen trotz und trotz und trotz ...

Noch nie ist mir protestantische Dichtung begegnet. Wo die Dichtung von der Offenbarung der Schrift und der Geschichte, dem Handeln Gottes an den Menschen, zerschmettert wird, wo die Dichtung vor der Offenbarung kapituliert, wo die Dichtung an der Offenbarung sich reibt – dort könnte der Funke protestantischer Dichtung hervorspringen.

Manchmal geht es nur mit der verhaßten, leichtfertigen Dialektik: protestantische Dichtung protestiert gegen sich selbst. Auch als Lob Gottes steht sie völlig unter der Zöllnerbitte: »Gott sei mir armem Sünder gnädig.«

Vom Temperament, von der Schaffenslust, von der künstlerischen Erregbarkeit leidenschaftlich begehrt, muß sie vom Glauben »weggewünscht« werden.

Aber auch Predigen und Beten geschehen in der Buße vor Gott, der alle Gesetze seiner Heiligkeit selbst erfüllt: in tausend Billionen Sonnen noch nicht eines seiner Geheimnisse auch nur andeutet –

in der »Maske« eines jüdischen Kindes Menschensohn, dem Verworfensten nahe und faßbar, wurde –

Immer schreibe ich von Gott. Nie von Christus. Das ist mir Christus: Gottes erträgliche Gestalt unter den Menschen, Gottes Erfüllung der Heiligkeit seiner Gesetze unter den Menschen – Gott ist ganz in Christus. Aber Christus ist nicht der ganze Gott. In diesen Paradoxien des Glaubens lebt man hin, – und nur wenn ich Jesaja oder Luther lese, kommt eine Beruhigung in meinen Geist. Niemals kommt sie von der Dichtung her.

Am »Kahn« hänge ich, weil er ein areligiöses Buch ist, eine rein menschliche Sache. Und als Künstler sehe ich mich nur als einen Dreißigjährigen an, der ein freundliches, weithin natürliches (trotz vieler manirierter Einzelheiten) Buch geschrieben und eine funkdramaturgische Begabung erwiesen hat. Mehr läßt sich über mich in meinem Beruf nicht aussagen. Dabei spiele ich keineswegs gewaltsam den Bescheidenen. Ich habe einen großen Abscheu bekommen vor Ansprüchen, die aus Ankündigungen, nicht aus Leistungen resultieren. –

21. Juli 1933 | Freitag

> Der Herr erhält alle, die da fallen, und richtet auf
> alle, die niedergeschlagen sind.   *Psalm 145, 14*

Zwischen Gott und mir ist etwas Neues vorgegangen, mein letzter Wall ist niedergeworfen, den ich bewußt errichtet hielt. Es heißt nicht mehr: »Alles, Gott, nur Hanni kann ich nicht verlieren«. Es heißt nun: »Laß ihr Leben zu dem Ziel kommen, das du ihr gesetzt hast. Und nun: Alles dir überweisen«. Auch wenn es kein Gebet war. –

24./25. Juli 1933 | Montag und Dienstag

Anruf von Kapeller, daß »am Dienstag die Sache gemacht werden soll« –?

Anruf von Kapeller, daß ich erst am Mittwoch kommen soll.

Anruf vom dramaturgischen Büro der Ufa, Sternaux, morgen um elf zu einer Besprechung. Möchte bis Sonnabend Exposé. Anruf vom »Eckart«, ob ich bis zum 5. 8. einen Aufsatz über Funkdichtung schreiben könnte.[20]

Anruf von der Deutschen Verlags-Anstalt, die erste Zusammenstellung der bisher über den »Kahn« erschienenen Kritiken ginge morgen bei mir ein.

Anruf von der »Berliner Volkszeitung«, sie möchte bis zum Sonntag einen Abschnitt aus dem »Kahn« abdrucken. Ich möchte zu einer Besprechung meiner künftigen Mitarbeit kommen.

Das klingt alles nach Lebendigkeit, als läge aller Existenzzusammenbruch fern. Aber wie entsetzlich wenig steckt dahinter! Das Solideste davon sind immer noch die Funkbearbeitungen.

Hanni und ich sehen dieser Pseudo-Lebendigkeit nüchtern zu, »kühl bis ans Herz hinan«. Ich bin zu oft belogen, ausgenützt und enttäuscht worden. An die Wunder von Gott her glaube ich allerdings mit einer anderen Herzenstemperatur. All das andere hasse ich.

Einer der übelsten Eindrücke von Berlin: die Ufa. Operettenpracht mit grünen Schleiflackmöbeln und velourbespannten Gängen, die penetrante Höflichkeit der ganz Prominenten gegenüber dem »neuentdeckten jungen Autor«. Die Ufa erklärt: Wendung hin zur »Landschaft, Volkhaftigkeit, sittlichen Sauberkeit«. Die Ufa will von mir: ein mondänes, aber prüdes Manuskript für eine Tonfilmoperette, die auch für das Geschäft in Frankreich in Frage kommt und für die französische Version keine Schwierigkeiten bereitet; die Schlagertexte möglichst auch von mir. Nach meinem »Kahn« müßte ich doch ein »sehr heiteres Temperament sein, aus dem man etwas herausholen kann . . .«

An sich hat es mich bedrückt, daß in Berlin zwei so mächtige Institute sind wie Ullstein und die Ufa, bei denen ich, seit ich hier wohne, noch nicht einen Pfennig verdient habe . . .

Aber arbeiten, verdienen, mich behaupten können, ohne meine – bescheiden gezogene – Linie verlassen zu müssen! Dieses Berlin hasse ich.

Ein anderes liebe ich: die Arbeitsstadt; die beleuchtete, bis in den letzten Winkel erhellte Stadt; die von allen Arten der Verkehrsmittel imponierender Präzision und Bequemlichkeit erschlossene Stadt; das alte Berlin, das es noch neben dem bekannten Alt-Berlin gibt: den alten Villenteil am Wannsee, die steigenden Parkstraßen, die uralten, riesigen Gärten, die verfallenen barocken Parktore und Laternen, die verfallenen Bildwerke in verwilderten Gärten, überwuchert und umwachsen, die Landhäuser alter höfischer Zeit, dem Frankreich der Tuilerien und des Palais Royal ebenbürtig; die Stille, die Nachmittagssonne, die vollen Blumen, das reifende Obst, die Segel auf dem See. –

26. Juli 1933 | Mittwoch

> Denn der Herr hat deine Strafe weggenommen und
> deine Feinde abgewendet.   *Zephanja 3, 15*

Bei Ullstein kommt es nun wohl so, wie es im Funk zuging: der Vertrag wird in nahe Sicht gestellt (15. 8.), die allerletzte Entscheidung des vorbereiteten, aber zur Zeit noch recht vorsichtigen Generaldirektors steht noch aus, morgen soll ich meine Arbeit bereits aufnehmen, aber ich kann es nun nur täglich für fünf Stunden, weil ich durch die anderen Aufträge gebunden bin. Fürs erste sind Hanni und ich wieder sehr glücklich, daß es wieder weitergeht mit mir, daß man mich wieder einschaltet. – Sicherheiten kann es heut nicht geben. Ich darf auch nicht nach ihnen fragen.

27. Juli 1933 | Donnerstag

Der Antritt bei Ullstein. Dem Empfang beim Chef der Redaktionen nach muß K. sehr für mich geworben haben. Das Damokles-Schwert des Journalistengesetzes bleibt. Vom Verlag Ullstein aus steht nichts mehr im Wege. Aber seltsam ist, daß ich, der ich bei dem Mangel an Rundfunkleuten Programme machen mußte, nur Programme redigiere. Ich lehne mich nicht auf.
Dummerweise bin ich krank. Bei Ullstein ergab sich gleich voller Dienst. Die aufgeschobene Ufa-Angelegenheit bedrückt mich sehr. Sonnabend soll ich das Exposé abliefern.
Was mir auch droht, was mich auch drückt – der Eindruck des Wunders ist wieder stark in mir. Dennoch reagiere ich auf alles Neue mit heftiger Depression.

28. Juli 1933 | Freitag

Wenn ich meine Lage im Beruf mit »rein irdischen« Augen ansehe, kann ich nur sagen: »Es hat schon einmal einer so viel herunterschlucken müssen, daß er daran erstickt ist.«

Wenn ich sie mit den Augen ansehe, die Gott einem geöffnet hat, so gibt es nur Bewegtheit und Ergriffenheit.

»Gott ist mit dir in allem, das du tust«. 1. Mose 21, 22. Und »Herr, auf dein Wort will ich das Netz auswerfen.« Lukas 5,5.

Darunter steht der Brüdergemeine-Vers:

»Die Hände Jesu segnen mich,
sein Priesterherz nehm mich auf sich;
sein Beten und sein Arbeitsschweiß
begleiten meinen Arbeitsfleiß!«

29. Juli 1933 / Sonnabend

Gott weiß, warum er mir diesen seltsamen Unterschlupf gibt; vielleicht, daß er mir auch ein Einfallstor aufgetan hat. Ich kann nach alledem nicht fragen, muß die Zähne zusammenbeißen und sehr dankbar sein. Gott wird es wissen, warum er soviel Gnade und soviel Strafe auf mich legt. Was Gott aus meinem Talent macht, ist wohl wichtiger als das, was ich daraus machen möchte; und meine Schwermut über das Schicksal eines Dichters in dieser Zeit darf nicht aus dem Nahrung ziehen, was zu meinem Schutze geschieht. Auch darf ich mich nicht in den Funk zurückwünschen, der in Hinsicht der »Aufmachung« für meine Person ein Dorado war gegen Ullstein. Ich muß daran denken, daß der Funk ein reines Instrument der NSDAP geworden ist und daß es keine kleine Sache ist, daß mich ein anderer großer Betrieb nach meinem Ausscheiden aus dem Funk nicht vor die Hunde gehen läßt. Aber sie könnten mehr von mir haben ... Dort sitzt der Stachel. Und ich muß mich zurückhalten, muß möglichst anonym bleiben. Die schriftliche Bestätigung meiner Abmachungen mit Ullstein ist da.

30. Juli 1933 / Sonntag

Gott befreie mich aus dem Subalternen, Gott gebe mir eine Wirkungsmöglichkeit. Am Anfang steht die Demut. Aber vielleicht muß sie frei werden von der Schwermut.

Was auch ist: Ich muß immer wieder an die Geheimnisse der Dreißig Jahre denken. Und muß daran glauben, daß Gott mich anfangen läßt. Von nun an. Immerzu muß man sich in Gottes Arme fallen lassen. Aber einmal fängt er einen vielleicht nicht nur auf, sondern hebt einen empor und trägt einen, ohne daß man gleiten könnte. –

1. August 1933 | Dienstag

Eins betrachte ich ohne Beklemmungen: der Wunsch nach Bescheidenheit ist stark an mir. Ich glaube, daß noch viel in mir weggeräumt werden muß, ehe ich etwas Neues schreiben kann.
Es geht in der Zeit, es geht in mir selbst zu viel vor, als daß ich jetzt etwas schreiben könnte, was Kunst ist. Ja, das geht soweit, daß ich mir wünschen muß, eher zu verschwinden, als »groß herauszukommen«, worauf ich im Rundfunk so stark spekulierte. Ich möchte mein Leben so führen dürfen, daß einige saubere Dichtungen sein Ertrag sind.

2. August 1933 | Mittwoch

K. sagte mir, in allen Aufregungen, die gerade in diesen Tagen im Rundfunk herrschen, erkundigte sich Arenhövel angelegentlichst nach mir; er »müsse nun einmal einen Narren an mir gefressen haben«. Mir fällt auf, daß ich jede positive Äußerung über mich erwähne. So beunruhigt mich manchmal doch meine Isolierung. Hätte er mir doch die eigene Abteilung schaffen können! Im Funk war alles noch neu zu machen, und dieses Rieseninstitut brauchte nicht nach »Kassemachen« zu gehen; das war das Herrliche. Aber erst wurde der Funk von einem entfesselten Starsystem kulturell ruiniert, nun von der Politik. Wohin soll man sich wenden? Nicht einmal wünschen kann man sich an die eine oder andere Stelle. Und alles, was von der großzügigen Förderung eines freien Schrifttums der jungen »Dichter« geredet wird, ist doch nicht wahr! –

3. August 1933 | Donnerstag

> Ihr sollt mir ein priesterlich Königreich und ein heiliges Volk sein.
> 2. Mose 19, 6

Wenn ich am Spätnachmittag aus dem Verlag komme, bin ich noch durchaus fähig zur Ausführung meiner anderen Aufträge. Zur Aufbesserung des Einkommens brauche ich sie. Zur Zeit liegen sie ungünstig aufeinander, aber ich komme hindurch. Eigenes, wirklich Schriftstellerisches könnte ich jetzt nicht schreiben. Was muß sich nicht erst alles in mir setzen! Was für ein neuer, starker Eindruck wird nötig sein, um einen Einschnitt zu schaffen.
Und was werden die neuen Gesetze für Schriftsteller und Jour-

nalisten bringen? Soviel steht inzwischen fest, daß kein jüdischer Schriftsteller in Deutschland ein Buch veröffentlichen darf. – Werde ich das alles auch ganz auskosten müssen? Und warum sollte ich es leichter haben?

Manchmal denke ich: Alles, was ich in die Hand genommen habe, ist unglücklich ausgegangen.

Manchmal denke ich: Immer, wenn mir in einem Winkel meines Lebens Gefahr drohte, hat mich Gott behutsam an eine geschützte Stelle getragen. –

7. August 1933 | Montag

Im Verlag heut in glühender Hitze Umbruch; ich bin wie verraten und verkauft, ohne mich innerlich oder nun gar äußerlich aufzulehnen. Gott hat es zu entscheiden, ob die Menschen nur dies von mir verlangen sollen, was jetzt von mir verlangt wird. Wenigstens ist es eine erbärmliche, armselige ehrliche Sache und keine Spiegelfechterei.

Ernsthafte künstlerische Pläne habe ich zur Zeit nicht zurückzustellen. Es ist nichts da, was von mir geschrieben sein wollte. Die Ereignisse dieser Revolutionsmonate und ihre Auswirkung in meinem Leben läßt keine Sammlung aufkommen. Vielleicht muß ich mit einer ganz bestimmten Gattung von Schriftstellern aus der Literatur verschwinden. Denn ich habe keinen Wehrgeist, kein Gemeinschaftserlebnis, keinen Beugungswillen gegenüber politischen Heilslehren, keine Ausschließlichkeitsansprüche, keinen Optimismus.

Daß die Deutschen so werden mußten, wie sie nun als Staat sind, verstehe ich: in der Mitte Europas – die Grenzen offen! Es ist eine bewegende Parallele zu der dauernden Defensivstellung der Juden. Aber nun wird das Problem der offenen Grenzen in ein Nichts zusammensinken – die Entwicklung der Luftschiffahrt muß eine neue Ära mit schwereren Problemen bringen.

Ich kann nur Menschen nachempfinden, große politische Ereignisse gehen wie ein Riesentreck über mich weg. Ich kann nur mit ihren Quellen im einzelnen Menschen zu tun haben. Wer will gedeutet haben, was ich vielleicht, vielleicht deuten könnte? Wer will erzählt haben, was ich zu erzählen wünschte?

Meine Menschen, meine »Milieux«, meine Theologie – wie soll das alles kräftige, bezwingende Erzählung werden? Ich bin in dieser Zeit wie ein Schlinggewächs, das an einem Baume hängt, dessen Wurzel aber abgeschnitten ist – es hängt da, als lebte es, weil es am Ast verschlungen und verknotet ist. Und dabei fühle ich mich in der deutschen Geistesgeschichte und Natur so verwurzelt. Bleibt immer offen die Frage nach der Stärke des Talentes. Ich bin meiner Sache gar nicht sicher, ob nicht alle Klagen und Reflexionen ungerechtfertigtes Lamentieren sind. Um sich beklagen zu können, muß man einige Ansprüche stellen dürfen, die ich für mich noch in keiner Weise gerechtfertigt finde. Es gibt verdammt wenig brauchbares Geschriebenes von mir. In die Pose des zurückgewiesenen Dichters begebe ich mich nicht. Kein Anspruch wäre gerechtfertigt. Der »Kahn« ist ein sehr bescheidenes Buch, die Aufsätze und Gedichte und Novellen nur zu einem Minimum anständige Arbeiten. Den Funk allerdings kapiere ich ganz gut. Dort dürfte ich vielleicht einen Platz beanspruchen, weil ich die Anfänger-Dilettantismen überwunden habe und den ganzen journalistischen Zauber im Funk durch Ernsthafteres zu ersetzen wüßte. –

Ich werde die schwere Beklemmung nicht los, daß es mit einem Staate nicht gut werden kann, in dem Gesinnungsfestigkeit mit dem Existenzverlust gesühnt werden muß. Ein Staat ohne Warner und Kritiker, ohne selbständige Köpfe ist mir unheimlich. Wo im Leben darf das Spiel von Kraft und Gegenkraft fehlen? Warum darf man als höchstes Ideal nur noch begehren, versteckt in einem Winkel mit unpersönlicher, risiko- und elanloser Arbeit sein Existenzminimum verdienen zu können? Der Tag einer leeren Erwerbsarbeit – der Abend anonymer und pseudonymer Nebenarbeit, weil die Hauptarbeit den Bedarf für unser Leben nicht deckt. Nein, was ich am Abend schreibe, ist kein Ausgleich gegen den Tag. – Aber unser Leben geht weiter. Dort liegt der Antrieb. Dort liegt die Quelle der Dankbarkeit. Gott läßt einen die Linien seiner Führung nicht erkennen – er gibt einem nur in ihrem Hin und Her, Kreuz und Quer das Bewußtsein, daß man geführt wird. –

10. August 1933 | Donnerstag

> Er wird sein Königreich zurichten und stärken mit
> Gericht und Gerechtigkeit von nun an bis in Ewig-
> keit.   Jesaja 9, 6

Ob nun noch einmal ein so friedliches Leben für mich kommt, daß ich wieder schreibe, daß sich wieder ein Buch anbahnen kann? Ach, nicht mehr das Wirre, Abnorme, Geängstigte, das mein Leben seit meinem 14. Geburtstag hat. Ich empfinde für meinen gegenwärtigen Tag durchaus schon Sympathien, weil ich immer erst durch alles Neue bedrückt und erschreckt werde, dann aber, was in meinem Umkreis liegt, doch zu lieben beginne. –

Es wäre unverdient großes Glück in dieser Zeit, dieses einfache, fleißige, gepflegte, ausgeglichene Leben führen zu dürfen, um das wir beide immer gekämpft haben, weil wir es gemeinsam führen. Das Unstete ist schrecklich.

Was das Dichten betrifft, so möchte ich annehmen, daß der Herbst meine Zeit ist. Die »nördlichere Zeit«, die Stimmung der Heimkehr ins ruhige Haus, die der Herbst hat, die wachsende Weite draußen, die tiefe, bewegte, schöne Unruhe der Welt vor dem endenden Jahr. Im Herbst ein neues Buch. – Aber auch wenn es nicht dieser Herbst sein sollte. Weiter leben. –

12. August 1933 / Sonnabend

> Ich will meinem Volk einen Ort setzen und will es pflanzen, daß es daselbst wohne und nicht mehr in der Irre gehe, und es die Kinder der Bosheit nicht mehr drängen wie vormals.
>
> 2. Samuel 7, 10

Mit der rechtzeitigen Ablieferung des Eckart-Aufsatzes ist wirklich eine Cäsur in meiner Arbeit da; wenn ich jetzt alle Wochentage gründlich ausnütze, kann ich mir endlich den ersehnten Feierabend und den freien Sonntag erkämpfen; im ganz freien Beruf ist kein Sonntag, weil einen immer der Gedanke treibt: jeder Tag, den du nicht arbeitest, ist später ein Tag ohne Geld; ein häßlicher und unfrommer Gedanke. Die nächsten Aufträge liegen nach Terminen fest: noch ist die Oderserie aus der »freien Zeit« darunter; das ist bezeichnend für diesen Zustand: immer gehetzt von dem Gedanken, arbeiten zu müssen; oft viel zu mürbe und müde, um arbeiten zu können, weil alles ein haltloses, bodenloses Gebilde scheint. Wenn ich »im Nebenberuf« schreibe, bin ich ein sehr rascher Arbeiter. Man schlägt auch den Wert der Stunde höher an. Gelingt die Sonntags-Freiheit, so wäre es ein großes Ding; etwas, das das ganze Wesen angeht! Und mir scheint es, als könnte der freie und beschützte Sonntag der erste Schritt zu einem neuen Buche sein. Wie eine Befreiung war auch, daß ich die ganze schief angelegte »Chance«, die die Ufa mir bot, nicht genützt habe; die Ufa-Affäre ging mir viel näher, als ich glaubte. Welcher Wunsch ging in Erfüllung, als die Ufa mit ihrer Riesenstellung im Filmwesen endlich so ernstlich mit mir arbeiten wollte! Nun ist es für mich um die Ufa wieder ganz still geworden. –

Die Verurteilung zu dem Anonym und Pseudonym nehme ich nicht tragischer, als sie ist. Wer kennt, nun meine ich es optimistisch, die Dauer eines Übergangszustandes? Wenn es mich nur zu einem neuen Buch unter meinem Namen trägt. Zu einem anderen Pseudonym als meinen beiden anderen Vornamen[21] hätte ich mich nur sehr schwer entschließen können. Das ist keine Spielerei. Der Respekt vor den Geheimnissen der Namen liegt mir zu schwer im Blute. Gott, der mir den Taufspruch[22] vom Namen gab, wird es wissen, warum er das mit meinem Namen beginnt, worunter ich jetzt zu leiden habe. Und daß der Zwang zu Bescheidenheit jetzt so in den Mittelpunkt rückt, ist notwendig. Die Fantasie kann immer erst wieder aufleben, wenn ein großer Stein abgewälzt ist. Meine Eitelkeit, mein Ehrgeiz, meine »altmodische«, unzeitgemäße Ruhmsucht sind doch ein schwerer Stein.

Das Leben zerfällt mir in seltsam klar von einander abgegrenzte Epochen, von denen jede sich um die Erfassung eines Begriffes zu schließen scheint; so stark, daß nur diese eine Idee alles beherrscht. Ich lebe jetzt im Sturz in die Bescheidenheit, im Ekel vor aller noch so verbrämter Anmaßung. So wirr es klingt: Ich lebe in einem Sturz, aber ich stürze gern. Immer wieder lebt in mir der Glaube auf, als wartete Gottes guter Grund auf mich. Der Sturz, in den Gott einen stößt, tut nicht weh, ja, man sehnt sich danach, daß er ganz geschehe.

13. August 1933 / Sonntag

> Höre, mein Volk, ich will unter dir zeugen; Israel, du
> sollst mich hören.   *Psalm 81, 9*

Wir wollten das Wochenende in Saarow verbringen, weil Hanni sehr erholungsbedürftig ist. –

Es wurde ein regnerischer, trüber Sonnabend, wie Herbststurm; erst am Abend war es, als würde Tuch um Tuch vom Himmel gerissen. Wir blieben zu Hause; und erst am Sonntag fuhren wir hinaus. Wieder, um Potsdam zu entdecken: den Wildpark, Schloß Charlottenhof, das Neue Palais. Überraschung um Über-

raschung; dabei haben wir uns die Innenbesichtigung des Neuen
Palais noch aufgehoben. Es war ein zu schöner Hochsommer-
nachmittag im Park, zu tiefe Stille im nahen Walde, als daß wir
uns unsere Leidenschaft, Räume anzusehen, diesmal nicht versagt hätten. –

15. August 1933 / Dienstag

> Ich habe es verkündigt und habe auch geholfen.
>
> *Jesaja 43, 12*

Es gibt nun einmal Zeiten, in denen selbst reifere Pläne weggefegt werden: »Frickfrack und Elvira«, »Hoffnungslosigkeit« waren
fertige Pläne, an deren Ausführung ich kaum mehr denken kann.
Nun muß namentlich die Substanz von »Hoffnungslosigkeit« ihre
geheimen Wandlungen durchmachen. Zu dem »Voltaire« habe
ich auch heute noch Zutrauen. Wenn man begreifen wird, daß
mein »Voltaire« den Charakter eines »deutschen Buches« in jeder
Einzelheit hat, werde ich ihn vielleicht noch einmal schreiben
können.
Ein geplantes Buch nicht zu schreiben, ist aber nicht annähernd
so schlimm, wie ein nicht spruchreifes Buch schreiben zu müssen.
Also will ich mit den Spatzen in der Hand freundlich umgehen.
Daß man auf den »Kahn« hin mein literarisches Entrée für absol-
viert hält – das wundert mich, und ich kann nicht anders, als es
voreilig zu nennen und vor allem es aus ganzem Herzen als voreilig zu empfinden. Ein Buch bereitet sich ja doch wohl weniger
im Talent vor als im Wesen. Und auf die menschlichen Vorgänge,
die in einem geschehen müssen, ehe die Bahn frei ist für ein
neues Buch, kann man nicht rechnen. Das Talent ist viel eher
bereit als der »Charakter«. Und gewaltsame »Veredelungsprozesse«
gibt es nicht. Das Schreiben in der Buße vor Gott und im Frieden mit Gott hat seine besonderen Geheimnisse. Der Glaube
rüttelt immerzu an den Wurzeln und Wipfeln der Kunst in
einem; nicht der Zweifel am Talent; der religiöse Glaube ist ein
Widersacher des Talentes. Wenn ein Buch und das ganze Werk
Gott anheimgestellt wird, wird man verdammt geduldig und
zurückhaltend. Und vielleicht drückt man sich so ein wenig ums
Schreiben herum! Denn es ist unter Umständen gar nicht so
verlockend, »im Widerspruch« zu schreiben. Ich muß »frivol«
sagen: ich lebe nur in der Spannung, was Gott mit mir in meinem
Widereinander von Kunst und Glauben beginnt; ob noch ein

Buch wird; was für ein Buch wird. Man kann nicht in dem Bewußtsein von Gnade und Vergebung leben und ein Buch von
sich selbst für so wünschenswert halten! Vielleicht gibt es
Momente, in denen man seine liebsten Pläne wie lästigen Ballast
über Bord wirft! Christen müssen Pläne hassen, auch wenn sie
Künstler sind. –

17. August 1933 | Donnerstag

Die freien Wochen nach der Funkzeit waren für beides nicht ver-
wendbar: für die Erholung nicht und für die Arbeit nicht. Aber
vielleicht haben sie eine wichtigere Aufgabe erfüllt. Das kann
man schwer ermessen. Noch wirkt es sehr in mir nach, daß Hanni
in dem Zusammenbruch das Ende sah. Und was die Zukunft
der Kinder angeht, so steht Hanni auch jetzt noch weiter unter
den Eindrücken des sinnlosen und brutalen Antisemitismus. Sie
sieht schlecht aus und ist müde; aber für unser beider Leben ist
ihre Lebenslust doch wieder erwacht.
Ich bin wieder auf beides gerichtet: auf Arbeit und Erholung.
Aber es ist nun wieder so, daß die Arbeit einen etwas zu breiten
Raum einnimmt. Die »nebenberuflichen Aufträge« liegen noch
zu dicht; und etwas bin ich von den jüngsten Eindrücken wohl
doch mitgenommen. Es waren keine Mückenstiche. Was jetzt
noch auf mir lastet, ist sehr erträglich. Ich brauchte nur eine
Woche Ruhe, die kein Loch in meinen Etat reißt und die einer
gesicherten Arbeit vorangeht. Einmal eine Woche bezahlten
Urlaub; so primitiv ist die Angelegenheit. –
Auf ein Buch warten können, ist wichtiger als alle Vorbereitungen. Ich weiß nicht, ob und was ich schreiben werde.

19./20. August 1933 | Sonnabend und Sonntag

Manchmal ist es mir, als wünsche ich mir wesentliche künstlerische Leistungen auch deshalb, weil ich nun vor mir und
hinter mir keine Familie habe – weil ich »Ahnen« und »Nachkommen« in der geistigen Geschichte haben möchte. Denn die
Geschichte meines Fleisches und Blutes, das ist eine traurige und
klägliche und sehr niederdrückende Sache. – Ich steigere mich
nicht gewaltsam in die Pose des Bescheidenen, nachdem mir
die Bescheidenheit als die *conditio sine qua non* des Künstlers
scheint. Aber daß man in die Geistesgeschichte eingereiht werden könnte als Erbe, Enkel, Ahne – wer bringt diese anmaßende

Hoffnung auf, wenn nichts vorliegt als ein freundliches Buch und ein paar brauchbare Lehren für den Rundfunk?!

Aber tatsächlich kann wohl das leidenschaftliche Bedürfnis, Wurzel zu fassen, von der geistigen Arbeit beeinflußt, diese Form annehmen; und daß man so ungeduldig die Mark in Berlin entdecken will, Potsdam immer wieder aufsucht, die einmal gewählte Wohnung mit aller Anstrengung halten will – was anderes spricht daraus als das Bedürfnis, hier etwas wie eine Heimat zu finden? Darin ist kein Unterschied zwischen Hanni und mir.

In einer Zeit, in der man nur um den nächsten Tag kämpfen kann, wird es schwer sein, sich und den Seinen eine Tradition zu schaffen, an die das Herz sich halten kann.

Die Liebesfähigkeit eines Menschen ist wie ein von vornherein fest geprägtes Gefäß, dessen Volumen seinen vollen Inhalt braucht. Ich glaube, die Liebe wächst und verringert sich nicht durch erschütternde, beseligende oder bedrückende Erfahrungen. Sie füllt dauernd ein vorhandenes Gefäß. Auch, wenn ich mir Hannis Leben ansehe, bestätigt sich mir das. –

Ob etwas aus mir wird, ob das, was in mir ruht, noch immer ruht, – leider und zum Glück! – etwas wird, wage ich mir nicht auszumalen, im Positiven und im Negativen nicht. Aber dahin hat Gott mich wohl geführt was mir begegnet, ohne Schwerfälligkeit wesentlich zu nehmen. Und deshalb sucht mein Ehrgeiz nicht mehr das Unwesentliche, nicht mehr den Scheinerfolg, der mich so glücklich machte.

Aber dabei bleibt es nun einmal: wenn ein unpolitischer Mensch in ein politisches Zeitalter gerät, ist es fast, als ob er unter die Räder kommt.

21. August 1933 | Montag

> Gleichwie Gewächs aus der Erde wächst und Same im Garten aufgeht, also wird Gerechtigkeit und Lob vor allen Heiden aufgehen aus dem Herrn.
>
> *Jesaja 61, 11*

Man lebt zwischen Idyllen und Katastrophen; und nur auflebende, existenzsichernde Arbeiten können einem zu einiger »Ausgeglichenheit« verhelfen. Das Herz ist sehr rasch bereit, zufrieden und dankbar zu sein. Aber der Aufruhr, den man durchzumachen hat, zittert im kleinsten Nerv nach. Und es scheint mir auf absehbare Zeit ganz ausgeschlossen, etwas zu schreiben, was zur Kunst gehörte.

Als ich in den Funk geholt wurde, habe ich darin die zu sichtbare Fügung gesehen. Es bleibt für mich eine Fügung, nur daß Gott nicht durchschauen läßt, wie er einen führt.

Die Besprechungen über Hannis und der Kinder Taufe gehen hin und her, und obwohl das nicht unsere Art ist, können wir uns zu keinem Entschluß aufraffen. Man wird politisch zu solchen Schritten erpreßt: Juden, die Dissidenten sind, gelten als »des aktiven Marxismus und Kommunismus verdächtig«. Dann ist man mit einem Bein im Konzentrationslager. –

Den Juden ist das Benutzen der Badeanstalt Wannsee verboten worden. In Nürnberg erstreckt sich das Verbot sogar auf alle städtischen Badeanstalten. Wie würde es die Kinder treffen, wenn man ihnen ihr geliebtes Schwimmbad hier draußen nehmen würde, in dem sie bei jedem Wetter jede freie Stunde stecken und an dem sie so hängen, daß sie nicht verreisen wollten, auch wenn wir hätten verreisen können. – Man ist nahe am Ghetto. –

Es ist so schwer, wenn man sein eigenes Volk hassen muß, an dem man in seiner unbefangenen, natürlichen Entwicklung immer mehr hängt. Ich habe mich immer mehr als Deutscher fühlen gelernt und muß diese Schande erleben. –

Und so seltsam: die Kritik der neuen Zeit nimmt mich als zeitgemäßen Dichter auf. Ich stehe vor einem Rätsel. Hier begrüßt man mich und dort schmeißt man mich hinaus – in ein und derselben Richtung?!

22. August 1933 / Dienstag

Ich bin der Herr und wandle mich nicht.

Maleachi 3, 6

Es wird wohl nicht so sein, daß der Schriftsteller im geistigen Exil erst eine Stellung zur Zeit finden wird und danach wieder schreiben kann; sondern er wird wohl im Schreiben das Verhältnis zur Zeit ausbalancieren müssen. Man ist wie herausgeschnitten. Und es geht doch nun auch beim bescheidensten Autor nicht, daß er vor der Zeit kapituliert; ein wenig muß immer auch die Zeit vor ihm kapitulieren.

Wenn ich aber auch nur einmal das Gefühl hätte, daß ich das alles nicht hätte erleben müssen, so würde ich lügen. Ich erlebe ein allgemeines Schicksal, das Tausende meiner Art trifft, mit;

aber individuell gesehen mußte alles das sein, um mich im oberflächlichen, unbezähmbaren Ehrgeiz zu treffen.

Um mich davor zu warnen, Gottes Fügungen für gar so durchsichtig zu halten. Dann wäre ja der Glaube, den Gott einem gibt, nicht ein solches Wunder. Nun ist er es.

Man darf der Situation, in der man lebt, nicht selbst den Sinn geben wollen. Am allerwenigsten in religiöser Hinsicht. Am allerwenigsten ein Schriftsteller, der ja mit dem Bau von Lebensgeschichten vertraut ist. Gott ist kein Schriftsteller.

23. August 1933 | Mittwoch

> Sei getrost und sei ein Mann und warte des Dienstes des Herrn, deines Gottes, daß du wandelst in seinen Wegen und haltest seine Sitten, Gebote und Rechte.
>
> *1. Könige 2, 2. 3*

Offizielle Erklärung: »Mischehen mit Fremdrassigen müssen als das gekennzeichnet werden, was sie sind, nämlich der Grund für geistige und seelische Entartung wie für die Entfremdung dem eigenen Volke gegenüber.«

Alles nur gemacht, um Stellen frei zu bekommen. – Die Kinder haben heute die Abstammungs-Erklärung abgeben müssen. Wenn sie doch auf der Schule blieben. Es ging so glatt. –

26./27. August 1933 | Sonnabend–Sonntag

Noch einmal ein Sommertag, wie er schöner nicht sein kann, ja fast schöner als der Hochsommer, weil nun alle Herbstblumen schon blühen. Beinahe unvermittelt war dieser Tag. Diese Fülle von Segeln war noch gar nicht auf dem Wannsee; der Blick von Nikolskoe auf den übersonnten See; der Sonnenuntergang auf der Pfaueninsel. Und vorher: ein ganz stiller Morgen im Sanssouci-Park. Im neuen Palais: die reizende Galerie um das kleine Theater; ein sehr apartes Bild einer Schauspielerin in Braun, einige schöne Türen – sonst war uns das Breslauer Schloß, weil charaktervoller und klarer und privater, lieber. Aber einige Plastiken um das Schloß. Und wie tiefer Süden: der über und über blühende Garten von Schloß Charlottenhof, das Weingerank, die Springbrunnen. Eine wunderbare Enklave des Südens im Potsdamer Park. Lieber als ein Schloß möchte ich aber ein altes Bürgerhaus sehen, in dem die Menschen wirklich für sich gelebt haben. –

Dieser freie Sonntag erscheint mir als etwas ganz Neues. Und zunächst doch wichtiger als eine Reise. Denn daß wir noch einmal von Berlin weggehen können, glaube ich nicht. So möchte ich alles tun, daß es uns eine Heimat wird.

Aus aller Unruhe des Berufs in dieser Zeit, aus allen persönlichen Verlusten erklärt sich ja so leicht, warum Hanni und ich unserem Haushalt eine solche Wichtigkeit zumessen. Er ist Ruhe, Heimat, Würde, Lebenslust, alles, was einem das Leben immer wieder abzufordern sucht. –

Seit heute glaube ich an ein neues Buch; das ist ein religiöser Vorgang, kein künstlerischer. Denn von diesem neuen Buch habe ich nicht die ungefährste Vorstellung.

1. September 1933 | Freitag

> Petrus hob an zu sinken, schrie und sprach: Herr, hilf mir! Jesus aber reckte alsbald die Hand aus, ergriff ihn und sprach zu ihm: O du Kleingläubiger, warum zweifeltest du? *Matthäus 14, 30. 31*

Mit dem September beginnt »meine Zeit«, ich glaube, das sind meine Monate, so mitgerissen ich von jeder Jahreszeit bin. Darin bin ich pathetisch geblieben wie als junger Mensch: die Zigeunerzeit des Herzens ist da, die Zeit zugleich der häuslichen Einkehr. Man sitzt gern am Schreibtisch, indes »die Seele draußen schweift« – und bleibt mit alledem ein unrettbarer Romantiker.

Aber solange es noch auf mich wirkt, daß Menschen, die ich nicht für sehr fähig halte, die Posten innehaben, die man sich sehr als Nebenberuf wünscht, solange überhaupt noch der berufliche Neid eine Rolle in mir spielt, liegt ein schlimmes Hindernis zu neuem Schreiben in mir. Dieser Neid wird sich wohl aber erst legen, wenn von Buch zu Buch ein ruhiger Achtungs-Erfolg sich entwickelte.

2. September 1933 | Sonnabend

Glocken, Glocken, Glocken. Ich habe noch nie so viele und schöne Glocken gehört wie bei uns in Südende. Das half, rasch heimisch zu werden. Je mehr ich mich geistig als ein Emigrant im Vaterlande fühlen muß, desto heftiger und inständiger wünsche ich dieses Heimischwerden.

Wieder liegen viele Kritiken vor, die mich als Volkstums- und Landschaftsdichter begrüßen; die neuen konventionellen Redensarten, daneben nur Inhaltsangaben. Ausgezeichnet dagegen geschrieben eine Kritik im Düsseldorfer »Mittag«.

Nach Raabe wird nun auch Eichendorff zum Vergleich mit mir herangezogen; ich weiß aber zu beiden keine Beziehungen, weil ich sie schlecht kenne. Das Allerseltsamste an den Kritiken über mich ist, daß man durchgehend meinen Humor hervorhebt; ich habe eine gewisse Art Witz, mehr nicht; ja, eigentlich nur das Wahrnehmungsvermögen für das Witzige.

Nichts brauche ich mehr als ein neues Buch, um aus dieser anhaltenden Niedergeschlagenheit herauszukommen. Aber nichts läßt den Weg beschleunigen, der zu einem Buche führt; und keine Station, die auf diesem Wege liegt, darf man auslassen. Die Stationen lassen sich recht paradox bezeichnen: der eine nennt sie »stiller werden«; der andere »sich durchkämpfen«; der eine nennt sie »warten«, der andere »sich konzentrieren«. Ich stehe auf der Seite der passiven Bezeichnungen. Was war, kann man nicht herunterschlucken. Man muß es sich setzen lassen; und wie soll ich wissen, ob tote Schlacke oder fruchtbarer Boden daraus wird?! Denen, die Gott lieben, müssen alle Dinge zum besten geraten. Es steht ganz bei Gott. Es ist nicht leicht, ein Erzähler zu sein, wenn es einem fortwährend die Sprache verschlägt.

3. September 1933 | Sonntag

Manchmal denke ich, in den Sonntagen liegt die ganze Entscheidung, ob noch einmal alles gut wird.

Gott erobert sich Bezirk um Bezirk; jetzt geht es um die ganze Grundlage, um die ganze Möglichkeit meines Schreibens; jede Stunde spürt man es wie eine Krankheit; das Wort Protestantismus ist tiefer als ich ahnte; die ganze Feindschaft zwischen Gott und Mensch steckt darin. Fast möchte ich sagen: Entweder kann ich nun richtig schreiben oder gar nicht mehr. Durch alle Pläne werden von Gott kreuz und quer dicke Striche gezogen, schmerzhafte Schnitte; ich wage den Mund nicht mehr aufzutun. In der Buße schreiben, das ist es wohl. Nicht von der Buße. Und ebenso wenig aus Inspiration. Man schreibt als Sünder auch in der Kunst, und es steht nur bei Gott, wie weit er sich mit seiner Vergebung zu einem selbst und zu dem Geschriebenen bekennt. Ich kann keine Pläne mehr fassen. Das ist meine »Krankheit«; mehr als Beuthen. Mehr als mein Emigrantentum. Mehr als meine Überanstrengung. Mehr als die Kinderlosigkeit.

4. September 1933 | Montag

> Sei stille dem Herrn und warte auf ihn.   Psalm 37, 7

Wäre Gott nicht – ich könnte im Leben nichts Lohnenderes erblicken, als in diesem Irrtum zu leben, er wäre. Dieser Irrtum wäre größer als alle Wahrheiten und Wirklichkeiten. Alle Leiden, die aus ihm folgern, ändern nichts daran. –

5. September 1933 | Dienstag

> Sehet zu, wachet und betet; denn ihr wisset nicht, wann es Zeit ist.   Markus 13, 33

Dazu steht in der Losung:

> Wer kann dich, Herr, verstehen?
> Wer deinem Lichte nahn?
> Wer kann den Ausgang sehen
> von deiner Führung Bahn?
> Du lösest, was wir binden,
> du stürzest, was wir baun.
> Wir können's nicht ergründen.
> Wir können nur vertrauen.

Wenn die wichtigsten Dinge in einem geschehen, so flieht man in die Worte anderer, weil man sich vor den eigenen Worten scheut. –

Gott weiß, wann es Zeit ist. Und ich stehe fortwährend vor ihm, die Uhr in der Hand!

Gott tut einem viel Schweres an. Aber ist etwas darunter, wovon man sagen könnte: »Das durftest du mir ersparen«?

Ehe Gott ein Korn in die Erde tut, gräbt er sie um und bestellt sie sorgsam. Aber das Umgraben gehört genau schon so zur Ernte wie die geschnittene Garbe. Vor Gott liegen die Dinge näher zusammen als vor uns.

6. September 1933 | Mittwoch

> Mich hat deines Dienstes nicht gelüstet im Speisopfer, habe auch nicht Lust an deiner Arbeit im Weihrauch.
> Jesaja 43, 23

Die neuen Kirchengesetze sind heut heraus. Der Arierparagraph in schärfster Form, auch auf mit Nicht-Ariern schon geschlossene Ehen ausgedehnt. Nun fehlt nur noch das Gesetz für Schriftsteller und Journalisten. Da es hier um die Bildung der öffentlichen Meinung geht, bleibt eigentlich nichts zu hoffen. Nur zu glauben, daß Gott einen auch durch noch Schlimmeres hindurchführen kann, wenn er es will.

7. September 1933 | Donnerstag

Kurt Meschke[23] war kurz zu Besuch. Er kann sich der jüdischen Frau wegen als Studentenpfarrer in Danzig nicht halten und sucht nun noch schnell in einem kleinen pommerschen Pfarramt unterzukommen.

Für mich ist es immer eine Beruhigung, mit Menschen meiner »Richtung« zusammenzusein. Dann sehe ich, daß das, was ich z. B. über die protestantische Dichtung denke, kein Wahnsinn ist, in den ich mich abseitig verrannt habe. Und daß es keine Phantasterei ist, wenn ich nicht aus der Kirche austreten mag, die trotz aller politischen Blasphemie die eine erste Kirche für mich ist, der »Kreis des Herrn«.

Hanni will sich durchaus scheiden lassen, um mich für meine »Karriere« freizubekommen. Ich tue an ihr ein Unrecht, daß ich nicht einwillige und dadurch besser für unsere Existenz sorge, Aber es ist keine falsche Moral, die mich hält. Ich kann diesen Entschluß nicht fassen. In diesem »jüdischen Schicksal«, in das Gott einen einbezieht, ist etwas, wogegen ich nicht ankann. Der ganze Wahnsinn unserer Zustände spricht daraus, daß ich ein Unrecht begehe, wenn ich mich nicht von Hanni scheiden lasse, weil ich so besser für sie sorgen könnte. Zu allem Schweren eines freien Berufes nun noch das.

8. September 1933 | Freitag

Meine Gedanken sind wenig bei der Arbeit. Die Scheidungssache bewegt mich in Hannis Interesse sehr; denn ich will für mich keine Karriere, die mit solchen Mitteln erkauft wäre. Gewiß, ich will nie und nimmer moralisch handeln. Aber hier käme es mir vor, als verriete man die Anrede Gottes. Gewiß, aus dem Verräter Simon machte Gott den Petrus. Meine Scheu vor Entschlüssen hält mich zurück, vor Entschlüssen, die an die Fügung rühren wollen. Daß Gott trotzdem wirken würde, was er will, weiß ich.

Sooft ich die Bibel lese, ist es das gleiche: die gleichen Worte sind an das jüdische Volk gerichtet. Die gleichen Worte bezeichnen Amt und Passion Christi. Die gleichen Worte reden mich in meiner innersten Geschichte an, die gleichen Worte weiß ich an alle Gläubigen gerichtet. Ich weiß nichts Lebenswerteres als den Wahnsinn des Glaubens.

Aber was »verlange« ich von Hanni. Was Christus von den Juden »verlangte«? Was Luther beschrieb: »Gott reißt das Übel nicht von der Person, sondern die Person vom Übel!«

9./10. September 1933 | Sonnabend und Sonntag

> Nun, Gott Israel, laß deine Worte wahr werden, die
> du deinem Knechte geredet hast.   1. Könige 8, 26

Eines Tages verlangt der Glaube das Äußerste von einem, und man muß Gott ein solches Wort hinhalten: »Nun, Gott Israels, laß deine Worte wahr werden –«. Das ist für den Glauben das Schwerste. –

Am Sonnabend wieder in Potsdam. In der Nachmittagssonne im Stadtschloß; die Uhren gingen; auf Leuchtern steckten Kerzen. Endlich, endlich einmal nicht der kalte, tote Prunk; und außer uns nur ein Mensch bei der Führung. – Der Weg aus der Stadt durch den Neuen Garten, am Marmorpalais, am Heiligen See vorbei; wieder Entdeckungen über Entdeckungen: der Garten vor der Orangerie; das alte Bürgerhaus am Heiligen See; der Weg am Jungfernsee; die erleuchteten Dampfer, Kähne, Boote, Landhäuser; auf der Heimfahrt die langen, langen Autoreihen auf der Chaussee im Walde. Dieses Verhältnis zu Berlin zu gewinnen in der Auswertung unserer Sonnabende und Sonntage, war für die Zukunft hier wahrscheinlich wichtiger als eine Reise; den Gedanken an die Zukunft habe ich ohne »Hybris«. Am Sonntag Rheinsberg: ein Septembertag, wie man ihn sich in seiner Vollkommenheit zu schreiben scheuen würde. Mittagbrot auf einer sonnigen Terrasse am See; Kaffee unter den riesigen Bäumen am Marktplatz; Leben über Leben in der kleinen Stadt, ohne daß es einen störte. Viele Abenteuer mit Kindern. Daraus, wie Hanni zu Kindern ist, sehe ich genug –. Das Schloß innen leer und kahl und verwahrlost; Rheinsberg fehlt sein Herz. Trotz der alten Kavaliershäuser unter Kastanien, trotz der Fischerstraßen, trotz des wilden Parks, trotz des Blickes vom Markt auf den See werden wir kaum wieder hinfahren.

Eine Sache für sich: im Potsdamer Stadtschloß die von Friedrich Wilhelm I. gemalten Bilder; man stellt sich neu auf ihn ein; soviel mehr wert als das Konventionelle um ihn; so viel von Billum. –

Ich möchte einmal ein altes Bürgerhaus sehen oder schreiben. Die pietätlosen Rokokoschlösser mag ich nicht.

11. September 1933 | Montag

> Kommet her und sehet an die Werke Gottes, der so
> wunderbar ist mit seinem Tun unter den Menschen-
> kindern.
> *Psalm 66, 5*

An meiner eigentlichen Arbeit endlich werde ich wahrscheinlich nie begreifen, daß sie, mir selbst geheim, in Bezirken meines Wesens vorgehen mag, die ich nicht kenne. Man kennt nicht Anfang, nicht Weg, nicht Ende einer solchen Arbeit. Man kann sie nur glauben.

Als mir Gott so vieles nahm, hat er mild an mir gehandelt, daß er meinem Privatleben seine Würde ließ; so viel Wärme, so viel Schönheit; ein tägliches Geschenk.

Im Rundfunk abends herrlichster unbekannter Mozart. So oft man sein Leben anklagen will, verschließt es einem den Mund. Man kann nur die eine Sehnsucht empfinden, dieses eine große Leben wesentlich, ohne alle Lüge leben zu dürfen. Wer log, war nicht auf der Welt. Wahrscheinlich sind die Dichter die ehrlichsten Menschen, die nüchternsten, und die anderen leben in dauernder Illusion, die immer wegführt von der wahren Schönheit und den wahrhaft beseligenden Dingen. Ehrgeiz ist eine solche Illusion, dazu mit allen Qualen eines Triebes durchsetzt. Wahrscheinlich heißt die »Rechenschaft« nicht: Was habe ich erreicht?, sondern: Was hat auf mich gewirkt? Nicht, um die eigene »Tiefe«, sondern um den Reichtum des Lebens zu erweisen!

13. September 1933 | Mittwoch

> Ich will, spricht der Herr, eine feurige Mauer umher
> sein und will mich herrlich darin erzeigen.
> *Sacharja 2, 9*

Nun ist das neue Buch da. Die alten Pläne waren weggefegt; neue Exposés, an die ich nicht glaubte, wie der Orchesterroman, weggeschickt. Und dann, mitten beim Abendbrot, durchfährt es einen auf einmal am ganzen Körper: Das ist das neue Buch! Der Vater. Die Geschichte Friedrich Wilhelms I.

Daher also Potsdam und immer wieder Potsdam. Daher die eigentümliche Wirkung der Bilder Friedrich Wilhelms – der Gedanke an Billum im Hofleben des frühen 18. Jahrhunderts; die Entdeckung eines »Märkischen Rokoko«, als das Kind mir auf der Fahrt nach Rheinsberg gegenübersaß, verstruppt, bäurisch, mit dem Hochmut einer Infantin. Daher richtete ich mir in Gedanken immer wieder Schlösser ein und verwarf sie und landete bei einem alten, würdigen Bürgerhaus. Daher das Kreisen meiner Gedanken um das Haften an Familie und Heimat. Das Werben um die Mark als Heimat. Daher das Spielen nur mit einem Buchtitel: »Der Vater«. (Ich dachte, es wäre Beuthen.) Bis heute habe ich nicht gewußt, daß es auf ein bestimmtes Buch zugeht und schon so weit ist.

Süskind von der »Literatur« und Rombach[24] von der »Europastunde« waren zum Tee. Sie schimpften auf Berlin, wir verteidigten es. Ich auch mit Potsdam, mit den neu zu entdeckenden Bildern des Königs. Süskind: »Das wäre ein neues Buch für Sie.« Ich hörte es kaum, so fern stand er mir und so wenig hatte mich dieser Plan berührt. Und eine Stunde später weiß man es: Das ist das neue Buch. Der Vater. Der Bürgerkönig. Das märkische Rokoko. Der rauhe Billum mit dem erlesenen Geschmack und dem Vermögen, Menschen zu gestalten. Der König: der Greis in der Verflüchtigung ins Nicht-mehr-sein, das Königliche Kind, sein Kind, der Märker im Rokoko –. Ach, das sind alles ästhetische Redensarten. Es braucht eben ein Buch, um zu sagen, was in diesen Bildern ist. Was einen so rührt.

Heut weist die Losung auf das 48. Kapitel, 1–11 im Jesaja hin. Wie muß das auf mich wirken, jetzt, wo ich an das Buch – also Gottes Verheißung, mich in der Arbeit zu erhalten – glaubte, aber nichts von dem Buche wußte.

»Ich habe es zuvor verkündigt, dies Zukünftige; aus meinem Munde ist's gekommen, und ich habe es lassen sagen; ich tue es auch plötzlich, daß es kommt.« »Ich habe dir von nun an Neues sagen lassen und Verborgenes, das du nicht wußtest.« »Siehe, ich will dich läutern, aber nicht wie Silber, sondern ich will dich auserwählt machen im Ofen des Elends.«

Verheißt Gott auch neues Elend? Denn was ich bisher erlebte, es war zu viel Grund zu Dank darin. –

14. September 1933 | Donnerstag

> Regiert euch aber der Geist, so seid ihr nicht unter dem Gesetz.   *Galater 5, 18*

Ich habe die Vorarbeiten zum »Vater« aufgenommen; ich brauche dieses Buch nicht einen Tag mehr aufzuschieben. Zwischen Plänen und der inneren Ankündigung einer neuen Arbeit ist ein zu untrüglicher Unterschied. Ich bin sehr glücklich, auch wenn einen die noch ausstehenden Gesetze fürchten lassen müssen, daß ich auf Jahr und Tag in Deutschland kein Buch herausbringen kann. Hanni, die die Tatsache, daß es nun an den zweiten Roman geht, mit Freude und Hilfsbereitschaft und Liebe zu Potsdam aufnimmt, ist wohl von der Möglichkeit dieser Gesetze bedrückt. Mir ist recht festlich zumute, und ich mag an alles, was jenseits vom neuen Schreiben liegt, nicht anders denken als in Geduld. –

15. September 1933 | Freitag

Was meine Schriftstellerei betrifft, so glaube ich nach und nach, daß ich mich überhaupt nicht kenne und etwas ganz anderes bin, als ich in mir gesehen habe. Es ist gut so. Denn an die Stelle der Konstruktion tritt damit die Erkenntnis.

16./17. September 1933 | Sonnabend und Sonntag

Wieder die Wohltat des Wochenendes. Da es ein trüber Sonnabend war, bleiben wir in der Stadt. Wir trafen uns und besichtigten die historischen Wohnräume des Schlosses[25], der Höfe, vieler Bilder, herrlicher Türen und einiger Räume, weniger der Möbel wegen, für uns lohnend. Schlimm alle Zutat; unverständlich von Menschen, die mit alten Sachen groß geworden sind. –
Heut las ich, daß auch Bismarcks Leben unter den Sprüchen der Brüdergemeine-Losung verlief. –

21. September 1933 | Donnerstag

Ich habe zu leben. Ich schreibe. Höhere Gewalt hat meinen unverkennbaren Aufstieg abgebrochen. Das ist das zweite Jahr Berlin. Beuthen hat mit der Übersiedlung nach Berlin nichts zu tun. Im Werben um meine neue Heimat freilich hat es sein Gewicht.

22. September 1933 | Freitag

Wenn ich schreibe: »Ich habe zu leben«, so schäme ich mich. Ich habe viel mehr, als zu leben. Ich habe nur keine Garantien, und dort versagen die Nerven; und dort beginnt der religiöse Bezirk. –

25. September 1933 | Montag

Den ganzen Tag pausenlos gearbeitet, auch alle toten Punkte im Dienst für den neuen Oder-Aufsatz ausgenützt. – Hanni hat sich heute Fahrkarte und Visum für eine Reise nach Meran besorgt. Meine eigene Reisesehnsucht hat ein mir bisher unbekanntes Maß erreicht, obwohl Potsdam-Rheinsberg nun doch schon die Zäsur vor einem neuen Buch geworden sind!

3. Oktober 1933 / Dienstag

Nun kam die ganze Reiseumstellung so schnell. Als Hanni am Donnerstag abends abfuhr, war auf dem Anhalter Bahnhof bei den Nachtzügen noch großer Betrieb, als wäre volle Reisezeit. Am Freitag hatte ich wegen der großen, vom Ministerium verfügten Arbeitsbeschaffungs-Hörfolge eine lange Besprechung mit Eugen Diesel[26], wir trafen uns am Wannsee: eine herrliche Stimmung, der stille See nach dem herbstlichen Sonnenuntergang, ein Vorgeschmack auf meine Sonntagsfahrt. – Diesel bringt für den Funk nichts mit. Aber ich habe zu ihm geraten, weil er anständig ist, weil seine politischen Anschauungen doch sehr weithin mit meinen übereinstimmen, der Name gut ist und er nicht so obstinat ist wie die anderen für den Funk unbegabten Autoren. –

Und dann an der See. Noch viel aus der Kinderzeit. Das mag mitgesprochen haben: daß ich nicht mehr nach Beuthen kann und doch wieder einmal etwas von früher sehen wollte. – Sonne, mildeste Luft; Swinemünde selbst hatte ich von früher her nicht so nett in Erinnerung, so sehr ich es als Kind liebte. Nun hatte ich einmal, was ich mir als Kind immer wünschte, ein Zimmer auf die See hinaus. Die See war ganz unbewegt. Erst war es mir eine große Enttäuschung: das Meer war kaum zu hören, nur in der Nacht von der offenen Balkontür her. Aber nun wurde es gerade für mich ein völlig neues Meer: die beiden Mondscheinabende haben den Strand und die stille See zu einer einzigen Fläche wie aus Eis und Schnee gemacht, und fast unheimlich war das weiße Haff mit riesigen roten Segeln darauf. Es war eine Nord-Stimmung, wie ich sie noch nie erfahren habe. Ich weiß: im Moment kann man nichts genießen. Man steht müde und überreizt und abgehetzt und verbraucht vor allem. Aber man fühlt, wie einzelne Bilder in einem versinken, man hat das Vertrauen, daß sie einmal wiederkehren als etwas tatsächlich ureigen Verwandeltes.

Friedrich Wilhelm hat mich bei alledem, obwohl der Zusammenhang doch nicht sehr unmittelbar war, beschäftigt wie noch gar nicht. Ich mußte immerzu wieder denken, wie Voltaire Friedrich als jungen König den »König des Nordens« nannte. Und wie Voltaire und Friedrich Wilhelm in mir ihren Generalnenner bekommen, das ging alles von Stunde zu Stunde stärker in mir vor: Ferney[27] und Potsdam, das ist zweimal in ein und derselben Zeit die realisierte Staatsutopie von der vollendeten Ordnung, ist Zuflucht, ist ein Ausweg aus entsetzlicher Verwirrung. Mein »Vater« ist von einer furchtbaren Unruhe, nicht der behäbige, tyrannische Landesherr, ein Temperament, das unentwegt Vorstellungen, nicht Theorien, verwirklichen muß. –

Das zweite Bild neben den roten Segeln auf dem weißen Haff: der Prenzlauer Dom. Das hatte ich von der Fahrt nicht erwartet, so etwas zu sehen! Norden, Norden und Protestantismus vor Luther, weit vor Luther, wie er selbst es ja aufgefaßt haben wollte. »Gott im Nacken«, das muß einem mehr aus den zwei Tagen machen als ein Wochenende, das man sehr verwöhnt verbringt, um sich eine weite Reise vorzutäuschen! – Es war fast alles ein wenig viel und hat mich wie alle Eindrücke für Tage verwirrt, vor allem, da immerzu jetzt so viel in mir vorgeht, daß ich nur still daliegen oder herumgehen möchte und fühlen, daß unentwegt etwas vorgeht. Nicht nur das neue Buch. Mehr. Das langsame Begreifen, daß ich das habe, was ich anderen neidete, wenn ich als sehr junger Mensch mir die Bilder von Schauspielern ansah und fand, daß manche ein Gesicht haben, als steckte so sehr viel von anderen Menschen unter ihm. Als ich, als sehr junger Mensch, begriff, daß ich ein Künstler bin, hatte ich die sehr ästhetische und literarische Vorstellung, als schneiten fortwährend Blütenblätter in einen ruhigen See. Jetzt setzt eine ähnliche Erkenntnis wieder so deutlich ein, aber sie schafft sich keine Bilder und läßt sich nicht so genau bezeichnen. Sie betrifft das Maß und die Fülle. Mehr, als ich lebe, könnte ich gar nicht leben. Und das muß Hanni einmal (von sich aus!) wissen, daß es nicht geht, mich mit Selbstmord zu ängsten und mich zum Selbstmord zu führen. Manchmal denke ich, die phantastischen Zustände meiner 18 und 19 Jahre kehren wieder. Aber das Bewußtsein hat eben nur pathetische Worte, und was geschieht, ist eben ein Überschwang am Leben. Als ich heimkam, zwei Tage nur mir überlassen gewesen, hätte ich mich krank hinlegen können. – Reisen ohne Hanni ist sehr schwer. In der gewohnten Umgebung geht es mit dem Alleinsein. Aber draußen gar nicht. Meine vereinsamte

Zeit muß mir wohl noch in allen Gliedern, Nerven und Sinnen liegen. Was die gewohnte Umgebung betrifft: sooft ich nach kurzer Abwesenheit heimkehre, kann ich es gar nicht fassen, nach allem Zerfall und Herunterkommen, das ich mitgemacht habe und durchgemacht habe, daß das mein Haus ist: dieses Arbeitszimmer, dieses Schlafzimmer, die mich, begegneten sie mir auf einem der Schlösser, in hellste Begeisterung setzen würden. Aber das ist es eben: ich liebe die Schloßräume nicht, und das Patrizierhaus, das ich zu sehen wünsche, ist nicht erreichbar. Aber ich selbst habe etwas davon, sehr viel davon.

Aus alledem wird meine politische Welt: aus der Liebe zum Bürgertum, aus der Liebe zur Ordnung »als ob«, aus dem Bedürfnis nach Zuflucht. Preußen ist mehr, als die geschworen Preußenfreunde es ahnen können. – Ich habe einmal den Moment genau gespürt, in dem ich ein Schlesier wurde. Jetzt werde ich ein Preuße. –

Wie nüchtern ließe sich mein neuer Roman ansehen: geschickte Flucht vor heikler Aktualität, raffinierte Parallelen zu den heutigen Programmen der Staatsführung gesucht, militaristischer König jetzt sehr dankbare Figur, eine gut angelegte und, abgesehen von ein paar oberflächlichen Studien, mühelose Sache. Und was ist einem ein solcher Plan in Wirklichkeit!

Man könnte sagen: wie geschickt der Dreh, einen Berliner-Märkischen Heimatroman bei so günstiger Konjunktur dafür zu machen. Aber was ist in meinem Herzen das Suchen nach einer neuen Heimat!

4. Oktober 1933 / Mittwoch

Der neue Verlag[28] hat sein Angebot schriftlich bestätigt.

Und nun wollte es ein günstiger Umstand, daß Dr. Kilpper in Berlin und vor seiner Abreise sofort für mich zu sprechen war. Eine kühle, geschäftsmäßige Verhandlung. Aber für mich doch recht befriedigend. Denn ich weiß, was dagegen spricht, mit einem neuen Verlag zu experimentieren und herumzuspringen. In erster Linie: ich bin juristisch gebunden. Ein Angebot, das besser als das der Deva ist, kann erst erfolgen, wenn das Buch vorliegt; so lautet der Vertrag. Kilpper will sich schon aber auf ein Teil-Manuskript hin entscheiden. Das Thema interessiert ihn mindestens so wie der Orchesterroman, und er ist zu dem völlig gleichen Entgegenkommen entschlossen wie Ullstein.

Ich bleibe also kühl und unbewegt bei der Deutschen Verlags-Anstalt und versuche es, mit ihr auf einen erträglichen Verkehrs-modus zu kommen. Vom »Kahn« sollen gegen 1000 Stück ver-kauft sein, und ich werde wohl noch, sagt Kilpper, ein paar hundert Mark bekommen. Aber ich will ein wachsames Auge darauf haben, welche Linie der neue Verlag sich gibt. Ich ent-scheide ja nichts endgültig und warte ab. Und es kann ja sogar passieren, daß Kilpper den »Vater« nicht mag. – Daß mein Buch von vornherein auf solches Interesse stößt, ist mir im Grunde wichtiger als ein Vorschuß. Nicht kaltgestellt sein. Nicht auf Gleichgültigkeit stoßen. Es soll nicht ganz ohne Interesse sein, ob ich schreibe oder nicht, was ich schreibe und was nicht. Einer Selbstüberhebung, einer Anmaßung bin ich nicht mehr fähig, seit es mir so klar im Bewußtsein steht, daß man nicht als apartes Talent, sondern als, einfach als der Sünder schreibt: Je mehr man sich als aparte Begabung fühlt, desto mehr wird die Kunst in einem zusammensacken. Das Sündenbewußtsein auch in seiner künstlerischen Arbeit gibt man sich aber nicht selbst.

Die Tatsache, daß ich meinen Ullsteinvertrag nun doch trotz freundlicher Beruhigung nicht in Händen habe und gestern das Schriftleiter-, wenn auch nicht das erwartete Journalistengesetz herausgekommen ist – dieser Umstand läßt bei mir keinen Zweifel aufkommen, daß meine Lage wieder einmal denkbar unsicher ist. Aber es berührt mich gar nicht einmal so sehr. Es war schon zuviel, und ich glaube, Hanni hält jetzt durch. Wenn sie mich nur noch Bücher schreiben ließen und mir nicht die Aufnahme in den Reichsverband der Schriftsteller verwehrten, die Vorbe-dingung dafür ist, daß ein Buch erscheinen darf. –

6. Oktober 1933 | Freitag

Die Quellen für den »Vater« durchzuarbeiten begonnen. Und so kaputt. Nein, ich werde mich nicht leicht damit abfinden, das Leben aus der Perspektive des schwachen Menschen sehen zu müssen. Daß mich alles so erschöpft. Swinemünde, die neuen Eindrücke und Arbeiten und Verhandlungen, das war trotz mei-ner Zähigkeit alles viel zu viel. Ich glaube, die täglichen neuen antisemitischen Verfügungen tragen ein gut Teil der Schuld an meiner Müdigkeit. Gut, daß Hanni nicht hier ist. – Ich kann es mir doch gar nicht vorstellen, daß mein Leben äußerlich darüber zugrundegehen soll, daß ich dieses geliebte, gute Wesen geheiratet habe, das mich aus der furchtbaren Angst und Verwirrung mit unendlicher Liebe befreit hat!

Wenn Menschen das Leben einer deutschen Familie führen, dann sind wir es. Wenn Menschen ohne Heimat und ohne Klarheit und Würde ihrer Umwelt kaum auskommen können, sind wir es. Und diese Mischehe soll nun Volksverrat, Entartung, Zersetzung sein. Beziehungen zu Juden und Jüdinnen sollen in Zukunft sogar mit Konzentrationslager bestraft werden. – Noch sind die Kinder völlig unbefangen und haben in der Schule nicht zu leiden. Das Schwerste für Juden dieser Bildungsschicht ist, daß sie derart in Deutschland aufgegangen sind – nur deutsche Landschaft, Sprache, Musik, Literatur, nur deutsche Feste lieben und in der eigenen Herkunft nicht den mindestens Rückhalt und Ersatz haben. Bei Hanni allein freilich ist da in den letzten drei Jahren eine Wandlung eingetreten. Nur, daß sie an der Liebe zu Deutschland, an der Einstellung zu Heimat und Familie und erhaltener Ordnung nichts ändern konnte. Wann wird diese Verängstigung und Entwürdigung ein Ende haben? Es ist kaum auszuhalten, ein mystisches Schicksal im Jahre 1933 in Mittel-Europa zu erleben. Vor allem und allen sich scheuen, sich, die Seinen, seine Arbeit geheim halten zu müssen! Und immer wieder erweist es sich doch, daß sachlich ein Bedarf an mir da ist. Wie würde sonst ein im Funk Gestürzter noch laufend weiterbeschäftigt werden, wie würde man sonst einem noch ungeschriebenen Roman derartiges Interesse entgegenbringen? Und was steht denn nicht alles in meinen Kritiken! Wer ist denn da ein junger deutscher Dichter? Welches Vokabularium hat man denn noch aufzubieten? Ich spreche hier nicht von meiner eigenen, wesentlich bescheideneren Meinung. Ich denke an das, was man gar so freigiebig über mich schreibt. –

12. Oktober 1933 | Donnerstag

Der Plan zu einer Novelle ist mir sehr konkret gekommen, obwohl ich mir auf diesem Gebiete nichts zutraue. Die Quellen der neuen Geschichte sind mir klar. Das Kind in dem Altersheim, in dem Tante Haacke lebt, und von dem Hanni mir erzählte. Und das alte Berliner Theater gegenüber von meinem Ullstein-Büro, das geschlossen war, als Büro und Wohnung vermietet wurde und bewohnt war, und das nun vor der Wieder-Eröffnung steht. »So leben sie noch heute« soll die Novelle heißen.

Bezüglich meines »Patrizier«-Haushalts geht mir manches durch den Kopf. »Der Vater« kommt ebenso sehr aus meiner Liebe zum bürgerlichen Hause, wie er mich beeinflußt: ganz im geheimen stellt einem ein solches neues Buch Kulissen auf. Friedrich Wilhelms Schönheitssinn scheint mir ebenso unumstritten wie seine Sauberkeit. – Wie hätte ich gedacht, daß meine Familien-Tragödie, fraglos ist sie das, jemals in einem preußischen Königsbuch münden würde. Nein, autobiographische Romane werde ich nicht schreiben. Im anderen Menschen findet alles den besseren, beruhigteren Ausdruck.

Mein Haushalt ist nicht der freudige Aufbau eines jungen Mannes. Er ist die mühsam erkämpfte Insel zweier ständig in ihrer gesamten Existenz bedrohten Menschen. Er ist nicht der Ausfluß einer sicher besessenen Bürgerlichkeit, sondern ständiges Wunschbild zweier wahrscheinlich gänzlich unbürgerlicher Naturen. Er ist das »Als ob«, in dem das Leben des Tages mir erträglich wird. Er ist die unausgesetzt behauptete Klarheit, Ordnung, Schönheit, erfüllt »von Fleiß und Gerechtigkeit« zweier Menschen, die mit der Welt nicht auskommen können und in immer tiefere Isolierung geraten. Meine Bürgerlichkeit und mein Haushalt sind zugleich »Als ob« des Menschen, dem alle ethischen Begriffe von Gott her ausgelöst wurden; »Als ob« auch der Überzeugung von der nie zähmbaren, alles durchgreifenden Macht menschlicher Lasterhaftigkeit, dessen was ich den »Abgrund im Menschen« nenne – »nennen« ist sehr wenig für das, was bezeichnet werden soll. Der Abgrund im Menschen war eine meiner elementarsten Erfahrungen.

So, entscheidend eingeschränkt, mag mein Bürger-Traum gelten. Durch die entscheidendsten menschlichen Erfahrungen und religiösen Vorgänge wurde meiner Bürgerlichkeit die Basis der Selbstsicherheit, des Optimismus, der klaren Maximen genommen: alles das, was den echten Bürger auszeichnet. Was dort Realität ist, ist bei mir nur Symbol. Symbol bestimmt mehr als etwa krankhafter Wunschtraum. Nach außen wird sich ein Bürgerhaus wie das meine nicht vom echten unterscheiden. Hanni war vielleicht eine echte Bürgerin, bis unter dem Eindruck der ganzen neuen Ereignisse um das Judentum ihre Rechnung nicht mehr aufging. Das echte Bürgerhaus lebt von der Hoffnung auf die Welt. Über meinem Leben steht aber: »Gott reißt das Übel nicht von der Person, sondern die Person vom Übel.«

Mit als das größte Glück, das mir das Leben gegeben hat, werde ich aber mein Haus betrachten. Hanni, die Kunst, meine nächste Umwelt, das ist für mich das Gesicht des Glücks. Denn selbst, wo die Kunst Unglück und Schuld ausdrückt, bleibt sie als Prozeß ein Glück. Und aus alledem, was ich schreibe, springt ja doch nur die eine Frage, den »Vater« betreffend: Wie kann ein Christ ein Landesvater sein? Herrschen, Verantwortung tragen, Aufbauen im Sündenbewußtsein.

Der in selbstgeschaffenen Ordnungen und Leistungen geschlagene Mensch –

der in selbstverschuldeter Wirrnis und Unfähigkeit erhobene Mensch –

das ist wohl, was um den »Vater« herum in mir rumort. Wie groß meine Scheu vor solchen Dingen ist, geht daraus hervor, daß ich noch nicht eine Minute daran gedacht habe, einen Luther oder Jesaja zu schreiben.

Friedrich Wilhelm I. Weiter reicht mein Fassungsvermögen nicht. –

Der »Kahn« war wirklich eine fröhliche Kahnfahrt.

Und jetzt ist's eine stürmische Seereise.

Noch begleiten mich nur vier Bilder in die Arbeit; das erleichtert es:

Das rote Segel auf dem weißen Haff.

Der Prenzlauer Dom.

Das Kind in der Bahn nach Rheinsberg.

Das Zimmer im Potsdamer Stadtschloß mit des Königs Gemälden –

Dann: Der tägliche Ruf der kleinen Gärtnerstochter nebenan: »Vate« – (So wie mich Hanni nennt nach unserer geliebten, kleinen Nachbarin).

Aber wer ist der Mann im Regen, der so weint, daß Regen und Tränen durcheinandergehen? Der doch wissen will, daß er weint, weil Weinen nicht unmännlich ist. Es kommt mir darauf an, aus welchen Quellen die Tränen kommen. Woher das? Warum das?

Worte, Worte, Bilder, Bilder – das Schreiben ist für einen selbst so voller Geheimnisse, daß man gar nichts zu sagen wagt – und im Tagebuch ein neues, laufendes, geheimes Buch darüber schreibt. –

Es wäre furchtbar, wenn das künstlerische Resultat den Aufwand seelischer Erregung und die Geduld, mit der man Erfahrungen

erträgt, nicht legitimierte. Aber im tiefsten Grunde fürchte ich
solche Lächerlichkeit nicht. Ich glaube nicht an Inspiration. Aber
ich glaube, daß Bücher von Gott sind. Was fragt man nach aller
Paradoxie und Dialektik, wenn einem ein solches Bibelwort vor
die Seele tritt: »Ich werde nicht sterben, sondern leben und des
Herrn Werke verkündigen.« Psalm 118, 17.
Was ein solches Wort ist, kann nur der ermessen, der alle die
Angst durchgemacht hat, daß einem alle Wege zum Existenzkampf abgeschnitten werden. Der Existenzkampf ist ja gar nicht
das Problem. Das Problem ist: ihn führen zu dürfen!

14./15. Oktober 1933 | Sonnabend und Sonntag

Wie ganz unerwartet ein mildes, sonniges Herbstwetter. In Küstrin. Auf der Suche nach dem »Vater«. Und ich fand es lohnend:
Fischer- und Soldatenstadt; Rheinsberg und Glatz; aber eben
Oderfeste. Diese Realitäten soll man kennen; da darf man nicht
erfinden. – Wie kommt Küstrin zu Beuthens Stadtwappen: Halber Adler und Fisch? –
Abgesehen von Oder und »Vater« – die kleine D-Zugfahrt hat
mir außerordentlich gefallen. Fahre zu gern. Dieser Zusammenfall von Änderung, Bewegung und völliger Abgeschlossenheit!
Und ein solcher Wagen wie Paris-Kaunas-Riga im Zuge genügt
mir. Aber wegfahren mußte ich: die politischen Ereignisse hatten
mich völlig verstört. Der Austritt aus dem Völkerbund. Der Aufruf an das Volk zur Einmütigkeitserklärung mit der Regierung:
er klang wie Krieg. Und: nur das nicht. Ich will darüber nicht
mehr schreiben. Aber es sah gestern schlimm in einem aus, und
man vermauert sich in »Idyllen«: im neuen Buch, im Sonntag.
Denn es muß ja alles weitergehen: arbeiten, verdienen, Erwor-
benes halten, einen Schwebezustand überbrücken. – Hitlers Rede
ist eine Friedensrede. Aber ich kann ihre geheime Diplomatie und
ihre Konsequenzen als politischer Laie nicht durchschauen. Sind
wir zu erschöpft für einen Krieg? Sind die anderen es nicht? Muß
er nicht durch die Wandlungen der letzten beiden Jahrzehnte
sinnlos sein, weil kein Volk aus ihm Nutzen ziehen kann? Diesen
Fragen stehe ich töricht und mit dumpfen Angstgefühl gegenüber. Kann denn der Mensch im technischen Kriege noch etwas
sein? Oder muß sich in einem Kriege dieser Zeit gerade der
Wandel der Kriegsführung entscheiden? Denn sein wird er. Es
handelt sich nur um das Wann, das man nicht wissen will.

Noch ein paar Tage wie diese, und das Buch steht in seinen wesentlichen Zügen. Man wird es wohl kaum schreiben können, wie ein Buch entsteht. Dazu ist es ein zu »unterirdischer« und zu »überirdischer« Vorgang zugleich. Aber alle Politik, alle Erwerbsarbeit, alle Müdigkeit, Überreiztheit verblaßt – und nur diese eigentümliche »Identität mit sich selbst« – ich kann es nicht anders beschreiben – ist da. Hinterher freilich fühlt man sich sterbenskrank; aber das ist uninteressant und unsympathisch und gehört einfach zum Lauf dieser Dinge. Rein äußerliche Besprechung wie die heutige nochmalige Unterredung mit K. lösen diesen Zustand aus, in dem alles geschieht, was dann ein Buch entscheidet. Des »Vaters« Tod steht für mich fest. – Nein, nein, ich bin nicht der ruhige, gleichmäßige Arbeiter, zu dem ich mich machen möchte. An vielen Tagen geht etwas in mir vor, und ich tue nichts. Und da ist es gut, daß die Erwerbsarbeit zwangsmäßig weiterläuft, obwohl man sie gerade dann verwünscht. – Wie mögen nur der Soldatenkönig und ausgerechnet ich zusammenkommen? Und gerade dieses Buch geht an meine Wurzeln. Und Hanni schreibt, daß sie heimkommen will des Buches wegen. Aber das soll keinesfalls sein. Nur, daß es einen sehr glücklich macht, solche Briefe zu haben.

Ich sehe mich nur als schwächlich, verwirrt, getrieben, müde, zerfallen. Aber ich bin wohl etwas anderes, was ich nicht weiß; es ist wohl sehr viel Lebendigkeit in mir, so viel stoßweises Leben, dessen Herkunft ich nicht kenne, nach dem aber allein mein Leben bemessen werden kann. Und dann ist immer unverändert der Glaube. – Ich bin ein völliger politischer Laie und Dilettant. Aber ich könnte mir vorstellen, daß in meiner Meinung über die neuesten Ereignisse nicht alles falsch ist: ich halte Deutschlands Austritt aus dem Völkerbund für einen taktischen Meisterzug. Denn nun ist der Sündenbock heraus, und die Spannungen und Hemmungen der anderen müssen ans Tageslicht treten! Ferner: mit dem Appell ans Volk und der Ausschreibung von Neuwahlen wird eben aus diesen außenpolitischen Gründen die Regierung auch alle Abseits- oder in Ablehnung Stehenden hinter sich bringen und daraus innenpolitische Machtschlüsse ziehen, gegen die dann niemand mehr etwas sagen kann! Aber ein Gefahrenherd ist nicht aus der Welt zu schaffen, der auf die Dauer vielleicht ein Verhängnis in Fragen der Volksqualität vorbereitet: die Verängstigung sehr guter Deutscher, die nicht Nationalsozialisten sind. – Es ist schwer, einer gestürzten Größe Schlimmes nachzusagen, aber meine innere Abkehr von der SPD ist so vollständig, wie sie nur sein kann. Aber ich bin kein Überläufer und will frei sein, nachdem ich sah, daß der Anschluß an die die Staatsgewalt innehabende Partei niemals die Einordnung in den Staat bedeuten kann. Ich habe mich durch eine Mehrheit, die das Volk vortäuschen wollte, düpieren lassen. – Staat und Kirche, Glaube und Ethik – das steckt ja im Grunde allein in allen »Bildern«, die ich nun vom »Vater« entwerfe. Und ich bin glücklich, in Bilder auflösen oder umprägen zu dürfen, was als Theorie zu kalt und diffizil wäre.

Ich habe mit einem Ruck das Wesen der Plastik verstanden und zur Malerei überhaupt kein Verhältnis gehabt. Nun ist der große Ruck hin zur Malerei dazugekommen. Nun stoße ich auf ihren Kern zu, obwohl ich in ihren wichtigen peripheren Erscheinungen als verwirrter Ignorant dastehe. Aber schließlich habe ich ja sie nicht als Kunsthistoriker zu begreifen, so groß mein Respekt vor der Kenntnis der Realitäten ist, so stark er ständig wächst.

18. Oktober 1933 | Mittwoch

Als junger Mensch ging man oft in großem Gefühlsrausch schlafen, und am Morgen war Aufruhr und Begeisterung ausgelöscht. Jetzt setzt das Herz und die Phantasie und die dauernd bauende künstlerische Energie am Morgen genau an dem Punkte ein, an dem der Vorabend eine Zäsur setzte. Also wird das am Abend eben kein vager Rausch mehr sein, sondern der natürliche Hervorbruch der durch die Tagesarbeit zurückgedämmten Kräfte.

Daß man eine Lebenskraft überhaupt hat, das müßte einen darüber hinwegtrösten, daß man nicht die doppelte Schulterbreite, etwas mehr Haare, eine andere Muskulatur und einen halben Kopf mehr Größe hat – und als müdes und gehetztes Wesen von wenig imponierender Statur durch die Welt gehen muß. Aber diese eine Lebenskraft, die ich habe, die ist wohl sehr groß, da sie einen zu so heftigen Lebensäußerungen treibt, wie Bücher sie bedeuten. Ein Buch ist ja ein einziger Ruf: Das lebt! Ich lebe! Gott lebt! – Dieses »Das« ist dauernd wechselndes Bild von der Welt, immer neues Gesicht ein und derselben Welt. Heute ein Fluß. Morgen eine Stadt. Übermorgen ein »König«. Tags darauf Voltaire. Oder ein Orchester. Ein Zirkus. Ein Modenhaus. Ein Altersheim. Ein

Theater – und was an »Plänen« durch den Kopf schwirrt und im Herzen schlägt.

Ich Feind des Autobiographischen in der literarischen Produktion weiß natürlich im geheimen recht genau, daß man im Stoff ja doch das Ich darstellt; im Stoff und Ich zusammen aber die Anrede Gottes, die man erfuhr. Und so sind Bücher in religiöser Hinsicht nicht Inspiration, sondern Geschichte. – Die Überwältigung durch die in der eigenen Geschichte vorgehende Anrede Gottes, diese nach Ausdruck verlangende Anrede: das ist mir die »Literatur«. Und indem die »Anrede« nach Ausdruck verlangt, wird aus der privaten Entrissenheit die Einordnung in die Gemeinde: dauerndes Hören und Reden von Gott unter den Menschen. Nicht Mystik. Nicht Inspiration. Nicht Kloster. Sondern irdisches Leben erlöster Sünder. Darum sind Bücher keine Hymnen.–

20. Oktober 1933 | Freitag

Die gesamte Literatur für »Der Vater« steht fest. Kein Buch darüber hinaus wird gelesen. –

23. Oktober | Montag

Nun, wo Hanni wieder bei mir ist, weiß ich erst ganz, daß eine solche Trennung immer eine Art Zerstörung bei mir anrichtet. Alles, alles in mir und um mich ist nun einmal auf Hanni konzentriert.

Wir sind noch am Sonnabend, gleich nach Hannis Rückkehr nach Potsdam gefahren. Auch diesmal wieder ein neues Potsdam. Die Orangerie, der Blick vom Turm auf den Park, die Wälder – zartester, sonnigster Herbst – eine schöne Überleitung für Hanni nach ihrer Reise, die zwischen Sommer- und Winterlandschaft wechselte. – Dinge, die den Vater betreffen, haben wir diesmal außer acht gelassen. – Allen Aufregungen dieser Woche steht Hanni ruhig gegenüber; und obwohl mir alles zuviel ist, habe auch ich eine nicht erlogene Ruhe bekommen. –

Das Gefühl, daß mein Herz enger wird, weil meine Welt sich immer mehr umgrenzt, habe ich ganz und gar nicht. Diese innere Welt ist klarer, aber nicht enger und kälter geworden. Und der Verlust meines Ehrgeizes ist nichts als Gewinn.

28./29. Oktober 1933 | Sonnabend und Sonntag

Tag für Tag – obwohl Hannis Erholung erschreckend wenig vorhält – merke ich, daß Hanni, wenn eine neue Katastrophe über uns kommen sollte, bereit ist, mit mir durchzuhalten. Mein Kreis ist mir enger und enger gemacht worden, aber ich habe ja im Grunde nur das eine Gefühl, daß ich mehr und mehr auf meine ureigenste Welt menschlich und künstlerisch, wie die schöne Trennungsformel nun einmal lautet, verwiesen werde. Und ich bin ohne jede Verbitterung, weil ich ganz und gar nicht das Gefühl habe, daß es den beruflich für mich Maßgebenden gleichgültig ist, ob ich schreibe oder nicht. Und mit den Quellen zum »Vater« stimmt bis jetzt alles. – Mir tut so wohl, so unverlogen arbeiten zu können. Wie tief muß in einem die Lüge sitzen. Sonst könnte man nicht diese Panik vor ihr empfinden.

In Palästina sind die ersten blutigen Araber-Unruhen wegen der deutschen Judeneinwanderung. Wo soll Juden noch eine Hoffnung bleiben? Aber mit dieser Wendung in Palästina haben Hanni und ich vom ersten Tage der neuen Emigration an gerechnet – auch mit der Spaltung zwischen alten Zionisten und neuen Emigranten.

30. Oktober 1933 | Montag

Der neuen Novelle wegen bei der alten Tante Josephine Haacke im Zehlendorfer Altersheim.

»Der Vater« beschäftigt mich aber mehr; als Person nächst ihm die Kronprinzessin Elisabeth Christine. Das geht alles sehr merkwürdig ruckweise zu mit einem Buch. Diese beiden Menschen sind schon rund, die anderen noch gar nicht da. –

8. November 1933 | Mittwoch

Bei Ullstein gab es nun doch keinen anderen Weg, mich zu halten, als die »feste Anstellung als Redaktionssekretär bei monatlicher Kündigung«. Im Gehalt läßt man es mich freilich nicht entgelten. Aber einen Aufruhr hat es doch noch einmal in mir gegeben. Aber einmal wird auch das eine Enklave meines Lebens sein: entweder als eine Insel der Geborgenheit, wenn es schlimmer wird mit Deutschland, oder als ein Zustand des Abwartens, wenn es besser wird. Man sollte einem Künstler nicht die Schrekken seines Berufes lassen, den einzigen Ausgleich und Antrieb aber, den freien Wettbewerb, nehmen. Mein Ehrgeiz steht ja schon gar nicht mehr zur Debatte; jetzt geht es ja schon um den primitivsten Stolz. –

Immer kälter werde ich darauf verwiesen, nur noch nach dem

Heute, Hanni und den Büchern zu fragen. Wenn sie mich, ist der »Vater« fertig, nur in den Schriftstellerverband aufnähmen! Das alles ist keine Frage mehr der Energie, der Aktivität – nur noch der Geduld. Das Bedürfnis, sich – außer mit Büchern – ganz zu verkriechen, wird immer stärker. So abgelehnt zu sein – und einen Kampf überhaupt nicht führen zu dürfen. – Aber mein »Exil« und meine Degradierung sind wohl angesichts der politischen Vorgänge weit ehrenvoller, als es eine Karriere wäre. Das ist kein Selbstbetrug. – Ich stehe zwar noch sehr mitten in dem, was täglich um einen geschieht, aber diesen Abstand habe ich. Natürlich sehne ich mich nun doppelt nach dem neuen Buch. Nur dort und mit Hanni spielt sich mein Leben ab. Alles andere zählt nicht.

10. November 1933 | Freitag

Immer, wenn ich mein Leben überdenke, kommen mir Zweifel an meiner Kompetenz. Der differenzierte und phantasievolle Mensch ist dazu so ungeeignet wie nur möglich. Wenn mir aber in der Äußerung eines einfachen Menschen die gleiche Erfahrung begegnet, so liegt darin für mich eine sehr beruhigende Bestätigung. Und in diesem Zusammenhang hat meine Brüdergemeine-Losung für mich ihre große Bedeutung: Zwischen den Bibelsprüchen des Alten und des Neuen Testamentes stehen immer Liederbuchverse, die oft konventionell und töricht sind, manchmal aber von Erfahrungen reden, daß sie auf einen wirken können wie ein Bibelwort. Heut steht da:

»Harre des Herrn! Sei getrost und unverzagt und harre des Herrn!« Psalm 27, 14.

Dazu der Vers:

> Wie schwer ist's doch, ganz still zu sein,
> wenn Gott wir nicht verstehen,
> wie redet man so bald ihm drein,
> als ob er was versehen;
> wie stellt man ihn zur Rede gar,
> wenn seine Wege wunderbar
> und unbegreiflich werden.

Wenn mir das immer wieder begegnet, ist nicht mein Wille gebrochen, sondern mein Herz beruhigt.

Ich werde zu einer Klugheit des Verhaltens gedrängt, die nicht meine Klugheit ist. Aber nun kann ich wirklich nicht mehr von heut auf morgen denken, Gott hat mir meine Augen ganz zugemacht. –

12. November 1933 | Sonntag

Am Sonntag ist, selbst an diesem Wahltag, nichts als der Friede, die Beschaulichkeit, die einen für die ganze Woche stärken, allem ein Ziel geben, alles tragbar machen müssen. Ein dunkler, nebliger Sonntag. Aber noch immer blühen einzelne Rosen. Hanni und ich haben den Tag mit alten Büchern vom »Vater« verbracht, jetzt für uns das Schönste. – Bei der Wahl haben wir außenpolitisch für die Regierung, innenpolitisch (da es nur um die Mandatezahl dieser einen Partei ging) nicht gestimmt. – Der Wahlerfolg Hitlers ist enorm. Woher nur die vielen vergrämten Menschen, wenn diese noch nicht dagewesenen Anhängermassen so begeistert an Hitler hängen?! Wie soll das weitergehen: das Übermaß der Begeisterung und die wachsende Not?! Denn bis jetzt handelt es sich doch nur um Scheinerfolge. Alles, aber auch alles wird Anlaß, daß wir uns immer mehr auf uns selbst zurückziehen. Dabei habe ich keineswegs das Gefühl, ein individualistischer Schriftsteller des alten Typs zu sein. Aber ginge ich jetzt »nach außen« – es würde mich dem Leben nicht näherbringen. Entweder man hat den Zusammenhang mit den Menschen oder man hat ihn nicht. Man kann ihn nicht verlieren und man kann ihn nicht erwerben. Die Addition von Erfahrungen und Beziehungen ist nebensächlich. Und so bleibt z. B. auch der vielgerühmte »lebenverbindende, praktische Nebenberuf des Dichters« belanglos; er hat nur eine finanzielle Bedeutung, die man künstlerisch nicht zu verbrämen braucht.

Wenn ich mir vorstellte, jeder Tag wäre wieder Sonntag – was könnte mich dem Leben mehr verbinden? Ich glaube, ich könnte dann jedes Jahr ein anständiges Buch schreiben. Und wie Bücher – das Begreifen eines Menschen und seines Weltausschnittes – einen mit höchster Lebensintensität (für mich der »Sinn« des Bücherschreibens) erfüllen können, das sehe ich ja an Hanni. Wo ist da ihre Schwermut und Müdigkeit? –

15. November 1933 | Mittwoch

Interessiert bin ich nur noch am »Vater«, jeder Tag bringt Neues für das Buch. Es wird werden, trotz allem. Auszüge und Notizen

lehne ich fast ganz ab – es soll möglichst alles im Gedächtnis unterschlüpfen; und dann möchte ich das Buch heruntererzählen wie den »Kahn«. Man mag den pädagogischen Wert des Nebenberufs des Schriftstellers heut auch noch so hoch ansetzen – ich sage nein und nochmals nein. Es ist ein harter und gefährlicher und von den wirtschaftlichen Verhältnissen allein erzwungener Versuch, wieviel Belastung einem Talent zugemutet werden darf. Aber diese Belastung macht man mit sich allein ab, während die finanzielle Not an die nahe Umwelt der engsten Familie schreckliche materielle und ideelle Forderungen stellen würde. – Nun wo meine Spannkraft gereicht hat, mich in ein neues Buch hinüberzutragen, ist die Müdigkeit, um die ich bis jetzt im wesentlichen herumgekommen war, plötzlich, ach, nein, nicht plötzlich, sondern eben seit diesen Wochen des neuen Buches da. Keineswegs als Erschöpfung des Talentes, sondern ich möchte pathetisch sagen: als ein Leiden des Talentes, das fassungslos über so viel feindliche Umstände nach seinen primitivsten Rechten verlangt. Habe ich nur eine kurze Stunde Ruhe, so ist es tatsächlich, als wäre überhaupt nur die Kunst auf der Welt. Ich kann bis heut nichts anderes sagen als das, was ich als Primaner für ein großes Zitat hielt: Alles Dichten ist nur ein Erkennen. –
Als andere in meiner Lage geweint haben und mit ihren Nerven zusammengebrochen sind, wo andere schwermütig wurden, habe ich, obwohl ich wahrhaftig nicht der Stärkste bin, durchgehalten und alles auf mich genommen und auch weiterverdient und für meine Existenz niemand aufkommen lassen. Und nun auf einmal soll alles nachkommen, ausgelöst durch die Tatsache, daß ich verzweifelt bin, nur so wenige Stunden am Tage schreiben zu können? Woher kommt die Rechtfertigung zu solcher Verzweiflung? Wer traut sich ein Buch zu, das einen solchen Zustand legitimiert? Aber krank ist krank. Und warum ich mich krank fühle, ist klar. Ach, nicht so müde sein.

17. November 1933 | Freitag

Ich rede mich nicht in den »Vater« hinein, aber es ist mit mir nun einmal so: Was ich nicht in Bildern sehe, ist nichts. Ich habe zwei Arten von Bildern: nicht zu große, fast quadratische, sehr klare, sehr bunte, kräftige, wie ich sie von gar keinem Maler kenne. Nach ihnen weiß ich aber genau, wie Bilder von mir aussehen würden, wenn ich ein Maler wäre. Das Kräftige der Kon-

tur und die Lebhaftigkeit der Farbe stört die Delikatesse der Anordnung nicht. Der Mensch nimmt immer den weitaus größten
Teil des Bildes ein. Über diese Bilder kann ich sehr objektiv
reden, weil sie ganz selbständig bestehen und in nichts von mir
gemacht werden können. Auch empfinde ich sie ganz und gar
nicht als eine Art Halluzination, sondern im Gegenteil als die
freundlichste und behaglichste Seite meines Produzierens. Sie sind
fertig, der Roman muß erst auf sie zulaufen und sie erringen.
Schreibe ich auf solche Bilder zu, bin ich zugleich sehr auf Musik
gestimmt.

Die zweite Art von Bildern, in denen ich denke, sind viel leichter
zu bestimmen, obwohl sie »aparter« scheinen (die anderen in ihrer
Primitivität und farblichen Delikatesse zugleich sind es aber viel
eher). Es handelt sich um eine Art langgezogener, rechteckiger,
sehr verblichener, alter französischer Farbstiche, deren Farben
Personen, Gegenstände man nur bei näherem Zusehen erkennt.
Rötliche und goldene Töne sind unter dichtem Graubraun darin.
Musik spielt im Zusammenhang mit ihnen gar keine Rolle. Das
Milieu, die Situation hat in ihnen genau so viel zu bedeuten wie
die Person, die in der Gattung der anderen Bilder so durchaus
dominiert. Ein Wechsel zwischen diesen und jenen Bildern findet
nicht statt.

Die bunten, klaren Bilder mit den großen Figuren liebe ich, die
anderen, die ich für genau so echt halte, liebe ich nicht. Beide
Arten von Bildern verraten mir aber gleich stark, ob an einem
Einfall und Plan etwas ist oder nicht. Schreibe ich ohne Bilder,
so ist es Mache oder milder gesagt »Energie«.

Man schämt sich, so etwas zu schreiben. Aber mein Tagebuch
ist ja der Filter meines Subjektivismus'. Und sollte jemals ein
Mensch ein Interesse daran gewinnen, wie ich produziere, so kann
er meine Art zu schreiben ohne diese Expektoration gar nicht
verstehen.

Die bunten Bilder sind eine sehr konturale Angelegenheit, denn
die einzelnen Gesichtszüge sehe ich nicht, wohl aber einen plötzlichen, heftigen Ausdruck. –

22. November 1933 | Mittwoch (Bußtag)

Den Feiertag haben wir mit einer Fahrt nach Königswusterhausen begangen. Da ich jetzt schon immer im voraus weiß, daß
alte Möbel nicht zu finden sind, war ich nicht enttäuscht, fand

im Gegenteil des »Vaters« Jagdschloß besonders schön, im Innern namentlich den Speisesaal und das Tabakskollegium. Für mich ist es ja immer am wichtigsten, Bilder des Vaters zu finden. Es bleibt nun einmal dabei: das ist Billums Art zu malen.

Aber von Herzen muß ich mir allmählich wünschen, daß mich nicht alles, jede Kleinigkeit so unnatürlich anstrengt. Das Maß meiner Abspannung wird allmählich für meine Arbeit wie eine Gefahr. Es ist wie eine innere Atemlosigkeit vor Erschöpfung und mit den Kopfschmerzen eine rechte Quälerei.

Ich brauche dreierlei, dann wäre so viel Friede und Glück in mir, wie in einem Menschen nur sein kann:

> Mehr Zeit fürs Bücherschreiben
> Versöhnung mit Beuthen.
> Ein Kind.

So klar steht meine Sache; mein Glück und mein Unglück.

23. November 1933 | Donnerstag

Was ist aus meiner Aktivität geworden, die jeden Weg offen glaubte und keine Mühe scheute, die geradesten Wege zu suchen: geduldige Tätigkeit, Geduld und noch einmal Geduld. Wie weit es eine schöpferische Geduld und Demut geben kann, das muß ich erst erfahren. Mein Stolz ist doch eigentlich gebrochen, nicht aber verwandelt worden; und darin liegen Gefahren. Mein Bedürfnis nach Abkehr vom öffentlichen Betrieb, in dem ich gerade erst als Anfänger mittun durfte, sagt mir genug darüber, wieviel Aufbegehren noch in einem stecken mag. Ich kann es nun einmal nicht fassen, daß acht Stunden meines Tages in den Wind geschrieben sein sollen, täglich acht Stunden eines Dreißigjährigen. Ich muß immerfort in eine Zukunft denken, die das alles als Zwischenzustand betrachtet. Es liegt eine maßlose Verachtung darin, daß man mir acht Stunden am Tage durchstreicht. Von K. persönlich aus gesehen, ist der Unterschlupf, den er mir gibt, natürlich eine große Anerkennung. Aber ich bin jetzt wie gelähmt. Nur der Roman lebt für sich.

Wahrscheinlich ist es so, daß nur die Geduld und nur diese Demütigkeit, die einem derart hart ankommt, wirklich schöpferisch werden kann. Ich stelle immer wieder alles mögliche an, um mit meiner Theologie nicht Ernst zu machen. Aber ebenso beharrlich macht Gott immer wieder Ernst mit ihr. –

Die Kirchenspaltungen nach der mit politischen Mitteln gewaltsam herbeigeführten neuen Reformation, die Luther feiert und das
Alte Testament und Paulus auslöschen oder modifizieren will,
werden immer heftiger. Das ist ein gutes Zeichen; es beruhigt.
Noch ist das Wichtigste nicht durch Hektik und Fanatismus verloren. Wenn auch nirgends bei den neuen Kirchenführern der
Gedanke auftaucht, daß Reformationen von Gott gegen Wissen
und Willen der Menschen gemacht werden. Und daß der Reforma-
tor den Bruch mit dem Bestehenden scheut, nicht aber ihn sucht;
denn er muß sich für unberufen halten. Berufen zum Glauben:
ja. Berufen zu großer Leistung: niemals. Außer in Momenten, –
das könnte ich mir vorstellen – von denen niemals ein Mensch
erfährt. Aber aus dem schweren Zwiespalt zwischen tiefster Buße
und höchster Sehnsucht nach Gottesdienst wird er ebensowenig
herausfinden wie aus dem Dilemma zwischen Glaube und Ethik,
das ich an Luther künstlerisch und religiös nicht bewältigen kann,
auch an Jesaja nicht, und das mir nur im »Vater« zugänglich ist.
Das allein ist auch das große, wirkliche Dilemma meines Lebens.
Wenn ich nun Preußen schreibe, so suche ich ganz gewiß meine
neue Heimat; aber ich finde dabei das »Als ob« aller Ethik, in
dem sich dennoch vielleicht die göttlichen Ordnungen verraten. –

7. Dezember 1933 | Donnerstag

> Ich gedenke an die Taten des Herrn; ja, ich gedenke
> an deine vorigen Wunder.   *Psalm 77, 12*

Eben erzählt mir ein Bote, daß mein Bruder seit neuestem hier im
Hause Ullstein als Zeichner wäre, anscheinend an der Zeitschrift
»Die Dame« – Warum regt mich diese Sache so auf?
Vielleicht war einmal etwas Ähnliches unser Traum, wenn Erhard
und ich uns als Jungen ganze Ferien hindurch in einem Zimmer
verbarrikadierten, um unsere Zeitschrift »Von Kunst und Halb-
kunst« »pünktlich« und umfangreich herauszubringen. Er den
ganzen Bildteil, ich den ganzen Text – vielleicht war das unser
Wunsch: zusammen im größten Verlag angestellt zu sein.
Viele Dinge gehen in Erfüllung, aber wenn sie da sind, sieht alles
ganz anders aus.
Noch einmal ist es eine furchtbare Attacke auf meinen Ehrgeiz:
In das Haus, in dem ich mich nicht verstecken muß, in dem ich

mich aber zur Rettung meiner Existenz nur halten kann, wenn ich auf jedes Hervortreten verzichte und an keinen Aufstieg denke – in den gleichen Verlag, in dem ich subaltern und geistlos arbeite, kommt nun Erhard, als künstlerischer Mitarbeiter an renommierter Stelle, mit allen Möglichkeiten der Karriere.

Mein Verzicht, meine Demut kommen nicht aus mir; sie werden mir aufgezwungen. Die Folge ist noch heftigere Abkehr von »draußen«, noch heftigere Flucht zu Hanni, ins Haus, in das Roman-Schreiben, in die Religion. Und das ist nichts Gesundes.

Ach, um die Roman-Veröffentlichung kann es nun bald viele neue Aufregung geben, ehe noch das erste Kapitel vorliegt. Ich muß viel an Andersen[29] denken: ewig die Sehnsucht nach einem Rang und das geheime Mißtrauen gegen den Wert und die Geltungskraft seiner Bücher. Keine Sicherung des Bürgertums – und den einzigen Ausgleich des freien künstlerischen Berufes verloren: den Kampf um den Aufstieg. Mit 30 Jahren auf der Flucht. Ich erlebe kein individuelles Schicksal; zunächst tut es einem nur einmal ganz persönlich weh, was mit einem geschieht.

Aber ich darf mich ja nicht aufreiben, auf meiner Ruhe und Frische zum Romanschreiben lastet genug.

Ich habe die Abende, ich habe den Sonntag. Ich habe keine Geldsorgen, und wenn ich nicht klage, wird Hanni unter alledem nicht gar so leiden.

Wieder kann ich nur sagen: Ich will mit meiner Theologie nicht Ernst machen; Gott macht Ernst mit ihr. –

9./10. Dezember 1933 / Sonnabend und Sonntag (Zweiter Advent)

Ganz bestimmt überschätze ich das Tragische unserer Situation. Man muß nur nach den Emigranten fragen und nach den Isolierten im Lande; man muß nur die schweren Geschicke um einen zu zählen beginnen.

Ein Weltkrieg und zwei Revolutionen in der Spanne seit meinem 12. Lebensjahr – aber ich halte eigensinnig fest am Ideal eines bürgerlichen Lebens, deren Vorstellungen einer weit vergangenen Zeit angehören. Das ist ein Unrecht und heißt, seine Zeit nicht verstehen wollen. Und was das Individuelle der Ängste und Sorgen betrifft mit allen Schmerzen: man muß nur rückwärts blicken, aus welcher Wirrnis einen Gott immer wieder in Geborgenheit geführt hat.

Und man braucht nur anzusehen, wieviel Gutes, Leichtes, Dankenswertes, Liebevolles jeder Tag einer Zeit ausfüllt, die ich mit meinen ungerechtfertigten Ansprüchen am liebsten durchstreichen möchte.

Daß Momente der Müdigkeit sind – das klagt einen nicht an. Und der gerechtfertigte Schmerz macht einen nicht erbärmlich, unreif, ungeduldig. Auch auf den Beruf gesehen: der trägt die Kunst; der unechte zerstört sie. Und auch im Hinblick auf Gott: der führt zu Gott: der unechte, ungerechtfertigte ist nur voller Feindschaft gegen Gott, Umwelt, gegen einen selbst.

Es gibt selten im Leben Schwarz-Weiß. Aber hier ist die reinliche Scheidung beinahe möglich.

In den unechten Schmerz verbohrt man sich – der einem wirklich auferlegte ist so groß, daß man ihn nur mit allen Mitteln abwehren kann.

11. Dezember 1933 | Montag

Als die mondhellen Nächte waren, kam man am Spätnachmittag im Mondschein heim, und früh als man zur Arbeit ging, stand der Mond noch am Himmel. Nun sind die dunklen Tage, die ich so liebe. Und alles, was man zur Weihnachtszeit begehrt: Eisblumen und Schneefall; oder Winternebel und Rauhreif. Südende ist wie eine Kleinstadt: die Gärten im Schnee, dicht bei dem kleinen Parkteich mit der Eisbahn und ganz nahe dabei die Weihnachtsläden. Und nur eine kurze Fahrt, und der ganze Überschwang der Vorweihnacht einer Weltstadt ist um einen: dieses Übermaß an Licht, Menschen, weihnachtlichem Schmuck, das einem niemals zuviel wird. Man kann es kaum fassen, welche Revolution hinter uns liegt. Die Deutschen sind so schwer zu begreifen, – schwer zu lieben und unmöglich zu hassen. Die SA- und SS-Männer, die gewaltige Miliz dieser Revolution, zogen gestern am »Kupfernen Sonntag« brav, sauber, adrett in Massen an den Weihnachtsschaufenstern entlang – gute, offene Gesichter, behaglich – wie soll man sich auskennen? –

Ich glaube, der erste, der unser Volk begriffen hat, war der »Vater«: Bürger, Kinder, Soldaten, Bauern in einem. Der Weg durch die Weihnachtsstraßen gestern zu unseren letzten Besorgungen – denn ein Mal wollen Hanni und ich sie immer gemeinsam machen – war wieder ein einziges »Begegnen« mit dem »Vater«. Es ist so weihnachtlich, wie man es von Berlin kaum erwarten darf.

12. *Dezember 1933* | *Dienstag*

> Er dachte an uns, da wir unterdrückt waren.
>
> *Psalm 136, 23*

Das Aufnahmegesuch an die Reichs-Schrifttumskammer kann herausgehen. Ich habe zwei Bürgen. Einen Redakteur (und SA-Mann, früher Funkmitarbeiter von mir) als politischen und Dr. Kilpper, der mir über Erwarten liebenswürdig schrieb, als künstlerischen.

17. *Dezember 1933* | *Sonntag (Dritter Advent)*

> Da Jakob von seinem Schlaf aufwachte, sprach er: Gewiß ist der Herr an diesem Ort, und ich wußte es nicht. *1. Mose 28, 16*

Wie immer um das zu Ende gehende Jahr bringe ich alle schwebenden Angelegenheiten und Arbeiten, soweit ich darin unabhängig bin und soweit es auf mich ankommt, zum Abschluß. Dieses große Fest, das vor einem liegt, drängt zu aller Art von Vorbereitung und nimmt einen in allen Bezirken seines Wesens und seiner Lebensweise gefangen; was auch war, was auch kommen mag, es dringt von Jahr zu Jahr tiefer in einen, und als Erwachsener vermag man nicht mehr das Kinderfest in ihm zu sehen, ja, es ist, als könne nur der Mensch, der viel hinter sich hat, an sich selbst und von anderen erfahren, auch nur entfernt ahnen, was da Jahr um Jahr zu einem reden will. Dabei liegen die Sphäre des Glaubens und die Sphäre der Sitte völlig klar in einem getrennt. Ich kann aus Weihnachten nicht ein Fest der Vergangenheit machen. Jedes Jahr wächst Weihnachten und gibt dem ganzen Jahr ein anderes Licht und rückt zusammen, was man einmal getrennt sah: Weihnachten, Karfreitag und Ostern.

Viel, viel fällt mir für den »Vater« ein, und auch jeder Gang durch das alte Berlin, wie wir ihn heut auf dem Weihnachtsmarkt unternommen haben, ist ein Gang zu ihm. Altes Spielzeug zu sehen, mit dem ich im Buch die Prinzen und Prinzessinnen spielen lassen muß, waren wir auch im Ermeler-Haus, dem Berliner Gegenstück zum Breslauer Molinar-Haus. Den größten Eindruck machte uns die Küche: die ließ die Fülle der Hausgenossen und Gäste ahnen, die Gastlichkeit, Reinlichkeit, den Reichtum. Aber die etwas ängstliche Kopie des Höfischen lehnen wir ab. –

> Ich will meinen Bund nicht entheiligen, und nicht än-
> dern, was aus meinem Munde gegangen ist.
>
> *Psalm 89, 35*

Ganz plötzlich kam der Umschwung der großen Kälte. Dann
kam der Wind, wenige Stunden nur ein wärmerer Wind, und
einen Abend, einen Morgen fiel der Schnee über unserem lieben
Wäldchen – der Schnee, der den Herzen und den Feldern so
fehlte. Der Christbaum draußen auf dem Balkon, vor den Fenstern des Bibliothekszimmers, war verschneit – dann taute es in
Stamm und Ästen, er wurde dunkler, breiter, als man ihn gekannt,
als sollte man noch einmal seine ganze sommerliche Schönheit
sehen. Düstere, regnerische Tage, wie der Winter der Bibel beschrieben ist. Welcher Schriftsteller möchte nicht ein Buch vom
Wetter schreiben?

Abends, wenn ich heimkomme, gehe ich gleich wieder an die
Arbeit, um ja alles zum Abschluß zu bringen; und es gelingt.
Dann sitzt Hanni bei mir, packt die wenigen Weihnachtspäck-
chen, die wir Menschenfeinde noch zu verschicken haben, rüstet
das Weihnachten der Kinder, bestellt den festlichen Vorrat der
Feiertage, rechnet ab –

Ich kann sagen, daß ich seit meinem 15., 16. Lebensjahr Weihnachten erst wieder besitze, seit mir fest eingeprägt ist, daß das
Weihnachtsidyll niemals eine Rechnung sein darf, die aufgehen
muß. Denn der Mensch und die um ihn bleiben, was sie sind, und
der Himmel bewahre einen vor dem süßlichen Hineinsteigern in
schöne Empfindungen. Der Mensch lebt gleichzeitig in vielen
sehr verschiedenen Schichten, und erst wenn man das begriffen
hat, findet man durch die Wirrnis; solche Erkenntnis wird immer
vom Sündenbewußtsein herkommen und von dorther zu den
Fundamenten werden, auf denen das eigene Leben gegründet
ist. –

Was den »Vater« betrifft, so denke ich wieder einmal in vielen
Bildern und »Kapitel-Schlüssen« und finde immer mehr die Verantwortung der einzelnen Taten und Begebenheiten seines Lebens
in sehr bestimmten Bibelworten. –

Bereits heute bekam ich den Weihnachtsbrief aus Beuthen. Wenn
dann ein Ereignis, das mich bedrückt, da ist, sehe ich immer wieder, daß ich die Dinge im voraus durchmachte, und bin im
eigentlichen Moment selbst ruhig. Sein Mitleid verliert man nicht;

die Umstände zwingen einen nur, es nicht mehr zu äußern. Wenn sie doch spürten, daß auf dem Wege über Hanni alles gut werden kann!

23. Dezember 1933 / Sonnabend

Ein großer Teil der Schiffahrt ruht, so großer Nebel ist an den Küsten. In der Türkei ist bittere Kälte; das endende Jahr ist in Aufruhr. Große Stürme sind gekommen; dann wieder ist völlige Stille und Sonne sogar am Mittag, und die Tanne wird immer voller und weiter, frei vom Frost. Alles ist bedacht und bereitet, in Haus und Beruf und im Herzen, und nichts bleibt mehr als das Schmücken des Christbaums und das Aufbauen des Weihnachtstisches. Zum Dunkelwerden war ich schon daheim, ich war noch einmal an unserem Garten vorübergegangen, und nun geht es an die schönste Arbeit des Jahres. Die großen Tabletts stehen bereit: mit den Kerzen, den blank geriebenen Äpfeln, dem Zuckerzeug, den Kästen mit dem Christbaumschmuck. In der Küche stehen die Tische voll frischgeputzten Silbers, auf die Leuchter sind neue Kerzen gesteckt. Schränke und Schübe sind verschlossen, die Geschenke geheimzuhalten; der Baum steht schon in meinem Zimmer. Und um seinetwillen, so groß und mächtig ist die Tanne, müssen allerlei Veränderungen vorgenommen werden, die mit den vertrauten Sachen der Wohnung doch noch etwas Festliches und Neues geben.

In der Diele wird ein großer Tannenzweig mit Lametta angebracht, der Putto im Schlafzimmer hält Tanne im Arm – große Vasen voller Wintergrün – was muß im Leben wohl geschehen, bis alle diese Freundlichkeit nicht mehr auf einen wirkt! – Was auch war: ich muß noch immer die ganze, ungeteilte Freude empfinden: dies ist mein Haus.

Die alten Dinge sind so schön, daß Bilder sich ergeben, die man niemals gewaltsam »arrangieren« kann, wie Hanni und ich es ja überhaupt ablehnen, Stimmungen zu erzwingen. Aber allein das Bild solcher Weihnachtsvorbereitung: im Winkel unter der Lampe der Kaffeetisch mit den alten goldenen Tassen; die Barocktische, auf denen die Kästen bereitstehen mit Rauschgold- und Wachsengeln, den vielen gläsernen Glocken, der Menge der großen bunten Kugeln, Flitterketten und -sternen, goldenen Nüssen, Tannenzapfen, silbernen Schneebällen, der alten goldenen Maria mit dem Kind, dem flammenden Silberherzen, den Eiszapfen und gläsernen Vögeln; der schwere Renaissancestuhl, auf den man steigen muß, die Spitze des Baumes mit dem Stern zu schmücken – eine schöne und feierliche Unordnung, die einzige, die ich liebe und kein Jahr missen möchte. –

Erst um Mitternacht ist der Baum geschmückt. Und schon heute läuteten von der Dämmerung an viele Glocken, bis in den späteren Abend hinein. Wir haben alles so vorbereitet, daß der Tag des Heiligen Abends ohne alle Unrast sein wird. – Die schönsten Dinge ergeben sich unversehens: für die große Madonna mit dem Kind war nur ein Platz im Weihnachtszimmer frei. Nun blickt sie gerade auf den Christbaum, das Kind reicht die Weltkugel zum Baum hinüber.

24. Dezember 1933 | Sonntag

> Das Reich Gottes kommt nicht mit äußerlichen Ge-
> bärden . . . sehet, das Reich Gottes ist inwendig in
> euch. *Lukas 17, 20. 21*
> Es ist ein köstlich Ding einem Mann, daß er das Joch
> in seiner Jugend trage. *Klagelieder 3, 27*

Man macht sich leicht den Vorwurf, sich in die pittoresken Dinge des Weihnachtsfestes zu verlieben. Aber es steht doch mehr dahinter, wenn man die lieben Züge jeder Stunde festhalten möchte: nämlich das Erstaunen, daß nach allen Leiden und Zerstörungen eines Jahres soviel Freude, Wärme, Behagen, Glanz wiederkehrt. Die Sphäre der Sitte und des Glaubens stehen nicht gegeneinander; das Fest des Glaubens duldet auch das andere; die tiefere, schwerere, festere Schicht des Glaubens trägt auch die zartere, leichtere. Die Sitte ohne den Glauben ist ja doch eine Kerze, die nicht angezündet ist. Das Fest der Sitte appelliert an die Vergebung. Das des Glaubens besitzt sie; das drückt alle Nähe und Unterscheidung der beiden Feste aus. Ich kann nicht sagen, daß ich Weihnachten religiöser gestimmt wäre als sonst. Aber daß die Bibelworte, von denen ich das ganze Jahr über lebe, mich plötzlich von überall her umgeben: das führt die beiden Feste zusammen, so daß ich keinen Versuch der Überbrückung zu machen brauche.

Ich schreibe immer wieder das Lob meines Hauses. Aber erst allmählich wußte ich, daß es sich auf die Ordnung und auf die Verkündigung gründet, daß es zwei offene Tore hat: das zur

Kirche, das zum Staat. Es klingt trivial. Aber als langsam wachsende Erfahrung ist es eine große Sache. Das dritte Element, das ein Haus begründet, fehlt: die Fruchtbarkeit, in der man Sohn und Vater ist.

Dank Hannis Eingehen auf meine Wünsche war schon am Morgen des Heiligen Abends keine Unrast im Hause, nur freudige Vorbereitung in Stuben und Küche. Die Glocken läuteten morgens und mittags, nahmen zu von allen Türmen um die Dämmerung vor der Christnacht, geleiteten einen heim von der Kirche, setzten um Mitternacht und nach der ersten Nachtstunde von neuem ein, weckten und brachten zur Ruhe. Am Vormittag war Bachs Weihnachtskantate. Da rüstete ich Hannis Weihnachtstisch, und Reni saß bei mir in der Bibliothek am runden Tisch am Fenster über der Fülle der bunten Seidenpapiere und Goldpapiere, den grünen, roten, blauen, gelben Seidenbändern, Gold- und Silberstreifen. Alle Plätze für die Geschenke baute ich auf: Hanni, den Kindern, dem Mädchen. Darüber wurde es dämmerig. Hanni kam von den letzten Besorgungen heim. – Dann war die Stunde der Christnacht da. Überall in den Fenstern sahen Reni und ich schon die leuchtenden Christbäume, am schönsten in den Gartenzimmern der Nachbarvillen, aber auch die große Tanne im Freien zählt zum Festlichen. In die Christnacht gehe ich um der Lieder und der Biblischen Geschichten und Sprüche willen.

An die Heimkehr von meinem Kirchgang schließen wir immer unmittelbar die Einbescherung an. Aber während der Christnacht waren, zu meiner besonderen Freude und obwohl wir Eremiten das nicht erwarten dürfen, zu unseren frischen Tulpen und Primeln und Alpenveilchen noch herrliche Rosen und weißer Flieder eingetroffen. Den Baum zünde ich an, mein Gabentisch für Hanni steht weiß überdeckt, und über meinem Schreibtisch, auf dem Hanni mir beschert, liegt auch ein weißes Tuch; aber diesmal war auch unter dem Weihnachtsbaum ein solches weißes, kleines Gebirge, und als zur Bescherung selbst Hanni das Tuch wegnahm, war ich diesmal der am meisten Überraschte und am reichsten Beschenkte: im Nu hatte Hanni an die stärksten Zweige der Tanne zwei barocke Krippenengel, edelste Holzfiguren in herrlicher Malerei gehängt, und unter dem Tuch waren drei Hirten: große, klare Plastiken in zerschlissenen und verblichenen Gewändern; das Gesicht, die Hände und Füße, die Gesten, die

Stellungen noch schöner, noch tiefer als unsere Apostelfiguren.
Viel reicher hat Hanni mich beschenkt, als ich sie mit dem Renaissancetisch, dem sehr seltenen Zinnteller, dem auf Holz gemalten
Barockbild.
Um Weihnachten erweist sich, ob man vergrämt, verbittert, hoffnungslos ist, oder ob das Leben und Gott, der es uns gab, einen
ganz besitzen. –

26. Dezember 1933 | Dienstag (Zweiter Weihnachtsfeiertag)

Wenn die großen Stunden, die den anderen gehören, vorüber sind,
stellt sich für einen selbst nicht das Gefühl ein, daß etwas Schönes
gar zu schnell verging; man freut sich der tiefen Ruhe, mit der
nun die Festtage für einen selbst bestimmt sind, Vormittage, an
denen kein Laut sich regt, frisch geordnete Blumen einem das
Zimmer schmücken, das Silber im Christbaum leise weht und
zittert. An die schönsten Zeiten zu Hause erinnern mich die
Stunden nach Tisch, das frühe Dunkelwerden über freundlichen
Gesprächen, alle in großen Sesseln um den Christbaum. Durch
Beuthen ist soviel in mein Herz gelegt, wovon ich zeitlebens
zehren werde und wovon ich nur wünschen kann, daß es unseren
Kindern auch ins Herz gelegt würde. –

27. Dezember 1933 | Mittwoch

Der dritte Feiertag trägt, von der Heimkehr am Spätnachmittag
an, noch einen Schimmer des Festes, und neue Feier liegt ja vor
einem. Aber es ist falsch, wenn man sagt, es sei dem Künstler
gut, sich zu disziplinieren und im Leben zu stehen. Es ist grund-
falsch. An Feiertagen, an Tagen ohne Beruf »funktioniert« man
künstlerisch unausgesetzt; an Werktagen ist man todmüde. Und
manchmal ist mir bange um den Roman. Nach den Feiertagen
möchte man anfangen zu schreiben –
Warum notiert man jede menschliche Berührung, jede liebens-
werte Stunde? Ich glaube nicht, aus Kleinlichkeit. Das Jahr verschüttet zuviel Eindrücke. Und vieles versinkt, was das Jahr
freudig mitbauen kann, ohne daß es jemals den Anspruch erhebt, etwa Kunst zu werden. Alles und jedes, was man aufzeich-
net, ist im Gegenteil das, was in die Kunst nicht hinein soll.
Meine Ehe nicht. Mein Haus nicht. Mein Existenzkampf nicht.
Meine Schwierigkeiten nicht. Meine pittoresken Freuden nicht.
Was trotz der Filter ungeprägt im Schreiben dennoch erscheint,

das kann ich nicht mehr hindern. Ich kann überhaupt nicht sagen, was ich als Schriftsteller schreiben will; ich kann nur umschreiben, was ich nicht will. Als Künstler bin ich mir ganz fremd.

Ein hemmungslos geführtes Tagebuch schützt den Schriftsteller vor Geschwätzigkeit, wo er Erzähler ist. Mir fehlte es, daß ich keine Aufzeichnungen über die einzelnen Tage der vorjährigen Weihnacht bei mir fand. Viele Einzelheiten gehen bei dem heftigen Ansturm der Jahresereignisse doch nicht ins Bewußtsein ein; dennoch sucht das Bedürfnis nach weihnachtlicher »Tradition« danach.

28. Dezember 1933 | Donnerstag

Die Arbeitstage zwischen den Festen sind keineswegs ohne Reiz; die dunklen Stuben früh sind voller Tannenduft, nachmittags erwartet einen der Teetisch bei dem Weihnachtsbaum, die Kinder sind mit ihren Weihnachtssachen beschäftigt oder auf der Eisbahn, Hanni liest. Noch immer sieht man auf dem Heimweg Christbäume brennen. Und heut kam zu uns Eremiten sogar vom Spätnachmittag an bis in die späteren Abendstunden Besuch. Bekannte von Hanni, meine Tante Lene, die in erster Ehe mit einem Juden verheiratet war, und ihr Mann.

Bei den Gesprächen stellt sich etwas Interessantes heraus: daß alle Juden oder mit Juden Verbundenen von ganz bestimmten Gesprächen mit Hitler und Göring träumen. Noch nie habe ich mich vor den neuen Leiden und Wirren, die ein neues Jahr wohl unabwendbar bringen muß, so gefürchtet wie vor dieser Jahreswende. Die Behutsamkeit, mit der man das Idyll dieser lieben Tage genießt, sagt genug, was unter den friedlichen Stunden an Unruhe und Kummer verborgen liegt. Die Dankbarkeit ist nicht weniger echt als die Schwermut.

Die Weihnachtszeit, von Fantasien, Träumereien, Ahnungen und Symbolen überquellend, scheint mir allmählich in religiöser Hinsicht die nüchternste Tat Gottes an den Menschen zu sein: ganz genau wird uns gewiesen, was wir an Gottes Offenbarungen, die nur im Verborgenen geschehen, fassen können und welche Vorstellung von Gott für uns tragbar ist. Durch alle Ahnungen, Spekulationen und Theorien zieht Gott einen Strich. Ein Weihnachtsaufsatz von Karl Barth[30] bestätigte mir im Gegensatz zu den Predigten in der Kirche meine Gedanken. Gott hat uns ein Zeichen gegeben. Das einzige Bild, das er duldet. Alle anderen

Bilder, die wir uns von Gott machen, tragen tiefen Unfrieden in sich.

Ich bin bereits dabei, die Arbeiten des neuen Jahres vorzubereiten, um gleich in den ersten Januartagen konzentriert arbeiten zu können. Wird es möglich sein, daß mir das neue Jahr mein zweites Buch bringt? Ich muß mit aller Energie jede Zersplitterung meiner Tages-Einteilung zu verhindern suchen; dann springen schon täglich vielleicht zwei Stunden für das Buch heraus. Es darf keine toten und keine vergeudeten Momente geben. – Auch Hanni ist es so am liebsten. Niemals ist sie auf die Arbeit eifersüchtig. –

> Du hast meine Seele aus dem Tode gerissen, mein Auge von den Tränen, meinen Fuß vom Gleiten.
>
> *Psalm 116, 8*

Endlich, endlich wieder einmal einige Tage, die der Arbeit am »Vater« gehören; mit Quellen-Vorrat von der Staatsbibliothek hat Hanni mich versorgt. Der stille Arbeitsnachmittag war nur von einem angenehmen kurzen Ausgang mit Hanni zu Silvester-Besorgungen unterbrochen. Für unsere morgige Silvester-Feier hoffen wir die Mitte zu finden zwischen unseren und der Kinder Wünschen; jedenfalls haben wir alles dafür vorbereitet; und die Kinder möchten wir vor der allgemeinen Verwechslung zwischen Silvester und Fasching bewahren.

Ich freue mich jeder Gelegenheit, die mir den Anlaß für festliche Stunden im Hause bietet, und bin am Jahres-Ende ohne Ressentiment.

Es bedarf keiner dichterischen Umschreibung: das Jahr verlöscht ganz allmählich. Der Tag wird nicht hell, er geht von Stunde zu Stunde in die völlige Dunkelheit über.

Es ist sehr feierlich, wenn Tage wie der Heilige Abend und Silvester auf einen Sonntag fallen. Dann hat der ganze Tag schon seine Stille. Ich habe ihn über den Memoiren der Markgräfin von Bayreuth verbracht, also mit der für mich schönsten Beschäftigung, der Arbeit am »Vater«. Reni begleitet mich in die Jahres-

Schluß-Andacht. Wieder ging ich in der Predigt völlig leer aus;
spüren die Pastoren nicht, wie ihre Predigt vor den verlesenen
Bibelworten als eitel und leer zusammensackt? Aber unter den
Bibelworten war wieder mein Spruch: »Fürchte dich nicht. Denn
ich habe dich erlöst. Ich habe dich bei deinem Namen gerufen.
Du bist mein.« –

Um zwölf brannte der Christbaum, die ganze Wohnung war
voller Glockengeläut – rings ums Wäldchen flammten die Christbäume auf, wurde auf den Balkonen ein bescheidenes Feuerwerk
abgebrannt, riefen die Kinder von Haus zu Haus – ein seltsam
idyllisches Silvester nach der gewaltigen Revolution dieses Jahres,
kaum zu begreifen und überaus lehrreich für das Verständnis
unseres Volkes.

Was meine – zum ersten Mal in mir aufgetauchte – Furcht vor
neuen Leiden betrifft, so hatte mich das Bibelwort in der Kirche
sehr ruhig gemacht. Was will ich denn? Was ist denn das Eigentliche? Was das wirklich Reale? Wie Gott sich einem im neuen
Jahre von neuem zeigen wird – danach allein kann ich fragen.
Selten aber habe ich so stark wie an diesem Jahresende gespürt,
daß gegenüber dem abgelaufenen Jahre nichts als Dankbarkeit
in mir ist. Aber als die schlimmen Stunden herangekommen
waren, sah es in mir so anders aus. Und wie wird vielleicht einmal die Dankbarkeit und Einsicht am Ende des Lebens sein;
denn dann setzt einem Gott für einen ganz allein den feierlichen
Abschluß.

Da ich nun einen Nebenberuf haben muß, habe ich in diesem
Jahre oft bedauert, daß ich nicht Pastor geworden bin; denn das
wird ja doch meine heimliche Sehnsucht bleiben. Aber wenn ich
die Predigten höre, wenn ich auf Kirchen und Pfarrhäusern die
Kirchenfahne mit der schwarzweißroten und der Hakenkreuz-
Fahne sehe, ist mir mein Ullstein-Posten lieber.

FÜRCHTE DICH VOR DEREN KEINEM, DAS DU LEIDEN WIRST!

Offenbarung 2, 10

1. Januar 1934 | Montag (Neujahr)

Man konnte die Fenster lange öffnen, Vögel zwitscherten, Straßen und Wege waren von feuchter Wärme, aber das Licht fehlte. Wir gingen am Vormittag zur alten Dorfaue in Lankwitz, zu der Feldsteinkirche und dem verfallenden Schlößchen. Der übrige Tag ging still hin mit den Memoiren der Wilhelmine von Bayreuth. Den ganzen Abend über haben Hanni und ich uns in unsere Bücher vergraben; Hanni sagt, nichts interessiert sie mehr, als was mit dem »Vater« zusammenhängt. Das Abendessen, der Abschluß der weihnachtlichen Feiern, fand bei großer Kerzenbeleuchtung mit den Rubin- und Silberleuchtern statt, und die Kinder, unserem retrospektiven Leben nicht sonderlich geneigt, meinten: das alles würden sie einmal später bei sich genau so halten. –

2. Januar 1934 | Dienstag

Meine Tageseinteilung wird im neuen Jahr, solange mir dies regelmäßige Leben erhalten bleibt, bleiben, wie sie im alten war:

das Wochenende vom Sonnabendnachmittag an arbeitsfrei, wenn
nicht gerade besonders interessante Quellen zum »Vater« im Haus
sind. Der Montag ist durch Umbruch[31], der immer etwas über die
übliche Bürozeit hinaus in Anspruch nimmt, und durch die Funk-
wochenkritik für die »Literarische Welt«[32] besetzt. Dienstag bis
Freitag sollen das gleiche Gesicht haben: nach dem Dienst bis
sieben Uhr Arbeit für den Roman, die Zeit von sieben bis acht
wird zum Abhören der Sender benützt, weil ich da allein Gelegenheit zum Fernempfang habe. Den Sonntagen hoffe ich, falls Hanni
etwas für sich zu erledigen hat, etwas Zeit für das bedrohte Buch
abzugewinnen. Denn an den Roman kann ich nur mit einem
Druck im Herzen denken; je intensiver er mich beschäftigt, desto
schmerzlicher ist dieser Druck!

Die überflüssigen, letzten Beziehungen zu Menschen, mit denen
ich nichts beginnen kann, müssen aus Zeitgründen restlos gelöst
werden; außerdem sitzt dort eine Art Krankheit in mir: das ersehnte Zusammensein mit Menschen strengt mich so unnatürlich
an. Hoffentlich hat Hanni noch dann und wann von sich aus Besuch. Aber was die Menschen angeht, nehmen wir wie in mancher
anderen entscheidenden Sache wohl die völlig parallele Entwicklung. Ich muß mir nur abgewöhnen, darüber zu klagen. Auch
darüber darf ich nicht klagen, daß es mich trotz aller Vernunft-
vorstellungen doch in eine gelinde Verzweiflung bringt, wenn
ich, nach der Schönheit und Ruhe von Feiertagen künstlerisch
in Hochbetrieb versetzt, werktags danach kaum zum Schreiben
komme.

3. Januar 1934 | Mittwoch

In keiner Hinsicht war meine Funkzeit für mich so voll guter
Lehren wie in allen Dingen, die ein großes »Haus« betreffen, sei
es Funk oder Verlag. Wie oft höre ich bei Ullstein um mich über
die gleichen Umstände klagen, die mich im Funk aufs äußerste
empört haben, da ich sie zum ersten Male erlebte: nicht gehaltene Versprechungen, hochfahrender Ton von Anordnungen, Beanspruchung geistigen Eigentums zur Ehre der Firma, die berühmte Anonymität; Cliquen, Komplotte, Sabotagen sogar des
technischen Personals; Forderung, daß man selbst alle übernommenen Pflichten bis ins kleinste Detail einhält; dagegen Willkür des »Hauses« bis zur Rechtsbeugung und zum Rechtsbruch!
Ich bin dagegen durch den Funk so abgebrüht, daß ich mir hier

wie im Sanatorium vorkomme. Es geht mich nichts mehr an, ja, meine eigene Tätigkeit hier erfolgt nach wie vor unter völligem Ausschluß meiner Person; sie raubt mir meine Zeit und gibt mir mein Brot. – Der Journalismus ist äußerlich und innerlich aus x-mal angegebenen Gründen längst *ad acta* gelegt, mit ihm die Erzählertätigkeit im kleinen Format; gegen die Lyrik habe ich derart schwere Bedenken in punkto Formenschönheit und Verlogenheit des Gehaltes, daß mir nichts mehr einfällt, so gern ich den Zustand habe, in dem man Gedichte schreibt; für Film und Bühne fehlt mir die politische Wirkungsfreiheit ebenso wie die Fähigkeit, eine knappe, klare, kräftige Handlung zu bauen; also bleibt immer wieder nur die fanatische Liebe zum Roman. Für ihn und für das friedliche Leben mit Hanni kann ich sehr viel in Kauf nehmen und muß es auch unentwegt.

Bei der Heimkehr fand ich bei Hanni zum Tee Frau von Wegerer vor. Der gegenwärtige Friede und Zusammenschluß der feudalen Adels- und liberalen Kreise des gebildeten Bürgertums, aus gemeinsamem Protest gegen den Nationalsozialismus erwachsen, erscheint mir als eine höchst trügerische und windige Angelegenheit, für die Entwicklung des Staates ohne alle Bedeutung. Daß das Kirchenvolk, dessen Glieder zu immensen Prozentsätzen der NSDAP angehören, die »Reformation« der »Revolution« nicht »gleichgeschaltet« hat, das allein macht mir Hoffnung. Und das friedliche Weihnachten, das Deutschland gefeiert hat; dieses militaristische, dieses an der Arbeitslosigkeit immer wieder verzweifelte Volk flieht, wo es nur irgend kann, wieder in das Idyll bürgerlicher Freundlichkeit. An ein Kirchenfest Weihnachten habe ich nie geglaubt. Das Weihnachten der echten Kirche kann nicht anders als in Predigt sichtbar werden. So kommt mir von der Situation der Kirche her die größte Beruhigung und Beunruhigung zugleich. Aber ich hatte geglaubt, ich würde nur Beunruhigung von ihr erfahren. –

10. Januar 1934 | Mittwoch

Bei Ullstein sah ich die Fragebogen für Schriftleiter. Danach werde ich froh sein, wenn ich in die Fachschaft für Redaktionsangestellte als Sekretär hineinkomme und in die Schrifttumskammer als Autor aufgenommen werde. – Die milde Geste vom 23. Dezember scheint nicht ganz zu stimmen: es müssen auch Eltern und Großeltern der Frau genau angegeben werden, gleichgültig, ob die Mischehe älteren oder jüngeren Datums ist. – Noch immer ist es doch so, daß das Bild der nächsten Zukunft dauernd schwankt; aber in der Gegenwart führen wir ein geborgenes Leben. Doch wäre man kein Mensch, empfände man nicht Druck und Beunruhigung.

Mein Bedürfnis, mich zurückzuziehen, ist sehr groß. Ich möchte den Ullstein-Posten behalten und im übrigen nur Bücher schreiben; weg mit der Funkkritik und weg namentlich mit den Aufrissen. Aber so lange man noch an mich herantritt, kann ich nicht ablehnen. Wenn ich an die Menge meiner beruflichen Unternehmungen und Bemühungen denke – und nun diese Passivität. Seit mein Ehrgeiz gebrochen ist, ist meine »Lösung von der Welt« noch erheblich fortgeschritten; meine Arbeitskraft hat aber nicht gelitten; überanstrengt fühlte ich mich ja sowieso immer; dürfte ich meiner Natur nachgeben, – ich könnte nicht viel leisten. Aber die beruflichen Erlebnisse haben auf eine Verringerung oder Erhöhung der Arbeitskraft wenig Einfluß. Wenn man einem ehrgeizigen Menschen die Aufstiegsmöglichkeiten nimmt, wird er sicher immer darauf verzichten, da oder dort sich noch einzuschmuggeln. Er wird die höchstmögliche Distanz suchen. Er möchte für die, die ihn abstoßen, nicht mehr da sein. »Außen« interessiert mich nur noch, ob ich mein Publikum finde, nur übers Buch. Die Heftigkeit, mit der man sich verkriechen will, ist der beste Gradmesser für die Schwere der einem zugefügten Verwundung. – Immer, wenn ich im Leben »extensiv« war, bin ich gescheitert: in der Wissenschaft; in der Beziehung zu den Menschen; im beruflichen Aufbau. Erst wenn ich »intensiv« lebte, von allem mich abkehrte, nur dem meine Aktivität zuwandte, was ohne mein Zutun an mich herangetragen wurde, lebte ich wieder weiter. In religiöser Hinsicht ist mir meine Isolierung unheimlich; man kann doch nicht immer nur auf sich gestellt sein, dauernd sein eigener Exeget –. Ich möchte ebenso oft durch andere überführt wie bestätigt werden. In diesem einen Punkte will ich alles andere als Isolierung. –

Daß für mich im »literarischen Umkreis« kein kleiner Platz da ist, ist schon tragisch. Aber es ist nicht so wichtig wie meine »Gemeinde-Frage«. – Daran kann ich mich nicht gewöhnen, Mensch zweiter Ordnung zu sein.

Ausländer im Verlag dürfen an Redaktionsbesprechungen teilnehmen; ich nicht. –

Ich atme doch auf, wenn die Wochenarbeit ihrem Ende zugeht. Der Widerwille, mit dem ich sie leiste, macht mich gar zu kaputt. Und mit welcher Müdigkeit ich dann die Studien für den »Vater« erledige, ist schlimm. Zwänge man sich nicht zum Pensum, ginge es gar nicht. Der Knacks, den ich mit vielen wegbekommen habe, scheint schlimmer zu sein, als ich mir eingestehen will. Ich setze Einzelheiten zusammen, aber ich habe keinen Schwung mehr. Das kann natürlich eine vorübergehende Sache sein; denn die Sehnsucht, ungestört schreiben zu dürfen, ist unvermindert da. Gott sei Dank, der Sonnabend und Sonntag kommt. Weihnachten im kleinen. Dann bin ich wieder ein richtiger Mensch und plötzlich wieder auch ein richtiger »Künstler«. Der Umriß des 1. »Vater«-Kapitels steht fest. Es heißt »König Midas«.

13./14. Januar 1934 | Sonnabend und Sonntag

Den Sonnabend und Sonntag Hanni zu widmen und mich abzulenken, waren wir in zwei Filmen. »Das schöne Bayern« mit herrlichen landschaftlichen und architektonischen Einzelheiten; »Die Flüchtlinge« von Gerhard Menzel, mir vom Funk her bekannt, Schlesier, 35 Jahre alt, Kleistpreisträger, Verfasser zweier mäßiger Romane und mehrerer Filme; dieser ist großartig; daran sehe ich wieder einmal deutlich, daß man die Konzeption packender, konzentrierter Handlung niemals aus mir herausholen kann. Alles, was die Bühne verloren und der Funk nie erworben hat, gehört dem Film; die Gewalt der Illusion; die Charakteristika des Brennspiegels. Daß ich mit diesem herrlichen, meist mißbrauchten Instrument nichts anfangen kann, sagt zur Genüge, daß ich kein zeitgemäßer Autor bin. –

Heute kam ein Brief der Ufa, der einen großen Schub Arbeit aufs Ungewisse mit sich bringt. Man will rasch ein Exposé vom »Vater«, da die Ufa gerade nach einem großen nationalen Stoff »mit Parallelen zu heute« sucht. Lieber Himmel, des »Vaters« Regierung ist Kritik, nicht Verherrlichung des Heutigen.

So wenig mich seinerzeit die Operette für die Ufa locken konnte, so sehr bin ich interessiert, so sehr wünsche und hoffe ich diesen Film, zumal man sagen darf, daß Heinrich George als Schauspieler und mein »Vater« als Rolle einmal zusammenkommen müßten.

Dr. Pagel[33], der neue Leiter der Berliner Dependance der Deutschen Verlags-Anstalt, war zum Abendbrot bei uns. Eine wichtige Unterredung: denn Dr. Pagel, am »Vater« wirklich mit Wärme interessiert, wird nun alle belastenden Dinge offiziell an Dr. Kilpper berichten: die ehemalige Zugehörigkeit zum Bund religiöser Sozialisten, die Mischehe. Es geht ja auf die Dauer nicht, daß diese Dinge unerwähnt bleiben, und ich kann meine kaputten Nerven nicht auch noch mit diesem Verschweigen belasten. Aber nimmt mich die Schrifttumskammer nicht auf, kann kein noch so loyaler Verleger etwas für mich tun.

18. Januar 1934 | Donnerstag

Vom Filmexposé sind schon 15 Seiten fertig; Friedrich Wilhelms Leben bis zum Regierungsantritt. Das Gute hat das Exposé und der ganze Filmtraum in jedem Falle für sich: ich muß mich von den Einzelheiten der Vorstudien frei machen, muß den uferlosen Stoff fest in die Hand bekommen, die Handlung runden – und so verschieden ein Roman und ein Film auch zu konzipieren und zu behandeln sind, das steht fest: was ich jetzt tun muß, wird den Roman vereinfachen und beschleunigen. Und es ist höchste Zeit, wenn ich über den Studien nicht zum Oberlehrer werden soll. –

20. Januar 1934 | Sonnabend

Dr. Pagel hat sofort nach unserem Abend an Dr. Kilpper geschrieben, und da Kilpper sowieso anrief, hat er dieses Telefongespräch mit Dr. Pagel zum Anlaß genommen, meine Angelegenheit zu besprechen. Für mich das Haupt-Ergebnis: Die Mischehe berührt Dr. Kilpper nicht; die Filmangelegenheit dagegen beschäftigt ihn mehr, als ich annahm. – Wichtig: da Kilpper ja mit mir ein Risiko nicht teilt in Form eines Vorschusses, der mich auf Nebenarbeit verzichten und ruhig am Buch schreiben ließe, bin ich ein freier Mann. Auf seinen Wunsch, daß das Buch ja vor dem Film fertig sein möchte, kann ich nicht hören. Ich muß alles tun, zu Geld zu kommen und einmal ohne Nebenverdienst (außer dem Ullsteinposten) nur an Büchern arbeiten zu können. Das muß auch im Interesse des Verlages sein. –
Jedenfalls habe ich nun Kilpper gegenüber offen gehandelt und zu meiner geschäftlichen Beruhigung weiß ich, daß als letzter

Ausweg ein Vertrag möglich wäre, nach dem die Film- und Vorabdrucksrechte durch den Autor bereits vergeben sind. Mein eigenes altes Wort hat sich mir eingeprägt wie ein Zitat: »Drei Eisen im Feuer können sich im Handumdrehen in drei Stühle verwandeln, zwischen die man sich setzt.« –
Am Filmexposé weiter viel gearbeitet. Und immer Neues kommt zum »Vater« dazu. Ein überreiches Leben. Um des »Vaters« willen müßten allein alle Hoffnungen sich erfüllen. – Hanni und ich arbeiten sehr viel. Und nur dann ist Ruhe in einem. –

22. Januar 1934 | Montag

Trotz Umbruch und Funkkritik gehören ruhige Abendstunden dem Vater-Filmexposé, jener wichtigen, wichtigen Vorarbeit für den Roman – mag aus der Filmhoffnung werden, was will –. Hatte ich bisher das Gefühl, kaum durch den Stoff hindurchkommen zu können, sehe ich nun Wege. Mehr für die Struktur des Romans als für die Komposition der Filmhandlung. – Es ist herrlich, wenn einen wieder eine Arbeit trägt. Und wenn einem zu exakten Auszügen, jener feigen Flucht vor dem Zwang zu produzieren, keine Zeit gelassen wird. Segnungen der Filmangelegenheit, auch wenn sie wider meine Hoffnung zu keinen Resultaten führen sollte. Aber die Müdigkeit, die Müdigkeit. Ich halte eben so viel Arbeit nicht aus.

23. Januar 1934 | Dienstag

Heut nach dem Dienst war ich bereits zu einer mehr als einstündigen Besprechung in Sternaux' Auftrag zu einem seiner Dramaturgen, Eplinius, bestellt. Die Nöte, für diesen Stoff eine Handlung zu bauen, sieht er genau so groß wie ich; denn was ich in dem Exposé – das als solches spannend sein soll – tue, ist für mein Empfinden illustrierte innere Entwicklung.
Aber Handlung heißt bei der Ufa und bei Ullstein: Liebesgeschichte. Nur im Buch sind der Stoff und der Autor alles. Dafür kann eins das andere nicht finanzieren. –

27. Januar 1934 | Sonnabend

Weiter stehen die Tage ganz im Zeichen der Ufa-Angelegenheit. Mir ist klar, daß das, was ich als Filmdilettant dafür arbeite, ein Überblick über Personen, Situationen, Stoff und Idee ist, nach dem das eigentliche Exposé erst entworfen werden kann. Aber

alles das interessiert die Ufa überhaupt nicht; sie will schleunigst
eine runde, handfeste Spielhandlung um Friedrich Wilhelm, um
den ganz konventionellen Soldatenkönig, und wenn möglich,
eine Liebesgeschichte. Von »Ethos« und »Führergedanke« fällt
kein Wort mehr; dagegen von der 75 prozentigen Gewißheit des
Kassenerfolges. Stoff und Person haben die ganze Ufa alarmiert.
Anrufe schon frühzeitig hin und her zwischen Ufa-Haus in der
Stadt und Babelsberger Ateliers, Sternaux mit Eplinius und mir
– alles so hysterisch, so überhitzt. obwohl sicher alle Beteiligten
wissen, daß, sobald das Exposé vorliegt, die ganze Sache wochenlang stagniert. (»Ich soll die Nacht durcharbeiten«, hieß es. Aber
den Zauber kenne ich; Wochen vergehen, bis man Konkretes
erfährt.)
Eine Spielhandlung werde ich mühsam konstruieren müssen;
aber ich hoffe, ich bin ihr auf der Spur. Und zwar in der Affäre
Clement. –
Was das Wesentlichste ist: Ich habe nicht das freudige Gefühl,
daß wieder Fragen meines eigentlichen Berufes zur Debatte
stehen: Verträge, Aufträge, zeitgemäßes Thema, Name oder kein
Name, Erfolg oder Mißerfolg – ich habe nur die lästige, häßliche
Empfindung, daß mich wieder Dinge in Anspruch nehmen, von
denen ich nichts mehr wissen will. Depravation einer großen
Gestalt, Banalisierung eines zeitgemäßen, außerordentlichen
Stoffes, Bagatellisierung herrlicher Historie – alles das, was mich
so anwidert.
Keinen raschen Erfolg, mein bescheidenes Einkommen, anständige Bücher versuchen – und von allem anderen nichts hören
und nichts sehen!
Hanni hätte am liebsten die ganze Ufa-Sache nach dem hysteri-
schen Freitag sofort *ad acta* gelegt, mit einem groben Brief. Aber
dann würde man sich Vorwürfe machen. Erst nach vergeblichen
Bemühungen darf man die Sache scheitern lassen. Denn schließlich ist die Ufa ja seltsamerweise an mich herangetreten. Und
seit mir jede Aktivität durch politische Maßnahmen verboten ist,
habe ich ja nur noch diese eine Möglichkeit, meine Aktivität zu
befriedigen: Aufträge, die mir erteilt werden, auszuführen. –
Aber ob ich Spielhandlungen erfinden kann? Man möchte so
gern diesen Menschen, die jeden Stoff depravieren, zeigen, daß
man das, was ihren Dünkel ausmacht, kann, aber noch Einiges
darüber und darunter hat. Aber diese leichte Geste scheint mir

zu fehlen. Ich bin fügsam und belehrbar – aber die Filme, die die Ufa mir als Beispiel nannte: verlorene Stunden!!

30. Januar 1934 | Dienstag

Heut ist der Jahrestag der nationalsozialistischen Revolution. Die »Literarische Welt« machte mir die sehr schmerzliche Mitteilung, daß sie nach einem Verbot durch die Geheime Staatspolizei nur weiterarbeiten darf, wenn sie alle aktuelle Kritik läßt. Also auch hier schon wieder Schluß. – Sie sollen mir nur den Ullstein-posten lassen. K. sagt, daß man auf Redaktions-Sekretäre jetzt an den zuständigen Stellen sehr achtet. Zuviel politisch »Belastete« sollen sich angeblich hier einen Ausweg gesucht haben, um in einer Redaktion bleiben zu können. Wenn sie geistig so ausge-schaltet sind wie ich, kann aber keiner nur den mindesten »Scha-den« anrichten!

Heut war ich wieder zur Ufa bestellt. Die Sache wird von der Ufa aus immer noch mit aller Vehemenz betrieben. Was wäre ein Film gerade jetzt für ein Ausgleich!

Heute Reichstagssitzung und große Hitler-Rede – durch Funk in alle Welt übertragen. Warum heißt es sofort, am Abend, zwei Stunden danach, in allen deutschen Zeitungen »Die historische Stunde«? Wer will das ermessen?

31. Januar 1934 | Mittwoch

Schon wieder Anruf Eplinius. Seinerseits unbedingte Zustim-mung zu dem ihm vorliegenden Teil des neuen Entwurfs: »Der König und der Abenteurer«. Bis Freitag früh will er das Ganze. Doch das ist ein Ding der Unmöglichkeit, obwohl bereits in der Freitagvormittag-Konferenz der Ufa die Angelegenheit der ober-sten Instanz in der Generalversammlung vorgelegt werden soll. Jetzt ist die Sache schon so weit gediehen, daß eine Enttäuschung mich schwer treffen würde. –

1. Februar 1934 | Donnerstag

Kaum daß ich heimgekommen war, schon wieder ein Ufa-Anruf – bis morgen müßte das Ganze vorliegen. Gewiß, wir haben viele Stunden gearbeitet und eine große Sendung nachts noch wegge-schickt. Aber ich lasse mich nun einmal nicht verrückt machen. Je hysterischer die Ufa die Sache behandelt, desto ruhiger wer-den wir – im Bewußtsein, daß aus überreizter Arbeit mit starkem

Kaffee und Zigaretten nichts Brauchbares werden kann. Kennt die Ufa nur solche Methoden – nun, so kann man nicht mit ihr arbeiten, so bitter mir das wäre. – Denn ideell und materiell lockt mich der Film enorm. Vor allem wäre er ein Beweis, daß ich doch Handlung bauen kann, so wenig ich es mir zutraue.

2. Februar 1934 | Freitag 11 Uhr abends

Den Film-Entwurf nun doch in einem Zuge beendet. Nun möge es gut gehen. Es ist doch mehr hineingekommen, als ich erwarten durfte. Ich zähle ihn doch zu meinen Arbeiten, nicht zu den mir aufgezwungenen Elaboraten. Der Kampf um meinen ersten Film ist mir der Kampf um meine Zeitgemäßheit. Und darum: wieder von meiner schriftstellerischen Arbeit leben zu können.

4. Februar 1934 | Sonntag

Gestern Abend waren wir zum ersten Mal in dieser Saison – und seit langer Zeit – im Theater. Zum ersten Mal habe ich nun Curt Götz gesehen, der seine Komödien selbst schreibt. Ich war völlig frappiert. Denn hinter diesen eleganten Dialogen des »Dr. med. Hiob Praetorius« scheint mir die Dialektik großer Theologie zu stehen – dann jenes »den eiskalten Weg des Denkens bis an die unverrückbaren Grenzen des Wunderbaren gehen« –
So sehr viel erinnerte an die künstlerisch nicht geglückten Haupt-Momente meiner »Großen Direktrice« alias »Glück der Vergänglichkeit« – an meine »These« vom Witz und den »vier vergänglichsten Dingen« – an meinen großen Friseur Jakubasch, der in seinem Schloß nachts »stumm« Partituren durchdirigiert – mit einer solchen Szene begann Götz' 4. Akt, – im Aufbau des Stückes ein Annex und eine Episode – für mich aber der Schlüssel zu Götz' Eigenart: die Grenze aufgehoben zwischen dem Realen und dem Irrealen, zwischen der Nüchternheit und dem Wunder. Noch nie habe ich in einem Theater einen so starken Eindruck gehabt: dabei war es so unkomödiantisch wie nur möglich. Aber daß ich das einmal bei einem anderen fand: daß ihn der Zusammenhang zwischen Witz und Wunder nicht losließ! –
Heut geht mir den ganzen Tag Curt Götz nicht aus dem Sinn. Können zwei Menschen persönlich und künstlerisch verschiedener sein als er und ich? Aber können sie zugleich noch tiefere Berührungspunkte haben? Dieser Abend war mir eine unendlich wichtige Bestätigung für meine eigene Arbeit. – Daneben eine

Warnung, daß man sich ängstlich vor der Überschreitung der Grenze zum Skurrilen hüten muß, wenn einem die Welt des Wunders zur Wirklichkeit wurde. –

Das gestern war protestantische Schauspielkunst. –

Das Ufa-Exposé ist schon vollständig abgegangen. Genau eine Woche, nachdem mir der Einfall kam, an dem ich so verzagte. Ganz plötzlich, am vorigen Sonnabend, als ich vom Bahnhof Südende zur Wohnung heimging. Beim Kaffee konnte ich Hanni die Sache im Umriß schon erzählen. Der fertige Entwurf umfaßt 55 Maschinenschrift-Seiten.

5. Februar 1934 | Montag

Heut habe ich sofort wieder die Arbeit am »Vater« aufgenommen. Daneben läuft ein Auftrag für den »Eckart«. – Wir legen jetzt das Abendbrot immer zeitig, damit der Arbeits-Abend lang ist. Diese privaten Arbeitsstunden sind mir nach der Tagesarbeit fast wie eine Erholung.

7./8. Februar 1934 | Mittwoch und Donnerstag

Es ist mir vielleicht das liebste, daß meine Aufträge gegenwärtig auf Buchreferate lauten. – Es schafft eine Zäsur zwischen Film und Roman; außerdem erdrücken sie mich nicht so, wie jeder andere kleine Auftrag es tut. Meine innere Absage gegen alle schriftstellerische Nebenbetätigung scheint eine ausgemachte Sache zu sein. Noch kann ich sie mir äußerlich nicht gestatten. Um so mehr wächst mein Haß gegen diese Art von Schreiberei, die die wenigen kostbaren Stunden eigener Arbeit für schlechtes Geld und fragwürdigen Ruhm vergeudet. Nur werde ich es wohl nicht so weit kommen lassen, daß mir die Kunst zerstört wird, wie mir die Theologie wirklich und wahrhaftig durch ein untragbares Maß an Belastungen zerstört worden ist.

Ich muß von meiner Erwerbs-Arbeit heimkommen und der Schriftsteller meiner Bücher sein dürfen. Daß ich das immer noch nicht kann, daran könnte ich fast kaputt gehen. Es ist doch genug, daß ich diesen entsetzlichen Beruf habe. Ich sehe lieber Aufträge ohne mein Verschulden scheitern als sie mit all meinen Bemühungen zustandekommen. Ach, würde der Film! Welche Hilfe wäre das. Die anderen Honorare sind alle Tropfen auf den heißen Stein; die anderen Arbeiten sagen alle über meine Zeitgemäßheit nicht das Mindeste aus.

9. Februar 1934 | Freitag

Am Anfang jeder Woche glaube ich: nun komme ich bestimmt zum Roman. Am Ende der Woche ist keine Zeile geschrieben, nur ein paar Studien sind gemacht. Dabei arbeite ich – es gibt keine Pause. Der neue Eckart-Aufsatz brachte mir die erste Berührung mit Kaspar Hauser[34]. Auch eines von den großen Ereignissen, die man durch Bücher nur selten erlebt. Vorstellungen, in denen ich oft lebte. Aufwachen – und nichts von früher wissen.

10. Februar 1934 | Sonnabend

In mir ist der Entschluß jetzt klar: keinerlei raschen Tages-Erfolg. Keinen »Namen«. Weniger Geld. – Aber wer fühlt sich nach dem ersten Buch als Talent so wichtig, daß er vom liebsten Menschen Opfer fürs nächste, ungewisse Buch verlangt? Und wie kann ich von Hanni verlangen, daß sie Bücher überhaupt so wichtig nehmen soll? Alles in mir sagt »Nein«, und doch ist der Entschluß gefaßt. Daß man schwer beten kann und daß Gott eine seltene und verborgene Sache aus den Gebeten macht, das weiß ich mehr und mehr, und ich muß es die größte Erschütterung der letzten Jahre nennen: daß Gebete wohl Verheißungen, aber keine Inspirationen sind; daß man auf nichts so baut, nichts für so wirklich hält wie Gebete – daß der Glaube an sie der gewisseste von der Welt ist, das einzelne Gebet aber »unerkannt« bleibt. Ja, wenn ich zu beten glaube, habe ich die größte Angst vor der Lüge. Aber es gibt ein Flehen und Betteln neben dem Gebet: ein dauerndes, bewußtes, gewolltes Betteln. In dem stehe ich jetzt: um Ruhe für meine Arbeit, ohne Hanni mit finanziellen Einschränkungen und dem Verlust der letzten beruflichen »Beziehungen« erschrecken zu müssen. –

Bis sich die Aufnahme in die Kammer entscheidet, darf ich noch warten. – Was der Film in dieser Situation wäre, das brauche ich mir nicht mehr auszumalen.

Je mehr ich Frieden finde in meinem Beruf, wird sich auch, was das Wichtigste ist, das Übermaß an »Religiosität« in mir beruhigen und ernüchtern. Denn dort gibt es einen kranken Punkt. Ich kann ihn nicht heilen.

In der Welt habt ihr Angst. Darum klammere ich mich so an meinen Taufspruch.

Aber ich habe einen tiefen Widerwillen gegen die Schönheit

religiöser Dichtungen. Das, was ich ersehne, muß ich negieren, ehe es entsteht! –

11. Februar 1934 | Sonntag

Ruhiger Tag, draußen Sturm, der in den letzten Tagen manchmal fast wie Orkan war. Lektüre, Lektüre. Für den neuen Eckart-Aufsatz, den ich morgen pünktlich abschließe.

Aber woher nur in meinem Herzen diese Unruhe und Erregung, daß es um die Grundlagen meiner Zukunft geht, daß ich Entschlüsse fassen, Verzichte leisten, Opfer erbitten, ein Vabanquespiel beginnen muß – immer in der Frage, ob denn das Talent alles das rechtfertigt? Warum geht es auf einmal so an Herz und Nieren und läßt mir keine Ruhe? Wenn in mir Dinge vorgehen, von denen ich Hanni noch nichts sagen kann, so fühle ich mich recht verlassen. –

13. Februar 1934 | Dienstag

Nun bin ich wieder in »Vater«-Entdeckungen. Die große Abdankungs-Affäre 1738! Alles so unergründlich! Und doch alles eine einzige Bestätigung des Bildes, das ich vom »Vater« erhielt. –

Ich weiß nicht, ob das, was ich jetzt tue, nun der Beginn meines eigentlichen Berufskampfes ist, oder ob es den Anfang meiner endgültigen Resignation bedeutet. Ich nehme Hanni ihre wenigen Freuden; ich mache Hanni Sorgen, die ich ihr noch nie gemacht habe – denn noch nie habe ich gestreikt, wenn ich eine Verdienstmöglichkeit fand – und ich kann und kann das Vertrauen zu mir selbst nicht aufbringen, daß die Wichtigkeit meiner Arbeit und die Zulänglichkeit meines Talentes das rechtfertigt; vielmehr habe ich das Gefühl, eine neue Prüfung durchzumachen – wobei ich wieder meine alte Überzeugung nicht über den Haufen zu werfen vermag, daß man »Prüfungen« nicht »bestehen« kann, sondern daß Gott in Prüfungen aus einem etwas »macht«. Prüfung und Fügung haben aber im Einzelnen keinen »Sinn«, sie sind ihrem Sinn nach nicht zu »erkennen«, und man muß sie in einer gewissen Dumpfheit aushalten. – Ach, resignieren und auch äußerlich still sein, wäre das leichteste, wenn man an allen Ecken und Enden so verwundet wird. Man wird verwundet – und fühlt sich schuldig; das sagt genug, wie es um uns Menschen steht; denn wie viele, viele werden das Gleiche erfahren wie ich. Von meiner früheren maßlosen Reizbarkeit ist nur noch eine entsetzliche Verwundbarkeit zurückgeblieben. –

Möchte es mir nur erspart bleiben, religiös schwärmerisch zu werden; möchte ich nur in diesem Einen gesund und nüchtern bleiben – und fast muß ich es glauben, daß Gott sich da wirklich nicht ins Handwerk pfuschen läßt und weder einen »Märtyrer« noch einen »Mystiker« noch sonst so etwas, was ich hasse, aus mir werden läßt. – An meiner Dankbarkeit für das Leben hat sich noch nichts geändert; es ist noch zuviel Gutes. –

14. Februar 1934 | Mittwoch

Nach den schweren Unruhen in Paris nun ein unendlich tragischer Bürgerkrieg in Österreich – aber wir Deutschen sind schon so übersättigt mit »Politik«, daß kaum jemand von diesen Ereignissen spricht –! Es ist wohl alles ein Auflösungsprozeß des Parlamentarismus, tiefer gehend aber wohl namentlich der alten Formen des Nationalismus. Nur keinen Krieg! Die Menschen sind noch so erschöpft vom Weltkrieg, sechzehn Jahre lang erschöpft und verwirrt – und was heißt das in einer so raschlebigen Zeit!

15. Februar 1934 | Donnerstag

Der Gedanke, daß man zufrieden sein muß, wenn man in so schwerer und wirrer Zeit sein gutes Durchkommen findet, hat etwas sehr Gefährliches – das gute Durchkommen könnte ich vielleicht weiter haben. Aber dann würde auf Jahr und Tag kein Buch, und eines Tages würde dann wohl auch für Hanni die große Enttäuschung da sein.

So lange man sehr jung ist, schafft man sich ein Bewußtsein von sich selbst auf Grund vieler Dinge, Gedanken oder Fantasien oder Anlagen, die man in sich fühlt und die verwirklicht sein wollen. Dann auf einmal – und damit ist wohl das Ende der Jugend da – gilt einem nur noch, was als greifbare Leistung fertig vor einem liegt. – Und daraus erklärt sich meine Angst. Mit dem Wechsel auf die Zukunft kann ich nicht mehr gut mein Leben fristen.

16. Februar 1934 | Freitag

Nun, wo ich weiß, daß ich von außen, von den lebhaft Interessierten und Drängenden her keinerlei Entgegenkommen zu erwarten habe, nun, wo Hanni mich von allen finanziellen Verpflichtungen außer meinem Ullstein-Posten freigegeben hat, habe ich mir den Arbeitsplan für den Roman aufgestellt. Ich denke, am 15. Juli werde ich fertig sein. Das scheint mir der früheste Termin, und er würde ein tüchtiges Stück täglicher Arbeit erfordern. –

19. Februar 1934 | Montag

Wie soll der Sonntag die ganze Zerstörung ausgleichen, die allein schon wieder der Montag, gar nicht zu reden von der ganzen Woche, anrichtet? Und doch hat der Sonntag wohl diese Kraft – ob als Realität oder mehr als Symbol – ich weiß es nicht. Aber er erfaßt das ganze Wesen und lehrt, die Woche über geduldig und schweigsam, vor allem schweigsam zu sein! Denn wenn man redet – von dem Hin und Her, in dem Hin und Her – geht es gar nicht, und meine ursprünglich sehr schwatzhafte und gesellige Natur hat hierin eine große Wandlung durchgemacht, die mir erst allmählich bewußt geworden ist. –
Wir sahen einen sehr eigenartigen französischen Kinder-Film »La maternelle«. Aber technisch und fotografisch sind wir im deutschen Film weit, weit voran. Und wir haben herrliche (männliche) Schauspieler. Müßte nicht allein Heinrich Georges wegen ein Film über Friedrich Wilhelm I. geschrieben werden?! Mag nun aus Buch, Pressefassung des Romans und Film werden, was will, für mich ist jetzt schon ein großes Resultat da – über die Gewinnung der neuen Heimat (die Hanni ganz mit mir teilt) hinaus: Mein Patriotismus und Nationalismus, meine Stellung zum Staat haben sich an den Vorarbeiten schon gebildet, – ich vermag »Ethik« so zu ertragen wie den »Abgrund im Menschen« – und das konnte ich vorher nicht. Was mich bewegt am Zusammenhang von Preußentum und Altem Testament – es könnte mein Buch, auch wenn es künstlerich gelingt, politisch zu Fall bringen. Über jedem Kapitel soll ein Bibelwort stehen – und das könnte mißliebige Politik sein – – –?

20. Februar 1934 | Dienstag

Der heutige Tag hatte eine Ähnlichkeit mit dem 20. Februar des vorigen Jahres, wenn auch noch nicht mit all den schönen Konsequenzen wie damals. – Aber wieder wurde ich im Dienst schleunigst für eine Stunde abberufen; damals galt es den Vertrag für den »Kahn« zu besprechen; heut – ich war gerade ohne weiteres abkömmlich – sollte ich rasch zu Sternaux-Ufa und zum Chefdramaturgen Podeel. Ich soll also einen sehr guten Filmentwurf geschrieben haben mit einer mustergültigen geschlossenen Handlung (!!), dramaturgisch geschickt, psychologisch rund und in der Ideologie »stark berührend«. – Nichts würde mich in diesen schwierigen Momenten mehr freuen. Die Entscheidung der Ufa soll am Freitag fallen – dann allerdings begönne erst der ganze politische Kampf –. Ich kann nicht anders als hoffen. Es war wieder eine von jenen schönsten Stunden im Leben des Autors. – Was sich nun davon realisieren kann, werde ich ja wohl in einer Woche wissen.

Mich freut es zunächst, daß mir von so alten Routiniers verbürgt wird, ich könne gut Handlung bauen. Denn das hielt ich doch für meine schlimmste schriftstellerische Schwäche. Allerdings werde ich wohl nie die Handlung zum Götzen machen können.

Und dann: solche Erfolge oder Mißerfolge sind ja in erster und letzter Linie doch religiöse Angelegenheit, und kein Aufsichtsrat der Ufa und kein Reichsdramaturg des Propaganda-Ministeriums kann doch darüber entscheiden, was Gott mir geben oder nehmen will.

Diese ganze Filmsache muß mich schon sehr bewegen. Am meisten freute mich die Äußerung: »Ein völlig anderer Friedrich Wilhelm als der, den man kennt; aber er überzeugt einen sofort.«

22. Februar 1934 / Donnerstag

Ruhiger Arbeitstag. Alle Quellen lückenlos zu haben. Im geheimen dabei die Gedanken immerzu beim Film. Dabei kann ich aber ganz gewiß sagen: Was einen so sehr daran bewegt, ist nicht so sehr der Ehrgeiz, die Möglichkeit neuer Produktivität, das Geld – es ist in erster und letzter Linie die religiöse Seite der Sache, so wunderlich das im Zusammenhang mit der Ufa klingt.

23. Februar 1934 / Freitag

Heut sollte die Entscheidung fallen. Es kam aber nur zu einem Anruf Sternaux' zu Hause bei Hanni. Das Exposé war schon beim neuen Reichsfilmdramaturgen, und er hat Einspruch erhoben – ein Preußenkönig, den selbst der Nationalsozialismus zu den Großen zählt, und ein Abenteurer dürfen nicht zusammen auf der Leinwand erscheinen! Das ist die Einstellung zum Fall Clement! –

Das Gefühl, daß der Film wird, habe ich noch immer – obwohl Ufa und Reichsfilmdramaturg ja erst eingeweiht werden müssen, daß unter Umständen meine Aufnahme in die Reichsfilmkammer abgelehnt wird und ich keine Erlaubnis erhalte, für den Film zu arbeiten. Auch die Reichsschrifttumskammer schweigt noch immer –.

Das alles greift viel zu tief, als daß man nicht an ein Wort denken dürfte, wie es heut in der Losung steht: »Wenn sie gleich wider dich streiten, sollen sie dennoch nicht wider dich siegen; denn ich bin bei dir, spricht der Herr, daß ich dich errette.« Jeremia 1, 19.

Heut ist mir klar geworden, warum Frühling und Sommer mich erregen und bedrücken und Herbst und Winter mich ruhiger machen.

Man leidet doch immer unter dem Mißverhältnis zwischen produktiver Empfindung und Energie und der Langsamkeit ihrer Wirklichkeit; dieses langsame Einschlafen der Natur im Winter läßt einen aktiver scheinen. Das rasche Drängen des Frühlings, das heftige Reifen im Sommer zeigen einem zu schmerzlich, wie man immer zurückbleibt, wie man immerzu kostbare Zeit, die soviel schaffen kann, vergeuden muß.

Resignieren ist ja gar nicht so schwer, wie immer wieder in die Hoffnungen und Kämpfe hineingerissen zu werden. Resignation ist aber auch bei weitem nicht die Stille, die vor Gott da sein muß; die muß auch in den Hoffnungen und Kämpfen bestehen.

24. Februar 1934 | Sonnabend

Ich bin in die Reichsschrifttumskammer aufgenommen. Das ist ja doch das wichtigste von allem. –

Ein Gedanke, an den ich mich gewöhne, ohne mich mit ihm aussöhnen zu können: daß ich »verblühe«, ohne je richtig jung gewesen zu sein –. Aber mit den Quellen zum »Vater« fliegt es jetzt nur so. Bis jetzt war noch keine Quelle vergeblich durchgearbeitet; immer wieder ein neuer Zug, ohne daß es ins Pittoreske ginge.

26. Februar 1934 | Montag

> Es ist ein köstlich Ding, geduldig sein und auf die
> Hilfe des Herrn hoffen. *Klagelieder 3, 26*

Immer lebt man in der Vorbereitung auf etwas Entscheidendes, aber es ist mehr ein Zustand des Zubereitetwerdens. Ob es um

Furcht oder Hoffnung, um Freudiges oder Trauriges geht, das ahne ich nie; nur daß man immer den großen Ernst des Lebens spürt, der einen immer noch ernster, immer noch stiller, immer noch ferner von allen Posen verlangt. Die Pose spielt ja in der seelischen Entwicklung eine enorme und gefährliche Rolle. – »Richtig« wird wohl bei mir alles erst sein, wenn ich einmal nicht mehr gar so müde bin. Bis dahin muß ja alles notwendig über- reizt sein. Warum wünsche ich mir nur so ängstlich, daß der Frühling nicht kommt? Bedrückt es mich denn so, daß die Natur nun wieder so täglich sichtbar über die Schwermut und die Schwerfälligkeit der Menschen hinweggeht?

27. Februar 1934 | Dienstag

Ich habe den Eindruck, als würde ich nächste Woche beginnen, am Roman zu schreiben. Ich bin beim Quellenlesen nicht mehr sehr rezeptiv – der Kopf baut »über mich hinweg« schon immer- zu –, es sind alles nur noch »zusätzliche«, aber keine »grund- legenden« Quellen. Der erste historische Roman – es ist eine Sache, die an Herz und Nieren geht – zu sehr eine Gattung für sich, von der ich noch gar nicht weiß, ob ich überhaupt in ihr arbeiten kann. Aber packte einen der Stoff, wird wohl schon der Funke dabei gezündet haben, aus dem das Schmiedefeuer für die Form werden muß –. Ob ich ein neues Gesamtexposé in Art der ersten 40 Seiten Filmentwurf schreiben werde, ist mir zweifel- haft. Auch möchte ich *in medias res*, obwohl ich die politischen Umstände noch nicht bewältige. Aber die schreibe ich ja auch in keinem Fall. – Wenn ich nur nachts nicht gar soviel von meiner Arbeit träumte. Wenn ich nur nicht das verzweifelte Gefühl hätte, mit meinen Nerven nun wirklich fertig zu sein. Ich gehe darüber hinweg und arbeite. Aber ich habe den Eindruck, als wäre das gar nicht das Richtige – als müßte ich meinem Zustand doch lieber nachgeben, bevor ich an das Buch gehe. Keine nervösen Bücher schreiben. Kann man denn so kaputt sein und gleich- zeitig wagen, ein Buch zu schreiben, das vernünftig werden soll? Und noch etwas mehr.

28. Februar 1934 | Mittwoch

Ich muß wohl sagen, daß ich nun jenseits der Grenze bin, die ich auch bei großer Dehnbarkeit des Begriffs als meine Gesund- heit bezeichnen kann. Die fortwährende Müdigkeit, die Schreckhaftigkeit, Zerstreutheit und Geräuschempfindlichkeit bedrücken und beunruhigen mich, obwohl ich ja schließlich den Anlaß kenne, der alles so gesteigert und ausgelöst hat. Daß ich in die Schrifttumskammer aufgenommen bin – das Nachlassen, das plötzliche Abbrechen der monatelangen Angst und Spannung! Und vor mir: die Filmentscheidung. Die Politik hat mich Unpolitischen aus meiner Funkstellung gebracht, sie hat den furchtbaren Sommer der Hoffnungslosigkeit gebracht, bei Ullstein mich den großen Demütigungen ausgesetzt, mir die höheren Einkommen verschlossen, – nun könnte ein großer Ausgleich sein, die künstlerische Entscheidung ist gefallen – da kommt wieder das politische Veto, allen Beteiligten unverständlich. Und daß die Kammern nicht einheitlich sind – daß Schrifttumskammer keineswegs gleich Filmkammer ist –. In meinem Tagebuch bin ich sehr larmoyant. Aber dadurch brauche ich sonst kein Wort zu sagen; bin auch zu kaputt dazu. Und natürlich zehrt auch der Roman an mir. Es ist nicht leicht, alles Gott anheimzustellen. Dazwischen liegt noch eine Schicht Feigheit und Hartherzigkeit. Es muß ein Punkt unter etwas gesetzt werden, und ich kann nicht sagen, worunter. Aber es hängt mit meiner Angst und Verängstigung zusammen, die genug besagen über die Ferne von Gott. Gott reißt das Übel nicht von der Person, sondern die Person vom Übel. Es bleibt dabei und ist sehr schwer. –

1. März 1934 | Donnerstag

Daß Frühling und Sommer, kaum daß sie zu ahnen sind, mich trotz aller Naturliebe beunruhigen, mag noch einen besonderen Grund haben: die letzten drei Sommer: 1931 der Breslauer Zusammenbruch und die Trennung von Hanni; 1932: die Feudalrevolution unter Papen und das Abbrechen aller bisherigen beruflichen Verbindungen; 1933: die Entlassung aus dem Funk. Die Erinnerung an diese drei Sommer ist schlimm, und es liegt alles noch zu nah. Weniger die Energie als die Dankbarkeit gegen das Leben bringen mich immer wieder zur Sammlung; aber kaputte Nerven sind kaputte Nerven, Kopfschmerzen Kopfschmerzen, und schlechter Schlaf bleibt schlechter Schlaf.
Aber immerzu das Gefühl der Vorbereitung –.
Wenn ich mein Leben mit all seinem Traurigen und seinen Wirren überdenke, so ist es doch im Grunde nur eine Vorbereitung auf das höchste Fest gewesen, vor dem man jeweils stand. Das

kat– eine große Unreife sein. Es kann aber unter Umständen a–ch d– sein, worauf mein Leben am festesten gegründet ist. Ich k–nn d– nicht entscheiden.

3. März 1934 / Sonnabend

Die Ufa-Sache ist t–n in –in für mich sehr schmerzliches Stadium getreten.

Die Ufa: »Der Einspruch d–s R–chsfilmdramaturgen ist im Falle ‚König und Abenteurer‘ nicht –n s– ausschlaggebender Bedeutung, weil er bisher keineswegs endg–ltig, –ndern nur beiläufig in einer Konferenz erfolgt ist.« (Also kenn– er d– Manuskript nicht, wie man doch gesagt hat.)

»Bedauerlicher ist, daß wir bei den Erwägunge– dar–er, ob wir Ihren Stoff erwerben und im Augenblick weiterverf–lgen –ollen oder nicht, zu der Feststellung gelangt sind, daß ein s– gro–r und kostspieliger Kostümstoff im laufenden Jahresprog–mm keinen Platz mehr hat. Der Film würde in der Ausführung, d– er fordern kann, Mittel verlangen, die für die freien Plätze im Rahmen unseres Programms nicht mehr zur Verfügung stehen. Wir müssen also die Sache als solche einstweilen vertagen. Sie können also über Ihre nächste Zeit verfügen, wie Sie wollen.«

(Das ist ein unglaubliches Verhalten dem Autor gegenüber. Als man mit mir über dieses historische Projekt verhandelte, mußte die Etatsfrage doch von vornherein geklärt sein! Wie konnte man mich bei dieser Lage so in meiner Arbeit stören, meine Zeit beanspruchen, mir größte Hoffnungen machen!)

»Nichtsdestoweniger werden wir den Stoff in der Form, in der er uns jetzt vorliegt, dem Reichsfilmdramaturgen zu eingehender Prüfung zuleiten, und je nachdem diese Prüfung ausfällt, werden wir den Stoff erwerben oder nicht.« (Wo soll bei solchem »Fatalismus« die Energie herkommen, mit der unter Umständen, sogar ziemlich sicher, auf den Reichsfilmdramaturgen eingewirkt werden muß?)

»Dies einstweilen. Da aufgeschoben nach altem Sprichwort nicht aufgehoben ist, bitte ich Sie, sich keinerlei Verstimmungen hinzugeben, sondern im Gegenteil angelegentlichst darüber nachzudenken, ob Sie nicht einen anderen Einfall für uns haben, der in der Verwirklichung billiger würde.«

Ich bin aber sehr verstimmt und denke nicht daran, noch einmal so viel Zeit und Kraft an eine so ungewisse Sache zu setzen. Der Aufforderung, Dienstag Herrn Sternaux in der Ufa aufzusuchen, werde ich aber Folge leisten.

Noch einmal habe ich Hanni alles vorgehalten, was sie durch ihren Verzicht aufgibt, und vor allem ihr gesagt, daß ja auch das Erscheinen des Buches keineswegs so garantiert ist, wie es heut erscheint. Für Hanni besteht kein Zweifel, daß ich mir kein Recht nehme, für ein Talent, dessen Stärke, Ausdauer und Fruchtbarkeit ich nicht kenne, auch nur das mindeste Opfer zu verlangen.

Was tue ich, indem ich nun das Opfer annehme?

Ich folge einem völlig dunklen Instinkt, überlasse mich einem Antrieb, den ich gar nicht benennen kann und der mich vielleicht rasch und sicher in die Irre führt.

Es bleibt dabei: Man macht alles falsch, und die unentwirrbare und unbezahlbare Rechnung präsentiert man dann Gott, der nie, nie ein *Deus ex machina* ist. Ist aber Gott ein Irrtum – so soll es mich nicht gereut haben.

Lebenswerteres als diesen Irrtum gab es nicht.

Ich bete nicht. Ich suche in nichts mehr eine Fügung. Aber ich kann nicht anders, als mich immer wieder mit meiner ganzen Existenz in die Worte meines Taufspruches fallen zu lassen, so sehr ich meine eigene Religiosität ablehne. Auch das Unechte, Unentwirrbare dieser Religiosität gehört auf die Rechnung, die man Gott präsentiert. Das ist wohl im Grunde das Resultat meiner dreißig Jahre. Und Hanni. Und das kleine Buch. Sonst nichts. Alles andere ist kaputt. Bis auf die Dankbarkeit für unzählig viel Schönes, das man erfuhr. Schönes, nicht so Gutes. –

4. März 1934 | Sonntag

Allzu gründliche Quellenstudien beim Schriftstellern sind ja doch nur eine Flucht vor der Notwendigkeit, sich nun endgültig über seinen Stoff zu stellen. Ganz gewiß: jede neue Quelle bringt neue wissenswerte Züge, läßt den Wunsch nach immer genaueren Kenntnissen entstehen. Aber im ganzen merke ich jetzt doch, daß ich mich in den Quellen schon sozusagen im Kreise bewege. In meinen Ullstein-Freistunden werde ich auch weiter meine Studien treiben; abends zu Hause aber nun bereits am Buch selbst schreiben.

Das rohe Ordnen meines Materials erwies, daß ich seit Jahresbegin, mein Pensum gründlich aufgearbeitet habe; gerade dadurch entsteht ein immer neues »Pensum« vor einem, und der Schriftsteller muß jetzt den Historiker hinauswerfen. Der erste historische Roman ist ja doch wohl eine Prinzipienfrage.

Nun gebe Gott, daß es trotz der bösen Kopfschmerzen und der Müdigkeit etwas Gutes wird. Das Herz ist ja nun von vielem Ballast frei.

Nicht mehr so viele Möglichkeiten durchprobieren – einen Weg gehen. Gottes Führung kann es machen, daß er zum Schluß nicht falsch war, auch wenn ich diesen Weg vielleicht bei jedem Schritt für falsch halten muß und umkehren möchte. So verläuft ja schließlich auch dieses Leben, das ich nun zu schreiben beginne –. Ja, vielleicht will ich überhaupt niemals etwas schreiben, als dies In-die-Irre-Laufen und Dennoch-von-Gott-geführt-Werden?

10. März 1934 | Sonnabend

Gestern hatte ich die Freude zu erfahren, daß vom »Kahn« wirklich die 2. Auflage gedruckt ist. Noch einmal viele Kritiken, auch Ausland, darunter eine holländische, die mich ganz seltsam berührt: »Über dem Buch liegt, was vielleicht nur wenige verstehen werden, eine evangelische Sorglosigkeit.« –

11. März 1934 | Sonntag

Gestern haben wir den »Schimmelreiter« als Film gesehen, sehr eigenartig und sehr eindrucksvoll trotz Verlogenheit der Darsteller. –

Mit dem Roman bin ich in dieser Woche zum gesteckten Ziel gekommen. Wichtig für den Sonntagsfrieden, in dem ich zwar nicht vergessen kann, was mich bedrückt – aber es beunruhigt mich an solchen Tagen nicht, es ist gedämpft und es quält mich nicht. –

12. März 1934 | Montag

Viel zu hoffen wage ich nicht mehr. Aber es hat mich doch sehr gefreut, daß heut der Regisseur des »Schimmelreiters« bei Dr. Pagel war und mit ihm und mir über die Verfilmung des »Kahn« verhandeln möchte; der »Schimmelreiter« gehört zu den ernsthaftesten Filmen seit der »Dreigroschenoper« vor drei Jahren. – Hoffen kann ich kaum mehr, aber glauben will ich alles; auch daß es selbst heut noch Frieden zur Arbeit für mich geben kann.

Der »Kahn« hat viel mehr Aufmerksamkeit auf sich gezogen, als ich erwarten durfte. Aber daß er ein neues Buch sollte tragen können, das will mir nicht in den Kopf. Ich empfinde alles nur noch als Störung. Es gibt wohl nur den einen Ausweg: sich auf eine Sache zu konzentrieren. Die Zeit nicht vertun. Es macht maßlos unzufrieden, wenn nicht etwas Geschlossenes laufend gearbeitet wird. Eine geschlossene Arbeit leisten, sich aber nicht mit kleinlichem Pensum quälen – alle Zeit an eine Arbeit setzen, aber keine Stoppuhr dabei haben. Das ist wohl ein Ausweg. Man sucht immerzu im Kreise. Daß das so schwer ist, seine Beschränkung zu finden. Man erschrickt wohl eben davor, alles auf eine Karte zu setzen!

14. März 1934 | Mittwoch

Heut war die Besprechung mit Oertel, dem Regisseur vom »Schimmelreiter«. Er steht der ganzen Angelegenheit mit so rein künstlerischen, hocherfreulichen Gesichtspunkten gegenüber, daß ich mir nicht vorstellen kann, wie er es vor Produzenten und Verleihern durchkämpfen will.

Wieder eilt die Sache sehr ... Ich habe mich auf 3000 Mark inklusive Verlags-Tantieme drücken lassen – in einem bin ich aber festgeblieben: ich arbeite nicht eine Stunde eher daran, bis der Vertrag nicht unterzeichnet ist. Zeit kann ich nicht mehr verlieren. Innerlich empfinde ich nur noch die flehentliche Bitte, sie sollen mich doch ja in Ruhe lassen, mit nichts mehr stören. Ich bin zu kaputt. Aber der Mann hat mir gefallen wie sein Film. Ein Wunder, daß er den machen durfte. Man soll mich nicht mehr aus der Arbeit reißen. Ich kann nicht sagen, wie es mich beunruhigt – ohne daß ich den Wert des Arbeitsproduktes überschätze. –

21. März 1934 | Mittwoch

Das waren nun die dreißig Jahre. – Ich, der ich so dazu neige, Abschlüsse zu machen, Pläne zu entwerfen, kann keine Abschnitte und Resultate mehr erkennen und anerkennen und alles nur Gott anheimstellen.

22. März 1934 | Donnerstag

Die Ufa hatte für einen recht arbeitsreichen Übergang vom alten zum neuen Jahr gesorgt. Hanni saß bis ein Uhr nachts an der Schreibmaschine, ich bis halb drei am Schreibtisch. Sternaux

...te zweimal angerufen. Die Genehmigung des Reichsfilmdramaturgen wäre eingetroffen, die Angelegenheit ginge nun
»holter, spolter« an die oberste Ufa-Instanz, den Vorstand – ich
müßte noch einen gekürzten Entwurf einreichen, der nun einmal
ausnahmsweise die psychologische Entwicklung in den Vordergrund rückte. Am Morgen erwartete mich bei Ullstein schon der
Ufa-Bote, um zwölf kam der Anruf aus Babelsberg, was ich
nachts gearbeitet hätte, wäre doch alles falsch, sie brauchten gerade wieder eine Inhaltsangabe, und die angeblich hervorragende
von Eplinius war mit einem Male erloschen . .
Die Entscheidung werde sich wieder verzögern – aber Sternaux
selbst würde bis zur zwei Uhr-Sitzung auch eine Inhaltsangabe
schreiben. Im übrigen setze sich der Reichsfilmdramaturg sehr
für die Sache ein, und sie sei so gut wie perfekt . .
Brief widerspricht Brief. Anruf hebt Anruf auf, wie soll ich es
glauben? Nur daß Gott mir diese Freude geben kann.
Der Geburtstag war dann still und schön; ganz unter uns vieren,
aber so festlich, als wären viele Gäste da.
Wie viele Berührungspunkte müßte es mit dem Nationalsozialismus geben, und immer wieder wird man entweder durch Zwang
oder Ausschließung zurückgestoßen.
Die Berührungspunkte sind: daß der NS weiß, die Deutschen
können ohne eine mitreißende Ideologie auch in wirtschaftlichen
Kämpfen nichts beginnen. Dann die Abkehr vom »Asphalt«. Die
Ablehnung des Intellektualismus. Der unkriegerische Militarismus als soldatische Lebensform (unsere Rettung vor dem Kommunismus; das, was uns vor dem Aufstand der Straße bewahrte,
als man es den enttäuschten jungen Arbeitslosen gab). – Sonst
große Trennung, mir sehr fern wie aller Aktivismus, und furcht-
bar die Verbannung des Alten Testaments, die Gleichsetzung von
Reformation und Revolution: »Gott hilft uns nur, wenn wir uns
selber helfen.« Das Wort, das ich am meisten hasse. Die Nicht-
Nationalsozialisten machen dem NS zwei Vorwürfe. Nur einer
von beiden ist möglich.
Entweder wirft man ihm vor: keine Kenntnis geschichtlicher
Entwicklung.
Oder: kein einziger neuer Gedanke. Alles Kopie der Geschichte. –
Ich finde, der NS muß ausgezeichnete Kenner der preußischen
Geschichte gehabt haben, die eine Synthese mit dem modernen
italienischen Faschismus möglich machten.

Es gibt heut nichts, was man an die Stelle des NS setzen könnte. An dieser Erkenntnis kommt keiner vorbei.

Als ich für die Reichsschrifttumskammer den Revers unterschrieb, mich hinter den neuen Staat zu stellen, war es keine Phrase. Das Volk, dessen Sprache ich schreibe, gehört auf »Gedeih und Verderb«, wie man immer sagt, in mein Leben und in mein Wesen. Auch, wenn es in großer Geschlossenheit Wege geht, die für einen selbst nicht beschreitbar sind.

23. März 1934 | Freitag

In mein neues Lebensjahr bin ich mit dem Gebet gegangen, Gott möge die in meiner Erwerbstätigkeit vertanen Stunden zu etwas Besserem nehmen –

Und vor mir selber füge ich hinzu, aber schon nicht mehr vor Gott: ohne daß Hanni von neuen »Pausen« und »Übergangsstadien« erschreckt zu werden braucht. –

27. März 1934 | Dienstag

Die Ufa macht mich wieder ganz kopfscheu. Ich mußte von einer Viertelstunde zur anderen hinkommen, die von Sternaux selbst verfaßte Zusammenziehung meines Manuskriptes genehmigen (sehr geschickt und auf eine komische Weise primitiv). Anruf des Direktors Corell, der letzten Instanz vor dem Vorstand, bei Sternaux: »Den Friedrich Wilhelm drehen wir ja nun.« Aber ich habe noch sehr berechtigte Zweifel. Von Tag zu Tag soll nun die Entscheidung fallen. An Etat stehen nur 350000.– Mark zur Verfügung. – Mitten im Gespräch fragte Sternaux plötzlich: »Wissen Sie übrigens, daß wir Ihren ‚Kahn‘ vorbereiten?« Und als ich sagte: »Aber es wird doch von ganz anderer Seite darüber mit mir verhandelt – geht das von Ihnen aus?«, stürzte Sternaux hinaus und holte den Chefdramaturgen Podeel, der sich gleich Notizen machte wegen Option etc. Nachmittags rief schon Dr. Pagel von der Deva an, die Ufa wünsche die Option. Er hat nun Herrn Oertel für morgen zu sich bestellt, ob seine Entscheidung sich beschleunigen läßt.

Diese Sache macht mich recht kaputt. Und sie hat auch noch ein ganz anderes Gesicht als dieses künstlerisch-kommerzielle. –

29. März 1934 | Gründonnerstag

Ganz kurz, bevor ich von Ullstein weggehen wollte, kam der Anruf von Sternaux, der »König und der Abenteurer« wäre perfekt. Die Vertragsausfertigung könnte nun erst nach den Feiertagen vor sich gehen, aber Sternaux wollte mir doch das schöne Ereignis noch vor Ostern mitteilen.

Da habe ich nicht mehr gearbeitet, gleich nach meiner Heimkehr waren wir spazieren und im Garten, den wir nun behalten. Eine kleine Feier ergab sich von selbst, da Eva-Juliane Meschke bei Hanni zum Abendbrot eingeladen war, meine einzige »Anhängerin«.

30. März 1934 | Karfreitag

Am Nachmittag war ich in der Kirche. Aber wie immer bin ich leer ausgegangen. Seit ich Professor Hermann[35] in den Andachten im Johanneum hörte, war keine Predigt mehr. Vor allem her, was einen um diese festlichen, ernsten Tage bewegt, kann ich nur sagen, was mir Weihnachten bewußt wurde: Gott hat den Bildern, Träumen, Spekulationen, Dogmen und Erkenntnissen in den Evangelien dieser Tage eine Grenze setzen lassen. Die Biologie spricht von einem Leben ohne Ende. Ewiges Leben ist das nicht. Sonst brauchten wir nach solcher Erkenntnis Ostern nicht mehr.

31. März 1934 | Ostersonnabend

Ein Tag, der sich mir von der Kinderzeit als etwas unendlich Feierliches eingeprägt hat, obwohl ich nie gefunden habe, was ich in ihm suchte. Aber von der Kinderzeit her lebt er in mir mit großer Festlichkeit, und nun, in meinem eigenen Hause, hat er seine neue Feierlichkeit.

So sehr der Film mich bewegt und freut und beruhigt: an meiner Abkehr kann er nichts mehr ändern. Er wird viel Ärger und Störung mit sich bringen, und ich mag nichts mehr, was Betrieb und nicht Kunst ist. Ich weiß, wie das Leben nun in Buße gelebt sein muß. Aber das würdelos-irdische Leben wird mir immer unerträglicher. Die Buße, die Angst in der Welt, ist auch in der künstlerischen Arbeit übermächtig da. Aber wo ich nur kann, muß ich mir die Hektik und den Unwert dennoch ersparen, ohne daß ich auch nur entfernt in ein Idyll fliehe. Ich halte kein anderes Zugeständnis an die Realitäten mehr aus, als daß ich in mein Büro gehe und unser Geld verdiene und Stunden meiner besten Zeit planmäßig dafür hingebe. Sonst fressen die »Realitäten« mich auf.

»In der Welt habt ihr Angst« – Aber es heißt nicht: Ihr müßt notwendig im Dreck ersticken. Ich bitte Gott immer wieder, daß er aus meinem Schreiben etwas wie ein Pfarramt, daß er aus meinem Familienleben und unserem Haushalt etwas wie ein Pfarrhaus mache. Das ist weder Mystik noch Kloster. Möge Gott diese meine Bitte nicht verdammen. Ich kann das, was sie die Realitäten und die Notwendigkeiten nennen, nicht mehr aushalten, ich bin ganz krank davon.

1. April 1934 | Ostersonntag

Seit Karfreitag sind die herrlichsten Frühlingstage. Das Schönste sind die Kastanien vor unseren Fenstern: noch kahl und über und über mit schweren, rein goldenen Knospen.

Am Morgen hörten wir alte Orgelmusik, dann fuhren wir nach Schloß Monbijou, die Milieustudien abzuschließen. Der seltsamste Eindruck ein Bild Friedrich Wilhelms: zwei von unten nach oben gegeneinander gestellte Köpfe: der eine wie ein Spiegelbild, der andere wie die Abprägung eines Gesichtes – in der Art des Schweißtuches der Veronika – ein und desselben Mannes. Dann: immer wieder, Friedrich Wilhelms aufgeweckte Kinder. Dann: ein Selbstportrait Elisabeth Christines, ganz in Friedrich Wilhelms Art zu malen. Nun kenne ich des Vaters Umwelt. Aber freilich nicht seinen Traum: Holland. –

4. April 1934 | Mittwoch

Wollte ich schreiben, was sich heut bei der Ufa zugetragen hat, es könnte leicht das ganze Diarium füllen. Ich muß es zusammenfassen.

Ein Film ist perfekt, heißt bei der Ufa, der durch Monate hingehaltene Autor bekommt den Auftrag, für 500 Mark ein Treatment (Manuskript in Szenen) zu schreiben, aus dem sich dann alle weiteren künstlerischen und geschäftlichen Abmachungen im üblichen Geschäftsgang entwickeln.

Das Ganze ist nichts wie ein schmutziges Geschäft. Aber was steckt nun an Hoffnungen und Energie schon in dieser Sache. Ach, weg mit alledem.

5. April 1934 | Donnerstag

Bald früh ein Anruf vom Prokuristen der Ufa: Der Vertrag wäre – für das Treatment – auf der von mir vorgeschlagenen Basis ausgefertigt.

Ich empfinde das Ganze doch nur als eine entsetzliche Störung und bin innerlich alledem so abgewandt, ja, stehe ihr mit ausgesprochenem Haß gegenüber.
Es muß ja alles auf die eigentliche Arbeit abfärben.

6. April 1934 | Freitag

Ich habe die Verhandlungen mit der Ufa abbrechen müssen und mein gesamtes Material zurückgefordert. Noch einmal gab es heut eine zweistündige heftige Auseinandersetzung. Als Resumé konnte ich nur sagen: »Sie haben wohl gesehen, daß es leicht ist, mit mir finanzielle Dinge zu verhandeln – auch wenn Zusagen nicht eingehalten werden, die man mir gemacht hat – daß aber in allen künstlerischen Fragen Kompromisse mit Druckmitteln nicht zu erzielen sind – da müßten Sie sich schon noch die Mühe machen, Argumente gegen Argumente abzuwägen.« – Ich will hier nicht meine goldenen Worte niederschreiben. Genug, daß ich wie ein Berserker um meine primitivsten Rechte gekämpft und diese Sache *ad acta* gelegt habe.
Um sieben haben wir uns getrennt, um zehn habe ich dann den Absagebrief geschrieben, nachdem es tagsüber noch vorher Anrufe geregnet hatte, die mich trotz aller Beleidigungen bei Laune halten sollten.

7. April 1934 | Sonnabend

Die Entscheidung, die Hanni und ich damit getroffen haben, daß nun nach Funk und Presse auch der Film ausscheiden muß – denn ich unternehme mit dem Stoff nichts Neues – ist eine grundsätzliche Angelegenheit, mein ganzes Leben geht in eine engere, aber festere Bahn, es besteht nicht mehr in Versuchen, sondern in dem einen Wagnis. Und Hanni hält bis in jede Einzelheit mit mir durch.
Plötzlich Vorwürfe des Verlages, der sich in nichts um mich kümmert, daß ich die Ufa-Beziehungen so gefährde. Ich gefährde sie nicht nur, sondern löse sie. Und zudem handle ich nicht mit verschiedenen Friedrich Wilhelms.
Wir waren in der Kamera, die immer alte, interessante Filme ausgräbt: den peinlichen und quälenden »INRI« und Oertels wunderbaren »Das steinerne Wunder von Naumburg«. Und dann schlossen sich ein paar für uns Menschenfeinde überraschend hübsche Stunden mit Oertel und einer Freundin von ihm an.

Es ist sehr eigenartig, nun zu spüren, wie mein »Kahn« der künstlerische Stoff eines anderen ist. Oertel hat in allen Fragen der Kunst haarscharf dieselben Entscheidungen gefällt wie ich, so verschieden wir sind.

Vielleicht ist das Erfolg: daß der Mann, der den herrlichen »Schimmelreiter« gedreht hat, der als erster und bisher einziger Film als Kunst-Dokument in einem besonderen Reichs-Archiv aufbewahrt wird, nun im »Kahn« seinen neuen Stoff sieht und Tag um Tag herumläuft, um Geldleute für diesen Film zu suchen. –

8. April 1934 / Sonntag

Mich hat ein Vers von Wolfram von Eschenbach ganz merkwürdig gepackt:

> »Ich trage der Reue schweren Saum ...
> Mein Freud ist lebendig begraben.
> Mein höchste Not ist um den Gral!«

Man kann nicht anders schreiben als in der Identität mit einem solchen Wort. Man kann es nicht, wenn man sich vor einem solchen Worte schämen muß.

Im Grunde ist es so einfach, seine Entscheidungen zu fällen. Mögen auch die Argumente sentimental klingen, die einem die Entschlüsse bestimmen. Man weiß genau, was lohnt. –

Ein Tag voll himmlischer Ruhe: Arbeit im Garten, Spaziergänge, Schlaf, die eigenen und die fremden Kinder. Und schon liegt all das Wirre und Schmutzige fern.

Nein, nein, die Entscheidungen sind nicht so schwer, wie sie scheinen.

Ich habe nicht das Gefühl, resigniert abzuschließen, sondern frei vom Ballast anzufangen.

9. April 1934 / Montag

Sie machen mich ganz kaputt mit dem Film. Es geht zu wie bei einem Autor, um den man sich reißt, und dabei ist alles ein so mühseliger Kampf.

Resumé: Ich habe auch heut nicht am Roman geschrieben. Ich komme mir vor wie das Pferd unter den Pferdehändlern: jeder befühlt es, prüft Fell und Muskeln, hebt die Augenlider, lauert darauf, was der andere Pferdehändler für ein Gesicht macht, sucht herauszubekommen, was der andere bietet – und eines schönen Tages hat das Pferd häßliche, entzündete Augenlider, ein stumpfes Fell, und man sagt von ihm: »Es wird ja ausgeboten wie sauer Bier! Es ist kein Objekt.«

Nach Ufa, Normaton, Europa, Rautenfilm kam gestern auch noch die Fritsch-Produktion (Oertels mit ihm entzweiter früherer Produktionsleiter) über den »Kahn«. Nun setzte ich alles daran, meinen eigenen Stoff zu blockieren. Denn auf solchem Pferdemarkt wird kein Handel geschlossen und das Pferd vom dauernden Vorgeführtwerden ruiniert.

Jetzt lerne ich erst kennen, was »Berlin« ist, und sehe mit Schrekken, wie man sein Leben und seine Begabung vertun kann, wenn man seinen Ehrgeiz und seinen Geschäftsgeist nicht im Zaume hält. Wahrscheinlich würden beide einen, auch wenn man ihnen freien Lauf läßt, zu keinerlei Resultaten führen.

10. April 1934 | Dienstag

> Sei getrost und laß uns stark sein für unser Volk und für die Städte unseres Gottes; der Herr aber tue, was ihm gefällt. *2. Samuel 10, 12*

Wieder der erste Tag, an dem ich nichts vom Film höre. Gleich habe ich zehn Seiten am Roman geschrieben. Gleich habe ich wieder ein Bewußtsein für die Stille dieses ersten Frühlingsregentages, kann ruhig an der Arbeit sitzen, fürchte keine Post und kein Telefon. Es ist keine Feigheit, diesen Kampf aufzugeben. Er lohnte nicht. Auch der Roman kann, und eigentlich er allein, ein trauriges Schicksal werden. Hanni und ich wissen es beide. Aber das ist dann das Schicksal, an dem man nicht vorbei kann. Das andere ist Hazard. –

12. April 1934 | Donnerstag

Das Künstlerschicksal muß etwas mit dem Kaspar-Hauser-Geschick gemeinsam haben. Immerzu liegt mir Kaspar Hauser im Sinn – namentlich, wenn ich meinen Bürodienst tue. Es klingt so exaltiert und ist so wahr.

Man muß bei Entscheidungen, wie ich sie nun für meinen Beruf getroffen habe, auch zu seinem eventuellen Irrtum stehen.

13. April 1934 | Freitag

> Wer seine Hand an den Pflug legt und sieht zurück, der ist nicht geschickt zum Reich Gottes. *Lukas 9, 62*

Keiner, der den Acker umzugraben anfängt, weiß, was er tragen wird. Auch diese Ungeduld muß überwunden werden. Oder ich muß ganz darauf verzichten, mein Leben an dieses ungewisse Wagnis Kunst zu setzen. Keiner hat geschafft, den Freibrief in der Tasche, ein Talent zu sein. Weder von außen noch von innen her gibt es eine Bestätigung. Die Frage wird das ganze Leben über offen bleiben, und daß das ganze Leben sich um diese Frage nach dem Recht zu schreiben dreht – das eben ist das einem bestimmte Geschick . . .

Der erste Abschnitt vom »Vater« ist fertig. Das Buch wird sich nicht in den kleinen Kapiteln des »Kahns« aufbauen, von denen ich dachte, daß sie »meine« Form werden, sondern in einigen wenigen großen Abschnitten, von denen jeder mit einem Bibelspruch versehen ist. Der erste Abschnitt umfaßt 100 Seiten. Am Umfang des Buches, an der verlegerischen Kalkulation kann alles scheitern. Auch darauf sind Hanni und ich vorbereitet. Diese Vorbereitung ändert nichts daran, daß jeder neue Schlag einen mit ungebrochener Kraft zu treffen vermag, ja, daß im neuen jeder vergangene wieder mit auflebt. Was muß geschehen, bis man still wird? Was ist am Menschen, daß er so zerstört werden muß?

14. April 1934 | Sonnabend

> Niemand kann zweien Herren dienen.   *Matthäus 6, 24*
>
> Ihr gedachtet's böse mit mir zu machen. Aber Gott gedachte es gut zu machen.   *1. Mose 50, 20*

Der Gesangbuchvers, der mir ja doch viel mehr hilft als die besten Gedichte:

> Du leitest mich nach deinem Rat,
> der andres nicht beschlossen hat,
> als was mir Segen bringet.
> Geht's gleich zu Zeiten wunderlich,
> so weiß ich dennoch, daß durch dich
> der Ausgang wohl gelinget.

Was sollte ich mehr sagen? Die Schule, in die Gott mich nimmt, ist immer noch sehr mild; sonst würde ich nicht so am Leben hängen, nach allem, was abgetan und verloren ist. Aber die Kunst ist kein Trost. Die Kunst ist auch so voller Mühen und Ängste, daß man ihretwegen Trost braucht. Die Kunst ist auch etwas, was man jeden Tag hinwerfen möchte vor lauter Schuld und Not. Am Spätnachmittag besuchten wir unseren kleinen Jungen[36] in der Laubenkolonie am Priesterweg. Können Menschen gescheiterter sein, als wenn sie in einer Baracke am Bahndamm leben? Und was machen sie daraus an Sauberkeit und Ordnung, und wie ziehen die Deutschen ihre Blumenbeete – wenn sie von allen ausgeschlossen sind und auf nichts mehr hoffen können. Und wieviel Art die Leute haben: ob man Kaffee möchte; ob man sich nicht im Sommer Blumen holen wird. – Uns genügt es, diesem geliebten kleinen Kerl zuzusehen. Hanni war, während Eva-Juliane Meschke in Dahlem bei ihren Eltern war, oft bei dem kleinen Michael Meschke. Aber das habe ich noch nicht fertig gebracht. Das Kind eines Gleichaltrigen, das Michael heißt – es würde mich unnötig quälen. Der Gedanke ist zu schrecklich: nur noch ein Kind haben zu können, wenn Hanni nicht mehr meine Frau wäre. Denn ein Kind von einer anderen Frau, die nicht mit einem und mit dem Kinde lebt, das ist ja so undenkbar. Und das Kind nur um des Kindes willen – das ist es ja nicht – soviel es bedeuten kann. –

15. April 1934 | Sonntag

Der Tag hatte seine besonderen Eindrücke: die Dahlemer Dorfkirche – den alten Gutshof daneben. Und Reinhold Schneiders Hohenzollernbuch, das mehr in mein Leben und seine gegenwärtigen Verwirrungen oder Entscheidungen – wie soll ich ermessen, was es ist! – eingreift, als ich heut noch sagen könnte. Schneider ist kaum wesentlich älter als ich. Aber sein Leben hat ein Resultat.

Ich bin gerade beim Lesen dieses Buches so erschrocken, weil es mit meinen Gedanken so übereinstimmt, ja, ich kann mir nichts anderes mehr wünschen, als neben diesem Buch und diesem Autor mit meinem »Friedrich Wilhelm« zu bestehen. Sonst hätte nämlich mein Buch nicht die mindeste Daseinsberechtigung!

Ich kenne Schneider von meiner Funkzeit her gut: die Bescheidenheit und Askese und Gediegenheit in Person, keiner Verführung durch Eitelkeit und Gewinnsucht fähig; durch echtes Verständnis der Zeit allen aktuellen Konjunkturschreibern weit voraus; bei allen Auszeichnungen, Berufungen und Ernennungen übergangen; Achtungserfolg, aber kein Publikum. Doch die Leistung liegt vor, und in dem einen Buche ist ganz Preußen.

Ich habe bisher unter dem Druck furchtbarer Sorgen gehandelt, soweit es Beuthen betrifft[37] – im Antrieb der Dankbarkeit, wo es um Hanni ging – im Bedürfnis nach einem gutbürgerlichen, gepflegten Leben und aus kleinlichem, krankhaftem Ehrgeiz, wo ich selber im Spiele war, – dazu verleitete mich eine nicht sonderlich fundierte geistige Beweglichkeit (die sich auf den verschiedensten Gebieten des Schreibens sehr rasch Sicherheit und Selbständigkeit aneignete), Talmi für Gold zu nehmen. Nun kommt die große Angst, daß alles, alles das nicht einen Schritt auf die Kunst zuführt. Nun folge ich allein dem egoistischen Wunsch, in diese Sphäre des Ernstes zu dringen, der allein das Leben erträglich macht. Ich nehme dafür Opfer an, ich verleugne meine finanziellen Wünsche, meinen Ehrgeiz – und weiß nicht im mindesten, ob das Talent überhaupt da ist, das mich in jenen Bezirk führen muß. Nun bin ich allein dem Egoismus gefolgt, gebe die Eltern und Hanni daran und setze alles auf eine Karte – ohne daß ein Mensch danach gefragt und ohne daß eine Situation es von mir gefordert hat.

Was ist denn geschehen? Daß mich plötzlich die Vorstellung ergriffen hat: wer die Einsicht in einen bestimmten Ernst besitzt, darf sein Leben nicht in Dinge vertun, denen die Ernsthaftigkeit fehlt. Was ich nun aus dieser Vorstellung heraus zunächst beginne, ist: daß ich lieblos und völlig selbstsüchtig handle, ohne im mindesten dazu berechtigt zu sein. Vorläufig bin ich viel zu müde, um zu alledem eine klare Einstellung zu gewinnen; sie ist auch nur von der Leistung her und dem Fluch oder Segen, der auf ihr ruht, zu erhalten. Meinen Friedrich Wilhelm stelle ich auf »Fruchtbarkeit und Schwermut«. Ob in meiner Schwermut Fruchtbarkeit ist, muß ich noch sehr bezweifeln. Man ist von der Begegnung mit etwas Großem wie vergiftet und hat keine Ahnung, wie die Folgen dieser Verletzung sein werden. Ein Schriftsteller wie Schneider muß sie überwunden haben, so sehr, daß er nun immun ist gegen kleine Vergiftungen.

Wenn ich in meinem gegenwärtigen Zustand gefragt würde, was das Schwerste ist, – ich müßte sagen: daß man zuviel Großem begegnet, und keine Möglichkeit hat, das Große zu verkennen. (Denn etwas davon muß in einem sein, sonst wäre diese Erkenntnis nicht möglich; es fragt sich nur, wie verschüttet, verborgen und verlogen, geschwächt und verwirrt und verfälscht dieses »Große« in einem ist.) Es läßt einen Erschütterungen durchmachen, aber es läßt sie einen vielleicht nie überwinden.

Ich schäme mich meiner bisherigen Erfolge mehr als meiner Erfolglosigkeiten.

Man möchte sich ganz ergeben – und muß so sehr handeln, daß man andere Menschen in sein Schicksal (es kann sehr klein sein, aber andere sehr unglücklich machen) mit hineinreißt. Davor erschrecke ich immer von neuem. –

17. April 1934 | Dienstag

Die Ufa sieht – etwas *post festum* – die Vertragsverhandlungen in einem hochfahrenden und lügnerischen Briefe als von sich aus gescheitert an.

Wieviel Zeit habe ich an diese Sache verloren. –

Damit und mit der neuen Enttäuschung werde ich fertig werden (ob mit der Summe der Enttäuschungen, muß sich erst zeigen) – aber an eins darf ich nicht denken: wie Hanni allmählich an diese neue Sache zu glauben begann, wie sie Stunde um Stunde, oft bis zum Einschlafen an der Maschine, für mich tippte. Und nun wieder alles vergeblich.

Warum war das nur alles? Warum bin ich mit Hanni aus der mühevollen Resignation herausgerissen worden, nur damit wir nun nur noch müder resignieren? Denn wie sollten wir auch von Büchern noch etwas hoffen – wenn wir auch alles tun werden, uns nur auf das neue Buch zu konzentrieren. –

Man kann nur »vorwärts« kommen durch dauerndes Zu-Kreuze-Kriechen – und dazu vor was für Menschen! Es ist sehr sinnlos, Mut zu beweisen. Möchten Geduld und Zähigkeit sinnvoller sein.

Denn selbst aus meiner raschen geistigen Anpassungsfähigkeit und nie versandenden Produktivität habe ich wenig Freude schöpfen können. Nun, wo es um das Größere geht, bin ich müde und verzagt, verbittert und gelähmt – und Hanni in ihrer Geduld, Treue und Klugheit kann ich gar nicht ansehen.

Es bleibt gar nichts anderes, als sich in den letzten Versuch mit aller Intensität hineinzustürzen. Aber ich tue es verängstigt. Aber in meiner Ratlosigkeit kann ich nun nicht im Kreise herumlaufen und Wege suchen; ich muß auf den Berg, der unmittelbar vor mir liegt, und dann werde ich mein »Pensum besser überblicken«. Wenn ich nur auch hier nicht wieder Hanni mitnähme. –

18. April 1934 | Mittwoch

Auch in dieser Woche arbeite ich täglich mindestens fünf Stunden am Roman; allerdings ist es nicht das Befriedigende, jeden

Tag so viele neuen Seiten daliegen zu sehen, sondern die umständliche Vorbereitung des neuen Abschnittes, der dadurch so schwierig ist, daß der König so viel schafft, daß er nicht dazu kommt, etwas zu »erleben«.

19. *April 1934 | Donnerstag*

> Man spürte keinen Schaden an Daniel; denn er hatte
> seinem Gott vertraut. *Daniel 6, 24*

Die Vorbereitungen zum II. Abschnitt sind abgeschlossen. Nun hilft kein Vorbeidrücken. Ein historischer Roman braucht ja eine ausgesprochene Organisation. Die Fakten hemmen den Fluß, die Menschen lassen sich nicht lenken. Das geht nun bis in die Träume; früh bin ich ganz kaputt.

20. *April 1934 | Freitag*

> Der Herr wird dich immerdar führen und deine Seele
> sättigen in der Dürre und deine Gebeine stärken.
> *Jesaja 58, 11*

Gebete sind als von der Psychologie verfälscht mit großer Skepsis zu betrachten, und plötzliche Verheißungen und Erleuchtungen (die ja den Hauptinhalt der Gebete ausmachen) brechen nicht oft über den Frommen herein. Aber daß das Leben immer wieder auf bestimmte Bibelsprüche hingeführt wird, das ist wohl eine Sprache Gottes zu dem Menschen, um derentwillen man das Leben aushalten muß – bis Gott »ausgeredet« hat. Der Gott, der immer anders ist, als man ihn zu begreifen meint; dem man durch kein »Mittel« nahekommen kann; der uns ein unverrückbares Zeichen in einem unerforschlichen Mittler gab. Und auf diese Rechnung mit einer unbekannten, unerkennbaren Größe ist nun alles, alles gestellt. Man muß sehr darunter leiden; die Wendung von den »frohen Christen« habe ich nie sonderlich geliebt; sie negiert ja doch und doch den Karfreitag.
Wieder zehn Seiten geschrieben. In meiner Verwirrung bedeutet selbst die Quantität einen Trost.

21. *April 1934 | Sonnabend*

> Gedenke nun, wie du empfangen und gehört hast,
> und halte es. *Offenbarung 3, 3*

Es ist möglich, daß man sich in eine Lüge rettet. Diese Lüge kann aber auch die Rettung in eine Ordnung sein. Denn ohne eine Ordnung ist das Leben unerträglich. Viele Ordnungen durchzuprobieren ist von einem bestimmten Alter an nicht mehr möglich; ich weiß nicht, ob aus »zeitlichen Gründen« oder aus dem allmählich großgewordenen Haß gegen das Experiment. –

Der Gedanke erfüllt mich mit einer gewissen Beruhigung, wie viele einzeln benennbare Schmerzen der Vergangenheit völlig verwunden sind; ob sie fruchtbar wurden, weiß ich nicht. »Verbranntes Kind scheut's Feuer« ist Binsenweisheit, keine Fruchtbarkeit.

Morgen fahren wir nach Brandenburg.

23. April 1934 / Montag

Das Baumblütenfest, das echte Volksleben in Werder – eine große Enttäuschung; schön nur zwei Windmühlen über den blühenden Obstgärten, die ersten Jachten und Boote auf der Havel, ein Baum mit Flaschen in bunten Bastbändern behängt.

Brandenburg trotz der Tristesse der Stadt ein großer Eindruck: das Rathaus, das Kurfürstenhaus, die fünf gotischen Kirchen – es war für das Buch wichtig, dort gewesen zu sein. Nie konnte Brandenburg Friedrich Wilhelms Residenz werden.

24. April 1934 / Dienstag

Ein Kampf ist unmöglich geworden, nur das Opfer kann noch sein. Wenn es mit dem Buch über alledem nichts wird – es wird einfach auch das in einem auslöschen, für lange Zeit, wenn nicht für immer.

Um mich herum höre ich nur Sophismen. Damit wollen sie den Charakter retten. Wer mit Sophismen arbeitet, hat ihn schon nicht mehr.

25. April 1934 / Mittwoch

> Lasset uns halten an dem Bekenntnis der Hoffnung und nicht wanken. Denn er ist treu, der sie verheißen hat. *Hebräer 10, 23*

Man muß sich endlich einmal von der Vorstellung freimachen, daß das Leben noch kommt. Es ist nun da, und ich kann mich in nichts daran vorbeidrücken. Ich brauche nur die Leben anzusehen, die ich überblicken kann: die »Zukunft« kommt nicht. Kein Abschluß, keine Ruhe. Das Leben geht hin, so wie es jetzt ist, aber es kann jeden Moment viel schwerer werden. Man kann die gegenwärtigen Leiden nicht dadurch noch schlimmer machen, daß man sie im imaginären Glück einer durch nichts garantierten Zukunft spiegelt. Man kann ebensowenig die gegenwärtigen Glücksumstände dadurch geringer machen, daß man ihnen Träume kaum erreichbar größeren Glückes gegenüberstellt. Dies ist jetzt das Leben, diese Tage. Daß so viel dazugehört, das einzusehen! Daß alles, was Jugend heißt, damit abgeschlossen sein muß!

Man kann sich auch nicht das letzte Fruchtbare in einem dadurch zersetzen und allmählich abtöten, daß man all den Groll, den Haß, die Verbitterung, Enttäuschung, Demütigung in einem wuchern läßt. Das wird sonst zur allmählichen Vergiftung, die alles aufzehrt.

Das Leben ist so ernst, daß zum mindesten dieser Ernst, der alles ergreift, dem Leben eine Würde geben kann, die es erträglich macht. Ob all das Bittere und Schmerzliche und Wirre sich in Ernst umsetzt (ohne die Vergewaltigung durch die Pose) – das entscheidet über die Fruchtbarkeit, über die Lebendigkeit. Mich hat der Schrecken gepackt vor allem, was sich da in einem angesammelt hat. Ich möchte es in all seiner Gefährlichkeit nicht in die Zukunft mitwirken lassen, wenn überhaupt dem Menschen in solchen Dingen eine Gewalt gegeben ist. Das alles ist Tod und »der Sünde Sold«. Es ist soviel Lebendiges verloren, daß ich mir keinen Tag mehr entrinnen lassen kann. Durch keine verbitterte Erinnerung, durch keinen spielerischen Traum.

Ein Brief von Reinhold Schneider tat mir auffallend wohl; nach der Lektüre seiner »Hohenzollern« hatte ich ihm einige Zeilen über sein Buch geschrieben. Ich tue so etwas sehr selten, weil ich ja überhaupt ungern Briefe schreibe (die sich immer einmal gegen einen stellen). Aber dort, wo ich Publikum bin und das Seltene finde, kommt es schon zu ein paar Zeilen. Immer machte ich schlechte Erfahrungen damit. So freue ich mich, daß es hier bei dem Menschen mit den mir so verwandten Gedanken (nur mit dem viel größeren Ernste, dem viel stärkeren Können) nicht der Fall ist. Schneiders Buch hat nun einmal meinem Ehrgeiz die Richtung gewiesen. Es geht nur mit dieser Sammlung, diesem Ernst. Nicht die bürgerliche Sicherheit und das künstlerische Dekor suchen. Nicht sich von seiner geistigen Behendigkeit verführen lassen. Was man dem liebsten Menschen damit antut, das macht eine Rechnung aus, die man Gott präsentieren muß. Er verlangt und bezahlt alle Rechnungen, aber man weist, da man nun einmal nur mit Menschenaugen sehen kann, die eine Rechnung mit größerer Scham vor als die andere. Der Rechnung mit dem liebsten Menschen kann ich mich nicht so schämen, weil sie unter zu großen Schmerzen und nach zu langem Wehren in einer letzten Kapitulation zustande gekommen ist. Sie ist ein auferlegtes Leiden für einen selbst. Der Schmerz ist so groß, daß einem der Gedanke der Entschuldigung nicht kommt.

Ich kann gar nichts mehr tun, als mir sagen: Dies ist nun das Leben. Es kommt nicht irgendwann einmal, wenn diese und diese und diese (vom Lebenden gestellten) Bedingungen erfüllt sind. Mit einem matten: »Das ist nun das Leben« hat das nichts zu tun.

26. April 1934 | Donnerstag

Heut ist es fünf Jahr her, daß Hanni und ich uns kennenlernten. Ich habe Hanni nicht viel Gutes gebracht. Aber sie fragt nicht danach. Ich kann noch nicht darüber hinweg, denn mir hat diese Ehe nur Gutes gebracht. Was haben Arierparagraphen mit Hanni zu tun? Und daß wir kein Kind haben würden, hatte ich vorher zu bedenken.

Mit dem neuen Monat sind es sieben Jahre, daß ich in den Beruf ging. Noch immer kann ich mich von Rückschau nicht freimachen. Zahlen reden eine klare Sprache. Ich habe in dieser Zeit mein Anfangseinkommen verzehnfacht, ganz verloren, neu erworben, wieder verzehnfacht, und nun – im Bruch mit Presse, Funk und Film – diesen Betrag freiwillig halbiert und dieses Opfer von Hanni verlangt, obwohl sie ein gutes Recht hätte, am Sinn dieses Entschlusses zu zweifeln. Nichts ist geblieben aus diesen sieben Jahren Beruf als drei oder vier Gedichte, vielleicht zwei kleine Erzählungen von wenigen Seiten, das kleine Buch. Wie soll man darauf Ansprüche gründen. Wie soll man daraus Hoffnungen schöpfen. Gewonnen ist nur eins: Ende der Zersplitterung, Anfang der Sammlung.

27.–29. April 1934 | Freitag bis Sonntag

Es liegen wieder so große Aufregungen vor mir und hinter mir, so viel Bedrückendes, daß ich nicht viel davon schreiben mag. Es bewegt sich um den Tag der Nation am 1. Mai, den Aufmarsch auf dem Tempelhofer Feld, das Tragen der Hakenkreuzbinde. Es gab schwierige, schwierige Verhandlungen auf der Redaktion. Und nun heißt es nicht mehr, in eine subalterne, mechanische Arbeit abzugleiten, sondern auch diese Existenz noch ganz zu verlieren, wenn ich den Akt der »Loyalität«, »Disziplin«, »Solidarität«, »Staatsraison«, »Kollegialität« nicht begehe. Es geht immer mehr in mir kaputt, aber ich darf nicht einmal vor mir selber (nach vielem, zu vielem Reden) ein Wort darüber verlieren, weil ich mich in der Situation des tugendhaften Mädchens befinde, das jammert, versichert, weint und dann doch tut, was andere ohne viel Aufhebens, selbstverständlich und damit würdevoller tun. Von denen, denen die in Frage stehenden Symbole gehören, wird mir fortwährend versichert, daß Symbole und symbolische Akte Bagatellen wären.

Sind Symbole Bagatellen, dann weiß ich nicht, warum ich noch eine Zeile schreibe.

Ich finde mich gar nicht mehr durch; ich merke nur, daß in mir eine nach der anderen von den »Kräften« auslöscht, die ich für die Hauptbestandteile des Lebens hielt. Ich merke nur, daß das Leben unter dem Begreifen von Bibelworten hingeht, von denen man keines auf eine bestimmte Situation hin anzuwenden oder nur auszudeuten wagt. Ja, ich fühle mich trotz des Glaubens oder gerade durch den Glauben so zerstört, daß mich die Frage, ob und was ich noch schreiben werde, ernstlich nicht mehr interessiert. Ich sitze am Schreibtisch, weil ich keine bessere Form des Vergessens weiß.

Wie soll ich von mir ein »lohnendes« Werk erwarten – mich hält nur dieses merkwürdige Gefühl an der Arbeit, daß ein Leben nach seinem Niederschlag verlangt. Aber was weiß ich, ob auch dieser Bezirk in mir schon zerstört ist – oder ob alles, warum ich klage, erst zerstört sein muß, damit man das Rechte anfangen kann. Ich weiß nur, daß ich trotz Hanni, Haus und Garten – wie die Formel für mein Glück lautet – immer unglücklicher werde. Und daß ich vor dem Glauben immer scheuer werde, ohne daß der Glaube seine Macht über mich verliert. –

Wir waren im Kino: eine Schande. Wir waren in einer Dom-Vesper: kaltes Theater. Aber wenn ich Reinhold Schneiders Buch lese, spüre ich plötzlich etwas, was in allem Unpersönlichen stärker ist als Freundschaft. Ja, dieses Buch ist das einzige, was es – neben der Ehe – für mich an Freundschaft gegeben hat. Hier könnte einmal einer kommen und von Plagiat reden, so stark ist die Übereinstimmung meiner Pläne mit Schneiders Leistung.

Man kann weder wild um sich schlagen, noch dumpf sich in alles fügen. Alles will getragen sein, und Tragen setzt ein gutes Teil Sammeln aller Kräfte voraus. Nur daß man nicht zu fragen wagt, was man trägt. Ob es einen Punkt gibt, wo die Todfeinde Ethik und Glauben zusammenkommen, wo Ehre und Frömmigkeit doch beieinander stehen? Einen Punkt, den man etwa umschreiben kann: in die Klarheit seines ureigensten Schicksals hineinfinden?
Ich dachte, Ehre wäre mir nichts. Wenn es dann aber an den Instinkt der Ehre geht, wünsche ich mir lieber den Tod als die Fügsamkeit vor dem Kompromiß. Aber mit dem Tode (ich denke an den letzten Sommer) wird es noch weit hin sein, und ich werde mich noch manchem Kompromiß fügen, ohne noch die jammernde Jungfrau zu spielen.

30. April 1934 | Montag

Heut ist die zweite Auflage vom »Kahn« erschienen. Gott sei Dank, ich habe auch heut am »Vater« geschrieben.
Wenn das, was sie mir preisen, Reife ist, so will ich nicht reif sein.
Erfolg: Verdienen. Gesinnung: Partikularismus und Resistenz. Gewissen: Primanerideale. Offenheit: Kindlicher Leichtsinn.
Der Mensch lebt doch vom Brot allein – wenn das alles wahr wäre.
Immerhin sind diese Dinge so stark, daß das Herz einem fliegt.

2. Mai 1934 | Mittwoch

Es ist alles glatter vorübergegangen, als ich hoffen durfte. Ich habe keine Hakenkreuzbinde getragen, es ist auch nicht aufgefallen. Am Festmarsch hat die Redaktion nicht einmal bis zum Tempelhofer Feld teilgenommen. –
Am Roman gleich weitergeschrieben, etwas erdrückt von der Schwierigkeit, daß Friedrich Wilhelm im Anfang der Regierungszeit nichts erlebt, sondern Leistung auf Leistung häuft. Und ob man das »spannend und unterhaltsam« schreiben kann – den Ansturm eines Werkes – wie eine Aktion aus der anderen hervorbricht und doch alles nur eine Gesamtkonzeption verwirklicht?
Dr. Kilpper will mir nun plötzlich, damit die Beendigung des Romanes keine Verzögerung mehr erfährt, eine *a-conto*-Zahlung geben. Hätte er es früher getan, wäre das Buch schon fertig und die widerliche Filmangelegenheit wäre so nicht gekommen. Ich

weiß noch nicht einmal, ob ich die *a-conto*-Zahlung nehme. Höchstens als kleine Garantie, daß der Verlag die Option, die er laut altem Vertrag schon hat, noch »verstärkt«. An ein günstigeres Angebot von anderer Seite glaube ich nicht. Der Umfang wird noch genug Schwierigkeiten machen. –

4. Mai 1934 | Freitag

Das Wochenpensum der Arbeit eingehalten; ein Trost. In Zeiten, in denen man sehr kaputt ist, kann einem auch Quantität der Arbeit etwas bedeuten, so wie die Ordnung fast zur Sammlung werden kann. Aber es ist ein Gequäle. Und wenn ich dann richtig im Schreiben bin, muß ich des Dienstes wegen schlafen gehen. –

In dem ganzen Zwiespalt Roman Biographie habe ich mich nun für den mehr biographischen Charakter des Buches entschieden. Wie soll man, wenn der Stoff einen erdrückt, am Dazu-Erfinden Gefallen bekommen? Schon mancher Deutungsversuch wird gewagt genug sein. –

8. Mai 1934 | Dienstag

Dr. Kilpper aus Stuttgart da. Ich war vormittags zu ihm und Dr. Pagel in den Verlag bestellt. Ich hatte mich sehr vor dieser Unterredung gefürchtet. Aber sie dauerte nur eine halbe Stunde. Es ging alles glatt. Der Verlag gibt mir ab Mitte des Monats bis zur Beendigung pro Monat 250 Mark und will versuchen (denn falsche Versprechen machen sie wirklich nicht), mir diese Zahlungen weiter zu belassen, wenn das neue Buch es einigermaßen auf dem Wege einer jährlichen Verrechnung ermöglicht. Auch bekomme ich den Passus in den Vertrag, daß ich von meinen Verpflichtungen frei bin, wenn Dr. Kilpper Entwürfe eines neuen Buches ablehnt und ein anderer Verlag bereit ist, es zu finanzieren. Die gefürchtete Formatfrage auch glimpflich gelöst. Ich soll erst schreiben, wie ich will, aber in künftige Kürzungen generell einwilligen. Das ist kein Problem, das wird dem Buch nur gut tun.

Im übrigen sagte Dr. Kilpper: »Endlich mal ein Buch, das wieder Sinn hat!«

Dr. Kilpper weiß nach dieser Vereinbarung nun, daß ich nicht die Absicht habe, von dem mir zustehenden Rechte Gebrauch zu machen, bei einem besseren Angebot von anderer Seite vom Verlag wegzugehen. Erstens halte ich Verlagswechsel auch bei besserem Angebot für eine halsbrecherische Sache; man führt sich nicht richtig ein. Zweitens glaube ich nicht an das bessere Angebot und an bessere Verleger. Der Einblick, den ich habe, genügt mir. Ich will ruhige Zusammenarbeit mit einem Verlag, der im Buchhandel weit an erster Stelle steht und mir in die entscheidenden Fragen nicht hineinredet. Belehrbar bin ich immer.

10. Mai 1934 | Donnerstag

Reinhold Schneider in Potsdam besucht, doch leider nicht erreicht. Wohnt zwar am Neuen Garten, aber in nüchternem, neuem Hause. Sollte es mit Geld, Beruf, Gelegenheit möglich sein, möchten wir ja doch, wenn die Kinder groß sind, nach Potsdam ziehen. Aber fürs erste, jede Heimkehr bestätigt es: diese Wohnung hier ist schönstes Potsdam. Vor meinem Fenster noch immer die großen blühenden Kastanien vor den dunklen Kiefern. Und nun die Akazien auch über und über grün; dann ist nichts mehr vom Winter. Alles so feiertäglich. Etwas, das für sich besteht.

11. Mai 1934 | Freitag

Was ist das jetzt gegen die Zeit der Nebenarbeit zum Nebenberuf dazu!
Ich komme nach Hause und setze mich an den Schreibtisch. Wenn auch nicht frisch, so doch nicht kaputt.
Reinhold Schneider scheint (als der erste) keine Enttäuschung zu sein. Schon heut habe ich von ihm den Dank für den gestrigen Besuch und den »Kahn« und seine Anmeldung für den kommenden Mittwoch.
Und wenn wir persönlich nicht zueinander passen – trotz des sympathischen Eindrucks, den ich aus meiner Funkzeit von ihm hatte –, uns muß ja etwas verbinden, was einer »Freundschaft« gleichkommt.

13. Mai 1934 | Sonntag

Neben den Milieu-Studien der angenehmste Teil letzter Vorarbeiten: Bilder über die Zeit Friedrich Wilhelms. In Memoiren gelesen der großen Randfiguren: Zar Peter. Karl XII. Ludwig XIV. Als ich an Friedrich Wilhelms Sarg stand, hat es nur geringen Eindruck auf mich gemacht. Um so mehr, als ich nun heut –

nachdem sein Bild für mich feststeht – an die Abbildung seiner Totenmaske kam. Kein Portrait, das auch nur etwas davon ausdrückte.

14. Mai 1934 | Montag

Ich quäle mich mit dem Nordischen Krieg herum. Dieses Kriegerische ist für mich zum Schreiben am schwersten. Ich suche da immer nach einer möglichst subjektiven Verkürzung des Blickfeldes, denn dieses Terrain beherrsche ich gar zu wenig. Auch darf es im Roman keine Enklave werden. An solchen Tagen sieht man das ganze Buch schwarz in schwarz. Außerdem klappe ich immer etwas zusammen, wenn Hanni einmal mehrere Tage auf das, was ich neu geschrieben habe, nicht sehr reagiert. –
Die jüngsten Enttäuschungen trage ich ungeduldig und bedrückt. Nicht das viele, viele Gute, das einen umgibt, wird der entscheidende Trost. Im Gegenteil: daß man viel Schwereres schon viel geduldiger getragen hat, das veranlaßt einen, sich zusammenzunehmen. Innerlich. Äußerlich habe ich mit den neuen häßlichen Sachen nichts hergemacht.
Viel Unlust mag von den Nöten herkommen, mit denen einen ein entstehendes Buch ganz durchtränkt, ohne daß man es bemerkt hat.
»Der Vater« ist weder Biographie noch Roman. Er wird die Erzählung eines Lebens.

15. Mai 1934 | Dienstag

Ich glaube, nicht das Schwere, nicht das Erbärmliche, das man erfuhr, macht einen so kaputt. Man hat zu viel Großes gesehen, ist zu viel unbegreiflich Wunderbarem begegnet: das hat einen verwundet, fast glaubt man, für alle Zeit. Man muß ihm anhängen, nachhängen – man kann nicht mehr in ein Leben zurück, in dem die Kämpfe rasch und heftig vor sich gehen, Zug um Zug, und manches Sieges gewiß, und mit kleinem Lohn zu befrieden. Wäre das Leben erbärmlicher und bitterer: es wäre leichter zu ertragen. Aber diese entsetzliche, erschütternde Größe, die einen festhält, an der man vergeht, die einen verpflichtet, der man in nichts genügen kann. Im Grunde geht man an der Verehrung für das tagtäglich angeklagte Leben verloren. Dann wieder hält einen die fanatische Hoffnung, daß man sich behaupten kann, daß man den Niederschlag finden kann aller dieser unausgesetzten

Erschütterung. Man verlernt vielleicht zu lachen. Man verlernt vielleicht zu sprechen. Aber das Hoffen hört nicht auf, lebendig sein zu können im großen Leben.

Die Musik, die ich höre – die Bücher, die ich lese – die Plastiken, die ich sah – die Bauten, durch die ich ging: greifbar gewordene Ausbrüche dieser Lebendigkeit. Ausbruch zur Ordnung. Ich kann es ganz und gar nicht fassen. Alles ist mehr Forderung als Genuß, mehr Aufruf als Trost, und das eigene Ungenügen wird zur Tortur.

Wenn ich betrachte, was ich litt und was ich tue: so bin ich wohl imstand, das Leben zu verehren, nicht aber, es zu leben.

Man kann sich in sich zurückziehen, ohne daß es auch nur im mindesten eine Sammlung bedeutete.

Ein Dom in den Bäumen der Ebene, das Pastorale und der Kuckucksruf aus den blühenden Akazien, das Lied »O Haupt voll Blut und Wunden«, das in die Gedanken kommt mitten in der Stadt – wie ist das alles möglich?

Lyrische Verzückung vor der Schöpfung? Ach, alles andere. Das Leiden unter einer Ordnung, in die man nicht findet, die man aber täglich wahrnimmt. Das ist es viel eher. Nicht Stimmungen, sondern Ernüchterungen sind es. Mir sind die Stimmungen vergangen. Ich habe Ordnungen gesehen und gehört und gespürt: Leben, das hervorbrach in eine Bahn, die fern über unserem armen, verzweifelten Irrweg verläuft.

Nur wer die Ordnung findet, ist schöpferisch, ruht kämpfend und leidend in der Schöpfung, vor der er »verzückt« stand; außerhalb, fremd, ausgestoßen, unbeteiligt, verzehrt von ihr. Die Ewigkeit macht uns kaputt. Nicht der Alltag.

16. Mai 1934 | Mittwoch

Reinhold Schneider zum Tee. Noch größer, als ich ihn in Erinnerung hatte (Friedrich Wilhelm hätte ihn sofort in sein Regiment gesteckt) und, was ich gar nicht mehr wußte, mit seinen 31 Jahren voluminös. Und in all seiner Bescheidenheit und Gediegenheit doch von sehr starkem Selbstbewußtsein. Dieser Entdecker Potsdams ist auch kein Märker; badischer Katholik. Der Zeit, der Zukunft des Schriftstellers gegenüber sehr pessimistisch. Erst 31 Jahre alt und ein bedeutender Mann; etwas, was ich sonst überhaupt nicht kenne. Vom »Kahn« sprach er sehr freundlich. So war heut der ganze Friedrich Wilhelm-Orden zusammen:

Schneider, Hanni und ich. Aber es wird in nächster Zeit Friedrich Wilhelms regnen . . .
Dieses Buch quält mich entsetzlich. Ich zittere um jede Bestätigung (die einem Buch doch nur »beschert« werden kann und die sich nicht erzwingen läßt). Heut war manche Bestätigung. Aber: Konzeption ist nicht Leistung. Konzeption ist viel eher im selben Maße quälender als begeisternder Antrieb, der nichts vom Gelingen verbürgt. Ich sah schon sehr viele Schriftsteller sich in Konzeptionen berauschen und in ihnen verzetteln. Ich habe mich mit diesem Buch in etwas gefangen, wovon ich ganz und gar nicht los kann: weder indem ich die Schwierigkeit fliehe, noch indem ich sie löse. –
Wahrscheinlich muß man das von seinem ganzen Leben sagen.

18. Mai 1934 | Freitag

Wir werden die Pfingsttage nicht zu Hause verleben. Wir wollen weiter die Mark, ihre Gotik sehen: Stendal, Tangermünde.
Im Roman bin ich gerade noch bis zum Schluß des zweiten Abschnittes gekommen; fünf soll er haben. Aber daß die Seite, auf der ich aufhörte, gerade das Ende des zweiten Abschnittes ist, habe ich erst hinterher gemerkt. Meine Unleidlichkeit, Unruhe, »Kränklichkeit« – das ist wohl alles nur der Roman, der gar so schwer ist und täglich so zerrissen und gestört wird. Hanni sagt, ich soll auch ein Lutherbuch als die »Erzählung eines Lebens« schreiben. Das ist genau das Buch, vor dem ich dauernd fliehen will und das ich nie zu schreiben beginnen möchte; das würde einen ganz auffressen und einen Nebenberuf gar nicht mehr dulden.

22. Mai 1934 | Dienstag

Diese kurze Pfingstreise nach Stendal, nach Tangermünde, zur Klosterkirche in Jerichow und Wehrkirche in Schönhausen war eine große Angelegenheit und schaffte uns beiden den Eindruck, wir wären sehr lange weggewesen. Da vieles davon im Roman wiederkehren wird, kann ich meine Aufzeichnungen sehr kurz halten. Ein glücklicher Zufall war, daß wir gerade um das Fest (so schwer ich mich an Festtagen vom Hause trenne) in diese Kirchenstädte kamen: die Küster schmückten am Pfingstsonnabend die Altäre mit Maibäumen, die Kantoren übten auf dem Orgelchor ihr Feiertags-Präludium, die Städte waren geschmückt wie die Kirchen. Und in der St. Stephanskirche in Tangermünde hörten wir eine erstaunlich mutige Predigt, die man nicht oft finden wird, auch wenn sie mich in religiöser Hinsicht kalt ließ. – Als wir im vorigen Jahr das »märkische Barock« entdeckten, erschien es uns als ein sehr wichtiger und glücklicher Ersatz für Reisen; aber nun die »märkische Gotik« und die romanische Klosterkirche von Jerichow – das ist viel mehr, für das Heimatgefühl, für die Entdeckerfreude, für das Geschichtsgefühl, als persönliche Erinnerung für uns beide (als Abkehr von dem Unrat, mit dem man sich immer wieder zuschütten lassen muß).

Wir waren zeitig zurück und noch im Charlottenburger Park und Schloß, wo ich die drei so gewinnenden Jugendbilder Friedrich Wilhelms sah und sein rührendes Kinderbild. –

Den dritten Abschnitt des Buches, der wohl die Seiten 200 bis 300 füllen wird, begonnen. Aber recht kaputt. Viel zu kaputt, so daß man sich fast schämen und ein wenig verzagt sein muß.

23. Mai 1934 | Mittwoch

> Es ist Zeit, daß der Herr dazutue; sie haben dein Gesetz zerrissen.　　　　　*Psalm 119, 126*

Besonders viel am Roman geschrieben, was nicht verhindert, daß, je mehr die Seiten sich füllen, desto größer die Verzagtheit wird. Wie soll dies alles in einen normalen Romanband gebracht werden. Undenkbar, daß Bücherschreiben nicht Hauptberuf sein darf! Wo es, weiß Gott, alle Kraft eines Menschen braucht!

Ach, nach nichts, nichts mehr fragen. Das Schwere unentwegt wagen. Sonst geht es gar nicht mehr weiter, nun wo alle Hoffnung in mir gelöscht ist und jedes Vertrauen auf sich selbst mir ein Ding der Unmöglichkeit wurde.

Man möchte mit dem Kopf durch die Wand. Man möchte alle seine Lügen wiederhaben. Ohne Lügen scheint das Leben ganz unerträglich. Warum muß Hoffnung und Freude durchaus Lüge sein? Mein Beruf ist nun mit diesem Jahr ohne Hoffnung und Freude geworden.

Aber ich zähle jeden Tag: Wieviel Gutes. Wieviel Behütetsein. Denn dazu ist zu viel am Leben, als daß man nur als mürrischer, in eine fixe Idee verbissener Mensch am Schreibtisch sitzen könnte. Aber die quälende Vorsicht und Behutsamkeit, mit der man alles betrachtet, was einen am Leben hält, sagt genug. Meine Natur ist von oben nach unten, von außen nach innen umgestülpt.

Jeden Tag sehe ich mißtrauisch die Seiten an, die ich schrieb: was nun noch herauskommen kann. Auch das wird vergehen. Man wird wie unter einem schweren Druck immer weiter schreiben und erst das Fertige ansehen. Bis man das ganze Leben so betrachten wird.

Ich glaube, nichts trauert man so nach wie seinen Lügen, und nichts bewahrt einen davor, daß man sich in dieser unwürdigen Trauer sofort und unvermerkt neue und gefährlichere Lügen konstruiert. Das Allerwichtigste ist schweigen: innen und außen.

25. Mai 1934 / Freitag

> Er hat gesagt: »Ich will dich nicht verlassen noch versäumen.«
> *Hebräer 13, 5*

Nun liegt vom Roman schon so viel vor, wie das ganze Buch ausmacht, und ich kann das Gefühl nicht loswerden, am Anfang haften zu bleiben. Aber durch diese Schwierigkeit muß ja jeder durch, der sich an die Darstellung eines so großen Lebens wagt. Nur nicht auf halbem Wege liegen bleiben, nun wo alles auf diese eine Karte gesetzt ist: »die Leistung«.

Von mir aus kann ich zur Überwindung meiner großen Erschöpfung und Niedergeschlagenheit nur noch eins tun: nach allem auch mit dem »Pensum« zu brechen und mich mit Quanten und Terminen nicht mehr quälen zu lassen. Ich setze ja meine Zeit nach dem Dienst nun an diese eine Arbeit; da brauche ich nicht die Seiten zu zählen. Ich wünschte, vom »Vater« läge weniger vor und es stände mehr darin. Welche Konzentration, welche Konstruktion braucht dieses Buch. Eine Erzählerfreude kann es da gar nicht geben; nur Staunen über diesen Menschen und sein Leben. –

26. Mai 1934 / Sonnabend

Ich las heut, was Kant vom Temperament des Melancholikers sagt, und finde es sehr eigenartig und wunderbar und seltsam tröstend. Von der Melancholie zur Griesgrämigkeit gibt es beinahe keine Brücke, und selbst zur großen Verbitterung dringt sie wohl kaum vor: so tief ist in ihr die Andacht. Manchmal denke ich, niemand kann das Leben mehr lieben als der melancholische Mensch. –

Nachdem das große Gerüst des Buches in einem feststeht, nachdem ich von dem rätselhaften Menschen ganz durchsetzt bin, nachdem sich erwiesen hat, daß die großen Abschnitte und wirklich nur eine epische Breite den Menschen und sein Leben für die Erzählung zu fassen vermögen, bleibt nur die eine Rettung für das Buch, Stück um Stück die einzelnen Partien des laufenden großen Abschnittes so weiterzubauen, als gäbe es nur sie und kein übriges Buch. –

27. Mai 1934 | Sonntag

Ich dachte in den letzten Tagen manchmal, ob man mit so gebrochenem Selbstbewußtsein, mit so zerstörter Hoffnung, mit so erloschenem Ehrgeiz überhaupt weiterschreiben kann. Aber ich mußte zu der Überzeugung kommen, daß sich sehr viel Selbstbewußtsein darin ausspricht, daß man keine andere Frage mehr zu stellen bereit ist als die nach der Leistung – gefährlich viel Selbstbewußtsein . . .

Vielleicht ist dies der Augenblick, in dem sich allein zu entscheiden beginnt, ob das eigene Leben der Kunst gehören darf: wenn all ihr Verlockendes, Verheißendes, Mitreißendes geschwunden und nur die Last übriggeblieben ist, die einen zu der ängstlichen Frage treibt: wie kann mein schwaches und verwirrtes Leben solche Last aushalten? Wie darf ich die Forderung zu so großem Ernst an mich überhaupt wagen?

Furchtbar der Gedanke, daß die Größe dieser Angst in einem kläglichen und lächerlichen Mißverhältnis stehen könnte zu dem, was aus ihr entsteht. Man wünscht, ganz unbekannt, aller Öffentlichkeit fremd zu sein, um dies ganz allein mit sich und völlig heimlich ausmachen zu können. Dem einzigen geliebten Menschen, der sein Leben mit dem eigenen zusammengetan hat, kann man mit keiner Liebe die Unruhe und Ungewißheit solcher Existenz ersparen.

Tägliche Gnade: daß der Erwerb gegeben ist, so schwer er einem fällt.

Es mußte dahin kommen, daß man eines Tages eine Vermessenheit darin sieht, ein ernst zu nehmendes Buch von sich zu fordern. Man quält, man bettelt, ja, man kann sagen: Man dient es sich ab, weil es einem als eine zu große Sache scheint, dreißig Jahre auf dieser Welt gewesen zu sein. Es ist das Suchen nach dem Niederschlag der eigenen Existenz; es ist diese allzu große Lebendigkeit, mit der das Leben in jedem neuen Menschen wieder hervorbricht, auch im erschöpftesten.

Man muß das Leben erzählen und kann gar nicht darüber reflektieren, warum man es muß und wie man es kann –.

Wenn mich einer fragte, was mich am meisten erschüttert, ich brauchte die Antwort nicht eine Sekunde zu überlegen: daß die Menschen die Glocken erdachten, die nichts sind als die Sprache des Ernstes.

Der höchste Ehrgeiz um den »Niederschlag des Lebens«: ein Buch zu schreiben, das die Menschen, denen Glocken etwas bedeuten, lesen können, wenn die Glocken läuten.

Eine Arbeit zu tun, die man verrichten kann, während man die Glocken hört. –

29. Mai 1934 | Dienstag

Heut sagte Hanni, das Buch wird wahrscheinlich so umfangreich werden, daß der Verlag (den der Vertrag zu so gut wie gar nichts verpflichtet) es gar nicht herausbringt. Aber daß es einmal zur »Weltliteratur« gehören kann. Dann bin ich selig, denn ich komme von den Unzulänglichkeiten und dem nicht zu Bewältigenden nicht mehr los.

Von sich selbst zu glauben, daß dies alles zur wirklichen Kunst hingeht, das ist ganz unmöglich. Alles Selbstbewußtsein spricht sich im Versuch und im Opfer, das man ihm bringt, aus. Darin erschöpft es sich, und nur die ganze Not bleibt übrig.

Man darf nicht klagen: Der Tag reicht nicht! – Gott mißt einem ja die Tage zu.

30. Mai | Mittwoch

> Werde wach und stärke das andere, das sterben will!
> *Offenbarung 3, 2*

Dieser dritte große Abschnitt des Buches, an dem ich jetzt arbeite, ist noch nicht, wie ich dachte, die Clement-Partie »Der König und der Abenteurer«, sondern ein neu hinzugekommener Teil »Wirte und Gäste«. – Ich darf die Seitenzahlen wirklich nicht mehr ansehen ... Was wird das noch für Auseinandersetzungen geben.

31. Mai 1934 | Donnerstag

> Man soll dich nicht mehr die Verlassene noch dein
> Land eine Wüstung heißen.   *Jesaja 62, 4*

Ich glaube wirklich: jedes Wort, das man nicht gesprochen hat, bekommt die Möglichkeit, Dichtung zu werden. Jedes Wort, das man zu viel gesprochen hat, das hat sie verloren. Einmal ohne Müdigkeit schreiben dürfen!

Ich komme in diesen Tagen nur langsam vom Fleck. Es wird auch nicht gleich vorübergehen, obwohl ich genau weiß, was ich als nächstes schreiben will.

1. Juni 1934 | Freitag

> Weh denen, die bei sich selbst weise sind und halten
> sich selbst für klug!   Jesaja 5, 21

Nie mehr, glaube ich, werde ich Bibelworte auf einzelne Situationen des Lebens beziehen. Aber über dem ganzen Leben stehen sie und halten es und treiben es vorwärts, und keine Müdigkeit, Enttäuschung, keine Wut kann dagegen an. –

Als ich den »Kahn« schrieb, sah ich so viel Farben. Und nun beim »Vater« ist es seit Monaten immer wieder und wieder Musik. Nicht Melodien – aber ein merkwürdiges Bauen von Themen und Gegenthemen und ihren Abwandlungen, vor allem eine unheimliche Sehnsucht, Musik zu hören. –

6. Juni 1934 | Mittwoch

> Es sind viel Anschläge in eines Mannes Herzen; aber
> der Rat des Herrn besteht.   Sprüche 19, 21

Nun sind es die dreihundert Seiten! Ob es ein Zerfließen ist, weiß ich nicht einmal. Aber in diesem Leben ist zu viel, zu viel. Was liegt noch vor mir. Ich mag mich ja auch noch gar nicht davon trennen. Denn es ist nun wirklich eine große Wendung, daß außer dem Bürodienst gar nichts mehr da ist als das Buch. Das Haus, das Familienleben, alles ist mir verwandelt, seit die Hektik keinen Raum mehr darin hat und nur noch die eine Not übriggeblieben ist, die wohl keinem Künstler erspart bleibt und die vielleicht den Inhalt des eigensten Lebens ausmachen wird und einen nie verläßt.

Kein Zwang mehr als der eine: mich um ein anständiges Buch bemühen zu müssen! Eine Not, aber keine unwürdige und ehrlose.

7./8. Juni 1934 | Donnerstag und Freitag

> Um den Abend wird es licht sein.   Sacharja 14, 7

Wenn ich alles in allem nehme, so kann ich ja doch nur die »Zerstörung«, die in dem letzten Jahr in mir angerichtet worden ist, als einen einzigen Akt der Befreiung empfinden. Und als Befreiung auch die endliche Einsicht, daß das »Leben« nicht irgendwann einmal kommt, sondern nun endgültig da ist. Eine mehr als primitive Erkenntnis; und doch war sie so sehr schwer zu erringen.

Ich habe frei vom Zwang des Pensums fast so viel geschrieben wie unter dem Druck·und war viel ruhiger, kam auch noch zur Ergänzung der Quellen.

10. Juni 1934 | Sonntag

> Öffne mir die Augen, daß ich sehe die Wunder an
> deinem Gesetz. *Psalm 119, 18*

Wirklich, als der Sonntag eingeläutet wurde, habe ich mich dazu gezwungen, die Arbeit niederzulegen. Es war ein großer Regen, dann unbeschreiblicher Duft nach Gras, Holunder, Rosen, Linden. Wir haben noch einen weiten Spaziergang am Kanal gemacht. Den Sonntagmorgen verbrachten wir im Garten, am frühen Nachmittag suchten wir Schloß Köpenick auf; damit ich nun, wenn ich das Palais Creutz und Havelberg gesehen habe, die Milieu-Studien abschließen kann.

Neulich sagte Hanni: »Der Tag beginnt erst, wenn du nach Hause kommst.« Und heut: »Der schönste Moment am Tage ist, wenn du heimkommst.« Was will ich denn mehr vom Leben. Diese Liebe ist so groß, daß ich sie mir gar nicht vorstellen kann. Jeder Moment der Klage über alles Schwere ist ein Unrecht.

12. Juni 1934 | Dienstag

> Selig ist, der da liest und die da hören die Worte der
> Weissagung und behalten, was darin geschrieben ist.
> *Offenbarung 1, 3*

Sehr ruhige Arbeitstage. Hochsommerliche Tage und so helle Abende, daß man noch um neun Uhr ohne Licht am Schreibtisch sitzen kann.

Über Friedrich Wilhelm könnte ich 3000 Seiten schreiben. Aber das ist ein großes Malheur, und mit dem Buch und mit dem Verlag kann es noch schlimm enden. Wo ich »erfinde«, geschieht es nur, um zu vereinfachen, die Einführung von mehreren Personen zu konzentrieren, Zeiträume zu überspringen –.

Die große Not im Schreiben ist hauptsächlich der Zwang zum

Format, nicht der zur Form, um die sich zu mühen ja Inhalt des Schriftstellerlebens ist.

13. Juni 1934 | Mittwoch

> Abraham wartete auf eine Stadt, die einen Grund hat,
> deren Baumeister und Schöpfer Gott ist.
>
> *Hebräer 11, 10*

Das ist das Schönste, was man über Friedrich Wilhelm und Potsdam sagen kann!

Nur ein kurzer Abendspaziergang. Sonst schreib ich mit meiner umschlagumwickelten Hand: Daumen und Mittelfinger sind wundgeschrieben! Möchte das Ergebnis es nicht lächerlich machen!!

16. Juni 1934 | Sonnabend

Drei sehr ruhige, wenn auch sehr anstrengende Arbeitstage. Gestern fiel mir sogar einmal ein Abschnitt wirklich leicht (die Zarenankunft). In dieser Woche 50 Seiten geschrieben.

17. Juni 1934 | Sonntag

Wieder habe ich mit dem Feierabend am Sonnabend die Arbeit hingelegt und mich bemüht, nicht an sie zu denken, damit ein wenig Ruhe wird in dem zu zergrübelten Kopf und dem gar zu bewegten Herzen! Denn so muß man es schon nennen.

Aber wie mir sonntags die Kirche fehlt, kann ich gar nicht sagen. Doch kann man sich nicht immer der gleichen Enttäuschung aussetzen.

18. Juni 1934 | Montag

> So fürchte dich nun nicht; denn ich bin bei dir.
>
> *Jesaja 43, 5*

Um mich zu erholen, reicht der Sonntag nicht mehr aus; nur seelisch ist er die große, große Wohltat; der Sinn der Woche; die Möglichkeit, alle Anstrengung und alles der wirklichen Arbeit Fremde in Kauf zu nehmen; die Quelle der Dankbarkeit; die Besinnung zur Zufriedenheit.

Wann wird es sich auswirken, daß man alles über Bord geworfen hat, was nicht Erwerb der Existenz-Mittel im Bürodienst und Roman ist – wann wird sich der Segen dieser Resignation und Konzentration in einem, denn das ist es, spüren lassen? Man kann nicht ängstlich darauf warten: aber die Nerven sind nun einmal wie zerschnitten und zerrissen. Sinnlose, unausgesetzte Kopfschmerzen. Mir wird erst wohl sein, wenn auch der Verlags-Vertrag »in beiderseitigem Einverständnis« gelöst und mein Honorar zurückbezahlt ist, keine Frage nach Termin und Format mehr besteht (obwohl ich so gut auf Umfang und Datum arbeiten konnte!) und die tägliche, dadurch um nichts eingeschränkte Arbeit nur der Form gilt, die dieser eigenartige und erschütternde Stoff so sehr klar verlangt.

Vom Bürodienst will ich nicht los; er schafft die äußere Basis. wo alles andere versagt. Von allem anderen will ich frei sein.

19. Juni 1934 | Dienstag

> Siehe, ich habe vor dir gegeben eine offene Tür, und niemand kann sie zuschließen; denn du hast eine kleine Kraft und hast mein Wort behalten und hast meinen Namen nicht verleugnet.   *Offenbarung 3, 8*

Nun hat jeder Tag einen Sinn, ist Versuch, das große Leben wirklich ernst zu nehmen und abseits von dem Dreck und der Kleinlichkeit. Das Resultat aller Mühen und Verzichte kann ich am wenigsten beurteilen; ich sehe jeden kleinsten Abschnitt des Buches sehr skeptisch an: der Mensch und sein Leben sind zu groß. Gar nicht fragen und es weiter wagen.

20. Juni 1934 | Mittwoch

> Unsere Missetaten stellst du vor dich, unsere unerkannte Sünde ins Licht vor deinem Angesicht.   *Psalm 90, 8*

So schwer, so mühselig, so anstrengend und hoffnungslos alles ist: dies kann ohne Pose und Lüge der Weg zu dem sein, was ich das Pfarramt und das Pfarrhaus als das »Ideal« meines Lebens nenne; von beiden weiß ich, daß sie keine einfache Sache sind und und daß sie mir in den Pastorenkreisen nie begegneten: entweder fand ich Würdelosigkeit oder Verlogenheit. Man kann es auch nicht wollen, vielleicht aber, wenn es Schicksal wird, begreifen. Solange noch der leiseste Unterschied ist zwischen Predigtschreiben und Bücherschreiben, kann es ganz und gar nichts werden. Das mit der Qualitätsfrage und dem Qualitätsanspruch ist im Grunde auch falsch. Man kann sich wohl nur entscheiden, ob man sich von einem Stoff und Menschen auf Gedeih und Verderb packen lassen will oder, mit dem Ausblick auf den Effekt, dämmt, reguliert und abstoppt. Daß dies im Bereich meiner Möglichkeiten liegt, hat der Filmentwurf bewiesen.

23. Juni 1934 / Sonnabend

Ein Johannis-Abend von ungewöhnlicher Helligkeit. Ein Gang durch die Gärten am Priesterweg mit ihren vielen Lilien. Sonst ruhige Arbeit, und ich empfinde es nach der Beendigung des dritten Abschnittes fast als eine Art Ferien, daß ich nun, bis ich den neuen zu schreiben beginne, den Stoff vorbereiten muß. Die gehetzte Zeit der wirren Notizen ist vorüber, die Angst um Pensum und Termin beseitigt; nun ist es wirklich ein Akt der Ordnung und Konzentration. Freilich: während man den Stoff beschränkt und sichtet, findet diese leidige Fantasie immer neue Nahrung und die Sorge um die Form sowohl wie um das Format kann mir nicht genommen werden, bis der letzte Federzug getan ist.

24. Juni 1934 / Sonntag

> Das Gebot, das ich dir heute gebiete, ist dir nicht verborgen noch zu ferne; – denn es ist das Wort gar nahe bei dir, in deinem Munde und in deinem Herzen, daß du es tust. *5. Mose 30, 11. 14*

Der Versuch mit der Kirche war wieder vergeblich. Es ist nicht anders: ich bin »geistlich« wie ausgehungert und fürchte mich vor der Inzucht und der Kontroll-Losigkeit meines religiösen Denkens. In Luther geblättert: und sofort kommt die Beruhigung. In Kant gelesen: und Einzelheiten faszinieren mich; das meiste kann ich aus Mangel an Intelligenz nicht lesen; Abschnitte wie der über das Beten stoßen mich ab oder sind mir völlig fremd. So sehr es mich oft an die Bücher der Großen reißt: es muß, meine sehr erschöpften Kräfte zu schonen, beim alten Prinzip und der alten Taktik bleiben – nur das aufzunehmen, was der Gang der laufenden Arbeit an mich heranträgt.
Mit Luther steht es anders. Luther ist Ersatz für Kirchenbesuch.
Der Hunger, der wirklich nur so zu nennende Zustand, nach der Auslegung der Bibel und die Unruhe des Blutes scheinen mir zwei völlig gleich starke Mächte zu sein; zwei Mächte, deren Druck man mit viel Leiden spüren muß. Die Kunst ist von beiden Mächten und aus beiden Ängsten erpreßt, ist auch ein sehr

schmerzhafter Hervorbruch von Lebendigkeit. Wo ich von Wor-
ten wie Leben und Lebendigkeit lese oder höre, bin ich im selben
Maße aufgewühlt wie andächtig gestimmt. Daher auch die
für meine Verhältnisse ungewöhnliche Sympathie für Reinhold
Schneider, der Friedrich Wilhelm in dem Brief an mich »der
Lebendigsten einer« nannte; daher der ganze, schwere Friedrich-
Wilhelm-Versuch.

25. Juni 1934 | Montag

> Du erhältst stets Frieden nach gewisser Zusage; denn
> man verläßt sich auf dich.   *Jesaja 26, 3*

Wieder ein dunkler, schwüler Tag. Die Arbeit nicht gehemmt,
aber der Kopf zum Zerspringen, und der eigenen Melancholie
muß ich dauernd selbst alles Mögliche aus- oder einreden. Nur
für die politischen Sorgen gibt es kein Heilmittel; das ist alles so
schlimm und erinnert oft so an Krieg: Anleihen; Stimmungs-
Propaganda; die Menge militärischer Übungen. Je monumentaler
die Feiern und Aufmärsche organisiert werden, je fanatischer die
politischen »Führer« den Fortschritt konstatieren, desto gedrückter wird die Stimmung der Einzelnen; und immer wieder, auch
unter Nationalsozialisten, die Frage: wo sind die eigentlichen
Nationalsozialisten? – Die Sprache der Regierung ist Hybris; ver-
räterisch und erschreckend der heimliche politische Witz, der
immer die Situation am schärfsten und am raschesten erfaßt. –
Um den Pfarrer-Notbund, der sich gegen die gewaltsame Revo-
lutions-Reformation wehrt, gruppieren sich Theologenkreise mit
erstaunlichem Mut. Sie wagen es trotz aller Drohungen gegen
die »Reaktion« sogar mit einer eigenen Zeitschrift »Junge Kirche«,
die wir jetzt auch mithalten. Professor Hermann gehört natürlich
in diesen Kreis.
An was ich mich auch zu halten, womit ich mich auch zu beruhigen, wofür ich auch dankbar zu sein suche – dagegen kann ich
nicht an, daß nach den Ereignissen der letzten Jahre und angesichts der Hoffnungslosigkeit meines Berufes meine Nerven nun
am Versagen sind. Die Größe des Lebens steht freilich unverrückbar für mich fest. Es war zu viel Frömmigkeit auf der Welt;
deshalb ist man so gebannt vom Leben. Es hat sich etwas ereignet
und geschieht immer wieder, das einen nicht losläßt; das Wort
»Die Gemeinde der Heiligen« sagt viel davon. –

Jetzt nach acht Jahren meldet sich in einem sehr freundlichen Brief plötzlich Harald Poelchau[38], Gefängnispfarrer hier in Tegel; der einzige, der mir in meiner Zeit im Breslauer Theologen-Konvikt, außer Professor Hermann, näher stand und großen Einfluß darauf hatte, daß ich Schluß machte mit dem Studium; Poelchau schreibt auf den »Kahn« hin. An Poelchau war sehr viel. – Bei solcher Gelegenheit sehe ich immer wieder, daß ich im Grunde meines Herzens sehr zur Freundschaft veranlagt bin; schönste Möglichkeit, der Vielfalt des Lebens nahe zu sein, ohne in die Verwirrung zu geraten, wenn man das Leben eines anderen Mannes kennt; und immer von mir begehrt, wenn der Grund der Beziehung die Kirche ist. Nur kann ich nie den ersten Schritt tun; nicht mehr. Bei Reinhold Schneider wird es eine einseitige Bewunderung bleiben für den Menschen, der seine dreißig Jahre ernst genommen hat.

30. Juni 1934 | Sonnabend

> Ich harre des Herrn; meine Seele harret, und ich hoffe
> auf sein Wort. *Psalm 130, 5*

Die Miliz der SS seit Mittag in Alarmzustand; Anlaß und Zweck noch undurchsichtig. –

Das Ende des Abendspazierganges brachte dann die Klärung. Die Zeitungshändler waren bestürmt. Die Ereignisse zu schildern, würde zuviel verlangen. Ich hebe die Zeitungen auf, die sklavisch drucken, was ihnen amtlich vorgelegt wird. Als Laie habe ich nur zu sagen: Hitler hat ja die Leute, die er groß gemacht hat, lange genug gekannt, und eine breite, breite Öffentlichkeit hat um ihre Abgründigkeit gewußt und dennoch Vertrauensvotum über Vertrauensvotum erteilt. Einen so sauberen Mann wie den General Schleicher in diese Dinge verstrickt zu sehen – und namentlich sein und seiner Frau Tod – ist furchtbar. Es ist gar nichts zu hoffen. – Alles zu früh, zu ungeduldig, zu vermessen. Noch lebt das Volk trotz aller politischen Witze und privaten Enttäuschungen in der Illusion vom »Dritten Reich«.

1. Juli 1934 | Sonntag

Ein sommerlicher, belebter Sonntag wie alle anderen und gar nichts von den erregenden Dingen zu spüren. Es ist, als wären sie nur der Anlaß zu neuen byzantinistischen Kundgebungen.

Alles geschieht, dieses unglückselige Volk in Unruhe und Unglück zu treiben, und immer wieder merkt man, wie es sich nur seine kleinen Idylle zu bewahren sucht; dieser Sonntag mit seinen Garten- und Wasserfreuden war so lehrreich.

Wir waren noch einmal in Monbijou. Vor allem der Totenmaske Friedrich Wilhelms wegen. Im Garten. Der große Abend-Spaziergang. Aber nun stieß mich das »Idyllische« der Deutschen ab. In allen Gartenlokalen wurde getanzt, als wäre nichts vorgefallen; das ist alles andere als harmlos und jugendlich.

Was geschehen ist und wie die Rechtslage ist, zeigt der Tod der Frau von Schleicher. –

3. Juli 1934 | Dienstag

> Da schlug er in sich und sprach . . . und ich verderbe im Hunger. Ich will mich aufmachen und zu meinem Vater gehen. *Lukas 15, 17. 18*

So steht es um mich und den Beruf; dieses Wort sagt es am besten. Ich müßte nur noch hinzufügen: »Ich bin müde . . .«

Nun ist die Vorbereitung des vierten Abschnittes »Der König und der Abenteurer« abgeschlossen. Eine Unmenge gegliederten Stoffes, aber unbewältigt, und im Grunde sind solche Studien der Stoff-Vorbereitung immer Anzeichen für einen bitterbösen toten Punkt. Was sind zwölf Stunden Tages-Arbeit, wenn soviel Zeit für den Erwerb verlorengeht. Welche Strafe, wenn Beruf und Erwerb getrennt sind.

4. Juli 1934 | Mittwoch

> Der Herr macht im Meer Weg und in starken Wassern Bahn. *Jesaja 43, 16*

Den Abschnitt IV, »Der König und der Abenteurer«, begonnen. – Manchmal, wenn mir die Schwierigkeiten des Buches über dem Kopfe zusammenschlagen, kommt mir der Gedanke, daß ich ja in nichts weiß, ob ich auf der Welt überhaupt noch etwas anderes auszurichten habe als dieses Buch, nachdem alles andere gescheitert ist. Und dieser Gedanke ist nichts als beruhigend; er läßt sogar alles Verlorene und Gescheiterte von »Hoffnungslosigkeit«, das die Politik unmöglich gemacht hat, an bis zum Film wunderbar leicht verschmerzen. –

> So jemand will der Erste sein, der soll der Letzte sein
> vor allen und aller Knecht.   *Markus 9, 35*

Die Sorge um die Ernte ist groß. Auch andere Dinge des Lebens-
bedarfs beginnen die Deutschen schon wie im Kriege zu ham-
stern. Ein großer Teil der Einfuhr soll gesperrt werden; Kartoffeln werden schon rationiert. Eine Mißernte, der man nicht
gewachsen ist, könnte die erste wirkliche Krise des Nationalsozialismus werden. Aber sie stellen sich bereits jetzt selbst als
die »Herren der Ernte« hin. Es ist wie mit fast allem: Preußen
habe ich entdeckt, als es verloren schien. Natürlich weiß ich den
Trost, daß es in einigen noch lebt, daß es einige ganz von neuem
sehr heftig an sich bindet.

> Herr, gedenke doch und laß deinen Bund mit uns
> nicht aufhören.   *Jeremia 14, 21*

Die heutige große Hitler-Rede, durch Lautsprecher bis in die
letzten Winkel des Landes verbreitet, hebe ich im Zeitungsnach-
druck auf. Daß die Zahl der Erschossenen so groß ist, hatte ich
bei Ullstein schon lange gehört. Ich spüre nun allmählich gar,
gar keine Berührungspunkte und keine Verständigungsmöglich-
keiten mit dem Nationalsozialismus mehr und kenne in dieser
Hinsicht gar nichts mehr als die schwere Sorge, wie dieses ver-
messene Abenteuer, zu dem dieses unglückliche Volk kranke
Phantasten ermächtigt hat, enden soll. In allem, allem: Kunst
und Politik und Leben mit den Menschen bleibt nur eine einzige
Müdigkeit. Und die durch nichts begründbare Überzeugung, daß
das Schreiben gewagt sein muß; die Ehe und das Schreiben –
die tägliche Frage nach der Selbstbestätigung, die sonst gar nicht
mehr zu gewinnen ist: im Schreiben geht sie mir auch immer
mehr verloren.

> Ein Haar von eurem Haupt soll nicht umkommen.
>   *Lukas 21, 18*

Heut sollte der Roman nach den ursprünglichen Plänen beendet
sein – und als welche Last liegt er noch vor mir. Auch davon
bin ich geheilt: daß ich glaubte, unter allen Umständen, auf

Termin und in vorgeschriebenem Format arbeiten zu können. Gar nichts ist in der Kunst für mich geblieben, seit Lockerung und Ehrgeiz aufgehört haben, als das Gefühl einer drückenden Verpflichtung – ohne daß der Trost besteht, wer und was mich verpflichtet. Denn sich so gebunden zu fühlen, kann die letzte, schwerste Täuschung und Überheblichkeit sein. Man darf sich nicht hinzudrängen, wo man nicht gerufen ist. –

Immer wieder muß ich es sagen: das Leben muß genau so groß und schön sein, wie es einem niedrig und schrecklich begegnet – sonst wäre diese Trauer und der Trieb, die Tage nicht zu vergeuden, nicht so sehr stark und die Trauer, die um Besseres und Schöneres klagt, nicht so anhaltend. –

15. Juli 1934 | Sonntag

> Ich glaube, lieber Herr; hilf meinem Unglauben!
>
> *Markus 9, 24*

Ich fand heut Luthers Brief an Melanchthon vom 27. 6. 1530: »Deinen jämmerlichen Sorgen, von denen du, wie du schreibst, verzehrt wirst, bin ich von Herzen feind. Daß sie in deinem Herzen so herrschen, kommt nicht von der Größe der Sache, sondern von der Größe unseres Unglaubens ... Aber laß die Sache groß sein: Groß ist auch der, der sie führt und veranlaßt; denn es ist nicht unsere Sache. Warum quälst du dich so beständig und ohne Ruhe? Ist die Sache falsch, so wollen wir widerrufen. Ist sie wahr, warum machen wir den trotz seiner hohen Verheißungen zum Lügner, der uns befiehlt, unser Herz soll sorglos wie im Schlafe sein? ,Wirf deine Sorge', spricht er, ,auf den Herrn!' ,Der Herr ist nahe allen, die bekümmerten Herzens sind, die ihn anrufen'.«

Mit den Worten Luthers ist es wie mit denen der Bibel: man glaubt sie zu sich selbst gesprochen, fühlt sich allerpersönlichst angeredet. Und der Wall gegen den Individualismus, der Trost in den Zweifeln, man lege sie willkürlich aus: daß man weiß, viele, viele andere erfahren es genau so!

20. Juli 1934 | Freitag

> Ach, daß du den Himmel zerrissest und führest herab!
>
> *Jesaja 64, 1*

Nach der Glut nicht sehr gefragt, die Schmerzen übergangen, an die Zeit nicht gedacht, das Dankenswerte nicht vergessen und zu arbeiten versucht wie immer – einen anderen Rat weiß ich mir nicht. Mit einer neuen Zeitschrift noch einmal den Versuch mit Novellen und Gedichten gemacht, da Verlag und Herausgeber ernsthaft: Paul Alverdes bei Albert Langen-Georg Müller, die doch immerhin ein gewisses Niveau – ob auch Toleranz, weiß ich nicht – zu halten suchen. –

24. Juli 1934 | Dienstag

> Hilf, Herr! Die Heiligen haben abgenommen und der
> Gläubigen ist wenig unter den Menschenkindern.
>
> *Psalm 12, 2*

Jeden Tag halte ich mir dieselbe Rede: wie sorgenfrei unser Leben ist; wie wenig uns die Revolution angetan hat; wieviel Schmerzen andere durchmachen; welches Wunder die überraschende Anstellung bei Ullstein war; von wieviel Verständnis, Liebe und Fürsorge ich im Hause umgeben bin; wie schön mein Haushalt, wie glücklich meine Ehe ist; aus wieviel Nöten und Verwirrungen sich immer wieder ein Ausweg ergab; welches Glück es ist, daß ich nicht zu lügen brauche, um meine Existenz zu erhalten; wie herrlich es war, nach dem Verlust der Heimat immer stärker, immer intensiver die Mark, Preußen, den Staat zu entdecken; daß mir diese Weltstadt zur zweiten Heimat werden konnte durch Friedrich Wilhelm; daß ich diesen Stoff als allerpersönlichste Angelegenheit fand –.

Aber das alles kann nun einmal die Tatsache nicht aus der Welt schaffen, daß ich aus diesem Ullsteinjahr der Rettung an Kräften und an Hoffnungen und Stolz völlig geschlagen hervorgehe; daß das Aufgeben alles Nebenverdienstes im Funk und sonst zu spät war; ich weiß vor Erschöpfung und Kopfschmerzen nicht mehr aus und ein und komme aus dem Lärm in der Stadt und der enervierend toten Arbeit völlig kaputt heim und kann mich nicht mehr erholen. Nun hat es auch Hanni gemerkt, daß der Roman immer zerfließender und matter wird. Und wie hat das alles in mir gelebt! – Ich komme und komme nun einmal über Beuthen, die Kinderlosigkeit, die ererbten Anlagen, die mich ja mit Vater viel enger und tragischer verbinden, als ein Mensch ahnen kann, über die Erniedrigungen des Berufes, über die Schmerzen, die Erschöpfung und die unfromme Angst vor der Zukunft nicht mehr hinweg. –

> Er erhöht die Niedrigen und hilft den Betrübten
> empor. *Hiob 5, 11*

Weil der Kriegsausbruch zwanzig Jahre her ist, bringen die Zeitungen und Zeitschriften viele Bilder dieser Zeit. Am erschütterndsten sind die Fotos unbekannter Soldaten; die furchtbarsten Dokumente, die man sich denken kann; die Menschen zu einer Größe des Ausdrucks gesteigert, daß es einem durch und durch geht. – Wie viele kennt man, die an der Front waren, und sie sind in nichts mehr von den anderen entsetzlich leeren Menschen unterschieden!

In Österreich ist Revolution; eine Parallele zu dem Sturz der SPD bei uns im Sommer 1932 durch die Feudalen und dem anschließenden Kampf der Nationalsozialisten gegen die Feudalität; aber alles noch viel wirrer und undurchsichtiger. Krisen, Streiks und Unruhen in Frankreich und Holland. Diese Welt kann sich gar nicht mehr erholen und beruhigen; und aller Aufruhr so kraftlos und müde.

31. Juli 1934 | Dienstag

> Alles, was wir ausrichten, das hast du uns gegeben.
> – *Jesaja 26, 12*

Berichte, persönliche, aus England: der Haß gegen Deutschland so groß wie 1914. Und man muß mit dem Ausland statt mit der eigenen Regierung fühlen und fürchtet sich selbst, das niederzuschreiben. Genau zwanzig Jahre nach Kriegsbeginn diese schrecklichen Verhältnisse. Der alte Hindenburg, ein letzter Wall, schwer krank.

Frieden und Ordnung des privaten Lebens können einen vor Schwermut und Unruhe nur wenig und nur mühevoll schützen. Nur nicht der Krieg! Und wie schrecklich, wenn das einzige, was uns vor dem Kriege schützt, die Schwäche und Erschöpfung ist, von der wir uns nicht mehr erholen können.

Politisch bedeutet Hindenburg nichts mehr, ihm ist als so altem Manne jeder Affront getan, jeder Einfluß genommen. Ideell ist er vielen noch sehr wichtig. Der letzte große Mann, Repräsentant nationaler Würde vor dem Ausland. Und mit Hindenburg verknüpft sich doch noch einmal der Gedanke, daß ein einziges Mal in neuer Zeit unser Volk den Beweis politischer Reife erbracht hat: als die sozialdemokratische Republik schon zu ihrem zweiten Präsidenten den großen General, das Muster eines preußischen Offiziers und Adligen, wählte! Was noch an Vertrauen auf das Volk möglich ist, gründet sich auf diese Änderung. Es ist erstaunlich, wie lebhaft, wie persönlich man für Hindenburg empfindet. Der einzige Große in der modernen deutschen Politik, der nichts »historisch« nannte, was er tat; der einzige wohl, der in die große Geschichte eingehen wird. Auch sein letzter »linker« Kanzler, der Katholik Brüning, war ein großer, ernster, würdevoller Mann; aber er besaß nichts, was für ein Volk Ideologie werden konnte. Diese beiden haben sehr auf mich gewirkt; ihr Wirken war, wie es in der großen Geschichte ist. Alles was dann und was neben ihnen geschah, war Frevel an der Geschichte, obwohl man sie zum Teil gar nicht schlecht kannte. Man wird sich noch verlassener fühlen, wenn Hindenburg stirbt. –

2. August 1934 | Donnerstag

Mit einer Hand taten sie die Arbeit, und mit der
andern hielten sie die Waffe.   *Nehemia 4, 11*

Hindenburg ist heute früh gestorben. So passiv er war und sein mußte (und doch verlor er seine Würde nicht), seit er sich in den Hitler-Wahlen dem Volke fügte, dem er sich immer zur Verfügung stellte, – man hat ein seltsam verlassenes Gefühl. Hitler hat sich bereits gestern in einer Sondersitzung des Kabinetts zum Oberhaupt des Staates, Reichspräsidenten und Reichkanzler in einem erklärt; damit ist er auch der Chef des Heeres im Zenit. Die nachfolgende Volksabstimmung wird ihn bestätigen. Neues geschrieben.

3. August 1934 | Freitag

Da dieser Elende rief, hörte der Herr und half ihm aus
allen seinen Nöten.   *Psalm 34, 7*

Große Schwüle und auf den Abend so rauschender Regen, daß man das Stundengeläut der Glocken, das nun bis zu Hindenburgs Beisetzung allabendlich sein wird, kaum zu hören vermag.
Hanni reist morgen nach Breslau.
Was Hindenburg betrifft, so hat die Geschichtsfälschung schon zu seinen Lebzeiten begonnen. Nie und nimmer war er der Schirmherr der nationalsozialistischen Revolution. Man occupierte

die Autorität des Greises, der sich einer schrecklichen parlamentarischen Notwendigkeit fügen mußte. –

10. August 1934 | Freitag

> Das ist der Herr, auf den wir harren, daß wir uns
> freuen und fröhlich seien in seinem Heil.
>
> *Jesaja 25, 9*

Die Briefe aus Beuthen kommen immer wieder, und ich muß auch das in mein Leben einbauen lernen. Das alles ist seltsam. – Von Vater schreibt Mutter, er habe gesagt: »Der Liebste ist mir der Jochen, dem bin ich nähergetreten.« Wieso, das könne er ihr nicht so schnell erklären.

Es sieht in mir nicht anders aus. Seit langem nicht. Vater und ich brauchen uns nicht wiederzusehen, obwohl Mutter das sicher mit all dem Schreiben meint –. Das glaube ich lange: wenn wir einen alten, kranken Menschen schon für ganz entschwunden, eingeschlafen und verfallen halten, beginnt noch einmal ein ganz eigenes, neues Leben der Gedanken mit ihm, Gottes letzte Sprache mit ihm. Denn nur in diesen Zusammenhang kann gehören, was Vater da gesagt hat. Vater und ich sind uns ja eine der schwersten Prüfungen gewesen, die Gott uns auferlegt hat, und was Sünde, Gnade, Führung Gottes ist, haben wir in großen Erregungen und Leiden aneinander erfahren. Es ist das einzige Mal, daß ich im Leben die Bitte des Vaterunsers ganz begriffen habe, im jahrelangen Prozeß: »Und vergib uns unsere Schuld, wie wir vergeben unseren Schuldigern.«

Auch vor Mutters Brief, lange schon, habe ich mir überlegt, ob ich bei einer Abwesenheit von Hanni nicht nach Beuthen fahre, denn es zieht mich sehr zu Vater. Wir wären ganz allein. So aber muß ich das tragen wie bisher, und wir müssen eine ganz andere, wirklich heimliche Sprache miteinander reden. –

12. August 1934 | Sonntag

> Euch ist das Wort dieses Heils gesandt.
>
> *Apostelgeschichte 13, 26*

Der Havelberger Sonntag. Abgesehen von einem alten Pfarrplatz an der Stadtkirche, deren Turm ein noch heut bewohntes Küsterhaus vorgebaut ist, und auf einen Blick von einer Havelbrücke zum Ufer mit kleinen Kähnen, Netzen, Enten und zum Dom hinauf beschränkt sich der Eindruck auf den Dom und seine unmittelbare Umgebung selbst, die Räume der Propstei, die Plastik im Dom – im einzelnen ist sonst viel gesündigt; sehr friedlich einige Häuser und Gärten um den Dom, darunter das reizende Schlößchen eines entfernten Verwandten auf dem Hügel über der Havel. Die Namen der Gassen von großem Reiz. Hier soll nun der Abschluß des ersten Bandes spielen.

Unter den Plastiken: eine lachende Madonna »mit den Grübchen« – das Jesuskind, die Taube des Heiligen Geistes fütternd; Maria, die Wurzel Jesse in der Hand; Verkündigung: Gott, durch eine Wolke verhüllt und Maria das Kind entgegenhaltend, spricht Maria ins Ohr.

13. August 1934 | Montag

> Ich habe euch gesetzt, daß ihr hingehet und Frucht
> bringet und eure Frucht bleibe.   *Johannes 15, 16*

Dies ist die große, alles Lebenswerk, das in Buße und äußerer und innerer Not geschieht, bestimmende Frage. Das, woran man nicht zu denken wagt, auch wenn der Friede der Vergebung da ist; am Ende des Lebens wird mehr Antwort in einem sein. –

14. August 1934 | Dienstag

> Wir liegen vor dir mit unserem Gebet, nicht auf
> unsere Gerechtigkeit, sondern auf deine große Barm-
> herzigkeit.   *Daniel 9, 18*

Nicht nur, daß ich die Sprüche täglich vor mich hinschreiben möchte; ich muß mich zusammennehmen, sie nicht auch noch zu unterstreichen. Dies ist mein täglicher Ersatz für die Kirche, die in meiner Reichweite nicht zu finden ist und nach der ich mich sehne wie nach nichts sonst. – Aber auch das kann eine Sprache Gottes sein, daß er einen immer heftiger fragen und verlangen läßt. Früher dachte ich predigen zu können; jetzt möchte ich nur immer wieder predigen hören. – Hanni hat mir ein herrliches Buch von den Breslauer Kirchen mitgebracht.

19. August 1934 | Sonntag

> Wenn du bis an der Himmel Ende verstoßen wärest,
> so wird dich doch der Herr, dein Gott, von dort sam-
> meln und dich von dort holen.   *5. Mose 30, 4*

Heut die Volksabstimmung über die Vollmachten Hitlers als Reichspräsident und Kanzler auf unbegrenzte Dauer. Unentwegt laufen seine Reden im Rundfunk; ich kann und kann nichts Konkretes in ihnen finden! Seit Freitag schon muß geflaggt sein, und kaum jemand wagt es, sich auszuschließen. Was macht es, daß unsere Fahne fehlt; was werden unsere beiden Nein-Stimmen bedeuten! Es ist unfaßlich: spricht man die einzelnen, ist alles bedrückt – kommen die Kundgebungen, sagt alles zu allem Ja und Amen! Aber solchem Volksentscheid muß man sich beugen. Die Opposition gegen Hitler ist sich nur im Negativen einig.

20. August 1934 | Montag

> Ich sage euch: Der Zöllner ging hinab gerechtfertigt in sein Haus vor jenem. *Lukas 18, 14*

Auch wenn ich aller Resignation ihr Recht lasse, – daran ändert sich nichts, daß dieses Buch ein Entscheidungskampf mit mir selbst ist und daß ich mich mit dieser Arbeit mir selbst gestellt habe. Und so groß auch alle Belastungen sein mögen, ist dennoch von Hanni und von mir aus alles geschehen, um mich für das Buch allein von allem, was abgetan werden konnte, freizuhalten.

21. August 1934 | Dienstag

> Der Herr, dein Gott, wandelte dir den Fluch in den Segen, darum daß dich der Herr, dein Gott, lieb hatte. *5. Mose 23, 6*

Die Studien zum Roman, obwohl noch immer einige Ergänzungs-Lektüre folgen wird, können mit dem heutigen Tag als abgeschlossen gelten. Nun weiß ich nicht mehr, wie ich noch Zeit und Kraft für das Buch heraussparen sollte. Erschiene der erste Teil jetzt als besonderer Band, – ich glaube, ich würde ganz von neuem aufleben. Es wäre ein Buch von Friedrich Wilhelm, fast ganz ohne Friedrich; und das wäre nicht falsch.

Die Presse verlacht den Wunderglauben und die Ohnmacht der Nein-Sager der Volksabstimmung. Aber Hitler scheint betroffen, daß »nur« 90 Prozent des Volkes hinter ihm stehen. Er redet eine eigentümlich werbende Sprache. Und kündigt an, daß er eine geniale Aktion *a tempo* beginnen wird, um alle Herzen zu gewinnen.

Nun ist nicht nur im Augenblick historisch, was sie tun. Auch das Kommende nennen sie selbst auf Vorschuß genial! Die großen Worte sind heut völlig aufgebraucht.

22. August 1934 | Mittwoch

Ich weiß, was du tust und wo du wohnst.

Offenbarung 2, 13

Wenn es mit diesem verbissenen, geheimen Groll – mit jener Zerknirschung, die Hoffnungen und Ansprüche nicht mehr kennt – mit dieser auch durch alle Dankbarkeit nicht aufzulösenden Schwermut gar nicht besser werden will, so muß man zu dem letzten Mittel greifen, das einem bleibt: es sich Stunde um Stunde sagen, daß einen Gott haarscharf in diese Lage gebracht hat, weil er dort am vernehmlichsten mit einem sprechen kann, gerade an dieser Stelle, an der man steht und zu der man auf recht wunderliche Weise gelangt: durch eigensinniges In-die-Irre-Laufen; durch Verleitung und rohe Stöße der Umwelt; durch Gottes Führung. – Man wird aus dieser Doppelheit nie herauskommen, zu sagen: Hier stehe ich durch eigene Schuld und Gottes Gnade. Und daß in ein und demselben Ereignis die Menschen einem Übles zufügten und Gott einem seine Güte bewies. –

26. August 1934 | Sonntag

Der Herr ist allen gütig und erbarmt sich aller seiner Werke.

Psalm 145, 9

Den Sonntag in Paretz. – Paretz selbst: schon nicht mehr einfach, sondern ärmlich, die Malereien der Gartenzimmer drittrangig. Ein leeres Empire; menschenscheu und heruntergekommen – nicht Zuflucht eines Königs. Schön nur der Blick auf das Schloß, die Weiden mit Kühen und Schafen um den Park, die Segel zwischen den Wiesen, Puttos auf einer Gartenmauer ganz in Efeu, wildem Wein und Spinnweb. Noch einmal kehrt etwas von Friedrich Wilhelm I. hier wieder: der Hang zur bürgerlichen Ordnung, die Frömmigkeit, die die Nähe der Glocken liebt, das holländische Ideal, die Sparsamkeit – aber es ist die Welt des wirklich klein und müde gewordenen Epigonen – nicht die leidenschaftliche Flucht und Lüge und Rettung des Über-Lebendigen. –

29. August 1934 | Mittwoch

Über des Himmels Gestalt könnt ihr urteilen; könnt ihr denn nicht auch über die Zeichen dieser Zeit urteilen?

Matthäus 16, 3

Das weiß ich längst, das gilt für mich genau so wie für den großen Friedrich Wilhelm: die Naturen, die jene schreckliche Müdigkeit

haben, die Eremitage suchen, immer wiederkehrende Todessehnsucht spüren, vom Selbstmordgedanken nicht loskommen – das
sind die, die das Leben so lieben und so heftig leben wollen, daß
die Lähmungen des Lebens unerträglich für sie sind, sie sind
die ganz vitalen. Was jetzt tot gemacht wird in einem, ist nur die
Hektik, nicht die Vitalität. Und darum mag es gut sein, so hart
es einem ankommt, was mit einem geschieht.

30. August 1934 | Donnerstag

> Ich werde hinfort nicht mit euch sein, wo ihr nicht
> den Bann aus euch vertilgt.   *Josua 7, 12*

Das ist nun noch eine sehr gestörte Woche. Aber ich habe heut
noch einen größeren Abschnitt geschrieben. Die Reise ist von
Hanni mustergültig vorbereitet. Wir haben uns für Stralsund und
Brunshaupten entschieden. Zum ersten Mal zieht es auch Hanni
nach dem »Norden«. Nach der unsteten Witterung fragen wir
nicht. – Die Versuchung, einmal wieder neun Tage durchzu-
schreiben, ist groß. Aber gerade des Buches wegen darf es nicht
sein.[39]

12. September 1934 | Mittwoch

> Alle Züchtigung, wenn sie da ist, dünkt uns nicht
> Freude, sondern Traurigkeit zu sein, aber danach
> wird sie geben eine friedsame Frucht der Gerechtigkeit
> denen, die dadurch geübt sind.   *Hebräer 12, 11*

Nach der Rückkehr viel Unruhe, und zum Schreiben komme ich
noch nicht, obwohl alles schon wieder so geordnet ist, daß ich
beginnen könnte. Im Dienst viel zu tun, um auch da reinen
Tisch zu machen. –
Wie in der Woche vor der Reise mache ich es auch diesmal: alle
in der kommenden Zeit unvermeidbaren Störungen konzentriere
ich nach Möglichkeit auf diese Woche nach der Reise. So kommt
morgen Harald Poelchau mit seiner Frau. Und auch in dem Film
»Maskerade« waren wir bereits; interessant, daß die Filme, die
die Gegenwart ignorieren, den meisten Erfolg haben. Eine herrliche Entdeckung Paula Wessely – endlich wieder einmal eine
junge Schauspielerin. Am Klatschen und Lachen des Publikums
konnte man merken, daß ihr Erfolg auf einem Mißverständnis
beruht. Dadurch wird sie sich halten können. –

13. September 1934 | Donnerstag

> Ich bin der Herr, dein Gott, der Heilige in Israel, dein
> Heiland.
> *Jesaja 43, 3*

Das Wiedersehen mit Harald Poelchau, die Bekanntschaft mit
seiner Frau – das ist bei allen Beteiligten sehr gut ausgefallen.
Genau wie Professor Hermann [auf der Reise in Greifswald]
hatte ich Poelchau seit dem Februar 1926 nicht mehr gesehen und
nun erst auf seinen »Kahn«-Brief von ihm gehört. –
Hermann und Poelchau waren in meiner Zeit im Theologen-
Konvikt objektiv gesehen die einzig »Lohnenden«, subjektiv betrachtet die einzigen, die gut zu mir waren. In allen Gesprächen
des gestrigen Abends herrschte sofort die schönste Übereinstimmung; nur daß er als Gefängnisgeistlicher Gottesdienst und Predigt zu radikal ablehnt.

16. September 1934 | Sonntag

> Siehe, es kommt die Zeit, spricht der Herr, da will ich
> mit dem Hause Israel und mit dem Hause Juda einen
> neuen Bund machen; nicht, wie der Bund gewesen ist,
> den ich mit ihren Vätern machte ... welchen Bund sie
> nicht gehalten haben, und ich sie zwingen mußte.
> *Jeremia 31, 31. 32*

Nun ist der »Vater«-Plan ein Jahr alt.
Ein Tag, so klar, so sonnig, so reich an Blumen wie der andere;
diese Pracht der Dahlien vor unseren Fenstern. Lange im Garten;
und noch einmal sonnen und schwimmen. Und ein herrlicher
Spaziergang am Kanal bei Glockenläuten und Sonnenuntergang.
Die Menge der Spaziergänger am Ufer war wie eine Prozession. –

7. Oktober 1934 | Sonntag

> Das ist ein köstlich Ding, dem Herrn danken, und
> lobsingen deinem Namen, du Höchster, des Morgens
> deine Gnade und des Nachts deine Wahrheit verkün-
> digen.
> *Psalm 92, 2. 3*

Wunderbarster Herbst, der blaueste Himmel und die reichste
Sonne. Ich hatte gestern abend lange gearbeitet und danach, in
der Erwartung des Sonntags, viel besser als sonst geschlafen.
Der sonntägliche Frühstückstisch wieder eine Apotheose der an-
tiken Dinge, und dann sofort ein großer Spaziergang. Als Neues:
der Botanische Garten, der ja in großen Abschnitten wirklich eine

fremde Landschaft ist. Dem Berliner kann man den Vorwurf nicht machen, daß er die Schönheiten, die sich ihm bieten, nicht wahrnimmt. – Mittags, mit Weinlaub geschmückt, kam die erste Ente auf den Tisch, Blumen und Wein – das Wesen der Mahlzeit, das sinnliche und das »sakramentale« ist nirgends sonst so wie bei Friedrich Wilhelm begriffen. Heut im Botanischen Garten, unter den herrlichsten, klarsten und zartesten exotischen Blüten, sah ich etwas, das als Bild das schönste Titelblatt für den Roman abgäbe: eine grüne, große Pflanze, die – wie sie gefunden war – aus einem Totenschädel wuchs. –

9. Oktober 1934 | Dienstag

Abraham blieb stehen vor dem Herrn.

1. Mose 18, 22

Immer, wenn vom Buch die Rede war, muß ich fürs Weiterschreiben erst wieder vergessen, daß es auf dieser Welt Verleger, Buchhändler und ein Publikum gibt, die alle drei mit der Frage der Form, um die allein es geht, nicht das mindeste zu tun haben. Genuß ist nur, wenn ein Buch sich vorbereitet; alles andere ist Mühsal und Angst, auch wenn einen eine gelungene Einzelheit zu freuen vermag. – Hanni hat heut in der Staatsbibliothek Reinhold Schneider getroffen. Dem war es kein Wunder, daß Friedrich Wilhelm zwei Bände verlangt. Er sagt, es kommt nur auf eins an: daß ich ruhig bleibe. – Leicht wird einem das nicht gemacht. – Vor allem komme ich von dem Verdacht nicht los, daß ein unförmiges Buch wohl auch ein formloses Buch ist. Seit der Rückkehr von Brunshaupten sind schon wieder 100 Seiten dazugekommen.

13. Oktober 1934 | Sonnabend und 14. Oktober 1934 | Sonntag

Meine Lust ist bei den Menschenkindern.

Sprüche 8, 31

Am Sonnabend gleich von der früheren Heimkehr an am Buch geschrieben. Über dem Sturm- und Regensonntag wieder alle guten Geister eines Dickens – (der ja die Härte der Welt besser kennt als alle sozialen Naturalisten der Welt und dessen Behaglichkeit darum auch nie verletzt). Aber viel schlimme Neuralgien; wieder einmal eine ganz böse Strähne.
Aber die Ruhe und: Sturm und Glocken, Sturm und Glocken, schwarze Wolken bis aufs Wäldchen hängend – es war wunderbar!

16. Oktober 1934 | Dienstag

> Siehe, ich habe deine Sünde von dir genommen und habe dich mit Feierkleidern angezogen. *Sacharja 3, 4*

Mutter schreibt, daß Vater nun vom Arzt aufgegeben ist. Und daß ich kommen soll. Wenn einem doch diese Quälerei erspart bliebe. Für Vater ist es doch sicher nicht mehr nötig.

17. Oktober 1934 | Mittwoch

> Gott donnerte mit seinem Donner wunderbar und tut große Dinge und wird doch nicht erkannt.
>
> *Hiob 37, 5*

Heut schreibt Frau Sanitätsrat Demel aus Beuthen, daß Dr. Hacker auch für Mutter selbst das Schlimmste befürchtet. Und daß ich kommen soll. Ich werde es tun. Wenn doch bis dahin alles vorüber wäre. Wenn es doch nicht zu sein brauchte. –

18. Oktober 1934 | Donnerstag

> Es fehlte nichts an allem Guten, das der Herr dem Hause Israel verheißen hatte. Es kam alles. *Josua 21, 45*

Nach den schlimmen Beuthener Nachrichten bin ich nun ohne weiteren Bescheid geblieben und plötzlich gesundheitlich sehr kaputt. Ein Wunder ist es nicht. Immer wieder muß die Arbeit vor solchen Attacken gerettet werden. Die Nervenschmerzen sind ein Kreuz, und die Phantasie kann nicht anders, als immer sich wieder Beuthen vorzustellen.

Aber sehr konzentriert gearbeitet. Nur kein Vertrauen mehr.

Manche pathetische Erkenntnis kommt mir allmählich doch als höchst reale Angelegenheit vor; z. B. daß zu dieser abscheulichen Widerstandslosigkeit gegenüber dem Weinen über verpfuschte Leben Könige und Künstler wohl berechtigt sind. Und: daß jedes Wort, das man schon auf den Lippen hatte und nicht ausspricht, die Anwartschaft erhält, einmal Kunst zu werden. –

23. Oktober 1934 | Dienstag

> O daß mein Leben deine Rechte mit ganzem Ernst hielte! *Psalm 119, 5*

Die Redaktion der neuen Zeitschrift »Das innere Reich« im Albert Langen-Georg Müller Verlag schreibt mir einen viel zu anerkennenden und in der Kritik überraschend eingehenden, langen Brief über meine vorjährige Novelle »Und wenn sie nicht gestorben sind . . .« Ich freue mich natürlich, daß diese alte Arbeit nun doch noch erscheinen soll.

Der Moment, in dem ich nach Beuthen fahren könnte, ist noch nicht da. Es ist noch viel Arges.

24. Oktober 1934 | Mittwoch

> Ein jegliches Reich, so es mit sich selbst uneins wird,
> das wird wüst; und eine jegliche Stadt oder Haus, so
> es mit sich selbst uneins wird, kann's nicht bestehen.
>
> *Matthäus 12, 25*

Was ist das für ein Arbeiten. Es ist wirklich so weit: ich schleppe mich bloß noch. Ich halte den Tag bloß noch ganz mühselig zusammen und weiß gar nicht, wie das werden soll.

Heut besuchte mich Bischoff[40] bei Ullstein. Der Einzige, der ihm wenigstens mit 20 Mark-Honoraren hilft, ist Krell, indem er ihn Romane prüfen läßt. Darunter erhielt Bischoff gestern nun ausgerechnet mein Manuskript. 200 Seiten hat er gleich in einem Zuge gelesen. Daß er noch viel begeisterter ist als Z. – es kann mich nicht beruhigen. Aber trotzdem bin ich jetzt dankbar für jeden Trost. So sehr bedrückt mich das Buch.

Vom ganzen Leben ist nur noch ein großer Ernst übriggeblieben.

25. Oktober 1934 | Donnerstag

> Ein jeglicher unter euch, der nicht absagt allem, was
> er hat, kann nicht mein Jünger sein.   *Lukas 14, 33*

Nun sehr rasch quälende Nachricht aus Beuthen. Ich werde übermorgen fahren und wage es nicht mehr zu hoffen, daß mich ein Wunder davor bewahrt.

In einem Augenblick, in dem ich alle meine Kräfte brauche wie nur je, bin ich mit meinen Nerven völlig am Ende. Noch geht die Arbeit immer weiter. Aber was mag sie wohl taugen?! In der Arbeit selbst ist dann natürlich alles vergessen. Aber soll das ihr einziges Resultat sein?

26. Oktober 1934 | Freitag

> Ist meine Hand nun so kurz geworden, daß sie nicht
> erlösen kann? Oder ist bei mir keine Kraft, zu erretten?
>
> *Jesaja 50, 2*

Heut hat Hanni die Flucht vor allem ergriffen: vor dem erneut bevorstehenden Vermögensverlust; dem Verlag; den Häusermaklern; den schlimmen Nachrichten aus Beuthen. –

Weil es uns noch zum Roman fehlt, ist sie nach Braunschweig gefahren. Morgen muß nun meine Reise nach Beuthen sein. Es ist wie immer: mit unseren Kräften ganz am Ende gehen wir weg – hinterlassen in Arbeit, Papieren, Haushalt einen kleinen Musterstaat – müssen dann sofort in diesen geordneten Gang unseres Lebens zurück; und die wirkliche Pause einer Ruhe kommt nicht. Beuthen muß mich ja sogar weit zurückwerfen. Und kann es denn einen Sinn haben?

27.–30. Oktober 1934 | Sonnabend bis Dienstag

> Um deines Namens willen laß uns nicht geschändet werden.
> *Jeremia 14, 21*

Auf das Ganze gesehen, waren die Beuthener Stunden zum erstenmal sogar eine Beruhigung – und das gerade diesmal, wo ich die schlimmsten Erschütterungen erwarten mußte. Vaters Erschöpfung ist so groß, die Auflösung so weit fortgeschritten, daß ich fest glaube: selbst seine Schmerzen gehen, ohne daß sie ihm bewußt werden, über ihn hin. Es ist ein furchtbar schweres, physisch so schweres, Sterben. Am Sonnabend und Sonntag hat er noch, sehr leise, kaum mehr verständlich mit mir gesprochen, den Namen genannt, mich durchaus bewußt und sehr freundlich angesehen und noch zweimal gesagt: »Ich freu' mich« und »Ich habe Appetit auf dich«. Sonntag verlangte er auch noch »das schwarze Hemd«. In den letzten Stunden am Sonntag erwarteten wir mit jeder Minute seinen Tod – aber noch habe ich keine Nachricht und bin nun doch wieder unruhig, ob er doch noch viel leiden muß. – Ausgemacht hat mein Besuch nichts mehr und hätte es wohl schon seit langem nicht. Aber wichtig war, daß ich nun gesehen habe, was Mutter durchgemacht und mit dieser Pflege geleistet hat. –

Die größte Beruhigung liegt für mich darin, daß hier die eingeborene untilgbare Liebe genügt, um Mutter eine in diesen uns betreffenden Zusammenhängen erträgliche Lage zu schaffen.

Bischoff besuchte mich wieder heut bei Ullstein und gab mir Einblick in sein Lektoren-Urteil über den »Vater«. Von ihm aus ist alles geschehen. Eingehendere Behandlung kann ich nie erwarten, als ich sie von Bischoff erfuhr. Für Bischoff geschieht nichts, nichts, nichts. Daß das Verfahren gegen ihn eingestellt ist, bedeutet überhaupt nichts.

Von Mutter schon zwei Nachrichten: bei Vater – worüber ich

sehr erschrak – noch einmal eine Besserung, dann aber hohes Fieber und völlige Apathie. Am späteren Abend kam über Fischers[41] die Nachricht, daß Vater – wohl gegen Abend – gestorben ist. Ich konnte nur aufatmen. –

2. November 1934 | Freitag
Hannis Geburtstag. Vaters Beerdigungstag.

> Gott wird abwischen alle Tränen von ihren Augen, und der Tod wird nicht mehr sein, noch Leid noch Geschrei noch Schmerz wird mehr sein; denn das Erste ist vergangen. *Offenbarung 21, 4*

Heut früh ist Vater in die Kirche überführt worden; seit seinem Sterbetag läuten jeden Tag für ihn eine Stunde die Glocken, heut nachmittag vor der Beisetzung ist die Trauerfeier in der Kirche. Vierzehn Pastoren sprechen. Ich glaube, für Mutter ist das alles eher gut als aufregend und erschöpfend.

5. November 1934 | Montag
> Wer nicht in mir bleibt, der wird weggeworfen wie eine Rebe und verdorrt, und man sammelt sie und wirft sie ins Feuer, und müssen brennen. *Johannes 15, 6*

Der Arzt hat mich eine Stunde untersucht und flickt mich nun, da anderes nicht möglich ist, mit Medikamenten zusammen. Ich bin so auf den Hund gekommen, derart elend, daß ich gar nicht mehr schreiben kann; und bin dabei geistig noch so frisch. Aber ich schleppe mich nur noch. Es ist ein verteufelter Zustand.
Außer Billum habe ich nun alle endgültig verloren. Billum gefährlich erschüttert. Aber das weiß ich schon: es ist der Tod überhaupt.
Vaters Beerdigung wie ein Staatsbegräbnis. Ein rührender Zug: die »Nordschlesische Tageszeitung« bringt die Meldung von Vaters Tod unter der Überschrift »Jochen Kleppers Vater gestorben«. Bilder von Vaters Aufbahrung.

7. November 1934 | Mittwoch
> Israel, du bringst dich in Unglück, denn dein Heil steht allein bei mir. *Hosea 13, 9*

Nun ist es so weit, daß ich mir jede Zeile abquälen muß. Es trifft mich sehr. So eine Attacke. Wie betäubt. Mattigkeit. Unruhe. Schmerzen. Klare Pläne. Aber gar keine Produktivität. Was nüt-

zen nun, wo es immer schlimmer wird, alle Verzichte und Beschränkungen. Diesen Zustand kann ich nur noch »Schlafsucht«
nennen. Manchmal muß ich zu einem Wort dreimal ansetzen.
Und kriege es auch noch nicht zusammen. Also Korrekturen,
Quellen zum Ersatz. –

13. November 1934 | Dienstag

> Wenn du der Stimme des Herrn, deines Gottes, gehor-
> chen wirst ... wird der Herr gebieten dem Segen, daß er
> mit dir sei in allem, was du vornimmst. *5. Mose 28, 1. 8*

Weiter die furchtbare Müdigkeit, der Kampf um jede Zeile; auch
Ullstein wird mir jetzt natürlich immer fremder und sinnloser.
Dieses Buch möchte ich noch fertig vor mir liegen sehen. Seit
der Rückkehr von der Reise sind nun wenigstens 200 Seiten
geschrieben, gegen die ich eine wesentliche Attacke nicht vor-
habe. Aber in diesen Tagen schreibe ich kläglich wenig. Es ist
wahrhaftig wie Schlafsucht. Und leider werden die Abstände, in
denen mich der Arzt zu sich bestellt, immer kleiner. Aber ich
pariere, weil ich selber merke, daß ich übel mit mir verfahren bin
und daran war, mir eine schlechte Zukunft zu bereiten. –

19. November 1934 | Montag

> Durch den Glauben verließ Moses Ägypten und fürch-
> tete nicht des Königs Grimm; denn er hielt sich an
> den, den er nicht sah, als sähe er ihn. *Hebräer 11, 27*

Im Moment, wo man beim Arzt war, Verantwortung quasi nicht
mehr trägt, wendet man sich gegen die eigene Hypochondrie.
Das Einzige: ich schlafe noch immer am Schreibtisch ein.
Im Buch bin ich im allerletzten Abschnitt des ersten Bandes.
Wird das wirklich auch einmal mit dem zweiten geschehen: daß
die Materialmappen sich leeren, die Auszüge sich abheften lassen,
das Bild im Kopf sich lichtet, Ereignisse und Menschen zu einem
Abschluß kommen?! Dann werden mir die Striche leichter fallen –
wenn erst das erreicht ist, daß das Ganze dasteht! –

22. November 1934 | Donnerstag

> Herr, du weißt alle Dinge. Du weißt, daß ich dich lieb-
> habe. *Johannes 21, 17*

Ich muß ja so viel arbeiten, der Unruhe und Schwermut wegen.
Zeit haben und sich umsehen tut nicht gut.

Wieder viel geschrieben. Aber ich weiß ja schon heut, daß alles Dokumentarische, das so viel vom König aussagt, wieder gestrichen wird. Sicher auch meine Kürzung dieses herrlichen Politischen Testamentes von 1722.

In der Geschichte kommt es, wie der Tatbestand lehrt, an die Menschen nicht heran. In der Kunst erhält alles dieser Art keinen Raum. Mindestens zwei Fragezeichen hinter die Kunst, weil gar zu viele gar zu entscheidend hineinzureden haben, mit denen über Kunst nicht einmal debattiert werden kann.

23. November 1934 | Freitag

> Ich habe die Erde gemacht und Menschen und Vieh, so auf Erden sind, durch meine große Kraft und meinen ausgestreckten Arm und gebe sie, wem ich will.
>
> *Jeremia 27, 5*

Dreiviertelzwölf abends. Der erste Band ist beendet.

24. November 1934 | Sonnabend

> Lasset euch genügen an dem, was da ist.
>
> *Hebräer 13, 5*

Wirklich geschrieben habe ich an dem Buch erst nach dem Bruch mit der Presse, dem Film, dem Funk, den guten Einnahmen und der Aussicht auf Erfolg. Das waren 30 Wochen, die Abende nach dem Dienst. Nicht zuviel und nicht zuwenig. – Recht merkwürdig war, wie im Schreiben selbst schon in den letzten Wochen der Gedanke an den zweiten Band ganz verlorenging, wie alles sich nur auf dieses eine Buch konzentrierte, und wie nun doch in seinem Abschluß das ganze »Kräftespiel« des zweiten Bandes schon enthalten ist.

Aber nun – in einer Zeit, wo ich die Arbeit am Friedrich Wilhelm brauche wie das »tägliche Brot« – kommt mir der Arzt dazwischen, erklärt, er habe mich nur noch den ersten Band beenden lassen, und verlangt nun sofort, da Ullstein-Urlaub gefährlich, eine Pause der privaten Arbeit bis über Neujahr. Ruhe, Ruhe, Ablenkung, Ablenkung. Dabei schreckt er mich damit, daß ich sonst die anstrengenden Monate des zweiten Bandes nicht durchhalten kann.

Ich mag nicht lamentieren, ich mag mich nicht unvernünftig stellen, ich will nicht, daß die viele Zeit beim Arzt und das viele Geld für die Medikamente umsonst ist, ich will auch nicht, daß

Hanni wie im Trappistenkloster leben muß – aber es ist so abscheulich, so bedrückend für mich, daß ich nur vorläufig mir mit der Suggestion helfen kann, nach einer Woche wird es mir viel besser gehen und der Arzt wird sich mit einer Weihnachtspause begnügen. Die liegt sogar im Interesse des Buches. Aber alles darüber hinaus – lieber Himmel, wohin mit meiner Unruhe und Melancholie, gegen die es nur dieses eine Mittel gegenwärtig gibt? Von allem anderen mag ich ganz und gar nichts wissen.

26. November 1934 | Montag

> Siehe, ich sende einen Engel vor dir her, der dich behüte auf dem Wege und bringe dich an den Ort, den ich bereitet habe.
> 2. Mose 23, 20

Zum Glück noch mechanische Aufräumearbeiten vom 1. Band. Anstrengender Umbruchtag. Auch für Hanni ist alles, alles nur erschöpfend. Morgen ist sie bei Dr. Kuttner, meinem Arzt. Unter dem Vorwand, es sei meinetwegen, haben wir sie endlich überlistet.

29. November 1934 | Donnerstag

> Wo der Herr nicht das Haus bauet, so arbeiten umsonst, die daran bauen.
> Psalm 127, 1

Nach Hannis Bericht war Dr. Kuttner mit ihr gar nicht unzufrieden. Mir ist ein Stein vom Herzen, denn ich fand Hanni noch viel erschöpfter als mich. Sonnabend, wenn ich wieder beim Arzt bin, werde ich ja noch selber hören. – Mein über Hanni versuchter Vorstoß um »Arbeitserlaubnis« noch vergeblich. Nun darf ich in den schwierigen ersten Tagen nicht den Raptus bekommen. Zudem war ich heut ganz mit aufgelaufener Korrespondenz beschäftigt. Darunter die letzten Versuche für Bischoff, die mir noch als nicht ganz unsinnig möglich waren. Ich bin mit meiner Kunst nun am Ende. Sie wollen ihn nach der Amnestie nicht mehr weiterleben lassen.

An Mirbt[42] sehe ich, welcher Aufstieg auch Belasteten heut noch möglich ist. An Bischoff, wie auch der Begnadigte viel tiefer sinken muß, als ein Mensch sich vorstellen kann. –

Meine eigene Lage habe ich objektiver sehen gelernt und bin verdammt bescheidener geworden, kann auch innerlich das eigene Schicksal ganz und gar nicht mehr verbrämen. Ich wünschte nur, dreißig Jahre Leben könnten einen anständigen künstlerischen

Niederschlag als greifbares Resultat der bisherigen Existenz finden. –

Die Kirchenbewegung ist der große Eindruck dieser Wochen. Generalsuperintendenten, Hochschullehrer, unter ihnen Hermann, fordern den Reichsbischof[43] geschlossen zum Rücktritt auf. (Aber er bleibt.) Karl Barth, der Bonner Theologe, dem wir es wohl schließlich doch verdanken, daß die Luther-Renaissance eine theologische Schule und Richtung wurde, hat den Eid auf Hitler nicht leisten können (der scharfe Trennungsstrich zwischen Glauben und Sittlichkeit hätte es ihm seinen Anschauungen nach ermöglicht); er ist vom Amte suspendiert, und man hat ein Disziplinarverfahren gegen ihn eingeleitet. –

1. Dezember 1934 | Sonnabend

> Kann auch ein Weib ihres Kindleins vergessen, daß
> sie sich nicht erbarme über den Sohn ihres Leibes?
> Und ob sie desselben vergäße, so will ich doch dein
> nicht vergessen.   *Jesaja 49, 15*

Wieder beim Arzt. Alles schlechter, obwohl ich alles befolgt habe. Aber er weiß auch, daß es die »Zeit« ist, was nicht so rasch gesund werden läßt. Deshalb, gegen die »politische Melancholie« erlaubt er mir, daß ich jeden zweiten Tag zwei Abendstunden Ergänzungsquellen lese und die bedrückenden Striche in Angriff nehme. Neue und tägliche Arbeit geht noch nicht. Ich halte mich einfach an die objektiven Anzeichen, die er findet, und ignoriere das subjektive Befinden ganz. – Mit Hanni ist der Arzt wirklich nicht unzufrieden.

2. Dezember 1934 | Sonntag (1. Advent)

> Haben wir nicht alle einen Vater? Hat uns nicht ein
> Gott geschaffen? Warum verachten wir denn einer den
> andern?   *Maleachi 2, 10*

Adventskranz, Wintersträuße, der Adventsgottesdienst. Aber daß das Evangelium des ersten Advents die »Tempelreinigung« ist, sagt genug. Ein friedlicher, dunkler, milder Tag mit Spaziergängen und Spiel mit den Kindern. Für jede Stunde der Geborgenheit ist man sehr dankbar. Das Unglück um uns ist sehr groß. Man kann nur mit großer Behutsamkeit die Friedlichkeit des eigenen Hauses retten, und wenn es gelingt, empfindet man

es als unverdientes Glück. Dieses Weihnachten wird ernst sein
wie ein Kriegsweihnachten – und darum seinem Sinne näher.

11. Dezember 1934 / Dienstag

> Himmel und Erde vergehen, aber du bleibest. Sie
> werden alle veralten wie ein Gewand; sie werden ver-
> wandelt wie ein Kleid, wenn du sie verwandeln wirst.
>
> *Psalm 102, 27*

Nun, wo es wieder auf das große Fest zu geht, ist der Wechsel
von Ruhe- und Arbeitstag gar nicht so unwillkommen.
Ich las heut in meinem Tagebuch vom vorigen Jahr. Begegnet
einem auch manche Verlogenheit und sehr viel Stimmung – es
hat sich im Guten und Bösen nicht gar zu viel geändert von einem
Weihnachten und Jahresende zum anderen. Es wird diesmal
keine große Rückschau bei mir geben. Ich kann nicht mehr nach
Verlust und Gewinn, Fortschritt und Rückfall wägen. Ich frage
nur noch, ob die Zeit, die man wieder weiterleben durfte, ihren
Niederschlag fand. Eins, das weiß ich, habe ich neu gelernt: die
Führungen Gottes im fremden Leben genau so zu spüren wie in
der Betrachtung, der selbstgefälligen, des eigenen.
Vor Gott verstumme ich immer mehr. Weihnachten, Karfreitag,
Ostern, Pfingsten – Sünde und Gnade, Verwerfung und Erwählung, Leib und Seele – von alledem muß ich immer mehr schweigen. Mit diesen Zeichen, Grenzen, Bildern, Umschreibungen als
einem Fundament seines Lebens existieren zu können, ist wohl
eins der Kriterien des Glaubens. Gott weiß: mehr können wir
nicht fassen. – Schwererer Eid und größere Verheißung ist uns
nicht tragbar. – Das große Fest, das Ende eines Jahres kommt;
wie sollte einem das Herz nicht zittern, wenn Gott ein Zeichen
gibt und einen Einschnitt schafft. Aber nicht mehr viel davon
reden. Geborgenheit und Ordnung des äußeren Lebens hat Gott
uns erhalten. Die Arbeit erhielt die Wendung zur größeren Sammlung, zum größeren Ernst. Hanni und ich wurden immer enger
aufeinander angewiesen. Niemals habe ich mich dem Leben so
verschrieben gefühlt wie in diesem Jahr, in das ich mit Angst
ging, und das auch nicht leicht war.
Von der Wiederkehr des Festes will ich alles niederschreiben;
reflektieren und begründen will ich nicht mehr. Denn die Gründe
sind denen des Vorjahrs völlig gleich. – Der Hang zu leben und
die Müdigkeit, Dankbarkeit und Angst wandelten sich nicht.

> Wenn dieses anfängt zu geschehen, so sehet auf und
> erhebet eure Häupter, darum daß sich eure Erlösung
> naht.   *Lukas 21, 28*

Die Kraft reicht aus, zu leben und zu versuchen, ein Leben zu
erzählen – darüber hinaus ist nichts mehr erreichbar. Kein Denken, kein Lernen, kein Handeln, kein Diskutieren und Agieren.

Im Dienst ist jetzt vor Weihnachten so viel zu tun, daß ich gar
nicht mehr Privatarbeit bewältigen könnte, als mir vom Arzt erlaubt ist. Ich werde genau zum Fest und seiner Ruhe soweit kommen, daß der erste Band für die Striche völlig vorbereitet ist. Das
Material zum zweiten Band liegt bereits bis in jede Einzelheit
gesichtet bereit. Gebe Gott, daß nach den Festen die Arbeit
weitergehen darf.

Bei Oertel und der Topell[44], der »großen Directrice«. Matthias
Wieman mit Frau und wir sollten zusammengebracht werden.
Verständigung gelang, so sehr verschieden alle Beteiligten waren,
überraschend gut. Was den Beruf betrifft, so leiden wir doch ganz
am gleichen Kummer, und Wiemans Ruhm ist nur mit den
schmerzlichsten Kompromissen erkauft und hilft ihm nun, was
Einfluß auf die Filmproduktion betrifft, nicht einen Schritt weiter.
Oertel verspielt seine Zeit mit Fotostudien zu Filmen, die sich
nicht durchsetzen lassen. Gegenwärtig kämpfen sie um mein Projekt einer Verfilmung des »Kaspar Hauser« mit Wieman in allem
Ernst und großem Eifer und ohne meinen lähmenden Pessimismus. Doch so etwas wie Solidarität zwischen uns herrscht schon.
In Oertels Schlafzimmer hängt übrigens, an die Wand gesteckt,
das Titelblatt von meinem »Kahn«.

Die freundlichen Dinge der Weihnachtszeit geschehen, weil man
nicht undankbar und verbittert sein will. Aber sie finden keinen
Weg mehr ins Herz. Das wirkliche Weihnachten fordert einen immer mehr vor sich, jene Weihnachtsgeschichte, der der Kindermord von Bethlehem und die Flucht nach Ägypten folgt.

16. Dezember 1934 | Sonntag (3. Advent)

> Du aber sei nüchtern allenthalben, sei willig zu leiden,
> tue das Werk eines evangelischen Predigers, richte dein
> Amt redlich aus.   *2. Timotheus 4, 5*

Weiter die dunklen, milden Tage. Wir waren viel im Freien. Das
aus dem Hausverkauf[45] gelöste Geld muß eine Anlage finden. Am

richtigsten erscheint gegenwärtig der Bau eines eigenen Hauses, um der gar so hohen Miete zu entgehen und Steuererleichterungen zu bekommen. Was uns erschwinglich ist, das war aber mehr als garstig, als wir heut Musterbauten in abscheulicher Lage besichtigten.

Zum Christbaumkauf. Ein arger Wucher, rüder Handel. Aber nun steht ein ganz ansehnlicher Baum auf dem Balkon, nachdem es mit Hanni schon so weit war, daß sie dieses Jahr nicht einmal den Baum im Hause wissen wollte.

Ich hörte heut zum ersten Mal die Predigt eines der neuen »Deutschen Christen«[46]. Da habe ich mit einem Schlage begriffen, daß es so etwas geben konnte wie die Salzburger Emigranten.

17./18. Dezember 1934 | Montag und Dienstag

> Siehe, ich komme wie ein Dieb. Selig ist, der da wacht und hält seine Kleider, daß er nicht bloß wandle.
>
> *Offenbarung 16, 15*

Tage, bis auf die Minute ausgefüllt, solche Zurüstung verlangt immer das Ende des Jahres. – Sehr großer Nebel. Die Äste nur Striche darin, die Laternen, namentlich am Morgen, matte Scheiben. Ich weiß nicht, ob es zum Fest nicht so schön ist wie Schnee. Der Stimmung dieses Jahres ist es jedenfalls seltsam entsprechend. – Alle haben wir unsere Weihnachtsgeschenke eingebracht, ganz kann man sich dem Freundlichen solcher Tage nicht entziehen. –

Bischoff ist aus dem Funkprozeß ohne Gefahr und Schädigung heraus.

19. Dezember 1934 | Mittwoch

> Mein Volk, denke doch daran, wie der Herr euch alles Gute getan hat.
>
> *Micha 6, 5*

Die Menschen quälen sich sehr damit, sich die Freiheit der Festtage zu erkämpfen; jede dieser freien Stunden muß vorher schon durch ein großes Maß von Überstunden – sei es Geschäfts- oder Büroleben – abgebüßt und gesichert werden. Eine Arbeitspause von viereinhalb Tagen scheitert aber für die allermeisten, auch »für unsereins«, daran, daß kein Betrieb den 24. selbst ganz freigibt, den Montag zwischen dem Sonntag und den Feiertagen; die Menschen treiben es arg mit sich. Daß sie gerade durch all diesen Druck, die Hast, die Sorge Weihnachten mehr begriffen –, das ist doch nicht ihre Sache. So bleibt den meisten nur Hast und Melancholie und Nervosität und Erschöpfung. Gott packt uns hart an.

Mit Hanni und den Kindern nach später Heimkehr aus dem Dienst in der Südender Kirche zu einem Weihnachtsliedersingen der Thomas-Kantorei. Sauber und schön, Musikstudenten mit guten Stimmen. Unter den Liedern viele der allerschönsten. Ich war ungewöhnlich zufrieden und hatte einmal gar keine Schmerzen.

20. Dezember 1934 | Donnerstag

Er hat besucht und erlöst sein Volk.   *Lukas 1, 68*

Die Lektüre des Romanmanuskriptes auf Striche und Korrekturen hin bringt natürlich viel Deprimierendes mit sich; Längen, Breiten, Schwächen verdecken die gelungeneren Partien in argem Maße. Aber der Versuch, der das ganze Resultat dieses Jahres bedeutet, muß weiter gewagt werden, so beklommen mir ums Herz ist. Wenn das Ganze vorliegt, werde ich über das Buch, über mich und mein Leben klarer sehen; bis dahin muß ich noch Hanni um manchen Verzicht bitten und uns beide sehr im Dunkeln tappen lassen; noch lange, lange. Nur so viel Kraft und Geld behalten, daß ich diesen Versuch, Friedrich Wilhelm für die Epik faßbar zu machen, nicht aufgeben muß! Nur durch ihn wird alle Demütigung, Enttäuschung, Aussichtslosigkeit, aller Egoismus tragbar. Sehr froh bin ich immer dann, wenn Hanni einmal ganz von sich aus damit beginnt und erklärt: »Bloß den Dreck nicht mehr mitmachen.«

21. Dezember 1934 | Freitag

Er richtet unsere Füße auf den Weg des Friedens.

Lukas 1, 79

Das merke ich immer stärker, wenn ein Jahr zu Ende geht: Bilanzen zu ziehen, Termine zu setzen und Ziele zu stecken – das ist Gottes Sache; und er erledigt alles das recht im geheimen. Ob man am Schluß die Ordnung sieht, die Gott in unserem Leben hielt? Oder ist auch das viel, viel zu eng gedacht?

23. Dezember 1934 | Sonntag

Du hast viel Sorge und Mühe; eins aber ist not.

Lukas 10, 41. 42

Wäre nicht heut der Tag vor dem Heiligen Abend ein Sonntag – ich wüßte nicht, wie ich noch meine Weihnachtsvorberei-

tungen hätte treffen sollen – so viele Überstunden waren jeden
Tag bei Ullstein. – So aber konnte ich heut nach der Kirche den
Christbaum in Muße schmücken wie in jedem Jahr, den Engeln
in der Wohnung ihre Tannenzweige geben, Hannis Weihnachtstisch aufbauen – alles andere ist Hannis Werk.

24. Dezember 1934 | Montag (Heiliger Abend)

> Die Liebe höret nimmer auf. Prophetengaben aber
> werden aufgehoben. Zungenreden wird aufhören. Er-
> kenntnis wird aufgehoben werden.
>
> *1. Korinther 13, 8*

Dies alles soll vom Bekenntnis und Symbol der Kirche gesagt
sein. Sonst will ich nichts von den Gedanken dieser Tage schreiben, nur in Dankbarkeit ihre freundlichen Ereignisse vermerken.
Südende tief verschneit, an den Laternen Eiszapfen – der warme
Vorwinter wie längst vergessen. Man hörte viele Äußerungen
der Freude; denn hier ist ja ein gut bürgerliches Viertel. – Reni
begleitete mich in die Kirche; unterwegs sah man schon viele
Christbäume brennen; in der Kirche standen die Menschen bis
zum Altar. Eine sehr ernste und gute Predigt. Der Heimweg
schon in hohem Schnee. Gerade als das große Läuten um sieben
Uhr begann, bescherten wir ein. Auf pittoresken Schmuck hatten
wir diesmal verzichtet. Aber der Baum war wunderbar, und alle
alten Engel in der Diele und den Stuben hielten Tannenzweige
oder Kerzen. Nur auf der Abendtafel die roten und goldenen
Bänder. Mein Hauptgeschenk an Hanni – wir haben alles viel
einfacher gehalten als sonst – Ricarda Huchs »Städte des Reichs«.
Dafür bekam ich Reinhold Schneiders »Wege ins Reich«. Hanni
hatte mir so aufmerksam geschenkt: Karl Barths »Weihnacht«,
das märkische Kirchengesangbuch, eine alte Proskauer Schale,
ein sehr frühes Ätzglas mit Jagdmotiven. Und all das Traditionelle, das man so ungern entbehren würde.
Ein stiller Abend. In den Fenstern ums Wäldchen die brennenden
Bäume, bis tief in die Nacht Schneefall und Glocken; man schämte
sich der Ängste und Bitterkeiten des vorangegangenen Jahres.
Die Kinder über ihren Büchern. Hanni und ich über Bauzeit-
schriften, die ich Hanni schenkte; denn Bauen erscheint uns nun
als die noch einzig mögliche Anlage des Geldrestes. – Ein Abend
von großer Stille und viel Müdigkeit und doch mit schönen
Plänen. Ich glaube, für Reni war der Abend zu still.

> Wir sind nun Gottes Kinder, und es ist noch nicht
> erschienen, was wir sein werden.
>
> *1. Johannes 3, 2*

Mit diesem Wort ist der große Punkt hinter alles gesetzt, was
Geschichte ist. Es ist eines der großen Schweigegebote, und ich
mag nicht mehr darüber meditieren. Meine Unruhe kommt nicht
vom Unglauben, sondern aus der Unfaßlichkeit der Tatsache,
glauben zu dürfen. –
Der Tag: das Frühstück zu vieren bei Blumen und Kerzen. Der
Schnee so rein und fest, wie Schnee nur sein kann. In der Kirche
der gleiche Pastor, die Predigt ernst und gewissenhaft wie am
Abend zuvor. Keins der großen Wort, keines der alten Lieder,
das mich in diesen Tagen nicht erreichte.
Unsere eigenen Gespräche kehren leider Gottes immer zu den
Sorgen zurück. Teuerung und wachsende Unsicherheit drohen.
Gott hat mir den Beruf »zerschlagen«. Ein Jahr ohne jeden Erfolg und Fortschritt oder auch nur Aufrechthalten alter Beziehungen geht zu Ende. Mit 31 Jahren habe ich ein ganz totes Jahr
erlebt. Aber ehe das endgültige Resultat da war, hat es mich schon
nicht mehr berührt. Ich fühlte mich frei vom »leeren Betrieb«.
Nun kann vielleicht einmal – sehr bald? – nach viel Geborgenheit, Gepflegtheit und Ordnung des äußeren Lebens die Ver-
armung und Verwirrung kommen. Kann ich ahnen, welche Befreiung man dann längst zuvor empfinden wird? Innerlich fühle
ich mich sehr verarmt. Denn das Buch, das alles ausgleichen
sollte, trägt auch alle Spuren von sieben künstlerisch verluderten
Jahren. Nur weil ich mich vor dem Pathos großer Abschieds-
gesten fürchte, schreibe ich noch weiter und weil mir diese
schreibende Art, das Leben zu erfahren, als die erträglichste Form
erscheint, die Zeit hinzubringen. Es ist nicht mehr als ein »Rette
sich, wer kann«.
Meine glückliche Ehe hat ihr Kreuz und ihren großen, negieren-
den Strich durch die Unfruchtbarkeit. Je inniger, je klarer, je
fester sie wird, desto deutlicher sehe, desto schmerzlicher spüre
ich ihn.
Es scheint vor Gott nicht ohne die Armut zu gehen. Woran man
verarmt, bestimmt er allein. Verarmen ist ein völlig passiver Zustand.

26. Dezember 1934 | Mittwoch (2. Weihnachtsfeiertag)

> Der Herr sprach zu Josua: Des Landes ist noch sehr
> viel übrig einzunehmen.   *Josua 13, 1*

Bis »kein Land« mehr ist, muß ich noch schreiben. Und sei es
nur ein kleiner Winkel.

Bis »kein Land« mehr ist, das Gott in einem erobern will, muß
ich noch still halten.

Lebt Hanni um eine Spur leichter als ich? Und darf die Hoffnung und Verheißung des Glaubens nicht haben. –

Am Nachmittag hatten wir Gäste, Hans und Edith Nowak[47]. Es
war so schön wie überhaupt noch nicht bei uns – so feierlich die
Zimmer mit Blumen, Kerzen, allen alten Dingen. Wir saßen den
ganzen Spätnachmittag und Abend am Weihnachtsbaum, und
Nowaks waren begeisterte Bewunderer aller Schönheiten unseres
Haushalts; immer wieder von neuem sind sie es.

Die Gespräche: wenig vom Beruf. Da verstehen wir uns rasch.
Wesentlich mehr von den völlig gleichen Sorgen. Aber am mei-
sten: viel alte Pastorengeschichten aus den Diözesen unserer
Väter.

27. Dezember 1934 | Donnerstag

> Mache dich auf, Gott, und führe aus deine Sache.
>   *Psalm 74, 22*

Wieder die »Zerstörung« durch den »Alltag«. Unangenehmer Brief
von Krell, die endgültige Absage für den Vorabdruck des Romans. Friedrich-Wilhelm-Film und seine Propaganda in der Presse
machen den Stoff inaktuell. Wie ich es hasse: daß nichts mehr
gilt als die Option auf einen »Stoff«. Menschenleben an die Betrachtung größeren Menschenlebens gesetzt, ist ein Dreck für
alle Betriebe, die das Kunstwesen fest in der Hand haben. Auch
wenn mein Buch viel besser wäre, als es ist – es wäre nicht um
ein Haar anders. Der Stoff ist nicht mehr gefragt. –

28. Dezember 1934 | Freitag

> Er wird mich erhalten bei meiner Kraft und wird mir
> Frieden schaffen; Frieden wird er mir dennoch schaffen.
>   *Jesaja 27, 5*

Ins vorige Jahr – in dieses vielmehr – ging ich, mich ängstlich
nach allen Seiten umblickend. Ins kommende gehe ich mit ge-

schlossenen Augen: daraus spricht größere Angst und größeres Vertrauen.

Am Abend legte ich mich früh und las; denn nun, nachdem alles andere vor der Jahreswende getan ist, drängt es mich sehr dazu, in den Gedanken noch eine tiefe Zäsur zu schaffen, ehe ich mit dem neuen Jahre den neuen Friedrich Wilhelm-Band beginne.

Auch voriges Jahr bangte mir sehr davor, wie ich mit diesen Schmerzen und dieser Müdigkeit sollte ans Schreiben gehen können. Dann ging es, ein ganzes Jahr beinahe ununterbrochen, »damals« freilich noch in großer Zersplitterung. Nun ist die Sammlung, die Ordnung meines Lebens gefunden – aber unter Schmerzen, Müdigkeit, nach vorangegangener Kräftevergeudung ist aus dem Buch noch nichts geworden. Ich will nicht sagen, daß das so bleiben muß. Gesundheitlich und schriftstellerisch muß ich ganz neu aufbauen. Nach der Richtung brauche ich nicht zu fragen, so zieht es mich auf etwas ganz Bestimmtes zu: das Leben derer zu schreiben, die sich von Gott angeredet fühlen müssen, so sehr sie und ihre Umwelt dagegen schreien – das Leben derer zu erzählen, die in der Lüge und der Unordnung ihres Lebens Gott den Ordner nennen lernen – Menschen, dem Erdenleben mit jedem Atom verschrieben und immer mehr in einer Ewigkeit versinkend, vor der keine irdische Verschreibung mehr retten kann.

Dahin fühle ich mich unwiderstehlich gezogen und muß über die Mängel des Talentes und der Denkfähigkeit hinwegschreiben wie über Schmerzen, die Müdigkeit, die Sorgen.

Ich las: Reinhold Schneiders »Wege ins Reich«. Die Geschichte des Reichs auf 130 Seiten, in der Beschreibung von vielleicht zehn Städten. Jede eine Epoche, die Zeit eines Standes, einer Macht, eines Gedankens – Brechungen einer Idee. Sprachlich schön, gedanklich das Tiefste, von großer Disziplin – aber nicht so unmittelbar packend wie die »Hohenzollern«, weil mehr gedanklich als menschlich.

Ferner: Karl Barths »Weihnacht«. Gedanklich stark auf mich wirkend, innersten eigenen Gedanken – wie Reinhold Schneider auch – an den entscheidenden Stellen oft verwandt. Aber gar zu oft dialektisches Spiel und darum für spätere Zeit sicher einmal ähnlich ungenießbar, wie alte Theologie für uns oft ungenießbar ist, auch wenn sie sich auf »klassischer Linie« bewegt. Aber Schneider und Barth – das ist nicht die »Zäsur« vor neuer Arbeit. Den

Einschnitt, die letzte Muße schaffen Dickens' Weihnachts- und Silvestergeschichten. –

30. Dezember 1934 | Sonntag

> Herr, laß ihn noch dies Jahr, bis daß ich um ihn grabe
> und bedünge ihn, ob er wollte Frucht bringen; wo
> nicht, so haue ihn darnach ab.   *Lukas 13, 8. 9*

Weil dieser Tag vor dem Jahresende ein Sonntag ist, begann die Feierlichkeit des vergehenden Jahres einen sehr frühe gefangen-zunehmen. Der Tag war warm und lichtlos, der Schnee getaut, es ist eine große Verflüchtigung; um Mittag, für Augenblicke, die Sonne.

Ich bin seit gestern krank; die alte Erschöpfung; eine neue Erkältung, da sie meine Schmerzen immer gleich rabiat werden läßt, Fieber. So matt und schwer, daß ich gar nicht anders konnte als immerzu zu liegen. Im Grunde war es wunderbar. Was zu tun war, ist getan.

War ich wach, las ich Dickens, der unter allen »sozialen« Dichtern am meisten auf mich wirkt, kann er doch die Realitäten beinahe nur als Traum ertragen!

Gewiß: im Herzen ist auf das endende Jahr zu ein zitterndes Gefühl. Aber das Herz ist, so absurd es klingt, nicht das Letzte.

31. Dezember 1934 | Montag (Silvester)

> Ich liege und schlafe und erwache; denn der Herr hält
> mich.   *Psalm 3, 6*

Der letzte Schnee ist getaut. Es ist warm und dunkel und trübe und überaus still. Kerzen und Blumen und Bänder sind neu bereit. Wir werden heut ganz für uns feiern.

Auf der Heimkehr von der Kirche war kaum in einem Fenster Licht – ganz Südende, unser ganzes Haus dabei, schien nach Berlin hineingefahren zu sein. Meine drei Damen erwarteten mich schon im Abendkleid zur häuslichen Feier. Die Tafel: weiße Spitzen, weiße Alpenveilchen, die Rubinleuchter mit gelben Kerzen, silberne und grüne Bänder, die alten Sektkelche, die beinahe der schönste Schmuck unseres Tisches sind. Es ist wie eine Verzauberung der Wohnung: dieser Glanz und Widerschein in dem herrlichen alten, edlen Holz der Möbel, diese märchenhaften Farbtöne der Engels- und Hirtengewänder unserer alten Figuren, diese Wärme und Buntheit der Gläser und Fayencen. Und jenes unbeschreiblich große Glockenläuten, wie ich es nur in Salzburg kannte und nun im harten, nüchternen Berlin wiederfand, bis in den letzten Winkel unserer Wohnung. Schon um viertel zwölf, zum Nachtgottesdienst, setzte es ein. Dann war noch einmal große Stille, nur daß da und dort Kinder schon ihre Knallerbsen probierten. Nun wurde es in den Fenstern ums Wäldchen auch licht: man war aus Oper und Schauspiel heimgekehrt, zündete die Weihnachtsbäume an. Der Regen wurde immer rauschender, manchmal dämpfte er die Glocken, rings ums Wäldchen war mit dem Schlage zwölf wieder das große Feuerwerk aller Kinder aus Fenstern und von den Balkonen. Nie kann ich gegen Freude und Feiern eifern – immer wird mich die Dankbarkeit gegen das Leben, die daraus spricht, viel stärker bewegen, als die möglichen Einwände es fertig brächten. Alle Fenster standen in der warmen Regennacht den Glocken offen; sie läuteten eine volle Stunde das neue Jahr ein – indessen gingen wir alle zur Ruhe.

Hanni und ich haben uns nichts anderes gewünscht, als daß es so bleiben möchte, wie es war. Denn auch der Kampf, den wir durchhalten müssen, ist nicht schlecht, – kläglich und gering wie er war.

Daß es so bleiben könnte – erscheint uns sogar als unvorstellbares Glück. So viel Härte, Leere, Jammer und Verworrenheit haben wir um uns erfahren – soviel Schicksale berührt, die uns ganz gleich treffen könnten. Wenn ich die Rückschau im Kürzesten sagen soll: die wachsende Zusammengehörigkeit in der Ehe und die Erfahrung immer neuer Anrede von Gott her, die haben das Jahr so gemacht, daß man es in Feier beschließen wollte. Ich weiß nicht, ob der Dank nicht stärker als die Sorge ist. Das freilich ist in meiner Lust zu leben fest mit eingeschlossen, daß mich – zum Beispiel – Worte der Silvesterpredigt vom Tode als ein großer Trost und Beruhigung berühren. Seine Zeit nicht zu kennen und doch jeden ihrer Augenblicke gezählt zu glauben – es ist ein großer Friede in der Welt voll Angst.

AUCH DIE HAARE AUF EUREM HAUPTE SIND ALLE GEZÄHLT.

Lukas 12, 7

1. Januar 1935 | Dienstag (Neujahr)

Das Bibelwort, das ich mir für dieses Jahr wählte, ist mir beides:
Maß und Fürsorge.
Ich schrieb an Professor Hermann, rief Dr. Braun und Dr. Ihlenfeld an. Es soll sich nicht durch meine Schuld alles lockern und
lösen.

2. Januar 1935 | Mittwoch

> Und sie entsetzten sich über seine Lehre. Denn er
> lehrte gewaltig und nicht wie die Schriftgelehrten.
> *Markus 1, 22*

Ich nahm die Arbeit am zweiten Band noch nicht auf, weil ich
erst den gesamten Eingang bei Ullstein vom Sonnabend bis heut
aufarbeiten wollte. Nun ist reiner Tisch. –
Aber abgesehen von dieser Arbeit bin ich auch sonst noch gar
nicht auf den Beginn des zweiten Bandes eingestellt, sondern
möchte viel lieber noch am ersten verbessern. Es ist, als sollte ich
eine Rolle spielen, die ich noch nicht beherrsche; denn ich kann
mit dem neuen Material noch gar nicht frei umgehen. – In der

politischen Spannung der letzten Wochen war es eine Pause – eine unendliche Wohltat, wenn auch trügerische Beschwichtigung.

3. Januar 1935 | Donnerstag

> Er sendet seine Rede auf Erden; sein Wort läuft schnell.
>
> *Psalm 147, 15*

Als ich mich heut in die Arbeit am zweiten Band stürzte, geschah es mit Zittern und Zagen und wie gelähmt. Das ist überhaupt das Wort für meinen Zustand: was die Kunst und den Beruf angeht – ich bin wie gelähmt. Aber ich lerne jetzt ohne Aufschub an meiner »Rolle« für den ersten »Auftritt«. Diesen Kampf werde ich wohl erst aufgeben, wenn meine Niederlage endgültig feststeht. Noch zwingt mich die Situation nicht, aufzuhören.

Die Hilfe, die ich mir ersehne: daß der erste Band gesondert erscheint und daß ich ihn erst fertig bearbeiten darf! –

5. Januar 1935 | Sonnabend

> Kommt, laßt uns auf den Berg des Herrn gehen.
>
> *Jesaja 2, 3*

Beginn des eigentlichen Schreibens am zweiten Band. Mit verdammt bedrücktem Gefühl. Trost: daß ich jede Woche einen Abend der Korrektur des ersten Bandes widme.

An zwei Abenden, beim Schlafengehen, wurden jetzt zwischen uns noch einmal die beruflichen Dinge genau besprochen. Solange ich bei Ullstein bleiben kann, werden wir meinen Versuch durchhalten; ohne seine Durchführung gibt es keine Frage nach dem Talent. Erst wenn die Opfer gebracht sind, kann man erfahren, ob man zu ihnen berechtigt war. Das ist tragisch, aber unleugbar richtig. Und gerade diese Tragik lähmt am meisten. Den äußeren Aussichten des Berufs stehen wir mit völliger Hoffnungslosigkeit gegenüber, obwohl wir sonst die Hoffnungslosigkeit als Lüge verdammen; denn der Mensch lebt von der Hoffnung. Daß ich mich in langer und intensiver Zucht zum anständigen Schreiben entwickeln und durchschlagen kann und die Nachwirkungen der Verluderung überwinde, scheint uns nicht ausgeschlossen. Aber viel Härte, Geduld und Fleiß wird nötig sein, bis man befugt sein wird, die »Lebendigen« zu schreiben. (Meist werden »Leblose« geschrieben, wird Lebenszeit an tote Spielerei für Geld vertan.)

6. Januar 1935 | Sonntag (Heilige Drei Könige)

Bewahre mich, Gott, denn ich traue auf Dich.

Psalm 16, 1

Die Woche, die knappe Woche nach den Festen hatte mich wieder
mit einer wahren Panik erfüllt; heute atme ich auf; es ist wie
Weihnachten, allein weil Sonntag ist. Stille, Würde, Freundlichkeit und die unerschöpfliche Fülle der Glocken. Das Zusammensein mit Hanni. Ich bin nicht in die Kirche gegangen, gerade weil
es mich so zieht und mir so fehlt; es kommt sonst so, daß ich in
jedem Gottesdienst sitze, und das birgt seine großen Gefahren
in sich, könnte die Zone des Schwärmertums berühren; darum
gehe ich auch nicht zum Abendmahl. – Man muß allein über der
Bibel sitzen können, den Unterschied der »Verkündigung« und
der »Betrachtung« zu erfahren. –
Immer mehr begreife ich den Symbolgehalt der Ehe: daß man
sich selbst nur erkennen, die Identität mit sich nur erlangen kann
in der völligen Auslieferung der ganzen Existenz an eine andere.
Das Im-Innersten-aufgedeckt-Werden in der Ehe, das leitet die
Gedanken nur zu häufig zu dem größeren Vorgang.

7. Januar 1935 | Montag

Es ist nahe gekommen das Ende aller Dinge. So seid
nun mäßig und nüchtern zum Gebet. *1. Petrus 4, 7. 8*

Im Dienst ein anstrengender Tag. Danach beim Arzt. Immer das
Alte. Da aber nur Schmerzen auszuhalten sind und Gefahren
nicht bestehen, muß es mit der Energie zu machen sein. – Den
Abend über Auszügen aus dem vor Schneider einzig interessanten
Buch über Friedrich Wilhelm verbracht; es stammt von 1891, von
einem Franzosen Lavisse[48].
Ich bete um mein eigenes Buch, wie ich zu Gott selten um etwas
zu beten wagte. Es ist der Niederschlag meines bisherigen Lebens
– und in meinem Beruf, um mein Schreiben fängt es, nach dem
kleinen freundlichen Anfang, an, so tot zu werden. Ich halte die
Glorifikation der »Stoffe« gar nicht mehr aus. Es geht doch um
das Leben, nicht um einen Stoff, die Saison, die Konkurrenz. Dieses eine Mal bin ich doch im Recht.
Eide werden gegeben, im Vorsatz, sie zu brechen. Alle großen
Begriffe sind in Phrasen aufgebraucht. Es heißt nicht mehr nur:
historisch und weltgeschichtlich. Man ist bei »bis in alle Ewigkeit«

angelangt. Auch sehen Hanni und ich manchmal wirklich etwas
fassungslos, wie einstige erbitterte Gegner des Nationalsozialismus, die ich genau kannte, ohne eine Spur fachlicher Eignung
Karriere machen. Das Bedürfnis nach Isolierung muß naturgemäß
noch immer weiter wachsen.

8. Januar 1935 | Dienstag

> Gott hat einen hellen Schein in unsre Herzen gegeben,
> daß durch uns entstünde die Erleuchtung von der Er-
> kenntnis der Klarheit Gottes in dem Angesicht Jesu
> Christi.   *2. Korinther 4, 6*

Ich bereite den Abschnitt vor, den ich morgen schreiben will.
Ich habe mir aus Gründen der Kräfteökonomie und der Konzentration ein neues System der Arbeitseinteilung erdacht, weil
ich doch noch viel kaputter bin als vor einem Jahr. Montag: Ergänzung der Quellen. Dienstag: Vorbereiten eines neuen Abschnittes. Mittwoch: Schreiben am zweiten Band. Donnerstag:
Korrektur des ersten Bandes. Freitag: Ergänzung der Auszüge.
Sonnabend: Schreiben am zweiten Band. Grundsätzlich soll der
Sonntag arbeitsfrei bleiben, obwohl ich da immer wieder Winkel-
züge zu machen suche. – Die Reihenfolge dieser Arbeiten ist
durch arbeitsreiche und arbeitsstillere Tage im Dienst bestimmt. –

11. Januar 1935 | Freitag

> Geduld aber bringt Erfahrung, Erfahrung aber bringt
> Hoffnung.   *Römer 5, 4*

Wie oft fällt in unserem Beruf die mir nicht sonderlich sympathische Redensart: »Bücher entstehen aus Notwendigkeit.« Ich
glaube, daß diese Notwendigkeit als Ausdruck einer Potenz nur
in den seltensten Fällen anzutreffen ist. In anderem Sinne aber
mag sie gelten: ein Buch wird notwendig, weil man zuviel darin
investiert hat, das man nicht verloren geben will. Oder weil man
sich schämt, sich nicht selbst zu stellen, um endlich einmal zu
erfahren, was nun eigentlich an all unseren großen Plänen und
Gefühlen ist. Oder weil der Mensch eine Ordnung für sein Leben
finden muß, und sei sie auch nahe einer Lüge.
Aber Notwendigkeit aus Potenz – ein Segen, den ich mir nicht
vorstellen kann. Die Notwendigkeiten scheinen mir alle im Ethischen zu liegen, und über ihnen kommt das aller Kunst notwendige
Moment des Spiels verdammt kurz.

Bei Schneider ist der Bruch mit dem Spiel vollzogen; er schreibt nun in einem Bezirk, der nicht mehr Kunst ist. Ist er mir Vorbild, ist er es auch nur im »Ethischen«. Das »Spiel«, das in der Epik so breiten Raum einnehmen muß, hat eine klare Grenze, innerhalb derer ich meiner ganzen Art nach bleiben muß und innerhalb derer ich nur den Kampf um die Qualität führen kann; außerhalb dieses Bezirkes wäre er mir von vornherein völlig verwehrt. –

12. Januar 1935 | Sonnabend

> Seid fest, unbeweglich, und nehmt immer zu in dem Werk des Herrn, sintemal ihr wißt, daß eure Arbeit nicht vergeblich ist in dem Herrn.
>
> *1. Korinther 15, 58*

Der Sonnabend muß mein Arbeitsresultat noch etwas auffüllen. Vom Eckart-Verlag bekam ich die Aufforderung, Gedichte für eine kleine Anthologie kirchlicher Gedichte einzureichen. Dergleichen vermerke ich jetzt sehr dankbar. –

15. Januar 1935 | Dienstag

> Er war oft mit Fesseln und Ketten gebunden gewesen und hatte die Ketten abgerissen und die Fesseln zerrieben, und niemand konnte ihn zähmen. Und er war allezeit, Tag und Nacht, auf den Bergen und in den Gräbern, schrie und schlug sich mit Steinen. Da er aber Jesum sah von ferne, lief er zu und fiel vor ihm nieder, schrie laut und sprach: Was hab ich mit dir zu tun, o Jesu, du Sohn Gottes, des Allerhöchsten? Ich beschwöre dich bei Gott, daß du mich nicht quälest! Er aber sprach zu ihm: Fahre aus, du unsauberer Geist, von dem Menschen!
>
> *Markus 5, 4-8*

Was sollte ich viel reden von alledem, was einen Tag um Tag so lähmt und trotz allen Wetterns gegen die Hoffnungslosigkeit so hoffnungslos macht und nur noch der Dankbarkeit gegen den Augenblick Raum läßt? In diesem Bibelwort ist hundertmal mehr von der inneren Situation gesagt.

Den Tag überwunden, dem Guten in ihm gedankt, das Notwendige gearbeitet. –

Der Tag der Saarrückkehr. Daß man eine nationalsozialistische Angelegenheit daraus gemacht hat – das muß heut zurücktreten, so erschreckend die Terminologie auch sein mag.

> Die Zunge ist ein kleines Glied und richtet große
> Dinge an. Siehe, ein kleines Feuer, welch einen Wald
> zündet's an! Und die Zunge ist auch ein Feuer, eine
> Welt voll Ungerechtigkeit. *Jakobus 3, 5. 6*

Tagebuch als Filter – vor Leben und Schreiben – für alle Klagen,
hat auch nur sehr bedingt ein Recht. Jeder Tag erscheint einem
derart schwer, daß man zehn Seiten Klagen »filtrieren« zu müssen
glaubt. Aber das Resultat wäre nur larmoyante Geschwätzigkeit,
in Wirklichkeit geht es in Sachen Buch – und damit »Lebensniederschlag« – wieder nur um den alten Vers:

> » – mit Sorgen und mit Grämen
> und mit selbsteigner Pein
> läßt Gott sich gar nichts nehmen.
> Es muß erbeten sein.« –

21. Januar 1935 | Montag

> Es ist umsonst, daß ihr früh aufstehet und hernach
> lange sitzet und esset euer Brot mit Sorgen; denn
> seinen Freunden gibt er's schlafend. Siehe, Kinder sind
> eine Gabe des Herrn, und Leibesfrucht ist ein Ge-
> schenk. *Psalm 127, 2. 3*
> Du wirst dich nähren von deiner Hände Arbeit; wohl
> dir, du hast es gut. *Psalm 128, 2*

Zwischen Dienst und Arbeit beim Arzt, der sich nun daran gewöhnen muß, daß ich nur noch in sehr großen Abständen kommen
werde. Es ist ärger denn je, und all die Ausgaben und Bemühungen sind vertan. Bleibt nur Geduld und Energie.
Das alte Rezept tauchte auf. Auf der Schule habe ich in Glogau
ein Jahr aussetzen müssen. Als ich in Erlangen studierte, wollte
der Arzt, daß ich versuchte, ob es nicht »in der Heimat« besser
würde mit den Schmerzen. In Breslau bestand der Arzt auf Abbruch des Studiums und möglichst auf Verzicht auf geistigen
Beruf. Jetzt soll der Ullsteindienst fallen.
Zu solchem Entschluß fühle ich mich nicht befugt. Mein Vertrauen zu meinem Beruf ist hin, mein Vertrauen zu Gott keineswegs. Ich weiß nicht, woher ich das Recht nehmen dürfte, den
Erwerb auszuschlagen, den Gott mir als Schutz und harte Prüfung zugleich gibt. Ich weiß ebensowenig, was es mir erlaubte,
den Erwerb dort zu ertrotzen, wo Gott ihn mir sichtlich versagt.

Wie aber soll ich aus diesem Zwang heraus: »früh aufstehen und hernach lange sitzen« –? Wie anders sollte das Buch werden? Ich verstehe sehr wohl den inneren Sinn der äußeren Weisung. Aber die ganze Not dauernder Überanstrengung bleibt nach menschlichem Ermessen bestehen. Tag um Tag vergeht, und bei so großem Kraftaufwand wird so entsetzlich wenig erreicht.

22. *Januar 1935 | Dienstag*

> Denn ihr habt nicht einen knechtischen Geist empfangen, daß ihr euch abermals fürchten müßtet, sondern ihr habt einen kindlichen Geist empfangen, durch welchen wir rufen: Abba, lieber Vater! *Römer 8, 15*

Nun, wo ich zum ersten Mal an einem großen Stoff arbeite, der Leben war und nicht der Eitelkeit des Einfalls unterliegt, schäme ich mich jeden Anspruchs, den ich je erhob. Mit diesem Plan bin ich gestellt worden. –
Ich habe Gottes Hilfe zu oft erfahren, als daß ich meine Schwermut dulden dürfte. Etwas an ihr wird durch die Schmerzen verzeihlich. –

23. *Januar 1935 | Mittwoch*

> Ich bin oft gereist, ich bin in Gefahr gewesen durch die Flüsse, in Gefahr durch die Mörder, – in Gefahr in den Städten, in Gefahr in der Wüste, in Gefahr auf dem Meer, in Gefahr unter den falschen Brüdern.
> *2. Korinther 11, 26*

Entweder ich müßte zehn Seiten vom Tage, von seiner Verängstigung und Gedrücktheit (die nie die Dankbarkeit auslöschen gegen das Gute, das ich erlebe) schreiben, oder ich kann es nur, und immer wieder nur mit einem Bibelwort bewältigen. Wille, Begabung, Hoffnung, Isolierung – all das steht allmählich vor Erschöpfung und unsinnigen Kopfschmerzen nicht mehr zur Debatte. Ich lebe meinen Tag in Ordnung herunter, aber in allem, was nicht Hanni und die Religion ist, bin ich wie ausgelöscht; als wäre alles gewaltsam abgetötet; so ist es nun geworden. Manchem könnte meine Zähigkeit schon lächerlich erscheinen. Ich bin wie einer, der sich der Einsicht versperrt, auch wenn sie ihm noch so oft und noch so deutlich nahegebracht wird.
Auch die neue Organisation meiner Arbeit, die das Schreiben mit dem Dienst bei Ullstein in Einklang zu bringen suchte, ist undurchführbar. Ich muß mir schon wieder den Irrtum eingestehen.

Das Schreiben am neuen Band wird von allem erdrückt. Es geht nicht anders, als daß ich ausschließlich den neuen Band im Rohbau fertig mache; ergänzende Lektüre, Korrekturen am ersten Band – alles nachher!

24. Januar 1935 | Donnerstag

> Gott hat ein Wort geredet, das habe ich etlichemal gehört: daß Gott allein mächtig ist.   *Psalm 62, 12*

Heut meldete sich nach langem Schweigen Dr. Pagel, um die alten Tiraden von der Einbändigkeit des »Vater« vorzubringen. Sonst nichts. Weil es noch keinen Friedrich Wilhelm-Roman gibt – ob einer schon den Plan hatte und ihn aufgeben mußte? Soll das Leben des Lebendigsten – weil es nur Teildarstellungen fand – nicht erzählbar sein? Seine kaum übertreffbare Deutung und Einordnung hat es bei Schneider gefunden. Ein Gesangbuchvers geht mir nicht aus dem Kopf:

> Ach, ich bin viel zu wenig,
> zu rühmen seinen Ruhm.
> Der Herr allein ist König,
> ich eine welke Blum'.
> Jedoch, weil ich gehöre
> gen Zion in sein Zelt,
> ist's billig, daß ich mehre
> sein Lob vor aller Welt.

Friedrich Wilhelms Leben ist ein Lob Gottes gewesen. –

27. Januar 1935 | Sonntag

> Siehe, also geht sein Tun, und nur ein geringes Wörtlein davon haben wir vernommen. Wer will aber den Donner seiner Macht verstehen?   *Hiob 26, 14*

Heut vor acht Jahren habe ich das einzige Mal, als Vater so krank war, gepredigt. Im heutigen Gottesdienst sah ich es wieder, wie groß der politische Druck ist, unter dem die Arbeit der Pastoren heut steht.

Drei Stunden friedlich gearbeitet, wie die Woche es nicht kennt – friedlich und ausgeruht gearbeitet. In der Woche habe ich zu wenig Tage für meine Arbeit zur Verfügung.

Ich träume oft von der Kirche. Vater, sterbend, will noch einmal predigen. Oder: ich bin mit Hanni in fremden Städten unterwegs und will zum Gottesdienst, kehre aber um, weil Riesenaufmärsche politischer Formationen vor den Kirchenportalen stattfinden. Der Traum, ich wäre wieder im Breslauer Theologenkonvikt, kehrt – trotz deutlicher und richtiger Erinnerung an Professor Hermann – nur als Angsttraum, aber nicht selten, wieder.

28. Januar 1935 | Montag

> Herr, mein Herz ist nicht hoffärtig, und meine Augen sind nicht stolz; ich wandle nicht in großen Dingen, die mir zu hoch sind. Ja, ich habe meine Seele gesetzt und gestillt, so ist meine Seele in mir wie ein entwöhntes Kind bei seiner Mutter. Israel, hoffe auf den Herrn von nun an bis in Ewigkeit!   *Psalm 131*

So behütet wir noch leben – wir sind merkwürdig verstört; es kommt wohl hauptsächlich von den argen Erinnerungen der letzten Jahre und von der uns zum zweiten Male beigebrachten Überzeugung, daß mein Beruf mich nicht mehr trägt. Hanni erwägt es noch immer, ob wir nicht in einen kleinen Ort gehen und uns, der Zukunft gegenüber fatalistisch, ganz zurückziehen und mich schreiben lassen. Aber ich fürchte mich vor allem, was nach Panik und Fantasie aussieht. Wir müssen hier bleiben. Wir müssen warten, ob ich aus meinem kaputten Zustand nicht doch noch herausfinde und wieder etwas normaler schreiben kann. –

1. Februar 1935 | Freitag

> Du bist mir geworden wie ein Born, der nicht mehr quellen will.   *Jeremia 15, 18*

Nun schreibe ich wieder. Lavisse war eine Quelle, die mich um ihrer Einzigartigkeit willen lange aufhielt. Dieser Franzose hat viel für uns geleistet. – Nun nur noch ergänzende Lektüre. Die Stoffsammlung muß abgeschlossen sein.

Ich baue eigentlich immer nur noch zusammen. Von Gestalten ist gar keine Rede mehr.

Was einem am schwersten fällt: ich glaube, es ist das mühsame, fortschreitende Kennenlernen der eigenen engen Grenzen. –

6. Februar 1935 | Mittwoch

> Gott ist aber nicht der Toten, sondern der Lebendigen Gott. Darum irret ihr sehr.   *Markus 12, 27*

Das Bewußtsein, immer zu irren und sich dem Tod damit entgegenzutreiben – das Bewußtsein, daß bei Gott das unaufhörliche Leben ist – das macht in einem das Bedürfnis so stark, zu schweigen und stillzuhalten und abzuwarten, was Gott wohl noch in einem wirkt. Will er einen lehren, das bloße Dasein dankbar zu ergreifen? Oft schien es so. Will er einen noch in einem Stück zu seinem Werkzeug bereiten? Nur in vermessenen Augenblicken, die man beschämt verwirft, wagt man es zu ersehnen.

Leben, behütetes Leben, immer wieder gab Gott es überreich. Aber man war unersättlich, lief mit zusammengepreßtem Herzen umher, weil noch gar so viel ungestilltes Verlangen in einem war. Immer wieder gerate ich in diesen Zustand des zusammengepreßten Herzens und schäme mich dann des Anlasses. Das Herz müßte noch sehr weit sein von allem Anteil, den Gott einem am Leben noch gibt – auch wenn man die Aussichtslosigkeit einsehen lernte, das Herz müßte noch immer weit vor Leben sein. Was weiß denn ich von meiner Aussichtslosigkeit? Mit welchen Maßstäben wird sie denn eigentlich errechnet? Gott spricht noch, und ich darf noch hören. Darüber hinaus darf nichts gelten.

»Hast du den Glauben, so habe ihn bei dir selbst vor Gott.« Es gibt wohl kein Maß für die fremde Existenz.

Wie aber steht es dann mit der Möglichkeit des historischen Romans? –

8./9. Februar 1935 | Freitag und Sonnabend

Deine Güte ist besser denn Leben.   Psalm 63, 4

Der Dienst und die Brüskierungen bei Ullstein wachsen sich allmählich aus wie im Dienst bei der Funkstunde; nur daß die Ausgleiche fehlen, die ich beim Funk trotz allem und allem reichlich hatte. Ich will nicht mehr raisonnieren, keine Anklageschriften verfassen. Wichtig in alledem ist nur – über meine Verängstigung und Gedrücktheit hinaus – die eine Frage: Was meint Gott damit, daß meine Lage sich wieder so zuspitzt? Daß ich kaum mehr weiter kann vor Überanstrengung? Ich bemühe mich, den Tag, den geplagten und gehetzten, in Ordnung und Sammlung zu verleben. Aber das Buch zerrinnt. Und ich weiß nichts mehr, was ich zu seiner Rettung ändern könnte. Je weniger ich den Ausblick auf die Zukunft ertrage, desto mehr zieht es mich zur Rückschau auf die von Gott erfahrene Hilfe. Es zieht mich dazu; das ist die einzig mögliche Bezeichnung. Was ist's denn, daß Gott so mächtig an ein Herz rührt, immerzu, und daß dieses Herz dennoch immer unruhiger und matter wird? Ich wage längst keine Deutungen mehr. Aber diese Stille, in die ich geraten bin, die ist Wehrlosigkeit, Scheu, Erschöpfung. Und da muß etwas falsch und allzumenschlich, also gottverlassen sein.

Daß Gott einen in sehr viele Ängste bringt und wieder aus ihnen hinausführt: das ist die Hilfe nicht. Das könnte auch Katz- und Mausspiel sein. Aber die Sprache, die Gott in alledem mit einem redet, die ist es.

Wenn das, was uns nach dem Erdenleben aufnimmt und was weder im Bibelwort noch in astronomischen Formeln begreifbar wird, zu der Weltzeit nur in annähernd ähnlichem Verhältnis steht wie der Sonntag zum Wochentag –, dann sind die Leiden dieser Zeit wirklich nicht wert der Herrlichkeit . . .

Warum fordert Gott so wenig Werke in der Zeit so vieler Menschen? Warum sollte meine Zeit so entsetzlich wertlos sein?

10. Februar 1935 | Sonntag

> Ehe ich gedemütigt ward, irrte ich. Nun aber halte ich dein Wort.
>
> *Psalm 119, 67*

Vom späteren Nachmittag an habe ich sehr ruhig arbeiten können; ich weiß, so sehr ich auch die Sonntagsruhe halten möchte, zur Zeit nichts, was mir wohler tun könnte, als immer wieder in jeder freien Stunde den Versuch zu machen, das Buch zu retten. Der Schrecken darüber, daß meine Zeit nicht gilt, ist größer, als ich in kurzem sagen kann. Gott hat einen über die eigene Zeit in seiner Welt so sehr erstaunen lassen – muß dieses Staunen unfruchtbar sein, darf es den Niederschlag nicht finden, der mir so viel bedeutet als einziger Beweis, daß die gesetzte Zeit nicht verkannt und vertan ist –? –

13. Februar 1935 | Mittwoch

> Du erkennst ja in deinem Herzen, daß der Herr, dein Gott, dich gezogen hat, wie ein Mann seinen Sohn zieht.
>
> *5. Mose 8, 5*

Ich beginne, schon ganz stumpf vor Erschöpfung und Schmerzen, die Arbeit heut um halbneun.

Nach dem Dienst war ich mit Hanni in der Grundstückssache beim Anwalt. Von der Belebung der Bautätigkeit ist wenig zu spüren. Es hagelt Schikanen. Aber diese Sache wird wohl sicher werden.

Sich zum Wunder an Geduld und Energie zu entwickeln – was hat das mit Fruchtbarkeit zu tun? Ach, wäre es nur eine harte

Schule. Nur noch dieser Gedanke hält mich, nun wo alles in mir hin ist außer dem Hang zu leben, aufrecht. –

19. Februar 1935 | Dienstag

> Wer von Gott ist, der höret Gottes Worte.
>
> *Johannes 8, 47*

Ich kann nur sagen: Jawohl, ich habe geschrieben. Jawohl, ich habe den Tag in der gewohnten Ordnung verbracht. Wie alle. Aber gerade dadurch spüre ich ja so sehr, wie sich alles in mir von oben nach unten gekehrt hat und daß kein fester Mittelpunkt mehr in mir da ist. Alle guten Lehren gebe ich mir selbst. Doch aus den Mückenstichen der Anfangsjahre sind recht erhebliche Wunden geworden, die man mit braven Verhaltungsmaßregeln nicht mehr heilen oder auch nur aushalten kann. –

24. Februar 1935 | Sonntag

> Siehe, es kommt die Zeit, spricht der Herr Herr, daß ich einen Hunger ins Land schicken werde, nicht einen Hunger nach Brot oder Durst nach Wasser, sondern nach dem Wort des Herrn, zu hören. *Amos 8, 11*

Vielleicht kann der Sonntag nicht mehr viel mehr in mir ausrichten, als daß er die dumpfe, wirre Bedrücktheit in Stille verwandelt, denn selbst der reichlich genossene Schlaf macht mich benommen. Aber dann, denke ich, wird es eine Art Heilung geben, wenn die gegenwärtige Situation einschließlich der Enttäuschung mit den Plänen für das Haus als die notwendige »Gefangenschaft« von Gott her ohne Verbrämung begriffen sein wird. Ich kenne noch keineswegs das Ende alles dessen, was mit mir geschieht, und muß mehr warten können. Am schwersten wird es allmählich mit den Schmerzen. Vielleicht ist dieses Jetzt sogar noch eine Oase.

Dafür bekommt man doch seltsamerweise ein ausgesprochenes, nicht gern eingestandenes, weil unbequemes Gefühl, welche Dinge man durchkämpfen muß (das Buch und Beuthen) und welche man lediglich zu erdulden hat (alle anderen).

26. Februar 1935 | Dienstag

> Ich habe dein Gebet und Flehen gehört. *1. Könige 9, 3*

Was zu klagen war, habe ich geklagt. Was ich mir sagen mußte, habe ich mir gesagt. Nun ist wohl Stille am Platz, und es muß

darüber hinweggelebt werden, daß der Kopf immer zusammen-
gepreßter und das Herz immer zusammengeschnürter scheint. –
Es gehört mir nichts mehr, auch das Buch nicht, von dem ich
noch immer nicht lassen kann.

In seiner neuesten Rede betont Hitler seine Prophetengabe mit
biblisch klingenden Worten – »Ihr habt mich verlacht, Ihr habt
mir nicht geglaubt« – und verkündet seiner Partei zunächst einmal einen Bestand von dreihundert Jahren. Damit streicht er
wohl aus, daß er mitunter wirklich schon einen eigentümlich
sicheren Instinkt bewies. – Aus den Kreisen der Reichsjugendführung: »Wenn die neue Generation zehn Jahre durch die Hit-
lerjugend gegangen sein wird, wird sie von Christus kaum noch
etwas wissen.« An Bedeutung sei Christus mit Hitler nicht zu
vergleichen.

27. Februar 1935 | Mittwoch

> Sie trösten mein Volk in seinem Unglück und sagen:
> ‚Friede! Friede!‘, und ist doch nicht Friede. *Jeremia 6, 14*

Dies ist meine Zeit. Dies ist mein Schicksal. Diese Einsicht
ist einer der wenigen Umstände, die einem noch Halt geben, die
einen bewahren. Soll denn das Schreiben nicht sein? – Das Buch
immer wieder aufleben zu fühlen, ist nur noch quälend. Ich
schreibe täglich, und beinahe kommt es mir unwürdig vor. Vor
lauter Mühe, mich durchzuhalten, werde ich der Möglichkeit,
zu denken, wirklich bald enthoben sein. Vielleicht wird es dann
erträglicher. Es gibt ja auch nur die eine Frage: Was will Gott
mit alledem zu mir sagen? Aber auch die Antwort gibt man sich
nicht selbst. Daß das Leben auch ohne Lebenswerk noch immer
lebenswert ist, weiß ich längst, so schwer es auch ist, aus dem
Vorgang des Wachstums herausgenommen zu sein.

28. Februar 1935 | Donnerstag

> Lasset euch in keinem Weg erschrecken von den
> Widersachern. – Denn euch ist gegeben, um Christi
> willen zu tun, daß ihr nicht allein an ihn glaubet, son-
> dern auch um seinetwillen leidet und habet denselben
> Kampf, welchen ihr an mir gesehen habt.
> *Philipper 1, 28. 29. 30*

Allmählich spüre ich eine immer stärkere Neigung zu dem zweiten Kapitel des ersten Korintherbriefes, um solcher Worte willen
wie »denn der Geist erforscht alle Dinge, auch die Tiefen der

Gottheit« und »Denn welcher Mensch weiß, was im Menschen ist als der Geist des Menschen, der in ihm ist? Also auch weiß niemand, was in Gott ist, als der Geist Gottes.« Bei aller Trennung zwischen Glaube und Kunst scheint mir aber auch dieses Wort sehr viel über die Situation des Künstlers auszusagen: »Und ich war bei euch mit Schwachheit und mit Furcht und mit großem Zittern.«

Wohl nur sehr selten kann man um Erfüllung eines Wunsches beten. Darum aber wohl jeden Tag: daß Gott einem Geduld gibt. Um unter den Menschen leben zu können und das eigene Menschsein mit seinem Fluch zu ertragen, bedarf man ja jeden Augenblick einer übermenschlichen Geduld.

Geduld und Fleiß, die sind eine Brücke über den Tag, und Schweigen ist eine Rettung, wie es nur wenige gibt. Was das Schweigen im Glauben zu bedeuten hat, darüber könnte ich nur theologische Redensarten machen; aufgegangen ist mir diese wichtige Sache noch nicht, und darum lebt sie auch noch nicht in mir, obwohl sie alle meine Tage mehr und mehr bestimmt.

1. März 1935 | Freitag

> Gott ruft dem, was nicht ist, daß es sei. *Römer 4, 17*

Die Novelle »Und wenn sie nicht gestorben sind . . .« unter dem Titel »Das Ende« im »Inneren Reich« erschienen, nach dreiviertel Jahren. Das war meine letzte unveröffentlicht gebliebene Arbeit. Für den zweiten Teil des Romans eine neue Einteilung entworfen. Nicht zwei Abschnitte, sondern wie im ersten Band fünf. »Die aufgehende Sonne« – »König Ragotin« – »Die Hirtinnen« (Elisabeth Christine und die Salzburgerinnen) – »Mijnheer van Hoenslardyck« – »Der Spiegel«. Dann, auf Biegen oder Brechen, muß das Unvorstellbare geschehen, jeden der zehn Teile auf 75 Seiten zusammenzustreichen, wenn das Buch überhaupt noch gelingen soll. –

6. März 1935 | Mittwoch

> Wir sehen jetzt durch einen Spiegel in einem dunkeln Wort; dann aber von Angesicht zu Angesicht. Jetzt erkenne ich's stückweise; dann aber werde ich erkennen, gleichwie ich erkannt bin. *1. Korinther 13, 12*

Gestern abend beendete ich den ersten Abschnitt des zweiten Bandes, »Die aufgehende Sonne«. 140 Seiten, die wie alles andere auf die Hälfte zusammengestrichen werden müssen. Noch ein kurzer Spaziergang in der zwölften Stunde. Die Sterne dieser bitterkalten Märznacht waren unnatürlich groß.

Unmittelbar vor einer großen internationalen Vermittlungsaktion und einem Besuch in Berlin ist England ostentativ von uns abgerückt, wendet sich weniger gegen die heimliche deutsche Aufrüstung als gegen die stete geistige Mobilisierung unseres Volkes, das, von den Jugendformationen an, nur noch in »Fronten« auftritt. Auch wir, die wir nicht mehr im Kriege waren, wissen zuviel von ihm aus unserer Kinderzeit, um diesen Gedanken ertragen zu können. Es ist eine furchtbare Unruhe, Bedrücktheit und dabei dauernde Herausforderung dieses schwersten Schicksals in der Welt. Wie sollte man »mit dem Leben fertig werden«. Unmöglich kann das der Maßstab der Reife sein. –

10. März 1935 / Sonntag

> Er begehrt mein, so will ich ihm aushelfen; er kennt meinen Namen, darum will ich ihn schützen. Er ruft mich an, so will ich ihn erhören; ich bin bei ihm in der Not.   *Psalm 91, 14. 15*

Mit der Kirche am Sonntag ist es wie mit der großorganisierten Winterhilfe und der Not: man braucht dringend einen Zentner Kartoffeln und bekommt ein Päckchen Pfefferkuchen. Was soll ich denn in der Kirche, wenn ich eine politisch schöne, anständige, mutige Geste für Exegese hinnehmen muß?

Das ist nun schon das soundsovielte Mal, daß mir der Sonntag nicht mehr hilft; die trüben und verwirrten Dinge der Woche lassen mich nicht mehr los, die Schmerzen sind am »ungewohnteren« Tage nur noch entfesselter, die Müdigkeit ist so, daß ich wie ein ganz alter Mann gehe –.

Gestern sahen wir noch »Der alte und der junge König«, den Friedrich-Wilhelm-Film, von dem einstimmig, weil diktiert, in der Presse behauptet wurde, er habe ein neues Geschichtsbild geschaffen. Hier war keine Kritik mehr, hier war nur noch Apotheose. Ich war in diesem Falle nicht sachlich genug, einen guten Film wünschen zu können. Dieser Film ist aber nicht einmal auch nur eines kritischen Gedankens würdig gewesen, ein lächerliches, dummes Machwerk, dem selbst alle technische Sicherheit und alle Routine fehlen, sterbenslangweilig und undelikat. Aber der Stoff ist nun, bis nicht ein neues technisches Verfahren wie

Dimensional- oder Farbenfilm kommt, für die gesamte Filmproduktion blockiert. –

13. März 1935 | Mittwoch

> Wisset ihr nicht, daß die, so in den Schranken laufen, die laufen alle, aber einer erlangt das Kleinod? Laufet nun also, daß ihr es ergreifet!   *1. Korinther 9, 24*

Ich kann ganz und gar nicht behaupten, daß mir vom Christentum eine Beruhigung herkäme. Dazu sind seine Widersprüche zu quälend. Was allein ist nun die Heiligung, die angeblich eine Frucht hat? Ich weiß nur das eine: daß die Anrede Gottes an den Menschen durch das Wort der Schrift, daß die Spiegelung aller Lebensvorgänge in solcher Anrede der Hauptinhalt meines Lebens ist. Ich weiß nur, daß mein Leben unter den tausendfachen Eventualitäten des Lebens lediglich zwei Möglichkeiten der Ordnung hat: Die Konzentration auf das »jeweilige« Buch. Die Beugung unter die Anrede Gottes, die alle sichtbaren Ordnungen auflöst. Ordnung, die sich am Rande abspielt, ist die äußerliche Reinlichkeit und Regelmäßigkeit der Lebensführung.
Heut geht beim Anwalt der Schlußakt der Grundstücksauflassung vor sich[49]. Trotz der Gütertrennung muß ich ja leider immer dabei sein. Genau vier Wochen hat es gedauert. In diesen vier Wochen wurden alle Bauentwürfe aufs subtilste von uns besprochen, in jener ungewöhnlichen Übereinstimmung, die uns nahezu Gewohnheit werden dürfte.
Daß ich immer noch schreibe, ist nicht nur Verbohrtheit. Sondern: da ich von Schmerzen verwirrt und von Müdigkeit benommen bin, wage ich über meine gegenwärtige Lage weder zu urteilen noch in ihr zu disponieren. Es kann noch anders, nämlich noch besser kommen. Ich wage es nicht abzustreiten. Für diesen Fall ist es gut, stilistisch und »kompositorisch« wenigstens in der Übung zu bleiben. *Nulla dies sine linea.* Darin liegt ein Rest von Hoffnung. –

15. März 1935 | Freitag

> Wir rühmen uns auch der Trübsale, dieweil wir wissen, daß Trübsal Geduld bringt.   *Römer 5, 3*

Aus einem Gesangbuchvers der Brüdergemeine-Losung: ». . . daß ich ihn leidend lobe, das ist's, was er begehrt . . .«
Ich weiß nicht, wieviel Trübsal ein Mensch meines Schlages

braucht, um geduldig zu werden. Trübsal – das ist aber seltsam objektiv. Geduld scheint mir das Gegenteil von Beherrschung, das eine ist geistlich, das andere weltlich. Beherrschung scheint mir nicht erreichbar. Über Geduld hat man keine Verfügung. –
Ich lehne es ab, das eigene Leben darum erträglich zu finden, weil man von soviel schwererem Leben weiß. Ich trauere vielmehr um die vertanen, verlorenen, unerreichbaren großen Möglichkeiten dieses ernsten Lebens auf der Erde. –
Und über dem Ganzen liegt doch vor allem der Druck der politischen Schwermut. So, wie es gegenwärtig mit Deutschland, Frankreich, Italien, Griechenland, Rußland in ganz verschiedenen Verflechtungen und akuten Zuspitzungen steht, kann man nur mit Eugen Diesel vom »Verhängnis der Völker« reden. Und wir sind am tiefsten hineingeraten. –

17. März 1935 | Sonntag (Reminiscere)

> Habe ich dir nicht gesagt, so du glauben würdest, du solltest die Herrlichkeit Gottes sehen? *Johannes 11, 40*

Der erste wahre Vorfrühling, mit aller Sanftheit und Unruhe des Frühlings.
Unterwegs sah ich an den Schlagzeilen der Zeitungsstände schon, was sich seit gestern ereignet hatte. Die allgemeine Wehrpflicht ist eingeführt. Man hat es heut zum Gedenktag für die Toten des Weltkrieges proklamiert. Ganz gewiß in maßloser Übersteigerung der Begriffe – aber ich glaube, nach dem, was nun ganz neuerdings in Europa vorgegangen ist an offenem Bruch mit jeder Abrüstungspolitik, hätte an diesem Schritt keine deutsche Regierung vorübergekonnt. Es ist besser als das heimliche Rüsten. Und vielleicht erschrecken die europäischen Völker noch in vorletzter Stunde vor dem, was sie alle gemeinsam unter entsetzlicher Nichtachtung aller Opfer des vergangenen Krieges heraufbeschworen haben. Zu innerpolitischen Ressentiments ist heute kein Raum. Man ist krank an der Zeit, leidet unter dem ganzen Stück Welt, das einem wahrnehmbar ist. Gestern Abend soll in der Stadt eine große patriotische Begeisterung geherrscht haben. Heut sah ich nur die Männer auf die Zeitungsstände und -automaten sich stürzen und die Zeitung im Garten lesen. Die Frauen schienen mir völlig unberührt. Auch die Nähe großer Katastrophen wandelt die Menschen nicht. Die große Katastrophe ist sehr nahe. Und namenlos schwer ist es auf der Erde, die einem doch

und doch nur Gottes Schöpfung sein kann, der Ordnung, dem Wachstum, der Fruchtbarkeit und Entfaltung zu leben, die alles, was in einem ruht, so sehr ergriffen haben. Es bleibt nur eins: das Bedürfnis nach dem Ernst. Dieses Leben, in dem jeder geordnete Tag ein Geschenk ist, nicht vertun. Die Eindrücke im »Beseligenden« und im Schrecklichen sind zu groß. –

Es ist, als hätte der Einzelne Gott durchaus, als wären die Völker aber von ihm verlassen. Der Einzelne ist der Besinnung vor einem Menetekel noch fähig, die Völker sind es vielleicht, die Massen und die Staaten nicht.

Das ist eine der großen Tragödien unserer Zeit: daß Staat und Volk und Masse ebenso unheilvoll auseinanderklaffen wie diktatorisch und propagandistisch vermengt sind. Das Individuum geht nicht in der höheren Ordnung auf: ist es stark, so wird es vernichtet; ist es zart, so löscht es aus.

Warum muß die Lebendigkeit unter Strafe stehen! Aller Glaube ist von Trauer durchtränkt, und »fröhliches Christentum« ist wohl ein arges Mißverständnis. Daß alles menschliche Beginnen im Anblick des furchtbarsten Endes erfolgt! –

20. März 1935 / Mittwoch

> Du sollst gehen, wohin ich dich sende, und predigen,
> was ich dich heiße. *Jeremia 1, 7*

Über die Wehrpflicht die widerstreitendsten Gerüchte, die widerstreitendsten auch über die Haltung des Auslands. Der Präventivkrieg, von Frankreich begonnen, scheint zum mindesten nicht zu kommen! England und Frankreich kommen ganz auseinander.

Ein mühevolles Schreiben in solchen Tagen. Über die praktischen Möglichkeiten, das Buch durchzuhalten, zerbreche ich mir immer wieder von neuem den Kopf. Denn davon, zu glauben, daß die eigene Richtung meines Lebens in all der Wirrnis gefunden ist, kann ich doch nicht los. Dies gehört wirklich in den Bezirk des Glaubens. Und soll ich scheitern, so muß ich auch noch immer glauben, daß es auf diese eine Weise zu geschehen hat. Bin ich nicht immer mehr, und immer unter Demütigungen von außen und vor mir, auf diesen engsten Kreis verwiesen worden? Daß dem Leben wenigstens noch dieser Ernst erhalten bliebe und ich es nicht wieder in Lächerlichkeiten zersplittern müßte!

21. März 1935 | Donnerstag

> Da sprach der Herr: Wie kann ich Abraham verbergen, was ich tue?
> *1. Mose 18, 17*

Gott hat in allen Stücken ernst gemacht. Und was in einem dadurch entsteht, ist jenes: Ich lasse dich nicht, du segnest mich denn.

Es hieße das Alte Testament schlecht gelesen haben, wollte man nicht ahnen, daß Gott an den Völkern und den einzelnen zugleich zu handeln vermag. Es ist wie mit jenen Wunderuhren, die wir in den norddeutschen Domen sahen.

Ich kam erst spät aus dem Dienst, war abends im Passionsgottesdienst, eine leere Kirche und eine leere Predigt; und dennoch bleibt es die beste Hilfe, und wenn es nur ein Satz ist, der berührt. Jesaja 50, 4–5 »Der Herr hat mir das Ohr geöffnet, daß ich höre wie ein Jünger. Ich bin nicht ungehorsam und gehe nicht zurück.« –

26. März 1935 | Dienstag

> Es hilft keine Weisheit, kein Verstand, kein Rat wider den Herrn.
> *Sprüche 21, 30*

Mit dem Kronprinzenabschnitt stecke ich in den bisher größten Schwierigkeiten des Buches. Das ist, gegen alle die wachsenden Schwierigkeiten, Erschöpfungen und Schmerzen, ein zäher, schleppender Kampf. Aber nun ist auch das gelernt: nur für die Arbeit zu leben, die den Lebensniederschlag bedeutet, und ohne Auflehnung sie immer wieder, wenn die »höhere Gewalt« kommt, hinzulegen. Die Dinge, die Menschen, die Arbeit – alles ist Geschenk nur für die Stunde, und so leben dürfen ist noch Selbstzweck. Soviel ist in dem schweren Leben. –

1. April 1935 | Montag

> Ich habe meine Gerechtigkeit nahe gebracht; sie ist nicht ferne, und mein Heil säumt nicht.
> *Jesaja 46, 13*

Spätere Zeiten werden es einmal schwer verstehen können, welches Erschrecken uns heut – soweit wir im Erwerbsleben stehen – jeder Montag bedeutet. Da war die Flucht in den Sonntag. Und dann, am Montag morgen, mit der Berührung mit der Stadt und dem Betrieb, hagelt es auf einen herab: neue bedrohliche Maßnahmen, in den Zeitungen gefährliche Reden von den

Verantwortlichen gespannter Nationen, Hiobsposten von der neu einsetzenden Vernichtung von Existenzen durch jene kalte, indirekte Methode, die die Menschen nicht mehr abknallt, sondern dem Selbstmord zutreibt.

»Der starke Bau« hat begonnen. In dem Urwald des Baugrunds sind die Bretter zum Gerüste abgeladen, die Karren zum Ausschachten aufgefahren. Eine Wildnis, die ganz unentwirrbar scheint. Hoffentlich müssen nicht zuviel schöne Bäume gefällt werden. Sicher blieb das herrliche Grundstück so lange brachliegen und war so billig zu haben, weil sich die Menschen die Verwilderung nicht hinwegdenken können. –

3. April 1935 | Mittwoch

> Wer auf den Wind achtet, der sät nicht, und wer auf die Wolken sieht, der erntet nicht. Gleichwie du nicht weißt den Weg des Windes und wie die Gebeine im Mutterleib bereitet werden, also kannst du auch Gottes Werk nicht wissen, das er tut überall.
>
> *Prediger 11, 4. 5*

Weiter die kühlen, rauhen Tage. Aber auf dem Grundstück holten wir die ersten Veilchen. Nun ist die Wildnis im Rohesten schon gelichtet. Und die Baustelle abgesteckt. Schön, daß es nur »um die Ecke« ist; und zwischen dem Dienst und der Abendarbeit kann man schnell nachschauen. Unter den ärgsten Schmerzen einen größeren Abschnitt geschrieben.

5. April 1935 | Freitag

> Herr, siehe, den du lieb hast, der liegt krank.
>
> *Johannes 11, 3*

Was es noch an bürgerlichem Frieden gibt, das alles ist nur Bild der verlorenen Möglichkeiten herrlicher Entfaltung. Aber die sind nicht vernichtet durch Widerstände einer politisch konträren Epoche – sie sind zerstört durch die »Sünde«, die wir glauben müssen und die Gott nicht offenbart. Bäuerliche, bürgerliche, höfische Glückszustände sind niemals etwas anderes als Bilder gewesen. Zeiten wie die unseren öffnen den Blick dafür. Nichts geschrieben.

Am Tage Betriebs-Appell im Dienst. Am Abend Betriebsversammlung in den Tennishallen. Aus einer der Reden: »Wir werden das neue Gemeinschaftsgefühl in immer wieder neuen Aufmärschen exerzieren.« Es gibt nichts als Stillhalten. Und durch Geduld und Zähigkeit einen kleinen, kleinen Rest des eigenen Lebens zu behaupten. Solche Behauptung wird einem zum größten Geschenk. Und ist sie nicht mehr möglich, wird Gottes Zorn in diesem einen Stück noch härter gespürt als in all dem anderen: den Demütigungen, Verängstigungen, Einengungen. –

7. April 1935 | Sonntag (Judica)

> Herr, so du willst, kannst du mich wohl reinigen.
>
> *Matthäus 8, 2*

Immer wieder kann man nur von der Barmherzigkeit durchschlafener Nächte reden.

Reni fuhr mit uns in den Grunewald, immer getreu als »Elternkind«. Es ist erstaunlich, wie kurz die Fahrt von uns zum Walde ist. Und endlich, was noch immer ausstand: Das Jagdschloß Grunewald; so nah an der Stadt, so still und ohne Zutat erhalten – fast so schön wie das Schloß, die Wirtschaftshöfe unter hohen Tannen; das Schönste: von den Zimmern des Schlosses überall der Blick auf den See mit dem reinen, klaren, bewegten Wasser des allerersten Frühlings. Der Tag war kühl und klar, das Licht sehr stark, die Tannen ganz in Sonne. Im Schlosse Jagdbilder mit besonderem Wild, Ebern und Wölfen, die Friedrich Wilhelm erlegte. – Ein ungemein befriedigender Spaziergang, der dem ganzen Tag seine »Stimmung« gab. –

Geschrieben am Abschluß von Friedrich Wilhelms Dresdener Reise. –

Wenn meine Werktage noch einmal etwas leichter und entwirrbarer sein könnten – den Sonntagsfrieden würde ich mit allen Mitteln halten, weil einen da etwas in einen Frieden zieht, mit einer Stärke, der man sich nicht widersetzen kann.

Nun sind tausend Seiten geschrieben, ein rechtes Malheur und eine erhebliche Bedrückung. –

14. April 1935 | Sonntag (Palmarum)

> Sehet zu, daß ihr den nicht abweiset, der da redet,
> Denn so jene nicht entflohen sind, die ihn abwiesen,
> da er auf Erden redete, viel weniger wir, so wir den
> abweisen, der vom Himmel redet; dessen Stimme zu
> der Zeit die Erde bewegte; nun aber verheißt er und
> spricht: ‚Noch einmal will ich bewegen, nicht allein

die Erde, sondern auch den Himmel.' Aber solches
,Noch einmal' zeigt an, daß das Bewegliche soll verwandelt werden, als das gemacht ist, auf daß da bleibe
das Unbewegliche. Darum, dieweil wir empfangen ein
unbewegliches Reich, haben wir Gnade, durch welche
wir sollen Gott dienen, ihm zu gefallen, mit Zucht und
Furcht. Denn unser Gott ist ein verzehrend Feuer.

Hebräer 12, 25–29

Glocken, Gewölk, immer größere Knospen, ein Weg durch den
Park, ein Kapitel Reinhold Schneider, Familientisch und Schreibtisch – aber auf den kurzen Wegen begegnet man zu vieler Miliz
und muß erschrecken. Nicht vor den Jungen in der Uniform,
aber vor den Alten, denen die Zugehörigkeit zu solcher Formation das Mittel ist, die bürgerliche Erwerbsmöglichkeit sich zu
erhalten. Denn immer wieder kursieren in den Betrieben die
Fragebogen: Welcher Formation gehören Sie an und seit wann?
In die Sonntage ist eine tiefe Beunruhigung getragen, überall
jagen SA-Männer ihrem Sammelplatz zu; abends sieht man sie
müde heimtrotten; sie prägen ganz und gar das Bild des Sonntags in der Stadt. Die Glocken aber sind politische Propaganda-
mittel geworden, ihr Geläut, das elektrisch betriebene, in den
Plan der Aufmärsche und Aktionen wie das Trommeln und das
Pfeifen und die Filmaufnahmen eingesetzt.
Das mußte aus alledem gelernt sein: das Idyll beiseitezuschieben
und das Bild zu begreifen. Dem Idyll ist aller Friede verwehrt.
Das Bild besitzt jenen Frieden, von dem es heißt: »Nicht gebe ich
euch, wie die Welt gibt.« –

19. April 1935 | Karfreitag

Er ist aber aus Angst und Gericht genommen; wer
will seines Lebens Länge ausreden?   *Jesaja 53, 8*

Ich habe dich herausgenommen –. Wo der Mensch sich so von
Gott angeredet fühlt, hat sich wohl alles für ihn erfüllt, was dem
eigentlichen Beginn des Lebens vorangehen muß. Seine ganze
Enttäuschung an der Welt, seine ganze Befreiung innerhalb der
Sünde und des Übels, die Erwählung. Das Wort ist ein tiefer
Schnitt und die höchste Erhebung in einem, umschließt unwieder-
bringlichen Verlust und unveräußerlichen, unverlierbaren Ge-
winn. –
Wir waren zum Jagdschloß Grunewald hinausgefahren, das es

uns so seltsam angetan hat. Wir gingen um den ganzen See; viel
Hunde, viel Reiter am Wege; im Schloßhof hielt es uns wieder
lange.

Kurt Ihlenfeld hat mir heut seine Sammlung »Preußischer Choral.
Deutscher Soldatenglaube in drei Jahrhunderten« geschickt, mit
der Widmung »Dem *scriptor vitae regis borussiae*«.[50] Möchte sie
einmal zu Recht bestehen.

Am Nachmittag nach der Ruhe und dem Kapitel Reinhold
Schneider waren wir im Garten, Veilchen pflücken – welche
Fülle! Aber der Bau ist jetzt fast nur ein Gegenstand der Sorge.

Ich denke jetzt manchmal: so wie Reinhold Schneider »aufrich-
tend« und überaus niederdrückend auf mich wirkt durch unleug-
bare Verwandtschaft bei unerreichbarer Tiefe, Kraft und Größe,
so mag auf ihn selbst vielleicht Camões[51] wirken . . . (der mir
noch ganz bevorsteht).

Wieviel »Berühmte« kenne ich. Aber als der erste Dichter[52] über
meinen Weg ging, hat es mich auf Jahr und Tag aufgewühlt,
ja, wohl das ganze Leben verändert. –

20. April 1935 | Ostersonnabend

> Wahrlich, wahrlich, ich sage dir: Da du jünger warst,
> gürtetest du dich selbst und wandeltest, wohin du woll-
> test. Wenn du aber alt wirst, wirst du deine Hände aus-
> strecken, und ein anderer wird dich gürten und führen,
> wohin du nicht willst.   *Johannes 21, 18*

Ein warmer, sonniger Tag, das Grün breitet sich von Stunde zu
Stunde aus; in den Gärten wird fieberhaft gearbeitet.

Im Dienst war es mit ein paar unruhigen Stunden abgetan; ich
war zeitig daheim, ruhte kurz – es ist mehr: um den Eindruck
jener Berührung mit der Stadt und dem Dienst zu vergessen –
und machte mich bald an jenes unsäglich schwierige Kapitel der
offenen Familienfeindschaft im Wusterhausener Herbst vor Friedrichs Flucht. –

21. April 1935 | Ostersonntag

> Der erste Mensch, Adam, ward zu einer lebendigen
> Seele; und der letzte Adam zum Geist, der da lebendig
> macht.   *1. Korinther 15, 45*

Ein strahlender, fast sommerlicher Tag. Voller Glanz vom Aufgang bis zum Niedergang und durchwoben von all den Bildern

der Freundlichkeit und Sitte: gelbe und blaue Seidenbänder, blaue, gelbe Blumen von den Kindern, rosa Hortensien und zartgrüne Schneeballzweige, bunte, große Ostereier, Veilchen aus dem Garten, das Forellenquintett, Wege durch die Gärten in allererster Kirschblüte, überall zwischen den Beeten voller Osterglocken und Hyazinthen, Stiefmütterchen und Primeln saßen die Menschen um den Kaffeetisch, Osterhasen der Kinder standen umher, über den Wegen die Birken mit einem Male über und über in lichtestem Grün, Kirchgang und Familientisch, Vogelgezwitscher. Die Bilder strömen unendliche Güte aus, und eben, als Bild begriffen, tun sie nur wohl und nicht weh. Die vielen Schichten, in denen der Mensch Tag und Feiertag durchlebt, zu ahnen und die Glücksmomente als Bild der Möglichkeit zu bestaunen – das ist die Lösung, die das Herz der Menschen finden muß, um den eigenen Schlag nicht nur als Schmerz und Unruhe und unerbittlichen Ablauf zu empfinden. Aus der Liturgie und den Liedern des Gottesdienstes sprach alles, was der Predigt noch versagt blieb.

Im Bild ist das Geheimnis und im Gleichnis hebt die Offenbarung an.

22. April 1935 / Ostermontag

> Und wie wir getragen haben das Bild des irdischen, also werden wir auch tragen das Bild des himmlischen Menschen.
> *1. Korinther 15, 49*

Es ist der gleiche glänzende Tag wie gestern. Seine Wohltat noch größer. Die Schmerzen im Kopf beginnen sich ein wenig zu lösen. Wir sind vormittags nach Elisabeth Christines Schloß Niederschönhausen[53] hinausgefahren, im Park spazieren zu gehen. Außergewöhnlich viel vom Schicksal, das hier gelebt wurde, hat sich hier erhalten – das halbe Jahrhundert der Enttäuschung, das die Königin hier verbrachte, prägt noch alles. Und daß die hohen Glastüren des Schlosses mit Brettern verschalt sind, scheint völlig symbolisch: zu der Erinnerung an ihre erste wahre Königin sollten die Preußen keinen Zugang haben. Paretz[54] ist Flucht, Niederschönhausen Verbannung. Nichts von den Dingen, die jener Zeit als Freundlichkeit und Vornehmheit erschienen, wurde der Königin für ihren Garten gegeben: die Allee ist ohne Statuen, der Rasen ohne Brunnen, die Pergola aus billigem Holz. Noch heut ist Niederschönhausen aus dem Kreis der so gepflegten Königlichen Schlösser und Gärten herausgeschnitten: der Park verwildert, kaum, daß man noch die Wege säubert. In der Stimmung dieses Frühlingsvormittags enthüllte sich viel vom »Geist der Stätte« – die ersten blühenden Sträucher unter den kahlen, riesigen, bizarren Bäumen, den Fragmenten der Alleen, am Saum der andringenden Stadt. Mehr als dieses verborgene, aber unversiegliche Blühen – diese Erinnerung und Andeutung eines Gartens – verträgt Niederschönhausen nicht. Immer wieder wird im sterbenden Park noch ein Zweig zu blühen beginnen, immer wieder, immer spärlicher und seltener wird sich noch einer der »ersten Preußin« erinnern. Denn das war sie. Die erste Königin von Preußen, Sophie Charlotte, erhob den Anspruch königlicher Haltung, die zweite, Sophie Dorothea, verlangte die Macht, im Spiel der Throne und Kronen mitzutun – Elisabeth Christine verstand das Amt der Königin bis zur Entsagung – die vierte, Friedrich Wilhelms II. Frau, war nichts mehr als eine unglückliche, betrogene Frau – die fünfte, Königin Luise, ein Mythos im Dienst der Politik, dessen Realitäten schon schwer nachspürbar sind. –

Den Abend am Schreibtisch. Aber dieser Abschnitt, an dem ich jetzt herumprobiere, das sind nur Versuche und Übungen, über einen derart bekannten Vorgang hinwegzukommen, in dessen Schilderung ich den für mich interessantesten Gesichtspunkt kaum erwähnen darf: die theologische Auseinandersetzung zwischen Vater und Sohn. Das Ganze über Mutter und Tochter zu schreiben, das ist nur in der Endkrisis angängig. –

26. April 1935 | Freitag

> Er hielt sich an den, den er nicht sah, als sähe er ihn.
>
> *Hebräer 11, 27*

Nach einer durch Schmerzen und Überlegungen und Arbeitsträume argen Nacht kam mir heut eine Lösung für die Aufteilung der gar so zähen Blöcke des Buches. Nun ist mir, als könnte ich überhaupt erst damit anfangen. Es werden zwölf Teile[55] sein:

Midas   1. Kön. 10, 21
Der Plusmacher   Offenbarung 2, 10
Wirte und Gäste   Matthäus 9, 17
Landfahrt   Prediger 5, 8
Der König und der Abenteurer   Psalm 33, 16

Die Hütte Gottes unter den Menschen   Hebräer 11, 27
Die aufgehende Sonne   Hebräer 11, 10
König Ragotins Schloß   Psalm 89, 40–45. 50
Das Kind der Schmerzen oder: Die Galeere   Hebr. 11, 17. 19
Die Hirtinnen   Jeremia 27, 5
Mijnheer van Hoenslardyck   2. Thimotheus 4, 7. 8.
Der Spiegel   1. Korinther 13, 12
Das Leitwort des Ganzen: Hebräer 8, 5

28. April 1935 / Sonntag

> Auch viele andere Zeichen tat Jesus vor seinen Jün-
> gern, die nicht geschrieben sind in diesem Buch. Diese
> aber sind geschrieben, daß ihr glaubt.
>
> *Johannes 20, 30. 31*

Nachdem es am Freitag im Dienst sehr spät geworden war,
konnte ich mich zum Sonnabend schon um halb drei freimachen.
Wir fuhren sofort nach Potsdam hinaus.
Die Havel war noch sehr still, kaum zwei oder drei Boote.
Drüben der Wald mit all den jungen Birken, auf der Potsdamer
Seite, so weit draußen es war, herrlich gepflegte Ufer, wie ein
schöner Badeort in der Vorsaison. Das andere Potsdam freilich
bewahrt die stärkere Anziehungskraft. Übrigens entdeckten wir
aber auch dort draußen an der Werft und am Luftschiffhafen eine
so erstaunlich gebaute Straßenzeile, daß wir lange irritiert waren,
wie der alte Stadtteil hierhin käme. Dann das eigentliche Ziel
unserer Fahrt: ein Gang durch das Russendorf[56] in der Kirsch-
und Birnbaumblüte. Aller Ausflüglerverkehr wird nach dem
öden, wirren Werder abgelenkt. Diese von Blütenbäumen fast
überwucherte Fülle großer Gärten liegt so still, daß wir überhaupt niemand begegneten. Der Eindruck ist doppelt stark in
der Erinnerung an die Historie, an den Kampf um die sechs
Obstbäume, die jeder junge Ehemann pflanzen mußte. –
Wir befanden uns direkt vor Reinhold Schneiders neuer Wohnung. Da konnte ich nicht umhin, alle Ressentiments beiseitezu-
stellen und doch zu ihm hineinzugehen. Sein »Dienst an der
Erde« – Friedrich Wilhelm und die Salzburger – war das erste
Funkspiel, in dessen Inszenierung ich bei meinem Dienstantritt
im Funk hineinkam. Zur Bearbeitung war es zu spät. Es war eine
dramaturgisch gar sehr hastende Sache, und ich merkte damals
noch gar nichts: weder von Schneider noch von Friedrich Wil-

helm; ich wußte damals weder, was ein Dichter, noch, was ein König ist. Nun kann ich sie in Potsdam beide besuchen. –
Nicht einmal Hanni hatte das Gefühl, daß wir uns etwas vergeben haben, so aufrichtig war seine Freude, sein Interesse, sein Versichern, daß er gestern erst fest sich vorgenommen hatte, uns zu besuchen. Er war jetzt viele Wochen nach England eingeladen, und politisch dadurch wie befreit. Wie er an der Zeit leidet, das wird einen Niederschlag finden, der uns den Späteren verständlich macht. Jetzt schreibt er über England.
Sonst sprachen wir von Elisabeth Christine, und das steht außer Frage, daß es gewaltsamer Verständigung zwischen uns nicht bedarf. Auf seiner Seite ist es Duldsamkeit. Auf meiner das Vermögen, das Große doch wenigstens zu erkennen, es respektieren zu können und es nicht übersehen zu müssen.
Von der Nichtbeachtung seiner Arbeit durch die Kulturpolitik der Regierung via Reichsschrifttumskammer sagt er, daß verschwiegen zu werden heut das Beste ist, was einem widerfahren kann.
Um den Sonnenuntergang gingen wir über die Plantage, an der Garnisonkirche und am Langen Stall vorüber, zum Waisenhaus. Es war gerade um das Einläuten des Sonntags und zum Glockenspiel. Im Hof des Waisenhauses spielten die »Kinder der Seligkeit« in ihren Uniformen. Auf den Straßen, um die Geschäfte war es überaus rege, vor allem Soldaten und Soldatenbräute, Soldatenbräute und Soldaten, Soldatenväter neben den Kinderwagen. Schlag sieben wurde es still in der Stadt. –

30. April 1935 | Dienstag

> Ich will Frieden geben in eurem Lande, daß ihr schlafet und euch niemand schrecke.   *3. Mose 26, 6*

Aber gerade die im eigenen Lande erschrecken einen wieder sehr, nun wo es auf den großen Nationalfeiertag zugeht. Im Betrieb ist wieder ein bitterböser Druck, und man muß alle Energie und Einsicht zusammennehmen, um über die Eindrücke maßlosen Anspruchs hinwegzukommen, die einem zu diesem Wochenanfang konzentriert begegnen. Mit einer Nation zu leiden ist leichter als das, was immerzu von einem gefordert wird bis hinab zum Geringsten: so stolz zu sein auf das Erreichte, sich so ehrenvoll zu fühlen, so frei zu sein – »zum glücklichsten, ehrenhaftesten Volk der Erde zu gehören«.

Man kann es immer nur am großen Beispiel verdeutlichen; in Reinhold Schneiders »Portugal« steht: »Tragik der Propheten und ihrer Vaterländer, daß diejenigen, die am meisten lieben, den Untergang immer am sichersten erkennen, – daß die tiefe Verbundenheit das Gleiten fühlt, während die Lärmer auf der Oberfläche zu steigen meinen!« (Geschrieben 1931.)

1. Mai 1935 | Mittwoch

> Du wirst meine Seele nicht dem Tode lassen und nicht zugeben, daß dein Heiliger verwese.   *Psalm 16, 10*

Ein Tag, der in wilden Schneestürmen, unterbrochen von unruhevollem Hervorbrechen der Sonne, hinging!

Über den großen Tag der Nation kann ich nun mitreden. Er scheint mir ohne jeden propagandistischen, geschweige staatspädagogischen Wert. Ein zum großen Teile stumpfsinniges, zum kleinen Teile stumpfgewordenes Volk marschiert, steht herum, zeigt Galgenhumor oder Albernheit – das Desinteressement war der entscheidende Eindruck; es grenzte ans Fatale. Die Begeisterung spielte sich nur in der unmittelbaren Nähe der Festtribüne und namentlich als Rufe von Sprechchören ab. Die aber und aber Hunderttausende standen völlig unbeteiligt. Aber dies ist wohl das Schlimmste. –

4./5. Mai 1935 | Sonnabend und Sonntag

> Gedenke, wie kurz mein Leben ist.   *Psalm 89, 48*

Ich kam wieder eher vom Dienst frei, und Hanni und ich trafen uns sofort, nach Neubabelsberg hinauszufahren und zum Jagdschloß Stern hinauszugehen, dessen Kenntnis mir noch fehlte; und wie wichtig war es. Solche Armseligkeit, die ihr Vorbild holländischer Bescheidenheit weit unterbietet, hätten wir nicht erwartet. Es war ein sandiger Weg im Kiefernwald gewesen, und wir hatten noch sehr das Bedürfnis, etwas Schöneres zu sehen. Wir tranken in einem Garten in Babelsberg Kaffee und fuhren über den Griebnitzsee, an herrlich gepflegten Gärten in großer Stille auf leerem, kleinem Schiff – Segen des Wochentagsausflugs! – nach dem Park von Babelsberg. Das Schloß und die Bauten seiner Umgebung, die Dokumente eines zu Ende gehenden Königstums, haben wir außer acht gelassen, nur den Park uns wahrgenommen. Die Buchen in frischestem Grün, auf den Rasenhängen, zur Havel hinunter, freiblühende Narzissen und – durch die kalten Tage frisch gebliebene – Osterglocken. Auf der Havel waren nur wenige Segelschiffe, Lastkähne aber in Fülle; die Ufergärten standen noch in großer Blüte.

Immer, wenn wir Berlin erst in westlicher Richtung verlassen, treibt es uns ja doch nur nach Potsdam. Und die Luft war so leicht, die Sonne so ohne jede Schwere, daß wir, fast ohne große Müdigkeit, noch hinübergingen, durch die Tannen und alten Schweizerhäuser von Glienicke, an den alten Parkmauern entlang, zum Neuen Garten. Die jungen Birken, die Fülle des Wiesenschaumkrauts, der Blick auf die Türme und die einzelnen Segler, das Feierabendrüsten um das alte Gehöft am Heiligen See und Cäcilienhof, der Sonnenuntergang – das war diesmal das Gesicht des Parks. Die Blüte um die Landhäuser bis zur Stadt war noch sehr groß; etwas fast Ergreifendes hat es, wie die riesigen alten Bäume in den Gärten und Parks, die im vollen Jahr ihre höchste Fülle bedeuten, mit dem raschen Blühen und Grünen nicht Schritt halten können, wie schwer und zögernd sie nachkommen. –

6. Mai 1935 | Montag

> Hüte dich und sei still; fürchte dich nicht, und dein
> Herz sei unverzagt!   *Jesaja 7, 4*

Diese großen Tage der Blüte dulden es doch nicht, daß man sich an den Schreibtisch setzt und gleich weiterschreibt; erst noch ein Weg um das Wäldchen. – Reinhold Schneider sagte sich für morgen oder übermorgen an; das ist eine große Freude. – Hanni war abends mit ihrer Schwägerin aus; ich habe »König Ragotins Schloß«, den achten Abschnitt, beendet, das sind erst zwei Drittel. Die Mühen schrecken mich nicht. Nur der Umfang des Buches bedrückt mich so sehr.

8. Mai 1935 | Mittwoch

> Der Gott aller Gnade, der uns berufen hat zu seiner
> ewigen Herrlichkeit in Christo Jesu, der wird euch,
> die ihr eine kleine Zeit leidet, vollbereiten, stärken,
> kräftigen, gründen.   *1. Petrus 5, 10*

Neu gegründet zu werden, das ist, wonach man verlangt, und ganz konkret im Hinblick auf den Beruf, in dem man zersplittert und verkommen war.

Den Abschnitt »Das Kind der Schmerzen oder: Die Galeere« begonnen.

Schneider verlebte den Abend bei uns. Als ich die berühmten Schriftsteller kennenlernte, dachte ich: Die Zeit hat dem Dichter sein Fluidum genommen. Nun habe ich aber erst in ihm den ersten Dichter kennengelernt, und weiß, daß die Zeit dem Dichter sein Gepräge nicht zu rauben vermag. Das ist nun der große Mann, den ich mir nie vorzustellen vermochte. Wo ich in Schlössern und in Menschen denke, denkt er in Ländern und Völkern. Und weil die Größe Europas zu erlöschen droht, wird er den Abgesang der Völker schreiben. Spanien, Portugal, Preußen – das ist nun schon geschehen. Immer war der Anlaß verschieden, und dennoch scheint es nur ein Werk zu werden. –

9. Mai 1935 | Donnerstag

> Fürchte dich nicht, du, Jakob, mein Knecht; denn ich
> bin bei dir. *Jeremia 46, 28*

Und ist mir in Professor Hermann der Protestant begegnet, so fand ich nun den Katholiken. Dieser Mensch, das hat ein ganzes Jahr nun schon gelehrt, ist mir ein Schicksal geworden.
Und nimmt doch das Zarteste menschlicher Nähe wahr!
Ich denke an den König – und aus der Bibel strömen die Worte vom Königtum zu. Ich denke an das Haus – und alles ist in der Bibel bedacht, was nur des Hauses sein kann! –

10. Mai 1935 | Freitag

> Es ist Gottes Ehre, eine Sache verbergen; aber der
> Könige Ehre ist's, eine Sache erforschen. Der Himmel
> ist hoch und die Erde tief; aber der Könige Herz ist
> unerforschlich. *Sprüche 25, 2. 3*

Im Dienst und am Buch sehr viel gearbeitet. Als ich heute heimkam, war ein Brief von Reinhold Schneider da, zum Buch. Das ist mehr für mich als Freude. Auch das ist Gottes Rede und ein großer Trost fürs Buch. Fast war es auch, als wäre dies ein Wort vom König selbst – der mir noch immer so unnahbar scheint. –

13. Mai 1935 | Montag

> Eins bitte ich vom Herrn, das hätte ich gerne: daß ich
> im Hause des Herrn bleiben möge mein Leben lang,
> zu schauen die schönen Gottesdienste des Herrn und

seinen Tempel zu betrachten. Denn er deckt mich in
seiner Hütte zur bösen Zeit, er verbirgt mich heimlich
in seinem Gezelt und erhöht mich auf einem Felsen.

Psalm 27, 4. 5

Der »Grundstein« des Hauses ist gelegt. Die Bräuche bestehen
noch: ein Dokument in einer Flasche und Geld wird eingemauert.
Die erste Kellermauer war am Abend schon sichtbar. Alles Material ist angefahren: Werkzeug, Kalk, Balken, Bretter, Ziegel,
Pfähle. Der Gartenplatz ist eine Wüste. –
Der Wert der Bäume läßt sich noch nicht erkennen. Wir warten
sehr darauf, daß sich alles begrünt, damit man entscheiden kann,
was uns erhalten bleibt. Das gute Geschick der Kastanien und
jungen Eichen ist schon entschieden. –

16. Mai 1935 | Donnerstag

Dein Volk sollen eitel Gerechte sein; sie werden das
Erdreich ewiglich besitzen, als die der Zweig meiner
Pflanzung und ein Werk meiner Hände sind zum Preise.

Jesaja, 60, 21

Jeden Morgen blicken viele von uns mit einem scheuen, fast
möchte man sagen, kranken Blick auf die Schlagzeilen der Zeitungen, man atmet auf, wenn es glimpflich abgeht.
Aufs Private gesehen: habe ich nur ein wenig Ruhe, so kann ich
sofort am Tage wieder meine vollen zehn Seiten schreiben, und
ich kann ihnen jetzt nicht einmal den Vorwurf der Weitschweifig-
keit machen. Doch bedeuten die sich häufenden Seiten einen argen
Druck. Und doch kann ich bis heut den Fehler im Bau des Buches
noch nicht entdecken. –
Ich fange an, diesen schweren Abschnitt meines Lebens gut zu
nennen, in dem ich in geregelten Dienststunden einem festen
Erwerb nachgehe, in dem mein Leben ein so festes Zutrauen in
dem einen Buche, das ich schreibe, hat – aber die Erschöpfung
ist so groß. Und das Gefühl, daß man sich und etwas auf überaus
schmalen Pfad, durch überaus gefährliche Zonen ohne Ruhe-
pause retten muß, will nicht weichen. Morgen können einen neue
Verfügungen der Berufskammer vernichten wie unzählige andere,
an denen man es erlebte. Morgen kann die Inflation da sein, der
Krieg. Es hat etwas ungewöhnlich Verwegenes und Stilles zugleich, wie so viele von uns leben müssen.

> Tut desto mehr Fleiß, eure Berufung und Erwählung
> festzumachen; denn wo ihr solches tut, – wird euch
> reichlich dargereicht werden der Eingang zu dem
> ewigen Reich unseres Herrn und Heilands Jesu Christi.
>
> *2. Petrus 1, 10. 11*

Noch die Hotham-Affäre! Dann bin ich bei der leidigen Kron-
prinzenflucht und aus der »abgegriffenen« Partie des Buches heraus! Der Abschnitt ist vorbereitet, die Rolle ist gelernt, ich kam
zum Sonnabend auch etwas früher aus dem Dienst weg, ging
gleich ans Schreiben.

Die Billum-Träume kehren wieder. Jene »telepathischen« Zustände Mutter gegenüber, die noch niemals getrogen haben, und
die nur jetzt nicht mehr ihre äußere Bestätigung erhalten können,
auch. Diese »Zustände« sind immer etwas sehr Positives und vom
Willen gänzlich unabhängig; dabei walten doch in ihnen so ungewöhnliche Energien.

> Hilf du, mein Gott, deinem Knechte, der sich verläßt
> auf dich.   *Psalm 86, 2*

Ich hatte so tief und lange geschlafen, trotz der schweren Träume,
daß es zu spät war, zur Kirche zu gehen. Ich blieb den ganzen
Tag am Schreibtisch, denn draußen war es kalt und die Kastanien
vor meinem Fenster waren den ganzen Tag vom Sturm ganz zer-
wühlt, über ihnen zogen unablässig schwarze Wolken. Erst gegen
Abend kam die Sonne hervor. Auf meinem Schreibtisch der erste
Flieder; zu den Mahlzeiten ein Glas mit Goldlack; auf dem Bücherbrett bei den Heiligen unter der Madonna ein Strauß wilder
Apfelblütenzweige. Wie das Jahr in Blumen durch die Menschen-
häuser geht – das ist durchaus etwas Großes.

> Ich sprach: Ich sehe einen erwachenden Zweig. Und
> der Herr sprach zu mir: Du hast recht gesehen; denn
> ich will wachen über mein Wort, daß ich's tue.
>
> *Jeremia 1, 11. 12*

Am heutigen Abend ist der Reichstag der Einen Partei einberufen;
das Wehrgesetz soll morgen veröffentlicht werden; Hitler gibt

eine umfangreiche Erklärung zu der verzweifelten Aufrüstungs-
lage ab. Seit einer Woche schreiben die Zeitungen: Die Welt sieht
auf Berlin. Die Rede selbst im Lautsprecher zu hören – das brachten wir nur am Anfang fertig; um der Art, nicht um des Inhalts
willen. Es ist so furchtbar schwer, es mitzuerleben, wie Technik,
Chemie und die Großpropaganda sich nur auf dieses eine Objekt
zu stürzen scheinen: den vollkommenen Krieg. Alles ist für ihn
bereit – muß solche Potenz sich nicht erfüllen?! Auf immer schmalerer Bahn gilt es das durchzuretten, was man den »Geist des
Volkes« nennen muß, auf immer schmalerer, immer gefährdeterer
Bahn. –

22. Mai 1935 | Mittwoch

> Doch sollt ihr wissen, daß euch das Reich Gottes nahe
> gewesen ist. *Lukas 10, 11*

Es heißt von der Rede Hitlers: Hitler gibt der Welt ein neues
Gesicht. Aber mehr kann sie ja nicht sein, als daß sie eine Möglichkeit bietet, die internationale Debatte fortzuführen.
Aus dem Wehrgesetz läßt sich für die eigene Situation noch gar
nichts ersehen. – Nur daß für einen selbst noch die Frage vertagt
ist.
Das ganze Heer ist eine unendlich wichtige innenpolitische Frage.
Was für ein Mann ist der Reichskriegsminister Blomberg? 1932,
beim Papenumsturz, tauchte er auf und verschwand seitdem nicht
mehr. Aber er bleibt undurchsichtig. Was ist nur die neue Armee,
die fraglos er schuf? Finden wir auf die große Bahn unserer Geschichte zurück? Ist dies eine völlig neue Art von Heer? Trägt es
den Nationalsozialismus oder vermag's ihn umzubilden? Die
innere Bedeutung scheint mir am größten. Man hat – obwohl man
sich nur auf Scharnhorst und Boyen[57] beruft – Friedrich Wilhelms I.
ursprüngliche Konzeption beibehalten: alle Männer von 18 bis 45
sind wehrpflichtig.
Das ganze Wehrgesetz ist von heftigem Antisemitismus durchsetzt, und am unklarsten ist dennoch die Lage der mit Jüdinnen
verheirateten Deutschen. Mir gab zu denken, daß das Reichs-
kriegsministerium ausdrücklich erklärt: die das Judentum betreffenden Maßnahmen sind nach von Hitler selbst aufgestellten
Grundsätzen getroffen. Es bleibt bei einer tiefen Beunruhigung,
denn die Zugehörigkeit zu den Berufskammern, bei denen alle
Macht für die Erteilung der Erlaubnis der Berufsausübung liegt,

wird doch wohl in Zusammenhang treten mit der Wehrfähigkeit, soweit sie nicht Sache des Gesundheitszustandes ist.

23. Mai 1935 | Freitag

> Siehe, um Trost war mir sehr bange. Du aber hast dich meiner Seele herzlich angenommen, daß sie nicht verdürbe; denn du wirfst alle meine Sünden hinter dich zurück.
>
> *Jesaja 38, 17*

Im Dienst mußte der Feiertag heftig nachgearbeitet werden. Da blieb für das Buch heute nur wenig Zeit. Aber wir sahen wenigstens nach dem Bau; nun heben sich schon die Zimmer ab, und man hat eine Vorstellung, wie der Blick aus den Wohnräumen in den Garten sein wird. Welch gesunde, schöne Bäume. Wie wenig brauchen zu fallen. Ich werde wohl immer ein wenig darüber trauern, daß mir Bäume nicht gehören sollen. Bäume liebe ich wohl am meisten. Manchmal denke ich, daß die Liebe zum Besitz viel weniger eine Sache der Sorge als eben der Liebe ist. Sehr oft fällt sie nicht unter das »Sorget nicht«. – Auch wenn man Existenzsorgen nicht hat, ist der Zustand der Besitzlosigkeit eine große Lebensfrage, mit der man von Grund aus fertig werden, die man in der Wurzel begreifen muß. –

3. Juni 1935 | Montag

> Der Knecht aber, der seines Herrn Willen weiß und hat sich nicht bereitet, auch nicht nach seinem Willen getan, der wird viel Streiche leiden müssen.
>
> *Lukas 12, 47*

Woher aber nimmt der Mensch sich diesen vermessenen Anspruch, »den Willen seines Herrn zu wissen«? Gott verstrickt einen tief und unlösbar in eine Sache, in der man unablässig ihm begegnet und von der man nicht loskann – indem man sich aufreibt in ihr, sich in ihr durchängstet, weg will von ihr, erfährt man in langer und schwerer Geschichte, daß Gott nur so zu einem zu sprechen bereit war. –

Der Anspruch, eine »Pflicht« zu haben, scheint sehr, sehr groß. Wüßte man seine Pflicht, dann wäre alles, – und wäre sie noch so schwer – so leicht zu tragen. Aber nun gehört sie zu dem, was geglaubt werden muß. Woher holt man sich das Recht und die Begründung, seine Zeit an eine Sache zu setzen, in der gar nichts als Widerstand und Aussichtslosigkeit ist? Was gibt einem den

Stolz, die Kraft zu dem »Trotzdem«– wenn alles Selbstbewußtsein hingegangen ist? Und was ernährt die Liebe, die von dem Beginnen, das ein gutes Ende nicht erwarten darf, durchaus nicht lassen kann? Trost ist nur dort, wo aller dieser müde, zähe Kampf – der kein Ende hoffen darf, das ihn rechtfertigte, – jenes »Bereiten auf die Ankunft des Herrn« wenigstens ahnt.

Das, was als das Nüchterne, Harte, Tagtägliche geschieht, ist mit den Maßen des Realen nicht zu bezeichnen – es reicht immer, immer so erschreckend in das Dunkel, in dem Gott wohnen will. Es ist schwer, sehr schwer mit dem Glauben. Zweifeln ist leichter. Denn da hat der Mensch noch eine recht starke Position. Hier aber nicht mehr.

Aber dies mußte ja einmal kommen: daß man die Frage tat nach dem Wesen der Könige, in der alle Problematik des Handelns kulminiert. –

5. Juni 1935 | Mittwoch

> Gott ist mein Hort, meine Hilfe und mein Schutz, daß
> ich nicht fallen werde.   *Psalm 62, 7*

Den Abschnitt »Das Kind der Schmerzen oder Die Galeere« beendet. Den Abschnitt »Der Gott von Geldern« begonnen.
Alle Gliederung und Ordnung ist die einzige Befreiung, die das Leben uns zu gewähren scheint, und in allem ist die Rettung in eine Ordnung die einzige Möglichkeit, das Leben zu ertragen. Wäre aber der Glaube gar nichts anderes als eine Projektion der menschlichen Seele – ich schwankte in all der Wirrnis nicht einen Augenblick, in welche Ordnung ich mich retten wollte. Denn in jener Projektion wäre plötzlich unvorstellbare Tiefe und Größe der Menschen gefunden . . .

8. Juni 1935 | Sonnabend

> Fürchte dich nicht, denn ich bin mit dir und will dich
> segnen.   *1. Mose 26, 24*

Um zwei Uhr war alle Arbeit getan, und ich konnte heimgehen. Es war ein heller, heißer Mittag, und die Straßen waren schon sehr leer. Da Ilse Freunds Ankunft sich merkwürdigerweise sehr verzögerte, machten wir unseren Spaziergang zu den Bauten, die außer dem unseren in Südende jetzt entstehen. Vom Hause hat man nun schon einen sehr deutlichen Eindruck, denn die Mauern stehen, so daß zum Richtfest nur noch das Dachgestühl fehlt.

Es liegt wie ein Haus im Walde, und selbst über der Straße, die nur zwei Häuser hat in großen Gärten, sind die Linden wie ein dichter Wald ineinandergewachsen. In den Wipfeln ganz droben müssen die Akazien nun schon blühen, so stark ist heut der Duft hier draußen. Die Sonne steht noch groß am Himmel, die Abendglocken läuten, das Haus ist gerüstet, in den Zimmern sind große Sträuße von Pfingstrosen, roten und weißen, Jasmin und blauer Iris, in der Diele ein Krug mit Birkengrün.

9. Juni 1935 | Pfingsten

> Schaffe uns Beistand in der Not, denn Menschenhilfe
> ist uns nichts nütze.   *Psalm 108, 13*

Sonne, Wind und Glocken und großes, gemeinsames Frühstück. Von Männerles[58] Eltern kamen zum Pfingstmorgen, zum Tafelschmuck der silbernen und rosa Bänder, Margueriten aller Farben, Rittersporn und Schwertlilien; diese Ärmsten sind die Artigsten. – Die kleine Kirche war sehr voll, und die Predigt diesmal so, daß man ohne jede Bitterkeit zugehört hat.

Akazien und Jasmin sind nun in voller Blüte. Der Himmel ist wolkenlos, und der Tag still und nur vom Vogelgezwitscher belebt. Der Feiertag eines Landhauses oder, um es schon ganz zu sagen: eines Landpfarrhauses könnte besser nicht sein.

Eins ist mir heute klar geworden: Ich habe mich immer am Verantwortungsgefühl gerieben, weil es mir als ein gefährlicher Einbruch der Ethik in den Glauben erschien.

Verantwortungsgefühl ist aber nur der Zwang, eine Antwort geben zu müssen auf die Anrede Gottes. –

12. Juni 1935 | Mittwoch

> Des Menschen Herz erdenkt sich seinen Weg, aber der
> Herr allein gibt, daß er fortgehe.
>   *Sprüche 16, 9*

Ein stürmischer und in großen, jähen Schauern unberechenbarer Tag, doch ein hochsommerlicher Abend, und auf dem Schreibtisch erste Rosen. Im Dienst ist es durch Ungefälligkeit schwieriger, als es zu sein brauchte; sie lassen mich um zwei, aber auch schon um zwölf allein sitzen – und wissen doch gar nichts anzufangen mit ihrer vielen Zeit – diese Behauptung kann ich beweisen. Sie schwatzen und schwatzen. Sie wissen nicht, was Zeit ist und wie unendlich schmerzlich es ist, wenn fertige und einwandfrei schöne und nicht wertlose Pläne über dem Mangel an Zeit, nach menschlichem Ermessen unwiederbringlich, vergehen. Ich glaube, auch zu dem Buch »Der Mann und das Kind«, das so viel Arbeit in Museen, Kirchen, Bibliothek erfordert[59], kann es auf absehbare Frist nicht kommen. – Und die Fülle von Aufsätzen, die mir immer wieder einfällt – Dinge, an deren Reiz und inneren Lohn ich nicht zu zweifeln brauchte. Jenes Dasein des Schriftstellers im schuldlos Ungeschriebenen ist eine eigene Sache, recht unfaßlich und sehr schmerzlich wie alles, was wachsen will und abgetötet wird. Daß das Leben in einem so kärglich und so verschwenderisch ist. Meine Sehnsucht nach einem Leben in der Kunst wird immer größer.

16. Juni 1935 | Sonntag

> Was soll ich reden? Er hat mir's zugesagt und hat's auch getan! Ich werde in Demut wandeln all meine Lebtage nach solcher Betrübnis meiner Seele. Herr, davon lebt man, und das Leben meines Geistes steht ganz darin.
> Welch ein Zeichen ist das, daß ich hinauf zum Hause des Herrn soll gehen! *Jesaja 38, 15. 16. 22*

Stürme, Regenschauer, blauer Himmel und ein sehr lichter Abend, Luft wie in den Bergen, ein kurzer Spaziergang zu Mittag und Abend, Tischbesuch für die Kinder, Kirche, Skizzen zu »Die Hirtinnen« sehr friedliche Stunden hindurch. Kurt Ihlenfeld, der Vorschläge für seine kleine Bücherreihe im Eckart-Verlag wollte, möchte schon zu Ostern »Der Mann und das Kind« und »Bilder und Briefe des Soldatenkönigs«. Aber abgesehen von ganz ungefähren Besprechungen kann ich ja von einem neuen Buch noch gar nichts wissen. Nur daß jeder enge Anschluß an den »Eckart« mich freut. Wie sollte »Der Mann und das Kind« bei Ullstein entstehen? Hier kann man nicht wie beim Friedrich Wilhelm Quellen in Bibliotheken bestellen. Es ginge nur mit Ihlenfeld und Hans Nowak, und leider also nicht »heimlich«.

17. Juni 1935 | Montag

> Herr, deine Augen sehen nach dem Glauben.
> *Jeremia 5, 3*

Der Abend ist so hell, daß er einem eine längere Frist der privaten Arbeit vortäuscht; und schon das ist eine gewisse Wohltat und hilft einem darüber hinweg, wie schnell, wie unerbittlich das Jahr seiner Höhe zuschreitet. Friedrich Wilhelms qualvoller Kampf mit dem Sand und dem Sumpf um Felder und Weiden und Gärten, das ist auch mein ganzer Trost. Ich kann es auch noch nicht lassen, mich darum zu mühen, »ob der Sand nicht blühen will« –.

18. Juni 1935 | Dienstag

> Ihr seid ein Brief Christi, . . . geschrieben . . . mit dem Geist des lebendigen Gottes, nicht in steinerne Tafeln, sondern in fleischerne Tafeln des Herzens.
>
> *2. Korinther 3, 3*

Manchmal denkt man, Gott müßte einem in all den Widerständen der Arbeit ein sichtbares Zeichen geben, das einem hilft. Aber dies eben ist sein Zeichen: daß er einen durchhalten und es wagen und dulden läßt.
Etwas wie ein »Zeichen« war in Reinhold Schneiders Brief, in dem das Wort von meiner Liebe zu dem König steht. Das muß ich manchmal lesen. – Der Versuch eines Kirchenliedes. –

23. Juni 1935 | Sonntag

> Und diese Worte, die ich dir heute gebiete, sollst du zu Herzen nehmen . . . und sollst sie binden zum Zeichen auf deine Hand und sollen dir ein Denkmal vor deinen Augen sein.
>
> *5. Mose 6, 6. 8*

Heut nach der Kirche war ich gleich im Steglitzer Rosengarten; das ist jetzt die Höhe des Blühens, und da der Jasmin noch blüht und die Linden zu blühen begonnen haben, ist es ein unbeschreiblicher Duft auch über diesem armen Stück Erde. Im großen Nachbargarten war wieder die Fronleichnamsprozession. Dies ist heut ein Einsatz des Sommers, der geradezu feierlich stimmen muß. Von den »bekenntnistreuen« Gottesdiensten muß ich allmählich sagen: Die Kirche wird auch das überdauern. Daß Pastoren, und zwar der bessere Teil, plötzlich nach vertanem Leben einen Lebensinhalt gefunden zu haben glauben, spricht ebenso stark in der Bewegung mit wie die Politik. Dieses Neue, weil es so fest auf der Schrift zu fußen scheint, ist gefährlich. Es bietet keine Angriffsfläche. An seiner Gefährlichkeit zweifle ich aber nicht mehr. –

... denn du hast uns des Königs Sache offenbart.

Daniel 2, 23

Die Kinder sind heut nach Ralswieck auf Rügen abgereist. Auf dem Bau wimmelt es jeden Tag von Jungen, und das hat etwas Rührendes. Ein Gerüst mit kleinen Jungen, das ist ein ungemein lebendiges Bild. Die Langsamkeit, mit der ein Buch wächst, empfindet man darüber sehr stark. Sehe ich auf das, was ich da in aber Hunderten von Seiten geschrieben habe, so ist ziemlich alles falsch; lese ich in den Büchern der Könige, in den Büchern Samuel und in den Büchern der Chronik, so ist das Entscheidende doch richtig, auch wenn ich es im Buche beim Neuschreiben werde mehr und mehr zurücktreten lassen müssen; denn die biblische Belastung ist zu stark, weil mich ja nur das eine angeht, das ich dem Leser doch nicht erklären darf ... Denn ich möchte von dem König und der Bibel erzählen. –

29./30. Juni 1935 | Sonnabend und Sonntag

Darum auch wir, dieweil wir eine solche Wolke von Zeugen um uns haben, lasset uns ablegen die Sünde, so uns immer anklebt und träge macht, und lasset uns laufen durch Geduld in dem Kampf, der uns verordnet ist.

Hebräer 12, 1

Ich kam schon um drei aus dem Dienst, und da es sonnig war und doch ohne Schwüle, fuhren wir gleich nach Potsdam, diesmal mit dem Vorsatz, uns durch Schlösser und Parks nicht verlocken zu lassen, sondern nur in den Straßen mit den riesigen Gärten und alten Landhäusern, der Großen Weinmeisterstraße und der Bertinistraße am See spazieren zu gehen, einen alten Gasthofgarten anzusehen, der über einem früheren Friedhof liegt und das Pfarrhaus zur Wirtschaft hat, und auf dem Wege Reinhold Schneider kurz zu besuchen. So haben wir es auch gehalten und Schneider gerade erreicht, ehe er zu einem Abendbrot nach Berlin fuhr, zu dem Maler Leo von König; es ist seltsam, daß Freunde für Schneider, der ganz gewiß sehr einsam bleiben muß, eine auffallend große Rolle spielen. Und seine Toleranz ermöglicht ihm den Umgang mit Menschen. –

Es ist ein stiller und verhängter, schwüler Tag. Ich war in der Kirche, hörte einen neuen, sehr jungen Pastor und bestaunte das friedliche Nebeneinander von politischer Verwirrung und theologischer Sauberkeit (also kann weder die Politik noch die Theologie stimmen), war zum ersten Male in diesem Jahre schwimmen, schlief lange und war entschlossen, heut sehr wenig zu arbeiten, weil es in der letzten Zeit zu viel war und noch sechs zu schwierige Wochen vor mir liegen! Ich habe sehr viel Reiseprospekte da: Braunschweig, Ostpreußen, den Spreewald, Hannover; denn, wenn der Bau wider Erwarten noch Geld für eine Reise läßt, soll diese Reise möglichst noch dem König gehören. –

Heut fiel mir ein, daß die Problematik des Besitzes und der Besitzlosigkeit am freundlichsten und instruktivsten deutlich wird am Herrenhaus und am Pfarrhaus.

1. Juli 1935 | Montag

> Ja, ich will euch tragen bis ins Alter und bis ihr grau werdet. Ich will es tun, ich will heben und tragen und erretten.
>
> *Jesaja 46, 4*

Wie ich es bis jetzt mit dem Abschnitt »Die Hirtinnen« hielt, will ich es auch jetzt für »Mijnheer van Hoenslardyck« fortführen und für »Der Spiegel«: den erdrückenden und verwirrenden Stoff aller drei Abschnitte in lauter Teilskizzen sammeln und dann erst das Ganze herunterschreiben. Aber »auf Format« läßt sich auch so noch nicht arbeiten; es steht immer noch zu viel zur Wahl. Doch ist es so ein Vor-Bauen und ganz gewiß die durchgreifendste Sichtung. Die Fantasie ist jeden Rechtes beraubt und hat sich völlig still zu verhalten, höchstens, daß sie dem kalten Bauen etwas wie Wärme gibt. Es ist zu viel Angst im Schreiben, zu viel Verlockung durch das Große, das als Tatsache einem begegnet, als überlieferter Stoff.

3. Juli 1935 | Mittwoch

> Suchet nun in dem Buch des Herrn und leset; es wird nicht an einem derselben fehlen; man vermißt auch nicht dies noch das.
>
> *Jesaja 34, 16*

Das Buch kommt mich so hart an wie überhaupt noch nichts. Es ist nicht der Verbrauch an Kräften, es ist auch nicht der heiße Sommer, auch nicht die lange Urlaubsvertretung, auch nicht die Politik und die Enttäuschungen –. Ich glaube das allein ist es mehr als alles andere: Daß ich bereit bin, alles Selbsterfundene herauszunehmen; ferner alles Politische, weil ich dafür nicht kompetent bin; ferner das Theologische, weil ich dazu nicht berufen bin; ferner das Kulturgeschichtliche, weil andere das besser können. Aber das, was der Verlag will, bleibt dennoch unerreichbar: das ganze Leben des Königs im Umfang eines normalen Buches, was ja auch für mich das Verlockendste wäre. Wie das noch ausgehen soll – ich darf nicht daran denken, sondern muß weiter arbeiten, die Fülle und Weite dieses großen Lebens vor Augen und zur Enge, nicht zur Beschränkung verdammt. Hier ist schon nicht mehr Zucht, sondern Zwang. Die Zucht allein wäre aber schon hart genug nach der Wirrnis und Versäumnis der vergangenen Jahre.

Für die eigene Lage hat man nun – und für alle Menschen mit – vom Leben des Königs her ein klares Bild: Jedes Leben hat sein »England« und sein »Ostpreußen«.

»Verspillert und ins Meer geworfen.« Das muß ich täglich denken, aber auch im eigenen kleinen Tun noch immer auf den alles begründenden Ausgang hoffen, wie der König ihn erlebte an seinem großen Teil. Man kann sich ja immer nur das eine sagen: Ist Gott mit dem Bemühen, so darf die Angst nicht sein. Ist Gott nicht bei dem Vorhaben, so mag es auch ruhig scheitern, so schmerzlich es für einen ist.

Das war sehr schwer: gleich im Anfang des Buches, mit der allererersten Quelle, Reinhold Schneider zu begegnen und die Veränderung aller bisherigen Maßstäbe erfahren zu müssen. Man möchte vor lauter Angst und Mühe hundertmal die Methoden der Arbeit wechseln. Aber das alles darf nicht sein.

Der Dank, dem König begegnet zu sein und die Verwandlung des eigenen Lebens dadurch angebahnt zu sehen, bleibt von den Ängsten unberührt. Luther und Friedrich Wilhelm, das sind die beiden, an denen ich scheitern kann und die einen dennoch begründen durch das Zeugnis ihres Lebens. Vor aller geistigen Weite geht es mir – um mir mit dem großen Beispiel zu helfen – wie Kant, als er auf Reisen gehen wollte. Hinter den Toren der Stadt muß ich umkehren, sonst käme ich niemals von der Reise wieder und würde zum Vaganten werden. Schneider ist ein reisender Mönch, der immer wieder in Klöstern Rast hält und den Ertrag der Reisen sammelt und sichtet und bewältigt.

Was ist das nun, daß er, der einzige Dichter unter all den Schriftstellern, die ich kenne, die Formen der Kunst beiseite gelegt hat und Gedanken zur Geschichte schreibt? Ein Urteil über die Kunst?

> Herr, mein Herz ist nicht hoffärtig, und meine Augen
> sind nicht stolz; ich wandle nicht in großen Dingen,
> die mir zu hoch sind. Ja, ich habe meine Seele gesetzt
> und gestillt; so ist meine Seele in mir wie ein entwöhn-
> tes Kind bei seiner Mutter.   *Psalm 131, 1. 2*

Alles, was an dem Buche ich nicht bin, sondern was der König
und sein Leben ist, das bleibt erschütternd und feierlich und eine
Kette von leuchtenden Bildern. Manchmal, wenn die Erschöpfung sehr groß ist, stelle ich mir – und immer geht davon wie
von den »Bildern« eine so wohltuende Belebung aus – vor, was
an dem Buch ein Marsch ist, ein Menuett, ein Pastorale, ein
Ländler, eine Fuge, ein Choral. –
Ein Abendspaziergang in Dahlem. Und den Sonntag – ein sehr
stiller und verhängter Tag, so daß der grauen Wolken wegen der
Aufbruch gar nicht so leicht fiel – verbrachten wir in und um Potsdam: im Marlygarten; auch besichtigten wir Friedrichs Bilder-
galerie; auf dem Pfingstberg; dann – eigentlich auf der Suche
nach einem Feld, damit war es aber sehr rar bestellt – Nedlitz
und die Römerschanze, wo sich der König so gern divertierte;
die Heimfahrt zu Schiffe.
Ich hatte bis heut nicht gewußt, daß Sanssouci gar nichts anderes
ist als das erweiterte und verfeinerte Marly[60], und daß Marly ja,
zehn- und zwanzigmal von uns übersehen, an den Toren von
Sanssouci liegt. Neue Kasernen und sehr viel Soldaten am
Wege. Wo beginnen nur um diese Riesenstadt endlich die Felder?
Zwischen Potsdam und Berlin wird bald alles zugebaut sein
– eine einzige, neue Wald- und Gartenstadt! Dazwischen Wasser
und Segel. Ob die Zeit das Idyll trägt, was das Ganze bedeutet
für die Zukunft der Städte und der privaten Vermögen, das vermag ich mir ganz und gar nicht vorzustellen.
Der Versuch eines zweiten Kirchenliedes. –

13. Juli 1935 | Sonnabend

> Leidet jemand unter euch, der bete.   *Jakobus 5, 13*

Ich habe die Skizzen zu »Die Hirtinnen« beendet, schreibe nun
diesen Abschnitt und bereite die beiden letzten Abschnitte »Mijnheer van Hoenslardyck« und »Der Spiegel« vor, die stofflich noch
gar nicht entlastet sind. Diese Fülle will kein Ende nehmen. –

Am Bau hat diese Woche die sichtbarsten Fortschritte der Garten gemacht. Nun ist schon ebener Grund und man sieht, wie schön die Baumgruppen verteilt sind. Doch dies ist keine Frage: das Haus ist etwas, worüber ich hinwegkommen muß. Das Schöne des Lebens war oft zu nah, aber weder Entfaltung noch Verwurzelung, die beiden großen Vorgänge des Lebens, wollten Ereignis werden. Das aber, was der Ausgleich sein könnte, das Schreiben, geht so schwer, so langsam, so behindert, so jeder Freude beraubt und nur auf die Liebe angewiesen vor sich: kein Erzählen, sondern Bauen im Hinblick auf die gerechtfertigten und ungerechtfertigten Ansprüche des Verlages. »Mijnheer van Hoenslardyck« ist mir nun sehr klar: Reisen und jede Rückkehr nur, um Abschied zu nehmen; kein Antrieb mehr zur Zukunft hin, sondern Nachholen des Versäumten. – Es bleibt dabei: Erst der letzte Federstrich kann die Möglichkeit dieses Buches erweisen. Und dieser letzte Federstrich ist noch weit, und die Zeit bis dahin sieht eine gar zu aufgewühlte Welt ringsum. Denn das Bild und das Wort aller Tage heißt noch immer: Aufrüstung. Aber das Geschrei der erreichten Größe will nicht enden. In Italien und Deutschland ist es am schrecklichsten damit; so, daß es einem Woche um Woche das Herz abpreßt. Es gibt gar keine Möglichkeit mehr, sich mit der Zeit zu verständigen. –

18./19. Juli 1935 | Donnerstag und Freitag

> Ich hoffe auf den Herrn, der sein Antlitz verborgen hat
> vor dem Hause Jakob; ich aber harre sein.
>
> *Jesaja 8, 17*

Die italienisch-abessinische Spannung immer unheilbarer. Italien und England sind hier in Wahrheit die Feinde. – Antisemitische Ausschreitungen am Kurfürstendamm. Verschärfte Arierparagraphen. In Sachsen und in Breslau 21 arische Mädchen in Schutzhaft, die Verhältnisse mit Juden hatten. Die Männer in Konzentrationslagern. – Die Säuberung Berlins von Juden drohend angekündigt. Großer Urlaubtausch bei Ullstein erforderlich, mit aber sehr willkommen. Ich komme als letzter am 1. September an die Reihe. Ich bin froh über jede Zeile Roman, die ich noch vor dem Urlaub in Sicherheit bringen kann. Außerdem fehlt ja der Urlaubsplan, da der Bau alles Geld verlangt. Nun scheint sich aber gerade für Anfang September etwas sehr Schönes zu ergeben. Zu meiner sehr großen Freude erhielt ich von Professor

Paul Althaus-Erlangen für den 6.–9. September eine regelrechte Einladung, auf einer Tagung »Dichter und Theologen«, die speziell dem Kirchenlied und der religiösen Dichtung gewidmet ist, Gast der Luther-Gesellschaft in Wittenberg zu sein. Das kann ich wohl nur Ihlenfeld zu verdanken haben, denn es handelt sich um eine gemeinsame Veranstaltung der Luther-Gesellschaft und des Eckart-Kreises. Jede Freundlichkeit, die aus dieser Richtung kommt, tut mir in meiner gegenwärtigen Lage unendlich wohl. Denn dort erwünsche ich ja die Zugehörigkeit so sehr. –
Die Materialsichtung für »Der Spiegel« beendet. Nun geht es nur noch um das Schmerzenskind: »Mijnheer van Hoenslardyck«.

21. Juli 1935 | Sonntag

> Verstehst du auch, was du liesest? Er aber sprach:
> Wie kann ich, so mich nicht jemand anleitet?
>
> *Apostelgeschichte 8, 30–31*

Zu Tisch kamen die Topell und Hans Nowak, aber da die Gespräche natürlich doch wieder ins Politische gingen, war es sehr bedrückend und verwirrend. Hans Nowak hat die antisemitischen Exzesse am Kurfürstendamm miterlebt. Sie haben Jüdinnen ins Gesicht geschlagen; die jüdischen Männer haben sich sehr tapfer gewehrt; zu Hilfe kam ihnen niemand, weil jeder die Verhaftung fürchtet. Was sind Jahrhunderte! – Unter allen Zersplitterungen ist die durch Menschen am unerträglichsten geworden. Nur wo etwas entsteht, kann ich noch durchhalten. Keine kleinen Ausgaben: sondern Bau. Keine literarische Tagesarbeit: sondern Buch. Keine vielen Ziele auf den wenigen Fahrten zur Erholung: sondern leiten lassen von den Menschen der Arbeit, die man in Händen hält. –

23. Juli 1935 | Dienstag

> Ich bitte dich, von wem redet der Prophet solches?
> Von sich selber oder von jemand anders?
>
> *Apostelgeschichte 8, 34*

Rücktritte und Ernennungen in Regierung und Partei, Verbote an die Presse, über verschiedene Ereignisse zu berichten, die gleichzeitig einsetzende drohende Abwehrpropaganda gegen die alten nationalen Frontkämpferverbände, die Kirche, das Judentum; die antisemitischen Ausschreitungen allüberall scheinen mir ein gewaltsam geschaffener Anlaß für erneute heftige Auseinandersetzungen in der Partei zu sein. Die Stimmung ist wie voriges Jahr vor dem Röhm-Putsch, und schon die erste Stunde, in der man wieder mit der Stadt in Berührung kommt, erschöpft einen völlig. Es ist nicht zu fassen, was da über ein Sechzig-Millionen-Volk gekommen ist. Alle klagen, toben – und nehmen alles stumpf hin und sehen keinen Ausweg und spielen verängstigt das begeisterte, geeinte Volk. Das ist so unendlich traurig. – Drohungen aber, die sonst oft theoretisch bleiben, werden an den Juden sofort praktisch ausgeführt. Und daß keiner mehr sein eigenes Geld frei bekommt, um nach Palästina gehen zu können! Diese Grausamkeit, sie hierzuhalten, ist das Schlimmste! Existenzverlust und körperliche Mißhandlung sind den Juden tagtägliche Beängstigung geworden. Der abessinisch-italienische Kolonialkonflikt ist zu einer bitterbösen italienisch-französisch-englisch-afrikanisch-japanischen Debatte geworden. Wie kann dieser Krieg noch verhütet werden? Der Völkerbund geht über diesem Krieg und der allgemeinen europäischen Aufrüstung nun endgültig zugrunde, eine schreckliche Bankrotterklärung aller Einsicht der Völker.

Die holländische und italienische Währung schwer erschüttert. Die Juden, denen es in Deutschland materiell noch gut geht, sind die, deren große Betriebe man für deutsche Angestellte braucht. – Misdroy mußte jetzt von Juden geräumt werden; man hat sich auch nicht gescheut, vor ein jüdisches Kinderheim zu ziehen und die Kinder mit dem Absingen antisemitischer Lieder zu ängstigen. Das Heim muß auch geschlossen werden. – Sonst war es so, daß Bedrückte und Bedrohte den inneren Ausgleich hatten, Märtyrer sein zu können für eine Idee. Aber die Juden haben keine Idee mehr; sie waren in uns aufgegangen. Es gibt nichts abzuschwören, nichts zu bekennen, es wird auch nicht nach ihnen gefragt – das harte Los wird über sie verhängt, völlig mechanisch und schematisch, und sie müssen zudem im Lande bleiben, wollen sie nicht ohne alles in eine Welt hinausgehen, die nichts mehr für sie bereit hat.

Es ist sehr schwer, in diesen Tagen das weitere Werden des Baues zu sehen und das Buch weiterzuschreiben und unter ständigen Schreckensmeldungen, die natürlich auch die Mischehen betreffen, den Dienst zu tun.

Die Juden und Menschen in meiner Situation werden sich weitaus immer mehr in ihren allerengsten Kreis zurückziehen.

Ich kann nichts mehr, als immer wieder an das eine mich zu halten: daß Gott auch hierin zu mir redet. Was in Hanni vorgeht, vermag ich nicht mehr zu beurteilen. Das Judentum ist ihr und den Kindern völlig entfremdet, das Deutsche und das Preußische um so stärker in ihr – das Preußische aber ohne sein A und O: den Glauben. Überall steht sie außen.

25. Juli 1935 | Donnerstag

> Er hat ein Gedächtnis gestiftet seiner Wunder, der
> gnädige und barmherzige Herr.   *Psalm 111, 4*

»Mijnheer van Hoenslardyck« teile ich nochmals auf, so daß sich davor ein neuer Abschnitt ergibt: »Gespräche aus dem Totenreich.« Die schwerste Anstrengung des Tages ist die, Striche ziehen zu müssen nach allen Seiten. Auf dem engen Felde, das dann noch bleibt, ist dann aber noch immer Boden – oder erst recht – für Dankbarkeit. Und das ist wohl doch: daß jeder Schnitt gegenüber der Welt ein Freiwerden für Gott ist. Gottes Schwere aber zu ertragen, ist mehr Leben als die Schwere der Welt aushalten zu müssen, mit ihrem Wirren sich herumschlagen. Das darf nicht mehr sein. Es gibt nur noch ein Warten auf das, was Gott handelt und redet. In diesem Warten aber hört die Frage auf nach den eigenen Kräften, Anlagen, Bindungen, Rechten, Pflichten. Das Schwerste ist, daß der Mensch solche Striche nicht ein für alle Male ziehen kann, daß er immer wieder rückfällig wird und Gott ihn immer wieder sehr schmerzhaft für sich herausschneiden muß aus dem entsetzlichen Wust.

1. August 1935 | Donnerstag

> Der Herr ist treu. Der wird euch stärken und be
> wahren vor dem Argen.   *2. Thessalonicher 3, 3*

Heut, als ich aus dem Dienst kam, holten mich meine Damen ab: Hanni, Brigitte, Reni. Renerle ist nicht sehr braun, hat auch nicht zugenommen, ist aber gewachsen. Brigitte wirkt, wenn möglich, noch gesünder als vor der Reise. – Ich dachte immer, es würde gar zu schwer sein, wenn man nicht mehr vom schreiben leben kann. Jetzt sehe ich, wie auch das möglich ist: fürs Schreiben zu leben.

Blickt man nur auf sich selbst – man möchte ganz verschwinden. Blickt man auf die Fruchtbarkeit und Unfruchtbarkeit des Lebens, so wird einem das zum großen Trost, daß einmal in der Welt der Auftrag war: Der Sand soll blühen und der Sumpf soll Felder tragen!

Ohne das müßte man ganz an sich verzagen, ja sich vor sich selbst entsetzen, so daß es jedes Handeln lähmte.

2. August 1935 | Freitag

> Nach dir, Herr, verlangt mich. Mein Gott, ich hoffe
> auf dich; laß mich nicht zu Schanden werden!
>
> *Psalm 25, 1. 2*

Von dem Nichtarier-Schild am Südender Bade ist den Kindern heut gleich als erstes beim Wiedersehen mit ihrem Schwimmbadfreunden, doch in freundschaftlicher Weise, gesagt worden. Die Haltung ist noch sehr unentschieden, und es scheint sie doch sehr zu beschäftigen. Reni wird wohl nicht mehr hingehen; aber ihr bedeutet das Bad wohl auch nicht soviel wie Brigitte.

Das sind keine guten Zeiten, wenn es ohne Arbeit gar nicht gehen will. Das ist ein merkwürdiges Hinwelken; ich bin nie jung und nie »auf der Höhe« gewesen. Davor, daß es so kommen würde, habe ich mich schon früh gefürchtet.

4. August 1935 | Sonntag

> Er muß wachsen, ich aber muß abnehmen.
>
> *Johannes 3, 30*

Stille, wieder sommerliche Stille. An den Elisabeth-Christine-Abschnitten, die mir jetzt am tröstlichsten sind, geschrieben; sonst nur kleine Spaziergänge hier draußen; darunter am schönsten die Obst- und Gemüsegärten im Botanischen Garten; nicht immer nur Parks. – Auf Veranlassung eines Vorstandsmitgliedes des Schwimmbadvereins ist das Schild am Luftbad wieder verschwunden. Für Brigitte wäre der Ausschluß der größte Schlag ihrer Jugend gewesen.

5. August 1935 | Montag

> Der Herr weiß die Gottseligen aus der Versuchung
> zu erlösen.
> *2. Petrus 2, 9*

Die große Arbeitslast des Montags ist es nicht, auch nicht der Umstand, daß man wieder unter die Menschen muß. – Aber die Plakate an den Litfaßsäulen und die Schlagzeilen, denen sich zu entziehen unmöglich ist! Die kurze Sommerpause der Politik (in der genug geschah an Bedrohung und Bedrückung) ist um – der offen angesagte Kampf gegen die »Außenstehenden« hat wieder begonnen mit einem »Deutsches Volk, horch auf!« Darunter: »Eheschließungen zwischen Deutschen und Juden werden in Zukunft nicht mehr geduldet.« Dann: »Wir sehen mit Ernst auf diese mit Streiks, Aufständen und Krisen durchschüttelte Welt. Mit Stolz können wir andererseits sagen, daß Deutschland, gereinigt durch die nationalsozialistische Revolution, fest und unbeirrbar über der Weltkrise steht« –. Das alles macht so unendlich bitter und müde. Das weiß man nun, was Angst ist um ein Volk. –

9. August 1935 / Freitag

> Die Erretteten vom Hause Juda und die übrigbleiben, werden noch wiederum unter sich wurzeln und über sich Frucht tragen.
> *Jesaja 37, 31*

Die übrigbleiben. – An diesem Gedanken kommt jetzt kein Tag vorüber. Und das rascher und rascher werdende Haus kann man nur mit zusammengepreßtem Herzen betrachten. Heute ist der Eindruck erstaunlich fertig: Der Rohputz ist beendet, der Zaun und das Terrassengitter stehen. – Heut sprachen wir zum ersten Mal von Katharina von Bora, als könnte das das nächste Buch (ein noch kaum vorstellbarer Gedanke) sein. Gibt es aber über sie ähnliche gute Teilarbeiten wie über Friedrich Wilhelm das Buch von Schneider und Lavisse, so will ich mich dazu nicht drängen. Auch kenne ich die Fabel ihres Lebens noch nicht. Aber das erste Pfarrhaus zieht mich natürlich mehr und mehr an. Und bei der Flucht in die Historie wird es wohl doch noch bleiben müssen . . .

Was in der Sprache des Glaubens »tot sein« ist, das weiß ich. Ich weiß aber nicht, was das ist: »die da aus den Toten lebendig sind«.

Das Vaterunser lernte ich verstehen. Aber das Maß des Verständnisses mag sich wohl jedem noch verwandeln sein Leben hindurch, soweit er nur zu erfassen vermag.

Während ich an »Gespräche aus dem Totenreich« schreibe, bereite ich »Der Spiegel« in ausgeführten Skizzen vor, so daß ich mich dann endlich auf den letzten zähen Block »Mijnheer van Hoenslardyck« stürzen kann. Vielleicht ist das noch bis zum Urlaub erreichbar, daß dann nur noch dieser Teil vor mir liegt!

Denn die Last dieses Buches drückt mich sehr, und die Liebe zu Friedrich Wilhelm kann nichts daran erleichtern.

Beim Schreiben des einzelnen Abschnitts ist großer Friede – das Ganze ist Angst. Denn das kann ich nicht fassen: daß mein Taufspruch auch im Hinblick auf die irdischen Dinge gesprochen sein könnte! Oft kommt dem Menschen der Gedanke: Gott kann kein Quäler sein!

Aber kann Gott es denn einem erlassen, die Welt zu erfahren, das Gottlose zu erleiden?

10. August 1935 / Sonnabend

> Der Herr Herr hat mir eine gelehrte Zunge gegeben,
> daß ich wisse mit dem Müden zu rechter Zeit zu reden.
>
> *Jesaja 50, 4*

Das ist die sehnliche Erwartung des Sonntags die ganze Woche hindurch: daß mit dem Müden geredet werde und daß eine kurze »Ruhe sei dem Volke Gottes«, ein Abbild der großen Ruhe, die jenseits aller unserer Vorstellung ist. –

Ein Regentag. Als der Regen vorüber war, der Gang zum Bau und ums Wäldchen. Am Abend Gundlings Tod, die Narrenprofessoren-Disputation und die Begründung des mechanischen und des nationalökonomischen Lehrstuhls geschrieben. Mit jedem neuen Abschnitt ergibt sich zum mindesten eine neue größere Novelle oder zum mindesten eine Reihe biographischer Skizzen. – Aber Angst lehrt bauen. –

11. August 1935 / Sonntag

> Ich komme in der Frühe und schreie; auf dein Wort
> hoffe ich. *Psalm 119, 147*

Nach dem gestrigen großen Regen noch einmal wunderbarer, blauer Himmel, ganz wie im Anfang des Sommers, und herrlichste Sonne.

Die Bach-Kantate Nr. 94 »Was frag' ich nach der Welt« recht rein gehört; das Schönste ist ja doch wohl immer wieder der Schluß-Choral. Dann Creutzens Ende geschrieben; Figur um Figur scheidet aus – aber die Stoffülle für »Mijnheer van Hoenslardyck« bleibt noch fast unüberwindlich. Es kann gar nichts recht entwickelt, begründet, ausgemalt werden. Es ist, als dürften heut in der Epik nur noch die Effekte aufeinander gehäuft werden. Niemals kann aus »Effekt« und »Pointe« Epik werden, und das ist, was mich so

müde macht. Und es lohnt nicht einmal, sich nach einem anderen
Verlage umzutun; es ist überall gleich. Der einzige, mit dem ich
arbeiten möchte, der Eckart-Verlag, hat gar kein Geld für größere Bücher und kann nur kleine Bändchen wagen. –

12. August 1935 | Montag

> Mein Herz hält dir vor dein Wort: ‚Ihr sollt mein
> Antlitz suchen.‘ Darum suche ich auch, Herr, dein
> Antlitz. *Psalm 27, 8*

Vielleicht kann man nur mit Worten wie diesem sein »Recht« auf
die Arbeit begründen, für die man sonst Berechtigung nicht finden kann . . .
Der Sonntag hat wieder seine politischen großen Versammlungen
gehabt, der Montag darum wieder seine Schlagzeilen – es wird
jetzt auf den Zeitraum von 500 Jahren prophezeit. Bis um dreiviertelzwölf geschrieben – bis hin zum Rheinkrieg. –

15. August 1935 | Donnerstag

> Bringe uns, Herr, wieder zu dir, daß wir wieder heimkommen; erneuere unsere Tage wie vor alters!
> *Klagelieder 5, 21*

Jetzt, wo die entscheidenden Schnitte gezogen werden müssen
zwischen »Gespräche aus dem Totenreich«, »Mijnheer van Hoenslardyck« und »Der Spiegel«, bin ich doppelt glücklich über jede
freie Stunde, die sich für mich vom Dienst ergibt, namentlich an
den beiden Tagen der Woche, an denen die andern überhaupt
nicht erscheinen und etwas Friede ist im Büro. – Was das Grübeln
über die Striche angeht, so kam mir der Gedanke: Ein roter
Faden für die Striche wird sich dadurch ergeben, daß in den Mittelpunkt alles das gerückt wird, was an Friedrich Wilhelms Leben
nur »dichterisch« faßbar wird.
An manchen Tagen packt es einen hart, was man schreiben wollte
und all der wirren, harten Umstände wegen nicht schreiben konnte
und kaum nachholen kann –

> Das Glück der Vergänglichkeit – (neu schreiben!)
> Frick-Frack und Elvira[61]
> Hoffnungslosigkeit
> Die Abschiedssinfonie (der Orchesterroman)
> Voltaire
> Streckenarbeiter (der Reisendenroman)

Das sind die alten, zermürbten Pläne – die schon mehr als Pläne waren – aber nun ist Neues dazu gekommen:

Katharina von Bora
Der Mann und das Kind
Die preußischen Eremitagen (vom Jagdschloß Stern bis Doorn)
Die Schönhauser Elegie (Elisabeth Christine)
Das Buch von den Propheten und Aposteln

Dann:

Die Kinder der Seligkeit (die Kinder in der Bibel! Die Kinderkreuzzüge!)

Nichts ist in mir, was vor Gott auch nur noch den geringsten Anspruch zu erheben wagte. Aber die Bitte ist noch da; er möge mir dieses Leben lassen, wie es jetzt ist! Vielleicht gibt es dann noch eine Fruchtbarkeit. Denn mir ist, als wäre erst jetzt, wo ich so müde und geängstigt bin, das Thema meines Lebens gefunden:

> »Daß ich ihn leidend lobe,
> das ist's, was er begehrt.«

Daß Gott es begehren könnte, scheint aber schon so beschämend vermessen, wenn man es nur denkt.

24. August 1935 / Sonnabend

> Werfet euer Vertrauen nicht weg, welches eine große Belohnung hat. Geduld aber ist euch not, auf daß ihr den Willen Gottes tut und die Verheißung empfanget.
> *Hebräer 10, 35. 36*

Im Dienst die letzten Urlaubsvertretungen, die sich bis zu meinen eigenen Ferien erstrecken. Krank am Lärm im Betrieb – das ist das Schlimmste.

Was das eigene Zimmer in diesem Lärm und in dieser Wirrnis bedeutet, sehe ich am besten daran, daß ich immer wieder einmal träume, es wird mir weggenommen ... Im Buch den Plan durchgehalten: die Skizzen für »Der Spiegel«; die äußerste Materialbegrenzung für »Mijnheer van Hoenslardyck«. Beides wird wohl noch vor dem Urlaub zum Abschluß gelangen.

Am Bau das große Ereignis: Das Haus ist ohne Gerüst, steht fertig geputzt, entspricht genau unseren Vorstellungen. Und welches Bauwetter. Herrlichster Hochsommer. Sonne und Wind.

Herbstlich ist nur, daß die Morgen dunstig sind und die Abende so früh kommen.

25. August 1935 | Sonntag

> Ich hoffe aber darauf, daß du so gnädig bist; mein Herz freut sich, daß du so gerne hilfst. Ich will dem Herrn singen, daß er so wohl an mir tut.   *Psalm 13, 6*

Alles hat man mit gequältem Herzen als unermeßliche Gnade erfahren gelernt: Nahrung und Kleidung, Wohnung und Arbeit, jedes Stück eines Friedens, eines nicht unmittelbar bedrohten Daseins; jede Freundlichkeit eines Menschen – als Gnade: Gast sein zu dürfen auf der Erde, nicht Flüchtling sein zu müssen in einer Zeit, in der sehr viel Flüchtlinge sind. – Jeder Gottesdienst ist einem Gnade geworden, in dem noch Bibel und Gesangbuch das Hauptstück sein dürfen. – Sommer, Sommer, noch einmal so schön, wie er nur sein kann. Mit Hanni Pläne für die Einrichtung des Hauses. Ruhige Arbeit. Haus und Buch, die lichten sich zur gleichen Zeit.

26./28. August 1935 | Montag und Mittwoch

> Ich jage ihm aber nach, ob ich's auch ergreifen möchte, nachdem ich von Christo Jesu ergriffen bin.
>
> *Philipper 3, 12*

»Der Spiegel« ist beendet. (Ach, wäre es der Schluß.) »Mijnheer van Hoenslardyck« ist begonnen. Aber das, in dieser Umstellung und nach dieser Vorausnahme, wird nun wirklich das letzte sein. Ich konnte angesichts der dramaturgischen Schwierigkeiten dieses Abschnitts das Sterbekapitel, das nach innerer Entwicklung und äußerem Ablauf fest stand, einfach nicht mehr auf mir lasten wissen.
Auch sonst ist alles gerüstet wie zu einer großen Reise! Der Anlaß fehlt – aber solche Rüstung ist großes Bedürfnis. Tausend Seiten dieses Arbeitsjahres liegen vor mir – tausend Seiten, leider – mit allem, was an ihnen hängt. Außerdem ist Wittenberg, nach Potsdam, eine sehr große Reise, deren Weite nicht nach Kilometern meßbar ist.
Im August so schwer zu arbeiten, war nicht einfach. Das ist der drückendste Monat für mich, für mich der Sterbemonat des Jahres. Die Ernte ist eingebracht, das Jahr noch so überreif, die Endgültigkeit, die Klarheit herbstlichen Verzichtes noch nicht da.

> Herr, warum trittst du so ferne, verbirgst dich zur
> Zeit der Not?   *Psalm 10, 1*

Morgen werden die letzten im Verlag Ullstein beibehaltenen
jüdischen Angestellten, auch auf den kleinsten Posten, entlassen. –
Das ist ganz schnell als Sonderaktion beschlossen worden.

Im neuen RDS-Heft[62] las ich wieder, wer alles aus der Schrifttumskammer ausgeschlossen ist. Ich sehe wieder bestürzt, daß
auch vor den Frontkämpfern nicht Halt gemacht wird.

Und alles ist stumpf dagegen geworden; es ist schon Gewohnheit.
Das ist das Schrecklichste.

Das ist gekommen ohne »Weltanschauung«, ohne Willen, ohne
Grübeln: daß man jeden Tag den Tod vor Augen hat, jeden Tag
sehr nah und sehr lange. Man klammert sich an solche Worte:
»Gott ist getreu, der euch nicht läßt versuchen über euer Vermögen, sondern macht, daß die Versuchung so ein Ende gewinne,
daß ihr's könnet ertragen« 1. Korinther 10, 13.

Ich schrieb heut seit langem ein neues Gedicht: »Herr, laß uns
wieder einen König sehen –«[63]

Immer wieder wird es einem eingeprägt: Jahrhunderte sind nichts.
Die Menschheitstragödie wandelt sich nicht, und das Geheimnis
des jüdischen Volkes ist überhaupt nur mit den Worten der Bibel
ausdrückbar. »Moderne« Worte gibt es da nicht. Was vorgeht,
erfährt man nicht aus der Zeitung und dem Rundfunk (den wir
heut abbestellt haben), sondern allein aus der Bibel. – Daniel 9.

Das Gefühl, das einen in diesen Tagen beherrscht, ist: Es geht
so tief hinab, in beiderlei Sinne des Wortes... Ein Über-die-
Dinge-Hingehen gibt es nicht mehr. Ich habe noch nie ein Verständnis gehabt für Mission. Jetzt weiß ich von ihren Momenten. –

Einer der Tage, an denen ich nun wirklich einmal nicht schreiben
kann. –

3. September 1935 | Dienstag

> Betet ohne Unterlaß.   *1. Thessalonicher 5, 17*

Nun ist es wieder so schnell gekommen. Als ich mich am Montag
zum Urlaub von Kapeller verabschiedete, machte er die nicht
mißzuverstehende Andeutung, daß meine »Rückkehr auf längere
Frist« gefährdet sei. Wir haben dann nur wenige Minuten darüber

gesprochen, denn es gibt ja hier kein Rückfragen, kein Wehren, kein Einigen.

Sehr schwer war, daß bereits heut eine Verschärfung der Lage eintrat. Gestern sicherte mir K. zu, daß ich erst zum 31. 12. entlassen werden würde. Heut mußte er es widerrufen. Man beharrt auf den Rechten, die mein kurzfristiger Vertrag bietet. Ich bekomme noch für September und Oktober Gehalt, brauche nun aber wenigstens nicht mehr in den Dienst zurückzukehren.

Das ist nicht unwichtig, weil ich gleich für Ihlenfelds Bücher-Reihe im »Eckart« etwas arbeiten soll. Ich war gestern nach dem Dienst nur kurz bei Hanni, dann sofort bei Ihlenfeld. Wir hatten eine Reihe von Plänen, ungemein befriedigend, aber für die Existenz nur eine kleine Hilfe. Aber es könnte alles weitergehen: Katharina von Bora (freilich nicht als Roman), Schönhauser Elegie, Propheten und Apostel, vielleicht sogar Königsflucht und Kinder der Seligkeit. Und einen neuen Plan »Das Haus« – dazu Vorschläge von Ihlenfeld: Gesangbuch-Lieder; Dichter-Biographien; Protestantische Dialoge, – alles das als anonyme Herausgeber-Arbeit; auch nur zwischen Ihlenfeld und mir, kein Verlagsvertrag. Denn Ihlenfeld rechnet fest damit – ebenso Harald Braun und Harald Poelchau, die ich als einzige benachrichtigte, – daß ich in kurzem auch aus der Schrifttumskammer ausgeschlossen werde. Darum soll meine neue Arbeit für den Eckart-Verlag von vornherein geheim bleiben. Was die Existenz angeht, so wird es eine Beteiligung von 8 Prozent am Verkaufsexemplar sein. Wie lange nun ein solches Buch als Arbeit dauert, wie es in Verkauf kommt – das alles sind offene Fragen. Fürs erste war es aber für Hanni und mich gestern eine große Hilfe, daß in den ersten schweren Stunden dieser Beistand kam.

Ich will gern ohne Namen arbeiten, wenn ich nur weiter wirkliche Arbeit leisten darf und nicht in diesen schrecklichen Journalismus zurück muß, in dem es nur noch ums 80-Zeilen-Format geht.

Ich konnte Hanni nicht einmal die Illusion des Urlaubs und des Umzugs lassen, weil ich ihr doch vorschlagen mußte, ob wir nicht das ganze Haus von vornherein vermieten und selbst in eine kleine Wohnung ziehen wollen, nun, wo der Möbelwagen sowieso schon bestellt ist. Es wäre aber keine Verbesserung unserer Lage zu erzielen als durchs Vermieten möblierter Zimmer.

Hanni sagte, in einem Winkel ihres Herzens freue sie sich . . .

Ihlenfeld sagte mir, die ganze kulturpolitische Lage habe sich derart verschärft, daß ich für Wittenberg unter einem Vorwand absagen muß.

Es ist wohl alles viel schwerer geworden, als es nach der Entlassung aus dem Rundfunk war.

Meine Sorge ist, daß Ihlenfeld in seiner großen – sachlichen, nicht persönlichen – Impulsivität mit seiner ganzen Buchreihe etwas zu organisationslos ins Zeug geht und daß der eigentliche verlegerische Plan fehlt, der die Projekte durchführbar macht. Ich kann ja aber gar nichts anderes tun, als diese Dinge zu bedenken geben und mich an das erste zu halten, das Ihlenfeld mir zu arbeiten gibt. Das ist »Deutsche Gespräche« (von Hutten bis Paul Ernst); ein Band, den er für sich selbst geplant hat und bei seiner Überlastung nicht schaffen kann zum »Weihnachtsgeschäft«.

Abends waren zufällig Brauns mit Ihlenfelds verabredet; Ihlenfelds luden uns dazu. Auch bei Ihlenfeld geht es über das Sachliche nicht einen Grad hinaus. Darin liegt freilich zugleich ein Trost, daß eben das Sachliche noch eine Rolle spielen darf. Wo sollte es noch Illusionen für uns geben. Ich glaube, ich habe es nur noch mit Gott zu tun, auf ihn zu warten.

Heut erschien Ihlenfelds kleine Sammlung: »Geistliche Lieder«, sehr schön aufgebaut auf dem Glaubensbekenntnis. Von meinen Fischgedichten hätte ich manches lieber nicht darin.

4. September 1935 / Mittwoch

> So lasset uns nun zu ihm hinausgehen aus dem Lager und seine Schmach tragen. Denn wir haben hier keine bleibende Stadt, sondern die zukünftige suchen wir. So lasset uns nun opfern durch ihn das Lobopfer Gott allezeit, das ist die Frucht der Lippen, die seinen Namen bekennen. *Hebräer 13, 13–15*

Das Haus vor dem Fertigwerden – das Buch in diesem Stadium, und nun dieser Schlag; heut schien es mir manchmal unerträglich schwer. Möge Gott es mir ersparen, daß ich mit meiner Existenz Hanni schwer zur Last falle. Das Mitleid kann furchtbar sein; ich kann Hanni nicht ansehen, gerade, weil sie so gefaßt ist und so elend aussieht.

Hanni hat viel zu ordnen diesen Tag; sie will morgen mit mir wegfahren. Das Ziel steht noch nicht fest. Ich habe den Tag über Ihlenfelds Quellen verbracht; das Thema ist gut, der Stoff unergiebig.

> Bauet Häuser, darin ihr wohnen mögt; pflanzet Gärten, daraus ihr die Früchte essen mögt. Denn ich weiß wohl, was ich für Gedanken über euch habe, spricht der Herr: Gedanken des Friedens und nicht des Leides, daß ich euch gebe das Ende, des ihr wartet.
>
> *Jeremia 29, 5. 11*
>
> Dazu: *Jeremia 30, 1–11*

Legte Gott uns eine Prüfung auf, in der wir Menschen uns bewähren könnten, – es bliebe dem Menschen sehr viel Stolz. Aber der sich bewährt, ist Gott. Er zeigt, wer er ist, und was die Menschen sind, man selbst und die anderen. Nun aber ist das Schwerste, daß man zu jedem Augenblick Gottes Zorn so sehr verdient hat, daß man nicht davon loskann, im schweren Schicksal Gottes Strafe zu erblicken; denn alle Buße kann ja nicht anders, als die Strafe zu suchen, obwohl die Gnade längst empfangen ist.

Das Lied »O Haupt voll Blut und Wunden« beginne ich erst jetzt zu verstehen, von der menschlichen Liebe her: was es heißt, einen Menschen um seinetwillen leiden zu sehen, unschuldig und allein aus unverdienter Liebe für einen leiden.

In den letzten Monaten war der stärkste Eindruck gewesen: daß die Bibelstellen, auf die die Brüdergemeine-Losung täglich hinwies, immer wieder auf die Bücher der Könige sich bezogen. Und nun in diesen Tagen wechselte der Text, und das Thema wurde die Gefangenschaft des jüdischen Volkes . . .

Unsere Reise – ein falscher Entschluß, daß wir eine »Erholung« und »Ablenkung« erreichen wollten – haben wir sofort abgebrochen und sind bereits gestern Nacht wieder heimgekommen.

Heut vormittags kam ein seltsamer Brief von Ullstein und ein Telefongespräch mit Kapeller. Man will es nicht wahrhaben, daß man doch noch einige jüdische Belastete im Betrieb gehabt hatte; und darum hat K., ohne überhaupt noch Rückfrage zu halten bei mir, von der Direktion meine ihm »von mir ausgesprochene Kündigung zum 30. 9.« bestätigen lassen, nach der ich als mit dem 30. 9. ausgeschieden betrachtet werde. (Einer neuen »schriftstellerischen Arbeit« wegen. – Um »den Übergang zu erleichtern« will man mir noch einen Betrag zahlen.) Dieser Betrag ist die Abrundung des mir noch zustehenden Gehaltes für September und Oktober auf 1000 Mark und die sofortige Freigabe vom Dienst. Willige ich nicht ein, daß ich der kündigende Teil bin, so muß ich noch bis zum 31. 10. Dienst tun und bekomme die Summe nicht abgerundet. Was sind das alles für krumme Wege, nur damit sie verbergen können, daß noch mehrere Entlassungen auf das Konto Judentum gekommen sind. –

Das Schwimmbad hier hat nun wieder die Tafel mit dem Judenverbot, und selbst an dem Zaun vor unserem Spaziergang zwischen den Laubengärten ist die Inschrift angebracht. –

8. September 1935 / Sonntag

> Einer trage des andern Last, so werdet ihr das Gesetz
> Christi erfüllen.   *Galater 6, 2*

Die Bücher, die Ihlenfeld mir mitgab, durchgearbeitet. Da war der Tag ausgefüllt. Und Hanni hatte viel für den Umzug und an letzten Bestellungen vorzubereiten. – Die entsetzlichen Gedanken aus der Zeit nach der Funk-Entlassung kehren nicht mehr wieder; auch Hanni sagt, daß es unmöglich ist, in dieser Zeit die Kinder allein zu lassen, und oft ist es mir, als wären die Worte der Bibel nun auch Hanni eine große Hilfe, als vermöchte auch sie nur durch die Bibel zu ahnen, was an uns geschieht. – In der Kirche waren es wieder die Lieder und die Liturgie. – Vor allem Ausschauhalten nach »Möglichkeiten« bewahrt uns namentlich, wie vertan und zermürbend alle Versuche mit dem Film z. B. waren. Wir sehen beide nur den einen Weg mit dem »Eckart«, auf den man geführt scheint – scheuen die Irrwege, die alle Zeit, Kraft, die letzten Fähigkeiten aufbrauchen könnten. Auch dieser Entschluß kann nur ein Gebet um Gottes Führung sein. Alles eigene macht mir Angst. Und groß ist die Scheu davor, Gottes Führung je noch im einzelnen erkennen zu wollen. –

9. September 1935 / Montag

Jeremia 30, 12–22

Bei Ullstein ging alles heut sehr rasch. Die Menschen, mit denen man immerhin zwei Jahre zusammengearbeitet hat, waren völlig gleichgültig, machten ihre Witzchen wie immer – aber es entlastet eher, weil man sich so oft anklagt, den Menschen gar so wenig entgegenzubringen. – Ich bekam 1000 Mark; da der Verlag genaue Angaben auf Fragebogen zu machen hatte, mußte er angeben, daß die Kündigung von ihm ausgegangen ist.

Im Anschluß an Ullstein war ich bei Dr. Pagel, der verhältnismäßig verständnisvoll war. Er hält es nicht für ausgeschlossen, daß ich – bin ich erst mit dem Rohbau des Buches fertig und bei den Strichen angelangt – noch einmal eine *a-conto*-Zahlung bekomme; aber Hanni und ich hüten uns vor jeder Hoffnung. Ans Buch zurückzukehren, bedurfte es eines harten Ruckes. Aber auch das ist eine Gnade, wenn man in so wirren Tagen überhaupt einen roten Faden gewiesen bekommt.

Aber noch ist das Herz so beängstigt, daß es körperliche Schmerzen sind; und auch in Hanni, die so gefaßt ist, ist es wie ein körperlicher Aufruhr. Wie kurze, kurze Tage waren es in unserer Ehe, in denen Hanni einmal wohl ausgesehen hat!

Wo man so sterbensmüde ist, muß man darum beten, leben zu dürfen, damit dem anderen wenigstens die Verlassenheit erspart bleibt. Diese Bitte ist schwer.

Aus der Inbrunst, mit der man auf einen König hofft, vermag man die Tragik zu ermessen, die in der irdischen Messias-Hoffnung des jüdischen Volkes waltete.

10. September 1935 | Dienstag

> Also sollt ihr einer mit dem andern reden: Was antwortet der Herr, und was sagt der Herr? *Jeremia 23, 35*

An den »Deutschen Gesprächen« in der Staatsbibliothek gearbeitet; das ist wohl acht Jahre her, daß ich nicht mehr selbst in Bibliotheken war, und sie verlieren ihren Zauber nicht. – Über die Eckart-Bücher wage ich nicht einmal nachzudenken; so völlig anders ist immer alles gekommen; ich wünschte nur, auf dieser Linie bleiben zu können. Denn dort liegt in der Arbeit ein Trost, sie ist genau die Mitte zwischen Literatur und Theologie, man kann um ihretwillen Schweres auf sich nehmen; ja, die Furcht vor Gottes Zorn wäre in ihr erträglicher, seine Milde spräche aus ihr, auch dann noch, wenn mein Name ganz verschwinden muß. Neulich sah ich einmal in Hannis Augen einen Ausdruck, den ich noch niemals wahrgenommen habe; wir hatten von Propheten- und Psalmenstellen gesprochen, und ich hatte gesagt: Ein Volk, das das hat, kann wohl auf ein Land verzichten –. Da sah ich zum ersten Male, wie schwer es ist, ohne Land zu sein.

11. September 1935 | Mittwoch

> Er hebt auf den Dürftigen aus dem Staub. *1. Samuel 2, 8*

Ein unruhiger Tag, durch die Schwierigkeiten beim Abschluß des Baues und durch eine lange Besprechung mit Ihlenfeld. Wir haben sein ganzes Produktionsprogramm durchgesprochen, und auf mich würden für den Winter/Frühling 1935/36 kommen: »Deutsche Gespräche von ewigen Dingen« – »Schönhauser Elegie« – »Das Haus« – »Paul Gerhardt«. Ach, er wie Pagel wollen rascheste Lieferung, können Geld aber noch nicht vermitteln und Einnahmen nicht garantieren.

Auf die Gefahren der »Deutschen Gespräche« – ein schönes Thema und ein unlebendiger Stoff – habe ich Ihlenfeld mit allen Argumenten aufmerksam gemacht; aber er will es wagen.

Nach einem heut herausgekommenen Erlaß wird es von nun an für Juden nur Judenschulen geben. Wird an den Universitäten noch etwas sein wie ein *numerus clausus*? Überhaupt noch eine höhere Schule für Juden? Und in kleineren Städten? Den Kindern hat es Hanni von meiner Entlassung nun gesagt, und sie haben es aufgenommen, jedes nach seiner Art. Was sie erleben, muß ihnen noch sehr fern liegen, es geht über jedes jugendliche Fassungsvermögen hinaus. Reni kam gleich mit Spar- und Hilfsvorschlägen.

12. September 1935 | Donnerstag

> Denn ich will die müden Seelen erquicken und die bekümmerten Seelen sättigen. Darüber bin ich aufgewacht und sah auf und hatte so sanft geschlafen. Siehe, es kommt die Zeit, spricht der Herr, daß ich das Haus Israel und das Haus Juda besäen will mit Menschen und mit Vieh. Und gleichwie ich über sie gewacht habe, auszureuten, zu zerreißen, abzubrechen, zu verderben und zu plagen: also will ich über sie wachen, zu bauen und zu pflanzen, spricht der Herr.
> *Jeremia 31, 25–28*

Die Menschen werfen einem den Bettel seines Lebens vor die Füße. Gott zerreißt den Schuldschein, der zwischen ihm und uns besteht. Will er das Leben, das man selbst vertan hat, das die andern zerstört haben, das von Gott gegeben und vergeben ist, noch weiterführen? Man ist ganz zerstört. Will Gott mit dem Zerstörten noch bauen? An sich selbst kann man diese Frage nicht mehr tun. Bauen, pflanzen, ordnen, schaffen – das sind zu herrliche Dinge in all dem Elend aus Unglück und Schuld. Noch scheinen Hungern, Frieren, Unsauberkeit für einen fern zu liegen; nahe aber, dem geliebtesten Menschen mit seiner Existenz zur Last fallen zu müssen. Bis dahin klammere ich mich kindisch an meine 2500 Mark, die ich noch habe. Man könnte wohl eher in seiner Lebensführung wie ein halber Heiliger werden als die Sorglosigkeit lernen, auf die wohl Gott viel beharrlicher hinauswill als auf das heiligtuerische Leben. Wie friedlich sind noch die Bilder: das regste Leben auf dem Bau: Zimmerleute, Maler, Gärtner. Hanni sitzt bei mir und näht Gardinen um fürs neue Haus; ich schreibe den ganzen Tag; die Kinder haben einen Schulausflug vor; es ist noch einmal herrlichster Herbst. Und wie vergiftet ist alles. Wie verwirrt und verwundet sind die Herzen. Der Gläubige soll vor dem Ungläubigen so große Hilfe und so großen Trost voraushaben?

Aber der Ungläubige hat dafür nicht die Angst vor Gottes Zorn . . .

Eins hat der Gläubige voraus: das Staunen über die Tiefe der Dinge. Das Haus und das Buch, die sind wie ein Urteil geworden. Es plant und schafft nur Einer.

Wo liegt die Schuld – war nicht beides gewagt in dem Glauben? Führt Gott es nun fort?

Das Blut nimmt alles zum Anlaß, sich für den Menschen zu noch größerer Qual zu entfachen.

Aber zwischen Gott und dem Menschen ist von dem Menschen her etwas Besonderes geschehen an Unordnung und Verstocktheit, wenn die Todessehnsucht völlig den Schauer davor verdrängt, daß Tod »der Sünde Sold« ist. Ich kann es nicht bezeichnen und ergründen – aber in der Todessehnsucht läuft etwas gegen den Karfreitag Sturm.

Worauf man am meisten wartet, das ist wohl ein Wort Gottes, die Arbeit weiterführen zu dürfen.

13. September 1935 | Freitag

> O Timotheus! bewahre, was dir vertrauet ist und meide die ungeistlichen, losen Geschwätze und das Gezänke der falsch berühmten Kunst, welche etliche vorgeben und gehen vom Glauben irre.
>
> *1. Timotheus 6, 20. 21*

Das ist ein Vorgang, der einen ganz durchschüttelt: Das Preußentum und das Judentum gleichzeitig nebeneinander begreifen zu müssen in ihrer unlösbaren Verknüpfung durch den Knecht-Gottes-Glauben. Und was heißt hier »begreifen«: Es muß durchlebt werden all die Mühsal um das Buch und die Angst um eine derart bedrohte Existenz. Die großen Menschen leiden unter ihrem Auftrag. Manchmal scheint mir, die kleinen Menschen leiden unter der Auftragslosigkeit ihres Lebens noch mehr. Die Angst um jene Auftragslosigkeit, um jenes leere Verebben des Lebens kann furchtbar sein. –

14. September 1935 / Sonnabend

> Denn Gott hat uns nicht gegeben den Geist der Furcht, sondern der Kraft und der Liebe und der Zucht.
> *2. Timotheus 1, 7*

Das sind gar keine Entschlüsse mehr, das ergibt sich so notwendig, und möchte dieser Zwang eine Gnade sein! Es bleibt gar nichts anderes übrig, als Bücher zu schreiben; denn das letzte, was noch da war, die Zeitschrift mit ihrem verhältnismäßig festen Mitarbeiterkreis, stirbt rapide ab; es ist gar kein Boden mehr dafür.

Und das Haus muß bezogen werden. Denn so schnell ist es als Ganzes nicht zu vermieten; vor allem würde niemand bereit sein zum berüchtigten »Trockenwohnen«.

In der Ullstein-Zeit war ich manchmal sehr verleitet, dem Schreiben gegenüber zu resignieren. Nun, ob anonym oder nicht, muß geschrieben sein.

Wie furchtbar aber muß es um den Menschen bestellt sein, daß man nicht zu klagen wagt, es geschehe einem Unrecht, sondern daß es immer nur das Beugen gibt unter Gottes verdienten Zorn! Was ist die Heiligung und ihre Frucht? Wo scheiden sich Sorglosigkeit und Verantwortungslosigkeit? Was ist Erwählung ohne Heiligung? Was ist die Sünde gegen den Heiligen Geist? Unmöglich, an der Erwählung zu zweifeln, wenn Gott so gesprochen hat, wie er sprach! Was ist mit dem jüdischen Volk? Erwählung, die allen Schauder der Verwerfung vorher durchmachen muß, ehe die Erwählung begriffen wird? Wo ist die Sünde gegen den Heiligen Geist? Wer kann sie begehen?

Warum springt aus allem immer wieder nur die eine Frage heraus?

Man erlebt dieses und jenes, und alles führt immer nur wieder zu der Erfahrung der völligen Ohnmacht, in die hinein Gott spricht.

Der Plan des Buches zwei Jahre alt. –

> Er nahm sie auf und trug sie allezeit von alters her.
>
> *Jesaja 63, 9*

Daß Gott so unablässig von seiner Gnade spricht: das ist doch schon Erwählung. Was ist nur, daß es immer wieder scheint, als sei das Zeichen der Erwählung die Angst der Verworfenheit? Und selbst in dem Wort, mit dem man das hinschreibt, geschieht noch etwas Furchtbares, ist soviel Selbstbetrachtung, daß Gott mit »Blindheit« drohen muß – anders kann er einen nicht heraus-reißen, so tief ist man darein verloren –? Man sagt: »Tagebücher werden verbrannt!« Und dennoch bleibt auch dann all das Ge-fährliche, Verwirrende. Nein, man kann davon nichts schreiben, kann nur seine Tage stellen unter den Spruch der Bibel, der viel-leicht keinem Tage verwehrt bleibt. Vor etwas stehe ich fassungs-los: Wo ist noch Verantwortung? Alles, aber auch alles hat Gott an sich genommen. (Auch den Tod, zu dem alles in einem treibt vor Schmerz und vor Schuld; das ist der einzige Trost, den ich kenne: daß Gottes Ordnung durch das, was man ist und begeht, nicht berührt werden kann, daß sie erfüllt und gewahrt ist über die Menschenzeit hinweg. Wäre das nicht – es gäbe nur noch Stumpfheit und Verzweiflung.) –

Ich habe heute nicht gearbeitet. Möchten die völlig veränderten Verhältnisse wenigstens das bringen: den Sonntag zu feiern. Solche Feier, obwohl das ganze Herz danach verlangt, ist frei-lich schwer. In der Kirche lag wenigstens in dem Thema der Predigt etwas, in dem war die Sprache, nach der man verlangt: Sinai und Golgatha.

Und ein großer Friede lag über dem Sonntagsspaziergang mit Hanni: ein lichter Himmel, milde Sonne, sanfter Wind, Rosen-duft und Geruch von Äpfeln, Birnen, Pflaumen, Hopfen, dicke, bunte Blumensträuße auf den Bänken in den Gärten, für die Sonntagsgäste wohl zum Heimnehmen.

> Die Opfer, die Gott gefallen, sind ein geängsteter Geist; ein geängstet und zerschlagen Herz wirst du, Gott, nicht verachten.
>
> *Psalm 51, 19*

Über die Ereignisse dieses Tages – die Rassenschutz-Gesetz-gebung auf dem besonderen Reichstag des Parteitags in Nürn-berg und die Leiden des Kaisers von Abessinien, dessen Land so

wehrlos kaputt gemacht werden soll, ohne daß man ihm hilft
(wie den Juden in Deutschland, so anders die Umstände sind) –
haben wir Zeitungsbelege aufgehoben; wir hatten einige Tage
nur Überschriften gelesen; nun kam es nach.
Ich habe sehr viel gearbeitet.

19. September 1935 | Donnerstag

> Du aber bleibe in dem, was du gelernt hast und dir
> vertraut ist, sintemal du weißt, von wem du gelernt
> hast. Und weil du von Kind auf die Heilige Schrift
> weißt, kann dich dieselbe unterweisen zur Seligkeit
> durch den Glauben an Christum Jesum.
>
> *2. Timotheus 3, 14. 15*

Dazu *2. Timotheus 2, 16* und *Jeremia 24, 7*, weiter *Jeremia
39, 15–18* und *Jeremia 32, 14–17. 24–25*

> Und des Herrn Wort geschah zu Jeremia und sprach:
> Siehe, ich, der Herr, bin ein Gott alles Fleisches; sollte
> mir etwas unmöglich sein? – Gleichwie ich über dies
> Volk habe kommen lassen all dies große Unglück, also
> will ich auch alles Gute über sie kommen lassen, das
> ich ihnen verheißen habe. Und sollen noch Äcker ge-
> kauft werden in diesem Lande, davon ihr sagt, es werde
> wüst liegen, daß weder Leute noch Vieh darin bleiben,
> und es werde in der Chaldäer Hände gegeben. Dennoch
> wird man Äcker um Geld kaufen und verbriefen, versie-
> geln und bezeugen im Lande Benjamin und um Jerusa-
> lem her und in den Städten Judas, in Städten auf den Ge-
> birgen, in Städten in Gründen und in Städten gegen
> Mittag. Denn ich will ihr Gefängnis wenden, spricht
> der Herr. *Jeremia 32, 26–27. 42–44*

Gestern abend vor dem Abendbrot habe ich das Buch in der
ersten Fassung beendet.

20./21. September 1935 | Freitag und Sonnabend

> Sie sprachen zum Propheten Jeremia: Laß doch unser
> Gebet vor dir gelten und bitte für uns den Herrn,
> deinen Gott, für alle diese übrigen (denn unser ist
> leider wenig geblieben von vielen, wie du uns selbst
> siehst mit deinen Augen), daß uns der Herr, dein Gott,
> wolle anzeigen, wohin wir ziehen und was wir tun
> sollen.
> Und nach zehn Tagen geschah des Herrn Wort zu

Jeremia. Da rief er – alles Volk, klein und groß, und sprach zu ihnen: So spricht der Herr, der Gott Israels, zu dem ihr mich gesandt habt, daß ich euer Gebet vor ihn sollte bringen. Werdet ihr in diesem Lande bleiben, so will ich euch bauen und nicht zerbrechen; ich will euch pflanzen und nicht ausreuten; denn es hat mich schon gereut das Übel, das ich euch getan habe. Ihr sollt euch nicht fürchten vor dem König zu Babel, vor dem ihr euch fürchtet, spricht der Herr; ihr sollt euch vor ihm nicht fürchten, denn ich will bei euch sein, daß ich euch helfe und von seiner Hand errette. Ich will euch Barmherzigkeit erzeigen und mich über euch erbarmen und euch wieder in euer Land bringen.

Jeremia 42, 2. 3. 7–12

Dazu *Psalm 119, 93* und *Psalm 50, 23* und *Psalm 50, 16–17* und *Kolosser 2, 18*

Nun erst – und wenn der Umzug vollzogen sein wird –, wo ich Dr. Pagel melden konnte, die erste Fassung sei beendet und das Umarbeiten habe begonnen, und wo ich Ihlenfeld immerhin die Hälfte des Manuskriptes zuschicken konnte, vermag etwas wie Ruhe in die Arbeit zu kommen. Denn auch ohne Dienst war es jetzt ja doch wieder nur ein Hetzen; und wenigstens dies nicht –. Gehetzte Arbeit ist etwas Verdammtes, im tieferen Sinne des Wortes. –

22./23. September 1935 | Sonntag und Montag

Herr, deine Güte reicht, soweit der Himmel ist, und deine Wahrheit, soweit die Wolken gehen. Deine Gerechtigkeit steht wie die Berge Gottes und dein Recht wie eine große Tiefe. Herr, du hilfst Menschen und Vieh. Wie teuer ist deine Güte, Gott, daß Menschenkinder unter dem Schatten deiner Flügel Zuflucht haben! Sie werden trunken von den reichen Gütern deines Hauses, und du tränkst sie mit Wonne als mit einem Strom. Denn bei dir ist die Quelle des Lebens, und in deinem Licht sehen wir das Licht. Breite deine Güte über die, die dich kennen, und deine Gerechtigkeit über die Frommen. Laß mich nicht von den Stolzen untertreten werden, und die Hand der Gottlosen stürze mich nicht. *Psalm 36, 6–12*

Ein Tag wie hoher, hoher Sommer, nur daß die Bäume sich nun färben und die Blätter zu fallen beginnen. Ich hatte den Tag –

nach einem Gottesdienst, der einen empören mußte – damit verbracht, Rudolf Thiels »Luther« zu lesen, das neue Luther-Buch eines Laien, und darum so wohltuend, so aufwühlend, weil die Laien Luther gar nicht mehr verstanden haben. Dies ist eine Luther-Auslegung, die trifft wirklich das Kernstück und findet mit einer Sicherheit, die einen nur staunen läßt, den Urgrund aller Widersprüche. Ich danke Gott, daß er mir in diesen bitteren Wochen wieder Luther in die Hände gegeben hat; denn seine Sprache ist die einzige, die ich zu verstehen, die mich zu treffen vermag; die einzige, vor der ich mich nicht mühen und quälen muß. Die Angst als Zeichen der Erwählung. Das: Dein Wille geschehe wie im Himmel also auch auf Erden. Das Recht, die Gegenwart in der Bibel leben zu dürfen, jener unfaßliche Vorgang, der alle Tage aus den Angeln hebt –. Die Führung glauben, nicht sehen! Die Sünde bis ans Ende glauben! Mit der Vernunft brechen dürfen!

Nur eine Frage war in diesem Lutherbuche nicht gestellt, und wann wird sie mir bei Luther begegnen? – die nach der »Sünde wider den Heiligen Geist«, die mir auf eine beängstigend unerklärliche Weise verknüpft scheint mit dem Judentum. Aber ihm sind doch die Verheißungen geblieben! Unterwegs mußte ich viel daran denken, daß ich vor wenigen Tagen ein Gebet voller Unrecht gebetet habe, daß es gar kein Gebet gewesen sein könne, nämlich um ein Zeichen, wenn der Mensch es erbitten darf, daß Gott uns nahe ist in all dem Schweren. Das Gebet geschah in großem Zwiespalt. Denn selbst an einem Zeichen müßte ich zweifeln, da meine Art phantastisch und pathetisch und zu redselig ist. Ich betete, es möchte Hanni sichtbar sein; denn sie ist nüchtern, klar, verschwiegen. Auf dem Spaziergang hatte mich immer wieder der Gedanke gefaßt, Gott habe ja sein Zeichen, das Kreuz, ein für alle Male gegeben. Aber schon, wenn man es anbringen ließe an einer Stelle des Hauses, wenn man es auf seinen Schreibtisch stellte – anders als Kunstwerk –, wäre Schwärmerei und Pose nah.

Um zehn kam dann Hanni zurück. Erst im Einschlafen sprach sie davon, daß sie unterwegs »etwas gesehen hätte, daß sie gar nicht wußte, was sie machen sollte«. Schon von weitem sah sie zwischen zwei Bäumen etwas Dunkles hängen, und dann wurde es immer deutlicher – zwischen zwei Wipfeln – das Kreuz mit dem Gekreuzigten; und als sie nahe davor war, war es verschwunden, auch kein Schatten da, keine Äste, die es hätten vortäuschen können.

Solche Dinge sind schwer. Ich habe sehr in diesen Tagen und früher (doch nicht so wie jetzt) um Hannis Glauben gebetet; das war »erlaubt«. Um ein Zeichen zu beten – davor scheut man zurück; und kann doch jetzt nicht anders, als daran glauben. Denn etwas in einem, das man nicht lenken oder rufen oder wegschicken kann, das bezeugt: Dies ist das so zwiespältig und scheu Erbetene. Ich habe mich verdammt, als ich es erbeten habe. Und war doch auch hier schon das Gebet Gottes Verheißung? –

24. September 1935 | Dienstag

> Elisa betete und sprach: Herr, öffne ihm die Augen, daß er sehe! Da öffnete der Herr dem Diener die Augen, daß er sah; und siehe, da war der Berg voll feuriger Rosse und Wagen um Elisa her.
>
> *2. Könige 6, 17*

Dafür waren wir sehr dankbar gewesen, daß wir diese Wohnung, an der wir so hingen, aus so schönem Grunde aufgeben sollten. Nun muß der Dank etwas anderes meinen: daß das Haus zu diesem Augenblick gerade fertig wird; daß uns so in verwirrter Lage der nächste Schritt gewiesen ist; daß der Umzug bestellt war, die alte Wohnung gekündigt –.

Drei und ein halbes Jahr haben wir in ihr gelebt; vier Jahre bin ich nun in Berlin – und dreimal haben wir in dieser Wohnung den jähen und völligen Zusammenbruch meiner Existenz durchgemacht; den Papen-Umsturz, die Entlassung im Funk und bei Ullstein. Und jedesmal stand man nicht als Individuum in Frage, worin ein Trost liegen könnte, sondern wurde einer Gruppe zugeschoben, die beseitigt werden sollte, wurde in das Schicksal einer Gruppe gezogen, – wobei mir freilich das jüdische Volk eine sehr besondere Sache zu sein scheint. –

Täglich kommen noch neue Dinge fürs Haus; solcher Aufbau, solche Lebendigkeit, Erneuerung berührt schmerzlich. Bis in die Äußerlichkeiten der Erhaltung, bis in jede Einzelheit kann mit diesem Hause gar nichts anderes geschehen, als daß man seine Geschicke nur noch bedenkt in dem engsten Zusammenhang mit den Bibelworten, die als »Bau-Urkunde« in ihm eingemauert liegen –. Das Wesen eines Hauses ist sehr hart verändert, wenn der Mann in ihm nicht mehr verdient. Das Haus, der Beruf – die sind nun Gott so unmittelbar unterstellt, wie man es sich kaum jemals vorzustellen vermocht hat. Noch ist die Möglichkeit, eigene Bücher zu schreiben, noch gibt auch sie eine klare Richtung. Wird einem nun auch diese Verantwortung aus den Händen geschlagen werden – wird nun auch das kommen, daß ich nur noch für den Schreibtisch oder geheim schreibe? Einem anderen Menschen zur Last gemacht sein, das ist hart. Und dahinter steht das noch härtere Gleichnis.

Heut habe ich mich nun zu dem schweren Schritt entschlossen, meine Lebensversicherungen aufzugeben. Ein Maß von Passivität ist erreicht, daß einem das Grauen davor kommt. Was ist das im Menschen, daß er dann auf die Bibel pocht, als habe Gott sich ihm, dem Verlorenen gegenüber, an die Schrift gebunden?

25. September 1935 | Mittwoch

> Dies ist das Wort, so der Prophet Jeremia redete zu Baruch, dem Sohn Nerias, da er diese Reden in ein Buch schrieb aus dem Munde Jeremias: So spricht der Herr Zebaoth, der Gott Israels, von dir, Baruch: Du sprichst: Weh mir, wie hat mir der Herr Jammer zu meinem Schmerz hinzugefügt! Ich seufze mich müde und finde keine Ruhe.
> Sage ihm also: So spricht der Herr: Siehe, was ich gebaut habe, das breche ich ab; und was ich gepflanzt habe, das reute ich aus, nämlich dies mein ganzes Land. Und du begehrst dir große Dinge? Begehre es nicht! Denn siehe, ich will Unglück kommen lassen über alles Fleisch, spricht der Herr, aber deine Seele will ich dir zu Beute geben, an welchen Ort du ziehest.
>
> *Jeremia 45, 1–5*

Ich hatte den ganzen Tag auf der Bibliothek zu tun mit Auszügen aus einem alten Bande, der um seiner Seltenheit willen nicht mehr ausgeliehen werden kann. Ihlenfeld und ich hatten gestern die letzten Besprechungen über die »Deutschen Gespräche«. Nun sollen sie, nachdem wir alle meine Bedenken noch einmal gründlich erwogen haben, doch noch im November erscheinen. Darum muß ich – zum mindesten bis nach dem Umzug – den Roman zurückstellen; denn Bibliothek, Umzug, die Deutschen Gespräche und Roman, das läßt sich nicht unterbringen. Da ich Hanni beim Packen nun so wenig helfen kann, vertritt mich Reni mit großem Geschick. Die Bibliothek hat sie beinahe allein bewältigt.

> Ich will mit ihnen einen Bund des Friedens machen,
> das soll ein ewiger Bund sein mit ihnen.
>
> *Hesekiel 37, 26*

Matthäus 6, 19–34 war der Text der heutigen Predigt, v. 24–34 das Evangelium des Sonntags; und Gott hat wieder eindringlich gesprochen. Was an dem Entschluß, das Haus in dieser Zeit zu bauen, war Vermessenheit? Was Glaube? Alles muß Gott übergeben sein. –

Sofort nachdem alle Möbel, Körbe, Kisten, Koffer unter Dach und Fach waren, gingen wir ans Verteilen, Ordnen, Auspacken; und als wir uns später zum Abendbrot setzten, waren das Bibliothekszimmer und mein Zimmer schon feierliche Räume mit all den alten Dingen, Büchern, Bildern, Vorhängen, Teppichen und Blumen.

Für Brigitte und Renate war das Hauptereignis des Einzugstages, daß sie nun doch jede ein kleines eigenes Zimmer bekamen.

Auch dieser Tag war sonnig und leicht, und der Blätterfall so sanft und lautlos. Die Zimmer voller Sonne – das ist neu für uns. Als wir beim Frühstück saßen, läuteten die Glocken nicht weniger voll und nahe als in der alten Wohnung.

Ich will allmählich, so wie es nun immer vollkommener wird, das Haus beschreiben, wie ich überhaupt von nun an die eigenen Erinnerungen, die Tagesaufzeichnungen lieber als den Bericht vom Leben dieses Hauses schreiben möchte, das Hanni und mir ja jener »Acker Jeremias« ist, von dem wir erst jetzt aus der Bibel erfuhren.[64]

Mein Barockzimmer ist im wesentlichen unverändert übernommen.

Das Bibliothekszimmer mit dem Eßplatz hat jetzt alle dunklen Renaissance-Möbel erhalten; die hohen Sessel mit dem weißen Rohsamt, die Kirchenbilder, meine hohe alte Stehlampe, den Klosterzahltisch, den langen Renaissancetisch, den alten westfälischen Schrank, die Hirten und die große Madonna; die Hauptwand besteht aus Büchern. Es ist wirklich wie ein Refektorium und eine alte Bibliothek; sehr klar, sehr ernst, ohne alles Beiwerk außer den so edlen Plastiken. Durch meinen und Hannis Schreibtisch bedingt hat mein und Hannis Arbeitszimmer die grazileren, aus glänzenderem Holze gearbeiteten Barockmöbel erhalten, die leichteren Bilder, das hellseidene Sofa, die zarten Sessel mit dem blauen Samt. Aber auch hier haben wir sehr auf Klarheit geachtet und die Großzügigkeit namentlich dadurch erreicht, daß die ganze Zimmermitte mit unserem wunderschönen Teppich freiblieb. Von altem Zinn und Silber haben wir nur das Schönste aufgestellt; den Stralsunder Kasten, mein Nürnberger Schreibzeug, die Augsburger kleine Silberschale. An Plastiken hat mein Zimmer den Paulus und den Heiligen auf dem Podest erhalten, die sind Holz mit Goldmalerei; auch ist bei mir der alte italienische Engel. Dieses Zimmer ist festlicher, das mit der Bibliothek feierlicher. Morgen soll die normale Arbeit wieder beginnen. Und dann erst ist man ja ganz im Hause. –

1. Oktober 1935 | Dienstag

> Ihr waret wie die irrenden Schafe; aber ihr seid nun bekehrt zu dem Hirten und Bischof eurer Seelen.
>
> *1. Petrus 2, 25*

Nun war es endlich wieder der erste Tag am Schreibtisch. Es ist nicht, als wäre man in dem alten Stadtteil nur wenige Schritte um die Ecke gezogen, sondern es ist, als wäre man weit fort, in einem der Landhäuser, wie ich sie in meiner Jugend kannte; namentlich fühle ich mich an Malschwitz erinnert; und ich liebe es doch so – wie auch im Beuthener Pfarrhaus in den letzten Jahren – zu ebener Erde wohnen; nicht über die Wipfel hin, sondern zu ihnen hinauf durch die klaren, dunklen Stämme zu sehen. Der Straße abgewandt zu wohnen – so still die alte Wohnung lag –, das ist auch noch einmal eine psychische Umstellung für sich; es führt weiter weg als eine große Reise. –

3. Oktober 1935 | Donnerstag

> Wer hat euch befohlen, dies Haus zu bauen und seine Mauern zu machen?   *Esra 5, 3*

Die letzten Handwerker haben das Haus verlassen: Tischler und Maler. Alle Bilder hängen, und wir haben nur das Beste ausgewählt. Der Eindruck wird immer vollständiger und klarer. Dr. Pagel rief an und machte mir als Einzugsgeschenk die Mitteilung, daß Dr. Kilpper mir noch einmal auf den Roman eine Kleinigkeit geben will; er soll diesmal wirklich empört darüber gewesen sein, was man mir antat, aber um eine Sonderaktion des Verlages Ullstein handelt es sich nun nicht mehr, das sehen wir deutlich; den beibehaltenen jüdischen Anwälten (Frontkämpfer;

solche, die vor 1914 niedergelassen waren) hat man das Notariat von einem Tag auf den anderen entzogen; der Kösener SC[65] mußte sich auflösen, weil er die Durchführung des Arierparagraphen abgelehnt hat. – Der entscheidende Eindruck dieser Tage kommt aber von den verzweifelten Versuchen her, den italienisch-abessinischen Krieg noch im letzten Moment zu verhindern; die Sprache, die Mussolini führt, deckt sich bis in die einzelnen Wendungen mit der Sprache Hitlers. Kein Tag, an dem das Herz nicht zittert. Die Jahrtausendwende kommt so schwer herauf; die Kinder dieser Jahre jetzt werden sie noch sehen. Daran ist kein Wort übertrieben: man geht umher wie ein Kranker. –

4. Oktober 1935 | Freitag

> Du bist gerecht in allem, was du über uns gebracht hast; denn du hast recht getan, wir aber sind gottlos gewesen.
> *Nehemia 9, 33*

Was sind das für Tage! Es ist, als sollten wir nun noch so spät im Jahre die Schönheit des Gartens genießen dürfen. Darin liegt etwas, das ergreift: daß neuer Rasen ausgesät ist, der Boden frisch bestellt ist; das erinnert an die Wintersaaten auf den Feldern vor Beuthen.

Heut kann das Haus als fertig gelten.

Unser Renaissanceschlafzimmer ist schöner geworden als in der alten Wohnung. Die Wände haben wieder das alte bläuliche Rosa erhalten, keine Bilder, nur den Putto und das Altärchen des Thomas mit dem Kinde und den Apostel mit dem Schwert als Plastiken zu den flachen Seitenschränken. Welche Gediegenheit und Vornehmheit hat noch alles! Und es ist erstaunlich, wie großzügig ein so kleines Haus wirken kann. Das wurde vor allem aber auch dadurch erreicht, daß das Treppenhaus die gleiche Elfenbeinfarbe erhalten hat wie die beiden Wohnräume. Zu der elfenbeinfarbenen Treppe haben wir dunkelbraune Läufer gewählt. Im Aufgang, namentlich unter dem breiten Oberdielenfenster, das die ganze Mittelfront des Hauses einnimmt, hängen, gleichgerahmt und sehr symmetrisch angeordnet, die italienischen barocken Kupferstiche, die Hanni mir vor zwei Jahren aus Meran mitbrachte. Ober- und Unterdiele sind gleichmäßig eingerichtet, mit meinen Beuthener Empiremöbeln und den reizenden Delphin-Stühlchen, die so sehr dazu passen, als hätten sie von Anfang an dazu gehört. Dazu fügt sich wunderschön eine ganz einfache

Biedermeier-Glasampel, während über dem freien Treppenraum die große klassizistische Ampel aus Meran hängt. Und an ihr schwebt der zweite der italienischen Barock-Krippenengel.

Das ist das Pfarrhaus meiner Träume, die ja mehr als Träume waren: eine große Sehnsucht. Der Höhepunkt meiner Familiengeschichte war das Pfarrhaus gewesen; und wie haben wir es verkannt und mißachtet, entstellt, herabgewirtschaftet! Was auch vor uns liegen mag – in diesen Tagen stehen Hanni und ich vor erfüllten Wünschen.

Das ist uns beiden hart und erschreckend eingeprägt: daß es nichts als Gnade ist, wenn dieses Haus bestehen darf. Und daß über allem Lob und Dank der Häuslichkeit das bittere Wort steht: »Aber des Menschen Sohn hat nicht, da er sein Haupt hinlege.«

Kaum war heut das Letzte getan, auch Boden und Keller mit Kammern und der großen Wirtschaftsstube blitzsauber und ordentlich, da kam der erste Gast. Kurt Meschke hatte sich auf der Durchreise für eine Stunde zum Abendbrot angesagt; und zum ersten Male fiel mir der rasche Abschied – denn jedes Wiedersehen war so flüchtig – schwer, so wohl tat dieses rasche, selbstverständliche Übereinstimmen in allem Politischen und Kirchlichen; so gut verstand er auch beim eiligen Durchschreiten unser Haus in seinem besonderen Schicksal, daß es entsteht im Zusammenbruch. Übermorgen zum Erntedankfest, das doch jetzt wie der erste Mai eine rein politische Feier ist, wird er über den Text predigen: »Irret euch nicht, Gott läßt sich nicht spotten. Denn was der Mensch säet, das wird er auch ernten.« Als ich ihn zur Bahn begleitete, besprach ich mit ihm Hannis Taufe, die ja nun etwas völlig anderes ist als der schon einmal »geplante Übertritt«. Er wird die Taufe bei einem Besuch in Schillersdorf vornehmen, aufs Notwendigste begrenzt, und gegenüber dem Südender Pfarramt alles regeln.

5. Oktober 1935 | Sonnabend

> Denn sie alle wollten uns furchtsam machen und gedachten: Sie sollen die Hand abtun vom Geschäft, daß es nicht fertig werde. Aber nun stärke meine Hände!
> *Nehemia 6, 9*

Den ganzen Tag hat auf dem Wiesengrundstück mit den Birken, das im Süden an unseren Garten grenzt, ein Gärtner noch einmal zum späten Herbst in der Sonne dieses linden Tages das Gras gemäht. Kein Geräusch als das Dengeln der Sense kam zu uns herüber. Unser Rasen hat den ersten grünen Schimmer, wenn auch nur an einzelnen Stellen. – Zum ersten Male kamen wir heut wieder zu einem Spaziergang um unser altes Wäldchen, auch umschritten wir unser Haus, um es nun einmal fertig, tief in den Bäumen liegen zu sehen. Für uns beide ist es etwas Neues; in einem architektonisch schönen Hause zu wohnen. Das Wesentlichste an diesem Hause ist, daß alle Vorzüge der Moderne an und in ihm sind, daß es aber ebenso gut in Potsdam oder in einem Brüdergemeineort und vor allem auch in jeder schönen Landschaft stehen könnte. Der Garten hat nur die Bäume und die Rasenfläche, auch keine Wege: nur Trittsteine, die zu einem Sitzplatz bei den Kastanien führen.

6. Oktober 1935 / Sonntag (Erntedankfest)

> Denn ihr seid nicht gekommen zu dem Berge, den man anrühren konnte und der mit Feuer brannte, noch zu dem Dunkel und Finsternis und Ungewitter, noch zu dem Hall der Posaune und zur Stimme der Worte, da sich weigerten, die sie hörten, daß ihnen das Wort ja nicht gesagt würde; denn sie mochten's nicht ertragen, was da gesagt ward: ‚Und wenn ein Tier den Berg anrührt, soll es gesteinigt oder mit einem Geschoß erschossen werden.‘ Und also erschrecklich war das Gesicht, daß Mose sprach: Ich bin erschrocken und zittere.
>
> Sondern ihr seid gekommen zu dem Berge Zion und zu der Stadt des lebendigen Gottes, dem himmlischen Jerusalem, und zu der Menge vieler tausend Engel und zu der Gemeinde der Erstgeborenen, die im Himmel angeschrieben sind, und zu Gott, dem Richter über alle, und zu den Geistern der vollendeten Gerechten und zu dem Mittler des Neuen Testaments, Jesus, und zu dem Blut der Besprengung, das da besser redet denn das Abels.
>
> Sehet zu, daß ihr den nicht abweiset, der da redet. Denn so jene nicht entflohen sind, die ihn abwiesen, da er auf Erden redete, viel weniger wir, so wir den abweisen, der vom Himmel redet; dessen Stimme zu der Zeit die Erde bewegte; nun aber verheißet er und spricht: ‚Noch einmal will ich bewegen nicht allein die Erde, sondern auch den Himmel.‘ Aber solches ‚Noch

einmal' zeigt an, daß das Bewegliche soll verwandelt
werden, als das gemacht ist, auf daß da bleibe das Unbewegliche. Darum, dieweil wir empfangen ein unbeweglich Reich, haben wir Gnade, durch welche wir
sollen Gott dienen, ihm zu gefallen, mit Zucht und
Furcht. Denn unser Gott ist ein verzehrend Feuer.

Hebräer 12, 18–29

Die ersten Meldungen über den italienisch-abessinischen Kampf
wirken sehr erschütternd. Grausam, ohne Achtung, mit ungeheurer militärischer Überlegenheit wird gegen einen klugen, fürstlichen Herrscher, wie ihn heut Europa wohl nicht hat, zu Felde
gezogen, und Verleumdungen müssen den Vorwand liefern. Wo,
von Italien aus gesehen, fände diesmal, angesichts eines solchen
Abenteuers, das »Gesetz des Wachstums« Geltung?! Zum ersten
Male wieder hat nun eine der am Weltkrieg beteiligten Nationen
den Schauder vor dem Kriege verloren. Von fernem Kolonial-
krieg ist hier kaum noch die Rede. Die Welt ist zusammengeschmolzen. Die Interessen der europäischen Völker überschnei-
den sich allüberall, und die Möglichkeit eines englisch-italienischen Krieges ist erschreckend nahe gerückt. Auch von Mussolini gilt wohl das Wort der Schrift, daß die Welt es nicht ertragen kann, wenn ein Knecht König wird. Der König und der
Kronprinz von Italien stehen still neben diesen Entschlüssen und
Geschehnissen. Mussolini macht mobil. Mussolini ruft die ganze
Nation auf. Ein schrecklicher Gedanke. –
Heute schrieb ich noch zwei weitere Königs-Gedichte.

7. Oktober 1935 | Montag

Glauben wir nicht, so bleibt er treu; er kann sich
selbst nicht verleugnen.   *2. Timotheus 2, 13*

Hitler in seiner Erntedankfestrede auf dem Bückeberg: »Wo ist
der Staatsmann, wo ist das Staatsoberhaupt, das so durch sein
Volk gehen kann, wie ich durch euch hindurchgehe?«
Es will alles nur so schwer und allmählich in Gang kommen;
der Schlag war diesmal so lähmend; die Verängstigung geht diesmal so tief; die Hinfälligkeit ist diesmal so deutlich geworden.
Es ist gerade in diesem Augenblick, in dem unsere Schicksale so
unlösbar und unentwirrbar zusammengegeben scheinen, ein so
harter Unterschied zwischen Hannis und meiner Lage. Sie hat
ihr Werk zu einem Abschluß geführt, auf ihr ruht alles. An mir

ist alles in Frage gestellt; auf mir ruht nichts mehr. Müßte ich gehen, es wäre – außer in ihrem Herzen – keine Spur da. Gott gibt überreich sein Wort. Aber dieses Wort bleibt mir versagt: an einen Auftrag glauben zu dürfen. Um dieses Wort geht das tägliche Gebet. –

10. Oktober 1935 / Donnerstag

> Sei getrost, alles Volk im Lande! spricht der Herr, und arbeitet! denn ich bin mit euch. *Haggai 2, 4*

Freundliche Zeilen von Poelchau zu den »Geistlichen Liedern«, namentlich auch, was Ihlenfeld angeht. Was aber die Isolierung von den Menschen betrifft, so glaube ich, bilden weder Abweisung noch Verwundung die Grenzen; auch dies kommt von dem Selbstgericht her, dem arges Zusammensein mit Menschen in zu schrecklicher Erinnerung steht.

Nun aber zum Selbstgericht: So bitter alle Buße sein mag, so echt auch, blickt man doch nur immer wieder auf das, was man selbst getan hat, wenn auch im Negativen, statt sich mit seinem ganzen Wesen nur an das zu heften, was Gott getan hat, täglich tut. Auch die Buße ist noch voller schlimmster Gefahren, sich Gott zu entziehen, ja, sie läßt der Erlösung, Vergebung und Versöhnung ganz und gar keinen Raum! Immer noch steht da der Mensch, der Mensch, vor dem einen schaudert, und Gott gewinnt auch im Leben der Buße noch gar keinen Augenblick, in dem er wirklich zu reden und da zu sein vermöchte. Es fällt uns immer noch leichter, uns »scharlachrot« zu sehen von unserer Sünde als »schneeweiß« von Gott her. –

14. Oktober 1935 / Montag

> Denn ich bin zu Leiden gemacht, und mein Schmerz ist immer vor mir. Denn ich zeige meine Missetat an und sorge wegen meiner Sünde. *Psalm 38, 18. 19*

Es ist der gleiche zarte, lichte Tag wie gestern.

Hanni begann in ihrem unermüdlichen Fleiß heut schon wieder mit der Abschrift des Romans für den Verlag. Damit hat nun alles wieder seinen Lauf gefunden.

Kurt Meschke schreibt über die Möglichkeiten von Hannis Taufe und von der der Taufe vorangehenden hinreichenden Unterrichtung durch einen Geistlichen: ».. . ist, kannst Du dem Südender Pfarramt sagen, durch mich geschehen. Du bist dann der Diakonus für mich gewesen.«

Er schreibt ferner zu mir von der Berneuchener Michaels-Bruderschaft[66], für die er bei mir warb und vor der ich mich zurückhielt, weil mir in der Kirche jeder besondere Zusammenschluß, von Menschen gewollt, so fremd ist: »Ich sprach zu dir davon, weil ich meinte, daß die Bruderschaft und die Kirche dich braucht.«

Dies ist, wovor man dauernd flieht und wozu man sich ebenso beharrlich drängt; dies ist die nur noch ganz unvorstellbare Möglichkeit: seine Arbeit tun zu dürfen im Auftrag der Kirche und in der Kirche eben diese eine Arbeit durch das Wort. Dies ist das Kernstück aller Bitten, Ängste, Mühen, Hoffnungen. Und freundschaftliche Freundlichkeit kann diesen Auftrag nicht erteilen. Keiner, der ihn hat, kennt ihn; er muß geglaubt werden das Leben hindurch, genau so zweifelnd und angstvoll und vermessen wie die Erwählung.

Ihn glauben zu dürfen – darum bewegen sich die Tage, die so schwer sind und die Gott doch so unendlich gnädig gestaltet.

Denn – nicht in die Vergangenheit gesehen und nicht in die Zukunft, sondern in dem Sich-Helfen an dem einzelnen Tag: dies jetzt ist das Leben, das ich ersehnte, fern von aller Zersplitterung und sinnlos vertaner Zeit.

15. Oktober 1935 / Dienstag

> Zur selben Zeit und in denselben Tagen wird man die
> Missetat Israels suchen, spricht der Herr, aber es wird
> keine da sein, und die Sünden Judas, aber es wird keine
> gefunden werden; denn ich will sie vergeben.
>
> *Jeremia 50, 20*

Endlich habe ich nun im Brandenburgisch-Preußischen Hausarchiv arbeiten können. Und das ist nun noch einmal ein großer Eindruck gewesen, Briefe von der Hand des Königs vor sich zu haben, alle Briefe auch Elisabeth-Christines.

Gerade, was die jüngeren, unbekannteren Kinder des Königs angeht, deren Schicksale und Charaktere ich mir recht mühsam zusammenbauen mußte, so fand ich noch manchen Hinweis, dem ich nachgehen müßte. Ja, die vielen Vorarbeiten scheinen nach diesem neuen Einblick auf einmal wieder gar nicht ausreichend, und man bleibt zur Oberflächlichkeit verdammt. Archiv und Bibliothek zusammen, das ist eine starke Versuchung. –

20. Oktober 1935 | Sonntag

> Und wo es zuvor trocken gewesen ist, sollen Teiche
> stehen; und wo es dürr gewesen ist, sollen Brunn-
> quellen sein.
> *Jesaja 35, 7*

Ein Tag, ganz beeinflußt von dem kühlen Wind, der die letzten roten Blätter des wilden Weines von den Mauern und Zäunen reißt, – von dem fahlen Grau der Wolken und dem überzarten Gelb der Büsche, im Verlauf dem vorigen Sonntag gleichend, doch ist es mir jetzt manchmal, als wäre jeder neue Tag schwerer zu ertragen als der vergangene.

Ich muß viel an Rudolf Alexander Schröder denken, den ich zuerst durch Chansons kennenlernte, und der nun – mit siebenundfünfzig Jahren – so angesehen, so ernsthaft, so erwünscht als der einzige Dichter des Protestantismus hervortritt. Denn Rudolf Thiels »Luther« zählt nicht zur Dichtung. –

25. Oktober 1935 | Freitag

> Der ich dich gestärkt habe von der Welt Enden her und
> habe dich berufen von ihren Grenzen und sprach zu
> dir: Du sollst mein Knecht sein; denn ich erwähle
> dich und verwerfe dich nicht. Fürchte dich nicht, ich
> bin mit dir; weiche nicht, denn ich bin dein Gott. Ich
> stärke dich, ich helfe dir auch, ich erhalte dich durch
> die rechte Hand meiner Gerechtigkeit.
> *Jesaja 41, 9. 10*

Dies sind die Worte, um deren Unfaßlichkeit willen man lebt, ohne die alles Verzweiflung und Stumpfheit wäre; und gäbe Gott sie nicht in unser Leben, so würde man krank und wirr verkommen.

Denn alle Hoffnung, alles Selbstvertrauen, alle Kunst ist am Ende, und nichts ist geblieben als das Pochen auf die Schrift – nichts kann man Gott hinhalten als die Schrift.

Te totum applica ad textum, et textum applica ad te[67] – das niemals zu begreifende Recht!

Heut, wo auch die Einführungen zu den einzelnen Dialogen an Ihlenfeld abgegangen sind, ist nun das kleine Buch der »Deutschen Gespräche« endgültig beendet. Wieder ein erster Ruhepunkt. Stoff und Thema sind mir über der Arbeit nun doch so nahe gekommen, daß ich bedaure, daß das Buch nicht unter meinem Namen herauskommt. Ich habe es ganz darauf abgestellt, wie in den Deutschen in politisch bedrängten, wirren Zeiten immer wieder die Frage aufbricht nach dem religiösen Sinn solcher Unruhe.

In die Abessinien-Italien-Debatte hat England als der gegenwärtig wichtigste Faktor nun auch die deutsche Wiederaufrüstung in unheilvoller Weise einbezogen. Wir werden, soll noch einmal ein König kommen, wohl einen schweren Weg zu gehen haben; und die in dem so möglich gewordenen Kriege dieses Reiches fallen, werden in vielem für das Kommende sterben – und das wird ihr Trost sein und manches Stückwerk eines armen Lebens doch noch zum Werke machen. Auch der Tod als der Sold der Sünde darf noch fruchtbar sein. Den furchtbaren Fall eines neuen deutschen Krieges gesetzt: man würde von einer Regierung in den Krieg geschickt werden, die einen entrechtet und verfolgt hat – man wird aber fallen für die Monarchie und für die Gleichberechtigung der uns angehörigen Juden. Ach, Bücher, sollen sie zur Wirkung im Leben gelangen, müssen schließlich wohl noch immer, wie die Redensart leichthin sagt, in aller Wirklichkeit mit dem Herzblut geschrieben werden. Aus Büchern müssen Testamente werden. Angesichts des neuen Krieges versagen wohl aber alle Vorstellungen, die wir aus den bisherigen gewannen.

26. Oktober 1935 / Sonnabend

Ich bin der Herr, dein Gott, der deine rechte Hand stärkt und zu dir spricht: Fürchte dich nicht, ich helfe dir! So fürchte dich nicht, du Würmlein Jakob, ihr armer Haufe Israel. Ich helfe dir, spricht der Herr, und dein Erlöser ist der Heilige in Israel . . . Du wirst fröhlich sein über den Herrn und wirst dich rühmen des Heiligen in Israel. Die Elenden und Armen suchen Wasser, und ist nichts da; ihre Zunge verdorrt vor Durst. Aber ich, der Herr, will sie erhören, ich, der Gott Israels, will sie nicht verlassen. Sondern ich will Wasserflüsse auf den Höhen öffnen und Brunnen mitten auf den Feldern und will die Wüste zu Wasserseen machen und das dürre Land zu Wasserquellen; ich will in der Wüste geben Zedern, Akazien, Myrten und Kiefern; ich will auf dem Gefilde geben Tannen, Buchen und

Buchsbaum miteinander, auf daß man sehe und erkenne und merke und verstehe zumal, daß des Herrn Hand habe solches getan und der Heilige in Israel habe solches geschaffen.   *Jesaja 41, 13–14. 16. 17–20*

Das geht ein Volk an, eine Gemeinde – die eigene Seele nicht minder; denn niemals könnte ich mir den Auftrag anders vorstellen, als daß Gott »den Sand blühen und den Sumpf Ähren tragen läßt«. –

Als ich heut wieder auf der Staatsbibliothek arbeitete, begegneten mir auch Professor Hermanns neue Schriften, es ist schon erstaunlich, tröstend und bestätigend, wie sich auch bei der Lösung der persönlichen Beziehung die Gedanken doch immer noch in den gleichen Bezirken bewegen. –

30. Oktober 1935 | Mittwoch

Ich will ihr Abtreten wieder heilen; gerne will ich sie lieben.   *Hosea 14. 5*

Jesaja 43, 1–11 ist der Brüdergemeinetext des heutigen Tages, und diesem meinem Taufspruch kann ich ja nie anders als in Erschütterung begegnen. Denn indem ihn Vater mir erteilte, ist ja ein Hinweis für das ganze Leben gegeben worden: sich halten zu dürfen an das unfaßliche und unveräußerliche »*te totum applica ad textum, et textum applica ad te*«, jenes unendlich tröstende Menschenwort, das wie manches Lutherwort die Schrift zu ergänzen scheint. Ohne dieses Wort erschiene ich mir manchmal wahnsinnig. Der, durch den ich es kennenlernte, war Professor Hermann.

Am Abend kam ein Brief von Reinhold Schneider und zwei Schriften von ihm mit der Widmung »Als eine unwürdige Gegengabe für Ihre erschütternden Gedichte«. Ich hatte, meine und seine Reserve überwindend, die Königsgedichte ihm, dessen Hohenzollernbuch sie ja zugehören, gewidmet. Tags darauf kam diese Antwort und ein Brief: »Wie soll ich Ihnen danken! Das Gedicht hat mich zu Tränen bewegt; selten im Leben hört man eine so vollkommen reine Stimme, die ganz einfach sagt, was kommen muß. Ja, wenn eine ‚Zeit‘, im Sinne geschichtlicher Zeit, noch möglich ist, so ist es diese, von der Sie sprechen. – Fast möchte ich schließen, daß Sie mit Ihrem großen, großen Werk zu Ende gekommen sind; wäre es so, dann möchte ich Ihnen allen Segen wünschen. Lassen Sie mich bald wissen, wie es darum steht;

vielleicht kann ich mich in der nächsten Woche, wenn das nicht zu sehr stört, bei Ihnen anmelden.« Was soll ich sagen? Dies geht durch und durch. Ist das »Fürchte dich nicht« wirklich auch gesprochen über die Angst vor der Auftragslosigkeit meines Lebens? Vor dem Schlafengehen sagte Hanni: »Mach heut einen roten Punkt in dein Tagebuch.« Als die Gedichte geschrieben waren, meinte sie: »Sie werden lange nicht erscheinen, aber einmal der großen Literatur angehören.« Um die Scham weiß nur Gott.

In den letzten Tagen, bevor ich mich zu der Sendung an Schneider entschloß, hatten wir von der ungeheuren Aktualität der Schneiderschen historischen Schriften gesprochen, die über die Gegenwart hinaus in die Zukunft zielten, noch ehe das kranke Geschrei von dem Reich kam: seine »Wege ins Reich«, seine »Hohenzollern« – und nun, da sich England als die führende Macht aller Völker zu erweisen beginnt, sitzt er, der »über deutsche Dinge jetzt nicht schreiben kann«, längst über dem Englandbuch! –

2. November 1935 | Sonnabend

> Ich bin überschwänglich in Freuden in aller unsrer
> Trübsal.   *2. Korinther 7, 4*

Hannis Geburtstag haben wir mit den Kindern still und festlich begangen, und was den Blumenschmuck und die Mahlzeit betraf, so war es eine kleine, herbstliche Feier, wie ich sie mir in Johann Rist's »Monatsgesprächen« – die nur bis zum Sommer gediehen – denken konnte[68].

Eines solchen Geburtstages, solchen Allerheiligen- und Allerseelenfestes können wir uns nicht entsinnen. Dies ist lindester März, selbst am Abend noch, an dem die Mondsichel über dem Garten stand, Wildenten über ihn hinzogen, die Glocken den milden Abend einläuteten.

4. November 1935 | Montag

> Darum ein jeglicher Schriftgelehrter, zum Himmel-
> reich gelehrt, ist gleich einem Hausvater, der aus
> seinem Schatz Neues und Altes hervorträgt.
>   *Matthäus 13, 52*

Am Freitag, als Hannis Neffe im Zusammenhang mit den Gesprächen über die jüdische Situation Tiraden redete von seiner neu entdeckten Beziehung zum Judentum, gleichzeitig aber angesichts der irdischen Ungerechtigkeiten die Möglichkeit Gottes leugnete, fragte er mich: »Nicht wahr, auch von Deiner Konfession aus gesehen, muß man jetzt doch sagen: Es kann keinen Gott geben?« Zum ersten Mal hörte ich da Hanni in ein »religiöses Gespräch« eingreifen. Sie sagte: »Jochen glaubt eben. Ich gebe mir die größte Mühe. Vielleicht muß man wenigstens die Bereitschaft haben.« Und in dem wenigen, was sie sagte, spiegelte sich für mich viel mehr Reinhold Schneiders »Anschauung« denn die meine, so hart Hanni den Gedanken eines Verdienstes vor Gott, den Schneider festhält – er liegt bei ihm in der einsamen Entscheidung –, ablehnen würde. Ich kann es mir manchmal gar nicht vorstellen, daß Hanni und Schneider nicht eines Tages Protestanten sind – ja, die »Stufe« ihrer Religiosität scheint völlig übereinzustimmen. »Glaube ·ist eine Gnade, und die Gnade läßt sich durch keinen Willen erzwingen; aber Glaube ist auch Bereitschaft.« Und es fehlt jenes Lutherische: »Aber auch Bereitschaft ist Gnade«. Es fehlt bei Schneider mehr als bei Hanni. – Es heißt bei Schneider: »Der Glaube war immer nur dort, wo der Wille, die Wünsche überwältigend, sich sammelte, den Boden bereit machte für die Gnade und stark genug war, die Gezeiten abzuwarten, die nicht der Mensch mißt mit seiner Uhr, sondern Gott bestimmt nach seinem Willen.« Auch glaubt er zu früh, einen Blick gewonnen zu haben für das Geheimnis um die Sünde gegen den Heiligen Geist. Es ist, als hätte Gott diesem großen Historiker und Dichter die Begegnung mit Luther noch vorenthalten, ohne den wir »Neuen« zu den Aposteln und Propheten wohl nicht gelangen können. Der Katholizismus ist mir manchmal wie eine letzte Vorstufe des Glaubens, in der Gott den Menschen noch ihre Würde beläßt, den furchtbaren Blick auf die Unwürde des Menschen noch erspart. Tatsächlich stehen viele Katholiken ethisch auch höher. Reinhold Schneider ist ein Mensch voll Würde. Darum muß ich so gebannt auf dieses Leben blicken, von Gottes Führung in ihm zu erfahren.

5. November 1935 | Dienstag

> Siehe, ich will dich läutern, aber nicht wie Silber, sondern ich will dich auserwählt machen im Ofen des Elends. Um meinetwillen, ja um meinetwillen will ich's tun, daß ich nicht gelästert werde; denn ich will meine Ehre keinem andern lassen. *Jesaja 48, 10, 11*

Reinhold Schneider kam zum Tee. Auf meine Bitte brachte er mir seine mir noch unbekannten Novellen und Aufsätze mit und als große Überraschung seinen Philipp von Spanien mit der Widmung:

> »Der König träumt er sei ein König
> und tief in seinen Traum versenkt
> gebietet er und herrscht und lenkt« (Calderon)

> Jochen Klepper im Namen aller Ordnung
> auf Erden und im Vertrauen auf seine Kunst
> herzlich zugeeignet   Reinhold Schneider

Er sprach von den Königsgedichten: sie gingen über sein Hohenzollernbuch hinaus, denn in ihnen kündige sich noch einmal eine Zeit an . . . Er gedenkt sie handschriftlich in seinem Freundeskreis weiterzugeben, da sie doch nicht zur Veröffentlichung gelangen können. –
Zum ersten Mal sprachen wir vom Katholizismus und Protestantismus, zum ersten Male sprach ich überhaupt mit einem Katholiken, und es war quälender, als alle Gespräche sonst schon für mich sind. Ein Katholik wie Schneider arbeitet in dem Gefühl der Vergeblichkeit vor Menschen und des Verdienstes vor Gott – wir Protestanten müssen unser Leben ertragen in dem Gefühl der Vergeblichkeit unserer Arbeit vor Menschen und der Verwerflichkeit vor Gott. Von Tag zu Tag trage ich schwerer daran. So im Untergang des Volkes stehen zu müssen, ist furchtbar.

10. November 1935 | Sonntag

> Gott hat ein Wort geredet, das habe ich etlichemal gehört: daß Gott allein mächtig ist.
>
> *Psalm 62, 12*

In der Steglitzer Lutherkirche hörte ich auf die doppelte Empfehlung von Ihlenfeld und Meschkes einen neuen Pastor, war aber enttäuscht; er unterschied sich nicht von all den neuen Bekenntnis-Pastoren, die im Grunde ja doch nur gutkatholisch predigen, ohne dabei die Tiefen des Katholizismus zu ahnen. Nur der Text machte, angesichts des Landesgrußes »Heil Hitler«, großen Eindruck: »Es ist in keinem anderen Heil.« In München, der Hauptstadt der nationalsozialistischen Bewegung, haben sie gestern die sechzehn Toten ihres Anfangs in einem »Tempel der Ehre« aufgebahrt und ihre Auferstehung gefeiert. –
Der Tag verging wieder mit allen freundlichen Bildern bürger-

lichen Lebens; aber immer ist es wie in Schleiermachers »Weihnachtsfeier«: »Ein großes Schicksal geht mit unschlüssigen Schritten draußen auf und ab«. – Davon zittern auch die sanften Tage, die in ihrer Stille, Ordnung, Ausgefülltheit, Wärme so vollkommen scheinen. Bilder, Bilder dessen, was von Gott her als Möglichkeit gesetzt war – –

15. November 1935 | Freitag

> Du sollst durch Gerechtigkeit bereitet werden.
>
> *Jesaja 54, 14*

Der heutige Morgen brachte wieder einen Brief von Reinhold Schneider, vom Protestantismus und Katholizismus: »Wohl ist der Gegensatz ein sehr entschiedener, aber er ist derselbe, der unser Volk zu dem gemacht hat, was es ist; wir müssen ihn durchleben, und ich glaube, dies ist einem Jeden möglich, indem er den Anderen versteht. Ich tauge auch nicht zum Reden, und namentlich nicht über diese Dinge; aber es ist mir ein großer Gewinn gewesen, was Sie mir gesagt haben. Mir ist dieses Problem wohl nie ganz aufgegangen; die Beispiele der Buße und Sühne, die im Neuen Testament enthalten sind, wie auch die Worte, die den Werken neben dem Glauben ihre Bedeutung geben, waren für mich ein hinlänglicher Trost und sind es auch noch. Es kommt mir freilich sehr viel darauf an, Luthers Seelenzustand ganz zu verstehen.« Dies letztere aber war es, was mir an diesem großen Manne noch fehlte.

Unter Schneiders Aufsätzen in den »Weißen Blättern« (früher: »Die Monarchie«) wirkte am meisten auf mich der über Quedlinburg, weil in ihm manchmal fast die gleichen Gedanken stehen, wie sie Hanni und mich in Quedlinburg bewegten; ich denke da namentlich an den Teppich der Äbtissin Agnes. Davon schreibt Schneider: »Die furchtbare Wahrheit, daß der Priester nicht König, der König nicht Priester werden kann, erschließt sich im Symbol.« Auch ging uns damals die bloße Nennung des Titels der Tochter Ottos des Großen durch und durch. »Äbtissin und Reichsverweserin.« Schneider zitiert den Chronisten: »Nicht mit dem leichten Sinn der Frauen regiere sie, sie brachte die harten Schädel der Barbarenhäuptlinge zur Versöhnlichkeit und Unterwürfigkeit nach der genialen Staatskunstweise des Großvaters und Vaters.« Ja, der Chronist bekennt, ihr nicht gerecht werden zu können: »Mit welchem Eifer sie das Vaterland erhalten, unter-

stützt und gemehrt hat, das glaube ich nicht ausdrücken zu können, weder mit Gedanken noch mit Worten.«
Und schon wieder beginnt über Katharina von Bora hinaus ein
Buch zu locken: »Die Reichsverweserin«.
Es ist bei Schneider aber noch ein Satz, der ging am tiefsten, der
von der Krypta unter der Scheuer: »Und wenn wir das Reich
wieder erleben und schaffen wollen, so müssen wir hinabsteigen
in die Krypta: zu dem Anfänglichen, Unzerstörbaren; zu dem
ersten Lebensgrund, aus dem die vergänglichen Formen hervorwachsen. Und wenn sich auch nicht alle bereit finden zum letzten
Ernst, für die letzte Tiefe, so müssen doch einige hinabsteigen in
den Grund – und leben in der Krypta des Reiches.«
Ehe Schneider kam, lag für mich und Hanni diese Krypta vergessen und verschüttet. »Um des Namens und des Bildes willen«
möchte ich es durchaus als etwas Besonderes nehmen, daß die
Kunde vom Reich aus Potsdam zu uns kam.

16. November 1935 / Sonnabend

> Du bist ja doch unter uns, Herr, und wir heißen nach
> deinem Namen; verlaß uns nicht!   *Jeremia 14, 9*

Heut kamen – wenn auch zum Teil noch vorläufig gehalten – die
Durchführungsbestimmungen zum Reichsbürger- und Rassengesetz heraus. Es scheint sich zu bestätigen, was Ihlenfeld mir
schon sagte, daß unter der Einwirkung der Wirtschaftssanktionen
des Auslandes eine leichte Mäßigung eingetreten ist, die sich ja
auch an dem einzelnen Paragraphen genau verfolgen läßt. Späteren Zeiten werden diese Durchführungsbestimmungen unge-
heuerlich erscheinen – uns, in der Erwartung von sehr viel
Schrecklicherem, kamen sie mild vor . . .

17. November 1935 / Sonntag

> Die Füchse haben Gruben, und die Vögel unter dem
> Himmel haben Nester; aber des Menschen Sohn hat
> nicht, da er sein Haupt hinlege.   *Lukas 9, 58*
> Wer seine Hand an den Pflug legt und sieht zurück,
> der ist nicht geschickt zum Reich Gottes.
>   *Lukas 9, 62*

Noch immer steht der klarste Ausdruck für die Gedanken des
Tages in der Schrift; auch diese Worte erweisen es im Hinblick
auf den »Blick aufs fremde Leben«, die Besitzlosigkeit, das Ver-

zagen an dem Recht aufs eigene Buch. – In der eigenen Sprache ausgedrückt, bedrücken die eigenen Fragen noch mehr – in den Worten der Schrift bezeichnet, enthalten sie schon Befreiung, Trost und Antwort, welche »Glaube an die Führung« heißt, wenn einen das Eigene gar zu sehr verwirrt.

20. November 1935 | Mittwoch (Buß tag)

> Ich will Frucht der Lippen schaffen, die da predigen:
> Friede, Friede, denen in der Ferne und denen in der
> Nähe, spricht der Herr, und will sie heilen.
>
> *Jesaja 57, 19*

Die Fülle in der Kirche war fast wie am Heiligen Abend. Was ist das nun in dieser Zeit, die gerade gegen Buße und Vergebung und Erlösung Sturm läuft? Sind die, welche die Bewegungen machen, gar nicht die Träger der Zeit? In der Predigt fiel wenigstens das Wort: »Land, Land, Land, höre des Herrn Wort«. –

23. November 1935 | Sonnabend

> Ich will selbst um mein Haus das Lager sein.
>
> *Sacharja 9, 8*

Ihlenfeld hat mir, weil er die Quellen für die »Weihnachtspredigten« zu spät bekam und schnell ein Bändchen zusammenstellen mußte, ein ihm sehr eilendes Büchlein »Claus Harms«[69] in Auftrag gegeben und schon mitgeteilt, daß er an unsere größeren Pläne frühestens im Herbst denken kann . . . Es wird wohl so sein, daß er mich nur dann einsetzt, wenn er mit einer Terminarbeit nicht fertig wird. Ich darf aber die Frage, ob meine Arbeit innerhalb oder außerhalb der Kirche vor sich geht, nicht so sehr von dem kirchlichen Verlage abhängig machen und darf schon gar nicht die Existenzfrage überhaupt an Menschen stellen.

Hannis wegen ist es mir doch sehr lieb, daß die Ihlenfeld-Arbeit weitergeht – zumal man bezüglich des Verbleibens bei der Reichsschrifttumskammer zum mindesten noch nicht kühn sein darf. –

28. November 1935 | Donnerstag

> Siehe, unter seinen Knechten ist keiner ohne Tadel.
>
> *Hiob 4, 18*

Um Mittag noch einmal, nach Tagen, wieder eine Stunde jener österlichen Sonne – sonst aber Dunkelheit und Regen. Arbeit, Arbeit, daß man nicht zur Besinnung kommt. Eine Hilfe Gottes?

Seine Führung durch die Zeit der Ratlosigkeit? Führt er mich doch zum Buche – da alles andere so versagt? Ist es nicht mein Eigensinn, meine Verantwortungslosigkeit, meine Vermessenheit, daß ich weiterschreibe am Buch? Erhört Gott dieses Gebet, im Schreiben das von Gott geführte Leben leben zu dürfen? Ist dieses Leben jetzt das erfüllte Gebet? Denn ich habe, was ich erbat, nur in der völligen Ungewißheit und kann keine Gewißheit entdecken, sie wäre denn durch Gottes Führung. Die Führung Gottes erkennen zu wollen – davor ist mir ein tiefer Schauder geblieben, und ich wage nicht, mein Leben zu deuten. Ich bin unheilvoll in das Buch verstrickt; Gott muß mich heilen in dieser Zeit, in die Verstricktheit seinen Ratschluß geben.

Dr. Pagel war durch mich aufmerksam darauf geworden, daß das Jahr 1936 ein Fridericus-Gedenkjahr wird um des 150. Todestages willen. Nun soll mein Buch plötzlich am 31. Januar fertig sein. Ich kann nicht mehr, als daran schreiben und alles andere lassen und beten, daß zur Verstrickung nicht das Zerrinnen komme. Das Bewußtsein der völligen Entbehrlichkeit schafft eine Lähmung, aus der nur Gott erretten kann. Tut er es durch die Verstrickung?

Das kleine Claus-Harms-Buch habe ich in größter Eile fertiggestellt und pünktlich abgeliefert. An seinen Thesen ist doch sehr viel. Schließlich kann keine Berührung mit fremdem Leben spurlos bleiben. Dazu ist das Seufzen um Bestätigung des unfaßlichen Glaubens zu schwer, als daß man nicht sehnsüchtig aufhorchte.

29. November 1935 | Freitag

> Mein Herz hält dir vor dein Wort: ‚Ihr sollt mein Antlitz suchen.‘ Darum suche ich auch, Herr, dein Antlitz. *Psalm 27, 8*

> Ihr seid schon rein um des Wortes willen, das ich zu euch geredet habe. *Johannes 15, 3*

Zwischen diesen beiden Worten verläuft mein Leben. –

1. Dezember 1935 | Sonntag (Erster Advent)

> Sehet, jetzt ist die angenehme Zeit. *2. Korinther 6, 2*

Als ich zur Kirche ging, schliefen noch alle. In der Kirche das Lied, das ich mir zum Advent am meisten wünsche: »Mit Ernst, o Menschenkinder –«

Der täglichen Zeitung gegenüber, ihren emphatischen und ihren brutalen Superlativen gegenüber, gibt es allmählich etwas wie Gewöhnung. Von Jahr zu Jahr wird die Adventszeit ernster, und das Fest erschließt sich mehr und mehr; das Zarte und Warme der Sitte ist wirklich nur noch wie eine milde Verhüllung, die gnädig gewährt wird. Den Kindern gegenüber aber ist sie die einzige nur mögliche Sprache.

In diesen Tagen habe ich die Dreieinigkeit zu verstehen begonnen; jetzt erst, nach »soviel Glauben« . . .

3. Dezember 1935 | Dienstag

> Gott tut alles fein zu seiner Zeit.   *Prediger 3, 11*

Wenn die Weihnachtszeit wiederkommt, wird einem erst ganz bewußt, wie wir im Hause von weihnachtlichen Bildern umgeben sind: die Hirten- und Engelsfiguren, die Madonna mit dem Kinde als Plastik und Gemälde, die Meßglocke, die seit Jahren schon zur Einbescherung ruft; die bunte Glasmalerei, das Marienbild – weihnachtliche Dinge, die älter, viel älter sind als der Christbaum. Möchte auch auf sie ein Schimmer fallen von dem Harmsschen Wort: »Dein Haus soll keine Kirche sein, aber es soll bisweilen einer Kirche ähnlich sehen.« –

Mit dem »Kahn« scheint es nun zu Ende sein.

5. Dezember 1935 | Donnerstag

> Es ist wahr, meine Reden sind freundlich den Frommen.   *Micha 2, 7*

Vielleicht ist das die entscheidende Wendung dieser letzten beiden schweren Jahre: daß der Verzicht nicht mehr von außen aufgezwungen ist, sondern von innen kommt. Nicht von der Erkenntnis der Vergeblichkeit her – die wäre noch unendlich stolz! Sondern aus der Einsicht in die Entbehrlichkeit und Verwerflichkeit! Warum aber dann die Arbeit noch fortgeht? Weil man unentwirrbar in sie verstrickt ist und nicht lassen will von dem Gebet, Gott möge auch hier noch eine Fruchtbarkeit sein lassen; Gott möge noch einen Schein von dem Wort »Wer die Hand an den Pflug gelegt hat« auch auf diese Arbeit fallen lassen. –

Die Striche gehen jetzt sehr tief und richten sich nach Möglichkeit gegen das Erfundene.

> Du bist gekommen zu dem Herrn, daß du unter
> seinen Flügeln Zuversicht hättest! *Ruth 2, 12*

Der einzige Tag, an dem in der Vorweihnachtszeit der Adventskranz auch außer an den Sonntagen angezündet wird. Den ganzen Tag blieb es dunkel und mild.

Schneider: »Das Idyll und die Tragödie sind Geschwister, die sich als solche nicht verraten. In jedem Tragiker steckt ein Hang zum Idyll. Denn das melancholisch getönte, in kleinen Kreisen sich bewegende Leben der Idylle, das den Zufall leicht und passend wie ein unversehens gefundenes Band immer wieder aufnimmt und in sein Spiel verflicht, kann doch nur bestehen im Schatten der großen Macht. Daß ihr buntes Licht sich bricht an dem unerbittlichen Dunkel, das sie umwölbt, macht den Zauber der Idylle aus. Sie ist der mildeste Ausdruck des Tragischen; nur ein Reflex verrät ihre Herkunft, aber diesen Reflex darf sie nicht vermissen lassen. Den Menschen unter dem Gesetz tritt plötzlich die Versuchung an, das Gesetz zu ignorieren. Einmal will er leben, als ob die Welt wirklich ein Garten wäre, zwischen dessen Beeten man sorglos sich ergeht, wo kaum noch eine ferne Musik an das erinnert, was außer der Mauer geschieht. Nur eine tiefe Erfahrung verleitet ihn zu dieser Illusion. Denn im Grunde wird er es nicht vergessen, woher er sich zum Tore dieses Gartens durchfand und wie bald er ihn wieder verlassen muß. Wenn das Gebot verstummt, blüht das Herz wieder auf.«

Anruf Dr. Pagel. Da Kilpper ihn wegen Klarheit in den verschiedenen Mischehefällen seines Verlages drängt, war er auf der Schrifttumskammer; mit der obersten Stelle – Hanns Johst[70] – allerdings konnte er nicht Fühlung nehmen. Der Bescheid lautete: Grundsätzlich hat man die durch Mischehe Belasteten aus der Kammer ausgeschlossen – manche Fälle aber hat man ruhen lassen, man will sie verschleppen, verschwinden lassen, die Entscheidung von dem abhängig machen, was diese Autoren schrieben und schreiben... Ist man nun schon »bearbeitet«? Wird man »aufgeschoben«? Oder steckt man noch in der Mappe, die morgen oder übermorgen erst noch verhandelt wird? Jedenfalls: daß man aufgenommen war, bietet für das Verbleiben in der Kammer keinerlei Gewißheit. Noch gibt es wohl nichts anderes, als weiterzuschreiben, als bestünde diese entsetzliche Gefahr nicht; noch ist es einem vergönnt, – noch ist man nicht davon befreit, zu schreiben. Ich danke, so schwer die Last ist und so oft man vor dem Schreiben fliehen möchte, für jeden Tag, an dem ich noch Schriftsteller sein darf, zumal ich ja in diesen Wochen zum ersten Mal gar nichts anderes als Schriftsteller zu sein brauche!

7. Dezember 1935 | Sonnabend

> Wir wissen nicht, was wir tun sollen; sondern unsre
> Augen sehen nach dir.   2. Chronik 20, 12

Der volle, grüne, klare Rasen um das Haus – die Mondnacht über dem Garten, die Ruhe des verhängten Tages! Immer wieder, wenn ich durch das stille, helle, kleine Haus mit all seiner ernsten Schönheit gehe, zumal es nun den vorweihnachtlichen Schmuck des Adventskranzes in der breiten Tür zwischen den beiden feierlichen Räumen trägt, sind jene Gedanken vom Idyll und der Tragik um mich; ja, es ist ganz ohne Frage, daß aus jener Spannung und Versöhnung heraus die ganze Form unseres Hauses und unsere Hausführung entstanden ist. Mir scheint es manchmal, daß dieses Haus seine Form ja doch nicht erhalten hat im Hinblick auf die Künftigen, Brigitte und Renate, daß es auch nicht geprägt wurde von dem Übereinkommen, sondern es ist die Zuflucht zweier Menschen, gegründet auf das Bewußtsein, mit jedem Augenblick hingegeben werden zu müssen. Daß wir, daß die Kinder darin bleiben würden, das scheint ein ferner, ferner Traum. Und doch war es, als eine Erfüllung sowohl meines wie Hannis Wesen, wie eine Notwendigkeit. »Des Menschen Sohn hat nicht, da er sein Haupt hinlege –« dieses Wort wurde von uns vom Hause her erst verstanden.

»Schlage doch, gewünschte Stunde« – das ist ein Lied, »Wartet und eilet zu der Zukunft des Tages des Herrn!« das ist ein Wort, von denen mir die erste Adventszeit dieses Hauses bestimmt scheint.

8. Dezember 1935 | Sonntag (Zweiter Advent)

> Wir haben desto fester das prophetische Wort, und
> ihr tut wohl, daß ihr darauf achtet als auf ein Licht,
> das da scheint in einem dunkeln Ort, bis der Tag an-
> breche und der Morgenstern aufgehe in euren Herzen.
>   2. Petrus 1, 19

Ich hatte Professor Hermann zum ersten Advent die »Geistlichen Gedichte« und die Königsgedichte geschickt; von seiner noch so freundlichen Antwort, auch wenn sie Worte von dem schweren Ernst der in diesen Tagen besonders zugespitzten kirchlichen Lage enthält, bin ich ja im Grunde doch sehr enttäuscht. Verbindet uns so wenig? War er wirklich nur der »Lehrer«? Soll es persönliche Verbindungen für mich gar nicht mehr geben? Ist alle Bestätigung versagt – bleibt es bei Schneiders Brief und Widmung, bei Hannis Treue, bei dem Glauben an die Führung Gottes, der auch dem Sand und Sumpf die Fruchtbarkeit zu geben vermag? Ist dies aber nicht genug? Gott gebe mir ein »Recht« auf die Arbeit!

Die Umstände für Fortführung der Arbeit sind schwerer und schwerer geworden. Da wird der angstvolle Wunsch nach Bestätigung verständlich.

Angesichts der Entwicklung des Buchhandels und der Leserschaft bedeutet es auch eine rechte Belastung, daß nun von Hans Heyck wirklich noch ein Friedrich-Wilhelm-Roman erschienen ist.

Das Herz wird sehr schwer. Aber je schwerer die Erde auf ihm lastet, desto schwerer erfüllt es sich auch mit jener Feierlichkeit, die einmal über die Erde gegangen ist.

Die Tage lassen vor dem Auge leuchtende und sanfte Bilder eines Lebens vorüberziehen, das uns Menschen von Gott als die Möglichkeit alles Blühenden und Fruchtbaren gegeben war. Wir sehen noch die Bilder – wo eine christliche Monarchie besteht, wo ein christlicher Hausstand geführt wird, wo Bauten wie das Leben und Danken und Beten einer Landschaft fromme und würdige und schöne Städte schufen –; aber wir müssen leben in der abgründigen Verkehrung aller dieser Möglichkeiten. Wenn Gott mit uns spricht – dann ersteht auch noch das eigene Selbst, das möglich war von Gott her. –

Manchmal, wenn ich in das »Refektorium« sehe, steht die Möglichkeit des eigenen Lebens vor mir. Der alte, schwere Renaissancetisch, bedeckt mit den Blättern des Königsbuches – die beiden hohen, alten Sessel, dahinter vor der hellen Wand die bunten und weißen Rücken der Bücher und das Madonnenbild mit dem Kinde, die Hirtenfiguren – die gotische Marienplastik neben dem klaren, würdigen, frühen Schrank – Hölzer und Farben von jener sanften Gedämpftheit der Farbe, wie sie nur den alten, mit Pietät gehüteten Dingen zu eigen ist. Dieses Bild ist umfaßt von dem großen Ausschnitt der Tür, in der der frische, duftende Adventskranz mit seinen vier gelben Kerzen hängt. Ob die Sonne das Zimmer mit seinen zarten Alpenveilchen überglänzt, ob der Schein der alten, hohen Kirchenlampe auf Tisch und Bücher fällt, ob nur die Lichter am Adventskranz brennen: immer ist ein Schimmer über dem Raum, wie ich ihn in noch gar keiner Wohnung fand. Es ist ein Bild, das in der Wirklichkeit ergreift. Dieses war die von Gott gemeinte Möglichkeit des eigenen Lebens.

Am Abend arbeite ich noch lange, aber es kommt mir immer härter an. – Aber noch spüre ich den tiefen Unterschied, der zwischen Stille und Stumpfheit besteht! Und keine Klage löscht den Dank für alle Güte aus.

9. Dezember 1935 | Montag

> Zu derselben Zeit wirst du sagen: Ich danke dir, Herr, daß du zornig bist gewesen über mich und dein Zorn sich gewendet hat und tröstet mich. Siehe, Gott ist mein Heil, ich bin sicher und fürchte mich nicht; denn Gott, der Herr, ist meine Stärke und mein Psalm und ist mein Heil.
> *Jesaja 12, 1–2*

Der erste Morgenreif auf dem Rasen. Der erste winterliche Wind. Nachmittags, von halb vier Uhr an, muß zur Arbeit schon die Lampe brennen.

Schneider schreibt im Philipp: »Alle unsere Tröstungen kommen nur von Bildern her.« Da ist wieder die tiefe Übereinstimmung des Denkens, die mir in meiner Ermattung und Zerknirschung die einzige Bestätigung bedeutet, den Trost, den Gott mir in einem Dichter gewährt.

Alle unsere Tröstungen kommen nur von Bildern her. Das gilt auch für die sanften und kleinen Dinge des täglichen Lebens.

Die irdische Hoffnung ist Gott anheimgestellt, ihm anheimgestellt auch die himmlische Seligkeit, vor der die Bilder versagen. – Dein Reich komme – darin wird das Herz allmählich still.

Was in diesen Tagen, ausgehend vom faschistischen Italien – dem Vorbild des nationalsozialistischen Deutschlands –, von den Möglichkeiten des neuen europäischen Krieges erörtert wird, läßt einen tief erschrecken. Man sieht entsetzt die Zeitungen und begreift nur schwer den großen weihnachtlichen Schmuck der Geschäfte, der wirklich, ungleich mehr, als ich mich sonst entsinnen kann, die riesige Stadt in einen Zauber taucht, dessen man die Menschen nur schwer für fähig hält. – Immer wieder rührt einen – fern von dem, was Konjunktur heißt und Reklame – die Möglichkeit an, die dem Leben gegeben war. So aber ist es ein Fest nur in Qualen, und dem Herzen kann nur das eine gelten, nur das eine vermag unserem Geiste Zeugnis zu geben von seinem Geist: jene Spannung, die man in jedem Gottesdienst erlebt, jene Worte, um derentwillen ich vom Kirchgang nicht lassen kann, jener Klang zudem, der allein den Sinnen ein Trost ist, weil er die Worte umhüllt, in denen die Versöhnung uns inne wird: »Herr, erbarme dich unser« – und das »Ehre sei Gott in der Höhe« nach dem Gnadenspruch, unter denen mein Taufspruch einer der »obersten« ist. –

10. Dezember 1935 | Dienstag

Du krönest das Jahr mit deinem Gut.　　*Psalm 65, 12*

Den vierten Abschnitt »Wirte und Gäste« beendet, das Erfundene auf ein Mindestmaß begrenzt und hundert Seiten bis jetzt gekürzt. Alles zu wenig. – Ich habe Pagel auf den Heyckschen Friedrich-Wilhelm-Roman hingewiesen. Er redete von den Schwierigkeiten bei den Sortimenten, und mir bestätigt sich immer wieder, daß die Usancen des Films sich völlig im Buchhandel und Verlagswesen durchgesetzt haben. Was Heyck und mich betrifft, so steht unbekannter Autor gegen unbekannten Autor. Nach dem, was ich von Heyck aus meiner Funkzeit weiß, ist er historisch bestimmt besser fundiert als ich. Wo die Persönlichkeit der Autoren nicht interessant genug ist, mußten an sich es immer noch die verschiedenen Aspekte sein, die ein Leben wie das des Königs es bietet. Aber es gilt nicht, wenn »der Stoff weg ist«. – Pagel will mir sofort den Heyck kommen lassen, und da ich es ja nur noch mit den Strichen zu tun habe, werde ich ihn ruhig lesen. Ist er gut: so lehrt mich Gott die eigene Entbehrlichkeit. Ist er schlecht: so darf ich nach dem geschäftlichen Nachteil mit keiner Silbe fragen und muß mein Buch besser zu machen suchen. –
Bücher sind religiöse Vorgänge, und darum sind Stoffe nicht wählbar, Termine nicht bestimmbar!
Gott hat einen angerufen – und das Buch ist das Stammeln der Antwort. Solange die politische Macht es nicht hindert, wollen Hanni und ich, auch in dem Wissen um Verwerflichkeit und Ent-

behrlichkeit (die ja nicht nur von Heycks Buch abhängen kann), nichts ändern am Bücherschreiben. Wir sehen keinen anderen Weg.

Der Tatsache, daß mein Buch zeitlich der erste Friedrich-Wilhelm-Roman sein sollte, kann ich schon lange nicht so großen Wert beimessen. Aber für die Sortimenter war das etwas ... Allein für sie gilt auch die hohe Einschätzung des Fridericus-Jahres ...

Für mich bleibt der Dank für die Welt, die Gott in den Bildern des Königs vor uns beiden aufgetan hat – ein Dank freilich, der schmerzlich sich sehnt, fruchtbar werden zu dürfen.

Vor dem harten Urteil der Entbehrlichkeit hat Gott immer noch den Trost der Ergänzung bereit, in der die Fülle der Möglichkeiten sich erschöpft.

Auch wenn der Ausschluß aus der Schrifttumskammer käme, ich würde wohl, für eine unbekannte Zukunft – noch weiter schreiben – und vielleicht gerade von dem Lobe Gottes im Bewußtsein der Verwerflichkeit; denn dies ist wohl der echte Stoff des Protestantismus.

> »Daß ich ihn leidend lobe,
> das ist's, was er begehrt« ...

Das macht noch nicht die ganze Schwere des Schicksals aus.
Hinzu tritt »Daß ich ihn sündigend lobe –«, obwohl er dieses Lobes nicht bedarf.

14. Dezember 1935 / Sonnabend

> Ich habe gelernt, worin ich bin, mir genügen zu lassen. Ich kann niedrig sein und kann hoch sein; ich bin in allen Dingen und bei allen geschickt, beides, satt sein und hungern, beides, übrig haben und Mangel leiden. Ich vermag alles durch den, der mich mächtig macht, Christus.
> *Philipper 4, 11–13*

Ich habe aber nur zweierlei gelernt: Um der Führung Gottes willen den Blick aufs fremde Leben zu tun und mich zu halten an das »*te totum applica ad textum et rem totam applica ad te*«. –

Vereinzelte Flocken den ganzen kühlen Tag über. Der Christbaumkauf; um Mittag, als sie sich gerade zu Tisch setzten, brachte ich nun endlich den Baum heim, den schönsten wohl, den wir je hatten. Auf eine edel gewachsene, schöne, dunkle Tanne mit starken, großen Zweigen und in der Höhe des Zimmers wollen wir erst als letzte der weihnachtlichen Traditionen verzichten, obwohl wir dem Christbaum nicht mehr geben, als ihm zukommt, und von unseren Hirten und Engeln wissen, daß sie noch mehr von der Weihnacht zu sagen vermögen. Die Mutter mit dem Kinde, die wir zu diesen Krippenfiguren endlich hätten stellen können, fanden wir nirgends. Aber der die Hirten und Engel schnitzte, hat viel von der Verkündigung gewußt, und es ist nicht ohne Sinn, daß als Bild nur die Verkünder der Weihnacht bei uns stehen.

15. Dezember 1935 | Sonntag (3. Advent)

> Sei mir gnädig, Gott, sei mir gnädig! denn auf dich traut meine Seele, und unter dem Schatten deiner Flügel habe ich Zuflucht, bis daß das Unglück vorübergehe.
>
> *Psalm 57, 2*

Die Kirche trostlos. Ist denn nahezu der ganze Pastorenstand verdammt? Hat die ganze Besinnung darin bestanden, daß sie sich angesichts der veränderten politischen Lage dazu entschlossen, endlich wieder einmal ein paar neue Predigten auszuarbeiten? Gab es nicht aber im Anfang dieses neuen Kirchenkampfes wirklich etwas wie Märtyrer? Und alles schon wieder Pose und Doktrin? Wären die Pastoren nicht Beamte, lebten sie in der Unsicherheit der Existenz – es wäre vieles besser! –

Hanni und ich fuhren ins Antiquitätenviertel, unseren traditionellen Vorweihnachtsrundgang zu machen, da Hanni und ich uns diesmal ein gemeinsames Geschenk machen wollen, den Stuhl, der uns im »Refektorium« dringend fehlt.

Wir fanden einen einfachen, kräftigen Barockstuhl, der uns trotz Bemalung recht gut und billig schien. Wo nur wenig eigenes Erbe ist, sehe ich im Ergänzen des Vorhandenen und im Zusammentragen zerstreuter, mißhandelter Stücke zu einem neuen Haushalt alles anderes als etwas Arges. – Das Haus ahmt weder Schloß noch Kirche nach – darunter leiden fast alle antik eingerichteten Wohnungen, die ich kenne; sondern es ist in allen Stücken nur ein würdiges bürgerliches Haus, dem aber in Bildern und Plastiken und da und dort in einem Leuchter die Feste der Kirche einen Schimmer verliehen haben, in dem eben die kirchlichen Feste den Lauf des Jahres in diesem Hause zu bestimmen scheinen. –

18. Dezember 1935 | Mittwoch

> Der Herr hat mir das Ohr geöffnet; und ich bin
> nicht ungehorsam und gehe nicht zurück.
>
> *Jesaja 50, 5*

Ich hatte neben all der Arbeit her in kleinen Abschnitten Schneiders »Philipp« gelesen, den er mit 28 Jahren schrieb. Das Buch brachte nicht mehr die gleiche persönliche Erschütterung – diese kann wohl auch für eine weite Strecke des Lebens nur einmal sein – wie die »Hohenzollern«. Aber ist es nicht noch größer denn jenes Werk? Und für mich: welch seltsame Berührung mit den oft mir wichtigsten Sätzen, die in meinem »Vater«-Manuskript stehen. Welcher Trost von diesen Büchern her, vor denen ich mich klein fühlen lernte! –

19. Dezember 1935 | Donnerstag

> Ich bin der Herr; was ich rede, das soll geschehen.
>
> *Hesekiel 12, 25*

Ich bekam von Ihlenfeld vier Exemplare der »Deutschen Gespräche« und wenigstens ein Siebentel meines Honorares, ebenso wünschte er nun doch fürs nächste Jahr das Elisabeth-Christinen-Buch; aber ich sehe es noch keineswegs als perfekt an. Das kleine Honorar kam mir aber doch sehr willkommen, weil ich nun Hanni noch das Buch »Königinnen« besorgen konnte, das ich ihr so gern schenken wollte. In allen Buchhandlungen ist großes Leben, überhaupt ist dieses Jahr viel größere Kauflust als im vorigen; die Menschen spüren keine so akute Bedrückung und Spannung wie im Vorjahr.

Den Frieden und die Klarheit des Hauses aufrechtzuerhalten, gelingt uns – dem Buch die genügende Zeit einzuräumen, zumal ich doch nun alles selber tippen muß, erfordert den ungleich schwereren Kampf.

20. Dezember 1935 | Freitag

> Ihr habt doch geschmeckt, daß der Herr freundlich
> ist.   *1. Petrus 2, 3*

Hanni und ich dürfen wohl nun sagen, daß das Fest bereit ist, und nichts hat die Feierlichkeit dieser Zeit zuzuschütten vermocht, eben weil die Sitte dahin verwiesen wird, wo sie bestehen darf, Weihnachten ist von Jahr zu Jahr mehr geworden. –

Die politische Überreiztheit, die vor einem Jahr so offensichtlich über Deutschland lag, ist diesmal über Frankreich und England in einem, um Italiens willen, gekommen. Daß in Wirklichkeit unsere Lage die tragischere ist, wird diesmal nicht so sinnfällig, zumal jetzt über die jüdischen Dinge geschwiegen wird und alles nur beherrscht wird von dem Gedanken des neuen Heeres ...

Ich las Heidkamps »Friedrich Wilhelm«. Die religiösen Grundlagen – bis auf die entscheidende Flucht vor dem Prädestinationsglauben – sind so weithin erkannt, daß ich die phantastischen Abschweifungen dieses Buches[71] gar nicht verstehe. Dieses Buch entbindet mich nicht von meinem Versuch. Es ist sehr selbstgefällig, und in seinen Folgerungen für die Gegenwart verbiegt es die Geschichte. Ich rechne ihm aber hoch an, daß es von der alttestamentlichen Grundlage dieses Königslebens spricht, wenngleich das eine den Ernst des anderen ausschließen muß. Der alttestamentliche König kann nicht der Vorläufer des Nationalsozialismus sein. –

24. Dezember 1935 | Dienstag (Heiliger Abend)

> Ich will dich unterweisen und dir den Weg zeigen,
> den du wandeln sollst; ich will dich mit meinen Augen
> leiten.
> *Psalm 32, 8*

Rauhreif, Sonne und stärkere Kälte – draußen in Gärten und Straßen der gleiche Glanz wie im Hause. Nach der Dämmerung und den Morgenglocken ging die Sonne rostrot auf, der Christbaum, der Frühstückstisch nebenan standen ganz in zarter Sonne. Des Baumes wegen war im Barockzimmer über Nacht die Heizung abgestellt – da war es am Morgen ein unbeschreiblich süßer Duft in der Kühle des Zimmers. Wir hatten heut wieder eine Hilfe, und so war das letzte Rüsten ohne Hast und Mühe; bald nach dem Frühstück konnte ich Hannis Weihnachtstisch aufbauen, den letzten Rundgang durchs ganze Haus halten und sogar noch eine ruhige Mittagstunde an einem Arbeitsplatz. – Während ich meine Papiere ordnete, hörte ich droben in Renerles Zimmer die Kinder Weihnachtslieder üben und Reni mit dem Fuß den Takt dazu schlagen; unerbittlich hat Reni Brigitte dazu angehalten.

Schon vor dem Dunkelwerden ist die Abendtafel für uns vier gedeckt mit ihren alten roten und goldenen Bändern, ihren Sternen und Lichtern, Tanne und Spitzen.

Reni begleitete mich, wie alljährlich, in die Christnacht. Die Kirche war überfüllt, ein Drängen in jedem Winkel und bis zum Altar, Kurzreiters Predigt sehr verständnisvoll, doch ohne Preisgabe des eigentlichen Festgehalts auf die vielen, vielen eingestellt, die der Kindheitserinnerung halber an diesem Tage zur Kirche kamen. Auf dem Heimweg aus der Kirche sahen Reni und ich, wie immer hier, die ersten Weihnachtsbäume angezündet. Das Haus, wenn man es nach der Christnacht zum eigenen Heiligen Abend betritt, erscheint – auch dies war immer und dieses Jahr nun noch unvergleichlich mehr – immer völlig verändert. Als um sieben Uhr das große Einläuten des Festes einsetzte, bescherten wir ein; da Hanni und ich uns den alten Stuhl gemeinsam schenkten, hatten wir uns nur noch mit kleinen Gaben bedacht.

Sehr feierlich war das Abendbrot im »Refektorium« bei Kerzen; nachher zu den Äpfeln, Nüssen, Pfefferkuchen war noch ein hübscher bunter Tisch mit den alten Beuthener und Patschkauer Sachen gedeckt.

Erst wenn es ein Weihnachten erlebt hat, hat ein Haus sein Gesicht erhalten. Mich in die Christnacht zu begleiten – darum habe ich Hanni nicht gebeten. Ich weiß, daß sie eine andere Weihnacht als die eine nicht gelten läßt, daß sie es als etwas Besonderes empfindet, daß die alte Weihnacht der schönen Gewohnheit aus ihrem Haus schwinden durfte – aber es ist nur wie eine Achtung vor dem Fest, und durch die Stunden des Heiligen Abends ging doch der tiefe Zwiespalt, aus dem heraus das Verlangen nach der Weihnachtsbotschaft noch stärker wird: daß Weihnachten nicht verlebt wird mit den beiden Familien, der, welcher man entstammt, der, welche man begründet; daß über dem tiefsten Grund zweier von Gott zusammengeführter Leben Dunkel bleibt; daß, wo, wann und wie Gott an dem liebsten Menschen handelt, man unwissend, ratlos abseits steht, auch wenn man ja in dieses Handeln Gottes selbst als Schicksal des anderen mit einbezogen bleibt.

Der Schmerz der Welt, in die das »Freuet euch« gesprochen ist, durchdringt die Stunden der Feier stärker als Stunden der Arbeit. Luther: »Sieh nicht an, was du bist, sondern sieh hier, was dir heut widerfährt, sieh an den, der zu dir kommt! Sieh nicht an, daß du ein armer Sünder bist.«

Aber Gott kann von uns nur noch im Leiden gelobt werden. Der Schmerz kann nicht getilgt werden: daß die Gabe des Lebendigen, des Herrn allen Lebens, sein Tod ist. – Das Lied »Vom Himmel hoch« ist heut vierhundert Jahr alt.

25. Dezember 1935 | Mittwoch (1. Weihnachtsfeiertag)

> Herr, laß mir deine Gnade widerfahren, deine Hilfe
> nach deinem Wort.   *Psalm 119, 41*

Die Kirche war auffallend leer; der Predigt war nichts vorzuwerfen; die Lieder und die Weihnachtsgeschichte, die Tannen am Altar bleiben ja aber etwas Besonderes. Es war ein dämmeriger Morgen und sehr still. Der Tag des Hauses hatte seine beiden Höhepunkte in dem sehr festlichen, traditionellen Mahl und jener ersehnten und am Heiligen Abend meist nicht gewährten stillen Stunde um den brennenden Baum nach dem Abendbrot. Man ist schon wie krank; der Grad des Ruhebedürfnisses verrät alles. Und es fehlt der Erschöpfung das Bewußtsein der vollbrachten Leistung; das Buch ist nur noch wie eine Prüfung. – Auch läuft selbst der Glaube Gefahr, immer stärker in die Stille zu streben, weil die Fruchtbarkeit – das »tätig und geschäftig Ding« des Glaubens – an einem selbst noch so unfaßlich scheint, obwohl auch das Gott zugetraut werden muß, daß er noch eine Frucht schaffen kann in einem so durchgestrichenen Leben, dem nur eine letzte Flucht in einen engsten Kreis blieb und eine große Scheu vor seinem Sichtbarwerden. Es kann nur Gott anheimgestellt bleiben, wie weit in ihm er seine Gnade sichtbar machen will. Man hat dieses Jahr eine arge Reklame gemacht mit der Nordischen, der Deutschen Weihnacht. Aber auch das konnte nicht verhindern, daß mir neben dem Fest der Kirche auch das deutsche Fest immer mehr geworden ist, gerade je mehr der Glaube sich schied von der Sitte und der Sitte nichts gegeben wird, was ihr nicht zukommt. Aber dies sind große Dinge und Bilder des Reichs: daß der Deutsche das Fest mit einem Baume feiert, der der Lebensbaum des Paradieses und die Weltesche Yggdrasill mit ihren Sternen zugleich ist. Und daß das reichste, überschwänglichste, lichteste Fest in der tiefen Dunkelheit und Armut erstand, muß den Norden einem zur großen Liebe machen.

28. Dezember 1935 | Sonnabend

> Sehet, welch eine Liebe hat uns der Vater erzeigt, daß
> wir Gottes Kinder sollen heißen!   *1. Johannes 3, 1*

Wieder ein richtiger Arbeitstag. Ein lichter Märztag – nur der Sonnenuntergang ist später, später Dezember. Hanni war in der

Stadt, meldete ungeheueres Leben der Straßen und recht argen Betrieb um »Silvester-Scherzartikel«, als ahne niemand, daß dieses neue Jahr so schwer heraufkommt wie wohl keins seit 1914; so offen, so ungeheuer waren die Rüstungen der Armeen jetzt zur Jahreswende.

29. Dezember 1935 / Sonntag

> Er wird euch fest erhalten bis ans Ende, daß ihr un-
> sträflich seid auf den Tag unseres Herrn Jesu Christi.
> *1. Korinther 1, 8*

Der Schnee schmilzt hin, grün kommt der Rasen hervor; kaum daß sie zarter Glanz des Mittags war, sinkt die Sonne so unendlich schwer in dunklen, großen Wolken hinter kahlem Geäst –. In der Kirche war wieder mein Spruch: »Fürchte dich nicht« –. Das Evangelium von den beiden Alten, Simeon und Hanna, am letzten Sonntag des Jahres liebe ich sehr.

Es ist so erklärlich, daß alles häusliche Leben so beharrlich, dankbar, überschwänglich das Idyll sucht: denn im Glauben ist kein Idyll, kein Bild; da sind »nur« Zeichen; da bleibt das Schwere, Harte, Qualvolle bestehen gegen alle Freude: daß jeder Adam ist und um jedes willen Christus so sterben mußte. Ich kann nicht anders: die Christenfreude, der Christenstolz bleiben mir fern; aber ich glaube an eine, Gott anheimgestellte, Fruchtbarkeit der Buße; mag sie selbst jenseits des eigenen Todes liegen. Sie muß Gott anheimgestellt sein, wie die ewige Seligkeit.

Ich sehe keine Frucht, keine Leistung, kein Vollbringen, kein Ergebnis dieses endenden Jahres für mich. Ich weiß nur, daß ich in ihm, das mich so zerstört hat, die Worte beten lernte: »Dein Wille geschehe«. Und daß solches Gebet geschieht in Dankbarkeit und Beschämung vor aller seiner Gnade.

Gott hat geredet. Er gebe mir, der ich abgesunken und stecken geblieben bin, die Frucht einer Antwort.

Nach Tische, den ganzen Nachmittag, las ich Thiels »Luther«, immer wieder den Bruch mit der Sonntagsarbeit erkämpfend; das Haus lag ganz still; es hat etwas Eigenes, ums Dunkelwerden durch das Haus zu gehen; die Laterne draußen wirft den Schatten der kleinen Fenstergitter auf die Wand, die alten Möbel in der Diele; das Silber am Tannenzweig über dem Spiegel zittert in ihrem Licht; die Schatten all der schönen, alten Gegenstände zeichnen sich ab; kein Geräusch dringt von außen; es ist die vollendete Sanftheit und Stille; und dem Herzen bleibt ein weites Gefühl, wenn man die Tür zum Weihnachtszimmer öffnet und auch im Dunklen noch der Glanz des Weihnachtsbaumes leuchtet, ohne daß seine Kerzen angezündet wären. –

30. Dezember 1935 | Montag

Denn vor diesen Tagen war der Menschen Arbeit vergebens, und der Tiere Arbeit war nichts, und war kein Friede vor Trübsal denen, die aus und ein zogen, sondern ich ließ alle Menschen gehen, einen jeglichen wider seinen Nächsten. Aber nun will ich nicht wie in den vorigen Tagen mit den übrigen dieses Volkes fahren, spricht der Herr Zebaoth; sondern sie sollen Same des Friedens sein. Der Weinstock soll seine Frucht geben und das Land sein Gewächs geben, und der Himmel soll seinen Tau geben. Fürchtet euch nur nicht und stärket eure Hände.

Sacharja 8, 10–12. 13

Luther in dem Zusammenbruch seiner 34 Jahre:
»Ich bin körperlich ziemlich gesund, was ich dem Geist nach bin und treibe, weiß ich nicht. Satan hängt sich an mich mit gewaltigen Seilen, an Christus hänge ich mit einem dünnen Faden. Hochgelobt sei mein Christus mitten in Tod, Verzweiflung, Lästerung! Christus ist Leben und Gerechtigkeit, ach, eine so schwere und unbekannte Gerechtigkeit, ein immerfort in Gott verborgenes Leben!«
Wieder ein so milder Tag. Wieder ein so großer Sonnenuntergang; schon ganz umhüllt von Dämmerung, ein breiter, schwerer, sinkender Streifen Goldes. Dann erhellte sich noch einmal der Himmel, und als sein neues Licht stieg die Mondsichel empor, blaß und zart und hoch.

31. Dezember 1935 | Dienstag (Silvester)

Tut, wie euch der Herr, euer Gott, geboten hat, und weicht nicht, weder zur Rechten noch zur Linken.

5. Mose 5, 29

Je mehr wir uns von der Außenwelt lösen, desto mehr vervollkommnen sich die häuslichen Feste. Ehe Renerle und ich zur Kirche gingen, war die abendliche Feier gerichtet. Ein sanfter, ganz durchsonnter Tag war hingegangen, der letzte Schnee über dem jungen, tiefgrünen Rasen war hingeschmolzen und dem letz-

ten Gang der Sonne am Endtag des Jahres war manches Mal
der Blick gefolgt. Man versteht die Wintersonnenwende wohl …
Die Kirche war erstaunlich leer, der Gottesdienst in aller menschlichen Zutat zerrissen leer; aber es war der Text darin, aus dem
ich mir das Leitwort für das neue Jahr »gesucht« hatte, der vom
Feigenbaum.

Für den Abend, dessen unsichtbare Gäste Andersen und Dickens
gewesen sein mögen, hatte das Haus seine schönsten Schätze her-
gegeben; aber das Schönste zu den silbernen und grünen Bändern, den Alpenveilchen und Weidenkätzchen und Stechpalmen-
zweigen, dem alten Glas und Silber war der große, große Glanz
in beiden Zimmern: der fünfarmige Silberleuchter brannte, die
Rubinleuchter, am Fuße der großen Madonna vier Sterne mit
Lichtern, der Christbaum diesmal mit weißen Kerzen. Den ganzen
Abend über läuteten schon Glocken vor und nach den Jahres-
schlußandachten. In der zwölften Stunde begab sich aber alles
schon zur Ruhe, das Haus lag still und klar und dunkel; um
zwölf wurden die Fenster des Schlafzimmers weit geöffnet, das
große, große Nachtgeläut zu hören. Das aber schien wie das unablässige Nebeneinander weltlicher und geistlicher Feier: wie
über unseren dunklen stillen Gärten hier die Raketen hinweg-
stoben und die Glocken schwangen. Reni kam an unser Fenster,
dem Feuerwerk rings in der Nachbarschaft um unseren stillen
Garten zuzusehen. Während noch immer Glocken, Glocken läuteten, waren wir eingeschlafen. Gott hat seine Güte vor Augen
gestellt, seinen Ernst – da schweigen Sorgen, Mühen, Ängste,
Bitterkeiten, Reue, und es blieb nur das Gebet, er möge bei uns
bleiben.

ER SAGTE IHNEN ABER DAS GLEICHNIS: ES HATTE EINER EINEN
FEIGENBAUM, DER WAR GEPFLANZT IN SEINEM WEINBERGE;
UND ER KAM UND SUCHTE FRUCHT DARAUF UND FAND SIE NICHT.
DA SPRACH ER ZU DEM WEINGÄRTNER: SIEHE, ICH BIN NUN
DREI JAHRE LANG ALLE JAHRE GEKOMMEN UND HABE FRUCHT
GESUCHT AUF DIESEM FEIGENBAUM UND FINDE SIE NICHT.
HAUE IHN AB, WAS HINDERT ER DAS LAND?

Lukas 13, 6–8

1. Januar 1936 | Mittwoch (Neujahr)

Welch stiller, frühlingssanfter Morgen! Kein Laut im Hause, auf
der Straße, nur Hundegebell aus einem Garten, und Glocken,
Glocken wie in der Nacht. In der Kirche, die wieder recht leer
war, noch einmal die brennenden Christbäume und eine wohltuende Predigt von Kurzreiter über »Gott ist getreu, der euch
nicht läßt versuchen über euer Vermögen, sondern macht, daß
die Versuchung so eine Ende gewinne, daß ihr's könnet ertragen«.

Der heutige Losungstext, der mag wohl den Deutschen gegenüber den Juden gelten: »Der Fremdling soll bei euch wohnen
wie ein Einheimischer unter euch, und sollst ihn lieben wie dich
selbst.« –

Ich ging heut am Kanal spazieren. Da hatten sich die Kinder ein
reizendes Spiel gemacht. Hier herrscht die schlechte Angewohn-
heit, die dürr gewordenen Christbäume einfach auf die Straßen
zu werfen! Da hatten Kinder sie sich zusammengesucht und sich
einen ganzen kleinen Wald gepflanzt. Andere gingen von Zaun
zu Zaun, all die bunten Papierbänder von Silvester zusammen-
zuholen. Es war ein ungeheurer Eifer überall!

> Unsere Missetaten stellst du vor dich, unsere un-
> erkannte Sünde ins Licht vor deinem Angesicht. Herr,
> kehre dich doch wieder zu uns und sei deinen Knech-
> ten gnädig!
> Und der Herr, unser Gott, sei uns freundlich und för-
> dere das Werk unsrer Hände bei uns; ja, das Werk
> unsrer Hände wolle er fördern!   *Aus dem 90. Psalm*

Gestern abend – wir verbrachten den Abschluß der Feste über
Büchern – beendete ich Thiels zweiten Luther-Band. Ich hatte
beim ersten Bande geglaubt, die große Pflicht wäre erfüllt, der
Gegenwart den Luther zu entdecken – dieser kirchenpolitisch
bewegten Zeit, die dennoch das Dringendste nicht erkennt: ihre
Reiche zu messen an Gottes Reich, Reich der Buße zu werden.
Aber diese Last, den Luther zu schreiben, ist noch nicht von uns
genommen. Thiel, der so viel von Luther weiß, der so klare,
richtige Begrenzungen der Darstellung fand, wie sie mir wohl
nie gelängen, hat es fertiggebracht, von Luther her mit dem
Dritten Reich zu liebäugeln, in diesem Erfüllungen zu sehen –.
Und wieviel hat Gott diesem Autor gezeigt! – Wird das mein
Weg sein: Luther in Katharina von Bora durch sein Haus zu
schreiben? Mehr und mehr erwärmt sich mein Herz für diesen
Plan, für Wittenberg nach Potsdam. Um alle Schrecken, namentlich den der Entbehrlichkeit, weiß ich von vornherein! Ich bin
wieder ganz in der Arbeit; und wäre dies alles: Gottes Ernst in
ihr zu begegnen –. Alle Frucht steht bei Gott. Er weiß um mein
Verzagen, meine tiefe, tiefe Müdigkeit, mit der ich nun wieder
beginne! Und dennoch solcher Eifer um neue Bücher?! –

3. Januar 1936 | Freitag

> Alles Fleisch sei still vor dem Herrn; denn er hat sich
> aufgemacht aus seiner heiligen Stätte.   *Sacharja 2, 17*

Staatsbibliothek. Noch immer unerläßliches Friedrich-Wilhelm-
Material –. Das ist schon verzweiflungsvoll, wie alle Arbeit nicht
gründlich sein darf.
Den weihnachtlichen Schmuck des Hauses entfernt. Nun ist nur
der große Winterstrauß bei den Hirtenfiguren geblieben; diese
aber mit den Engeln geleiten uns durchs Jahr.

Ich möchte »Kleine Bibeln« machen: vielleicht, daß mancher sie dann eher läse: Die Bibel unter dem Thema »Weihnachten«, »Ostern«, »Pfingsten«, »Saat und Ernte«, »Krankheit«, »Armut und Besitz«, »Der König«, »Vater und Sohn«, usf. . . .

Ich möchte Kirchenlieder schreiben über die Texte der einzelnen Sonntage . . .

Ich möchte alle meine alten Pläne, von »Voltaire« an, nicht versinken sehen . . . .

Und wie langsam geht die Arbeit fort. Und wie wenig wird an jedem Tag geschafft . . .

Und wie bezwinge ich mich schon im Verzicht auf alle »Bildung«. So wenig Lektüre. Hinschwinden aller sprachlichen Kenntnisse. Alles nur begrenzt auf den jeweiligen Stoff. Und auch da elendes Stückwerk.

Abends machten sich zu meiner Freude Hanni und Brigitte über die heute von mir aus der Bibliothek gebrachten Hohenzollern-Jahrbücher her.

4. Januar 1936 / Sonnabend

> Sei du mir nur nicht schrecklich, meine Zuversicht in der Not!
> *Jeremia 17, 17*

In den letzten Tagen ging es mir recht elend; nun geht alle Arbeit wieder leichter; überhaupt glaube ich, daß ich mit all den Schmerzen kerngesund bin, auch wenn ich immer wieder so abnehme – alles das ist körperlicher Reflex des Seelischen; und an der Seele bin ich so oft krank wie am Geiste müde; danach aber erst am Leibe schwach. Das sind Krankheiten – von denen weiß man aus der Historie. Es ist gar nichts mehr geblieben als zu glauben, zu glauben, daß ich Gottes Ordnung nicht mehr stören kann – nicht irdisches Glück. Das Schreiben und die äußere Ordnung aber sind ein »Warten und Eilen zu der Zukunft des Herrn« –.

Manchmal erschrecke ich am tiefsten vor dem Heiligen Geist; Gott und Gott in Christus – das ist noch ein »außen«; im Heiligen Geiste aber greift Gott hinein in einen selbst.

Möchte ich wieder etwas verdienen! Denn dort sitzt eine tiefe Unordnung. Wie überhaupt alle Verehrung der Ordnung wohl herstammt aus dem Begreifen der eigenen völligen Unordnung. Gottes Maße –.

5. Januar 1936 | Sonntag

> So demütigt euch nun unter die gewaltige Hand
> Gottes.   *1. Petrus 9*

Eine ernste und erschütternde Predigt über den Kindermord von
Bethlehem und die Flucht nach Ägypten, diesen mir für den
heutigen Sonntag wichtigsten Text, über den ich, außer heute
von dem Mariendorfer Vikar, noch nie predigen hörte.
Die Lektüre: Schneiders drei Novellen, »Das Erdbeben« –. Interessanter Nebenertrag seiner großen Werke, doch nicht mehr.
Manchmal neige ich doch dazu, Schneider den Historikern zu-
zuzählen. In einer Zeit, in der Deutschland keine Dichter hatte,
übernahm das Amt der Dichtung an der Nation ein Historiker,
vermöge seiner sprachlichen Gewalt und der unendlichen Ver-
feinerung seines Gefühls ... Er weiß um seine Tragik, daß die
Eigenart und Größe seiner Sache nicht verstanden wird; er weiß
aber nicht, daß gerade die Vor- und Nachworte das Mißverständnis am tragischsten machen; ohne Frage verdunkeln sie vor denen,
die Erhellung und Durchleuchtung bitter notwendig haben.

6. Januar 1936 | Montag (Epiphanias!)

> Denn Gott, der da hieß das Licht aus der Finsternis
> hervorleuchten, der hat einen hellen Schein in unsre
> Herzen gegeben, daß durch uns entstünde die Erleuch-
> tung von der Erkenntnis der Klarheit Gottes in dem
> Angesichte Jesu Christi.   *2. Korinther 4, 6*

Dies allein ist die schmerzlich ersehnte Fruchtbarkeit –. Jeder
Mensch trägt wohl noch ein schwaches Bild in sich dessen, das
er hätte sein sollen; so auch wohl den Schatten des Auftrags,
der ihm ursprünglich erteilt war –.
Warum ist Epiphanias, dieses große Fest, gestorben? –

14. Januar 1936 | Dienstag

> Sei nur stille zu Gott, meine Seele; denn er ist meine
> Hoffnung.   *Psalm 62, 6*

Onkel Ludwig, der von Nürnberg kam, erschien heut, unser
Haus zu besichtigen. Aus Palästina konnte er nichts Neues berichten. Die neue »Besinnung« des Judentums auf sich selbst
scheint mir so leer, so falsch, so verlogen; vielleicht, daß »Stille
im Land« sind. Den Kindern bleiben solche Gespräche eine völlig
fremde Welt. Die Nürnberger[72] raten uns immer wieder, die Kinder ins Ausland zu geben. Wir können und können darin kein

Heil für sie erblicken, so bedroht ihre Zukunft in Deutschland auch scheint; ich kann mir immer wieder nur helfen mit dem Gleichnis vom Acker des Jeremias: ausharren unter dem Feind. Es müßte ein zwingender religiöser »Befehl« sein, der sich ja doch behauptet gegen alle menschliche Täuschung, wenn wir uns zu diesem Schritt entschließen sollten. Denke ich an das Bleiben der Kinder im Lande, so regt sich der Glaube in mir; denke ich an ihre Auswanderung, so schweigt alles . . .

15. Januar 1936 | Mittwoch

> Zürne nicht, Herr, daß ich noch mehr rede.
>
> *1. Mose 18, 30*

Je mehr man schreibt, desto erschreckender begreift man dieses Wort. Und doch darf die Erfahrung göttlicher Führung durch das Leben am Schreibtisch nicht geflohen sein; fast jeden Abend packt mich die Verzweiflung, daß es so bitter schwer ist, frommes Leben zu schreiben, – und daß am Königsstoffe, auf den wohl das Dasein eines Dichters stoßen muß, nicht vorbeizukommen war. So furchtbar sich die Widersprüche häufen: Erst muß geglaubt, erst muß geschrieben sein an jedem Tag –, dann, spät abends, mag den Nerven ruhig manchmal die Verzweiflung kommen. Gott läßt uns nicht versuchen, daß wir's nicht können ertragen –. Alle Grenzen, die von Gott gesetzt sind, werden eines Tages unserer Angst ja doch zur Wohltat. Die größte ist: in aller Erdenzeit und allem Menschendasein sich nicht anders vorstellen zu dürfen als in Christus. –

19. Januar 1936 | Sonntag

> Wir aber haben nicht empfangen den Geist der Welt, sondern den Geist aus Gott, daß wir wissen können, was uns von Gott gegeben ist.   *1. Korinther 2, 12*

Selten »präzisiere« ich Gebete um das »tägliche Brot«. Heut möchte ich sehr präzis dieses Wort des Korintherbriefs beziehen auf das Gebet, mich wieder selbst erhalten zu können; das war nicht gebetet im Gefühl des Widerspruchs mit Gott –.

21. Januar 1936 | Dienstag

> Aus Gnade seid ihr selig geworden durch den Glauben – und das nicht aus euch: Gottes Gabe ist es.
>
> *Epheser 2, 8*

Luther: »Denn vor Arbeit stirbet kein Mensch« – . . . Und wie warte ich nun schon auf die »Katharina von Bora«. Fast stört mich der Gedanke an die »Elisabeth-Christine«, so hat mich nun der Gedanke des anderen Buches gepackt. Denn ich wünschte mir sehr, nach Potsdam Wittenberg und danach – in der Reichsverweserin und Äbtissin – Quedlinburg schreiben zu dürfen.

1. Februar 1936 / Sonnabend

> Jene verlassen sich auf Wagen und Rosse; wir aber denken an den Namen des Herrn, unsers Gottes.
>
> *Psalm 20, 8*

Im Zusammenhang mit dem englischen Königsbegräbnis haben in London und Paris viele politische, internationale Besprechungen stattgefunden, monarchistische sowohl wie kommunistische. Den Habsburgern ist geraten worden, sehr deutlich, sich noch auf eine weite Frist zu gedulden ... Was ist tragischer? Die Hohenzollern: der Kaiser in Doorn, der Kronprinz in Potsdam unter Hitler, oder Kaiserin Zita und ihr Sohn, dauernd auf Reisen im Ausland? Das italienische Königshaus, das Mussolini propagieren helfen muß? Alles ist bitter, alles ein hartes Gericht. Der fürstliche Kaiser von Abessinien, als Spielball der europäischen Wirtschaftspolitik in ein fast unerträgliches Schicksal gerissen. Die Demokraten Frankreich und Amerika sind am Ende ihrer Kunst. China zerfällt in lauter Einzelstaaten, die sich autonom erklären. Und die Sowjets wurden der militaristischste, expansionsdurstigste Staat, so tiefes Elend sie den Russen brachten.

Friedrich Wilhelms außenpolitische Verzweiflung beginne ich erst jetzt zu begreifen – hinter dem Roman darf es aber nur fern sichtbar werden; für die Epik ist dieser Leidensweg faßbar, oder das Buch müßte 3000 Seiten haben. Heut erst den sechsten Abschnitt »Der König und der Abenteurer« beendet –

9. Februar 1936 / Sonntag

> Und wer da redet ein Wort wider des Menschen Sohn, dem soll es vergeben werden; wer aber lästert den heiligen Geist, dem soll es nicht vergeben werden.
>
> *Lukas 12, 10*

Wenn das »begriffen« sein wird – dann wird das Leben wohl um sein. Denn dies erscheint mir manchmal als die bestimmende Frage meines Lebens – ähnlich der »Theologie des Namens«.

Das Gebet »Gott, hilf« aber erscheint mir als ein mir geheißenes Gebet; ein recht starkes Gebet; denn darin ist der Name Jesu.

Unter viel Mühen und Schmerzen, gegen die nur das Leben mit der Gleichmäßigkeit des Pendelschlags der Ausgleich war, den »Ersten Band« von der zweiten Fassung beendet, wobei aber – auch von mir aus gesehen – der fünfte Teil nochmaliger Bearbeitung bedarf.

10./16. Februar 1936 | Montag bis Sonntag

> Gott, tröste uns und laß leuchten dein Antlitz, so genesen wir. Gott Zebaoth, wende dich doch, schaue vom Himmel und siehe an und suche heim diesen Weinstock und halt ihn im Bau, den deine Rechte gepflanzt hat und den du dir fest erwählt hast.
>
> *Aus dem 80. Psalm*

Jeder Tag aufs äußerste ausgenützt. In großem Gleichmaß und reger Tätigkeit ging allen die Woche hin.
Nur mit dem Schreiben wieder verdienen, dann wären diese schweren Wochen wieder so milde! So viel befriedigender, als alles, alles zuvor jemals war!

17. Februar 1936 | Montag

> Tue deinen Mund weit auf, laß mich ihn füllen!
>
> *Psalm 81, 11*

Bibelexegese durch Erzählung eines Menschenlebens, das ist es, was mich so bannt! Das ist, worum ich Gott in aller Zerstörung so bitte. Darum kann ich vom Friedrich Wilhelm nicht los, weil jede Situation dieses Lebens auf ein Wort der Schrift bezogen ist und mit den Bildern dieses Lebens auch das Bibelwort sich enthüllte, das mir vordem noch nie begegnet war.
Katharina von Bora: »Des Menschen Sohn hat nicht, wo er sein Haupt hinlege –«
Es gibt Zeiten, in denen ist aller »Erfolg« nur Verführung; es kann aber auch eine Zeit geben, in der ist alles Gelingen Vergebung. –

27./28. Februar 1936 | Donnerstag und Freitag

> Gedenke doch, wie ich so elend und verlassen bin! Du wirst ja daran gedenken; denn meine Seele sagt mir's.
>
> *Klagelieder 3, 19. 20*

Luther: »Denn in diesem Jammertal haben wir doch wenig Leben, Freud und Trost, denn sofern wir das Wort Gottes hören, betrachten, glauben und bewahren. Dies Wort, Herr Jesu, du ewiges Wort, laß uns, Herr, so sind und bleiben wir im Leben und wollen Tod, Teufel und allen ihren Pforten obsiegen und endlich obliegen. Aufs mündliche und geschriebene Wort hab ich mein Sach angefangen, auf und mit dem Wort hab ich's bisher mit Gottes Kraft hinaus geführt, mit dem Wort bin ich all meinen Feinden überlegen, aufm Wort stehe und fuße ich noch, auf diesem Wort will ich durch den Tod zu meinem lieben Herrn und Heiland fahren.«

Und: »Wer mein Wort hält, der wird den Tod nimmermehr sehen ewiglich« –

»Wie unglaublich ist das geredet und wider die öffentliche und tägliche Erfahrung, dennoch ist es die Wahrheit; wenn ein Mensch mit Ernst Gottes Wort im Herzen betrachtet, ihm glaubt und drüber einschläft und stirbt, so sinkt und fährt er dahin, ehe er sich des Todes versieht oder gewahr wird, und ist gewiß selig im Wort, das er also geglaubet und betrachtet.«

Im Tode wird es erst völlig wahr werden: *cor accusator, deus defensor* – dann wird die Nähe Gottes noch anders sein als zuvor![73] Das ist eine bittere Stunde jeden Tag, in der man die Zeitung liest. So schwer. Wie das Jahr heraufkam, geht es auch fort. Nun ist der Sowjetpakt mit Frankreich unterzeichnet, der sich gegen Deutschland richtet. England baut eine noch nicht dagewesene Luft-Armee auf. In Japan ein Putsch »imperialistischer Sozialisten«, schwerste Spannungen China-Rußland-Japan; Chinas Zerfall. Der Abessinienkrieg der nahenden großen Regenzeit wegen, grausiger denn je. – Die kommunistischen Unruhen in Spanien. – Seit 1919 ist die Welt von 170 »Friedenspakten« bedroht! –

29. Februar 1936 | Sonnabend

> Geduld aber ist euch not, auf daß ihr den Willen Gottes tut und die Verheißung empfanget.
>
> *Hebräer 10, 36*

Die angesichts unserer großen Erschöpfung so sehr wichtige Frage einer Hilfe im Haus scheint jetzt zu einem tragbaren Abschluß zu kommen. In der Aushilfe, die wir seit Mitte Januar hatten, einem fleißigen, sauberen Wesen, haben wir nun doch so etwas wie ein ständiges Mädchen fürs Ärgste gefunden. Was mir positiv und negativ zu denken gibt, ist eine sehr deutlich zur Schau getragene Frömmigkeit, wie die protestantische Jugendbewegung sie in den letzten eineinhalb Jahrzehnten prägte – und zwar jener nicht gefahrlosen Richtung, die sich merkwürdigerweise immer wieder auf die Verbindung ausgerechnet der Offenbarung Johannes mit der »strohernen Epistel« des Jakobusbriefes, jener dunklen Schriften, stützt. – Ein anderer, der gebildete Kreis der Jugendbewegung, aus dem z.B. Meschkes kommen, hält sich wiederum im Peripheren der Engeltheologie . . . Wie seltsam ist das alles. Und wie schwer hat es Gott gerade mit uns Gläubigen, wenn wir mit seinem Wort zu ihm kommen, und es ist das falsche Wort! Oft gewinne ich den Eindruck, als sei die Frömmigkeit ganz und gar nicht mehr bei den Armen, Unmündigen, Schwachen – sondern als habe sie gerade eine letzte Stütze bei einer geistig besonders hoch entwickelten kleinen Schicht. Das alles ist gar nicht gut. Und am gefährlichsten sind wohl die, welche sich heut im Kampf mit dem Staate als die Träger einer solchen Reformation fühlen!

1. März 1936 | Sonntag (Invocavit)

> Erhalte mein Herz bei dem einen, daß ich deinen
> Namen fürchte.   *Psalm 86, 11*

Erst jetzt, wo ich noch einmal das heißeste Eisen angefaßt und mich mit Friedrich Wilhelms Außenpolitik auseinandergesetzt habe, dem wesentlichsten Gefahrenmoment für den Roman, erst jetzt – so spät – darf ich die Studien abschließen. Trotz des ungeheuren bewältigten Materials tue ich es in dem Bewußtsein, zu resignieren. Aber ich darf nicht noch ein Jahr an das Buch setzen, in dieser meiner schweren Lage; es ist so bitterschwer, mit seiner Arbeit nicht zu verdienen. Vor allem hat sich aber das Wort gar so beharrlich in mir festgesetzt: »Siehe, ich bin nun drei Jahre lang alle Jahre gekommen und habe Frucht gesucht auf diesem Feigenbaum und finde sie nicht.« Drei Jahre. – Hat diesen Zeitraum Gott bestimmt? Und ist dies der Auftrag: Leben zu schreiben unter der Schrift? –

Es heißt immer wieder in der Kirche, es gehe um die Spannung zwischen Gott und dem Teufel. Daran kann ich so gar nicht glauben; das scheint mir so bequem für das Sündenbewußtsein. Das Herz klagt keinen Teufel an. In dem Vorgang *cor accusator – deus defensor* gibt es nur zwei Partner. Denkt man ans Kreuz, sind immer nur zwei da!

> Fürchte dich nicht, denn du sollst nicht zu Schanden
> werden; werde nicht blöde, denn du sollst nicht zu
> Spott werden.
> *Jesaja 54, 4*

Wie sehr gilt dieses Wort von dem Buch, das so überholt, ver-
zettelt, zerstört scheint, nachdem ihm anfangs alle Möglichkeiten
des Erfolgs in einem ganz überraschenden Maße gegeben schienen
– nachdem meine ängstliche Frage nach der Zeitgemäßheit meiner
Arbeit mit diesem historischen Buche so klar beantwortet schien.
Gottes Zeiten sind anders. Möchte mir das vergönnt sein: den
König für die Kirche zu »entdecken« –. Der Zeitpunkt muß Gott
anheim gestellt sein wie die ganze Durchführung eines Beginnens,
das ich nur noch als Schuld empfinde; bestehen bleibt nur, daß
ich hier wirklich überwältigt war von dem Offenbarwerden von
Worten der Schrift in dem Leben des Königs. Dies erzählen zu
dürfen, das war die Art der Schriftauslegung, die ich ersehnte,
wie mich auch an dem Katharina-von-Bora-Plan nichts so anzieht
und packt wie die Möglichkeit der Auslegung für das Wort
»Des Menschen Sohn hat nicht, wo er sein Haupt hinlege«. Warum muß das Schreiben im Gefühl der Schuld geschehen? Nicht
einer, die man abträgt, sondern die man begeht. Ich bin krank
davon, nicht zu verdienen; obwohl das nur ein kleiner Teil der
Schuld ist. Aber ich weiß keinen anderen Weg, als den Blick auf
das Kreuz und das Buch, zu dem man als seiner Arbeit durch sein
armes, schuldiges Leben geführt wurde, ohne ein Recht darauf,
eine Verpflichtung dazu, eine Möglichkeit der Durchführung,
eine Erlaubnis dafür nur ahnen zu können. Wie sind die Gaben,
die Gott einem gab, in einem entstellt und verschüttet; und dürfen
doch um Gottes Willen nicht gering geachtet werden.
Nichts bleibt als der Blick aufs Kreuz und das Buch; und die
Notwendigkeit, über allem Gott die Ehre zu geben. Diese eine
Notwendigkeit allein ist allem Zweifel enthoben. Und wäre alles
Lüge, Wahnsinn, Täuschung – nur um dieser einen Lüge, dieses
einen Wahnsinns, dieser Täuschung willen vermag ich zu leben.
An Stelle des Selbstmordes ist das Begreifen des Todes Christi
getreten. So lebt man zwischen Tod und Tod. Ich fasse die
»Christenfreude« nicht, obwohl ich weiß, daß ein übermächtiges
Gefühl von Triumph die Worte vernimmt: *Deus defensor.*
Was soll geschehen zwischen Tod und Tod?
Ach, daß auch Gottes Befehle nur im Widerspiel erfahren werden

dürfen! Manchmal deutet der *accusator cor* auf den Grund hin, obwohl sein Scharfsinn auch nur zur Hypothese ausreicht:

Gott ist der Schöpfer des Sein-Könnens. Die Freiheit konnte sein, ja, mußte Gottes Geschöpfe herrlich machen. Die Freiheit bedingte die Wahl in sich zu einer Abkehr von Gott. Da entstanden die Möglichkeiten der Abkehr: zu jedem Ja das Nein, zu jedem Licht der Schatten, zu jeder Ordnung die Rebellion, zu jeder Form die Verzerrung. Verloren aber war die Freiheit der Rückkehr zu Gott; nun muß er kommen, uns zu holen. Wann holt er alle? Er kann doch nichts verlieren, was er schuf? Er behält sich die Stunde vor – aber kann er sie verrinnen lassen? Wie kann ewige Verdammnis sein? Wie kann noch eine Sühne sein über den Tod des Einen hinaus? Wie müßte nicht dieses Einen Tod das Leben aller bedeuten? Prädestination: um des »Widerspieles« willen gibt Gott in diesem Leben einigen – die die Verheißungen über Israel erben – den Glauben; solche Prädestination freilich erstreckte sich nur auf die Erdenzeit und sagte noch nichts aus über die ewige Verdammnis der anderen.

Die Schrift aber spricht von ihr. Ich kann daran noch nicht glauben. Ich kann mir größere Sühne nicht denken als die, welche geschehen ist. Um das, was geglaubt werden soll, allein kann es gehen. Und Glaube hat Stufen. Er hat es begonnen; er führt es fort. Noch heißt es für mich Mensch und Gott, und die Engel und Teufel sind fern. –

6. März 1936 / Freitag

> Fürchte dich nicht, du lieber Mann! Friede sei mit dir,
> und sei getrost, sei getrost! *Daniel 10, 19*

Ein Grad der Erschöpfung ist erreicht, in dem ist von Wille nicht mehr die Rede, nur noch von Gnade.

Heut habe ich einen großen Strich gezogen. Ich habe die letzte Auswahl Friedrich-Wilhelm-Bücher auf die Staatsbibliothek getragen und keine neuen mehr heimgebracht, obwohl ich noch viel mehr, namentlich über die Kinder und das Allgemeine der Zeit, wissen möchte. Aber es darf nicht mehr sein. Die Nerven versagen. Die wissenschaftliche Gültigkeit ist unerreichbar. Nur einen Tag habe ich im Hohenzollernhausarchiv gearbeitet...

An »Irdischem« hält mich jetzt manchmal bloß der Gedanke an das »Katharina von Bora«-Buch aufrecht. Möchte es nicht versinken wie so viele, viele andere Objekte. Und wird mein liebster

Plan je zur Ausführung gelangen »Könige, Propheten und Apostel«?

Ich habe mir einen Überblick über die Katharina-Literatur verschafft. Wird es diesmal bei den ersten zwanzig Bänden bleiben?

7. März 1936 | Sonnabend   2. Mose 33, 13–20

Dies ist wieder recht ein Wort zum letzten Kapitel des »Vater«. Alles aber, was vom »Fürchte dich nicht« und vom »Namen« handelt, das gehört mir in der Schrift besonders.

Was ist aber das Leben in unserer Eremitage anders als ein Stehen in der Felskluft, an der der Herr vorübergehen will?

Hannis Glaube bleibt mir ein Geheimnis. Ich glaube, daß sie an den einen Gott in Christus glaubt, und daß ihr der Glaube an den Heiligen Geist und die Kirche fern ist. Ich glaube, daß der Glaube Stufen hat und daß Gott uns diese Stufen führt. Darum halte ich mich fern. Durch das Zusammenleben mit mir ist die Schrift in Hannis Leben getreten; das ist von mir alles, was sein darf.

Die politischen Vorgänge dieses Tages sind zu wichtig, als daß ich nicht die Zeitung mit den Fakten aufheben müßte. Was die Vertrauensfrage angeht: die tragische Entwicklung unseres nationalen Lebens bringt es mit sich, daß man nach den trüben Erfahrungen der letzten Jahre das Innenpolitisch-Trennende zum erstenmal über das Außenpolitisch-Verbindende stellen muß. Denn diese Regierung ist gottlos. Und daran scheiden sich die Geister. Um die Ehre Gottes geht es noch mehr als um die Ehre des Volkes. Und nur von dort her ist Vergebung zu erlangen für den falschen Entschluß, den man faßt.

Weil Deutschland das Land des Protestantismus ist, darum ist es eine so besondere, schwere, bittere, furchterregende Sache, Deutscher zu sein. –

10./11. März 1936 | Dienstag und Mittwoch

Es ist dem Herrn nicht schwer, durch viel oder wenig
zu helfen.   *1. Samuel 14, 6*

Hätte ich ohne den Ullsteinposten die verzweiflungsvollen Vorarbeiten durchhalten können? Hätte ich die Fassung verloren, wenn nicht der Gedanke gewesen wäre an den schon geschlossenen Vertrag? Sind das Hilfen, wie Gott sie gewährt? So auch der Gedanke, daß »Katharina von Bora« noch einmal den »Vater«, wenn er nun vielleicht ganz unbeachtet bleiben wird, tragen könnte, daß ich dann Leser finde, die nach einem früheren Buche fragen? Denn dies glaube ich, daß Wittenberg nicht minder zeitgemäß geworden ist als Potsdam! Und nach allem anderen darf ich wohl nicht fragen, wie ich die ganze Fragwürdigkeit der Arbeit überhaupt nicht mehr anders ansehen kann denn als religiösen Vorgang. Auf diese Themen hat mich jener Vorgang verwiesen; nun heißt es nur noch: Gott, hilf!

Weil aber die Welt ausgerichtet ist auf ein Buch, die Bibel, ist Bücherschreiben eine so große Sache, daß es eben nicht anders als mit Zittern und Zagen vor sich gehen kann –.

Die Zeitgemäßheit, die Dauer, der Zeitpunkt der Wirkung – alles, alles steht bei Gott, und alle Bitte kann nur dahin gehen, zu erlösen aus der Unfruchtbarkeit! Dieser eine Gedanke ist entsetzlich; nicht der der Erfolglosigkeit; nicht der der Ertragslosigkeit, so bitter er ist, wenn man Opfer von einem geliebten Menschen verlangt –.

Katharina von Bora: Die Frage der Sicherheit in der Welt, Besitz und Haus, die steht heut hinter all der gewaltigen Baukonjunktur. Auch ist ein tiefes Mißverständnis über die Grundlage des Pfarrhauses aufzuheben; und daß ich nicht vom Pfarrhaus schriebe, das erscheint mir, solange ich noch zu schreiben vermag, für mich unmöglich.

Was Hilfe ist in der Not des Königsbuches? Wenn ich ein Wort der Schrift für die Erzählung dieses Lebens »brauche«, so ist es da! Kann es solche Irreführung geben? Oder hilft Gott so sichtbar? Leben nicht auch die Sekten aus der Schrift?

12. März 1936 | Donnerstag

> Mose sagte solches den Kindern Israel; aber sie hörten ihn nicht vor Seufzen und Angst und vor harter Arbeit. 2. Mose 6, 9

Da in den nächsten Tagen ihr 85. Geburtstag ist, habe ich die alte Tante Haacke im Teltower Siechenhaus besucht; ihr Zustand war mir wie Vaters Zustand in den letzten Tagen beschrieben worden; sie war aber, wie man mir dann sagte, diesen Morgen überraschend klar, und das machte einen sehr großen Eindruck auf mich, wie sich über alles Siechtum hinweg, noch in der völligen Hilflosigkeit, die Form behauptete, die Skepsis ihres Denkens nicht minder. Mein Entsetzen vor dem Alter ist nicht unbegründet; beide aber, deren äußere Lage am Lebensende so ungewiß war, sah ich behütet sterben. Alle Sorgen waren Vater fern; und auch hier ist nach einem unsteten und wechselvollen Leben wohl bis ans Ende gesorgt. Beides habe ich nun kennengelernt: bei Vater das völlige Vergehen in Hilflosigkeit, hier in der gleichen Hilflosigkeit die eiserne Behauptung. Wo ist der Glaube am Ende des Lebens? Ich habe noch niemals einen frommen alten Menschen gekannt. Was lebte vom Glauben im Vater, als er für die Menschen schon so ausgelöscht war? Was ist geheimnisvoll noch da, nur uns nicht sichtbar? Ist Glaube dann nur noch das im Leiden sich behütet wissen, ohne nach anderen, schrecklicheren und besseren Möglichkeiten überhaupt noch zu fragen? Entläßt uns Gott aus den Leiden des Glaubens, ohne uns zu verlassen? Denn ganz gewiß ist Glauben ein bitteres Leiden; und doch für keinen Trost und keine Freude der Welt hinzugeben, aller Wahl und allem Wunsch und allem Willen entzogen.

14. März 1936 | Sonnabend

> Ich harrte des Herrn; und er neigte sich zu mir und
> hörte mein Schreien.   *Psalm 40, 2*

Von Tag zu Tag wird es schwerer. Die Krankheit, an der ich leide, scheint mir – siehe Friedrich Wilhelm, Luther; denn von den Geringeren erfährt man es nicht – eine recht eigentlich »protestantische Krankheit« zu sein, die wohl auch in der Bibel schon einige Male vorkommt...
Mir hilft kein Glaube an Talent und Charakter, von denen sich eine Berechtigung ableiten ließe zu dem, was man tut. Mich hält allein das Leiden des Glaubens an Gott, dessen Wille über mich, dessen Forderung an mich verborgen bleibt. Ich weiß, warum ich nicht zum Arzte gehe. Die Angst vor einem Leben ohne Frucht ist furchtbar, obwohl die Gewißheit der Vergebung sich auch darüber erhebt.Um Zauber und Zeichentun darf Gott nicht gebeten sein. So kann man die Frage nach dem Auftrag nicht stellen. Was aber die »Stoffe« angeht, über denen nun die Jahre verrinnen, so mag ich mich mit jenem Worte wappnen: »Herr, du hast mich überredet, und ich habe mich überreden lassen; du bist mir zu stark gewesen und hast gewonnen; aber ich bin darüber zum Spott geworden täglich, und jedermann verlacht mich.«

Der Herr hat mich gerufen von Mutterleib an; er hat meines Namens gedacht, da ich noch im Schoß der Mutter war, und hat meinen Mund gemacht wie ein scharfes Schwert; mit dem Schatten seiner Hand hat er mich bedeckt; er hat mich zum glatten Pfeil gemacht und mich in seinen Köcher gesteckt und spricht zu mir: Du bist mein Knecht, Israel, durch welchen ich will gepriesen werden. Ich aber dachte, ich arbeitete vergeblich und brächte meine Kraft umsonst und unnütz zu, wiewohl meine Sache des Herrn und mein Amt meines Gottes ist. Und nun spricht der Herr, der mich von Mutterleib an zu seinem Knecht bereitet hat, daß ich soll Jakob zu ihm bekehren, auf daß Israel nicht weggerafft werde. Darum bin ich vor dem Herrn herrlich, und mein Gott ist meine Stärke.

Jesaja 49, 1–5

Cor accusator, deus defensor. Es darf sein: *Te totum applica ad textum, et rem totam applica ad te.* Die Kirche hat die Verheißungen Israels geerbt; der Gläubige hat Teil an den Verheißungen über die Kirche.

Wo ich bisher tätig war – Studium, Evangelischer Presseverband, »weltliche Presse«, Rundfunk, der subalterne Posten, die »Rettung« der Familie, Film, die neuen Pläne mit Ihlenfeld – bin ich gescheitert, hat Gott mich nicht brauchen können und die eigene Familie hat er mir in Hanni verwehrt. Ist dies nun der letzte Posten, das eigentliche Amt, oder bin ich auch hier schon gescheitert wie in allem anderen und will es nicht erkennen? Das glaube ich nicht. Gott redet zu beharrlich. Und keine Verzweiflung des Selbstgerichts kann es hindern, unter den Trümmern auf dem Unrat des Ich die von einem selbst entstellte Gabe Gottes dennoch hoch zu halten.

Das Tagebuch wird mit mir verschwinden. Was auch gegen solche Aufzeichnungen als »Autopsychotherapie« spricht – sie haben oft geholfen und gemahnt, keine Anrede Gottes, keine Station seiner Führung nach allen ihren Umständen zu vergessen. Am Ende wird man die Verknüpfung erfahren. –

22. März 1936 | Sonntag (Laetare)

So laß nun die Kraft des Herrn groß werden, wie du gesagt hast.

4. Mose 14, 17

Fürchte dich vor der keinem, das du leiden wirst.

Offenbarung 2, 10

Dies sind die Sprüche der Losung für diesen Tag. Hanni fragte schon gestern nach ihnen (wie an Renis Geburtstag), und ich zeigte sie ihr in Verbindung mit den Sprüchen ihres kommenden Geburtstages: »Er gibt dem Müden Kraft und Stärke genug dem Unvermögenden« Jesaja 40, 29, und »Der Herr stand mir bei und stärkte mich« 2. Timotheus 4, 17. Wie ernst liegt alle neue Zeit vor einem!

Wieder ist es wie am Tage meiner Geburt: Sonntag Laetare und ein Frühlingssonntag, wie er herrlicher nicht sein kann, ganz in Sonne, Klarheit und Zartheit, ersten Knospen und Vogelgesang, ganz in Glockengeläut!

Der Tag brachte große, unerwartete Freuden, so schön waren die Gaben gewählt: eine neue Bibel, als herrlichstes Foto die Füße des Veit Stoß'schen Crucifixus als einziges Bild für das Schlafzimmer, Schneiders »Leiden des Camões«, so daß ich nun alle seine Bücher besitze! Und viele liebevolle Aufmerksamkeiten, zudem auch wieder die drei blauen Hyazinthen wie im Vorjahr, so daß es ein feierlicher Geburtstagstisch auf meinem Schreibtisch war, voller Blumen und Kerzen, Äpfel und Nüsse aus dem Schillersdorfer Pfarrhausgarten.

Was bedeutet das, wenn ein Lebensjahr im Gottesdienst beginnen darf!

23. März 1936 | Montag

Ich weiß deine Werke und deine Trübsal und deine Armut (du bist aber reich). *Offenbarung 2, 9*

Was bedeutet das, daß das Volk in der Wüste das Manna nicht aufheben durfte, sonst wurde es stinkend und madig! Jeden Tag muß das Wunderbrot von neuem gesammelt werden.

Die politische Hektik dieser Tage ist quälend und bitter. Deutschland ist nur noch bestimmt durch Lautsprecher, marschierende Kolonnen, Fahnen. In diesem unglücklichen Lande Fahnen, immerzu Fahnen. Warum heißt es am Sonntag noch »Wahl«? Warum muß die gewissenquälende Verknüpfung, die unheilvolle, von außenpolitischer Abstimmung und Pauschal-Anerkennung dieser Regierung sein? Das ist nicht eine von vielen Regierungen, der man mit Parlamentarismus, Individualismus begegnet. Das Nein reicht tiefer. Es ist das Nein gegenüber der Hybris. Nicht Frankreich –, Gott ist der Partner, um den es geht.

In der Art, wie in unserem Hause die kirchlichen Feste begangen

werden, in der Wahl ihrer Geschenke für mich erweist Hanni ohne Frage Gott die Ehre als einem gar nicht bezweifelten und ihr doch fremden Gott, der keineswegs ein blasses höheres Wesen ist, sondern der Gott Christi. Und ich glaube, daß dies schon so war, ehe ich auftauchte, und noch so ist, als wäre ich nicht in ihr Leben getreten. Das ist mein völligster Verzicht: sichtlich und wissend nichts mehr wirken zu wollen. Es ist überhaupt nichts mehr da, als das, worin man verstrickt ist, durch eigene Schuld und Gottes Führung in Einem. Die Gebrochenheit des Protestantismus ist furchtbar, und es wäre unerträglich, wenn man sich allein mit seinem ganzen Glaubenswahnsinn wüßte und eben »der Protestantismus« nicht wäre! Wo ist der Trost im Glauben? Aufs Irdische gesehen: Gott behält sich alles vor. Sein Wort hören und lesen zu können, so hart es oft ist, das ist alles. Wo hat die Hoffnung Raum im Glauben? Warum heißt es in der Sprache des Glaubens so oft ‚Hoffnung‘ und so selten ‚Ordnung‘? Daß Gottes Ordnung in Christus besteht und Gott darüber allein die Ehre gegeben sein muß, das erscheint mir als der ganze, nie zu fassende, zu schwere Inhalt des Glaubens. Davor stehen wir mit unserem feigen, ängstlichen, aufrührerischen und verstockten Herzen – wir, die wir glauben. Und können in die Illusion der Freiheit der Ungläubigen nicht mehr zurück, leiden entsetzlich an allem in und um und an uns, was nicht Gott die Ehre gibt; und wo wir Gott die Ehre zu geben vermeinen, erschrecken wir am tiefsten vor der Lüge und Verwerflichkeit und Vergeblichkeit. Wir teilen alle irdischen Nöte der Ungläubigen, alle ihre Ängste, und tragen die himmlischen noch dazu. Gottes Ordnung besteht. Davon müssen wir nun leben. Und keine andere Größe scheint erreichbar, als die, die schon gegeben ist: von dem großen Gott gebrochen zu sein. In dem Geschrei und Lärm unseres Lebens möchten wir nun die Melodie des Chorals unseres Lebens immer deutlicher hören, horchen und können nichts dazu tun und können vom Horchen nicht lassen. Irdisch gescheitert und von Gott geschlagen, müssen ich und meinesgleichen doch jeden Tag von neuem überwältigt sagen: Seht, so erhält mich Gott, obwohl all mein Wesen und Leben nur noch nach dem Nicht-Sein verlangen darf.
Die schwerste Versuchung ist die, daß im Nicht-Sein mehr Hoffnung liegen kann als im Leben-Müssen. Die Lebensangst ist sehr viel größer als die Todesangst.
Denn Gott kann ohne uns handeln und durch uns gegen uns –.

> Bis hierher hat uns der Herr geholfen. *1. Samuel 7, 12*

Ich war auf der Staatsbibliothek, die ersten Katharina-von-Bora-Bücher zu holen; ein verständliches Verlangen in der Friedrich-Wilhelm-Erschöpfung – eine Notwendigkeit, über die man sich keine Rechenschaft geben kann; eine Gnade vielleicht, für die ich dankbar sein muß. –

30. März 1936 | Montag

> Der Gott des Himmels wird ein Königreich aufrichten, das nimmermehr zerstört wird; und sein Königreich wird auf kein ander Volk kommen und wird ewiglich bleiben. *Daniel 2, 44*

Diese politisch bewegten Tage gehen wieder wie eine schwere Krankheit über einen hin. Weil der letzte, einzige sichtliche Wall vor der neuen Politik die Kirche war, hat die gewaltige Propaganda am Sonnabend ihren Abschluß mit Glockengeläut, dem Niederländischen Dankgebet und sehr religiösen Worten Hitlers erreicht. Das Abstimmungsergebnis übertrifft doch noch alle Vorstellungen. Die Wahlbeteiligung betrug rund 99 Prozent. Von 45 428 641 Wahlberechtigten sind noch 542 954 Opposition, während es bei der letzten Volksbefragung wohl noch 15 Millionen waren! In 18 Monaten –. Und der quälende Gedanke ist, daß die halbe Million Neinsager wohl keineswegs die besten Deutschen sind –.
Die Aufgabe´des deutschen Dichters vor seiner Nation in dieser Zeit? Buße zu predigen.
Die Aufgabe der deutschen Nation vor der Welt? das gleiche.
Aber die Hybris herrscht noch selbst in dem ehrlichen Kampf gegen den Versailler Vertrag vor. Und mit der Vollendung der propagandistischen Technik hat die Hybris erst ihr wahres Gesicht gezeigt –.

31. März 1936 | Dienstag

> Sie aßen alle und wurden satt und hoben auf, was übrig blieb von Brocken, zwölf Körbe voll. *Matthäus 14, 20*

Als ich noch bei Ullstein war – jeden Tag danke ich dafür, weder in ein Büro, noch in einen Sendesaal, noch zu Interviews, noch auf Lektorat und Redaktion gehen zu müssen –, glaubte ich, unser Leben im Hause wäre nur durch »mein Opfer« möglich. Nun ist mir – auch wenn ich an das Geld denke, das ich gespart hatte oder von Versicherungen zurückbekam – deutlich gezeigt, daß auch das ohne mich geht. Nicht einmal Geld, das mir zusteht, geht ein – und das häusliche Leben geht weiter. Das Haus besteht ohne mich und über mich hinweg. Die Lösung von allem, die Verbannung aus allem ist immer völliger geworden. Und in allen Stücken verwehrt: die Illusion. Wie ist nun aber das? Darf ich im Glauben sowohl das Amt wie das Haus besitzen? Das Amt wie ein Pfarramt, das Haus wie ein Pfarrhaus?

Camões: Aus allen Schiffbrüchigen bleibt dem Dichter das Gedicht, und auch dessen Blätter schon vom Meere überspült[74]! Aber auch darin, daß immer noch das Gedicht bleibe, ist mir noch zuviel Illusion!

Und doch entbindet keine Enttäuschung von außen, kein Zweifel von innen – so lange bitterste äußere Not erspart bleibt – von dem Versuch des von außen abgelehnten und von innen fragwürdigen Werkes. So wahr Sümpfe ausgetrocknet werden und zum Ackerland gemacht werden sollen, muß auch abseits von der Frage nach Recht und Unrecht, Wert und Unwert immer noch dieser Versuch sein. Wo Gott am eindringlichsten zu einem spricht, dorthin muß man sich drängen. Freilich, das Herz ist verzagt; und der Geist ist verwirrt; und der Wille ist müde. Auch angesichts des neuen Buches, nach der bitter gestraften Freude am »Vater«, besteht vorerst nur die Angst – neben der beharrlichen Überzeugung, daß auch dieses wieder mein Stoff ist und hervorgewachsen aus dem eigenen Leben, obwohl historisch. Die Frage, ob historisch oder aktuell, wird nicht von den politischen Möglichkeiten und Unmöglichkeiten der Gegenwart her entschieden. Wo sich das markanteste Gleichnis bietet: dort muß zugegriffen sein. Im ersten Pfarrhaus, am Anfang einer ganzen eigenen Entwicklung also, aber scheint mir die Frage nach der Sicherheit in der Welt und nach der Besitzlosigkeit am klarsten gestellt. Auch sehe ich keinen Bruch und keine Biegung in dem Wege: Beuthen – Potsdam – Wittenberg. Denn dies sind ja die Stationen der drei Brüder.

Aber meine ich denn, in meinen Enttäuschungen[75] um das Haus, noch das »Pfarrhaus« oder nicht vielmehr einen Winkel, mich verbergen zu können? Und müßte das Bedürfnis, sich zu verbergen, nicht allen »Erfolg« erst nach dem Tode wünschen, wenn diesem Verlangen nicht die Angst um Recht und Bestätigung der Arbeit widerspräche und also eine Wirkung auf Leser bange ersehnen müßte?!

2. April 1936 | Donnerstag

> Ich aber habe für dich gebetet, daß dein Glaube nicht aufhöre.
> *Lukas 22, 32*
>
> Er hat gemacht die Reinigung unserer Sünden durch sich selbst.
> *Hebräer 1, 3*

Und wären solche Worte nicht, so bliebe im Blick auf Erde und Himmel doch nur der Selbstmord als letzte Konsequenz des Selbstgerichts und der Angst. Gott muß Verteidiger und Erhalter sein; sonst geht es keinen Tag mehr weiter. – Aber aus Verteidigt- und Erhaltenwerden entspringt noch nicht der Auftrag zum Werk.

Den Camões beendet. Das ist das Schicksal des Dichters. Immer mehr kehrt man sich ab vom Erfinden und möchte nur gelebtes Leben erzählen. Aber muß dazu, das Werk zu wagen, nicht das Gefühl eines Wertes in einem sein, oder kann es so sein, daß der Sündigste noch immer die Gnade predigen darf? Nur in dem Beginnen selber wird der Frage Antwort werden; und vielleicht für einen selber nie. Aber nur in diesem Beginnen wird die Spanne bis zum gewährten Tode erträglich. Wartet und eilet –.

Es muß Schluß sein mit allem Fragen, Denken, Klagen, Anklagen; es muß gelebt sein allein unter dem *cor accusator, deus defensor.* Und die mehr und mehr schwindenden Kräfte lassen sich nur noch sammeln und halten in der einen Kraftprobe der Arbeit. Das letzte, was noch da ist, ist die äußere Ordnung der Arbeit und des Tageslaufs.

3. April 1936 | Freitag

> Denn du lässest mich erfahren viele und große Angst und machst mich wieder lebendig und holst mich wieder aus der Tiefe der Erde herauf.
> *Psalm 71, 20*

Reinhold Schneider, dem ich einige Zeilen über den »Camões« schrieb, meldete sich für Gründonnerstag bei uns an. Bedarf auch er der Bestätigung? Denn er schreibt von »wohltuenden Worten«? Ist auch bei ihm das Schreiben eine solche Verwundung? Dem einzigen, den ich beneide; an dessen Auftrag ich nicht zweifeln könnte?!

6. April 1936 | Montag

> Heile du mich, Herr, so werde ich heil; hilf du mir, so
> ist mir geholfen. *Jeremias 17, 14*

Wie seltsam ist das, in unserer gegenwärtigen Lage die Katharina-
von-Bora-Quellen zu lesen! Hanni sitzt viel bei mir und näht;
von unserer Arbeit gehen die Gedanken immer wieder einmal zu
den Sorgen, und wir rechnen –.
Wie oft hat man nicht neu begonnen! Aber wie selten kommt es
über einen, alle Anfangs- und Ordnungsversuche, die im Entstehen schon das Scheitern in sich tragen, zu lassen und neu zu
beginnen lediglich mit Gott. –

9. April 1936 | Gründonnerstag

> Redet mit eurem Herzen auf eurem Lager und harret.
> *Psalm 4, 5*

Haus und Garten sind zum Fest gerüstet. Der Rasen und die
Veilchen glänzen in der zarten Sonne, die Osterglocken leuchten;
alle sind aufgeblüht. Die Arbeit ist so eingerichtet, daß über das
Fest geschrieben werden kann, ohne daß eine der leidigen, be-
drückenden Materialmappen angerührt zu werden brauchte.
Schon das führt dem Feiertag näher.
Als ich zum Frühstück hinunterkam, fand ich in meiner Serviette
wieder ein Konzertbillet: Bachs »Kunst der Fuge« am Karfreitag-
abend in der Marienkirche!
Nachmittags kam Reinhold Schneider. Gestern nacht hat er sein
England-Buch beendet, nach dem Inhaltsverzeichnis sein gewal-
tigstes Werk! Auch von diesem Zusammensein galt wieder: alle
Berührung mit dem Großen des Lebens löst Schmerz und Verehrung aus. Ich bange mich allmählich vor dem Zusammensein
mit ihm. Sein großer Abgesang Europas wird weitergehen und
immer stärker zum Choral werden. Er stellte es mir nicht völlig
in Abrede, daß er noch einmal das jüdische Volk schreibt. Kann
er überhaupt am Königtum des Alten Bundes vorüber? Auch er
hat Hitler die Stimme verweigert. Aber auch er hat Tage zu dem
Entschluß gebraucht, und seine Motive waren die meinen.

10. April 1936 | Karfreitag

> Sei getrost und sei ein Mann und warte des Dienstes
> des Herrn, deines Gottes. *1. Könige 2, 2. 3*

Ein großes, großes Abendmahl. Ich erstaune immer mehr darüber,
wieviel Glauben ich finde. Denn da ist wohl nicht alles Sitte!

Am Abend hörte ich in der Marienkirche Hermann Dieners *Collegium musicum* mit Bachs »Kunst der Fuge«. Nicht daß ich den großen Eindruck begründen dürfte: aber da war, was ich in der Musik so suche, das Gleichnis von der Potenz und ihrer Erfüllung, die Anordnungsmöglichkeiten und die ewige Ordnung – und dies alles immer wieder bezogen auf den Namen, der in Tönen »ins Buch des Lebens« eingeschrieben werden durfte: B–a–c–h. Die Kirche dicht gefüllt, viel sehr alte Leute, viel vorzügliche Jugend; mit der Liebe zu den Deutschen ist nicht so leicht fertig zu werden!

11. April 1936 | Sonnabend (Stiller Sonnabend)

> Ich werde nicht sterben, sondern leben und des Herrn
> Werke verkündigen. Der Herr züchtigt mich wohl;
> aber er gibt mich dem Tode nicht.   *Psalm 118, 17. 18*

Wieder war von Schneiders Besuch und von der Musik das Gefühl einer tiefen Verwundung angesichts der möglichen Fruchtbarkeit und Ordnung zurückgeblieben. Wieder kamen gleich danach wie ein von Gott gewährter Trost Zeilen von ihm: ein Gedicht »Auftrag« mit der Widmung ».. . zum Andenken an den 9. April 1936 dankbar zugeeignet«. . .
Es ist sein »Auftrag«. Wohl dem, der ihn klar erhält, dem er offenbart wird. Ich wüßte nicht, was dem Menschen Größeres begegnen könnte. »Denn Gottes Ehr ist es, eine Sache zu verbergen . . .«

12. April 1936 | Ostersonntag

> Ich will euch erlösen, daß ihr sollt ein Segen sein.
> Fürchtet euch nur nicht und stärket eure Hände.
> *Sacharja 8, 13*

Ein Morgen in Reif und Sonne und lichtestem Grün. Ich fuhr früh um sieben nach der alten Annenkirche in Dahlem zur Ostermette; Psalm, Evangelium, Epistel; frühreformatorische Lieder. Die Menschen standen bis zu den Altarstufen, saßen auf den Treppen zu Kanzel und Chor, hinter dem Altar.
Über dem ganzen Tag lag Stille, Glanz und Kühle. Aber unsere Eremitage bleibt über alle unsere Abkehr hinweg ein ungemein belebtes Haus. Denn zu dem Logierbesuch sagten sich nun auch noch die Topell und Oertel zum Kaffee an; seltsam, daß sie im-

mer wieder noch mit uns zusammen sein wollen. Für uns war es noch einmal ein Blick in eine für uns vergangene Welt, in die wir durchaus nicht mehr zurückwollen.

Dürfen wir es in Zukunft so weit treiben, auch Gästen abzusagen?! Welche wirre Welt dringt mit allem ein – bis auf den einen: Reinhold Schneider.

13. April 1936 | Ostermontag

> Ich habe mir vorgesetzt: Ich will mich hüten, daß ich
> nicht sündige mit meiner Zunge.   *Psalm 39, 2*

Die ersten Kirsch- und Aprikosenbäume sind zu diesem herben, kühlen Ostern doch noch zum Blühen gekommen. Ein Ostertag, an dem man sich des warmen Hauses freute. Mahlzeit und Wärme und Reinlichkeit, von all der Schönheit und Würde unserer Umgebung ganz zu schweigen, sind täglich wie ein Wunder.

Gerade weil es so klar war und die Sonne nur flüchtig hervorbrach, wirkte doppelt stark auf einen unser »Acker des Jeremias« – der volle, glänzende Rasen mit den leuchtenden Osterglocken am Hang, der Garten, über den an solchem Tage immer wieder das große Glockengeläut hingeht.

Wir hatten einen stillen Tag (wie er dann die Erschöpfung ganz auszulösen pflegt; ich schrieb aber viel).

Hanni fällt die Arbeit im Haus, mir die am Buch immer schwerer; und Hanni legte sich heut schon, noch ehe es dunkel wurde. Die Dankbarkeit für das, was man noch hat, hilft ja doch nicht, die auferlegten Mühen leichter zu bewältigen. Die Last der Zeit ist zu groß. Und jeder Einbruch der »Zeit« – wie der gestrige Besuch – wirkt verstörend nach. Denn die Auseinandersetzung mit der Zeit, die unabweisbare, erfolgt besser in der Kirche und am Schreibtisch und im häuslichen Leben, das den Kindern Maßstäbe zu retten sucht, die alle um sie verloren haben. –

17. April 1936 | Freitag

> Wahrlich, wahrlich, ich sage euch: so ihr den Vater
> etwas bitten werdet in meinem Namen, so wird er's
> euch geben.   *Johannes 16, 23*

Dies Gebet steht mir im Vordergrund, drängt sich vor allen anderen hervor: die Bitte ums Pfarramt und Pfarrhaus. – An Stelle meiner morgendlichen Spaziergänge ist jetzt die Arbeit im Garten getreten, und es ist schön, das »Haus und den Acker des Jeremia« gar nicht mehr zu verlassen. Ein Tag von großem Glanz; die Kastanien haben Blätter, die Linden Knospen, das Blaue der Veilchen wird immer tiefer. Nicht vorstellbar, daß dies das gleiche Berlin ist, in dem ich einmal von Sender zu Redaktion, von Prominenten zu Verlag, von Filmgesellschaft zu Korrespondenzen gelaufen bin. Was mir der sich anbahnende Erfolg versagt hat, gibt mir nun die völlige Erfolglosigkeit und Isolierung. Nur daß dieses Leben ohne jede Sicherheit, allein im Glauben gelebt, ertragen werden kann, und das ist schwer. –

24. April 1936 | Freitag

> Ich will gedenken an meinen Bund, den ich mit dir
> gemacht habe zur Zeit deiner Jugend, und will mit dir
> einen ewigen Bund aufrichten.   *Hesekiel 16, 60*

Hans Nowak meldete sich wieder einmal: Hanni nahm mir das Gespräch ab; ich hörte nun durch diese Unterhaltung Näheres über Rehbergs[76] »Friedrich Wilhelm I«. Darin lag doch ein Trost. Denn ich bin doch oft geneigt, mir bittere Vorwürfe über den Mangel an Konzentration und Intensität zu machen. Aber nun werde ich immer wieder belehrt, daß diese flinken Friedrich Wilhelms nicht einmal die Peripherie des Königs berühren. Ach, wäre nicht der Umfang des Buches, in dem ich immer wieder eine Formlosigkeit wittere, mir wäre nicht gar so bange darum, daß dieser mein wahrhaft »zeitgemäßer Stoff« von der politischen Mode überholt worden ist. Noch immer vermag ich mir das Buch nicht gedruckt vorzustellen und sehe bangen Wochen entgegen. Ich habe die Antwort auf meine Frage nach meiner Zeitgemäßheit vom Film erhalten wollen. Ich habe sie ernsthafter und eindrucksvoller erhalten. Und nun glaube ich auch, daß die »Katharina von Bora«, die mich nicht weniger erschüttert als der König und nicht weniger aus meinem Leben und also aus der Sprache Gottes mit mir (entstellt durch Menschenohr!) hervorgeht, ein zeitgemäßer Stoff ist, dem vielleicht sogar die politische Mode erspart bleibt. – Im Bezirk der Kunst arbeitet es noch immer in mir, so tot ich mir dem Menschen gegenüber erscheine, abseits aller AGAPE[77] –.

1. Mai 1936 | Freitag

> So bleibt doch nun hier auch ihr diese Nacht, daß ich
> erfahre, was der Herr weiter mit mir reden werde. Da

kam Gott des Nachts zu Bileam und sprach zu ihm:
– Was ich dir sagen werde, sollst du tun. – – Und der
Engel des Herrn sprach zu ihm: – Siehe, ich bin ausgegangen, daß ich dir widerstehe; denn dein Weg ist vor
mir verkehrt. Nichts anderes, denn was ich zu dir
sagen werde, sollst du reden. Bileam antwortete: Wie
kann ich etwas anderes reden, als was mir Gott in den
Mund gibt? Das muß ich reden.   *Aus 4. Mose 22*

In solchen Worten darf »Tagebuch geführt sein«. – Dankbar denke
ich heut daran, wie mir nun all die politische Aufregung um den
1. Mai erspart bleibt!
Neun Jahre im Beruf. Das Resultat ist bitter. Und doch ist gekommen, was ich mir ersehnte: ich sitze in einer Eremitage und
schreibe Bücher. Und doch ist alles so anders, als Wünsche es
meinten –.
Bileams Eselin erkannte Gottes Engel besser als Bileam! –

3. Mai 1936 | Sonntag (Jubilate)

Schrecklich ist's, in die Hände des lebendigen Gottes
zu fallen.   *Hebräer 10, 31*

Dieses Wort steht im Neuen Testament –.
Das ist ein harter Kampf, in dem Gott uns das Geständnis ent-
ringen muß, daß wir seine rettende Hand ertragen wollen bis ans
Ende auch eines noch so elenden Lebens. Selbstmord ist Sünde,
die vergeben ist. Aber Gott redet noch, und der Selbstmord gelingt darüber nicht –. Gott muß es wissen, wie tief er uns herausschneiden muß aus dem, was wir uns gewählt haben. Welchen
schweren, schweren Klang hat das Wort »Erwählung«. Wie bitter
sie in der Zeit ist, lehrt der Blick auf alles Märtyrertum. –

23. Mai 1936 | Sonnabend

Auf daß wir darstellen einen jeglichen Menschen vollkommen in Christo Jesu; daran ich auch arbeite und
ringe, nach der Wirkung des, der in mir kräftig wirkt.
                          Kolosser 1, 28. 29

Das ist das Lebenswerk, das ich ersehne, das ist für mich der
Sinn der Dichtung. Das ist eines der Worte, von denen man lebt.
Ranke: »Das historisch Überlieferte ist selbst schöner und jedenfalls interessanter als das, was dichterische Gemüter sich darüber
ausdenken mögen.«

Der Blick aufs abgeschlossene Leben unter Gottes Führung. Nicht, daß man sich hinter der Autorität der großen Gestalt verschanzen möchte!

Die »Gespräche aus dem Totenreich« beendet. Es scheint mir alles richtig gebaut – wo liegt nun der schwere Fehler des Buches, daß es mich gar so bedrückt? –

31. Mai 1936 | Sonntag (1. Pfingstfeiertag)

> So seid ihr nun nicht mehr Gäste und Fremdlinge, sondern Bürger mit den Heiligen und Gottes Hausgenossen, erbaut auf den Grund der Apostel und Propheten, da Jesus Christus der Eckstein ist, auf welchem der ganze Bau ineinandergefügt wächst zu einem heiligen Tempel in dem Herrn, auf welchem auch ihr mit erbaut werdet zu einer Behausung Gottes im Geist.
> *Epheser 2, 19–22*

Gestern um den Feierabend, als das Fest im ganzen Haus bereitet war und Reni mit Kindern im Garten spielte, brach auf der Straße – sie lag ganz in Sonne und Grün und tiefer Stille – ein völlig zerlumpter, elender, verarmter Mann vor unserem Hause zusammen. Er war vom Alexanderplatz bis nach Südende gelaufen, weil er von einer Stelle, die frei wäre, »gehört hatte«, und war nun nach dem Fehlschlag auf dem Heimmarsch. Die Hilfe, die man angedeihen lassen kann, ist gering; mächtiger das *»te totum applica ad textum, et rem totam applica ad te«* auch hier –.

Ursprünglich wollten wir die Pfingsttage in Wittenberg verleben, fürchteten uns dann aber vor den Feiertagen im Hotel und wollten auch erst das Buch beendet wissen. Nun freuen wir uns des Entschlusses und des stillen Festes daheim, zumal viel Unruhe am Himmel ist und mancher jähe Regenschauer fällt. Ich habe Ruhe zum Schreiben. Heut ist der Todestag des Königs; fast hätte ich das Sterbekapitel beginnen können.

4. Juni 1936 | Donnerstag

> Und durch den Glauben an seinen Namen hat diesen, den ihr sehet und kennet, sein Name stark gemacht.
> *Apostelgeschichte 3, 16*

Im Sterbekapitel. Mit bangen Gefühlen. Das Buch wird »ein zweites Mal« beendet sein, der Vertrag liegt nahezu schon veraltet vor – und dennoch, die Träume zerquälend, liegt das Schwerste wohl noch vor einem. –

> Sei nur getrost und sehr freudig. Siehe, ich habe dir
> geboten, daß du getrost und freudig seist. Laß dir
> nicht grauen und entsetze dich nicht; denn der Herr,
> dein Gott, ist mit dir in allem, was du tun wirst.
>
> *Josua 1, 7. 9*

Stille, regnerische Tage. Abends um zehn Uhr die zweite Fassung des »Vaters« beendet.

7. Juni 1936 | Sonntag (Trinitatis)

> Der Herr ist unser Richter, der Herr ist unser Meister,
> der Herr ist unser König; der hilft uns!   *Jesaja 33, 22*

Trotz der Kühle blühen ums Haus Heckenrose und Holunder; der Duft der Akazien liegt wie eine Wolke über dem Garten. Hanni und ich waren auch im Hause fast den ganzen Tag allein. In der Kirche ging ich leer aus; leider ein neuer Vikar. Die Lehre richtig – und ich fasse nicht, wie die Lehre richtig sein kann, wenn man zugleich von »religiösen Anregungen durch Bibellektüre« spricht. Das größte Rätsel bleiben mir die Pastoren. Etwas muß sie doch zum Amte ziehen. Die reine Erwerbsfrage steht ja doch wohl viel weiter im Hintergrund, als der Böswillige meint.

Als letztes Schneider-Buch – nun haben seine Bücher mich genau während der Arbeit am »Vater« begleitet – lese ich den »Fichte« und bin vorläufig am meisten gepackt von seiner Kant-Darstellung; zum ersten Male packt mich Kant – als Leben.

Die Entlassung aus dem Rundfunk ist heut drei Jahr her; und an solchem Tage fühlt man doch, wie diese drei Jahre der Erfolglosigkeit, Enttäuschung, Isolierung und nun der Erwerbslosigkeit auf einem lasten. Unausgesetzt geht der Kampf in einem vor, daß man sich zu dem Ja zum Weiterleben »entscheiden« muß, was Gott auch schicken mag; daß man dieses »Gespräch mit Gott« führen muß, in dem er die Frage stellt und die Antwort gibt. Die tiefste Verwunderung kommt doch von der Größe des Lebens her.

10. Juni 1936 | Mittwoch

> Kommet her und sehet an die Werke Gottes, der so
> wunderbar ist mit seinem Tun unter den Menschen-
> kindern.   *Psalm 66, 5*

Was ist schon wieder geschehen, seit ich diesen Spruch niederschrieb!

Die Angst vor dem Verkommen, wenn Hanni stirbt und ich – aus allen Beziehungen im Beruf gerissen – zurückbliebe, völlig der Willkür der Kinder ausgeliefert, die meine Lage vielleicht einmal nicht verstehen oder auch nur überblicken können und vielleicht auch einmal von Männern beeinflußt werden – diese Angst hatte mich wieder zu dem Sorgen für meine »Sicherheit« getrieben, da Hanni weiter schwieg. Und der da in Wirklichkeit schweigt – wird Gott sein! Der Wille zum Weiterleben kam mir wieder so schwer an. Hanni fuhr daraufhin zum Anwalt, um wenigstens klarzustellen, daß die von uns angeschafften alten Sachen mir gehören, damit ich nicht als Bettler mit den Kindern zusammenbleiben muß, wenn sie, im Fall von Hannis Tod, mit mir zusammenbleiben wollen, und damit ich Zimmer vermieten kann, wenn sie sich von mir trennen. Auch Hanni sucht nach einer Möglichkeit, ob sie mir angesichts des unglückseligen Testaments ein Wohnrecht im Hause erwirken kann. Mein Zweifel an allen Sicherheiten hielt mich vor dem unfrommen Schritt nicht zurück. Die Bitterkeit war so groß, daß ich, der ich das Geschick der Juden mit ganzem Herzen teile, nicht nur durch höhere Gewalt, nun unter ihnen noch so viel wehrloser und ärmer und entrechteter sein muß – obwohl ich vor Gott zu alledem Ja sagen muß.

In der Panik lag wohl Ahnung –. Heut rief Dr. Pagel an, ich möchte um sechs zu ihm kommen. Ich glaubte, nun hätte er in all den Monaten das Manuskript doch gelesen und melde sich auf die Mitteilung von der Beendigung des Buches. – Aber er hatte mich nur bestellt, um mir mitzuteilen, daß ich mit meiner Ausweisung aus der Schrifttumskammer rechnen müsse. Eine neue »generelle Aktion«, die die Letzten erfassen soll.

Auch jetzt bleibt nichts, als das Buch weiter durchzuführen. Hanni ist sehr müde – aber eben der Panik sind wir nicht mehr fähig.

Als ich durch das ungeheure Getriebe des Spätnachmittags fuhr, staunte ich, wie ich einmal diesem Berlin gewachsen war und rasch in ihm mich durchzusetzen vermochte. Heute, wenn ich nur in einer Zeitschrift blättere, die in gleichem Druck und gleicher Aufmachung so völlig verändert ist und doch die alten Namen mit neuen Gesinnungen enthält, aber auch Unantastbare wie Reinhold Schneider, komme ich mir wie ein Toter vor. Dort war ein Aufsatz, da eine Novelle von mir; hier stand etwas über mich, war etwas von mir nachgedruckt. Und nun so früh diese Stille! Aber das sah ich deutlich: ich meine ja gar nicht mehr die Literatur, sondern die Kirche.

Davon kann ich nicht los: auch die vernichtende, das Ich vernichtende Verehrung für Gottes Spur in der Welt kann ja nicht anders als gestaltend geschehen, weil der Glaube Frucht verlangt über Eigenwille und Selbstgericht hinweg. Selbst die Frucht muß noch Zeugnis sein, weil Glaube Leben ist.

Woher soll der Anspruch genährt werden, wenn ich nun nicht mehr veröffentlichen dürfte, für eine spätere Zeit schreiben zu können? Die Frage nach dem Gottesurteil in allem ist furchtbar.

Mir kam heut abend der Losungsspruch für den kommenden 30. 7. in die Hände: »Du hast gesehen, wie dich der Herr, dein Gott, getragen hat, wie ein Mann seinen Sohn trägt.« 5. Mose, 1, 31

14. Juni 1936 | Sonntag

> Gott ist getreu, der euch nicht läßt versuchen über euer Vermögen, sondern macht, daß die Versuchung so ein Ende gewinne, daß ihr's könnet ertragen.
>
> *1. Korinther 10, 13*

> Das auf dem guten Land, sind die die das Wort hören und behalten in einem feinen, guten Herzen und bringen Frucht in Geduld.
>
> *Lukas 8, 15*

Aber Gott muß die Herzen fein, gut und geduldig machen –.

Wie kann es anders sein, als daß man die gequälte Frage nach dem irdischen Gottesgericht stellt, wenn einem immer wieder alles aus der Hand geschlagen wird, was man beginnt?

Ich hatte in den letzten Tagen viel über das Siechtum nachgedacht: da ist keine »Frucht«; kein Erhalten seiner eigenen Existenz, geschweige denn der Existenz anderer; da ist keine Predigt, Aussage, Deutung, denn den Siechen besuchen die Mitleidigen und mit seinen Erfahrungen können die, welche im Leben stehen, nichts beginnen. Aber das bleibt: auch von Siechen wird der von Gott gegebene Glaube in dem von Gott auferlegten Geschick gelebt. Und der Sieche ist darin ein den Seinen auferlegtes Schicksal. Ich hatte, als ich nun noch einmal nach dem Buche alles ordnete, über meine armselige Hinterlassenschaft bestimmt. Die Beerdigung will ich kirchlich, aber allein.

In diese Gedanken hinein kam heut Kurzreiters Predigt vom »reichen Mann und armen Lazarus«, vom gescheiterten Leben;

und in ihr der Text seiner Neujahrspredigt: »Gott ist getreu« –
während ich die Wiederkehr des Silvesterevangeliums vom Feigenbaum so gefürchtet hatte und nun schon seit Neujahr mich
darüber tröstete mit dem »Gott ist getreu«. Gerade in dieser Predigt
mußte mich dieses Wort besonders treffen – aber als rettende
Hand. Und nun war das seltsamste: die Predigt schloß damit, daß
Kurzreiter von einer Beerdigung erzählte, die er seit seinem
letzten Gottesdienst hatte: und da war es, wie ich es verfügte.
Einer, dem der Tod nur noch Erlösung war, wollte allein, aber
mit einem Wort der Schrift beerdigt sein.
Nicht, als wüßte ich nicht von so viel größeren Leiden als den
meinen! Das »Schlage doch, gewünschte Stunde« – folgt aus der
Sünde.

20. Juni 1936 | Sonnabend

> Ihr sollt wissen von ganzem Herzen und von ganzer
> Seele, daß nicht ein Wort gefehlt hat an all dem Guten,
> das der Herr, euer Gott, euch verheißen hat. Es ist
> alles gekommen und keines ausgeblieben. *Josua 23, 14*

Mit der Frucht, die nach drei Jahren an dem unfruchtbaren Feigenbaum gesucht wird, ist ja nicht das Werk, sondern der Glaube
gemeint. Das ist bitter im Hinblick aufs Buch, das also nie zu
werden braucht; tröstlich aber im Hinblick auf die Mangelhaf-
tigkeit des Geschaffenen. –
Es war in meinem Leben alles einmal da: Das Einkommen eines
höheren Beamten der Gesellschaftsordnung, der ich entstamme,
war erreicht; die der Pension eines solchen Beamten entsprechenden Rücklagen wurden von Stufe zu Stufe in Lebensversicherungen vorbereitet; alle Kleidung war gut, solide angeschafft;
der Haushalt war aufs gediegenste bis ins letzte Stück reichlich
und geschmackvoll eingerichtet; die Wohnung – der Hausbau
ist Sache von Hannis Leben – war aufs sorgfältigste renoviert;
alles war klar, gediegen, vollständig neu; die Form des Lebens
war gefunden: sich leiten zu lassen von Werk zu Werk; das Werk
glaubte ich erkannt und gegeben. Die Frucht in alledem blieb
aus; als letzte Möglichkeit ist sie allein noch geblieben.
Aber alles war immer mehr nebeneinander, nacheinander, gegeneinander, durcheinander geraten; nun kann ich nichts mehr vor
mir sehen als den Abbruch; nach menschlichem Sehen bin ich
nun auf der abschüssigen Bahn.

Als ich das Entscheidende, das Werk, zu sehen glaubte, schien der Umsturz und das Abgleiten besiegelt. Nun muß ich, nur noch den Tag vor Augen, danken für das, was mir gegeben wird, was man mir erweist. Ich arbeite wie je – und dennoch ist alles passiv. Die Schönheit, die mich in diesem Landhaus und seinem ersten Sommer umgibt, schneidet ins Herz und mahnt zugleich zu stündlich bewußter Dankbarkeit. Gegen das kranke Gefühl im Herzen kann ich nicht an. Gott vernichtet aufs härteste und erhält aufs freundlichste in einem. Aber die Angst allein, ob zum neuen Quartal noch Geld eingehen wird, will nicht weichen.

Daß man ärmer wird, das ist nicht, was so schwer zu tragen ist, sondern daß alle Ordnung schwankt und auch die Flucht in die kleinere, engere Ordnung nicht möglich ist.

Aus dem Göttlichen gestürzt, vom Göttlichen gewandt, – »frei« – müssen wir das Menschliche ganz erfahren; es vollendet sich im Krieg; dem Widerspiel der Schöpfung. Luther und Friedrich Wilhelm blieb der große Krieg erspart: die geordnete Vernichtung.

21. Juni 1936 | Sonntag

> Verbirg dein Antlitz nicht vor mir in der Not, neige deine Ohren zu mir; wenn ich dich anrufe, so erhöre mich bald!   *Psalm 102, 3*

Primitive Brüdergemeineverse, mit denen ich ungleich besser leben kann als mit den anspruchsvollsten Gedichten:

> Ich suche nicht mehr selbst mein Arzt zu sein,
> ich sänk' nur tiefer in die Not hinein.
> All die Verwirrung, die du bei mir siehst,
> kommt nur zurecht, wenn, Jesu, du da bist.
> Du siehst die Schuld, doch du verdammst mich nicht;
> das düstre Haus füllst du mit deinem Licht;
> die schwache Hand willst du zum Dienst dir weihn;
> verlorenes Kind darf Gottes Erbe sein.

Dieses klare, sommerliche Haus ist ein »düsteres Haus«; Hanni ist seiner müde; es ist ihr zu zukunftslos, zu kompliziert, in der ganzen Lebensführung zu teuer; auch will sie den Besitz gar nicht mehr erhalten, sondern flüssiges Geld, alles verkleinern, die Möbel verkaufen –. Und ist zu allem zu müde.

Wir laufen nicht mehr wie im Sommer 1933 stundenlang umher; wir arbeiten weiter; aber selbst ein kurzer Abendspaziergang an

diesen heißen Abenden – dabei dieser Duft von den blühenden
Linden, vom Heu! – ist eine Qual inmitten dieser friedlichen,
freundlichen, sommerlichen Welt! Hanni will nicht mehr weiter
verarmen, herunterkommen, verzweifeln; ich »will« leben. Damals
wollten wir zusammen sterben; nun nicht mehr. Das ist schwerer.
Ich zittere vor dem Quartal. Schon kann alles zur Entscheidung
drängen.

Die Schrifttumskammer hat Lichtbilder für einen neuen Ausweis
angefordert. Wir können daraus keine Hoffnungen schöpfen. Das
sind getrennte Ressorts. Im Funk erschien auch unmittelbar vor
meiner Entlassung an meiner Tür das Schild »Klepper – Spiel-
leiter« . . .

Angst, Angst in und um uns! gequälte, verzweifelte, hoffnungs-
lose Existenzen – und das Haus so lebendig, voller Ansprüche,
Notwendigkeiten – die Umwelt eines jeden Tages noch von einer
Schönheit, die einen immer fremder berührt in unserer großen
Verwirrung und Erschöpfung.

Man ist der Welt und seiner selbst so müde – und daneben steht
unverrückbar das »Aber Gott führt. Seine Spur in der Welt ist
nicht zu verdunkeln.« Und darum kann der Tod noch nicht sein,
wenn Er nicht zu Ende geführt hat –, vielleicht in noch sehr
viel beängstigenderes Dunkel!

24. Juni 1936 | Mittwoch (Johannistag)

> Hilf du uns, Gott, unser Helfer, um deines Namens
> Ehre willen; errette uns und vergib uns unsere Sün-
> den um deines Namens willen!   *Psalm 79, 9*

Was sind das nun im Sommer wieder für neue Anblicke und
Durchblicke des Hauses! Etwa, wenn man auf der Terrasse sitzt
und durch das Barockzimmer in die Diele sieht: der zarte Glas-
leuchter, die glatten, lichten Wände, davor an der Tür das schlanke
schmale Tischchen mit den alten Silberschalen, die Barockkommode mit der altgoldenen Holzplastik – die Windung der Treppe
mit den beiden tiefen Fenstern, die zarten, alten Stiche – der Blick
von tiefem Grün in tiefes Grün!

Mehr und mehr erkenne ich, wie dieses geliebte Haus reinster
»preußischer Stil« ist – von Nehring bis Gilly und Schinkel[78]; es
könnte weder Alt-Paris noch Würzburg sein. In seinen Renaissancemöbeln, in seiner Plastik bezieht es aber auch das alte Brandenburg noch mit ein, weil unsere Renaissance ja nur der Zeit

nach Renaissance, dem Stil nach aber immer noch norddeutsche Gotik ist.

Ach, dies erhalten dürfen, dieses – mag finanziell sein, was will – gemeinsame Werk von Hanni und mir! Wieviel berühmte Wohnungen kenne ich! Wie tief ist unser Haus von ihnen geschieden, als einziges, das Stil hat, so viele innenarchitektonische Elemente es vereint. Aber eben, diese Art der Vereinigung ist sein Stil, in dem ohne museales Vorbild wieder an die große preußische Tradition angeknüpft ist in all der Klarheit, Kühle, Gediegenheit, freundlichen Feierlichkeit, dem lichten, ernsten Ton.

28. Juni 1936 | Sonntag

> Herr, sei uns gnädig, denn auf dich harren wir; – sei
> unser Heil zur Zeit unserer Trübsal! *Jesaja 33, 2*

Reinhold Schneider war zum Kaffee bei uns. Wir saßen auf der Terrasse. Die Sonne war geschwunden; Donner grollte, ohne Regen; Glocken läuteten. Er erzählte von dem erschütternd geringen Absatz seiner herrlichen Bücher (außer den »Hohenzollern«, die das siebente Tausend erreichten). Er erzählte von seinem Zusammensein mit dem »gefallenen Fürsten« Gerhart Hauptmann, der sich zwar mit dem, was ihm in Deutschland noch bleibt, bescheidet, aber doch sehr rege an Reklame und Publikumseffekte denkt. Ob Gerhart Hauptmann oder Leo von König – die Schneidersche Toleranz legt den etwas bitteren Gedanken nahe, daß seine freundschaftliche Beziehung zu uns eben auch nur von jener Toleranz lebt. – Denn dies ist ja unmöglich, daß die, die nicht wissen, was Kirche ist, sein »Weltgedicht« verstehen –. Aber: auf seinem Schreibtisch steht meine Neujahrskarte; in seinem Zimmer hängt allein noch das Bild[79], das ich ihm zum Geburtstag schickte.

Jedes Zusammensein mit Schneider und Hanni bleibt seltsam: der einzige Mann, die einzige Frau. Nie soll noch jemand hinzukommen. Das ist mein letzter Kreis.

Beide wollen sie, daß ich dem Verlag gegenüber kein Kompromiß mache. Ich werde aber eins schließen. Sonst geschieht – auch wenn ich nicht aus der Schrifttumskammer ausgeschlossen werde – nach der Isolierung von Presse, Film und Funk auch noch der letzte Bruch. Denn einen neuen Verlag finde ich unter dieser kulturpolitischen Konstellation nicht mehr. Angesichts meiner Müdigkeit und Bitterkeit ist das Kompromiß, das Weiterpaktieren viel schwerer als der Bruch; ja, in diesem Kompromiß, in dem ich die Form zerstöre und das Format zu retten suche, geschieht die »letzte« Brechung meines Willens; und nichts tröstet als die Hoffnung auf die »Bora«, die sonst nicht sein könnte. Vom modernen Italien erzählte Schneider, daß der Faschismus naiver, spielerischer, theatralischer als der Nationalsozialismus ist; aber auch dort die riesigen Bauten ohne Geld, die pompösen Autostraßen zu Zielen, die keiner braucht; die »organisierte« Freude, jener letzte Schritt der verzweifelten Völker.

Auch der Blick aufs eigene Leben lehrt ja, wie gerade die tiefe innere Unordnung sich hinter übertriebener Präzision und Organisation verbirgt; das gilt in hohem Maße für die modernen Staaten. Da ist alles klar, lebendig, geordnet, stark – über Elend, Traurigkeit, Verwirrung. Alles blüht, wächst, breitet sich aus in noch nicht dagewesenen Dimensionen; das alles ist ohne Maß und Grund, die formen und tragen. Einmal muß der Tanz bezahlt werden; und auf der Rechnung wird die eine Summe stehen: Krieg.

Man kann nicht zurückgezogener leben als wir; und dennoch lastet über diesem stillen Hause die Zeit in ihrer ganzen Schwere. Er war mein letzter Versuch mit Menschen; und ich muß mich damit bescheiden, daß meine »Königsgedichte« seine Tränen fanden–. Nun blühen auch die Lilien. Es sind unbeschreibliche Sommertage, die über alle Verwundung und Unruhe doch Milderung legen: Gottes Spur wie »Bach«, »Gotik«–das, worum zu leben lohnt.

4. Juli 1936 | Sonnabend

> Hat Gott vergessen, gnädig zu sein, und seine Barmherzigkeit vor Zorn verschlossen? Aber doch sprach ich: Ich muß das leiden; die rechte Hand des Höchsten kann alles ändern.   *Psalm 77, 10. 11*

Nach den Wolkenbrüchen stille Regenmorgen und sanfte Abendsonne. Erst der letzte Tag der Woche kam wieder strahlend herauf. Ein schöner Feierabend: »die Wiese mähen«, als die Glocken zu läuten begannen. Das sind Augenblicke irdischen Friedens. Der Vollmond wahrhaft honigfarben. Zuvor hatte ich die Abschrift des Buches beendet. Das war das Lästigste. Nun kommt das Schwerste.

Noch immer sehe ich in dem Schweren, das auferlegt wird, zu sehr das Gericht. In einem Worte August Hermann Franckes

liegt großer Trost: Man versteht die Bibel besser unter dem Kreuz
als vor dem Kreuz.

5. Juli 1936 | Sonntag

> Sie haben – überwunden durch des Lammes Blut und
> durch das Wort ihres Zeugnisses. *Offenbarung 12, 11*

Das sind Tage, in denen alles nur ein einziger Glanz aus Sonne
und Grün ist, wie kann ein Hochsommer in einer Weltstadt so
herrlich sein!
Heut trieb es auch uns hinaus, ehe der neue Arbeitsabschnitt und
die Auseinandersetzungen mit dem Verlage beginnen. Wir fuhren
zum Charlottenburger Schloß und seinem Park: das ist ungemein schön, in Schlösser zu kommen, in denen man heimisch ist.
Trostlos war der Eindruck der Stadt zwischen dem Schloß und
der sanften, klaren, stillen Welt unseres Hauses, in das wir immer
wieder förmlich heimdrängen, dessen Schönheit ein immer neues
Geschenk ist; die Aussichtslosigkeit, die vor uns zu liegen scheint,
läßt einen nur noch behutsamer mit dem noch immer Gewährten
umgehen. Die Stadt war heiß, laut, wirr, zerrissen; grell der beginnende Schmuck zur Olympiade: ohne eine Spur von Festlichkeit, nur Reklame.

7. Juli 1936 | Dienstag

> Joseph lag im Gefängnis; aber der Herr war mit ihm
> und neigte seine Huld zu ihm. *1. Mose 39, 20. 21*

Das Wort »richten« hat seinen Doppelsinn, der nur vom Religiösen her verständlich wird.
Immer wieder die gleichen, neuen Träume, daß ich nach Beuthen
zurück muß ohne alles Geld, ohne jede berufliche Aussicht. Und
immer das Gleiche: das Weinen. Ich kann mich gar nicht mehr
erholen. Charlottenburg hat mich krank gemacht, so daß Hanni
den Arzt holen wollte. Wie soll ich dem Militärdienst gewachsen
sein; die Klammer der Jahrgänge wird nun enger; alle Einsicht,
daß das Verhältnis zwischen Mann und Waffe nicht erlöschen
darf, daß Preußentum ohne Soldatentum schwer möglich ist,
schafft dennoch keine Gewöhnung an den Gedanken, in diesem
Heer dienen zu müssen und in die entsetzliche Rüstungspsychose
Europas mit hineingerissen zu sein, nun kennen lernen zu müssen,
was Giftgase und Tanks sind. »Das Menschliche muß ganz erfahren sein.« Der Eid! –

Friedlich und strahlend gehen die Tage hin: und welcher Aufruhr und Druck in unseren Herzen! Welche Mühsal, jeden Tag durchzuhalten! Da spielt sich alles nur noch mit Gott ab. Und quälend ist »diese Leiden über die Brüder in der Welt auch ergehen zu sehen«, für die gar kein Trost ist als immer wieder zusammenbrechende, müde, kranke, irdische Hoffnung.
Wir verbittern uns nicht eine Stunde. Aber der furchtbare Ernst zieht unser Leben immer tiefer in sich hinein. – Auch die Dankbarkeit ist etwas, wozu allein Gott verhelfen kann.

8. Juli 1936 | Mittwoch

> Der Herr hat Großes an uns getan; des sind wir fröhlich.
> *Psalm 126, 3*

Der Kleppersche Familienverband, der so lange Zeit hindurch wegen meines Beitritts an mich herantrat, bis ich endlich nachgab, schreibt: »Wir mußten darüber nachdenken, in welche Lage unsere Mitglieder gesetzt sind, die in staatlichen und sonstigen Beamten- und Parteistellungen tätig sind, nicht arischen Personen und deren Nachkommen gegenüber, durch die neuen bezüglichen Gesetze und Verordnungen. Es wurde bedauert, daß wir dadurch Ihre Mitgliedschaft nicht bestätigen können.« Immerhin habe ich nun das erfahren, was mich am meisten interessiert: den Anteil der Theologen in der Geschichte dieser Familie. Der erste schlesische Klepper – die Familie stammt aus Thüringen – kam 1602 als Pfarrer nach Götzenhayn. Die älteste Urkunde nennt einen Pfarrer Frederich Klepper, 1415, in Nieder-Roßla bei Apolda. Nach dem Hessen-Darmstädtischen Pfarrer- und Schulmeisterbuch von Diehl gab es dort von 1552 bis in die Neuzeit Pfarrer Klepper.
Jenen »Plan« meiner Sicherung für die Zukunft habe ich fallen lassen; was soll ein »Wohnrecht«, wenn mich die Kinder im Falle von Hannis Tod nicht bei sich behalten wollen, den Wunsch danach nicht äußern? So war Hanni auch nicht mehr beim Anwalt. Was sind Verträge!

13. Juli 1936 | Montag

> Gott ist treu, durch welchen ihr berufen seid zur Gemeinschaft seines Sohnes Jesu Christi, unseres Herrn!
> *1. Korinther 1, 9*

Die Striche, über denen ich jetzt die Tage verbrachte – Abschnitt I–V – bedeuten noch immer ein Retten der Form und kein Zerstören; auch lassen sie sich noch in guten Proportionen vornehmen. Aber immer noch verlangen allein diese fünf Abschnitte, die ein Drittel des Buches darstellen, dreihundert Seiten.

Wochenlang schweigen die Zeitungen über Österreich. Nun treten sie mit einem überraschenden Communiqué über die Wiederherstellung normaler Beziehungen zwischen Deutschland und Österreich hervor; was es für das Vordringen des Nationalsozialismus in Österreich bedeutet, vermag ich nicht zu ermessen, auch nicht, ob es den Zusammenbruch der Habsburger Restaurationspläne bedeutet.

Nun, da unsere wenigen Fahrten ins Freie nicht mehr von dem Sonntag und seinem Trubel abhängig sind, fuhren wir in der Stille des Montagmorgens hinaus in die nun endlich von uns entdeckte Kornkammer Berlins, die jahrelang gesuchten Felder. Wir waren mit der überraschend altmodischen Motzenseebahn überaus umständlich nach dem Mittenwalder-Töpchiner Gebiet[80] gefahren und fanden die Ernte im vollen Gange, in jenem schönsten Augenblick, in dem die Mehrzahl der Felder noch in den Ähren steht – in der Reife rötlich, die Ähren niederhängend und wie gebräunt –, am Waldrand Lupinen blühen, erste Garbenbündel stehen, Schnitter zur Vesper vor ihnen lagern. Schimmel und Füchse, Landwagen und Kinder; Kirschenpflücker in den Gärten und auf den Bäumen wie zwischen Tschirne und Beuthen; Kirchtürme über den Feldern; am schönsten die alte Kirche und das Stadttor von Mittenwalde; die Wälder sehr blau, weil Regen aufkam; noch nie gehört: den singenden Ton der Ähren und Halme im Winde; das Bildhafteste: die Dreigespanne beim Mähen, das Fallen der Garben zu sehen. Wir waren nur fünf Stunden weg, aber es war wie eine Reise. Über dem Ganzen freilich nicht einen Augenblick wegzuleugnen die große Armut der Mark. Nicht ein Feld, nicht ein Garten von sommerlicher Üppigkeit, sondern alles in Kärglichkeit und voller Mühsal und die Seen sehr düster – kein Fruchtbarkeit schaffendes Wasser.

Das Haus, der Garten bei der Heimkehr ganz stille, in sanftem Regen: auch nach der kürzesten Abwesenheit immer wieder begehrt als das einzige Ziel, das schönste aller »Herrenhäuser« und »Pfarrhäuser«, das ich, der ich ja gerade diese beiden kenne, fand. Diesmal war es mehr »Zülsdorf« als »Potsdam«[81]. – Dann setzten gleich die Abendglocken ein, und aus der Stadt kamen die Töchter überaus munter zum Abendbrot heim.

Ich bin dein, hilf mir!   *Psalm 119, 94*

Psalm 119, 94 – das ist der rechte Gegenspruch zu meinem Taufspruch. –

Nun scheint es doch, als verließen mich meine Nerven, als sei ich meiner Situation nicht mehr gewachsen. Daß einen auch ohne die irdische Hoffnung der Glaube, als ganz für sich bestehend, nicht verläßt, das erfahre ich zur gleichen Zeit.

Daß der Glaube, nicht das Werk, die Frucht ist – das ist dem Künstler ein besonders hartes Ding.

Und Hannis Leben ist eine so klare Erfüllung einer gewiesenen Aufgabe, ja, im Hause für die Kinder wie ein Abschluß. Alles ruht auf ihr, alles wird von ihr getragen, namentlich ich mit meiner fragwürdigen Arbeit.

Wie meine Tage vergehen, das ist Maschinerie, aber keineswegs Ordnung. Allmählich scheint mir eine Hilfe, die deutlich mich und meine Arbeit angeht, dringend not. Denn auch der täglich gedeckte Tisch kann zum Verzweifeln sein.

20. Juli 1936 | Montag – 22. Juli 1936 | Mittwoch

> Das ist mir lieb, daß der Herr meine Stimme und mein Flehen hört. Denn er neigte sein Ohr zu mir; darum will ich mein Leben lang ihn anrufen. Stricke des Todes hatten mich umfangen, und Ängste der Hölle hatten mich getroffen; ich kam in Jammer und Not. Aber ich rief an den Namen des Herrn: O Herr, errette meine Seele!
> Ich werde wandeln vor dem Herrn im Lande der Lebendigen. Ich glaube, darum rede ich; ich werde aber sehr geplagt.
> Der Tod seiner Heiligen ist wert gehalten vor dem Herrn.
> O Herr, ich bin dein Knecht; ich bin dein Knecht, deiner Magd Sohn. Du hast meine Bande zerrissen. Dir will ich Dank opfern und des Herrn Namen predigen.   *Aus Psalm 116*

Der Psalm lehrt geduldiger auf den Tod warten. Seit der Endarbeit am Buch begegnet er mir immer wieder. Daß er auch dem König begegnet ist, weiß ich aus Zinzendorfs Briefen[82]. Gott mag oft durch diesen Psalm zu den Lebensmüden gesprochen haben. –

> Und er hat gemacht, daß von einem Blut aller Men-
> schen Geschlechter auf dem ganzen Erdboden woh-
> nen, und hat Ziel gesetzt und vorgesehen, wie lange
> und wie weit sie wohnen sollen; daß sie den Herrn
> suchen sollten, ob sie doch ihn fühlen und finden
> möchten; und fürwahr, er ist nicht ferne von einem
> jeglichen unter uns.   *Apostelgeschichte 17, 26. 27*

Der Vergebung muß man gewiß werden, wenn Zeichen äußerer
Hilfe sich nicht zeigen und gar kein Zeichen da ist als das Kreuz.
Wenn einem für dieses Zeichen die Augen geöffnet wurden, soll
man nicht mehr ängstlich ausschauen nach den Wunderzeichen
der Hilfe und Bestätigung, so sehr das verwirrte und zusammen-
gepreßte Herz danach verlangt. – In Spanien ist der Bürgerkrieg
ausgebrochen: ein Teil der Armee gegen die Kommunisten:
Spanien, erschöpft und verwirrt, glitt immer tiefer in den Kommunismus ab.
Es bleibt (nach einem mißlungenen Versuch, noch einmal Aufsätze bei guten Zeitungen anzubringen) nur noch das letzte: der
gequälte Versuch mit Büchern, die aus dem eigenen Leben wie
etwas Unabweisbares hervortreten, wie Entscheidungen, die um
der Entscheidung willen sein müssen. Warten, ob sie »Frucht«
sein dürfen; warten, ob sie eine auch noch so bescheidene Existenz
auch nur ungefähr tragen; warten, ob sich dann auf die Bücher
hin eine Zeitung oder Zeitschrift an einen wendet: alles andere
ist aussichtslos geworden; das meiste nicht nur aussichtslos, sondern für uns auch verächtlich.
Die Schrifttumskammer schweigt weiter.
Im »Inneren Reich« ist »Der Geburtstag« erschienen, ohne mein
Zutun auf Grund der Korrespondenz mit einem Hinweis auf
meine Arbeit an dem Buche. Unmittelbar davor steht ein Aufsatz über das Berliner Schloß von Reinhold Schneider.

28. Juli 1936 | Dienstag

> Man stößt mich, daß ich fallen soll; aber der Herr hilft
> mir.   *Psalm 118, 13*

Wohin führt mein quälendes, abseitiges, isoliertes, menschen-
scheues Mühen ohne Bestätigung, ohne Hilfe, ohne Resultat? Wo
kommt hier ein Abschluß, eine Änderung, ein Einschnitt – von

Gott her; denn alles andere soll nur gefürchtet und gemieden und abgelehnt sein!

Die Hilfe, die ich erfahre, so reich und schön sie noch ist, macht bange: das Haus, das mich aufnimmt und durchhält, es ist die Hilfe, die der Gescheiterte erfährt; darum bedrückt es so. Ob da noch eine Zukunft ist, bleibt völlig verborgen.

Von all den widersprechenden Gedanken und widerstreitenden Gefühlen abgesehen bleibt unverrückbar und unberührbar der innere Vorgang, in dem das Haus vollendet und bezogen wurde: Acker des Jeremia. –

30. Juli 1936 | Donnerstag

> Die Geduld unseres Herrn achtet für eure Seligkeit.
> *2. Petrus 3, 15*

Als ich am 10. Juni abends von dem so niederschlagenden Besuch bei Dr. Pagel kam, schrieb ich ins Tagebuch: »Mir kam heut abend der Losungsspruch für den kommenden 30. 7. in die Hände: ‚Du hast gesehen, wie dich der Herr, dein Gott, getragen hat, wie ein Mann seinen Sohn trägt.‘ 5. Mose 1, 31.« Seitdem habe ich oft an diesen Spruch gedacht, von ihm gelebt – am bängsten gestern abend auf diesen Morgen gewartet. Denn dieser Spruch hatte so stark zu mir geredet, daß ich das Datum und die Stunde des 10. 6., in der ich ihn fand, in der Losung vermerkte.

Der Tag begann so bedrückt.

Mitten in vergrämte Gespräche und sorgenvolle Besprechungen hinein kam der Anruf von Dr. Pagel: »Lang in Stuttgart hat das Manuskript geprüft, und der Eindruck war so positiv, daß sich der Verlag zu einem Band von 1000 Seiten entschlossen hat.« Wir wissen, was das heut bedeutet.

Nicht, als ob wir nun eine einzige äußere Hoffnung daran knüpfen! Aber die große Hilfe ist in dem »Zeichen«, in der Verheißung, daß Gott weiterführt und trägt, der nahen, bestimmten Rede Gottes – dies ist das, was alle äußeren Sorgen, selbst die um den heut nach wie vor möglichen Ausschluß aus der Schrifttumskammer so weit zurücktreten läßt. –

Nach Pagels Anruf brauchte ich Hanni nur die Losung mit dem eingetragenen Datum zu zeigen. Und um des eigenen störrischen Herzens willen muß das angegriffene Tagebuch immer wieder sein.

In dem »Du hast gesehen« – aber ist eine Zäsur von Gott gesetzt. Und nur diese Maße gelten – nicht unsere verzweifelten Versuche, das Leben zu gliedern! Seltsam an Pagels Anruf war noch dies, daß er ausdrücklich sagte: »Eigentlich wollte ich Sie schon am Montag anrufen –«.

2. August 1936 | Sonntag

> Ein Prophet, der Träume hat, der erzähle Träume;
> wer aber mein Wort hat, der predige mein Wort recht.
>
> *Jeremia 23, 28*

Die Olympiade.

Der Nationalsozialismus muß diese große Propagandamöglichkeit wahrnehmen; darum ist die größte Zurückhaltung auferlegt. Doch wollte ich – am Sonntag des Kriegsausbruchs vor zweiundzwanzig Jahren – die Fahnen Unter den Linden sehen und den Kindern zeigen.

Das waren große Eindrücke; allein die Menschenfluten. Doch traten die Ausländer fast völlig zurück; nur die Fülle ausländischer Autos war groß. Die Stimmung war die eines Volksfestes, ohne Politik.

Völlig einzigartig die Fahnen von 53 Nationen an riesigen, bestrahlten Masten um den illuminierten Pariser Platz. Noch größer der Eindruck an der Schloßfreiheit, wo noch einmal, in zwei Reihen, hoch und tief, die Fahnen der Erde, vom olympischen Feuer beschienen, hingen. Im Schloß waren Empfänge; in geringer Solidarität mit den Hohenzollern sind die Kronprinzen von Schweden, Griechenland und Italien gekommen. Aber für uns war es eine einzigartige Gelegenheit, Säle des Schlosses durch die hohen Glastüren hinter den Balkonen erleuchtet, jede Kerze in den alten Fenstern schimmern zu sehen, jene liebe Welt – wenn auch unter bitteren politischen Ressentiments – noch einmal lebendig zu finden. Ein schöner Gegensatz: der Grüne Hut[83] als stiller Winkel neben den erleuchteten Sälen, nur eine Laterne zwischen den Bäumen. Die größte Wirkung: das erleuchtete Zeughaus mit seinen zerschossenen, alten Fahnen in der Nacht des olympischen Feuers und seiner frischen, neuen, leuchtenden Fahnen, die soviel Lüge gerade in dieser Stunde verhüllen müssen.

Die Nacht verdeckte alles Häßliche. Die Linden, Berlin war so schön wie noch nie.

Ein Blick auf das Berlin Gillys, das er nie bauen durfte: die Spree in der Nacht, ein halbrunder Brückenbogen über dem Wasser, jenes Gillysche Ornament: die antike Fassaden des alten Museums, der Galerien.

Dann, unter dem Vollmond, ganz dunkel, klar, eine Kuppel bis zur Erde: die Hedwigskirche in einer noch nie empfundenen Schönheit; davor nur eine Laterne, und diese von zwei Fahnen umweht und dicht verhüllt. Dies, die Fahnen im Zeughaus, die Fahnen hinter der Schale des olympischen Feuers – das war weit weg von Sport, Propaganda, Tendenz, Spielerei, wie sie mit der Antike, Spiegelfechterei, wie sie mit dem gegenwärtigen Zustand der Welt getrieben wird. All das trat weit zurück: und dieser abendliche Gang Unter den Linden war doch der ungeheuerlichste Weg, den ich mich je gegangen zu sein entsinnen kann! Hier fehlen alle Vergleiche: dies war neu. Der erste Eindruck doch Musik, nicht Bild: gerade weil keine Kapellen spielten, entschied sich das.

Zwei Märsche, der alte und der neue Fahnenmarsch; eine Hymne, das Feuer; ein Choral, die Kirchenkuppel mit den elegisch verschlungenen, vom Winde um das Licht gehüllten Fahnen unter dem Vollmond.

4. August 1936 / Dienstag

Ihre Verwüstungen richte ich auf.   *Jesaja 44, 26*

Trotz der häuslichen Schwierigkeiten versuche ich, vom Sonntagabend her, einen Zyklus »Olympische Sonette«[84].
Zum ersten Male frägt ein Buchhändler nach dem »Vater«.
Am »Vater« hatte ich bis gestern Abend noch Auszüge und Überträge aus den gestrichenen Partien zu machen, soweit sie »tragende Wand« sind und an anderer Stelle wieder eingefügt werden müssen. Nun kann ich erst weiter, wenn Pagel sich mit seinem Stuttgarter Bericht meldet. Gestern ist er wohl zurückgekehrt.
Hanni und ich hatten uns seit dem letzten Bücherherbst oft gegrämt, daß die Deva für einen Abenteurerroman »Antonio Adverso« ein solches Riesenformat bewilligt hat, weil dieses Buch in seinem amerikanischen Original eine Auflage von 500000 Exemplaren erreichte. Nun heißt es – als ob er von diesem, unserem geheimen Groll wüßte – in Pagels Anrufen zum zweitenmal: »Wir haben Ihnen das Format vom ‚Antonio Adverso‘ bewilligt – «.

> Laß dein Schreien und Weinen und die Tränen deiner
> Augen; denn deine Arbeit wird wohl belohnt werden,
> spricht der Herr.   *Jeremia 31, 16*

Solcher Spruch wirkt doppelt stark auf einen, wenn man am
Morgen aus Träumen erwachte, in denen man wirklich »schrie
und weinte«! Immer wieder ist es jetzt der neue Traum: daß ich
ohne alles Geld nach Beuthen zurück muß. Und immer wieder
geht es mit einer dem Traum sonst völlig fremden Folgerichtig-
keit um die Einsicht in die Unmöglichkeit einer vorzeitigen, von
Menschen gemachten Aussöhnung. Es geht so weit, daß Mutter
mit ausgebreiteten Armen vor mir steht und ich doch sagen
muß: Es darf noch nicht sein.
Die Brüdergemeinelosung setzt zu diesem Spruch den Liedervers
von Schmolk:

> Laß es sein,
> wenn Angst und Pein
> mit dir schlafen, mit dir wachen!
> Gott wird's doch wohl machen.

Dies kenne ich: »Wenn Angst und Pein mit dir schlafen« – !
In diesen Tagen schrieb ich nun die »Olympischen Sonette«; interessant war für mich das ungeheure Interesse, das sie bei der Familie fanden; denn hier war nun jeder dabei gewesen und hatte
es gesehen und wollte wissen, wie es sich verwandelt, was eben
noch ein Abendspaziergang war.
Im Buch habe ich mich nun weiteren Strichen auf eigene Faust
zugewendet; schließlich wird man wohl selbst doch die besten
Lösungen finden; wo einem der Abstand fehlt, wird dieser Mangel
durch die raschere Erkenntnis neuer Kombinationsmöglichkeiten
ausgeglichen. Doch wäre ich allmählich für Rat sehr dankbar.
Wie sehne ich mich nach dem Gefühl wirklichen Abschlusses.
Der spanische Bürgerkrieg erschüttert noch mehr als der itali-
nische Abessinienfeldzug. Ohne Frage ist er eine Mahnung an
ganz Europa. Immer entsetzter erkennt man das Gesicht des
Kommunismus.

14. August 1936 | Freitag

> Ich harrte des Herrn; und er neigte sich zu mir und
> hörte mein Schreien und zog mich aus der grausamen
> Grube und aus dem Schlamm und stellte meine Füße

auf einen Fels, daß ich gewiß treten kann; und hat mir
ein neues Lied in meinen Mund gegeben, zu loben
unseren Gott. Das werden viele sehen und den Herrn
fürchten und auf ihn hoffen. –
Opfer und Speiseopfer gefallen dir nicht, aber die Ohren
hast du mir aufgetan. Du willst weder Brandopfer noch
Sündopfer. Da sprach ich: Siehe, ich komme; im Buch
ist von mir geschrieben. Deinen Willen, mein Gott,
tue ich gern, und dein Gesetz habe ich in meinem Herzen.

Aus Psalm 40

Die 170 Seiten Striche sind erreicht; manche ohne inneren Protest. Am Mittwoch traf sich Dr. Pagel mit uns, mir aus Stuttgart
zu berichten. Der am meisten gegen die Striche ist, ist der Stuttgarter Lektor Martin Lang, dem ich es verdanke, daß Dr. Kilpper,
unmittelbar ehe er auf Urlaub ging, noch die tausend Seiten be-
willigte. Nun hat es gar keinen Kampf mehr gegeben; am meisten verwundert es mich im Hinblick auf die religiöse und politische Einstellung des Buches.
Gestern sagte Hanni zu mir: »Das Schönste, was eine Frau erleben kann, ist mir ja doch zuteil geworden: wirklich als das gekannt zu sein, was man ist, und mit den Widersprüchen und
Mängeln geliebt zu werden.« Über dem großen Frieden, der großen Zusammengehörigkeit zwischen uns, geht uns all die schwere
Arbeit immer wieder erstaunlich gut von der Hand.

16. August 1936 / Sonntag

Der Herr ist treu; der wird euch stärken und bewahren vor dem Argen.   *2. Thessalonicher 3, 3*

Wie viele Etappen hat dieses Buch gehabt. Immer wieder war es
»fertig« –. Aber ich glaube, nun soll ich es als abgeschlossen betrachten und nicht mehr danach fragen, daß aus den gestrichenen
Partien in zusammengezogener Form nun wieder viel an verschiedenen Stellen eingebaut werden muß, daß neue Verknüpfungen geschaffen werden müssen und die Arbeit am »Vater«
auch jetzt noch kein Ende nimmt.
Den Abschluß des Buches haben wir in Potsdam begangen. Das
Bedürfnis nach einer kurzen Flucht war wieder einmal recht groß;
und wir haben uns, nun da wir Potsdam so kennen, die Stadt
leicht gemacht – sind nach Charlottenhof gefahren und durch den
über und über blühenden Spätsommergarten, durch den Park,

das ungeheure Treiben der sonnabendlichen Stadt zur Garnisonkirche gegangen. Dort saßen wir an der Plantage, als die Abendglocken läuteten und der geliebte Choral wieder vom Glockenspiel gespielt wurde; und dies war wohl, so große Mühe auch
noch vor mir liegt, der Abschluß des Buches.

Es war ein herrlicher Tag nach dem großen Regen, schon der
septemberliche Dunst. Daß man wie ein Kranker umherschleicht –
es darf einen nicht wundern; das Buch und das Haus und die
schwere Zeit, es war etwas viel. Neu entdeckten wir den italienischen Winkel ums Römische Bad.

Mit der Pressearbeit ist es aus, obwohl es aus politischen Gründen sich dort nicht zu verhalten brauchte wie im Rundfunk. Die
kleine Bitterkeit ertrage ich leicht: alles verweist mich aufs Bücherschreiben, und es bleibt Gott überlassen, auf anderen Wegen, als
auf denen ich es für möglich halte, die Verheißung wahr zu
machen: »Laß dein Schreien und Weinen und die Tränen deiner
Augen; denn deine Arbeit wird wohl belohnt werden, spricht
der Herr.« Denn dieses Wort hat mich sehr gepackt; und man
spürt, wenn diese Worte zu einem selbst zu reden beginnen. –

17. August 1936 | Montag

> So spricht der Herr Herr: Siehe, ich will meine Hand
> zu den Heiden aufheben und zu den Völkern mein
> Panier aufwerfen. *Jesaja 49, 22*

An dem Sonnabend, an dem ich mich in Potsdam nicht entschließen konnte, zu Reinhold Schneider zu gehen, hat er an
mich geschrieben; meine Verwundbarkeit ist noch so groß, daß
ich auf Hannis und auf Schneiders Worte zu dem, was ich schreibe
und nun wie die Königsgedichte und die Olympischen Sonette
nicht veröffentlichen kann, noch nicht zu verzichten vermag;
noch immer geht dann von solchem Brief etwas Heilendes aus;
denn diesen Mann hat Gott ja zu groß und erschütternd und alle
Maßstäbe verändernd in mein Leben gestellt. Er schreibt von den
Sonetten: ». . . sie haben mir das Beste zugetragen, das in diesen
Tagen gelebt haben mag, oder doch nicht in den Tagen, sondern
in Ihnen, der Sie das Geschehen umgedichtet und erhoben haben.
Daß Sie statt der Lebenden die Toten ziehen sahen durch das
Brandenburger Tor, hat mich stark berührt; ich bin das Gefühl
des bunten Scheines über unheimlich naher neuer Katastrophe

nicht losgeworden und habe auch aus diesem Grunde mich allem fern gehalten. Was ist der Inhalt alles dessen, fragt Ihr 5. Sonett, und ich weiß keine Antwort. Wir haben glänzende Regisseure, aber keine Intendanten und keine Dichter (in jedem Sinne). Es freut mich von ganzem Herzen, daß der Verlag sich nun hat erweichen lassen und Friedrich Wilhelm und Ihnen 1000 Seiten zugebilligt hat. Sie werden sie füllen bis zum Rande. Die Begegnung[85] im »Inneren Reich« hat mir wohlgetan; mögen wir einander immer begegnen im inneren Reich und nahe bleiben!«

Gestern, als über dem ungeheuren Leben des luxuriöser, reicher, unheimlich lebendiger gewordenen Kurfürstendamms die Lautsprecher das Geläut der Olympiaglocke übertrugen, sagte ich zu Hanni: »Wäre es nicht pathetisch, könnte man nur sagen: es ist vielleicht die Totenglocke Europas.« Es ging einem durch und durch, das Unglück stand einem unabwendbar nahe vor Augen, als über diesen unbekümmerten Tausenden die Worte von überallher gesprochen wurden: »Ich rufe die Jugend der Welt nach Tokio 1940.« Was wird in diesen vier Jahren liegen!

21. August 1936 | Freitag

> Du hast meine Seele aus dem Tode gerissen, mein
> Auge von den Tränen, meinen Fuß vom Gleiten.
>
> *Psalm 116, 8*

Nun ist es wirklich noch einmal, als sollte man einen Einschnitt machen und jetzt nach Wittenberg reisen. Aus Stuttgart kamen die ersten 300 Seiten Manuskript, damit ich sie satzfertig mache. Ehe es an diese Mosaikarbeit der Verknüpfungen, Eintragungen, Verbesserungen geht – sollte man aufbrechen, denn auch Hanni tut der Dispens vom Haushalt bitter not. Und wie auf Verabredung sind wir auch mit allen unseren Sachen beide zur gleichen Zeit reisefertig. Vier, fünf Tage könnte uns das Haus entbehren. Mehr ertrüge ja auch die Arbeit nicht.

Unter den Studien zum Buch habe ich unbegreiflicherweise das Zeughaus ausgelassen; nun habe ich es nachgeholt. Die Sprache der Fahnen und Waffen habe ich ja erst sehr spät verstehen gelernt – und in welchem tragischen Moment! Am stärksten hielt einen doch die Weltkriegsabteilung fest: die Mobilmachungsbefehle der Nationen, die Uniformen der im Kampf miteinander liegenden Armeen.

Unter den Linden hingen noch die Fahnen der Olympiade; die Mittagszeitungen trugen Schlagzeilen wie »Die Rote Armee angriffsbereit«; »Wann marschiert die Rote Armee?«; »Deutsche Linienschiffe in die spanischen Gewässer entsandt«. Der spanische Bürgerkrieg ist furchtbar; über ihm erhebt sich die noch entsetzlichere Gefahr eines russischen Krieges; in Spanien ist »Militärputsch«, und alle Gedanken gehen nach Rußland! Auch Schneider schrieb von dem Gefühl einer »unheimlich nahen neuen Katastrophe«.

Die spanische Militärpartei hat bei ihren Panzerwagen und Kanonen eine Mutter-Gottes-Fahne und ein Christusbild; ohne Frage sind die wirtschaftlichen Motive an ihrer Übersteigerung erloschen, und es geht wieder um »Weltanschauungen«, geht, so viel Lüge und Verlorenheit auch herrschen, ganz gewiß auch wieder um Glauben. Und daß wirklicher Glaube auch in dem letzten Kriege noch lebte, geht aus manchem Erlaß an die bedrohte ostpreußische Bevölkerung hervor. –

Nun kam auch mein neuer Ausweis von der Reichsschrifttumskammer, ohne jede Einschränkung, zum Beginn des Druckes. Von dorther kommt wohl namentlich der Wunsch, nun zu reisen, nach Wittenberg; Hanni freilich täte eine andere Reise, nur zur Erholung, besser.

26. August 1936 | Mittwoch

> Der Herr ist gütig und eine Feste zur Zeit der Not
> und kennt die, so auf ihn trauen.   *Nahum 1, 7*

Ganz gewiß wird die russische Gefahr zu übersteigert dargestellt, aus propagandistischen Gründen; und alle Propaganda hat sich ja maßlos übersteigert. Aber an der Notwendigkeit des neuen harten Schrittes der Regierung darf man wohl nicht zweifeln: die aktive Wehrdienstpflicht ist auf zwei Jahre erhöht. –

Wittenberg – das ist keine »Reise«. Ihr Termin muß Gott anheimgestellt werden. Und: muß sie nicht von meinem Gelde bestritten werden? Muß ich nicht warten?

Nun habe ich durch Pagel das Stuttgarter Gutachten bekommen: dem Buche überaus wohlgesinnt, durch diesen Umstand blieb mir aber wohl mancher Kampf erspart. Was von den Menschen kommt, gilt weiter nichts; nur wie Gott aus alledem spricht, bewegt; dahin allein gehen alle Fragen, aller Dank, alle Bitte.

> In allen Dingen beweisen wir uns als die Diener
> Gottes: in großer Geduld, in Trübsalen, in Nöten,
> in Ängsten als die Traurigen, aber allezeit fröhlich.
>
> *2. Korinther 6, 4. 10*

Es kamen so herrliche Tage herauf, und im schwierigen Haushalt hatte Hanni einen solchen Abschluß erreicht und so umfassende Vorbereitungen getroffen, daß ihr großer Wunsch, für
einige Tage zu entrinnen und der großen Erschöpfung nachzugeben, erfüllbar schien. Ich war schon wieder so in der Arbeit,
daß mir der Entschluß fast schwer fiel – und an Wittenberg war
jetzt gar nicht zu denken, obwohl mich nur dieses Ziel ruft; auch
ist es diesmal Hannis, nicht meine Reise; so hat die Arbeit mich
begleitet. Allen unseren Reiseplänen steht unser Horror vor Hotels im Wege: darum wählten wir Saarow, das Christliche Hospiz
»Haus Furche«, in dem ich vor zehn oder zwölf Jahren, von der
Studentenhilfe verschickt, viele Wochen war. –
Der Tag war strahlend schön, und Saarow fand ich wieder, wie
ich es in Erinnerung hatte. Damals kannte ich Berlin und die
Mark noch nicht, und Saarow war das Einzige und Erste. Heut
besitze ich die Vergleichsmöglichkeiten. Wald und See sind hier
lieblicher, ohne die große Schwermut und Düsterheit. –
Die erste Trennung vom Hause ist mir schwer gefallen – obwohl
wir ja gerade auf der Flucht vor dem komplizierten Hauswesen
sind, das so an unserer Kraft zehrt. Alle Reise meint ja immer
wieder nur die Heimkehr zu »Jeremias Acker«; die Frist ist vielleicht so kurz, in der das »tragische Idyll« noch gewährt sein darf
angesichts des großen Gerichtes über die Völker.

30. August 1936 | Sonntag

> Ein solch Vertrauen aber haben wir durch Christum
> zu Gott.
>
> *2. Korinther 3, 4*

Die Kenntnis der schönen kleinen Spaziergänge kommt gerade
jetzt zustatten, wo man zum Arbeiten hier ist; es ist die stillste
Reise, die man denken kann. Und was so wichtig ist: der Ton
im Hause ist gut; die Menschen halten sich zurück; man ist
freundlich zueinander und behelligt den andern doch nicht. Mich
packt manchmal eine leise Verzweiflung, daß ich von meinem
Mappenstoß mit dem Etikett »Der Vater« nicht mehr loszukom-
men scheine. Diese Mosaikarbeit des Wiederzusammensetzens des

zerstrichenen Manuskriptes fällt mir am schwersten. Die Zeit des Buches ist nun um, und es tut nicht gut, immer wieder daran zu arbeiten, immer wieder es kritisieren zu müssen und doch nur unter dem einen Gesichtspunkt betrachten zu dürfen: wie komme ich auf die 1000 Seiten, ohne daß der Leser die Bruchstellen merkt?

2. September 1936 | Mittwoch

> Der Herr ist ein Gott des Gerichts. Wohl allen, die
> sein harren!   *Jesaja 30, 18*

Kilpper-Stuttgart fordert plötzlich die Versicherung, daß das Manuskript nur 800 Seiten betragen wird. Solcher Willkür brauche ich mich nicht mehr zu fügen. Ich kann an dem Buch nicht immer wieder und immer weiter herumoperieren; der Verzicht auf die Eitelkeit ist geleistet; die letzten Striche waren hart gegen mich. Nun muß ich fest bleiben. Es ist erstaunlich: wir sind unter Menschen und sind nicht misanthropisch gestimmt, so gut ist hier der Ton, so wohltuend die politische Haltung, die ja heut das stillste Leben im entlegensten Winkel bestimmt. Alle suchen nur die Stille; und die Anwesenheit der kleinen Kinder ist nur ein Gewinn.

4. September 1936 | Freitag

> Verachtest du den Reichtum seiner Güte, Geduld und
> Langmütigkeit? Weißt du nicht, daß dich Gottes Güte
> zur Buße leitet?   *Römer 2, 4*

Nun ist auch die Ullstein-Entlassung ein Jahr her. Was das Schwerste in ihm war? Die harte Sprache, die Gott durch das Buch mit mir redet; daß ich, das Menschliche an mir und den anderen zu erleben, immer wieder »ans Ende« geführt werde, ohne fertig zu werden. Es wäre unerträglich, wenn nicht am Ende alles Menschlichen immer wieder Gottes stets erneuter Wiederanfang mit dem Menschen sich zeigte! Und nur das ist der Sinn all des Versagens, Verschleppens, Verzagens, es begreifen zu dürfen: Gott ist getreu.

5. September 1936 | Sonnabend (Südende)

> Ihr werdet singen wie in der Nacht eines heiligen
> Festes und euch von Herzen freuen.   *Jesaja 30, 29*

Das war eine Fahrt aus Stille und Grün wieder in Stille und Grün; das ungeheuerliche Treiben von Berlin gerade um die

Stunde zwischen Spätnachmittag und Feierabend flog nur bei der Stadtbahnfahrt von fern vorüber. Das Haus lag so licht, fast weiß, in so großem Frieden. Hanni sagt, die Zäsur habe ihr völlig genügt und sie gehe wieder durchaus mit Freude an die Arbeit; und so waren wir heut schon wieder tüchtig am Werk, haben von allem wieder Besitz ergriffen, alles wieder aufgenommen. An Pagel habe ich von Saarow geschrieben, daß er die neue Schwierigkeit klären muß, ehe ich mich wieder rühre. Ich arbeite weiter wie bisher.

In Spanien wurden Mönche auf dem Dach ihres Klosters gekreuzigt. Und doch darf das Herz nicht bei den Nationalisten sein, die so bis in die schwersten Konsequenzen den Kampf gegen den Kommunismus aufgenommen haben. Denn unter dem Zeichen des Kreuzes, an der Seite der wahrhaft Frommen kämpft der Faschismus einen durchaus gottlosen Kampf. Das gibt den Vorgängen – auch in Deutschland – den seltsam apokalyptischen Zug. Viele Epochen haben ihn durchleben müssen: immer wieder war die Welt vor Gott »am Ende«.

6. September 1936 / Sonntag

> Weil du so wert bist vor meinen Augen geachtet,
> mußt du auch herrlich sein, und ich habe dich lieb.
>
> *Jesaja 43, 4*

Wie kurz die Abwesenheit war – darauf kommt es kaum an. Das Heimkehrendürfen ist es: fast geschieht es zu behutsam, zu bewußt, so voller Drohung, Ungewißheit, Verwirrung ist die Welt. Alle Heimkehr kann nur noch wie ein Geschenk auf kurze Frist genommen werden. Und welch seltsamer Vorgang ist es, ein neues Buch verheißen zu glauben. Schneider möchte »nichts Großes mehr planen«. Aber er weiß ja am besten, daß es Gottes Wille nicht ist, daß wir an unsere Entfaltung denken, sondern daß Gott sich uns offenbaren will in unserer Bewahrung: da verstummt die Frage, ob noch etwas begonnen werden soll und zu Ende geführt werden kann. Es soll dauernd begonnen werden; und wir sind dauernd »am Ende«; und alle Vollendung steht allein bei Gott.

Heut war auch Kurzreiter wieder von seinem Urlaub zurück und predigte nach langen Wochen, in denen er mir sehr fehlte: der Unterschied der Generation tritt völlig zurück; in der Stille seiner Sommerruhe muß er dieselben Erschütterungen durchlebt haben wie ich in der Unrast meiner gequälten Arbeit aufs Ungewisse. Er predigte nur noch von dem Anspruch Gottes an diese verzweifelte, hilflose, gar so wehrhafte Welt und über die Stumpfheit ihrer Waffen. Es ist, als wollte er seine Gemeinde nur noch hinleiten zu den schweren, schweren Zeiten, die wohl unabwendbar vor uns liegen.

Und dennoch muß man sich achtsam hüten, die Erwartung des Krieges oder nun gar der »Apokalypse« zu übersteigern: Luther und Friedrich Wilhelm haben ihr ganzes Werk im ständigen Gefühl der unmittelbar nahen Katastrophe vollbracht; und ihr Leben ging im Frieden hin, als hielte ihr Gebet ihn im Lande; und neue Zeiten kamen herauf, wieder die »Apokalypse« zu erwarten; und die Welt erlebte noch manches »Greisenalter«.

7. September 1936 | Montag

> Es soll die Herrlichkeit dieses letzten Hauses größer werden, denn die des ersten gewesen ist, spricht der Herr Zebaoth. *Haggai 2, 9*

Die Arbeit läuft weiter, und Pagel und Stuttgart schweigen wieder einmal. Damit, daß das Buch nun noch zu Weihnachten erscheinen kann, darf ich wohl keinesfalls mehr rechnen; es ist wohl schon zu spät, als daß noch Zeit zu Auseinandersetzungen wäre.

Der große Nürnberger Parteitag, der voriges Jahr das Rassengesetz brachte, beginnt. Was wird sich diesmal aus der Spannung Moskau-Nürnberg ergeben; denn die programmatische Außenpolitik wird ja durchaus auf den Parteitagen proklamiert.

10. September 1936 | Donnerstag

> Getreu ist er, der euch ruft; er wird's auch tun.
> *1. Thessalonicher 5, 24*

Der neue Widerstand aus Stuttgart macht so müde. Im erschöpftesten Stadium muß nun der Kampf noch einmal aufgenommen werden. Weiter nachgeben, wäre Schwäche; die Grenze ist da; es muß durchgehalten werden. – Und daneben muß wieder einmal die Arbeit am Roman weitergeführt werden, als gäbe es keine Widerstände, als dränge und bedränge nicht die Zeit uns alle, uns frei zu machen von vermeidbaren Schwierigkeiten.

11. September 1936 | Freitag

> Der Knecht, der seines Herrn Willen weiß, und hat

> sich nicht bereitet, auch nicht nach seinem Willen getan, der wird viel Streiche leiden müssen. *Lukas 12, 47*

Pagel wollte sich mit uns treffen, den Brief an Kilpper zu besprechen; er brachte mir noch den ersten Brief von Herrn Lang mit, in dem von den 1000 Seiten stand; ein ganz besonders warm und positiv gehaltenes Schreiben.

Der neue Kampf ums Buch kann ja auch wieder nur vom Glauben her seinen Sinn haben. Was ist gefordert? Zähigkeit und Verzicht schaffen es nicht mehr. Was soll bewahrt sein von Gott her? Daß sein Wort gilt und das der Menschen nichts; daß die Verheißung wahr ist und der Vertrag wertlos?

14. September 1936 | Montag

> Du bringst dein Volk hinein und pflanzest es auf dem Berge deines Erbteils, den du, Herr, dir zur Wohnung gemacht hast, zu deinem Heiligtum, Herr, das deine Hand bereitet hat. *2. Mose 15, 17*

Gestern vor drei Jahren entstand der Friedrich-Wilhelm-Plan. Damals kam mir Jesaja 48, 1–11 in die Hände. Heut, was auch kommen mag von den Menschen her, will ich hinzufügen: »Ich, ja, ich habe es gesagt, ich habe ihn gerufen; ich will ihn auch kommen lassen, und sein Weg soll ihm gelingen.« Jesaja 48, 15.

15. September 1936 | Dienstag

> Ich habe es nicht im Verborgenen zuvor geredet; von der Zeit an, da es ward, bin ich da. *Jesaja 48, 16*

Anruf von Dr. Pagel: Dr. Kilpper, der zur Zeit krank ist, hat die 1000 Seiten auf den Brief hin bewilligt; eventuell »in zwei Bänden«. Der gefürchtete Nürnberger Parteitag ist ohne neue Gesetze vorübergegangen und hat sich in antirussischer Propaganda erschöpft, deren Wert und Gefahren ich nicht zu ermessen vermag; die Form schien mir nicht glücklich; und das, was gegen den Bolschewismus ins Feld geführt wird, ist ohne Leben und Kraft trotz all der ungeheuren Vitalität. Aus Hitlers Rede an die Armee: »Heute steht Deutschland wieder ausgerichtet auf der rechten Bahn. Wenn ich dieses Wunder überblicke, dann beuge ich mich vor der Gnade des Herrn, der diesen Kampf segnete, und danke euch, meine Kameraden, die ihr mir meinen Kampf ermöglicht habt. Das ist das Wunder unserer Zeit, daß ihr mich gefunden habt –«.

Das Wort Kirche ist weder in Bejahung noch Verneinung gefallen. Und zehnmal wird »Gott« gesagt, um nicht einmal »Christus« sagen zu müssen. Es geht ihnen um den Gott, der den Führer sendet. Um des Kommunismus willen wird man vorerst Äußerungen des Glaubens in Deutschland nicht unterdrücken, wohl auch am Bestand der Kirche nichts ändern und die christliche Schule nun doch beibehalten. Aber all das vermag nicht darüber zu täuschen, daß die Scheidung der Geister an ganz anderer Stelle liegt, als wo der Nationalsozialismus sie weist. Es geht nicht um »Moskau« und »Nürnberg«, ja, es kann sein, daß in der wirklich entscheidenden Auseinandersetzung Moskau und Nürnberg durchaus auf einer Linie liegen. Sie sollten in Nürnberg nur von dem politischen Verdienst ihrer Abwehr des Bolschewismus geredet haben: vom Wunder und der Gnade Gottes nicht.

17. September 1936 | Donnerstag

> Hüte dich nur und bewahre deine Seele wohl, daß du nicht vergessest der Geschichten, die deine Augen gesehen haben, und daß sie nicht aus deinem Herzen kommen all dein Leben lang. *5. Mose 4, 9*

Stuttgart teilte mit, daß Dr. Kilpper den dort vorliegenden Manuskriptteil in Satz gegeben habe; und Dr. Kilpper ließ mir durch Pagel sagen, daß das Buch nun in zwei Bänden (zum Preise von 9,60 Mark) herauskommen soll. Auch das: die ersehnten zwei Bände!
Es ist nichts geschehen, wozu Gott nicht sein Wort gegeben hätte.–

20. September 1936 | Sonntag

> Es ist ein köstlich Ding einem Mann, daß er das Joch in seiner Jugend trage. *Klagelieder 3, 27*

Ein zeitiges Frühstück mit Meschkes, die von ihrer Österreichreise, mit als die ersten Reisenden nach der Öffnung der Grenzen, zurückkehrten. Österreich ist furchtbar verarmt und entvölkert. Auf Meschkes machte nach ihrer Rückkehr nach Wien nach acht Jahren sehr großen Eindruck, daß ihre alten Freunde aus Musik- und Universitätskreisen politisch die gleiche Entwicklung genommen haben wie Hanni und ich. Ohne Frage greifen die Königsgedichte in ihr Leben ein und beschäftigen sie sehr; von den Olympischen Sonetten kein Wort. Sie bleiben auf Hanni und Reinhold Schneider begrenzt. Aber so schwer es ist, diese Gedichte wie die vom König nun so geheim halten zu müssen und auch im kleinsten Kreise noch so verschüttet zu sehen, haben sie doch für mich eine große Bedeutung; denn nach dem dauernden Exzerpieren und Konstruieren für den »Vater« glaubte ich schon, es sei aus mit dem »Dichten« und ich könnte mir nur noch mit Gelehrsamkeit und Technik helfen; da wirkten die Olympischen Sonette wie eine Befreiung; die Königsgedichte freilich waren eine Station. Immer mehr aber sehe ich, daß alles »Historische« und »Aktuelle« die Zukunft meint: ohne zu fragen, wann sie gelten darf, die Vorbereitung auf eine schwere, kommende Zeit unseres Erdteils. Über das Zeitgemäße zerbreche ich mir bei aller Flucht in die Historie nicht mehr den Kopf.

Der Sommer endet so mild, daß die ganze Familie den ganzen Sonntag auf der Terrasse verbrachte. Ich laborierte am letzten Kapitel des ersten Teils und bin sehr froh, diesen Abschluß erreicht zu haben, ehe die ersten Korrektur-Fahnen eintreffen. – Als Sonntagsgast fand sich wieder Brigittes Freund ein, dem wir sehr wohlwollen. Wie diese jungen Leute Nationalsozialisten sind, ist seltsam: sie kennen nichts anderes und hören nichts anderes und suchen auch nichts. Die jungen Spanier in den Erschütterungen ihres Landes sind anders. Die Einundzwanzigjährigen wie Brigittes Freund scheinen die zweijährige Dienstzeit ganz ruhig, ganz selbstverständlich hinzunehmen: ohne Reflexion, ohne Rebellion, ohne Idee. Wir verstehen sie, aber sie haben gar nicht mehr den inneren Apparat, uns verstehen zu können, ja überhaupt Dinge wahrzunehmen, die der Verständigung bedürften. Das ist die neue Gegenüberstellung der Generationen. Die Kluft von zwölf Jahren bedeutet hier schon Generation, die dreizehn Jahre zwischen Hanni und mir aber schließen solche Wende nicht in sich. –

22. September 1936 | Dienstag

> Gottes Gaben und Berufung können ihn nicht gereuen.
> *Römer 11, 29*

Für Römer 11 sind mir erst jetzt die Augen aufgegangen.

Ein abendlicher Anruf vom Ehepaar Pagel, der mich mehr erfreute, als er im Anlaß begründet war: das Ehepaar saß über der Beratung des Einbands und der Schrift. Nun scheint doch mein Vorschlag durchzudringen: der Chodowiecki-Stich. Hoffentlich wählt Frau Pagel auch die Chodowiecki-Schrift.

28. September 1936 | Montag

Suche deinen Knecht. *Psalm 119, 176*

Heut morgen sind nun doch die ersten Fahnen gekommen, 70 Seiten Manuskript. Davon geht eine Beruhigung aus: dies immer wieder gestrichene, ergänzte, überarbeitete, zusammengeklammerte Manuskript nun in den sauberen, glatten Fahnen zu sehen.

Mit der Abendpost kam Reinhold Schneiders England-Buch[86] mit der Widmung:

. . . denn das Blut der Edlen ist ihrer Könige Eigentum.

Calderon

Jochen Klepper,
treu verbunden in Streben, Hoffen
und Erleiden

Die ersten Fahnen und Schneiders Buch und seine Worte und die Entdeckung des Bibelwortes Psalm 119, 176 – es war ein guter Tag. Das Gefühl der Schwere aber will nicht mehr aus dem Herzen gehen; die Freuden sind andere geworden. –

10. Oktober 1936 | Sonnabend

Denn ich bin der Herr, dein Gott, der deine rechte Hand stärkt und zu dir spricht: Fürchte dich nicht, ich helfe dir! *Jesaja 41, 13*

Die Gewalt der Träume erschreckt mich mehr und mehr. In wie flüchtigen Minuten spielen sich Träume ab – und wie lange wirken sie in den Tagen nach – bis neue Träume sie ablösen.

Ein Traum, von dem ich fürchte, daß er politischer Natur ist: Ein entsetzlich großer Vogel beängstigt die Stadt, fällt die Menschen an, verfolgt einen ins Haus, hält alle in Furcht; und es hat im Traume eine besondere Bedeutung, wen er sich herausgreift, nur bleibt diese Bedeutung unklar.

11. Oktober 1936 | Sonntag

Ich, der Herr, habe dich gerufen in Gerechtigkeit und habe dich bei deiner Hand gefaßt und habe dich behütet. *Jesaja 42, 6*

Ein Tag, ganz in zarte Sonne, kühle Sonne getaucht; sehr schwere Wolken ziehen über den Bäumen – aber das sanfte Licht wird diesem Tage nicht geraubt. Seit langem waren wir wieder einmal spazieren; und schon der Weg, der kurze, in den Park genügt, jenes wunderliche Gefühl der Heimkehr wachzurufen, wenn das lichte, stille Haus zwischen den herbstlichen Bäumen hervorblickt, die Sonne über dem Garten ruht, die Stuben durchstrahlt. Dies alles in einer bebenden Welt. –

»Das Kind der Schmerzen«, den zehnten Abschnitt, beendet. Je größer die Erschöpfung wird, desto mehr belebt nun der Gedanke, daß es wirklich dem Abschluß zugeht, daß ein Ende nun abzusehen ist.

14. Oktober 1936 | Mittwoch

> So fürchte dich nun nicht; denn ich bin bei dir.
>
> *Jesaja 43, 5*

Vor lauter Argwohn gegen meine Sprache habe ich mich für die Fahnenkorrektur wenigstens mit den Sprachlehren der Töchter versorgt. Das ist ein böses Kapitel. Ich müßte mehr Gutgeschriebenes nur zum Deutschlernen lesen; die Sprache verwildert allgemein so arg, und ich fürchte, ich werde mitschuldig! Der Verlag duldet das Unglaublichste.

»Das Innere Reich« gerade um des Augustheftes willen, in dem auch Schneider und ich enthalten waren, verboten; und das gerade um Rudolf Thiels willen.[87] –

17./18. Oktober 1936 | Sonnabend und Sonntag

> Zuflucht ist bei dem alten Gott und unter den ewigen Armen.
>
> *5. Mose 33, 27*
>
> Habt ihr auch je Mangel gehabt?
>
> *Lukas 22, 35*

Werde ich wieder verdienen? Das Gefühl vor den Töchtern ist oft qualvoll. Wie sollen sie es begreifen, daß die Zugehörigkeit zur Schrifttumskammer noch nicht »verdienen« bedeutet?! Werde ich je wieder erstatten können, was jetzt für mich ausgegeben werden muß, ohne daß ich es wie bisher verdiene? Bald wird die Zeit um sein, in der ich noch ungefähr von meinen Versicherungen leben konnte. Kann Beten für den Unterhalt eines Hauses so viel sein wie Arbeit? Gibt es eine Brücke zwischen dem Gebet und der Arbeit, die man leistet und die doch keinen Ertrag bringt? Ist es leichter für mich, daß auch Hanni nicht verdient, sondern von Besitz und seiner Erhaltung und Auswertung lebt? Darf alles nur im Hinblick auf Gott betrachtet sein? Daß keine Sicherheit für mich sein darf: das begreife ich aus meinem ganzen Wesen heraus, das derart auf Sicherheit drängt. Aber dies Erhalten-

werden? Erbe und Sicherheit darf nicht sein – aber dürfte ich
mich wieder selbst erhalten! In Schneiders neuem Buche ist ein
altes Wort: »Beten und arbeiten soll der Mensch, bis ihm die
Tränen kommen.« Das macht vor allem bis jetzt auf mich den
größten Eindruck. Eher aber arbeitet man, bis man weint, ehe
man betet bis zu den Tränen. Das ist erfahren.

Gestern abend kam mir der »Gedanke«, daß es vielleicht, wenn
die Politik nicht alles durchstreicht, einen Weg geben könnte,
»Könige und Propheten«, jenes undurchführbar scheinende Projekt in einem einzigen Roman zu schreiben, in dem nun endlich
Jesaja enthalten ist, der mich so wie kein anderer Prophet gepackt hat: Jesaja und Kyros! Doch weiß ich nichts vom ersten
Kyros und dem zweiten Jesaja – aber welche »Verlockung« liegt
in diesen beiden Namen und dem, der dahinter steht. Ein Christus-
Buch, in dem die Gestalt Jesu niemals zur Romanfigur erniedrigt
zu werden brauchte, etwas, was ganz und gar unmöglich ist. Die
Gestalt Jesu bleibt der Epik völlig verwehrt. Aber hier wäre es,
das A und O alles dessen, was man jemals schreiben »möchte«!

Die »Bora« ist nun besiegelt. Das muß nun sein –. Und welcher
Unterschied zum »Vater«. Damals, als ich dieses Buch auf mich
nahm, war ich ein wohlhabender Herr, der solches aus eigener
Machtvollkommenheit tun oder lassen konnte. Aber dann kam
dieses letzte Jahr, in dem allein »vom Worte Gottes« gelebt sein
mußte. Und nun ein neues Buch, von vornherein völlig arm und
doch ohne jeden Mangel, von Gott erhalten, aber schuldig an
denen, die einem den Tisch decken!

Das war im letzten Jahr ein großer, großer Eindruck, wie allmählich, wie mit dem Hause erst, in den Kurzreiterschen Südender Gottesdiensten die zögernde Abwandlung des Segens auftauchte und immer wiederkehrte, doch keineswegs jedesmal:
»Und gebe euch und euren Häusern Frieden.« Wenn einer das
Buch bekommen muß, dann ist er es. Er predigt ganz gewiß für
die einfache Mariendorfer Gemeinde und die etwas »gehobenere«
Südender – aber wieviel konnte auch ich mit diesen Predigten
beginnen, wie habe ich auf sie gewartet, obwohl es nicht jene
»tiefsinnige« Sprache ist, deren alle Theologie und Dichtung bedarf. Aber da ist die Treue, der Ernst, die Glaubhaftigkeit dieses
Eifers und Ernstes. Und wie am Sonntag nach dem Einzug ins
Haus die Predigt vom Hause war, so wird vielleicht auch noch
einmal die Predigt vom Buche kommen – obwohl die eine ein

Thema hatte, das in dieser Zeit starken Baues viele betraf, und jene ein so spezielles darstellt, wie es kaum erdacht werden könnte. Wird aber dennoch einmal Gott durch eines Menschen Mund zum Buche sprechen: so, daß nicht ich die Schrift auslege – jener Umstand, der mich am stärksten in die Kirche zieht außer der Liturgie –?

Heut ist der Tag, an dem der Herbst wie eine Entscheidung kommt. Weil noch einmal Sonne war, hat das Laub, ehe es völlig verwehen muß, sich ganz plötzlich in klarste Farben verwandelt, nachdem es vorher nur verblaßte. Und unmittelbar danach kam der große, große Sturm. Nun ist es aber nicht mehr so, daß ich es sehe und höre mit den Augen des Königs auf seiner Land-fahrt, nun ist es Katharina von Bora auf ihrem elenden Züls-dorf. Auch das ist wie mit einem Schlage verändert, und darin liegt wohl, so bitter die Mühen noch sind, ausgesprochen, daß das Buch schon abgeschlossen ist.

20. Oktober 1936 / Dienstag

> Ich will einen ewigen Bund mit ihnen machen, daß ich nicht will ablassen, ihnen Gutes zu tun. *Jeremia 32, 40*

Stuttgart holt (mit dem Setzen) gewaltig auf; und nun muß dieses Buch, an das drei Jahre gesetzt sind, doch im Hasten zu Ende gebracht werden. Noch schreibe ich am Umbau, schon korrigiere ich die Fahnen – und nun hat auch schon der Umbruch begonnen. Das Mißverhältnis zwischen Schrift- und Druckseite ist größer, als selbst ich in meinem Pessimismus annahm. Auch da hat man mich getröstet, ohne sich Rechenschaft über das Mögliche abzulegen. Die Titelseiten, nach all dem Warten, machten doch einen großen Eindruck auf mich.

Durch diese schwere Endzeit des Buches begleiten mich nach der Losung jene Jesajakapitel, die auch am Anfang des Buches standen und die immer wieder in die Arbeit eingriffen: »mein« Kapitel, das 43., 44., das 48., 49., sie alle, die das Wichtigste in diesen Jahren wurden.

23. Oktober 1936 / Freitag

> Deine Baumeister werden eilen; aber deine Zerbrecher und Verstörer werden sich davonmachen. *Jesaja 49, 17*

Muß ich nicht, wenn das Buch nun erscheint, die schlimmsten Angriffe nicht so sehr seiner monarchistisch-protestantischen Einstellung wegen fürchten, als wegen meiner Vergangenheit, angefangen mit dem Hinweis auf die Zugehörigkeit zur SPD? Ich weiß sehr wohl, warum ich bisher alle »Ovationen« unterband und das der Familie versprochene kleine »Fahnen«-Fest mit der Jahresfeier des Hauses verband und vom Buche löste. Dies ist der wahre Grund: es muß sich erst entscheiden, ob Gott in der Vergebung, die über diesem Buche liegt, als dem an mich ergangenen Rufe zur Ordnung, auch die Strafe aufhebt; denn dieses Buch kann erscheinen, um sogleich vernichtet zu werden – ohne daß es »unverdient« wäre!

Obwohl mein Vorsprung vor Stuttgart noch immer über 500 Seiten beträgt, wird es jetzt nachts immer später, und tatsächlich ist es nun so, daß mich jedes Kapitel ein Pfund gekostet hat, von der Verstörtheit der Träume ganz zu schweigen. Es bleibt bei der alten Frage: kann das Resultat den Aufwand legitimieren? Oder geht es in diesem Buche darum gar nicht; ist es etwa ganz anders nicht von mir, sondern »an mich« gemeint? –

25. Oktober 1936 | Sonntag

Gehe du hin und verkündige das Reich Gottes.

Lukas 9, 60

Je verworrener die Politik wird – wir haben nun wohl ein Bündnis gegen Rußland mit Italien, und dies war angesichts des Paktes Paris-Moskau wohl eine Notwendigkeit – desto dringlicher wird dieser Auftrag; denn die gegen den Kommunismus und seine Gottlosenbewegung kämpfen, haben kein wahres Panier. Was spricht daraus, daß in immer stärkerem Maße gebaut wird? Eine Auswirkung der Abwertung in Frankreich und der Schweiz? Die feste Zuversicht, daß kein Krieg kommt? Südende verändert sich von einem Male zum anderen, das ich unsere Eremitage verlasse. Überall werden noch zum Winter Bauten begonnen, sogar im Wäldchen; und große Gärten werden aufgeteilt, doch scheint es, daß der Charakter des kleinen Villenortes gewahrt bleibt.

Es war wieder einer jener ungemein häßlichen Sonntage, bei gewaltiger Arbeitsleistung. Die letzte, müde, spärliche, kühle Sonne gehört dem Hause, sobald sich nur ein Strahl von ihr zeigt; das ist uns völlig ungewohnt und eine immer wieder neue Freude.

> Es ist umsonst, daß ihr früh aufstehet und hernach
> lange sitzet und esset euer Brot mit Sorgen; denn sei-
> nen Freunden gibt er's schlafend.　　*Psalm 127, 2*

Reni ist jetzt bis zur Beendigung des Buches meine Sekretärin,
hilft Fahnen vergleichen und macht es so geschickt und profes-
sionell und liebenswürdig wie alles, was sie anfaßt, auch darin
Hanni völlig ähnlich.

Das geliebte, häusliche Leben preßt mir das Herz ab: jedes un-
beabsichtigte, harmlose Gespräch von Gehalts- und Verdienst-
fragen wirft mich um. Man möchte sich helfen mit jener schönen,
zarten Lösung dieses Lebens: daß man ein Gast in der Welt ist.
Aber ich glaube, das Andere, Schwerere muß sein: im Glauben
das Haus und die Ordnung des Familienlebens zu besitzen, bis
Gott die Umstände ändert oder ein anderes weist, das geglaubt
werden muß. Mehr als ein Jahr ist nun über dieser Lage vergangen, und es wird und wird nicht leichter, obwohl noch nicht
eine Stunde Not war. Das Leben könnte sogar ärmlicher sein,
wenn es nur eine andere Grundlage hätte. Noch muß dies sein:
der Glaube an's Pfarrhaus und Pastorengehalt – das ich nicht
verdiene und das doch da ist!

28. Oktober 1936 | Mittwoch

> Ich will dich wieder gesund machen und deine Wun-
> den heilen, spricht der Herr.　　*Jeremia 30, 17*

Als besondere Gefahr für das Buch besteht noch die Darstellung
des jungen Friedrich und Sophie Dorotheas; denn so rigoros der
Kampf gegen die Monarchisten auch ist, wurde Friedrich doch
in jener heute üblichen maßlosen Übersteigerung zum National-
heros erklärt – und ob man Bücher bis zum Ende liest? – All das
sind aber sekundäre Fragen, völlig sekundäre, obwohl man alle
Folgerungen bedenken muß. Es kann nur eines geben: hält Gott
seine Hände auch über das erschienene Buch? Tut er es so, daß
ich das neue zu beginnen vermag? Hebt er die irdische Strafe
auf, die auch dieses Buch verdient hat? Läßt er es gelingen? Die
Frage nach Erfolg darf es nicht mehr geben; es kann immer nur
die Frage bleiben, wie Gott hier weiterhandelt, weiterredet! –

1. November 1936 | Sonntag

> Wer verläßt Häuser oder Bruder oder Schwestern
> oder Vater oder Mutter oder Weib oder Kinder oder

Äcker um meines Namens willen, der wird's hundert-
fältig nehmen und das ewige Leben ererben.

Matthäus 19, 29

Als ich zur Kirche ging, sah ich nun wieder über die kleine Brücke
am Blücher-Scheringschen Garten zum ersten Male durch die
entlaubten Gärten unser weißes Haus liegen. Es war ein Morgen
ganz im Nebel; vereinzelt blühten in den Gärten auf dem Wege
zur Kirche noch Rosen. Wenn ich die Predigt zum Reformationssonntag bedenke, vermag ich nur zu sagen: Was bleibt selbst
diesem treuen und ernsten Pastor erspart, aus der Schrift zu erfahren, die er doch mindestens so viel liest wie ich. –
Nachts beendete ich »Mijnheer van Hoenslardyck« mit einem völlig
neuen Schluß, dessen Keime, wie ich nun weiß, in Saarow durch
Hannis dortige Lektüre, Fontanes »Oderbruch«, gelegt wurden.

2. November 1936 | Montag

Der Herr stand mir bei und stärkte mich.

2. Thimotheus 4, 17

Ich beginne nun heut das Schlußkapitel; es war ja alles noch einmal wie ein Neuschreiben und die Mühen über alle Vorstellungen
groß. Als ich Hanni heute gratulierte, sagte sie nur, mich um-
armend: »Aufgefressen von dem alten Preußenkönig.« Und daran ist viel Wahres: am eigenen Leibe habe ich nun etwas von
dem Schicksal Friedrichs, Clements, des Grafen Truchseß von
Waldburg erfahren!
Wenn aber ein toter König sich über die Jahrhunderte hinweg
seine Diener holt – wie ungleich mehr lebt die Jüngerschaft dessen, der gestorben und auferstanden ist, wie ungleich »wirklicher«
ist noch jenes »*vivit*«. Es gibt kein Entrinnen: es »frißt« einen
noch etwas anderes auf als der König von Preußen. – Wo ist die
Lindigkeit, die Milde, die Freundlichkeit der alten Christen? Ist
sie nicht wahr? Stand nur Richtung und nicht Zustand? Ach, das
ist nur Aufgewühltheit und Ergriffenheit, aber eben jene Ergriffenheit (im tiefsten, klarsten, nüchternsten Sinne des Wortes)
derer, die Gott sucht!
Nachts um dreiviertel zwei Uhr beendete ich die Bearbeitung des
Buches, vier Jahre nach dem ersten Buche – auf den Tag. Das
Gleichnis der letzten Silvesterliturgie vom unfruchtbaren Feigenbaum. –
So mühsam und wirr alles noch ist – fünf nahezu unlösbare

Seiten, den letzten Bau von Potsdam und Berlin betreffend, habe ich in ein Sonderkuvert tun müssen – ist nun doch nur noch zu ordnen, zu tippen, einzufügen. Gestaltung – bis auf diese fünf vertagten Seiten, die einen der Erzählung so schwer faßbaren Gegenstand behandeln – ist nun nicht mehr! Welche Veränderungen hat das Buch noch durchgemacht!

4. November 1936 / Mittwoch

> Jesus Christus ist darum für alle gestorben, auf daß die, so da leben, hinfort nicht sich selbst leben, sondern dem, der für sie gestorben und auferstanden ist.
> 2. Korinther 5, 15

Auferstanden! Wie könnte Gott anderes schaffen als Leben! Wie könnte Christi Tod: Gottes – Selbstmord sein! Auferstanden! Ich habe es erst in den letzten Wochen begriffen!

Aber der allen gestorben ist, kann auch nur allen auferstanden sein. Doch um seines Geheimnisses willen läßt Gott es die einen erfahren und die anderen nicht, wie in allem die Scheidung und Entscheidung sein bleiben muß, seit die Menschen sich von ihm schieden. Am unfaßlichsten ist solche Gnade, denen sie widerfährt.

Stuttgart beginnt nun wieder zu quälen. Sie haben zu langsam gesetzt, bekommen jetzt Angst, daß sie den Überblick nicht bekommen können, wieweit nun Schriftseite und Druckseite sich decken werden und wieviel die neuen Verbindungen ausmachen. Sie errechnen einen Umfang, der dem ungekürzten Manuskript sehr nahekommt, und reden von einer Katastrophe –; wieweit darf ich danach fragen, wenn eben alle Bereitwilligkeit nicht zu dem gewünschten Ergebnis führen konnte – und wenn Stuttgart jene Katastrophe nicht erwähnt, die hinter mir bereits liegt?! Schon Langs Gutachten sprach von dem lückenlosen Gewebe. – Das ist nun ungleich mehr der Fall! –

Von nun an kann ich Reni und Hanni von der Tyrannei, mir helfen zu müssen, befreien. Die fünf Restseiten sind geschrieben, und ich kann mich nun ganz mit dem Technischen, Äußerlichen, befassen: Tippen der Verbindungen, einfügen, Korrekturen. – Kampf, schwerster Kampf wird dieses Buch bis zum Tage des Erscheinens wohl nun bleiben.

Aber diese entsetzliche Konzentration und Überorganisation – welche jedoch die Rettung bedeutete – hört nun auf; dieser fürchterliche Krampfzustand, in dem man sich halten mußte, wird sich nun lösen. Diese Schreckensnächte sind vorüber. Der neue Kampf liegt draußen, wird einen nicht so verzehren.

5. November 1936 | Donnerstag

> Was sagt mein Herr seinem Knecht?   *Josua 5, 14*

> Dazu der Losungsvers:
> . . . Ich bin sein Kind und Knecht,
> aus Gnaden schenkt er mir sein Licht und Recht.
> Was er befiehlt, das sind mir alles Sachen,
> ich soll, ich will, ich darf, ich kann sie machen.

Hat er die »Worte in den Mund gelegt«? Hat er in all dem Falschen, Wirren, Unzulänglichen geredet? Habe ich ihn nicht sprechen hören »wie ein Mann mit seinem Freunde redet« bis zu dem heutigen Morgen, in jenen letzten Worten, die zum Schlußkapitel »Der Spiegel« noch fehlten:
»Es spiegelt sich in allen des Herrn Klarheit mit aufgedecktem Angesicht, und wir werden verklärt in dasselbe Bild von einer Klarheit zu der andern, als vom Herrn, der der Geist ist.«

6. November 1936 | Freitag

> So spricht der Herr: Ich habe dich erhört zur gnädigen Zeit und habe dir am Tage des Heils geholfen.
>   *Jesaja 49, 8*

> Er hat alles wohl gemacht.   *Markus 7, 37*

Wie fallen diese Worte in unentwegtes Leiden! Wie muß man sie nachsprechen, zerstört und erschöpft! Sie sind wahr. –
Das ist alles eine große Hilfe und Milde: wie die Novembersonne auf die schönen, zarten Alpenveilchen, von Hannis Geburtstag, in dem Fenster an meinem Arbeitsplatze scheint; wie Milde einen umgibt, wo nur die Bedrohung wirksam scheint. – Zarte, kühle Sonne über den Blättern und dem Schreibtisch – an den man sich nur noch schleppt. Was will Gott? Das ist die Krankheit.

7. November 1936 | Sonnabend

> Wo ist solch ein Gott, wie du bist, der die Sünde vergibt und erläßt die Missetat den übrigen seines Erbteils, der seinen Zorn nicht ewiglich behält! Denn er ist barmherzig.   *Micha 7, 18*

> Wo ist so ein herrlich Volk, zu dem Götter also nahe
> sich tun als der Herr, unser Gott, so oft wir ihn an-
> rufen?
> *5. Mose 4, 7*

Wären nicht die Losungsworte des gestrigen Tages, von dem der
neue Stuttgarter Brief datiert – ich könnte nicht mehr weiter.
Daß das Buch Weihnachten nicht mehr erscheinen kann, an diesen Gedanken hatte ich mich gewöhnt. Schlimmer, zermürbend
ist, daß sie nun einfach nicht weiter setzen, bis nicht aus den
Fahnen und dem Manuskripttext die 280 Seiten herausgenommen
sind, die sie nun über das 1000-Seiten-Format errechnet haben. –
Es wird nicht danach gefragt, welche Veränderung das Buch in
der neuen Fassung durchgemacht hat. Sie zählen die Zeilen; ich
frage nach solcher Unbill nicht mehr. Wie Gott mir weiter hilft –
zum »verlegerisch Möglichen« zu gelangen, danach nur darf
gefragt sein; wie Gott mich durchhält bis zum Ende. Jetzt ist
auch Hanni sehr müde und verzagt und möchte es nie wieder
mit einem Buche so erleben – »so herrlich die Intensität war«.
Was liegt nun noch vor mir! Wie soll ich es vor Hanni und den
Kindern ertragen, nicht zu verdienen und weiter über diesem
Buche zu sitzen und Opfer zu fordern! –
Gott gebe seinen Willen zu erkennen!
Entsetzliche Träume, in denen das Buch halbfertig erschienen ist,
mitten darin abgebrochen – und das Haus stand verfallen, und
wir hatten kein Geld, noch irgend etwas dafür zu tun!

8. November 1936 | Sonntag

> Der Losungsspruch dieses bitteren Tages: Wer sie
> ängstete, der ängstete ihn auch; und der Engel seines
> Angesichts half ihnen. Er erlöste sie, darum, daß er sie
> liebte und ihrer schonte.
> *Jesaja 63, 9*

Am Altar: Denn er hat gesagt: »Ich will dich nicht verlassen
noch versäumen«; also daß wir dürfen sagen: »Der Herr ist mein
Helfer, ich will mich nicht fürchten; was sollte mir ein Mensch
tun?«
Gedenket an eure Lehrer, die euch das Wort Gottes gesagt
haben; ihr Ende schauet an und folget ihrem Glauben nach.
Jesus Christus gestern und heute und derselbe auch in Ewigkeit.
Es ist ein köstlich Ding, daß das Herz fest werde, welches geschieht durch Gnade.
> *Hebräer 13, 7–9*

Auf der Kanzel:
Die Füchse haben Gruben und die Vögel unter dem Himmel haben Nester; aber des Menschen Sohn hat nicht, da er sein Haupt hinlege. – Gehe du aber hin und verkündige das Reich Gottes! – Wer seine Hand an den Pflug legt und sieht zurück, der ist nicht geschickt zum Reich Gottes. *Aus Lukas 9, 58–62*

In der Liturgie (Gnadenspruch) waren aber auch noch diese Sprüche enthalten:
Ja, mir hast du Arbeit gemacht mit deinen Sünden und hast mir Mühe gemacht mit deinen Missetaten. Ich, ich tilge deine Übertretungen um meinetwillen und gedenke deiner Sünden nicht.

Jesaja 43, 24.25

Und: »Die auf den Herrn harren, kriegen neue Kraft« – ALLES, was nicht der Glaube ist, ist nun zusammengebrochen. Ich bin nur noch eine Last, ein Hanni auferlegtes Schicksal, das sie ergreifend trägt. Der Druck, der von mir ausgeht, lastet nun auf dem ganzen Hause. Wie soll ich in diesem Zustand weiterschreiben? Wie soll ich es Hanni noch erleichtern? Hier ist nur noch Schuld und Leiden.

10. November 1936 | Dienstag

Die Losung: Der Herr vergißt nicht des Schreiens der Armen. *Psalm 9, 13*

Sollte Gott nicht retten seine Auserwählten, die zu ihm Tag und Nacht rufen, und sollte er's mit ihnen verziehen? Ich sage euch: Er wird sie erretten in einer Kürze. *Lukas 18, 7.8*

Die Bibellektion:
Wenn ich dich anrufe, so erhörst du mich und gibst meiner Seele große Kraft. Der Herr wird's für mich vollführen. Herr, deine Güte ist ewig. Das Werk deiner Hände wollest du nicht lassen. *Aus Psalm 138*

Milde, milde Sonne und starker Wind, wie im Frühling. Das Herz könnte zerbrechen über all der Güte und dem Frieden, die über diesem Hause liegen. Das ist die furchtbarste Krisis: müde alles dessen, was nicht gelebt und geglaubt ist als Wirklichkeit. – Dies allein vermag mir noch der Inhalt der Kunst zu sein, und ich bin so herabgewirtschaftet, daß die Frage nach Kunst oder Nicht-Kunst bei mir wohl gar nicht mehr gestellt werden darf. – Ich

kann nicht mehr, als das Auferlegte zu ertragen suchen durch die
Schrift und das Gebet.

11. November 1936 | Mittwoch

> Die Losung: Gedenke der vorigen Zeit bis daher und
> betrachte, was der Herr getan hat an den alten Vätern.
> Frage deinen Vater, der wird dir's verkündigen, deine
> Ältesten, die werden dir's sagen. *5. Mose 32, 7*
>
> Die Bibellektion: So schaue nun vom Himmel und
> siehe herab von deiner heiligen, herrlichen Woh-
> nung. – Deine große, herzliche Barmherzigkeit hält
> sich hart gegen mich. *Jesaja 63, 15*

Angesichts all dieser Liebe und Fürsorge kann es nichts geben,
als am Schreibtisch zu bleiben, zu Gott zu beten, daß er um
Hannis willen dieses in meinen Augen gerichtete Werk zu Ende
führen möge; das Werk mag gerichtet sein: aber Gott hat in ihm
gesprochen und bleibt auch in allem Zusammenbruch der Retter,
der er ist.

13. November 1936 | Freitag

> Die Losung: Wende dich zu mir, sei mir gnädig;
> stärke deinen Knecht mit deiner Kraft! *Psalm 86, 16*
>
> Siehe, ich bin bei euch alle Tage bis an der Welt Ende.
> *Matthäus 28, 20*

Nicht nur, daß Hanni mit Pagel telefonierte; nicht nur, daß sie
den Arzt kommen ließ: sie hat auch Reinhold Schneider zu uns
gebeten, damit er uns sage, ob eine Möglichkeit besteht, daß er
mit seinem Verleger[88] über dieses Buch oder ein völlig neues (»Die
Bilder des Königs«) verhandelt, wenn mit der Deva alles scheitern sollte. Denn all die neue Arbeit führt ja nicht zu dem von
ihr gewünschten Ziel. –
Man hatte Schneider sogar schon die Fahnen geschickt, um rechtzeitig einige Kritiken zu haben, und Schneider hatte etwa 70
Fahnen gelesen, und in dem, was er sagte – trotz der ausdrücklichen Bitte um keine falsche Schonung in diesem Augenblick –
lag ein Trost: das Buch, das mir ein Zerrbild geworden ist, ließ
ihn noch nichts davon merken. Aber es ist ja etwas so völlig
anderes, wenn Gott einem die Augen öffnet über alles, was man
tut, und die Umstände, unter denen es geschieht. –

So bleibt Hannis Liebe und Schneiders Hilfsbereitschaft als eine große Hilfe. Sehr seltsam ist, was er von seinem Englandbuch erzählte: ohne Frage ist es das härteste, konzentrierteste seiner Bücher, und ich war der Meinung, es käme allenfalls für seine engsten, treuesten Leser in Frage. Nun ist es aber so gekommen, daß bereits jetzt die erste Auflage von 5000 verkauft ist. Zeitungen haben es in Leitartikeln besprochen. Welch ein wunderliches Volk sind wir. Frömmer und strenger kann ein Buch nicht sein: und nun wird dies so lebhaft verkauft, das von dem Gerichte Gottes über die Völker handelt. Freilich, es wird nach den bisherigen Kritiken, und das ist nun sehr entscheidend, von den Außenpolitikern behandelt und das Religiöse als schwierige Zutat hingenommen. Und dennoch scheint die Wendung zur Historie, die erst die Autoren ergriff, nun auch, entgegen aller sonstigen Mode, die Leser gepackt zu haben. Und zwar jene Historie, die das Heute nicht rechtfertigt oder gar verherrlichen soll, sondern gerade die, die es anklagt. Ist es nur die letzte Zuflucht ohnmächtiger Opposition? Oder sehnt die Zeit sich endlich doch nach dem, das allein sehnenswert ist?

Völlig neu war, was Schneider vom Kronprinzen erzählte, daß am Vorabend des »Tages von Potsdam«, am 21. 3. 1933, Hitler, Göring, Goebbels noch beim Kronprinzen waren; und daß man ihn, damit er die konservativen Kreise freundlich gegen sie beeinflusse, immer in dem Glauben gelassen hat – Hitler selbst hat es ihm gesagt – daß das Ziel die Wiederaufrichtung der Hohenzollernmonarchie wäre. –

Unser Haus ist arm an Gästen geworden: aber dieser eine wiegt viele auf. Über seine große, große Toleranz lerne ich immer mehr umdenken: er schreibt das härteste Gericht über die Völker – und ist so milde in jedem einzelnen Falle, wo er es mit Menschen zu tun hat. Aber wie kann das Reich Gottes denn anders verkündet werden als in der Liebe? Auch, wo das Härteste gesagt sein muß; auch, wo der verblendete, gefallene Mensch kaum noch Freundlichkeit wert scheint – wie kann es anders sein?

14. November 1936 | Sonnabend

> Wende dich zu mir und sei mir gnädig, wie du pflegst
> zu tun denen, die deinen Namen lieben.
>
> *Psalm 119, 132*

> Habt ihr nicht geschmeckt, daß der Herr freundlich ist?
>
> *1. Petrus 2, 3*

Aber er, er muß die Worte auslegen, zu der Stunde, da er es will. Auch dies: aus der Bibel leben – kann immer noch furchtbarste Unordnung sein! Und aller Trost kommt dann allein noch davon her, von Christus zu lesen.

Freundliche Bilder des Sonnabends nach großem Abendgeläut: hinter den »schmalen, weißen Türen von Cossenblath«[89] sitzen droben in der Giebelstube Anneliese und Reni über Handarbeiten; im Barockzimmer Brigitte und Hildebrand[90] über Muthers Kunstgeschichte; in der Bibliothek am Fenster mit all den frischgebliebenen Geburtstagsblumen Hanni im großen Sessel, auch bei einer Handarbeit – ganz nahe an meinem Arbeitsplatz – aber eben an diesem meinem Arbeitstisch tut sich der Abgrund auf, so friedlich, so fleißig alles scheint: er tut sich auf, bis Gott ihn schließt. Denn er, er ist es, der das Buch immer wieder zurückweist; wieder einmal sind der 13. und 14. Abschnitt beendet. –

17. November 1936 | Dienstag

> Ich sehe an den Elenden und der zerbrochenen Geistes ist und der sich fürchtet vor meinem Wort.
>
> *Jesaja 66, 2*
>
> Es wird nicht dunkel bleiben über denen, die in Angst sind.
>
> *Jesaja 8, 23*
>
> Siehe, der Engel des Herrn kam daher, und ein Licht schien in dem Gemach; und er schlug Petrus an die Seite und weckte ihn und sprach: Stehe behende auf! Und die Ketten fielen ihm von seinen Händen.
>
> *Apostelgeschichte 12, 7*

Noch einmal ist im Manuskript das letzte Kapitel beendet, und es geht nun an die Maschinenabschrift der letzten drei Kapitel: jenseits der von Stuttgart gesetzten Grenze; denn Zaubern war unmöglich. Es kann nur Gott anheimgestellt sein, daß ein Ende wird, wirklich ein Ende. Und er gebe einen völlig neuen Anfang: so furchtbar war der Ruf zur Ordnung, der durch die Mühen, das Versagen, die Schuld dieses Buches an mich erging. Bei den Menschen ist auch heute noch kein Ende abzusehen.

Über allen endlosen Zusammenbrüchen und Verzehrungen, in denen alle irdische Hoffnung erlischt, steht der eine Trost: Gott findet, den er sucht. Der Beruf ist eine so schwere Aufgabe für den Glauben geworden wie das Haus.

> Die Losung: Ich bin der Herr, dein Gott, der deine
> rechte Hand stärkt und zu dir spricht: Fürchte dich
> nicht, ich helfe dir! *Jesaja 41, 13*
>
> Jesus kann selig machen immerdar, die durch ihn zu
> Gott kommen, und lebt immerdar und bittet für sie.
> *Hebräer 7, 25*

Was ist verheißen? Daß Gott in der Angst der Welt einen beim
Glauben erhalten will und im Glauben aus dem Gericht genommen hat! Nicht das, was das ungebärdige, wirre Herz als Berufung ergreifen möchte, ist die Berufung! Und nicht, was das
bald begeisterte, bald verängstete Herz als Gebet fühlt, ist das
Gebet. Drei sind, an die allein wir uns zu halten vermögen: das
Kreuz; das Sakrament; das Wort, das wir nicht auszulegen vermögen und von dem wir nur sagen können, wie es im Leben,
eigenem und fremdem, wirkte. Zu viele, die sich berufen glaubten
zu frommer Tat, haben wohl gerade durch ihr Werk im Widerspruch zu Gott gestanden, der das Werk verwerfen und die Person
erwählen kann und es immer als der Rettende, Liebende tut. –
Wo aber Bestimmung ist, so muß es ihm anheimgestellt sein,
wie er einen in der Bestimmung zu seinem Dienste erhält, ohne
den Auftrag anders als eben durch dieses Erhalten im wider-
spruchsvollen, leidensvollen, angezweifelten Dienste zu offenbaren! Die Schneidersche Klarheit: daß einer sein Werk weiß
und viele, viele in einer diesem Werk so entgegengesetzten Zeit
dieses Werk von ihm begehren, wird ein großes Rätsel bleiben.
Denn daß er um die innere Tragödie des Protestanten weiß, ist
mir nach dem Englandbuch kein Zweifel mehr.

27. November 1936 | Freitag

> Ich hörte die Stimme des Herrn, daß er sprach: Wen
> soll ich senden? Wer will unser Bote sein? Ich aber
> sprach: Hier bin ich; sende mich! *Jesaja 6, 8*
>
> Bekümmert euch nicht; denn die Freude am Herrn ist
> eure Stärke. *Nehemia 8, 10*

Morgens um acht ist noch Dunkel und nachmittags um vier
Uhr beginnt schon der Abend. Inmitten dieser trüben Tage voller
Nebel und ersten Frostes und Schneefalls waren aber einige ganz
seltsam sanfte, sonnige Stunden, in denen man sich noch einmal

recht des Gartens annehmen konnte – und belohnt wurde mit spät erblühten, in diesem Garten zum ersten Mal erblühten, klaren, kräftigen, ungemein würzigen Herbstastern, über die Hanni sich rührend freute. In diesen Tagen fielen aber auch die letzten, einzelnen gelben Blätter von den jungen Birken am Hang: und nun ist keine Farbe mehr in der Landschaft, Gartenarbeit und Winterarbeit, als da ist Heizen, Schneeschippen, vorläufig noch ein leichtes Kehren, Sandstreuen, gehen unmittelbar ineinander über und geben dem Körper, was des Körpers ist, so daß – eine große Wohltat – das Haus nicht mehr verlassen zu werden braucht als zum Kirchgang. Schneider aber kommt kaum mehr aus der Stube vor Arbeit, und um die Atmosphäre zu meiden, die überall außerhalb der engsten Umhegung in diesem »glücklichsten Volke« schwer auf einem lastet. Freilich: gerade Schneider ist der Beweis dafür, wie auch am stillsten, abgeschiedensten Schreibtisch die Zeit sich entscheidet. Nun habe ich sein Buch zu Ende gelesen, das alles Große hat wie die bisherigen, Christus noch mehr denn alle früheren den Herrn nennt, und dennoch einen fast leiden läßt unter der schmerzhaft strengen, scharfen Konzentration.

Mein unglückseliger Manuskriptrest geht nun nach dem schweigenden Stuttgart ab. Hilfe und Antwort muß von einer anderen Seite kommen. –

Zum ersten Mal habe ich nun den Versuch gemacht, mich auf ein Inserat hin um einen Lektorenposten zu bewerben.

29. November 1936 | Sonntag (Erster Advent)

> Bereitet den Weg des Herrn und machet seine Steige
> richtig. *Lukas 3, 4*

> Lasset uns halten an dem Bekenntnis der Hoffnung
> und nicht wanken; denn er ist treu, der sie verheißen
> hat. *Hebräer 10, 2*

Vom gestrigen Abend:

Abendmahlslied zu Weihnachten

Mein Gott, dein hohes Fest des Lichtes
hat stets die Leidenden gemeint.
Und wer die Schrecken des Gerichtes
nicht als der Schuldigste beweint,
dem blieb dein Stern noch tief verhüllt
und seine Weihnacht unerfüllt.

Die ersten Zeugen, die du suchtest,
erschienen aller Hoffnung bar.
Voll Angst, als ob du ihnen fluchtest,
und elend war die Hirtenschar.
Den Ärmsten auf verlassenem Feld
gabst du die Botschaft an die Welt.

Die Feier ward zu bunt und heiter,
mit der die Welt dein Fest begeht.
Mach uns doch für die Nacht bereiter,
in der dein Stern am Himmel steht.
Und über deiner Krippe schon
zeig uns dein Kreuz, du Menschensohn.

Herr, daß wir dich so nennen können,
präg unseren Herzen heißer ein.
Wenn unsere Feste jäh zerrönnen,
muß jeder Tag noch Christtag sein.
Wir preisen dich in Schmerz, Schuld, Not
und loben dich bei Wein und Brot.

1. Dezember 1936 | Dienstag

> Ich sehe an den Elenden und der zerbrochenen Gei-
> stes ist und der sich fürchtet vor meinem Wort.
>
> *Jesaja 66, 2*
>
> Machet die Tore weit und die Türen in der Welt hoch,
> daß der König der Ehren einziehe.
> *Psalm 24, 7*

In all den wunden Tagen eine kleine Freude: ein Weihnachts-
katalog der Buchhandlung der Berliner Missionsgesellschaft trug
als Titel eine Strophe aus meinem Kirchenlied »Das Kirchenjahr«
in den »Geistlichen Gedichten«. –
Stuttgart sandte Strichvorschläge für die ersten 186 Fahnen;
wäre man nicht so gefaßt auf alles Arge, das von dieser Seite
kommt, es müßte einen von neuem umwerfen, kaum daß man
sich wieder zum Weiterarbeiten aufgerafft hat.
Das Zusammenleben ist immer enger geworden: denn nun bleibt
Hanni abends immer etwas länger bei mir sitzen, und ich gehe
wesentlich früher schlafen.
Alles deutet darauf hin, daß Reinhold Schneider mit diesem
seinem neunten Buche nun in wenigen Wochen berühmt geworden ist: und muß, auch bei allem Mißverstehen, nicht doch darin

ein Positivum der Zeit erkannt werden, daß so viele Menschen überhaupt mit Schneider etwas anzufangen wissen?

3. Dezember 1936 | Donnerstag

> Gelobet sei der Herr, der Gott Israels! Denn er hat besucht und erlöst sein Volk, wie er vorzeiten geredet hat durch den Mund seiner heiligen Propheten: daß wir, erlöst aus der Hand unserer Feinde, ihm dienten ohne Furcht unser Leben lang in Heiligkeit und Gerechtigkeit, die ihm gefällig ist. – Durch die herzliche Barmherzigkeit unseres Gottes hat uns besucht der Aufgang aus der Höhe, auf daß er erscheine denen, die da sitzen in Finsternis und Schatten des Todes, und richte unsere Füße auf den Weg des Friedens.
>
> *Aus Lukas 1, 68–79*

Die bleiche, schwere Sonne in den kahlen Ästen! Welche Feierlichkeit geht von diesem müden, kühlen Lichte aus, wenn es für einen Augenblick über dem Adventskranz, den Bücherwänden aufglänzte! So schwer, so feierlich ist alles, als geschehe es zum letzten Male. – »Ich bin so zufrieden«, sagt Hanni, »wenn nur kein Krieg kommt.« So tapfer, so freundlich, so blaß zog sie auch heute wieder in die Stadt, Weihnachtsbesorgungen zu machen: meist Dinge, die sie dann abends bei mir näht, um die Geschenke billiger zu machen.

Was in einem ist, muß mehr und mehr verstummen. Aber was vor einem steht, das ist noch Leben, das stündlichen Dank verlangt: ein Gesicht so voller Liebe und Fürsorge wie Hannis, voll solcher Ruhe und doch von allem Gram gezeichnet, ohne den das Menschengesicht fast unerträglich ist. Und über allem die drei, die über das wirre Herz in seinem Zittern sich erheben: das Kreuz, das Wort Gottes, das Sakrament. Da braucht kein Blick mehr zu sein auf das zerstörte und verlorene Ich: nur das sehen; nur das hören!

Ein Anruf von Dr. Pagel: Hätte noch eine Möglichkeit bestanden, das Buch vor Weihnachten herauszubringen, so hätte man es schnell noch ungekürzt, mit 1280 Seiten, erscheinen lassen! – Aber da ist keine Enttäuschung, keine Bitterkeit in mir. Ich danke Gott, daß er mich nicht hat »siegen« lassen. Denn das Buch war aus den Fugen, und das Schlimmste läßt sich nun vielleicht noch ändern, mildern. Ein Segen ist vielleicht noch darin, daß mir die Augen so geöffnet wurden. Wo so viel Gebete an einer Sache haften, kann, wie der Ausgang auch sein mag, nichts ohne Gottes Führung geschehen.

Schwer lastet die »Zeit« auf dem Advent – der allein Zeit sein will. Schwer drückt das Versagen am Buche und um des Buches willen Schuldig-werden. Nicht minder schwer drückt, daß das dritte Jahr keine Aussöhnung mit Mutter ist. Überall klagen einen die drei Jahre an, in denen der Feigenbaum unfruchtbar stand. Und was meint Gott: den Glauben als Frucht oder Frucht des Glaubens? Und wie will der Mensch ermessen, was Frucht des Glaubens genannt werden darf? 2. Petrus 1, 3–11. Dort steht viel davon!

4. Dezember 1936 | Freitag

> Du allein erkennst das Herz der Menschenkinder.
>
> *2. Chronik 6, 30*

> Darum so wird euch der Herr selbst ein Zeichen geben: Siehe, eine Jungfrau ist schwanger und wird einen Sohn gebären, den wird sie heißen Immanuel.
>
> *Jesaja 7, 14*

Die angesammelten Fahnenkorrekturen aufgearbeitet. Und bald – wenn nicht der Schlußteil inzwischen aus Stuttgart eintrifft – beginnt nun das Ganze von neuem: aus zerlegten Fahnen ein neues Buch zusammenzusetzen. – Aber Hanni ist schon wieder zufrieden, seit ich ihr überzeugt sagen kann, daß es gut ist, wenn das Buch in der Gestalt, die es in dem Moment der neuen Krisis hatte, nicht erschien. Schon nimmt sie alles wieder freudiger hin, wenn sie sieht, daß es hier nicht nur um »Menschenquälerei« geht. –

5. Dezember 1936 | Sonnabend

> So seid nun wach allezeit und betet, daß ihr würdig werden möget, zu entfliehen diesem allem, das geschehen soll, und zu stehen vor des Menschen Sohn.
>
> *Lukas 21, 36*

Ein Tag sehr außer der Reihe, weil neue Stuttgarter Fahnen nicht eintrafen und die letzte Bearbeitung erst recht begonnen werden kann, wenn die Korrekturen durchgeführt sind und die Stuttgarter Kürzungsvorschläge vorliegen. So sollte einmal alles getan sein, was vertagt war und erledigt werden muß. Die österlich zarten Vormittagsstunden gehörten dem Garten. Der Rasen glänzte wie an einem Märztag. Dann war ich zu meiner einzigen Weihnachtsbesorgung in der Stadt: eine Nürnberg-Bildermappe für Hanni; denn in unserer Bibliothek und unter unseren Bildern fehlt Hannis Vaterstadt völlig. – Obwohl nun soviel namhafte Autoren außerhalb des Reiches leben und hier nicht mehr erscheinen dürfen, ist das Aufgebot an Büchern nichtnationalsozialistischen Gepräges ungeheuer; die Bücher sind dick und die Preise hoch, und das Leben in den fünf Buchhandlungen, die ich aufsuchte, war rege. –

In diesen Tagen ist der »Literat Thomas Mann« mit seiner ganzen Familie expatriiert und sein Vermögen beschlagnahmt worden. Die Weihnachtsbücher: Flucht in die Geschichte! Flucht in die anderen Nationen! –

Südende lag so still, so dunkel, ganz durchströmt vom Abendglockengeläut. Das innere Auge aber wird die Bilder von Madrid nicht mehr los: Madrid ist wie ein Symbol dieser Tage geworden. Der Kampf des Glaubens, des Faschismus, des Kommunismus hat sich hier verdichtet wie nirgends und noch nie. Madrid ist für die Hauptstädte des Erdteils zur furchtbaren Mahnung geworden. Dieses entsetzliche Schicksal – Kampf von Straße zu Straße, öffentlichem Gebäude zu öffentlichem Gebäude, von Haus zu Haus, ja von Stockwerk zu Stockwerk – unter den Bomben der Fluggeschwader kann vor ihnen allen liegen. Die illustrierten Zeitungen bringen alle als »aktuell« nebeneinander politische Propaganda, Adventsstimmungen, Bilder aus Madrid. –

6. Dezember 1936 | Sonntag (Zweiter Advent)

> Dieser Jesus, welcher von euch ist aufgenommen gen Himmel, wird kommen, wie ihr ihn gesehen habt gen Himmel fahren.
> *Apostelgeschichte 1, 11*

Eine Adventspredigt, die einen – von dem liebsten Liede dieser Zeit an »Mit Ernst, o Menschenkinder« – um nichts betrog. Sie war wie eine unmittelbare Fortsetzung meines gestrigen Abendgespräches mit Hanni über das Verblassen des »historischen« vor dem gegenwärtigen Advent. Auch über dieser Predigt lag der furchtbare Druck einer nahen politischen Katastrophe als Vor-Gericht Gottes. Und aus ihr sprach das gleiche Leiden unter der Hybris der Zeit, an dem wir mehr und mehr laborieren. Kaum ist noch Raum für das »tragische Idyll«, so völlig ist der

Ernst der Zeit auch in die letzten Winkel der milden Zuflucht gedrungen! –

7. Dezember 1936 | Montag

> Die Finsternis vergeht, und das wahre Licht scheint jetzt. *1. Johannes 2, 8*

Eine recht seltsame Sache: Dr. Kilpper schreibt zum ersten Mal einen »richtigen« Verlegerbrief, läßt 500 Mark anweisen, sucht eine persönliche Besprechung. Und in erstem Begreifen, daß es ja zwischen uns beiden auch etwas Geistiges auszumachen gilt, schickt er mir einen Aufsatz aus dem Novemberheft der Neuen Rundschau: »Geschichte eines Romans. Von Thomas Wolfe«. In dem Aufsatz erzählt Wolfe die fünf »Jahre der Qual«, in denen dieses Buch[91] entstand: die fünf Jahre der rein irdischen Qual. Wesen, Leben, Umwelt, Temperatur: alles scheint – auch wenn man noch von Talent zu reden imstande sein möchte, um nicht undankbar zu sein vor Gott – mir denkbar entgegengesetzt zu sein. Aber was da von dem Leiden und Nicht-Werden, von dem Mühen und Nicht-Ernten von Jahr zu Jahr gesagt ist: es ist, als hätte ungewöhnliches Verständnis mir diesen Aufsatz in die Hand gespielt und als könnte ich aus diesen Abschnitten nun Zeile um Zeile übernehmen, auszusagen, was war und noch ist an Verzweifeltem (doch gilt es nur dem Irdischen). Auf eine neue Weise habe ich den Blick auf fremdes Leben tun müssen; noch nie war aber solche Spiegelung da!

8. Dezember 1936 | Dienstag

> Bereitet dem Herrn den Weg, macht auf dem Gefilde eine ebene Bahn unserem Gott! Alle Täler sollen erhöht werden, und alle Berge und Hügel sollen erniedrigt werden, und was ungleich ist, soll eben, und was höckericht ist, soll schlicht werden; denn die Herrlichkeit des Herrn soll offenbart werden, und alles Fleisch miteinander wird es sehen; denn des Herrn Mund hat's geredet. *Jesaja 40, 3–5*

Soweit das Manuskript nun gesetzt ist, hat Stuttgart die Kürzungsvorschläge geschickt, damit ich sie vor der morgigen Besprechung mit Kilpper noch durchsehen kann. Aller Wille, die Verhandlungen zu erleichtern, alle Sehnsucht, die unglückselige Arbeit nicht noch weiter zu verschleppen, ändern nichts daran, daß die Zumutungen weit –, weithin untragbar wirken. Was sollte der Leser

beginnen, wenn ich mich, wie ich so gern möchte, fügte? Die
Vorschläge führen weitab von dem ersehnten Ziel: dem fertigen
Buche.

9. Dezember 1936 | Mittwoch (Namenstag)

> Und du, Bethlehem Ephrata, die du klein bist unter
> den Städten in Juda, aus dir soll mir der kommen, der
> in Israel Herr sei, welches Ausgang von Anfang und
> von Ewigkeit her gewesen ist.   *Micha 5, 1*

Die gefürchtete Unterredung mit Dr. Kilpper, in die ich mit einem
Notizzettel voll banger Fragen ging. Diese Besprechung hat eineinhalb Stunden gedauert und endete damit, daß Dr. Kilpper nur
sagte: »Sie werden wenig Verleger finden, die so viel für einen
Autor zu tun bereit sind.«
Und nun ist ja wohl auch eine große Veränderung geschehen. –
Ich habe in 80 Seiten seiner Striche gewilligt und für 20 gekämpft,
die man mir lassen sollte; es waren sämtlich Stellen, die Kilpper
für zu dichterisch hielt, als daß sie vom König erlebt sein könnten;
und gerade sie waren sämtlich »wahr«: das Bild vom Mann im
Spiegel und im Bilde; der Traum von den drei Tränenbechern –
Dinge, die man bisher übersah; das Goldene Kabinett am Abend
der Flucht; sie stehen alle auf dem Zettel, mit dem ich in den
Kampf ging. Ich habe sie alle wiederbekommen! Freilich will ich
dafür noch in IX und X andere Striche machen, die Kilpper noch
nicht erwog; aber man will mich nicht darauf festlegen. Auf
1000 Seiten nicht mehr – auf 1050 auch nicht; bei 1070 scheint
man den Stuttgarter Berechnungen nach nun angelangt zu sein.
Ein Drittel wird als zweibändige, zwei Drittel werden als einbändige Ausgabe erscheinen! An 80 Buchhändler will man das
Buch vorher zum Lesen schicken, damit die Intensität des »Starts«
die verlorenen günstigen Umstände ausgleicht. – Bis zu dem im
Frühjahr vorgesehenen Erscheinen des Buches soll ich monatlich
250 Mark bekommen. –
Von dem Buche verspricht er sich eine »Sensation« im guten
Sinne; das kann ich nicht.
Er möchte, daß ich ihm einen Roman über die Deutschen Ordens-
ritter schreibe, würde mich dafür auch nach Ostpreußen schicken.
Ach, hätte ich es für den »Vater« gedurft! Von eigenen Plänen
deutete ich – angesichts der Kilpperschen Abwehr weiterer
historisch-biographischer Romane – nur an: das Thema »die

Kirchen«, beide Kirchen an der Wende, dargestellt an einem Menschenleben. Und daß ich der Flucht aus der Gegenwart in die Historie nicht traue, sondern auf die Dauer mehr an die Flucht vor dem Staat in die Kirche glaube. Und darin gab er mir merkwürdigerweise durchaus ernsthaft recht. So ist gesagt, daß ich als mein Thema für die Zukunft »Die Kirche« ersehne und daß man nichts anderes von mir erwarten soll. Doch bange ich mich vor dem Worte der Zukunft; es ist, wenn man es ausspricht, als wollte man Gott etwas entreißen!

Ich sollte, sagte mir Kilpper beim Abschied, auf dem Heimweg immer wieder nur sagen: Das Buch ist nun fertig.

Gebe Gott noch sein Wort dazu. –

Hanni sagte heute nur: »Welch ein schönes Weihnachten wird das!«

11. Dezember 1936 | Freitag

> Kinder, es ist die letzte Stunde! Und wie ihr gehört habt, daß der Widerchrist kommt, so sind nun viele Widerchristen geworden; daher erkennen wir, daß die letzte Stunde ist. Wer ist ein Lügner, wenn nicht, der da leugnet, daß Jesus der Christus sei? Das ist der Widerchrist, der den Vater und den Sohn leugnet. Wer den Sohn leugnet, der hat auch den Vater nicht; wer den Sohn bekennt, der hat auch den Vater.
>
> *1. Johannes 2, 18. 22. 23*

Aus Stuttgart sind 500 Mark gekommen. Und der entsetzliche tote Punkt ist überwunden: die ersten Fahnen des neuen Schlußteils sind da.

Der König von England hat, noch vor der Krönung, abgedankt. Er will eine bürgerliche Frau heiraten, die sich für ihn scheiden ließ. Es bewegt uns sehr: in diesem Augenblicke europäischer Verwirrung hat der Entschluß Eduards VIII. eine ungeheure Bedeutung. Die furchtbare Fürstendämmerung, in offenbarer Schuld der Kronenträger, schreitet fort.

12. Dezember 1936 | Sonnabend

> Und das Wort ward Fleisch und wohnte unter uns, und wir sahen seine Herrlichkeit, eine Herrlichkeit als des eingeborenen Sohnes vom Vater, voller Gnade und Wahrheit. *Johannes 1, 14*

Auf die Lektorenbewerbung kommt Bild und Zeugnis ohne Aufdruck, ohne Federzug völlig anonym zurück: und ich darf beim

Bücherschreiben bleiben, in soviel Angst es auch bisher geschah. Gott sei Dank: Reinhold Schneider hat geschrieben. Hanni hat gesagt: »Sonst haben wir doch niemand zu verlieren.« Sie war sehr verbittert, denn sonst ist niemand, der von unserem Leben auch nur etwas ahnt; und von diesem Manne sind uns doch unsere Maßstäbe gekommen. Er schreibt, daß er am Mittwoch kommt. Und als Hanni seine Zeilen las, sagte sie: »Braucht ein solcher Mann denn auch Trost?« Sein Brief ist uns nichts schuldig geblieben.

Die endgültige Fassung des ersten Kapitels für den Umbruch beendet.

13. Dezember 1936 | Sonntag (Dritter Advent)

> Du aber sei nüchtern allenthalben, sei willig zu leiden,
> tue das Werk eines evangelischen Predigers, richte dein
> Amt redlich aus. *2. Thimotheus 4, 5*

Wahrhaftig: ein silberner Sonntag. Zarter Reif und zarte Sonne, weiches Gewölk und in der glockendurchklungenen Mittagsstunde ein großer Glanz über dem Rasen. Ein lautlos stiller Tag, die Zimmer voller mildester Sonne. Seit sechs Wochen stehen die Alpenveilchen von Hannis Geburtstag in herrlichster Blüte.

Kurzreiter predigte vom Zweifel und von Gottes Führung; und wie im Namen Jesu heute noch Wunder geschehen. Es gibt Gottesdienste, in denen man – so eng die Beziehung zu dem Selbsterlebten scheint – deutlich zu spüren glaubt, wie Gott zu einem anderen, der mit einem hier sitzt und den man nicht kennt, beharrlich und freundlich sprechen läßt. Und gerade darin kann eine besondere Stärkung des Glaubens liegen. –

Gott hat – namentlich wenn ich an die letzten sechs Jahre denke – so viel gegeben, darum ich betete; er gebe auch dies, darum er wohl gebeten sein will zum Feste der Versöhnung: die Versöhnung mit den Meinen. Auch da darf kein Drängen sein; um so beharrlicher muß gebetet werden. Ach, wo ich das Wort Weihnachten höre, ist sofort der Nachklang im Herzen: Versöhnung. –

14. Dezember 1936 | Montag

> Siehe, ich komme bald. Selig ist, der da hält die Worte
> der Weissagung in diesem Buch. *Offenbarung 22, 7*

Wenn wir jetzt immer mit den Töchtern aufstehen, liegt das Haus noch in tiefem Dunkel. Der Widerschein der Straßenlaternen macht das Treppenhaus geheimnisvoll: die alten Dinge werfen schöne Schatten. Wo Kinder sind in der Nachbarschaft, sind ihre Stuben hell. Die Stunden aber, die der Kalender nun noch Tag sein läßt, waren von kühler, klarer Sonne durchströmt vom Sonnenaufgang bis zum Sonnenuntergang. Die starken Schatten der Bäume auf dem Rasen, die zarte Abzeichnung der vielen Alpenveilchen in den weichen Vorhängen!

Als wir das Haus bestellt hatten, gingen wir den Christbaum holen, noch niemals ging es so rasch ab.

Von der Rückkehr an wurde ich nun auch krank; möchte es in diesem Stadium der Arbeit nicht schlimm werden. Alles Aufgestaute, Unterdrückte bricht sich immer gleich so heftig Bahn.

15. Dezember 1936 | Dienstag

> Ihr wisset nicht was ihr anbetet; wir wissen aber, was wir anbeten, denn das Heil kommt von den Juden.
> Ich weiß, daß der Messias kommt, der da Christus heißt.
> *Johannes 4, 22. 25*

Hanni, mit den geringen Hilfen, die ihr gegeben sind, lebt den Tag Katharina von Boras: Krankenpflege, Weihnachtsarbeiten, Wäsche, Großreinemachen, Silberputzen zum Fest. Wieder versichert sie, wie zufrieden sie mit unserem Leben sei und wie leicht ihr alle Arbeit von der Hand gehe. Aber da sie ihren herrlichen Schlaf, der alles ausglich, nicht mehr hat, muß ich besorgt sein. Leidig krank. Und Stuttgart hetzt.

16. Dezember 1936 | Mittwoch

> Freuet euch in dem Herrn allewege! Und abermals sage ich: Freuet euch! Eure Lindigkeit lasset kund sein allen Menschen! Der Herr ist nahe! Sorget nichts!
> *Philipper 4, 4. 5. 6*

Die Umstände, unter denen diese Worte geschrieben sind! Auch wo kein Funk, kein Ullstein, kein Ihlenfeld mehr ist: das, was die Unsicherheit des gar so freien Berufes ausgleichen könnte, ein wenig Friede, wird nicht gewährt. Stuttgart hetzt und quält mehr, als es verantworten kann. Wo kann ich noch Zeit sparen? Das Abschreiben von vielen Bibelstellen darf nicht mehr sein – auch aus anderen Gründen als denen des Zeitmangels nicht. Ebenso muß das Tagebuch endlich ernsthaft, nach immer wieder nicht durchgeführten Vorsätzen, eingeschränkt werden.

Der Ansteckungsgefahr wegen baten wir Schneider, nicht zu kommen. Das brachte uns nun seine Zeilen zu dem »Abendmahlslied zu Weihnachten«!

Ein milder Tag; am Abend rauschender Regen. – In allen Zweifeln an der Urteilsfähigkeit des Verlages hat es Hanni ausgesprochen freundlich berührt, daß Pagel ihr erzählte, Kilpper habe mir ja nicht einmal gesagt, wie sehr das Buch ihn als Vater getroffen habe. –

17. Dezember 1936 | Donnerstag

> Nachdem vorzeiten Gott manchmal und mancherleiweise geredet hat zu den Vätern durch die Propheten, hat er am letzten in diesen Tagen zu uns geredet durch den Sohn.
>
> *Hebräer 1, 1. 2*

Von entsetzten Briefen und Anrufen aus Stuttgart bedrängt, kam am Abend Pagel heraus: ich darf nicht mehr verbessern, sonst wird ein Neusatz daraus. Ich darf die durch die Striche entstandenen Brüche nicht ansehen – darf die mir immer klarer werdenden Mängel, die meine Schuld sind, nicht beheben. Die Fahnen müssen heraus – es ist schrecklich. Hast, Angst, Scham; kein Ausweg mehr. Was will Gott damit, daß dieses Buch, als so offenbar unzulänglich von mir erkannt, heraus soll? Nirgends sonst zeigt er mir eine Möglichkeit des Verdienstes! Für dieses verzweifelte Buch soll ich aber wirklich noch viermal 250 Mark bekommen; aber ich soll auf jeden anderen Maßstab verzichten als Kilppers verhängnisvoll positives Urteil. – Ich soll, nun ich durchs Buch verdiene, das Buch nicht mehr zu retten suchen, – und sein Anblick hat sich doch so völlig für mich gewandelt. Noch einige Wochen unter den neuen Bedingungen daran arbeiten dürfen! –

19. Dezember 1936 | Sonnabend

> Daran sollt ihr den Geist Gottes erkennen: ein jeglicher Geist, der da bekennt, daß Jesus Christus ist in das Fleisch gekommen, der ist von Gott.
>
> *1. Johannes 4, 2*

Früh hat Dr. Kilpper schon wieder verzweifelt angerufen. So darf also nun das neunte und zehnte Kapitel nicht mehr umgeschrieben werden. – Helfe mir Gott hindurch, daß ich nun nichts mehr tun darf. Er, der alles wohlmacht, verschmähe meinen Dienst nicht, ohne den ich nicht mehr sein kann; und das war ja das Große, Große dieses Jahres: daß ich Hannis Leben in ihrem Hause immer stärker in Gott gegründet spüre; alle anderen Maßstäbe sind hin; und immer wieder sehe ich nur den einen Maßstab an alles legen, auf dieses eine alles beziehen.

Das sechste Kapitel nach Stuttgart abgeschickt.

20. Dezember 1936 / Sonntag (Vierter Advent)

> Daher mußte er in allen Dingen seinen Brüdern gleich werden, auf daß er barmherzig würde und ein treuer Hoherpriester vor Gott, zu versöhnen die Sünden des Volks. *Hebräer 2, 17*

Predigt eines unbekannten alten Pastors über Philipper 4, 4. 5. 6 ohne Verschweigen dessen, was Paulus damals erlitt und was uns treffen kann. Die vier Adventspredigten dieses schweren Jahres waren dem Ernst der Zeit gewachsen, die Kirchen aber wieder leer. Es war schon einmal anders. – Vor dem Fenster mit den Alpenveilchen steht der Christbaum, damit sich die Zweige nun schön aushängen.

Nach dem Abendbrot, während ich den ersten Band nun »endgültig« beendete, saß die alte Adventsrunde bei mir im Zimmer um den großen Tisch; mir schien, geselliger denn je, und welcher Trost liegt darin. Die vier Kerzen des Adventskranzes brannten zum letzten Male. Nach den warmen Regentagen schwerer Sonnenuntergang wie zerfließendes Gold; schmale, klare Mondsichel; und in all der Osterwärme Sternennächte wie tiefer Winter im Gebirge.

23. Dezember 1936 / Mittwoch

> Er ist der Glanz seiner Herrlichkeit und das Ebenbild seines Wesens und trägt alle Dinge mit seinem kräftigen Wort und hat gemacht die Reinigung unserer Sünden durch sich selbst. *Hebräer 1, 3*

Für einige Stunden von den Fahnen losgerissen: das Haus zum Fest zu schmücken mit schönen, großen, starken Tannenzweigen und Lametta, gelben Wachskerzen und vor allem, den Christbaum zu putzen. Zur Dämmerung stand der Christbaum in seiner ganzen Pracht da.

Es wieder Weihnachten werden sehen! Wieder alles hören dürfen – begonnen damit, daß die nüchternsten Menschen einen

Abend den Heiligen Abend nennen! – Stiller Arbeitsabend.

24. Dezember 1936 | Donnerstag (Heiliger Abend)

> Gott sei Dank für seine unaussprechliche Gabe!
>
> *2. Korinther 9, 15*

Wir beiden Alten bauten die Weihnachtstische auf: schweres, graues Gewölk am Himmel, manchmal zarte Sonne im Christbaum. Um Mittag noch ruhige Zeit für die Fahnen: 300 bis Weihnachten – wie es sein sollte. – Es war bitter, sie aus der Hand zu geben. – Wir mußten zur Mariendorfer Kirche, weil in Südende ein Deutscher Christ predigte. Die Mühe, Kurzreiters Christnacht aufzusuchen, lohnte; Renerle sagte: »So gut und so schroff«. Ich kann mich keiner so ernsten, so dringlichen, so feierlichen Christnacht entsinnen. Die Predigt über Jesaja 60, 1. 2. Auf dem Heimweg von der Kirche sahen wir wieder überall in den Fenstern die leuchtenden Christbäume; überall war Einbescherung. Und nach der Heimkehr aus dem Gottesdienst war die Einbescherung bei uns mit großer Zufriedenheit der bescheidenen Damen, deren alljährliche Bewunderung für den Christbaum unversieglich ist. Mich rührte am meisten das Buch aus dem Bärenreiter-Verlag – Karten: Könige und Propheten – alle die Karten, die ich im Laufe der Jahre an Schneider schickte. Was von der Welt kam, bewegte mich nicht: so ist es nur noch »Geistliches«, das mit der Welt verbindet: das Christophorusbild von Schneider; die Schriften von Meschkes.

Zu dem Festmahl brannten nur die Kerzen, und die Begeisterung beider Töchter, die nun schon in manchen anderen Haushalt Einblick haben, für unsere Feste ist groß; sie sind immer ganz mitgerissen von der Feierlichkeit, in die das Haus getaucht ist. Wie still war es bei uns vieren. Bilder ansehen – Nürnbergbuch, Zeitschriften – spielte wieder eine große Rolle. Zum Abschluß sangen die Töchter.

25. Dezember 1936 | Freitag (Erster Christtag)

> Da sie es aber gesehen hatten, breiteten sie das Wort aus, welches zu ihnen von diesem Kinde gesagt war.
>
> *Lukas 2, 17*

Sturm, Regen, Kirchgang im Wolkenbruch. Kurzreiters Predigt in der Südender Kirche – die Christbäume brannten wieder, und es war dunkel draußen wie am Abend – über Lukas 2, 10. 11, von dem gleichen Ernste wie die Christnachtspredigt. Die Kirche war nicht sehr voll. Die Lieder, die ernsten, alles abseits von Stimmung und den Ernst dieser Weihnacht begreifend.

26. Dezember 1936 | Sonnabend (Zweiter Weihnachtsfeiertag)

> Der Herr hat mich den Weg geführt.
>
> *1. Mose 24, 27*

> Ich, Jesus, bin die Wurzel des Geschlechtes David,
> der helle Morgenstern.   *Offenbarung 22, 16*

Zarter Reif und starke Sonne; die Blumen, Alpenveilchen und Mimosen im Fenster, leuchten; der Christbaum strahlt. Wieder der Kirchgang; wieder die heitere Frühstücksrunde; wieder die Fahnen, doch weicht nun der Druck im Herzen: möge Gott mich aus den Erfahrungen dieses Buches in ein besseres neues führen. Dies Buch war – Gottes schwere Arbeit an mir in meiner Unordnung – alles andere als »Werk«!
Allmählich, immer stärker füllte sich der so strahlend heraufgekommene Tag mit Nebel und Dunkelheit. Der Baum steht herrlich und frisch wie an dem Tage, an dem ich ihn schmückte! Wunderbar ist früh im kühlen, dunklen Zimmer sein Duft; wunderbarer abends noch der Widerschein in dem glänzenden Holz der alten Möbel, der Schimmer über den alten, goldenen Heiligen; vom Garten her ist es ein märchenhafter Anblick, und in der Dunkelheit und Stille liegt das geliebte weihnachtliche Haus wie eine warme, lichte Insel; so zart, so klar, so friedvoll ist alles: von Jahr zu Jahr vertieft, verschönert, verklärt das Fest sich mehr und mehr: immer deutlicher wird der Abgrund der Zeit, über den es hingeht, und der Grund der Ewigkeit, auf dem es ruht. Welches Geschenk, nach allen Bedrohungen, Erschütterungen, Gefährdungen, es wieder, es noch einmal erleben zu dürfen; denn das ist nun dem Herzen eingehämmert: daß die Bilder und Zeichen des Festes vielleicht sehr bald hingegeben werden müssen. So verloren wirkt die Welt zu dieser heiligen Zeit. Aber so, nur so kann das Fest begangen werden: als Geschenk jenseits aller irdischen Sicherheit und Gewißheit!
»Das Ewige Haus« – das scheint der Titel für Katharina von Bora. Darin entscheidet sich Glaube und Sitte, »Tragik« und »Idyll« des Festes.

> Der Herr ist unser Richter, der Herr ist unser Meister,
> der Herr ist unser König; der hilft uns! *Jesaja 33, 22*

Welche Wohltat, die Tage zwischen den Festen im Hause verleben zu dürfen! In den stillen Morgenstunden war ich ganz allein
wach. Hanni saß am Nachmittag nähend bei mir und meinem
Fahnenberg; hinter Dr. Kilppers Strichen bin ich nur mit 15 Zeilen statt mit den gewährten 20 Seiten zurückgeblieben. Der
furchtbaren Versuchung, noch immer wieder zu verbessern, zu
entgehen, wird das Tagesquantum an Fahnen immer schleunigst
weggeschafft, manchmal abends als letztes oder früh als erstes.
Seltsam, das Buch mit dem Jahre zu Ende zu gehen fühlen – mit
dem Jahre, das unter den Worten stand Lukas 13, 6–9; 1. Korinther 10, 13. – Aber dieses »Zu-Ende-Gehen« ist ein gewaltsames
Losreißen; es ist, als stünde es mir nicht zu, darüber zu entscheiden, wann das Buch fertig ist – als hinge aber alles davon ab,
daß es mit diesem Jahre geschieht! Das Gefühl dieser Notwendigkeit bestimmt alles, ohne daß noch die mindeste Panikstimmung
darin herrschte.

> Fürchte dich nicht, glaube nur! *Markus 5, 36*

Um dreiviertel fünf Uhr nachmittags beendete ich wirklich und
wahrhaftig den »Vater«.
Ein Tag ganz im Nebel. Am Morgen bestellte ich den Garten zu
den neuen Festen, indes der Christbaum schon mit frischen Kerzen besteckt war, holte vom Markt die Neujahrsblume für Hanni,
die durch die Festeinkäufe gar zu lange auf dem Markt zu tun
hatte und nachmittags noch einmal mit Renerle aufbrach: als sie
heimkehrten, schrieb ich gerade das Kuvert für Stuttgart. Nun
ist das schmerzensreiche Buch im Anblick des Christbaumes beendet; möge Gott seine Hände darüberhalten. Viel Schuld und
Mängel haften an dem Buche, die nur Ihm anheimgestellt sein
können.
Durch ein Meer von Nebel trug ich die letzte Fahnensendung zum
Kasten, wie ich vor dem Fest noch spät an manchem Abend zur
Post gepilgert war. Hanni hatte sich sofort in der Küche verschlossen, den Vorratskeller für gesperrt erklärt und alle mög-

lichen Heimlichkeiten vorbereitet für morgen: so lag das Haus
sehr hell in dem undurchdringlichen Abend. Hanni, obwohl sie
alles weiß; die Kinder, obwohl sie vieles ahnen, gratulierten
sehr.

31. Dezember 1936 | Donnerstag (Silvester)

> Der Herr legte seine rechte Hand auf mich und sprach
> zu mir: Fürchte dich nicht! ich bin der Erste und der
> Letzte und der Lebendige.   *Offenbarung 1, 17. 18*

Mit den Morgenglocken, als die Laternen verlöschten, standen
wir auf. Und durch den Fleiß der gesamten Familie lag das Haus,
als die Mittagsglocken läuteten, zur Feier dieses Tages gerüstet:
ohne Hast, ohne ein lautes Wort.

Mittags kamen auch die neuen Umbruchkorrekturen, schon bis
zum IV. Kapitel, die letzten Stunden des Jahres bis zum Beginn
der häuslichen und kirchlichen Feiern gerade füllend: es ist auch
besser als »Muße«; sonst würden einen die Schwächen des Buches
zu sehr beschäftigen. Sonne, zarteste Sonne, lauer Wind, Rasen
und Erde feucht; die herrlichen Alpenveilchen von Hannis Geburtstag sind nun der Schmuck auch noch dieses Festes! Ihr immer
neues Blühen will kein Ende nehmen! Sagt es nicht alles: daß
man dankbar feiern will? Aber eben nur diese eine Möglichkeit
des Feierns besteht noch: in Kirche und Haus. Die umschlossen
alles.

Die Jahresschlußandacht hatte ihren starken Wert wieder in den
Bibelworten; die Kirche war viel voller als im Vorjahr. Und als
müßte er ans Vorjahr erinnern, das das Gleichnis vom Feigenbaum zum Text hatte, gemahnte P. Rieger am Schluß der Ansprache daran, daß es ja recht eingeprägt würde: Es war das Wort
des Jahres.

Der Heimweg: so dichter Nebel wie auch in diesem Nebelwinter
noch nicht; der schöne, bleiche Lichtkreis um die Laternen, die
dunkle Zeichnung des Geästes, ein schwerer Tannenast über die
stille Straße hängend. Die Damen erwarteten mich in Abend-
kleidern, mit dem Schmuck von Mutter und Großmutter und
Urgroßmutter. Das Festmahl wurde bei Kerzen eingenommen:
und danach folgte Hannis und meine eigentliche Feier; man kann
sie nur ein Kerzenfest nennen: die Lichter am Weihnachtsbaum
waren angesteckt; der große Silberleuchter brannte auf dem Renaissancetisch; vor der großen Madonna die vier goldenen Sterne

mit kleinen blauen Lichtern; auf dem Barocksekretär die Rubinleuchter; auf dem kleinen Tisch, an dem wir mit unseren Gläsern saßen, und auf dem Teetisch die roten Sterne mit gelben Christbaumkerzen; und alle Heiligenfiguren trugen ein kleines buntes Licht, der Engel über der Barockkommode auch; und der Heilige, der sonst das Schwert trägt, hatte auch eine Kerze genommen. Die Tanne duftete, das Silber wehte leise, die Kerzen brannten so still nieder: dies war die Möglichkeit, den Abschied von einem schweren Jahre in Erwartung eines unendlich bedrohten, von einer Weltkatastrophe bedrohten, Jahres mit den Seinen zu begehen. –

IST EIN KÖSTLICH DING, DASS DAS HERZ FEST WERDE,
WELCHES GESCHIEHT DURCH GNADE

Hebräer 13, 9

1. Januar 1937 | Freitag (Neujahr)

Meine Zeit steht in deinen Händen.   *Psalm 31, 16*

Mit den Glocken zu den Neujahrsgottesdiensten erwachten wir.
Der Frühstückstisch war mit den Neujahrsblumen der Töchter
geschmückt. Im Hause mit seinen Blumen, über dem Garten mit
seinen tautropfenbehängten, glänzenden Ästen, der stillen, feier-
täglichen Straße ist die Stimmung eines Ostermorgens: auch
zwitscherten Vögel. Die Sonne ist stark, die Schatten voller Kraft;
es ist ein leuchtender, ein klarer milder Tag. Es ist alles neu und
ein neues Fest. Und dieses seltsame Gefühl: Zeit zu haben – alte
Arbeit nicht mehr da; neue noch nicht; die Staatsbibliothek geschlossen.

Nachmittags die freundlichsten Glückwunschschreiben von Reinhold Schneider; aus Stuttgart bereits eine erfreute Eingangs-
bestätigung »vor Tores- und Jahresschluß«.

In der Mariendorfer alten Dorfkirche, noch einmal unter den
Christbäumen, zum Abendmahl: dem ersehnten Abendmahl nach
dem Buch. Überall ist es wieder, das »Fürchte dich nicht!« Kurzreiters Abendmahlspruch: »Fürchtet euch nicht. Ich bin bei euch

alle Tage bis an der Welt Ende«. Ein kleines Abendmahl: darunter die wenigen, die ich immer wieder in der Kirche sehe, mit denen einen also viel verbinden muß. –

Der Predigttext: »Seid fröhlich in Hoffnung, geduldig in Trübsal, haltet an am Gebet«.

2. Januar 1937 | Sonnabend

> Fürchte dich nicht, glaube nur! *Markus 5, 36*

Dies der Spruch der heutigen Losung. So umklammert das »Fürchte dich nicht!« das alte und das neue Jahr.

5. Januar 1937 | Dienstag

> Es wird zu der letzten Zeit der Berg, da des Herrn Haus ist, fest stehen, höher denn alle Berge, und über alle Hügel erhaben werden, und werden alle Heiden dazu laufen. – Es wird kein Volk wieder das andere ein Schwert aufheben, und werden hinfort nicht mehr kriegen lernen. *Jesaja 2, 2. 4*

Die Materialmappen fürs neue Buch eingerichtet. – Hanni, die zu Besorgungen in der Stadt war, brachte mir die bestellten Quellen von der Staatsbibliothek mit. So soll die Arbeit nun zu Epiphanias begonnen werden: so geschiehts unterm Christbaum, ja, ganz dicht neben ihm; denn nun ich zur Arbeit nicht die große räumliche Ausdehnung brauche wie für die vielen Mappen zum »Vater« – vorerst nicht –, arbeite ich wieder an meinem kleinen Schreibtisch. Über dem Ende des alten und dem Anfang des neuen Buches der Christbaum: Gott lasse mich den Weg und das Ende finden, die er will.

6. Januar 1937 | Mittwoch (Epiphaniasfest)

> Gott, der da hieß das Licht aus der Finsternis hervorleuchten, der hat einen hellen Schein in unsere Herzen gegeben, daß durch uns entstünde die Erleuchtung von der Erkenntnis der Klarheit Gottes in dem Angesichte Jesu Christi. *2. Korinther 4, 6*

Der erste Band im Umbruch fertig zur Korrektur eingetroffen. Zum ersten Male feierten wir den Dreikönigstag, der von der kleinen katholischen Kapelle eingeläutet wurde, als wir beim Frühstück saßen. Und das Epiphaniasfest brauchte nicht verloren zu sein; die Bibel und die Brüdergemeinelosung weiß von solchem

Sterben eines Festes nichts. – So soll es gefeiert sein, obwohl die Kirche seiner vergaß. –

7. Januar 1937 | Donnerstag

> Denn welcher Mensch weiß, was im Menschen ist, als der Geist des Menschen, der in ihm ist? Also auch weiß niemand, was in Gott ist, als der Geist Gottes. Wir aber haben nicht empfangen den Geist der Welt, sondern den Geist aus Gott, daß wir wissen können, was uns von Gott gegeben ist.   *1. Korinther 2, 11. 12*

Dr. Kilpper schreibt sehr freundlich und ganz privat von Schloß Elmau zur Beendigung des Buches noch im alten Jahr. »Das neue Jahr wird Sie dafür belohnen.« Warum können Hanni und ich uns das nicht vorstellen? Hat es mit Glauben nichts zu tun? Will Gott »die Jahre wiedererstatten« . . .?
Nun ist dem Haus sein weihnachtlicher Schmuck genommen und der Christbaum abgeputzt; die schönen Blumen verhüllen die Leere. Die Umbruchkorrektur ist noch einmal eine den Tag ausfüllende Arbeit geworden, da das Material in solcher Menge und Eile eingeht. –

12. Januar 1937 | Dienstag

> Wer mich liebt, der wird mein Wort halten; und mein Vater wird ihn lieben, und wir werden zu ihm kommen und Wohnung bei ihm machen.   *Johannes 14, 23*

Der letzte Bogen aus Stuttgart ist da! Das Buch hat 1045 Seiten. Es ist ein großer, großer Berg von Bogen. –
In der Presse eine politische Entspannung. Aber unter welchen Aspekten müssen wir leben und wirken. Da muß Gott über einem wachen und mit einem am Werke sein, daß man nicht einer Lähmung und tiefer Müdigkeit verfällt. Anders kann nicht mehr gelebt und gearbeitet sein als unter dem »Dein Reich komme«. So verzweifelt steht es um die Reiche der Erde. –

13. Januar 1937 | Mittwoch

> Ihr sollt nicht sorgen und sagen: Was werden wir essen, was werden wir trinken, womit werden wir uns kleiden? – Denn euer himmlischer Vater weiß, daß ihr des alles bedürfet.   *Matthäus 6, 31. 32*

Wir hatten nach Neujahr Karten für das heutige Philharmoniekonzert bestellt, jedoch nicht damit gerechnet, daß wir auf dem

Wege zum Konzert die letzten Bogen des Umbruchs würden in den Kasten stecken können! So ist nun der endgültige Abschluß da; ein anderes Gefühl als das der Notwendigkeit des Abschlusses will sich nicht einstellen: aber daß es möglich war, erweckt die viel stärkere Empfindung des Dankes gegen Gott, welche Wege er mit dem Buche nun auch führen mag. – Unmittelbar bevor ich mich zum Konzert umziehen mußte, konnte ich die Arbeit am Buche abschließen. –

In der Kreuz-Zeitung ist nun »Das Theater des Soldatenkönigs«, unter Auslassung der wichtigsten Stelle, erschienen, so daß auch diese Arbeit, dieser Versand, obwohl drei Durchschläge schon zurückkamen, nicht umsonst war. Die Kreuz-Zeitung darf noch ihre alte Devise führen: »Mit Gott für König und Vaterland«. –

Zur Politik dieser Tage schreibt eine italienische Zeitung von der »gequälten Welt«. – Im Spanischen Bürgerkriege hat von Marokko her Rußland nun Deutschland mit französischen Waffen bedroht. –

14. Januar 1937 | Donnerstag

> Ich rief dich bei deinem Namen und nannte dich, da
> du mich noch nicht kanntest.   *Jesaja 45, 4*

Die letzten Spuren der »Vater«-Arbeit verpackt, verstaut, dem Anblick entzogen.

Seit gestern habe ich die Quellenarbeit an der Bora nun, seit der Unterbrechung durch die Stuttgarter Korrektur, wieder aufnehmen können. Die Entscheidungen bezüglich dieses Buches waren ja schon gefallen, als ich noch tief in der Arbeit am »Vater« steckte: so gibt es nun kein Ausweichen mehr, obwohl mich gegenwärtig nichts so erschreckt wie der Gedanke an einen zweiten historischen Roman. Aber daß der Entschluß gefaßt – gebe Gott, daß damit der Weg von ihm gewiesen – war, hilft über die furchtbare innere und äußere Müdigkeit hinweg. –

18. Januar 1937 | Montag

> Wie wir gehört haben, so sehen wir's an der Stadt des
> Herrn Zebaoth, an der Stadt unseres Gottes; Gott er-
> hält sie ewiglich.   *Psalm 48, 9*

So sind wir nun Schwarzes Kloster[92] ohne Katharina von Bora. Am Morgen arbeitete Hanni noch wie immer. Dann um 11 Uhr fuhren wir zum Anhalter Bahnhof.

Zu Hannis Freude kam heute morgen vor ihrer Abreise nach

Nürnberg von Süskind an mich die Aufforderung, für die »Literatur« einen Aufsatz über die Entstehung meines Buches zu schreiben. Nun es sein soll, daß man über sich und seine Arbeit schreiben soll, mag man ganz und gar nicht mehr von sich reden. –

20. Januar 1937 | Mittwoch

> O, daß sie weise wären und vernähmen solches, daß
> sie verstünden, was ihnen hernach begegnen wird!
>
> *5. Mose 32, 29*

Häusliche und Schreibtischarbeit halten sich die Waage und helfen über die schreckhaften Erinnerungen an das Buch hinweg, dessen Lücken, Mängel, Blößen, Fehler, Breiten einen noch peinigend verfolgen. Aber nun darf kein Gedanke mehr daran gesetzt sein! Wieder Bora-Exzerpte. –

22. Januar 1937 | Freitag

> Allein die Anfechtung lehrt aufs Wort merken.
>
> *Jesaja 28, 19*

Die Bibelworte sind in einem furchtbaren Maße wahr und wirklich und gegenwärtig. Über solchem Worte und den Aspekten, die sich vor ihm auftun, geht ein Tag wie in schwerer Krankheit hin. Das Immer-Sündigen-Müssen: versöhnt mit Gott ihm widerstreiten, heimkehrend zu Gott seine Wege meiden zu müssen. Zu müssen: der Satan ist das einzige Wort, das es annähernd umschreibt. Bei Paulus und Luther steht alles.

Arbeit, Arbeit und des Sündigens so müde, daß man sich verbergen möchte vor allen Menschen: denn immer klarer, immer richtender in einem wird das Bild der Gotteswelt nach der Schrift. Aber Häuser sollen gebaut, Bücher geschrieben und Kinder aufgezogen sein. –

24. Januar 1937 | Sonntag (Septuagesimä)

> Ich bin dein Teil und dein Erbgut.   *4. Mose 18, 20*

Die Besucher des gestrigen und des heutigen Tages – von Pagel kam gar noch eine Einladung zum Tee; Schneider sagte sich für Dienstag an – waren zuviel. Zwischen zwei Büchern geht es nicht. Noch erschrecken mich Mängel, Fehler, Unordnung des »Vater« gar zu quälend. Gerade heute schrieb und sagte Pagel, wenn ich das Inserat im Buchhändler-Börsenblatt gesehen haben werde, werde ich vor Stolz gar nicht mehr mit ihm reden. Ach, Stolz!

Auch das beendete Buch ist wie eine Krankheit, und mit dieser Krankheit kann ich nicht unter die Menschen.

Zu wenig, noch zu wenig am »Vater« gearbeitet. – Der Versuch erster »Sonntagsruhe« tat nicht gut. Und doch sie muß sein: nicht um der Gesundheit, sondern um des Glaubens willen. –

26. Januar 1937 | Dienstag

> Geduld ist euch not, auf daß ihr den Willen Gottes tut und die Verheißung empfanget. *Hebräer 10, 36*

Am Tage der Beerdigung ihrer Mutter hat Lene Haacke sich nun darum bemüht, Mutter und mich auszusöhnen. Das ist ihr gutes menschliches und verwandtschaftliches Recht. – Aber die Hand Gottes kann ich noch nirgends anders als an meinem Herzen spüren. An der Versöhnlichkeit kann sich nichts ändern. Noch schweigt Gott, wie er auch zum Buche schweigt. Aber auch schweigend handelt er an uns. – Ich glaube, so ungeduldig und bange ich warte, vor Ihm ist es noch nicht an der Zeit. –

29. Januar 1937 | Freitag

> Euer Vater weiß, was ihr bedürfet, ehe denn ihr ihn bittet. *Matthäus 6, 8*

Hoher Winter und angestrengteste Arbeit. Die für morgen angekündigte Regierungserklärung lastet sehr auf einem. Wird sie – nach den soeben vorangegangenen Reden des englischen und französischen Außenministers – außenpolitischer Natur und friedlicher Tendenz sein? Wird sie das Kolonialproblem berühren? Wird sie gegenseitige Zusicherungen vorschlagen? An Innenpolitisches, Rassisches oder Militärisches glaube ich diesmal nicht. An Leib und Seele zerschlagen. Gott aber weiß, was wir bedürfen, ehe denn wir bitten. Es muß eine Heilung sein: woher brechen immer wieder so furchtbare Gefahren in einem auf? Gefahren, in deren Wahrnehmung aller Erschöpfung durch kein Ausruhen nachgegeben werden kann. Was ist da am Glauben so in Unordnung?

30. Januar 1937 | Sonnabend

> Denn wir liegen vor dir mit unserem Gebet, nicht auf unsere Gerechtigkeit, sondern auf deine große Barmherzigkeit. *Daniel 9. 18*

Heute ist es zehn Jahre her, daß ich in Beuthen in Vaters schwerer Krankheit meine einzige Predigt hielt. –

Gott gebe mir das Pfarramt und das Pfarrhaus auch als Schriftsteller. – Was das Eigenste der Existenz angeht, so redet »Das ewige Haus« eine noch viel dringlichere Sprache zu mir als »Der Vater«; so will es mir manchmal scheinen, wenn die Basis meines Lebens, die mich trägt, mir unerträglich vorkommt!

Hitlers Rede und die Regierungserklärung: Ich übergehe die Prophezeiungen; ich übersehe die Verleihung des Goldenen Parteiabzeichens an die Regierungsmitglieder, die wie der Reichsaußenminister von Neurath der Nationalsozialistischen Partei noch nicht angehörten; ich zweifle an der Echtheit des Glaubens an den »Allmächtigen« angesichts all der Hybris; ich bange mich vor der Vergöttlichung des Blutes und der Rasse – aber ich füge mich allen Einsichten in die entsetzlichen Gefahren des Bolschewismus; und ich sehe keinen Weg, die letzten Konsequenzen des begonnenen Bruches mit dem Versailler Vertrag nicht zu ziehen; auch habe ich sogar das Zutrauen, daß nun ein Ende sein wird mit der Politik der »Überraschungen«. Und von der Dringlichkeit des Kolonialproblems bin ich überzeugt.

Abends kam Billum. Ich bin spät noch mit ihm zu Mutter[93] gefahren und habe sie gesehen: so zerquält, so entstellt, so verfallen, daß kein Zweifel mehr war an dem, was zu geschehen hatte. Hilde und Erhard, die im Nebenzimmer waren, sprach ich nur flüchtig.

Möchte es keine Erschütterung für Hanni sein. –

31. Januar 1937 / Sonntag

> Fürchte dich nicht! Ich bin der Erste und der Letzte und der Lebendige; ich war tot, und siehe, ich bin lebendig von Ewigkeit zu Ewigkeit.
>
> *Offenbarung 1, 17. 18*

Wieviel Takt und wieviel Liebe haben die Kinder heute und gestern bewiesen.

Nachmittags war ich einmal bei Mutter. Gestern schien sie mir noch zu verängstigt, zu zweifelnd: es bedurfte der Bestätigung für sie.

Von mir aus soll gar nichts geschehen, als daß ich Mutter hin und wieder anrufe und in großen Abständen einmal besuche. An mehr wage ich noch nicht zu denken, mehr von Gott noch nicht zu erbitten; ja, alles, was weitergreifen möchte, erscheint mir voller Gefahren. –

2. Februar 1937 | Dienstag

> Er demütigte dich und ließ dich hungern und speiste
> dich mit Manna; auf daß er dir kundtäte, daß der
> Mensch nicht lebt vom Brot allein, sondern von allem,
> was aus dem Mund des Herrn geht.   *5. Mose 8, 3*

Welcher Schritt vom Winter hinweg, welche Stimmung der Erwartung! Der letzte Schnee unter schöner, starker Sonne im Garten, ihr Widerschein auf der Bücherwand, davor der Abendbrottisch zu Hannis Begrüßung.

Die Reise war nicht so verfehlt, wie ich fürchtete: Hanni sah wirklich wohler aus. Der Abend verging mit langer Mahlzeit, Auspacken von Mitbringseln, allgemeiner Freude. Wir Älteren sprachen noch nach Mitternacht. Ach, welche »Reisekarten« hat Hanni
mir mitgebracht: den Würzburger Crucifixus, der die Arme vom
Kreuze löst; eine Gott-Vater-Pietà; einen Michael; die Madonna,
deren Krone man neben unseren Christus-Füßen von Veit Stoß
sieht. Und das große, große Geschenk: den Leichnam Christi aus
einer Grablegungsgruppe; die tiefste, schönste Plastik, die wir
besitzen!

3. Februar 1937 | Mittwoch

> Jesus sprach zu seinen Jüngern: Was bekümmert ihr
> euch doch, daß ihr nicht Brot habt? Vernehmt ihr
> noch nichts und seid noch nicht verständig? Habt ihr
> noch ein erstarrtes Herz in euch?   *Markus 8, 17*

Solche Worte sollten unter die Tischgebete aufgenommen werden!

Ein warmer, dunkler Regentag. Am Morgen, bei der Hausarbeit,
noch viel Erzählen! Zwischen allem anderen höre ich nur immer
wieder Hannis große Versöhnlichkeit Mutter gegenüber heraus.

In der Vermutung, daß Mutter bis zu Hannis Rückkehr aus den
geheimen Ängsten und Zweifeln noch nicht herauskommt, rief
ich sie an, ihr zu sagen, daß Hanni dafür ist, daß ich meinen Besuch bei Mutter bald wiederhole, damit sie es glaubt, daß sich nun
nichts ändert.

Hanni meinte, ich hätte meinen Schritt vielleicht schon eher tun
sollen.

Wenn er nur nicht zu früh war: denn ich war ja bereit seit Jahr
und Tag. –

Ich hatte es nur als die ferne Möglichkeit für eine weitere Zukunft angedeutet, daß wir die für Mutter beruhigende Form eines Zusammenseins in dieser Form finden könnten: gemeinsam mit ihr etwa einmal in die Matthäus-Passion zu gehen. Und schon brachte Hanni heute aus der Stadt drei Karten für die Matthäus-Passion im Dom am 17. Februar mit.

Beide sind wir uns im klaren, daß die inneren Bedingungen nicht mehr untersucht und geprüft sein dürfen, wenn eine erträgliche, freundliche Lösung eingeleitet und behauptet werden soll. –

6. Februar 1937 | Sonnabend

> Was können sie Gutes lehren, weil sie des Herrn Wort
> verwerfen? *Jeremia 8, 9*

Mit den Nachmittag-Sonderzügen trafen – den Anlaß, »Die Grüne Woche«, freilich negierend – unsere Gäste zu ihren Geschäften und Besorgungen ein: Ilse F. aus Breslau, Traute L. aus Rostock. Zum Abendgeläut versammelten sich all die vielen Frauen um den heiteren, festlichen Tisch. Über dem Garten noch nicht, aber über dem Hause liegt ein Hauch von Vorfrühling. Und wenn es aus den Familien auch nur Ernstes zu berichten gibt, so freuen sich doch alle Frauen des Zusammenseins.

7. Februar 1937 | Sonntag (Estomihi)

> Die auf den Herrn hoffen, die werden nicht fallen, son-
> dern ewig bleiben wie der Berg Zion. *Psalm 125, 1*

Ein stiller, häuslicher Tag: nur in den Gesprächen abseits der Mahlzeit bebt die Zeit, und wir sehen immer wieder mit Entsetzen die Trostlosigkeit derer, die, von der Zeit nicht mehr getragen, sondern befehdet wie wir, nun im gewaltigen Ausgleich nicht in der Mitte aller Zeit leben dürfen.

Jetzt erst habe ich begriffen, was es heißt, Christi Erben zu sein. Nun erst kann »Das ewige Haus« sich klären.

8. Februar 1937 | Montag

> Sei mir ein starker Fels. *Psalm 31, 3*

»Nicht reden«, sagte Hanni abends, als die Tage mit den Gästen wieder um waren. –

»Nicht reden« – welch übermächtiges Bedürfnis ist das geworden!

Über dem Arbeits- und Tischplatz, die ja eines sind – was in den Zeiten, in denen ich nichts verdiente (und auf ihre baldige Wiederkehr muß ich gefaßt sein), einen großen Eindruck auf mich machte –, stehen auf dem Bücherbrett nun nicht mehr die drei frohen Hirten, sondern ruht nun der Grablegungsleichnam: eine Verwandlung, die nicht leichten Sinnes vorgenommen und hingenommen werden kann. –

9. Februar 1937 | Dienstag

> Herr, Gott Zebaoth, tröste uns, laß dein Antlitz leuchten; so genesen wir. *Psalm 80, 20*

Leichter, zarter Schnee zum Fastnachtsmorgen; danach ein kalter, dunkler Regentag. Um die Dämmerung war es wieder dichter Schneefall. Ein Tag stiller Arbeit. Nach dem Abendbrot versammelten wir uns für eine Stunde – die Kinder nicht um Fastnacht zu betrügen – im Barockzimmer zu einem Glase Glühwein und Pfannkuchen, deren symbolische Bedeutung;[94] wie die der Brezeln ich erst ums vergangene Weihnachtsfest kennenlernte. Diesem ernsten Haus soll kein kleinstes Fest verlorengehen. Das folgt aus dem Beruf: wir sind ja für die Feiertage der abgearbeiteten Menschen da; und je mehr wir den Kern aller Feiertage sichtbar machen, desto näher sind wir dem Sinn unseres Berufs. –

11. Februar 1937 | Donnerstag

> Wir haben nicht einen Hohenpriester, der nicht könnte Mitleiden haben mit unsern Schwachheiten, sondern der versucht ist allenthalben gleich wie wir, doch ohne Sünde. *Hebräer 4, 15*

Wir waren für eine knappe halbe Stunde in Potsdam. Der Aufsatz »Die Bilder des Königs« kam von der »Literatur« zur Korrektur. Mir war nicht ganz geheuer, ob ich mich nach drei Jahren nicht in der Darstellung des heutigen Zustandes der drei Königsstuben irrte. Deshalb mußte die Fahrt nach Potsdam sein, und es ergaben sich auch einige Fehler. So stand ich noch einmal am »Ausgangspunkt« des Romans – und es war kaum zu fassen, daß dieser Winkel im Stadtschloß jemals diese Umwälzung in einem bewirkt hat! Heut stand ich dort »wie jeder andere Mensch« und diese Welt des Königs redete nicht mehr. Auch Hanni sagte, sie vermag es kaum mehr zu fassen, daß die Dinge dort einmal solche Sprache zu einem redeten. Das sind wunderliche Augenblicke, hinter deren Geheimnis man nicht kommt.

»Der Vater« war ein Vorgang der Ordnung; »Das ewige Haus« ist wie ein Prozeß der Entäußerung. In ihrer Schmerzhaftigkeit sind sie gleich. –

Wir waren die einzigen Menschen im Schloß. Wir sahen ein uns noch unbekanntes Selbstbildnis in braunem, sehr glatt anliegendem Rock zu straffem, weißem Hals- und Brusttuch. Ein strenges, weltliches, einfaches Gegenstück zu dem Selbstbildnis im priesterlichen Rock.

12./13. Februar 1937 | Freitag und Sonnabend

> Es fehlte nichts an allem Guten, das der Herr dem
> Hause Israel verheißen hatte. Es kam alles.
>
> *Josua 21, 45*

Der Sonnabend-Anruf bei Mutter. Ein noch in der Beuthener Zeit liegender Traum von Mutter bewegte mich aber, nun, da die Matthäuspassion im Dom bevorsteht. Damals, 1934, hatte Mutter geträumt, ich führe sie in einen Dom und sagte: »Nun ist alles wieder, wie es war.« –

Das von Pagel mehrfach angekündigte Inserat im Buchhändler-Börsenblatt wurde mir im Abzug geschickt: zwei Seiten, ein Exzerpt aus Langs gutgemeintem Gutachten. Peinlich empfinden wir die große Schlußwendung: Ein großer Erfolg ist dem Buche sicher!

Die Angstträume von dem Buch hören noch immer nicht auf; aber nun sehe ich es wenigstens als fertiges Buch. –

Von den Menschen nichts mehr zu erwarten – es ist ein billiges Resultat schwerer Erfahrungen. In ein entscheidendes Stadium rücken sie erst, wenn man es weiß, daß in den Menschen, von denen man nichts mehr erwartet, Gott an einem stündlich, streng und gnädig handelt.

Wie schwer kommt dieses neue Buch herauf. –

15. Februar 1937 | Montag

> Man soll dich nicht mehr die Verlassene, noch dein
> Land eine Wüstung heißen.   *Jesaja 62, 4*

Ich bin wieder – man hat nun wohl Angst wegen des Inserates – zu Pagel in Sachen der Schrifttumskammer bestellt. All dessen

bin ich sehr müde. Gebe Gott mit dem neuen Buche einen neuen
Lebensabschnitt. Im alten bin ich so fertig.

16. Februar 1937 | Dienstag

> Jesus sprach: – Ich muß heute in deinem Hause ein-
> kehren!
> *Lukas 19, 5*

Ein schwerer Tag. In dem Augenblick, in dem man mir – wie
heute – im Verlag mit der größten Freundlichkeit und Anerkennung begegnet, »an mich glaubt«, wo ich verzagt bin, droht wieder mit unverminderter Wucht alle alte Gefahr von der Schrifttumskammer her. Zunächst soll mein Aufsatz »Die Bilder des
Königs« nicht erscheinen, nicht auf das Buch aufmerksam zu
machen; ich brauchte doch wohl eine Ausnahmeerlaubnis –.
Mein klauselloser Ausweis von der Schrifttumskammer ist nichts,
nichts wert. Die Deva hat jetzt mit grausamem Katz-und-Maus-
Spiel den Autoren gegenüber die schrecklichsten Erfahrungen
hinter sich[95]. Es soll alles so ohne Recht und Menschlichkeit
sein.
Gerade heute ist das schreckliche Rieseninserat erschienen. Es
gibt nichts, als in Geduld abzuwarten, und zu wissen in wessen
Hände alles ruht, und daß Gott auch, wo er straft, nur führt.
Heute schrieb Schneider sowohl an Pagel wie an mich, und ich
merkte, welche Wohltat und Genugtuung seine Zeilen auch für
Hanni bedeuteten; ich hatte ihm die gewünschten Vorschläge für
die »Zerlegung« der Bibel in kleine »Themenkreise« geschickt.
Er schreibt, was mich zum ersten Male über das Buch zu trösten
vermag.

18. Februar 1937 | Donnerstag

> Er berief die Zwölf und hob an – und gebot ihnen,
> daß sie nichts bei sich trügen auf dem Wege denn allein
> einen Stab, keine Tasche, kein Brot, kein Geld im Gür-
> tel, aber wären geschuht, und daß sie nicht zwei Röcke
> anzögen.
> *Markus 6, 7–9*

Wieder überwältigte gestern die abendliche Stadt um die Zeit des
Geschäftsschlusses und Theaterbeginns. Der Dom war restlos
gefüllt, die Aufführung nicht von der Furtwänglerschen Groß-
artigkeit, aber doch sehr, sehr schön, so daß man sie auch in
dieser Wiedergabe unbedingt noch einmal hören möchte.
Diese Form des Wiedersehens – Hanni und Mutter sahen sich

seit 1932 nicht – war vielleicht der erste richtige Schritt. Mutter sah noch sehr elend aus, war auch noch völlig unsicher; aber sie wirkte durchaus gepflegt und keinesfalls wie eine Sechzigjährige! Hier ist kein Erwarten mehr, nur noch Gewähren – worauf aber einfach Mutters Liebe trotz aller schlechten Einflüsse ein Recht hat.

So war nun Mutters Traum vom Dom und der Versöhnung nach drei Jahren erfüllt.

19. Februar 1937 | Freitag

> Habe ich Gnade vor dir gefunden, so mache mir doch ein Zeichen, daß du es seist, der mit mir redet.
>
> *Richter 6, 17*

Wir sprachen heute davon, wie wir jeder, Hanni und ich, auch in unseren geheimsten Gedanken nicht, auch nur für einen Augenblick von dem Buch etwas zu hoffen vermögen, als wäre alle solche Hoffnung wirklich in uns tot.

Auch auf Hanni wirken Schneiders Worte zum Buche so stark, daß sie nach allem Künftigen nun gar nicht mehr fragen möchte. Wir fragten ja nur nach dieser einen Stimme – und ich hatte es ehrlich gemeint: er solle nicht lesen. –

20. Februar 1937 | Sonnabend

> Der Herr sprach zu Mose: Was du jetzt geredet hast, will ich auch tun; denn du hast Gnade vor meinen Augen gefunden, und ich kenne dich mit Namen. Wem ich aber gnädig bin, dem bin ich gnädig; und wes ich mich erbarme, des erbarme ich mich. – Aber mein Angesicht kann man nicht sehen.
>
> *2. Mose 33, 17. 19. 23*

Lektion für den Sonntag Reminiscere.

Der Sonnabend-Anruf bei Mutter. Noch immer ist sie sehr bewegt, erregt und fremd. Aber nun beginnt sie doch, eine Sprache zu finden. Sie sagte heute, sie habe in den Jahren ohne mich geistig und seelisch brachgelegen. Hanni aber läßt, wenn ich in der Diele telefoniere, die Türe offen, und aus allem spüre ich, daß sie sich freut.

Heute forderte der Verlag eine Namensliste zum Versand von Besprechungsexemplaren an; wir staunten, daß wir da noch immer ein halbes Hundert Professoren, Redakteure, Schriftsteller in engerer, schon begrenzter Auswahl anzugeben hatten. Solche Arbeit macht Hanni besonders gern.

> Das Geheimnis des Herrn ist unter denen, die ihn
> fürchten; und seinen Bund läßt er sie wissen.
>
> *Psalm 25, 14*

Ein nahezu lautloser Morgen zur Arbeit; Hanni zu Besorgungen
in der Stadt, die Kinder in der Schule; Regen, Schnee und dunkles
Gewölk, das Haus zum Wochenanfang wie zu einem Fest. Abends
rief Kurt Meschke, auf der Durchreise wiederum zu einer Berneuchener Tagung in Lüneburg, an. Er nimmt meine Gedichte mit.
Und ich solle einen Paulus schreiben. Davon gerade hatte ich mit
Hanni nach der Matthäus-Passion gesprochen. Mit Jesaja und
Paulus käme ich vielleicht von der Bibel »künstlerisch frei«. Seit
der Umgruppierung der Plastiken steht ja auch der Paulus »nicht
ohne Beziehung« auf meinem Schreibtisch.

In einer Goebbels-Rede, speziell über die Aufgaben der Dichtung, ein bedrohlicher Satz laut Pressebericht: »Als das stolze Ergebnis der Neugestaltung des Kulturlebens unter nationalsozia-
listischer Führung hob Reichsminister Dr. Goebbels hervor, daß
der Reichskulturkammer als einer der ganz wenigen Organisa-
tionen außerhalb der Partei keine Juden, keine Halbjuden, und
keine jüdisch versippten Mitglieder angehören.«

Hoffnung ist nicht mehr; und der Glaube meint ja nie einen
menschlichen Weg, sondern immer nur das göttliche Ziel. –

24. Februar 1937 | Mittwoch

> Fürwahr, er ist nicht ferne von einem jeglichen unter
> uns. Denn in ihm leben, weben und sind wir; wie auch
> etliche Poeten bei euch gesagt haben: Wir sind seines
> Geschlechts.
> Und zwar hat Gott die Zeit der Unwissenheit über-
> sehen; nun aber gebietet er allen Menschen an allen
> Enden, Buße zu tun, darum daß er einen Tag gesetzt
> hat, an welchem er richten will den Kreis des Erd-
> bodens mit Gerechtigkeit durch einen Mann, in
> welchem er's beschlossen hat und jedermann vorhält
> den Glauben, nachdem er ihn hat von den Toten auf-
> erweckt. *Apostelgeschichte 17, 27. 28. 30. 31*

Früh kam ein Brief von Dr. Pagel, der das erste Exemplar des
Buches ankündigte, und mittags, gerade als unsere Hausarbeit
getan war, traf gleichzeitig mit nochmaligem Anruf von Pagel
das Buch ein, zusammen mit dem mir von Dr. Kilpper ans Herz

gelegten Werk über den Deutschen Orden. Den blausilbernen Einband fanden wir bis auf den Rücken gar nicht übel, obwohl der schwarzgoldene schöner gewesen sein soll. Renis Freude, als sie aus der Schule kam, war rührend. Für Hanni und mich war mehr Bewegtheit als Freude. –

Und nachdem ich nachmittags der Rezensentenliste wegen noch einmal zu Pagel bestellt war, wurde ich doch sehr schweren Herzens; und Hanni mag es trotz aller unserer Ruhe nicht anders gehen. Die Goebbels-Rede habe ich – obwohl »versippt« doch blutsverwandt bedeutet – nicht zu pessimistisch interpretiert. Die Ausschlußaktion scheint nun ihrem trüben Ende entgegenzueilen. Doch bleibt die wohl bitter schwer zu erkämpfende Möglichkeit der Ausnahmegenehmigung. In diesem Moment ist alles das sehr hart.

Pagel zeigt mir Schneiders Brief; darin schreibt er nicht vom Religiösen, aber »Klepper hat dem König ins Herz geblickt wie noch niemand zuvor« und daß er an den Erfolg »des außerordentlichen Buches« glaube. –

Daß das Buch vor mir liegt, und das, was Schneider mir schrieb, muß für uns den Abschluß bedeuten. Noch bleibt das Gebet um Gottes Wort dazu. Schneiders Worte nehme ich dankbar als von Gott gewährten Trost. –

Während ich abends arbeitete, begann Hanni mit der Lektüre des zweiten Teils, den sie noch nicht kennt.

Dr. Kilpper schrieb ich einen kurzen Dank und sandte ihm die »Geistlichen Gedichte«.

Die erste private Buchbestellung, die beim Verlag einging, stammt von der Gemahlin[96] des Kaisers im Doorner Exil. So viel einen vom Kaiser trennt – der Gedanke bewegt einen, daß aller Wahrscheinlichkeit nach nun der letzte Kaiser im holländischen Exil vom »Mijnheer van Hoenslardyck« lesen wird. –

25. Februar 1937 | Donnerstag

> Ich dachte: Wohlan, ich will sein nicht mehr gedenken und nicht mehr in seinem Namen predigen. Aber es ward in meinem Herzen wie ein brennendes Feuer, in meinen Gebeinen verschlossen, daß ich's nicht leiden konnte, und wäre schier vergangen. *Jeremia 20, 9*

Das Erwachen war wieder fast so schwer wie nach der Funk- und nach der Ullstein-Entlassung. –

Die Kinder haben mir zum Erscheinen des Buches sechs Gläser für die tägliche Tafelrunde geschenkt, die als einziges im Haushalt fehlten.

Hanni war heute beim Anwalt; er hatte gerade ähnliche Fälle wie den unseren zu bearbeiten; und nachdem er bisher ausschließlich und radikal die Interessen der Kinder verfocht – gerade deshalb wollte ich aber, daß Hanni wieder zu ihm ging –, teilte er diesmal von vornherein unseren Standpunkt – unseren, seit Hanni sich den meinen so völlig zu eigen gemacht hat: daß der Einsatz für die Fortführungsmöglichkeit unserer Ehe nicht allein von einer Seite erfolgen darf. Auf meinen radikalen Verzicht auf meine »Sicherheit« antwortet sie mir nun, indem sie mir Anteil gibt an der »Sicherheit«, die ihr noch gehört: Mitbesitz des Hauses. Das andere alles wird im Bora-Buche stehen. –

26. Februar 1937 | Freitag

> Jesus sprach zu ihnen: Was bekümmert ihr euch doch, daß ihr nicht Brot habt? Vernehmet ihr noch nichts und seid noch nicht verständig? Habt ihr noch ein erstarrtes Herz in euch? Ihr habt Augen, und sehet nicht, und habt Ohren, und höret nicht, und denket nicht daran, da ich fünf Brote brach unter fünftausend: wie viel Körbe voll Brocken hobt ihr da auf? Sie sprachen: Zwölf. Da ich aber die sieben brach unter die viertausend, wie viel Körbe voll Brocken hobt ihr da auf? Sie sprachen: Sieben. Und er sprach zu ihnen: Wie, vernehmet ihr denn nichts?   *Markus 8, 17–21*

Ach, daß die »Berufsschwierigkeiten« jetzt immer gleich so an die ganze Existenz gehen und vor das Letzte stellen. Es ist wieder wie körperliche Krankheit: diese tiefe Bangigkeit des Herzens. »Das ewige Haus« beginnt so schwer, wie »Der Vater« schloß. Aber doch ist eine große Veränderung geschehen dadurch, daß Gott das Buch werden ließ. – Gott sei auch über seinem Erscheinen!

Wie sind mir die Bibelworte dieses zu Ende gehenden Lebensjahres eingeprägt. –

Schneider, uns für Montag nach Potsdam einladend, schreibt ein drittes Mal zum Buch; und nun das Höchste:

»Der Gedanke an die Vollendung Ihres großen Werkes, an Gestalt und Gehalt, ist für mich immer wieder wie ein Geschenk.«

Wie darf das möglich sein nach aller meiner Verzweiflung über das Buch? –

1. März 1937 | Montag

> So ich im Finstern sitze, so ist doch der Herr mein
> Licht.
> *Micha 7, 8*

Wir waren bei Reinhold Schneider zum Tee: seine häßliche Arbeitsstube ist durch die Fülle der Bücher, Exzerpte, Skizzen, Kunstblätter nun doch zu einer eigenen Schönheit gelangt. Und überraschend durch seine Bedeutsamkeit ist ein riesiges Porträt Schneiders von Leo von König.
Noch einmal versicherte uns Schneider seiner brieflich mitgeteilten Meinung zum »Vater«. – Er hat jetzt unangenehme Rückfragen der Schrifttumskammer erhalten, spürt also unmittelbar die gegen ihn gerichtete Aktion.[97]
Schneider hat nun auch eine Luther-Ausgabe angeschafft. An Stelle Heinrichs VIII. hängt nun mein »König David im Arbor Jesse«. Wir nahmen Schneider eine blaue Hyazinthe mit, die ihn überaus freute.
Heute in Schneiders Zimmer sah ich erst wieder, wie schön die Arbeitssphäre unseres Berufes ist: der Lichtschein der Arbeitslampe über den halbbeschriebenen und mit Zeilen eng bedeckten Bogen, die Bücherwände, die Studienbilder. Und hier wie dort zur Hand die Bibel.
Am betroffensten bin ich, wenn ich nach all dem Mühen, Quälen, Schleppen, Konstruieren nun – es sei Schneider oder Pagel – von meiner »Besessenheit« reden höre. –

2. März 1937 | Dienstag

> Der Gerechte ist auch in seinem Tod getrost.
> *Sprüche 14, 32*

Von den Kirchenfragen her, von der Anmeldung unserer Kolonialforderung und der erhöhten, völligen Militarisierung Italiens her schien mir über diesem erschöpfenden Tage ein furchtbarer Druck, eine peinigende Beunruhigung zu liegen. Es ist eine große Gnade in dieser Zeit, von einem Arbeitsplan »besessen« sein zu dürfen, der kein *contra*, nur ein *pro* umschließt: *pro cruce*.
Die Geschäftigkeit im Winkel[98] ist mir furchtbar. Schneider muß los davon.

> Jesus aber sprach: – Es ist niemand, der eine Tat tue
> in meinem Namen und möge bald übel von mir reden.
>
> *Markus 9, 39*

Durch einen Anruf bei der Deva stellt sich heraus, daß meine
Freiexemplare seit dem Anfang der Woche hier liegen. Zehn ver-
sendet mir der Verlag; fünf einbändige und fünf zweibändige
holten mir die braven Töchter mit Koffern, und die zweibändige
Ausgabe wurde von den Damen sehr bewundert. Endlich konnte
ich nun Hanni, der das Buch öffentlich nicht gewidmet sein darf,
ihr Exemplar mit einigen schönen Rosen geben; und nun hatte
ich das Buch auch für »Renate Philippine Charlottes« Geburtstag
im Hause. Bald ging ich daran, die sehr kurzen Widmungen einzutragen und die Geschenkexemplare zu versenden. Mit Anteilnahme geschah es nur in einigen wenigen Fällen: Meschkes,
Schneider, Professor Hermann, Pastor Kurzreiter. Abends –
durch eine Winternacht – brachte ich das Buch zu Mutter, um
alle Unterbrechungen wieder auf den einen Tag zu konzentrieren.
Abends spät bauten wir noch den Geburtstagstisch auf. Bei diesem geliebten Kinde mußten wir an uns halten, unseren Etat nicht
zu weit zu überschreiten. Renerle hat sich etwas »von mir ganz
allein« gewünscht und bekommt ein silbernes Armband. –

5. März 1937 | Freitag

> Herr, tue meine Lippen auf, daß mein Mund deinen
> Ruhm verkündige.
>
> *Psalm 51, 17*

Geburtstag wie in der eigenen Jugend: Schnee, Ostereier, rosa
Hyazinthen, Schneeglöckchen. – Wir bereiten dem Kinde alles
sehr festlich, weil es keine Freundin hat, die zu Besuch kommt,
und allein mit uns feiern muß. Doch hat ihr eine Klassengefährtin
ein Geschenk gemacht.
Während der Einbescherung kam ein dicker Stoß politisch-rassi-
scher Fragebogen von der Schrifttumskammer. –
Als erster nach dem Erscheinen des Buches meldete sich Bischoff
mit einem Briefe, sehr freundlich. –
Die »Literatur« hat mir einen Abzug von Friedrich Wilhelms
Selbstporträt von 1737 geschenkt, das sie im Aprilheft zu meinem
Aufsatz veröffentlicht. Nun hängt es schon gerahmt, zu unserer
Freude, neben den Bücherbrettern.

Heute erörterten wir am Morgen Hannis Übertritt zur Kirche und ihre Taufe durch Kurzreiter. Ich glaube, nun ist wieder ein weiter Schritt zurück getan. Es zieht sie zur Bibel; sie glaubt an Christus – und fern, fern ist ihr die Kirche. Immer wieder erkläre ich Hanni, von welch schlichter, geringer Art die Jünger Jesu waren. Aber ich muß wieder warten. Alles, alles steht allein bei Gott. –

7. März 1937 | Sonntag (Laetare)

> Bringet dem Herrn die Ehre seines Namens; betet an den Herrn in heiligem Schmuck! **Psalm 29, 2**

Umgehend und ungleich wärmer denn je sendet Professor Hermann seinen Dank für das Buch und stellt ein späteres Schreiben zum Buche in Aussicht. Er schickt eine Schrift von sich mit, »Deutung und Umdeutung der Schrift«, und eine Sammlung von 30 Bildern des Caspar David Friedrich, worüber Hanni sich nicht minder freute als ich.

Welchen Trost, welche Bestätigung bedeutete die völlige Übereinstimmung aller eigenen Gedanken mit Professor Hermanns neuer Schrift! –

13. März 1937 | Sonnabend

> Glaubet an den Herrn, euren Gott, so werdet ihr sicher sein; und glaubet seinen Propheten, so werdet ihr Glück haben. **2. Chronik 20, 20**

Der erste Frühlingstag: voller weicher Luft, Vogelsang, Sonne, blauem Gewölk. Der Nachbargarten wurde zum Einzug umgegraben, und Steiner[99], der eine der beiden neuen Nachbarn, kam an den Zaun, mich zum »Vater« zu beglückwünschen, den er in seiner großen Buchhandlung besonders propagieren läßt und an dessen Erfolg er, trotz des hohen Preises, als Buchhändler glaubt. (In der Stadt sah ich das Buch nun mehrmals.)

Wir waren in der Stadt gewesen, mir heute für die Romanhonorare ein Bankkonto einzurichten und beim Anwalt die Schenkung des halben Hauses an mich notariell zu machen. Nun ist dies alles so problemlos. Nicht einmal künftige Erbschaftssteuer für die Kinder – das letzte Bedenken galt diesem Umstand – kommt in Frage. –

Wieviel ist nun zum Abschluß gelangt: das Buch – der Mitbesitz am Hause – die Versöhnung mit Mutter –.

431

Dies alles muß geschehen im Gefühl und Bewußtsein der Schuld. Vom Werke gilt: ». . . was Gott annimmt, ist seine eigene Barmherzigkeit in unseren Werken, das ist die Gestalt Hiobs bzw. die Gerechtigkeit Christi für uns« Luther.

Möge Gott uns gnädig in allen Erschütterungen bewahren, die mit dem Erscheinen des Buches nun sehr bald über uns kommen können. Am 19. muß ich die ausgefüllten Fragebogen bei der Kammer einreichen; und noch bin ich zu schwach, als daß ich, von mir aus, der Unruhe und Niedergeschlagenheit Herr werden könnte; und von mir aus soll es ja auch nicht sein.

»Es ist ein köstlich Ding, daß das Herz fest werde, welches geschieht durch Gnade.« –

16. März 1937 | Dienstag

Wo nicht dein Angesicht vorangeht, so führe uns nicht von dannen hinauf. *2. Mose 33, 15*

So schwer ist der Weg von einem Buche zum nächsten. –
Arbeit, unentwegte Arbeit, die tiefe Bangigkeit des Herzens zu beschwichtigen und, ehe neue Erschütterungen kommen, schon tief in dem Neuen gegründet zu sein. Die Müdigkeit ist ärger als in den schlimmsten Zeiten des Romans; so scheint es mir manchmal.

17. März 1937 | Mittwoch

Er wird behüten die Füße seiner Heiligen.

1. Samuel 2, 9

Immer, wenn nach der Totenstarre der letzten Jahre eine »berufliche Stimme« sich rührt, nehme ich mit Rührung, ja mit Freude wahr, wie Hanni auflebt.

Meschkes, die bei ihren Berneuchenern für mein von Kippenberg abgelehntes Projekt der Bibel-»Zerlegung« werben wollen (ich bat, die Resonanz auf den »Vater« abzuwarten), schickten ein Stück aus dem letzten Briefe von Professor Stählin[100] an Kurt: »Für Euren Brief bin ich Euch ganz besonders dankbar. Jochen Klepper ist mir nicht ganz fremd. Vor einigen Jahren wollte ich Gedichte im ‚Gottesjahr' abdrucken und hatte einige von Jochen Klepper in engster Wahl; die Aufnahme scheiterte dann nur an technischen Dingen. Sein Buch habe ich mir vom Verlag be-

stellt . . . Ebenso will ich gern ihn und Reinhold Schneider zur Mitarbeit am Gottesjahr 1938 auffordern; will damit nur warten, bis ich den »Vater« und das »Inselreich« gelesen habe. Also ich danke Euch sehr für diese Vermittlung. Mit solchen Menschen Fühlung zu gewinnen, halte ich für viel wichtiger und zukunftskräftiger als alle kirchenpolitischen Wechselfälle.«
Wird sich die Angst und Starre um mich noch einmal lösen? Gibt Gott dem Buche einen Weg?

18. März 1937 | Donnerstag

> Siehe, ich habe vor dir gegeben eine offene Tür, und niemand kann sie zuschließen; denn du hast eine kleine Kraft und hast mein Wort behalten und hast meinen Namen nicht verleugnet. *Offenbarung 3, 8*

Dies der Text der heutigen Losung.
Es ist rührend zu sehen, wie Hanni voller bedingungsloser Freundlichkeit jedem begegnet, der mir nur die geringste Freude bereitet; und wie sie voller Zorn und Haß sich gegen alles wendet, das sich gegen mich stellt oder mich übergeht.
Der Vater-Prospekt, der im wesentlichen wieder das Inserat aus dem Buchhändlerbörsenblatt bringt, enthält zu meiner Freude als Zusatz aus dem »Motto« des Schlußkapitels das Bibelwort: »Der Himmel ist hoch und die Erde tief, aber der Könige Herz ist unerforschlich.«
Die unglückseligen Papiere zum letzten Einsendungstermin an die Reichsschrifttumskammer abgeschickt.

20. März 1937 | Sonnabend

> Meine Seele ist stille zu Gott, der mir hilft.
> *Psalm 62, 2*

Im Propagandaministerium scheint es wieder heftige Auseinandersetzungen gegeben zu haben, so starke Umbildungen in Rundfunk und Ufa gehen aus den heutigen Pressemeldungen hervor. Konsequenzen für die Schrifttumskammer?
Wie für's Buch als Geschenk kommt eine große Lukas-Cranach-Ausstellung nach Berlin! Hannis Freude war rührend.
So sehr wir alles gefährliche Spiel mit Apokalypse und Antichrist ablehnen –, das gemahnt an den Antichrist, wie seit heute

zur Karwoche an den Litfaß-Säulen riesige rote Werbeplakate des »Stürmer«[101] kleben: mit dem Cruzifixus und einem Judengesicht und den Schlagzeilen: Vor 2000 Jahren der größte Ritualmord! Der »Stürmer« weist nach, wie Jesus Christus nur die Juden bekämpfte! –

22. März 1937 | Montag

> Wer darf denn sagen, daß solches geschehe ohne des Herrn Befehl? *Klagelieder 3, 37*
>
> Dazu der Vers:
> Er löset, was wir binden;
> er stürzet, was wir baun.
> Wir können's nicht ergründen,
> wir können nur vertraun.
>
> und *Matthäus 26, 53. 54*

Klagelieder 3! So tritt nun unter diesen Worten der Schrift zum »astronomischen« Jahr und dem Kirchenjahr das Lebensjahr. –
Es war ein zarter, kühler, sonniger Geburtstagsmorgen, und da die Töchter nun schon Ferien haben, eine fröhliche Einbescherung und ein heiteres Frühstück. Unter den Hyazinthen und Kerzen lagen die Konzertkarten für die Johannespassion am Gründonnerstag, ein Buch über Riemenschneiders Creglinger Altar, von den Kindern eine Cranach-Monographie, schöne Wäsche für Haus und Person, von der »Erzköchin« Gebackenes und Gebratenes. Auch Mutter hatte ihre berühmten Plätzchen gebacken und eine rosa Hyazinthe gebracht.
Den Spätnachmittag und den Abend verbrachten wir allein. –

27. März 1937 | Stiller Sonnabend

> Ich will wachen über mein Wort, daß ich's tue.
> *Jeremia 1, 12*

So ist nun das Schwere, mit jeder Post erwartet, gekommen: der Ausschluß aus der Schrifttumskammer. – In solchen Stunden kann nichts gelten und geschehen als der Blick auf die Worte der Schrift.
Die sehr schöne, ungekürzte Aufführung der Matthäuspassion hatte wieder eine volle, volle Kirche gefunden, so viele Aufführungen der Matthäuspassion auch stattgefunden haben in dieser Passionszeit. Nachts bei der Heimkehr aus der Matthäuspassion atmete das Haus – die Schläferinnen, die drei, hinter den weißen

Türen; die »Briefe«, die Erfrischungen auf dem Klosterzahltisch–solche Liebe, solchen Frieden, war so völlig Zuflucht. Gott möge sie weiter gewähren. Den Ostersonnabend hatte Hanni heute schon so ganz nach meinen inneren Wünschen vorbereitet: den Tisch bestellt mit allem, was er in der Kinderzeit trug; und keine Hast, schon seit dem Gründonnerstagmorgen, im Hause. Draußen waren heute diesen Abend nur die Glocken festlich: der Abend war dunkel, kalt und regnerisch.

Pagel, den wir nur kurz am Telefon sprachen, war sehr niedergeschlagen; und hatte doch, als der ganze schreckliche Komplex wieder auftauchte, so siegesgewiß von der Ausnahmegenehmigung gesprochen.

Wir werden weiter arbeiten und weiter die stillen Feste begehen, so lange es gewährt ist. Denn nun liegt wohl eine lange, schwere Wartezeit vor uns; und sie darf nicht verloren werden für den Fall, daß ich die Ausnahmegenehmigung erhalte. –

28. März 1937 | Ostersonntag

> Wenn du bis an der Himmel Ende verstoßen wärest, so wird dich doch der Herr, dein Gott, von dort sammeln und dich von dort holen. 5. Mose 30, 4

Ostern und Hochzeitstag. Vom frühen Morgen an läuteten die Glocken. Ach, welches Erwachen mit so schwerem, verwundetem Herzen, Seite an Seite, unter so vollem, ernstem Geläute.

Die Kinder hatten uns den Frühstückstisch geschmückt, wie er alljährlich am Ostermorgen in den Jahren unserer Ehe geschmückt zu sein pflegte. Unaufhörlich läuteten noch die Glocken, brauste der Wind, fiel der Schnee. –

Hanni und ich haben uns die Wappenringe zum Feste und zum Erscheinen des Buches neu schleifen lassen, weil beider Steine zerschlagen waren. Das war ein seltsamer Augenblick: nach sechs Jahren so schwerer Ehe sich von neuem Ringe, die gleichen, anzustecken. –

Auf unsere gestrigen Zeilen hin rief Reinhold Schneider an; denn er wollte sie nicht glauben, konnte sie nicht verstehen und mag nichts anderes annehmen, als daß das Buch selbst mir wieder die Wege ebnen müsse.

Auch Schneider sagte von sich aus, was Hanni und ich uns schon versicherten: was es an innerer Hilfe bedeutet, daß dieser Schlag uns trifft, nachdem das Buch nun fertig und erschienen vorliegt. –

29. März 1937 | Ostermontag

Bleibe bei uns.   *Lukas 24, 29*

In der Mariendorfer Kirche zum Ostergottesdienst und Abendmahl. Die Kirche war sehr voll, auch die Abendmahlsgemeinde viel größer, als ich am zweiten Feiertag erwartet hatte. Nur muß man sich immer vergegenwärtigen, daß dahinter eine so riesige Gemeinde von 25 000 Seelen steht. Kurzreiters Predigten behaupten sich weiter völlig gegen den persönlichen Eindruck.

Immer fester glaube ich, daß durchs Abendmahl irdische Strafe in solches Leiden verwandelt wird, darin Christus uns sich ähnlich machen will zum Zeugnis von ihm.

30. März 1937 | Dienstag

Gelobet sei der Herr täglich. Gott legt uns eine Last auf; aber er hilft uns auch.   *Psalm 68, 20*

Zu Pagel bestellt. Wie er diesmal hinter mir steht, wie schon Schritte eingeleitet sind, tut doch unendlich wohl. Und daß er so dringlich rät, nichts in der Lebensführung zu verändern und in der Arbeit am neuen Buche zu bleiben.

31. März 1937 | Mittwoch

Das Jahr, die Meinen zu erlösen, ist gekommen.

Jesaja 63, 4

Auf Wunsch des Verlages habe ich heute mein ganzes Hanns-Johst-Material von 1927/28 eingereicht, sieben Belege und zwei seiner Bücher mit Widmungen. Wird er als Präsident der Schrifttumskammer sich daran erinnern lassen? Kann man es tun?

Auf Pagels Wunsch sollte ich Bischoff und Mirbt selbst anrufen; er glaubt, daß wir trotz meiner Zurückgezogenheit auf sie zählen könnten. Mirbt ist noch verreist, und seine Frau sagte Hanni nur, wie begeistert er vom Buche sei.

Bischoff, der nun bei Ullstein in fester Stellung ist, war herzlicher, als ich es nach meiner Isolierung hatte erwarten dürfen. Am Schrecken der anderen merken wir, welche Kämpfe nun beginnen müssen. Süskind hatte Bischoff gesagt, die Deva verspreche sich vom »Vater« einen ähnlichen Erfolg wie von Ina Seidels »Wunschkind«. –

Gott führt mich durch dieses alles, um mir auch vor der Welt meine Vergangenheit durchzustreichen, so wie sie vor ihm durchgestrichen ist.

Abends spät noch rief Mirbt an; er hat, zur Werbung beim VDA[102], das Buch mit auf der Reise gehabt; er kennt es ganz, wirbt mit allem Eifer, vergißt aller alten Differenzen und stellt sich »vorbehaltlos« hinter den Verlag für mich. Er nannte mir namhafte Zeugen, vor denen er mein Buch für das beste der letzten Jahre erklärte. Und auch er, von sich aus, betont, daß es von höchster Wichtigkeit sei, daß das Buch und nicht ein Manuskript vorliege.

1. April 1937 | Donnerstag

> Wir schreiben euch nichts anderes, als was ihr leset und auch befindet. Ich hoffe aber, ihr werdet uns auch bis ans Ende also befinden, gleichwie ihr uns zum Teil befunden habt. – Alle Gottesverheißungen sind Ja in ihm und sind Amen in ihm, Gott zu Lobe durch uns.
>
> 2. Korinther 1, 13. 20

Heute schreibt Harald Braun, der von den Ereignissen noch nicht wußte: ». . . der Anfang ist Hochachtung, dann kommt das Erstaunen und dann Bewunderung . . . Daß man nie und nirgends das Gefühl einer Inkongruenz zwischen Stoff und Gehalt hat, sondern fortwährend um neue Einsichten, Übersichten und Ordnungen bereichert wird, hebt das Buch ernstlich über alles hinaus, was ich in den letzten zwei Jahren las.« –

Die Vorarbeiten fürs »Ewige Haus« haben es mit sich gebracht, daß ich aus meinen Tagebüchern die Notizen über Jahreszeiten, Wetter etc. exzerpiere. Hat mir auf diesem Wege Gott noch einmal so recht deutlich machen wollen, welchen Weg er mich bisher mit dem »Vater« geführt hat? Etwa, wenn da drei Tage vor dem Entstehen des Friedrich-Wilhelm-Planes steht: »Eines Tages verlangt der Glaube das Äußerste von einem, und man muß Gott ein solches Wort hinhalten: ‚Nun, Gott Israels, laß deine Worte wahr werden.' Das ist für den Glauben das Schwerste.« Heute: »Ich rede es und tue es auch, spricht der Herr.« Hesekiel 37, 14.

Um einhalb drei zu Dr. Kilpper bestellt, der heute seine Berliner Besprechungen hat. Er war sehr ruhig, weil er nach der letzten Goebbels-Rede auf nichts anderes gefaßt sein konnte. Er hatte mich nur bestellt, mir Mut zuzusprechen, mir zu versichern, daß die Zahlungen weitergehen und daß er sie in einigen Monaten erhöhen zu können hofft. – Dann wollte er von meinen Eindrücken vom Deutsch-Orden-Stoffe wissen: er ließ sich rasch davon überzeugen, wie schwer zugänglich der Stoff der Epik ist. Gestern

nun, was Kilpper erst durch mich erfuhr, sah ich den ersten
Deutsch-Orden-Roman: von Heinrich Bauer[103]. Der interessiert
mich sehr um der dramaturgischen Lösung willen. So legte Kilpper
diesen seinen Plan nun beiseite; und die Frage nach meinem
neuen Plane kam. Ich brauchte nur kurz zu berichten – da war kein
Widerstand, nur völliges Mitgehen und nur das Wort: »Ein herrlicher Plan«.

So steht in diesem schweren Augenblicke meines Lebens die ersehnte, die erbetene Möglichkeit meines Lebens vor mir: vom
Bücherschreiben leben zu können – vom Schreiben der Bücher,
die sich aus meinem innersten Leben wie ein entscheidendes
Schicksal erheben!

Wie mildert Gott den härtesten Schlag, den wir erfuhren und auszuhalten erst beginnen müssen. –

Sie sehen alle nur die jüdische Frau als das Hindernis meines
beruflichen Lebens – ich sehe, in Gottes Lichte vor mich gestellt,
meine gesamte Vergangenheit als einen Wall vor einem neuen
Leben: einen Wall, den nur Gott niederlegen kann in seinem
Erbarmen und tröstend mit seinen herrlichen Verheißungen der
Gnade und nicht des Erfolges.

Sie berufen sich alle darauf, daß gegen meine Person nichts vorläge.
Gott weiß, was mich anklagt. Aber wessen er sich erbarmt, dessen
erbarmt er sich. Unter gar keinem anderen Gesichtspunkt als dem
des göttlichen Erbarmens darf das »Unrecht«, das mir geschieht,
angesehen werden.

Spät abends noch ein Anruf von Harald Braun: Wir sollen nur
stolz und glücklich sein. – Es wird alles für mich geschehen. – Von
sich selbst aus war er schon entschlossen, an Hanns Johst zu
schreiben. –

2. April 1937 | Freitag

Wir wollen euch nicht verhalten, liebe Brüder, unsere
Trübsal, die uns – – widerfahren ist, da wir über
die Maßen beschwert waren und über Macht, also daß
wir auch am Leben verzagten und bei uns beschlossen
hatten, wir müßten sterben. Das geschah aber darum,
damit wir unser Vertrauen nicht auf uns selbst sollen stellen, sondern auf Gott, der die Toten aufer-
weckt; welcher uns von solchem Tode erlöst hat und
noch täglich erlöst; und wir hoffen auf ihn, er werde
uns auch hinfort erlösen, durch Hilfe auch eurer

> Fürbitte für uns, auf daß über uns für die Gabe, die
> uns gegeben ist, durch viel Personen viel Dank ge-
> schehe. *2. Korinther 1, 8–11*

Beinahe etwas fassungslos stehen wir davor, wie es sich um uns
regt; wie die früheren Menschen wieder um uns auftauchen; wie
sie wirklich und wahrhaftig helfen wollen!
Anruf Dr. Werner[104] auf meine gestrigen Zeilen: ich solle morgen
um Eins zu ihm auf die DAZ kommen.
Anruf Pagel: Auch Dr. Fechter und Dr. Wirth/Deutsche Zukunft
stünden nach ihrer gestrigen Besprechung mit Dr. Kilpper hinter
uns, samt ihrer Beziehung zum Berliner Tageblatt. Und: die
ersten dreitausend Exemplare des »Vater« gehen dem Ende zu;
Stuttgart druckt nach; ich solle die Druckfehler der ersten Auflage korrigieren. –
Zwei Stunden in Mirbts VDA-Büro. Er ist über alles Erwarten
»in Fahrt«, setzt alle seine Beziehungen bei VDA und Wehrmacht und eventuell die ferne persönliche zu Hanns Johst ein.
Abends um einhalb zehn Anruf von Pagel und Mirbt: der Reichskriegsminister erhält von einer offiziellen Stelle der Wehrmacht
das Buch in besonderem Einband nachträglich zu seinem 40-jäh-
rigen Militärjubiläum! Gleichzeitig wird es Fritsch, dem Chef der
Heeresleitung, überreicht.
Bade, Bischoffs Protektor, Regierungsrat im Propagandaministerium, der das Buch bereits kennt und ebenfalls so sehr positiv
beurteilt, hat sich bereit erklärt, an Johst zu schreiben; er würde
erforderlichenfalls auch Schritte bei Minister Goebbels unternehmen. –
Heute habe ich es nun selber miterlebt, wie über mein armes Buch
die Gespräche hin und her gingen – ein »überraschendes, über-
ragendes Buch«.
Die Buchhandlung Amelang, teilt Braun uns mit, hat ein Sonder-
fenster gemacht: 15 mal »Der Vater« in einer Reihe. – Pagel berichtete, daß Amelang zu 50 Exemplaren noch 20 nachbestellt hat. –

5. April 1937 | Montag

> Du hast meine Seele vom Tode errettet, meine Füße
> vom Gleiten, daß ich wandle vor Gott im Licht der
> Lebendigen. *Psalm 56, 14*

Der 40. Psalm. In all der Demut: »Siehe, ich will mir meinen
Mund nicht stopfen lassen, Herr, das weißt du«, denn »er hat mir

ein neues Lied in meinen Mund gegeben, zu loben unseren Gott«.

»Das ewige Haus« unterbrochen und die Korrekturen für die zweite Auflage des »Vater« begonnen. –

Mit den »Bildern des Königs«, meiner vorerst letzten Veröffentlichung, erschien nun Reinhold Schneiders große Kritik über den »Vater«: »Friedrich Wilhelms Wiederkehr«[105]. Davon wird nun Friede ausgehen auf mich.

Immer wieder rührt sich das freigegebene Telefon: es ist nicht einer, der ausbricht. Bischoff vergewisserte mich noch einmal des Beistandes von Bade/Propagandaministerium und wie völlig Dr. Roeseler, der Leiter des Propyläen Verlages/Ullstein seine alten Vorurteile gegen mich begraben habe und mir beizustehen gedenkt, restlos begeistert von meinem Friedrich Wilhelm, nachdem unlängst er in der Biographenreihe »Große Deutsche« den König bearbeitete. Ja, er soll nur noch bedauern, daß er in meiner Ullsteinzeit nicht auf mich geachtet und nun das Buch für den Propyläen Verlag verloren hat. Aber über alledem ist man wie krank. Ach, stille Ergebung angesichts des Geschehenen wäre zu leicht! Es muß wieder gekämpft sein unter den Menschen – nicht mehr nur mit mir allein am Schreibtisch! –

6. April 1937 | Dienstag

> Fürchtet euch nicht vor denen, die den Leib töten;
> und die Seele nicht können töten; fürchtet euch aber
> vielmehr vor dem, der Leib und Seele verderben kann
> in die Hölle.
> *Matthäus 10, 28*

Es ist, als müßte nun in wenigen Tagen nachgeholt werden, was ich in drei Jahren selbstgewählten Exils unterließ und auch heute gar so gern noch meiden möchte. Denn wenig, wenig halte ich von der »Wirkung der Persönlichkeit«, auf die sie nicht verzichten. Doch eins hat sich grundlegend gewandelt: es ist nicht mehr das Hin- und Hertelefonieren, das Treppauf-, Treppablaufen wegen eines kleinen Beitrages oder im Verfechten, dem qualvollen, eines größeren Planes, den einem keiner recht zutraute: nun ist die Grundlage in einem Objekte, dem Buche, da, ganz unverkennbar. Gerade in diesem Augenblicke meines tiefsten Sturzes geschieht alles auf einer höheren, der eigentlichen Ebene, der des »Werkes«, das die anderen so ungleich mehr anerkennen als ich, sowohl im Hinblick auf dieses Buch wie in der Einschätzung des

Werkes überhaupt. Das macht leichter, was mir so unbeschreiblich schwer geworden ist: wieder unter die Menschen zu müssen. –

Manchmal scheint es in Augenblicken, als freue es Hanni in aller Ablehnung dieser Berufsgeschäftigkeit dennoch, daß die Welt sich wieder rührt. Müßte ich wie früher im Berufe draußen bei ihnen allen bleiben – ich glaube, ich könnte nie mehr schreiben, so furchtbar ist es mir.

8. April 1937 | Donnerstag

> Bekehre mich du, so werde ich bekehrt; denn du, Herr, bist mein Gott. *Jeremia 31, 18*

Vor wem ist man schuldig? Immer vor Gott, der im Bekämpfen segnet! Jakobs Kampf mit Gott, nicht mit dem feindlichen Bruder!

Nicht der taktische Fortschritt oder Rückschritt, den ein neuer Tag bringt, entscheidet die Haltung, sondern das allein ist wichtig, welches Wort über einen Tag gestellt ist.

Nun war ich also wieder im Ullsteinhaus und wünschte mich nicht mehr einen Augenblick dorthin zurück. Wenn Mirbt bei der großen Besprechung meines Falles erst einmal von sich sprach, so tat es auch heute der neue Helfer Dr. Roeseler. Das alles muß man mit großer Objektivität und mit Interesse feststellen und verfolgen: wie ungeheuer wichtig die Menschen sich nehmen; und auch über sie sind doch gewisse Erschütterungen hingegangen. Dr. Roeseler war überaus liebenswürdig und zeigte mir sogar den Durchschlag seines an Dr. Kilpper gerichteten Schreibens.

Niemand scheint meine Lage so ernst anzusehen wie ich selbst. Denn auch hier im üblichen politischen Tun der Menschen spricht ja doch Gottes Ernst zu uns.

Ein einziges Mal habe ich nun in die »Taktik« eingegriffen: nämlich – allerdings erst durch flehentliches Bitten – erreicht, daß man davon Abstand nimmt, Johst meine acht alten Aufsätze über ihn vorzulegen; dies darf wohl erst in letzter Stunde geschehen; und nur in einem Gespräch dürfte erkundet werden, ob Johst erinnert sein will oder nicht. – Hier jedenfalls schien mir der Takt wichtiger als all ihre gutgemeinte Taktik. Freilich bezweifle ich, ob ich um diesen Schritt herumkommen werde. –

> Er dachte an uns, da wir unterdrückt waren; denn
> seine Güte währet ewiglich.   *Psalm 136, 23*

Mit Befremden, Erstaunen, ja, vielleicht mit Unruhe sehen Hanni
und ich, wie sich auch die periphersten menschlichen Beziehungen
nicht lösen lassen wollen: als dürfe unsere Flucht, nach der wir
nach wie vor so verlangen, nicht sein. Jahre sind vergangen –
die alten Menschen kehren wieder und sind so gar nicht gewandelt; gebe Gott, daß wir gewandelt sind, ein wenig gewandelt –
daß Gottes Hand an uns nicht gar so unspürbar bleibe. Eines
fasse ich nicht: wie sie alle mit ihrem Ausgehen, Treffen, Telefonieren, Schreiben, Konferieren wirkliche Arbeit noch bewältigen
wollen; es hat da eine schreckliche Entwicklung eingesetzt; der
Apparat ist bedeutsamer geworden als das Produkt.
Nun sind sie wieder da, die Träume von Labyrinthen, jähen Ab-
stürzen, quälerischen Tieren. –

16. April 1937 | Freitag

> Er hat gesagt: Ich will dich nicht verlassen noch ver-
> säumen.   *Hebräer 13, 5*

Ohne solche Worte wäre es kaum zu ertragen. Am Morgen
schreibt man sie nieder und am Abend sind sie durch die Ereignisse ausgelegt. –
Die Korrekturen für die zweite Auflage beendet, da ich nachmittags zu Pagel bestellt war.
Der Ausschluß ist nun von der Kammer im Buchhändler-Börsenblatt veröffentlicht. Darauf viele Anfragen von Buchhändlern, ob
gegen das Buch etwas vorläge. So mußte Pagel zu den erreichbaren untergeordneten Stellen der Kammer. Gegen die Bücher
von Autoren in meiner Situation unternimmt man jedoch nichts,
plant aber generelle Maßnahmen. Ausnahmegenehmigung erörtert
man nur noch in Fällen von Bedeutung; und mir bestreitet man
sie. Das Buch hat man nicht gelesen und will es auch nicht. Von
Autoren meiner Art spricht man, wie Pagel sagt, in einer nicht
wiederzugebenden Weise. – Pagel tut nach wie vor alles, für Stimmen zu sorgen, die nun die »Bedeutung« meines Falles erweisen
sollen; aber wie schwer wird das halten, diese künstlerischen und
politischen Prominenten zum Lesen und zu einer Äußerung, die
Presse in ihrer Kritikmüdigkeit zu Rezensionen zu bringen.

Pagel sagte, ohne dieses Buch wäre mein Kampf um die Ausnahmegenehmigung aussichtslos.

Viel Trost liegt darin, mit welcher Wärme Pagel von Kilpper und von sich aus immer wieder vom »Vater« und nun auch schon vom neuen Buche spricht, das er einen »Glücksfall« nennt, noch mehr als den »Vater«. In all der Verwirrung und Belastung tut es wohl, zu spüren, wie sie mich in meiner bedrohten Lage beim Schreiben halten wollen. – Denn daß danach niemand fragte: das war am schwersten.

Ich kam spät heim, nach dem Abendbrot; ein schwerer Frühlingsregen war heraufgekommen. Hanni ist, angesichts dessen, was das künftige Buch anbetrifft, ruhig; darin liegt für sie der große Beistand. Aber sie begehrt dagegen auf, daß Pagel bei der Kammer nicht einmal Verleumdungen richtig stellen durfte; man wäre völlig orientiert, daß ich nicht schon 1931 geheiratet hätte, sondern später; daß ich geistig nur mit jüdischen Dingen befaßt sei; daß ich nur mit Juden verkehre; daß ich mit meiner jüdischen Schwiegermutter zusammenlebe. –

Woher kommt das alles? Was ist gemeint? Und ist nicht dieser maßlose Judenhaß ein Fiebermesser, der anzeigt, in welchem Aufruhr alles noch ist – fern aller Entwicklung, aller Festigung, allem Aufstieg?

Nun die Korrekturen beendet sind, wende ich mich wieder der Bora zu. Was da im Herzen und Geiste geschieht, weiß nur Gott; ich weiß es nicht. –

16. April 1937 | Montag

> Ich harre, Herr, auf dich; du, Herr, mein Gott, wirst
> erhören.   *Psalm 38, 16*

Der ganze achtunddreißigste Psalm!

Ein neues, so hilfsbereites, aber gar sehr müdes Schreiben von Schneider, vom gestrigen Sonntag. Was Schneider von Leo von König und Rudolf Alexander Schröder schrieb, war uns wieder eine kleine Freude; und Schneider selbst bleibt der große Trost.

Ein Anruf – Hanni war am Apparat – gänzlich ohne Einleitung: »Reichsschrifttumskammer. Wann haben Sie geheiratet?« Hanni bat zu warten, bis ich an den Apparat käme. So hieß es nun, – doch nannte sich niemand: »Ich möchte mich in Ihre Sache einschalten –.«

Dieser kurze Anruf hat Hanni seltsam belebt: wie ich überhaupt zum ersten Male ihrem alten Pessimismus nicht begegne.
Ich weiß nur das eine: daß aus solcher Osterbotschaft, wie sie uns am Ostersonnabend erreichte, Gottes schwerer Ernst sprach. Aber Luther: »Der Heilige Geist übt uns durch Leiden«.

20. April 1937 | Dienstag

> Fürchtet euch nicht! Ihr habt zwar das Übel alles getan; doch weichet nicht hinter dem Herrn ab, sondern dienet dem Herrn von ganzem Herzen.
>
> *1. Samuel 12, 20*

Während ich gestern nun die Bora-Arbeit endlich wieder aufnehmen konnte, beendete Hanni zum zweiten Male den »Vater«; und so müde sie spät abends immer zu sein pflegt, sprach sie diesmal noch nach elf Uhr bis dreiviertelzwölf im Bett davon, wie ihr das Buch immer schöner wird und wie sie das neue kaum erwarten kann.
In den Träumen durchlebe ich meine berufliche Situation, wie einer sie durchleiden mag, der nicht vom Glauben durch solches Geschick getragen werden darf. –
Anruf von Bischoff, mir mitzuteilen, wie Roeseler für mich wirbt und wie begeistert Bade von dem »tollen«, »ja doch genialen« Buche ist. Dies alles höre ich aber nun, ohne daß es mich auch nur berührt. Wichtiger war mir des immerhin erfahrenen Bischoff Bewunderung für meine Technik der Kürzungen und Übergänge: denn er hatte ja seinerzeit die erste Fassung für die »Berliner Illustrirte« zu prüfen gehabt. –

22. April 1937 | Donnerstag

> Ich erkenne, daß du alles vermagst, und nichts, das du dir vorgenommen, ist dir zu schwer.   *Hiob 42, 2*

Ein menschlich immerhin überraschender Schritt ist geschehen. Nacheinander riefen Frau Wieman und Matthias Wieman an. Wieman war meinetwegen und eines anderen Falles wegen bei dem für die Ausschlüsse zuständigen Staatskommissar Hans Hinkel, hat sich informiert und auf meinen Fall hingewiesen. Hinkel hat also gesagt, man wolle durchaus die Leistung berücksichtigen; das an Minister Goebbels als den Präsidenten der Reichskulturkammer zu richtende Gesuch darf an Hinkel adressiert werden.

Von vornherein muß ich mich in Sachen der Sondererlaubnis auf drei generelle Einschränkungen gefaßt machen:

1. Ausnahmegenehmigung, die jederzeit widerruflich ist (aber laut Hinkel nur bei staatsfeindlicher Betätigung widerrufen wird).
2. Manuskripte sind vor dem Druck vorzulegen.
3. Bedingung, daß aktuelle politische Stoffe vermieden werden.

Der Bibelspruch, den ich am Morgen eintrug, meint aber noch mehr, als dann der Tag als Exegese brachte. – Kein Geschöpf, das nicht so zu seinem Schöpfer einmal – nun aber in Christo! – sprechen müßte! Nichts ist ihm zu schwer, aber mit unserer Sünde haben wir ihm Mühe gemacht.

23. April 1937 | Freitag

Der Herr gewähre dir alle deine Bitten! *Psalm 20, 6*

Wenn man doch nicht von Tag zu Tag noch immer müder würde. Und Schmerzen, Schmerzen, Jahr um Jahr Schmerzen!
Gott braucht seinen Finger nur an eine unserer wunden Stellen zu legen, und gleich bricht unsere ganze Krankheit hervor, so verzweifelte Krankheit, in der nur ein Wort helfen kann: Dein Glaube ist groß! Dir geschehe, wie du willst. Und ward gesund zu derselben Stunde. Matthäus 15, 28.

24. April 1937 | Sonnabend

Was ihr habt, das haltet, bis daß ich komme.
Offenbarung 2, 25

Stuttgart sandte die erste Zusammenstellung von Kritiken. Das Gesuch an den Reichskulturwalter Hans Hinkel ist heraus. –
Ein abendlicher, sehr freundlicher Anruf von Mirbt, der in der Sache Wieman-Hinkel auch eine so sehr gute Wendung sieht. Mirbt berichtete mir in vielen »Chiffren« am Telefon, daß der Frontakademiker-Bund den »Vater« nicht nur Blomberg zum 40-jährigen Militärjubiläum, sondern am 20. April auch Hitler selbst zum Geburtstag geschenkt hat.
Aber mich bewegt, wie felsenfest Hanni meine Überzeugung teilt, daß die entscheidende Wendung abseits der Taktik auf völlig andere Weise geschieht; freilich meint Hanni, Wiemans überraschender Schritt könne dies schon sein.
Ich darf und darf nach gar nichts anderem fragen als nach den Worten der Schrift.

> Und der auf dem Stuhl saß, sprach: Siehe, ich mache
> alles neu! Und er spricht zu mir: Schreibe, denn diese
> Worte sind wahrhaftig und gewiß!
>
> *Offenbarung 21, 5*

Der April ist kälter und grauer denn je. Die Kirsch- und Apriko-
senblüte, die zaghaft eingesetzt hatte, bleibt nun scheu wieder
zurück. Linden in der Sonne vermögen kaum die Blüten in kleine
Blätter zu verwandeln, und die im Schatten bleiben noch dunkel
und kahl.

Die neuen Nachbarn, der Buchhändler Andrews und seine Frau,
machten uns einen sehr artigen Besuch; über solches Beibehalten
alter, guter Sitten sind wir immer hoch erfreut. Zumal unter den
politischen Umständen: keine Fahne bei uns; der Ausschluß im
Buchhändler-Börsenblatt. Die Andrewsschen Töchter durch die
Schule über unsere Töchter ganz gewiß im Bilde.

26. April 1937 | Mein Tauftag

> Du sollst dein Leben wie eine Beute davonbringen,
> darum daß du mir vertraut hast, spricht der Herr.
>
> *Jeremia 39, 18*

Der 66. Psalm.

Gestern habe ich den Versuch der notwendigen Arbeitsruhe am
Sonntag unternommen, erzwungen, mir abgequält: so überaus
schwer ist es noch. Denn ich kann nicht lesen – es ist, als faßte
ich nichts; als vergäße ich alles sofort – so völlig, so erschreckend
gehört das Gedächtnis allein der laufenden Arbeit. Und beinahe
peinigend ist das Bedürfnis, wenn auch aufs einfachste, unkünst-
lerischste, klavierspielen zu dürfen – und als sei das meine einzig
mögliche Entspannung, mein Ausgleich, meine Erholung; als
brauchte ich den Klang der alten Kirchenmusik, um endlich die
Texte meiner Kirchenlieder fürs ganze Kirchenjahr schreiben zu
können. Denn in Bach bin ich geborgen und gegründet wie in
Luther; daran ist gar kein Zweifel. Matthäuspassion und Kunst
der Fuge.

Heute vor acht Jahren lernten Hanni und ich uns kennen. –
Man sieht als so erschwerend an, daß Hanni nicht Christin ist.
Aber hier ist die Grenze aller Politik und Taktik. Warum sie es
nur nicht ist?

27. April 1937 | Dienstag

> Sollte Gott nicht retten seine Auserwählten, die zu
> ihm Tag und Nacht rufen, und sollte er's mit ihnen
> verziehen? Ich sage euch: Er wird sie erretten in einer
> Kürze.   *Lukas 18, 7. 8*

Unverändert graue Kühle: aber in dem jungen Grün das kleine
Stück noblen alten Berlins ums Kastanienwäldchen so reizvoll.
Wir waren in der Lukas-Cranach-Sonderausstellung: als Ausstel-
lung keineswegs überwältigend, für meine Arbeit aber hoch-
willkommen.
Wieder ein Schreiben von Reinhold Schneider, das uns so ganz
besonders wohltat. Rudolf Alexander Schröder hat ihm zuge-
sichert, daß er in der Europäischen Revue über mich schreibt.
Schneider gibt mir Einblick in die so hilfsbereite, so anerkennende
Korrespondenz, die über mich geführt wird. Wirklich, es sind
die Besten, die über mich schreiben werden. –
Zum ersten Mal empfand ich heute etwas wie Stolz: König, Jagow,
Winnig, Taube, Schröder[106]. –

28. April 1937 | Mittwoch

> Dem Gerechten muß das Licht immer wieder auf-
> gehen und Freude den frommen Herzen.   *Psalm 97, 11*

Eine sehr schöne, ganz vom Religiösen her angelegte, eingehende
Besprechung des »Vaters« in der DAZ, von meinem »Entdecker«
Jürgen Eggebrecht.
Hanni: »Glaubst du es nun allmählich, daß das Buch gut ist?
Ganz Berlin spricht von meinem Jochen.« Aber die Schwächen
des Buches bleiben mir tief eingeprägt, so groß mein Dank auch ist.
Anruf Dr. Braun, Dr. Pagel, Roeseler – alles aufs herzlichste.
Nicht nur, daß man in Fühlung mit mir bleibt – noch viel erstaun-
licher ist, wie sie in meiner Sache alle untereinander die Verbin-
dung aufrechterhalten. Walter von Molo hat aus der Lektüre des
»Vater« heraus spontan an Braun geschrieben, daß er sich für
mich an Hinkel wendet. Welche Verstärkung des Wiemanschen
Schrittes!

29. April 1937 | Donnerstag

> Des Herrn Wort ist wahrhaftig; und was er zusagt,
> das hält er gewiß.   *Psalm 33, 4*

Dieses Jahr zieht es uns um die Baumblüte gar nicht hinaus: so
zart, so schön, so ganz erfüllt von Frühling blüht es in unmittel-

barer Nähe des Hauses: über der Karlstraße die Pfirsichbäum-
chen, im Krämerschen Rasengarten die Kirschen.

Nicht nur im Buchhändler-Börsenblatt, auch im Fachblatt des
Reichsverbandes der Deutschen Presse wurde mein Ausschluß
nun veröffentlicht. Auf weitere Kritiken könnte sich das auswirken. –

Jede Fahrt in die Stadt bedeutet noch eine furchtbare Strapaze!
Und wenn ich mich nun auch wieder um ein freundliches Ver-
hältnis zu den Menschen bemühe, so bleibt doch der Weg durch
das Wirrsal eines neuen Buches mit äußerster Strenge gewiesen:
Ich muß allein bleiben, nur der Arbeit, nur dieser allerengsten
Umwelt leben. Sonst versagen meine Kräfte völlig.

30. April 1937 / Freitag

Es ist unmöglich, daß Gott lüge. *Hebräer 6, 18*

Leo von König schreibt aus der Lektüre am »Vater« aus Alassio.
Jürgen Eggebrecht sagt sich für Dienstag an. Er habe viel von
mir erwartet, schon vor dem »Kahn«, – den »Vater« aber doch
nicht. Die DAZ hat nun noch mein Bild angefordert; ich habe
aber durch den Verlag mit allem Dank aus Gründen des politischen Taktes absagen lassen.

Das neue Buch hat so völlig eigene Schwierigkeiten, sein so völlig
eigenes Schicksal, daß davor unwesentlich wurde, wenn ich nun
in dem gemeinsamen Kampfe mit dem Verlage zu Pagel und
Kilpper von dem neuen Buche entgegen meinem Vorsatz redete
oder reden mußte. Gott, nicht ich, diktiert die Bedingungen, unter
denen ein neues Buch entsteht.

Auf die vielen Fragen, die sonst jetzt an mich nach meinem neuen
Buche gestellt werden, vermag ich freilich nicht mehr zu ant-
worten und weiche glaubhaft aus. Da haben sich mir bittere
»Vater«-Lehren gar zu schmerzhaft eingeprägt.

Den gegenwärtigen Wartezustand betrachte ich auch durchaus
nicht als ein Zwischenstadium. Gott wird uns immer wieder in
Wartezustände versetzen, die zusammen das eigentliche Leben
ausmachen: Leben aus Pfingsten und Advent. »In der Welt habt
ihr Angst.«

1. Mai 1937 / Sonnabend

Wahrlich, wahrlich, ich sage dir: Da du jünger warest,
gürtetest du dich selbst und wandeltest, wohin du

> wolltest; wenn du aber alt wirst, wirst du deine Hände
> ausstrecken, und ein anderer wird dich gürten und
> führen, wohin du nicht willst.   *Johannes 21, 18*

Zehn Jahre im Beruf. – Acht Jahre mit Hanni unter einem Dach.
Die großen politischen Feiern des 1. Mai – der erste Vierjahresplan ist nun erfüllt – spielen sich wie in einer weiten, weiten
Ferne ab. Hier draußen ist nichts als weicher, stiller, sonnen-
beglänzter Frühling. Und dennoch ist jeder Augenblick erfüllt
von der ganzen Schwere der Zeit. Fast alle politischen Prognosen,
die man gestellt hat, haben sich als falsch erwiesen. Bestehen
bleibt nur das eine: daß wir kein aufsteigendes Volk in aufsteigen-
dem Zeitalter sind. Auch dieser Nationalfeiertag geht ohne Gottesdienste vor sich. Und in dem Ganzen handelt es sich um eine
Apotheose einer ungeheuren Aktivität und die Manifestation rein
menschlicher Maßstäbe. –
Ich gewann den Eindruck, daß die Deutschen den 1. Mai völlig
als Festtag einzuordnen beginnen. Welch lenkbares, welch friedliches Volk; und doch trägt jeder zweite Mann Uniform: die des
Heeres oder eine der Partei. Und so fremd die Fahnen sind, die
von den Fenstern wehen, und so viel Lüge und Resignation hinter
solchem Fahnenschmuck verborgen ist – es ist unmöglich, dieses
Volk nicht glühend zu lieben in allem Gericht über allem Menschlichen. Es ist unmöglich, nicht zu beten um die engste Bindung
an dieses Volk, in dem einem so viel Bitteres, so schwer zu tragen-
des Unrecht geschieht. – Gott gebe uns Festtage der Nation, die
nicht mehr ohne Glocken, Loblied und Sein Wort sind! Denn so,
wie es jetzt ist, sind die Festtage des Volkes Gerichtstage.
Aber die Feierabendglocken des Sonnabends dürfen läuten. Und
daß nur dann die Deutschen lenkbar und politischem Willen zu
unterwerfen sind, wenn ihnen das belassen wird: das ist der Quell
der großen Liebe zu dem Volk.
In diesen Wochen steht der Staat in gleich gespanntem Verhältnis
zu Protestantismus und Katholizismus.
Die nur 25-prozentigen Juden sollen nun wieder mehr als Arier
betrachtet werden: als nicht »volldeutschblütige Reichsbürger«.
Da können viele Geschicke wieder leichter werden. –

4. Mai 1937 | Dienstag

> Des Gerechten Gebet vermag viel, wenn es ernstlich
> ist. Elia war ein Mensch gleich wie wir; und er betete

> ein Gebet, daß es nicht regnen sollte, und es regnete
> nicht auf Erden drei Jahre und sechs Monate. Und er
> betete abermals, und der Himmel gab den Regen, und
> die Erde brachte ihre Frucht.   *Jakobus 5, 16–18*

Nach dem sonnigen Morgen umwölkte es sich. Aber aus dem Gewölk strömte wieder sanftes starkes Licht des Sonnenuntergangs. Eggebrecht zum Tee bei uns. Es war genau wie vor vier Jahren, nur daß es damals um den »Kahn« und heute, wenn auch nur in wenigen Momenten – denn er hatte sonst auch viel Interessantes zu erzählen – um den »Vater« ging. Wieder war er von einer uns auch nach so langen Jahren wieder völlig erschütternden Sensibilität mir gegenüber. Er weiß aus dem Buche alles von mir, der Dichtung und dem Glauben. – Und es ist seine Meinung, daß in mir eine »Zusammenfassung« des evangelischen Glaubens nun als deutsche Dichtung da sei – vielleicht vor einer großen Weltkatastrophe. – So soll es von mir aufgezeichnet sein, was er sagte. Auch dies, daß ich meine »Stoffe« nie »wählen« werde. – Als er dies alles sagte – auch, daß mein Buch ja eigentlich ein Buch der Kanzel sei –, durchfuhr mich nur Johannes 21, 18: »Wahrlich, wahrlich, ich sage dir: Da du jünger warst, gürtetest du dich selbst und wandeltest, wohin du wolltest; wenn du aber alt wirst, wirst du deine Hände ausstrecken, und ein anderer wird dich gürten und führen, wohin du nicht willst.«
Unablässig wächst das Heer, durchdringt alles, wird Maßstab, Macht und Zweck.
Gott gebe, daß zugleich die Kirche wachse. – So, nur so kann deutsche Zeit werden. –
Heute ergab sich im Gespräch, daß Eggebrecht seit vielen Jahren den Reichskriegsminister von Blomberg nahe kennt. Zwei Besprechungen mit Werner Beumelburg, Walter Beumelburg (dem letzten Berliner Funkintendanten; denn nun sind die Sender zusammengelegt), Hans Friedrich Blunck (Johsts Vorgänger als Präsident der Schrifttumskammer) haben zu dem Resultat geführt, daß man Blomberg in meinen Fall eingeweiht und ihm, von Mirbts Schritten nichts ahnend, mein Buch geschickt hat. Er soll in erster Linie ein »literarischer Mensch« sein. –
Als hätte er meine ganze Entwicklung verfolgt, meinte Eggebrecht, ich würde nun nie mehr Kurzgeschichten, Reportagen, Hörspiele, Filme schreiben können. – Beim Verlag, glaubt er, werde ich nun nie mehr Schwierigkeit haben. –

> So will ich nun, daß die Männer beten an allen Orten
> und aufheben heilige Hände ohne Zorn und Zweifel.
>
> *1. Timotheus 2, 8*

Die DAZ hat heute in ihrer Reihe »Zeitgenössische Literatur-
portraits« nun doch mein Bild gebracht; mit einem Zusatz über
»die allgemeine Beachtung«, die mein Buch finde. Dr. Pagel versicherte mir am Telefon, der Verlag habe mein Bild auf meinen
Wunsch nicht herausgegeben. Ich möchte wissen, wie sie nun
auf dieses mein letztes Funkbild aus dem Scherl-Archiv gestoßen
sein mögen. Wenn man es nur auf gegnerischer Seite nicht als
Herausforderung auffaßte! Aber auch abseits von aller Taktik
mag ich mein Bild nicht mehr veröffentlicht sehen. Und das hat,
trotz aller Gewißheit der Vergebung, seinen unwiderlegbaren
Grund in Psalm 38, 5: »Meine Sünden gehen über mein Haupt.« –
Und dies vor allem hält mich nach wie vor von den Menschen
zurück. –
Mit wachsender Freude bemerke ich, wie angesichts des Kammer-
ausschlusses Hanni zuversichtlich geblieben ist und sich nach
allen bitteren Erfahrungen nun doch unvermindert an allem zu
freuen vermag, was das Buch angeht. – Wie heute, gerade jetzt
mühevoll, gewaltsam Literaturpreise und Auszeichnungen verliehen werden, tut uns gar nicht weh. – Denn es scheint, als gewinne ich mir in einer mir völlig entgegengesetzten Zeit nun doch
Leser: das Entscheidende, das, wodurch allein Wirken möglich
ist. –

8. Mai 1937 | Sonnabend

> Die vom Volk, so ihren Gott kennen, werden sich er-
> mannen und es ausrichten.   *Daniel 11, 32*

Der Gedanke an die nächste Zukunft des Volkes wird immer
drückender. Hier Rom–Berlin; dort London–Paris; schließlich
Paris–Moskau – es ist wie Stiche, die durch's Herz gehen. Spanien
erscheint mehr und mehr als die tragische Ouvertüre des eigentlichen Dramas.
Ich nehme an, daß vor dem Militärdienst noch Luftschutzdienst
kommt; das Gesetz hat nun schon seine Durchführungsbestimmungen erhalten, und die praktische Ausführung müßte nun beginnen.

Heer und Kirche – das ist das große Thema/Gegenthema, das die Gedanken nahezu völlig in Anspruch nimmt. Das Staatsleben wirkt immer mehr als Umklammerung auf einen. Es geht in einem etwas Beunruhigendes und Lähmendes davon aus. –

15. Mai 1937 | Pfingstsonnabend

> Ich habe dein Gebet gehört und deine Tränen gesehen.
>
> *2. Könige 20, 5*

So wird Pfingsten nun wirklich ein Blütenfest sein, auf den Höhepunkt des Frühlings fallen: in sanfter Kühle blüht alles noch und alles schon, das am Mai gerühmt wird! –
Sieben Wochen sind seit dem Ausschluß vergangen. Die tiefe Müdigkeit sagt, wie schwer die Wochen doch waren.
Auf Hannis Vorschlag gingen wir in die Marienandacht in der Hedwigskirche: der Eindruck war aber noch leerer als in den protestantischen Gottesdiensten, die sie kennt. Auch dort war der Ernst dieser Pfingstzeit nicht begriffen. Wir gingen noch die Linden entlang, erschraken mehr denn je vor der Stadt außerhalb dieser einen, immer wieder freundlich zu uns redenden Straße, legten uns zeitig zur Ruhe und lasen. Denn ich will mich zum Feiertag zwingen. Die Rückkehr nach Südende war wie eine Befreiung: Stille, Kühle, dichtes Laub, blühende Kastanien unter dem zunehmenden Mond.

16. Mai 1937 | Pfingstsonntag

> So seid ihr nun nicht mehr Gäste und Fremdlinge, sondern Bürger mit den Heiligen und Gottes Hausgenossen, erbaut auf den Grund der Apostel und Propheten, da Jesus Christus der Eckstein ist, auf welchem der ganze Bau ineinandergefügt wächst zu einem heiligen Tempel in dem Herrn, auf welchem auch ihr mit erbaut werdet zu einer Behausung Gottes im Geist.
>
> *Epheser 2, 19–22*

> Wer mich liebt, der wird mein Wort halten; und mein Vater wird ihn lieben, und wir werden zu ihm kommen und Wohnung bei ihm machen. *Johannes 14, 23*

Welche Worte über dem kirchlichen und häuslichen Fest! Pfingsten und Advent: das ist unser Leben.
Hanni und ich begehen das Fest, das ganz im Zeichen der Flieder- und Kastanienblüte steht, ganz allein. Wir beide frühstückten

auf der besonnten Terrasse, tauschten zum ersten Male nachbarliche Feiertagswünsche aus, und während des ganzen Frühstücks läuteten schon die Glocken, wie gestern abend, als wir zur Hedwigskirche aufbrachen. Ich war in der Markuskirche, die mit Birken und Kerzen wirklich feierlich geschmückt und sehr voll war. Endlich war es wieder einmal ein liturgisch, musikalisch, theologisch sorgsam vorbereiteter Gottesdienst, eine große Wohltat. –

17. Mai 1937 | Pfingstmontag

> Nun er durch die Rechte Gottes erhöht ist und empfangen hat die Verheißung des heiligen Geistes vom Vater, hat er ausgegossen dies, das ihr sehet und höret.
>
> *Apostelgeschichte 2, 33*

Des hohen Feiertages wegen haben Frau und Töchter in regstem Gespräch schon vor der Kirche mit mir gefrühstückt. Auch die Predigt dieses Feiertages war durchaus ernst zu nehmen. Die Kirche war recht leer, das Abendmahl so klein, doch war mit mir der alte Kirchengefährte Geheimrat Stutz[107].
Diese hohe Kunst haben wir nun erlernt: ein Fest so klar, so voller Ebenmaß abschließen wie einsetzen zu lassen. Der Ausklang steht dem Auftakt nicht nach. Zwischen Gottesdienst und Abendmahl war ein wunderbarer Augenblick: im Orgelinterludium war die Melodie des Adventsliedes »Mit Ernst, o Menschenkinder«. –

18. Mai 1937, Dienstag

> Halleluja! denn der allmächtige Gott hat das Reich eingenommen. *Offenbarung 19, 6*

Seit meiner Ullsteinentlassung empfinde ich es mit wachsendem Dank, daß ich nach den heiligen Festen nicht mehr zurück muß in Stadt und Büro. Das Herz hat genug mit dem Abklingen eines Festes in dem veränderten Melos und Rhythmus selbst des friedlichsten, geordnetsten Hausstandes zu tun. –
Es ist gegangen, gut gegangen mit der Sonntagsruhe über das Fest: nun bin ich wieder ganz in der Arbeit.
Warum mich das Fest und der Frühling mit solchem Entzücken, solcher Geborgenheit erfüllten? Weil mir nun dies Stück Erde gehört und alle Erde darunter und aller Himmel darüber; dies vor allem: aller Himmel.

Noch lebe ich in der Flucht in die Exzerpte: aber etwas in einem mag da schon eine ganz, ganz andere Arbeit leisten, und ich meide Anklage und Angst.

19. Mai 1937 | Mittwoch

> Du, Herr, Gott, bist barmherzig und gnädig; – stärke
> deinen Knecht mit deiner Kraft.   *Psalm 86, 15. 16*

Laut Anruf Pagel wird die Aktion bei Hinkel und *via* Bade/Molo fortgesetzt. Mirbts und Brauns Briefe, die vielleicht bei Johst begraben liegen, werden im Durchschlag an Hinkel gegeben; ebenso die besten Kritiken. Und nun, durchaus zulässig, auch meine Aufsätze über Johst.

Die Deutschen Christen: sie taufen im Namen des Volkes; sie reichen im Abendmahl das Brot als Leib der Erde und den Wein als Saft der Erde; sie verkünden das Johannesevangelium und setzen »Volk« für »Wort«. –

Was die Kritiken angeht, so ist es, als ob das Goebbelssche Verbot nicht bestünde. Weithin gehen die Besprechungen vom »Vater« über das übliche Maß von Rezensionen hinaus und sind Aufsätze, zum Teil sogar mit Bildern des Königs. –

21. Mai 1937 | Freitag

> Groß sind die Werke des Herrn; wer ihrer achtet, der
> hat eitel Lust daran.   *Psalm 111, 2*

Eine zweite, eigentlich noch schönere, Vater-Kritik von Reinhold Schneider; in den Weißen Blättern, die auch den Abschnitt über Stralsund bringen. Wie oft hat Hanni es nun schon gesagt: »Schön, wenn einem so etwas auf den Frühstückstisch gelegt wird«, und sie nennt es einen »großen Erfolg«. Wenn ich ehrlich sein soll, so fehlt mir nun in den Besprechungen nur noch zweierlei: daß einer »Mijnheer van Hoenslardyck« erwähnen und daß doch einmal auch das Wort »Protestantismus« fallen möchte; sonst ergeben die Kritiken zusammen ein erstaunlich vollständiges Bild. Nein: dies fehlt noch – daß ich die Geschichte dieses Fürsten des Barock weithin mit den Mitteln des Barock geschrieben habe. Erstaunlich, welchen Vorrang Schneider der Dichtung vor der Wissenschaft in der Gestaltung eines solchen Lebens doch gibt. Fechter bezeichnet es sehr gut: ich bin an die Geschichte von der Seite herangetreten, von der sie ihren dichterischen Gehalt ganz von selber eröffnet.

Die Mängel des Buches erwähnt keiner; nur einmal, in einer der positivsten Rezensionen, fällt ein Wort von Längen und Breiten.
Nun erst – die Korrektur der zweiten Auflage mit ihren kleinen Möglichkeiten und erschreckenden Unmöglichkeiten war wie ein Abschluß – bin ich vom »Vater« los und gehöre allein noch den Schwierigkeiten des »Ewigen Hauses«. –

24. Mai 1937 | Montag

> Ich habe Lust, abzuscheiden und bei Christo zu sein.
>
> *Philipper 1, 23*

Den Stand der Felder für »Das ewige Haus« zu »studieren« in Rangsdorf; noch sind die Weizenfelder wie weiche, grüne Wiesen; der Roggen trägt schon kleine Ähren, aber er wirkt, als wüchse er nicht mehr; so groß ist das Mißtrauen des Betrachters gegen den Sand. Überall noch blühender Flieder, vereinzelte Kastanien; die Erdbeeren in voller Blüte; die Akazienblüte setzt ein (die alten Akazien in unserem Garten sind noch etwas zurück). Ein schöner, stiller Waldweg in hochsommerlicher Mittagsstunde am See. Der Duft der Kiefern in der Sonne! –
Ruhige, wahrhaft ruhige Stunden der Arbeit: denn in diesem Frühjahr tut das Wachstum rings nicht weh; die Flucht in die Exzerpte ist gewährt, sie ist noch geboten, ist noch unumgänglich.
Mit der Abendpost kam eine Karte, die mich weit mehr berührte, als der Anlaß zu rechtfertigen scheint: Ihlenfeld und Schneider schreiben gemeinsam aus Rom! Ihlenfeld: »Du fehlst uns im römischen Kreise.« Denn wartete ich im Grunde nicht allein auf Schneiders Urteil über das Buch und auf die Stimme des »Eckart«? Und als ich nun den schweren, schweren Schritt auf mich nahm, mich meiner Vergangenheit wieder zu stellen, die Fühlung mit den Menschen wieder aufzunehmen – fragte ich da nicht stärker und in besonderer Weise nach Ihlenfeld/Eckart, diesem Ausgangspunkt? Wird nun der Karte ein weiterer Schritt folgen? Warum ist es nur so, daß mir dort erst der Kreis geschlossen scheint? Es gibt zwischen Ihlenfeld und mir keinen geeigneteren Mittler als Reinhold Schneider. Der »Eckart« ist die Stelle, von der ausgeschlossen zu sein, mich weitaus am meisten trifft – trotz seiner 2000-Leser-Auflage! Das ist sehr, sehr schwer: vor seiner Vergangenheit nicht mehr zu fliehen, sondern ihr Stand zu halten, allein und ausschließlich gestellt auf Gottes Vergebung.

Und Professor Ahrens, mein alter Geschichtslehrer, soll das Buch bekommen. Den Anschluß an meine Schulzeit wiederherzustellen fällt mir am schwersten.

All das ist mehr symbolisch als real; ein erreichbarer Mensch wird gewählt für viele, zu denen der Weg abgeschnitten ist und wohl abgeschnitten bleiben soll.

Es ist alles nur ein Begreifen des »wie auch wir vergeben unseren Schuldigern!«, wobei man bald Schuldiger, bald Vergebender oder beides in einem ist. Es geht durchaus nur um das Zeichen der Hinwendung zur Vergangenheit, um Gottes vergebender Macht nichts zu rauben an Dank, das ist, sich bewußt zu werden, daß man es nicht kann. Wen Gott zurückgibt, bleibt ihm allein vorbehalten. Aber nun sehe ich auch, wie die Aussöhnung mit Mutter durchaus nicht ohne Gleichniswert, den einzigen wirklichen Wert, ist: nämlich, wie man immer völliger vergeben und auch »irdische Strafe« erlassen möchte. Ganz für sich steht dabei wieder, wie schuldig ich mich selbst vor Mutter fühle. –

Nur um das Zeichen der Hinwendung zur qualvollen erinnerlichen Vergangenheit geht es – Zeichen, das Gott gibt; er, der selbst auch hier alles fügen, führen, ordnen muß. Ich aber »habe Lust, abzuscheiden und bei Christo zu sein«. –

25. Mai 1937 | Dienstag

> Welchem ich gnädig bin, dem bin ich gnädig; und welches ich mich erbarme, des erbarme ich mich. So liegt es nun nicht an jemandes Wollen oder Laufen, sondern an Gottes Erbarmen. *Römer 9, 15. 16*

Die Waffenerfahrungen des spanischen Bürgerkrieges als eines Vorspiels der europäischen Katastrophen pressen einem das Herz zusammen. Wie muß es das Leben verwandeln, beschweren, endlich ganz mit tragischem Schicksal erfüllen, wenn Herz und Kopf sich tagtäglich mit der wachsenden Möglichkeit solcher Katastrophe auseinandersetzen müssen allüberall: die besten Köpfe und die besten Herzen. Die Macht aber liegt wohl weithin in den Händen der anderen.

In Italien werden von der Balilla, dem faschistischen Vorbild unserer HJ, nun auch die Vier- bis Achtjährigen als »Söhne der Wölfin« erfaßt!

Darin spricht die Zeit sich mit erschreckender Klarheit aus! –

> Ich freue mich über dein Wort wie einer, der eine
> große Beute kriegt.   *Psalm 119, 162*

Zum ersten Male Jeremia 36 mit Bewußtsein gelesen.

Leben läßt sich in dieser Zeit wohl nur so: Man kann angesichts
einer nahenden Weltkatastrophe nur an einer Sache arbeiten, an
die man auch sofort wieder zurückkehren möchte, wenn man aus
dieser Katastrophe noch schaffensfähig und unter einigermaßen
erträglichen Arbeitsbedingungen hervorging. Man kann nicht
an einer Sache arbeiten, die man beim Einbruch einer Katastrophe
innerlich und äußerlich widerrufen müßte.

Etwas sehr Schweres hat sich ereignet: deutsche und italienische
Kriegsschiffe in der internationalen Überwachungszone um Spanien sind von spanischen kommunistischen Fliegern bombardiert
worden. Das Panzerschiff »Deutschland« hat 23 Tote und 72 Ver-
letzte. Ein solches Ereignis aber macht die ganze furchtbare
Spannung offenbar, die zwischen Italien und Deutschland einerseits und England, Rußland, Frankreich andererseits besteht. Die
ganze Krisis um Diktatur, Demokratie und Kommunismus wird
in solchem Zwischenfall erschreckend deutlich.

31. Mai 1937 | Montag

> Du aber bleibe in dem, was du gelernt hast und dir
> vertrauet ist, sintemal du weißt, von wem du gelernt
> hast. Und weil du von Kind auf die heilige Schrift
> weißt, kann dich dieselbe unterweisen zur Seligkeit
> durch den Glauben an Christum Jesum.
>   *2. Timotheus 3, 14. 15*

An diesem schwülen und verhängten Tage gehen die Stunden in
großer Bangigkeit hin, wie sich die außenpolitische Lage wohl
von gestern auf heute gestalten mag. – Die Abendzeitungen sehen,
schon äußerlich, bedrückend und bedrohend aus. Als Vergeltungsmaßnahme haben deutsche Seestreitkräfte den Hafen von Almeria
beschossen. Weitere Schiffe der Kriegsmarine gehen in die spanischen Gewässer ab. Der Waffengebrauch ist angeordnet, die Mitarbeit am Kontrollsystem eingestellt. Die Vorfälle der Weihnachtszeit sind weit, weit in den Schatten gestellt. –

Die erregende Zeile: Italien mit jeder deutschen Maßnahme soli-
darisch. –

> Denn so du mit dem Munde bekennst Jesum, daß er
> der Herr sei, und glaubst in deinem Herzen, daß ihn
> Gott von den Toten auferweckt hat, so wirst du selig.
> Denn so man von Herzen glaubt, so wird man ge-
> recht; und so man mit dem Munde bekennt, so wird
> man selig. *Römer 10, 9. 10*

Dieses selige Leben aber geht fort, wie furchtbar die Erschütterungen des irdischen Lebens auch sein mögen; wie völlig, stündlich preisgegeben im Herzen dies irdische Leben auch schon sein
mag. In der Behutsamkeit des Dankes für den einen Tag offenbart
sich die Furchtbarkeit der Zeit. –
Die deutsche Vergeltungsmaßnahme hat 36 Opfer erfordert. Auch
dieser Schritt scheint in der völlig gleichen Haltung hingenommen zu werden wie der Austritt Deutschlands aus dem Völkerbund, die Wiedereinführung der Allgemeinen Wehrpflicht, die
Wiederbesetzung des Rheinlandes – bittere, schwere Schritte, die
jedoch nicht ohne Größe waren. Diesmal ist man aber noch
zu benommen, um abwägen zu können. Das Ausland aber hat
uns auch in den Jahren nicht weniger gehaßt, in denen wir ganz
nach seinem Willen regiert waren. –

2. Juni 1937 | Mittwoch

> Wer unter dem Schirm des Höchsten sitzt und unter
> dem Schatten des Allmächtigen bleibt, der spricht zu
> dem Herrn: Meine Zuversicht und meine Burg, mein
> Gott, auf den ich hoffe. *Psalm 91, 1. 2*

So völlig Harald Braun und ich uns beruflich auseinanderent-
wickelt haben, so völlig unberührt von aller zeitlichen Trennung
bleibt die persönliche Beziehung, ja, das Verhältnis erwies sich
gestern als wärmer und enger denn je.
Ohne daß etwa eine Spur von Interesselosigkeit vorgelegen hätte,
brauchte ich von mir und uns fast gar nichts zu reden; nur über
das Buch durfte ich wieder so viel Tröstliches hören. Und immer
kehrt nun das gleiche wieder, das im Hinblick auf den so ersehnten »Niederschlag« des bisherigen Lebens so beruhigend, so wahrhaft heilend ist: »der Riesenschritt der Entwicklung« und »daß ich
in meinem Alter« (das ich selbst nicht gar so jung finde, zumal mir
immer Schneiders Werk vor Augen steht) ein solches Buch vor-
weisen, so viel »wissen« kann. – Immer wieder rühmt Braun »die

Organisation«. – Die Verrottung von Film und Funk, der völlige geistige und moralische Niedergang, ist bis zu einem Punkt gediehen, daß Einzelheiten aufzuzeichnen nicht mehr lohnt; die Seichtheit und Verrottung scheint nicht mehr überbietbar. Mir persönlich ist dabei noch besonders interessant, daß nirgends in den künstlerischen Arbeitsgebieten eine auch nur einigermaßen brauchbare Leistung möglich scheint, wo von vornherein jeder Kampf fehlt und z. B. die große Propaganda und die großen Mittel gewiß sind.–

3. Juni 1937 | Donnerstag

> Da sprach Nathan zu David: Du bist der Mann!
> 2. Samuel 12, 7

Noch einmal zu meinem guten Harald Braun: in den beruflichen Plänen, in seinen Projekten mit Carl Froehlich geht es nur um das »Das will das Publikum nicht wissen«, nie und nirgends aber um das »Das sollen die Deutschen dieser Zeit wissen« – wovon einen ja kein Zweifel an sich selbst, kein Selbstgericht *sub specie aeternitatis* entbindet. –

Die Aussage, die Gott will, muß sein, so sehr der aussagende Mensch auch über sich verzweifelt. Die Verzweiflung meint nicht das Himmlische: da ist Friede. Sie meint alles das, was da geheiligt, umgeschaffen werden muß von Gott am Selbst.

Fortiter pecca![108]

»Ich habe Lust abzuscheiden und bei Christo zu sein.« – Niemals war ich müder.

4. Juni 1937 | Freitag

> Du stehest aber durch den Glauben. Sei nicht stolz,
> sondern fürchte dich.   Römer 11, 20

Ein Brief von Schoepke-Merseburg[109] zitiert das Schreiben eines anderen Buchhändlers zum »Vater«: »– ich selbst habe ein paarmal telefonische Bestellungen von Frick (Innenminister) auf das Buch angenommen. Er schätzte es offenbar vor dem Ausschluß des Verfassers aus der RSK sehr.«

Weiter heißt es in Schoepkes Brief: »Im ,Buchhändler im Dritten Reich' (Eher-Verlag, Mai 37) werden Sie mit sehr viel geringerer Wertschätzung erwähnt.«

Eben ruft mich Eggebrecht zu dieser Notiz an: sie klärt die Buchhändler über die privaten Verhältnisse des »ausgeschlossenen

Schriftstellers Johannes Klepper« auf, der »unmittelbar vor dem Umbruch eine Jüdin mit gleich dreiköpfigem Anhang heiratete und die Unverfrorenheit besaß, unter diesem jüdischen Schutz einen Roman über den Vater Friedrichs des Großen zu schreiben«. Für manche, gewisse Buchhändler könnte dieser Umstand vielleicht gerade einen pikanten Reiz haben, das Buch noch auszustellen. Für die anderen teile man dies mit, um sie vor Schaden zu bewahren. Und durch die Maßnahme des Präsidenten der Reichsschrifttumskammer sei ja eine klare Regelung getroffen. Göring und Blomberg haben das Buch und wissen von der Situation. Wie sollen sie aber in dieser politischen Lage zur Lektüre kommen?

Ich habe nicht eine Minute daran gezweifelt, daß ein Ausschluß eine schwere, schwere Sache ist. Und der Losungsspruch an meinem Geburtstag sagte genug davon, wieviel Schweres vor uns liegen würde. »Es ist ein köstlich Ding, daß das Herz fest werde.«

Ist nicht der Plan solch neuen Buches in allererster Hinsicht eine Verheißung, die von Gott gewährt ist?

Im Rückblick auf mein bisheriges Leben muß ich sagen, daß es in deutlich voneinander abgegrenzte Kreise zerfällt, die sich als von einem jeweilig klaren Thema beherrscht erweisen.

Jeder dieser Abschnitte war aber auch bestimmt durch ein einzig und allein in den Vordergrund rückendes Gebet, das durchaus nicht das Thema war, sondern, ohne daß man es ahnen konnte, das Thema des künftigen »Lebenskreises« enthielt. Und dies hat mich gelehrt, im Gebet vor allem das gewährte Begreifen einer Verheißung zu sehen.

Heißt wohl der Kreis, den ich jetzt durchlebe, »die Ordnung der menschlichen Beziehungen«? Und ist das Gebet – das schwerste, traurigste bisher – am ehesten umschrieben mit den Worten des Epheserbriefes 4, V. 13 »... und ein vollkommener Mann werden, der da sei im Maße des vollkommenen Alters Christi«? Dies »vollkommener Mann werden in Christus« ist die Achse des Lebens; es geht an die Quelle und Wurzel der Kunst; es geht um das engste, innigste Verhältnis des Geschöpfes zum Schöpfer: neu geschaffen zu werden allein in Seiner Ordnung.

Kein Buch, das Gott geschrieben haben will – der so oft in der Schrift zu einem sprach: Schreibe! –, wird, über Wert und Unwert der Person des Schreibenden hinweg, und wenn auch behaftet mit allem Menschlichen, ungeschrieben bleiben. So, nur so darf ich meine bittere Lage betrachten. Und jenes Wortes, das mir ja doch recht eigentlich Sein Wort zum Buch wurde neben dem »Gott ist getreu«, darf ich nicht einen Augenblick vergessen: »Siehe, ich habe vor dir gegeben eine offene Tür, und niemand kann sie zuschließen; denn du hast eine kleine Kraft, und hast mein Wort behalten und hast meinen Namen nicht verleugnet« Offenbarung 3, 8.

5. Juni 1937 / Sonnabend

> Gottes Gaben und Berufung können ihn nicht ge-
> reuen.   *Römer 11, 29*

Mittags berief mich Pagel in die Stadt. Noch immer erschrecke ich sehr; aber es war nur zu Beruhigung und Trost gedacht. Gewiß springen einige Buchhändler nun ab, dafür legen sich andere doppelt ins Zeug; einige haben zurückgeschickt – und wiedergenommen; einer hat sofort 25 Stück nachbestellt. Und nun sagte Pagel mir, daß die zu Ende gehende Auflage ja überhaupt nicht 3000, sondern 5000 Stück betrug! – Selbst der Völkische Beobachter will, »sobald ich Sondergenehmigung habe«, das »schöne« Buch besprechen. Pagel zeigte mir auch die vertraulichen Mitteilungen, die über mich – und Graf Keyserling, Walter Bauer, Gerhart Pohl, also eine gegen die Deva gerichtete Aktion – bei den Buchhändlern im Umlauf sind. Wieder sachlich falsche Angaben, die Kilpper richtiggestellt hat; wieder der »einseitig jüdische Einfluß«.

Diese Mitteilungen aber sind ein Privat-Unternehmen – im Parteiverlag – des Vorsitzenden des Buchhändler-Börsenvereins und des Leiters der Fachschaft Buchhandel in der Schrifttumskammer. Mir war heute bei der Besprechung mit Pagel am wichtigsten, wie wirklich interessevoll er danach fragte, ob ich unter all den Belastungen nun das neue Buch auch weiter vorbereite. Ich kann da immer nur darauf hinweisen, welchen Beistand für mich das veränderte Verhalten des Verlages bedeutet. Und fast rührt es mich, welcher Unterschied zwischen dem »Vater«, Bauers »Lichtstrahl« und Pohls »Brüder Wagemann«, den drei umstrittenen Romanen, gemacht wird. »Wenn es in Ihrem Falle nicht gelingt«, sagte Pagel, »so können wir mit allem Schluß machen. Dann ist es so weit.«

Doch ist mein Herz noch sehr schwer: so etwa, wie es in den Tagen vor der Ullsteinentlassung war, als ich die Bibelstelle niederschrieb: Daniel 10, 17–20. »Weißt du auch, warum ich zu dir gekommen bin?«

Und wie damals, vermag ich nur zu sagen, weil diese Frage sich sehr wohl als Frage des heimsuchenden Gottes verstehen läßt: Wäre mir ein leichteres Leben bestimmt – mein Leben hätte nicht den Spruch bekommen: »Fürchte dich nicht!« –

6. Juni 1937 | Sonntag

> So ihr die Züchtigung erduldet, so erbietet sich euch Gott als Kindern; denn wo ist ein Sohn, den der Vater nicht züchtigt?
> *Hebräer 12, 7*

Alle Strafe, die man verdiente, wird einem im vollen Umfang bewußt, wenn die gnädigen Zurechtweisungen – das Wort kann gar nicht buchstäblich genug aufgefaßt werden – uns widerfahren. Und in den Quälereien der Menschen vermag Gottes Ernst und Milde sehr wohl, alles verwandelnd, spürbar zu werden. Dies ist einer der geheimnisvollsten Vorgänge, in dessen menschlichem Reflex Dank und Klage ineinanderströmen und Gottesoffenbarung in der Selbsterkenntnis sich erschließt. Die geringste Intrige, die brutalste Unterdrückung rücken noch immer in den Lichtschein von Gericht und Gnade. Stets hat man noch mehr Gericht verdient, als einen trifft, und stets noch mehr Gnade erfahren, als man im Dank zu begreifen vermag. Was einen von außen durch Schuld der Menschen trifft, wird schließlich doch nur der Anlaß, der nahezu nur andeutende und kaum mahnende, durch alle Todes- und Lebensängste hindurchgeführt zu werden zum Glauben an den Herrn über Leben und Tod. Die Zurechtweisung aber ist unerläßlicher Akt der Führung. Wo aber menschliches Selbstgericht und göttliche Rechtfertigung sind, haben Taktik und Polemik ihren Raum und Sinn verloren.

Die allein durch die göttliche Rechtfertigung auch angesichts allen Wunsches nach Selbstvernichtung gewährte Aufgabe – wobei auf dem Wortbestandteil »Gabe« der Schwerpunkt ruht – glaube ich so erfassen zu dürfen:

Schriftauslegung durch Erzählung.

Erzählung, die zum Gegenstand hat Elemente, welche das Leben bestimmen: etwa »Ordnung«, »Sicherheit«. (Weitere könnten eben nur spätere Bücher so lapidar hinzufügen.)

Die Schriftauslegung und Begriffsbestimmung erzählt als von Gott geführtes Leben: ur- und vorbildliches, sinnbildliches

Menschenleben; einzelnes, faßbares, aber umfassendes Leben: geschichtliches Leben von christlichem und dichterischem Gehalt. Ersteht aber dadurch aus der Polyphonie und Kakophonie als Ganzes die Symphonie unseres Lebens, so kann deren Thema nur der alles tragende, alle Entwicklung leitende, alle Abwandlung abschließende Choral sein. Der Choral unseres Lebens hat aus der Kakophonie unseres Daseins herausgelöst zu werden. Und um seinetwillen, der Gabe ist, hat das Grauen jener Kakophonie ertragen zu werden.

Vorerst aber will ich mich bescheiden mit dem Choralvers:

> Daß ich ihn leidend lobe,
> das ist's, was er begehrt.

Der begegnete mir im August 1935. Letztlich wird dieser Choral aber nur einen biblischen, und zwar »objektiven« Text haben dürfen: Also hat Gott die Welt geliebt. –

7. Juni 1937 | Montag

> Rufe mich an in der Not, so will ich dich erretten, so sollst du mich preisen.   *Psalm 50, 15*

Nach langer, langer Pause meldete sich auch wieder Harald Poelchau, und zwar nach sehr gründlicher Lektüre des Buches. Vom Ausschluß wußte er bereits durch mehrere Buchhändlerbekanntschaften; ich aber weiß, wie abgestumpft man heute dergleichen Vorgängen gegenübersteht, soweit man nicht ein berufliches Interesse an ihnen hat. Erfreut war ich, daß der Inhaber des Christian Kaiser-Verlags in München, der von einer Beziehung zwischen Poelchau und mir nicht weiß, ihm von dem »erstaunlichen Buche« schrieb. Ich aber halte mir jeden Tag von neuem die Inflation der Werturteile vor Augen, die schon seit langem über uns hereingebrochen ist. –

10. Juni 1937 | Donnerstag

> Richtet wieder auf die lässigen Hände und die müden Knie und tut gewisse Tritte mit euren Füßen, daß nicht jemand strauchle wie ein Lahmer, sondern vielmehr gesund werde.   *Hebräer 12, 12. 13*

Heute kam folgender Bescheid des Präsidenten der Reichsschrifttumskammer: »Betrifft Ausschluß aus der Reichsschrifttumskammer vom 25. März 1937.

Ich setze Sie davon in Kenntnis, daß ich auf Grund der fristge-

mäß eingereichten Beschwerde gegen meine obige Ausschlußver-
fügung diese einstweilig ausgesetzt habe und Sie bis zur endgültigen Entscheidung durch den Herrn Präsidenten der Reichskulturkammer in der Ausübung der kammerpflichtigen Tätigkeit
nicht behindert sind.«

An Pagels Freude merkte ich, daß diese Interimsgenehmigung
(bei Arbeit in Presse und Zeitschriften eine Lebensfrage) auch
für den Weg des Buches sehr viel wert sein muß.

Damit nicht zu großes Telefonieren einsetze, benachrichtigte
Hanni kurz die Frauen derer, denen wir dazu verpflichtet sind:
Braun, Eggebrecht, Wiemann, Mirbt, Bischoff.

Eggebrecht weiß auch einen Weg zu Minister Frick. Und Görings
persönlicher Adjutant und sein Sonderbeauftragter für den Vierjahresplan, Hüter und Maretzke, setzten sich beide bereits bei
Göring für mich ein, doch würde ein Schritt Görings für mich
geheim bleiben, weil in nichts die starke Spannung zwischen den
Ministerien Görings und Goebbels' erkennbar werden darf; auch
in solcher Einzelaktion rein künstlerischen Gepräges nicht.

Jedes Telefongespräch mit Eggebrecht bringt uns wieder eine
herrliche Rede über das Buch. Seltsam war, als er von »der Heftigkeit des Glaubens« sprach, auf den es gegründet ist und der
seine aesthetische Seite fast in den Hintergrund rücken läßt.

Nun noch den »Eckart« zurückgewinnen dürfen! Dann wird das
Warten viel leichter sein.

Pagel rief abends noch einmal hocherfreut an: er war gestern
meinetwegen noch einmal mit einem Verbindungsmann zu Göring
zusammen, heute mit Fechter, der bereits an meine Mitarbeit am
Berliner Tageblatt denkt, ist es morgen noch einmal mit Bade,
der alle meine Unterlagen besitzt. Pagel hält im Gegensatz zu
mir diesen Schritt nicht mehr für nötig, macht ihn aber auch
nicht rückgängig. –

Alle bewerten den Bescheid als Symptom so hoch. Ich aber weiß,
daß die Vertagung einer endgültigen Entscheidung eine Zeit
durchaus zur Wartezeit machen soll, so dankbar ich die Erleichterung meiner Lage hinnehme.

14. Juni 1937 | Montag

> Dein Glaube hat dir geholfen; gehe hin mit Frieden!
>
> *Lukas 7, 50*

Nachmittags, vor seiner Abreise, noch einmal zu Pagel bestellt.
Kilpper will zuviel Aktivität; die Fachzeitschriften, die meinen

Ausschluß veröffentlichten, sollen nun auch den Zwischenbescheid publizieren. Pagel und ich möchten auf den definitiven Bescheid warten. – Auch darin ist Pagel mit mir einig, daß ich, vom Falle Dr. Fechter abgesehen, meine Zeit nur an das neue Buch setze und sie nicht in neuer Arbeit für Zeitschriften und Zeitungen verzettele, auch wenn sich mir dort mancher Weg jetzt ebnen sollte. Ich würde auch den »Eckart« ausnehmen.

Anschließend war ich, ein Nolde-Buch für Wiemans Geburtstag zu besorgen, bei Buchholz, der mir sagte, daß er das Buch täglich verkauft. – Er prophezeit: kein rasches, sensationelles Aufsteigen der Auflagen; aber dafür nicht *ein* gutes Weihnachten, sondern zwei; und danach würde das Buch zwanzig Jahre lang weiter gekauft werden wie »alle guten Werke der Weltliteratur, die in der Stille wirken«. Und ob ich wüßte, welche Verpflichtung dieses Buch bedeutet. Und daß es nun gar nichts machte, wenn mein nächstes Buch erst in drei Jahren käme; auch würde mich »Der Vater« so lange ernähren. Er, nicht ich, nannte diese erstaunlich eingeweihte Frist: drei Jahre.

Oft sagt Hanni: »Welche Angriffe hast du zu fürchten?« So sagte ich ihr einmal im Entscheidenden, welche gerecht verdiente Strafe auf Erden Gott Tag um Tag von uns abwendet, wenn er unsere Vergehen vor der Welt verdeckt oder die schweigen läßt, die sogar sehr klar um sie wissen. Paulus und Luther, die haben alles gewußt, was dem Herzen jeden Tag gepredigt wird von Schuld und Vergebung. Davor erstaune ich oft am meisten: wie in der himmlischen Vergebung auch die irdische Strafe erlassen sein darf. Und wie Gott nur eine für sich fordert: uns als der Rettende und Heilende die ganze Tiefe unserer Schuld offenbar zu machen – er uns allein.

15. *Juni* 1937 | *Dienstag*

> Was aber zuvor geschrieben ist, das ist uns zur Lehre geschrieben, auf daß wir durch Geduld und Trost der Schrift Hoffnung haben.
> *Römer 15, 4*

Heute, wie ein großer Trost und wie ein Abschluß dessen, was das Buch angeht, und wie ein Wort zu unserem gestrigen Abendgespräch, kam ein Brief von Ihlenfeld.

Dieser Brief gehört ausschließlich unter den einen großen Aspekt der Vergebung. Und es ist wie Friede und Glück, daß das Buch, das oft und lange gar nichts war als ein schmerzvolles Umgestaltetwerden des abgekehrten Herzens durch Gott, die Beziehung zu den Menschen neu gestaltet.

Nun bin ich ebenso friedevoll und glücklich wie müde. Und das ist eine Ruhe, aus der vielleicht Neues, Besseres werden darf. – Gott hat mich dahin gebracht, dem Anblick meiner Vergangenheit standzuhalten, der von ihm durchgestrichenen Vergangenheit, jeden Tag, bis in diese Stunde. –

17. Juni 1937 | Donnerstag

> Ich erkenne, daß du alles vermagst, und nichts, das du dir vorgenommen, ist dir zu schwer.
>
> *Hiob 42, 2*

Die gestrige Pressenotiz über den privaten Umgang der Beamten mit Juden hebe ich als Ausschnitt auf. Es will und will nicht enden; einem so gestürzten Gegner gegenüber!

Renerle habe ich die Vorfreude auf die Reise getrübt, gerade indem ich sie durch Beschaffung eines Prospektes erhöhen wollte. Dieser Prospekt enthält ein »Misdroyer ABC«. Darunter: »Juden im Sinne der Nürnberger Gesetze ist das Betreten von Strand und Kuranlagen verboten.« Ich bringe es nicht fertig, sie gegen die Reise zu beeinflussen, zumal Kurt[110] mit seinen kleinen Söhnen sich ja als Badegeistlicher in einer ungleich schwierigeren Lage befindet. –

Trotz der Kühle tranken wir auf Schneiders Wunsch, der unseren Garten so liebt, auf der Terrasse unseren Kaffee. Er war schmaler denn je. Er reist viel; er sitzt, nachdem er Gründonnerstag 1936 das »Inselreich« beendete, noch über den Exzerpten zum neuen Buch, dem »Lothar von Supplinburg«[111], das sagt mir genug über die Unabwendbarkeit der Erschöpfung. Alles Gespräch bleibt restlose Übereinstimmung in dem Glauben an die eine Kirche, von dem ich nicht los kann.

Wodurch Rom den Umschwung in Ihlenfelds Verhalten zu mir brachte, vermag er nicht zu sagen; denn er sprach mit ihm nur so von mir, wie er auch schon im April mit ihm gesprochen hatte, als R. A. Schröder, wie ich nun erfuhr, bei Ihlenfeld für einen Eckart-Band meiner Gedichte plädierte. Dies freut mich sehr: denn R. A. Schröder ist ja für mich der letzte große Lyriker, der Beherrscher aller Formen, der letzte Meister – ohne Schüler. Um die Dichtung steht es verzweifelt. –

Meine Generation verlor ihre Väter im Kriege. Die jüngere Generation sieht ihre Väter widerwillig und ergeben aufmarschieren, zu Appellen gehen. Die Eltern beeinflussen ihre Kinder nicht mehr, setzen sich über nichts mehr mit ihnen auseinander, weil sie wissen, daß der späteren Berufsaussichten wegen der Weg durch die Staatsjugend sein muß. Die Jugend ist gesund, sportlich, und innerlich so leer, so stumpf. Die kleinen Uniformierten aber scheinen manchmal so furchtbar erschöpft. Staatliche Erfassung, Gliederung, Ordnung, Organisation erreichen den Höhepunkt, wenn die innere Ordnung verloren ist. –

19. Juni 1937 | Sonnabend

> Durch den Glauben haben sie Königreiche bezwungen, Gerechtigkeit gewirkt, Verheißungen erlangt, der Löwen Rachen verstopft – sind kräftig geworden aus der Schwachheit, sind stark geworden im Streit, haben der Fremden Heere darniedergelegt.
>
> *Hebräer 11, 33. 34*

Stunden rascher Arbeit; Exzerpieren – indes der Kopf schon baut und baut und baut, auswählt und ablehnt. –
Gegen drei Uhr rief Wieman an. Er war bei Hinkel, und Hinkel hat das Buch während seines Urlaubs gelesen und lobt es; er sagte Wieman, wie viel schwieriger die Lage in der Schrifttumskammer gegenüber den anderen Kammern wäre um des Kampfes willen, den die Verlage gegeneinander auf dem Wege über Kammerentscheidungen führen! Innerhalb der Grenzen, die mir gezogen werden müssen (Vorlegepflicht), will er mir folgende Erleichterungen schaffen: Er wählt den Mann aus, der meine Manuskripte prüft. Es soll möglichst binnen drei Tagen geschehen und nur im Hinblick darauf, ob Angriffe auf den Staat darin enthalten sind. Alles sei rein formaler Natur, und wenn es notwendig sein sollte, würde ich auch ein Schreiben erhalten, das ängstliche Verleger beruhigt. – Wieman sagt, nun sei ich wohl ohne Frage hindurch. Denn von irgendeiner letzten Entscheidung durch Goebbels war nicht die Rede. Ich freue mich so, daß Hinkel das Buch gelesen hat. Und am meisten staunen Hanni und ich in unserer Freude (doch sind wir nicht vermessen und nehmen noch nichts als endgültig geschehen an), daß dies alles von Königtum, Christus und aus dem Alten Testament in einem Buche 1937 gesagt sein darf. –

20. Juni 1937 | Sonntag

Ich bin unter Gott.   *1. Mose 50, 19*

In der Mariendorfer Kirche wurde heut der Organist durch einen
jungen Soldaten vertreten. Das war ein wahrhaft preußischer
Anblick: der junge Soldat im Gottesdienst an der Orgel. –
Die Zeitung heute noch undurchsichtig. Doch habe ich Hoffnung,
weil ja das neue Kontroll- und Nichteinmischungsabkommen zur
Lokalisierung des spanischen Krieges zwischen England, Frankreich, Deutschland und Italien so rasch, über alle ihre tiefen Zer-
würfnisse hinweg, zustande gekommen ist. Es muß gelebt und
gewirkt sein angesichts des Unterganges und im uneingeschränk-
ten Dank für jedes Bild des Friedens.
Wieder sind Bücher fällig für die Bibliothek, und Hanni hilft nun
wieder exzerpieren. Die Fülle der Personen des Buches benimmt
mich – nicht minder als der neue Umgang mit all denen, die mir
nun helfen oder an denen ich etwas gutzumachen habe. – Auch
über die Lebenden muß einmal das Wort gesprochen sein: Der
Herr hat's gegeben, der Herr hat's genommen. Der Name des
Herrn sei gelobt.
Aber es ist auch wie ein Erfordernis des neuen Buches, die neuen
Menschen zu suchen: denn ich weiß nicht – was für's Schwarze
Kloster unerläßlich ist –, wie es ist, sich in der Fülle der Menschen
zu bewegen. – Ohne Frage gibt es etwas wie eine Erfahrungs-
lücke. Nicht, als ob alles erlebt sein müßte, was man schreibt;
beileibe nicht. Aber was unumgänglich – sozusagen als ein Schlüs-
selerlebnis – notwendig ist, fordert sich die schriftstellerische
Natur ganz von selbst ein. *Ad exemplum:* mein Bedürfnis, in katholische Gegenden zu reisen. –

21. Juni 1937 | Montag

Der aber die Herzen erforscht, der weiß, was des Geistes Sinn sei; denn er vertritt die Heiligen nach dem,
das Gott gefällt.   *Römer 8, 27*

Die Deva schickt mir ein Exemplar der neuen Auflage; ich bin
sehr froh über die Korrekturen. – Schwierigkeiten werden weiter
kommen. Wie sollte sich der Glaube allein an Gottes Führung
klammern lernen, wenn nicht immer wieder das Menschlich-
Feindselige offensichtlich würde? Gott aber ist nie offensichtlich,
sondern er offenbart sich entgegen all dem Offensichtlichen!

Die Arbeit am neuen Buch läßt sich schon wieder kaum mehr abbremsen. – Die Heftigkeit der Beanspruchung ist schon gar nicht mehr zu regulieren. Ihre Schwierigkeiten beherrschen schon wieder alles. –

24. Juni 1937 | Donnerstag (Johannistag)

> Dein Knecht wird durch deine Rechte erinnert, und
> wer sie hält, der hat großen Lohn.   *Psalm 19, 12*

Ein Morgen in Glanz, Dunst, Duft und von hochsommerlicher Schwere. – Ich arbeite. Exzerpieren, Gliedern, Ordnen, Auswählen, daß es einen schon wieder ganz benimmt. Das Gefühlsmäßige, das Gedankliche, das Religiöse – das ist, wie in einem schon weit zurückliegenden Arbeitsabschnitt, schon längst bewältigt. Bleibt die unbarmherzige Not der Stoffbewältigung und der Konstruktion.

Welch ein Wort, das mir begegnete: »Es ist nicht so wichtig, mit den Menschen über Gott, als mit Gott über die Menschen zu reden«! Denn beim Reden über Gott bleibt dem Redenden ja so viel Dekor! Ich fand das Wort in einer Geschichte des Pfarrhauses; und solche Worte werfen das Steuer herum! –

Der immer mehr sich zuspitzende Kirchenkonflikt, an dem die proklamierte Einigkeit des Volkes vor aller Welt auseinanderbricht, wird in der Presse völlig verschwiegen.

25. Juni 1937 | Freitag

> Lasset uns halten an dem Bekenntnis der Hoffnung
> und nicht wanken; denn er ist treu, der sie verheißen
> hat.   *Hebräer 10, 23*

Harald von Koenigswald[112], den ich aus meiner Rundfunkzeit trotz der Flüchtigkeit der Unterredungen nicht vergessen habe, schreibt mir heute einen Brief, der mich sehr freut, nicht nur deshalb, weil nach seiner Meldung die Buchhandlungen in München und Augsburg sich durch meinen Ausschluß nicht beirren lassen; mich freut vor allem der Satz: »Es gibt manchmal sehr flüchtige Berührungen mit Menschen, die trotz aller Flüchtigkeit ihr inneres Gewicht haben. So hat unser Zusammentreffen im Rundfunk vor Jahren für mich nie sein Gewicht verloren!« Also hat es doch seinen guten Grund, wenn einem manchmal über einem Menschen das Herz aufgeht. Ich hatte ihn auch in all den Jahren nicht vergessen; damals war gerade die Taufe seines Sohnes. –

29. Juni 1937 | Dienstag

> Wer überwindet, der wird es alles ererben, und ich
> werde sein Gott sein, und er wird mein Sohn sein.
>
> *Offenbarung 21, 7*

Der gestrige Abend mit Ihlenfeld hielt, was ich mir von ihm versprach. Denn nichts Unmögliches hatte ich erwartet: keine plötzliche Wärme der menschlichen Beziehung: keine klaren, ausbaufähigen Pläne gemeinsamer Arbeit. Aber: jene nirgends sonst gewährte Möglichkeit mühelosester Verständigung in allen theologischen, kirchlichen, politischen, literarischen, gesellschaftlichen Fragen, die die Stunde bewegen und die von lebhaften Menschen nicht unerörtert bleiben können. Im Verhältnis zu Schneider steht da doch alles unter der Schwere des Geheimnisses, das über der Scheidung zwischen Protestantismus und Katholizismus ruht.

Dies alles, was ich von Ihlenfeld erwartete, neben dem vollen Einblick in seine mich so sehr interessierende Arbeit brachte der Abend. Sein Interesse am Buche war ehrlich und groß; und ein Mal, für einen schweren Moment, erinnerte er an den Weg, der hinter mir liegt, von meinem Anfang 1927, als ich als sein Vertreter[113] nach Breslau kam, bis zu diesem »Ziel« – meinem neuen Ausgangspunkt. Er wird selbst über den »Vater« im »Eckart« schreiben.

Uns tat wohl, daß einmal einer, der an der Zeit wohl nicht weniger leidet als wir, so sehr viel besser sie ihn auch tragen mag, daß einmal einer von ihnen – immer abgesehen von Schneider – sich nicht erschöpft in hemmungsloser Opposition und haltlosem Lamentieren wie alle anderen, die uns begegnen. Das rückte gestern völlig in den Mittelpunkt. Es bestätigte sich auch in den aktuellen kirchlichen Fragen: daß er ebensowenig wie wir auf Seite der verhafteten Bekenntniskirchenleute ist, die sich voreilig und aufdringlich zu Märtyrern machen wollten, statt dankbar dafür zu sein, daß und wie heute noch in Deutschland gepredigt werden darf. Auch kann er wie wir unmöglich davon sich überzeugen, daß die Nationalsozialisten nur schwarz und alle anderen, Opponenten aller Richtungen, nur weiß seien. Wir anderen hatten ja alle unsere Zeit und haben sie alle vertan. –

7. Juli 1937 | Mittwoch

> Er wird mich ans Licht bringen, daß ich meine Lust
> an seiner Gnade sehe.   *Micha 7, 9*

Ein schöner, friedevoller Tag löst den anderen ab, und das Warten auf meine beruflichen Entscheidungen und den weiteren Weg
des Buches wird diesmal mir leichter als Hanni, die in ihrem letzten Brief an Ilse klagt: Geduld, Geduld! Und das gleiche gilt auch
für sie bei dem Anblick der neuen Stöße von Exzerpten; es erstreckt sich endlich noch auf das neue Verhältnis zu den alten
Menschen; denn die Ehrlichkeit läßt hier wenig Milderndes aufkommen. Es wird einen neuen Abschied geben: nur wird er in
Freundlichkeit erfolgen, und das ist viel. –

14. Juni 1937 | Mittwoch

> Der Herr ist nahe bei denen, die zerbrochenen Herzens
> sind, und hilft denen, die ein zerschlagen Gemüt
> haben.   *Psalm 34, 19*

Vier Stunden lang habe ich auf der Staatsbibliothek nur die notwendigsten Ergänzungsquellen zusammengestellt: Profan- und
Kirchengeschichte; Landwirtschaft und Pest; Biographien der
Nebenfiguren; Kulturhistorisches; Städtebilder. – Es kann einem
schwindeln. Dabei sind die eigentlichen Bora-Hauptquellen nun
abgegrast. Sie versetzen einen keineswegs in die Lage, daß man
nun schon mit dem Schreiben beginnen könnte! So leer sind sie,
so dünn, so starr, so leblos. Aber darauf beruht ja das »Recht« zu
dem neuen Versuche.
Heute kommt manchmal die Sonne hervor, und dann ist es beinahe schwül. Eine Einladung von Harald von Koenigswald für
Freitag nach Potsdam; ich werde sie annehmen, obgleich die
Arbeit mich schon wieder verschlingt; aber die Rückkehr zu den
Menschen ist ja so gar nicht glanzvoll verlaufen, und so kann ich
diesen Versuch nicht lassen; denn neben und nach Reinhold
Schneider war Harald von Koenigswald der einzige, der sich mir
aus meiner Funkzeit eingeprägt hatte.
Was aber die »Bedingungen« betrifft, unter denen ich zur Versöhnung mit meiner Familie bereit war: wie hat Gott die Bedingun-
gen hinweggefegt und andere, ganz andere gestellt: die völlige
Erwartungslosigkeit auf meiner Seite. Dies aber habe ich von
vornherein gewußt, wie alles Menschliche vergeben sein kann.

Denn der Mensch, wo er vergibt, braucht selbst – zur Vergebung Gottes hinzu – noch die Vergebung dessen, dem er vergibt und mit dem er versöhnt sein will in Gott.

15. Juli 1937 | Donnerstag

> Der wird dich trösten, nach dem du genannt bist.
>
> *Baruch 4, 30*

Unmittelbar vor dem ungeheuer groß aufgemachten »Tag der deutschen Kunst« erfolgt eine recht bedrohlich aussehende, totale Umbesetzung der Kunst-Akademie. Die großen Namen Kolbe, Lederer, Sintenis, König, Nolde fehlen[114]; nie gehörte tauchen auf. – England scheint es zuwege zu bringen, eine europäische Entspannung im spanischen Konflikt herbeizuführen. Täglich liegt Kants Wort auf einem Zettel bei mir: »Die Hoffnungslosigkeit der Verfahren wird auf negativem Wege zu einer Anerkennung höherer Prinzipien führen.« –

16. Juli 1937 | Freitag

> Selig ist der Mann, der die Anfechtung erduldet.
>
> *Jakobus 1, 12*

Wieder jähe Schwüle. Schon mittags um eins, auf seinen Wunsch, brach ich zu Harald von Koenigswald nach Bornim auf. Aber dieser Versuch erneuter Annäherung schien mir doch durchaus lohnend und der alte, flüchtige Eindruck von seiner echten Jugendlichkeit, Sauberkeit, Konsequenz bestätigt. Doch erschien er mir diesmal eher mehr englisch als preußisch. Seine Frau ist älter, härter, und alle ihre Weichheit scheint sich in der Liebe zu ihrem Mann und ihren Kindern zu erschöpfen, drei bezaubernden Kindern des einunddreißigjährigen Vaters. – Sie bewohnen, an der Landstraße und dem Walde gegenüber, ein kleines, altes Haus, das aber sehr gepflegt ist; schöne, alte Möbel, eine Terrasse unter zwei Kastanien, ein großer Garten in der Fülle aller Sommerblumen; doch kommt kein Haus, das wir kennen, dem unseren gleich, wenn dieses auch am nächsten ist. – Harald von Koenigswald machte einen weiten Spaziergang mit mir, der mir trotz aller Strapazen unsäglich wohltat; denn nun bin ich am Rande meiner Kräfte. Buchenwälder, Hügelwälder, die Kuppeln der Schlösser in den Wipfeln; in den Waldlichtungen Roggenfelder im Beginn der Ernte; fast lautlos und wie wenn es ohne Mühe wäre, arbeiteten die Menschen. Der Roggen und Hafer freilich war kümmerlich. – Eine schöne Fahrt in der Abendsonne an Sanssouci, an der holländischen Straße vorüber. –

17. Juli 1937 | Sonnabend

> Suchet in dem Buch des Herrn und leset! Es wird nicht an einem derselben fehlen; man vermißt auch nicht dies noch das. Denn er ist's, der durch meinen Mund gebeut, und sein Geist ist's, der es zusammenbringt.
>
> *Jesaja 34, 16*

Heute morgen rief Mutter an und hatte mit Hanni ein langes, sehr munteres Telefongespräch, von dem ich leider nur den Anfang hören konnte: Mutter hatte mitzuteilen, daß im heutigen »Völkischen Beobachter« eine ausgezeichnet geschriebene Kritik stehe, also im offiziellsten Blatt des Nationalsozialismus. Unser Erstaunen wuchs dann noch, als sich herausstellte, daß der Rezensent Dr. Pfeiffer[115] war und die Besprechung wörtlich Stellen aus seinem Brief an mich enthielt; neben einem politisch sehr geschickten Abschnitt.

Mich hat aber fast genau so berührt, einen Brief von Frau Wieman an die Topell zu lesen, in dem sie »zwischen der ersten und der zweiten Lektüre« des »Vater« über mein Buch mit ungeheurer Wärme, ja Begeisterung schreibt. Das sind die Nachwirkungen eines Buches, von denen man sonst kaum erfährt. Auch schreibt sie von den »nervenpeinigenden Wochen«, die ich jetzt haben müßte. Der Grund der Verzögerung könne nur ein bitterböser Bürokratismus sein – oder ein sehr mächtiger Gegner, mit dem sich auch ein Hinkel auseinandersetzen müsse. –

19. Juli 1937 | Montag

> Die da halten an dem Nichtigen, verlassen ihre Gnade.
>
> *Jona 2, 9*

Anruf von Pagel, der mir die Bedeutung der V.B.-Kritik ein wenig zu überschätzen scheint an politischem Wert; seine Freude ist auch groß; damit wird man nun inserieren. Es ist erstaunlich, daß das möglich war; namentlich bei so deutlicher Betonung des Religiösen.

Was von ordentlichen Männern zum großen Tag der Deutschen Kunst in München geschrieben wird, macht müde und bitter:

solcher Byzantinismus ist auch heute nicht nötig, obwohl die Sprache der Hybris, die Byzantinismus verlangt, aufs höchste beängstigend geworden ist: beängstigend, quälend, erregend. Nachdem solche Sprache geredet ist, kann nur noch Gott selber sprechen. Hier bleibt nur noch das Wort des alles entlarvenden göttlichen Gerichts. Ungemein abstoßend aber ist es, zu beobachten, wie männlicher Mut damit befriedigt wird, daß ein kampfeslustiger und – nach wie vor – zum Kampfe verpflichteter Journalist spaßige Sätzchen für den Kenner zwischen die Zeilen schmuggelt. Ohne Frage ist es hohe Zeit zur seelischen und geistigen Rettung Deutschlands: nun, da in solchen Tönen die vollbrachte Rettung gepriesen wird.

Die Freiheit, die mein Buch genießt, ist ein rechtes Problem, das viel, viel Gerechtigkeit bei dem Versuche einer Beurteilung erfordert. Zum Tag der Deutschen Kunst ist eine Sonderausstellung eröffnet worden: »Die Kunst der Entarteten.« Darunter Nolde, Dix[116]. So fremd sie mir sind: dies scheint mir ebenbürtig einer verlorenen Schlacht. –

Zum erstenmal ein Zeichen einer Milderung, eines Rückzuges, einer Loyalität: die Schulverordnungen für Juden, Mischlinge, insbesondere jüdische Frontkämpfer-Kinder. Meschkes werden aufatmen, und unseren Töchtern droht keinerlei Verschlechterung ihrer Lage.

20. Juli 1937 | Dienstag

> Die ihm vertrauen, die erfahren, daß er Treue hält; und die treu sind in der Liebe, läßt er sich nicht nehmen. Denn seine Heiligen sind in Gnaden und Barmherzigkeit, und er hat ein Aufsehen auf seine Auserwählten.
>
> *Weisheit 3, 9*

Es ist völlig unfaßlich, wessen Werke sich nun in der Ausstellung »Entartete Kunst« vertreten finden: Lovis Corinth, Franz Marc, Paula Becker-Modersohn, Emil Nolde, Otto Müller, Max Pechstein, Feininger, Paul Klee, Lehmbruck, Christian Rohlfs, Kokoschka, Schlemmer, Gerhart Marcks![117] Wahrhaftig – bei allen Vorbehalten diesen Nachkriegs-Kunstrichtungen gegenüber: es kommt einer verlorenen Schlacht gleich, und das Herz zog sich einem zusammen, als man die Namen mit dem Urteil las: »Dokumente des tiefsten Zerfalls unseres Volkes und seiner Kultur.« Wer richtet da? –

> Wer Gott dient, der wird nach der Anfechtung ge-
> tröstet und aus der Trübsal erlöst, und nach der Züch-
> tigung findet er Gnade.
> *Tobias 3, 22*

Ein Morgen in Regenschauern, ein Nachmittag in Sonne und
Sturm. Reinhold Schneider kam zwischen Staatsbibliothek und
einer Abendeinladung zum Kaffee, brachte mir alle seine Sonette
1927–1937 und Hanni einen großen Strauß edelster Rosen. Die
Gespräche schwierig wie meist; wir wissen ja zuviel voneinander,
und was wir an leichterem reden, soll ja nur die Möglichkeit
schaffen, noch manchmal beieinander zu sein. Es sind recht eigentlich fingierte Gespräche. Eben hat er für sein Buch die Reise abgeschlossen, die wir für meins außer Wittenberg vorhaben: Magdeburg, Helmstedt, Braunschweig; für uns wird noch Gifhorn
hinzukommen, wo die irdischen Wege für Katharina von Bora
abgeschnitten waren, die Welt für sie recht eigentlich zu Ende
war.
Von der Ausstellung »Deutsche Kunst« und »Entartete Kunst«,
mit deren Eröffnung nun eine Zeitwende proklamiert ist, braucht
man nur die Reproduktion zweier Bilder zu sehen, um zu wissen,
was die Stunde geschlagen hat – und wie einfach im Grunde der
Kampf ist: für die neue Deutsche Kunst Hubert Lanzingers Füh-
rerbildnis in silberner Rüstung auf dem Rappen; für die Entartete
Kunst: Lovis Corinths Bildnis von Bernd Grönvold[118]. Oder das
repräsentative Gemälde des Präsidenten der Kunstkammer, Zieg-
ler, »Terpsichore«, ein »Damenakt mit goldenen Stäbchen«, und
Lehmbrucks »Kniende«, obwohl diese beiden letzteren nicht derart die Kluft zwischen Welten offenbaren.
Tony de Ridder, der schon im »Kahn« etwas Protestantisches entdeckte, schreibt im »Rotterdamschen Kurier« über den »Vater«.
Abends las ich noch Reinhold Schneiders Sonette: es ist unge-
heuerlich, welchen Einblick er nun gibt in Liebe und Glaube –
die beide ohne Lösung scheinen; auch der Glaube. Die Tatsache,
daß er die Gedichte gab – an den Gesprächen sicher genau so
leidend wie ich –, muß unser Verhältnis verändern. Bedeuten sie
den Abschied? Ist dies die Form, in der er mir sagt, daß er ins
Kloster geht? Indes ich weiterleben werde unter dem *fortiter
pecca* und *cor accusator, deus defensor* in der Welt, so hart es mich
– in aller Dankbarkeit – ankommt.

> Der Mensch setzt sich's wohl vor im Herzen; aber vom Herrn kommt, was die Zunge reden soll.
>
> *Sprüche 16, 1*

Ohne daß es geplant war, ergab es sich, daß wir im Schloßpark von Königswusterhausen vor dem Sonnenuntergang Abendbrot aßen!

Es war ein schwankender, wechselnder – und arbeitsreicher – Tag gewesen; gegen Abend holte Billum uns ab: diesmal in einer alten, hohen Taxe, die er aufgekauft hat. Das war eine sehr behagliche Familienfuhre. Der Abend wurde immer klarer, immer schöner; und der Schloßhof lag, als wir vorfuhren, in voller Abendsonne. Wie schön war das, mit ihnen allen dort zu sein, durchs ganze Schloß zu gehen, unter den Linden am Schloßgraben unser mitgebrachtes Marly-Abendbrot[119] zu essen! Die Bilder des Königs wiederzusehen! Es hatte großer Überredungskünste bedurft, daß wir noch ins Schloß gelassen wurden. Und wieder erwies sich, daß die alten Stätten nur einmal im Augenblick der ersten Begegnung ihr wahres Gesicht enthüllen. So war es im Stadtschloß in Potsdam; so war es in Wusterhausen. Während das Stadtschloß aber beim Wiedersehen seine Fülle verschwieg, verbarg Wusterhausen heute all sein Grauen: viel reicher war es, viel gepflegter, ja, voller Behagen, und so, als kehrten wir zu Gaste ein. »Setzen wir uns doch an den Tisch«, sagte Billum an der gedeckten Tabagietafel; die Bilder aber wirkten nicht auf ihn; er war sehr abgespannt. Die Fensternischen im Hirschsaal waren ganz von Lindenästen ausgefüllt; der alte, alte Efeu um die Mauern. Es war so friedevoll. Und zum erstenmal empfand ich, was es hieß, frei zu sein von der Last des Buches. Das heitere Abendbrot vor dem Sonnenuntergang in dem Schloßgarten, den der König im Novembernebel stöhnend durchstampfte! Es war, als müßte dies noch einmal sein: ein Mahl mit der Familie, wie er es ersehnte, unter den Wipfeln seines Gartens! Welch ein unerwartetes Geschenk! Welch weite Reise! –

27. Juli 1937 | Dienstag

> Mein Volk wird in Häusern des Friedens wohnen, in sicheren Wohnungen und in stolzer Ruhe. *Jesaja 32, 18*

Ein Lutherwort, das über aller meiner Arbeit stehen soll: »Denn auch alles andere Schreiben soll in die und zu der (Heiligen)

Schrift weisen –«; über aller Arbeit, deren Themen und Stationen so aus dem eigensten Leben völlig selbstverständlich und jeden Zweifel negierend hervorwachsen müssen wie der »Vater« aus den heimatsuchenden Fahrten nach Potsdam und »Das ewige Haus« aus dem Bau unseres Hauses auf dem »Acker Jeremias«! All solche Epik aber als Exegese! Und alle Exegese nur für »Grundbegriffe«: »Vater«, »Haus«. –

29. Juli 1937 | Donnerstag

Er offenbart, was tief und verborgen ist.

Daniel 2, 22

Zwei Dinge wirken jeden Tag mit unveränderter Intensität auf mich: der unaufhaltsame Ablauf der Zeit, der sich in Erfüllung verwandeln muß, und das völlig andere Gesicht, das jeder einzelne Tag einer neuen Woche auch bei regelmäßigster Lebensweise zeigt.

Zu welchen Forschungsergebnissen Astronomie, Geologie, Biologie, Anthropologie auch kommen mögen: Jesu Christi Tod und Auferstehung muß die Mitte der Zeit sein! –

1. August 1937 | Sonntag

Bei ihm ist viel Vergebung.

Jesaja 55, 7

Der Gottesdienst heute war sehr unbefriedigend. Und wie die Pastoren am Gesangbuch vorübergehen. Es muß ja für das Gemeindebewußtsein absterben! –

Das ist jenseits aller Zweifel: so wie einen jahrelang Friedrich Wilhelms Leben eingefordert hat bis in die erschreckendsten Einzelheiten und erst spät, spät bewußt werdenden Vorgänge, so zieht einen nun Luther Tag um Tag in die Kreise seines Lebens: man lebt es als Tatsache, um es dann in den geschriebenen Quellen bestätigt zu finden; das Umgekehrte – daß man es erst »erforscht« und dann »durchlebt« – ist viel, viel seltener. Außer Frage ist, daß Katharina von Bora durchlebt ist und daß ich nun das Ganze völlig von Luther her erfahre; auch K. v. B. als die Hauptfigur. Anders wäre ein Frauenroman seelisch auch wohl nicht möglich. Im eigenen Leben brechen ungeahnt, plötzlich, laufend die Themen des anderen, größeren, urbildlichen Lebens hervor – wie abseits der Quellen!

2. August 1937 | Montag

> Gott zürnt nicht wie ein Mensch, daß er sich nicht
> versöhnen lasse. *Judith 8, 13*

Wie erschöpft beschließen, wie erschöpft beginnen wir eine Woche;
und doch: wie dominiert in allem die Dankbarkeit und Zufriedenheit, daß eine so schwere Wartezeit so gnädig verlaufen
darf! –

Es ist, als wäre man weit weg und als wäre auch das Jahr viel
weiter fortgeschritten.

Das Reisen hat ein Ausmaß, eine Unrast angenommen, daß man
es – im Zusammenhang mit Nikotin- und Medikamenten-Konsum
– als Verfallserscheinung betrachten muß! Dem steht tröstend
entgegen, wie das Bedürfnis nach Haus und Garten im Volk in
so weitem Ausmaß wieder mächtig geworden ist, weit über die
Kapitalsanlage-Absichten hinaus. –

6. August 1937 | Freitag

> Ja, Herr, allmächtiger Gott, deine Gerichte sind wahr-
> haftig und gerecht. *Offenbarung 16, 7*

Am Spätnachmittag kam Harald von Koenigswald zum Kaffee,
er aß auch noch mit uns Abendbrot; und als der späte Abend
kam mit seinen großen Sternen, holte ich uns gar noch die letzte
Flasche vom Topellschen Friedrich-Wilhelm-Wein herauf. Er
brachte alle Voraussetzungen mit, das Haus völlig zu verstehen
(vom »Acker Jeremias«, auf den es gegründet ist, kann er ja nicht
wissen). Er hat einen sehr schönen Aufsatz[120] über mein Buch
geschrieben, in dem er ihm in der historischen Epik der letzten
zwanzig Jahre einen Sonderplatz – allein neben Ricarda Huchs
Großem Krieg in Deutschland – anweist.

Ich machte gestern die Erfahrung, daß die von mir so bewunder-
ten, geachteten unbeirrbaren Monarchisten in ihrer Konsequenz
und Sauberkeit die Idee der Monarchie nicht so rein erhalten,
wie wir, die wir uns so weit, so tief verirrt hatten; wir erst haben,
aus dem Schauder der Entfernung heraus, das volle Gefühl für
die Unantastbarkeit der Idee gewonnen und die Gewißheit, daß die
Aufgabe des monarchistischen Schriftstellers abseits von aller
politischen Aktivität liegt und allein darin beruht, das Gleichnis
in der Monarchie in seiner ganzen Strenge und Reinheit der Zeit
bewußt zu machen.

Darin hat unser Mut und unsere Kampfbereitschaft sich zu erfüllen; und im übrigen hat Römer 13 gültig zu bleiben. –
Die neue Monarchie darf nur das Gleichnis im Auge haben; so kann es nur um dieses von Gott gesegnete und verfluchte Geschlecht der Hohenzollern und in ihm um sein Haupt gehen und nach des Kaisers Tode nur um den ältesten Sohn, den Kronprinzen. Um die unverletzliche Majestät des *deus absconditus* geht es, um ihr Bild; um das Gleichnis für die unverletzliche Majestät und die Auserwähltheit der Erstgeburt!
Nicht mehr das Menschenmögliche darf uns beschäftigen: das Menschen-Unmögliche hat den Anspruch auf uns. Meine Königsgedichte – die ganz dem Schmerz um die Halt- und Machtlosigkeit der blühenden Kronprinzensöhne entsprangen; einem Schmerz, wie ich ihn so um das Vaterland noch nie empfunden habe, – sind, völlig unbeeinflußbar von meinen Verhältnis zu dem alten, schuldigen, gerichteten Kaiser, durch mich hindurchgegangen, wie ich es so bei Gedichten überhaupt noch nicht erlebt habe. Zwei Jahre lang haben sie sich in den Händen nur ganz weniger Menschen befunden; nun plötzlich will man sie verbreiten, »weil sie endlich etwas klar aussprechen, was in den anderen verschüttet ruhte; weil sie etwas auslösen, das sich ihrer bedienen muß« –. Durch die alte Gräfin Keller, die letzte Hofdame der Kaiserin, sollte der Kronprinz mit seinen Söhnen, sollten die eigentlichen Empfänger sie erhalten. Einen Augenblick hat es mich bewegt; dann legte ich mein Veto ein wie auch gegen jegliche sonstige Verbreitung. Es bleibt bei Römer 13, dem Gehorsam gegen eine mir auch noch so entgegengesetzte Obrigkeit, die ich darum bitte – in all den Aktionen bei der Kammer – mich weiter so frei schreiben zu lassen vom Alten und vom Neuen Testament, wie ich nun zu schreiben beginnen durfte. –
Die aktuellen politischen Hoffnungen der Monarchisten sind mir verhaßt. –

8. August 1937 | Sonntag

Wes das Herz voll ist, des geht der Mund über.
Matthäus 12, 34

Und welches leere, öde Hinquälen im Gottesdienst, nachdem die durch politische Erschütterungen bedingte Regsamkeit und Aufgeschlossenheit ganz ins Politische übergegangen ist; jene flüchtige Zeit der Ergriffenheit scheint wieder vorüber. Die Sonntagsgottesdienste helfen einem nicht von Woche zu Woche – es sei denn der Gnadenspruch; heute Jesaja 43, 1 – sondern sind eine immer wieder mühsam abgelegte Geduldsprobe für mich. –

13. August 1937 | Freitag

> Wer auf den Herrn hofft, den wird die Güte umfangen.
>
> *Psalm 32, 10*

Nach den besonders stillen Arbeitsstunden fiel es mir sehr schwer, zu Jagow hinauszufahren: aber der Gedanke einer steten, engen Verbindung zum Hausarchiv ist zu wichtig.

Es ist keine Frage, daß ich nicht nur Leser, sondern auch Anhänger gefunden habe. Und das Biblische meines Buches toleriert man nicht nur, sondern es steht durchaus im Mittelpunkt. In dieser Hinsicht sind ja auch die Kritiken so überraschend; und darum wende ich mich auch immer wieder der Zeit zu. Gott hat ja nicht von ihr gelassen, läßt uns sein Wort noch treiben und gibt noch eine »offene Tür«. Dies, das war der Bibelspruch zum Buch, der erbetene, ersehnte: Offenbarung 3, 8.

Viel, sehr viel von den Hohenzollern gesprochen. Es ist so niederdrückend: Der Kronprinz und seine Söhne meiden alles, Hausarchiv und Hohenzollernmuseum, negieren die Vergangenheit ihres Hauses; und diese Negation ist ohne Tiefe. Die Kronprinzessin hat bei ihren Söhnen alles versucht und ist kläglich gescheitert.

Der alte Kaiser im Exil von Haus Doorn verschenkt sein Photo – eigenhändig koloriert. Grotesk, wäre da nicht die Erinnerung an Hoenslardyck und Friedrich Wilhelms Malen! In diesem Zusammenhang aber bewegt es sehr! –

15. August 1937 | Sonntag

> Friede sei in diesem Hause!
>
> *Lukas 10, 5*

Der Gottesdienst zur 700-Jahrfeier[121] erkannte die großen Möglichkeiten solch feierlicher Weltstadtpredigt nicht: die Wolke der Zeugen in der gottlosen Stadt Berlin; die Kirchenlieder, die hier entstanden; die Städtegleichnisse der Bibel. – Vom Amt der Predigt und vom Amt der Historie entfällt nun ein gut Teil in dieser Zeit auf die Dichtung, und man kann nur um die Scharen von Evangelisten bitten; denn was sich an Autoren um den protestantischen »Eckart« und das katholische »Hochland« geschart hat, reicht an Zahl und Wert nicht aus. –

Hanni ging wieder sehr zeitig zu Bett, und ich exzerpierte, exzerpierte: die Geschichte der lutherischen Bibelübersetzung. Wie ist die Geduld ein Thema meines Lebens geworden!

16. August 1937 | Montag

> Christus ist geworden allen, die ihm gehorsam sind,
> eine Ursache zur ewigen Seligkeit.   *Hebräer 5, 9*

Die Geschichte der Bibelübersetzung als das Kernstück in der Geschichte des »Ewigen Hauses« und des Schwarzen Klosters beendet.

Das neue Buch frißt mich schon wieder auf, zehrt wohl mehr an mir als alle Kammerangelegenheiten; das Buch, von dem Hanni sagt: »Dieses Thema hätte am Ende deines Lebens stehen müssen, weil kein etwaiges künftiges mehr dein Thema sein kann« –. In der Geschichte des Hauses die Entstehungsgeschichte der deutschen Bibel: die Bibel als der letzte Besitz – und dies in einer Zeit, in der die Bibel so umstritten ist und Häuser entstehen wie noch kaum zuvor.

So schwer dieses Buch auch fallen wird, so viel Forderungen es stellen, so viel Leiden es bringen kann; wieder die ganze Existenz aufs Spiel setzend; wieder so unübersehbar schwer: an der Wahl, an der Entscheidung gibt es keinen Zweifel.

Alles Schreiben ist Antwort auf Gottes dringlichste Anrede. Bibel und Haus angesichts der Bedrohung eines »Endzeit«-ähnlichen Zustandes: das war das große Thema der vergangenen Jahre –; ist es noch? –

18. August 1937 | Mittwoch

> Die gepflanzt sind in dem Hause des Herrn, werden in
> den Vorhöfen unsers Gottes grünen. Und wenn sie
> gleich alt werden, werden sie dennoch blühen, frucht-
> bar und frisch sein.   *Psalm 92, 14. 15*

Zu Volk und Kirche sehe ich nur den einen Weg: im Hause die Idee aufrechtzuerhalten, in der stillen Arbeit am Schreibtisch die Idee wachzuhalten. Mit den Menschen und mir geht es nach wie vor nicht. Doch suche ich alle Schroffheit künftig zu meiden.

Ich bin zu ihnen zurückgekehrt, Unrecht und Undank wiedergutzumachen.

Ich habe sie aufgesucht, für die Förderung meines Buches zu danken.

Ich habe mich, die Gefahren des rein häuslichen Lebens nicht unterschätzend, bemüht um Männer, die von ihren Berufen ausgefüllt sind und denen die Sorge um das Vaterland Lebenssache ist: denn es ist Zeit zu großer Sorge um den Staat und alle Berufe.

Ich kehre zu Hanni und dem Haus zurück, in das nun auch Reinhold Schneider nicht mehr einkehren wird. So sehr Hanni um Schneiders Weggang trauert, so sehr begrüßt sie die Rückkehr zum Eremitenleben. Nun werden wir nur noch die Einladungen erwidern. Im eigenen Hause kann man ja auch dem Zusammensein mit Menschen ein etwas entschiedeneres Gepräge geben.

Ich sprach mit Baronin von König, Leo von Königs Frau, ob wir nicht mit Baron Guttenberg (kath. Adel), Professor Kippenberg, Dr. Jagow (Kronprinzessin) Fühlung nehmen wollen, eine Sammlung von Schneiders Freunden und Anhängern ins Leben zu rufen, aus deren Ertrag man ihm in seiner neuen Zuflucht – ihn vor der Fortsetzung des Möblierten-Mieter-Martyriums zu bewahren – eine kleine Empirewohnung einrichtet in der Art des von ihm so geliebten Humboldtzimmers in Charlottenhof. Baronin König stimmte sofort lebhaft zu. –

20. *August 1937* | *Freitag*

> Christus ist treu als ein Sohn über sein Haus; das Haus sind wir, so wir anders das Vertrauen und den Ruhm der Hoffnung bis ans Ende fest behalten.
>
> *Hebräer 3, 6*

Solche Worte beschwichtigen das Herz im Gedanken an den Titel des neuen Buches »Das ewige Haus«. Und solcher Trost, der einzige Trost, tut bitter not. Hannis Krankheit und die Kammerangelegenheit erfordern täglich die gleiche Geduld.

Pagel war bei dem Geschäftsführer der Kammer; es ist noch gar nichts entschieden. Das einzige Positivum war, daß sich auch Ihde das Buch noch einmal kommen ließ. Von einem Wert der Zwischengenehmigung ließ auch er nichts verlauten.

In den Kritiken weist man wiederholt auf mein Schlesiertum hin. Ich selber aber stehe staunend davor, welche Gewalt der deutsche Nord-Osten über mich gewann!

Pagel möchte, daß ich für den einzigen Plan, den ich neben der Bora noch toleriere, »Die Bilder und Briefe des Königs«, mit keinem anderen Verlag für die Jubiläumsjahre 1738–40 verhandle.

Ich atme auf, daß Pagel den Stand meiner Arbeit doch verfolgt und nicht erschrickt vor der Mühsal und Langsamkeit. –

21. August 1937 | Sonnabend

Fasset eure Seelen mit Geduld.   Lukas 21, 19

Mehr und mehr erscheint mir die Überwindung als ein Kernstück des Glaubenslebens: Teilhaben, Teilnehmen an Gottes Gericht über einen selbst; Teilhaben, Teilnehmen an Gottes helfender, rettender Kraft, die sein Reich in das Reich der Sünde und des Todes einpflanzt: Überwindung also ist die eigentliche Heiligung, begreifbar erst jenseits der objektiven Rechtfertigungs-Erfahrung, in der Gottes Majestät alles ist! Ja, tragbar ist das irdische Leben dem Glauben erst als unausgesetzter Vorgang der Überwindung: als ständiges Kommen des Reiches Gottes in die eigene Verlorenheit. Damit fällt das Idyll, das Behagen und Beharren, die Ruhe vor der Sünde, das Genügen am Unwesentlichen; die totale Sünde ist hier ständig angegriffen. Gott greift uns an: das ist die Quelle dieser schweren, bitteren, oft so erschöpfenden, qualvollen Aktivität, die Überwindung heißt. Da fällt jedes Recht auf Friedlichkeit und Genuß: der völlige Kampfcharakter des Gottesfriedens wird offenbar. Seine Majestät streitet aus Liebe um jedes einzelne, wertlose, verlorene Ich in uns selbst. Auch nachdem seiner Ordnung Genüge getan ist, macht er uns noch im irdischen Leben schon teilhaftig des Bildes der Gerechtigkeit Christi ». . . ihr habt noch nicht widerstanden bis aufs Blut«, obwohl alles durch Christus geschehen ist!! –
Die Überwindung steht in feindseligstem Gegensatz zum Sich-Abfinden: die Überwindung erst erweist das Gewicht der Geduld. Sie erkennt auch Glück nur an unter rechtfertigendem Gericht.

22. August 1937 | Sonntag

Wo der Herr nicht das Haus baut, so arbeiten umsonst, die daran bauen.   Psalm 127, 1

Aus Nebel und Regen war ein sanftbesonnter Morgen geworden. In der Mariendorfer Kirche predigte der alte Pastor Schulz aus Carolath[122], so ernst um die Gegenwart bemüht; ich besuchte ihn in der Sakristei. Zum anschließenden Frühstück war Dr. Pfeiffer erschienen. Dann saßen er, Hanni und ich im Barockzimmer mit seinen Astern, Nelken, feierlichen Gladiolen.

Mit den Gesprächen ging es erstaunlich gut. Mir scheint dies die Lösung: die eigenen Dinge eindeutig auszuschalten und konkrete Fragen zu stellen; nach der Art, wie er sich seinen Berliner Aufenthalt einrichtet; nach seinen früheren Arbeiten; nach Nietzsche und George, von denen er herkommt und die für uns jetzt von so gesteigertem Interesse sind, weil Weimar die Endstation unserer Reise sein soll und mir bei Nietzsche und George die letzte Konsequenz von Weimar zu liegen scheint.

Pfeiffer wußte – um mit Friedrich Wilhelm zu reden – »viel und gut zu erzählen«. Er besitzt die Vitalität, den Wissensdrang unverbrauchter Naturen; als wäre alles erstmalig für ihn, als sei er bäuerlicher oder proletarischer Herkunft; eroberungslustig noch, nicht so streng verwiesen auf die eine schmale, mühevolle Bahn von Buch zu Buch, wie sie nun vor mir zu liegen scheint. Es spricht auch stark der Unterschied mit: Nahe und Oder.

Was wir von Nietzsche hören, ist nur ergreifend; Stefan George nur befremdend, obwohl ich in ihm immer den letzten prophetischen Dichter, den ersten Dichter der Jahrtausendwende zu sehen geneigt war und bewunderte, wie er 1933 jedes politische Mißverständnis seines nun so begehrten Werkes zerstörte.

Immer wieder sehe ich, daß ich mit aller dichterischen Autorität, die sich nicht von der kirchlichen Verkündigung herleitet, nichts beginnen kann. Was ist alles Wort, das sich nicht gründet aufs Johannes-Evangelium? Was sind alle Bücher, die nicht erschüttert Recht, Weihe und Notwendigkeit erfahren von dem einen Buche her, das allein das Amt des Buches so groß macht?

In der schweren und doch noch so gnädig-behüteten Wartezeit, in der mein neues Buch beginnt, muß mich am meisten beschäftigen, wie Gott alle Zeichen und besonderen Worte versagt. Das bange, schwache Herz will in allem das Gericht befürchten. – *Cor accusator, deus defensor!* Gott will zeigen, wie stark er den Glauben machen kann, wie er nicht mehr zu reden braucht vom Ich und Du, sondern einzig allein gründen und verweisen will auf die Worte, die Christus preisen!

Luther, dessen Erfahrungen ich von dem qualvollen »*volo, sed non possum*«[123] meiner Knabenzeit an in meinem Leben immer wieder aufbrechen und es beherrschen sah (was zu leugnen Undank wäre); die Stufenfolgen des Glaubens; der anfangende, der fortschreitende und der vollendete Glaube. Der erste entsteht aus Wundern und Zeichen oder großen Werken Gottes; der zweite glaubt dem bloßen Wort ohne Zeichen und Werke; man kann ihn nur durch das Leben, durch die Bitterkeit der Erfahrung gewinnen; der dritte, der vollkommene Glaube gibt sich selbst dar ohne Zeichen und Worte, er hat nichts Besonderes, das er glaube, denn er glaubt mehr, als ihm zu glauben kann vorgelegt werden, er nimmt alles, was da ist und geschieht, als von Gott kommend an und bezieht alles auf Gott und die unsichtbaren Dinge: »Der Gerechte lebt aus dem Glauben«. –

23. August 1937 | Montag

Rede, Herr, denn dein Knecht hört. 1. Samuel 3, 9

Bei Hanni setzt die Vorbereitung auf Weimar ein. Aus meiner Schülerzeit entsann ich mich der schönen Pension im Hause der Frau von Stein, wo auch Wieman manchmal über Sonntag hinflieht. Ich fragte wegen der Preise an, »incognito« – und man antwortete mir mit den präzisesten Angaben über meinen Schüleraufenthalt! Hanni wird nun »Boras Flucht« von Magdeburg nach Braunschweig, Helmstedt und Gifhorn nicht mitmachen, sondern voraus nach Weimar fahren. Spürte ich nicht, wie Hanni nach dieser Reise verlangt – ich hätte noch für die Verschiebung plädiert!

Schneider lädt uns für Donnerstag nach Potsdam. – Wir werden ihm unseren kleinen Altar, den Mönch mit dem Kinde, schenken, daß ihn dieses eines unserer liebsten Besitztümer, das ihm aber so zugehört, nach Hinterzarten begleitet: dem Wald, der eigentlich sein Kloster ist.

Dies habe ich nun gelernt: den Anblick meiner durchgestrichenen Vergangenheit zu ertragen – ich kann sogar wieder frühere Stätten aufsuchen; ich spüre sogar meinen von mir vernichteten Gedichten nach, die Mutter von Großmutter, Brigitte Hacker und Tante Lene besitzen. –

Ehe man seine Vergangenheit nicht erträgt, ist die Vergebung noch nicht recht geglaubt. –

26. August 1937 | Donnerstag

Siehe, ich komme bald; halte, was du hast, daß niemand deine Krone nehme! Offenbarung 3, 11

Zum Tee bei Schneider; Potsdam nur gestreift; in seinen beiden Stuben vor Büchern kein freies Plätzchen mehr. Wir brachten ihm

unser Abschiedsgeschenk mit: das Barockaltärchen, den Heiligen mit dem Kind, das ich mir recht vom Herzen reißen wollte und mußte. Auch brachte ich ihm seine Sonette wieder und behielt mir mit seiner Erlaubnis meine Abschrift. Über das, was wir schriftlich voneinander besitzen, hinaus gibt es keine Möglichkeit besserer Mitteilung. Nur sahen wir nun sein Leo-von-König-Buch mit den herrlichen Reproduktionen. Und für uns war das Gespräch reizvoll und schön, als wir nun auf allen möglichen Wegen seine Wohnungspläne für Hinterzarten erkundeten. Es scheint sich für unser Vorhaben alles so gut zu fügen; seiner Bilder und abertausend Bücher wegen braucht er sogar einen Möbelwagen. Nun zeigte er uns gerade heute sein »einziges Besitztum, ein Geschenk«, sein sehr schönes, edles Bett. Er mietet erst im Oktober. Das paßt glänzend. –
Am Nachmittag kein Regen mehr; schweres Gewölk, blasse Sonne. Mittags und abends wieder Donner. –
Die gefürchtete Parteistelle »zur Förderung des deutschen Schrifttums«, die Schneiders »Inselreich« so angriff, hat bei der DVA mein Buch zur Ausstellung des Deutschen Auslands-Instituts in Stuttgart für die große Herbsttagung bestellt. Es ist alles so undurchsichtig. –

29. August 1937 / Sonntag

> Wer seine Hand an den Pflug legt und sieht zurück,
> der ist nicht geschickt zum Reich Gottes.

Lukas 9, 62

Das Besondere unseres Abschiedsgeschenkes verstehend, schreibt heute Schneider: »Ihnen und Ihrer verehrten Gattin möchte ich noch einmal herzlich für den letzten Besuch danken, der mich den ganzen Wert unserer Begegnung wieder hat empfinden lassen. Es gehört zu den schönsten Fügungen meiner ›preußischen‹ Zeit, daß ich Sie antreffen durfte; und daß es gerade im Funkhaus geschah, ist wohl ein Zeichen dafür, daß auch die unseligsten Erfindungen des Menschen diesen nicht zum Unsegen sind. In Ihrem großen Buch und auf eine ganz wunderbare, einzigartige Weise in Ihren Gedichten sind, glaube ich, die schönsten Verheißungen enthalten, die diese schweren Jahre bisher haben sichtbar werden lassen. Hier ist schon etwas vollkommen Reines, das von den Irrungen der Vergangenheit nicht mehr getrübt ist, und nur mit einem solchen kann die neue Stunde anschlagen, die wir wunderbarerweise doch nicht vergeblich ersehnen. Mehr kann ich Ihnen nicht sagen; Sie werden, glaube ich, für die künftige Dichtung, die nur das Abbild einer reinen Seele sein kann, viel bedeuten. – Für den stillen Heiligen danke ich von Herzen. Er wird seinen Platz doch auf dem Schreibtisch behalten, hier wie dort. Denn ich habe so oft nach einem Punkte gesucht, auf den mein Blick sich richten könnte, wenn ich lieber beten als arbeiten wollte an meinem Tisch; der Heilige wird von nun an gerade an dieser Stelle stehen, wo ich eben doch das ,Bild' suche und suchen muß.«

Ich muß heut viel an das Evangelium dieses Sonntags von den zehn Aussätzigen denken, vor dem der Gottesdienst so versagte. Als Aussätziger sich schon als rein im Tempel zeigen auf Christi Geheiß und aus seiner erlösenden Vollmacht: das ist die Möglichkeit, rein zu sein. Johannes 15, 3! Dieses Evangelium wird mir zu einem der hilfreichsten. –

1. September 1937 | Mittwoch
Jesus schwieg still.   Matthäus 26, 63

Selten habe ich so den Wechsel von einem goldenen zu einem silbernen Lichte wahrgenommen wie in der zehnten und elften Stunde des Vormittags. Die Luft war zart und kühl, der Rasen voller Tau, die Sonne gedämpft und weich über dem Grase, in den Wipfeln; dann, als ob es regnen wolle, verblich der Glanz in fahles, bleiches Silber: aber es regnete nicht, und um Mittag war alles von starker Sonne durchströmt. Frühe Abendkühle; nun ist die Sonne beim Siebenuhrgeläut schon gesunken. Es ist hohe Zeit zu reisen.

Hannis Freude auf die kleine Reise ist ergreifend; bei allen häuslichen Verrichtungen zählt sie: ». . . das vorletzte Mal, das letzte Mal.«

Nach Kant nun Voltaire: vor der Reise noch einmal eine gewaltige Zäsur; ein Rückkehren in zehn Jahre lang Vertrautes in mächtigem, konzentriertem Ansturm. Welche Wandlungen auch hinter mir liegen; wie bindend auch die »biblischen« Romane vor mir liegen –: Voltaire, der allererste Plan, bleibt das gleiche, ungeheuerliche, atemraubende Projekt; Leben, das noch einmal erzählt werden muß. Die Bilder stürzen nur so auf einen herein. Des Anlasses, »Die vollendete Einsamkeit«, vergißt man, obwohl die Exzerpte sich strengstens an das Thema halten müssen[124]. –

> Wende dich zu mir und sei mir gnädig; denn ich bin
> einsam und elend. *Psalm 25, 16*

Vor der Reise haben Hanni und ich in Haus, Garten, Arbeit,
privaten Dingen, selbst der Lektüre einen Abschluß erreicht, der
nur der Jahreswende vergleichbar ist; es ist auch eine große
Sache: die erste Reise nach dem Buche. Wir brechen wenigstens
zur gleichen Stunde, wenn nun auch mit zunächst verschiedenen
Zielen auf.

Die Arbeit am Voltaire mußte nach dem Packen bis zum Schluß
fortgesetzt werden, weil ich den dicken Band nicht mit auf die
Reise nehmen kann. –

Von der Kammer hat Pagel nichts mehr erfahren. – Alles in
unserem Leben soll ernst sein: auch das Reisen und Feiern.
Welche zwei Jahre seit der Ullsteinentlassung! Voll welchen Ernstes –; wie lernte man danken und bitten und vertrauen!

3. September 1937 | Freitag (Helmstedt)

> Heile du mich, Herr, so werde ich heil; hilf du mir, so
> ist mir geholfen. *Jeremia 17, 14*

Magdeburg.

Noch munterer morgendlicher Abschied von den Töchtern, noch
ein Frühstück auf der Terrasse über dem besonnten Garten.
Dann trennten wir uns am Potsdamer Bahnhof. Dort fuhr ich
fünf Minuten früher als Hanni am Anhalter Bahnhof ab. Wie
schön: an Potsdam und Brandenburg vorüber in das Land des
neuen Buches! Aus Septemberglanz wurde Schwüle und graue
Schwere. Die Wanderung durch Magdeburg vom Alten Markt
den Breiten Weg entlang zum Dom führt durch drei Welten:
eine graue, machtvolle Gotik – Spuren einer Renaissance in der
Handelsstadt der Mitte – ein »dessauisches Rokoko« aus der Gou-
verneurszeit des Alten Dessauers. Wie wunderbar das edle, weltliche Preußentum des Domplatzes: der Dom, durch dichtes Gesträuch über eine Brücke gesehen – im silbrigen Mittagslicht des
Klostergartens am Kreuzgang: ein Hauch von Chartres-Bildern.
So ohne alles Störende. Ganz allein in dem hohen, klaren, weiten
Dom. In das schwere Grau der Steine, das silbrige Licht warme,
verhüllte Ströme von Gold aus den Fenstern der Apsis, gezaubert
von flüchtigen Sonnenstrahlen! Die klugen und die törichten
Jungfrauen: der Einsatz des Buches! Beide lebten sie als Flücht-

linge hier: Katharina von Bora und Elisabeth-Christine! – Auch einen Blick in den Johannis-Kreuzgang getan; bei der Katharinenkirche und St. Ulrich.

Das neue Magdeburg trostlos; sehr lebendig: Geschäfte, Restaurants und Kaffees in bemerkenswerter Fülle, ungeahnter. Schöne alte Straßennamen: Dreiengelstraße – Himmelreichstraße – Magdalenenberg – Peter-Paul-Straße – Ratswaageplatz – Goldschmiede-, Tischler- und Schuhbrücke – Steinernetischstraße – Tischlerkrugstraße – Zeisigbauer – Zuckerbusch.

Zur Rechten und Linken des Breiten Weges Kapellen und Kirchen.

Aus der Ebene lösen sich Hügel, dehnen sich blaue dunstige Täler, auf den Feldern stehen noch die Roggengarben.

Helmstedt.

Bunte, winklige, skurrile, arme, lebendige Stadt – vor bleiernem Himmel. Bis zum Abend steigern sich die Eindrücke so ungeheuer, daß ich nach dem Abendbrot in meinem Hotel nur meine Abrechnung mache und als Leichtestes die gesamte Reisekorrespondenz im voraus erledige. Die Eindrücke aufzuzeichnen, ist abends elf Uhr noch zu viel.

Nachtrag am Sonnabend:

Was Karten und Prospekte festhalten, muß angesichts der Fülle und meiner Überanstrengung fortbleiben. Nur die Stimmungsmomente, die verlorengehen könnten, sollen verzeichnet sein.

Fast hilflos sind immer wieder weite und schmale, runde und winklige Plätze voll bunter Häuser um die Kirchen und Kirchlein gehäuft: aber die Plätze haben holpriges, armseliges Pflaster, zwischen dem Gras wächst. Heuwagen in den Straßen.

Aber in welche Tiefen – wirklich und bildlich – führen die Kapellen und die Felicitaskrypta von St. Ludgeri! – Welches Leben armen Volkes in den steigenden, fallenden Gassen: über grauroten Dächern immer wieder Wald.

In der Abenddämmerung im Pfarrhausgarten von Sankt Marienberg. Der Klostergarten. Das rege Treiben in der Klosterkirche. Antike Möbel im Empfangszimmer. Die blanken Kannen mit den Webstühlen und der trocknenden, mit Kräutern gefärbten Wolle. Schwester Anna Mosbach führte mich noch in die dämmernde Kirche; letztes Licht in den klaren, ebenmäßigen Gewölben. Proben neuer, ernsthafter kirchlicher Paramentik vorgelegt.

Das geistliche Gegenspiel zuvor: das Eschengärtlein zwischen der Apostelkapelle und der alten Domäne von Sankt Ludgeri; die Schafherden im Türkentor von Ludgeri, die Lämmer im Stall. Der Pfarrer mit der langen Pfeife auf der Freitreppe über dem Blumengärtlein. Sowohl Pfarrer wie Küster wissen, was ihnen in Sankt Ludgeri und Sankt Marienberg anvertraut ist. Der Abendfriede im Kreuzgang-Friedhof von St. Marienberg. Schöne, ernste Menschen, gedrungen, hart, braungebrannt, blond; in Magdeburg waren die Menschen noch städtisch verwaschen. Viel Sattlereien und Flintengeschäfte; Landstadt und Jagdwald. –

Sankt Marienberg und Sankt Ludgeri in ihrem Abendfrieden werde ich wohl nie vergessen. Und nie den großen Holzcrucifixus von Sankt Stephani – vielleicht mehr als Veit Stoß: die Füße, das Antlitz. –

4. September 1937 | Sonnabend (Braunschweig)

Er ist stark und führt es aus. *Hiob 12, 16*

Mit noch stärkerer Wucht als in der Ordnung des täglichen Lebens erweist das Herz auf dieser ersten Reise nach dem Buch die ganze, die völlige, die flehentliche Hilfsbedürftigkeit vor Gott. Und gewaltiger denn je steht mir vor Augen, was dies ist: Theologie der Städte, gipfelnd in Rom und Wittenberg.

Der Morgen in Helmstedt kam trübe herauf, löste sich aber in immer zarteres, weicheres Sonnenlicht über dem blauen Hügelwald und seinem tiefgründigen Gürtel. Wochenmarkt auf dem Holzberg; zeichnende Mädchenschulen beim Kirchhof St. Walpurgis; ballspielende Knabenschule im alten, feierlichen Hofe des Julaeums.

Das Haus der Margarete Friederich, darin ich Katharina von Bora auf der Flucht wohnen lassen werde: »Weil mir die Welt zuwider ist, erbarm dich mein, Herr Jesu Christ«.

Den Langen Wall entlang gegangen, über alten Blumen-, Obst- und Rasengärten an altem Wallgemäuer; und an der langen Klostermauer von St. Ludgeri eine Kastanienallee hinaus zum Taufkreuz Sankt Ludgeris. – Weiche grüne Weiden in der Septembersonne, Pferde und Kühe, Pflaumenbäume in der blauen Fülle der Reife, Malven, Astern, Dahlien; Goldraute; dichtbehängte Birnenbäume, selbst an den Fachwerkhäusern des Osterdorfes; die leuchtend blauen Zichorienblüten im Graben am Wegrand. Mittagsglocken, steigende Sonne. Die Abfahrt. Durch Buchenwald; reiche Fachwerkdörfer in sanften Mulden. Reinhold Schneiders Königslutter und sein Dom. Ein Fichtenweg in klarer Sonne vor blauem Gewölk.

Braunschweig.

Die große Historie dieser Stadt – der alternde Heinrich der Löwe, der sich am Kamin die eigenen Taten aus Chroniken vorlesen läßt – Boras Flucht – Bugenhagen – Elisabeth-Christine und Philippine-Charlotte. – Aber selbst dieses alles, so nahe es mir ist, verblaßt vor dem ungeheuren Eindruck, daß ich nun in dieser einen Stadt das deutsche Mittelalter begreife. –

Wie ist all dies Balkenwerk der Häuser erschütternde Schrift des Heiligen, des Magischen, des Mächtigen, des Skurrilen; der ergreifende Eindruck des Domplatzes und des Alten Marktes. Was in Helmstedt hilflose Andeutung ist, ist hier nahezu Vollendung: die Kirchen und ihr Stadtbezirk um jede.

Vier Stunden bin ich wahrhaft durch die Stadt gepilgert. Es war wie ein notwendiges Hinausfinden, daß ich in der Abendsonne noch am Löwenwall und der Oker, den Partien der behäbigen Residenz entlang, ging – abends zog es mich noch einmal übermächtig zum Burgplatz. Das silberne, graue Licht in den Fensterrosen über den beschatteten Mauern. –

Der Norden und der Osten sind mein Schicksal: Welche Überfülle birgt diese Begrenzung! Gott lasse mich von meinem Lande und von seiner Kirche schreiben. –

Am Nachmittag Trauungen in den Kirchen. Die Blinden und die tobenden Kinder um die Brüderkirche und ihr verfallendes Kloster.

Das übermächtige Drängen einkaufenden Volkes in den letzten Nachmittagsstunden des Sonnabends. Die Stille um Sankt Aegidien, die Kirche, die wieder zum Wald und zum Berg wird, steinerne Löwen und unbeweglich nistende Tauben, gewaltige Efeuwurzeln, Bäume und Moos auf dem Gemäuer – alter Stein, Moos, Getier, Abendsonne, Kreuze im Klosterhof.

Möchten die Stichworte es mir zurückrufen, wenn es gilt, es zu schreiben. Um solche Städte muß man beten. Die steinerne Ruhe – die Magie des bunten Holzwerks – das letzte, volle Grün in der weichen Sonne des Septembernachmittags – die vom Abend umschlossene Welt des Domgevierts, das Silberlicht in den Fensterrosen, den Schatten des Löwen. – Diese Nächte sind nicht leicht.

Ich habe noch niemals gebetet wie auf dieser Reise. Gott hilft nicht mehr »mit besonderen Worten und Werken« – und das bedeutet, mehr als alles auch darin enthaltene Gericht: er läßt den Glauben wachsen.

5. September 1937 / Sonntag (Braunschweig)

> Bewahre deinen Fuß, wenn du zum Hause Gottes gehst, und komme, daß du hörest. *Prediger 4, 17*

Strahlender Septembermorgen.

Gleich nach dem Frühstück ging ich noch einmal zum Altstadtmarkt, und um die Zeit, in der die Kirchen vor dem Gottesdienst geöffnet und bevor sie vor dem Gottesdienst geschlossen werden, war ich noch, wo sich mir nur das Portal einer Kirche auftat: in der Brüderkirche, beim Bugenhagendenkmal, mit ihrem hohen Lettner und der tiefreichenden Apsis; im dunklen Hintergrunde schimmernd der goldene Hochaltar; die Glocken setzten ein; der Kirchgang schien um alle Kirchen spärlich; in Sankt Katharinen mit seinem klaren, ruhigen, gotisch-reinen Schiff hörte ich noch das Schlußlied, in Sankt Andreas mit seiner schönen Gruppe der Heiligen Familie und den anderen ungeschlachten, hohen Reliefs an den Giebeln des Seitenschiffs begann gerade der Kindergottesdienst. Innen überall ein reiner Schnitt. Die Tierplastik in Braunschweig: vom Löwen bis zum Fabelvogel; überall das Welfenrößlein und Löwen.

Noch einmal bei Sankt Aegidien: das Wurzelwerk in der steilen, zerklüfteten Mauer. Diese Kirche und das Konventshaus, als Museum dienend und nicht übermalt, ist am reinsten in Fenstern, Gewölben und Pfeilern. Bilder Elisabeth-Christinens – vor allem aber, in allen Altersstufen, Sanssoucis Philippine-Charlotte! Ich brauche ja die Nähe des »Preußischen« noch so sehr: denn hier ist eine mir neue, mich wie alles Fremde bedrängende Welt. Meine Schicksalsströme bleiben Oder, Havel, Elbe. –

Mittags bedeckte sich der Himmel drohend; auch war es schwül; vom Spätnachmittag an wurde es immer zarter, lichter, kühler. Auf der Hinfahrt nach Gifhorn notierte ich mir jede Einzelheit von Katharinas Flucht; auf der Rückreise las ich als letztes für die »Vollendung der Einsamkeit«: Ludwig Richter.

Dazwischen lagen Stunden, die ich erschütternd nennen muß: nun weiß ich, wie sanft Katharinas Herz war, als sie hinter Gifhorn, ihrem Ende der Welt, vor den Waffen umkehren mußte. – Angesichts so sanfter Weite, reicher Erde – königlichen Schutzes. Zurück in Not vor Gott. Die Stadt in Sonntagnachmittagsfrieden der Alten und reger Lebendigkeit der Jungen, vielen Spaziergängern und Menschen auf Bänken vor den Häusern wirkt sehr nördlich, ja, wie eine skandinavische Stadt, gemahnt an Ibsen und Knut Hamsun – nördlich namentlich durch die vielen Holz-Obergeschosse, die bunten, Fachwerke seltener, ein einziger Stein-Renaissancebau über der in einem freundlichen, einfachen Klassizismus überarbeiteten Kirche; der schöne Außen-Fachwerkbau des Ratsweinkellers. Die Kirche und ihre Bäume in der Sonne, der bunte, üppige, reifende, doch leicht schon welkende Obst- und Blumengarten – Sommerblumen, Astern, Pflaumen, Birnen, Blaukohl – zwischen Kirche und Schloß. Der von dichtem, grünem Wassermoos bedeckte Schloßgraben – die Stille des Schloßhofes, der kleinen, kühlen, reinerhaltenen spätgotischen Schloßkapelle neben dem schönen Renaissanceturm; die lustige Jugend um den Tisch der großen Küche im Wirtschaftshaus; der derbe, gesunde Geruch nach warmen Kartoffeln.

Die Stadt langgestreckt wie eine Dorfstraße, doch bei allen Windungen festgefügt und nach einer guten Regel. Vor Gifhorn Heide – ich schreibe jetzt abends im Gewandhauskeller noch die Fahrt nieder –; hinter Gifhorn aber neues, weiches, sattes Wiesenland und schweres Ackerland, alte, reiche Bäume – schöne Gräben, weich gewunden, bei Weiden, Birken, alten Baumgruppen – reicheres, weicheres Land – dort, bald hinter der Abzweigung der Straße nach Salzwedel mag sie umgekehrt sein: wo drei Pferde in der Koppel bei den Kühen weideten, bei den sieben jungen Kiefern – einzigem Zeichen ärmerer Erde hier – an der Straße nach Lüneburg.

Die Schönheit der dunklen, klaren Aller in der Stadt – weiche Wiesenufer, Büsche, Sonnenblumen am Ufer, die große Wassermühle. Der weite Park bei den Wiesen in der späten, zarten Sonne. Der Angler und das Kätzchen. Heuernte auf den Wiesen am Wasser. Streifen weich wogenden Schilfes.

Heimfahrt: Die Sonne wie in einem plötzlich hergewehten Nebel über der Heide, silbern, bleich. Verwehendes Gewölk vor Blau. Das Wolkenbild des »Gottesauges«: dann tiefrotgolden und groß noch einmal Sonne über der Heide, sich gewaltig verwandelnd: ein »Kelch«. Dann »Die feurige Kugel des Krieges«, glühend und kreisrund, über Bäumen, Dächern und Kirche des ersten Dorfes wieder jenseits der Heide auf der Rückkehr.

Noch ein letzter Blick auf Kirche und Rathaus des Altstadtmärktes, jenen klaren Ausschnitt feierlichster Gotik, liegt vor mir. Da vermag immer wieder das Deutschland der Eisdielen, Kinos, Parteistellen, »Stürmer«-Aushangkästen, der Geschäfte und der Restaurants und Autos noch einmal zu versinken.

Wie dankbar wird man für drei brennende Kerzen in einem alten Gewölbe am letzten Abend solch schwerer, ergreifender Städtefahrt. Als letztes vor der Nacht doch noch einmal bei der Burg Dankwarderode und dem Dom in ihrer größeren Stille unter den Sternen!

Noch liegt das Größte vor mir: Wittenberg. Die Pause davor wird sehr gut sein.

6. September 1937 / Montag (Weimar)

> Siehe auf das Amt, das du empfangen hast in dem Herrn, daß du es ausrichtest!   Kolosser 4, 17

Am letzten Morgen in Braunschweig noch ein ungemein erfrischendes Duschen und Schwimmen in dem schönen Stadtbad; dann fuhr ich schon zu Hanni und hatte einen ganzen Tag gespart. Glanz, Sonne, Milde – und nun brauchte ich nicht mehr »aufzupassen«, las Ludwig Richter und sah die Schönheiten des Saaletales, seiner Burgen, Ufer, Weinberge, die ich so lieblich gar nicht mehr in Erinnerung hatte. Nachmittags um drei kam ich in Weimar an – auf dem Bahnsteig stand Hanni – mit dem Briefe der Schrifttumskammer: die Sondergenehmigung erteilt – der Brief am Tage unseres Reise-Aufbruches ausgegangen! Hanni, die schon am Sonnabend diesen Brief hatte, wollte dieses Schreiben mir doch selbst übergeben. Und wie schön das war, wie mußte das zwischen uns beiden sein: welche Dankbarkeit liegt über diesem Wiedersehen. – Wie unfaßlich wirkte solche Fügung – nachdem ich »Besonderes« von Gott nicht mehr erbitte!

Im Haus der Frau von Stein – im gleichen Zimmer, in dem ich vor wohl zwanzig Jahren bei den Schillerfestspielen wohnte, mit dem gleichen Sekretär von 1793 – hatte Hanni Blumen und Süßigkeiten aufgebaut und diesen wirren, wilden, fast grotesken Rest dieser einst so gepflegten, antik eingerichteten Pension etwas wohnlicher für mich gemacht. Die uralten Schwestern G. haben nur noch die Mansarden der Charlotte von Stein und einen Dielenplatz mit hübschen alten Möbeln. Was geblieben ist trotz Alter und Verfall, ist aber die ungemein angeregte Atmosphäre, die einst hier herrschte, als Theater, Universität, Literatur hier alljährlich aus und ein gingen, die meisten Gäste uns oft auch persönlich bekannt, wie Wieman. Wir essen, da wir allein sind, am Tisch der beiden alten Schwestern, und die Gespräche sind ganz so, wie sie in Weimar sein müssen.

Weimar selbst wird uns immer mehr zum Problem. Die Bildungsgrundlagen für solchen Kult sind ja gar nicht mehr da. – An der Zerstörung des Stadtbildes wird eifrig durch Parteineubauten gearbeitet. Überhaupt ist ja Weimar gar nicht als Stadt das Idyll, das man preist; schön eigentlich nur Park und Gartenhaus und unser Haus der Frau von Stein am Park, der Brunnen, die Lorbeerbäume vor dem Hause (nachts welche Sterne!).

Hanni lud mich gleich in das Residenzkaffee zum Kaffee ein, auf eine Terrasse gegenüber dem Renaissanceflügel des Schlosses – Sonne, rauschende, volle Bäume, viele vergnügte Menschen; immer wieder Schulklassen. Dann gingen wir an die Entdeckung des kursächsischen Weimar: das Weimar des Franziskanerklosters, des Cranachhauses, Luthers, Bernhard v. Weimars – worunter aber unsere Aufgeschlossenheit für das klassizistische Weimar nicht litt. Noch ein Weg ans Gartenhaus, süßer Heugeruch und zarte Kühle. –

Nach dem Abendbrot zu einem Glase Wein im »Weißen Schwan«; frühe zur Ruhe gegangen, denn in diesen Tagen war viel, viel vorgegangen.

8. September 1937 | Mittwoch (Weimar)

Da ich bekehrt ward, tat ich Buße.   Jeremia 31, 19.

Da uns in Weimar nicht viel hält, auf Hannis Wunsch und zu meiner Freude in die Lutherstädte Erfurt und Eisenach.

Kaum standen wir aber auf dem Bahnsteig, als wir uns gegenseitig gestanden, daß einer nur dem anderen zuliebe diese Fahrt machte. Wir scheuten die Strapaze ebenso wie die Kosten und beschränkten uns auf Erfurt; und dort nur auf die Herrlichkeit des Domes und Sankt Severis, das Augustinerkloster und Meister Ekkeharts Predigtkirche; die häßliche Wirrnis der Stadt nahmen wir um dieser Stätten und ganz besonders auch Luthers wegen auf uns, obwohl wir unter den Städten und der »Zeit« immer mehr leiden. Im Dome fühlten wir uns überreich belohnt: einmal echte alte Glasfenster; der »Erfurter Johannes«, die ungeheuer bewegte Beweinung, die romanische Madonna und der bronzene Büßer, der Kerzenhalter! – Dann Luthers Handschrift, Luthers Stuhl, Tisch, Fenster, Laute, Schreibzeug. Wir fanden in Erfurt als Besonderheit eine schöne, edle, ruhige Spätgotik. Das schöne, derbe Gestühl der Predigerkirche.

Die neue Spannung Rußland-Italien, die Parteitagberichte und -reden, die parteimäßig überhitzte Atmosphäre von Braunschweig und Thüringen legen freilich einen durch nichts aufzuhebenden Druck über alles.

Der Gedanke an Berlin ist uns nur freundlich, der Gedanke ans Haus ein Glück und ein Trost. In der Provinz wäre man ja im bürgerlichen Zusammenleben unmittelbar bedroht: die Weltstadt mit ihren internationalen Rücksichten gibt größeren Frieden. Als Fremdenstadt hat Weimar wenigstens keine antisemitischen Schilder.

Dankbar bin ich, daß ich die für das neue Buch notwendige Studienfahrt machen darf; anders als »notwendig« zu reisen, ist vielleicht in Deutschland gar nicht mehr möglich.

Das Haus und die Arbeit, die sind die große, von Gott gewährte Gnade, die Gemeinschaft dieser Ehe; – Haus, Arbeit, Ehe weisen den Weg: einer so erschreckend extensiven Zeit läßt sich nichts entgegensetzen als völlige Intensität. Unsere »Zeit« ist ein einziges Verrinnen; Haus, Ehe, Arbeit haben immer wieder die Erfüllung von Gott her erfahren dürfen. –

10. September 1937 | Freitag (Wittenberg)

> Die Jünger des Herrn waren alle in der Halle Salomos einmütig.   *Apostelgeschichte 5, 12*

Zeitiger Aufbruch von Weimar, Morgensonne, dann bewegter Himmel. Besonnter, kühler, klarer Vormittag in Torgau: kleine, nicht sehr lebendige Kreis- und Garnisonstadt. Ein hübscher Wall mit Gärten an der Mauer entlang, über der die Stadt- oder Massenkirche mit Katharinas Grab im Mittagslichte über reifenden Apfelbäumen lag. An ihrem Grabstein – über ihrem Sarge unter dem Chore gegenüber der Fürstengruft. Die Gasse, die gewundene zum Schloß, mit ihrem Sterbehaus heißt heute die Katharinenstraße. Der grandiose Komplex dieses mächtigen Schlosses und seiner unvergleichlichen Treppe. Am Elbufer, von dem hier sehr nüchternen Fluß – Ebene mit einzelnen Bäumen –

her die gewaltigen Türme und Mauern und schönen Fenster des Schlosses zu betrachten, in dem Alexej von Rußland[125] mit der Braunschweigerin getraut wurde. Überall zweifache Erinnerung! Das schöne, alte Bauwerk, das dunkle, steile, zu dem die Nonnengasse ein wenig talwärts führt. Vor dem Schloß ein hübscher Straßenname: die Wintergrüne.

Die Schloßkirche so wohltuend ohne Zutat, einfach weiß gestrichen, daß die Klarheit der Gewölbe und der doppelten Emporen voll wirkt. Die Stiftungstafel, die Luther selbst sah: er bei den Fürsten. Dies die erste protestantische Kirche, von ihm selbst eingeweiht. Sein steinerner Altartisch. Die Schwalbenorgel, nur im Schmuck der kupfernen und zinnernen Pfeifen, die Bach sich erdachte. So verständige Führungen. Wir waren so voll befriedigt von diesem Aufenthalt und lernten für das Buch so Wichtiges kennen. Bei der Marienkirche, an der Ecke, an der man zur Katharinenstraße hinaufgeht, das Haus der Torgauischen Artikel, der Grundlage der Confessio Augustana und aller heutigen Bekenntnisbewegung. –

Die »Flucht«fahrt Torgau-Wittenberg besonders notiert. Immer mehr sich bewölkender Himmel: beim Dorfe Vogelgesang ein kahler Baum mit einer Krähe. Hier soll der »Sturz« spielen, wie bei den sieben Kiefern hinter Gifhorn die »Umkehr«.

Bei Pratau am Gelände von Katharinas Wachsdorf vorübergefahren. Und nun in dieser für mich wichtigsten Stadt – arm, eng, lebendig und für uns so reich. Jede Spur, die wir von dem Alten finden, macht so glücklich. Wir wohnen im Goldenen Adler, Luthers Gasthof. Ich meldete mich bei Lic. Thulin, dem Direktor der Lutherhalle, und wurde sofort mit Hanni hingebeten: ins Schwarze Kloster. Thulin führte uns sogleich selbst herum und stellte für die Tage unseres Wittenberger Aufenthaltes gleichsam das Augustinerkloster, die Archive der Lutherhalle und seinen Assistenten Jordan völlig zur Verfügung; ja, eine Frau Dr. Hofmann, Frau eines hiesigen »großen« Anwalts, gewann er sofort ganz für uns, die beste Wittenbergkennerin. Wir saßen in der Lutherstube, unterhielten uns über die gemeinsamen Bekannten aus den letzten vier Jahrhunderten; ein alter Pastor Angermann und seine Frau kamen noch hinzu, und wir waren am ersten Abend in unserem »Rom« fast wie alte Wittenberger.

Schön die Stunde der Dämmerung über dem Klosterhof und über Katharinas Hausgarten; in Luthers Hörsaal und Wohnstube.

Das Hotel ein nicht billiges, sehr behäbiges, sogar ein wenig akademisches Provinzhotel mit zum Teil erstaunlichem Komfort. In Boras Stadt wollen wir uns alles erdenkliche Gute antun; dies ist unser eigentliches Reiseziel, ist unsere »Feier« der Sondergenehmigung, ist angesichts der Anstrengungen fast ein wenig notwendig. –

11. September 1937 | Sonnabend (Wittenberg)

> Der Herr ist dein Trotz; der behütet deinen Fuß, daß
> er nicht gefangen werde.   *Sprüche 3, 26*

Es ist kühl, grau, doch ohne Regen: also gut für Stadtbesichtigung. Ich fühle mich recht glücklich, in dieser, mit Potsdam, für mich bedeutsamsten Stadt sein zu dürfen und derart freundlich aufgenommen zu werden. Als wir gleich nach dem Frühstück wieder im Schwarzen Kloster und in der Lutherhalle waren und ich meine Aufzeichnungen in diesem für die Arbeitsmöglichkeiten vorbildlichen Archiv machte, erschien schon wieder Thulin und Frau Dr. Hofmann, uns für den Sonnabend- und Sonntagabend zu sich einzuladen. Und ich freue mich, hier so rasch »privat« weilen zu dürfen und einigen Einblick in die besten Häuser der Stadt gewinnen zu können – nun gar im Schwarzen Kloster einen Abend zu verbringen! – Alles Häusliche zieht mich ja so an.
Hanni ruhte nach Tisch; ich – mehr noch als in Helmstedt, Braunschweig, Gifhorn, Weimar – zeichne auf, zeichne auf! Denn da waren wir ja, nach der Lutherhalle, »vor dem Elstertor«. Und vom Schwarzen Kloster her war der Blick »auf die Boos« und nach Wachsdorf hin getan. Und archivarische Miszellen. – Die Vollendung des Überblickes über alles, was über Katharina je geschrieben wurde. – Welch ein Glück, daß ich alles Wichtige nun bereits kenne.
Ich war zur kurzen Abendandacht in der Stadtkirche, die nach der Schloßkirche sogar schön wirkte. In der kleinen Schar drei Soldaten, die laut das Vaterunser mitbeteten: Potsdam in Wittenberg. Die ungeheuerlichen Städte! Es ist so ergreifend, wie Hanni im Gedanken an das alte Buch vom neuen spricht.
Der Abend im Thulinschen Hause. Die bunten Balken, die alte Treppe, die Laterne im Vorderbau – wahrhaftig, Eintritt in ein gelehrtes Haus des 16. Jahrhunderts. Bäumerauschen, Brunnenrauschen im Hof des Schwarzen Klosters, der entzückende Hofwinkel, in dem so überaus verständnisvoll Thulins Haus ange-

baut ist – mit unmittelbarem Durchgang zum Schwarzen Kloster!
Das Haus gepflegt und liebevoll, wenn auch nicht vorzüglich in
Geschmack und Stil. Aber ich war wirklich dankbar, den Sonn-
abend-Abend in Wittenberg gerade hier verleben zu dürfen.
Über diesem Abend lag guter Geist.
Über Katharinas Gärtchen rauschte der Regen. Und von der
Laterne im Torwinkel waren die Bäume im Hof wundersam be-
leuchtet.

12. September 1937 | Sonntag (Wittenberg)

> Fürchte dich vor der keinem, das du leiden wirst!
>
> *Offenbarung 2, 10*

Alle Studien in Sicherheit gebracht, für die diese Reise unternommen wurde; nun auch den Anfang der Flucht nach Magdeburg: Zerbst.
In der Stadtkirche zum Gottesdienst; nicht schlechter und nicht
besser als in Berlin, doch voller; und das Musikalische sehr gut.
Dann fuhren wir nach Zerbst. Ein schöner, geschlossener Eindruck, auch unmittelbar fürs Buch (Die drei klagenden Frauen
von Zerbst). Dies alles habe ich gleich genau auf der Fahrt und
bei der Rast im Ratskeller in Dessau notiert, denn an des Dessauers
Stadt wollten wir doch bei solcher Nähe nicht vorüberfahren.
Leider wurde uns der Cranach-Altar in der Schloßkirche nicht
gezeigt. – Die Zeitungen bitter: Rußland–Italien. –

13. September 1937 | Montag (Wittenberg)

> Gehe hin mit Frieden!
>
> *Lukas 8, 48*

Noch einmal im Augustäum, namentlich im Refektorium mit der
Bibelausstellung. Noch in des alten Pastors Angermann Pfarrhausarchiv; so etwas gehört nach Wittenberg und hat mich ungemein interessiert.
Am frühen Nachmittag, nachdem ich noch einmal in dem so lieb
gewordenen Hof des Schwarzen Klosters gewesen war, schieden
wir mit warmem Dank – und allem nur erreichbaren Material aus
Wittenberg.

14. September 1937 | Dienstag

> So denn Gott das Gras auf dem Felde also kleidet, das
> doch heute steht und morgen in den Ofen geworfen

wird: sollte er das nicht viel mehr euch tun, o ihr
Kleingläubigen?
Matthäus 6, 30

Dazu steht heute zu der Heimkehr in der Losung:

> »Befiehl du deine Wege« und
> »O Vater, nimm die letzte Sorge noch!
> Ich hielt sie fest bis heut – du kennst sie doch?
> Du, dessen Hand viel tausend Wunder tut,
> mein alles geb ich froh in deine Hut.«

Aber auch die »letzte Sorge« muß Gott selbst uns erst offenbaren
wie die Sünde. –

Bei Sonne, wilden, schönen Wolken, Wind kehrten wir gestern
zurück. Die Tage sind dunkler und kälter geworden – Laub und
Gräser haben sich nicht verändert. Nur muß man nun schon heizen! Es ist Heimkehrzeit. Niemals kehrte ich dankbarer heim als
diesmal: nun wirklich und wahrhaftig in unser Haus, in den neu
geschenkten Beruf.

Eine große Erschöpfung kam trotz aller Heimkehrfreude nach. –
Bald nach dem Frühstück und letzten Ordnen wurde ich gleich
zu Pagel gebeten, der überaus nett war und mir Andreas' großes
»Deutschland vor der Reformation« schenkte. Noch am 1. 9. hatte
Kilpper einen großen Angriff meinet- und ähnlich gelagerter
Autorenfälle wegen. Den Absatz findet auch Pagel schwächer als
erwartet, jedoch durchaus ausreichend. Das Reichskriegsministe-
rium empfiehlt den »Vater« nun für Heer, Marine, Luftwaffe.
Wiederaufnahme der Arbeit: Sichtung des Reiseertrages. Am
Abend war ich bei Leo von König: mit Schneider, Jagow, Baron
Guttenberg. Und so wurde nun – König war der mich fast zu
freundlich herausstellende Wortführer – Schneider über die Entgegennahme des Geschenkes gefragt: und alle unsere Bedenken
verflogen, so groß war seine Freude und Bewegtheit. Nun war
aber gar kein Zweifel, daß die wahre Freude, ja die Entschieden-
heit der Wahl bestimmt war von dem Geschenk des Kaisers: dem
Schreibtisch der Hohenzollern, an dem nun Schneider nach seiner
preußischen Epoche schreiben wird! Damit entscheidet sich aber
auch für mich erst das »Bild«. – So bleibt es bei der Art des Hum-
boldt-Zimmers von Charlottenhof! Mönchszelle und Gelehrten-
stüblein im immer fahrenden Schiff!
Beide Königs haben es mir von neuem angetan, und wieder war
es wunderbar, in diesem Atelier einen Abend zu verbringen. Nun

hat König auch nach Nolde noch Barlach gemalt, damit nach ihrer Vernichtung in Deutschland durch die Ausstellung »Entartete Kunst« diese Gestürzten wenigstens das Bewußtsein haben, daß ihr Gesicht vom besten Maler der Nachwelt erhalten bleiben soll. Im Barlach-Porträt liegt restlos alles gelähmte Entsetzen des Alten, Geistigen vor dem Anbruch solcher neuen Zeit. In seiner geliebten mecklenburgischen Heimat schreiben sie ihm nun Drohbriefe und werfen ihm die Fensterscheiben mit Steinen ein. –
Einige sehr konzentrierte Minuten sprachen wir vom Bora-Stoff; und was Schneider über diese »Wahl« sagte, entsprach Hannis Worten. Hanni aber hält diesen Stoff für meinen »eigentlichsten, über den hinaus eine Steigerung für mich gar nicht mehr möglich scheint«. – Dies Buch wird bitterschwer. –

16. September 1937 | Donnerstag

> Der Herr ist treu; der wird euch stärken und bewahren vor dem Argen. *2. Thessalonicher 3, 3*

Gerade im Zusammenhang mit der Sondergenehmigung und dem schmerzlosen Abschied von Schneider ist es wirklich fast, als fragte ich nicht mehr nach der Welt, und fühle mich doch reich in dem, was Gott mir gab und läßt. Der Hintergrund des großen Unterganges erhebt sich über alledem immer dunkler, schwerer, völliger. Die Zeit ist endgültig da, in die Stille zu gehen, dem Chaos die Sammlung entgegenzusetzen, der hektischen Aktivität zu begegnen mit dem Gebet, dem Eigenlob, der Ruhmsucht mit der Buße, dem Schein mit dem Gehalt, der unerträglichen Erregung mit der Geduld. Die Zeit ist da. – In den Zeitungen kein Wort mehr über das verblutende Spanien – bei dieser zivilisatorischen und politischen Verflochtenheit Europas!
Eisern muß ich, der ich so vieles – gerade auch in mir – in so wirrer, schwerer Zeit verfließen und sich verflüchtigen sah, dabei bleiben, daß Lektüre und Reisen ausschließlich im Hinblick auf das laufende Buch durchgeführt werden dürfen. –

19. September 1937 | Sonntag

> Wer zu seiner Ruhe gekommen ist, der ruht auch von seinen Werken gleichwie Gott von seinen.
> *Hebräer 4, 10*

Nachdem all die verordneten Mittel gestern versagt hatten, haben zwei Pantopon mir nach einem schrecklichen Abend den Nachtschlaf gebracht; ja, ich konnte heute sogar in die Kirche gehen, mußte sonst aber liegen: zum Teil im Liegestuhl in dem geliebten, sanft besonnten Garten. Was ist es nur? Die Reaktion auf das halbe Jahr des Wartens? Die Anstrengungen der Reise und die etwas zu bewegten, unregelmäßigen Tage nach der Rückkehr? Die Spannung Italien-Rußland, England und Frankreich im Zusammenhang mit dem Mussolinibesuch in Berlin, den gewaltigen Manövern und der zivilen Luftschutz- und Verdunkelungsübungswoche, die morgen beginnt? Wittenberg als Lutherstadt und Rüstungsindustriezentrum? Das Fehlen einer größeren Erholungspause zwischen Buch und Buch? Ich habe es doch in so schwerer Zeit noch so gut! —

21. September 1937 | Dienstag

> Der Herr schonte seines Volkes und seiner Wohnung.
> 2. Chronik 36, 15

Unregelmäßige, schmerzensreiche Tage, wie eine Migräne sie gar nicht veranlassen dürfte und wie ich sie gar nicht gebrauchen kann: denn mein Allheilmittel in so wirrer Zeit bleibt die Regelmäßigkeit. Noch einmal beim Arzt, der mich aber nicht überflüssig bestellen wird, auch keine Ferien verlangt, die mich nur furchtbar belasten würden. Diese Tage freilich jetzt gehen auf so heftigen Anfall drauf. —
Ich warte sehnsüchtig wieder auf normale Arbeitstage. Auf wievielerlei Weise wird es einem immer wieder gezeigt, wie einem alles aus der Hand genommen werden kann und wie alles ein Geschenk ist. —

22. September 1937 | Mittwoch

> Ich, der Herr, kann das Herz ergründen.
> Jeremia 17, 10

Mühsam, sehr mühsam sogar, halte ich die äußere Ordnung der Tage aufrecht. Die Arbeit bleibt ein großes, großes Loch. Es ist wieder, wie es am Ende vom ersten Teil des »Vater« war. Aber ich sehe von Gott her gar kein anderes Gebot zur Ruhe, gar keine andere Möglichkeit als Ernst, immer mehr Ernst zu machen mit dem Sonntag. Wo spricht die Schrift von Ferien, Reisen, Kuren? Ich sehne mich nach meiner schweren Arbeit, denn ich bin ja nicht organisch krank. Fluch und Segen der Arbeit sollen eben in unerbittlichem und unendlich gnädigem Gleichmaß in sechs Tagen der Woche erfahren werden. Wollte Gott milder, schonender mit mir verfahren: er hätte mich »kränker« werden und nicht so kurz und derartig heftig leiden lassen, ohne daß die Krankheit ihren Namen und ihr Recht hat.

Alt und krank werden in solchem Berufe wie dem meinen ist ein Schicksal, dem nur die von Gott geschenkte größte Frömmigkeit gewachsen sein kann. Als »Bild« waren diese Tage erschreckend: gleich stark erfüllt von den Leiden des vergangenen Buches wie der Undurchdringlichkeit des neuen. Der Verzicht auf Ruhm und Sicherheit ist wohl völlig in mir geleistet, und alles ist anheimgestellt der göttlichen, schützenden Führung. Der Weg ist mit dem neuen Buch gewiesen. Nach allem anderen darf ich wohl nicht mit einer Silbe fragen. – Der Schreibtisch: das ist die Lösung für so schwere Lebenszeit. –

23. September 1937 | Donnerstag

> Denn der Herr ist freundlich dem, der auf ihn harrt, und der Seele, die nach ihm fragt. Es ist ein köstlich Ding, geduldig sein und auf die Hilfe des Herrn hoffen. Es ist ein köstlich Ding einem Mann, daß er das Joch in seiner Jugend trage; daß ein Verlassener geduldig sei, wenn ihn etwas überfällt, und seinen Mund in den Staub stecke und der Hoffnung warte.
>
> *Klagelieder 3, 25–29*

Viel Korrespondenz hat sich angesammelt, die ich heute erledigen will, weil ja die eigentliche Attacke vorüber ist und nur die »Schlafkrankheit« blieb. Der gesundheitliche Anlaß scheint es gar nicht ausreichend zu begründen, wie völlig es in mir noch einmal um die Grundfesten meines Berufes geht: die erneute Erkenntnis, wie jäh alles in einem ausgelöscht sein kann und wie nur ein mühevolles Gestammel bleibt, auch bei so viel Behütetsein und so liebevoller Pflege. Es sind die Tage, in denen man alle Konsequenzen seines Berufes in Deutschland völlig erkennt und solchen Folgerungen und Erkenntnissen nichts entgegenzustellen hat als den Glauben. Ein kleiner »Zusammenbruch« führt an alle Gründe und Abgründe. Ein Recht aber bleibt als Pflicht aus solchen Vorgängen: zu beharren auf meiner während des alten Buches durchgeführten Askese und Ökonomie der Eindrücke und des Umgangs. Sonst zerrinnt mir das neue Buch, dem ich mich zur Zeit so ganz und gar nicht gewachsen fühle.

Gott sei gedankt, wenn die Arbeitsunfähigkeit nur als »Hinweis«, nur als Bild und Ausschnitt durchlebt zu werden braucht. Die Schwere des Buches erdrückt mich manchmal.

24. September 1937 | Freitag

> Du nahest dich zu mir, wenn ich dich anrufe, und
> sprichst: Fürchte dich nicht! Du führest, Herr, die
> Sache meiner Seele und erlösest mein Leben.
>
> *Klagelieder 3, 57–58*

Die Ariernachweise bei der Schrifttumskammer eingereicht.
Ich habe die große Hoffnung, morgen mein Leben, meine Arbeit wieder in die Hand bekommen zu dürfen. Hanni geht es wirklich und wahrhaftig besser. Hätte Gott mir für sie und mich eine leichtere, längere, »schönere«, weitere Reise gewähren wollen – es hätte mich nicht unmittelbar nach der Genehmigung der Schrifttumskammer die Abrechnung der Deva erreicht, aus der so deutlich hervorgeht, wie nach einem herrlichen Einsatz der Verkauf des Buches ins Stocken geriet. Eine andere Reise als die unternommene wäre Hybris gewesen. Gott will den völligen Ernst. Auch verweisen die Arzt- und Apothekerrechnungen sehr auf Sparen: Hannis lange und noch anhaltende Behandlung und meine kurze, heftige Attacke, die genügt hat, mich für das Buch noch einmal völlig zu sättigen mit den »Gedanken« von Armut, Alter, Krankheit – diesem Dreiklang, der die Phantasie und das Herz immer wieder völlig bewegen und erfüllen muß. Es ist kaum vorstellbar, was das Vaterunser an Himmlischem und Irdischem umschließt. – Fast erschreckt es, wie gleichgültig die Näherstehenden an der Erteilung der Sondergenehmigung vorübergehen; von den Fernerstehenden, aber beruflich Verbundenen ganz zu schweigen. Einer hat zur Sondergenehmigung, außer Pagel, gratuliert: Harald von Koenigswald.

25. September 1937 | Sonnabend

> Siehe, selig ist der Mensch, den Gott straft; darum
> weigere dich der Züchtigung des Allmächtigen nicht.
> Denn er verletzt und verbindet; er zerschlägt und seine
> Hand heilt. Aus sechs Trübsalen wird er dich erretten,
> und in der siebenten wird dich kein Übel rühren; in
> der Teuerung wird er dich vom Tode erlösen und im
> Kriege von des Schwertes Hand; und wirst erfahren,

daß deine Hütte Frieden hat, und wirst deine Behausung versorgen und nichts vermissen.

Hiob 5, 17–20, 24

Erst jetzt beginne ich es ganz zu begreifen, was es heißt, daß Hanni in den Friedrich-Wilhelm-Jahren nicht einmal die Nerven verlor und so völlig bereit und bewußt in das neue Buch willigt. Die Arbeit erhält ein derartiges Übergewicht, daß ich darin nur noch, in solcher Konzentration und Askese, ein von Gott auferlegtes Schicksal sehen kann. Möge sich nur Gott bekennen zu dem, was vor mir liegt. Wieder ganz in der Arbeit. Den Herrn der Ewigkeit um Zeit zu bitten, die er erfülle mit von ihm gewährtem Werk: das ist ein Gebet, das man erst in viel Verzweiflung lernt. Gott hat Zeit; und hat meine Zeit in Händen. Was will mein zusammengepreßtes Herz? Wie ist es möglich, daß über all der Freundlichkeit Gottes Freude nicht mehr in mir aufgelebt ist; daß die Dankbarkeit keinen anderen Ausdruck findet als einen starren Ernst, der Auferlegtes zu tragen bereit ist?! Es ist, als bewege sich in diesen Tagen, die nun schon zu Wochen werden, alles um das eine Wort: »Laß dir an meiner Gnade genügen; denn meine Kraft ist in dem Schwachen mächtig«. –

26. September 1937 | Sonntag

Dem aber, der überschwänglich tun kann über alles, das wir bitten oder verstehen, nach der Kraft, die da in uns wirkt, dem sei Ehre. *Epheser 3, 20, 21*

Immer wieder wird es vom Gottesdienst her, nach langen Proben der Geduld, gerechtfertigt, daß ich nicht davon lassen kann, Sonntags in die Kirche zu gehen. Welche Sprache reden manchmal die Kirchengebete, namentlich, wenn sie vom verborgenen Gott handeln. Der Gnadenspruch! Oft schon der Spruch des Eingangs! Dieses immer erneute Verheißen der göttlichen Führung! Die Predigt über den 73. Psalm. Die Lieder: Sollt ich meinem Gott nicht singen; – Von Gott will ich nicht lassen, denn er läßt nicht von mir; – Dennoch bleib ich stets an dir, wenn mir alles gleich zuwider. –

28. September 1937 | Dienstag

Denn ich weiß wohl, was ich für Gedanken über euch habe, spricht der Herr: Gedanken des Friedens und

> nicht des Leides, daß ich euch gebe das Ende, des ihr
> wartet. *Jeremia 29, 11*

Die Zweijahrfeier des Hauses! Was umschließen diese beiden
Jahre – für ein »hörend Ohr und sehend Auge, die beide der
Herr macht« an »Gedanken des Friedens«, die er über uns hat.
Es ist wirklich wie ein Festtag: der Garten strahlt, die Zimmer
sind erfüllt von Sonne, die schönsten Blumen, die ich Hanni und
die Kinder uns schenkten, stehen umher.
Berlin soll sich während des Mussolini-Besuches in einem Auf-
ruhr befinden, der die Olympiade an festlichem Getriebe weit in
den Schatten stellt. Erstaunlich nüchtern aber die politischen
Witze, die Italiens Bündnisbruch aus dem Weltkrieg in den Mit-
telpunkt rücken, ferner den neuen Byzantinismus, endlich die
»Imitation« des Faschismus durch den Nationalsozialismus. Der
Schlager dieser Tage: »Du kannst nicht treu sein«. – Ungeheure
Aufmärsche und Auffahrten.
Nun fühle ich mich völlig und bedingungslos, wenn auch müden
Geistes und schweren Herzens, dem neuen Buche verschrieben. –

1. Oktober 1937 | Freitag

> Nun will ich das Gefängnis Jakobs wenden und mich
> des ganzen Hauses Israel erbarmen. *Hesekiel 39, 25*

Alle Veränderung, auch gute, muß ich als Beunruhigung und
Gefährdung empfinden. Immer wieder taucht für mich, was meine
Lebensform angeht, über Friedrich Wilhelms I. Familientisch
Kants Arbeitszimmer, in dem jeder Schritt reguliert ist, auf:
reguliert in der Überwältigung durch alle Weite und Tiefe. Wie
erfährt man immer wieder sein Preußentum, und wie lernt man
es immer besser verstehen, daß solcher als Begrenztheit verschrie-
ener Begrenzung nur die fähig sind, die durchschüttelt sind von
der Größe der Grenzenlosigkeit. Und je »biblischer«, »unwirk-
licher« wird, was ich schreiben werde, desto heftiger wird in den
Studien meine Bindung an die Realitäten. Im »Vater« bin ich
geradezu noch ein Phantast gewesen, gemessen an diesen neuen
Vorbereitungen des Stofflichen. Wie haben die Alten so große
Werke bewältigt! Aber auch ein Kant hat sich in der Arbeitszeit
um acht Jahre verrechnet! Welche Mühsal von dem Glück der
vollständigen Konzeption bis zu der Resignation der lückenhaften
Beendigung!

Wie eng ist die Bora-Begrenzung! Und was alles fehlt an Kenntnissen und Anschauungsmaterial – von Nimbschen und Zülsdorfs Gelände angefangen.

2. Oktober 1937 | Sonnabend

> Haltet mich nicht auf; denn der Herr hat Gnade zu
> meiner Reise gegeben. Lasset mich, daß ich zu meinem
> Herrn ziehe.   *1. Mose 24, 56*

Das sind die Worte, mit denen man allein den Weg auf ein neues Buch zu betreten vermag.

Wenn ich, wie in dieser Woche, regelmäßig lebe, bin ich, soweit dies in meinen Möglichkeiten liegt, jung und gesund. Gesundheit aber ist ein derart großes Geschenk, daß man sich aufs strengste davor hüten soll, eine noch so große Abspannung oder gar Erschöpfung, in der man dennoch gesund ist, leichtfertig mit Krankheit zu verwechseln.

3. Oktober 1937 | Sonntag (Erntedankfest)

> . . . und die Erde brachte ihre Frucht.   *Jakobus 5, 18*

Ein stiller grauer Tag. Ein mächtiger Strauß Sonnenblumen aus dem Garten im Barockzimmer: unsere Ernte.

Alle Aufmärsche waren in die Kirchzeit gelegt. Die Kirche der ja eigentümlich bäuerlichen Mariendorfer Gemeinde war dennoch dicht gefüllt; und der Abendmahlskelch und der Hostienteller unter Garben, Blumen, Früchten bleiben auch in einer häßlichen, modernen Kirche ein sehr großer Eindruck.

Schneider schreibt, sich für Dienstag zum Abendbesuch ansagend, vielleicht intensiver denn je, von Trost, Liebe, Fürsorge unser beider für ihn; wir beide sprechen nicht mehr von dem, was er schreibt; nur die seltsame Symbolik der Stationen seines Lebens steht uns deutlich vor Augen. – Und was ich ihm an geistigem Danke schulde.

Nach den Mussolinitagen darf Spanien in der Presse nun wieder hervortreten, und es tut es erregender, gefährdender, weitgreifender denn je, als würde die ganze Nichteinmischungspolitik fallen. –

Wieder stehen die gewaltigen Schwierigkeiten eines solchen Buches erdrückend vor einem: aber es ist unmöglich, ihnen nun im Herzen nicht anders zu begegnen; dies wäre krassester Undank, eine völlige Stumpfheit gegenüber der göttlichen Führung. –

4. Oktober 1937 | Montag

> Der Herr hat noch mehr, das er dir geben kann, denn
> dies. *2. Chronik 25, 9*

In dieser Woche beginnt das Fest der deutschen (modernen) Kirchenmusik, literarisch und propagandistisch vorbereitet durch Ihlenfeld in Verbindung mit der Evangelischen Kirche und dem Reichsverband für evangelische Kirchenmusik. Neue Musik zu neuen Texten; diese sind aber nur von R. A. Schröder, sonst hat man auf sehr Altes zurückgreifen müssen. Das ist doppelt deprimierend, nachdem ich gerade Ihlenfelds und R. A. Schröders Urteil über meine Texte kenne. Hier, hier vor allem sind die, zu denen ich gehöre; und von ihnen werde ich am verletzendsten ausgeschaltet. Das wird mich nicht hindern, mir zum mindesten den Thomaner-Abend anzuhören und – weiter Kirchenliedtexte zu schreiben, soweit das in den Willen gestellt ist. Denn für Lyrik ist dies keine Zeit; sie bringt keine echte Lyrik hervor. Aber die Stunde für politische und geistige Dichtung ist da. Alle Wirkung kann ganz allein nur Gott anheimgestellt sein. –

5. Oktober 1937 | Dienstag

> Da du mich in der Not anriefest, half ich dir aus; ich
> erhörte dich. *Psalm 81, 8*

Immer wieder, wenn das Herz bitter und müde ist, immer wieder wenn der Anspruch sich vermißt, kommt die einfache Lösung:
Es ist kein Verlust, der »ohne des Herrn Befehl« geschieht.
Es ist keine Gabe, für die ihm nicht gedankt werden darf.
Es gibt, – außer dieser einen, die sein Geheimnis bleibt und die ich nicht zu erfahren brauche, – keine Schuld, die nicht durch ihn vergeben ist.
Es gibt kein Leiden und Tun, das nicht, weil alles in Christi Namen vor ihn gebracht wird, von ihm gewendet und gewertet werden kann zu meinem Heil und seiner Ehre.
Starke Sonne, starker Wind, Blätterfall und schön die kleine, letzte Winterasternart in Blüte. Im Hause kühl, so daß wir heizen müssen, zumal heute Reinhold Schneiders Abschiedsbesuch stattfindet.

Abends. – So war ich also sehr kühl, nüchtern und gerüstet: aber der Moment des Abschiedes ging dennoch durch und durch. –

Diesmal war nun viel Reales zu besprechen: die Mitteilung der Personen, denen er danken muß; Erörterung über die Wahl der Möbel unter rein praktischen Gesichtspunkten; Fragen des Transportes. Ohne Frage bleibt alles entschieden durch das Geschenk des Kaisers, in dem auch ich völlig den Höhe- und Schwerpunkt sehe. –

Letztes, was mich betraf: daß Schneider zu Hanni sagte: »Das neue Buch ist ja der eigentlich für ihn reservierte Stoff.« Und zu mir, wie unsere neuen Pläne sich begegnen: Zentrum seines neuen Buches wird Karl V. – So ist nun auch dies abgeschlossen. In den schweren Friedrich-Wilhelm-Jahren war der Eremit Schneider für uns die »Welt«.

Alles in der Welt: Haus, Buch, Umgang mit den Menschen, Erwerb – alle Fragen können nur die eine Regelung finden, die uns Menschen so bitterschwer eingeht: die im Gebet zu Gott, das ihm nur unterbreitet, keinen Ausweg oder Ausgang bezeichnet. – Ich glaube, nun habe ich es gelernt. –

7. Oktober 1937 | Donnerstag

> Ihr seid schon rein um des Wortes willen, das ich zu euch geredet habe.　　　　　　　　　　*Johannes 15, 3*

Plötzlich nun »Geistliche Lieder und Gedichte« von mir noch zur Kirchenmusikfestwoche, die heute beginnt! Verbessert, abgeschrieben, bei Ihlenfeld –.

Abends Thomanerchor. Der Chor so herrlich. Werke von Johann Nepomuk David, zweiundvierzigjährig. Prof. Straubes (Leipzig) Einsatz gewiß eine Garantie. Herrliche Einzeleindrücke – das Ganze noch so fremd, der Kirche so fern; das Fest scheint verfrüht. Die Prädikate sind wieder am Anfang verliehen. Alle Aufgeschlossenheit, alles unbedingte Interesse half nicht hinweg darüber, daß das Musikalisch-Ursprüngliche, das Kirchliche noch völlig zurücktritt, quälend zurücktritt hinter dem überaus Kunstreichen. – Zu früh, zu früh. Zu viel.

Unmittelbar vorher kam noch Pastor K. zu einem Besuch: ich nehme die Menschen nur noch wie durch einen Schleier wahr; die Telefongespräche sind mir eine Qual; die Arbeit geschieht nur noch benommen und zerrinnend; selbst das Beten muß erschöpft sein. – Auch Hanni wartet sehnlichst auf das »andere Leben«:

Die Woche geschlossen der Arbeit.

Den Sonntag dem Gottesdienst, den unabweisbaren (ohne zu verletzen nämlich) Menschen, der wenigen in Berlin erreichbaren Kunst, so weit sich dies am Sonntag erzielen läßt.

Die Gefahr des Verrinnens, Erschöpftwerdens, der Planlosigkeit ist erschreckend groß.

Kurt Ihlenfelds »Vater«-Kritik im »Eckart«: viel gutmachend. Zum ersten Mal der Vergleich mit Reinhold Schneider, der künstlerische Vergleich, die »konfessionelle« Gegenüberstellung!

Möchte noch einmal ein Fest kirchlicher Musik und Dichtung wiederkehren, das bei mir und anderen auf ausgereiftere Dinge trifft, befreit ist von der Hast, dem nur Programmatischen, das allem jetzt anhaftet. Denn hier ist ein Feld – so unendlich bedeutsam angesichts all der politisch-olympischen Maifelder, Bückeberg und alledem –. –

Nun plötzlich sollte ich nach Ihlenfelds Vortrag sprechen. – Wie gern hätte ich hier bessere, mir wirklich nahestehende Arbeit rechtzeitig geleistet, hätte man mich nicht derart spät einbezogen. Wes alles muß sich Gott erbarmen: der Blick auf Kalender, Uhr und Tagesplan ist furchtbar. –

9. Oktober 1937 | Sonnabend

> Das macht dein Zorn, daß wir so vergehen, und dein Grimm, daß wir so plötzlich dahinmüssen. Darum fahren alle unsre Tage dahin durch deinen Zorn; wir bringen unsre Jahre zu wie ein Geschwätz. Fülle uns frühe mit deiner Gnade. Der Herr, unser Gott, sei uns freundlich und fördere das Werk unsrer Hände bei uns; ja, das Werk unsrer Hände wolle er fördern!
>
> *Aus dem 90. Psalm*

Ich wende mich also von den Dingen.
Ich trenne mich also wieder von den Menschen.
Ich gehe also wieder ausschließlich an das Wagnis des Werkes, das ist: meiner »natur«gegebenen Art der Schriftauslegung.
Ich tue es mit furchtbar verwundetem Herzen.
Ich habe, wie noch gar niemals zuvor, begriffen, wie Gottes Ewigkeit sich erhebt über unserer sündigen Vergänglichkeit.
Da ist Natur. Da sind ja noch Menschen. Da ist Kunst. Da ist

noch Wissenschaft. In allem Verfall noch Fülle und Weite. Aber ihnen sich zuwenden, noch so dankbar, heißt versäumen, was Gott einem vor Augen gestellt hat, damit es sich erfülle. – Noch nie habe ich so unmittelbar, so deutlich Gottes Gericht über Gottes-Dienst gesehen, wie in diesen Tagen des unerwarteten, ungeheuerlichen Kirchenmusikfest-Getriebes. – Wie in diesen beiden Vormittagen, in denen ich, als wären Jahre durchgestrichen, bei Ihlenfeld saß und den unbarmherzig komplizierten, aufgeblähten, gehetzten Apparat kirchlichen Literaturbetriebes arbeiten sah. – Sich wenden vom Geringen, Müßigen ist leicht.

Das aber lassen müssen, dem an sich die ganze Aufmerksamkeit gehört, ist von Gottes Strenge her geboten. –

In diesen Tagen bin ich, Gottes Gericht darin mich unterwerfend, weiter geflohen als nach Hinterzarten. »Lasset mich, daß ich zu meinem Herrn ziehe.« Und die darauf wartet, ist Hanni. – Den Sonntag, dies das Letzte, den Sonntag noch Gott und »dem Nächsten«.

Niemals darf die Wendung zur Einsamkeit in ungerechtfertigtem, abweisendem Hochmut erfolgen; sie kann nur geschehen in der Beugung vor Gottes ewigem Gericht über die Zeit.

10. Oktober 1937 | Sonntag

> Wer überwindet, den will ich machen zum Pfeiler in
> dem Tempel meines Gottes, und er soll nicht mehr
> hinausgehen.   *Offenbarung 3, 12*

Dies geht kaum: Wochen-Arbeitsunterbrechungen gegen die »Sonntagsruhe« »einzutauschen«: sie stehen zeitlich und seelisch in gar keinem Verhältnis mehr. Die Absage an Harald von Koenigswald gab mir einen Stich durchs Herz. Dergleichen besiegelt einen solchen allgemeinen Entschluß.

Ein größerer Stoß guter Kritiken aus der Provinz, zum Teil »groß aufgemacht«! Die im Düsseldorfer »Mittag« verlangt besonderen Dank.

Aber nun sind wir, ich gebannt von seiner ganzen Schwere, schon völlig dem neuen Buche zugewandt. Der Glaubensvorgang eines neuen Buches – der ist die Aufgabe, das Unentrinnbare.

Der deutlich gewiesene Glaubensvorgang bleibt das greifbare Kernstück in der nicht zu bewältigenden, zerrinnenden Fülle des Lebens.

> Herr, Herr, woran soll ich merken, daß ich's besitzen
> werde?   *1. Mose 1), 8*

Auf die Arbeit wie etwas sehr Bedrohtes gestürzt.

Wie schwer wird uns allen, Genüge zu finden mit dem von Gott
uns gegebenen Teil: an Menschen, an Dingen, an Zeit, an Gaben
und Geld, auch an »Wirkung«. Und doch beginnt erst in solchem
Bescheiden das Leben, lebensmöglich zu werden – sich zu richten
ganz auf die Mitte hin. Alles andere ist Gebilde unserer Wünsche
und Schwächen: dies allein Aufgabe. Wie er uns trennt aus der
Welt! Und in einem sich uns schenkt! Auch über »Wirkung«
und »Bewertung« unseres »Werkes« darf er nur entscheiden,
gewährend und versagend, verbindend und trennend!

Sich verflüchtigende Tage sind die lastendsten. Die Mauer, die
nun errichtet sein muß zwischen mir und der Welt: die ist nicht
von mir, nicht Zorn, Verbitterung, Enttäuschung, Abkehr oder
auch Undank, nicht Askese; die ist Mühsal der Arbeit und also
von Gott! Unter Schmerz und Müdigkeit des Herzens und Geistes
wird sie errichtet.

12. Oktober 1937 | *Dienstag*

> Gott Zebaoth, wende dich doch, schaue vom Himmel
> und siehe an und suche heim diesen Weinstock und
> halt ihn im Bau, den deine Rechte gepflanzt hat und
> den du dir fest erwählt hast.   *Psalm 80, 15. 16*

Zum ersten Mal hatten Hanni und ich unsere Wege nun bewußt
getrennt, und so völlig »inkognito« ich mich nun an diesem Vor-
tragsvormittag auch verhielt, so ging ich nun auch noch ohne
Hanni hin. Wie alle Veranstaltungen der Kirchenmusikfestwoche
war auch diese »Christlicher Geist und deutsche Dichtung in der
Gegenwart« (Ihlenfeld) und »Das neue Kirchenlied« (Dr. Haufe
von der Thomasschule Leipzig) übervoll, obwohl Rudolf Alexander Schröder erkrankt war und somit der Hauptreferent fehlte.
Mancher gute Kopf, außerordentliche Aufgeschlossenheit, kein
schlechter Geist und zwei völlig ausreichende, durchgehend fes-
selnde Vorträge.

So hörte ich, der ich so leide an der Schmalheit meiner bisherigen Leistung, »von der Kirche her« reden, so ernst, so wichtig,
so heilend und bestätigend reden über mich – die Auswahl der

Behandelten war sehr klein; Mechow, Bergengruen, Beheim-Schwarzbach, Schaper, Schröder, Winnig – als Epiker (mit »Trampeln« begrüßt) und Lyriker; fast war es mir noch zuviel, wie dann der Abschluß des Vortrages ganz die Wendung nahm hin zu meinem »Propheten« – als »einem Siegel alles dessen, was wir von der neuen kirchlichen Dichtung erwarten, erhoffen, erbitten«. Zum ersten Male sah ich, so anonym und so völlig zufällig, wie Menschen sich meinen Namen notierten, meinen neuen kleinen Sonderdruck[126] in der Nebenausstellung kauften; auch war »Der Vater« mehrfach ausgestellt – wieder mit Schneider auf einem Tisch. Trotz meines sofortigen Verschwindens kam mir Dr. Haufe auf der Treppe nachgeeilt, mich mit seiner Frau aufs herzlichste als »Vater-Leser« ansprechend. Gerade von einem der Leipziger Thomasschule freut es mich so.

Es war, als wäre mir, in diesen rein kirchlichen Betrachtungen dieses Vormittags, fast zu frühe Ersehntes, Erbetenes gewährt. Hier war ein Weg zu den Lesern, die ich suche und heute schon zu suchen gar nicht wage. Es war ein entferntes Vorausahnen dessen, was Gott vielleicht einmal gewähren könnte; ich aber muß sogleich zurück in sein Gericht der qualvollen Mühsal meiner Leistung: Qual und Mühsal, in der er spricht von seiner Gnade. Noch weist er einen engen, langen, steilen Weg. –

14. Oktober 1937 | Donnerstag

> Ermahnt euch selbst alle Tage, solange es »heute« heißt, daß nicht jemand unter euch verstockt werde durch Betrug der Sünde.   Hebräer 3, 13

Ein in seiner Anhänglichkeit mich fast bewegender Anruf von Harald von Koenigswald, dem ich doch für heute abgesagt hatte. Gerade hatte ich den neuen Gedicht-Druck an ihn abgeschickt. Eine Einladung seiner Verwandten von der Marwitz auf Schloß Friedersdorf.[127] (Wie wünsche ich mir, Güter zu kennen!) Wieder die sofortige Absage. Die Einladung war unmittelbar auf die Lektüre des »Vater« hin erfolgt.

16. Oktober 1937 | Sonnabend

> Mit deinem Mund hast du es geredet, und mit deiner Hand hast du es erfüllt.   1. Könige 8, 24
> Dazu der Losungsvers:
> Warum wird doch das Volk des Herrn nicht weiser und trauet ihm von nun an alles zu

und baut aufs Wort des Gottes Jakobs Häuser,
daß, was er spricht, er auch unfehlbar tu?

So mag es also sein, daß alle Arbeit und noch mehr jede Unterbrechung der Arbeit mich so qualvoll erschöpft.

So mag es sein, daß auch nach der Erteilung der Sondergenehmigung mein Buch in den Buchhandlungen verschwunden bleibt und nun die Flut der neuen Herbstbücher darüber hingeht.

So mag es sein, daß nach dem herrlichen Anfang der Absatz derart stockt, »Erwartungen« nicht mehr möglich scheinen.

Gott redet schon zu dringlich in den Nöten des neuen Buches. Keine Seite, die ich schreibe, die ihm nicht anheimgestellt ist; kein Stein dieses Hauses, um dessen Erhaltung ich ihn nicht bitte. –

Ich sehe, wie schwer Hanni die Schmerzen und die Mühen jeden Tages fallen und wie dankbar, zufrieden, zuversichtlich und geduldig und unermüdlich fleißig sie ist. Auch »fürchtet sie sich nicht, daß das neue Buch so lange dauern wird, sondern freut sich am alten und aufs neue«.

Es ist unmöglich, daß ich im Besitze meiner Glaubenserfahrungen an das noch so ernste Geschick des neuen Buches nicht mit gewandelten inneren Voraussetzungen gehe. –

18. Oktober 1937 | Montag

Siehe, ich mache alles neu!

Offenbarung 21, 5

Wie beharrlich, wie unentrinnbar hat die Schrift zu mir immer wieder geredet von Arbeit und Haus. Sie schwieg von Kindern. Sie schwieg vom Umgang mit Menschen. Sie schwieg von allem, was außerhalb des Hauses und der Arbeit liegt – es mag nun Geselligkeit, Kunst, Reisen, Wissenschaft heißen. Denn, wenn man nur nicht Augenblicksstimmungen sich hingibt, sondern geduldig wartet, wie Gott die Zeiten ordnet und begrenzt: so hat er ja noch immer in Schuld und Irrtum selbst unseres Hörens darauf gewiesen, wann und wo er besonders zu uns redete.

Ein interessantes und ebenfalls wohl negativ zu bewertendes Gegenstück zu dem Überhandnehmen der Aufmärsche und politischen Feste bildet ohne Frage die Hochflut von »Tagungen« – alles, alles, alles, auch die Wissenschaft in ihren einzelnen Disziplinen tagt und tagt.

Hanni traf sich mit Felix M. aus Breslau, mit den Kindern, der aus seiner noch immer großen Praxis nach Ohio auswandert, weil der Zusammenbruch des Judentums in der Provinz so erschreckend fortschreitet. Furchtbar, quälend, empörend sind die »Reichsfluchtsteuern«, die alle jüdischen Emigranten, auch so arme wie Hannis Neffe Ernst Stein, zahlen müssen.

M. trifft auf einen großen Ring von Bekannten und Verwandten, von dem er meint, er würde auch für Reni und Brigitte »funktionieren«. So spricht Hanni immer wieder einmal von der Auswanderung der Töchter »nach dem Abitur«: und immer ist in mir dies unbegründbare, starre, vielleicht unverantwortliche »Nein«, weil ich dem Glauben nichts gewiesen sehe als das Haus (mit dem, noch vom Entstehen an, für mich selbst das bitterschwere Buch »Das ewige Haus« gewiesen war). Gott möge gnädig darüber wachen, wenn wir immer Schuldigen und immer Irrenden ihm in solchen Entschlüssen nicht entrinnen zu dürfen glauben. –

27. Oktober 1937 | Mittwoch

> Werdet Nachfolger derer, die durch Glauben und Geduld ererben die Verheißungen.
> *Hebräer 6, 12*

Es gibt Zeiten, in denen man nichts zu beten wagt als das von Christus vorgebetete »Vater unser«. Wenn Gott mich nur gesünder bleiben und das angstvoll immer wieder durchgebaute Gefüge meiner Tage aufrechterhalten läßt, so gelänge es, wochentags auf eine Arbeitszeit von zehndreiviertel Stunden zu kommen: acht Stunden fürs Buch, zweidreiviertel Stunden für einen »laufenden Aufsatz«, der auch nicht ganz unwichtig scheint im Hinblick auf die ununterbrochene »Zusammenarbeit« mit dem Sondergenehmigungslektorat der Schrifttumskammer. Heute habe ich die zweite Sendung hingeschickt; meine Ariernachweise erhielt ich ordnungsgemäß zurück.

31. Oktober 1937 | Sonntag

> Siehe, um Trost war mir sehr bange. Du aber hast dich meiner Seele herzlich angenommen, daß sie nicht verdürbe; denn du wirfst alle meine Sünden hinter dich zurück.
> *Jesaja 38, 17*

Die kirchlichen Ankündigungen für das Reformationsfest sahen so bitter aus, daß ich mich entschlossen hatte, zur Grunewaldkirche hinauszufahren, weil ich dort wenigstens die Musik geborgen weiß. Da waren nun auch herrliche Chöre von Heinrich

Schütz; und eine ernste, ausreichende Predigt. Mein Wunsch, zum Abendmahl zu gehen, war sehr groß: und hier war es möglich; denn nun sind viele Kirchen, in denen das Abendmahl kein Abendmahl mehr ist; die Worte der Schrift werden abgewandelt: Leib ist Volk, Blut ist Rasse. – Aber hier war nichts, was nicht streng nach der Schrift war. Die Abendmahlsgemeinde so klein, daß man es verstand und erfuhr: Wo zwei oder drei ... Über alles hinaus aber, daß die Worte, mit denen wir vom Altar entlassen wurden, nach Tagen großer Verzweiflung wieder waren: Jesaja 43, 1 ! –

Menschen, Musik, Bücher entbehren zu müssen, ist nicht so schwer wie der Verzicht auf alle Theologie. –

Den Helmstedt-Aufsatz[128], bis auf die Anschrift, endlich beendet. Doch noch zu lang. Dies war aber nun schon direkte Vorbereitung aufs Buch. – Nun ist wirklich »der eine Aufsatz neben dem Buch her« erreicht, alles andere abgestoßen; nun ist nur noch der über das Wittenberger Pfarrhaus-Archiv[129]. – Magdeburg war auch schon fürs Buch.

6. November 1937 | Sonnabend

> Friede sei mit dir und deinem Hause und mit allem, was du hast!   1. Samuel 25, 6

Die »Woche des Buches«, die alles totgeschwiegen hat, was der Partei nicht genehm war, brachte auch ein Wieman-Interview im Rundfunk; dort hat er mutig den »Vater« erwähnt.

Jeden Tag rufe ich einen von denen an, die ich durch Schweigen nicht mehr brüskieren möchte; es bleibt nur bei einem aufmerksamen Erkundigen nach ihrer Arbeit und ihrem Ergehen; meist erreiche ich nur Frau oder Sekretärin, und es geht schnell vorbei und ist doch eine Art Lösung. Denn der Versuch der Sonntagseinladungen bei uns geht Hannis wegen noch nicht. Nur morgen werden Poelchaus kommen; für den Abend war ich schon mit Mutter verabredet, mir Wiemans »Patrioten« anzusehen, um nicht durch Interesselosigkeit zu verletzen. Wie streng und wunderlich muß alles ausgewogen werden – und dennoch genügt niemals das Quantum der wöchentlichen Arbeit. Es ist wirklich nur noch alles eine Hinwendung der Hilfsbedürftigkeit zu Gott: Gottes Hilfe, die allein vermag den Gedanken an den Werdegang des Buches noch zu beleben.

7. November 1937 | Sonntag

> Getreu ist er, der euch ruft; er wird's auch tun.
>
> *1. Thessalonicher 5, 24*

Sanfte, graue Stille. Recht ein Tag für Gäste um den von Mal zu Mal noch schöneren Kaffeetisch. In Poelchaus fand das Haus nun auch eingehende Bewunderer. Es war ein durchaus gutes Wiedersehen, wenn auch natürlich, wie fast alle Begegnungen jetzt, belastet von den Fragen der Zeit. Poelchau in all seiner Loyalität sieht von seinem wichtigen Aspekt als Strafanstaltspfarrer in Tegel her die politische und kirchliche Lage doch sehr bitter, so viel ordentliche Leute heute auch noch in der Justiz verblieben sind. –

8. November 1937 | Montag

> Sei nur stille zu Gott, meine Seele.
>
> *Psalm 62, 6*

Wieder viele Störungen auf einen Tag konzentriert. Mit Pagel in der Stadt Mittagbrot gegessen. Ebenso freundliche wie konkrete Gespräche. Die Entscheidung, ob die Arbeit am »Ewigen Haus« durch »Die Briefe und Bilder des Königs« unterbrochen werden soll, wollen wir Dr. Kilpper allein überlassen.

In der herrlichen Amelangschen Buchhandlung, endlich einen Dankbesuch zu machen. Wie sich eine solche Buchhandlung für einen einsetzt – das ist wirklich dankens- und bewundernswert! Bei Amelang sind die Käufer meines Buches überwiegend hohe Offiziere.

Eine derart herzliche Einladung von Leo von König – mit der ausdrücklichen Versicherung, daß wir allein mit ihnen sein werden –, daß wir die Absage für diesen Sonnabend-Abend nicht fertig bringen.

9. November 1937 | Dienstag

> Christus hat ein Opfer für die Sünden geopfert, das ewiglich gilt.
>
> *Hebräer 10, 12*

Die unfaßliche Menge von Buch-Neuerscheinungen scheint leider genau so Verfallssymptom, wie das ständige Auftauchen neuer Konfektsorten, Schlafmittel, Kosmetikartikel in einem Volke, das schwerste Sorge um seine Brotversorgung hat. Was da jetzt in den Buchhandlungen geschieht, kommt keinem mehr zugute; dem

Autor, dem Verleger, dem Buchhändler, dem Leser nicht. Nur nicht viel Bücher schreiben müssen! Nur heraus aus den Ziffern-Maßstäben! –

12. November 1937 | Freitag

> Gott zürnt nicht wie ein Mensch, daß er sich nicht versöhnen lasse. Darum sollen wir uns demütigen von Herzen und ihm dienen und mit Tränen vor ihm beten, daß er nach seinem Gefallen Barmherzigkeit uns erzeigen wolle.
> *Judith 8, 13. 14*

Trübe und sehr kühl. Die Sichel des zunehmenden Mondes noch über dem kahlen Garten.

Ich schrieb ein neues Kirchenlied[130], wie oft, »wenn mir um Trost sehr bange ist«; diesmal über Offenbarung 21, 22.

> »Mein Gott, ich will von hinnen gehen,
> der Erdentag wird mir zu lang – «

Luther, wohl 1520: »Das letzte Wüten (der Dämonen) wird kommen, wenn ich mir selbst zur Last sein werde.«

14. November 1937 | Sonntag

> Ich will, spricht der Herr, eine feurige Mauer umher sein und will mich herrlich darin zeigen.
> *Sacharja 2, 9*

Ein dunkler Novembersonntag, recht angetan, Gäste zu haben. Unserem berühmten Konzentrationsprinzip folgend, haben wir eingeladen, wem wir es nur schuldig waren. Es machte uns Freude, mit welch ungemeinem Eifer man zusagte und dann am Abend gar nicht gehen wollte.

So kamen: Frau Wieman und ihre Schwester, Frau Laubenthal, Frau eines Stuttgarter Funkmannes. Matthias W. tief in der Arbeit. – Die Topelline. – Das Ehepaar Friedrich[131]. – Professor Klatt, sehr wohlwollend und still. – Der unveränderte, immer gleich gute, herzvolle Harald Braun. Renis Entzücken über die große Geselligkeit war außerordentlich. Aber auch Hanni und ich waren aufs angenehmste berührt, wie schön sich die allgemein so gefährdete, ja zerrüttete Gastlichkeit im eigenen Hause meistern ließ. So etwas von allgemeinem Wohlwollen, allgemeiner Munterkeit, natürlichen Gruppenbildungen, glänzend und leicht geführten Gesprächen war noch nicht da.

Das Haus und die beiden bezaubernden Kaffeetische, der gute Wein gegen Abend trugen großen Erfolg davon. Gekostet hat es 20 Mark. Die Töchter benahmen sich vorzüglich, und ich bin nun auch über den Schock der erwachsenen, großen Stieftochter vor Fremden hinweg.

So kann ich diesmal nur mein eigenes Buch zitieren: »Sie konnten alle nicht ahnen, was dahinter stand. Sie konnten nicht ermessen, daß die Feste, die er gab, Feiern seines Abschiedes waren«. –

17. November 1937 | Mittwoch (Bußtag)

> Ihr habt gesehen, daß ich mit euch vom Himmel ge-
> redet habe.   2. Mose 20, 22

Zum ersten Male stehen nun die »ernsten« Kirchenfeiertage nicht mehr unter staatlichem Schutz. Kinos, Theater, Kabaretts dürfen spielen, was sie wollen; Tanzmusik ist erlaubt. Angesichts der wachsenden Kirchenaustrittsbewegung war die Kirche über Erwarten gut besucht.

Lord Halifax bei Hitler; ein Politiker, der einmal in London predigte. –

21. November 1937 | Sonntag

> Wer überwindet, dem soll kein Leid geschehen von
> dem anderen Tode.   Offenbarung 2, 11

Weichheit, Glanz und Lindigkeit. Groß blieb die Sonne bis zum Untergehen. Dann war der Himmel sanft und klar und blau. Klar auch die Stämme, das Geäst. Die Kirche sehr voll, das gemeinsam gesprochene Glaubensbekenntnis doch ein sehr großer Eindruck, zumal durch Intensität der Männer.

Die Wochenendandachten verboten; verboten selbst die Verteilung kirchlicher Schriften auf den Friedhöfen. Dann wirkt die Fürbitte für den Führer und Kanzler doppelt stark; und alle Pastoren, die sie unterließen, waren in jeder Weise auf falschem Wege.

22. November 1937 | Montag

> Fasset eure Seelen mit Geduld.   Lukas 21, 19

Die drei neuen Kirchenlieder, wenn die Kammer sie freigibt, erscheinen wieder bei Ihlenfeld.

Daß die Kammer die Manuskriptsendungen nicht weiterschickt,

nimmt uns mehr mit als das Warten auf die Sondergenehmigung.
– Wo soll das hinaus? Und dann lesen zu müssen, wie Deutschland seine Talente pflege . . .

23. November 1937 | Dienstag

> Siehe, du zürntest wohl, da wir sündigten und lange
> darin blieben; uns ward aber dennoch geholfen.
>
> *Jesaja 64, 4*

Um mit Wieman noch einmal über Hinkel/Kammer sprechen zu
können, war ich in seinem eben uraufgeführten Generalstabsfilm
»Unternehmen Michael«, in dem er endlich den Fortfall aller banalisierenden und bagatellisierenden Liebeshandlungen erkämpft
hat und der zum ersten Mal einen ernst zu nehmenden Dialog
hat. – Wiemans Film im Hinblick auf den vergangenen Krieg und
im Gedanken an den dauernd drohenden neuen von fast unerträglicher und dem Volke dabei so bitter notwendigen Unbarmherzigkeit. Das Uraufführungskino am dritten Abend ganz
schwach besucht; das ist so typisch; denn sonst muß man Karten
vorbestellen. –

24. November 1937 | Mittwoch

> Was beschönst du viel dein Tun, daß ich dir gnädig
> sein soll? Unter solchem Schein treibst du je mehr und
> mehr Bosheit.
>
> *Jeremia 2, 33*

Wieman hatte keinen andern Rat für mich, als daß ich selbst
wegen der Freigabe der Manuskripte an Hinkel schreiben soll;
zu nochmaligem persönlichen Einsatz schien er nicht bereit. So
habe ich nun an Hinkel geschrieben, nachdem die Kammer auf
meinen Brief nicht reagierte.

Die Kirchenwahlen[132] fallen nach monatelangem Verschieben aus.
Die religiöse Freiheit bleibt gewahrt. Vorbereitet wird, daß »die
religiösen Gemeinschaften sich selbst erhalten sollen«. Unsäglich
viel Schuld liegt bei der Kirche.

Was aber soll man sagen, wenn der Reichsminister für die Kirchlichen Angelegenheiten in seiner gestrigen programmatischen
Rede äußert: Christus habe auch nicht gelehrt, gegen die nationalsozialistische Rassenlehre zu kämpfen. Er habe vielmehr einen
unerhörten Kampf gegen das Judentum geführt, das ihn deshalb
auch ans Kreuz geschlagen habe. Nicht im geringsten widerspreche die Lehre Christi selbst dem Nationalsozialismus.

Wenn das Volk die Kirche selbst erhalten soll, freiwillig, wird die vielleicht unerläßliche Probe da sein.

Die vielen, vielen Flak-Übungen, die wir von Lankwitz her hören, machen Hanni und mich immer schwermütiger: diese stete Mahnung an den Krieg über der Stille der Gärten.

Alle Gebiete des Lebens stehen unter so ständigem Eindruck der Bedrohung, daß die menschliche Hilfsbedürftigkeit dauernd aufs Gebet verweisen wird, durch das Bestand allein möglich ist. –

Manchmal sprechen wir davon, wie der Beruf – der kein Büro, kein Amt, keine Fahrten verlangt – das Zusammenleben so wunderbar verlängert.

26. November 1937 | Freitag

> Siehe, des Herrn Hand ist nicht zu kurz, daß er nicht helfen könne, und seine Ohren sind nicht hart geworden, daß er nicht höre; sondern eure Untugenden scheiden euch und euren Gott voneinander, und eure Sünden verbergen das Angesicht vor euch, daß ihr nicht gehört werdet. *Jesaja 59, 1. 2*

Das Warten geht weiter.

Bischoff, der krank liegt, wegen seines Buches »Der Wassermann« angerufen, dessen Lektüre ich heute beendete. Ich konnte es positiv beurteilen; denn es ist bestimmt ein Schritt über seine »Goldenen Schlösser« hinaus, auch wenn mir diese Entwicklung fremd ist. Und bewundernswert sind Bischoffs Vitalität, Phantasie, Konzentration nach den zermürbenden Jahren 1933, 1934, 1935 und den erneuten schweren, politischen Angriffen auch noch nach Erscheinen der »Goldenen Schlösser«.

Die Tagung der Reichskulturkammer. Wieder wird stolz die Bilanz gezogen, wie nun 30000 Juden aus dem deutschen Kulturleben entfernt seien; und die Judengenossen werden von Goebbels besonders erwähnt. Im übrigen handelt die Rede davon, wie glücklich der deutsche Künstler heute sei. –

Man muß Leo von Königs Barlach-Bild gesehen haben. –

Die Ausstellung »Der ewige Jude« in München scheint ohne jede Resonanz zu bleiben, als mache hier die Zeit einfach nicht mehr mit. Wir sahen den Katalog. –

Was wird die Nachwelt einmal zu den Gesuchen der aus den Kammern ausgeschlossenen Künstler, weiter in Deutschland arbeiten zu dürfen, sagen; was dazu, daß auch solche Sondergeneh-

migung praktisch ohne Wert ist, bis man wieder eine neue Bitt-
Aktion einleitete. Wie, wenn einer in meiner Lage kein Haus
hinter sich hat? Und keine Einnahmen aus einem vor dem Ausschluß erschienenen Buch?! Und das dürfte die Mehrzahl sein. –

27. November 1937 | Sonnabend vor dem 1. Advent

> Weil wir solches wissen, nämlich die Zeit, daß die
> Stunde da ist, aufzustehen vom Schlaf – die Nacht ist
> vorgerückt, der Tag aber nahe herbeigekommen –: so
> lasset uns ablegen die Werke der Finsternis und an-
> legen die Waffen des Lichtes. *Römer 13, 11–14*

Mit Hanni auf dem Markt, Tannengrün für die große Vase beim
Madonnenbild und den Adventskranz zu holen, den wir im durch-
sonnten Hause wieder im Türrahmen zwischen dem Barock- und
dem Renaissancezimmer aufmachten.

Schacht als Reichswirtschaftsminister zurückgetreten; möchte es
ein Rückhalt für die Währung sein, daß er Reichsbankpräsident
bleibt. Dieser Rücktritt zählt wieder einmal wie eine verlorene
Schlacht.

Den Adventsschmuck des Hauses und die guten Dinge, die an
den Advents-Abenden schon auftauchten, wollen wir recht einfach halten. Denn es ist Sitte geworden, fast alles vom Fest schon
vorauszunehmen; und dem möchten wir uns ganz bewußt ent-
gegenstellen.

Vor einem Jahr beendete ich den »Vater«.

28. November 1937 | Sonntag (Erster Advent)

> So lasset uns hinzugehen mit wahrhaftigem Herzen
> in völligem Glauben, besprengt in unsern Herzen und
> los von dem bösen Gewissen und gewaschen am Leibe
> mit reinem Wasser; und lasset uns halten an dem Be-
> kenntnis der Hoffnung und nicht wanken; denn er ist
> treu, der sie verheißen hat.
> Und das so viel mehr, soviel ihr sehet, daß sich der
> Tag naht. *Hebräer 10, 22. 23. 25*

Ein Morgen in zartem Reif. Die Sonne vom Aufgang an so stark
und klar. Das Haus, als ich zur Kirche ging, lag ganz im Lichte.
– Durch einen Fehler im Kirchenzettel geriet ich hier in den
Gottesdienst des neuen Südender Pastors, den ich vor langem
schon als Deutschen Christen hörte. Das macht nun doch großen

Eindruck: wie nichts mehr davon übrig geblieben ist und spürbar nur die Rückkehr zu dem unverfälschten Evangelium.

Um Mittag einmal starke Schatten, jähe Wolken. Dann wieder friedevoll und kühl und weich die Sonne in den beiden Stuben: auf dem Adventskranz, den Hirtenfiguren, der Madonna, dem Grablegungschristus, dem Tannenstrauß, unter dessen klarem Grün die bunten Bücher in tieferen Farben leuchten. Die Alpenveilchen blühen immer schöner. Im kahlen Gerank am Gartenzaun die Hopfenblüten wie aus Silber. Sonne bis zum Untergang. Sanftes Gelb im blauen, erblassenden Himmel.

Die Glocken des Nachmittagsgottesdienstes in der Dunkelheit. Klarer Sternenhimmel. Nach dem Abendbrot wurden die Lichter des Adventskranzes angezündet und zur abendlichen, wenn auch kurzen Runde saßen wir um den alten, großen Tisch, der nun, seit wir das Haus haben, seltsamerweise Schreibtisch und Eßtisch in einem wurde. Die vier Tannenleuchter brannten, und Äpfel, Nüsse und Renerles Backwerk waren auf dem schönen Zinngeschirr bereitgestellt. Dann strickte Hanni wieder, und ich schrieb. Wann wird es wirklich wieder Schreiben und nicht Exzerpieren sein?! –

2. Dezember 1937 | Donnerstag

Stärke mich, daß ich genese.   *Psalm 119, 117*

Soll alles vergeblich sein? Der riesige Apparat, der nach meinem Ausschluß – aus politischem Protest überwiegend – in Bewegung gesetzt wurde? Wiemans Schritt? Der schöne, große, wenn uns auch leer erscheinende Presseerfolg? Ein Vierteljahr Sondergenehmigung: und die Manuskripte werden nicht freigegeben. Und wie lähmend und selbst in unserem Pessimismus noch bitter enttäuschend die heute eingegangene Abrechnung über das Quartal vom 1. Juli bis 1. Oktober: nur noch 935 Stück verkauft. Ist das Buch schon vorbei? –

Andrews schickten uns Hans Löschers »Alles Getrennte findet sich wieder«, das im September erschien und nun schon die 10. Auflage hat. Ein ruhiges, schönes, unliterarisches Buch, das im Hinblick auf die Publikumspsychologie nun nahezu unlösbare Rätsel aufgibt. Ich vermute: Die Flucht vor der Zeit in die Historie ist vorüber, seit man »Markt« daraus machte. – Sie wird nun (Löscher hat es ausgelöst) abgelöst von der Jugend- und Familiengeschichte (der heute Alternden; ohne ideologische und politische Probleme). Neben Löscher haben nämlich den stärksten

Erfolg Kennicots »Geschichte der Tilmansöhne« und »Die Bar-
rings«, ein Familienroman, der das Erstlingswerk eines Vierund-
fünfzigjährigen ist.
Bestand haben, wenn auch ohne äußeren Erfolg, kann wohl in
der kommenden Zeit nur das Buch, das die Zuflucht in der Kirche
erschließt. –

7. Dezember 1937 | Dienstag

> Lasset eure Lenden umgürtet sein und eure Lichter
> brennen und seid gleich den Menschen, die auf ihren
> Herrn warten, wenn er aufbrechen wird von der
> Hochzeit, auf daß, wann er kommt und anklopft, sie
> ihm alsbald auftun. Selig sind die Knechte, die der
> Herr, so er kommt, wachend findet. *Lukas 12, 35–37*

Der Tag der weihnachtlichen Pfefferkuchenbäckerei.
Alle freundlichen Bilder werden weitergelebt – immer einge-
denk des Schwarzen Klosters. – Die Mahlzeit als Wunder: das
geht schon durch die ganze Bibel. Und nun wird es auch von
uns wieder durchlebt. –
Wo sind die Helfer alle, die sich mir im Frühjahr anboten? Was
hat nur auch einer von ihnen nach all der schönen, unerwarteten
Aufwallung für mich getan? Der Gang zum Briefkasten draußen
kommt mir immer härter an. – Nur von der Kirche her bleibt
alles noch erträglich; nur weil meine Arbeit im Hinblick auf sie
geschieht. Von der Politik und Literatur her ist nun für mich
alles unerträglich geworden. Todmüde. Doch stumpft man nicht
ab; man wird immer verwundbarer. Ganz mechanisch erledige
ich nun noch einmal das Pensum der mir möglichen Unternehmungen, zunächst die Fühlungnahme mit einem mir von Koenigswald genannten Lektor der Reichsjugendführung. Dann wieder:
Pagel, Bade, Wieman, Eggebrecht, die Kammer selbst. – Es geschieht Hannis wegen. Ich glaube nicht an Aktionen. Gott will
im Dunkel wohnen, und das Dunkel kann nur durchstoßen werden durchs Gebet. Aber auch bei Hanni sind Aktionen nur ein
Ausbruch des Temperamentes. –

8. Dezember 1937 | Mittwoch

> Du, Herr, bist gut und gnädig, von großer Güte allen,
> die dich anrufen. *Psalm 86, 5*

Nach dunklem Morgen sanfter, sonniger Mittag: ich lege die
letzte Hand an den Garten vor dem Winter; drinnen putzen, fegen,

scheuern sie das Haus. Mutter rief so lebhaft an, bevor sie zu ihren Weihnachtsbesorgungen in die Stadt fuhr; dieses Jahr wäre es so schön. – Warum nur das Herz eine einzige, große Wunde bleiben muß in allem Dank: war und ist alles doch zu schwer? Das Wort dieses Jahres: »Es ist ein köstlich Ding, daß das Herz fest werde, welches geschieht durch Gnade« –.

Wo nun alles schweigt und niemand mehr sich rührt, ist unermüdlich Harald von Koenigswald für mich tätig. Schon wieder ein langer Brief von ihm.

9. Dezember 1937 | Donnerstag

> Und dieweil die Ungerechtigkeit wird überhandnehmen, wird die Liebe in vielen erkalten. Wer aber beharret bis ans Ende, der wird selig. Und es wird gepredigt werden das Evangelium vom Reich in der ganzen Welt zu einem Zeugnis über alle Völker, und dann wird das Ende kommen.   *Matthäus 24, 12–14*

Wie hellhörig hat einen die Adventszeit 1937 für ein solches Wort gemacht. –

Heut vor einem Jahr war meine große Unterredung mit Kilpper. Heute sah ich in der Stadt noch einmal, nein, zweimal das Buch. So sah ich die weihnachtliche Stadt, die bei allem Grauen der Weltstadt ja doch eine Verzauberung erlebt durch all die Tannenkränze, Tannengirlanden, Silbersterne, roten, grünen, goldenen, blauen gläsernen Glocken. Es war dunkel am Vormittag, und in den Schaufenstern brannten schon überall die Lampen und Adventsleuchter.

An dem Glück der Heimkehr – wenn ich auch nur alle drei Wochen einmal zur Staatsbibliothek fahre – spüre ich, wie bedroht stündlich alles ist. –

Anrufe über Anrufe, die ich nicht unterlassen darf und von denen ich mir doch so gar nichts verspreche; die mich nur ganz zerschlagen machen: Pagel und Eggebrecht, Bischoff; und nun viele, viele Male auch vergeblich die Kammer. –

10. Dezember 1937 | Freitag

> Fasset eure Seelen mit Geduld. – So seid nun wach allezeit und betet, daß ihr würdig werden möget, zu entfliehen diesem allem, das geschehen soll, und zu stehen vor des Menschen Sohn.   *Lukas 21, 19. 36*

Durch Vermittlung des HJ-Lektors war ich auf der Kammer. Aber auch auf Grund dieser Vermittlung war es nicht möglich, an einen der entscheidenden Leute heranzukommen. Übrigens lag die Kammer mitten in der Arbeitszeit tot und leer, und der Eindruck der Ressortleiter, die ich aus ihren Zimmern kommen sah, war erschreckend; ich hatte Militarismus der SS erwartet, aber das waren fette, bleiche, abgründige Männer Ende Dreißig, besonders der Hitler-Imitator, der mich empfing und gleich abschob: er bearbeite das Ressort »Kalender und Astrologie beanstandeter Verlage«. – Die Sekretärin des für mich zuständigen Mannes behandelte mich aufs frechste: es sei eben alles in der Schwebe; die Manuskripte steckten schon irgendwo bei ihnen, aber es sei eben sicher etwas mit ihnen los.

So bleibt nun nur noch übrig, von Zeit zu Zeit in dieser Kanzlei vorzusprechen und all dies Demütigende auf sich zu nehmen. Hanni aber wird nun noch einmal »von Frau zu Frau« zu Erika Wieman sprechen; denn mich hat Wieman ja bei meinem Anruf nach »Unternehmen Michael« nur auf eine Bitte bei Hinkel verwiesen. Darüber sind nun auch schon zweieinhalb Wochen vergangen; ob Hinkel meinen Brief überhaupt zu Gesicht bekam? Auf der Kammer habe ich heute begriffen, warum jener HJ.-Lektor mich Wildfremden am Telefon warnte, ja nicht etwa meine Sondergenehmigung in der Kammer aus der Hand zu geben. – Dies wäre freilich nicht möglich. Das sah ich nun.

Es ist so schwer. Nun wird sich Friedrich-DAZ der Sache annehmen, bei der Kammer sowohl wie bei Hinkel. Er will ein Manuskript, das ich sogleich senden soll, zum Anlaß nehmen. Seine Empörung war groß.

Der Heimweg durch das vorweihnachtliche Treiben dieser großen Straßen war bitter: aber immer ist voller Friede und Trost die Heimkehr in das stille Südende im Schnee.

Ich fragte Dr. Jagow für den Fall, daß ich mich als Schriftsteller in Deutschland nun nicht mehr halten kann, ob es für mich Arbeitsmöglichkeiten im Brandenburgisch-Preußischen Hausarchiv gibt. Aber es ist alles vom Staate übernommen und nur Jagow selbst als Vertreter des Hohenzollernhauses zugelassen. Ich scheine weiter zurückgeworfen denn je. Denn das Buch und die Sondergenehmigung hatten noch einmal große Hoffnungen eröffnet. Unglück trennt nicht von Gott, nur die Sünde. Das lehren schwere Zeiten als Erstes und Letztes. – Niemals hatte ich seit 1933 so den Eindruck von Revolution wie heute: satte, träge Anarchie.

> Siehe, wer halsstarrig ist, der wird keine Ruhe in
> seinem Herzen haben; der Gerechte aber wird seines
> Glaubens leben. *Habakuk 2, 4*

Seines Glaubens leben: dies ist die letzte, einzige, größte noch
gewährte Möglichkeit; und sie umschließt alles.

Hans Löschers »Alles Getrennte findet sich wieder« zu Ende gelesen. Daß ein so klares, warmes, sauberes, ergreifendes Buch ein
so rascher, großer Erfolg werden durfte, bedeutet eine Hoffnung
im Hinblick auf die Deutschen.

Am Abend Andrews und Pagel, dieser schon zum Abendbrot.
Auf dem niedrigen Renaissanceschrank brannten die vier Tannenleuchter, zwei schöne Leuchter und zwei Rauschgoldengel standen auf dem Tisch, der Adventskranz gab seinen milden Schein.
Auch gab schöne, frische Tanne so edlen Duft, und alle freuten
sich am schönen Wein. Wieder einmal leuchteten die Möglichkeiten des Lebens so erwärmend auf: am Vorabend eines Adventssonntages dies friedliche Zusammensein mit seinem Verlagsleiter
und dem »guten Nachbar«.

»In der Welt habt ihr Angst«, aber über den Frieden mit Gott hinaus sendet Gott uns einen Abglanz des eigentlich uns Menschen
zugedachten Glückes.

Ruhe in der Welt erwarten Hanni und ich nicht mehr: um so
dankbarer sind wir für solche Stunden. Die sind das Eigentliche.

> Mache dich auf, werde licht! denn dein Licht kommt,
> und die Herrlichkeit des Herrn geht auf über dir. Denn
> siehe, Finsternis bedeckt das Erdreich und Dunkel die
> Völker; aber über dir geht auf der Herr, und seine
> Herrlichkeit erscheint über dir. *Jesaja 60, 1. 2*

Manchmal brach auch in diesem wirren, beunruhigten Tage der
Adventssonntag an:

In dem Lied »Mit Ernst, o Menschenkinder« und dem Gnadenspruch »Siehe, ich komme bald und will bei dir wohnen«.

Als wir an dem stillen, unbewegten Tage zu den Christbaum-
ständen gingen.

Als wir Jürgen Eggebrecht zum Kaffee erwarteten und Kerzen,
Blumen und Rauschgoldengel wieder bereit standen wie am
Abend zuvor.

Als wir an den Buden des Weihnachtsmarktes am Schloß und an den geschmückten Läden vorüberfuhren, in die jetzt manchmal allein aller Zauber der Vorweihnachtszeit gebannt scheint. Aber das Ziel, alte Weihnachtschorgesänge in der Marienkirche, brachte eine herbe Enttäuschung, so daß wir frühe wieder umkehrten und, befreit von dem schweren, gehetzten Tage, noch an unserem lieben Fensterplatz allein beieinander saßen.

Dr. Werner-DAZ – das ist das Kernstück der neuen Aufregungen – ließ mir durch Friedrich den dringlichen, überbetonten Rat geben, daß noch heute wegen meiner Behinderungen bei der Kammer ein Gesuch an Minister Goebbels herausgehen müsse. Im Zusammenhang damit schien das Gerücht von Hinkels Rücktritt sehr bedeutsam. Es sei aber gut, wenn jemand den kaum erreichbaren Minister auf meinen Brief aufmerksam mache.

So war wieder der ganze, quälende Apparat vom März/April in hektischer Bewegung: die Anrufe jagten sich hin und her: Wieman, der nichts mehr für mich tun zu können erklärte; Braun, Mirbt, Bischoff, Pagel, Eggebrecht, Friedrich – viele Male.

Nach dem Gespräch mit Eggebrecht war es Hanni auf einmal seltsam klar, warum ich all dies auf mich nehme: weil ich mich um ihretwillen nicht mit dem Glauben vorbeidrücken will am Handeln, dem ich gar nichts zutraue; daß ich darum nur kleinere Arbeiten schreibe und das Gelände bei der Kammer sondiere.

Dabei verweist mich alles auf das neue, so gefährdete Buch. Nun sind wir uns völlig einig. Ich bin entbunden von der Aktivität.

So sei nun nur noch der schon eingeleitete Schritt bei Edda Reinhard. So sei es nun noch zu Ende geführt. Den Brief an Goebbels mußte ich mit »Heil Hitler!« unterzeichnen. Ich habe nun das Letzte auf mich genommen.

Neue Kritiken liegen vor mir; was Pagel zu Andrews, Eggebrecht zu Hanni am Kaffeetisch, Milch und Lamprecht am Telefon sagten: mit welcher Hochachtung, ja offenen Bewunderung wird von meinem armen Buch geschrieben und gesprochen: und wie bin ich gequält und gedrückt.

Die ernsten, ernsten Adventslieder: die sind mein Trost. Von ihnen kommt meine »Taktik« des Gebets.

> Herr, behüte meinen Mund und bewahre meine Lip-
> pen.   *Psalm 141, 3*

Der für heute mit der Kammer vereinbarte Anruf war
wieder umsonst. Nichts ist erfolgt, und niemand läßt sich
sprechen.

Nun, als sei wieder alles katastrophal zugespitzt oder falsch gemacht oder gar zu spät, hieß es von überall her: Edda Reinhard
müsse einen Ausweg finden. Als hätten sie nicht alle von meinen
Schwierigkeiten und von Edda Reinhards Verbindungen gewußt
und ihrer oft bewährten Hilfsbereitschaft.

So war ich nun bei Edda Reinhard. Durch Pagel, Bischoff, Mirbt,
Pohl kannte sie alles – nun gar aber auch alle Familienkonflikte,
weil sie, was ich erst von ihr erfuhr, Erhard seit zehn Jahren
gut kennt.

Den unlancierten Brief an den Minister sieht sie als Gefahr an;
den ganzen Fall findet sie nicht verzweifelt; Sondergenehmigungen seien sehr selten; es bestehe das Bestreben, die mit Sondergenehmigung Bedachten nach einer Bewährungsfrist sowohl im
Hinblick auf Politik wie auf Leistung wieder mit allen Rechten
in die Schrifttumskammer aufzunehmen. Sie wird nun mit meiner
Abschrift des Briefes an Goebbels und einigen Kritiken bei Goebbels Ministerium zu retten suchen, was zu retten geht. Ein Buch
sei die stärkste Stütze. Sie schien erfahrener, nüchterner und
mutiger als die Männer alle und gerecht gegen die »Herrschenden«
und die »Bekämpften«; der Eindruck war ausgezeichnet, die Verständigung ungewöhnlich selbstverständlich durch ihre Wärme
und Klugheit.

So ist nun alles versucht: von der untersten Kanzleisekretärin bis
zum Minister; bei den einzelnen Bevollmächtigten, Präsidenten,
Geschäftsführern – ein Schritt kann den anderen ebenso ergänzen
wie nichtig machen. Uns geht es nicht mehr um Taktik. Nun bin
ich ruhiger denn je: das menschliche Beginnen sehen wir stündlich *ad absurdum* geführt. Es liegt alles allein und ausschließlich
beim Gebet.

Unfaßlich wird uns bleiben, wie Hinkel und Bade[133] als Nationalsozialisten das Buch mit solcher Wärme aufnehmen konnten;
Edda Reinhard erzählte mir sogar die Einzelheiten, wie beide es
lasen und darüber sprachen. –

> Und weil du Gott lieb warst, so mußte es so sein: ohne
> Anfechtung solltest du nicht bleiben, auf daß du be-
> währt würdest. Und nun hat mich Gott geschickt, daß
> ich dich solle heilen.   *Tobias 12, 13–14*

Denn meine Seele ist krank: nicht an der »Zeit« – am eigenen
Menschsein.

Es ist schwer, die vorweihnachtliche Stadt mit ihren gar so emsi-
gen Käufern immer nur auf diesen bitteren, »politischen Gängen«
zu sehen: aber nun war ich wenigstens auch noch die letzten,
gar so schönen Rauschgoldengel kaufen für die Kinder der Väter,
denen ich nun so verpflichtet bin; und all die herrlichen Karten
aus dem Bärenreiter-Verlag, von alter weihnachtlicher Malerei und
Plastik, die ich in diesem Jahr versenden muß. Immer wieder
einmal sehe ich mein Buch, wenn auch nicht mehr in den Schaufenstern.

Von Mittag an immer dichterer Schneefall: die völlige weihnachtliche Verklärung der stillen Straße, der Gärten – der verschneite Christbaum bringt allen Zauber eines winterlichen Tan-
nenwaldes nahe. Der zarte Lichtschein der Laternen – schon
nachmittags um vier – in dem jungen, weichen Schnee. Die völlige
Stille, kein Mond.

17. Dezember 1937 | Freitag

> Der Feind verfolgt meine Seele und schlägt mein Leben
> zu Boden; er legt mich ins Finstere wie die, so längst
> tot sind. Und mein Geist ist in mir geängstet; mein
> Herz ist mir in meinem Leibe verzehrt. Ich gedenke an
> die vorigen Zeiten; ich rede von allen deinen Taten
> und sage von den Werken deiner Hände. Ich breite
> meine Hände aus zu dir; meine Seele dürstet nach dir
> wie ein dürres Land.   *Psalm 143, 3–6*

Den ganzen Tag wird es nicht hell. Die Stadt mag schon im
Schmutz ertrinken; hier sind die stillen Straßen und großen Gärten noch weiß; nur Äste und Zweige sind ohne Schnee. Die
Weihnachtstanne hat auch ihre Schneelast abgeschüttelt und hängt
voll klarer, kleiner Tropfen.

Wieder bittere Nachrichten aus Palästina. Wer es kann, wandert
nach Amerika weiter.

Italiens Austritt aus dem Völkerbund hat einen schon gar nicht mehr berührt. Der Völkerbund hat immer versagt.

Tragischer ist der chinesisch-japanische Krieg. Von den Leiden Spaniens steht kein Wort mehr in der Zeitung. –

Ich schrieb ein Weihnachtslied[134] zu Luthers Wort: »Sieh nicht an, was du bist, sondern sieh hier, was dir heut widerfährt, sieh den an, der zu dir kommt!«

Ein grauer Tag, der sich mit wachsender Dämmerung erfüllte! Auch ich habe mich mit »Weihnachtshandarbeiten« zu befassen: die schon vollzogene mehrfache Abschrift des Neujahrsliedes, die nun noch vorzunehmende des Weihnachtsliedes. Diese ersparen mir nun freilich viele Briefe, denen ich mich in diesem Jahr nicht hätte entziehen können. –

18. Dezember 1937 | Sonnabend

> Den Armen wird das Evangelium gepredigt.
>
> *Matthäus 11, 5*

Morgendunkelheit und Morgenglocken, das prasselnde Feuer in dem großen Ofen, der Lichtschein der Laternen im Hause, die hellen Fenster der Nachbarschaft, der erleuchtete kleine Laden in der Parkstraße. Zarter, neuer Schnee war gefallen.

Erst um Mittag begann die fahle Wintersonne zu leuchten. Der Untergang war feierlich und groß. In der Dämmerung standen dann die Laternen wie stille Fackeln am Saume der Gärten. Die klaren schwarzen Äste über der Decke des Schnees sind so friedevoll; ein Bild der tiefen Ruhe die verschneite Gartenbank.

Ich schrieb am Nachmittag ein zweites Weihnachtslied[135]: »Die Nacht ist vorgedrungen . . .« Das schöne Adventsgeläut.

19. Dezember 1937 | Sonntag (Vierter Advent)

> Freuet euch in dem Herrn allewege! Und abermals sage ich: Freuet euch! Eure Lindigkeit lasset kund sein allen Menschen! Der Herr ist nahe! Sorget nichts!
>
> *Philipper 4, 4–6*

Dies war der festlichste der vier Adventssonntage. Groß und schön ging die Sonne auf, zart beglänzte sie die Tanne draußen und die voll blühenden Alpenveilchen im Fenster davor. Groß, klar, glühend, kreisrund, doch gedämpft wie durch einen Eishauch, sank die Sonne, indes die stillen Gärten sich in Nebel hüllten. Schnee und Nebel: das ist tiefste Stille. Des Mondes wird man nicht mehr gewahr. So sehr verhängt ist der Himmel des Abends.

In der Markuskirche in Steglitz. Sie war so schön geschmückt: der große Adventsstern der Brüdergemeine, die beiden kleinen Adventsbäumchen mit zwei Lichterreihen davor, der Adventskranz auf dem Taufbecken; auch standen schon die großen, edlen Tannen auf dem Taufbecken bereit. M.'s Predigt hatte auch etwas von der einstigen Bußzeit des Advents begriffen. Das einzige, was das Haus mir nicht gibt, hatte ich durch die Kirche: die Lieder, die das Fest bereiten. –

Wie nun draußen der Sonntag ganz im Zeichen der Christbäume auf den Balkonen stand, so war er im Hause ganz beherrscht von Weihnachtspapieren, grünen mit Tannenzweigen, Gold- und Seidenband und vielen Rauschgoldengeln. Und zum ersten Mal wieder kleine Gaben zu schmücken für Mutter und drei Geschwister! So packten wir nun schon alle »Post«- und »Stadt«- Pakete, und das Glöckchen der kleinen Johanniskapelle läutete emsig. Dann gingen wir zum »Goldenen Sonntag« von Südende: das war so wirklich vorweihnachtlich, wie überall Christbäume von den Ständen heimgetragen wurden; wie über den gefrorenen, kleinen Teich die große Lichtertanne leuchtete, wie die wenigen, bescheidenen Schaufenster mit Kugeln, Tanne, Sternen, ja Marienbildern wetteiferten; – als wäre man in einer kleinen Stadt. So spärlich waren auch die Käufer; nur in der Buchhandlung drängten sie sich. Wir kauften noch Haselnüsse, die fast so rar sind wie Mandeln, goldene Nüsse für den Christbaum, Wein für die Brüder, eine hölzerne Schneeschippe, hörten auch unterwegs all die Weihnachtswünsche von Gretchen Heine und dem kleinen Köhler; wie viele Kinder kennen wir nun hier von klein auf. Und wie dürfen wir immer wieder Kinder beschenken, wenn das Fest kommt. –

23. Dezember 1937 | Donnerstag

> Wir danken dir, Gott, wir danken dir und verkündigen
> deine Wunder, daß dein Name so nahe ist. *Psalm 75, 2*

Dieser Tag gehörte der endgültigen, abschließenden, großen Vorbereitung des Festes!

Die Stunden flogen. In tiefer Dunkelheit – und nun waren plötzlich früh, allerdings nur früh, sechs Grad Kälte – stand ich auf und begann das Treppenhaus mit Tannen zu schmücken.

Der Tag war dunkel, in Eishauch und Nebel. An den vielen hellen Fenstern in der Nachbarschaft sah man, wie überall das Fest gerüstet wurde.

Vormittags ein sehr herzlicher Anruf von Ihlenfeld über meine neuen Weihnachtsgedichte, die er schnell noch von der Kammer für den »Eckart« freibekommen wollte, ein vergebliches Beginnen. Ich empfand nur die Freude über das, was er sagte und wollte.

Kein Wort von Weihnachten und Advent und Christi Wiederkehr, das ich in dieser Adventszeit nicht für Hanni aufgeschrieben, kein Lied, das ich nicht »studiert« hätte. Es ist alles gerüstet, und alle Freude heute groß!

Der Festschmuck des Hauses: Tannenzweig mit Lametta über dem Spiegel in der Diele; auf deren Treppenfenstern zwei Fayencekrüge mit Tanne. An dem Mauervorsprung über der Treppe ein gewaltiger Tannenzweig mit Lametta, wie ein festliches Tor. Auf dem großen oberen Dielenfenster rote Leuchter, Heiligenfigur mit Kerze. Auf dem Empireschrank der oberen Diele große Tonvase mit weicher, dunkler Tanne. Der helle Vorhang mit den alten, bunten Mustern in der unteren Diele stimmt gar so schön dazu.

Im Renaissancezimmer drunten großer Tannenzweig mit Lametta über dem Madonnenbild. Vor der Madonnenplastik vier goldene Sterne mit gelben Wachslichtern.

Im Barock-Weihnachtszimmer nur der Christbaum, der Engel, die Hirten: Pracht, die keiner Zutat bedarf.

Auch die sizilianischen Engel in Diele und Weihnachtszimmer halten kleine Lichter.

Es ist das vollkommenste Weihnachtshaus, das ich je sah: und nun ja wirklich mein und Hannis Haus. Hier sind alle Wünsche erfüllt, ist nur Freude und Dank und das Gebet, Gott möge erhalten, was er gab!

24. Dezember 1937 | Freitag (Heiliger Abend)

> Heute erkennen wir, daß der Herr unter uns ist.
>
> *Josua 22, 31*

> Herr, sei mir gnädig, heile meine Seele; denn ich habe an dir gesündigt. *Psalm 41, 5*

Ein dunkler, grauer, unbewegter Tag: zwar ist plötzlich Tauwetter gekommen, aber unser Garten ist weiß, und nichts fehlt zur Weihnacht!

Die Dunkelheit kam früh, sehr früh. Der Himmel hatte sich nicht einmal geöffnet.

Nun werden wir uns umkleiden; und diesmal werden mich beide Töchter in die Christnacht begleiten!

Schon, als wir uns zur Christnacht aufmachten, war hinter manchem Fenster Einbescherung. Die Töchter wollten in die Steglitzer Markuskirche, weil dort der bessere Chor ist. Aber es hätten Engel singen müssen, um diesen Pastor ausgleichen zu können. Und das Bedrückendste angesichts dieses vollen, vollen Gotteshauses vor den Lichterbäumen war, daß theologisch an dieser qualvoll schlechten Predigt nichts auszusetzen war! Ich war froh, daß Hanni nicht mit uns gekommen war: denn nur die Pastoren halten sie ja von der Kirche zurück! Die Lieder waren schön und schön gesungen. Die Töchter staunten, wie viele junge Männer, Soldaten und Matrosen, in die Kirche gehen. Wie festlich war Vaters Christnacht! Festlich war, wie rings um den Kirchplatz nach dem Gottesdienst die Fenster von Christbäumen strahlten, wie die Kirche mit ihren vielen Fenstern ganz im Lichte lag. Sonst waren die Straßen schmutzig und dunkel – winterlich nur noch die Gärten ums Haus. Wie still, wie völlig still liegt dieser Gartenteil von Südende am heiligen Abend! Da die Christnacht sehr lange gedauert hatte, waren wir um das große Einläuten der Weihnacht gekommen, während Hanni wiederum dies große, gewaltige Abendläuten hören konnte.

Es war dreiviertel acht geworden bis zur Einbescherung, zu der wieder mit dem kleinen Apostelglöckchen geklingelt wurde, nachdem ich die diesmal besonders reichlichen Lichter angesteckt hatte. Das Barockzimmer strahlte vom bunten Christbaum her, der – ohne Ketten, kleine Kugeln und gar zu viel Beiwerk – besonders schön wirkt: eine tiefgrüne, zarte, ebenmäßige Tanne, keine Silbertanne: goldene Nüsse, Silberglöckchen, rote Äpfel, nur die großen, bunten Kugeln, gelbe Lichter, der große Stern, die alte kleine Madonna, der Wachs- und der Rauschgoldengel und der friedevolle, klare Schleier des Silberlamettas!

Nach der Bescherung gingen wir sogleich zu Tische; wir speisten wieder vom großen Silber, vom weißgoldenen Service von Hannis Eltern, das wir fürs Fest wieder einmal hervorgeholt haben. Goldene Sterne mit gelben Wachslichtern standen um einen Kranz loser Tanne; im alten Blumenkübel zu den goldenen und roten Bändern weiße Alpenveilchen.

Dann wurden die Weihnachtsbücher, namentlich die mit Bildern, Schneiders »Leo von König« und Fechters »Backsteingotik«, durchgeblättert, danach die Stube wieder verdunkelt, weil nur im Renaissancezimmer die Tannenleuchter auf dem flachen, alten Schranke brannten und der hohe Silberleuchter inmitten der zarten Pracht des Wintergartens angesteckt wurde. Da war nun der Punsch auf dem Teewagen arrangiert, mit viel Silber, altem Porzellan, Äpfeln, Nüssen in der Beuthener Bernsteinschale (von meiner frühesten Kindheit an war es Weihnachten so), Hannis herrlichem Weihnachtsgebäck. Mitternacht mit dem fernen Geläut einer Christnachtsglocke kam heran, ehe wir müde und zufrieden schlafen gingen; das Haus lag klar, zart in seinem Schmuck und nach all dem munteren Treiben so friedvoll und geordnet zur heiligen Nacht in der tiefen, tiefen Dunkelheit. Hanni schlief so müde ein, daß wir einander nicht einmal mehr danken konnten.

Abends hatten Hanni und ich auch die Weihnachtspost gelesen: vor allem die Bestätigung über den Eingang meines Gesuches im Büro von Goebbels; und Name des Referenten – nicht Aktenzeichen. Vielleicht war dieser Weg doch nicht so katastrophal, wie Edda Reinhard gestern noch sagte!

25. Dezember 1937 | Sonnabend (Erster Weihnachtsfeiertag)

> Ihr wisset die Gnade unsers Herrn Jesu Christi, daß, ob er wohl reich ist, ward er doch arm um euretwillen, auf daß ihr durch seine Armut reich würdet.
>
> *2. Korinther 8, 9*
>
> Ihr seid alle Gottes Kinder durch den Glauben an Christum Jesum. *Galater 3, 26*

Als in der Kirche die Lichterbäume brannten, war es draußen ganz dunkel. Predigt über 2. Kor. 8, 9. Auf dem Taufbecken in einem Kranz von Lichtern die Krippe. Da ich nicht singen und spielen kann, bin ich so dankbar, daß die Kirche doch wenigstens das alte Lied bereit hat. Allein mit einer alten Frau zum Abendmahl: daß diese größte Gabe zur Weihnacht noch so verschmäht bleibt – in so ernster Zeit!

Die Damen hatten, mich zu erfreuen, schon den Frühstückstisch antik für mich gedeckt. Familientisch, Schreibtisch, Tisch des Herrn: es sind drei große Dinge! Und daß das Letzte in der Schrift das Mahl des Lammes und die Himmelstadt ist.

Ich ordnete noch überall ein wenig, so daß der feiertägliche Glanz das Haus auch am Abend erfüllte, und machte mich nach Friedenau auf.

Ich traf bei Mutter, die sehr glücklich schien, Hilde, Erhard, Billum und unseren alten, guten, wilden Schuftel. Ich saß während ihres Abendbrotes bei ihnen, dann zündeten wir den Christbaum an, der sehr schön und hoch war und wirklich ein schönes Geschenk bedeutete, zumal der Gabentisch, nicht so die Tafel, sehr bescheiden war. Das letzte Weihnachten, das wir zusammen verlebten, war 1929 in Glatz bei Margot gewesen. Sie soll oft von mir träumen, wie es ja umgekehrt auch der Fall ist.

In Potsdam soll mein Buch der Weihnachtserfolg gewesen sein.

26. Dezember 1937 | Sonntag (Zweiter Christtag)

> Das ist aber das ewige Leben, daß sie dich, der du allein wahrer Gott bist, und den du gesandt hast, Jesum Christum, erkennen. *Johannes 17, 3*
>
> Heute ist diesem Hause Heil widerfahren. Denn des Menschen Sohn ist gekommen, zu suchen und selig zu machen, das verloren ist. *Lukas 19, 9. 10*

Es erfüllt mich mit Dankbarkeit und Glück, wie ein Fest bei uns all die behutsame Rüstung, die voranging, nicht auflöst, sondern erfüllt und erhöht. Jeder Feiertag hat sein eigenes, besonderes, schönes Gepräge.

Heut war es ein Tag der völligen Stille und in all der grauen Dunkelheit – auch ist wieder Frost – von sanfter Zartheit über dem ganzen Hause! Wann war jene Zartheit wohl am lindesten? Als ich, frühe und allein aufgestanden, die Tür zum Weihnachtszimmer in dem süßen Dufte seiner Kühle öffnete? Als das zweite Weihnachtsgeläut über das friedevolle Haus hinwogte?

Die Kirche etwas voller als gestern. Kurzreiters ernste, klare Predigt über Hebräer 11, 1–6; draußen wieder, als noch einmal »O du fröhliche« im Kerzenglanz gesungen wurde, tiefe, tiefe Dunkelheit. Ich begann mit den Dankschreiben für Gaben und Briefe, indes die Dunkelheit wuchs, die Glocken läuteten, Südende wie am stillsten Saume der Welt lag.

Nun hat auch das Barockzimmer seine bunte Bücherreihe: die neuen Weihnachtsbücher fanden in der Bibliothek keinen Raum mehr, und zusammen mit den Büchern, die ich in diesem Jahr geschenkt erhielt, aber noch nicht lesen konnte, – und gehalten von den neuen Bücherstützen – schmücken sie nun meinen Schreibtisch und bestimmen die Lektüre des kommenden Jahres. –

Fast war das Ende des Feiertages am schönsten: als sie in der Weihnachtsstube alle, lebhaft erzählend, beisammen saßen, und ich nebenan schrieb: den Christbaum vor Augen. Es ist alles ein Wunder.

27. Dezember 1937 | Montag

> Da aber erschien die Freundlichkeit und Leutseligkeit Gottes, unseres Heilandes, – nicht um der Werke willen der Gerechtigkeit, die wir getan hatten, sondern nach seiner Barmherzigkeit.   *Titus 3, 4. 5*

Harald Poelchau sandte eine sehr schöne Altdorfer-Karte; meine neuen Gedichte sind noch in seine Weihnachtspredigt in der Strafanstalt Tegel eingegangen.

Heute ging ich beizeiten wieder an meine Arbeit, bin aber noch recht kaputt – wie nach jedem Aussetzen!

Was Ihlenfeld zu den neuen Gedichten sagte, was Friedrich, Poelchau, Pfeiffer dazu schrieben, vor allem aber, was in Schneiders mit der zweiten Post erhaltenem Brief darüber steht, ersetzt mir die Veröffentlichung vollkommen. Noch nie sind Gedichte von mir so aufgenommen worden.

Auch der heutige Tag erfüllt Herz und Haus noch mit aller weihnachtlichen Schönheit, und ich gedenke der Funk- und Ullsteinzeit wie etwas, das nie hätte sein dürfen.

Nach dem Abendbrot war es hohe Zeit zum Schneeschippen. Wie schön lag das verschneite, helle Haus im Abendfrieden: wie leuchteten die beiden Türlaternen festlich. Ich sah von der Straße her den Tannenschmuck der Diele, die alten Stiche, den Spiegel, den Giebel des Empiresekretärs. Gerade in solchem Augenblick wird einem das Wunder voll bewußt; wem dieses Haus gehört; durch wen es besteht, überragt vom »Ewigen Haus«.

»Ich und mein Haus wollen dem Herrn dienen«. Diese Worte muß man als eigene sprechen lernen.

28. Dezember 1937 | Dienstag

> Für ein jegliches Werk dankte er dem Heiligen, dem Höchsten, mit einem schönen Liede. Er sang von ganzem Herzen und liebte den, der ihn gemacht hatte.

Und ordnete, die Feiertage herrlich zu halten, und daß
man die Jahrfeste durchs ganze Jahr schön begehen
sollte, loben den Namen des Herrn und singen des
Morgens im Heiligtum. Der Herr vergab ihm seine
Sünden – und machte einen Bund mit ihm.

Sirach 47, 9–10. 12–13

Welch ein Wort nach dem Feste!
Heut trugen auch die Büsche und Bäume und die Zäune weichen,
reinen Schnee. Der Himmel blieb grau. Jeden Morgen ist das
Haus gerüstet mit aller Klarheit festlicher Tage, so frisch, so geordnet und doch so feierlich verwandelt vom gewesenen Feste
her. Bis Epiphanias soll der milde, lichte Glanz nicht schwinden.
Auf ihrem letzten, müden Gang durchs endende Jahr zeigt sich
die Sonne in diesen Tagen nicht mehr. Die Gärten sind weiß, der
Himmel aber ist grau verhängt, und um drei Uhr mußten die Lampen schon brennen. Der Himmel scheint noch voller Schnee.
Nach dem Abendessen – nun ist der weihnachtliche Schmuck aufgehoben – wurden wieder die Lichter am Baum angesteckt. Es
ist so schön: drinnen der Weihnachtsbaum, draußen der verschneite Garten. Äpfel, Nüsse, Pfefferkuchen wurden mit dem
Silberleuchter aufgetragen. Die Arbeit schritt heut wieder mächtig
voran: 1200 Seiten noch so sorgsam überlegter Exzerpte sind
aber noch immer kein ausreichendes Jahresergebnis der Arbeit.
Aber die Sonntagsruhe wird nun festgehalten! –

30. Dezember 1937 / Donnerstag

Siehe, ich komme bald. Selig ist, der da hält die Worte
der Weissagung in diesem Buch. *Offenbarung 22, 7*

Wir rühmen, daß du uns hilfst und im Namen unseres
Gottes werfen wir Panier auf. *Psalm 20, 6*

Das wirkt immer wieder mit der ganzen Stärke auf uns: wie Gott
sich hält, gnädig unserer schwachen Ordnung gedenkend, an die
Daten des Erdenjahres. Dies Jahr geht nicht zu Ende, ohne daß
nicht auch noch die Sondergenehmigung wirksam geworden
wäre. – Dem Briefe des Goebbelsbüros ist nun ein Schreiben des
unzugänglichen Herrn M. von der Kammer gefolgt: ich werde
für Mitte Januar zu ihm zitiert, mit Angabe des Hausapparates;
gerade bis auf meine erste Sendung erhielt ich alle Manuskripte
zurück; daß die erste Sendung fehlt, ist sicher nur Sache der büro-
mäßigen Unordnung.

Nach dem Frühstück kam die schöne Post. Ich rief Pagel und Friedrich an, der gerade erst gestern Pagel gesagt hatte, daß er nun für mich auf die Kammer gehen werde. Wie Pagel sich immer mit einem freut: das ist wohl sein schönster Zug.

Wie sprach Friedrich noch einmal von meinen Gedichten! Und das Neujahrslied[136], mit dem es für den »Eckart« zu spät war, bringt nun die DAZ.

Am frühen Nachmittag über bleiernen, grauschwarzen Wolken ein schweres, müdes Aufleuchten der Sonne: ein klarer, goldener, doch ferner, kühler Schein über dem verschneiten Garten, hinter dem der große, große Lindthorstsche Garten wie ein Waldessaum liegt, und im Hause. Dann wieder die nur noch vom Schnee erhellte Dämmerung. – Wieder steckte ich mir vier Lichter am Baume an.

Vor einem Jahr der endgültige Abschluß des Buches!

Noch nie habe ich so stark wie diesmal die Schönheit der Woche zwischen den Festen empfunden: den Abgesang des Jahres. – Zum ersten Mal sehe ich eines meiner Kirchenlieder in den Entwurf eines Gottesdienstes eingeordnet: »Das Christusjahr«. Gemeindefeiern über das Kirchenjahr. Stiftungsverlag Potsdam.

Nach dem Abendbrot ließen wir die letzten Christbaumlichter des Heiligen Abends niederbrennen: ein Traum aus Schatten, Silber, Gold – der goldene Engel schien wahrhaftig zu schweben.

31. Dezember 1937 | Freitag

> Und kündlich groß ist das gottselige Geheimnis: Gott ist offenbart im Fleisch, gerechtfertigt im Geist, erschienen den Engeln, gepredigt den Heiden, geglaubt von der Welt, aufgenommen in die Herrlichkeit.
>
> *1. Timotheus 3, 16*

Morgenglocken, Laternenschein, zarter Schneefall, frisches Feuer im großen Ofen. Frische Kerzen sind aufgesteckt, neue Tanne, zartes Grün für die Tafel bereit.

Als das Haus zum Jahresschluß gerüstet war, trat, genau um zwölf Uhr mittags, die Sonne aus dem grauen Himmel, hell aufstrahlend über einer schweren, schwarzen Wolke: und zum ersten Male stand nun auch der Weihnachtsbaum ganz in zartem Sonnenglanz! Das ist eine große Klarheit und Festlichkeit, mit der das geliebte Haus die letzten Stunden des Jahres erwartet. –

Zum Gottesdienste war ich allein in der Steglitzer Markuskirche:

wieder war sie gut besucht; und Liturgie und Predigt hatte den Ernst dieser Stunde begriffen. Der Kirchplatz lag in tiefem Schnee, die Laternen unserer stillen Straße trugen Eiszapfen, die weißen Dächer glänzten gar so festlich zu dem feierlichen Abend. –

Die Laternen gaben einen feierlichen Schein im Schnee; Äste, Zweige, Zäune, die Gitter vor den Fenstern waren dicht verschneit. Drinnen hielten wir drei das Lichterfest: die Kerzen des Weihnachtsbaumes brannten, Leuchter droben auf dem Barocksekretär; die Heiligen hielten Kerzlein auf dem kleinen Barocktisch; Leuchter auf meinem Schreibtisch, dem Würzburger Tischchen. Die Tannenleuchter auf dem Renaissanceschrank brannten, die Kerzen auf dem Klosterzahltisch schimmerten, die Wachslichter in den vier goldenen Sternen zu Füßen der großen Madonna leuchteten; Reinhold Schneiders Leuchter strahlten zur Rechten und Linken des Leichnams Christi unter dem Marienbild mit dem Kinde, Kerzen schimmerten vor den Alpenveilchen am Fenster. Der herrliche, frische, weiche Tannenstrauß in der weißen Vase auf meinem Schreibtisch.

Hanni und Renerle ruhten im Weihnachtszimmer; mit einem Glase Rotwein saß ich bei ihnen. Als die Glocken zu den Nachtgottesdiensten läuteten, waren sie schon zur Ruhe gegangen; ich ordnete und verwahrte noch alles, schaufelte noch die Berge Schnees am Hauseingang fort – Glocken, Glocken, Schnee und Stille; welch ein Zauber, welche Weihe dieser letzten Nacht des Jahres!

Im Schlafzimmer brannten noch die Lichter in den Händen der Heiligen, die Kerze auf dem Haupt des Engels. Als Hanni um einhalb zwölf Uhr tief einschlief, löschte ich die Lichter aus: und tiefe Dunkelheit und Stille war zur Jahreswende, als das gewaltige Stundengeläut mit dem zwölften Glockenschlag anhob.

Das schwerste, schönste und bedeutsamste Jahr meines Lebens durfte beschlossen sein im Gebet. – Gott hat im alten Jahr »ein neues Lied« gegeben. Das muß nun geglaubt sein.

ABER IN DEM ALLEM ÜBERWINDEN WIR WEIT UM DES WILLEN,
DER UNS GELIEBT HAT.

Römer 8, 37

1. Januar 1938 | Sonnabend (Neujahr)

> So seid nun geduldig, liebe Brüder, bis auf die Zu-
> kunft des Herrn. Siehe, ein Ackermann wartet auf die
> köstliche Frucht der Erde und ist geduldig darüber,
> bis sie empfange den Frühregen und Spätregen. Seid
> ihr auch geduldig und stärket eure Herzen; denn die
> Zukunft des Herrn ist nahe. Siehe, der Richter ist vor
> der Tür. *Jakobus 5, 7–9*

Das war ein rechter Winter-Neujahrsmorgen: Schneekehren,
Heizen, die Blumen für Hanni heraufholen und mit meinem Neu-
jahrsgedicht aus der DAZ aufbauen. Das Glockenläuten setzte
ein. Still und heiter das lichte Haus, der Morgen licht von Schnee.
Mein »Schleiermacher«-Frühstück und der Kirchgang; Paul Ger-
hardt-Lieder und eine recht gute Predigt über Römer 8, das auch
gestern schon in der Jahresschlußandacht anklang. Schon da war
die »Wahl« meines Jahreswortes für 1938 entschieden: dies stand
schon lange fest, daß es ein Wort der Überwindung sein müsse.
Mit der Dämmerung kam wieder Schnee.
Mutter und Tochter schafften in der Küche, ich las und schrieb,
die Glocken zu den Nachmittagsgottesdiensten läuteten, dann

galt es abermals die festliche Tafel zu rüsten mit all der Schönheit der gestrigen.

Dem Abendessen schlossen wir sogleich die Wiederholung des Lichterfestes an; und da der Silberleuchter auf die Tafel gestellt wurde, war es ein wundersames Leuchten von rotem und goldenem Weine in all dem Glanz, der so herrlich widergespiegelt wurde in dem edlen Holz der alten, alten Möbel, den Flügeln und Gewändern der goldenen Engel, den Christbaumkugeln. Jeder Festtag bei uns ersteht und vergeht als eigene, neue, klare, stille Feier: und der Glanz und die Stille werden, bei aller irdischen Freude, immer größer in ihnen.

Auf häusliche Feier solcher Art kann nie jäher Absturz folgen: sie sind zu behutsam, zu ergriffen, zu sanft, zu dankbar, zu wissend! Zu völlig hingewandt zum Feste der Kirche!

Aus dem dunklen Barockzimmer schimmern die Engel, die Kugeln herüber: alles ist noch von Weihnacht durchweht und doch ein neues Fest, ein neues Jahr! –

3. Januar 1938 | Montag

> Mein Haus wird heißen ein Bethaus allen Völkern.
>
> *Jesaja 56, 7*

Den Morgen und Vormittag über wieder neuer, dichter Schnee. Um Mittag überglänzte die Sonne einen Augenblick den Garten, und stark und klar waren die Schatten der Bäume im Schnee. Bald aber war der Schein der Sonne wieder bleich und silbern, sehr frühe lag graue Dämmerung über den winterlichen Gärten.

Meine Tages- und Wocheneinteilung vom alten Jahr behalte ich auch im neuen bei. Zehn Stunden sind der Arbeit bestimmt, acht Stunden dem Schlaf.

Gestern im Schlußgebet des Gottesdienstes war eigens auch mit einbezogen die Schaffensfreude. Da wurde mir bewußt, daß ich Schaffensfreude überhaupt nicht mehr kenne.

»Das Werk unserer Hände wolle er fördern.«

4. Januar 1938 | Dienstag

> Du bist mein Helfer, und unter dem Schatten deiner Flügel frohlocke ich.
>
> *Psalm 63, 8*

Das war ein stiller, stiller Arbeitstag. Um nicht im Exzerpieren zu versinken und dieses zu begrenzen, beginne ich nun – obwohl große Müdigkeit mich recht quält – mit der Stoffverteilung und

Organisation der ersten Kapitel. Vielleicht lassen sich auch einzelne Partien schon schreiben. Das wäre nach so langer Pause sehr wichtig: der Flucht ein Ziel zu setzen! –

Ich stürzte mich nun in die Anlage des ersten Kapitels: welch ein Wort ist das angesichts der Qual und Angst eines unwiderruflich begonnenen Buches: »Du bist mein Helfer, und unter dem Schatten deiner Flügel frohlocke ich.«

Hanni reagierte mit großer Freude, als Pagel am Telefon sagte, Kilpper wolle doch trotz meiner Bedenken »Die Briefe und Bilder des Soldatenkönigs«.

6. Januar 1938 | Donnerstag
Heilige Drei Könige (Epiphanias)

> Wir wissen aber, daß der Sohn Gottes gekommen ist.
> *1. Johannes 5, 20*

Der Tannenschmuck des Hauses blieb bis zum letzten Tage der Festzeit so klar und schön, als seien nicht zwei Wochen der Feiern darüber hingegangen, seit ich ihn aufmachte. Auch verlor der Christbaum noch keine Nadeln, während man überall schon dürre Weihnachtsbäume in die Gärten geworfen sieht. Noch trägt der unsere all seinen schönen Schmuck; nur haben sich, wie im Vorjahr, die Zweige ein wenig müde gesenkt. Doch gingen wir bald an das Abschmücken des Christbaumes und des Tannenschmuckes im Hause. Die rechte Begrenzung einer hohen Festzeit ist sehr, sehr wichtig! Geblieben ist nur die große, frische Tannenvase auf meinem Schreibtisch und der Strauß Tanne und Alpenveilchen in der Glaskugel an der oberen Dielenwand. –

11. Januar 1938 | Dienstag

> Wir haben einen Gott, der da hilft. *Psalm 68, 21*

Immer wieder schneit es in unermeßlicher Fülle ins Tauen hinein. Die Stadt trostlos. Sehr schön das Charlottenburger Schloß in Schnee und Nebel eines dunklen Mittags. Südende auch heute weiß und friedevoll.

Tantalusqualen im Hausarchiv, wo ich mit wohltuender Zuvorkommenheit behandelt werde: die vielen, vielen Briefe Friedrich Wilhelms an seine unglückliche Ike[137] sind unleserlich.

Abends rief Ihlenfeld bei mir an, daß er zum Friedrich-Wilhelm-Gedenkjahr auch eine Arbeit von mir für die Eckart-Bücherei möchte. Wir einigten uns zunächst, da auch ein A. H. Francke-Gedenktag kommt, auf Freylinghausens und Franckes jun. Aufzeichnungen über den Herbstaufenthalt in Wusterhausen[138]. Die Weihnachtsgedichte wollte er sogar jetzt noch bringen; aber die habe ich ja der Kammer noch nicht einmal vorgelegt. Ja, alle neuen sollten auf einmal erscheinen.

Ich bliebe lieber bei der »Bora«. Doch mag diese Arbeit, da ich nun schon einmal im Hausarchiv stecke, nun noch mit hingehen, falls vom Material her alles klappt.

Kirchenlieder und immer wieder nur ein großes Buch: dahin verdichten sich alle meine Wünsche. Alles andere ist Täuschung und Flucht.

Mit meinen Gedichten ist das reinste Wunder geschehen: Ihlenfelds Eifer, Stählins Anfragen, Jagows Übereifer wegen des Nachdrucks in den »Weißen Blättern«. All das bin ich noch gar nicht gewöhnt. Die entscheidende Frage bleibt, ob ich jemals den Weg ins Gesangbuch finde.

12. Januar 1938 | Mittwoch

> Schüttet euer Herz vor ihm aus, Gott ist unsere Zuversicht.
> *Psalm 69, 2*

Grauer Tag. Tauwetter. Der Garten noch weiß.

Um einviertelzwei Uhr die große Unterredung auf der Kammer, die auf Wunsch des Abteilungsleiters M. allein mit dem für mich maßgebenden Lektor Alfred Richard Meyer[319] stattfand: gleich erkannte ich den »Munkepunke« meiner ersten Berliner Funkzeit wieder; er mich nicht. Die Besprechung – die deutlich spüren ließ, daß mir die Arbeit nicht mehr erschwert werden soll – dauerte über eine Stunde und fand in einer maßvollen, Vertrauen erweckenden, auf erstaunlich hohem Niveau stehenden Atmosphäre statt.

Man klagte mich »katholisierender Tendenzen« an! Man wendet sich – »beratend, nicht eingreifend« – gegen meine geistlichen Gedichte. Und nun wurde es ganz klar ausgesprochen: nicht gegen das, was Gott gilt, sondern »gegen die knechtische Haltung, wie sie der neue Geist bekämpft, der Gestalt Christi gegenüber«. Nicht meine Ehe, nicht meine politische Vergangenheit standen zur Diskussion: da haben generelle Maßnahmen gesprochen!

Ich war nur glücklich, daß es also sofort um das Zentrale ging. Das war ungleich mehr, als ich von dieser Stelle je erwarten konnte. Denn nun ist die Sache nicht mehr meine, sondern Christi Sache.

Niemals kann ich mich zu Überspitzungen oder gar gewolltem Märtyrertum entschließen. Ich habe Ihlenfeld gebeten, nicht jetzt, wie von ihm beabsichtigt, im Februarheft meine neuen Weihnachtsgedichte zu bringen; das müßte man nach so loyaler Verhandlung als Affront betrachten.

Gemäß meinen Vereinbarungen mit A. R. Meyer habe ich sogleich nach meiner Heimkehr alle meine überblickbaren Pläne der Kammer angegeben: da ist klar genug zu ersehen, was von mir zu erwarten ist. Ich unterwerfe mich da jeder Kontrolle. Doch sah es an mancher Wendung so aus, als müßte es nicht immer so für mich bleiben.

Das war sehr wunderlich: so deutlich zu spüren, daß ich unter dem Schutze meines Buches stand! Nachher war ich bei Pagel, wie er es wünschte. Erst an seiner Freude sah ich ganz, wie viel erreicht, welch entscheidende Wendung eingetreten zu sein scheint. Gerade hatte Pagel von Bade vom Propagandaministerium gehört: »Und ob sie bei der Kammer wegen Klepper vom Ministerium eins auf den Kopf bekommen haben!« Der eventuellen gefährlichen Folgen meines Briefes war ich mir jeden Augenblick bewußt; da kann kein anderer den Kopf für einen hinhalten.

Hanni hatte ich zwischen Kammer und Deva angerufen. Als ich heimkam war so rührend ihre Äußerung: »Ich bin also nicht mehr der Grund.«

13. Januar 1938 / Donnerstag

> Deine Baumeister werden eilen; aber deine Zerbrecher und Verstörer werden sich davonmachen.
>
> *Jesaja 49, 17*

»Wie alles in der Bibel immer wieder mit dem Hause zusammenhängt«, sagte Hanni heute auf diesen Spruch. Sie liest jetzt regelmäßig in ihrer Weihnachts-Losung.

Vormittags wieder im Hausarchiv; Dr. Mommsen, Enkel des berühmten, hilft mir sehr gefällig. Jagow bemüht sich sehr, das verschollene, aber registrierte Selbstbildnis Friedrich Wilhelms ausfindig zu machen. (Und ihm kam der Plan – es reservieren zu lassen zu meinem – 40. Geburtstag!)

Die Briefe des Königs, auch die an Ewersmann[140], gehen einem durch und durch!

Quellen über das Jahr 1527, vor denen mir das Herz stockt. Dort liegt wohl die Höhe des neuen Buches!

14. Januar 1938 | Freitag

> Einen anderen Grund kann niemand legen außer dem, der gelegt ist, welcher ist Jesus Christus.
>
> *1. Korinther 3, 11*

So hat diese schwere Zeit es also mit sich gebracht, daß man mit einem jungen, erfolgreichen Redakteur wie Dr. Werner auf der Redaktion einer politischen Zeitung wie der DAZ – ohne daß ein Anflug von Absonderlichem daran wäre – von Christus spricht.

Denn er sprach von einem Neujahrslied, »das nicht erschienen wäre, um mir nach meinen Schwierigkeiten eine Freude zu machen, sondern um des Gedichtes willen«.

Heute morgen lagen nun meine Weihnachtslieder schon gedruckt vor mir: aber ich möchte, daß sie erst, wenn wieder die Weihnachtszeit da ist, erscheinen!

Die Apostelgeschichte wird noch immer weiter gelebt. –

17. Januar 1938 | Montag

> Herr, sei mir gnädig, denn ich bin schwach, und meine Seele ist sehr erschrocken. Ach du, Herr, wie lange! Ich bin so müde vom Seufzen! Meine Gestalt ist verfallen vor Trauern und ist alt geworden. Mein Gebet nimmt der Herr an.
>
> *Aus Psalm 6*

Das ist so seltsam, wie solche Trauer und solcher Verfall eigentlich nie den schweren Existenzkampf und seine Widerstände meint, sondern immer das Menschsein das eigene. Die große Müdigkeit, die großen Klagen richten sich nie gegen die Zeit, sondern gegen das eigene Menschsein.

Die neuen Arbeiten für Deva und Eckart-Verlag stellen sich als ein erschöpfender, schädigender Eingriff in den Entstehungsprozeß des Bora-Buches dar. Doch weiß ich ja noch nicht, wozu sie dienen müssen.

Ich sehe nicht, wie ich noch zu kleineren Arbeiten kommen soll. »Das ewige Haus« frißt mich völlig auf.

> Ich, der Herr, behüte den Weinberg und feuchte ihn
> bald, daß man seine Blätter nicht vermisse; ich will
> ihn Tag und Nacht behüten.   *Jesaja 27, 3*

Eben sah ich den furchtbaren Losungsspruch zum kommenden
Geburtstag: 1. Samuel 2, 3 »Laßt euer großes Rühmen und Trot-
zen, noch gehe freches Reden aus eurem Munde; denn der Herr
ist ein Gott, der es merkt, und läßt solch Vornehmen nicht gelingen.«
Was soll solches Wort treffen in meiner schrecklichen Müdigkeit
– gegenüber mir selbst? Was gibt es hier zu überwinden, wo alles
nach Heilung schreit?!
Wem gilt dies?
Ach, ein wunderlicher Tag.
Im Hausarchiv lesen sie mich. Der Hobbing-Verlag schreibt auf
»Vollendung der Einsamkeit« hin. Gerhart Pohl, für kurze Zeit
wieder in Berlin, ruft auf »Vollendung der Einsamkeit« hin an;
dies wäre »kleistisch«; und wie man weiter mein Buch rühme;
Frau Andrews zu Hanni am Telefon: wie sie mit dem Buche
lebten; Harald von Koenigswald: wie ich aus meiner Zurückgezogenheit heraustreten und Einfluß gewinnen müsse auf seinen
Kreis Potsdamer Offiziere; eine Bekannte von ihm, die meine
Gedichte besitze, habe das Neujahrslied auswendig gelernt; eine
andere wollte es abschreiben; wie warm das Gedicht in der DAZ
aufgenommen worden sei. Kann man sich an alles das klammern?
Was sagte es von Gott? Im Hausarchiv »fertig«. Nun muß ich
zum Geheimen Staatsarchiv. Ich sehe bei alledem nur, wie ich
für den »Vater« noch immer zu wenig gearbeitet habe. Das quält
im Hinblick auf das neue Buch sehr. –

19. Januar 1938 | Mittwoch

> Fürwahr, du bist ein verborgener Gott, du Gott
> Israels, der Heiland.   *Jesaja 45, 15*

Überwindung – das ruft das neue Jahr mir zu, daß ich erschrecke.
Und wie ein starkes »Nebenthema« klingt es nun jeden Tag in
mir: Wo der Lichtstrahl und Schwertschlag des Wortes Gottes
hinfällt, da bäumen sich die Dämonen. –
Die Besprechung der »Bilder und Briefe« mit Kilpper und Pagel.
Kilpper war so ganz besonders höflich und freundlich und er-

schrickt nicht über den langen Weg des neuen Romans. Den »Bildern und Briefen des Soldatenkönigs« habe ich den neuen Obertitel[141] bestimmt: »*In tormentis pinxit*«, und er wurde mit großer Zufriedenheit aufgenommen.

R. A. Schröder hat sich strikt dagegen gewendet, daß Ihlenfeld den D. theol. für ihn zu erwirken versuchte: dies verdiene keinen Lohn, daß er erst mit fünfzig bis sechzig Jahren erkannte, worum es geht.

Lang hatte die religiöse Literatur nur drittrangige Autorennamen aufzuweisen. Heute sind es die ersten. Und wie Ihlenfeld sagt: trotz der Kirche.

20. Januar 1938 | Donnerstag

> Mose machte sich hinzu in das Dunkel, darin Gott war.
> 2. Mose 20, 21

Geheimes Staatsarchiv. Hier wie im Hausarchiv dieselbe Unordnung und völlige Gleichgültigkeit gegenüber den Friedrich-Wilhelm-Briefen. Dabei sitzt hier der Mann, der noch viel mehr Jahre als ich an den König setzt und die wissenschaftliche Biographie schreibt: Archivrat Hinrichs[142]. Er ließ mich sogleich zu sich kommen, wir sprachen lange, verständigten uns im Wissen um unsere Bezirke gut.

21. Januar 1938 | Freitag

> Herr, Herr, woran soll ich merken, daß ich's besitzen werde?
> 1. Mose 15, 8

Bei Dr. Poensgen im Großen Schloß: es wird mir alles sehr leicht gemacht; großes Interesse – und große Unkenntnis des eigenen Materials auch hier! In Monbijou – seltsam: ohne die Last des schweren Buches wie einst –, das dritte Selbstbildnis zu sehen, das Jagow fälschlich suchen zu müssen und für mich »reservieren« zu können glaubte! Monbijou war durchsonnt, geheizt – in einem Zimmer gar blühende Primeltöpfe!

Auf der Staatsbibliothek. Es ist alles zu viel. Den Gedanken an Ruhe der Arbeit, so behütet ich bin, habe ich aufgegeben. Es scheint nicht gewährt; anderes muß gemeint sein.

Nun bei den Menschen um uns, ja, unserer ganzen Schicht »moralische Vorurteile« längst gefallen sind, hätte man eine erotische Befreiung des Menschen erwarten müssen. Aber wie völlig herrschend sind Einsamkeit und die Not um das »Du« geblieben, wohin ich blicke. Da ist überall wahre Not des Lebens: im Lebendigsten, Schöpferischsten müssen wir tot, brach liegen und in der Ehe noch lebenverhindernd sein; auch wo der andere Mensch gewährt ist, ist das neue Leben noch lange nicht gegeben. Der Glaube wird all dessen nicht Herr. Auch die frömmste Ehe bleibt gerichtet, wagt das Äußerste des Glaubens nicht.

Die Not des Leibes, des Blutes, manchmal vorherrschend vor allem anderen im Himmel und auf Erden. Verlogen sind die großen Liebesdichtungen, weil sie verschweigen, wie entsetzlich das Gericht über die Liebe und die höchste Lebenslust ist. Ob in oder außer der Ehe: das Gericht ist gleich furchtbar; ob Einsamkeit oder Gemeinsamkeit –

Manchmal sehe ich die vereinsamten Menschen um uns leiden bis zur völligen Verzerrung ihres Wesens. Es ist furchtbar, was der Leib des Menschen leiden muß auch in tiefem Frieden, behütet vor aller Gefahr. Alle Bücher müssen lügen. Es ist alles noch viel größer, schwerer und unheimlicher, als man sagen darf. Wie aber soll man schreiben von der letzten Verklärung der Schöpfung, wenn nicht geredet sein darf von ihrem tiefsten Fall? –

25. Januar 1938 | Dienstag

> Es fehlte nichts an allem Guten, das der Herr dem Hause Israel verheißen hatte. Es kam alles.
>
> Josua 21, 45

Mit Pagels im Potsdamer Stadtschloß. Eine kleine Rundfahrt durch Potsdam. Welch ein Glanz! Wie soll dies ein Januartag sein! Über den weiten, kahlen Parks der sanfteste, blaueste Himmel; glänzender Rasen, große Knospen an den Magnolienbäumen; alle Stämme leuchteten von grünem, übersonntem Hauch.

Vor Friedrich Wilhelms Bildern wieder das gleiche wie beim letzten Mal: ich kann es nicht mehr fassen, was hier einmal zu mir gesprochen hat und dreieinhalb Jahre meines Lebens kostete: als zöge damals jemand Tücher von den Bildern; so war der Moment. Und dieser war richtig; die Unerregtheit nun ist das »falsche«, muß aber wohl die Folge all des »Wissens« sein, das jenem großen Augenblick einmaligen, gleichzeitig alles erfassenden Begreifens folgte. Wie passiv sind solche Augenblicke!

> Hilf du, mein Gott, deinem Knecht, der sich verläßt
> auf dich.   *Psalm 86, 2*

Gestern abend ein gewaltiges Nordlicht über ganz Europa; nur über Berlin verhüllte es eine Wolkendecke. Gleich tauchten auf dem Lande wieder die Weltuntergangsgedanken auf.

Mit Pagel in Wusterhausen. Pagel staunte über den Reichtum von Friedrich Wilhelms Bilderproduktion, fand aber sonst Wusterhausens Schloß gar nicht eng und dämonisch. Ich weiß es nun längst: die Dinge reden nur ein Mal zu einem und dieses eine Mal richtig. Hätte ich all dies mehrmals gesehen: ich hätte das Buch nicht schreiben können.

Der erste Teil von »Die bunte Stadt im Schatten«[143] in der »Deutschen Zukunft« erschienen. In der Festschrift zu R. A. Schröders 60. Geburtstag mein Lied zu Offenbarung 21, 22. Die großen, intensiven Ehrungen zu diesem Geburtstag machen rechten Eindruck auf mich: das späte halbe Jahrzehnt der Hinwendung zur kirchlichen Dichtung prägt nun das ganze Werk und Leben. Sein Vers: »Rührt mich nicht an, ich bin nicht mehr.« –

28. Januar 1938 | Freitag

> Wer die Schrift lernen soll, der kann keiner anderen
> Arbeit warten.   *Sirach 38, 25*

Und darum glaube ich an meinen freien Beruf. –

Stetig wechselndes Licht. Die Gartenarbeit in dieser Woche wieder aufgenommen, des Laubes auf dem Rasen ist kein Ende. Starke Schatten, starkes Licht bis in den Sonnenuntergang.

Der Zwölf-Jahres-Bauplan für Berlin veröffentlicht: wie eine Apotheose auf der Höhe der Macht und des Reichtums. Und wir sind so arm.

2. Februar 1938 | Mittwoch

> Ich will dich nicht lassen, bis daß ich tue alles,
> was ich dir geredet habe.   *1. Mose 28, 15*

Wie sollte es auch ohne ein solches Wort gewagt sein?

Reinhold Schneider schreibt wieder in jener »Kantischen Humanität«, die die Ferne von den Menschen erst ganz offenbart. Auch er leidet so unter den trügerischen, schleppenden Zeiten der Studien und Exzerpte. Von meiner Arbeit steht in seinem Brief: »Ich bewundere es, wie Sie diese schwere Arbeit (»Briefe und Bilder«) neben der anderen leisten können; aber Sie werden von beiden reich belohnt sein und allen, denen nun schon Ihre Arbeit zu einem wichtigsten Teil ihres Lebens geworden ist, sehr kostbare und sehr willkommene Gaben bieten. In ihnen hat Friedrich Wilhelm nach langem Harren den dienenden Vermittler gefunden, den ihm die Deutschen bisher schuldig geblieben sind.«

Aber ich bewältige es nun wirklich kaum mehr, zumal gleichzeitig auch das Eckart-Büchlein in Angriff genommen werden muß. –

5. Februar 1938 | Sonnabend

> Der Herr ist treu; der wird euch stärken und bewahren
> vor dem Argen.   2. Thessalonicher 3, 3

Frühzeitig schon hielten mir die Töchter das Zeitungsblatt in der Küche entgegen:

Stärkste Konzentration in der Hand der Obersten Führung – Zusammenfassung aller politischen, militärischen und wirtschaftlichen Kräfte – der Führer übernimmt den Oberbefehl über die gesamte Wehrmacht – Göring Generalfeldmarschall.

Blomberg und Freiherr von Fritsch auf ihren Antrag aus gesundheitlichen Gründen zurückgetreten. Organisatorische und personelle Veränderungen in Heer und Luftwaffe. Ribbentrop Außenminister. Die Botschafter in Rom, Tokio, Wien abberufen. Reichstag am 20. Februar: Regierungserklärung.

Und dies alles völlig unerwartet. Man kann weder raten noch fragen: daß Blomberg als Kriegsminister, Neurath als Außenminister gegangen sind und kein neuer Kriegsminister kommt, betäubt nahezu. Es ist ein Tag von solcher Schicksalsschwere, wie man ihn nur mit dem 30. 1. 1933 vergleichen kann: schwerer wohl als der Juni 1934. Es ist, als wäre der letzte Halt geschwunden – ungleich mehr als beim Tode Hindenburgs.

Ich war recht erschrocken, als ich heute schriftlich wieder auf die Kammer bestellt wurde. Dann war alles mit A. R. Meyer so friedlich wie nur möglich: er hielt diesen Weg für den kürzesten, mir meine Manuskripte unter Umgehung des Postganges der Kammer rasch wieder zukommen zu lassen.

Wenn ich auf dieser Linie bleibe, sei ich völlig unbehindert. Es sei ihm peinlich, mich zu kontrollieren. Ja, mehr noch: ob ich nun die angekündigten Manuskripte über ein Exposé hinaus ein-

reichen müsse. Ich: Solange die Maßnahme besteht: ja. Seine Ver-
abschiedung: Alles Gute! Aber welche Erleichterung, welche
Hilfe; welche Stütze gegenüber dem Verlag. Die Frage nach den
Folgen der großen Politik bleibt ja für alle offen! Weiß Gott, es
ist nur noch eine Zeit für Helden und für Heilige: es heißt der
Mahnung an das Letzte täglich standzuhalten. –

6. Februar 1938 / Sonntag

> Welcher schwach sein wird unter ihnen zu der Zeit,
> wird sein wie David. *Sacharja 12, 8*

Morgen im zarten Reif: dann immer strahlendere Sonne. Heute
ist ein Tag, wo es einen unter den politischen Erschütterungen
des Vortages ohne Frage doch zu Menschen drängt, denen etwas
tieferer Einblick möglich ist.

Schoepke, der Merseburger Verleger und Buchhändler und einst
in Obersekunda mein Mitschüler, war zwar zum Kaffee bei uns
eingeladen; aber die besonderen Umstände dieses Tages machten
es möglich, daß wir gemeinsam mit ihm zu Friedrichs zum Kaffee
fuhren; dort trafen wir auf Dr. Classen vom Goverts-Verlag und
auf Dr. Gründler von der »Zeitwende«; viele Stunden saßen wir
zusammen, wie dieser schwere Tag es wohl bedingte. Wir redeten
wenig und hörten viel. Was aber meinen Empfang, was ihrer aller
Äußerungen und Fragen, meine Arbeit angehend, betrifft, so
kann ich nur sagen: wir stehen aufs höchste überrascht und aufs
tiefste bewegt vor derart weit geöffneten Türen!

Zum Politischen:

1. Der Führer übernimmt den Oberbefehl über die gesamte Wehrmacht: es wird den Gegensatz Armee-Partei latent nur verschärfen. Die SS verfügt über ein ausgebildetes, vorzügliches Gegen-
heer von 600 000 Mann.

2. Göring Generalfeldmarschall: eine Abfindung. Denn einige
Tage hatte es ausgesehen, als würde er, der Repräsentant des gemäßigten Kurses und das Bindeglied zwischen Wehrmacht und
Partei, alle Macht auf sich vereinen können. Es sah nach Umschwung aus.

3. Brauchitsch Oberbefehlshaber des Heeres, Keitel Chef des
neuen Oberkommandos der Wehrmacht: vorzügliche Offiziere;
beide kirchlich.

4. Blomberg zurückgetreten. Der entscheidende Anlaß des ganzen
Vorganges: Er hat ein Straßenmädchen mit übelst beleumdeter

Mutter geheiratet und Hitler und Göring als seine Trauzeugen fürchterlich bloßgestellt. Er war in allem schwach und haltlos. Das Geheimnis um ihn löst sich aufs kläglichste.

5. Fritsch, der Chef der Heeresleitung, zurückgetreten: ein Opfer seines Schrittes – im Namen der hohen Offiziere – gegen Blomberg. Außerdem tiefer Zwiespalt, weil er keine deutschen Truppen mehr nach Spanien geben wollte. Vor allem auch der Kirchenkonflikt. Von Fritsch geht nun das Wort um: »Ein Heer ohne Glauben kann in einem künftigen Kriege keine Schlacht gewinnen!«

6. Ribbentrop Außenminister: völlige Hinwendung zur »weltanschaulichen Außenpolitik«: Faschismus, Antikommunismus; Abkehr von England, das ihn einfach nicht mehr haben wollte.

7. Neurath Präsident des neugebildeten Geheimen Kabinettsrates: dies ist ein Kriegsrat; Neurath ist die einzige Hoffnung angesichts einer quälend abenteuerlichen Außenpolitik.

8. Die Botschafter in Rom, Tokio, Wien abberufen.

9. All dies von Hitler beim Blomberg-Konflikt in einer großen, alle überraschenden Gewaltaktion zusammengefaßt.

10. Himmler und Goebbels bei aller Opposition am meisten gehaßt.

Groß steht vor einem der Gedanke: Was wird, wenn England 1940 seine Aufrüstung beendet hat? Das muntere Sonntagsleben der Stadt unverändert!

7. Februar 1938 | Montag

> Gott, du hast mich von Jugend auf gelehrt, und bis
> hieher verkündige ich deine Wunder.   *Psalm 71, 17*

Mit den Fotokopien der beiden »unleserlichen« Friedrich Wilhelm-Briefe bei Dr. Hinrichs im Geheimen Staatsarchiv in Dahlem, das nun auch ein neues Landhaus am anderen hat. In einer knappen Stunde war alles entziffert. Es sind herrliche Stücke. Die wenigen Zeilen, die ich im Hausarchiv hatte lesen können, hatten mich richtig geleitet: ganz »Vater« und *„In tormentis"* in einem. Die Abschriften aus dem Geh. Staatsarchiv fertig.

Anrufe Pagel, Dr. Poensgen, Professor Hildebrand-Monbijou (wegen der Bilder Friedrich Wilhelms I.): es geht alles so glatt, als lebte man in einer stillen Zeit. Ich fasse noch immer gar nicht all die Freundlichkeit und Höflichkeit. So schwer war es also, sich durchzusetzen?! Denn nun ist es wohl geschehen.

Mein Kopf schwirrt von hunderten und aber hunderten von Exzerpten, und nur die äußere Ordnung hält den zerspringenden Schädel zusammen.

8. Februar 1938 | Dienstag

> Mose berief alle weisen Männer, denen der Herr Weis-
> heit gegeben hatte in ihr Herz, alle, die sich willig er-
> boten und hinzutraten, zu arbeiten an dem Werke.
>
> 2. Mose 36, 2

Besprechungen mit Dr. Pagel wegen der Bildfolge. Dr. Moras-Europäische Revue[144] bei ihm kennengelernt. Wieder dieselbe Anerkennung, dieselbe intensive Aufforderung zur Mitarbeit.

Was Deva, Europäische Revue und Deutsche Zukunft von den politischen Ereignissen wissen, stimmt mit Friedrich und Bergmann (Auswärtiges Amt) überein. Wir schienen am Vorabend einer großen Militärrevolte zu stehen. Moras las Pagel und mir englische und französische Zeitungen vor, darunter den »Temps«, der von heute ab in Deutschland verboten ist. In Frankreich wildes Hetzen, das einfach durch die Ruhe und Lebendigkeit in der Stadt (die auf uns erschütternd wirkt) widerlegt ist. England objektiv.

Alle sagen immer: *ultima ratio* der Krieg, um den Zusammenbruch nicht offenbar zu machen. Der Krieg, und dann ist alles aus.

Der Krieg ist stündlich nahe. Aber das Grausigste ist: mit einem 60-Millionen-Volk ist es wohl auch dann nicht »aus«. Mit dem Volk der Reformation. –

Die zwischen Wehrmacht und Partei getroffenen Regelungen gelten als tragbares Kompromiß, da weder Himmler (Geheime Staatspolizei, Polizei und SS) noch Göring als reine Parteimänner Kriegsminister geworden sind.

Bereits wieder Zeilen und Zusendungen von Gründler und Dehn; nun sind sie alle da, die Protestanten: Eckart- und Furche-Verlag, Zeitwende und Christliche Welt. Doch ist, was mich mit ihnen verbindet, nicht gar so tief. Sie sind mir alle zu apologetisch eingestellt, halten mühevoll Ausschau auf die Welt und stehen nicht staunend und dankbar vor dem Reichtum des Christentums, den wir auch in dieser Zeit noch gebrauchen dürfen.

> Die göttliche Traurigkeit wirkt zur Seligkeit eine
> Reue, die niemand gereut; die Traurigkeit aber der
> Welt wirkt den Tod.   *2. Korinther 7, 10*

Brigitte wieder eine heftige Angina. Muß operiert werden. – Ich
zu ihrem Klassenlehrer, Dr. Matthaesius, bestellt. Freundlicher-
weise hatte er mir auch gleich Renerles Klassenlehrerin freimachen
können, so daß sich die Geschicke beider Töchter in einem besprechen ließen.

So werden nun beide die Schule verlassen, ganz entgegen unseren
Grundsätzen, nach denen man keine Desertion vor der ersten
Schlacht dulden soll.

Bestimmend war hierfür, daß sie in ihrer besonderen Situation
auch mit dem Abitur kaum etwas beginnen könnten; für Reni
wäre es eine Quälerei.

Ferner: Matthaesius, der seine eigene Tochter auch abgehen läßt,
sieht den Verfall des höheren Schulwesens von Jahr zu Jahr so
fortschreiten, daß die Oberklassen ihm vergeudete Zeit zu sein
scheinen. Steht Renerle nach dem erneuten Sturm auf die Juden
in der Mode der Weg denn noch offen?

Nun müssen wir an die Entscheidung heran, die wir in meiner
schwierigen Lage immer noch hinauszuschieben suchten.

Fast haben wir sie zu gepflegt erzogen. Juliane Meschke sagt:
sie sind völlig junge Damen, keine Schülerinnen mehr. Ich habe
Hannis Konsequenz immer wieder durchkreuzt mit den Thesen:
ihnen ginge vieles verloren, was andere haben, und ihr Lebens-
alter brauche ein Ventil.

Das Gesetz über den Umbau Berlins ist heraus, ist schon in Kraft:
die »Bereiche« für die neue Südstadt sind festgelegt. Es handelt
sich um gewaltige Nord-Süd- und Ost-West-Achsen durch ganz
Berlin. Zu diesem »Abbruchgebiet« gehört unser ganzes Villenteil von Südende! Auch wenn Jahre darüber hingehen sollten,
Jahre zudem erfüllt von Kriegsangst! – es ist eine große Erschütterung. Es geht an die Fundamente des Rechtes. Und man er-
schauert vor der Hybris dieses armen Volkes. Es wird wieder einmal ein Turm von Babel gebaut! Gestern erst sah ich die Entwürfe der Monumentalbauten für ganz Deutschland.

Das Schwarze Kloster und der Bau der Festungsmauer in Wittenberg.

Das ewige Haus!
Was wird dem Glauben aufgegeben!
In gemeinsamer Sorge um unsere Häuser abends Anrufe zwischen
Andrews und uns. Welche neue Ungewißheit liegt nun über uns!
Welche Erschütterungen von Woche zu Woche!
Zu unserer wirklich großen Freude und Überraschung hat für
morgen Rudolf Alexander Schröder sich angesagt. Er kommt
mit Ihlenfeld zum Abendbrot.

13. Februar 1938 / Sonntag (Septuagesimae)

> Der Herr segne euch je mehr und mehr, euch und eure
> Kinder! *Psalm 115, 14*

Der Gottesdienst brachte wieder eine der guten, ernsten Kurz-
reiter-Predigten. Hanni und die Töchter hielten Umschau, welche
Häuser nach dem gestrigen Erlaß stehenbleiben sollen. Das Prinzip ist nicht zu erkennen. Verkehrstechnisches, politische Hybris,
Strategisches, Militärisches fließen wohl ineinander. Eine Klärung,
geschweige denn Entscheidung, kann Jahre dauern, aber auch
schon morgen kommen: Jahre, in denen der Krieg droht.
Für Hanni galt es, das sehr vornehme, ja sogar zur Geburtstags-
nachfeier sehr dekorative, kleine Abendbrot für R. A. Schröder
zu rüsten, indes ich selbst die kleine Tafel deckte. Auch in so
kleinem Kreise war es eine ungemein feierliche Atmosphäre. Und
ohne Frage geht von R. A. Schröder niederdeutsches Behagen
und weltmännische Leichtigkeit aus. Und meine besondere
Liebe ist ja die schöne Höflichkeit des alten Mannes gegen den
jüngeren. Und hier war mehr als Höflichkeit, war hohe Anerkennung, namentlich für meine Gedichte. Auch Hanni gefiel er
sehr. Juliane M. kam gegen zehn Uhr hinzu; und gerade R. A.
Schröder und gerade diese Gespräche – von der Form und ihrem
Verfall; vom Kirchenlied; Leo von König; die Literatur in dieser
Weltzeit –, das war ja nun das richtige für sie. Doch war ich mit
den Gesprächen, soweit sie nicht Realia von Schröder selbst behandelten, nicht sehr zufrieden; seit Schneider ist Schluß für mich.
Fassungslos stehe ich davor, daß mir – so gern man bei uns ist,
so festlich und gastlich solche Stunden bei uns verlaufen – niemals die »eindrucksvollen, nachhaltenden Begegnungen« möglich
sind, mit denen sich die anderen alten und jungen Dichter – vielleicht betrügen? Wir saßen bis nach Mitternacht im Barockzimmer
beim Weine.

Stets von neuem stehen Hanni und ich vor dem Rätsel, daß wir Autoren alle miteinander keine Köpfe und Gesichter haben; der dümmste Schauspieler sieht durchgeistigter und bedeutender aus. Wo drückt es sich nun aus: in Hand, Körper, Kopfform? Wir sehen alle aus wie kleine Volksschullehrer oder einige wie wohlhabende Kaufleute. Siehe Schneider. Siehe Schröder. Siehe mich.

14. Februar 1938 | Montag

> Ich freue mich und bin fröhlich über deine Güte, daß
> du mein Elend ansiehst und erkennst meine Seele in
> der Not.   *Psalm 31, 8*

Bis zum Nachmittag Arbeit. Dann ein wunderschöner Empire-Kaffeetisch – noch immer schmücken die unentwegt blühenden roten Neujahrsprimeln die Tafeln – mit Friedrichs.
Friedrich und ich große Besprechung: auf welch bereites Gelände stoße ich nun bei der DAZ! Teilvorabdruck der »Bilder und Briefe«; »Anna Larrey« (die gestrichene Nebenhandlung); für den 15. 8. Aufsatz »Der königliche Knabe«.
In allen Gesprächen zittert die Sorge ums Haus; der Gedanke, nach Beuthen zu gehen, tauchte flüchtig auf. Die Hoffnung, in die Brüdergemeine, nach Gnadenfrei, zu ziehen, hat auch Hanni in ihrer Müdigkeit so gepackt, daß sie da sogleich zur Kirche übertreten würde. Es beschäftigt sie ungeheuer. So groß ist wieder die Sehnsucht nach Zuflucht und nach Flucht aus Berlin, das uns mit den vielen Gästen und Anrufen ja doch immer wieder verschlingt und nun derart bedroht, nachdem jetzt schon die Arbeit täglich gefährdet ist. –

16. Februar 1938 | Mittwoch

> Betrübet nicht den heiligen Geist Gottes, mit dem ihr
> versiegelt seid auf den Tag der Erlösung.
> *Epheser 4, 30*

Da Kurt Meschke so lange nicht hier war, heut unterwegs ist und abends wieder abreist, war es für mich nicht so ganz einfach, mich einem längeren Vormittagsgespräch zu entziehen, das ja zwischen uns sich immer wieder nur um die Kirche bewegen kann; jene jenseits aller politischen Aktualität stehende Kirche: das Leben in Christus angesichts des »Welt war Welt, Welt ist Welt, Welt bleibt Welt«. Der Glaube des anderen ist ein großer Trost angesichts der Unfaßlichkeit des Glaubens. – Meist ist das Kernstück des Glaubens die »Führung«; nicht die Rechtfertigung. Die aber ist das A und O.

17. Februar 1938 | Donnerstag

> Auch die Haare auf eurem Haupt sind alle gezählt. Darum fürchtet euch nicht; ihr seid besser als viele Sperlinge.
>
> *Lukas 12, 7*

Baron Guttenberg zu kleinem Mittagessen und konkreten, realen, lebhaften Gesprächen zum Kaffee bei uns. Auch er wendet sich so ab von dem gerade in den uns nahestehenden Kreisen immer mehr einreißenden christlichen, nationalen, literarischen Snobismus, der sich nur daraus erklärt, daß durch die Emigration den Gebildeten so viele Schoßhündchen genommen sind. Wir haben viele Pläne besprochen, und es war, auch im Hinblick auf Hanni und die Kinder, ein ganz ausgezeichneter, wenn auch schwer von mir abgerungener Nachmittag. –

So mächtig in uns das Bedürfnis nach Flucht ist, nach »evangelischem Kloster« – wir müssen ja bei den Töchtern aushalten, solange es uns, angesichts ihrer besonderen Lage, vergönnt ist. Nur dies eine steht fest. Sonst ist gar kein Plan möglich.

18. Februar 1938 | Freitag

> Von der Zeit an – segnete der Herr des Ägypters Haus um Josephs willen; und war eitel Segen des Herrn in allem, was er hatte, zu Hause und auf dem Felde.
>
> *1. Mose 39, 5*

Wieder die erbarmungslosen Anrufe: Ihlenfeld wegen »Der König und die Stillen im Lande«, wie ich es nun nenne; Dr. Pfeiffer, der aus dem Hunsrück wieder hier ist und fragt, wann er kommen kann. Pfeiffer hat aber ein hohes Recht erworben, so wollen ihm die Damen wohl. Guttenberg bittet um ein zweites Zusammensein. – Ich kann nicht.

Hanni und ich seufzen auf. Die Arbeit ist in furchtbarer Gefahr. Fliehen können wir nicht der Töchter wegen; das »evangelische Kloster« bleibt uns versagt. –

Ihlenfeld sagt, er kann auf den literarischen Abenden das Wort »christlich« nicht mehr hören. Und er als Verleger muß dabei sein.

Woche um Woche, seit wir im Hause sind, habe ich gebetet: »Sei mit jedem Stein dieses Hauses und jeder Seite, die ich darin schreibe«.

Wie habe ich um den Mitbesitz am Hause gekämpft. Hanni sieht sehr elend aus. »Wir haben es zu sehr lieb«, sagt sie zu mir und: »wartest du auf einen Fingerzeig?« und zeigte nach oben. Wie hängt Hanni auch an Südende. Innerlich bin ich ganz ruhig: Gott ist der gleiche, ob er nimmt oder gibt!

Auf dem halbgerodeten Nachbargrundstück haben sie heute die Arbeit eingestellt. – So beginnt die Zerstörung, die völlige Ungewißheit!

Was heißt das, daß das Thema meines neuen Buches war: »Das ewige Haus«!

20. Februar 1938 | Sonntag (Sexagesimae)

> Ich dachte, ich arbeitete vergeblich und brächte meine Kraft umsonst und unnütz zu, wiewohl meine Sache des Herrn und mein Amt meines Gottes ist.
>
> *Jesaja 49, 4*

Um ein Uhr beginnt die Führerrede mit der Regierungserklärung. Jeder Tag jetzt steht unter einem furchtbaren Ernst. Jeder behütete Tag erfüllt mit um so größerem Dank.

Der Sonntag war besetzt mit dem Beitrag »Die Stadt der Feier« zur Festschrift für August Winnig. Solche Aufforderungen ablehnen, hieße brüskieren. Es gilt für Friedrich Wilhelms Potsdam und für unser Südende an das Wort zu denken: »Siehe, ich habe auch in diesem Stück dich angesehen, daß ich die Stadt nicht umkehre, von der du geredet hast.«

Abends holte ich mir noch die erste Montagszeitung mit Hitlers Rede. Eine »schlagartige Aktion« als Regierungserklärung liegt nicht vor, doch ist die Verstärkung der Wehrmacht angekündigt. Von Österreich wird gesprochen, als gehöre es uns schon.

Mir scheint am ernstesten, weil gerechtfertigt, die immer wieder erhobene Forderung nach Rückgabe unserer Kolonien.

21. Februar 1938 | Montag

> Mir ist eine große Tür aufgetan, die viel Frucht wirkt.
>
> *1. Korinther 16, 9*

Dies darf nicht nur, es muß sogar geglaubt sein: entgegen allem Gottes- und Selbstgericht. So will es der gnädige Gott.

Großer Friede im Hause. Auch Hanni begreift es nun, daß diese Zeit nur gelebt sein kann wie eine »Endzeit«: nie mehr im Hinblick auf Plan und Sicherheit, Entschlüsse und Wünsche. Es ist ein Zustand der dauernden Bedrohung, in dem man dankbar sein muß für jedes Bild des Friedens. Sonst reibt man sich auf, und Gott bliebe stumm zu all der Wirrnis, all dem Leiden.

Manche Pläne in der Arbeit brechen angesichts solcher »Endzeit« zusammen; »Das ewige Haus« nicht.

Gestern am Tage der Hitlerrede ist der englische Außenminister Anthony Eden zurückgetreten. Das bedeutet eine Verringerung der englisch-italienischen Spannung. Wie wirkt es sich für uns aus?

Die Zentralfrage bleibt: Wird die Erinnerung an den Weltkrieg wenigstens noch die Generation, die aktiv an ihm teilnahm, von einem neuen Krieg zurückhalten? Weiter dürfen Fragen heute gar nicht denken und dringen. Am Tage nach einer solchen Rede wie gestern ist man dreifach erschöpft: denn unter der Statistik verbergen sich einige gar wunde Punkte: Kolonien; Schutz der Auslandsdeutschen; Deckung der Markwährung allein durch Produktion; Österreich; Heeresvermehrung.

Nun sind die Juden auch aus Bankwesen und Mode fast alle ausgeschaltet. Die Hoffnung, die Töchter in Deutschland zu halten, wird immer geringer! Wann wird die Frage jüdischen Grundeigentums in Deutschland aufgerollt werden? Eine Konsequenz, die man erwarten muß. – Wer emigriert, darf nicht zurück. Wer im Lande bleibt, bekommt keinen Paß. So furchtbar werden die jüdischen Familien in Deutschland zerrissen!

Es ist so unnatürlich, daß man sich wünscht, alt zu sein und das Leben hinter sich gebracht zu haben! – Hanni und ich müssen uns dies gegenseitig eingestehen. –

Aber nichts entbindet von der großen Arbeit; nichts von der Ordnung!

Abends ein Brief von Reinhold Schneider: »Was Sie von dem zu befürchtenden Schicksal Ihres Hauses schreiben, hat mich sehr geschmerzt. Als ein ‚tragisches Idyll‘ haben Sie es ja selbst einmal bezeichnet, aber wir beide hätten doch wohl nicht vermuten können, daß das Schicksal Sie so rasch beim Wort nehmen und daran erinnern würde, daß wir nur im ‚Ewigen Haus‘ zu Hause sind. – Im inneren Sinne haben Sie den Weg nach Gnadenfrei[145] ja längst beschritten … (Aber das Handeln, das Faktum bestimmt der Gedanke an die Töchter!) Eine eigentliche Heimat aber gibt es nicht mehr für uns; in diesen Tagen und Wochen lerne ich die nackte Angst kennen; in ihr zieht sich oft das ganze Zeitgefühl zusammen. Retten Sie Ihr Werk! Etwas müssen wir doch wohl ans andere Ufer werfen, während unser Boot hinunterschießt. Was wir geahnt haben, müssen wir wohl alles noch erleben; aber wir wollen uns an den Händen halten, so lange es geht.«

Auf mich wirkt jeden Tag jetzt am meisten, wie eben angesichts all der Müdigkeit, Angst, Verwirrung, des Gottes- und des Selbstgerichtes, das jede Stunde einfordert, uns nichts entbindet von den großen Arbeiten und von der Ordnung.

Was geglaubt werden soll, bestimmt allein Gott. Diese seine Gabe des Glaubens im auferlegten Schicksal zu begreifen und ergreifen, ist das Wichtigste: es versöhnt; es macht geduldig; es ist das unablässig Treibende, wo man nur noch ruhen und allem sich entziehen möchte. –

27. Februar 1938 | Sonntag (Estomihi)

> Meine Lippen und meine Seele, die du erlöst hast, sind fröhlich und lobsingen dir. Auch dichtet meine Zunge täglich von deiner Gerechtigkeit.
>
> *Psalm 71, 23. 24*

Um Mittag erlosch die schöne Sonne, und es wurde rauh und düster. Dennoch machten wir, seit langem wieder einmal, einen Spaziergang: nach Lankwitz, noch einmal die Grundstücke anzusehen, die uns, neben dem geliebten unseren, einmal gar so gut gefallen hatten. Nun soll hier der größte Güterbahnhof der Neuzeit entstehen.

Was ist dem Glauben aufgegeben: an die Stadt zu glauben, »die nicht umgekehrt« werden soll, oder an das gehorsame »Gehen in ein Land, das Gott zeigen will«? Darum allein geht es.

Seit ich nicht mehr laufend die Archive und Schlösser besuche, läßt man mich mit allem Material schmählich im Stich. Und was ist im Laufe der Jahre in der allgemeinen Trägheit und Unordnung verlorengegangen: nicht nur die Briefe an Friedrich, – auch die an Wilhelmine von Bayreuth und Philippine-Charlotte von Braunschweig, an die Königin! Immer muß man Stückwerk machen!

2. März 1938 | Mittwoch

> Siehe, um Trost war mir sehr bange. Du aber hast dich meiner Seele herzlich angenommen, daß sie nicht ver-

dürbe; denn du wirfst alle meine Sünden hinter dich
zurück. *Jesaja 38, 17*

Anruf Ihlenfeld: da mein Beitrag für die Winnig-Festschrift diesmal nicht so rasch zurückkommt, rief er nun nach eineinhalb
Wochen bei R. A. Meyer in der Schrifttumskammer an und erhielt
den Bescheid, daß meine Sachen neuerdings an das Propaganda-
Ministerium gehen. – Hanni und Pagel, dem ich es im Hinblick
auf das neue Buch mitteilen mußte, sind diesmal unruhiger als
ich, der ich von einer neuen voreiligen Interpellation absehen
möchte. Zum mindesten sollen noch einige Tage nach Meyers
vertraulicher Auskunft an Ihlenfeld vergehen. –
»Der Rat der Evangelisch-Lutherischen Kirche« lädt mich für
den 10. März zu einem »Aussprache-Abend mit maßgebenden
Theologen« ein; es ist erstaunlich, wie rasch in meinem Falle die
kirchlichen Kreise auf ein ihnen nahestehendes Buch reagiert
haben. Der Wert solcher Diskussionen mag in Frage gestellt sein;
ich jedenfalls darf nicht hin und muß bei meiner Arbeit bleiben. –

5. März 1938 | Sonnabend

> Gott, hilf mir; denn das Wasser geht mir bis an die
> Seele. *Psalm 69, 2*

Renerles 16. Geburtstag. – Ihre Geburtstage stehen immer unter
so schweren Bibelworten.
Nach grauem Morgen immer verklärterter, strahlenderer Märztag,
so daß die blaue Hyazinthe auf Renerles Geburtstagstisch in ungeheurer Stärke leuchtet und duftet, weil alles überströmt ist
von Sonne.

7. März 1938 | Montag

> Siehe, ich habe dir geboten, daß du getrost und freudig
> seist. *Josua 1, 9*

Wieder umstreift eine Kommission das Haus, und es gibt einem
noch den gleichen Stich durchs Herz wie beim ersten Mal!
Ein Vormittag, wie ich ihn hasse: Anrufe Pagel, Ihlenfeld, Jagow,
Mommsen, Edda Reinhard; wichtig die Rückfrage bei A. R.
Meyer – Schrifttumskammer: Ich soll erst in 14 Tagen wieder
anrufen; eher sei Klarheit nicht zu erlangen; weder positiv noch
negativ könne er mir etwas sagen. Meine Sache sei ihm nun weggenommen (leider, leider, leider!), und alle meine Manuskripte
gehen ans Propaganda-Ministerium, wo gerade wieder große Um-

stellungen sind. – Was mein Winnig-Manuskript als zuletzt ein-
gereichtes angehe, so müsse ich es nun lernen, meine Arbeiten
noch einmal »mit den Augen eines dummen, böswilligen Lesers«
zu überprüfen. –
Wenn der Gedanke an ein neues Grundstück auftaucht, ist unser
erstes Wort: Bäume! Und die sind hier so rar!
Der Gedanke an Rußland ist noch qualvoller als der an Spanien!
Abends schon wieder eine Einladung von kirchlicher Seite. Es
ist erstaunlich.
Nun habe ich endlich mit meinem Text zu »Der König und die
Stillen im Lande« und »In tormentis pinxit« beginnen können. –

11. März 1938 | Freitag

> Ich will ihr Trauern in Freude verkehren und sie
> trösten und sie erfreuen nach ihrer Betrübnis.
>
> *Jeremia 31, 13*

Was das Haus angeht: so gewiß dies neue Geschick von Gott
kommt, so gewiß in alledem zugleich sein Gericht und seine
Gnade wirkt – diesmal weiß der Glaube an seine Führung nicht,
worum beten. – Das Alte erhalten? Ein Neues gewähren? Denn
aller neue Anfang ist eine Gabe, sofern Gott ein Stück des alten
Adams beim Alten ablegen läßt. Aber auch nur insofern!
Die Ergebnisse von Hannis Grundstücksfahrt waren schlecht,
sehr schlecht. Das wenige Erträgliche, überhaupt noch Vorhandene, in den besseren Vororten und Potsdam unerschwinglich. –
Schwerste Spannung mit Österreich, nachdem eben noch so
hymnisch von der neuen Einigkeit geredet war. Dies kleine Land
scheint einen verzweifelten Kampf gegen den Nationalsozialismus zu kämpfen, – mit wenig überlegten Mitteln. Hinter alledem
der Schatten Rußlands.

12. März 1938 | Sonnabend

> Wem ich aber gnädig bin, dem bin ich gnädig; und
> wes ich mich erbarme, des erbarme ich mich.
>
> *2. Mose 33, 19*

Von gestern auf heute in Österreich der Nationalsozialismus an
der Macht. Deutsche Truppen zur Vermeidung von Blutvergießen
nach Österreich entsandt. »Mit dem Mob wurde aufgeräumt.«
Viele Juden verließen nachts schon Wien. Welch ein Los all der
nach Österreich Emigrierten!

An dem Gedanken des Zusammenschlusses Österreichs und Deutschlands wird der Deutsche immer wieder hängen. Aber wie verzerrt ist nun alles. –

Weiter kommen Bücher: Ihlenfeld, worüber ich mich aber sehr freue, schickt alles, was von R. A. Schröder im Eckart-Verlag erschienen ist. Leopold Klotz[146] sendet ein Brüdergemeine-Buch zu Hirzels dazu und nennt mir Adressen, an denen mir sehr gelegen ist, wenn die ersehnte Brüdergemeine-Reise[147] wirklich zustande kommt.

Hitler ist in Österreich. – Wird es noch einmal hingehen wie die Wiedereinführung der Allgemeinen Wehrpflicht, die Wiederbesetzung des Rheinlandes? Ein großer, und zwar der aktive Teil der Bevölkerung Österreichs muß hinter diesen Vorgängen stehen, sonst wären diese Verbrüderungsszenen nicht möglich. In alledem, so gefährlich die Gesamtentwicklung ist, steckt viel ehrlicher Wille. –

13. März 1938 / Sonntag (Reminiscere)

> Ich denke noch wohl daran, was ich ihm geredet habe;
> darum bricht mir mein Herz gegen ihn, daß ich mich
> sein erbarmen muß, spricht der Herr. *Jeremia 31, 20*

In Mariendorf in Kurzreiters recht würdigem Reminiscere-Gottesdienst; nach den gestrigen Ereignissen nicht einfach. Die kirchlichen Feiern des Heldengedenktages haben nichts mehr miteinander zu tun!

Bauen und Pflanzen – das sind rechte Jeremiaworte. Teuflisch krank, aber die Arbeit drängt so furchtbar, daß ich's mit Chinin und Kaffee abmachen muß.

Aber vor Schmerz und Erschöpfung, die diese jähe Grippe auslöst, schleichen die Stunden über der Arbeit, die ich nun endlich einmal hinlegen möchte!

14. März 1938 / Montag

> Bewahre mich, Gott, denn ich traue auf dich. – Du bist
> ja der Herr; ich weiß von keinem Gute außer dir. An
> den Heiligen, so auf Erden sind, an denen hab ich all
> mein Gefallen. *Psalm 16, 1–3*

Gestern abend mußte ich mich dann legen; des Fiebers wegen ging es einfach nicht mehr. Heute muß ich's nun wieder versuchen.

Die neue Stockung bei der Kammer nimmt uns beide sehr mit!
Ich lebe in einer ständigen Willensüberspannung. – Schneider
schreibt mit seiner ganzen Melancholie; er schreibt von der
Freude auf ein Wiedersehen Ende April. Und unterschreibt »Ihr
getreu ergebener . . .«
Ich verstehe allmählich die ständige Wiederkehr der Schneiderschen Klagen nicht mehr: all dies seelische Leiden ist doch heute
unter uns eine selbstverständliche Voraussetzung. Er weiß gar
nicht, welche Freiheit des Wirkens er besitzt.
Die deutsch-österreichischen Anschlußgesetze sind heraus; das
österreichische Heer wird auf Hitler vereidigt. Eine Volksabstimmung wird dies ohne Frage bestätigen. Ein Kollektiv-
schritt des Auslands ist nicht zustande gekommen. Rätselhaft,
geheimnisvoll, undurchdringlich sind die deutschen Volksab-
stimmungen unserer Zeit: das Volk wählt, obwohl es weiß, wie
es nach einem Wahlsieg seufzen wird über das, was es sich bestimmt hat.
Dies Neue ist ein »Widerspiel des Reichs«; des Reiches, an dem
auch wir so hängen. Es ist ein Reich höchster Aktivität, aber
auch äußerster Hybris.
Ein Reich ohne Gott, ohne Habsburg, ohne Hohenzollern – und
doch notwendig?

15. März 1938 | Dienstag

> Du bist ja doch unter uns, Herr, und wir heißen nach
> deinem Namen; verlaß uns nicht! *Jeremia 14, 9*

Es ist etwas Seltsames um die heimliche Trauer in einem stetig
feiernden Volk. – Wer's nicht erfahren hat, kann sich's nicht
vorstellen.
Die Entjudung Österreichs hat offiziell begonnen. Deutschland
und Österreich: wenn ersehnte Dinge Wirklichkeit werden, sind
sie schon widerrufen.
Nun gibt es nur noch ein heimliches Reich, nur Stille im Lande.
Das ist in all dem Jubel nun der Staat und die Kirche. Wie hat
man die österreichische Monarchistenbewegung überschätzt!
Die Politik; der drohende Abbruch des Hauses; die völlige »Ver-
steinerung« Berlins; die neue, gänzlich unerwartete Stockung bei
Ministerium und Kammer, die eine Flucht aus Berlin unmöglich
macht: das alles, nach dem schweren, schweren Lebensjahr, erschöpft mich am Ende meines 35. Lebensjahres aufs äußerste. In

aller Aktivität, mit der doch gerade jetzt drei Bücher nebeneinander entstehen, auch wenn eines davon wirklich nur eine »gewöhnliche Herausgeberarbeit« ist – bin ich nun so weit, daß mir in Sachen Haus und Schrifttumskammer zum ersten Mal die Ungewißheit besser scheint als die Gewißheit. Aber das von Gott Auferlegte muß ja ohne verhüllende, verschleiernde Umstände hingenommen werden.

16. März 1938 | Mittwoch

> Herr, höre meine Worte, merke auf meine Rede! Vernimm mein Schreien, mein König und mein Gott!
>
> *Psalm 5, 2. 3*

Der Fastenmittwoch grau, windig und rauh.
Die Töchter haben wieder frei wegen Österreich. So hat nun ein 70-Millionen-Volk endgültig über 950000 Juden gesiegt. – Auch dies ist ein Aspekt und kein kleinlicher.
Anruf Pagel: auch hier wieder Formatschwierigkeiten; bei der allerersten Sammlung von Friedrich-Wilhelm-Briefen sollte man großzügiger sein. –
Anruf Ihlenfeld; sehr zufrieden mit dem Textteil, an dem auch er politisch nichts Anfechtbares entdecken kann; nun drängt er mit dem Schlußteil. – Täglich schreibt die »Christliche Welt«. Ich wiederum korrespondiere und telefoniere mit Hinrichs und Mommsen. – Angermann schickt viel zu spät erbetene Ergänzungen zum Pfarrhausarchiv-Aufsatz. –
An »Katharina von Bora« ist nun überhaupt nicht mehr zu denken, bis die neuen Bücher fertig sind.
Bei Hitlers Rückkehr aus Wien Geläut aller Kirchen, die sie ja nicht brauchen. Abends das stillere Fastengeläut, das sie doch noch gewähren. –

17. März 1938 | Donnerstag

> Haltet fest an der Demut.   *1. Petrus 5, 5*

Plötzlich wird wieder einmal nach dem alten Filmentwurf »Der König und der Abenteurer« gefragt, nach »Vater« I, 6 und »Kaspar Hausers letzte Tage«; und zwar von der neu wiederaufgemachten »Bavaria«, auf Veranlassung von Wieman. –
Morgens Reichstagssitzung und neue Triumphfahrt. Aber die Nationalsozialisten sind Sieger ohne alle Großmut. – Österreichische und deutsche Regimenter ausgetauscht. Über die Lage

der Emigranten könnte man verzweifeln, denn sie dürfen, unter schwierigsten Bedingungen, nicht einmal mehr volle zehn Prozent ihres Geldes mit hinausnehmen. –

19. März 1938 / Sonnabend

> Du gibst mir den Schild deines Heils, und deine Rechte stärkt mich; und wenn du mich demütigst, machst du mich groß.   *Psalm 18, 36*

Winnig-Manuskript von der Kammer zurück – da von mir »zurückgezogen«?
Wieso? Welche Brücke will mir da A. R. Meyer wieder bauen? Ich telefonierte mit ihm, wobei ja leider nur Andeutungen möglich sind. Ohne die Schlußzeilen über Winnig könnte der Aufsatz als besonderes Manuskript im »Eckart« erscheinen. Also richtet sich das Ganze mindestens ebenso gegen Winnig wie gegen mich. Neue Verschärfungen liegen nicht vor, aber ich bin nun endgültig Meyer weggenommen und ans Propagandaministerium übergeben. – Und da scheinen ja zunächst mal Nuancen eines Schlußsatzes eine häßliche Rolle gespielt zu haben. Ohne mich auf Meyer berufen zu dürfen, soll ich bei meinem neuen Referenten Dr. E. um grundsätzliche Aussprache bitten. – Nun werden ja bald die beiden Buchmanuskripte da liegen, und der Anlaß ist gegeben. –
Wir müssen fest mit dem 1. Januar 1939 als Auszugstermin rechnen! Sonst steht nichts fest. –
Aus Stuttgart die ersten Fahnen von »In tormentis«. Das Eckart-Buch beendet. –

21. März 1938 / Montag

> Er errettete mich von meinen starken Feinden, von meinen Hassern, die mir zu mächtig waren, die mich überwältigten zur Zeit meines Unglücks; und der Herr ward meine Zuversicht. Und er führte mich aus ins Weite, er riß mich heraus; denn er hatte Lust zu mir. – Mit dir kann ich Kriegsvolk zerschlagen und mit meinem Gott über die Mauer springen. Gottes Wege sind vollkommen; die Reden des Herrn sind durchläutert. Er ist ein Schild allen, die ihm vertrauen. – Gott rüstet mich mit Kraft.   *Psalm 18, 18–20; 30–33*

Ein Frühlingsanfang, wie er nur sein kann: so glänzend, so weich, die erste Farbe: die hellgelben Forsythiensträucher!

Das Wolfenbüttler Archiv hat genau so versagt wie alle anderen. Nach der langen, von mir aus so präzisen Korrespondenz stellt sich nun auch dort heraus, daß nichts als ein Signum »F. W. I. an Philippine-Charlotte« besteht; auch diese Briefe sind verschollen.

Abends habe ich um neun Uhr die Reinschrift der »In tormentis«-Einleitung beendet. Der Bilderteil ist schon in der Umbruchkorrektur fertig, die erste Fahnensendung nach Stuttgart zurückgesandt. Von Fahnensendung zu Fahnensendung sind nun die Teil-Einleitungen zu den einzelnen Briefgruppen zu schreiben. Vor Mitternacht schloß ich die Arbeit ab.

Möchte das neue Lebensjahr mich ein Stück weiterbringen im »Ewigen Haus«, diesem Buch, das nun auf so ernste Weise so seltsam stark bestätigt wird.

22. März 1938 | Dienstag

> Wer bin ich, Herr Herr, und was ist mein Haus, daß du mich bis hieher gebracht hast? Dazu hast du das zu wenig geachtet, Herr Herr, sondern hast dem Hause deines Knechtes noch von fernem Zukünftigem geredet – und das nach Menschenweise, Herr Herr! – Um deines Wortes willen und nach deinem Herzen hast du solche große Dinge alle getan, daß du sie deinem Knecht kundtätest. – So bekräftige nun, Herr, Gott, das Wort in Ewigkeit, das du über deinen Knecht und über sein Haus geredet hast, und tue, wie du geredet hast! – Das Haus deines Knechtes wird bestehen vor dir. Denn du, Herr Zebaoth, du Gott Israels, hast das Ohr deines Knechtes geöffnet und gesagt: Ich will dir ein Haus bauen. Darum hat dein Knecht sein Herz gefunden, daß er dies Gebet zu dir betet. Nun, Herr Herr, du bist Gott, und deine Worte werden Wahrheit sein. Du hast solches Gute über deinen Knecht geredet. So hebe nun an und segne das Haus deines Knechtes, daß es ewiglich vor dir sei; denn du, Herr Herr, hast's geredet, und mit deinem Segen wird deines Knechtes Haus gesegnet werden ewiglich.
>
> *2. Samuel 7, 18-21. 25-29*

Welch eine Geburtstagslektion!

Der Morgen in zartem, grauem Dunst; dann, immer wachsend, weiche Sonne. –

Ich arbeitete im »Erbgärtlein«. Als Hanni herunterkam, das Frühstück zu dreien bei einer schönen, blauen Hyazinthe und einem großen Strauß gelber Forsythien.

In der »Christlichen Welt« erschien heute mein Aufsatz über die »Bedeutung des Pfarrhauses«.

Über dem ganzen südlichen Hang blühen die nachbarlichen Veilchen. Es ist so selten, daß Hanni und ich, wie heute, einmal durch den Garten gehen.

Glocken am Morgen, Glocken zu Mittag, Glocken des Nachmittags. Das Haus schon so österlich-festlich. Aber die Sonne begann sich nun zu verhüllen, gab jedoch noch immer wieder einmal Garten und Stuben einen milden Schimmer.

Ein feierliches Abendbrot. Dann saß ich an meinem Arbeitstisch, mit Erhards schönem Strauß, bei meiner kleinen »Lateinlampe«. Drinnen im Barockzimmer unter dem strahlenden Kronleuchter, bei all den Blumen scharten sich die Damen um die kleinen Tische mit den alten Weingläsern und Marcolinitäßchen zu Wein und Mokka, Gebäck und Konfekt. –

Um zehn gingen unsere Gäste. Wir räumten noch den Geburtstagstisch ab, ordneten alles, versorgten all die neuen Blumen.

23. März 1938 | Mittwoch

> Du sollst anbeten vor dem Herrn, deinem Gott, und fröhlich sein über allem Gut, das dir der Herr, dein Gott, gegeben hat.   5. Mose 26, 10. 11

Nach der ungewöhnlichen Frühlingswärme und Frühlingstrockenheit heute sanfter, flüchtiger Morgenregen; dann Sonne, Zwitschern der Amseln, weicher Dunst.

Ihlenfeld rief zweimal an: In allem identifizierte er sich mit »Der König und die Stillen im Lande«. Keine Veränderung, kein Strich. So geht das Manuskript nun ans Ministerium, d. h. offiziell noch an die Kammer. – Ihlenfeld heut so interessiert und warm unserer Lage gegenüber, voll der höchsten Anerkennung für Hannis Leistung; und voll so großen, mir nicht mehr gewohnten Verständnisses für die »Widerstandskraft, die wir im Innern unentwegt aufbringen müssen.« Einladung mußte ich absagen. Bis um sieben saß ich bei Pagel: Striche, Striche. Abends ging es dann zu Hause damit weiter. Über das Buch sind wir uns so völlig einig, mit meinem Text ist er so zufrieden: aber da spielen Kalkulationsfragen hinein, die ich nicht verstehe und denen ich nach dem Kalkulationswunder des »Vater« nicht zu widersprechen wage. –

25. März 1938 | Freitag

> Mancher ist arm bei großem Gut, und mancher ist
> reich bei seiner Armut.
> *Sprüche 13, 7*

Abends Anruf von Andrews: Die Reichsbahn hat uns drei Nachbarn geantwortet! Zum 1. April. – Finanzielles steht noch nicht fest; Bevorschussung ist nicht möglich. Wir atmen auf, so groß die Trauer ist: aber es ist doch eine Klarheit; die, daß wir hier nicht mehr bleiben, unser Herz lösen müssen, Pläne zu fassen haben, den neuen, bedrückenden Gedanken nicht ausweichen dürfen!

Am Telefon in Verhandlungen und Beratungen und auf der Grundstückssuche ist Hanni so aktiv: nachts und morgens so vergrämt, verzagt und sorgenvoll. Nun weiß ich erst, daß sie wirklich Katharina von Bora so ungeheuer ähnelt: viel mehr, als sie selber ahnt, hängt sie am Besitz; und mehr, als ich es ahnte, ist sie eine »Sorgerin«.

Zu allem hat Gott sein ernstes Nein gesagt: zu meinem Kampf um den Mitbesitz des Hauses, das er nun durchstreicht als unser beider Eigentum. Zu meinen sicheren Berechnungen, Prognosen, Rentabilitätsberechnungen, die so wundervoll bis jetzt aufgingen: Nein. Aber mir ist, als würde alles immer tiefer, ernster, unserem Wesen (wie es sein sollte) gemäßer: immer ausschließlicher bezogen auf den Glauben! Immerzu steht mir vor Augen, Herz und Sinn das eine Wort, der Name des neuen Buches: »Das ewige Haus«. Im Beruf ist uns das größte Wagnis auferlegt: größer als im Hausbau zu dieser ungünstigsten Zeit! –

27. März 1938 | Sonntag (Lätare)

> Er ist unser Friede.
> *Epheser 2, 14*

Vor einem Jahr mein Ausschluß aus der Schrifttumskammer. Konfirmationsgottesdienst Kurzreiters in Mariendorf. Mutter und Hilde traf ich mit meinen Damen am großen Sonntagsfrühstückstisch an. Nun war das Gespräch besonders lebhaft, weil nach meiner ersten Absage nun gerade eine Frühstückseinladung der Kaiserin für mich und Hanni eingetroffen war, daneben noch ein Extrabrief. Und da ist ja nun angesichts so vieler Liebenswürdigkeit eine nochmalige Absage nicht möglich. –

Als Mutter und Hilde gegangen waren, beendete ich meinen DAZ-Aufsatz. Dann fuhren wir nach Nikolassee; und es kam mir wie Ferien vor, wieder einmal spazierenzugehen zwischen Landhäusern und Gärten an stillem, stürmischem, in Schatten und Glanz jäh wechselndem Vorfrühlingstag. Wir besuchten Vassilière[148], und er ging trotz des Sonntags mit uns auf das hochgelegene Gartengrundstück in der Teutonenstraße an der Rehwiese, das Hanni als einziges von all den vielen, die sie sah, so angezogen hat, daß sie darin eine Möglichkeit sieht.

Dort in Nikolassee könnten wir heimisch werden. Denn wenn es auch schon dicht besiedelt ist: überall blieb Garten, und in den Gärten der Wald gerettet: der stille See; die Kirche auf der Höhe; die gepflegte Freundlichkeit des Ortes.

Aber Nikolassee ist gefährdet durch Reichsautobahn!

Bei der Rückkehr – obwohl Nikolassee der viel schönere Ort ist – standen wir staunend vor der Weite und Schönheit unseres Gartenblickes hier. Doch der Gedanke an Nikolassee wäre ohne Wehmut und Bitterkeit. – Wie greift, was das Haus angeht, in alle Gründe des Todes. –

28. März 1938 | Montag
Unser Hochzeitstag

> Laß meinen Gang gewiß sein in deinem Wort.
>
> *Psalm 119, 133*

Sieben Jahre verheiratet; so schwer; und, wie Hanni sagt, doch immer schöner geworden. Heute waren selbst ihr, die nie weint, die Tränen nahe.

Heut vor sechs Jahren hielten wir Einzug in Südende. Wird's in einem Jahr im neuen Hause sein? Was wird in einem Jahr sein? –

30. März 1938 | Mittwoch

> Fasset eure Seelen mit Geduld.　　　*Lukas 21, 19*

Hanni hat schon wieder den ganzen Vormittag über viele Telefongespräche wegen Grundstück und Ausbildung der Töchter.

Mehrere neue »Vater«-Kritiken, in denen – von all den üblichen, törichten mit Friedrichskonflikt und Parallelen zu heute sehe ich ab – das Kirchliche immer stärker und intensiver in den Vordergrund rückt. Auch das Verhältnis zum Katholizismus ist nun einmal verstanden worden.

Den Kampf um die beschleunigte Prüfung bei Kammer/Ministerium führt die DAZ, indes ich nun Dr. E. um eine Rücksprache gebeten habe. –

Es ist bei uns wieder einmal eine ungewöhnliche Verdichtung von Sorgen gekommen.

Alle Regierungsreden weisen sich nun vor dem Volk, das sich die Kirche nicht nehmen läßt, durch den »sichtbaren Segen des Allmächtigen« aus, der im Erfolg gesprochen hat. Als gebe es nicht dies: daß die Menschen unter dem Gerichte Gottes die Höhe menschlicher Macht wie die Tiefe menschlicher Machtlosigkeit erweisen müssen!

Aus der Goebbelsrede in Wien: »Wenn man heute die Auslandspresse liest, so kommt man zu dem Eindruck, als ob sich in Wien täglich ein paar tausend Juden erhängen, erschießen oder vergiften. Es ist gar nicht an dem. Es sind in Wien augenblicklich nicht mehr Selbstmorde zu verzeichnen als früher, nur mit dem Unterschied: Früher haben sich nur Deutsche erschossen, und jetzt sind auch Juden darunter.«

Angesichts solcher Worte leidet man Qualen.

Im Nationalsozialismus und dem Judentum stehen sich zwei Gegner gegenüber, die beide Christus hassen. – Die Juden vor Pilatus: »Sein Blut komme über uns und unsere Kinder.«

Ich klammere mich an Römer 11.

An der Seite der leidenden Juden müssen wir unsere eigene Gottesfeindschaft bekennen. Hanni sagte heute: »Und die Juden merken und merken nicht, worum es heute geht!« Halten denn nur die Pastoren Hanni von der Taufe fern?

Wann wird es kommen, daß die Juden in Deutschland keinen Grundbesitz mehr haben dürfen?

31. März 1938 / Donnerstag

> Hebet eure Augen in die Höhe und sehet! Sein Vermögen und seine starke Kraft ist so groß, daß es nicht an einem fehlen kann. *Jesaja 40, 26*

Um ein Uhr im Palais Wilhelms I. in den der Frau des Kaisers zur Verfügung gestellten Räumen zum Frühstück.

Zehn Gäste – was am Morgen vor der Abreise die Aufmerksamkeit erhöhte –, wir die einzigen Bürgerlichen. Gute Namen und ein lebhaft, herzlich, gewandt sich unterhaltender, zwangloser Kreis. Das Ganze ohne den Anstrich von etwas Muffigem oder gar Lächerlichem. Die Frau des Kaisers sogar sehr skeptisch, ernst, wahrhaft herzlich, ungemein persönlich und interessevoll. Sie kam uns mit ausgestreckten Händen bis an die Tür entgegen, übermittelte heute morgen vom Kaiser für mich ihr aufgetragene Grüße. Er liest erst jetzt im »Vater« und schrieb ihr mehrmals darüber. Gesellschaftlich und menschlich hatte alles ein ungleich höheres Niveau, als wir erwartet hatten. Die persönliche Beziehung war in wenigen Momenten hergestellt, zumal die »Kaiserin« sich nach Tische uns ganz besonders widmete, in ihr Arbeitszimmer führte und wunderbare Altersbilder des Kaisers zeigte. Hanni sah so vornehm aus und war so sicher. Wie ich es auch drehe und wende: das waren ohne Zweifel gute anderthalb Stunden, von nichts Lächerlichem angetastet, viel eher beschattet von der Tragik von Doorn. (Im Hinblick auf das kommende 50jährige Regierungsjubiläum des Kaisers.) –

1. April 1938 | Freitag

> Dein Wort ist wohl geläutert, und dein Knecht hat es lieb. *Psalm 119, 140*

Wir rechnen alle Möglichkeiten des Mietens, Bauens und Vermietens durch und kommen doch immer wieder dahin, daß Mieten keine Lösung, innerlich gar keine Lösung, finanziell eine nur wenig überzeugende ist.
Hanni: »Man müßte dich deine schönen, schönen Sachen so ungestört schreiben lassen«. –
Aber das ist falsch. Das, was zum Schreiben wirklich notwendig ist als Schutz, hat Gott mir so gegeben, daß ich immer wieder staune.
Sonst aber muß es durchlebt sein: Der Sand muß blühen und der Sumpf von Ähren rauschen!
Es ist alles gewiesen mit den Themen der beiden Bücher, am stärksten, fast erschreckend, mit dem »Ewigen Haus«.
Das Gesetz Potsdams und Wittenbergs ist auch das meine: die Ebene kennt keinen anderen Schmuck als das Licht des Himmels. Täglich danke ich Gott für die Gesundheit des Leibes: daß ich den Tod nur erfahre an abgehackten und der Axt bestimmten Bäumen!
Er bestimmt das Maß der Schwachheit, an dem er seine Stärke erweisen will. Das zielt auf alle Umstände unseres Lebens. –

2. April 1938 | Sonnabend

> Denn der Herr, dein Gott, hat dich gesegnet in allen Werken deiner Hände. Er hat dein Reisen durch diese

> große Wüste zu Herzen genommen, und vierzig Jahre
> ist der Herr, dein Gott, bei dir gewesen, daß dir nichts
> gemangelt hat. *5. Mose 2, 7*

Wie oft habe ich Hanni in den letzten Tagen von den Wundern
der Wüstenwanderung erzählt, mit dem Blick auf uns!

Heute hatte Hanni, als sie von Brigittes Berufsaussichten sprach,
einmal Tränen in den Augen. Die Stenotypistinnenausbildung ist
uns so entgegen. Über alles, was meinen Beruf angeht, in dem
ich jetzt so richtig eingeordnet bin, sprach Hanni so glücklich,
gerade auch im Hinblick auf die starke Wirkung meiner wenigen
Gedichte, die ihren ganz eigenen Weg unabhängig vom Buche
machen.

Hanni ist weder undankbar noch unzufrieden, nur fehlt ihr das
Vertrauen.

Als ich in Gifhorn war, habe ich Gehorsam, Vertrauen und Geduld begriffen.

Ich schrieb die Einleitung zu den Dessauerbriefen. –

3. April 1938 | Sonntag (Judica)

> Meine Seele ist stille zu Gott, der mir hilft.
> *Psalm 62, 2*

Nach der Kirche saß Hanni mit an meinem Schreibtisch und entwarf Baupläne, namentlich mit Rücksicht auf das Projekt, ein ganzes Stockwerk vermietbar zu machen und uns sehr einzuschrän-
ken. –

Ich schrieb an den dringenden Einleitungen zu den Friedrich-
Wilhelm-Briefen. Ich glaube, Renerles Lebensspruch ist: Josua 1, 9.
Silex, Chefredakteur-DAZ, hat die Brüdergemeine-Reise grundsätzlich bewilligt und großes Interesse daran: nur geht es jetzt
noch nicht: 1. »Wahl«. 2. Geburtstag des Führers. 3. Italienreise
des Führers. Da sind die Zeitungen gefüllt.

4. April 1938 | Montag

> Der Herr, euer Gott, versucht euch, daß er erfahre, ob
> ihr ihn von ganzem Herzen und von ganzer Seele lieb-
> habt. *5. Mose 13, 4*

Nachmittags ein Anruf vom Propaganda-Ministerium, Abteilung VIII – bei der ich nun offiziell liege –, Dr. Koch[149]: Freigabe
des DAZ-Vorabdruck-Manuskriptes; genaue Erkundigung nach
der Behandlung meiner Manuskripte bei der Kammer; gut infor-

miert über den »Vorgang«; Weihnachten habe er sich eingeschaltet. Er habe seinerzeit für Fälle wie den meinen die »Vorlagepflicht« als Überbrückungszustand vorgeschlagen und nicht geahnt, was die Kammer in der Praxis daraus machen würde; die Tendenz bestehe, mich von der Vorlagepflicht zu befreien; zum mindesten aber, alle Prüfung, wenn möglich, bis auf einen Tag zu beschleunigen. – Nach diesem Bescheid schien mir Hanni sehr glücklich.

Anruf bei Pagel: an seiner Freude merkte ich, was dieses Gespräch mit Dr. Koch, den ich nach der Wahl aufsuchen soll, Gutes bedeuten kann. Pagel war erst ganz kürzlich über Dr. Koch informiert worden – und gratulierte mir regelrecht! –

5. April 1938 | Dienstag

> Die Erde ist des Herrn und was darinnen ist, der Erdboden und was darauf wohnt. *Psalm 24, 1*

Renis Ausbildung scheint große Schwierigkeiten zu bereiten, so groß ist der Terror der Parteiorganisation in der Mode. –

Heute werden in der Presse grundlegende, große Veränderungen in Propaganda-Ministerium und Kammern bekanntgegeben, darunter der Rücktritt des bisherigen Leiters der Ministeriumsabteilung VIII »Schrifttum«; die Abteilung, die sich gestern meldete, war: »VIII, Dr. Koch«. Mir erscheint der ganze Vorgang wie eine kulturpolitische Kaltstellung der Kammern. – Bald werde ich ja einen Eindruck von dem neuen Kurs gewinnen können. –

Schon das zweite Mal sagte Renerle: Nur nicht weg von uns, bloß bei uns bleiben, nicht ins Ausland. Und was bedeutete das auch: als Emigranten dürften sie nicht mehr zurück, und wir bekämen keine Devisen, zu ihnen zu fahren! –

Hanni sagt, jetzt breche ihr manchmal wegen der Angst um die Zukunft der Juden in Deutschland nachts der Schweiß aus, vor allem in Gedanken an Anstellung und Auswanderung der Kinder. Unser Schlaf ist wieder elend wie in den bedrohtesten Zeiten. –

8. April 1938 | Freitag

> Alles Fleisch soll erfahren, daß ich bin der Herr, dein Heiland, und dein Erlöser der Mächtige in Jakob. *Jesaja 49, 26*

Morgens Gartenarbeit, ich zog mich dann gleich nach dem Frühstück zurück, das Buch »In tormentis pinxit« zu beenden, d. h.

die Spezialeinführungen abzuschließen. Um ein Uhr war der letzte Federstrich getan. – Mit der Morgenpost war auch der Vertrag eingetroffen; bei Herausgeberarbeiten sind es ja leider nur zehn Prozent; aber ich mag nicht protestieren: 1. weil dieser Prozentsatz üblich ist; 2. ich mich Pagel und Kilpper zu sehr verpflichtet fühle; 3. die Herstellungskosten sehr hoch waren; 4. die DVA sehr großzügig auch alle meine privaten Spesen getragen hat. – Bezüglich der Striche in den Briefen des Königs reklamiere ich noch immer. – Der Nachmittag verging noch mit Korrekturen.

Hanni gestand heute, sie male sich nachts manchmal aus, die Töchter und sie würden auf Grund meiner Bücher noch einmal als arisch anerkannt; vor allem: man könne mir und ihr in Deutschland nicht Grundbesitz verweigern. – Allen Juden werden nun die Pässe an den Grenzen abgenommen. Es ist noch zuviel Geld illegal hinausgegangen, weil Reichsfluchtsteuer und Transfer einer grausigen Enteignung gleichkamen! Noch einmal hat bei denen, die noch Pässe besitzen, eine große Emigrationswelle eingesetzt.

Die Schwierigkeiten um Renerles Unterbringung sind unvorstellbar. Schon ohne alle diese Einschränkungen für Nichtarier ist es ein unentwirrbares Netz von Verfügungen, das alle festhält. Das Bürokratische, die Überorganisation – immer ein Zeichen innerer Unordnung – ist völlig krankhaft geworden.

9. April 1938 / Sonnabend

> Ich gehe einher in der Kraft des Herrn; ich preise
> deine Gerechtigkeit allein.   *Psalm 71, 16*

Einladung zur Dichter-Theologen-Tagung in Wittenberg Ende Mai. Ohne Frau. Doch hier nehme ich an.

Berlin muß indes erfüllt sein von den gewaltigen Aufmärschen und Betriebsappellen zum »Tag des Großdeutschen Reiches«.

Am Nachmittag schrieb ich ein »Abendmahlslied der Männer«[150] über 1. Timotheus 2, 8. Das ist mein Beitrag zu diesem Tag des neuen Reiches. Denn ein Zweifel am Ausgang der Abstimmung ist nicht möglich.

Die Arbeit am »Ewigen Haus« wieder aufgenommen. –

Da der Nationalsozialismus immer wieder eine Frage, die man vor der Welt bejahen muß, bei seinen Abstimmungen zusammenkoppelt mit einer Frage, die man vor Volk, Welt, Kirche, Gott verneinen muß, bleibt mir nun nichts übrig, als einen leeren Schein abzugeben. Danach, ob die Wahl wirklich geheim ist, darf nicht gefragt sein. Ich glaube, daß sie geheim ist. Ein glattes Nein ist mir nicht möglich.

12. April 1938 / Dienstag

> Er weckt mich alle Morgen; er weckt mir das Ohr, daß ich höre wie ein Jünger. Der Herr hat mir das Ohr geöffnet; und ich bin nicht ungehorsam und gehe nicht zurück. – Denn ich weiß, daß ich nicht zu Schanden werde. Er ist nahe, der mich gerechtspricht.
>
> *Jesaja 50, 4. 5. 7. 8*

Weicher, glänzender Tag. Meine kleinen Osterbesorgungen für Mutter, Frau und Töchter. In unserem alten Garten in der Seestraße blühen die alten Kirschbäume so schön.

Trotz meiner Absage noch einmal, thematisch so lockende, Einladung zu den »Studientagen zum Wortschatz der Kirche« beim Fürsten Schönburg-Waldenburg für zehn Dichter und Theologen, ausgehend von Erich Stange[151]. Die glatte Absage bringe ich diesmal nicht fertig; muß abwarten, wie es im August sein wird. Die Kirchenleute haben mich so rasch begriffen!

Ich schrieb heute ein Morgenlied[152] über Jesaja 50, 4.5.7.8, die Worte, die mir den ganzen Tag nicht aus dem Ohr gegangen waren. Ein Lebensspruch für Brigitte ist wohl 2. Timotheus 2, 13. Für Hanni ist mir noch nie einer eingekommen.

13. April 1938 / Mittwoch

> Dein Wort ward meine Speise, da ich's empfing; und dein Wort ist meines Herzens Freude und Trost; denn ich bin ja nach deinem Namen genannt, Herr, Gott Zebaoth. – Darum spricht der Herr also: Wo du dich zu mir hältst, so will ich mich zu dir halten, und sollst mein Prediger bleiben. – Und ehe du solltest zu ihnen fallen, so müssen sie eher zu dir fallen. Denn ich habe dich wider dies Volk zur festen, ehernen Mauer gemacht; ob sie wider dich streiten, sollen sie dir doch nichts anhaben; denn ich bin bei dir, daß ich dir helfe und dich errette, spricht der Herr, und will dich erretten aus der Hand der Bösen und erlösen aus der Hand der Tyrannen.
>
> *Jeremia 15, 16. 19–21*

Um elf Uhr auf dem Propaganda-Ministerium bei dem sehr sympathischen, interessierten, männlichen, dabei eigentlich sanften

Dr. Koch. Was Meyer bei der Kammer an guter Absicht des Ministeriums für mich in Aussicht stellte, hat sich nun eigentlich voll bestätigt: Toleranz, Loyalität, Zusicherung schneller Prüfung, bei Anfragen Abwehr der Angriffe auf mich; und nun taucht gar dieser Gedanke schon auf: daß all dies allmählich hinzielt auf die Rückkehr in die Kammer. Wäre Hanni ein Mischling und nicht volljüdisch, so könnte man es jetzt schon einleiten.

Schwerste Vorwürfe gegen das Verhalten der Kammer vor der Meyer-Epoche, die ganz entgegen den Absichten des Ministers vorgegangen sei. –

Goebbels sei nur der Vorwurf zu machen, daß z. B. die Filmschauspieler mit jüdischen Frauen geradezu mit Glacéhandschuhen angepackt würden. Sonst wisse er, daß in Deutschland das Schaffen der »Belasteten« nicht entbehrlich sei. Über den nächsten Roman wollen wir laufend in Verbindung bleiben. – »In tormentis pinxit« und »Der König und die Stillen im Lande« durfte ich gleich als genehmigt mit nach Hause nehmen. –

Bei Pagel große und ehrliche Freude. Das Buch geht weiter so gut; und wird, meint er, noch zwanzig Jahre gehen, obwohl ich durch die Polemik gegen mich und durch die Verängstigung des Provinzbuchhandels um meinen äußeren Erfolg gebracht bin. Von diesem Kampf gegen mich nach meiner Sondergenehmigungs-Erteilung weiß ich nun erst ganz!

A. R. Meyer und Dr. Koch – mir geht es, wie Hans Löscher in seinem Buch schreibt. In den verrottetsten Winkeln stoße ich immer wieder auf einen Anständigen und Hilfsbereiten!

Heute früh hatte Ihlenfeld auf meine neuen Gedichte hin bei Hanni angerufen, es gehe doch nicht weiter so mit der Zersplitterung meiner Kirchenlieder und er müsse mit mir über ihre Sammlung reden. Welche Freude und Erfüllung für mich.

Zur noch größeren Freude und noch größerem Erstaunen wollte aber Pagel gar nicht mehr recht etwas davon wissen, daß die DVA meine Gedichte nun nicht bekommen soll. Er denkt an einen Band, gleichzeitig mit dem »Ewigen Haus«.

Bis dahin werden, geb' es Gott, neue sein!

Vorerst scheint mir der Eckart-Verlag für meine Gedichte richtiger. –

In der Stadt die österlichen Schaufenster so farbenschön und zart. Dazwischen auch mein liebes, blaues Buch, mein »Vater«.

> Sie werden sich ewiglich freuen und fröhlich sein über
> dem, was ich schaffe. Denn siehe, ich will Jerusalem
> schaffen zur Wonne und ihr Volk zur Freude.
>
> *Jesaja 65, 18*

Welch ein Gründonnerstag! Linde Kühle, weicher Glanz, blauer
Himmel, blühende Kirschen- und Aprikosenbäume, leise wogende,
nun schon licht begrünte Wipfel, Osterglocken und Stiefmütter-
chen, glänzender Rasen, Vogelzwitschern, Glocken!
Früh wieder Anruf Ihlenfeld. Zum Herbst will er nun meine Ge-
dichte in der gleichen schönen Ausstattung wie R. A. Schröders
»Lobgesang« herausbringen. Ich kann mir nicht denken, daß Pagel
dies erschwert; er mag einen künftigen Band haben. Daß die
Gedichte erscheinen sollen, ist eine meiner größten beruflichen
Freuden.
Noch beim sanften Licht der klaren, späten Sonne über den
Kirschbäumen die Abendmahlzeit; ich fuhr nach Mariendorf, in
die Dorfkirche zum Abendmahl. Viel Abendmahlsgäste, eine der
besten Predigten Kurzreiters. Viel armes Volk; viel Männer, nicht
nur alte. Bitter der Gemeindegesang – und der Kirchweg, der
mich ja in Südende und Mariendorf nach wie vor niederdrückt.
Hier setzt eine erste Sehnsucht nach Nikolassee ein, obwohl dort
über stillen, weiten Gärten solcher österlicher Friede nun nicht
mehr liegen wird wie hier über unserem »Acker Jeremias«.

15. April 1938 | Karfreitag

> Aber das alles von Gott, der uns mit ihm selber ver-
> söhnt hat durch Jesum Christum und das Amt ge-
> geben, das die Versöhnung predigt. *2. Korinther 5, 18*

Gestern abend und heut vor dem Konzert schrieb ich ein Gründonnerstag-Kyrie[153].
Ich freue mich unsäglich auf die Matthäus-Passion – das erste
Konzert nach so langer, langer Zeit! Still und besonnt lag das
Haus und der Garten, als wir aufbrachen; still und klar lag es am
späten Abend, wie im vorigen Jahr, als wir heimkehrten. Es war
eine sehr gute, sehr festliche Aufführung, wenn auch der Alt
diesmal nicht so großartig. Sonst dieselbe Besetzung wie im Vorjahr. Chöre und Orgel besser. – Die Kirche sehr voll, die Auto-
auffahrt durch zwei Straßen ungeheuer. Berlins sympathischstes
Publikum: doch noch viel mehr Jugend, noch viel mehr Männer.

Der optische Eindruck bestimmt durch die Diakonissen und jungen Soldaten. – Die Choräle das letzte an protestantischem Ausdruck; von solcher Stärke und Gewißheit, solchem Zutrauen, daß Hanni es aussprach.

16. April 1938 | Sonnabend

> Das ist die Verheißung, die er uns verheißen hat: das ewige Leben.
> *1. Johannes 2, 25*

Nach Regennacht ein stiller, sanft verhängter, kühler Tag. Als angenehme Arbeit Korrekturfahnen aus Stuttgart.

Um drei Uhr nachmittags die ersten Glocken, die das Fest einläuten.

Gegen Abend riefen Pagel und Friedrich an; Pagel, daß wir uns letzter Striche wegen abends noch einmal sprechen müßten, Friedrich, wir möchten uns schon die Reichsausgabe der morgigen DAZ besorgen, der Korrektur wegen lesen. Wenn sie auch mit dem Leitartikel anders disponierten, ist das Ganze doch geradezu großartig aufgemacht. Das war eine rechte Freude zum Abendbrot, das Hanni ganz nach altem Brauch gerichtet hatte, zu zarten grünen Zweigen und Vergißmeinnicht auf dem Tische. Die Glocken alle läuteten; die Tür zum Garten stand weit offen; im Kirschgärtlein blüht nun auch ein mächtiger, alter Baum. – Die Straße schon von lichten, grünen Wipfeln überdacht. Dämmerung und Vogelzwitschern.

Ich korrigierte meine Fahnen zu Ende. Die Töchter gingen spazieren; ich fuhr zu Pagel. In die Stadt zu fahren, wird mir immer schwerer. Und nun gar am Ostersonnabend, am Potsdamer Platz! Die Bretterverschläge der Umbauten, die Krane; Lautsprecherübertragungen vom Schmeling-Boxkampf. Ich war sehr froh, daß in einer Stunde alles überwunden war. Die Briefe, die wir weglassen, sind nicht nur ein Zugeständnis von mir; denn ich gewinne bei dem Ganzen doch zehn Seiten für meine Einleitung. Die Verständigung mit Pagel gut und rasch wie immer. – Vorher noch Anrufe mit Friedrich hin und her. An Pagels und Friedrichs »Stillem Sonnabend« wurde mir doppelt bewußt, welches Glück es ist, daß ich los bin von Presse, Funk, Film, Büro! Bei der Heimkehr war ich so glücklich. Auch hatte Hanni noch zu dem hohen Feste alles beseitigt, was nur irgend an Werktag gemahnen konnte. Ich hörte es in der Osternacht Mitternacht schlagen.

> Gelobt sei Gott und der Vater unsers Herrn Jesu
> Christi, der uns nach seiner großen Barmherzigkeit
> wiedergeboren hat zu einer lebendigen Hoffnung durch
> die Auferstehung Jesu Christi von den Toten, zu einem
> unvergänglichen und unbefleckten und unverwelk-
> lichen Erbe, das behalten wird im Himmel.
>
> *1. Petrus 1, 3. 4*

So viele Glocken in Südende auch läuten; so herrlich und mächtig wie am Ostersonntag ist es doch nie. Von den Glocken zu
den katholischen Gottesdiensten bin ich erwacht, machte mir mein
Schleiermacher-Frühstück[154], konnte Hanni noch kurz begrüßen
und ging in die Steglitzer Markuskirche zum Gottesdienst,
der liturgisch sehr festlich war. Meine Damen hatten mit dem
Feiertagsfrühstück gewartet und den Tisch mit aller nur erdenklichen Aufmerksamkeit gedeckt: Leinen, Blumen, Bänder zu den
schönsten alten Tassen und Tellern ganz in gelb und blau gehalten.
Glocken beim kleinen Frühstück, Glocken auf dem Kirchgang,
Glocken auf dem Heimweg, Glocken zum Mittagessen, Glocken
am frühen, stillen Nachmittag, Glocken am sanftbesonnten Spätnachmittag, nach stürmischen, kühlen Stunden, die jedoch von
all dem Blühen leuchteten.
Die Gedanken gehen oft zum schweren, vorjährigen Ostern, und
der Dank ist groß; die stille, häusliche Feier so glücklich in all
ihrem Ernst.

19. April 1938 | Dienstag

> Der Herr Jesus Christus ist unsere Hoffnung.
>
> *1. Timotheus 1, 1*

Ich bin sehr glücklich und dankbar, wie zart, klar und geordnet
der Werktag nach großen Festen immer bei uns anhebt. Da war
wieder Sonne, Blumen, Heiterkeit der Frühstücksrunde; auch kam
noch Osterpost; dazu, erfreulich, die Korrekturen des großen
Aufsatzes für das Preußenheft des »Eckart«. Ich merke, wie froh
Hanni bei all den Sorgen um die Töchter über jedes Anzeichen
beruflicher Lebendigkeit ist. – Durch das gute Verhältnis zwischen A. R. Meyer und mir ist es nun gar so gekommen, daß
ich heute einen Dankbesuch auf der Kammer bei ihm machen
mußte. Taktische Beratung war nicht mehr nötig; so sehr in Ord-

nung findet er jetzt meine Sache; wichtig namentlich den positiven Bescheid, den das Ministerium auf alle Anfragen gibt. Doch müsse ich jede Zeile sorgfältig prüfen, weil ich »nun schon zu weit hervorgetreten sei, um nun noch unbeachtet bleiben zu können.« –

Anrufe Pagel und Ihlenfeld; Ihlenfeld so anerkennend über die neuen Gedichte; der Gedichtband soll in 2000 Stück erscheinen; Pagel, was mich freut, will sie Ihlenfeld gar nicht gern lassen, und ich soll nun an Kilpper schreiben. Für einen neuen Band der »Stunde des Christentums« über Dichter und Bibel (sie begreifen die Themen!) soll ich bis an 20 Seiten schreiben.

Ich bin so glücklich über den Weg meiner Gedichte.

Für das Maiheft des »Eckart« mußte ich schnell noch einen kleinen Aufsatz über die preußisch-antikischen Gedichte von Johann Nikolaus Götz[155] schreiben. So lange noch die Korrekturen von „*In tormentis*" und »Der König und die Stillen im Lande« meine Hauptarbeitszeit beanspruchen, mag es gehen. Dann muß »Katharina von Bora« den ihr gebührenden Teil meines Tages wieder einnehmen.

Aber ich bin so dankbar, daß es gerade jetzt in Hannis tiefer Depression und Müdigkeit beruflich wieder so lebendig um mich ist; immer wieder sagt es Hanni, nahezu ergreifend, wie nur diese ihre zweite Ehe mit mir sie bewahrt vor jähem Altern und Apathie; wie die Ehe ein Halt für sie, die Ältere, vor der Zeit sehr Gealterte, geworden ist.

Und wahrhaftig: unsere Ehe hat ja einen Halt, der nicht von uns ist. Mir ist, als hätten die Chöre der Matthäus-Passion am Karfreitag für Hanni eine Bestätigung gebracht; als wäre ihr etwas begegnet, das jenseits allen Zweifels ist, der bei ihr aus dem Wissen um das menschliche Unvermögen, aus eigener Kraft zu glauben, kam. –

20. April 1938 | Mittwoch

Gott gedachte an Noah.   *1. Mose 8, 1*

Es schrieb überaus herzlich und anerkennend D. Erich Stange wegen der August-Tagung »Zum Sprachschatz der Kirche«. Wie oft fürchtete ich, daß ich der Bibel jeden Tag mehr Zeit zugestehe, als ich verantworten kann. Und nun sehe ich beglückt, wie man an mehreren Stellen zugleich gerade nach meiner Bibelarbeit fragt: das ist das Schönste, das mir im Beruf begegnete! – Ich schrieb heute ein Pfingstlied[156].

Gegen Otto von Habsburg, den österreichischen Kronprätendenten, ist ein Steckbrief wegen Hochverrats erlassen. – In den letzten Wochen sah ich, im Hinblick auf Kreuz und Krone, Karikaturen, die Frivolität und Brutalität der SPD-Zeiten weit in den Schatten stellen (Berliner Tageblatt und Simplicissimus).

25. April 1938 | Montag

> So spricht der Herr: Ein Weiser rühme sich nicht seiner Weisheit, ein Starker rühme sich nicht seiner Stärke, ein Reicher rühme sich nicht seines Reichtums; sondern wer sich rühmen will, der rühme sich des, daß er mich wisse und kenne, daß ich der Herr bin, der Barmherzigkeit, Recht und Gerechtigkeit übt auf Erden.
> *Jeremia 9, 22. 23*

Brigitte den ersten Tag auf der jüdischen Handelsschule. Hanni und Renerle bei der einzigen Schneiderin, die sich bereit erklärt hat, den Antrag für Renerle als Lehrling zu stellen.

Über Sonntag sind die Sudetendeutschen in der Tschechoslowakei wieder einmal zum Weltproblem geworden; der Blick auf den Polnischen Korridor und die Tschechoslowakei macht es einem schwer, die Karte anzusehen.

Abends mußte ich mich wieder früh legen, wobei Hanni sich gerne anschloß; bei allen Schmerzen ein seltener Genuß: zu liegen, zu lesen; de Vignys »Soldatenknechtschaft und Soldatengröße«, ein großer Eindruck.

Renerle soll bei der Vorstellung auf ihrer eventuellen Lehrstelle ganz schwermütig geworden sein. Dies gesellige Kind darf nicht allein zu zwei alten Fräulein kommen! –

27. April 1938 | Mittwoch

> Der Herr sprach zu Mose: Du sollst reden alles, was ich dir gebieten werde.
> *2. Mose 7, 2*

Die Abendzeitung brachte uns wieder eine sehr einschneidende Nachricht, die vielleicht alle Baupläne zum Stocken bringen kann, wenn wir überhaupt nun noch mit einer Bauerlaubnis rechnen dürfen. Aber Hanni sieht es ruhig an: in ihr herrscht nur noch die eine Frage vor, ob wir uns von den Kindern trennen müssen. Das neue Judengesetz und die Bereichgebietsangelegenheit treffen, unabhängig voneinander, für uns aufs bedrohlichste zusammen.

Das neue Gesetz:

Bestandsaufnahme jüdischen Vermögens, auch in arisch-nichtarischen Mischehen. Ausnahmen sind nur die persönlichen Gebrauchsgegenstände und der Hausrat. – Dann § 7: Der Beauftragte für den Vierjahresplan kann die Maßnahmen treffen, die notwendig sind, um den Einsatz des anmeldepflichtigen Vermögens im Einklang mit den Belangen der deutschen Wirtschaft sicherzustellen.

28. April 1938 | Donnerstag

> Gottes Werke kann man nicht alle erzählen; und er
> gibt alles, was gut ist auf Erden.   *Sirach 38, 8*

Aber in dieser Zeit hat man auch stets das bitterschwere Wort im Ohr: »Mose sagte solches den Kindern Israel; aber sie hörten ihn nicht vor Seufzen und Angst und vor harter Arbeit.« 2. Mose 6, 9. Ilse F.'s heutiger Brief ist so hilf- und hoffnungslos, daß Hanni, die doch nie weint, vor Tränen nicht weiterlesen konnte. Und was sie jetzt jeden Tag telefoniert, sie, die Telefonfeindliche, das ist ein ganz eigener Kampf um und für Reni.

Unser Leben ist so ausgefüllt, so reich an Liebe, an Schönem, an Tätigkeit: und doch macht uns die Zeit und alles Menschenwesen so müde, daß wir in der größten Liebe einander gestehen, wie man sich danach sehnt, daß das Leben vorbei sei.

Und wie oft sagt Hanni so rührend, daß nur ich sie innerlich und äußerlich aktiv erhalte, daß sie ohne die Ehe mit mir alles sich entgleiten lassen und keine Entschlüsse mehr fassen würde.

29. April 1938 | Freitag

> Das Los ist mir gefallen aufs Liebliche; mir ist ein
> schön Erbteil geworden.   *Psalm 16. 6*

Es zehrt an allen Kräften, die zur Leistung nötig sind, dies dauernde und immer noch wachsende Unrecht an den Juden in Deutschland ohnmächtig mit ansehen zu müssen. Die Welt und das Volk gehen darüber hinweg. Es gibt nur eins, das einen vor dem Schlimmsten bewahrt: daß man selbst seinen Anteil tragen muß am Erleiden dieses furchtbaren Unrechts. Die jüdischen Frontkämpfer! –

Nun erwacht gar in Hanni der Wunsch auszuwandern. – Übrigens

darf der Dr. h. c. und D. (theol.) an Arier mit jüdischen Frauen in
Deutschland nicht mehr verliehen werden. – Die Pastoren werden, auch nachträglich, auf Hitler vereidigt.

Enges französisch-englisches Militärbündnis im Hinblick auf die
Tschechoslowakei. Spanien vergessen –.

30. April 1938 / Sonnabend

> Siehe, ich gebe ihm meinen Bund des Friedens.
>
> *4. Mose 25, 12*

Viel Korrekturfahnen; für Eckart-Buch und die neuen Gedichte
von der »Zeitwende«. Darüber bin ich jetzt immer sehr glücklich,
neue Gedichte so rasch gedruckt zu sehen.

Wieder ist ein Monat um, ohne daß ich am »Ewigen Haus« arbeiten konnte. Und der kommende Monat droht wieder so unruhig zu werden!

Zum Abendbrot mit Hanni ganz allein. Alle Gespräche nehmen
immer wieder nur den einen Weg: die Zukunft der Töchter. Und
über alledem Römer 11.

Vielleicht war die Zeit, sich so um die Juden zu sorgen, gerade
damals, als es ihnen in Deutschland gar so gut ging. Jetzt, jetzt
sieht man Gottes Hand wieder auf ihnen liegen. Damals in all
der Sattheit und inneren Leere nicht. –

1. Mai 1938 / Sonntag

> Ich nahm Ephraim bei seinen Armen und leitete ihn;
> aber sie merkten's nicht, wie ich ihnen half.
>
> *Hosea 11, 3*

Das stete Vorausblicken-Wollen und nicht Rückschau-Halten-
Mögen, das ist eine der hauptsächlichsten Tragödien des Menschen und des Judentums insbesondere.

Von den politischen Feiern des 1. Mai ist bei uns nichts zu spüren.
Immer wieder neue Judengesetze: jetzt über die Vertretung vor
Gericht.

In leisem Regen mit Hanni ein kurzer Gang ums Wäldchen. Dann
arbeitete ich das 3. »Kahn«-Kapitel für den Bertelsmann-Verlag
zur Novelle um, weil die kommende Woche so reich an Störungen ist! Hanni tippte sie gleich; das ist ihr noch, sagte sie, die
beste Ablenkung.

Zum Abendbrot wir beide, bei der kleinen Lateinlampe, allein.
Die Töchter riefen an: sie blieben weg, es sei schön. Wir Alten

reden nur noch von ihnen. Jetzt hat Hanni vor den Abenden manchmal Angst und ein Bedürfnis nach Menschen; gleich ging sie auf meinen Vorschlag ein, uns reihum mit allen Bekannten wieder einmal zu treffen.

Zum ersten Male hörte ich es aus Hannis Munde: Wenn man doch die Juden versammelte und zu einem Volke machte!

2. Mai 1938 | Montag

> Und weil du Gott lieb warst, so mußte es so sein: ohne Anfechtung solltest du nicht bleiben, auf daß du bewährt würdest.
> *Tobias 12, 13*

Nach spärlicher Morgensonne ein kalter, grauer Tag. Post von Frau Budjuhn[157] – aus Berlin! Sie sei seit zehn Tagen bei Bekannten und fühle sich todunglücklich; ich solle sie abholen. Renerle, das geliebte Kind, übernahm dies sofort, suchte sich im Stadtplan den Weg und brachte wirklich um zwölf Frau Budjuhn: mit einem Koffer voller Manuskripte und einem kleinen Päckchen voller Kleider! Das ist nun sehr seltsam – und zu diesem Zeitpunkt ganz gewiß für Hanni und mich nicht leicht – dies Wiedersehen nach so vielen Jahren. Nur daß sie grau geworden ist: sonst ist Frau Budjuhn in Tragik und Pathos, Energie und völliger Lebensfremdheit die gleiche geblieben.

3. Mai 1938 | Dienstag

> Der Herr hat mich gedemütigt und der Allmächtige hat mich betrübt.
> *Ruth 1, 21*

Als ich heute mit dem Rowohlt-Verlag wegen Übersetzerarbeiten für Frau Budjuhn telefonierte, war ich doch sehr glücklich, wie ich mich jetzt immer nur auf mich selbst zu berufen brauche, wie man mich sofort kennt und mit der zuvorkommendsten Höflichkeit behandelt.

Hanni war gestern der Hausangelegenheit wegen bei Rechtsanwalt Wergin, der stets die Rechte der Kinder so streng zu wahren bedacht ist. Als arischer Anwalt, tief betroffen von der wachsenden Rechtlosigkeit im Dritten Reich, sagte er, es gäbe nur eins und es sei ein Glück, wo diese Lösung überhaupt möglich sei: alles dem arischen Teil zu übergeben; zumal, da auch für ihn Vermögens-Anmeldepflicht besteht, eine Verschleierung nicht der Fall ist; nur daß er von ihm noch zustehenden größeren Rechten vorerst noch Gebrauch machen kann. So soll nun das

neue Haus mein Haus sein. Ich sehe, wie Gottes freundlichste
Verheißungen sich erfüllen. Aber dies alles geschieht unter einem
Schatten, der alles mit dem letzten Ernst erfüllen muß.

4. Mai 1938 | Mittwoch

> Gedenke, Herr, wie es uns geht; schaue und siehe an
> unsere Schmach! *Klagelieder 5, 1*

Dr. Koch-Ministerium gab mir heute den sofort von mir befolg-
ten Rat, für die Dichter- und Theologen-Tagung in Wittenberg
abzusagen, da die ganze Frage der Teilnahme an Tagungen und
Autorenvorlesungen bei Autoren mit Sondergenehmigung grundsätzlich überhaupt noch nicht erörtert sei.

Anrufe Markiewicz[158] und Wergin; der Kaufvertrag muß nun geschlossen werden, aber es scheint mehr als fraglich, ob ich als
Mann einer jüdischen Frau noch die Bauerlaubnis bekomme.

Meine Erlanger Studentenzeit sehe ich heute in einem anderen
Lichte. Es war ein Unglück, daß in meiner namenlos schweren
letzten Schülerzeit, in den ersten Semestern Olly Budjuhn mein
einziger Mensch war. So sehr ich Pathos hasse: dieser rätselhafte
Mensch ist eine Art seelischer Vampyr.

Als ich heute Hanni sagte, der Besuch Frau Budjuhns würde nun
im »Ewigen Haus« der Abschnitt über die Kurfürstin von Brandenburg im Schwarzen Kloster werden, sagte sie nur: »Dann ist
alles gut.«

Morgen kommt Reinhold Schneider. Er schrieb und rief dann
schon an.

Entspricht es etwa doch meinen geheimsten Wünschen: schreiben zu dürfen, persönlich mich aber ganz zurückhalten zu
müssen?

Hannis Wege wegen Renerles Lehrstelle waren wieder so vergeblich. Es drückt sie namenlos nieder, nun an all den einzelnen
Stellen zu erleben, wie eiskalt und in der Stille die Juden in ihrer
Existenz abgewürgt werden und wie es dem Staate immer wieder
um ihr Geld geht. –

5. Mai 1938 | Donnerstag

> Gott donnert mit seinem Donner wunderbar und tut
> große Dinge und wird doch nicht erkannt. *Hiob 37, 5*

Wieder ein linder, weicher und beglänzter Tag. Warmer Wind.
Früh wurde in aller Eile im Hause alles gerichtet, denn schon

für halb zehn hatte sich Schneider angesagt, und wir erwarteten ihn, mit Renerle und Olly Budjuhn, an einem mit Vergißmeinnicht und Primeln schön geschmückten Frühstückstisch; er saß in seinem eigenen Sessel. Und nach dem Frühstück begaben Hanni und ich uns mit Reinhold Schneider in die Wirtschaftsstube, ihm seine Sachen zu übergeben. Diesmal schien er uns auch erfreut. Dennoch wirkte er müder denn je und ist krank: Herzneurose, Magen, Nieren. Unterhalten können wir uns genau so schwer wie sonst – aber wie völlig verstehen wir einander in ganz wenigen Worten, im Hinblick auf Kirche, Staat, Privatleben, Kunst, Geschichte in einem!

Nahezu quälende Anrufe in Renerles Sache; jeder, der helfen sollte, berichtet von den eigenen schweren Bedrohungen.

6. Mai 1938 / Freitag

> Der Herr, unser Gott, sei uns freundlich und fördere das Werk unsrer Hände bei uns; ja, das Werk unsrer Hände wolle er fördern!   *Psalm 90, 17*

»Das Werk unserer Hände« ist durch all die neue äußere und innere Unruhe wieder so bedroht.

Vor dem Grundstücksabschluß hatte ich heute wegen all der Wegerecht- und Zaunverteilungsschwierigkeiten noch einmal eine grundlegende, durch kleine allseitige Kompromisse positiv verlaufene Verhandlung, auch mit unserem neuen Nachbarn Dr. Panick, der sich als guter, fürsorglicher, umsichtiger Familienvater herausstellt. Das sind wunderliche Verhandlungen, in denen man äußerlich erwerben will, was man innerlich schon wieder preisgeben will.

Dann war ich in Renerles Sachen bei Anneliese Busch, der einzigen der größeren Berliner Modefrauen, von der ich in meiner Journalistenzeit 1930/31 einen menschlich positiven Eindruck hatte. Der gute Eindruck von damals hat sich bestätigt. Anneliese Busch, so natürlich und warm, ist bis jetzt die einzige Hilfsbereite. Aber auf wie engen Bezirk ist heute durch all die immer strengeren Maßnahmen solche Hilfsbereitschaft begrenzt, sie sucht die Adressen aller jüdischen Schneiderinnen zusammen, die sie kennt. Sie telefonierte für mich mit ihnen ...

Die von Frau Busch vermittelten Telefongespräche verliefen sofort wieder negativ. Nur eine Frau A. läßt Hanni und Renerle Montag zu sich kommen. Das ist so schrecklich: die Zukunft der Töchter aufzubauen im Glauben an die Möglichkeit vielleicht baldiger Trennung für immer. – An die Trennung von Renerle darf ich nicht denken, soll ich die Fassung bewahren. Welche Wunde hat dieses Kind in mir geschlossen! – Die Kinder sind noch so lebensfroh; und so sehr wir sie auf ihr ernstes Leben vorbereiten, will doch nun auch Hanni diese Lebensfreude ihnen, solange wir sie behüten dürfen, möglichst erhalten, ihr etwas nachgeben. Es hat etwas Neues, Schweres so nahe und drohend begonnen, und die Arbeit am »Ewigen Haus« ist so quälend gefährdet. Es ist ein Kampf, ein zermürbender Kampf, um jede Stunde der Arbeit. – Warum muß ich immer wieder an die Grenzen meiner Kraft?

8. Mai 1938 | Sonntag (Jubilate)

> Ich habe den Herrn allezeit vor Augen; denn er ist
> mir zu Rechten, so werde ich fest bleiben. *Psalm 16, 8*

In der Kirche waren es wieder die Lieder und der Gnadenspruch und die Lektion, die den Kirchgang lohnten.

Die Zeitungen erfüllt mit den Berichten von Hitlers Staatsbesuch in Italien und den tschechoslowakischen Spannungen – Vorgänge, die leider eng zusammenhängen.

Da heute sowieso schon Rosi Darge und Nowaks angesagt waren, fügte es sich gut, daß auch Werner Milch[159] aus Wolfshau sich meldete. Hanni und ich deckten schöne, zarte, kleine Tische im Barock- und Renaissancezimmer und gaben den immer frohgemuten Töchtern ihren Sonntag frei.

Alle Gespräche waren im Grunde beherrscht von den Emigrantentragödien, und auch Werner Milch brachte gar keine anderen Nachrichten. Wir leben alle in der Erwartung schwerer Ereignisse, aber Hanni und ich lehnen es ab, den anderen zu folgen und laufend über jede Schwankung informiert zu sein. Da wird keine große Arbeit mehr.

Österreich erlebt nun fünf Jahre Nationalsozialismus konzentriert in wenigen Wochen. Der Antisemitismus der Straße ist in Wien sehr grausam. Für mich selber liegt etwas Friedevolles darin, wie mein liebes Buch mein Verhältnis zu meinen früheren Bekannten gewandelt hat. Ich muß sogar vermeiden, daß davon gesprochen wird; denn es ist ein Ton von Respekt in diese Gespräche gekommen, den ich dankbar vermerke, aber nicht aufkommen lassen darf, soll nicht die Seele Schaden nehmen. –

Wie ist das Haus wieder bewundert worden. – Aber die Berührung mit den Menschen tat uns gar nicht gut. Halb sind alle ihre
Reden masochistisch, halb sadistisch.

Gestern war Hanni bei Lampenlicht eingeschlafen, und ich sah
sie schlafend: eine abgehärmte, vergrämte, verbitterte Greisin;
eine furchtbare Veränderung war es, an der sich auch bei langem
Betrachten nichts änderte. Dies Neue ist geschehen, seit der Gedanke sich in uns unmerklich festgesetzt hat, daß wir die Kinder
von der Auswanderung auf die Dauer gar nicht zurückhalten
dürfen. – Aber wir wollen sie halten, so lange es uns nur gewährt
ist. Es ist ein neuer, lähmender Schatten über allem. In der späten
Abendkühle dieser strengen Mainacht die erste Nachtigall, lange.

10. Mai 1938 | Dienstag

> Was soll ich reden? Er hat mir's zugesagt und hat's
> auch getan!
> *Jesaja 38, 15*

Mit Ihlenfeld, der uns darum gebeten hatte, brachen wir zu Königs
auf.

Im wunderschönen Königschen Hause war's ein fürstlich nobler
Tee von höchst uneinheitlichen Einzelwirkungen. Zwischen zwanzig und dreißig Menschen, viel Adel. Aber das Ganze war ja doch
nur Gesellschaft, und es war eigentlich nur quälend, als Schneider dann droben im Atelier aus seinem eben beendeten Las Casas-
Manuskripte las; ich fand wieder die ganze Peinlichkeit und Sinnlosigkeit solcher Autorenvorlesungen bestätigt. Was er las, zeigte
einen starken Wandel in der Darstellungsform: den Übergang
vom Indirekten zum Direkten.

Schneider ist herzlicher zu uns denn je. Aber ich spüre deutlich,
daß mein Verhältnis zu ihm nur vom Vergangenen lebt: von
meiner unauslöschlichen Dankbarkeit dafür, daß er meinem
Leben eine so entscheidende geistige Erschütterung gebracht hat,
die mich zu der Abkehr von Presse, Film und Funk lediglich
durch die Lektüre seiner »Hohenzollern« bewog. –

11. Mai 1938 | Mittwoch

> Er wendet sich zum Gebet der Verlassenen und ver-
> schmäht ihr Gebet nicht.
> *Psalm 102, 18*

Um sechs traf ich mich mit Hanni bei Rechtsanwalt Wergin. Wir
haben all die trüben Eventualitäten mit ihm noch einmal durchgesprochen, namentlich auch alles das, was gegen das ausschließ-

liche Übergehen eines neuen Hauses auf mich spricht, namentlich, daß etwa einmal nichtarische Stiefkinder von einem Arier nicht erben dürfen. Bei dem gegenwärtigen Rechtsstand rät er eindeutig, daß zunächst wenigstens das Grundstück ich als Arier erwerbe. Aber das Recht zum Grundbesitz hängt vielleicht doch noch am Reichsbürgerrecht.

Wo in der Stadt – in der Potsdamerstraße sahen wir es, und im Laubengelände am Priesterweg, das war einer der hübschesten Südender Gartenspaziergänge – nun schon abgebrochen und gerodet wird, gemahnt es angesichts der Weltlage so ernst an Bilder des Krieges. Ohnmacht und Macht ohne Gott werden uns so mahnend vor Augen gestellt. Wann wird Gott sein Wort zu alledem senden?!

Nun begreife ich allmählich, wie es ist, wenn das Lachen von Menschen genommen wird.

12. Mai 1938 / Donnerstag

> Da Hiskia den Brief – gelesen hatte, ging er hinauf zum
> Hause des Herrn und breitete ihn aus vor dem Herrn.
>
> 2. Könige 19, 14

Warum nur diese Stelle immer wieder so auf mich wirkt? Hat man doch schon so viel in Briefen erlebt?

Mutter soll es, laut Hildes Anruf, etwas besser gehen. Ich bin der Menschen müder denn je. Was zehrt alles an der Arbeit. Die Zeitungskiosk-Aushänge bringen einen wieder in antisemitischem Sadismus zur Verzweiflung. Bedrohung, Lüge, Unrecht, Grausamkeit häufen sich stündlich. Wohl dem, der auf die Seite der Leidenden gehört. – So schwer es ist, dies zu sagen.

Der Bauentschluß fällt uns so furchtbar schwer. Im Hinblick auf die Zukunft der Kinder scheint doch alles verändert: das Haus wird ja keine Existenzgrundlage mehr in Deutschland für sie sein. Und doch sehen wir keine andere Lösung, das Bedrohte zu erhalten – sehen dem Glauben keine andere Aufgabe gewiesen. Alles andere wäre Fatalismus. –

13. Mai 1938 / Freitag

> Mose redete, und Gott antwortete ihm laut. 2. Mose 19, 19

Um halbdrei trafen wir uns mit unseren Partnern bei Wergin, zahlten 2000 Mark an und schlossen, schweren und bewegten Herzens, den Kaufvertrag, auf meinen Namen.

Gott muß laut antworten – soll's hindurchgehen durch all das Schwere.

Holland hat heute die Einwanderung gesperrt, Ungarn ein Numerus-clausus-Judengesetz angenommen. Die Juden werden immer mehr eingeengt, wieder noch weiter auseinandergetrieben.

14. Mai 1938 | Sonnabend

Komm und sieh es! *Johannes 1, 46*

So steht es wieder in der Losung: das Wort, das uns in der Losung am 28. 9. in dieses Haus geleitete. Ich hatte nicht daran vergessen. – Komm und sieh es: Gott sagt es und zeigt dem Menschen seine Gabe und Aufgabe. Komm und sieh es: der Mensch breitet sein Vorhaben vor Gott aus.

Reinhold Schneider schreibt schon von seinem Geburtstag: »... für das wundervolle, tieftröstliche Gedicht (Abendlied), für die guten Wünsche und die schönen, in der rechten Morgenfrühe nach dem Kirchgang angekommenen Nelken danke ich Ihnen von Herzen. Die seltene Ruhe und Geborgenheit, die von Ihrem Wesen ausgehen, geben, wie ich hoffe, dem neuen Lebensjahr den rechten Vorklang« – Wußte er's denn wirklich nicht, daß auch Gott es ist, der uns in die Nacht führt? Neue Sonette widmet er mir zum ersten Mal mit den Worten: »Meinem lieben Jochen Klepper in herzlicher Freundschaft.«

Hildes Anruf über Mutters Zustand recht sorgenvoll. Es ist eine Sepsis, der Herd aber nicht zu finden. Ein bakteriologischer Befund steht noch aus. Es häuft sich wieder einmal Sorge auf Sorge.

15. Mai 1938 | Sonntag (Kantate)

Ich will der Gnade des Herrn gedenken und des Lobes des Herrn in allem, was uns der Herr getan hat.

Jesaja 63, 7

Glanz, Glanz, Glanz. Flieder und Kastanien sind über Nacht aufgeblüht. Blätter und Gräser wehen leise. Welcher Waldesduft in Nikolassee, als ich zum Kirchgang dort war, die neue Heimat im entscheidenden Stück kennen zu lernen. Der kleine, umgatterte Hügelweg zur Kirche am Walde ist so ländlich – von unserem Hause einst ist's so nah! Ein kurzer Weg nur durch die Birken der Rehwiese! An diesem stillen Gartenort zieht mich seine friedevolle Abgeschiedenheit immer mehr an. Vor und nach dem Gottesdienst ging ich zu »unserem Garten« in der Teutonenstraße; es ist in allen Sorgen ein so ausgesöhntes, dankbares Gefühl. Dieses Stück Erde ist wieder so ernst: noch dunkler, noch älter als unsere einstige tiefverwobene Wildnis hier. Wie tiefblau war der Himmel über den duftenden Kiefernwipfeln, den Eiben und dem Wacholder des Hanges, der hohen Birken. Nun ist's im Gebet beschlossen, und Gott muß darüber wachen!

Die Kirche über der Rehwiese ist die schönste neue Kirche, die ich kenne. Im Gegensatz zu Südende war's ein richtiger, großer Kirchgang den Hügel hinan; eine gebildete, aus jung und alt sich zusammensetzende, nachher in Gruppen freundlichst sich begrüßende Gemeinde, die zu meiner großen, großen Freude vorzüglich sang.

»Sollt' ich meinem Gott nicht singen« war für mich das rechte Lied zu diesem Sonntag!

Das Musikalische war ausgezeichnet, die Orgel sehr gut, schön auch das Geläut, das uns dann die vielen, vielen Glocken von Südende wird ersetzen müssen. Die Predigt gut, der Text: Meine Lippen und meine Seele, die du erlöst hast, sind fröhlich und lobsingen dir. Psalm 71, 23.

Die Paul-Gerhardt-Lieder!

Ein merkwürdiges Zusammentreffen war's, daß mein ständiger, alter Kirchkumpan von Südende und Mariendorf, Geheimrat Stutz, gerade heute in der Nikolasseer Kirche saß! Es ist, als stünden wir unter einem Gesetz.

Ich fuhr sehr getröstet zu Hanni zurück.

16. Mai 1938 | Montag

> Der Herr ist freundlich dem, der auf ihn harrt, und
> der Seele, die nach ihm fragt.   *Klagelieder 3,25*

Von halb acht bis halb eins war's ein recht aufregendes Telefonieren im Kreise, für Mutter. Nun ist aber alles klar: das an sich überfüllte Martin-Luther-Krankenhaus nimmt Mutter auf. Die Kosten haben Erhard und ich fürs erste aufgebracht.

Abends bei uns lange Konferenz mit Vassilière. Wie er und wir auch rechnen: wir kommen ohne 10000 Mark Hypothek nicht durch. Und wie wird diese sich verbinden lassen mit den Investitionsbedingungen des neuen Juden-Vermögens-Angabe-Gesetzes, dessen Einzelheiten noch keiner kennt?!

Und keine Zeit zur Arbeit, von der schließlich alles abhängt; von der nicht gewichen werden darf; die zum Glauben gehört. Dies ist nicht Eigenwille: Das Haus muß gebaut, »Das ewige Haus« geschrieben sein. In nichts kündet sich an, daß Gott dies erläßt. –

17. Mai 1938 / Dienstag

> Ich will dem Herrn singen mein Leben lang und meinen Gott loben, solange ich bin. *Psalm 104, 33*

Anruf im Krankenhaus: Mutters Nacht war ruhig; und sie hat heute kein Fieber.

Anruf von Harald Braun: Ich soll heute die Stellungnahme des Propaganda-Ministeriums zur Verfilmung des »Kahns« klären.

Anruf bei Dr. Koch-Ministerium, so freundlich wieder über die letzte eingereichte Novelle; und unbedingt für Gesuch von Froehlich-Film-Ufa beim Ministerium wegen des »Kahns«. Ich denke immer nur ans Buch. Renerle kam aus dem Südender Schwimmbad zurück. Nun ist auch dort das Schild: Juden nicht erwünscht! – Das macht den Abschied von Südende leichter. Was hat das Bad den Kindern bedeutet!

Bei Mutter in dem mich immer mehr beruhigenden Krankenhaus. Außer Hanni habe ich noch keinen Menschen reifer werden sehen.

Die Eitelkeit, die Unechtheit, der Eigensinn scheinen mir drei der hervortretendsten Züge an den Menschen, mit denen ich zu tun habe.

Volk und Familie habe ich als völlig zerstörte Ordnungen erfahren. Glaube und Liebe können an ihnen festhalten. Aber wo ist die Hoffnung?!

Vater war im Leiden so echt. Heut war's mir erst wie eine wahre Trennung von Mutter, die mich doch so liebt und mir immer ferner rückt. –

18. Mai 1938 / Mittwoch

> Fürchte, dich nicht, du, Jakob, mein Knecht, spricht der Herr; denn ich bin bei dir. *Jeremia 46, 28*

Im Maiheft der »Weißen Blätter« erschien mein Gedicht »Die Rechenschaft«; in der »Deutschen Zukunft« meine Besprechung des herrlichen Deutsch-Orden-Buches von dem Ehepaar Gaatz; sodann der Abschluß des Vorabdruck-Ausschnittes von „*In tor-*

mentis". Der Rest der Umbruch-Korrekturen traf ein; die »Neue Rundschau« schreibt um »Lyrik und Erzählendes«, »wenn ich nicht in einer größeren Arbeit stehe, die es nicht erlaubt, abzuirren.« (Ach, irrte ich nicht mehr ab!) Solche Dinge beleben Hanni immer noch am meisten.

Des Großreinemachens im Hause wegen bin ich heute viel herumgezogen, habe aber die Umbruch-Korrektur von *"In tormentis"* beendet.

19. Mai 1938 | Donnerstag

Ich nahm mich deiner an in der Wüste, im dürren
Lande.   *Hosea 13, 5*

Gestern Abend vor dem Schlafengehen sagte Hanni noch, so viele Mieter und eine so große Haushaltungsführung, wie wir in Südende haben mußten, würde ihr nun über die Kräfte gehen. So wollen wir, angesichts des Wohnungsmangels, ein Haus mit zwei kleinen Wohnungen bauen: einer Dreizimmerwohnung für uns und einer Vierzimmerwohnung mit Garage zum Vermieten.
Nach meinem Bora-Buche ist mir bange wie nach einem Menschen. –

21. Mai 1938 | Sonnabend

Seid stille und erkennt, daß ich Gott bin. *Psalm 46, 11*

Heute früh kam unsere neue Einkommensteuer-Veranlagung: 458 Mark Nachzahlung; pro Quartal 140 Mark Vorauszahlung. Vor der Steuer gelte ich von nun an als ledig; Frau- und Kinderermäßigung fallen bei Mischehe fort. Und was wird auf dem Gebiete solcher Sondersteuern noch kommen.
Da war's gerade heute ein rechter Trost, daß das »Deutsche Adelsblatt« anrief, daß es den von der »Deutschen Zukunft« nicht gedruckten *„In tormentis"*-Teil mit Bildern als Vorabdruck bringt; ferner, daß Hubele-Leipzig von der »Christlichen Welt«, für eineinhalb Tage in Berlin, gleich nach seiner Ankunft anrief, ob er mich kennenlernen könnte. Er kam sogleich zum Kaffee; wir waren zu dreien, und er hat recht gut gefallen. Seine Frau ist Mischling; das hat ihn seine Universitätslaufbahn gekostet. Auch er ohne Bitterkeit und gerecht. Seine Frau fanatisch ungerecht, wie er sagt.
Hubele traf mit mir folgende Abmachung: je eine große Gesamtdarstellung von R. A. Schröders und Reinhold Schneiders Schaffen.

Das Zusammensein stand unter einem guten Stern. Prof. Mulert –
»Christliche Welt« ließ mir sagen, »bei ihnen könnte ich schreiben,
und wenn meine Frau von zehn Ammoniterkönigen abstammte«.
Die Konflikte der Tschechen mit den Sudetendeutschen nehmen
immer gefährlichere Formen an. Es ist, als bereiteten die Zeitungsmeldungen nun schon aufs Schwerste vor. –
Ich habe gegenwärtig 7 Beiträge in Druck und 13 Aufträge. Wie
hilft das auch psychisch, zumal alles streng auf meiner Linie liegt,
als wollte man wirklich nur noch mein Eigenstes.
Auch durch Hubele höre ich, daß von den untergeordneten Stellen in der Provinz noch immer verbreitet wird, es schwebe ein
Verfahren gegen mich.

22. Mai 1938 | Sonntag (Rogate)

> Noah tat alles, was ihm Gott gebot.   *1. Mose 6, 22*

Dies ist wohl der ernsteste Tag seit vierundzwanzig Jahren.
Die Zeitung weist auf schlechte Nachrichten aus der Tschechoslowakei im Laufe des heutigen Sonntags hin; sie berichtet über
die besondere diplomatische Tätigkeit in den Hauptstädten
Europas.
Bei jedem Glockenläuten horcht man auf.
Hanni und ich sind sehr ruhig. Gott ist kein anderer im Kriege
als im Frieden, ist derselbe diesseits und jenseits der Grenzen,
daheim und auf der Flucht. Und die Aufgabe ist keine andere für
den Mann als für die Frau, am Schreibtisch und im Schützen-
graben; sie heißt überall und bis ans Ende der Zeit: Glauben
bezeugen.
Heute im Gottesdienst erklärte ein junger Vater seinem kleinen
Jungen das Singen nach dem Gesangbuch. Nur solche Väter und
Söhne können Kriege recht überstehen, als Sieger oder Besiegte.

23. Mai 1938 | Montag

> Um deines Wortes willen und nach deinem Herzen
> hast du solche große Dinge alle getan.   *2. Samuel 7, 21*

Schneider berichtet von seiner nun fertigen Wohnung: »Alle
Stücke sind mit so viel Liebe ausgesucht und aufeinander abge-
stimmt, daß ich den Freunden und ganz besonders Ihnen und
Ihrer verehrten Frau, die Sie dem einzelnen das Verbindende und
Erwärmende gegeben haben, von Herzen dankbar bin. Mit den
wenigen in den Zimmern gebliebenen Stücken fügt sich das

Eigentum (welch ein Wort in Schneiders Munde!) recht gut zusammen. Ich glaube, es müßte Ihnen gefallen. Der Gedanke, daß Sie sich gerade jetzt durch so viele Sorgen durchringen müssen, schmerzt mich immer. So hat das Buch ,*In tormentis*‘ seinen doppelten und dreifachen Sinn, und ebenso das ,Ewige Haus‘. Und welche bessere Bestätigung können unsere Arbeiten erfahren, als solche Sinngebungen durch das Leben, Leiden und Sorgen?«

Die Bestätigung – die ist es. Es geht nicht mehr darum, »daß das Herz fest werde« (mein Jahresspruch 1937), sondern um das »aber in dem allem überwinden wir weit« (mein Jahresspruch 1938).

Politisch keine Verschärfung und keine Spannung. Aber da im Kriegsfall zwischen Deutschland und der Tschechoslowakei Frankreich, Rußland und England automatisch gegen uns stehen und ein englisch-amerikanisches Bündnis schwebt, werden wir zurückgehen, ja viel fanatische Provokationen hinnehmen müssen. Aber was ist das für ein Friede!

Die Drohungen Englands werden verstanden. Die Mahnungen Gottes nicht.

1941 wird England seine Aufrüstung beendet haben. Nach dem Plane Gottes wird nicht gefragt.

24. Mai 1938 / Dienstag

> Alles Volk, darunter du bist, soll sehen des Herrn Werk; denn wunderbar soll sein, was ich bei dir tun werde. Halte, was ich dir heute gebiete.
>
> *2. Mose 34, 10. 11*

Einhalb eins war's wieder, ehe Korrespondenz und all das Praktische, das die Arbeit so hemmt, erledigt war! Im Vordergrund steht immer noch die Bahn-Baudirektion. Hanni und Renerle wieder unterwegs in der recht zermürbenden Lehrvertragsangelegenheit.

Es scheint nicht auszureichen, daß ich mich von Brigitte, wenn sie um dreiviertel sieben aufbricht, wecken lasse. Es ist, als sollte ich das äußere Gefüge meiner Tage nicht mehr in die Hand bekommen. Der Kampf ums »Ewige Haus« ist die Lebensfrage geworden. Heute ist's wieder einmal wie ein neuer Beginn: Quellenlektüre, Exzerpte, Materialorganisation, Manuskript – sechs Stunden jeden Tag muß es möglich sein. Vier Stunden für den jeweils dringlichsten Aufsatz-Auftrag und die laufenden Korrekturen.

In Prag entscheidende Verhandlungen mit dem Führer der Sudetendeutschen, Henlein, unter Englands vermittelndem, mächtigem Einfluß. Die Weltatmosphäre durch und durch vergiftet.

Die europäische Lage und die Familiensituation haben auffallende, bedrückende Parallelen: Da war kein Friede in aller Aussöhnung. Man will nur, obwohl aller Anlaß zum neuen Bruch gegeben ist, alte Tragik nicht sinnlos neu heraufbeschwören. Aber der Erdteil ist zerfallen, das »herrlich geeinte« Volk ist zerfallen, die Familie ist es. Alles Einlenken ist doch noch keine gegenseitige Hinwendung. Alle menschlichen Beziehungen sind nur zu lösen, indem man sie Gott anheimstellt, ihm allein in dem einen Versöhner.

25. Mai 1938 | Mittwoch

> Siehe, ich bin mit dir und will dich behüten, wo du hin ziehst.
> *1. Mose 28, 15*

Bei der Ufa »brannte« es wieder einmal. Anrufe bei Hanni; ich sollte nach Rückkehr sogleich in Neu-Babelsberg bei Roth in der Abteilung von meinem alten Dr. Riedel anrufen. Hat mit Brauns Dingen nichts zu tun. Man möchte ein Drehbuch mit mir machen. Ich wehrte ab; ich brächte doch gar keine dramaturgische Erfahrung mit. Antwort: Das wüßte man. Ich verschanzte mich dahinter, daß ich keine Zeit hätte, nach Neu-Babelsberg hinauszukommen. Antwort: Man würde sich in der Stadt mit mir treffen.

Natürlich freut es uns in einem gar nicht einmal so geheimen Winkel unseres Herzens. Aber eben unser Herz bleibt kühl all dem blinden Alarm gegenüber. Nur tun uns alle Anzeichen neu erwachter beruflicher Lebendigkeit wohl.

26. Mai 1938 | Donnerstag (Himmelfahrt)

> Was soll ich reden? Er hat mir's zugesagt und hat's auch getan! Ich werde in Demut wandeln all meine Lebtage nach solcher Betrübnis meiner Seele.
> *Jesaja 38, 15*

In der Kirche der alte Gemeindestamm: Geheimrat Stutz, ich, der SA-Mann, der im Auto vorfährt und viele Kirchenlieder auswendig singt. –

Von Ihlenfeld sehr aufmerksam, vor seinem und R. A. Schröders Aufbruch zur Dichter- und Theologen-Tagung nach Wittenberg, zu einem hübschen kleinen Mittagbrot eingeladen. Zum Glück fiel mir ein, daß heute sein Geburtstag ist, und ich nahm ihm Blumen und ein Friedrich-Wilhelm-Bild mit. Schröder war wieder sehr, sehr liebenswürdig und wiederholte seine Einladung aufs dringlichste. – Die neue Bibel-Revision verwerfen beide. In Wittenberg hatten Schröder, Winnig, Beheim, Taube und ich die einzigen Autoren neben 40 Theologen sein sollen.

Auch darin, daß ich nicht nach Wittenberg darf, darf in erster Linie nicht ein politischer Akt, sondern muß ein ernster göttlicher Spruch begriffen werden. –

31. Mai 1938 | Dienstag

Ich traue auf den Herrn. Psalm 11, 1

Hanni mit Renerle wieder auf dem Arbeitsamt, drei Stunden. Nun haben Frau J. und Topells Zwischenmeisterin, Frau K., sich bereit erklärt, Renerle zu nehmen; denn auch die Meisterinnen leiden ja sehr darunter, daß es keinen Nachwuchs mehr gibt. Aber der heutige Bescheid des Arbeitsamtes ergab, daß Renerle das unerläßliche Arbeitsbuch nur bekommen kann, wenn sie ihr Haushaltpflichtjahr in einem jüdischen Haushalt (ohne Mädchen und mit Kindern) abgedient hat. Man kann sich durch Sinn und Technik aller dieser Maßnahmen überhaupt nicht mehr hindurchfinden. Hanni nimmt es mehr und mehr mit. Renerle stellt sich zum Pflichtjahr überaus vernünftig.

Von vier Uhr an verlief der Tag höchst merkwürdig und überraschend. Ihlenfeld meldete sich mit Schröder und Beheim-Schwarzbach aus Wittenberg zurück und für den Abend an. Koenigswald wollte zu einem späten Kaffee kommen. Da faßte ich einen kühnen Entschluß, den Hanni trotz aller Anstrengung sofort verwirklichen half. Schröders »Prominenz« und die Tatsache seiner Durchreise ermöglichten es, eine improvisierte kleine Abendgesellschaft zu arrangieren, ohne vorherige Einladung und große Ausgaben: Zeit und Geld und Kraft zu sparen und aller unserer noch einzulösenden Verpflichtungen uns mit einem Schlage zu entledigen. Dieses Vorgehen bei mir als so viel jüngerem Gastgeber zu legitimieren, vergewisserte ich mich, daß Leo von König sehr gern mit Schröder sich bei uns treffen wollte. Graf und Gräfin Luckner erschienen noch um einhalb elf, von einem Abendbrot bei Freunden aus. Schröders Schwester kam mit. Es war ein stolzer Autoverkehr vor unserem Hause.

Es war in der Hinsicht schöner und geschickter Aufmachung und zeitlicher Bewältigung unser größter Erfolg, und die Stimmung war so vorzüglich, daß man sich nicht einmal über die beiden Zimmer verteilte, sondern alles im Refektorium beisammen saß, wobei freilich die Gespräche der politischen Ressentiments etwas zu breiten Raum einnahmen: leider, es ist ein gewohnheitsmäßiges Reden in die Breite geworden. An Form und Lebendigkeit überboten sich die drei berühmten Alten, deren freudige Zusage uns doch recht stolz machte. Ich hatte zum Glück noch die fünf Flaschen herrlichen Geburtstagsweines. Den »Dienst an den Gästen« habe ich am Abend ganz übernommen, damit Hanni doch noch ein wenig Freude und Muße an diesem anstrengenden Abend fände. Daß ich durch die Wirts-Pflichten an den einzelnen Gesprächen nicht so Anteil hatte, hat mir nur wohl getan. Das Wohlwollen für unser Haus und das, was es bot, ohne Grenzen.

Ich habe mir den Abend als »Abschied von der Welt« gedacht. Ich war wie befreit, aller, aller Verpflichtungen nun ledig zu sein.

1. Juni 1938 / Mittwoch

> Ich gedenke an die Taten des Herrn; ja, ich gedenke
> an deine vorigen Wunder.   *Psalm 77, 12*

Zum letzten Mal bei Mutter im Krankenhaus. Mit einer zweiten Röntgenaufnahme war man sehr zufrieden. Aber Mutter hat eine verkapselte Tuberkulose. Freitag kommt sie nun zu uns; von Hanni heißt's zu diesem Zeitpunkt das Äußerste verlangen.

Alle seit Wochen aufgesparten Antwortschreiben als Pfingst-korrespondenz erledigt, nach alter, bewährter Technik: 32 Stück. Schon wieder zwei Tage nicht am »Ewigen Haus« geschrieben. – Der Kampf um die Arbeitszeit ist sehr viel aufreibender als die Arbeit selbst.

Harald Poelchau meldete sich auch wieder einmal telefonisch, Bericht zu erstatten und Bericht einzuholen. Ernst Wiechert im Zusammenhange mit der Niemöller-Sache im Konzentrations-lager. August Winnig hart daran vorbei. Sie sind nicht dankbar dafür, wieviel der Staat uns noch läßt.

2. Juni 1938 | Donnerstag

> Du hast Gnade vor meinen Augen gefunden, und ich
> kenne dich mit Namen.   *2. Mose 33, 17*

Nachdem nun auch *in puncto* Pflichtjahr unsere ersten Versuche
für Renerle scheitern und neuer Zeitverlust droht, haben wir
heute morgen bei Milchs in Wolfshau angerufen. Von diesem
Gedanken war Renerle begeistert, und uns wäre es so beruhigend,
sie in keinem fremden Hause und nun gar im Gebirge zu wissen.
Man fragt sich mit Sorge, was Hitler unternehmen wird, den in
der tschechoslowakischen Frage durch Englands Veto erlittenen
Prestigeverlust wieder auszugleichen. Die Zeitungen sehen nach
wie vor nicht gut aus.
Ein Tag zur Arbeit war's wahrhaftig wieder nicht, und das zehrt
am meisten an mir. –

3. Juni 1938 | Freitag

> Laß dir an meiner Gnade genügen.   *2. Korinther 12, 9*

Die Zusage von Milchs zunächst für zwei Monate von Renerles Pflichtjahr in Wolfshau. Ihre Freude groß. Und nun hat sie,
die *conditio sine qua non* für jede künftige Arbeitsmöglichkeit, das
Arbeitsbuch sofort bekommen. Mir scheint's die freundlichste
Lösung dieser gar so dringlich aufgetauchten Frage. Für Renerle
das erste: Kauf einer Windjacke fürs Riesengebirge. Um einhalb
zwölf brachte Billum nun Mutter im Auto vom Krankenhaus zu
uns, noch recht labil; sieht auch schlecht aus.
Mir ist angst um meine Arbeit. Dr. B. vom Martin-Luther-Krankenhaus telefonierte noch einmal ausführlich mit mir. Sie sind
mit dem Ergebnis der abschließenden Untersuchungen sehr, sehr
zufrieden: die Schwierigkeiten liegen im Temperament und Charakter, nicht im Gesundheitlichen.
Gestern war's der Architekt, heute Mutter – mein armes Buch!

4. Juni 1938 | Pfingstsonnabend

> Er wird mich erhalten bei meiner Kraft und wird mir
> Frieden schaffen; Frieden wird er mir dennoch schaf-
> fen.   *Jesaja 27, 5*

Es kommen noch immer die Worte zu einem, deren man am
meisten bedarf. Denn, ohne eine Spur der Übertreibung, gehts
ja jetzt um gar nichts anderes mehr, seit fünf Monaten, als die

totale Gefährdung des Werkes, an dem ich nicht vorüber soll und an das ich sogar glauben muß.

Hanni ist wie befreit, seit nun überhaupt irgendeine Lösung für Renerle da ist. So greift sie auch Mutter nicht so an; auch nehme ich natürlich Mutter möglichst auf mein Teil, indes Hanni sie aufs rührendste pflegt.

Abends um zehn fängt es an, ruhig für mich zu werden. Ich arbeitete noch bis dreiviertel eins; ich schrieb ein Mittagslied[160] zu dem Morgen- und Abendlied. Aber ich bin verstörter denn je. Ich fürchte, diesmal haben wir zuviel auf uns genommen.

5. Juni 1938 | Sonntag (Pfingsten)

> Ihr sollt am ersten Tage Früchte nehmen von schönen Bäumen, Palmenzweige und Maien von dichten Bäumen und Bachweiden und – fröhlich sein vor dem Herrn, eurem Gott.
> *3. Mose 23, 40*

Zum ersten Male will's an einem hohen Kirchenfeste nicht festlich werden in meinem Herzen und Hause und selbst im Gottesdienste nicht. Da kann's also durchaus sein, daß auch alle innere und äußere Bereitschaft nicht hilft. Aber der pfingstliche Geist muß Sieger bleiben. Gott hat sich noch immer, auch in allerschwersten Zeiten, zu seinen Festen in meinem Hause bekannt. Er tue es auch diesmal. Noch geht alles hinter dicken Schleiern an mir vorüber.

Das »Mittaglied« heute erst recht »fertig gedichtet« und Bore zu Pfingsten geschenkt. Nach neuen Kirchenliedern ist immer wieder der Friede, der im Herzen immer herrscht, auch in den Sinnen und Nerven.

Um zehn wurde es noch einmal zur Arbeit ganz still. Doch ist's so, als der einzigen Stille am Tage, kein haltbarer Zustand. –

8. Juni 1938 | Mittwoch

> Dienet dem Herrn mit Furcht und freuet euch mit Zittern.
> *Psalm 2, 11*

Glanz, Glanz; und ein Wind, der schon sommerlich ist. Wäsche im Garten. Hanni und Renerle packen für die Reise ins Pflichtjahr. Dieser Tag wird nun hoffentlich wieder meiner Arbeit gehören. –

Fechters schöner Aufsatz über Erhard in der »Deutschen Zukunft«, in dem wir zum ersten Male als Brüder erwähnt werden.

> Du wirst erfahren, daß ich der Herr bin, an welchem
> nicht zu Schanden werden, die auf mich harren.
>
> *Jesaja 49, 23*

Nach keiner Erfahrung verlangt's einen mehr.

Mein Pittel[161] nach dem Frühstück, und nachdem sich's noch ein
paar Gänseblümchen und Klee aus dem Garten angesteckt hat,
aufs fröhlichste ins Pflicht-»jahr« abgereist. Wie kann's ahnen,
daß für uns der bittere Vorgeschmack des Auswanderungsab-
schieds hinter dieser Fahrt in die Berge steht. Gebe Gott, daß
sie einmal genau so froh und jung jene große Fahrt antritt. Wir
haben uns damit abgefunden, langsam und schwer.
Ich war mittags zu dem umständlichen Vermessungsakt in Nikolassee. Auch in Nikolassee kann's, wie hier, auch im Politischen,
wie mir scheint, eine gute Nachbarschaft werden.
Als ich heimkam in das stille, fast feierliche Haus mit seinen herab-
gelassenen Jalousien und Markisen, seinem tiefen, stillen Garten,
begriff ich es – nach der Verlesung und Unterzeichnung auf
unserem künftigen Sitzplatz im mittäglichen Garten in Nikolassee –, daß dieser wunderliche Zustand des Aufgebens und des
Erwerbens, des Abbrechens und des Aufbauens nicht Zerspal-
tung, sondern doppelte Liebe bedeutet. –
Am 24. Mai glaubte ich, die Arbeit am »Ewigen Haus« mit wenigen Seiten Manuskript begonnen zu haben. Dann kam die Woche
mit Mutter. Gebe Gott, daß ich nun anfangen darf. Das heutige
Losungswort möge die Antwort sein auf meine Bitte. Ich bin
grenzenlos müde. Aber da gibt's keine Flucht. –

12. *Juni 1938* / *Sonntag (Trinitatis)*

> Der Engel des Herrn lagert sich um die her, so ihn
> fürchten, und hilft ihnen aus.   *Psalm 34, 8*

Zeilen von der Kaiserin mit dem neuesten Familienbilde: von
der Hochzeit des Prinzen Louis Ferdinand in Doorn. Müdigkeit
und Schmerzen sind wieder einmal arg. Auf dem Sonntag lastet
die unerfüllte vergangene Woche. Das ist kein Weg zu Ruhe am
Feiertag, neuer Arbeit am Werktag. Da quält sich etwas hin,
das gar nicht gut ist.
Was will denn Gott mit dieser neuen, furchtbaren Störung meiner
Arbeit? Und: ist dies Gott, der da prüft – oder ein anderer, der
den Gottes-Dienst nicht werden lassen will?

> Und ich will der Priester Herz voller Freude machen,
> und mein Volk soll meiner Gaben die Fülle haben,
> spricht der Herr.
> *Jeremia 31, 14*

Heute abend waren Hanni und Brigitte im Edenhotel bei dem
so plötzlich und so wunderlich aufgetauchten »Monsieur und
Madame Salomon« aus Brüssel.

Meine Abendarbeit begann um zehn Uhr. – Aber da war ich nun
wirklich nicht mehr fähig zu schreiben.

Hanni und Brigitte kamen mit dem Eindruck heim, daß hier
wirklich der erste Anknüpfungspunkt im Ausland, in Brüssel,
gefunden scheint. Zum Glück braucht nichts übereilt zu werden;
und alles ist, mit großem Interesse, vertagt, bis Salomons in einem
Vierteljahr wiederkommen.

19. Juni 1938 | Sonntag

> Ja, ich will euch tragen bis ins Alter und bis ihr grau
> werdet. Ich will es tun, ich will heben und tragen und
> erretten.
> *Jesaja 46, 4*

Dieser eine Tag ist wieder Sommer, wenn's auch im Hause noch
kühl ist. Der Himmel ist blau, nachdem der Morgen noch zwischen Grau und Bläue wechselte; die Sonne scheint stark, doch
ohne Schwere; ein zarter Wind geht; alles Grün des nun dicht
belaubten Gartens leuchtet. In Mariendorf zu einer besonders
guten Predigt von Kurzreiter über Jesaja 46, 4 mit meinem lieben
Liede »Sollt' ich meinem Gott nicht singen?« Bei der Heimkehr
das Geläut und Choralsingen von der Fronleichnamsprozession
in der Johanniskapelle und im Leinewebergarten über unserem
Garten.

Ich schrieb ein Silvesterlied[162] über Jesaja 46, 4 und 5. Mose
32, 7.

Das Gedichtbändchen für Ihlenfeld zusammengestellt.

Von Beuthen geträumt, wie man nur von einer verlorenen Heimat träumen kann.

20. Juni 1938 | Montag

> Des Herrn Wort ist wahrhaftig; und was er zusagt,
> das hält er gewiß.
> *Psalm 33, 4*

Von einem eigentlichen Beginn des Katharina von Bora-Manu-
skriptes, durch die dauernden äußeren Störungen, war trotz der

Ansätze Ende Mai und Anfang Juni noch immer nicht die Rede. Es ist, als sollte ich zu nichts kommen als zu den Zeitschriftenaufsätzen, und der einzige Trost sind die Gedichte. – Wann wird ein wirklicher Anfang sein? – Wieder ein Arbeitstag hin!

Pagel rief an: „*In tormentis*" sei erschienen. –

Mrs. Wood hat uns vor dem Konzert in der Garnisonkirche mit Gräfin Schlieffen zum Abendbrot eingeladen; vor dem Mittwochkonzert sind wir bei Koenigswald. Ausnahmsweise wird uns Unterbrechung gut tun. –

Heute sagte Hanni wieder: »Wenn's doch Klöster für Ehepaare gäbe«.

„*In tormentis*" noch nicht bei uns eingetroffen. Hanni erwartet's merkwürdig und rührend ungeduldig.

22. Juni 1938 | Mittwoch

> Mit dir will ich nicht ein Ende machen; züchtigen aber will ich dich mit Maßen, daß du dich nicht für unschuldig haltest. *Jeremia 30, 11*

Mittags kamen die ersten fünf Exemplare von „*In tormentis pinxit*". Zwei gingen nach Doorn.

Erhard und Brigitte blieben bei Mutter; Hanni und ich fuhren nach Potsdam, zum ersten Male wie in einer Flucht aus dem geliebten Hause! Und wie immer hat Potsdam, einer Reise gleich, seine Heilung geübt.

In Bornim mit Baron Falkenhausen[163], seinem Schwiegervater, bei Harald von Koenigswald in seinem herrlich blühenden Garten und auf der Terrasse zum Kaffee. In der Abendsonne der wunderbare Spaziergang zur Friedenskirche: durch uns unbekannte Buchenwaldwege, übers Teehäuschen, Belvedere, das Paradiesgärtlein, nun kennen wir Potsdam ganz. Abendsonne, Tannenduft und Jasmin, wie ich Jasminsträucher so mächtig noch nicht sah. Und Rittersporn und Rosen! Erst brannte in der Kirche kein Licht: so hell war draußen noch der Sommerabend. Klar standen die unbewegten Wipfel in den Fenstern. Zwischen Orgelspiel und Gesang das Vogelzwitschern. Anders als Ramin kann auch Bach seine Musik nicht gespielt haben. – Und die Leisner wird immer mehr die große, große Sängerin des geistlichen Barockliedes. – Für uns war's so schön, wie wir nun doch allmählich zu Potsdam gehören, was es nun schon für ein Begrüßen vor und nach dem Konzert gibt: Falkenhausens und ihre Marwitz-

Schwestern, und alle kennen den »Vater«. Und Oertel wurde in Rom in der Pension »aus den deutschen Fliegerkreisen« davon erzählt. Oertel und Topell waren auch noch ins Konzert nachgekommen und luden uns nachher, mit dem Wagen, mit Koenigswald zur Erdbeerbowle in die Meierei im Neuen Garten ein. Da saßen wir noch am See, in Decken gehüllt. Und immer noch beleuchtete Boote auf dem Wasser, auch ein dunkles, großes Segelboot. Nachts um eins waren wir erst wieder daheim. Welcher Trost ist für uns die Nähe dieser lieben Stadt. –
Heut schien sie uns stiller, lebensvoller und schöner denn je. Soldaten in den Parks, Soldaten auch in der Kirchenmusik: Friedrich Wilhelms Stadt.
In der Friedenskirche sagte Hanni: »Deine Liedertexte einmal von der Leisner gesungen hören.«
Ich wünschte es mir auch von Rudolf Watzke. Am meisten: von der Gemeinde. –

23. Juni 1938 / Donnerstag

> Da glaubten sie an seine Worte und sangen sein Lob.
> *Psalm 106, 12*

Heute ist nun unser zweiter Potsdamer Musikfesttag, und wir empfinden ihn wieder als große, große Wohltat: als Abschluß auch und, gebe es Gott, endlich Anfang im Hinblick auf Friedrich Wilhelm I. und Katharina von Bora!
Nun ist's wirklich erfüllt, was zwischen mir und Friedrich Wilhelm vorgegangen war: seine Bilder sind der Anfang gewesen und wurden nun der Abschluß.
Auf den Abend zu wurde es in Potsdam milder und klarer. Reizend das unregelmäßige alte Haus und sein an die Orangeriegärten angefügter Tannengarten: völlig ein nobles Bürgerhaus in der Umwelt eines Hofes, ganz voll der Atmosphäre Friedrich Wilhelms IV., von dem her die Familie auch noch den eigenen Schlüssel zum Park von Sanssouci besitzt. Ein aufmerksames kleines Abendbrot mit der 69jährigen Mrs. Wood und ihrem netten 19jährigen Sohn und der früheren Oberhofmeisterin Gräfin Schlieffen. Die Gespräche herkömmlich: Potsdam bleibt eben doch bei Harald von Koenigswald am besten aufgehoben. Sehr hübsch und festlich die Stimmung um die Garnisonkirche; auch Kronprinz und Kronprinzessin waren da. Für mich wird's immer seltsam bleiben, nahe der Stelle zu sein, an der Friedrich

Wilhelm jeden Gottesdienst hörte und an der sein armer, zerschnittener Leib wirklich noch ruht. –

24. Juni 1938 | Freitag

> Diene Gott mit ganzem Herzen und mit williger Seele.
> Denn der Herr sucht alle Herzen und versteht aller
> Gedanken Dichten. *1. Chronik 28, 9*

Das erneute »Aufflackern« des Antisemitismus im Zusammenhang mit den Wiener Hetzereien – Bemalen der Berliner jüdischen Schaufenster – scheint vorüber. Es hat ostentative Ablehnung der Bevölkerung gefunden.

Sehr wohltuend waren die Potsdamer Gespräche im Hinblick auf diese, von den anderen angeschnittenen Fragen. Von unserer Situation wußte man dabei – außer Falkenhausen – wohl nicht.

Ein überaus freundlicher und als Gespräch zwischen Fremden ganz erstaunlich inhaltsreicher Anruf der Leisner. In allem Prominentenhaß hatte ich in diesem einen Falle – um der »Gib mir den Sohn«-Arie aus »Otto und Theophano« willen im Hinblick auf meinen »Vater« – es noch einmal mit ein paar Zeilen versucht und diese überraschend warme Resonanz gefunden.

Um einhalbelf noch ein Anruf aus Schillersdorf[164]. Brigitte soll gleich mit ihrem morgigen Ferienbeginn kommen. So hat sie doch, da alle Bäder für Juden verboten sind, auch eine kleine Reise. Renerle darf wegen der Juden-Schilder auf keine Baude, zu keinem Tanz im nahen Krummhübel. Aber Milchs, trotz aller Arbeit, gleichen aus, was sie nur können. –

25. Juni 1938 | Sonnabend

> In Gottes Hand ist die Seele alles dessen, was da lebt.
> *Hiob 12, 10*

Ein schlimmer, gehetzter, deprimierter Morgen bis zu Mutters Abreise mit Hilde.

Um einhalbdrei brach Brigitte nach Schillersdorf auf, und während Hanni und sie vorher packten und Hanni dann ihre Besorgungen zum Sonntag machte, habe ich das ganze Haus und den ganzen Garten und alle meine Dinge geordnet, die Stuben und Dielen mit Margueriten, Feldblumen, Nelken und die Glaskugel mit Hopfenranken geschmückt: es war wie eine Notwendigkeit, alles ganz neu zu machen, neu anzufangen. Und es ist ja auch wie ein Einschnitt, daß Hanni und ich nun plötzlich ganz allein sind.

Andrews hatten unerwarteterweise eine Karte zum »Orpheus«
übrig! Da gehe ich sogar ohne Hanni. Und es kommt in diesem
Moment so willkommen. –

Von Renerle ein rührend unbeholfen gepacktes Paket mit einem
Feldblumenstrauß »zum neuen Buch«. So wunderbar in seinen
blassen, lila Tönungen vor dem Seidensofa und seinen blaßrosa
und braunen Kissen im Barockzimmer.

Der Abend voller dunkler Wolken und warmen Windes, doch
nur schön zu der »Orpheus«-Aufführung. Es machte großen Eindruck auf mich, die Tausende einmal zu einer Oper strömen zu
sehen: auffallend viel junge Ehepaare. Die Dietrich-Eckart-
Bühne in lieblichem Tal unter mächtigen Kiefern ein wirklich
antiker Eindruck. Das Negative der Aufführung ganz gering,
sonst aber war's ein herrlicher, harmonischer Abend mit restloser
Ausdeutung von Gluck, ein feierlicher Sommerabend voll der
wunderbarsten malerischen Wirkungen; die großen Wirkungen
waren: die Leisner, der Wald, der Wind und das grandiose Licht,
ganz im Dienste der Musik. Hier leistet die Technik der Kunst
Dienste, von denen frühere Generationen keine Vorstellung hatten. Es wurde wahrhaftig mit den Bäumen und dem Lichte musi-
ziert. Sehr, sehr reizvoll das Ballett in der Verflechtung mit dem
Orpheus-Part.

26. Juni 1938 | Sonntag

> Sei mir gnädig, Gott, sei mir gnädig! denn auf dich
> traut meine Seele, und unter dem Schatten deiner
> Flügel habe ich Zuflucht, bis daß das Unglück vorüber-
> gehe.
>
> *Psalm 57, 2*

Große Sonne und starker Wind. So tiefe Stille im Haus. Wir frühstückten nach der Kirche auf der Terrasse, erledigten Korrespondenz, sprachen – was selten geschieht – von den möglichen Plänen
der künftigen Arbeit: Katharina von Bora, Voltaire, Paul Gerhardt und dem mich immer wieder so packenden Gedanken an
ein Paulus-Oratorium. Und das Hauptgespräch: Einrichten in
Nikolassee. –

Wir fühlen uns heute wie nach einem Schiffbruch gerettet. Die
Bedrohung der Arbeit war nun wirklich unerträglich geworden.
Wir sind noch selber wie krank. Nun endlich soll Sonntagsruhe
sein. Nur heute noch die eilige Umbruch-Revision von »Der König

und die Stillen im Lande«. Und los von den jahrelang ununterbrochen genommenen Schlafmitteln.

Abends sahen wir uns den großen Olympia-Film an, der uns beide
positiv fast überhaupt nicht berührte und negativ bedenklich
stimmte. Wie fremd ist uns die Zeit; wie scheint sie nur voller
äußerer und innerer Gefahren.

Wie immer atmeten wir in der Stille des Hauses und Gartens
wieder auf, trotz aller tiefen, tiefen – namentlich äußeren – Müdigkeit. Wer uns sieht, sagt, wir müßten reisen, indes wir schon
dankbar sind für jeden friedlichen Tag im Hause. Nicht die Seele,
aber die Nerven sind am Versagen. –

28. Juni 1938 | Dienstag

> Gedenke, Herr, an die Schmach deiner Knechte!
>
> *Psalm 89, 51*

Brigitte schreibt zufrieden aus Schillersdorf.

Heute zunächst einmal, ehe ich mich wieder an das »Ewige Haus«
herantaste, den großen Bibelaufsatz für die »Stunde des Christentums« beendet: trotz aller Mängel mein vorläufiges »Testament«.

Auf das »Ewige Haus« will ich nun täglich acht Stunden zu verwenden versuchen, für die laufenden Aufsätze täglich nur zwei
Stunden darangeben, nun ich durch die vielen Korrekturen hindurch bin und der Gedichtband zusammengestellt ist.

Mir scheint, als klagten 1938 besonders viele Menschen darüber,
daß ihnen dieses Jahr so zerrinne; und daß größere Pläne undurchführbar würden.

29. Juni 1938 | Mittwoch

> In meiner ersten Verantwortung stand mir niemand
> bei, sondern sie verließen mich alle. – Der Herr aber
> stand mir bei und stärkte mich.
>
> *2. Timotheus 4, 16. 17*

Ich hatte Pagel noch einmal gebeten, dem Reichskriegsministe-
rium meinen Plan der Friedrich-Wilhelm-Gedenkausstellung vorzutragen, weil ich ja direkt nicht damit hervortreten kann. Heute
bereits hat man sich vom Kriegsministerium aus deswegen an
Dr. Jagow gewandt; die Ausstellung soll im Zeughaus stattfinden.
Ein großes Beginnen, nachdem zum 50jährigen Regierungsjubiläum des Kaisers selbst jedes historische Gedenken untersagt
wurde und an Monarchie nicht mehr erinnert werden soll.

Unsere »jüdische« Vermögens-Angabe eingereicht. Da mußte jedes Silberschälchen, jeder Honorar-Außenstand hinein! Was wird nun folgen?

Von nun an gibt es keine freie Verfügung mehr über unseren Besitz, auch nicht über künftige Ersparnisse und Erwerbungen, da jede Vermögens-Veränderung sogleich angezeigt werden muß. Ein tiefer, grundlegender Einschnitt, wie loyal oder illoyal die Angelegenheit auch gehandhabt werden möge. Es geht in diesen Fragen des Eigentums um eine der entscheidendsten Erschütterungen. »Das ewige Haus« und sein Untertitel.

Das erste Kapitel des »Ewigen Hauses« ist immer noch ein Organisieren. Nun bin ich wirklich erschöpft.

1. Juli 1938 | Freitag

> Wir segnen euch, die ihr vom Hause des Herrn seid.
>
> *Psalm 118, 26*

Die ersten Hypothekenverhandlungen. Ich bin erstaunt, wie hohe Beträge uns von großen Versicherungsgesellschaften geboten werden: 22000 Mark erste und 8000 Mark zweite Hypothek zu fünf Prozent Zinsen bei 99 Prozent Auszahlung und allerdings 1600 Mark Spesen. Bei solcher Höhe des Betrages müßte aber auch vielleicht die ganze »Jüdische Abgabe«-Seite dieser Angelegenheit sich klären lassen.

Hanni zu den Fragen des Ariertums und des Hausbaues: Hanni sagt, Onkel Ludwig ist so sichtlich stolz, daß eine in der Familie noch so geachtet wird: sie. Und sie selber, sagt Hanni, nachdem sie gerade vom Adel und von Wissenschaftlern so große Aufmerksamkeit erfuhr, geht mit einem ganz anderen Gefühl durch die Straßen, als sie sonst in Deutschland aufzubringen vermöchte. – Beim Abendbrot sagte Hanni: »Alle Juden verkaufen, brechen ab, wandern aus; und ich baue mit dir! Wie ist es von Gott her? Denn ich frage ja nur noch danach.« Alle menschlichen Erwägungen sagen Nein; der Glaube Ja. Zum irdischen und zum »Ewigen Haus«.

2. Juli 1938 | Sonnabend

> Meine Kraft ist in den Schwachen mächtig.
>
> *2. Korinther 12, 9*

Schneider schickte mir seine neuen Römischen Sonette; die Kaiserin einen langen, überaus aufmerksamen Brief und der Kaiser sein (einige Jahre zurückliegendes) großes Bild mit dem Namen, »Doorn 1938« und dem Widmungswort »Wenn man in der Welt etwas will dezidieren, so will es die Feder allein nicht machen, so nicht von der Schärfe des Schwertes soutenieret wird! Frd. W. I.«

So ist's also nicht Friedrich Wilhelms Entsagung, sondern seine Einstellung zur Macht, die den greisen Kaiser im Exil am stärksten beschäftigt. –

Die Kaiserin hat dem Kaiser „*In tormentis*" mit einem Strauß blauer Iris übergeben. Die Schrift des 79jährigen Kaisers ist erstaunlich fest. Immer wieder erschüttert einen die vertane Möglichkeit dieses langen Herrscherlebens; und mich vor allem, daß ja in ihm am stärksten Friedrich Wilhelms I. Züge, vermengt mit denen Friedrichs I., wiederkehrten! Und einfach das erschüttert: daß man nun in einem persönlichen Verhältnis steht zu dem letzten Kaiser.

3. Juli 1938 / Sonntag

> Wo ist ein Volk auf Erden wie dein Volk Israel, um welches willen Gott ist hingegangen, sich ein Volk zu erlösen?   *2. Samuel 7. 23*

Beim Glockenläuten, unter Sonne, Gewölk und Kühle zu zweien Frühstück auf der Terrasse. In der Südender Kirche sorgfältige Predigt des neuen Vikars Heß; die Südender Vikare dieser Jahre haben mich dem Nachwuchs gegenüber durchaus zuversichtlich gestimmt. – Post von beiden Töchtern.

Weil sie hier nicht in die Bäder dürfen, bin ich ebenso sehr dafür, daß Brigitte mit Meschkes an die Ostsee fährt, zumal sie einen kleinen Ort gefunden haben, der keine »Schilder« hat. – Heute war ich, da in den Mittagsstunden die Sonne so schön schien, zum ersten Male schwimmen und mich sonnen: ein großes Bedürfnis. Und nun nur noch einmal die quälende körperliche Müdigkeit verlieren: denn mein Geist und meine Seele sind nicht müde. Ich bin nur äußerlich aufgerieben und zermürbt.

Der erste Sonntag mit Feiertagsruhe. –

6. Juli 1938 / Mittwoch

> Aber dich will ich erretten zur selben Zeit, spricht der Herr, und sollst den Leuten nicht zuteil werden, vor welchen du dich fürchtest. Denn ich will dir davon

helfen, daß du nicht durchs Schwert fallest, sondern
sollst dein Leben wie eine Beute davonbringen, darum, daß du mir vertraut hast, spricht der Herr.

Jeremia 39, 17. 18

Auf einmal kommen die Musiker: heute ein Gerhard Schwarz[165]
vom Kirchenmusikalischen Institut des Ev. Johannisstiftes in
Spandau, der mich wegen meiner Liedertexte sprechen will.
Hanni beim Anwalt, noch immer wegen der »Angabe jüdischen
Vermögens«.
Bei mir Vassilière's Herr Schwarzer zur Unterzeichnung der
Baupläne. Werden spätere Zeiten die Spannungen solchen Zu-
sammenhanges verstehen? Was es heißt, täglich alles preisgeben
und dennoch weiter aufbauen müssen? Mir ist, als sammelte ich
seit Erscheinen des »Vaters« nur noch grundlegende Erfahrungen,
ohne noch produktiv zu sein!
Heute erst Beendigung des Umbruchs von »Der König und
die Stillen im Lande«.
Wir werden von Tag zu Tag müder. In allen Stunden, in denen
man das Leben rein menschlich ansieht, will man immer nur
sterben, Hanni wie ich, trotz aller Dankbarkeit. Von Volk und
Familie sind wir zu sehr getroffen. Und das heißt: mit Volk,
Familie, beruflicher Sicherung, Vermögen, Grundbesitz ist uns
durch alle irdischen Ordnungen ein Strich gezogen.

7./8. Juli 1938 | Donnerstag und Freitag

Nach deiner großen Barmherzigkeit hast du es nicht
gar aus mit deinem Volk gemacht noch sie verlassen;
denn du bist ein gnädiger und barmherziger Gott.

Nehemia 9, 31

Es ist wie ein tiefer Einschnitt: und der Einschnitt heißt, daß
Hannis Kräfte jäh und plötzlich am Versagen waren, so, daß ich
sie nicht ansehen konnte, ohne zu weinen; – daß aber gerade die
Möglichkeit einer großen Reise so überraschend sich bot; und
daß ich nun von einem Tage zum anderen ganz allein bin; und
das ist in diesem Zustand der Spannung und Erschöpfung wie
eine große, tiefe Erschütterung. –
Donnerstag: An glühendem Vormittag in dem, für mich, qualvoll gesteigerten Verkehr mit Dr. Panick und Schwarzer unterwegs beim Stadtbauplanungsamt und der Generalbauinspektion –

wieder ein Vormittag vergeblich und so anstrengend vertan. Wenigstens einige Dezernentennamen erfahren.

Oertel und Topell sagten sich an: Abschied zu nehmen vor der gemeinsamen Fahrt nach der Schweiz und Italien für Oertels neue »Renaissance«-Pläne[166]. Koenigswald kam hinzu.

So still war's im besonnten Garten zu dem Kaffee auf der Terrasse, aber in den Gesprächen war die Zeit so quälend, so drohend, so zehrend, daß wir alle sahen: so verfallen war Hanni noch nie.

Als Topell und Oertel gingen, fiel nur das Wort, Hanni solle mit, ein Stück oder bis zur Grenze. Wir aßen indes noch mit Koenigswald und tranken noch eine halbe Flasche Wein auf die Beendigung seines Buches über das Alt-Berlin, das nun abgebrochen wird. Koenigswald half mir redlich, Hanni zuzureden. Und so rief sie bei Topell und Oertel an, sie führe mit, was wirklich freundlich und freudig aufgenommen wurde. Ja, es war, als hätten Hannis Kräfte nur noch bis zu diesem Abend gereicht. Auch äußerlich war's ein solcher Verfall.

Früh hatte ich noch viele Gespräche: Bau-Ämter, Versicherungsverhandlungen. Hanni packte, und um einviertel drei fuhren Topell und Oertel mit dem kofferbeladenen Auto vor: zunächst geht's nach Osterfeld zu Oertels Mutter, dann nach Nürnberg und immer weiter, bis Hanni vor der Grenze einen Ort findet, an dem sie sich erholen zu können glaubt, bis die Topell sie am 26. 7. wieder mit dem Wagen von Italien her abholt!

Mir ist der Abschied unnatürlich schwer geworden. Wie still, geordnet, feierlich und einsam lagen Haus und Garten nach der Trennung.

Von Potsdam her rief Hanni noch einmal an: sie hatte etwas vergessen. Die Stimme klang schon munterer. –

Ich ging schwimmen, dann an meine viele Erledigungen. Ich muß wie über Beängstigungen hinwegkommen. Denn die Einsamkeit, die vor mir liegt, wird ja nur zu einem so kleinen Teile dem »Ewigen Haus« gehören dürfen. –

Eine internationale Tagung in der Schweiz; die fremden Nationen beraten über die Unterbringung der jüdischen Emigranten aus Deutschland und Österreich.

In der »Zeitwende« erschien, mit großem »Vater« und *„In tormentis“*-Inserat und aufmerksam gebracht, der Aufsatz »Berühmte Pastorensöhne in der Literatur«. Auch kamen dafür schon, ganz ungewöhnlich, 43 Mark Honorar. Und das Seltsamste: gestern, wie zu ihrer Reise, bekam Hanni einen Erbschaftsrest vom Hause ihrer Großmutter in Amberg: 500 Mark.

Ich glaube, es ist sehr, sehr gut, daß sich Hanni noch mit Oertel und Topell zusammen befindet und nicht gleich allein ist. Wie viel wird sie bis Montag, bis sie sich trennen, mit ihnen sehen!

Nur mit Hanni zusammenbleiben und schreiben dürfen: mehr erbitte ich von Gott nicht mehr. –

10. Juli 1938 / Sonntag

> Aber von Gottes Gnade bin ich, was ich bin. Und seine Gnade an mir ist nicht vergeblich gewesen.
>
> 1. Korinther 15, 10

Windig und regnerisch. Flüchtige und schöne Sonnenlichter. Beers »Neue geistliche Lieder« mit drei Vertonungen meiner Texte: »Kirchenjahr«, »Ohne Gott«, »Nur wie ein Fisch«.

Die Kirche heute schön mit Lilien geschmückt. Geheimrat Stutz, des alten Kirchengefährten Platz in der zweiten Bank vor der Kanzel heute leer: gestern ist dieser große Kirchenrechtslehrer auf seinen Wunsch ganz still beigesetzt worden. Mit dem von ihm gewählten Spruche: Römer 8, 38. 39. Er starb, nach seinem 70. Geburtstag, an einem Herzschlag. – Mein Jahresspruch 1938: Römer 8, 37. Mein sonntägliches Haus so still.

Ich las heute, in völliger Zustimmung, Professor Hermanns »Theologische Anliegen zur Kirchenfrage«.

Zum Schwimmen war's zu kühl, zum Laufen herrlich, zumal der Tag immer klarer wurde. Da habe ich mich trotz der Einsamkeit zur Sonntagsruhe gezwungen und bin nach Rangsdorf gefahren und von dort durch den Wald nach Dahlewitz gelaufen. So habe ich doch gelbe Roggenfelder und grüne Haferfelder am Waldessaume in immer klarerer, stillerer Sonne gesehen. Welcher Duft der Kiefern: und wo Gärten waren, strömte der Duft von Lilien dazu: das war Hochsommer der Mark Brandenburg! Mit den Abendglocken kam ich heim, fast voll unnatürlicher Sehnsucht nach Haus und Garten in ihrer feierlichen Stille, ihrem milden Abendglanz. Ich rüstete mir mein sommerliches Abendbrot auf der Terrasse, dann hatte ich noch stille Stunden am Schreibtisch. Da war in der Dämmerung kein Laut gewesen als das Gurren der Wildtauben. Die Diele voller Lindenduft.

Nun geht das Jahr nicht mehr wie in weiter Ferne jäh über mich hin: nun ist's in mein Bewußtsein eingegangen, daß Sommer ist. –

Ich schrieb am Abend ein Kirchenlied[167], ein Geburtstagslied:

> »Gott wohnt in einem Lichte,
> dem keiner nahen kann –«.

12. Juli 1938 | Dienstag

> Das Reich Gottes steht nicht in Worten, sondern in
> Kraft.   *1. Korinther 4, 20*

Zu wenig Zeit und zuviel Vorkommnisse und Erledigungen. Der
Durchschlag meines heutigen Briefes[168] an Hanni muß als Tage-
buchbericht dienen.

»Nun, wo es überwunden ist, kann ich es ja gestehen, wie entsetzlich bange mir in den ersten Tagen war! Auch hatte ich immer
die Furcht, ihr könntet einen Unfall haben.

Ich bereitete gestern ein kleines Abendbrot für Schwarz-Spandau
vor. War eine sehr wichtige Besprechung. Der Eindruck gut,
da er musikalisch beherrscht ist nur von zwei Epochen: Gotik
und Reformation. Ich glaube, er kam gerade im rechten Augenblick, um mich vor einer großen Erstarrung in etwas formal
Falschem zu bewahren – er kam zu mir, wie er sagte, weil er gesehen hat, daß es bei Schröder zu spät ist. An Andrews' Klavier
hat er mir Demonstrationsunterricht erteilt: die frühen Choräle
vorgespielt im Hinblick auf Rhythmik, Metrik, Reim – dann die
späteren vom Barock an, deren Melodien im wesentlichen meinen
und Schröders Texten zugrunde liegen: das sind Tänze! Einige
dann völlig verflachte Kirchenmelodien der späteren Zeit hat er
mir – als Schlager vorgespielt!!! Wir haben uns ausgezeichnet
verstanden. Mann in meinem Alter, Schlesier. Die Wendung, die
ich gemacht habe, mit dem Text der Bibel zu »dichten« (wie im
Roman mit der Geschichte), hält er für den einzigen Weg zum
neuen Choral, sonst wird nämlich Museum daraus, wenn wir die
Alten mit einer Naivität nachahmen, die wir 1938 nicht mehr
haben können. Von meinen bereits vorliegenden Texten kommt
für die Musik nichts in Frage, so sehr er einzelnen Zeilen und dem
gesamten Tenor der Texte nachtrauert. Wir machen als erstes ein
ganz einfaches Oratorium für Chor und Gemeindechoral über
das Evangelium vom verlorenen Sohn: rein als handwerkliche
Übung.«

Ich denke, in der nächsten Woche wird in meinen Verhandlungen alles so laufen, daß ich wieder mehr zur Arbeit komme. Ich

sorge sehr gut für mich, weil ich ja weiß, daß ich einen Ausgleich brauche gegen all das Turbulente.

13. Juli 1938 | Mittwoch

> Ich bin barmherzig, spricht der Herr, und will nicht ewiglich zürnen.
> *Jeremia 3, 12*

Auch heute muß es sein: der Brief an Hanni mag den schweren Tag festhalten.

»Heute war nun der Besuch bei Dr. Koch an der Reihe. Selten habe ich mich zu einem Menschen so hingezogen gefühlt wie nun gerade zu dem, der mich politisch überwacht. Heute fragte er auch nach der Zukunft der Töchter; und erzählte auch von sich: daß er neben seiner Schultätigkeit her und ehe er an die Universität kam, sechs Jahre lang Organist in Hessen war, daß er Cello und Klavier spielt, ein Trio für die Hausmusik hier hatte, nun aber gar nicht mehr zum Musizieren kommt. – Den Band Gedichte für den Eckart-Verlag brauche ich nun nicht mehr einzureichen, da die meisten Gedichte einzeln schon vorgelegen haben und man die Art der noch nicht vorgelegten nun genügend zu kennen glaubt. – Mit großer Wärme und wirklichem Interesse besprach er mit mir den Plan des »Ewigen Hauses«, genau so aber die Schwierigkeiten des »irdischen Hauses«. – Sehr, sehr wichtig war, daß ich die Frage meiner Korrespondenz mit Doorn stellte und ihm von meinen Bedenken Mitteilung machte. Es war auch richtig, daß ich immer mit vollem Absender abgeschickt habe. – Ich soll nun eine offizielle Anfrage einreichen – auch Proben meiner Briefe nach Doorn und der von Doorn vorlegen –, ob ich weiter auf alle die Freundlichkeiten, die mir von dort erwiesen werden, in Briefen reagieren darf. Inzwischen will er aber den besonderen Dezernenten der Gestapo anrufen und ihm von diesen meinen Mitteilungen Kenntnis geben und ihn über die rein menschliche Seite dieses Briefwechsels orientieren. Ich war, bis ich dies heute besprach, doch so unsicher geworden, ob ich in meiner besonderen Situation nicht eine Taktlosigkeit begehe, daß ich mich bisher für Brief und Bild noch nicht bedankt hatte. Nun muß ich den Bescheid abwarten, und mir ist ein Stein vom Herzen, daß ich meiner Befangenheit nachgegeben habe und alles besprach. Vielleicht trennt man hier zwischen rein menschlichen und persönlichen Dingen und allem, was als monarchistisch-politisch mißverstanden werden könnte.«

Die Internationale Konferenz wegen der Fragen der jüdischen Emigration, insbesondere aus Deutschland und Österreich – man sieht ganz konsequent die Südost-Nachbarstaaten folgen – in Evian (am Genfer See) nahezu ergebnislos verlaufen. – Die Juden in Deutschland aus den letzten, ihnen belassenen Berufen ausgeschieden: Makler, Reisende. Davon schreibe ich Hanni nicht.

25. Juli 1938 | Montag

> Gott spricht zu Mose: »Welchem ich gnädig bin, dem bin ich gnädig; und welches ich mich erbarme, des erbarme ich mich.« So liegt es nun nicht an jemandes Wollen oder Laufen, sondern an Gottes Erbarmen.
>
> *Römer 9, 15. 16*

Ein schöner Sommertag in aller Fülle des Juli.
So setzt nun das Tagebuch wieder ein. Der letzte Reisebrief an Hanni ist geschrieben.
Bei Dr. Koch: Ich stehe bewegt vor dieser Fülle des Verständnisses, vor all der Sauberkeit und Güte, die mir an dieser Stelle, die mich überwacht, begegnet. Der große Bibelaufsatz genehmigt. Die Korrespondenz mit Doorn nach Rückfrage bei der Geheimen Staatspolizei erlaubt. Welcher Druck ist von mir genommen. – Wir haben von allem Wichtigen gesprochen: vom Verhältnis des Nationalsozialismus zum Christentum, das wieder nur an den unteren Stellen entartet. – Von der Tragödie der jüdischen Frontkämpfer. – Von Reinhold Schneider. – Beide von ganz Privatem. Was hat Gott hier gefügt! –

26. Juli 1938 | Dienstag

> Ich bin arm und elend; der Herr aber sorgt für mich.
>
> *Psalm 40, 18*

Hochsommertag in allem Glanz und aller Schwere.
Anrufe Pagel-Jagow: wohl wegen Ressortstreitigkeiten finden nun zwei Friedrich-Wilhelm-Ausstellungen statt, eine »militärische« und eine »private«, eine im Zeughaus und eine im Hohenzollernmuseum in Monbijou – und um beide große Geheimniskrämerei. Diese Zersplitterung ist ein Jammer.
Um drei Uhr fuhr ich Renerle am Görlitzer Bahnhof abholen, hielt einen schönen Kaffeetisch für sie bereit und ließ mir erzählen, erzählen. Renerle ist bezaubernder denn je, aber in diesen sieben Wochen nun ganz junges Mädchen geworden.

> Gott ist mein Hort, meine Hilfe und mein Schutz, daß
> ich nicht fallen werde. *Psalm 62, 7*

Hannis Rückkehr. – Die Wohnsiedlungsgenehmigung erteilt.

Am Morgen noch ein Brief von Hanni aus Nürnberg, dem ich entnehmen konnte, daß sie noch am Vormittag eintreffen würde. Da galt es, den Empfang zu rüsten, auch bereitete ich ein kleines, schönes, sommerliches Frühstück und schmückte die Türlaternen mit Lindenzweigen aus dem Garten. Das Kind hatte Urlaub, saß im Liegestuhl, spielte Schallplatten und half sich so darüber weg, daß es nicht mehr ins Luftbad darf. Es ist ihm gar zu still im Hause.

Mittags Sonne, Stille, Grün, Glanz, wie bei der Abreise war es, als Hanni nun um halb eins wieder heimkam. Wie erinnern die Autoreisen an altmodische Reisen, wenn nun der Wagen nur zu ungefähr errechenbarer Zeit wieder vorfährt. Hanni wohler und runder, aber um die Augen noch sehr angegriffen. – Aber völlig zufrieden mit dieser Reise. Die große Überraschung der Heimkehr: daß Renerle schon da war. Heute, ganz plötzlich, stürzten Renerle die Tränen aus den Augen, als sie von dem »einen Tage der Bangigkeit nach uns« sprach.

Hannis und Renerles Erzählen währte von eins bis fünf, dazwischen noch ein kleiner, festlicher Kaffee, wie überhaupt Haus und Garten so feierlich klar und heiter auf Hanni wirkten, unvergleichbar mit allem, was sie jetzt auch an reicheren Häusern gesehen hatte. Was ihr aber an Häusern irgend nur gefallen hatte, brachte sie als Änderungsskizze mit.

Sie hat mir, da sie einen Crucifixus nicht fand, einen »Schmerzensmann« mitgebracht, selten wie der »Grablegungschristus«; frühes fränkisches, einfaches Barock. –

> Dein Heil steht allein bei mir. *Hosea 13, 9*

Jetzt kommt bei mir erst die Anspannung dieser drei Wochen, vor allem die Nachwirkung des elenden Schlafes mit konzentrierter Heftigkeit nach. Ich weiß kaum, wie ich die kleine Arbeit der Friedrich-Wilhelm-Gedenkartikel bewältigen soll. –

Alle Gespräche der Reise – und meine daheim haben erwiesen,

daß wir politisch überhaupt mit niemand mehr konform gehen: nun aber nicht, weil wir vom Nationalsozialismus so getroffen sind, sondern gerade, weil wir diese restlose Verdammung, diese Hektik des Hasses nicht mitmachen, auf der anderen Seite die Vergangenheit – die wir alle überblicken können – nicht derart glorifizieren können. Wir können uns nirgends mehr zuordnen und eingliedern.

Nach Holland hat nun auch Griechenland seine Grenzen für alle jüdischen Emigranten gesperrt. –

30. Juli 1938 / Sonnabend

> Wenn ich mich fürchte, so hoffe ich auf dich.
>
> *Psalm 56, 4*

Vom Ullsteindienst kam Karbe zu uns zum Kaffee; und damit Renerle endlich einmal wenigstens anonym und inkognito (!) schwimmen könne, fuhr er im Wagen mit uns beiden nach Wannsee, indes Hanni einen langen Mittagsschlaf hielt.

Trotz des Sonnabendnachmittags war's so wunderschön; mir, der ich nie herauskomme, fast wie eine Reise: Glanz, Dunst, Himmelsbläue, weiße Segel, Wald – die hohen dunklen Kiefern.

Gegen halb sieben kam Brigitte, dunkelbraungebrannt, aus Schillersdorf heim.

Beim Abendglockenläuten saß Herr Steiner bei uns auf der Terrasse; er wollte eine Widmung in „*In tormentis*" geschrieben haben. Nun ist also gute Nachbarschaft in Südende und Nikolassee zugleich.

Frau Oehlmann kam und saß noch lange bei Hanni auf der Terrasse.

Wo Juden jetzt mit Hanni zusammenkommen, erfahren wir das Gleiche: viele Arier sind zu den vernichteten Juden so sehr anständig; die wohlhabenden Juden sind gegen die ärmeren so hart. –

Wie entsetzlich niederdrückend reden alle von der Zeit, auch gerade die, welche so sichtlich von ihr getragen werden. Und die von Auslandsreisen heimkehren, bestreiten die in der Presse spürbare außenpolitische Entspannung. So groß ist draußen der Haß gegen das Dritte Reich.

Und wenn man dann dieses Glücks- und Friedensbedürfnis dieser Weltstadt an solchem Sommer-Sonnabendnachmittag sieht . . .

31. Juli 1938 | Sonntag

Der Herr ist mit mir, mir zu helfen.   *Psalm 118, 7*

Glanz und Wind. Nur am frühen Nachmittag einmal ein jäher
Schatten; dann ward's immer linder und klarer. Unser Frühstück mit Renerle, beim Glockengeläut, vor der Kirche. Beide
Töchter, wie es für diesen herrlichen Sommertag sein muß, haben
Verabredungen am Wannsee und am Stölpchensee. Da war es
für Hanni und mich ein gar stiller Sonntag. Hanni ruhte viel, ich
schrieb die beiden Friedrich-Wilhelm-Gedenkaufsätze für DAZ
und Berliner Tageblatt; endlich wieder einmal Stunde um Stunde
am Schreibtisch; es ging auch nach der langen, aufgezwungenen,
quälenden Entwöhnung wunderbar leicht. –

1. August 1938 | Montag

Nun, Herr, wes soll ich mich trösten? Ich hoffe auf
dich. Errette mich von aller meiner Sünde.

Psalm 39, 8. 9

Ich konnte bereits am Morgen wieder am Schreibtisch sitzen, als
wäre ich endlich wieder ein Schriftsteller.
Hanni war noch sehr lange bei Rechtsanwalt Wergin gewesen.
Er gab, was das Haus angeht, von sich aus den gleichen Rat,
den wir uns als Lösung überlegten: das Haus auf meinen Namen.
Eine erste Hypothek von der Rheinischen Hypothekenbank.
Eine zweite Hypothek von Hanni.
Denn alle nehmen an, daß der Arisierung der Geschäfte und aller
Unternehmen die Arisierung des Grundbesitzes folgt. Der Un-
gewißheit solchen Ausweges sind sich heute wohl alle bewußt,
die ihn wählen. Für mich selber ist's, wie für Hanni, voller Ge-
heimnisse Gottes.

3. August 1938 | Mittwoch

Ich will mich am allerliebsten rühmen meiner Schwachheit, auf daß die Kraft Christi bei mir wohne. – Denn,
wenn ich schwach bin, so bin ich stark.

2. Korinther 12, 9. 10

Die jüdischen Ärzte müssen ihre Praxis auflösen – mit Frist bis
zum 1. 10.! Nur für die Behandlung von Juden soll es noch
Sondergenehmigung geben. Das alles ist noch sterbenskrank, ja,
immer kränker. Es bleibt der Gradmesser.

Und alle außenpolitische Entspannung ist nicht wahr: China-Japan, Japan-Rußland, Spanien, Araber-Juden, Juden-Deutsche, Sudetendeutsche-Tschechen: es ist ein verhängnisvoller Sommer.–

5. August 1938 | Freitag

> Sei uns gnädig, Herr, sei uns gnädig! Denn wir sind
> sehr voll Verachtung.   *Psalm 123, 3*

Anruf bei Raeck, dem armen W. aus Breslau eine Inspizientenstelle im Schillertheater zu vermitteln. Dr. Raeck plädierte eifrigst für die Dramatisierung von »Der König und der Abenteurer« für Heinrich George im neu eröffneten Schillertheater.
Hanni schüttelte nur den Kopf; denn diesen Vormittag kamen noch zwei andere Anrufe: Dr. Pagel: die Tobis hat die Option auf den »Vater« erworben. Pauck-Tobis: am Dienstag Besprechung mit ihm, Köppen als Chefdramaturg, dem Produktionschef Vogel, der den »Vater« bereits begeistert gelesen hat, und mir über Verfilmung von »Der König und der Abenteurer«. Nun haben Hanni und ich die gemessene Einstellung diesen Dingen gegenüber, freuen uns aber dankbar über jedes Zeichen von beruflichem Leben um uns, wo wir doch schon so oft verloren gegeben waren. Wir sind so glücklich, daß wir noch immer an Aufbau denken dürfen! 1938 in unserer Situation! –

6. August 1938 | Sonnabend

> Wachet, stehet im Glauben, seid männlich und seid
> stark!   *1. Korinther 16, 13*

Geweckt vom vielstimmig gesungenen Morgenchoral »Lobe den Herren« im Andrewsschen Hause.
Das »Sonntagslied« zum Abschluß des »Kyrie«-Bändchens geschrieben.
Am frühen Nachmittag traf Renerle auf Nachmittags- und Abendurlaub ein; mit einem großen Strauß roter Gladiolen zum Erscheinen von »Der König und die Stillen im Lande«. Sie war weicher und kindlicher denn je, hatte oft Tränen in den Augen, wollte uns immerzu um sich haben – und schrieb einen langen Brief nach Wolfshau, Milchs möchten sie doch zurücknehmen. Und weil ein ganzes Jahr Gebirge so gesund für sie wäre, haben wir's trotz aller Bedenken erlaubt, daß sie schrieb.
Gleichzeitig mit Renerle kam Karbe zum Kaffee und fuhr dann mit Renerle und mir wieder zum Wannsee, wieder mit dem kleinen

Abstecher zur Teutonenstraße in Nikolassee, dessen Stille, dessen Gärten, dessen Straßen unter alten Bäumen immer schöner und schöner erscheinen. Die ersten Bäume auf unserem Grundstück sind gefällt, der Bauplatz abgesteckt.

9. August 1938 / Dienstag

> Selig ist der Mann, der die Anfechtung erduldet; denn nachdem er bewährt ist, wird er die Krone des Lebens empfangen, welche Gott verheißen hat denen, die ihn liebhaben.
> *Jakobus 1, 12*

Morgens Anruf Ihlenfeld, daß wir uns einig sind, das nachgedichtete Abschlußlied nicht in das »Kyrie«-Bändchen aufzunehmen. Von »König und die Stillen im Lande« sind trotz des glühenden Sommers schon 1400 Stück verkauft. Darüber muß selbst Ihlenfeld staunen. Diesmal hatten wir nur mit einem ganz kleinen Leserkreis gerechnet.
Bei Dr. Koch im Ministerium, die Briefe aus Doorn wieder in Empfang zu nehmen; auf die Vorlage meiner Briefe verzichtet man; ich brachte Koch »König und die Stillen im Lande«; er zeigt seine Freude über unser Verhältnis so nett. Die Manuskripte für den 14., 15. 8. ohne Prüfung genehmigt. Desgleichen die Freiheit für Verhandlungen mit der »Tobis«. Als ich auf die Schwierigkeiten in »Die Fahnen des Dreißigjährigen Krieges« hinwies, meinte Koch nur: »Zu sublim, um politisch gewertet werden zu können.« Ich bin nicht einmal auf dem Ministerium, ohne daß man mir etwas besonders Freundliches sagt!! Diesmal: »Ihr ‚Vater‘ ist bei uns nun einmal als berühmtes Buch und bedeutendes Werk abgestempelt« und »wir wissen genau, daß Ihr neues Buch lange dauern muß.« Auch dort, wie im Verlage, läßt man mir soviel Zeit! Beim Ministerium ist es also durchaus so, daß sie nichts als eine gewisse Fügsamkeit in der Form wollen, dann hat man die Freiheit in der Sache. Man darf sie nicht vor *faits accomplis* stellen, nicht Dinge, die sie kaum anfechten können, ohne und gegen sie machen. –
Bei der Tobis fragten sie mich gleich, ob Schwierigkeiten vom Ministerium her zu erwarten seien. Als ich berichtete, umrandete Pauck sein Kalenderblatt mit dem Rotstift: zum ersten Male sei in diesen Räumen das Ministerium gelobt worden! –
Die Anregung, mit mir zu verhandeln, ging diesmal vom Kunstausschuß, der obersten Stelle aus; das schaltet also das mühsame

Durchkämpfen eines Vorschlages aus. Man wollte mich auch sonst sehr eng heranziehen, aber ich wich ohne Prätentionen aus, denn es hätte mich dazu verpflichtet, der Tobis für Drehbücher bis 1940 zur Verfügung zu stehen.

So sieht die Einigung vorläufig so aus und wird so an den Kunstausschuß und den Aufsichtsrat weitergegeben:

Es wird eine Friedrich-Wilhelm-Trilogie bis zum neuen F.W.I.-Gedenkjahr 1940 erwogen.

Es werden vielleicht drei Treatments von mir erforderlich, in meiner Sprache, nicht mit dem filmischen Handwerk, dessen Erlernung ich jetzt keine Zeit widmen darf: 1. Der König und der Abenteurer. 2. Die Töchter (die gestrichene Nebenhandlung von der Demoiselle Koch und der Lietzenburger Kastellanstochter aus Kapitel IV–VI). 3. Grundling.

Werden diese geplant, so schreibe ich die Handlungsskizze mit möglichst viel Dialog in je einem Monat, zur zeitlichen Konzentration für mich noch dieses Jahr.

Aus dem Drehbuch scheide ich aus, weil sich die Arbeit über zweieinhalb Jahre verteilen könnte. Ich scheide auf meinen Wunsch und ganz gegen Willen der Tobis aus. –

Ich muß aber dem Regisseur und dem Hauptdarsteller zu Besprechungen vor Drehbeginn noch einmal acht Tage zur Verfügung stehen.

Ich muß dann endlich Drehbuch und Dialog – welcher Gegensatz zur Ufa! – noch einmal »dichterisch und historisch« überprüfen.

Nach meinen finanziellen Forderungen gefragt, nannte ich mein einstiges Angebot von der Ufa, da ich sonst über Erfahrungen nicht verfüge.

10. August 1938 / Mittwoch

> Der Herr, unser Gott, ist gerecht in allen seinen
> Werken, die er tut.   *Daniel 9, 14*

Gestern abend kamen noch Oertel und Topell mit einem Kruge Wein und Bier auf die Terrasse, eine Stunde beim aufgehenden Monde zu sitzen. Die Tobis ermöglicht Oertel die große Fassung seines »Michelangelo«. Das macht mir kulturelle Hoffnungen: ein abendfüllender Kulturfilm! Ein Film dieser Qualität. Über meine Tobis-Verhandlungen schweigen Hanni und ich auf der ganzen Linie. Bei der Tobis habe ich gebeten, mich nur wieder hinkommen zu lassen, wenn von der Tobis aus geklärte, spruchreife Dinge zur Verhandlung stehen. Ich darf nicht anders. Zeit, Zeit! Zeit für die großen Bücher!

Diese Unruhe, diese Sehnsucht hat mich, und auch Hanni, allen anderen beruflichen Dingen gegenüber so ruhig gemacht. Sie macht auch bescheiden. –

11. August 1938

> Nicht uns, Herr, nicht uns, sondern deinem Namen gib Ehre um deine Gnade und Wahrheit!
>
> *Psalm 115, 1*

Freundlicher Anruf von Köppen: ob ohne nochmalige Rücksprache mit mir der Vertrag für drei Treatments à 1500 Mark ausgefertigt werden darf. Ich willigte sofort ein, weil mir bei so impulsivem Mitgehen jede Prätention oder gar jedes finanzielle Handeln mehr als verfehlt schien. Ich tat es, zumal da er mir sagte, daß Pagel ohne jedes Ressentiment und nur erfreut mich, mit Kilpper, für ein Vierteljahr für diesen Zweck quasi freigibt.

Als ich vom Schwimmen kam, rief Pagel an, der vorher schon mit Hanni gesprochen hatte: freut sich wie ein Schloßhund für mich, war aber schon ganz übermütig und meinte, ich hätte meine starke Position gleich ausnützen und sofort mehr fordern müssen. Von mir aus gesehen falsch. Denn hier war es nun einmal wirklich so, daß die Gegenseite Feuer gefangen hat, und diese gute Atmosphäre soll man nicht verderben; denn es ist, im Gegensatz zu den Ufa-Usancen, so hochanständig, daß sie sowohl Pagel wie mir gegenüber klipp und klar von drei geplanten Filmen sprechen. Sie konnten auch reserviert und schrittweise vorgehen. Geschäftlich werde ich dem Film nie gewachsen sein und soll es auch nicht. Dafür beginnt die Sache diesmal in einem so guten Geist. Und vor allem, wie hätte ich es nach dem Zusammenfall von »König und Abenteurer« und »Alter und junger König« 1934 nun noch erwartet. – Noch wichtiger: ein Friedrich-Wilhelm-Film ist von mir aus künstlerisch möglich, weil der König der große Bildmacher war!

Da Kilpper gestern in Berlin war, konnte Pagel gleich den ganzen Fall mit ihm besprechen; beide waren sich einig und sehen ihn im Hinblick auf den »Vater« sehr positiv, obwohl ja die endgültige Verfilmung mit dem Treatment-Auftrag noch in keiner Weise feststeht. Aber fast ist es unrecht, daran zu zweifeln, wenn man auf den gescheiterten Friedrich-Wilhelm-Film von 1934 zurückblickt und nun an den Umstand denkt, daß die Auflassung des Grundstückes in Nikolassee und der neue Filmauftrag auf den 250. Geburtstag des Königs fallen. Schwer ist's, gerade jetzt schon an 1940 zu denken, wo die Gedanken immerzu zum August 1914 zurückgehen.

Hanni und ich sind nur dankbar, freudig und bewegt. Die Trilogie als Ergebnis einer Besprechung ist auch ein Mirakel.

Hanni sagt, sie erschrickt fast davor, daß es mir nun in dieser Gefährdung meines Berufes so geht wie in meinen besten Zeiten. Aber ich gedenke all der Bibelworte, die in der verzweifelten Arbeit am »Vater« mir wie Verheißungen begegneten. Und Hanni weiß, woher dies alles zu uns kommt. Alles, was wir erleben, macht uns nur noch einiger miteinander und inniger zueinander. Dieses zerrissene und bedrohte Jahr soll nun ein solches Geschenk sein!

Renerle ist fest entschlossen, auf Milchs Brief hin auch in das veränderte Wolfshau zurückzugehen.

12. August 1938 | Freitag

> Ich, der Herr, habe es gesagt, das will ich auch tun.
>
> *4. Mose 14, 35*

Von ihren Abendbesorgungen aus rief Hanni an, ich möchte kommen, ihr tragen helfen. Es war aber nur, um mir in unserer Südender Buchhandlung die soeben erfolgte Schaufensterauslage »Zum 250. Geburtstag des Soldatenkönigs« zu zeigen – mitten im Fenster meine drei Bücher – die, wie mir die Inhaberin, Frau Bergmann, sagte, selbst in Südende gut gekauft werden. Der 250. Geburtstag des Königs, der meine Dienste so lohnte, kündigte sich an wie ein persönliches familiäres Fest. Daß all das zum Geburtstag kommt!

Hanni belebt es so, daß Köppen sagte, wir sollen zur Veranschaulichung schon im Treatment die Rollen mit Schauspielern besetzen.

Die Literatur für die Film-Treatments bestellt. Welcher Segen ist mein geordnetes Archiv im Keller. Ich brauche im ganzen zwölf Bände aus meinen Friedrich Wilhelm-Vorarbeiten. – Der Kopf baut schon. –

Was einen am meisten erschöpft, ist wohl die Kriegspsychose dieses Sommers. Denn die Erschöpfung ist unheimlich. –

> Wir rühmen, daß du uns hilfst, und im Namen unsres
> Gottes werfen wir Panier auf.   *Psalm 20, 6*

Ein Regenmorgen, und die Kirche dunkel, so daß die vielen
Sommerblumen und die großen Kerzen auf dem Altar doppelt
feierlich wirkten. Als Gnadenspruch wieder mein Jesaja
43, 1.

Die Presse begeht Friedrich Wilhelms 250. Geburtstag im wesentlichen in den heutigen Sonntagsnummern statt morgen. Ich habe
mir mehrere Zeitungen gekauft, und Hanni und ich haben keinen
guten Eindruck.

Einige, die an »Monarchistisches« nicht erinnern wollen, tun den
Tag gar zu flüchtig ab.

Die meisten deuten Friedrich Wilhelm politisch *ad hoc* um.

Sehr viele geben das alte, primitive Bild von F. W. I. nicht preis,
als wären Schneiders »Hohenzollern« und mein »Vater« nie erschienen.

Andere fußen bis in den Wortlaut auf »Vater«-Stellen, ohne der
Quelle zu gedenken.

Es steht außer Frage, daß Schneider und ich heute uns hätten
stärker auswirken müssen. So zäh und stur ist alles; und so oppor-
tunistisch. Fast ärgere ich mich, daß ich nicht zum heutigen Tage
einen »Dank an Lavisse« veröffentlicht habe. Wieviel tiefer hat
dieser Franzose gesehen. –

16. August 1938 | Dienstag

> Bleibe in Gottes Wort und übe dich darin und beharre
> in deinem Beruf; und laß dich nicht irren. – Vertraue
> du Gott und bleibe in deinem Beruf.   *Sirach 11, 20–21*

Glühend, gleißend, schwül. Ein so gehetzter Tag. Tobisverhand-
lung wegen Erkrankung des Prokuristen abgesagt. Ich will auch
erst die Genehmigung vom Reichsfilmdramaturgen, wie beim
»Kahn«, eingeholt haben. Geschieht von der Tobis aus. Ehe das
nicht geschehen ist, ist alles sinnlos. Ich darf nicht aus »Geldgier«
einen solchen taktischen Fehler machen.

Gleich nach Tische mußte ich wieder nach Tempelhof[169], ins Carl-
Froelich-Studio, zu Prof. Froelich und Harald Braun. Froelich
braungebrannt, weißhaarig, dunkle, große Augen; viel Charme
des Alters und trotz aller Routine nicht ohne naive Begeisterungs-

fähigkeit. Aber er weiß wohl um diese seine Wirkungen. Kommt's zu dem Film, will er mich nun durchaus beim Drehbuch dabei haben, besprach auch gleich einen zweiten Plan mit mir. Aber ich bog alles ab. Verschüttete Künstler stecken ja doch in diesen prominenten Routiniers. Es gab Momente, in denen wir uns ausgezeichnet verstanden: daß es eine Komödie der armen Landschaft, des nördlichsten Weinlandes, des armen, stillen Stromes sein muß mit aller seiner Melancholie; die Oder die »Hauptperson«. –

17. August 1938 | Mittwoch

> Gott ist der rechte Vater über alles was da Kinder
> heißt im Himmel und auf Erden. *Epheser 3, 15*

Diese Tage sind politisch so furchtbar schwer. Die außenpolitischen Spannungen; die wachsende Beunruhigung durch die Verschickung unzähliger Menschen zum Festungsbau im Westen; die ungeheuren Reservistenübungen überall, die Konzentration namentlich im Südosten; der Materialienmangel; die Hybris der Staatsbauten; und den Juden werden bei der wachsenden Wohnungsnot (Ärzte, Praxisräume und Wohnung!) durch lauter Einkreisungsmaßnahmen gar die Wohnungen genommen –. Turmbau von Babel und Ausweisung der Juden: man erschrickt zu Tode. –
Land um Land sperrt seine Grenzen für die Emigranten. Manchmal denkt man, wenn diese Katastrophe ihren Höhepunkt erreicht hat, wird das Weltgericht des Krieges kommen.
So oft ich noch zu feiern oder mich zu freuen versuche, erscheint es mir als nicht nur fragwürdig, sondern als verdammenswert. Es ist zuviel Unglück zu nahe um mich und zuviel Unheil lastet über dem ganzen Erdteil. Nur die Kirchenfeste, die lassen sich immer begehen. Sonst löst alles Feiern und Sichfreuenwollen tiefste Niedergeschlagenheit aus. Das höchste Fest wird allmählich Sammlung zur Arbeit, so unbeschreiblich ist die Arbeit gefährdet. –
Hanni machte Anni Ihlenfeld und dem kleinen Bertram (geb. 23. 7.) ihren Besuch, ich überprüfte mit Ihlenfeld noch einmal den »Kyrie«-Umbruch. Ich freue mich, daß er eine Auflage von Fünftausend wagt. – Die Situationen sind noch so friedlich, wie man da beisammensitzt und Kinder um einen sind. Aber die Gespräche lassen einem das Herz zittern. Wir bauen Häuser und be-

kommen Kinder und planen Bücher: aber wir sind alle aufs Letzte bereitet.

Am meisten freilich erschrecke ich davor, daß in solchen Gesprächen alle politischen Faktoren durchgesprochen werden und daß nicht ein »gleichberechtigter Faktor« das friedenerhaltende Gebet ist! Luther: »Solange ich bete, wird noch Friede sein«. Solange Gott uns noch beten läßt, will er noch verheißen und erfüllen.

Hanni und ich gingen durch den Stadtpark heim; ich fragte Hanni, ob sie nicht noch die letzte Zeit in Südende dazu benützen möchte, von Kurzreiter sich unterrichten und taufen zu lassen. Sie habe gerade in diesen Tagen viel daran gedacht, sagte Hanni; und ich werde nun mit Kurzreiter sprechen. –

18. August 1938 / Donnerstag

> Wir wissen, daß Trübsal Geduld bringt; Geduld aber bringt Erfahrung; Erfahrung aber bringt Hoffnung; Hoffnung aber läßt nicht zu Schanden werden.
>
> *Römer 5, 3–5*

Auch dieser Tag unruhig, so gestört.

Daß nun das neue Buch plötzlich nicht begonnen werden soll – ist's etwa ein ernstes Zeichen von Gott, daß ein so weitgehender Plan jetzt nicht sein darf? –

Renerle kam mit einem Strauß Nelken; sie hatte ihren »Ausgang«, und der traf erfreulicherweise mit dem Abendbrotbesuch der beiden Wolfshauer, Pohl und Milch, zusammen. Milch rechnet nun schon fest damit, daß nach der Arisierung der Geschäfte die Übernahme alles jüdischen Grundbesitzes folgt; dieser Gedanke bewegt uns ja schon lange. Und das nun in Verbindung mit der Wohnungsnot. – An den jüdischen Dingen und dem, was sie als Symptom bedeuten, werden wir ganz krank. Uns ist, als könnten wir zu anderen bald nicht mehr reden und mit niemand als mit Renerle mehr lachen. Ich sehe mit Entsetzen, wie ringsum sich Nihilismus ausbreitet; und nur ein kleiner Kreis ist da, der zu völliger Gottergebenheit statt zum Nihilismus sich entwickelte.

Renerle will nun also unter allen Bedingungen, auch trotz Milchs Amerikareise, nach Wolfshau. Unsere bange Hauptfrage an Milch und Pohl gestern war: die Nähe der tschechischen Grenze in Wolfshau.

19. August 1938 | Freitag

> Wenn ich mich fürchte, so hoffe ich auf dich.
>
> *Psalm 56, 4*

Der Morgen milde und voll sanften Glanzes; dann wurde die Sonne immer stärker, und ein starker Wind kam auf. Das war ein wundersames Flirren von Sonne und Grün in dem Garten. Die tiefe Stille in dem lichten, sommerlichen Hause. Aber unentwegt spürt man das Beben dieser kranken, wirren Welt, so warm und leuchtend die Bilder des Friedens noch sind. –

Meine Nacht war wieder elend. Und diese schlimmen Nächte machen mir meine Arbeitstage zuschanden.

Menschen, Material, Pferde, Autos – auch aus der unmittelbaren Nachbarschaft – verschwinden bei den Fortifikationsarbeiten (Tank-Abwehr) im Westen. Zum ersten Male wird die allgemeine Unruhe, Bedrängung, Stumpfheit, Unzufriedenheit allerorten in der Bevölkerung laut, indes bei offiziellen Anlässen die Aufmarschierenden noch immer ungeheuer begeistert wirken. Die Befestigungslinie im Westen – militärisch auf weitere Sicht, sofern wir jetzt nicht zum Kriege treiben, notwendig – ist, gerade neben den ungeheuren Prunkbauten der Abbruchsgebiete, wie ein Symbol geworden, wie eine dämonische Zwingburg. Alles spricht nur vom »Westen« – dem, was dort geschieht, und dem, was sich dort ankündigt. Und immer erschreckender taucht in den Gesprächen das jüdische Konzentrationslager[170] in einem Steinbruch bei Weimar auf.

20. August 1938 | Sonnabend

> Siehe, ich sehe es wohl, spricht der Herr.
>
> *Jeremia 7, 11*

Reinhold Schneider, dem ich zum 15. 8. schrieb, schreibt zurück: »Wenn ich nun damit (»Hohenzollern«) dazu beitragen konnte, daß dem König sein Dichter erweckt wurde, so ist es ja wahrlich nicht vergeblich gewesen, ist es doch ein Dichter, der, wie der Staat des Königs, immer tiefer in Deutschland hineinwächst und bald nicht allein der Dichter Friedrich Wilhelms sein wird, sondern unseres deutschen Wesens und Hoffens (was Sie vor Ihren Freunden ja schon sind.)«

Wie bekomme ich nur wieder meine Arbeit in die Hand?!

Die Tobis hat nun die Option auf den »Vater« doch schon vor der Entscheidung des Reichsfilmdramaturgen erworben. –

Um sieben kam Gerhard Schwarz, für zwei Tage hier, zu mir heraus, und wir arbeiteten nun zum ersten Male zusammen, stellten den Choral zu dem Chorwerk »Der verlorene Sohn« fertig. Mein Entwurf war ziemlich »richtig« gewesen. Nun wird wirklich das Letzte an Subordination verlangt: nach der Bindung an dem Bibeltext nun die ausschließliche Rücksichtnahme auf das gut Singbare. –

21. August 1938 / Sonntag

> Wenn doch auch du erkenntest zu dieser deiner Zeit,
> was zu deinem Frieden dient!   *Lukas 19, 42*

Die beiden ernsten, gerade heute einem so nahen Evangelien dieses Sonntags: Lukas 19, 41–48; Matthäus 23, 34–39. Und das Johann-Walther-Lied: »Wach auf, wach auf, du deutsches Land« mit seiner vierten Strophe:

> »Gott warnet täglich für und für,
> das zeugen seine Zeichen,
> denn Gottes Straf ist vor der Tür;
> Deutschland, laß dich erweichen,
> tu rechte Buße in der Zeit,
> weil Gott dir noch sein Gnad anbeut
> und tut sein Hand dir reichen.«

Zum ersten Male seit 1933 hörte ich eine Predigt über Christentum und Judentum und Deutschtum; vom alten Pastor Kannenberg, der Kurzreiter an seinem letzten Urlaubssonntag vertrat. Die berührte mich nun besonders, wo gerade in dieser Woche Hanni den Entschluß zu ihrer Taufe faßte. – Nun gäbe es Übertritte um der Assimilation willen nicht mehr, hieß es in der Predigt, da nur die Rasse und nicht mehr die Konfession gälte. Wenn nun aber einzelne Juden immer wieder sich taufen ließen, so sei es das einzige sichtbare Zeichen, daß Gott das Volk seines alten Bundes auch in Deutschland noch nicht verlassen habe und in einzelnen Menschen immer wieder zu sich ziehe. –

23. August 1938 / Dienstag

> Lasset euch niemand das Ziel verrücken.   *Kolosser 2, 18*

Morgens Anruf Pagel: die Ufa hat die 5400 Mark für die »Kahn«-Rechte bereits überwiesen.

Bei der Tobis: ruhige, klare, von beiden Seiten in freundlichster Haltung geführte Vertragsverhandlung, die in nichts von den vorher geführten Gesprächen abwich: ein Novum beim Film. Und alle, die mit mir verhandeln, kennen das Buch; die Gesprächsgrundlage ist da.

Mit Pagel zum Essen. Wir kommen uns jetzt immer näher. Wir freuten uns dieses Tages sehr, sprachen aber fast nur von dem politischen Verhängnis dieser Tage – von dem immer größeren Geheimnis um das Heer. – Wir stimmen in Sorgen, Befürchtungen, den wenigen Hoffnungen, der Haltung so überein. Und so steht's auch um Ihlenfeld und mich, während ich mich politisch von Schneider und seinen großen monarchistischen Utopien und kleinen Auflehnungen immer mehr entferne. Hier gibt's keine kleinen Gruppen-Illusionen mehr, keinen Aktivismus im Winkel.

»Ein Geduldiger ist besser als ein Starker.«

Immer schlimmere Verschärfungen auch in Hotels für die Juden. Reisen ist nun anders als von Haus zu Haus eigentlich ausgeschlossen. Ab 1. 1. müssen alle Juden, ob getauft oder nicht, als zweiten Vornamen den Namen Israel, alle Jüdinnen den zweiten Namen Sara führen. Die Liste der Vornamen, die für neugeborene Judenkinder festgesetzt ist, bedeutet zu achtzig Prozent eine sadistische Verhöhnung.

Die biblischen, berühmten Namen sind den Juden gesperrt.

Das alles nahmen wir natürlich ohne Klage hin. Das deutsche Volk steht nicht dahinter. Und die Juden – und Hanni auffallend anhaltend und stark – fürchten ja Schlimmeres: die Ausweisung ohne alle Mittel. Hanni und ich tun auf jeden sorgenvollen Gedanken in die Zukunft einen dankbaren Rückblick auf Gottes Führung in der Vergangenheit. Und seit Hanni Christin werden will, bin ich viel ruhiger. Gott hatte so deutlich gemahnt.

Seit die Konferenz von Evian erwiesen hat, daß das Ausland den deutschen Juden nicht hilft, ist alles noch viel tragischer.

»Ohnmacht« und »Überwindung« im Sinne von Römer 8, 37–39, das sind in den letzten Monaten die Pole meines Denkens geworden. –

24. August 1938 | Mittwoch

Es soll die Herrlichkeit dieses letzten Hauses größer werden, denn des ersten gewesen ist, spricht der Herr

> Zebaoth; und ich will Frieden geben an diesem Ort,
> spricht der Herr Zebaoth.   *Haggai 2, 9*

Immer mehr Menschen verschwinden im Westen. Der Groll ist ungeheuer. Das politische Problem dieser bitteren Angelegenheit ist, ob die wachsende offenbare Mißstimmung die Partei als den Urheber oder das Heer als den Durchführenden trifft. Über all den Zugeständnissen an den wohl zum Kriege entschlossenen Führer scheint mir doch die innenpolitische Macht des Heeres, des einzigen Faktors, im Wachsen.

Wenn nun jeder Jude in Deutschland Israel, jede Jüdin Sara heißt – ist's nicht durch allen Sadismus des Gesetzes hindurch, dem Willen des Gesetzgebers entgegen, doch ein Zeichen, daß Gott in Deutschland sein Volk ruft und heimholt? Nun kann jeder Jude sich als Christ taufen lassen, ohne daß noch das Odium auf ihm ruhen könnte, es sei auch nur ein Anflug von Konjunkturspekulation dabei. Zur gleichen Zeit soll Hanni auch Sara heißen und Christin werden.

Harald Braun, den ich anrief, ihm zu danken, war selber erstaunt, daß die »Kahn«-Rechte von der Ufa nun wirklich schon gekauft sind.

Er schreibt zum siebenten Mal das »Maria-Stuart«-Drehbuch um. So sehe ich immer deutlicher die Grenze gewiesen, die ich nicht überschreiten darf – jenseits derer die »Gabe« zur »Anfechtung« würde. Denn ich will ja nicht reich werden, sondern meine Bücher schreiben. Nur dies kann der Sinn solchen Segens sein – es sei denn, all dies Gute sei nun das Ende überhaupt. –

25. August 1938 / Donnerstag

> Das Gebot, das ich dir heute gebiete, ist dir nicht verborgen noch zu ferne; – denn es ist das Wort gar nahe bei dir; in deinem Munde und in deinem Herzen, daß du es tust.   *5. Mose 30, 11. 14*

Um zehn Uhr war ich zur Grundsteinlegung in Nikolassee; ich ließ folgende drei Sprüche in der Südwestecke des Hauses einmauern: Haggai 2, 9; 2. Korinther 5, 1; 1. Korinther 3, 11. –
Den Gesamtplan der »Vater«-Trilogie für den Film entworfen. Nun liegen doch noch einmal Friedrich-Quellen von der Staatsbibliothek bei mir: zu Gundling, Zar Peter, Clement, Dr. Eisenbart und Eckenberg.

28. August 1938 | Sonntag

Erwecke die Gabe Gottes, die in dir ist. *2. Timotheus 1, 6*

Von Frieden ist nun in der internationalen Diskussion kaum mehr die Rede. Man gebraucht nur noch Wendungen wie: »daß der Krieg nicht unvermeidlich sei«. –

Kurzreiters erste Predigt nach seinem Urlaub über Lukas 18, 9–14: ein Absatz darin handelte von Macht und Buße und schloß mit warmen Worten über den »Vater« und den »König und die Stillen im Lande«. – Ich hatte heute vor, mit ihm wegen Hannis Taufe zu sprechen. Da er aber vor dem Kindergottesdienst noch eine Taufe hatte, besuchte ich ihn nur kurz in der Sakristei und sagte mich für morgen bei ihm an.

Es ist eine solche seelische Entlastung, in der qualvollen Spannung dieser Wochen durch die Film-Entwürfe von dem großen Buch-Plan entbunden zu sein. –

29. August 1938 | Montag

Der Herr Zebaoth hat's beschlossen – wer will's wehren? Und seine Hand ist ausgereckt – wer will sie wenden? *Jesaja 14, 27*

Morgens ein langer Besuch bei Kurzreiter. Ich habe den Eindruck, als würde er sehr bald zur Taufe sich entschließen und sich mit dem begnügen, was ich ihm über Hannis Frömmigkeit und Verschlossenheit sagte. – Durch Kurzreiter erfuhr ich, daß in der Herrnhuter Brüdergemeine »Der Vater« kursorisch gelesen worden ist. Die Brüdergemeine kann sich kaum mehr behaupten.

In der Stadt, im Blick der Menschen auf die Schlagzeilen der Zeitungskioske, spürt man, daß sie aus ihrer Stumpfheit aufgewacht sind. Das Eigentliche, bei unserer einheitlich gelenkten Presse, muß man natürlich zwischen den Zeilen lesen.

Da ist nun nicht mehr die Rede davon, »daß der Krieg nicht unvermeidlich sei«; sondern nun taucht die Frage auf, »warum sich der Krieg nicht lokalisieren lassen sollte«.

Alle Probleme außer dem sudetendeutschen werden verschwiegen; alles Augenmerk wird nur auf diesen einen Konfliktstoff gelenkt.

Der englische Botschafter in Berlin nach London berufen; außerordentlicher Kabinettsrat in London und Paris; man will noch »alle diplomatischen Möglichkeiten erschöpfen«.

Das deutsche Volk und die ausländische Presse – unsere Presse

schweigt darüber – erwarten vom Nürnberger Parteitag »außenpolitische Entscheidungen von außerordentlicher Tragweite«.
Diese Tage zehren furchtbar an einem. –
An unseren Reiseplan wollen wir nur schweren Herzens heran,
der politischen Lage wegen. Dabei merke ich, wie es Hanni weg-
zieht. Und der Arbeit täte in all der Wirrnis mit Familie und Bau
der neue, klare Einsatz so not – falls Friede bleibt. –

30. August 1938 | Dienstag

> Da mir angst war, rief ich den Herrn an und schrie zu
> meinem Gott; da erhörte er meine Stimme von seinem
> Tempel, und mein Schreien kam vor ihn zu seinen
> Ohren.   *Psalm 18, 7*

In der Presse noch nichts Beruhigendes. –
Tobis-Vertrag, Grundstücksauflassung, Hypothekenzusicherung
– alles verzögert sich um Wochen; und wir machen die Erfahrung,
daß das eine typische Zeiterscheinung geworden ist. Deutschlands überwucherter bürokratischer Apparat läuft tot und läßt
sich nicht mehr bewältigen. Und zugleich frißt er die Zeit und
Kraft aller Produktiven. Wie weit dies eine gesamteuropäische
Zivilisationserscheinung ist, vermag ich nicht zu beurteilen. Das
deutsche Exempel erleben wir täglich. Das ist eine sehr schwerwiegende Angelegenheit, wie die Zeit vertan wird. –
Nun ist meine Ullstein-Entlassung schon drei Jahre her. Wie
leicht durfte dieser schwere Schlag überstanden sein. –
Auf dem Bau dürfen vier Mann wenigstens weiterarbeiten.
Trotz der diplomatischen und journalistischen Entspannung
tschechischer Grenzzwischenfall, der aber nicht bedenklich
scheint. –
Alle seit 1919 in Italien eingewanderten Juden müssen binnen
sechs Monaten Italien verlassen. So emigrieren nun viele Deutsche
das dritte Mal: nach Österreich; nach Italien – und wohin nun
und mit welchen Mitteln? –

2. September 1938 | Freitag

> Das Verlangen der Elenden hörst du, Herr; ihr Herz
> ist gewiß, daß dein Ohr darauf merket.   *Psalm 10, 17*

Eineinviertel Stunde bei Dr. Koch; ich war nur in der Absicht
hingegangen, ihn über den Stand der Filmangelegenheiten zu
unterrichten. Nun erfuhr ich erst von allen Schwierigkeiten. Es
wurde das wärmste und schwerste Gespräch, das wir je mitein-

ander führten. Das Fortschreiten, die Verschärfung der antisemitischen Maßnahmen wird vielleicht auch vor den Sondergenehmigungen nicht Halt machen. Ich soll mich auf große Erschütterungen vorbereiten, und schon jetzt hat man meine – Scheidung erörtert. So weiß er nun, wo die Grenze ist: meine übrige Fügsamkeit kennt er. Denn selbst für den Aufenthalt bei Pohl und Milch, durchaus ein Problem, habe ich mir erst die Genehmigung geholt. So war's nun von ihm ausgesprochen: Ehe oder Vaterland – als Entscheidung, vor die ich bald gestellt sein kann. – Vom Propagandaministerium habe ich nichts zu befürchten, aber von generellen Maßnahmen des Innenministeriums. Er wird, wie er nur kann, für mich kämpfen. Er gab mir so klaren Einblick, wen ich für, wen ich gegen mich habe. Und beide sprachen wir's aus: daß es Fügung sein muß, daß wir in dieser meiner schwierigen Situation zu einander kamen. Beide pessimistisch, erfüllt uns eine seltsame Sicherheit, als dürfte das Schwerste, die Auswanderung, mir erspart bleiben. Welche Güte begegnet mir in diesem Menschen!

Wieder steht es vor mir wie im September 1935, das Wort, das schwere Erschütterungen und großen Frieden in einem ankündigt: Daniel 10, 19.

Ich behalte alles ganz für mich. Diesmal, das erste Mal, auch vor Hanni.

Von der Unterredung im Ministerium zur plötzlich doch zustande gekommenen Auflassung bei Wergin. Das war schwer: so unmittelbar nach dem Gespräch mit Koch nun das Grundstück in Nikolassee zu übernehmen.

Plötzlich werden die Hypotheken gesperrt, gerade von den Hypothekenbanken. Und ich stehe mitten in den Verhandlungen. –

Auch wenn Friede bleibt: vor uns kann soviel Schweres liegen. Eins weiß ich: Gott ist kein Quäler, wenn auch der Richter und immer der Führer; und über allem der Vater.

3. September 1938 | Sonnabend

> Ich will schauen dein Antlitz in Gerechtigkeit; ich
> will satt werden, wenn ich erwache, an deinem Bilde.
> *Psalm 17, 15*

Frühstück noch einmal mit beiden Töchtern. Dann brachte Brigitte Renerle, die »so gern noch einmal zwei Nächte bei uns geschlafen hatte«, zur Bahn. Und so kehrt das Pittel nach Wolfs-hau zurück. Ob es dort noch einmal so vergnügt sein wird? Werner Milch, der schon wieder hier sein muß, schien mir am Telefon sehr bedrückt. –

Brigitte spricht so kalt von ihrer Emigration. Wir werden sie noch aufs beste ausbilden lassen, soweit die Möglichkeiten noch da sind.

Um acht Uhr kamen Lotte und Anneliese E. aus Nürnberg, die nun vor Annelieses Emigration in Berlin eine Ausbildungsmög-lichkeit suchen, möglichst eine graphische, mit Brigitte zusam-men. Nun hofft wohl kein Jude in Deutschland mehr. –

Unentwegt muß ich an mein Gespräch mit Koch denken. Daß es nun schon soweit für mich sein kann. Und der Glaube fördert Haus und Buch.

4. September 1938 | Sonntag

> Ich ward getrost nach der Hand des Herrn, meines
> Gottes, über mir und versammelte Häupter aus Israel,
> daß sie mit mir hinaufzögen.
> *Esra 7, 28*

Ein stiller Regensonntag, den die Damen weithin in reger Tafel-runde an schöner Frühstück-, Kaffee- und Abendtafel verbrach-ten, zumal auch die Topell sich einfand. Mit Lotte komme ich gut aus; Anneliese liegt mir weniger, wie diese ganze amerikani-sierte – jüdische und arische – Nachkriegsgeneration in ihrer Leere und Herzenskälte.

Gegen Abend fuhr uns die Topell nach Nikolassee hinaus, so daß Hanni zum ersten Mal den werdenden, sehr langsam werdenden, Bau sah. –

Nikolassee tut es auch Hanni immer mehr an. Nun war's so ganz besonders schön in dieser Dämmerungsstille, dem leichten Nebel über der Rehwiese, den ernsten Kiefern in dem Glanz der Regen-tropfen. –

Der Tobis-Vertrag traf zusammen mit der Einverständnis-Erklä-rung zu meinem Gesamtplan ein.

5. September 1938 | Montag

> Siehe an meinen Jammer und mein Elend und vergib
> mir alle meine Sünden!
> *Psalm 25, 18*

Soviel am Telefon. Soviel unterwegs. Keine Zeit zum Eigent-lichen.

Mit dem Beginn des Parteitages fragt sich alles noch bänger: was wird in Nürnberg im Hinblick auf die Tschechoslowakei und auf die deutschen Juden erfolgen?

Die ersten Maßnahmen auf Grund der jüdischen Vermögensangabe werden bekannt: zunächst Sperrung des Effektenbesitzes. –

Am Sonnabend, nach den vielen Emigrationsgesprächen mit Lotte, sagte Hanni zu mir: »Wenn ich dich jetzt nicht als Mann hätte, würde ich halb wahnsinnig«. – Und heute: »Wir brauchen uns doch nie zu trennen«. Esra 10 kann man in seiner Beziehung auf das »Dritte Reich« nur mit bebendem Herzen lesen.

6. September 1938 | Dienstag

> Fürchte dich nicht, denn ich habe dich erlöst; ich habe
> dich bei deinem Namen gerufen; du bist mein!
>
> Jesaja 43, 1

Das große Ordnen vor der Reise. Das Packen der Koffer. Mir zittert das Herz, als sei es eine große, große Sache und mir ist so schwer zumute, daß ich ohne Bibel nicht einmal mehr reisen mag. –

Im Hinblick auf die Außenpolitik und auf das Judentum lastet der Nürnberger Parteitag schwer auf dieser Reise. Aber des Baues wegen und wegen der nahe bevorstehenden Heizperiode ist es nun die letzte Möglichkeit für mich, wegzufahren.

7. September 1938 | Mittwoch

> Nicht, daß du mich hättest gerufen, Jakob, oder daß
> du um mich gearbeitet hättest, Israel.
>
> Mir hast du Arbeit gemacht mit deinen Sünden und
> hast mir Mühe gemacht mit deinen Missetaten. Ich,
> ich tilge deine Übertretungen um meinetwillen und
> gedenke deiner Sünden nicht.   Jesaja 43, 22. 24–25

Grau und kalt. Bis in die Stunde des Aufbruchs hinein, den Reiseentschluß bestätigend, die Anrufe. –

Am frühen Nachmittag, gerade bei der Einfahrt in die Berge, vor Hirschberg, lag die Sonne, hervorbrechend aus schwerem, schwarzem Gewölk, über der Landschaft. Das Haus am Fuße der Schneekoppe, schon geheizt, der runde Kaffeetisch nahe am Kachelofen, im Garten noch alle Sommerblumen.

Bei Milchs ist das Haus so voll, daß wir zu Pohl sollten. Bei Milchs sind alle Gäste Juden, die eine letzte Zuflucht in Deutschland suchten und deren Zuflucht selbst hier so bedroht ist.

Renerle und Frau Milch hatten uns in Krummhübel abgeholt; und Renerle, die sich hier wieder so wohl fühlt und die Weltstadt nicht braucht, fühlte sich vom ersten Augenblick an für ganz Wolfshau vor uns verantwortlich.

Auf die Nacht zu immer stärkerer Sturm. Jagende Wolken über dem Mond, über den Waldbergen. Die schönen Lichter von Brückenberg auf der Höhe. Das Rauschen des Waldes und der Lomnitz drunten am Gartenzaun. Wir sahen noch die Verwüstungen des gewaltigen schlesischen Hochwassers der vergangenen Wochen, das über weite Teile von Schlesien große Not brachte und einen Teil der herrlichen Ernte vernichtete, Brücken mitriß und Städte absperrte.

8. September 1938 / Donnerstag

> Plötzlich rede ich wider ein Volk und Königreich, daß ich es ausrotten, zerbrechen und verderben wolle. Wo sich's aber bekehrt von seiner Bosheit, dawider ich rede, so soll mich auch reuen das Unglück, das ich ihm gedachte zu tun.
> *Jeremia 18, 7. 8*

Gleich nach dem gemeinsamen Frühstück besuchten wir ganz rasch unser Renerle und machten einen kurzen Weg durch den Ort und durch den Wald, hocherfreut, daß hier nichts an das Störende von Badeorten erinnert und daß der kürzeste Weg so lohnend ist, an soviel Schönes heranführt, immer wieder herrliche Ausblicke freigibt.

Ich habe gleich meine Arbeit am »König und Abenteurer« aufgenommen, habe meinen Arbeitsplatz in der hübschen, holzgetäfelten oberen Diele am breiten Fenster mit dem weiten Blick auf Berge, Höhenzüge, Täler, einen Bergbauernhof, Milchs Haus und Garten mit meinem Renerle, auf Brückenberg droben, die rauschende Lomnitz drunten. – Nachmittags waren wir zum Tee bei Milchs; er kam heute erst aus Berlin, so schwierig waren die Verhandlungen in dieser gespannten Lage. Welche stündliche Ungewißheit. Doch spürt man hier die Nähe der Grenze nicht.

Die hohen Bergzüge verschwanden im Nebel, Wolken umzogen die Waldhöhen, und obwohl es neblig und trübe war, kam ein langes, nicht leichtes Gewitter mit mächtigen Blitzen herauf.

Dann, am späteren Abend, brach aus dem schweren, jagenden Gewölk ein starker, klarer Mondesglanz, wie ihn die Ebene nicht kennt.

Vielleicht ist's das Erholendste für mich, daß ich hier arbeiten kann. Mir ist so bange geworden nach meiner Arbeit und um meine Arbeit.

Hier sind geordnete Haushalte, wenn auch keiner von der Schönheit und Klarheit und den Werten des unsrigen. Aber Häuser: kein Hotel, keine Pension, kein Kurhaus – in die zudem Hanni keinen Zutritt mehr hätte. Für Menschen unserer Situation bildet sich eine ganz neue Form des Reisens heraus.

9. September 1938 / Freitag

> Der Gott des Himmels wird es uns gelingen lassen; denn wir, seine Knechte, haben uns aufgemacht und bauen. *Nehemia 2, 20*

Die Zeitungen tief beunruhigend: die tschechischen Probleme drängen selbst die Parteitags-Berichte in den Hintergrund.

Es ist eine seltsame Stimmung hier um uns und diese beiden friedlichen, lebendigen Häuser – Pohl in seinem Kampf um die Wiederaufnahme in die Schrifttumskammer, über die ich schon so oft mit Dr. Koch sprach; Milch als Jude, Wissenschaftler, Schriftsteller; ich in meiner Bedrohung. Wir wissen alle, welch große Dinge Haus und Beruf sind, was Zähigkeit und Schuld bedeuten; und mehr noch als Pohl scheint mir Milch zu erfahren, wie für uns alles nur noch auf den Glauben gestellt sein kann und alles andere nicht mehr gilt. –

Am frühen Vormittag hatten Hänge und Täler und die letzten, halbgemähten Roggenfelder der Höhe noch milde beglänzt in der Sonne gelegen. Am Spätnachmittag entschwanden die fernen Berge im Nebel, die nahen Wälder wurden immer blauer. So tiefe Stille. Nur das Rauschen der Lomnitz, das freudige Gebell der Hunde, das Mähen der Schafe im kleinen Gehege. In der Abenddämmerung haben alle Höhen, Hänge, Schluchten, Wälder, Berge alle langsam in die Ferne verblassenden Tönungen von tiefstem Blau zu mattestem, gedämpftestem Grau. In den kleinen Häusern drunten und droben am Walde leuchtet Fenster um Fenster auf. Die Abendglocken von Krummhübel vom Tale her im Nebel.

> Schaffe uns Beistand in der Not; denn Menschenhilfe
> ist nichts nütze.
> *Psalm 108, 13*

Pohl nimmt die Zeit und seine Situation, obwohl er doch ein
Hüne ist, nicht weniger mit als mich. Immer wieder tritt es mir
vor Augen: »Ein Geduldiger ist besser denn ein Starker«. –
Hanni fühlt hier alle Sorgen doch ferner. Der große Friede des
Grenzlandes hat etwas Ergreifendes. – Wieder mehrere „*In tor-
mentis*"-Kritiken mit vielen Bildern und sehr groß aufgemacht.
Das Interesse an den Bildern des Königs scheint wirklich sehr
rege.

Wer nur aus dem Hause ging, brachte Zeitungen mit den Partei-
tag-Nachrichten heim, die noch immer völlig undurchsichtig sind
und nur immer wieder nachweisen wollen, wie wir einem Kriege
wirtschaftlich gewachsen seien.

Pohl, Milch und ich staunen immer wieder darüber, wie unser
Leben behütet fortgeht, obwohl doch für jeden jeder Tag mit
den schwersten Gedanken beginnt und vergeht.

Alle Bauden und Lokale – und Pensionen mit ganz seltenen Aus-
nahmen – haben in Wolfshau, Krummhübel, Brückenberg das
Schild, das Juden den Zutritt verbietet. Wie sollten wir noch
reisen können, wenn wir nicht diese neue Form gefunden hätten? –
Aber die Bevölkerung ist viel weniger fanatisch, als ich es voriges
Jahr in Braunschweig und Thüringen und vor drei Jahren im
Harz beobachtete. –

12. September 1938 | Montag

> Halte an dem Vorbild der heilsamen Worte, die du von
> mir gehört hast, im Glauben und in der Liebe in
> Christo Jesu. Dies beigelegte Gut bewahre durch den
> heiligen Geist, der in uns wohnt. *2. Timotheus 1, 13. 14*

Regennacht und Morgen im Nebel, so daß ich gleich nach dem
Frühstück an die Korrespondenz und Arbeit ging.

Der Reflex der Göring-Rede, nach der wir einen Dreißigjährigen
Krieg überstehen könnten, laut Prager Sender sehr schlimm.
Mögen die Reden des Parteitages selbst im Hinblick auf das Wirtschaftliche und Militärische stimmen: an der Volksstimmung
reden sie geradezu verhängnisvoll vorüber, ja, ihr entgegen,
namentlich was die Verschickung zu den Schanzarbeiten im
Westen betrifft. –

So vergnügt und herzlich die Atmosphäre im Hause auch ist, packt uns doch – vom Parteitag her – die Politik immer mehr. Bei den Mahlzeiten lesen wir einander in- und ausländische Zeitungen vor – denn jeder kauft eine – und hören im Rundfunk die wichtigsten Ausschnitte des Parteitages. –

Am Abend hörten wir Hitlers große Schlußrede, die in Ton und Inhalt die pessimistischsten Erwartungen noch übertraf. Es ist keiner unter uns, der sich nicht um gerechtes Verständnis bemühte. Und Hanni und ich wissen, welche Schuld jeder einzelne trägt, daß Europa nun vor so furchtbaren Gefahren steht. – Das »So wahr uns Gott helfe« vor dem Schluß der Rede, war der Augenblick der größten Fremdheit zur Führung des Deutschen Reiches – dieses Wort nach solchen Ausbrüchen des Hasses! Und nun die schwere Sorge: was, in diesem Volks- und Völkergeschick, wird insbesondere vor den deutschen Juden liegen, für die ja schon lange für einen Kriegsfall Sondermaßnahmen angekündigt sind. – Es ist, als habe Hitler alle Brücken abgebrochen. So verschieden wir alle sind – auch Werner Milch kam mit seiner Frau herüber –: die völlige Niedergeschlagenheit war allgemein. Es gab Stellen in der Rede, in denen man die Kriegserklärung unmittelbar erwartete.

Welcher Friede über dieser namenlos erregten Nacht – das Feuer im Dielenofen, die schlafenden Hunde davor, draußen der Bergwald der Grenze in ziehenden Wolken, vom Monde beglänzt.

Hoffnung ist nun nicht mehr möglich; Glaube über jeden Krieg hinaus.

Zu den Lesungen dieses Tages nach der Losung gehörte heute der 48. Psalm: »Freude Zions über Gottes Hilfe in Kriegsnot«. »Er führt uns wie die Jugend«.

13. September 1938 | Dienstag

> Dieser Tag ist heilig dem Herrn, eurem Gott; darum seid nicht traurig und weinet nicht! – Und bekümmert euch nicht; denn die Freude am Herrn ist eure Stärke. – Seid still, denn der Tag ist heilig; bekümmert euch nicht.   *Nehemia 8, 9. 10. 11*

Die Bauern im Dorfe reden selbst davon, »daß doch die Auseinandersetzung zwischen Faschismus und Demokratie« – und sie glauben mit Hitler an den Sieg – kommen müsse! So intellektuell, so ideologisch sind die Deutschen geworden. Und das ist mit innerer Kraft und Glauben bezahlt. Dabei diese Herzlichkeit der schlesischen Dörfler. –

Die Arbeit geht fort. Auch Milch, der sehr gestört im Hause ist, und Pohl, der sich in diesen Tagen so gar nicht mehr in der Hand hatte, nehmen sie wieder auf.

Aber es ist sehr, sehr schwer.

Prager Sender: Sofort nach der Hitlerrede setzen Unruhen in den sudetendeutschen Gebieten ein. Belagerungszustand und Standrecht verhängt. –

Merkwürdigerweise treibt es uns nicht nach Berlin zurück. Bei Milchs stehen die Fenster weit offen – wir tranken auf dem herrlichen Vorplatz Kaffee – die Tischrunden winken einander freundlich zu – und wären Engländer, Franzosen und manche der uns gut bekannten Nationalsozialisten dabei: es wäre kaum anders! Staat ist nicht Volk, und das Volk nicht »die Menschen« – wie sollen Herz und Geist sich herausfinden aus alledem!

Nicht der »politischen Fehler« gedenke ich – sondern des »*mea culpa*« vor der Majestät Gottes. –

Spät nach dem Bade abends ging ich noch einmal mit Pohl und Heintze zu Milchs hinüber, ausländische Sender zu hören. Denn um einhalb sechs hatte die Sudetendeutsche Partei an den Tschechoslowakischen Staat ein auf sechs Stunden befristetes Ultimatum wegen des Standrechts gestellt und die Verkündigung durch Rundfunk gefordert. Es war eine qualvolle Nachtstunde. Der Rundfunk sandte diesseits und jenseits der Grenzen Tanzmusik, und die Völker wurden im unklaren gelassen. Darf man noch daran denken, daß die deutsche Generalität den letzten Übersteigerungen Hitlers nicht nachgibt? Ist Gott bei den Frommen und Tapferen? In der Stunde der höchsten Hybris des Dritten Reiches?

Friedevolle Mondnacht. Die Nacht der Kriegserwartung. Werden deutsche Truppen in die sudetendeutschen Standrechtsgebiete einrücken?

14. September 1938 | Mittwoch

> Fürchte dich nicht! Friede sei mit dir! Und sei getrost, sei getrost! *Daniel 10, 19*

Heute habe ich nicht gearbeitet. Strahlend und weich, leuchtend und mild war dieser Tag. Und als wir aus den Morgenberichten des Rundfunks erfuhren, daß in der Nacht nichts erfolgt ist, bat Hanni sehr, nun möchten wir eine Wanderung machen. Selbst die deutschen Mitteilungen erwähnen das Verstreichen des Ultimatums nicht. Wird also verhandelt?

Hanni und ich stiegen zum kleinen Teich hinauf – durch hohe Tannen, an rauschenden Bächen; Farrenkraut, Enzian, Glockenblumen an besonnten Hängen. Auf der Höhe brausender Bergwind an dem leuchtenden Tage. Der kleine Teich mit der Teichbaude: ein Fjordeindruck. In der Hampelbaude hielten wir Rast. So kenne ich doch nun endlich die schlesischen Berge und Bauden. Die Menschen saßen, scheinbar sorglos, beieinander. Aber als die Mittagsberichte des Rundfunks begannen, da war kein Wort und kein Geräusch mehr, und man spürte, daß alle den Ernst dieser Tage begreifen. Die Berichte klangen nicht hoffnungslos: als denke man, da Hitler nun noch nicht die Konsequenzen seiner übersteigerten Drohrede gezogen hat, an das Selbstbestimmungsrecht der Sudetendeutschen. Auch scheinen weitere Aufstandsversuche der Sudetendeutschen nicht erfolgt zu sein. Oder sind sie niedergeschlagen? Ohne daß Hitler nun eingriff?

Allen friedlichen Wanderern schien man den Schimmer einer Hoffnung anzumerken. Der Glanz des Tages nahm nicht ab. Wir wählten den Abstieg über die Kirche Wang und Brückenberg. Der Friedhof in der Sonne über dem blauen, schimmernden Tal. Die herrlichen Türen: noch einmal ein norwegischer Eindruck. Wenn man so wenig reist wie ich, ist solche Wanderung ein großes, großes Geschenk. Und nun in diesen Spannungen. – Die Heimkehr nach Wolfshau – am Planwagen mit seinen Frucht- und Gemüsekörben kauften gerade die Frauen ein – in der Spätnachmittagssonne war wirklich wie eine Heimkehr. Und wir sprachen von Friede und Behauptung im Beruf und dem Wunsch, auch hier ein kleines Haus besitzen zu dürfen. –

Pohl war in Hirschberg. Von Hirschberg an die Gegend ein Heerlager. Noch heißt es: Manöver. – Die Bevölkerung bewunderungswürdig gefaßt, doch sehr niedergeschlagen.

Wir sind sehr glücklich, gerade jetzt bei Renerle an der Grenze zu sein. Auch ehe die Kriegsgefahr sich so verdichtete, war ja das einer der Hauptgründe gerade gegen dieses Reiseziel gewesen.

Eine aufsehenerregende Abendmeldung, nach der Hitler für mein Empfinden so viel Prestige gegeben wird, daß er sachliche Zugeständnisse machen könnte: Der englische Premierminister Chamberlain, dieser ausgleichende, alte Mann, der über eine so ungeheure politische und wirtschaftliche Basis verfügt, fliegt morgen zu Hitler nach Berchtesgaden! – Die sudetendeutschen Aufstände halten an.

15. September 1938 | Donnerstag

> Bei dem Herrn ist die Gnade und viel Erlösung bei ihm.
> *Psalm 130, 7*

Im Hause gibt es außer den persönlichen Freundlichkeiten nur ein Gespräch: die Spannung gerade dieses Tages.
In den sudetendeutschen Gebieten noch immer die verhängnisvollsten Aufstände. – Die Engländer haben Chamberlain mit großen Ovationen nach Deutschland entlassen. – Viele Sudetendeutsche kommen über die Grenze. Offener Bürgerkrieg in der Tschechoslowakei? – Prag berichtet ruhig. –
Das Chamberlain-Communiqué dünn und undurchsichtig.
Nach dem Abendwege zu den letzten Funknachrichten noch einmal bei Milchs. Es sind noch einmal Tage der Freundschaft mit Menschen und Tieren. Aber in den Gedanken hat gar nichts Raum als die Politik. Nur eben noch das Interesse an den Menschen hier um uns; und soweit ich sie nicht weiß, lasse ich mir so allmählich ihre Geschichte erzählen.
Die ungeheure Erregung der deutschen Funkberichte und die Ruhe der tschechischen, die sich aber immer dichter häufen, machen das Bild der Lage immer uneinheitlicher. Man ist der Hypothesen müde. Gerade angesichts der Musik im Rundfunk wird man sich der Ohnmacht der Völker so bewußt – gefälschte Meldungen und Unterhaltungsmusik in diesen Stunden!
Alles, was man tut, ist nur wie eine Fiktion. Dabei habe ich nun meine Arbeit wieder in der Hand.
Aus Berlin etwas beunruhigende Nachrichten über Nachfragen bei Brigitte – anonym und polizeilich? –, wer der Eigentümer unseres Hauses sei. – Ich darf in alledem nur an die Bibelsprüche denken, die nun auch im neuen Haus schon eingemauert sind; nur an die Seiten, die wenigen, die vom »Ewigen Haus« schon geschrieben daliegen. –
Regenwolken und Nebel und tiefe Dunkelheit über Wolfshau. Die Lichter von Brückenberg schweben wie große Sterne darin.

> Herr, gedenke mein nach der Gnade, die du deinem
> Volk verheißen hast; beweise uns deine Hilfe.
>
> *Psalm 106, 4*

Es sollen immer mehr Sudetendeutsche über die Grenze kommen.
Auch in Hirschberg ist schon ein Flüchtlingslager eingerichtet.
Es bedeutet viel für mich, gerade jetzt noch einmal in Schlesien
zu sein. Keine Steigerung und keine Entspannung in der politischen Lage. – Chamberlain wieder in London. Es soll aber noch
eine zweite Zusammenkunft mit Hitler in Godesberg stattfinden. –
Meine Korrespondenz gilt weithin der Werbung zu Sammlungen
für die schlesische Hochwassernot.
Zu der Zusammenkunft Hitler-Chamberlain wird sich nun auch
noch der französische Ministerpräsident Daladier einfinden. Noch
immer baut das Ausland uns Brücken. Ach, hätte es das 1918
getan!
In England unentwegt Bittgottesdienste für den Frieden. Und
wir, denen es am meisten nottut –?
Pohl sprach den ersten sudetendeutschen Flüchtling, einen Funk-
tionär der Sudetendeutschen Partei, der seine Verhaftung fürchtete.
Ein weiterer sudetendeutscher Parteimann, der hierher geflohen
ist, bestätigt die ruhigen Mitteilungen des Prager Senders und
widerspricht den aufgebrachten Meldungen des deutschen Rundfunks. Von Stunde zu Stunde werden die Nachrichten substanz-
loser, indes die ganze Spannung fortbesteht.
Deutschland und die Sudetendeutschen: heim zum Reich. Prag:
der tschechoslowakische Staat muß bleiben. –
Die Prager Regierung verkündet allen sudetendeutschen Flücht-
lingen – auch den Parteileuten und Soldaten – Amnestie.

17. September 1938 | Sonnabend

> Darum, meine lieben Brüder, seid fest, unbeweglich,
> und nehmet immer zu in dem Werk des Herrn, sinte-
> mal ihr wisset, daß eure Arbeit nicht vergeblich ist
> in dem Herrn.
>
> *1. Korinther 15, 58*

Welch ein Wort in diesen lähmenden und erregenden Zeiten –
welch ein Wort gegen die Passivität und den Defaitismus, die

gerade unsere Kreise so leicht ergreifen und viel zu früh schon ergriffen haben. –

Ein strahlender Tag von gläserner Klarheit.

Jeder Ausblick ist ein Caspar-David-Friedrich-Bild. Die Klarheit der Gebirgsbäche in diesem feierlichen Licht und Glanz. Auch in der Dämmerung, die über Wolfshau früher hereinbricht als über die anderen Gebirgsorte, so edle Klarheit. Die dunklen Hügelketten vor den lichteren, zartblauen, höheren Bergen. Über den tiefblauen Wäldern von Brückenberg droben der Himmel von einem Saume sanfter Abendröte leuchtend. Abendkühle vor dem Glockenläuten. Die ersten Lichter. Des Abends starker Sturm. Ich am Arbeitstisch, die anderen um den runden Tisch beim Tee. Viel Geist, viel Wärme, viel Witz in den Gesprächen. – Die Nachtberichte wieder drüben bei Milchs gehört. Alles harrt auf Godesberg.

18. September 1938 / Sonntag

> Fürchtet euch nicht; denn Gott ist gekommen, daß er euch versuchte und daß seine Furcht euch vor Augen wäre, daß ihr nicht sündiget.　2. Mose 20, 20

Beim Frühstück kam, mit sehr herzlichen Zeilen von Ihlenfeld, eine Sendung von fünf »Kyrie«-Exemplaren.

Der Weg zur Kirche und der Heimweg nach Wolfshau so wunderschön, an der Lomnitz entlang und über die Kaffeebaude zurück. Noch einmal ein Sommer-, kein Herbstsonntag. Jeder Berg, auch die meist umwölkte Schneekoppe, in völliger Klarheit; Tannen, Lärchen, Birken von der reichen Sonne überflutet; auf den Wiesen und Hängen, bei den Bauernhöfen die Kühe und Schafe mit ihren Glocken. Eichhörnchen. Die schönen Herbstblumen allüberall in den Gärten, das sanfte Geläut; Glockenblumen am Wegrand: wir Heutigen wissen, was Sonntagsfriede ist. Welch ein Morgen zum Erscheinen meines ersten Bändchens Geistlicher Lieder.

Die Kirche nicht so voll, weil im nahen Arnsdorf Kirchweih war. Die Predigt eines sympathischen jungen Vikars wegen mangelnder menschlicher Erfahrung für den Ernst dieses Sonntags nicht ausreichend. Die großen Kirchengebete der Agende begreift man gerade nach matten Predigten immer tiefer, und ich bin überzeugt, daß die Menschen – obwohl in Deutschland nichts dafür »angeordnet« ist – um den Frieden gebetet haben. Ein sudetendeutscher Katholik, der um die Kirchzeit gerade von der Grenze her gekommen war, ging sofort in die Kirche und meldete sich erst dann bei den nationalsozialistischen Parteistellen. –

19. September 1938 / Montag

> Welche da leiden nach Gottes Willen, die sollen ihm ihre Seelen befehlen als dem treuen Schöpfer in guten Werken. *1. Petrus 4, 19*

Einer der Tage, die man nie vergessen wird. Wir haben uns zusammen ein schönes, großes Auto gemietet und sind nach Kloster Grüssau[171] gefahren. Ein Tag in allem Glanze des Septembers: lind und weich, kühl und klar, leuchtend über Tannen und Bächen, Kirchen und Kapellen, Tälern und Höhen, alten Märkten und Gassen, Friedhöfen und Gartenwinkeln, Bauernhöfen und Herrenhäusern.

Das freundliche, belebte kleine Schmiedeberg mit seinem heiteren Barock und klaren Klassizismus, seinen lichten, festlichen Kirchen am Vormittag.

Der Mittag und frühe Nachmittag in Grüssau: zu viel, es zu schreiben; so erfüllt waren diese Stunden von dem Augenblick an, in dem wir durch die hohen Linden vor die »Dreifaltigkeit« über dem Portal traten, bis hin zur Vesper des Konvents, an der wir alle teilnahmen: in dieser Stunde das *„princeps pacis“*[172] über dem Hochaltar. – Die Tragik und Dramatik dieses Barock, auch wo es noch so beschwingt ist. Die Willmann-Fresken der Josephskapelle. Das grüne Moos, das rötliche Gestein, das Gold im Gemäuer unter dem tiefblauen Himmel. Der Blick vom Mönchsfriedhof, über die steinerne Barocktreppe und ihre Putten in die Wälder, Hügel, Wiesen. Immer wieder Glockenläuten. – Der sanfte Nachmittag in Schönberg[173], das schon so böhmisch ist. Der Pfarrhauswinkel; die Nonne mit der Kinderschar. »Die zwölf Apostel« und »Die sieben Brüder« in der Leinewebergasse. Auf den Feldern um Grüssau brachten Mönche noch Roggen ein. Die zweite Heumahd überall. – Auch so nahe an der Grenze kaum Militär; immerhin Kuriere. Die Fahrt über den Paß des Siebenjährigen Krieges.

Am Abend aller Glanz des September-Sternenhimmels über den dunklen und klaren Waldbergen. *„Princeps pacis“* war der einzige

Gedanke dieser Nacht. – Welche Tiefe der Beziehung in diesen
Tagen zwischen uns Katholiken, Protestanten und Hanni.
Diesen Tag kann uns nichts und niemand mehr nehmen. Und nun
erst weiß ich wohl völlig, was Schlesien ist. – Der Joseph von
Grüssau hat es mir gesagt. – Von den Putten konnte ich mich
kaum trennen. – Der Glockenton des gregorianischen Gesanges. –

20. September 1938 | Dienstag

> Der im Finstern wandelt und scheint ihm kein Licht,
> der hoffe auf den Namen des Herrn und verlasse sich
> auf seinen Gott.   *Jesaja 50, 10*

Der erste Zwischenfall in diesem Grenzbezirk: Handgranaten auf
das tschechische Grenzhaus, das niederbrannte.
Nun ist die Jahreszeit, in der Caspar David Friedrich das Riesengebirge zu malen pflegte.
Der Kamm nun auch hier von den Tschechen kriegsmäßig besetzt. Aber noch wandern die Menschen allmorgendlich zur
Schneekoppe hinauf. Wergin, Topell, Karbe, Pohls Bekannte,
Milchs Freunde – alle, die noch herkommen wollten, wagen sich
nun nicht mehr von Berlin weg. Aus den knappsten Karten, die
man hierher schreibt, klingt die ganze Unruhe, Niedergeschlagenheit, die psychische Arbeitsunfähigkeit, Müdigkeit und Gespanntheit, die Berlin beherrschen.
Den Glanz und die Stille dieser Tage nimmt man hin wie ein
letztes Geschenk, dankbar und ernst. Alle Sensation und Panik
lehnen wir ab.
Prag sendet heute Abend keine Berichte mehr. So ungeheure
Vorgänge scheinen sich anzubahnen. Es sieht aus, als halten die
großen West-Demokratien der Achse Rom und Berlin nicht stand;
als trüge Hitler einen für Europa schicksalhaften Erfolg davon.
Unsere Zeit begreift, was irdische Macht ist. Gott läßt sie zu ihrer
Höhe gelangen, gelangen zur Hybris und Dynamis und Tyrannis.
Geht der Krieg an uns vorüber – ohne daß Gott den Frieden
gibt? Die Seinen können den Frieden, sei was will an Machtproben in der Welt, doch nur von ihm nehmen: den echten Frieden
im falschen. Und bei ihnen ist Deutschland.
Was auch kommen mag – nichts ist wohl so schwer, wie die Lage
des deutschen Judentums im neuen Weltkrieg würde. Nichts,
nichts so schwer wie der Krieg – vor dem wir vielleicht in diesen
Stunden noch stehen.

Wenn aber Hitler sich ohne Krieg durchsetzt, – welche Konsequenzen für die Abhängigkeit Ungarns und Polens von Deutschland (auch in der Judenfrage), die durch Hitler einfach ihre an die Tschechoslowakei verlorenen Gebiete wiederbekommen. Das Südtirol-Problem darf nicht zur Sprache kommen.
Die Zusammenkunft in Godesberg ist auf Donnerstag verschoben.
Immer neue Briefe aus Berlin: alle in dem einen Ton, als sei geistige Arbeit nicht mehr möglich. – In diesen Tagen sind manche Menschen, Männer, die im Dritten Reich noch nichts gelitten haben, ins Ausland gegangen! Gottes Volk ist überall unter den Völkern, und Er ist der Herr seines Friedens!

21. September 1938 | Mittwoch

> Der Herr verläßt sein Volk nicht um seines großen
> Namens willen.   1. Samuel 12, 22

Glanz und Wärme, Klarheit und Wind. Des Tages schweben die schönsten Schmetterlinge in all dem Gold und Blau. Des Nachts schreien die Hirsche in den Wäldern. Im Garten bunter Phlox und blaue Gladiolen. Post von Pagel, der um Korrekturen bittet, weil wieder eine neue Auflage vom »Vater« eingeleitet wird. Das ist eine große Freude. –
Auch in den gemäßigten, hier noch erlaubten Schweizer Zeitungen steht es nun: Die Kriegsgefahr gebannt durch unfaßliche, völlige Kapitulation Englands und Frankreichs vor dem Faschismus. Wir stehen, auch im Frieden, vor gewaltigen europäischen Vorgängen; wie sie politisch auch schillern mögen – der letzte Grund kann immer nur der Kampf des Unglaubens gegen den Glauben, auf alle Lager verteilt, sein.
Die Müdigkeit der Männer ist so erschreckend und niederdrückend, daß ich mehr denn je an das Wort mich klammere, das für mich über diesem Jahre steht: »Aber in dem allem überwinden wir weit um des willen, der uns geliebt hat«.
Nur hungern, frieren, körperlich leiden, kämpfen müssen löst als Glaubenszeugnis das Glaubenszeugnis der Arbeit ab. Die darf jetzt nicht ruhn.

22. September 1938 | Donnerstag

> Ich, ich bin euer Tröster. Wer bist du denn, daß du
> dich vor Menschen fürchtest, die doch sterben, und vor

Menschenkindern, die wie Gras vergehen, und vergissest des Herrn, der dich gemacht hat, der den Himmel ausbreitet und die Erde gründet? Du aber fürchtest dich täglich den ganzen Tag vor dem Grimm des Wüterichs, wenn er sich vornimmt zu verderben. Wo bleibt nun der Grimm des Wüterichs? Der Gefangene wird eilends losgegeben, daß er nicht hinsterbe zur Grube, auch keinen Mangel an Brot habe. Denn ich bin der Herr, dein Gott. – Ich lege mein Wort in deinen Mund und bedecke dich unter dem Schatten meiner Hände, auf daß ich den Himmel pflanze und die Erde gründe und zu Zion spreche: Du bist mein Volk.

Jesaja 51, 12–16

Die Arbeit schreitet voran, bleibt mir aber fremd. Im Film ist alles nach außen gewendet.

Chamberlain und Hitler in Godesberg. Stehen wir nun vor dem völligen Sieg des Faschismus in Europa?

Heute morgen, als wir ein Stück in den Eulengrund hinaufgingen, kam uns von den Grenzbauden her, nach zweieinhalbstündiger Wanderung, eine sudetendeutsche Bäuerin, überaus sympathisch, entgegen: mit ihren sechs Kindern, zwölf bis zweieinhalbjährig. Die zwanzigjährige Tochter hat sie schon gestern weggeschickt. – Auch sie: sie kann seit Tagen nicht mehr schlafen. – Sie bringt ihre Kinder in das nächste Flüchtlingslager; dann geht sie wieder zurück zu ihrem Vieh. – Und nun das Typische, Bedrückendste: es sei ja alles drüben ruhig, aber der deutsche Rundfunk melde doch immerzu solche tschechische Greueltaten. –

Weichheit, Lindigkeit, starke Sonne, milder Wind. Im Glanz des Tages, in der sanften Dämmerung das Tal in zartem Dunst. Gerade in den Stunden von Godesberg sieht es aus, als käme noch der Krieg.

In der von allen Bundesgenossen – außer Rußland? – verlassenen Tschechoslowakei haben die Generäle die innenpolitische und außenpolitische Führung an sich gerissen. Ein lokalisierter Vernichtungskrieg? Mit der regulären deutschen Armee? Auffallender, doch zahlenmäßig spärlicher Grenzerdienst.

Mit P. mußte heute ernst geredet werden. Die Sorge ums Vaterland ist noch niemals ein Grund gewesen, sich an der Arbeit vorbeizudrücken und seine Umgebung mit Pessimismus zu quälen. – Immer, immer noch dieses Überschätzen des eigenen Lebens und Wirkens für die Nation. – Als ob nicht ein Gedicht, im Schützen-

650

graben entstanden, unter Umständen mehr zu sein vermöchte als ein Roman aus satten Jahren. Gewiß, wir werden um die Lebensjahre der »Höhe« sehr geplagt, haben uns doch aber der natürlichen Reife gemäß zu verhalten, auch wenn die »Höhe des Lebens«, wie man jetzt immer sagt, »ausfällt«. Als ob nicht auch solch verlorene, vor der Welt verlorene, Lebensmitte von Gott in seinen Händen gehalten würde! *Premente cruce tollimur!*[174]

Abends, nach der Arbeit, spielten sie mir auf Schallplatten die Trauerrede Gottfried Benns auf Klabund vor –: »Der Dichter trinkt sein eigenes Blut – nur daraus schafft er – der Dichter ist sein eigener Gott – die Dichter sind Tränen der Nation – dem Traume nach, immer dem Traume nach –«! Darüber werden wir uns nie verständigen, Hanni und ich einerseits, die Literaturleute andrerseits. –

Diese maßlose Überschätzung der Literatur.

Nach den Abendberichten scheint Hitler alles konzediert zu werden.

23. September 1938 | Freitag

> Alle Züchtigung aber, wenn sie da ist, dünkt uns nicht Freude, sondern Traurigkeit zu sein; aber danach wird sie geben eine friedsame Frucht der Gerechtigkeit denen, die dadurch geübt sind. Darum richtet wieder auf die lässigen Hände und die müden Knie und tut gewisse Tritte mit euren Füßen, daß nicht jemand strauchle wie ein Lahmer, sondern vielmehr gesund werde. Jaget nach dem Frieden gegen jedermann und der Heiligung, ohne welche wird niemand den Herrn sehen, und sehet darauf, daß nicht jemand Gottes Gnade versäume.
> *Hebräer 12, 11–15*

Gestern abend und heute früh auch hier Schüsse zu hören. Ein Zwischenfall bei der Wiesenbaude, nahe der Prinz-Heinrich-Baude, die wir ja auf vielen unserer Spaziergänge klar hoch droben liegen sehen.

Nach Briefen aus Berlin gilt Wolfshau dort schon bei manchen als »evakuiert«. –

Von Frankreich im Stich gelassen, von England nicht mehr gedeckt, scheint die Tschechoslowakei dennoch zu verzweifeltem, äußerstem Widerstande entschlossen. Die Godesberger Verhandlungen Hitler-Chamberlain sind von gestern auf heute ins Stocken geraten! Und nun, in der äußersten Zuspitzung, scheint der Kommunismus, scheint die Sowjetunion die Kapitulation der Demokratie vor dem Faschismus verhindern zu wollen. Alles spitzt sich von neuem zu! –

24. September 1938 / Sonnabend

> Der Gott aber aller Gnade, der uns berufen hat zu
> seiner ewigen Herrlichkeit in Christo Jesu, der wird
> euch, die ihr eine kleine Zeit leidet, vollbereiten,
> stärken, kräftigen, gründen.   *1. Petrus 5, 10*

Als wir gestern noch bei Milchs die letzten, sorgenvollen Funknachrichten aus Prag und Straßburg hörten, bemerkten wir zwischen Koppe und Prinz-Heinrich-Baude Feuerschein in der Richtung des Schlesierhauses: in der Spannung dieser Stunden sehr erregend, erregend allein schon als nächtliches Bild. Heut rühmten sich die Brandstifter hier im Dorf ihrer Tat, das kleine Haus eines linksstehenden Sudetendeutschen, eines Fotografen, angesteckt zu haben; heute Nacht folge die Emma-Baude. – Das ist die Folge einer Rundfunkpropaganda, die die Gegenseite als »Mordbrenner«, »Kommunisten« und »Hussiten« (!), »roten Mob«, »Provokateure« systematisch dreimal am Tage hinstellt. – Von den deutschen Juden, die in der Tschechei die Notwendigkeit erneuter Emigration fürchten, wird als den »verwirrten Hebräern« gesprochen.

Um halb elf abends hatte in Godesberg nun doch noch eine Zusammenkunft Hitler-Chamberlain stattgefunden. Ein Communiqué wurde nicht ausgegeben. Heute Abreise Chamberlains. Ebenfalls kein Communiqué. In der Tschechoslowakei Mobilisation. –

Im Ort immer mehr sudetendeutsche Männer: wohl Angehörige des neuen Freikorps. Sonst weiter tiefster Friede. Und noch einmal ein Sommermorgen, indes das Birkenlaub sich nun hellgolden färbt, auch ein dunkelroter Baum nun auf einer Wiese vom Herbst kündet. –

25. September 1938, Sonntag

> So wahr der Herr lebt, was mein Gott sagen wird, das
> will ich reden.   *2. Chronik 18, 13*

Selbst der ruhige Pagel schreibt, daß er der großen Zugverspätungen aus den »Wetterwinkeln« wegen das Wochenende in Wolfshau nicht mehr wagen kann. Nun ist wohl auch wirklich nur noch eine Woche Frist für die politischen Entscheidungen. –

Während ich in Krummhübel in der Kirche war, kam auf einer Gebirgswanderung Harald Poelchau schnell kurze Rast hier halten! – Ich durfte nachmittags arbeiten. Zum ersten Male kommen kleine Militärtrupps durch das Dorf, aber auch noch immer friedliche Wanderer. Nur auf den Kamm soll man möglichst nicht mehr. – Ehe dann auch Pohl und Marthel spazierengingen, kam noch der Förster Nordmann, der Ortsvorsteher, zu ihnen: der ganze Kamm ist nun auch von deutschen Truppen besetzt. Eben sah ich einen Fouragewagen schon wieder herabkommen. Pohl und Marthel hörten auf ihrem Spaziergang Maschinengewehrfeuer aus der Richtung der Riesenbaude. Werden England, Frankreich, Rußland Hitler den lokalisierten Krieg – entgegen dem russisch-französisch-tschechischen Militärpakt – zur Vermeidung eines Weltkrieges führen lassen? Nun ist die letzte Konsequenz des Versailler »Friedens« da. Acht Millionen Tschechen gegen drei Millionen Sudetendeutsche; 75 Millionen Deutsche gegen acht Millionen Tschechen! – Vor 20 Jahren wurde der Keim zu dem allem gelegt.

26. September 1938 | Montag

> Das Jerusalem, das droben ist, das ist – unser aller Mutter.   *Galater 4, 26*

Krummhübel klagt bitter über den Ausfall der Nachsaison. Das Militär fällt nun stark auf. Wolfshau in seiner Stille wirkt noch belebt, weil die verschiedenen privaten Landhäuser ihre Gäste noch haben.
Es tat mir so gut, noch einmal in Schlesien zu sein, sofort den Kontakt mit den Menschen zu besitzen, weil alles Fremde und Ferne jetzt von mir gar nicht zu bewältigen ist, wo alles nur um die Rettung dauernd von außen gefährdeter Arbeit geht; und die Gefährdung bleibt sehr schwer, auch wenn uns der Friede erhalten bliebe, für den das Gebet noch nicht geendet hat.
Ganz kurz zum Kaffee bei Werner Milch: das Zimmer von Sonne durchflutet, von Büchern umschlossen, vor den Fenstern die Berge und Wälder – die Gespräche: die Erwartung der Mobilmachung noch für den heutigen Abend. So drängen sich im Laufe dieses Nachmittags wieder die Komplikationen zusammen. Das deutsche Memorandum mit seinen hohen Forderungen scheint von Prag abgelehnt; Chamberlain scheint zurückzutreten,

und die englische Kriegspartei die Führung in die Hand zu bekommen.

Unter unheimlich fauchendem Sturm hörten wir die Hitlerrede: wieder so heftig, so unverständlich aggressiv im Ton, aber staatsmännisch überlegt. Und für mich heben sich zwei Dinge positiv ab, so fremd mir diese Art der Dynamik ist: in Europa war auf dem Verhandlungswege kein wirkliches Problem mehr zu lösen.

Es war notwendig, daß »von Mann zu Mann« wieder Verhandlungsprinzip wurde, wo eine Aussprache noch möglich scheint.

Die Rede stellt also Prag ein Ultimatum bis zum 1. Oktober; wird es nicht erfüllt, will Hitler unweigerlich den Krieg.

1914 traf der Krieg auf ein Volk, das keinen Grund, keine Tendenz zu ermessen vermochte und vom Kriege keine Vorstellung hatte.

1938 trifft auf ein im Kriege erschütternd erfahrenes, politisch beinahe überschultes Volk: man kennt und trennt Gründe und Anlässe, trennt Tendenzen und Kräfte – ja man dringt vor ins Unbewußte und Psychopathische, unterscheidet Volkstum und Staat, wägt Ideologie ab gegen Realität. –

Ich glaube, solche Völker sind für den Krieg am meisten vorbelastet.

27. September 1938 | Dienstag

> Wandelt würdig vor Gott, der euch berufen hat zu seinem Reich und zu seiner Herrlichkeit.
>
> *1. Thessalonicher 2, 12*

Das Arbeiten war auch hier, obwohl ich es nun wieder in der Hand habe, bis zum Schlusse durch Verbindlichkeiten gefährdet. So heute noch ein abendlicher, kleiner Abschiedstee mit Milchs und Renerle bei Pohl. Vorher und nachher las Pohl eine Novelle und den Anfang seines neuen Romans »Der verrückte Onkel Ferdinand«. Ich werde es wohl nie fassen, wie Autoren lesen können. Auch urteile ich so ungern nach gelesenen Fragmenten; alles, was man dann sagen soll, bleibt ja doch in der Sphäre gesellschaftlicher Gewandtheit, egal, ob Schneider im König'schen Atelier, oder Pohl in seinem Hause im kleinsten Kreise liest. Mir war das wichtigste, mein Pittel noch einmal bei mir zu haben. Für den Fall des Kriegsausbruches – das besprachen wir mit Milchs – müssen wir bezüglich Renerles Rückkehr nach Berlin Milch und Pohl aus der Situation heraus entscheiden lassen.

Alles neigt sich eher dem Kriege als dem Frieden zu. Das waren hier drei schöne, schwere, seltsame Wochen.

So müde ich bin: ich bin braun und runder denn je. Auch Hanni scheint mir erholter als nach Beuron[175]. Ich bin sehr glücklich und dankbar, daß sie in diesem schweren Jahr sechs Wochen Ferien haben konnte. Auch allem Politischen gegenüber ist sie ruhig und gefaßt. Rückkehr von Wolfshau nach Berlin.

28. September 1938 | Mittwoch

> Gott ist getreu, der euch nicht läßt versuchen über euer Vermögen, sondern macht, daß die Versuchung so ein Ende gewinne, daß ihr's könnet ertragen.
>
> *1. Korinther 10, 13*

Um solche Worte, die das Äußerste berühren, geht es nun dem Herzen.

Abschied von Wolfshau und Rückkehr nach Berlin, am dritten Jahrestag des Hauses – dem letzten; vielleicht im ernstesten Sinne.

So herzlicher Abschied von allen. Renerle brachte uns noch nach Krummhübel. War der Abschied von ihr schon der erste endgültige Abschied?

Auf der Rückreise: nichts von Unregelmäßigkeiten, Verspätungen, keine Truppentransporte, nirgends Militär! Pünktlich um neun Uhr abends in Berlin.

Berlin – fremd und häßlich – in großer Bewegung, da die große Viererkonferenz Hitler-Mussolini-Daladier-Chamberlain bekanntgegeben war, während im Lustgarten noch die große Kundgebung stattfand – die wohl der Mobilisation vorangehen sollte. –

Südende so still, das Haus so schön, so feierlich mit herrlichen Blumen.

Gleich ausgepackt. Denn der erste Tag Berlin kann ja keine Zeit lassen. Und so war ich Mitternacht mit allem wieder in Ordnung – zum Beginne der Arbeit hier oder vor dem Krieg?

29. September 1938 | Donnerstag

> Durch ihn ist alles geschaffen, was im Himmel und auf Erden ist, das Sichtbare und Unsichtbare, es seien Throne oder Herrschaften oder Fürstentümer oder

> Obrigkeiten; es ist alles durch ihn und zu ihm ge-
> schaffen. *Kolosser 1, 16*

Der erste Tag Berlin war recht erschreckend. Wirklich, als schlüge diese Stadt über einem zusammen und hielte einen dann eisern fest: diese von Kriegserwartung nun wahrhaft fiebernde, dabei matt gewordene Mammutstadt.

Das Licht so milde, zart und klar; das Haus so licht und still; der Garten so sanft. Wir frühstückten beim Geläut des Kapellenglöckchens. Dann begann – es läßt sich nicht anders sagen – der Tag zu rasen. Anruf über Anruf kam: Familie, Anwalt, Beruf. Um elf Besprechung mit Jannings, Hans Steinhoff (Regisseur von »Der alte und der junge König«). Jannings persönlich nett und höflich. Sachlich war's schwierig; so eifrig alle anderen meinen Trilogie-Plan durchzukriegen suchten, er fragte nur nach seinen Chancen, seiner Rolle, seinen Szenen! Eisern bin ich nun darin bestärkt, mich auf keine Filmarbeit über das Treatment hinaus einzulassen.

Mittagbrot mit Pagel. Bericht von der Grenze, Bericht aus Berlin ausgetauscht. Berlin scheint mit den Nerven am Ende. Hier wie in Wolfshau: niemand arbeitet mehr. Gestern zog eineinhalb Stunden Militär durch Berlin. Tiefe Stille der Berliner. Das soll Hitler dazu veranlaßt haben, noch das Experiment der großen Konferenz in München zwischen ihm und Daladier-Mussolini-Chamberlain zu unternehmen. Zum dritten Mal die Mobilmachung abgesetzt. Das noch immer durch den friedenerhaltenden Einfluß der Generalität.

Den ganzen Tag gehen die Gedanken zur Münchener Konferenz. Auch die Abendberichte bringen noch nichts. Man tagt unentwegt – auch wohl noch morgen, den letzten Tag vor Ablauf des Ultimatums.

Das zweite Bibelwort, das für mich über diesem Tage stand, war: »Ich, der Herr, das ist mein Name; und will meine Ehre keinem andern geben noch meinen Ruhm den Götzen.« Jesaja 42, 8.

In England Bittgottesdienste um den Frieden, in Deutschland nicht.

30. September 1938 | Freitag

> Jetzt geht das Gericht über die Welt; nun wird der
> Fürst dieser Welt ausgestoßen werden. *Johannes 12, 31*

Wer ein Funkgerät hat, wußte es schon nachts um zwei; wir erfuhren es am Morgen aus der Zeitung »Volle Einigung in München«. Alle Menschen, die heute miteinander sprachen, wirkten erschöpft und glückselig! Selbst die Stimmen am Telefon wirkten anders. Und nun am Abend noch die Hitler-Chamberlain-Erklärung »England und Deutschland wollen nie wieder einen Krieg gegeneinander führen«. Jetzt ist es neun Uhr abends – in drei Stunden sollte der Krieg beginnen!

Jeder hat die Fülle seiner Macht gezeigt, jeder aber auch die Grenzen seiner Macht erkannt; jeder wich zurück – und konnte nun mit einem großen Erfolg vor sein Volk treten. – Ich hebe alle Zeitungen aus diesen Tagen auf. – Möchte, was kein Communiqué erwähnen kann, auch das Schicksal der deutschen Juden Verhandlungsgegenstand gewesen sein. Nun sei Gott auch mit den deutschen Juden – auch mit den Tschechen – dem armen Spanien und dem unglücklichen Rußland. Die verhängnisvollen Sowjetpakte sind nun ausgelöscht. –

Wir waren auf dem Bau. Nun war es leichter, dieses begonnene Haus zu sehen. Das Erdgeschoß steht bis zur Balkenhöhe. Holz ist nicht da, und Transportmittel fehlen. Aber wie geduldig nimmt man dies hin. Wie dankbar geht man auch wieder an seinen Schreibtisch.

Durch die Deva, Deutsche Zukunft und Legationsrat Bergmann wissen wir auch viele Interna. Außenminister Neurath ist wieder am Werk, Ribbentrop dadurch in seinem verhängnisvollen Wirken gebändigt; die Generalität hat ihre große Stunde bestanden. Wirtschaftlich ist's furchtbar schwer. Aber nun ist ein Weg da: für ganz Europa!

Und die Zeit der Stillen im Lande ist ja immer. –

Nun haben viele wieder beten gelernt. Gott hat mit dieser Friedenseinigung seine große Schlacht in dem verrotteten Europa gewonnen. Nun möge es Sein Friede sein, der uns geschenkt wird!

1. Oktober 1938 / Sonnabend

Siehe, selig ist der Mensch, den Gott straft; darum weigere dich der Züchtigung des Allmächtigen nicht. Denn er verletzt und verbindet; er zerschlägt, und seine Hand heilt. Aus sechs Trübsalen wird er dich erretten, und in der siebenten wird dich kein Übel rühren; in der Teuerung wird er dich vom Tod erlösen und im Kriege von des Schwertes Hand; und wirst

erfahren, daß deine Hütte Frieden hat, und wirst deine
Behausung versorgen und nichts vermissen.

Hiob 5, 17–20. 24

Hat Berlin zuviel erlebt – denn den Vorwurf der Indolenz mag
ich hier nicht erheben! – oder wie soll man es erklären? London
und Paris waren vor dem 30. September beim Räumen – nun
herrscht Jubel und Ergriffenheit. Berlin war gefaßt und bedrückt
in der Krise – und ist nun gefaßt und ohne Gefühlsausbrüche, wo
Hitler und Göring wieder hier sind. Hitlers Magie ist – in diesem
großen Erfolg – gebrochen.

Hanni und ich sehen mit Sorge, wie mühsam wieder der Kampf
um die Arbeitszeit sein wird. Zwischen den geselligen Verpflichtungen und den menschlichen Beziehungen, die mehr sind, droht
die Arbeit aufgerieben zu werden; nicht minder durch die unabweisbare Lektüre der vielen Bücher, die man bekommt.

2. Oktober 1938 / Sonntag (Erntedankfest)

> Der Name des Herrn ist ein festes Schloß; der Gerechte
> läuft dahin und wird beschirmt. *Sprüche 18,10*

Keine offiziellen Dankgottesdienste. Aber selbst der laue, alte
Pastor in Mariendorf hat den Erntedankfest-Gottesdienst zum er-
griffenen großen Dankgottesdienst für die Erhaltung des Friedens
gemacht, und bei dem Gesang von »Nun danket alle Gott« haben
viele Menschen geweint. –

Jede Zeile, die man bekommt, atmet die Glückseligkeit über den
Frieden. Und was das beste ist: die Glückseligkeit bleibt still. Alle
sind überrascht von dieser Haltung des Volkes.

Immer wieder – mich so beglückend – begegnet mir die Gegenüberstellung: »Schneider – Klepper; Katholizismus – Protestantismus« bei Lesern, Kritikern, Buchhändlern! Was meine Leser
von mir erwarten, ist genau das, was ich für mich als Leistung ersehne. In der Frage an mich muß ich dem göttlichen Auftrage
nachfragen. Das ist so beseligend für mich: was meine Leser mich
fragen. –

3. Oktober 1938 / Montag

> Herr, schone deines Volkes und laß dein Erbteil nicht
> zu Schanden werden! *Joel 2, 17*

Ein Erbteil fängt neu an. Nun wache Gott, daß dieser Friede erfüllt sei von Seinem Frieden! –

Durch Nürnberg und Breslau sind ungeheure Truppentransporte gegangen. – Alles Bedrückende, Zurückhaltende noch so hoch angeschrieben: aber daß die Tatsache, daß wir nun ein 80-Millionenvolk sind, *so* wenig Eindruck auf die Deutschen macht, befremdet mich doch. Und wird es stark genug empfunden, wie die Sowjetunion nun aus Europa gedrängt ist? Gott hat gnädig zu den Völkern geredet; wie sollte er Israels vergessen!

4. Oktober 1938 | Dienstag

> Habe ich dir nicht gesagt, so du glauben würdest, du
> solltest die Herrlichkeit Gottes sehen? *Johannes 11, 40*

In der Stadt traf ich Zingler-Ullstein, der während seines Urlaubs den »Vater« gelesen und nun schon wieder zwei andere Ullstein-Leute zum Kauf des Buches bewogen hat. Er sagte: »Hier gibt es nur uneingeschränkte Bewunderung«. – Und er bestürmte mich förmlich wegen meiner Mitarbeit an der »Berliner Illustrirten« und an der »Dame«. Ich möchte ihnen doch alles zuerst anbieten; ich würde bei ihnen das Dreifache verdienen. (Aber ich kenne den Preis an Kompromissen, den ich zahlen müßte!) So hat sich alles geändert. Ullstein, der mich so eingesperrt und dann so schmählich ausgebootet hat. Ich könnte jetzt wohl ein sehr wohlhabender Autor werden. Und nun ist man so gefeit gegen alles das. »Fest, doch obligant; obligant, doch fest.«

Am »Vater« haben viele Männer ihr Bestes, in ihnen Verschüttetes wieder gepackt. Das weiß ich nun.

Friedrich Wilhelms I. 250. Geburtstag hat in der Tat dem Absatz des »Vater« einen spürbaren Aufschwung gegeben. –

Herr Andrews macht mir einen Besuch auf die nachbarliche Übersendung des »Kyrie« hin. Ihr Haus ist nun schon gerichtet. Unser Bau stockt in dieser Woche ganz. Andrews brachte mir von seinen neuen Verlagserscheinungen Mortons Palästinabuch »Auf den Spuren des Meisters«. Stark, wie ich es noch nie erfuhr, erweist sich zwischen den Deutschen das bedrohte Christentum als das Verbindendste; nicht mehr das Gesellschaftliche, nicht mehr das Kulturelle: das Christliche ist's. Und dies wiederum scheint mir heute auf Tieferem zu basieren als auf politischem Ressentiment. Man hat etwas gespürt von apokalyptischer Angst.

Nun ist alles wieder in der Lebensweise fest gefügt. Aber die erste Woche Berlin, unfaßlich schnell vergangen, stellte starke, die Arbeit hindernde Anforderungen. Wann heißt die Arbeit: »Das ewige Haus«? Denn die Filmentwürfe: das heißt eine Pseudoform zusammenbasteln für etwas, das seine Form schon endlich hatte finden dürfen!

Und doch muß ich diese finanzielle Möglichkeit gerade im Hinblick auf das »Ewige Haus« als ein solches Geschenk Gottes betrachten, als gar nichts anderes.

Brigitte während unserer Reise, Hanni nach unserer Rückkehr mußten alle in ihrem Besitz befindlichen Ausweise auf die Polizei bringen zwecks Eintragung eines Juden-Vermerks. Hanni hat keine Ausweise. Auch nach dem Grundbesitz wurde gefragt. Der Ton ordentlich. –

Was an den Juden geschieht, ist eine schwere, schwere Glaubensprüfung – für die Christen.

Die Menschen, die wir sprechen, sehen Hitlers Erfolg, entgegen meinem Empfinden, sehr groß. Aber die Stimmung ist merkwürdig gedrückt, vor allem aus wirtschaftlichen Gründen. Es fehlt so viel beim Bauen: Holz, Eisen, Fuhrwerk, Arbeiter. Die Deutschen sind der dauernden politischen Übersteigerungen so müde. Sie wollen nur Frieden, fragen nicht einmal genug nach den Sudetendeutschen – fürchten sich vielleicht aber schon vor dem Zukunftsproblem Südtirol.

5. Oktober 1938 | Mittwoch

> Sie kennen den Weg des Friedens nicht, und ist kein Recht in ihren Gängen; sie sind verkehrt auf ihren Straßen; wer darauf geht, der hat nimmer Frieden. Darum ist das Recht fern von uns, und wir erlangen die Gerechtigkeit nicht. Wir harren aufs Licht, siehe, so wird's finster – auf den Schein, siehe, so wandeln wir im Dunkeln.
> *Jesaja 59, 8. 9*

> Unser Glaube ist der Sieg, der die Welt überwunden hat.
> *1. Johannes 5, 4*

Zwischen diesen beiden Worten steht für mich heute Deutschland.

Baldwin hat vor dem Oberhaus so fromme Worte zu den europäischen Vorgängen gefunden. Und bei uns ist's so stumm. –

In diesen Tagen hat man zum ersten Male wieder gespürt, daß es Völker gibt, nicht nur Regierungen. Man hat auch gespürt, daß es noch Beter in den Völkern gibt. Und in Deutschland eine den Frieden erhaltende Generalität.

Ich bemühe mich jetzt, ohne Schlafmittel zu schlafen. Ich mache die Erfahrung, daß das Schwerste die nun hemmungslos frei gewordenen Träume sind: Luftkrieg, Mobilmachung, Lahmlegung durch die Kulturkammer, ja, selbst körperliches Ringen mit dem Teufel. Anno 1938! –

D. Erich Stange schreibt zum »Kyrie«, wie nahe doch das Amt des christlichen Dichters dem des Predigers steht. ... Ein Pfarrer Knapp im Württembergischen schreibt, daß sein schwerkranker Vater das »Abendlied« oft Vers für Vers wiederholte und sich das »Kyrie« zu Bibel und Gesangbuch auf den Nachttisch legen ließ. Alles geht den ersehnten, erbeteten Weg.

Doch die Behinderung der Arbeitszeit bleibt ein furchtbares Problem. Was meint Gott hier? »Ich harre des Herrn; meine Seele harret, und ich hoffe auf sein Wort.« Psalm 130, 5.

6. Oktober 1938 / Donnerstag

> Wir, die wir des Tages sind, sollen nüchtern sein, angetan mit dem Panzer des Glaubens und der Liebe und mit dem Helm der Hoffnung zur Seligkeit.
> *1. Thessalonicher 5, 8*

Bei Dr. Koch. Ich fragte ihn, ob er in meiner Sache noch die Sorgen, die er am 2. 9. aussprach, weiter hege; er sagte: nein. Er hofft, daß nun nach so großen politischen Vorgängen andere Aufgaben gefunden werden müßten als das Vernichten von schriftstellerischen Existenzen. Auch Heß, der Stellvertreter des Führers, hat sich in diesem Sinne geäußert. – Alles, was er sagte, war wieder nur helfend, fördernd, beruhigend. – Die Vorlesung im Leipziger Eckart-Kreis wollte er mir erlauben; er riet mir aber, nicht die Angriffe der immer emsig am Werke befindlichen »Neider« dadurch hervorzurufen, daß ich den Schritt von der Publikation – mit der sie sich nun allmählich abfinden müßten – zum persönlichen Hervortreten tue (das meinem Wesen ja sowieso ganz entgegengesetzt ist). So habe ich sehr gern nach Leipzig abgeschrieben. – Koch ist um zwei Posten avanciert; er bekommt noch einen neuen Mann in seine Abteilung, der »noch ausgleichender sei als er«. – Und dann erzählte er mir, daß er sein erstes Kind erwarte. – Pagel und Hanni – doch sonst bleibt es unerwähnt – habe ich nun erst von dem Scheidungsansinnen und meiner Unterredung mit Koch vom 2. 9. gesagt, wo Koch glaubt, daß ich nun Ruhe davor habe. Ob er meine Antwort übermittelte, weiß ich nicht. Nun erst sagte mir Pagel, daß auch Ihde, der Geschäftsführer der Schrifttumskammer, mit ihm über meine Wiederaufnahme gegen den Preis der Scheidung verhandelte. Pagel sagte zu Ihde: »Für manche Ehen käme ein solches Ansinnen in Frage, für diese nicht.« Und da er meiner Antwort gewiß war, hat er mir bis zu meiner heutigen Mitteilung überhaupt nichts davon gesagt. – Hanni aber sagte, sie hätte es ruhig die ganze Zeit über wissen können. Sie kann kein Ministerium mehr schrecken; ihr geht es nur noch um das, was zwischen uns immer entschieden war, und um den Glauben, auf dem allein alle Entscheidung sich gründet.

Wie spät war's wieder, als nach Verhandlungen und Korrespondenz endlich die Arbeit begann. Auch hier, in die Stunden des Tages, muß Gott rettend eingreifen.

7. Oktober 1938 / Freitag

Sollte ihr Unglaube Gottes Glauben aufheben?

Römer 3, 3

Heute fragte Pagel auf Grund eines Kontoauszuges der DVA an, ob ich meine Monatszahlung erhöht haben wolle. Wie glücklich und dankbar muß ich sein, da nein sagen zu können. Mein Geld zu sparen für die schweren Jahre, die mit der Arbeit am »Ewigen Haus« noch vor mir liegen!

Anrufe, Anrufe, so daß Hanni schon wieder seufzt: Verreisen, heimlich und ohne Adressenangabe ...

Man ist wirklich ganz benommen, daß die Arbeit so bedroht bleiben will.

Die Träume: Brand, Zwangsarbeit, militärische Eilausbildung, Aufhören aller Einnahmen. Doch nicht mehr Jüdisches.

Das neue große Judengesetz in Italien unterscheidet sich sehr von dem unseren; es tut dies im entscheidendsten Punkte, den Frontkämpfern gegenüber. Denn hier ist ja in Deutschland das Undeutscheste geschehen.

Wird Gott so sichtbar an den Juden Deutschlands handeln, wie er an Deutschland und den Völkern Europas gehandelt hat? Warum geschehen so wenig Übertritte zum Christentum, nun, wo von politischer Konjunktur dabei überhaupt nicht mehr die Rede sein kann?

> Er wird Gerechtigkeit anziehen zum Panzer und wird
> das ernste Gericht aufsetzen zum Helm. Er wird Hei-
> ligkeit nehmen zum unüberwindlichen Schilde.
>
> *Weisheit 5, 19. 20*

Die dritte Nacht ohne Schlafmittel überstanden. Es muß um des
»Abendliedes« im »Kyrie« willen sein. – Ich will es bis zum Äußersten versuchen.

Schneider schreibt zum »Kyrie« sehr ergreifend; ist denn der Katholizismus mit der ganzen Größe seiner Form wirklich nicht der
Halt, die Zuflucht?

»Sich läutern für die Gnade« – vor solchen Wendungen Schneiders
erschrecke ich! –

Nun spürt man es aus jedem Gespräch: die Menschen fassen wieder Pläne! Aber eine Reaktion in großer Lebenslust ist nicht gekommen. – Im Ausland war der Jubel überall größer als in
Deutschland. Wir leiden noch sehr unter zu vielem.

Ein Witz dieser Zeit: Die Schweiz hat ja nun einen Marineminister.
»Wieso? Sie braucht doch gar keinen.« »Deutschland hat ja auch
einen Justizminister.« –

10. Oktober 1938 | Montag

> Seid getrost und unverzagt, alle, die ihr des Herrn
> harret!
>
> *Psalm 31, 25*

Aus den Dankbriefen fürs »Kyrie« geht deutlich hervor, daß das
»Abendlied« die Leser am stärksten berührt, das meine eiserne
Lehre enthält: auf jeden Blick voraus einen zurück!

Rohexemplar der neuen »Vater«-Auflage: wirklich 13–15 000.
Nichts, nichts, was mit diesem Buche an Verheißungen der Bibel
aus den schwersten Tagen des Entstehens nicht in Erfüllung gegangen wäre. »Und das nach Menschenweise –«. Wie deutlich entsinne ich mich all der Worte.

Ein Passus in der Hitlerrede bei der Einweihung des Gautheaters
Saarpfalz bezieht sich eindeutig und negativ auf ein Einwirken
Englands in der deutschen Judenfrage. So wie man um den Frieden gebetet hat, muß hier weiter gebetet werden, daß Gott so rettend eingreifen möge in die dem Verhängnis zutreibenden Geschicke Europas. Obwohl kein Krieg war, spricht man von dem
»Frieden von München«. Das zeigt, wie es stand. Nur nach diesem

Frieden fragen die müden Deutschen, nicht nach dem, was mit den Sudetendeutschen geschah. So groß war unsere Angst.

Die Völker sind ruhig geworden. Aber in der hohen Politik – Mittelmeer, Spanien! – spürt man noch eine ungeheure Erregung. Man hat sich ja so daran gewöhnt, zwischen den Zeilen zu lesen und zwischen den Worten zu hören. Das Wort »Jude« fiel in Hitlers letzter – beleidigter und beleidigender – Rede nicht. Aber man ersieht so deutlich, daß die jüdischen Dinge zur Sprache gekommen sind.

Große Fortschritte im Filmtreatment. Einen Vorzug hat diese unbefriedigende Arbeit: ich lerne wieder zu konstruieren und zu konzentrieren statt zu exzerpieren. Als ich das erste Mal am Friedrich-Wilhelm-Entwurf, 1934, für die Ufa arbeitete – Gott ließ, nun zeigt es sich, noch keine Arbeit, die ich als seine Gabe hinnahm, vergeblich sein! – war dies der Start für den Beginn des Buches, der Schritt von der Vorbereitung zur Ausführung. So will ich gleich nach der Treatmentablieferung an die Durchführung des »Ewigen Hauses« gehen und die weiteren Exzerpte aufs äußerste begrenzen: schreiben, schreiben, damit ich nicht in den Studien versinke. Hierbei hilft mir die freudlose Filmarbeit ohne Frage. –

13. Oktober 1938 | Donnerstag

> Du bist der Gott, der mir hilft; täglich harre ich dein.
> *Psalm 25, 5*

Ganz überraschend meldete sich, zu wirklich großer Freude und Überraschung, Professor Hermann. Auf der Rückreise von der Tagung der Luther-Akademie in Sondershausen übersprang er einen Zug, um von drei bis sechs bei uns sein zu können. Er ist milder geworden, und so ist der Eindruck nach vier Jahren noch größer. Wir sind uns so einig: über die Gefahr, die gerade die Bekenntniskirche für die Kirche, der heutige Monarchist für die Monarchie bedeutet; einig in bezug auf Theologie wie Literatur. So kamen wir auch zu manchem Privaten. Alles Schöne bei uns nahm er so warm wahr. Übrigens erzählte er, daß vor Professoren in Sondershausen August Winnig so sehr für den »Vater« warb. – Falk, der jetzige Leiter des Evangelischen Presseverbandes für Schlesien, hat in seinem Lesezirkel einen »Jochen-Klepper-Abend« veranstaltet.

Starke Spannung Ungarn–Tschechoslowakei. Jetzt wird immer gleich mobilgemacht. Ungarn und Polen haben sich einfach der

großen deutschen Forderung anschließen können. Aber der Preis
dafür wird fest vereinbart sein. Und im Falle »Polnischer Korridor«
ist das sehr wichtig.

14. Oktober 1938 | Freitag

> Stehe mir bei, Herr, mein Gott! Hilf mir nach deiner
> Gnade, daß sie innewerden, daß dies sei deine Hand,
> daß du, Herr, solches tust.   *Psalm 109, 26. 27*

Daß ich es innewerde. Denn vom Menschen her ist keine Heiligung
und Bewährung.
Stuttgart teilt mir heute, nachdem eben das 13.–15. Tsd. des
»Vater« ausgedruckt ist, mit: ». . . daß wir bestimmt vor Weihnachten noch mit einem Neudruck von ‚Der Vater‘ zu rechnen
haben.«
Das wäre ja über alles Hoffen und Erwarten! Und immer wieder
betont Hanni, welch eine Leserschaft ich gefunden habe. –

15. Oktober 1938 | Sonnabend

> Alle Völker auf Erden sollen erkennen, daß der Herr
> Gott ist und keiner mehr.   *1. Könige 8, 60*

Brief von der DVA aus Stuttgart: Auszug aus dem sehr liebenswürdigen Schreiben eines holländischen Übersetzers, der zwei
Probekapitel aus dem »Vater« übersetzt hat und sich um einen holländischen Verlag bemüht. Wie würde es mich freuen, wenn Holland die Liebe des Königs vergelten wollte. Spürt man nun endlich etwas von dem Kapitel »Mijnheer van Hoenslardyck«? Würde
etwas aus der holländischen Ausgabe, dann wäre alles erreicht,
worin ich mich dem König schuldig glaubte! Der »Mijnheer« und
der »Makler«, die waren noch unerfüllt gewesen.
Was nach dem Ärztegesetz zu erwarten war: nun sind auch die
jüdischen Anwälte um ihre Existenz gebracht.
Wird nun unser 80-Millionen-Volk weiter so gegen den Rest
seiner Juden vorgehen? Wann kommt hier die Grenze der Hitlerschen Macht? Es ist doch noch immer unser altes Volk, das dieses
Dritte Reich werden ließ! Man spürt es doch noch überall: das
alte deutsche Volk!

16. Oktober 1938 | Sonntag

> Ich will Wunder tun, – und alles Volk soll sehen des
> Herrn Werk.   *2. Mose 34, 10*

Linder, sonniger Oktobertag. Blaue Weintrauben und bunte
Astern in den Zimmern.

Kurzreiter nach dem Gottesdienst in der Sakristei besucht; am
26. Oktober kommt er nun zum Abendbrot und zu der Besprechung mit Hanni. Die Bekenntniskirche innerhalb unserer Gemeinde setzt ihm, der Professor Hermanns und meine Haltung
teilt, hart zu. Und was es so schwer macht: ihr gehören überall die
Besten an, auch wenn diese die Tragweite dieses Zusammenschlusses nicht erkennen. Kyrie-Lieder will Kurzreiter nun in der
Gemeinde verwenden, und unsere Gespräche höre ich manchmal
aus der Predigt heraus.

19. Oktober 1938 | Mittwoch

> Deine Barmherzigkeit ist alle Morgen neu, und deine
> Treue ist groß.   *Klagelieder 3, 23*

Die sehr angesehene Zeitschrift »Corona« will jetzt auch Gedichte
von mir[176].

Erbitterter, in der Presse verschwiegener Kampf des Nationalsozialismus gegen den österreichischen Katholizismus.

In Berlin ein eigentümlicher Schwebezustand. Auch die im allgemeinen gut Informierten vermögen nicht mehr zu erfahren oder
zu ermessen, welchen Kurs die Dinge jetzt nehmen; wer Sieger
und wer Unterlegener ist; wohin wir steuern.

Über die geistige Freiheit im Religiösen trösten einen die vielen
schönen neuen Herbstprospekte des Eckart-Verlages; und da ist –
ich denke nur mit Dank, ohne jeden Groll an das Vergangene –
kaum noch ein Prospekt ohne mich.

20. Oktober 1038 | Donnerstag

> Des Gerechten Gebet vermag viel, wenn es ernstlich
> ist.   *Jakobus 5, 16*

Gegen die Anrufe werde ich immun; das ist ein Selbstschutz auf
dem Höhepunkt. Die große Korrespondenz erledige ich mit Kurz-
briefen. Was den Bau angeht, so haben wir weder vom Anwalt,
noch vom Architekten, noch von der Baufirma eine Assistenz; wir
müssen alles weiter allein erledigen und organisieren. Der Film

schreitet ungehemmt fort. Die Müdigkeit ist zum Verzweifeln. In den Zeitungen heißt es rüsten, rüsten. Die Abdrosselung der Juden wird nach dem alten Plane durchgeführt, die seelische Zermürbungstaktik ausgebaut. Der Kirche gegenüber hat der Staat sich nun in offener Ankündigung alle Machtmittel vorbehalten, politisierenden Pastoren, auch ihren Hinterbliebenen, das Gehalt zu sperren. Gilt dies auch sicher nur den prononcierten Anhängern der Bekenntniskirche, die für mein Empfinden sogar einen Schritt zurück tun sollen, so muß man sich doch sehr besorgt fragen, wer da die Grenze zwischen Politischem und Religiösem bestimmt. Über die Quälerei der Juden und den Raub, der an ihrem Eigentum geschieht, wenn sie, nachdem man ihnen die Existenzmöglichkeiten nahm, Deutschland verlassen wollen, gerät man allmählich in einen Zustand, der einer Gemütskrankheit nicht mehr unähnlich ist. Die Völker haben für den Frieden gebetet; werden sie dafür zu beten beginnen, daß Friede für die Juden wird? Werden sie begreifen, welche Gabe der Glaube ist, auf Grund dessen sie so beten dürfen?!

21. Oktober 1938 | Freitag

> Die Güte des Herrn ist's, daß wir nicht gar aus sind;
> seine Barmherzigkeit hat noch kein Ende.
>
> *Klagelieder 3, 22*

Immer mehr prägt seit meinem Geburtstag 1933 dieser Vers sich meinem Leben ein.

Immer mehr erhebt sich alles, was ich an Gutem erfahre, über dem dunklen Grunde des Wortes: »Ich elender Mensch! Wer wird mich erlösen von dem Leibe dieses Todes? Ich danke Gott durch Jesum Christum, unsern Herrn.« Wie ist's nun zu fassen, daß Gott des Außen in meinem Leben gnädiger und rascher Herr werden wollte als der inneren Gefahr? Und kein noch so starker Glaube an die Vergebung löscht ja das Leiden am »elenden Menschen« in einem aus. – Es ist furchtbar: aber aus der Vergebung und Rechtfertigung heraus läßt sich allein noch nicht leben. Gott muß noch mehr tun.

Worin sind wir besser als die Juden? In dem, was Gott uns geschenkt hat. Wir haben's nicht erworben und verdient. Mit den Juden geschieht etwas so Ungeheuerliches, daß man sich der lähmenden Wirkung kaum mehr erwehren kann! Diese entsetzliche Ohnmacht des Volkes gegenüber dem, das im Namen des Volkes geschieht, ohne daß es – über Numerus-clausus-Maßnahmen hinaus – dahinter stünde.

Das eigene Wesen – das Judentum –: Gott muß retten. Gott muß schnell retten. –

23. Oktober 1938 / Sonntag

> Ihr werdet euch freuen, die ihr jetzt eine kleine Zeit, wo es sein soll, traurig seid in mancherlei Anfechtungen, auf daß euer Glaube rechtschaffen und viel köstlicher erfunden werde denn. das vergängliche Gold, das durchs Feuer bewährt wird.   *1. Petrus 1, 6. 7*

Glanz, goldenes Licht, gelbe Blätter, blauer Himmel, zarter blauer Dunst in den Lichtungen gelber Gesträuche; Glocken.

Aber diese Nacht, wenn auch mit Mitteln, habe ich einmal so tief geschlafen, daß ich die Kirche zum ersten Male versäumte.

Hanni, die mir manchmal den Posteingang vorliest, hatte heute einen langen Brief von Renerle für uns; in ihrer Kinderhandschrift und ihrem Friedrich-Wilhelm-Stil bei aller Kinderzärtlichkeit! So enorm charaktervolle und absolut natürliche Briefe, aus denen die spätere Hanni spricht. Das Kindlein, ohne sich dessen selbst bewußt zu rühmen, arbeitet unermüdlich.

Die Wohnungen der jüdischen Anwälte – »die ehemaligen Judenwohnungen«! – sollen für »Abrißmieter« zur Verfügung gestellt werden, als wolle man das Ghetto erzwingen.

Ratloser Brief von Jenny L. aus Prag. Den Juden scheint zur Zeit nur ein Land offenzustehen: das vom Krieg gequälte China. Das ist so grausig.

Die »guten, ernsthaften« Informationen, die wir aus den Kreisen der Redakteure erhalten, erweisen sich gar zu oft als ein für Männer unwürdiger, sensationeller politischer Klatsch. – Niemand weiß etwas, und alle sind bedrückt: das ist mein Eindruck. –

25. Oktober 1938 / Dienstag (Richtfest in Nikolassee)

> Setzet eure Hoffnung ganz auf die Gnade, die euch angeboten wird durch die Offenbarung Jesu Christi.
> *1. Petrus 1, 13*

Kühle, Leere, Nebel: nur am frühen Nachmittag wieder ein weiches, flüchtiges Glänzen über dem Garten. Hanni hatte die abschließende Besprechung mit Vassilière über die einzelnen Kostenvoranschläge. Alle ästhetischen und praktischen Lösungen sind nun gefunden. Und nun erst beginnt sich Hanni unverkennbar auf das Haus zu freuen.

Heute um halbfünf das Richtfest.

Das 1. Treatment an die Tobis abgeschickt. Es schließt mit einem Richtfestkranz. –

Hanni wacht wie ein Löwe über meiner Arbeit und nimmt mir Besucher und Anrufe ab.

26. Oktober 1938 / Mittwoch

> Gedenke alles des Weges, durch den dich der Herr,
> dein Gott, geleitet hat. *5. Mose 8, 2*

Das Material zu »Das goldene Schiff«, dem zweiten Treatment, bereitgelegt, nachdem ich gestern noch das erste zu korrigieren hatte.

Noch am Abend lauter Bau- und Hypothekenkorrespondenz mit Hanni erledigt. Es nimmt noch kein Ende. Hanni sagte danach, sich an die Treatmentlektüre begebend: »Unser Leben gefällt mir so gut: immerzu etwas vorhaben.«

Nur unser beider Müdigkeit –.

Juden und mit Juden verheiratete Arier können im Dritten Reich nicht mehr Vormund sein. – Für das Foto zu der jüdischen Kennkarte ist zur Bedingung gemacht, daß »das linke Ohr« zu sehen ist. Außerdem: Fingerabdruck. – Das alles wird achselzuckend hingenommen. Anders steht es mit den besonderen Nummern für jüdische Autos: die Juden fürchten die mögliche Konsequenz von Strafen – Vorbestraft: Konzentrationslager – und geben ihre Wagen auf. – Aber was ist das alles gegen den Raub der Existenz; und des Geldes bei Auswanderung.

27. Oktober 1938 / Donnerstag

> Alle Dinge sind zusammengefaßt in Christo, beides,
> das im Himmel und auf Erden ist. *Epheser 1, 10*

Ernst Barlach ist gestorben. Über seinem Lebensabend stand auch ein »*In tormentis*«. Er, dem das Dritte Reich so viel angetan hat, war, wie sich nun herausstellt, Ritter des *Pour le mérite*.[177]

Viele Verhaftungen von jüdischen Polen in Berlin; auch Schülerinnen aus Brigittes Schule wurden aus dem Unterricht abgeholt. Römer 9–11 liest man mit bebendem Herzen. Daladier beginnt nun Frankreich auch autoritär zu regieren. Das Positivum ist, daß nun auch in Frankreich die Loslösung vom Kommunismus erfolgt. –

> Wo du dich zu mir hältst, so will ich mich zu dir halten.
>
> *Jeremia 15, 19*

Das Ungewöhnliche, daß Hanni und ich zu stundenlangen Besorgungen, sogar mit Mittagbrotrast, in die Stadt fuhren. Denn Hanni hatte gestern entdeckt, daß im Antiquitätenviertel plötzlich noch einmal Renaissance- und Frühbarocktische aufgetaucht sind. Und das Problem meines Schreibtischs ist doch immer dringlicher geworden; der Beuthener ist zu klein und unbequem; der Eßtisch muß zu jeder Mahlzeit abgeräumt werden. Wir haben einen schönen, frühen Barocktisch gefunden, und als Lampe dazu einen schönen, hohen Zinnleuchter. Und da wir in Nikolassee für die dort fehlenden Räume mehr Schränke brauchen, haben wir noch einen sehr klaren, einfachen Renaissanceschrank, halbhoch, für das Refektorium gekauft, der reichlich Platz für Sachen hat.
Die polnischen Juden mit dem heutigen Tage ausgewiesen.
Polen scheint das nächste akute politische Thema zu werden: Danzig das Zentrum neuer Aktionen.
Brief aus Doorn. Der alte Kaiser befaßt sich eifrig mit Königs-Mythologie und Archäologie.

> Mit ewiger Gnade will ich mich dein erbarmen.
>
> *Jesaja 54, 8*

Die Ausweisung der polnischen Juden – zum ersten Male fiel in der Presse das Wort Jude nicht – scheint abgestoppt, wenn nicht widerrufen zu werden. Die außenpolitischen Schwierigkeiten, die die Judenmaßnahmen in Deutschland draußen hervorrufen, scheinen so zu wachsen, daß ich fast auf eine internationale Vereinbarung zu hoffen beginne, nachdem die Konferenz von Evian, ohne Deutschland und Italien, so gescheitert ist.
Abends um halb zehn rief Ihlenfeld noch an: Werner Bergengruen sei aus München da, und er möchte uns gern zusammenbringen. So saßen wir noch zwei Stunden lang bei Ihlenfelds Tausenden von Büchern. Es galt, Bergengruen viel ungerechtfertigte Aggressivität auszureden: denn in der gleichen Situation wie ich, genießt er als anerkannter Autor[178] noch größere Freiheiten. – Übrigens erscheint mir als eine der schönsten Seiten des Erfolges die große Artigkeit, die mir nun die älteren Autoren entgegenbringen.

Rührend war Hannis Freude, als sie bei Ihlenfeld zwei neue Gedichtbände anderer Verlage fand, in denen wieder ich abgedruckt war. Den »Soldatenkönig und die Stillen im Lande« nennt Ihlenfeld sein bestes Eckart-Buch. –

1. November 1938 / Dienstag

> Er begehrt mein, so will ich ihm aushelfen; er kennt
> meinen Namen, darum will ich ihn schützen.
>
> *Psalm 91, 14*

Heute kam mein neuer Schreibtisch, in der Wohnung noch unvergleichlich schöner als in dem noch so gepflegten Antiquitätenladen. Es ist wirklich eine tiefeinschneidende Änderung: ein Schreibtisch, an dem ich nun den ganzen Tag ununterbrochen arbeiten kann; so seltsam und symbolisch die Einheit von Familieneßtisch und Arbeitstisch war.
Ein neuer Schreibtisch ist ganz gewiß ein Anlaß zum Gebet. Es soll ja der Schreibtisch werden für das »Ewige Haus«.
Heute, am Vorabend von Hannis Geburtstag, kommt nun Pastor Kurzreiter.
Die Väter und Brüder von Brigittes polnisch-jüdischen Mitschülern sind noch immer abtransportiert. Das Verhalten der Polizei soll korrekt gewesen sein. Doch die Beunruhigung in den jüdischen Stadtteilen Berlins ungeheuer.
Generaloberst Beck, der Chef des Generalstabs, zurückgetreten. Gar zu viele wußten, daß er der große Gegner des Dritten Reiches war. Alle politischen Vorgänge bleiben völlig undurchsichtig. Mit Polen muß etwas schweben. Und ebenso gegenüber dem Heer, denn es sind auch sonst große personelle Veränderungen. –

2. November 1938 / Mittwoch

> Er wird deinen Fuß nicht gleiten lassen; und der dich
> behütet, schläft nicht. – Der Herr behütet dich; der
> Herr ist dein Schatten über deiner rechten Hand.
>
> *Psalm 121, 3. 5*

Wie im vorigen Jahr ist's lind und weich und sonnig. Hanni und ich frühstückten allein und lasen die mit der ersten Post eingelaufenen Geburtstagsbriefe. Während Hanni dann auf dem Markt war, baute ich den Geburtstagstisch auf; alles geschmückt mit den noch immer zarten Waldrebenranken aus dem Garten, echten Kerzen, vielen Alpenveilchen. Bei hellem Sonnenglanz und beim Mit-

tagsglockenläuten bescherte ich Hanni ein. – Dann lasen wir feierlich im Refektorium die zweite Post; von den Nürnbergern[179]; von
Friedel; aus all den jüdischen Briefen spricht so deutlich, wie sie
alle Hanni vor allem zu dem einen beglückwünschen, daß Hannis
Leben noch Hoffnung und Aufbau kennt. Und das klingt durch
alles, was Hanni sagt.

Seit Sonntag sitze ich, für den Eckart-Aufsatz[180], über Ina Seidels
dickem Pfarrhausroman »Lennacker«: eine nicht unwillkommene
Unterbrechung zwischen den Filmen. Sonst sage ich Buchbesprechungen ab, weil's eine gar so unproduktive Arbeit ist.

Die Abendpost brachte die Schillersdorfer Glückwünsche und den
mir noch fehlenden letzten Teil der »Losungen« für das Jahr der
Kirche. –

Genau wie wir stehen Meschkes erschreckt vor dem Faktum, mit
welcher Gleichgültigkeit die Christen, auch in Deutschland!, an
dem Geschick der Juden vorübergehen, geschweige denn, daß sie
erkennten, wie ernst Gott hier mit den Christen redet. –

3. November 1938 / Donnerstag

> Ich will mich zu euch wenden – und will meinen Bund
> euch halten.   *3. Mose 26, 9*

Anrufe, Anrufe. Auch wenn Hanni und ich uns so bewußt, fast
hart, auf das häusliche Leben begrenzen, der Kampf um die Arbeitszeit ist fast vergeblich! Es will und will nichts mehr laufend
entstehen. Das macht mich ganz krank.

Ich bin sehr gesellig, aber ein anderes als das ganz häusliche Leben
ist der Arbeitszeit und Arbeitskraft wegen undurchführbar. Hanni
ist auch innerlich, viel mehr als ich, alledem schon abgewandt,
was nicht das Haus und die Arbeit ist. Nur den Konzerten soll
noch Raum bleiben.

Es ist wie ein gehetztes Absinken: dies Nicht-zur-Ruhe-und-zur-
Arbeit-kommen-Dürfen – in einem so friedlichen, so schönen, so
behüteten Hause. –

5. November 1938 / Sonnabend

> Zur Zeit ihrer Angst schrien sie zu dir; und du er-
> hörtest sie vom Himmel.   *Nehemia 9, 27*

Am Nachmittag waren wir in Nikolassee; das Dach zu zwei
Dritteln gedeckt, sonst kein Fortschritt. Aber so sah man nun

zum ersten Male das braune Dach zwischen den Kiefernwipfeln. Die Schönheit von Schlachtensee und Nikolassee nimmt uns immer mehr gefangen. Nach der Heimkehr tranken wir beim Lateinlämpchen Kaffee und freuten uns der fürstlichen Schönheit unserer beiden großen Zimmer; denn nun ist auch das neue Renaissanceschränkchen im Refektorium aufgestellt; und welches Kolorit gibt das einem Raum: Klosterzahltisch, Gewehrschrank. Wahrhaftig, nun ist die Welt meiner Bücher um mich, das 16. bis zum 18. Jahrhundert; und alles ganz auf unsere persönlichen Bedürfnisse abgestellt, denen dabei besser Genüge getan werden kann als mit allen modernen Möbeln.

Ich leide nicht mehr unter dem raschen Ablauf des Jahres; ich habe den Wettlauf aufgegeben. Dem Menschenwerk gibt Gott andere Zeiten: Prüfungen und Gewährungen. –

7. November 1938 | Montag

> Darum hoffen auf dich, die deinen Namen kennen;
> denn du verlässest nicht, die dich, Herr, suchen.
>
> *Psalm 9, 11*

Nach Saarbrücken hat Hitler nun in Weimar die zweite kriegerische Rede nach dem »Frieden von München« gehalten. Es ist wie der Ausfluß unbewußter schwerer Sorge davor, daß der vermittelnde Chamberlain eines Tages einem Duff Cooper oder Churchill weichen muß.

Quälende Meldung aus Preßburg: »Ununterbrochen rollen durch Preßburg ganze Lastzüge mit Juden in das an Ungarn abgetretene Gebiet.« Bis jetzt wird die Zahl der aus Preßburg Ausgewiesenen auf mindestens 4000–5000 geschätzt, und aus den anderen Gebieten der Slowakei ist vermutlich noch eine sehr viel höhere Zahl ausgewiesen worden. Alle diese Juden, ob sie nun vor einigen Tagen noch reich oder arm waren, besitzen jetzt keinen Heller mehr, denn ihr Besitz wurde beschlagnahmt »zur Entschädigung für den Schaden, den die Juden der Slowakei zugefügt haben«. Was hat Deutschland ausgelöst!

8. November 1938 | Dienstag

> In der Welt habt ihr Angst; aber seid getrost, ich habe
> die Welt überwunden. *Johannes 16, 33*

Die Beunruhigung der Juden in Deutschland bleibt furchtbar und lastet schwer auch auf unserem Leben. – Ein junger, 17jähriger polnischer Jude, dessen Eltern aus Deutschland ausgewiesen sind, hat auf der deutschen Botschaft in Paris aus Rache ein Attentat auf einen jungen Botschaftssekretär verübt. Selbst die maßvolle DAZ bereitet da auf neues Schwere vor: »Das jüdische Attentat in der deutschen Botschaft in Paris wird, darüber soll sich niemand täuschen, die schwersten Folgen für die Juden in Deutschland haben, und zwar auch für die ausländischen Juden in Deutschland. . . . Sie dürften erbleichend erkennen, daß das in Paris gefallene Wort von den Rassegenossen sehr zweischneidig ist.« – Gestern abend war die Nachricht ganz klein auf der zweiten Seite gebracht; heute morgen riesengroß mit Schlagzeile und Leitartikel. – Wann greift Gott ein? Menschen können dies Problem nicht mehr lösen. –

9. November 1938 | Mittwoch

> Ich breite meine Hände aus zu dir; meine Seele dürstet
> nach dir wie ein dürres Land. Herr, erhöre mich bald.
> Tue mir kund den Weg, darauf ich gehen soll; –
> denn ich bin dein Knecht.   *Psalm 143, 6. 7. 8. 12*

Um mich wieder ganz dem Film zuwenden zu können, habe ich noch die »Las Casas«-Besprechung[181] gleich nach dem »Lennacker«-Aufsatz geschrieben, da ich sie weder den »Weißen Blättern« noch Schneiders wegen absagen kann. Allen anderen schreibe ich nun aber ab; auch, wo Aufsatzaufträge vorliegen, bitte ich um neue Termine im neuen Jahr.

Nach Saarbrücken und Weimar hat Hitler nun schon wieder in München gesprochen; auch hier wieder tief beunruhigend, doch gebe ich einem Passus seiner Rede recht, wenn er von unseren Gegnern im Ausland sagt: »1918 haben die gleichen Kreise erklärt, es handele sich nur um die Beseitigung des ‚preußischen Militarismus‘, ‚nur um die Beseitigung der Dynastie, nur um das Haus Hohenzollern, aber nicht um das deutsche Volk‘. Heute sagen sie: ‚Die Diktaturen, nicht aber das deutsche Volk und das italienische Volk, sollen vernichtet werden‘«.

Wieder spricht Hitler für das ganze nächste Jahrtausend. –

10. November 1938 | Donnerstag

> Willst du uns denn nicht wieder erquicken, daß sich
> dein Volk über dich freuen möge? Herr, erzeige uns
> deine Gnade und hilf uns!   *Psalm 85, 7. 8*

Der junge Gesandtschaftssekretär vom Rath ist an den Folgen des Attentats gestorben. – Heute sind alle Schaufenster der jüdischen

Geschäfte zertrümmert und in den Synagogen ist Feuer gelegt, doch ungefährlich. Daß die Bevölkerung wieder nicht dahintersteht, lehrt ein kurzer Gang durch jüdische Gegenden; ich habe es selber gesehen, denn ich war heute morgen gerade im Bayerischen Viertel. Was wird man an Maßnahmen wieder aus diesem neuen »Aufflackern der Volkswut« ableiten? Es ist ein neuer, furchtbarer Schlag. Viele glauben, daß es bei der wachsenden Wohnungs- und Geschäftsnot nun an die jüdischen Wohnungen und Läden geht, wie bei den Anwälten und Ärzten, und daß der Gedanke eines Barackenghettos immer näher rückt. – Im Reiche mehrere Synagogen niedergebrannt. –

Es ist so schwer, unter dieser ständigen Ungewißheit und Beunruhigung immerzu produzieren zu müssen. –

Leichter aber, daß es noch nicht »Das ewige Haus« ist, so sehnsüchtig wir auf das neue Buch warten.

Aus den verschiedenen »jüdischen« Gegenden der Stadt hören wir, wie ablehnend die Bevölkerung solchen organisierten Aktionen gegenübersteht. Es ist, als wäre der 1933 noch reichlich vorhandene Antisemitismus seit der Übersteigerung der Gesetze in Nürnberg 1935 weit-, weithin geschwunden. Anders steht es aber wohl bei der alle deutsche Jugend erfassenden und erziehenden Hitler-Jugend. Ich weiß nicht, wieweit die Elternhäuser da noch ein Gegengewicht sein können. –

Nach einer Auswahl, die unergründlich ist, werden jüdische Männer aus ihren Wohnungen von der Geheimen Staatspolizei weggebracht.

Wie man im Schlafe aufschrickt – als würden Hanni, Brigitte, Renerle abgeholt –, das sagt genug.

Hanni ist in der Vermögensangabeangelegenheit nun für diesen Sonnabend aufs Polizeiamt bestellt.

11. November 1938 | Freitag

> In der Angst rief ich den Herrn an, und der Herr
> erhörte mich und tröstete mich.   *Psalm 118, 5*

Heute ist es nun durch Goebbels angekündigt: »Die Antwort auf das jüdische Attentat wird auf dem Wege der Gesetzgebung erteilt.« Nun warten die Juden wieder voller Bangigkeit, was über sie hereinbrechen wird. –

Die Arbeit geht weiter, und auch die gute Frau M. klammert sich geradezu daran, daß sie weitergeht, weil sie die Stimmung unter

ihren jüdischen Angehörigen kaum noch erträgt. Nach der Kriegserwartung Anfang Oktober ist dies, schon einen Monat nach dem
»Frieden von München«, eine sehr, sehr schwere Belastung. – Kein
schwerer Gedanke, kein banges Gefühl durch die man in diesen
Tagen nicht hindurch muß. Und wo sie an das letzte Geheimnis
rühren, wird zur größten Frage der Judenchrist. In unserem Umkreis, obwohl der Staat Unterschiede nicht macht, sahen wir nämlich noch keinen so leiden wie die anderen Juden, fanden sie alle
noch immer wieder unfaßlich geschützt. – Der 91. Psalm: der
Psalm der großen Zuversicht. –

Auch das, was Hanni heute von dem Verhalten selbst der recht
nationalsozialistischen Südender und Steglitzer von der Marine-
offiziersfrau bis zu den Frauen im Bäckerladen, von den Männern
am Zeitungsstand bis zum kleinen Nachbarn des – wohl letzten –
jüdischen, demolierten Geschäftes hier zu sagen hat, bestätigt, daß
man am deutschen Volke nach wie vor nicht zu verzweifeln
braucht. Das Volk ist ein Trost, seine moralische Ohnmacht eine
furchtbare Sorge.

12. November 1938 | Sonnabend

> Ihr Erlöser ist stark, der heißt Herr Zebaoth; der wird
> ihre Sache ausführen.   *Jeremia 50, 34*

Die Morgenzeitung. Dr. Goebbels: »Deutschland wird auf die
Schüsse Grünspans legal, aber hart antworten.« Waffenbesitz für
Juden bei schwerer Strafe verboten. Die Abendzeitung: »Juden
dürfen kulturelle Veranstaltungen nicht mehr besuchen. Verord-
nung von Dr. Goebbels untersagt Zutritt zu Theatern, Kinos,
Konzerten, Vorträgen und Ausstellungen. ...« »eine der weiteren
Maßnahmen, die mit Schärfe gegen die Juden durchgeführt wer-
den.«

Brief von Toni Milch und Renerle, das ihr solchen Beistand bedeuten soll: auch Werner Milch weggebracht, und niemand weiß,
wohin.

Mit welchen Gefühlen zu Besprechungen auf dem Bau! Zum
ersten Mal stiegen wir auf Leitern im Hause hoch, sahen die Umrisse der künftigen Tochtermansarden und der oberen Wohnung;
die Massivdecke zwischen dem Keller und unserer Erdgeschoß-
wohnung fehlt noch. Vom Fenster der Bodendiele der einzigartige
schöne Blick auf den Kirchturm über Birken und Kiefern – wie

ein Wald – und eine mächtige Tanne im sanften Lichte einer nach
strahlendem Tage sinkenden Sonne. –
Auch in Italien die Ehe mit Juden verboten. Schrecklich die Ohnmacht der beiden Kirchen, die den Judenchristen nicht helfen
können; die Ohnmacht der Frontkämpfer, die das furchtbare Unrecht an ihren Kameraden mitansehen müssen.
Eben Anruf Ilse: auch August weggeholt, das Geschäft (das mit
arischer Kundschaft nach vorgestrigem Brief »wie Weihnachten«
ging) demoliert. Hanni soll doch kommen[182].
So furchtbar: das Leiden der Juden, das ohne ein »für«, eine Idee,
einen Glauben ist. –

13. November 1938 | Sonntag

Alle eure Sorge werfet auf ihn; denn er sorgt für euch.
1. Petrus 5. 7

»Eine Milliarde Mark Buße für das Pariser Attentat den Juden auferlegt. Ab 1. Januar keine jüdischen Geschäfte, Handwerker und
Betriebsführer mehr. Weitere Verordnungen und Gesetze sind für
die nächste Zeit in Aussicht gestellt.
Alle Schäden, welche durch die Empörung des Volkes (ja, das
Volk ist empört; aber gegen wen –!) über die Hetze des internationalen Judentums gegen das nationalsozialistische Deutschland am 8. 9. und 10. 11. November 1938 an jüdischen Ge-
werbebetrieben und Wohnungen entstanden sind, sind von dem
jüdischen Inhaber sofort zu beseitigen.
Die Kosten der Wiederherstellung trägt der Inhaber der betroffenen jüdischen Gewerbebetriebe und Wohnungen. Versicherungs-
ansprüche von Juden deutscher Staatsangehörigkeit werden zugunsten des Reiches beschlagnahmt.«
Diese Meldungen füllen die erste Seite der Zeitungen.
Renerle – was beunruhigend ist – stellt ihre und Frau Milchs Ankunft in Aussicht. Telefonisch waren sie weder für Milchs Schwester noch für uns gestern abend und heute zu erreichen.
Die Juden dürfen für keine »Idee« leiden. Aber den Judenchristen
bleibt, was keinem von uns genommen wird: Glaube will unter
allen Umständen bezeugt sein. –

14. November 1938 | Montag

Er ist dein Ruhm und dein Gott.   *1. Mose 10, 21*

Gestern neue Goebbelsrede: Die Judenfrage wird endgültig gelöst. –

»Es ist eine Entwürdigung unseres deutschen Kunstlebens, daß einem Deutschen zugemutet werden soll, in einem Theater oder Kino neben einem Juden zu sitzen! – Jede Aktion des internationalen Judentums in der Welt fügt den Juden in Deutschland nur Schaden zu. – Die Judenfrage wird in kürzester Frist einer das deutsche Volksempfinden befriedigenden Lösung zugeführt! Das Volk will es so (!!), und wir vollstrecken nur seinen Willen!« Ich weiß in diesen schweren Tagen nur, daß es Gott anheimgestellt sein muß, wie er den Glauben in uns bewähren will. Aber in der Welt haben wir Angst. –

Hanni und ich wollen alles mit uns abmachen und das Haus – Brigittes wegen, Renerles wegen – von allem Bedrückenden zu entlasten suchen, wo das Leben ihnen so furchtbar hart begegnet und so frühe sie auf so schweren Ernst verweist. Das treibt Hanni, die doch nie weint, immer wieder die Tränen in die Augen. – Die Nächte sind wieder so schwer.

Und daß man ebensoviel Ekel wie Schmerz empfinden muß.

15. November 1938 | Dienstag

> Der Herr harret, daß er euch gnädig sei, und hat sich
> aufgemacht, daß er sich euer erbarme.   *Jesaja 30, 18*

Gestern abend betete ich, daß Gott mich auf nichts hören lassen möge, was in meinem Herzen vorgeht, sondern daß er mich durch diese Tage führen möge allein durch sein Wort. – Da dachte ich: wie leicht kann da doch das Herz sich's nach den eigenen Wünschen suchen, wenn man täglich so viel Bibel liest. – Sehr stark mußte sich's da einprägen, als heute früh, als ein »Dank für Kyrie« von zwei fremden Graphikern zwei Sprüche aus dem »Kyrie« (Reformationslied und Abendlied) in schön entworfener Schrift, und einer vertont, eintrafen: »Ich liege und schlafe ganz im Frieden; denn allein du, Herr, hilfst mir, daß ich sicher wohne« (Psalm 4, 9) und »Wir haben einen Gott, der da hilft, und den Herrn, der vom Tode errettet« – dieser Spruch aber war es, den ich mir als Leitspruch für die immer wieder so gefährdete Arbeit am »Ewigen Hause« niederschrieb. –

16. November 1938 | Mittwoch (Bußtag)

Text der Bußpredigt:
Ich suchte unter ihnen, ob jemand sich zur Mauer

machte und wider den Riß stünde vor mir für das
Land, daß ich's nicht verderbte; aber ich fand keinen.
Hesekiel 22, 30

Aber das spürt man so stark: die Menschen in der Kirche beten
wieder. Die Kirche war voll. Kein politischer Kampf gegen die
Haltung der Buße kann dagegen an. –
Am Treatment gearbeitet, das nun auch schon so gefährdet ist wie
das Buch, so wird die Arbeit von all dem anderen immer wieder
überwuchert. Dabei, wenn ich schreibe, geht's sofort wieder voran.
Als einziges Land, das eine internationale Lösung der Judenfrage
ernsthaft anstrebt, rührt sich Holland. Das erste Geld gibt die
Schweiz. Aber Lösungen sieht noch niemand. – Kolonialproblem
und Judenfrage scheinen gegeneinander hart ausgespielt zu werden.

17. November 1938 / Donnerstag
Vergib uns alle Sünde und tue uns wohl. *Hosea 14, 3*

Mit notarieller Vollmacht von Hanni – weil Hanni, bis sie die
Kennkarte bekommt, doch keinen polizeilichen Ausweis für das
persönliche Erscheinen hat – bei der Reichsbahndirektion zur abschließenden notariellen Verhandlung. Sie waren von der Polizei
angewiesen, festzustellen, ob einer von uns jüdisch sei und mußten
das auch in den Vertrag aufnehmen. Und das ist das Bezeichnende
für die »Volkswut« in Berlin: nach einer solchen Feststellung werden die Menschen höflicher, interessevoller, herzlicher. – Über die
Konsequenzen dieses Passus im Vertrage weiß man nichts. –
Post von Renerle: sie und Frau Milch nun allein im Haus und in
ihren Reiseentschlüssen noch unentschieden.
Brigittes Schule für heute und morgen wieder geschlossen. Der
Beisetzung des ermordeten jungen Pariser Legationssekretärs
wegen? Furchtbar, was seine Eltern dadurch ausgelöst sehen. –
In der Stadtbahn kam ich in ein Gespräch mit einem Schachtmeister, der von den Schanzarbeiten im Westen zurückkam. Es sind
also Menschen aus allen Berufen draußen, wenn auch vorwiegend
Handarbeiter. Erst die über 35 jährigen fügen sich disziplinarisch
ein und wirken beruhigend. Die jungen Leute lehnen sich auf:
am meisten die, die keine Handarbeiter waren. Das schwierige
Problem bedeuten die jungen Berliner. Dieser (sympathische)
Schachtmeister hatte mehrere seiner Leute der Geheimen Staatspolizei übergeben müssen: Gehorsamsverweigerung; Aufleh-

nung; Sabotage. – Die Befestigungsarbeiten bei weitem noch nicht
abgeschlossen. –

19. November 1938 | Sonnabend

> Hüte dich, daß du nicht des Herrn vergessest, der dich
> aus Ägyptenland, aus dem Diensthaus, geführt hat.
> 5. Mose 6, 12

Nun schreiben auch Meschkes von Selbstmorden in ihrem jüdischen Bekanntenkreise. Was den Glauben angeht, so machen sie
nun das gleiche durch wie wir.

Wo nur die äußeren Einbrüche aufhören, geht die Arbeit fort.
Aber man steht fremd vor der Tatsache, daß man noch arbeitet.
Pohl ist Werner Milchs wegen hier; Milch im Konzentrationslager
Oranienburg-Sachsenhausen.

Menschen, die Einspruch erhoben gegen die Plünderung jüdischer
Geschäfte, sind von der Straße weg verhaftet worden.

20. November 1938 | Totensonntag

> Der Herr bestätigt das Wort seines Knechtes und voll-
> führt den Rat seiner Boten.
> Jesaja 44, 26

Hanni hat mich in die Kirche begleitet und war, wider mein Erwarten und entgegen meinem Eindruck, mit Kurzreiters Predigt
sehr zufrieden.

Quälend die Nachrichten aus Nürnberg: da dort kaum mehr
jüdische Geschäfte waren, hat man die Häuser demoliert und die
Menschen schwer mißhandelt. Der alte Onkel Ludwig, nachdem
die Exekutionsschar bis in den dritten Stock seines Hauses schon
hinaufgedrungen war, ist im vierten Stock verschont geblieben,
weil in der Morgenfrühe die Aktion eingestellt wurde.

Den Nürnbergern sind außerhalb der Vertragstermine die Wohnungen gekündigt, und wir suchen ihnen hier Zimmer, weil es
doch Wohnungen nicht gibt.

In Wolfshau hatten auf Anordnung des Krummhübeler Orts-
gruppenleiters die kleinen Läden dort an Frau Milch und Renerle
nicht mehr verkaufen dürfen. Pohl und der alte Nationalsozialist
Förster N., der Ortsvorsteher, haben ihren Einspruch dagegen
durchgesetzt. Der Bauer Vincent Häring brachte ihnen einen
Korb Brot, Butter und Käse als Geschenk. Selbst, was aus den
Konzentrationslagern zu uns dringt: die einzelnen immer wieder
so anständig, daß man an Deutschland nicht verzweifeln darf.

Aber die Männer aus Verlag und Redaktionen sind verzweifelt, was hier im Judentum Deutschland angetan, wie nun jede Brücke zum Ausland abgebrochen ist.

Milchs, die auf viel Hilfsbereitschaft stoßen, wollen nun, trotz seiner tiefen, entschiedenen Liebe für Deutschland, nach der Schweiz, wo sich eine Möglichkeit für ihn zeigt. Renerle will bei Frau Milch bleiben, solange diese sie braucht; und Frau Milch bittet sehr darum, daß wir sie ihr lassen. Alles, was wir von Renerle hören, klingt so klar, so fest, so treu, so entschieden.

21. November 1938 | Montag

> Siehe, ich habe vor dir gegeben eine offene Tür, und niemand kann sie zuschließen; denn du hast eine kleine Kraft und hast mein Wort behalten und hast meinen Namen nicht verleugnet. – Dieweil du hast bewahrt das Wort meiner Geduld, will ich auch dich bewahren vor der Stunde der Versuchung, die kommen wird über den ganzen Erdkreis, zu versuchen, die da wohnen auf Erden. Siehe, ich komme bald; halte, was du hast, daß niemand deine Krone nehme! Wer überwindet, den will ich machen zum Pfeiler in dem Tempel meines Gottes, und er soll nicht mehr hinausgehen.
>
> *Offenbarung Johannes 3, 8. 10–12*

Das steht nun außer Frage: die Männer sind nicht mehr nur müde, sondern verzweifelt. Und sie haben begriffen, wie das Ineinanderwirken von Diktatur und Anarchie nun weit über die Judentragödie hinaus das ganze Schicksal Deutschlands aufs äußerste gefährdet.

Bei Dr. Koch, Pohls wegen, aber ebenso in dem starken Bedürfnis, ihn in diesen Tagen einfach nur zu sehen und zu sprechen. Und wie hat er standgehalten! Da war nicht nur die alte Freundlichkeit, sondern mehr Anteilnahme. Er habe viel an mich gedacht, sagte er; und er könne sich hinter das, was geschehen ist, nicht mehr stellen. Er wohne im Bayerischen Viertel und habe die Nacht der Zerstörung schlaflos, seine Frau sie weinend, verbracht. Er wisse, was nun damit für Deutschland zerschlagen sei. Von den Folgen für mich und die (erschreckend) wenigen, die eine Sondergenehmigung fürs Schreiben besäßen, wisse er noch nichts.

Ich solle mich jetzt ganz auf den Film konzentrieren, um im erneuten Notfall vielleicht Jannings für mich einsetzen zu können.

Koch sprach bitter davon, daß kein Schritt der Kirchen für die
Judenchristen erfolgt sei.

Dann war ich bei Pagel, dessen Bitterkeit und Müdigkeit nun
keine Grenzen mehr kennt. Er glaubt, daß nun solche Menschen
wie Koch für Partei und Staat nicht mehr tragbar sein werden.
Pagel und ich sind uns einig darin, daß es jetzt nur noch wie eine
Bestätigung der Ohnmacht ist, daß man am Schreibtisch verharrt.
Es bedrückt uns – und macht uns nicht etwa stolz.

Koenigswald, von pommerschen Gütern zurückgekehrt und im
Besitze eines neuen, glänzenden Herausgebervertrages: tief, tief
niedergeschlagen und verstört und sein ganzer Adelskreis mit
ihm. – Erfolgreiche, reichlichst verdienende, arische Deutsche
wollen emigrieren.

Auch Gert Pohl kam noch, von Koch zu hören, und war ganz
verfallen. Nun bin ich in Sorge, ob er durchhält. Das Vertrauen
aller ist hin. Und alle fragen, wie die deutschen Offiziere das
ertragen.

Ungeheure Angriffe auf beide Kirchen in den prononcierten
Parteiblättern – Angriffe, die es verstehen lassen, daß die Kirchen,
ohnmächtig im Politischen, keinen öffentlichen Schritt für die
Judenchristen unternehmen. Nun sind die Juden für die Staaten,
Völker, Kirchen zu einem Zeichen geworden, an dem die letzten
Hintergründe der Zeitgeschichte offenbar werden.

Und China, Rußland, Spanien leiden weiter. Das Ausland erhöht
die Einwanderungsquoten für deutsche Juden ein wenig, aber
es kann sich nicht dem Diktat des Dritten Reiches fügen, die
700000 deutschen und österreichischen Juden als Bettler aufzunehmen. Dazu ist die Situation der übrigen Welt zu schwierig. –
In vielen Einzelfällen stellen sich jetzt aber in Amerika Bürgen
für das Minimum, das für jüdische Einwanderer aus Deutschland
garantiert werden muß.

Die Töchter dürfen nicht mehr das Gefühl haben, daß wir ihrer
Auswanderung im Wege stehen. So beginnen wir nun mit Verhandlungen für sie, zumal solche Vorbereitungen ja so lange
dauern, daß sie inzwischen das Notwendigste, das wenige ihnen
Gewährte – denn mit Handwerk-Erlernung ist es ja nun auch aus –
noch lernen können.

22. November 1938 | Dienstag

> Wem ich aber gnädig bin, dem bin ich gnädig; und
> wes ich mich erbarme, des erbarme ich mich.
>
> 2. Mose 33, 19

Die Schraube ohne Ende: Amerika hat alle Beziehungen zu
Deutschland abgebrochen und boykottiert uns. Deutsche Antwort: Also bekommen wir keine Devisen für jüdische Emigranten und können diesen von ihren Vermögen nichts mitgeben. –
Wir standen davor, die ehemaligen deutschen Kolonien jetzt nach
dem »Frieden von München« wiederzubekommen. Nun will
Frankreich und England statt dessen die deutschen Juden in diese
Kolonien holen. Deutsche Antwort: Das wird die Situation nur
verschärfen. – Man wird den »Weg unbarmherzig zu Ende
gehen«.

23. November 1938 | Mittwoch

> Geduld aber ist euch not, auf daß ihr den Willen
> Gottes tut und die Verheißung empfanget.
>
> Hebräer 10, 36

Hebräer 10, 32–39 ist ein großer Text zwischen den Tagen der
Judengesetze und dem ersten Advent. Es hat alles in einem aufgehört. Nur die Bibelworte bleiben so stark und leuchtend, auch
wo sie Leiden ankündigen, und in allem »Seufzen der Kreatur«
schimmert durch sie die »Verklärte Schöpfung« auf.
Zum ersten Male wird von katholischer Seite ein Schritt auf mich
zu getan; ein Brief des Volksliturgischen Apostolates Kloster-
neuburg wegen Zusammenarbeit. Doch muß ich dessen Zeitschrift erst sehen. –
Die »Durchführung der Juden-Kontribution« in der Abendzeitung
bekannt gegeben: »Bei Mischehen ist nur der jüdische Ehegatte
mit seinem Vermögen abgabepflichtig« – »Ehegatten haften für
die Abgabe des anderen Ehegatten als Gesamtschuldner. Das gilt
nicht für Mischehen«. Und darum sind wir keiner Klage fähig,
vor allem im Gedanken daran, daß die Juden die Vermögens-
abgabe machen müssen und dann nicht weiterarbeiten dürfen.
Hebräer 10, 32–39!
Der Judenhaß der SS, »des Ordens des Nationalsozialismus«, aber
steigert sich so, daß er nicht nur Ghetto und Gelben Fleck und
später sogar Ausrottung des »ins Verbrechertum absinkenden

Judentums« »mit Feuer und Schwert« fordert, sondern nun bereits von der Abtreibung sagt: Jüdinnen dürfen sie nicht nur – sie sollen sie ausüben. –

Kampf gegen die Kirchen; Kampf gegen die Intellektuellen. Und wie nun: Kampf gegen den Kommunismus?

24. November 1938 | Donnerstag

> Lasset uns halten an dem Bekenntnis der Hoffnung und nicht wanken; denn er ist treu, der sie verheißen hat.
> *Hebräer 10, 23*

Zu Dr. Wirths und Dr. Pechel, den Chefredakteuren der »Deutschen Zukunft« und der »Deutschen Rundschau« bestellt, die beide über meine engere Mitarbeit im neuen Jahr mit mir verhandelten, mit höchster Anerkennung und auch großer Anteilnahme an meiner Situation. Sie klagen so an, daß ich noch immer verteidigen muß.

Verzweiflungsvoll, wie der Mann und seine »öffentliche Meinung« heute auseinanderklaffen müssen und wie man auf dieser Basis mit Chefredakteuren spricht.

Ob Chefredakteur oder Bauhandwerker: »Wir mögen nicht mehr. Es lohnt nicht. – Wozu?«

Deutschland rühmt sich der höchsten Aktivität. Aber alle, die man einzeln spricht, klagen: »Es entsteht nichts mehr –.« Als eins der Hauptübel zeigt sich dabei die viele, viele Zeit, die alle vertun müssen, um die kompliziertesten Genehmigungen für primitivste Dinge zu bekommen.

Auch Hanni sagte es ganz von sich selbst: an Kunst würde sie nur, wenn wirklich auch geistliche Musik als für Juden verbotener »Kulturgenuß« gilt, einzig und allein die Kirchenmusik entbehren. – Über alles andere verlieren wir kein Wort.

Nihilismus und Apathie haben sich immer weiterer Menschengruppen bemächtigt: man arbeitet nicht mehr, vertut sein Geld zu leichtfertig, läßt sich hoffnungslos treiben.

Im Zusammenhang mit Englands Politik in Palästina, in der Deutschland als Anwalt der Araber gegen die Juden auftritt, blasphemische Karikatur im »Schwarzen Korps«, alles blasphemisch Denkbare übersteigend: »Christi Geburt zugleich Christi Himmelfahrt«, wenn die Engländer schon vor 1938 Jahren dort gesessen hätten; die Krippe, das Jesuskind, Maria wirbeln, in die Luft gesprengt, zum Himmel auf.

> Der Herr redete mit Mose von Angesicht zu Angesicht, wie ein Mann mit seinem Freunde redet.
>
> *2. Mose 33, 11*

Wann redet Gott wieder »wie ein Freund«? Er steht als Richter vor der Welt und einem selbst.

Bergengruen, einen in der Gleichheit der Situation zu sprechen, kam zu uns von Bayern über München: überall die gleiche Müdigkeit und Verbitterung. Frau Bergengruen ist so verzweifelt, daß Bergengruen über Hannis Haltung ganz erstaunt war. So sehr wir Dinge von uns weisen, die noch im Dunkeln liegen, taucht nun allmählich in den Gesprächen immer mehr die Idee der Zwangsscheidung auf. Vorerst werden Scheidungen damit belohnt, daß die Mischlingskinder aus solchen Ehen arisiert werden. – Bergengruen arbeitet überhaupt nicht mehr. Eine seiner wesentlichsten Erfahrungen stimmt stark mit den meinen überein: In letzter Stunde gerettet werden, wo alle einen verloren geben, die die Dinge menschlich sehen; gerettet werden, als habe einen Gott alles Elend nur völlig im Geiste durchleben lassen wollen. – Dies unermeßliche, wirkliche Leiden um uns, vor dem man von dem eigenen nur schweigen kann.

Indes so viele Menschen, die man nahe glaubte, schweigen, schreiben welche, von denen man es überhaupt nicht erwartete, aufs intensivste: so Pfarrer Brinkmann-Hannover, der uns seine Predigt vom Sonntag nach den schrecklichen Vorgängen schickt. – Ein rührender Brief von dem Holländer, der sich mit der »Vater«-Übersetzung so plagt. – »Das Buch der Christenheit« mit »Das menschliche Wort und der göttliche Lobgesang« (meinem Testament –) und »Der Prophet« erschienen[183]. –

> Warum toben die Heiden, und die Völker reden so vergeblich? Die Könige der Erde lehnen sich auf, und die Herren ratschlagen miteinander wider den Herrn und seinen Gesalbten. – Aber der im Himmel wohnt, wird einst mit ihnen reden in seinem Zorn; »Ich habe meinen König eingesetzt auf meinen heiligen Berg Zion.«
>
> *Psalm 2. 1–2, 4. 5. 6*

Die Morgensonne bleich und silbern im kahlen Geäst; am weiteren Tage Haus und Garten überströmt von Sonne; in der letzten

Stunde vor dem frühen Untergang in schwerem Lila, Gold und Grau. Die schöne, schmale, klare Sichel des zunehmenden Mondes. Um sechs Uhr läutete die Johanniskapelle den ersten Advent ein, um sieben Uhr setzten die Glocken aller Kirchen ein: welch ein Advent beginnt! Renerle schreibt oft; Weihnachten will sie nun möglichst doch zu »Hi Klepper« kommen. Ihre Briefe: ein kleiner Friedrich Wilhelm, ins Weibliche übertragen; eine Liselotte von der Pfalz; vor allem: eine junge Hanni. Alles voller Herz, Charakter, Ehrlichkeit, Originalität.

Bischoff schickt seinen neuen Band Erzählungen »Himmel und Hölle«. Kirchenmusikdirektor Werner-Potsdam schreibt mir, daß er zwölf Lieder aus dem »Kyrie« vertont hat und mich wegen weiterer Zusammenarbeit sprechen will. Schmidt-Tobis rief an, daß ich doch bloß das zweite und dritte Treatment abliefern soll; »Der König und der Abenteurer« ist sehr gut aufgenommen worden; einen Friedrich Wilhelm-Film will man nun in jedem Falle machen. Es freut mich alles; ich bin für alles sehr dankbar; aber es ist, als rühre sich das Herz nicht mehr. –

27. November 1938 | Sonntag (Erster Advent)

> Machet die Tore weit und die Türen in der Welt hoch,
> daß der König der Ehren einziehe!   *Psalm 24, 7*

Wieder begleitete mich Hanni in die Kirche; das erste Adventslicht brannte am Altar, und Kurzreiter hielt eine Predigt über Hebräer 10, in der am Eingang des Kirchenjahres und der Weihnachtszeit viel vom Karfreitag war. Da Kurzreiter den Schritt auf Hannis Taufvorbereitung zu nicht fertig bringt, suchten wir ihn in der Sakristei auf, und nun wird er am Donnerstag zu uns kommen.

Am frühen Nachmittag fuhr die Topell vor und brachte uns einen großen Dresdener Christstollen; dann fuhr sie uns zu Lamprechts, die uns dringlichst eingeladen hatten; und diesmal wollte Hanni sehr gern hin; nun ist er – weil er politischer Konzessionen, um Chefarzt zu werden, nicht fähig war – vom Martin-Luther-Krankenhause weg und hat – in Wohnung und Praxis fürstlich – sich niedergelassen: aber auch er ist der Zeit so müde, daß er einfach nicht anfängt, die Praxis zu eröffnen! Wir saßen, zum Teil mit den bezaubernden Kindern, beim Adventskranz. Aber nun geschieht es doch, daß die gefaßte, beherrschte Hanni plötzlich hemmungslos weint. – Unser Haus lag bei der Heimkehr so feier-

lich und still, und wir beide saßen allein beim strahlenden Adventskranz.

28. November 1938 | Montag

Aus Zion bricht an der schöne Glanz Gottes.

Psalm 50, 2

Von früh bis abends Telefon, und Hanni bangt nun ernstlich um
meine Arbeit, obwohl sie mir abnimmt, was sich nur abnehmen
läßt. Und durch Fräulein Anni entlastet, exzerpiert nun Hanni
auch wieder für mich, hat sich auch den kleinen Beuthener
Schreibtisch dafür eingerichtet.

Vor dem Furtwänglerkonzert – dem ersten, in dem nun keine
Juden im Publikum sein werden – war Kirchenmusikdirektor
Werner-Potsdam zum Tee bei uns und spielte mir bei den guten
Andrews – die auch einen schönen, großen Adventskranz haben –
zwölf meiner »Kyrie«-Lieder vor, bis auf das »Morgenlied« für
mein Gefühl sehr schön; doch während Gerhard Schwarz alles
herber, strenger, härter machen würde, ist nun gerade das Subjektive, Gefühlsmäßige betont, ohne aber etwa ins Gefühlvolle
abzugleiten. Doch lerne ich von Schwarz mehr, weil Werner sich
völlig dem vorhandenen Text anpaßt. Er möchte nun vor allem
ein Oratorium mit mir machen. Und so werden wohl eines Tages
meine beiden liebsten Pläne zur Durchführung kommen: »Paulus« und »Die himmlische Stadt« – wenn nur überhaupt noch
einmal stetige Arbeit möglich wird.

Die »Kyrie«-Vertonung ist eine schöne Besonderheit dieses ernsten Advents. –

1. Dezember 1938 | Donnerstag

Herr, ich warte auf dein Heil!   *1. Mose 49, 18*

Ilse scheinen alle Wege verschlossen: Chile, nun auch Bolivien.
Nun habe sie als einzige Hoffnung die Verbindung zu einem unbekannten Verwandten von Gelderen gefunden, der im holländischen Emigranten-Hilfsverein tätig ist. Überall aber wird Vor-
zeigegeld in Devisen verlangt. Die menschliche Härte feiert heute
Orgien. Denn keiner der über die Regierungsmaßnahmen em-
pörten, den Juden gegenüber mitleidigen arischen Deutschen
bietet Hilfe an. Keiner stellt sich vor, wie es wäre, wenn ihn auch
nur eine kleine Abgabe getroffen hätte. Werden wir die Schiffs-
karten für Ilse aufbringen, deren Vorweisung ebenfalls gefordert

687

wird. Und diese kann man wenigstens in deutscher Währung bezahlen. Die Auswanderung wird immer dringlicher: das Geld ist zu Ende; das Geschäft darf überhaupt nicht mehr aufgemacht werden. Und nur der Auswanderungsnachweis führt bei den Verhafteten zu rascherer Entlassung aus dem Konzentrationslager. August Freund aber ist in dem gefürchteten Konzentrationslager von Weimar, während Sachsenhausen-Oranienburg, wo Professor Landsberger und Werner Milch sind, in besserem Ruf steht.

Stuttgart schreibt, daß nun wieder eine neue »Vater«-Auflage gedruckt wird. Das ist ein großer Trost und eine große Freude. Es wird die momentane Erschöpfung überwinden helfen.

Um fünf Uhr kam Kurzreiter zu Hannis Taufunterricht; und wiederum hat er im Amtlichen nicht versagt. Er beschränkt sich auf diese eine zweistündige Unterredung zu dreien. Die Taufe – und nun sagte Hanni, daß dies ihr Wunsch wäre – soll noch in der Weihnachtszeit sein, wenn Hannis urkundliche Unterlagen bis dahin hier sind: am Nachmittag des vierten Advents in der Mariendorfer Sakristei. Danach soll, was ich sieben Jahre lang entbehrte, unsere Ehe nachträglich eingesegnet werden. Nun soll, in so schwerer Zeit, Gottes Wort zu ihr gesprochen werden. –

3. Dezember 1938 / Sonnabend

> Ich will, spricht der Herr, eine feurige Mauer umher sein und will mich herrlich darin erzeigen.
>
> *Sacharja 2, 9*

Die Einladung zu einem Herrenabend bei Dr. Wolde[184] mit R. A. Schröder, Bergengruen, Ihlenfeld und einigen Gelehrten mußte ich absagen, weil mir die Woche wieder so sehr gestört worden ist, so gern ich auch Schröder noch einmal persönlich für seinen Aufsatz in der »Europäischen Revue« gedankt hätte. Jede Einladung zieht ja weitere, neue nach sich und bedingt Gegeneinladungen. Und das darf nicht mehr sein. Gott hat mich zu streng darauf verwiesen, nur zu arbeiten.

Die Abendzeitung brachte – nachdem es nun eine Pause und gewisse Auflockerung der quälenden Judengesetze gegeben hatte – die Bekanntgabe von Judenbann-Bezirken: alle »kulturellen« Institute, alle Bäder, Straßen im Regierungsviertel. Es sollen bald so viele folgen, daß den Juden geraten wird, die im Zentrum und Norden liegenden, heute schon und noch fast rein jüdischen Straßenzüge zu beziehen, wie Münz-, Linien- und Grenadierstraße.

Auch rein jüdische Lokale werden angeordnet werden. Die Wohnungsaufgabe im Westen wird angeraten.

Viele Juden halten diese psychischen Quälereien nicht mehr aus.

Es soll in diesem Monat schon 5000 jüdische Selbstmorde gegeben haben. Zu aller Not dies Quälen.

Es werden noch weitere »einschneidende Durchführungsverordnungen« ergehen. Dies heute war die »erste«.

4. Dezember 1938 / Sonntag (Zweiter Advent)

> Ich weiß, daß der Messias kommt, der da Christus
> heißt. *Johannes 4, 25*

Eine große Freude war mir, daß Rudolf Alexander Schröder nicht aus Berlin wegwollte, ohne uns gesehen und gesagt zu haben, wie er an uns denkt in all dem Schweren. Er kam – leider war Hanni noch nicht da – gegen Abend im Wagen heraus, mit Ihlenfeld.

Alle erwarten nun den großen Schlag des Staates gegen die Kirchen.

Hanni traf bei Brasch's mit den Remak's und Tau und Frau Milch, die zur Erledigung der Auswanderungsangelegenheit hier ist, zusammen. Brasch und Tau, die genau so wie wir alle Psychose ablehnen und z. B. den Zionismus genau so skeptisch sehen wie den Nationalsozialismus, rieten dennoch Hanni dringend, für Renerle und Brigitte nicht die Aufnahme in einen der Jugendlichentransporte zu versäumen; diese sind eine der wirklichen Hilfsleistungen. Die Jugendlichen werden in englische Familien aufgenommen. Renerle soll sich große Sorgen machen, daß Brigitte und sie bei unserem »Widerstand« gegen die Emigration allein in aussichtsloser Situation zurückbleiben. –

Nun rührt viele Menschen ein apokalyptischer Schauer an. –

Die erschreckenden Klagen über das Bestechungsunwesen, auch bei den jüdischen und ausländischen Stellen, bei denen die Auswanderung betrieben werden muß. Man friert vor innerer Erschöpfung. Renerle hergeben – der Gedanke ist furchtbar. Die Demütigungen, Einschränkungen, Ängste – das alles trägt man so ruhig. –

6. Dezember 1938 | Dienstag

> Des Herrn Wort ist wahrhaftig; und was er zusagt,
> das hält er gewiß.
> *Psalm 33, 4*

Wieder neue Judengesetze, alle gegen den Besitz gerichtet. Daß Juden Grundbesitz nicht mehr erwerben dürfen, trifft auf eine schon verjährte Situation. Ein selbständiges Disponieren über Geld und Eigentum gibt es für Juden nun überhaupt nicht mehr. Sie können zu Verkäufen gezwungen werden. Manche lassen nun schon freiwillig ihre Beamtenpension verfallen und wollen nur heraus. Wie Grundstücke, dürfen Juden auch Gold und Juwelen nicht mehr erwerben. –

Die deutsch-französische Annäherung fällt zusammen mit einer französisch-italienischen Spannung; die englisch-italienische Verständigung wird wettgemacht durch eine erneute englisch-deutsche Entfremdung. So steht es zwei Monate nach dem »Frieden von München«. –

8. Dezember 1938 | Donnerstag

> Freuet euch in dem Herrn allewege! Und abermals
> sage ich: Freuet euch! Eure Lindigkeit lasset kund
> sein allen Menschen! Der Herr ist nahe! Sorget nichts!
> *Philipper 4, 4–6*

Die Kritikensperre gegen mich beim »Völkischen Beobachter« scheint nicht mehr zu bestehen, denn die süddeutsche Ausgabe bringt eine sehr gute Rezension über *„In tormentis"*.

Hanni auf dem Finanzamt wegen ihrer Kontribution. Auch dort die Beamten freundlich. Einen Rat wußte keiner, was zu geschehen hat, wenn das Vermögen in nicht realisierbaren Hypotheken besteht. – Daß der Stand vom 12. 11. 1938 zugrunde gelegt wird, bedeutet in jedem Falle eine Erleichterung.

Seltsamerweise erweist sich neben Harald Koenigswald als der Teilnahmsvollste und Hilfsbereiteste: Dr. Jagow. Seine beiden Verbindungsleute aus Doorn waren, als sie von Hannis und meiner Situation hörten, »ausgesprochen erschüttert«. Sie, die Jagows Pessimismus gegenüber dem Kaiserpaar bei aller monarchistischen Treue teilen, warnen auch mich auf Grund ganz konkreter Erfahrungen aus entsprechenden Fällen vor einem Schritt bei Kaiser und Kaiserin, die übrigens umgehend geantwortet und gedankt hat und versuchen will, ein Zusammensein mit mir allein noch möglich zu machen. Doch sagte mir Jagow den Namen einer

Frau von Pannwitz in Holland, die eine große »Klientel« habe. Nur darum soll ich die Kaiserin bitten: daß sie Frau von Pannwitz auf die Situation der Töchter aufmerksam macht. Die Lage des Kaiserpaares dem Dritten Reich gegenüber soll so diffizil sein, daß die Situation nicht die mindeste Belastung verträgt. Den Jagowschen Skeptizismus teilten wir von vornherein, und dennoch darf das Gespräch mit der Kaiserin nicht unversucht bleiben.

Immer mehr sehe ich, welch große Aufgabe den Judenchristen unter den Juden zufällt, als müsse geradezu die Scheidung zwischen Glaube und Fatalismus, Glaubenszuversicht und fanatischer Aktivität zur Rettung der Existenz an ihnen nun offenbar werden.

Renerle soll in Wolfshau doch recht hin- und hergerissen sein zwischen dem Abschied von Milchs und dem drohenden Abschied von uns; zwischen der Furcht, in kein fremdes Land aufgenommen zu werden, und der Angst, es könne doch wiederum zu schnell geschehen, daß sie von uns weg muß. – Wir riefen unser tapferes, verständiges Pittel abends an. Aber all das ist schon wie ein Fegefeuer. Wir beruhigten es, es brauche den Weggang von Milchs nicht zu überstürzen. –

Immer wieder, auch bis zum Ertragen des Letzten – der Zwangsscheidung, von der die Menschen soviel reden! – entschlossen, sagt Hanni: »Menschen helfen uns nicht.«

9. Dezember 1938 | Freitag

Ihr sollt in Freuden ausziehen und im Frieden geleitet werden. *Jesaja 55, 12*

Post von Pohl; sehr herzlich schreibt er von Renerle: »Die Kleine ist uns in den letzten Wochen, da sie all den Widrigkeiten frohen Mutes trotzte, erst recht ans Herz gewachsen.« Frau Milch schreibt über Renerle und unseren Wunsch, sie nun für den Fall einer baldigen Auswanderung bei uns zu haben (denn kommt man überhaupt in einen solchen Kindertransport hinein, dann geht es sehr rasch weg): »Sie selbst war so erschüttert über die Neuigkeit, daß sie schrecklich geweint hat, aber unter unserem Zuspruch, daß ihre Zukunft sicherer und aussichtsvoller wäre, wenn sie jetzt verständig und einsichtsvoll das Schwere auf sich nimmt, sich von allen Lieben zu trennen, hat sie sich jetzt schon an die Idee gewöhnt«. Frau Milch schreibt: Das Kind. Das Kleine.

Sonntag kommt Werner Milch vielleicht aus dem Konzentrationslager zurück. –

Nun geschieht es, daß ein so gefaßter Mensch wie Hanni schon am Morgen über solchen Briefen weint. –

Beim Frühstück kam ein Rohrpostbrief der Kaiserin, daß sie mich heute um fünf Uhr erwarte.

Hanni und Renerle – die sind also für mich die ganze Welt. Ich erschrecke, wie wenig mir die Kunst bedeutet. Sie ist wohl auch zu sehr belastet mit wirklicher Qual. Unter den vielen leeren – es gibt auch böswillige – »Kyrie«-Kritiken der herrliche, anonyme Aufsatz von Werner Milch in der »Deutschen Rundschau«: »Barocktradition«.

Um halb fünf Uhr fuhr ich in die Stadt. Die Straßen schon völlig abendlich: ungeheuer viel Licht, ungeheures vorweihnachtliches Treiben um die tannengeschmückten Geschäfte. Ich wunderte mich, daß man es ganz, ganz ohne Bitterkeit sehen kann; man ist dem Äußeren des Festes nur sehr ferngerückt. Etwas unheimlich: das drängende Leben Unter den Linden, vorüber an dem öden Seiteneingang zum Palais Kaiser Wilhelms I., durch den man in das Berliner Asyl zu der Frau des gestürzten Kaisers gelangt. Sie empfing mich aufmerksam allein zum Kaffee; auch hatte sie mir, um mir eine Freude zu bereiten, ein Service der Königin Luise decken lassen. Sie sagte, sie habe geahnt, daß meine Bitte um dieses Zusammensein zu zweien etwas Ernstes und Dringliches bedeute – eine Rücksichtnahme gegen sie.

Wir haben mit großer Wärme und Offenheit von dem beiderseitigen schweren Kummer gesprochen. Man hat mir die Kaiserin als »nazistisch«, »antisemitisch« hingestellt; ich dürfe mir mit einer Bitte für die Töchter nichts vergeben. Wie anders war dann alles. Sie kennt ihre Ohnmacht, die in Deutschland gleich groß ist wie in Holland; sie kennt die Starrheit der Holländer. Aber ich müsse, sagte sie mir mit einer Herzlichkeit, die nichts mehr mit »tenue« zu tun hat, glauben, daß nur Widerstand von außen es sei, wenn sie die Töchter nicht in holländischen Familien unterbringe. Denn daß das streng überwachte Doorn ausscheidet, ist ja für uns selbstverständlich. Sie wolle sich sogar bemühen, die Töchter nahe beieinander unterzubringen. Ach, möchte der Spruch dieses Tages Jesaja 55, 12 den Töchtern im Zusammenhang mit diesem Gespräche gelten.

Sie wollte Hanni einladen; ich mußte ihr klar machen, daß das ihretwegen nicht ginge. Als sie von ihrer spontanen Zuneigung zu uns sprach, auch als sie sich die Fotos der Töchter ansah, hatte alles ein völlig individuelles Gepräge und nichts war Klischee. Sie gab mir an Hanni auch einen schriftlichen Gruß mit. Jeden Dank lehnte sie ab: sie danke vielmehr immer wieder mir, denn ich sei der einzige, der nach ihrem Leben frage; dem der Gedanke komme, ob sie in der Einsamkeit von Doorn wenigstens Räume habe, in denen sie sich wohlfühle – denn auch die hat sie nicht, weil jede Veränderung ihr als eine Pietätlosigkeit gegen Kaiserin Auguste Victoria ausgelegt werde. Ich sei der einzige, der ihr Leben als eine eigene Existenz begreife; der sich völlig in ihre Situation versetze. Und nur ein einziger steinalter Mann aus dem Adel meine es gut mit ihr. Oft im Gespräch kamen ihr die Tränen, und sie erzählte mir das ganze Martyrium, das sie durchmache: ohne Pathos, ohne Verbrämung, ohne Theatralik – sondern nur unglücklich und vereinsamt. Was sie unter Sozialdemokratie und Nationalsozialismus durchmache – seit 14 Tagen ist ihr Sohn verhaftet –, sei nichts gegen die Intrigen, denen sie aus der kaiserlichen Umgebung ausgesetzt sei. Vom Dritten Reich sprach sie mit demselben Bemühen um Gerechtigkeit, wie Hanni und ich es uns unter immer größeren Schmerzen und Unmöglichkeiten abringen. In ihrer Müdigkeit und Verzweiflung dankte sie mir einmal übers andere, daß ich ihr einen Inhalt für ihr Leben in Doorn gegeben habe: aus ehrlichster Überzeugung habe ich ihr nämlich klar gemacht, welchen Wert private, stimmungsmäßige Aufzeichnungen für künftige Dichter und Historiker besitzen, wo es sich doch in Doorn um den tragischen Ausgang des Kaisertums handele. – Nun wird sie ihre Aufzeichnungen beginnen; ». . . und ich habe doch wenigstens etwas vor«, sagte sie, »etwas, das ich allein für mich tun kann und das nicht völlig sinnlos ist.«
So also sehen die Tage der Frau des früheren deutschen Kaisers aus, wenn sie zu Weihnachtsbesorgungen hier weilt. Am 15. beschert sie noch ihren Leuten auf Schloß Sabor ein und fürchtet sich vor dem unbewohnten, kalten Hause ihrer nicht glücklichen ersten Ehe. Am 17. verlebt sie dann ihren 52. Geburtstag wieder in Doorn.
So nüchtern Hanni alledem, was Doorn betrifft, gegenübersteht, so deutlich war mir doch ihre Freude und sogar Bewegtheit wahrnehmbar, daß die Kaiserin derart standgehalten und in dem Ge-

spräch eine derart persönliche Einstellung zu Hanni zu erkennen gegeben hat.

Wir trennten uns ausgesprochen schwer, und sie sagte, sie wisse, was es heiße, daß sie von unserer freundschaftlichen Beziehung spreche; ihre Einsamkeit verbürge, daß sie sich nicht im unklaren darüber sei. Und in all ihrer Ohnmacht sei sie auch bereit, sich unter Umständen »zu gefährden«, soweit sie es vor dem Kaiser verantworten könne.

10. Dezember 1938 | Sonnabend

> Siehe, ich will meinen Engel senden, der vor mir her den Weg bereiten soll. Und bald wird kommen zu seinem Tempel der Herr, den ihr suchet. – Wer wird aber den Tag seiner Zukunft erleiden können, und wer wird bestehen, wenn er wird erscheinen?
> Denn ich bin der Herr und wandle mich nicht.
>
> Maleachi 3, 1. 2. 6

Und danach heißt es: »Und es soll mit euch Kindern Jakobs nicht gar aus sein«.

Das stille Nikolassee in dem Lichterschein der Dämmerung des Adventssonnabends – die Kirche auf dem Hügel war erleuchtet – so friedevoll. Welch großes, großes Glück in allem Kummer wäre es, wenn wir dort wohnen dürften. Aber wie muß das Herz sich von dem, was man noch nicht besitzt, in unerbittlichem Ernste von vornherein loßreißen können.

Wie schwer geht dieses Jahr zu Ende, über dem für mich Römer 8, 37 stand.

Nun geschieht der tiefe Einschnitt offiziell: die Kinder lernen in der Schule keine Weihnachtslieder mehr. Nur noch in den wenigen konfessionellen Schulen, die viele Kinder der riesigen Entfernungen wegen nicht aufsuchen können. Ein auch in der Presse veröffentlichter Erlaß verfügt für Schulweihnachtsfeiern das Verbot von Krippenspielen. Es darf »keine konfessionell gebundenen Spiele« für die Jugend mehr geben. Weiter heißt es, das weihnachtliche Erlebnis soll vielmehr in Zusammenarbeit von Schule und NSV zur Durchführung der »Volksweihnacht« aus dem deutschen Artbewußtsein heraus gestaltet werden. – Für Elternabende, Heimabende der Schülerhorte und Schullandheime wird in der Vorweihnachtszeit eine verbreiterte Pflege des Märchenspiels mit seinem Kampf um Licht und Dunkel, Gut und Böse empfohlen.

Konfessionell gebundene Spiele gehörten in die Kirche oder in die kirchliche Gemeinschaft und seien um der konfessionellen Haltung der deutschen Gemeinschaftsschule willen auf keinen Fall für die vorweihnachtlichen Veranstaltungen zu verwenden. –

11. Dezember 1938 / Sonntag (Dritter Advent)

> In ihm wohnt die ganze Fülle der Gottheit leibhaftig, und ihr seid vollkommen in ihm.
>
> *Kolosser 2, 9. 10*

Mit Hanni in der Südender Kirche. Sehr ernste, sehr erfahrene Adventspredigt für eine sehr kleine Gemeinde von Kurzreiter; schon nach der dritten Predigt, die sie von ihm hört, begreift Hanni, warum ich ihm gegenüber fünf Jahre hindurch so viel Geduld aufbrachte. In der heutigen Predigt klang manches von Kurzreiters Besuch bei uns an. –
Renerle schreibt, daß sie am Dienstag kommt – immer in der Hoffnung, »daß es nicht zu schnell geht«.
Um drei Uhr, als zum Silbernen Sonntag die Läden und Verkaufsstände eröffnet wurden, ging ich den Christbaum kaufen. Nach einer Stunde gelang es, eine schöne, klare, ebenmäßige Tanne von starkem, frischem Grün und edlem Wuchs zu bekommen. –
Gleich danach kamen viele Gäste zum Kaffee: Ehrenberger, die Topell, Nowaks. Der große Tannenstrauß bei dem Marienbild; der Adventskranz im Barockzimmer; die Alpenveilchenstöcke auf den beiden zarten Tischen; die Christrose, die die Topell mitbrachte, schmückten die Zimmer so wunderbar – aber die Gespräche gingen ums Letzte, und Hanni und ich können dieser entsetzlichen Übersteigerung, die um uns vor lauter Angst einreißt, keinen Einhalt mehr gebieten: Ghetto, Pogrom, Enteignung, Zwangsscheidung, Auswanderung – Gerüchte, Kombinationen. – Und Hanni und ich können doch nach alledem mit menschlicher Taktik und Prophylaxe nicht mehr fragen. – Da der Judenbann die Kirchen nicht nennt, halten wir die Frage der Kirchenkonzerte für ungeklärt und wagten uns in die Mariendorfer Kirche zu einer Adventsmusik ehemaliger Domchorsängerknaben; schön in den ganz alten Chorälen, sehr gut in den Orgelpartien (Bach und Händel), schwach in allem Neuen und nicht tief. –
Hanni und ich können nicht anders: wir hoffen irdisch nichts mehr; aber wo wir von Gottes Freundlichkeit gesungen und gepredigt hören, wird unser Herz weit; wir wissen, was Qual, Ekel,

Müdigkeit, Verzweiflung ist – aber wir können nicht irre werden an Gott als dem Vater, Herrn, Führer und Schöpfer. In der »Times« eine große Rede von Baldwin über die Kindertransporte, zu denen wir auch Renerle angemeldet haben. Renerle will nun am Dienstag kommen.

12. Dezember 1938 | Montag

> Das Volk, das im Finstern wandelt, sieht ein großes
> Licht; und über die da wohnen im finstern Lande,
> scheint es hell.
>
> Jesaja 9, 1

Hanni war mit Lotte in der Stadt. Reichtum und Eleganz des Publikums; Mangel und – Mängel der Ware; Sturm der Käufer auf die geringen Quantitäten und Qualitäten; rüder Ton der Verkäufer. Was Hanni und Lotte für die Töchter kaufen, ist als Weihnachtsgeschenk und Auswanderungs-Ausstattung zugleich gedacht. Das hat nie bei uns aufgehört: die Weihnachtsgaben für die Kinder. – In alledem steht vor einem, daß es vielleicht zum letzten Mal geschieht. Es ist so furchtbar, daß die Menschen, die nach dem »Frieden von München« noch so dankbar waren – nicht mehr um Frieden beten werden, wenn der Krieg nun doch kommt. So groß ist die Verzweiflung. Und das gilt für Arier und Nichtarier, Christen und Juden. Es werden andere Gebete sein: Gebete über den Krieg hinaus. Und die Menschen ahnen doch sein Grauen, vor dem selbst die Erfahrungen des Weltkrieges verblassen. –

15. Dezember 1938 | Donnerstag

> Sie werden über deinen Namen täglich fröhlich sein
> und in deiner Gerechtigkeit herrlich sein.
>
> Psalm 89, 17

Nachmittags fuhren Hanni und ich unserem Renerle bei seiner Rückkehr aus Wolfshau bis Schöneweide entgegen; und wir haben Renerle einen schönen Empfang mit Blumen, Torte, Süßigkeiten und dem Adventskranz bereitet. Renerle gibt sich fest und munter – aber welchen schweren Ernst hat sie nun erfahren; man kann sie beim Erzählen gar nicht ansehen, ein so weher Zug liegt um den Mund dieses kindlichen Gesichtels. – So hat sie nun noch die Nacht von Werner Milchs Wiederkehr miterlebt – bis früh um sechs haben sie mit Pohl und Martel zusammengesessen; und was keiner glaubte: er will nun die Auswanderung, er, der so

fanatisch an Deutschland hängt. Ich habe immer gesagt: der vorletzte, der Deutschland verläßt, ist Werner Milch; die letzten sind
Hanni und ich. Der vorletzte geht nun. – So schwer war es also
im Konzentrationslager.

Ihlenfeld rief mich an, und wir trafen uns wegen einer vergeblichen Hilfsaktion für jüdische Pastoren. Er war verzweifelt über
das, was nun gleichzeitig an allen Enden beginnt: Vernichtung
des Judentums, Kampf gegen Kirche und christliche Schule,
Einführung der »Volksweihnacht«. –

Aller Eingeweihten hat sich vor diesem Weihnachten Lähmung
und Entsetzen bemächtigt, indes der Staat Glück, Aufstieg,
Macht proklamiert und die Planung der Prunkbauten, vor deren
Hybris wir erzittern, zum Fest in den Vordergrund rückt. –

Ihlenfelds und meine Einstellung wieder völlig gleich. Auch ihm
ist nun die Obrigkeit zertrümmert. Auch er sieht in allem dem
Schweren nur den Anfang des Tragischen. Auch er kann im
Glauben nicht irre werden.

In aller ihrer Liebe zu uns ist Renerle doch fest entschlossen
auszuwandern.

Abends saß sie noch allein mit uns und erzählte Quälendes. Damit Hanni und Renerle sich erst wieder einmal recht haben,
schlafen sie jetzt zusammen, und ich habe mein Lager in meinem
Arbeitszimmer. Ein wunderbares Gefühl, Renerle noch einmal
unterm Dach zu haben.

16. Dezember 1938 | Freitag

> Ihr wisset die Gnade unseres Herrn Jesu Christi, daß,
> ob er wohl reich ist, ward er doch arm um euretwillen,
> auf daß ihr durch seine Armut reich würdet.
>
> *2. Korinther 8, 9*

Bei Koch: Das gegen mich vorliegende Gutachten über die »Las
Casas«-Kritik, das Koch nicht anerkennt, ist ein einziger Angriff
auf Schneider. – Ich nahm Koch Schneiders Bücher mit und berichtete ihm ausführlich. – Er war so gut und offen zu mir wie
immer. Während Pagel und Ihlenfeld meinten, ich solle mich
jetzt mit Einzelveröffentlichungen ganz zurückhalten, auch ich
selbst dazu neige, sieht Koch keinen Anlaß. Über die Situation
weiß er nichts. Außer sich war er, daß mein Filmgeld nun zur
Kontribution dienen muß. – Ich habe ihm »Das Buch der
Christenheit« geschenkt. Das, in dieser Stunde, sagt genug.

Gegen Abend in der Hilfsaktion für die beiden Pastoren, deren einen Pagel als früheren Universitätsprofessor gut kannte, bei Pfarrer Dreß im Grunewald, der auch nicht mehr, obwohl Arier, Dozent sein kann. Er hatte alle die Verbindungen, die mir als nicht ganz aussichtslos bezeichnet wurden. Diese erste Begegnung mit einem der führenden Pastoren der Bekenntniskirche fiel gut aus, ja, bewegte mich: denn mein »Kyrie« lag bei ihm; den »Vater« hatte er eben verschenkt; und *„In tormentis pinxit"* bekommt er von seiner Mutter zu Weihnachten. – Was Dehn mir schon schrieb: Der »Vater« wirkt nun stark in diesen Kreisen. Auch nehmen die Pastorenzuschriften noch kein Ende.

17. Dezember 1938 / Sonnabend

> Da aber erschien die Freundlichkeit und Leutseligkeit Gottes, unseres Heilandes, – nicht um der Werke willen der Gerechtigkeit, die wir getan hatten, sondern nach seiner Barmherzigkeit.
>
> *Titus 3, 4. 5*

Ungeheures Treiben in der Stadt. Denn ich war wieder unterwegs, da früh bereits zweimal Pfarrer Dreß anrief und nun auch noch ein Brief von Meschkes kam: ein englisches Hilfswerk holt die judenchristlichen und Mischehen-Pastoren herüber, freilich ohne mehr garantieren zu können als den Übergang ins völlig Ungewisse. Pastor Ölsner, auch ein Jude, empfing mich mit der gleichen Freude wie Dreß, ja, kannte mich noch besser. So fand ich gut bereiteten Boden. Pastor Arnold-Glogau ist bereits aus Sachsenhausen entlassen; im zweiten Falle, Ehrenberg-Bochum, war es höchste Zeit. Er war vergessen; man wußte nicht, wo er sei!

Harald von Koenigswald zum Tee bei uns, beim Adventskranz. Er schrieb gleich hier an seinen Schwager, der Bankdirektor in Essen ist, wegen unserer Zwischenkredit-Kalamität. Dann brachen wir gemeinsam – bei eisigem Wind – zum Hauskonzert bei Frau Stahlberg auf: welche herrliche Möglichkeit des Ersatzes für große Konzerte. Der junge Professor Chemin-Petit hat ein wunderschönes kleines Kammerorchester, von dem wir – in einem Kreis von etwa 120 Menschen – ein Concerto grosso von Händel in g-Moll, ein Bach-Klavierkonzert und ein Bruckner-Streichoktett hörten: nach Klang und Struktur restlos durchgearbeitet. – Diesmal war es auch Hanni eine große Freude, wie ich empfangen wurde und wie man mich kennt, was einen ja doch noch geradezu bewegt: von der Frau des Hauses; von dem Kreise, mit dem wir nach dem Konzert am Teetisch zusammensaßen; auch erreichte uns gerade heute zweimal die Nachricht, wie der »Vater« sich von dem Schicksal des Saisonerfolges, das vielen als unabwendbar galt, losgelöst hat und wie das weihnachtliche Buchladenpublikum von selbst nach ihm fragt.

18. Dezember 1938 / Sonntag (Vierter Advent)

> Was betrübst du dich, meine Seele, und bist so unruhig in mir? Harre auf Gott! Denn ich werde ihm noch danken, daß er meines Angesichts Hilfe und mein Gott ist.   *Psalm 42, 12*

In Mariendorf in der Kirche – Kurzreiters Weihnachtsfeier mit den Kindern. Um halb vier fuhren wir dann, von Fräulein Anni als dem Taufzeugen begleitet, wieder nach Mariendorf. Wir mußten, da Kurzreiter noch eine Kindertaufe hatte, in der Brauthalle warten, und da wurde seltsamerweise plötzlich eins der schlechten, modernen Glasfenster zum großen Eindruck: Katharina von Bora und Luther als Brautpaar vor Christus. – Immer wieder sah Hanni hin. – Nun versteht Hanni völlig, warum ich so zu Kurzreiter halte: so würdig und festlich hat er die Taufe und Trauung gestaltet; auf dem Altar waren die vier Lichter des Adventsbaumes angezündet, sonst nur die Altarkerzen; kein Mensch, keine Musik, nur Gottes Wort, das aber voll solchen Gewichtes, so bewußt gewählt: Worte der Freude in unserem großen Kummer, unserer Bedrohung, um die er ja im vollen Umfange weiß. Die Taufrede für Hanni war so bedacht, und ausdrücklich gab er ihr ein Wort, das für den alten Geheimrat Stutz so bedeutsam war, als Predigttext, auf Hanni abgewandelt: »Sie zog ihre Straße fröhlich« (Apostelgeschichte 8, 26–39), gipfelnd in dem Stutz'schen Sterbespruch: Römer 8, 38. 39. – Hanni am Taufstein bei den Adventslichtern war ein ergreifendes Bild. Ihr Taufspruch: 1. Timotheus 6, 12 »Kämpfe den guten Kampf des Glaubens; ergreife das ewige Leben, dazu du auch berufen bist.« Die Einsegnung der Ehe vollzog er ohne Ansprache – warum: er begründete es mit zarten und warmen Worten – mit der Epistel dieses vierten Adventssonntages: Philipper 4, 4–7. Auch bewies er das besondere Zartgefühl, diese ernste Taufe und Trauung mit uns in seiner Pfarrwohnung im Gemeindehaus nach der kirchlichen Feier an seinem Tische feiern zu wollen; und auf

Hanni, die große Wirtin und Gastgeberin, machte diese kleine adventliche Kaffeestunde einen großen Eindruck, wie etwas ganz Besonderes, denn wir hatten ja keine Feier als die kirchliche beschlossen.

Dann war es aber daheim doch noch einmal wie eine Feier; die Töchter, denen Hanni erst vor dem Aufbruch zur Kirche von der Taufe sagte, erwarteten uns mit großen, weißen Chrysanthemen. –

20. Dezember 1938 | Dienstag

> Wir haben desto fester das prophetische Wort, und ihr tut wohl, daß ihr darauf achtet als auf ein Licht, das da scheint in einem dunklen Ort, bis der Tag anbreche und der Morgenstern aufgehe in euren Herzen.
>
> 2. Petrus 1, 19

Leichter, fester Schnee fällt spärlich, aber unentwegt. Stiller und grauer Tag. Zehn Grad Kälte. Die Zimmer leuchten von Blumen. Hanni und Renerle in der Stadt: Weihnachtsbesorgungen; Kennkartenerledigungen; Auswanderungsanschaffungen. Meschkes sind hier, wohnen aber nicht bei uns: Weihnachtsbesorgungen und Auswanderungserledigungen. Welche Tiefe und Strenge hat alles bekommen. – Die Worte der Freude von Trauung und Taufe!
Worum ich so oft, so lange betete, einen Bibelspruch für Hanni: nun, gestern, einen Abend nach der Taufe, ist er mir zuteil geworden wie die Worte für die Töchter lange schon: Lukas 1, 45. Renerle sagte ich gestern ihren Spruch Josua 1, 9, und sie nahm ihn so ernst, so bewußt – so erfahren auf!
Hannis Kennkartenbild ist zu einem erschütternden Zeitdokument, einer schweren Anklage geworden. –

23. Dezember 1938 | Freitag

> Kündlich groß ist das gottselige Geheimnis: Gott ist offenbart im Fleisch, gerechtfertigt im Geist, erschienen den Engeln, gepredigt den Heiden, geglaubt von der Welt, aufgenommen in die Herrlichkeit.
>
> 1. Timotheus 3, 16

Der Tag, an dem das Haus zum Fest geschmückt wurde; es war eine richtige Arbeit, den tiefverschneiten Christbaum ins Weihnachtszimmer zu holen.
Während Hanni und Fräulein Anni in Stuben und Küche alles

bereiteten und die Töchter noch manche Besorgung zu machen hatten, habe ich die mächtigen, dunkelgrünen Tannenzweige am Madonnenbild, über dem Treppenaufgang, in der oberen Diele, in all den Damenzimmern angebracht und dem Putto im Schlafzimmer wie alljährlich sein Licht und seinen Tannenzweig gegeben, die Sterne und Leuchter mit Kerzen besteckt und bis zum Abendessen den herrlichen, edlen Christbaum geschmückt. Er trägt die Tannenzapfen aus Wolfshau zu all seinem alten, bunten Schmuck, und der große Silberleuchter ist mit den Kerzen aus Grüssau besteckt.

Nach dem Abendbrot saßen wir alle um den großen Tisch und schrieben die letzten Weihnachtskarten und Briefe.

Denn dieser Tag war schwer; der letzte Christbaum, den ich für die Töchter schmückte –?

24. Dezember 1938 / Sonnabend (Heiliger Abend)

> Heute erkennen wir, daß der Herr unter uns ist.
>
> *Josua 22, 31*

> Heute ist diesem Hause Heil widerfahren. Denn des Menschen Sohn ist gekommen, zu suchen und selig zu machen, das verloren ist. *Lukas 19, 9. 10*

Davon steht auch etwas in den Briefen, die in reichlicher Zahl eingingen, als Hanni und ich allein frühstückten; denn die Töchter schliefen lange. Als ich aufstand, brannten noch alle Laternen in den stillen Straßen; an dem winterlichen Weihnachtswetter hat sich nun nichts mehr geändert: Dach, Garten, Straße liegen verschneit.

Die häusliche Geschäftigkeit war groß, der Wintertag über Häusern und Gärten verhüllt und still und ernst. Zum ersten Male gingen wir alle zur Christnacht: Hanni, die Töchter, Fräulein Anni. Während der Christnacht schob Renerle immer wieder ihre Hand in meine. – So freudig Kurzreiter Hanni und mir zu Taufe und Trauung gepredigt hatte, so ernst und streng war seine Christnachtpredigt. Nach der Christvesper bliesen die Posaunenbläser Turmchoräle, und der große Adventsstern im Kirchtor wehte hin und her in eisigem Wind. Wir gingen durch verschneite Straßen heim; in vielen Fenstern strahlten schon die Weihnachtsbäume, und nun steckte ich die Lichter an unserem zarten, feierlichen, bunten Baume an und klingelte mit der alten Apostelglocke. Die Freude über die Gabentische schien mir größer denn je. Die Töchter hatten wieder, wie früher, die Couch als Weihnachtsplatz: über und über bedeckt mit eleganten, schönen, praktischen Dingen, von denen ja sie wie wir es wissen, daß sie wie eine Auswanderungsausstattung sind. Während ich Hanni den Beuthener Barockschreibtisch als ihren Weihnachtswunsch überlassen hatte, wurde mir zum ersten Male auf meinem »neuen«, alten, großen Schreibtisch aufgebaut, und obwohl die Gaben diesmal nun wirklich viel einfacher und spärlicher waren als in anderen Jahren, bedeutete dieser Weihnachtstisch eine ganz besondere und wohl unvergeßliche Freude für mich. Denn zum ersten Mal erfuhr ich, daß so Weihnachtstische nur im Dichterhause möglich sind: die Weihnachtsbriefe von Lesern; die Büchersendungen des eigenen Verlegers und die schönen Quempasbücher des Bärenreiter-Verlages, alte Weihnachtslieder, denen nun Gerhard Schwarz und ich neue hinzufügen sollen; die Notenblätter von Gerhard Schwarz mit den Vertonungen meiner Weihnachtslieder; und, was Hanni genauso rührte wie mich: mein Neujahrslied, von Frau Pagel schön und edel handgeschrieben, nachdem sie doch nun schon meine drei DVA-Bücher ausstattete. Immer wieder mußte ich heute am Heiligen Abend auf den alten, schönen Eichentisch mit den Notenblättern und der Handschrift des Neujahrsliedes blicken.

Den ganzen Abend bis Mitternacht saßen wir beim Kerzenglanz des Silberleuchters, der Lichtersterne auf dem Tisch, den Kerzen zu Füßen der Madonna; und auf der Höhe des Heiligen Abends strahlten noch einmal die Lichter des zarten, bunten Weihnachtsbaumes mit seinem goldenen Engel und seinen kleinen silbernen Glocken, den roten und goldenen, grünen und silbernen Glaskugeln, der Nürnberger Madonna und dem »Herzen Jesu«; wunderbar war die Stille des Abends, wunderbar der Duft von Wachskerzen und Tanne. Und die Blumen von Hannis Taufe – zartes Grün, Tanne, Rosen, weiße Chrysanthemen in mächtiger Vase – waren der besondere Schmuck dieses ernsten Festes. Über den verschneiten Gärten standen große Sterne, und in der zwölften Stunde hörte man noch einmal fernes Glockenläuten einer Christnachtsmette. Die Engel und Hirten empfangen im Kerzenglanze der Weihnachtsstube ein eigenes Leben. Keiner, dem der schwere Ernst dieses Heiligen Abends nicht bewußt war; und doch war das lichte, kleine, festliche Haus von Heiterkeit und Lebendigkeit erfüllt, von Zufriedenheit und Dankbarkeit nicht minder.

Ach, aus diesem hohen Feste wieder zurückfinden dürfen in die gefährdete Arbeit!

Bei den Noten auf meinem Weihnachtstisch liegt die letzte Adventspredigt, die Pastor Brinkmann mir schickte, liegen die Pastorenbriefe, als wäre das Ersehnte Wirklichkeit geworden: Dichterhaus, das das Pfarrhaus spiegeln darf, von dem ich im »Ewigen Haus« für alle Pfarrhäuser schreiben möchte.

»Alles Getrennte findet sich wieder« – das ist auch ein Trost zu Weihnachten.

25. Dezember 1938 | Sonntag (Christfest)
Erster Weihnachtsfeiertag

> Sehet, jetzt ist die angenehme Zeit, jetzt ist der Tag des Heils!
> 2. Korinther 6, 2

Hanni und ich frühstückten allein. Kurzreiters große Christpredigt ernst, würdig. Weihnachtspredigt ganz für dieses schwere Jahr 1938. Unter den strahlenden Christbäumen war Hanni dann mit mir zum ersten Mal zum Abendmahl. Der Spruch: Fürchte dich nicht, glaube nur! (Markus 5, 36). Mit uns waren nur ein Bekannter vom alten Stutz und ein frischer, junger Mensch; das machte auf Hanni einen großen Eindruck.

Es war ein Tag gewesen voller Schnee, Kälte und Glanz; und Glockengeläut über Glockengeläut. Den ganzen Tag, auf ihrem kurzen Wege, strahlte die Wintersonne, war rund und bronzen im Untergang und ließ die Schneewolken noch einmal zart rötlich aufleuchten.

Mit der neuen Auflage des »Vater« bin ich so sehr zufrieden; sie enthält nun sachlich, stilistisch und druckmäßig keinen einzigen Fehler mehr.

Vor unserem Christbaum stehen alle, die in unser Haus kommen, als wären sie hier nun auf das eigentliche Weihnachten getroffen. Aber das letzte von diesem Christbaum kann man ihnen ja nicht sagen: Hosea 14, 9.

Ich habe geglaubt, alle Bibelworte von Weihnachten zu wissen: aber unentwegt strömen neue auf mich ein; und die bleiben das größte Geschenk und bedeuten die höchste Freude und Festlichkeit; die dringen durch bis auf den Grund und verwandeln das ganze arme Erdenjahr von den hohen Kirchenfesten her.

Das halte ich für das Größte, das auf Erden heute noch in Erscheinung tritt: die Darstellung des Lebens Christi in den Kirchenfesten jedes Jahres.

So gewiß das Weihnachtsfest zum bürgerlichen Familienfest geworden ist: den Deutschen eine »Volksweihnacht« aufzuzwingen, gelingt nicht; nun Weihnachten zum ersten Mal bedroht ist, scheint mir sogar das Bewußtsein für das christliche Weihnachten in Deutschland wieder viel stärker geworden zu sein. –

27. Dezember 1938 | Dienstag

> Es ward eine dicke Finsternis in ganz Ägyptenland drei Tage. – Aber bei allen Kindern Israel war es licht in ihren Wohnungen.
>
> 2. Mose 10, 22. 23

Das ist ein großes, ernstes, feierliches Wort nach den Weihnachtstagen 1938.

Die DVA schreibt in einem Brief vom Heiligen Abend: »Wir haben vorsorglich noch einmal einen Nachdruck Ihres Romans ‚Der Vater‘ vorgesehen«.

Immer wieder hilft Gott, auch mit äußeren Freuden, auf die ich so gar nicht mehr zählte, in der tiefen Müdigkeit auf. Ich meinte, es wäre zu diesem Weihnachten an Festesfreude genug mit Hannis Taufe und unserer Trauung.

Hanni meldet aus der Stadt, daß in den Geschäften gekauft wird wie vor Weihnachten.

Und wieder bringt sie die schreckliche Nachricht von jüdischen Selbstmorden aus der Stadt mit.

28. Dezember 1938 | Mittwoch

> Die Finsternis vergeht, und das wahre Licht scheint jetzt.
>
> 1. Johannes 2, 8

Nachts erwachte ich, das Bibelwort im Ohr, an das ich lange, lange nicht dachte: Johannes 11, 40 »Habe ich dir nicht gesagt, so du glauben würdest, du solltest die Herrlichkeit Gottes sehen?« Ich erwachte in dem Bewußtsein, daß dies Gottes Wort für mich zum Neuen Jahr ist.

In der großen Politik hat sich nichts Hervortretendes ereignet, nur daß sich über das Fest die italienisch-französische Spannung um Tunis weiter verschärft hat.

Schmidt von der Tobis rief an; die Tobis zeigt erstaunliches Verständnis für die Stockung in meiner Arbeit; Jannings bleibt bis jetzt fest bei dem Plan; das einzige Entgegenkommen von mir sollte sein, daß die DVA die Option bis zur Fertigstellung meiner Treatments kostenlos verlängert. Das hat Pagel sofort bewilligt.

29. Dezember 1938 | Donnerstag

> Daran sollt ihr den Geist Gottes erkennen: ein jeglicher Geist, der da bekennt, daß Jesus Christus ist in das Fleisch gekommen, der ist von Gott.
>
> *1. Johannes 4, 2*

Meschkes haben aus Schweden abschlägigen Bescheid bekommen. In allen uns nahestehenden Fällen sehen wir nun das gleiche: die Auswanderung scheitert. Ilse schreibt verzweifelt. Und bei Meschkes ist noch nicht der zwingende Anlaß gegeben!
Endlich wieder am Treatment vom »Goldenen Schiff« geschrieben. Wenn es schon nicht das »Ewige Haus« sein darf – wenigstens doch schreiben dürfen, wenigstens nicht diese furchtbare Stokkung, die ja immer mehr an die Existenzfrage rührt! Dabei ging es auch heute wieder mit Anrufen und Briefen hin und her, so daß es nicht eine ruhige Arbeitsstunde gibt.
Die Aktionen für Brigitte in London bisher völlig resultatlos, wie alles, alles auf diesem Gebiete. Hanni und ich freilich atmen auf, daß es zu einer überstürzten Auswanderung der Töchter nicht kommt.
Der große, große Ausgleich, den dieses von außen so bedrohte, in seinen häuslichen Idyllen so furchtbar erschütterte Weihnachten uns bringt, sind die Briefe – die Leserbriefe, die Pastorenbriefe; und die Lieder. In dieser Weihnachtszeit singen mein »Weihnachts-Kyrie« die Betheler Kurrende und der Betheler Schwesternchor der Potsdamer Nicolaikirche. – Die Bibelworte am Morgen und die Briefe des Tages: die helfen immer wieder aus der Müdigkeit und Verwirrung auf. –
Unser Leben scheint in allen Fugen zu beben: und doch ist alles aufs schönste gekommen. –

31. Dezember 1938 | Sonnabend (Sylvester)

> Ich will der Gnade des Herrn gedenken und des Lobes des Herrn in allem, was uns der Herr getan hat.
>
> *Jesaja 63, 7*

Nur hier draußen ist noch Winter. Bis zum Kirchgang wurden die Zimmer für den Abend gerüstet. Wir, Hanni und ich, waren in

Kurzreiters Jahresschlußandacht in Mariendorf, der Kirche, die nun so viel für uns umschließt. Herrlich die Bibelworte der Jahreswende. Bald nach dem kleinen, rein familiären Abendessen erschienen die Gäste, die Männer zu Renerles Entzücken in Smoking und Frack. Alle, wodurch die Festzimmer noch feierlicher wurden, brachten Blumen: rosa Nelken, rote Nelken, rote und blaue Tulpen, rosa Azaleen.

In beiden Zimmern waren behagliche Sesselgruppen arrangiert mit kleinen Tischen, und all die schönen kleinen Sachen, die es zu Bowle und Punsch gab, waren auf dem kerzenschimmernden Renaissancetisch und dem Barockschreibtisch hergerichtet: der eine ganz in Gold, der andere ganz in Silber gehalten. Zum Empfange brannten die Lichter des Weihnachtsbaumes, alle Leuchter und die Lichtersterne zu Füßen der Madonna und des Schmerzensmannes und unter dem Cranachbilde. In Munterkeit und Wohlwollen wurden die Stunden bis Mitternacht hingebracht, so lebhaft, daß ich um halb zwölf Uhr überhaupt erst das erste Mal nach der Uhr sah. Mit den Geschwistern hatte ich schon früher telefoniert und sehr viel beruhigendere Nachricht über Mutter erhalten. Während nun alle heiter und lebhaft im Refektorium feierten, rüstete ich das Barockzimmer zur Mitternacht: steckte die Kerzen am Weihnachtsbaum zum zweiten Male an, schmückte das Zimmer mit Leuchtern und den schönsten Blumen, Hanni richtete einen Tisch mit neuen Weingläsern; und mit dem Glockenschlag zwölf wurden die Türen zur Terrasse geöffnet, das große Glockengeläut über dem Garten zu hören. Der lag im Schnee. Und nachdem es den ganzen Abend so völlig still ringsum gewesen war, stieg nun – doch ohne alles Lärmen – ein reizendes Feuerwerk auf, in dem der Garten immer wieder in neuem Glanze, neuen Tönungen aufleuchtete. Und alle, auf denen – auch den Jüngsten – so viel Schweres lastet, spürten an diesem Abend nur das Festliche.

Dank und Vertrauen überwiegen an dem Ende dieses schweren Jahres und angesichts eines so ernsten Jahresbeginnes alle Sorge, alle Angst, allen Kummer. Und über allem Feiern – das Hanni und ich uns an und für sich stiller wünschten – steht schon das herrliche Verheißungswort des neuen Jahres: Johannes 11, 40.

HABE ICH DIR NICHT GESAGT, SO DU GLAUBEN WÜRDEST
DU SOLLTEST DIE HERRLICHKEIT GOTTES SEHEN?

Johannes 11, 40

1. Januar 1939 | Sonntag (Neujahr)

> Es hat euch noch keine denn menschliche Versuchung
> betreten; aber Gott ist getreu, der euch nicht läßt ver-
> suchen über euer Vermögen, sondern macht, daß die
> Versuchung so ein Ende gewinne, daß ihr's könnet
> ertragen.   *1. Korinther 10, 13*

Dies war der Text von Kurzreiters Predigt: einer »meiner« wichtigsten Sprüche. Der Neujahrsgottesdienst stärker als die Jahresschlußandacht, die Kirche nicht voll. Hannis Taufe wurde abge-
kündigt: »Übertritt aus der Glaubenslosigkeit: einer«.
Kaffeestunde bei Pagels. Ich saß dann mit Pagel droben in seiner
Bücherstube, in der noch einmal ein so aufmerksames Weihnachtsgeschenk für mich aufgebaut war: die gerahmten Photos zweier
Potsdamer Bilder der Langen Kerls. – Pagel erzählte mir von
seinem neu begonnenen Hanse-Buch. Auch er sehnt sich so aus
der Zersplitterung von 1938 heraus. – Die Schwankungen im Film
derart groß, daß er mir rät, die Treatments nur noch flüchtig zu
machen. Alles stürzt wieder einmal. – All das nur ein Spiegel, ein
matter Spiegel, der großen, großen Unruhe in der deutschen Poli-

tik. Alles hat sofort diesen weiten, lastenden Aspekt. Die Gefahren im gesamten Osten und im Mittelmeer; das Judenweltproblem! So friedevoll die Autofahrt durch den verschneiten Grunewald, vorüber an den lichten Landhäusern mit ihren durchs Dunkel strahlenden Christbäumen. – Dann lasen wir erst die reichlich eingegangene Neujahrspost.

5. Januar 1939 | Donnerstag

> Sei getrost, dein Glaube hat dir geholfen.
>
> *Matthäus 9, 22*

Hanni sagt, auch wenn ich nicht wäre, würde sie nicht aus Deutschland herausgehen, solange sie hier nur das Notwendigste zu leben hätte. Die Töchter bleiben fest dabei, daß sie ins Ausland wollen. Und all das ist zwischen uns so ohne Konflikt und Problem.

Auch alle herrlichen Empfehlungen, die Werner Milch hat, haben ihm nicht zur Vorlassung auf dem amerikanischen Konsulat verholfen, und für Freunds haben er und wir gar nichts ausgerichtet. Dabei ist Amerika doch der »Anwalt« der Juden in Deutschland. Alles, außer dem englischen Schritt für die Pastoren und der privaten, ohnmächtigen Menschlichkeit der amerikanischen Affidavits, ist tief deprimierend. – Die Spannung zu Amerika ist ungeheuer stark. –

6. Januar 1939 | Freitag (Epiphanias)

> Wir haben seinen Stern gesehen. *Matthäus 2, 2*

Heilige Drei Könige, der letzte, liebe Tag der heiligen Zeit; Epiphanias, das versinkende Fest, für das, so viele Feste auch erfunden werden, kein Raum mehr da ist.

Durch Werner Milch erfuhr ich, wie sehr Schröder und ich uns doch in der Theologenschaft gerade mit »dichterischen Anregungen« für die Exegese auswirken. Und das greift tief: denn uns ist ja Dichtung Bibelauslegung.

Hanni und ich, sehr erfreut, daß ein Epiphaniasgottesdienst stattfand, und zwar ein Missionsfest, in der Mariendorfer Kirche, über deren Tor – zum letzten Male wohl für uns – der Adventsstern leuchtete. Die Kirche erfreulich voll: also haben viele Menschen das Bedürfnis, die Weihnachtszeit mit einem Gottesdienst abzuschließen. Um so niederdrückender dieser klägliche Missionsgottesdienst, der nichts, aber auch nichts von dem ahnte, was gegenwärtig eine große Stunde der Heiden- und Judenmission anbrechen läßt: wie die Völker einander immer nähergerückt werden durch die Technik und innerlich sich immer weiter entfernen durch politische Ideologien ohne Glauben. – Der Gottesdienst polemisierte gegen den Staat, wo doch gar nichts anderes angebracht gewesen wäre als Buße der Kirche, die in diesem Jahresanfang furchtbarer politischer Aufgewühltheit dreier Erdteile, deren Geschicke auch Afrika und Australien ganz nahe berühren, innerlich missionsunfähig ist. »Denn siehe, Finsternis bedeckt das Erdreich und Dunkel die Völker; aber über dir geht auf der Herr, und seine Herrlichkeit erscheint über dir –«, diese Epiphaniasworte kann man 1939 nicht mehr als Historie lesen.

Zum ersten Male ist mir Johannes 17, 9 aufgegangen.

8. Januar 1939 | Sonntag

Mit dem Schatten seiner Hand hat er mich bedeckt.
Jesaja 49, 2

Das ist ein großes, großes Wort nach all dem weihnachtlichen Glanze. Ich lese »Das Tagebuch eines Landpfarrers« – mir ist's wie der letzte, mögliche Zugang zu Reinhold Schneider. Es ist aber auch wie eine tiefe Verwandtschaft zwischen Bernanos[185] und mir in dem ständigen Bewußtsein für die unablässig spürbare Gegenschöpfung des Satanischen. Da sind Worte, die Erfahrungen so ausdrücken, wie man sie selbst ausdrücken möchte: »Wenn die Vorsehung durch ein Wunder irgendwo einen Zufluchtsort einrichtet, wo der Frieden erblühen kann, dann kommen die Leidenschaften und ducken sich im Herankriechen, und wenn sie sich eingeschlichen haben, dann heulen sie Tag und Nacht wie Raubtiere« – und lassen alle Bilder des Idyllischen wie Schatten zerwehen! So möchte ich fortfahren. –

9. Januar 1939 | Montag

Sei getrost! denn der wird dich trösten, nach dem du genannt bist. – Siehe umher gegen Morgen und schaue den Trost, der dir von Gott kommt.
Baruch 4, 30. 36

Die Boykottmaßnahmen des Auslandes gegen Deutschland und der Devisenmangel wirken sich immer spürbarer aus: stundenlang stellen sich die Menschen nach Kaffee an.

Eine wichtige Woche beginnt: Chamberlain fährt nach Paris und
Rom.

Harald Poelchau rief nach langer, langer Zeit wieder einmal an,
nach unserer Situation zu fragen und seine Quäkerbeziehungen
uns anzubieten. Sein Vater ist gestorben; in diesen Weihnachtstagen ihrer Trauer haben sie in ihren Morgenandachten die
»Kyrie«-Lieder gelesen. Und auch von anderen sagte es mir Poelchau: das für mich Unfaßliche ist geschehen; das »Kyrie« ist in die
Häuser gedrungen. –

10. Januar 1939 | Dienstag

> Der Geist des Herrn hat mich gesandt, – zu verkün-
> digen ein gnädiges Jahr des Herrn.   *Jesaja 61, 1. 2*

Erfahrungsgemäß folgt auf jeden Arbeitstag ein Korrespondenztag, auf jeden Korrespondenztag ein Besuchstag, darauf ein Ver-
handlungstag. – Soll man darauf einen neuen Plan aufbauen?
Alles Schwere hat einen in das neue Jahr begleitet, vor allem wieder diese quälende Behinderung, ja Verhinderung der Arbeit. Begleitet hat einen aber auch das, was einen mit so großer Dankbarkeit erfüllt: vor allem die immer engere und breitere Verbindung
von Pastoren und meiner Arbeit.
Fornaçon, ein sympathischer junger Theologe aus Königsberg,
besuchte mich auf der Durchreise von Hamburg nach Königsberg, brachte mir eine Weihnachtsliedvertonung aus dem »Kyrie«;
berichtete mir, wie sie in Theologiestudentenkreisen nun schon
wiederholt meine Lieder sängen, und bat mich im Auftrag eines
bekenntniskirchlichen Kreises, zu einer Vorlesung nach Königsberg zu kommen, wo ich auf eine feste »Vater«- und »Kyrie«-Leser-
schaft treffen würde. In Ostpreußen freut mich das besonders.
Dankbar sagte ich auch hier ab.
Siegbert Stehmann[186] sagte ich ab. Aber des Abends fand sich dann
Harald Koenigswald ein, dem ich nicht absagen darf. Würde ich
auch noch die Vorlesungsreisen machen – meine Arbeit wäre mit
dem »Vater« begonnen und abgeschlossen zugleich. Und die Be-
sprechungsexemplare, die meiner harren! Bei all den Absagen habe
ich die seltsame, klare Überzeugung, daß dies mit Gottes Willen
geschieht; daß ich nicht zu Vorlesungen fahren soll; daß Gott den
Augenblick des persönlichen Auftretens mir weisen wird; die
Frage der Leser nach mir ist solcher Hinweis bei weitem noch

nicht. Ich sage ohne jeden inneren Zweifel ab, ohne mich damit für die Zukunft entscheiden zu wollen. Gott kennt die Krankheit, die in mir geheilt, von ihm allein geheilt sein muß, ehe ich in Person unter die Menschen treten darf. –

11. Januar 1939 | Mittwoch

> Jesus sprach: Gehe hin in dein Haus und zu den Deinen und verkündige ihnen, wie große Wohltat dir der Herr getan hat und sich deiner erbarmt hat.
>
> *Markus 5, 19*

Die Zeit von halbdrei bis sieben ist wieder mit Anwaltsverhandlung, Notariatsakt, Bankkorrespondenz draufgegangen. Nicht nur, daß dauernd gezahlt werden muß, gipfelnd in der Kontribution: nun wird einem auch noch immer wieder die Zeit genommen, durch Arbeit die Verluste wieder einzubringen. – Aber dies alles ist die eine Ungerechtigkeit der Welt. – Noch einmal Ruhe vor Behörden und Banken. – Morgen um drei wieder beim Rechtsanwalt. –

Wegen Wergins arger Überlastung waren wir heute bei seinem alten Sozius Scholz. Nur ich darf vom Anwalt noch beraten werden; Hanni müßte sich an einen der neuen Rechtskonsulenten für Juden wenden. Zum ersten Male ist nun heute für Hanni bei dem Auflassungsvormerkungsantrag das »Sara« akut geworden.

Wir sind mürbe, müde und verwirrt, aber so dankbar, daß der Kampf um Nikolassee überhaupt noch geführt werden darf; und welche finanzielle Beziehung haben nun die Neuauflagen des »Vater« für uns erlangt, von der inneren Bestätigung ganz zu schweigen. Ein Ehepaar richtet sich immer wieder gegenseitig auf – am gemeinsamen Glauben.

12. Januar 1939 | Donnerstag

> Ich will einen ewigen Bund mit ihnen machen, daß ich nicht will ablassen, ihnen Gutes zu tun. *Jeremia 32, 40*

Anruf von Pagel, er erwarte mich mit Kilpper. Und in der freundlichsten Weise – damit ich nach den Treatments ja an »Das ewige Haus« gehen könne – wurde mir von Kilpper ein Kredit für die Fertigstellung des Baues bis zur Genehmigung des Polizeipräsidenten und die Auszahlung der Reichsbahn bewilligt! Ich soll bloß das Bora-Buch schreiben.

Am Abendbrottisch fand ich frohe, dankbare Damen vor. Es ist wie eine große Erschöpfung. – Es war ja so viel auf einmal: die Zuendeführung des Baues ohne das Geld von der Reichsbahn – die teuren Auswanderungsausstattungen für die Töchter, die jeden Tag hohe Barbeträge erfordern – die Kontribution, deren 2. Rate schon im Februar fällig ist.

Nun ist das Geld für Bau und Kontribution da. Der Spruch dieses Tages. – Es ist wie ein großer Abschluß eines Kampfes, der alle Arbeitszeit und Arbeitskraft verzehrte.

16. Januar 1939 | Montag

> Wirf dein Anliegen auf den Herrn; der wird dich versorgen.
> *Psalm 55, 23*

Der ganze Vormittag verging wieder mit Korrespondenz und Anrufen.

Wir müssen weiter absagen, denn auch Hanni allein will die »Geselligkeit« im Hause nicht übernehmen. – Es ist nicht menschenfeindlich, ganz und gar nicht mehr. Es ist Angst um meine Arbeit. Alle Aktionen für Brigittes Auswanderung an dem auch in allen anderen Fällen beobachteten totalen Versagen des Jüdischen Hilfsvereins, der unumgehbaren Vermittlungsstelle, gescheitert. Wir sind froh darüber, weil wir ihr doch wenigstens eine abgeschlossene Ausbildung mitgeben möchten.

Schneider schreibt sehr ausführlich und herzlich. Er hört an der Sorbonne eine Vorlesung über Dürer und die Reformation: »Der Professor ... liest über Luther, mit nachdrücklichem Hinweis auf Staupitz; es ist fast wie eine persönliche Begegnung mit Ihnen in Paris.« – Er schickt mir Murillos »Küche der Engel«: »Und ob nicht vielleicht doch die Idee des ,Ewigen Hauses‘ vor einem solchen Bilde anklingen könnte?« Eben darum geht es ja weithin: die unablässige, alltägliche Verklärung des Irdischsten von der Schrift her! – Ferner schreibt er: »An große Bücher denke ich nicht mehr; nur an möglichst eindringliche Symbole.« – Zu dem so ernstlichen, die eigene Produktivität in Frage stellenden Problem der Überlastungen mit Buchbesprechungen warnt Schneider aus seiner hier besonders großen Erfahrung: »Wenn ich Ihnen einen Rat geben dürfte, wäre es der, nicht erst anzufangen und Besprechungen grundsätzlich abzulehnen. Ich habe mich zu tief darauf eingelassen.«

Und so werde ich es nun nach Erledigung der übernommenen Verpflichtungen auch halten, desgleichen mit der übrigen Arbeit für Zeitschriften und Zeitungen.

Regnerisch, dunkel und so still, wenn das Telefon nicht rast.

Schneiders Wort sagen dürfen: »An große Bücher denke ich nicht mehr –«

Ein großer Buchplan ist heute eine furchtbare Last. – Ich rede mir immer wieder zu: Die Belastung der Arbeit ist nicht unerträglich. Du bist nicht zu den Schanzarbeiten gekommen. Du hast nicht erneut um deine Sondergenehmigung kämpfen müssen. Es ist nicht alles Geld weggenommen worden.

Die reiche Hilde Stern – Werner Milch mit seinen glänzenden Verbindungen – die blutarmen, von der Angst zu zehnfacher Aktivität getriebenen Freunds – alle stehen sie vor der gleichen Resultatlosigkeit; alle machen sie mit Deutschland und dem Ausland und dem Judentum die gleich bitteren Erfahrungen. –

20. Januar 1939 | Freitag

> So wird denn der Herr um sein Land eifern und sein
> Volk verschonen. *Joel 2, 18*

Wieder ist einer der letzten Wälle für den Nationalsozialismus gefallen. Schacht, einer der letzten Verbindungsmänner zum Ausland, ist nicht mehr Reichsbankpräsident. Alles liegt in der Hand von Funk – von dem wir privat seit langem zuviel wissen, um nicht voll schwerster Sorgen zu sein. – Nun sind's nur noch »neue Leute« in der Regierung. Nur Schwerin-Krosigk ist noch da und als frommer Christ in seiner Haltung als Finanzminister völlig undurchsichtig. Für den Laien bedeutet der Rücktritt oder vielmehr die Amtsenthebung Schachts: alle normalen wirtschaftlichen, finanziellen Methoden sind nun erschöpft. –

22. Januar 1939 | Sonntag

> Wende dich zu mir, sei mir gnädig; stärke deinen
> Knecht mit deiner Kraft! *Psalm 86, 16*

Deutschland steigt auf und steigt auf: und so viel Lebensangst um einen. Die ungeheuren Vorgänge in der Reichsbank; »die SA Trägerin der vor- und nachmilitärischen Wehrerziehung«, dies unaufhaltsame Einverleiben des Staats- und Privatlebens in die eine Partei; das Häufen einer politischen Sensation, ja Panik auf die andere – die unablässige, rastlose Hektik unseres öffentlichen und privaten Lebens: das alles führt zuletzt nur in eine einzige, große Erstarrung: den Über-Staat, der sich selber Maß und Sinn und Ziel ist. Dies Ineinander von namenloser Unrast und Erstarrung unseres Lebens ist einer der schwersten Eindrücke unserer Zeit. »In der Welt habt ihr Angst« – »Ich bitte nicht für die Welt« – Dagegen steht: »Siehe, ich bin bei euch alle Tage bis an der Welt Ende!«

Um dieser Worte willen habe ich mich für immer damit abgefunden, daß Ruhe, Friede, Aufbau und Gewißheit nicht einmal erbetet sein dürfen. Aber den »Seinen« kann Er alles das geben. – Mit dem Vaterunser ist alles gesagt. –

Eine Notiz in der »Thurgauer Zeitung«, die ich mir von Zeit zu Zeit von Brigitte aus der Stadt mitbringen lasse, vom Tage vor Schachts Ausscheiden stellt einen vor ein rechtes Problem: »Der Vorsitzende des Internationalen Flüchtlingskomitees, der Amerikaner Rublee, weilt seit einiger Zeit in Berlin. Er hat gestern mit dem Reichsbankpräsidenten Dr. Schacht die dritte Unterredung über die Möglichkeit der jüdischen Auswanderung gehabt. Die lange Dauer seines Berliner Aufenthaltes wird in unterrichteten Kreisen damit erklärt, daß seine Besprechungen mit Dr. Schacht einen keineswegs ungünstigen Verlauf genommen haben.« – Ist Schacht an einem humaneren und vernünftigeren Lösungsvorschlag gescheitert? –

An der Resonanzlosigkeit anderer Künstlerleben sehe ich immer wieder, wie dankbar ich sein muß für die weite, tiefe Aufnahme, die der »Vater« und in erstaunlichem Maße das »Kyrie« gefunden hat. Für „In tormentis" fehlt den Menschen noch der Blick. Da wird dem König noch immer etwas versagt. –

Den Sonntag – um eine Mitte zwischen drängender Arbeit und gebotener Ruhe zu finden – für die Lektüre von Jagows neuem Königin-Viktoria-Buch verwendet, eines der Bücher, deren Besprechung ich nun leider noch übernommen hatte. – Diesen Grundsatz führe ich schon seit langem – nachdem ich aus den Schwierigkeiten des Ausschlusses heraus war – eisern durch: niemand, weder Personen noch Redaktionen, um Besprechung meiner Arbeiten zu bitten. Nur so kann man dazu beitragen, die Inflation der Besprechungen einzudämmen. Denn man muß schon von einem Besprechungswesen sprechen, zumal dem Schwinden der Werte das Übersteigen der hohen Prädikate entspricht; auch das noch. –

23. Januar 1939 | Montag

> Ihr möget erkennen, welche da sei die überschwengliche Größe seiner Kraft an uns, die wir glauben nach der Wirkung seiner mächtigen Stärke.
>
> *Epheser 1, 19*

Friedel aus Breslau zu Auswanderungsbesorgungen in Berlin, wohnt aber nicht bei uns. Rudi, in Amerika wohlhabend – nach Emigrationsbegriffen – verheiratet, hat nun schon Auto und Wohnung.

Hannis Vetter Eugen G., ganz plötzlich, zwischen Aufgabe seines Hauses und Geschäftes, Konzentrationslager und Auswanderung nach Charbin gestorben. So fern er ihr stand, nimmt es Hanni doch sehr mit. Bei den G.'s war alles Erfolg, Reichtum, Aufbau gewesen. – So viele plötzliche Todesfälle, die keine Selbstmorde sind, von Juden. –

Kein Tag, der einen nicht fürchterlich erschöpfte. –

Aber dabei bleibt es: »Er ist bei uns alle Tage bis an der Welt Ende.« –

Große Sehnsucht, Kirchenlieder zu schreiben; und kein Tag läßt es mehr zu.

Suse Stein und ihr Mann, Ernst Stein, und seine Frau haben in Montevideo schon eine bescheidene Existenz, auch eigene Wohnung, doch klagen sie sehr über Antisemitismus, diese gefürchtetste Folge der großen Emigration. Daß einige schon im Ausland eine Existenz haben, scheint den zurückgebliebenen Juden wie ein Wunder: denn alle kämpfen sie vergeblich und verzweifelt um ihre Einwanderungserlaubnis, wo in der Welt es auch sei. Und in Deutschland sind zwar neue Quälereien nicht vorgekommen; die Zeit der Verhaftungen mit ihren Mißhandlungen ist vorüber; nahe bevorstehend angekündigte Maßnahmen (Räumung von Stadtteilen, Judenbannbezirke) werden zur Zeit nicht durchgeführt – aber eine Existenzmöglichkeit wird den Juden nicht erschlossen. Nun beginnt zum Teil das Ausland, Deutsche auszuweisen; der Zustand wird immer kränker. Man ist innerlich ebenso verwirrt wie erstarrt und kann sich nur an das klammern, was nicht im und beim Menschen liegt.

Der Spanienkrieg geht nun dem Ende entgegen, das Hitler, Franco, Mussolini erstrebten.

24. Januar 1939 | Dienstag

> Fürchte dich nicht! Denn derer ist mehr, die bei uns sind, als derer, die bei ihnen sind. *2. Könige 6, 16*

Das Berliner Tageblatt wird nun am 31. 1. 39 eingestellt, die DAZ vom Deutschen Verlag (Ullstein, Partei und Staat) übernommen, – Fechter (also ist kein Neuer aufzutreiben) wird wieder Feuilletonchef der DAZ – und bittet gleich für die erste Zeit um Beiträge von mir »Ausgeschlossenem« (also auch hier keine Neuen). Das ist alles so seltsam. Selbst diesem Überstaat gegenüber sind die kulturell Zusammengehörigen (und das heißt heute weithin: auch die im Glauben Zusammengehörigen) wie ein eiserner Ring. Und der Staat könnte uns doch mit einer einzigen Geste hinwegfegen. Es ist ein verwirrendes Bild: die geistige Freiheit, die noch gewährt wird; der niedrigste Sadismus in den – in einigen oder allen? – Konzentrationslagern. Der Haupteindruck in allem, allem Schweren ist: dieser Staat hält sich nur durch rasende, nicht eine Sekunde aussetzende Unruhe aufrecht: ein Moment der Ruhe, und er bräche zusammen. Es braucht im privaten Leben gar nichts Besonderes zu geschehen: die tägliche, fürchterliche Erschöpfung ist dennoch völlig begründet. Und nun: diese furchtbare Unruhe des öffentlichen Lebens wird erzwungen durch krampfhafte und krankhafte Überorganisation aller Lebensbezirke. –

25. Januar 1939 | Mittwoch

> Freuet euch in dem Herrn allewege! Und abermals sage ich: Freuet euch! *Philipper 4, 4*

Heut zum ersten Mal unser Trautext in der Losung. Sonnenglanz. Dr. Koch hat erwirkt, daß Ernst Glaeser[187] aus der Emigration nach Deutschland zurückkehren darf. Glaeser war – wie Leonhard Frank[188] – einer von den Emigranten, die im Ausland an ihrer Sehnsucht nach Deutschland zugrunde zu gehen drohen. Das seelische und geistige Emigrationselend ist eine Qual ganz für sich.
67 Millionen mehr als im Vorjahr durch Reichsfluchtsteuer der emigrierenden Juden für das Reich eingekommen. Dazu die Kontributionsmilliarde. Dazu die 100 Prozent Aufschlag, die für alles gezahlt werden müssen, was Juden für die Auswanderung mit-

nehmen. Dazu die Verschleuderungsverkäufe aus jüdischem Besitz: Häuser, Villen, Geschäfte, Schmuck.
Und das soll Deutschland sein! –

27. Januar 1939 | Freitag

> Es wird das Zepter von Juda nicht entwendet werden noch der Stab des Herrschers von seinen Füßen, bis daß der Held komme; und demselben werden die Völker anhangen.
> *1. Mose 49, 10*

Dies der Losungsspruch des heutigen Tages: 80. Geburtstag des Kaisers. Ein halbes Jahrhundert wäre er nun Kaiser. – Es geht einem durch und durch.

Der Reichstag zum 30. 1. 39 von Hitler zu der Entgegennahme einer Regierungserklärung einberufen; die allgemeine Spannung wird also erhöht.

Franco, der Mussolini und Hitler Spaniens, hat also nun Barcelona. Von den anfänglichen christlichen Nebenströmungen dieser spanischen Bewegung ist nichts mehr zu spüren. –

Zum Beruf: je mehr man offiziell totgeschwiegen wird, desto mehr freut einen der Intensitätserfolg – und die Auflagenhöhe! Die gute Leserschaft läßt sich nicht irremachen. – Pastorenbesuche sage ich nach wie vor nicht ab. Aber einmal – ach, wenn nicht sehr bald äußere Ruhe, ein wenig Ruhe kommt – wird auch dieser Strich gezogen werden müssen.

Vor der großen Umstellung der DAZ meldet sich nun nach Fechter auch Friedrich bei mir: er muß mich bald sprechen, man will mehr von mir haben – dies alles bei dieser Verschärfung des politischen Kurses. Ich bin dankbar und »stolz«, sage nein, halte mir aber alle Beziehungen für »Klienten« offen. Es ist kaum zu fassen, welche Arbeitsmöglichkeiten mir geboten werden. Ich könnte mich halbtot arbeiten und dennoch es nicht bewältigen. Und das, obwohl der Rundfunk – ohne den ich einst wirklich nicht existieren konnte – für mich ausscheidet. – Eines Tages muß ich auch hier (mit »Klienten«) härter werden, sagt Hanni, die wie ein Löwe über meiner Arbeit, der Hauptarbeit, wacht, auf das große Glück der vielen kleinen Aufträge verzichtet und nur die große, große Not des neuen Buches will.

Die Jahrgänge 1902–1905 sollen nun – nach Gerücht! – vom Militärdienst zurückgestellt werden. Ich würde doch eine große Erleichterung empfinden, wenn auf die große Unruhe um den Hausbau nicht gleich die Arbeitsunterbrechung durch die auf ein Vierteljahr heraufgesetzte Reservistendienstzeit käme. Italien zieht gerade 60 000 Mann des Jahrganges 1903 ein. –

28. Januar 1939 | Sonnabend

> Herr, dich rufe ich an.
>
> *Joel 1, 19*

Ich habe das nahezu quälende Bedürfnis, die letzten Buchkritiken und die letzten »Hilfsaktionen«, auf die ich mich eingelassen habe, zum Abschluß zu bringen.

Harald Koenigswald zum Kaffee. Seine »Schatten des Ruhmes« sollen meine letzte Buchbesprechung sein. Ich sprach, durch seine Fragen genötigt, mit ihm über das Grundsätzliche: daß seine menschliche Noblesse ihm das Absinken in jene gefährlichen Schichten verwehrt, in denen Spannung, Dramatik, Dialektik, Dämonie, Anarchie und – Johannes 15. 2 erst begriffen werden können. Ohne das sehe ich aber keinen Weg zur Dichtung. –

Meine Ungeduld, »Das ewige Haus« zu schreiben – und das heißt: mühseligst zusammenzutragen wie den Bau in Nikolassee – ist kaum mehr zu bewältigen. Keine Menschen mehr, die mich so an der Arbeit hindern – das ist nun schon ein Schmerzensruf.

Ich will vor der Not des »Ewigen Hauses« nicht mehr fliehen. Ich will mitten hinein, sonst erdrückt sie mich.

Den Menschen, selbst so hilfsbedürftig, helfen wollen, ist eitel. Ich kann nur noch, ich muß endlich für die Menschen lediglich beten. –

30. Januar 1939 | Montag

> Längst weiß ich, daß du deine Zeugnisse für ewig gegründet hast.
>
> *Psalm 119, 152*

Der 30. Januar ist seit dem Jahre 1933 – an dem ich alle seine Spannungen und Entscheidungen so unmittelbar in einer solchen Zentrale wie dem Funkhaus miterlebte – ein Tag großen Druckes, schwerer Spannung. Möge die Regierungserklärung heute abend keine zu schweren Erschütterungen bringen. Es ist immerhin auffällig, daß für den heutigen Tag nicht wieder der »Judenbann« wie am »Tag der Solidarität« erneuert worden ist. –

Italien – Frankreich? Wird es das sein? Die Bindung an Mussolini, die man sehr fürchten muß?

Durch Vermittlung von Ostermanns verhandelt Brigitte nun mit

Freunden eines jungen, arischen, englischen Ehepaares, das eine
deutsche Jüdin in den Haushalt nehmen will.

Auf meine Bitte gab mir um halbelf nach Schluß der Reichstagssitzung Herr Andrews ein Resumee der Rede, die Andrews am
Rundfunk hörten. Alle Gerüchte, außer dem von der Pro-Italien-
Erklärung, wieder peinlich Lügen gestraft. Die Rede im wesentlichen ein Rückblick.

Zwei Szenen geschrieben. Noch drei!

31. Januar 1939 | Dienstag

> Herr, du bist mein Gott! dich preise ich; ich lobe
> deinen Namen, denn du tust Wunder; deine Rat-
> schlüsse von alters her sind treu und wahrhaftig.
>
> *Jesaja 25, 1*

Zum ersten Mal sprach Pagel es aus, daß er beim »Vater« nicht nur
noch mit dem 20., sondern dem 30. Tausend rechnet. Dieser Gedanke ist mir noch völlig fremd. – Stuttgart wollte groß propagieren; Pagel und ich sind für größte Reserve. Wozu heraus-
fordern?

Auch mit dem neuen Leiter seiner Ministeriumsabteilung, Ministerialrat Berndt, kommt Dr. Koch gut aus. Seit Ende 1938
wohnt allen Gesprächen mit Koch seine Sekretärin bei: nun ganz
offensichtlich als Zeugin, mit am Schreibtisch, ohne andere
Arbeit.

Nebensätze bei Hitler und Mussolini, so fürchterlich Hitlers
Sprache gegen die Juden bleibt, lassen auf den Versuch eines
internationalen Lösungsexperimentes hoffen. Die Judenfrage ist
der wichtigste Bestandteil der Frage nach dem Frieden überhaupt
geworden. Das reicht gleich ins Metaphysische. –

2. Februar 1939 | Donnerstag

> Man spürte keinen Schaden an ihm; denn er hatte
> seinem Gott vertraut.   *Daniel 6, 24*

Lichtlos, kühl, unbewegt. Nichts von »Mariae Lichtmeß«. Heeresoberpfarrer Hegel zum Tee. Ich ließ mir nur erzählen, und so
griff es mich gar nicht an. Und was er zu sagen hatte, war mir so
wichtig. Denn er ist noch Heeresgeistlicher aus dem 100 000 Mann-
Heer, von dem er mit der größten Achtung und Wärme sprach.
Das neue Heer sieht er mit mancher Sorge an. Fürs Kirchliche

das Wort eines hohen Militärs: »Hinter der Geistlichkeit steht die ganze Generalität, 90 Prozent von den Obersten, die restlichen zehn Prozent kommen im Kriegsfall dazu. Das übrige ist ungewiß.« Die jungen Offiziere ablehnend. Die jungen Soldaten gar nicht unzugänglich, werden aber immer wieder bewußt ferngehalten. –

Im September waren alle Heeresoberpfarrer schon nach Berlin berufen, dann schon mit ihren Truppenteilen an der Grenze. In Berlin: »Diesmal wird das Volk sehr rasch müde werden – Sie, die Geistlichen, müssen uns dann helfen –«. Die Reservisten haben psychisch ganz versagt, auch die jungen. Die Frontkämpfer des Weltkrieges nicht.

Anruf Ilse (Freund): Sie ist in Berlin. Als ich Hegel zum Omnibus begleitete, kam Ilse schon: nicht so elend, wie ich erwartete. Nun kann sie endlich alles erzählen. Ich darf nebenan schreiben. In Breslau ist's sehr, sehr hart gewesen; wenn auch nirgends wie in Nürnberg. Aber es gibt einem einen Stich durchs Herz, wenn nun auch Menschen wie Ilse sagen: »Nur weg aus Deutschland.« Sie ist zu Verhandlungen mit einem Holländer hier. Von allen scheint August das Schwerste im Konzentrationslager erlebt zu haben. Alte Männer und Frontkämpfer mit Auszeichnungen dem privilegierten, ganz primitiven und ganz raffinierten Sadismus von neunzehnjährigen Wachmannschaften ausgeliefert. – Aber wunderbar das Verhalten der Bevölkerung bei der Rückfahrt: Liebesgaben wie im Kriege, Bewirtung ohne Bezahlung. Aber nichts hilft mehr über die furchtbare Psychose hinweg, die gerade dieses Konzentrationslager Weimar-Buchenwald ausgelöst hat. –

Noch ist zuviel Glaube, christlicher Glaube in Deutschland, als daß man verzweifeln dürfte. Noch darf man beten: öffentlich fürs Land sogar.

Den Gerüchten um die Beilegung des ganzen Streites um das Mischehenproblem geben wir ebensowenig Raum wie vorher den Gerüchten über die unmittelbar bevorstehende Zwangsscheidung. Görings Haltung pro ist allgemein bekannt; er stellt nur die Frage nach der Leistung der Männer für Deutschland, nicht die nach ihren Ehen. Den Mischlingen geht es fast ein wenig besser als den arischen »Partnern« einer Mischehe.

Diese Grundfragen werden um uns immer wieder rein irdisch angesehen, und darum können wir nicht raten, noch auf Rat hören.

> Weil denn die Elenden verstört werden und die Armen
> seufzen, will ich auf, spricht der Herr; ich will eine
> Hilfe schaffen dem, der sich darnach sehnt. *Psalm 12, 6*

Nach einer Roosevelt-Rede – »Amerikas Grenze am Rhein« –
stärkste Spannung mit Amerika. Und wenn Frankreich durch
den neuen Rückhalt an Amerika gegenüber den Forderungen
Italiens standhält? –

Zum Abendbrot kam Gert Póhl. Es ist wie an dem Sonntag in
Wolfshau. Das Haus lebt, lebt. Sie saßen alle im Refektorium; ich
beendete nebenan »Das goldene Schiff«, – dazwischen rief Ihlenfeld an: für die Neuauflage des »König und die Stillen im Lande«
bekomme ich noch einmal 250 Mark; das »Kyrie«, obwohl der
Ausdruck falsch sei, gehe auch nach Weihnachten »toll«; dabei
haben wir's doch als einen ganz kleinen, flüchtigen Versuch am
Rande empfunden, und als wir die religiösen Gedichte ausschie-
den, gar nicht mehr ausreichend für ein Bändchen. Für einen
neuen Sammelband, große kirchliche Persönlichkeiten, wollte
ich Bodelschwingh oder, was mich noch mehr lockte, Blumhardt
schreiben. Aber nun bleibe ich fest; ich kann mich nur auf die
Jahre 1526 bis 1552 beschränken. Ich muß sehr dankbar dafür
sein, daß – sobald die äußeren Störungen aussetzten – die Arbeit
am »Goldenen Schiff« sofort stockungslos weiterging.

5. Februar 1939 | *Sonntag*

> Zuletzt, meine Brüder, seid stark in dem Herrn und in
> der Macht seiner Stärke. *Epheser 6, 10*

Der Königs-Wusterhausener Pastor will mich für den 19. 2. oder
26. 2. für einen Friedrich-Wilhelm-Vortrag zu einem Gemeinde-
Abend. In der Wusterhausener Kirche. Dort hätte es mich bewegt,
wie's überhaupt sehr auf mich wirkt, wie's immer wieder heißt:
ich soll in Kirchen sprechen. Was man allenfalls fürs Alter ersehnte, ist nun so früh in Erfüllung gegangen. Aber ich sage auch
in Königs-Wusterhausen ab.

Die Frage der Pastoren nach meinen Vorlesungen – die erhalte
mir Gott: bis es nicht nur vom Ministerium, sondern auch von
mir aus möglich ist. Hier ist's, als hätte Gott mir ein ganz deutliches Zeichen gewiesen. Auf das hin werde ich gehen.

Nach dem, was Freunds durchgemacht haben, verstehen Hanni

und ich alles, suchen alles zu tolerieren: aber wir fassen es nicht, wie man Deutschland so abtun kann; im Herzen fassen wir es nicht.

Ich habe sofort, ohne mich noch auf Vorarbeiten einzulassen, mit dem letzten Film »Der preußische Jahrmarkt« begonnen und die große Eingangsszene geschrieben, die bereits alle Elemente umschließt. Beim gleichen Stoff arbeitet das Gehirn nun mit völlig neuen, anderen Kategorien. –

8. Februar 1939 / Mittwoch

> Wer Dank opfert, der preiset mich; und da ist der Weg, daß ich ihm zeige das Heil Gottes. *Psalm 50, 23*

Stiller, linder, grauer Tag. Er war unheimlich besetzt, fürs Treatment ungünstig, aber ein großes Ereignis fürs »Ewige Haus«.

Wegen einer letzten Quelle für den »Preußischen Jahrmarkt« war ich auf der Staatsbibliothek. Und dort wurde ich aufmerksam auf eine Ausstellung: »Der deutsche Bauernhof von 1450 bis 1850«. Alles, alles Bildmaterial, das ich fürs »Ewige Haus« benötige: Ackergerät, Feld-, Garten-, Hofbilder, astrologische Landkalender und Monatsbilder, ja, die Modelle der Trachten des Bauern, des Fuhrmanns um 1530. –

Bei Dr. Privat[189]: dessen jüdische einstige Schwägerin in London, die mich kennt, scheint den Töchtern helfen zu können. Sie arbeitet in einem Emigrantenhilfswerk, hinter dem – auch für Dissidenten und Juden (rel.) – wieder der Bischof von Chichester steht, dessen Hilfsaktionen bisher die einzigen positiven Eindrücke sind. –

Wie ich lange, lange Zeit von Beuthen träumte, so träume ich nun Politik, Politik – von einem Umschwung, der so fürchterlich ist, daß man sich auf die Seite des Nationalsozialismus stellt. –

Reichsleiter Rosenberg, der Kirchenfeind, der »Beauftragte für die gesamte geistige und weltanschauliche Erziehung der NSDAP«, Chef des außenpolitischen Amtes der Partei, hat gestern vor der auswärtigen Diplomatie und ausländischen Presse in Berlin gesagt: »Für den Nationalsozialismus wird die Judenfrage in Deutschland erst dann gelöst sein, wenn der letzte Jude das Territorium des Deutschen Reiches verlassen hat.« Ferner, z. B.: »Daß Alaska mit seinem herben, nordischen Klima für die Juden zu schade wäre, liegt auf der Hand.«

Furchtbar schwer ist bei dem gegenwärtigen Stand der Dinge die Lage der arischen Frauen mit jüdischen Männern. –

10. Februar 1939 | Freitag

> Ich will harren auf deinen Namen, denn deine Heiligen haben Freude daran. *Psalm 52, 11*

Der alte Papst ist gestorben: im Anblick welcher Ohnmacht des Vatikans! Sein letzter Konflikt mit der Welt war sein Kampf gegen die faschistisch-nationalsozialistischen Rassengesetze. So modern dieser Greis war: das Krankhafte moderner Wandlungen hat er stets sogleich erkannt. –

Und nun, nach Francos Siege, wird Spanien Deutschland und Italien folgen.

Der Papst erstrebte die Vereinigung mit der Ostkirche und der englischen Kirche.

Die deutschen Nachrufe nicht unnobel, trotz aller Spannungen. Man ist solch gemessenere Sprache kaum mehr gewöhnt. –

13. Februar 1939 | Montag

> Der Herr hat mir das Ohr geöffnet; und ich bin nicht ungehorsam und gehe nicht zurück. *Jesaja 50, 5*

Werner Milch schreibt, daß seine Lunge doch nicht gesund ist. Und keinerlei Fortschritt in seiner Auswanderung. Dabei sollten übermorgen seine Vorlesungen an der New Yorker Hochschule beginnen.

Tappolet, ein Schweizer Kirchenmusikmann, schreibt mir, daß in einer gekürzten Fassung mein Abendlied nun in das neue evangelische Kirchengesangbuch der deutschen Schweiz kommt. Nun ist da, was ich erst am Ende meines Lebens für möglich hielt, ja, nach dem Tode. Das begreife ich immer mehr: für den Gemeindegebrauch tut Kürze not.

Die Verhandlungen über das Klavichord aufgenommen! Alle diese alten Instrumente werden im Neupertschen Instrumentenmuseum in Nürnberg angefertigt. Sonnabend haben wir im Bau in Nikolassee gemessen: nur das Klavichord hat Platz. Und als das älteste »Klavier« wünsche ich es mir am meisten. Noch erscheint es mir als unvorstellbares Glück. Es wird das ganze Haus verwandeln. Und was für ein Arbeiten an neuen Kirchenliedern wird's sein! –

Das ist wunderbar: einmal erschöpft sein vom Schreiben, nicht von Verhandlungen. Ich könnte unentwegt schreiben.

Wir fuhren – da Kirchenkonzerte nicht mit dem Judenbann belegt sind – in die Johann-Walther-Vesper des Reichsverbandes für Evangelische Kirchenmusik in der Gustav-Adolf-Kirche in der Jungfernheide. Am Abend folgte dann Prof. Dr. Arnold Scherings gediegener und nobler Johann-Walther-Vortrag mit einem zweiten herrlichen Konzert, Chor und Orchester, zum Teil mit alten, zum Teil mit rekonstruierten Instrumenten. Eine einzigartige, konzentrierte, umfassende Studienmöglichkeit, wie sie eben nur Berlin bietet. Wie reich ist unser Leben geblieben! Auf der Heimfahrt sagte Hanni, sie möge eben nur mit einem historischen Schriftsteller verheiratet sein, weil es ein so zehnfach gelebtes Leben sei. Wie wunderbar war's gestern: die ganze innere und äußere Umwelt dieser Musik so genau zu kennen! Ich fand sehr starke Bestätigung meiner Auffassung. –

14. Februar 1939 / Dienstag

> Ich flehe vor deinem Angesicht von ganzem Herzen;
> sei mir gnädig nach deinem Wort.　　　*Psalm 119, 58*

Pünktlich vor dem Tag der zweiten Kontributionsrate hat die Tobis die 1000 Mark gezahlt, die nach Ablieferung des »Goldenen Schiffes« fällig waren. Ich reflektiere gar nicht darüber, daß genau all mein Filmgeld auf die Kontribution daraufgeht. Gott hat's uns eben damit schon vorher gegeben; und in höheren Auflagen kann er's wiedererstatten, so wie er's getan hat nach der Verheißung in all meiner Verzweiflung in der Arbeit am »Vater«: »Ich will euch die Jahre erstatten, welche Heuschrecken, Käfer, Geschmeiß und Raupen, sein großes Heer, so er unter euch schickte, gefressen haben«. –

Wieder das Papstgeläut. Für diese Papstwahl wird mehr gebetet werden denn zuvor in langen, langen Jahren. Nun wird Franco in Spanien sehr bald von Frankreich und England als Staatschef anerkannt werden.

Trotz mancher abgestoppten Maßnahme gegen die Juden muß es zu denken geben, daß Hanni zwischen erster und zweiter Rate schon gepfändet werden sollte, als das Finanzamt meine Zahlung für Hanni falsch gebucht hatte. Wie sollen die Juden die zweite Rate aufbringen, wo sie nicht weiterarbeiten dürfen und ihre Grundbesitzverkäufe noch nicht genehmigt sind, wie wir ja an unserem Falle genau verfolgen können? Die nächste Rate ist schon wieder im Mai fällig.

Die schuldlos geschiedene Frau ist im neuen Gesetz völlig rechtlos gemacht; der Ehebruch des Mannes erfährt jede rechtliche und finanzielle Unterstützung. Das, in Verbindung mit den Skandalen um die Ehen führender Persönlichkeiten, wird das Volk sehr stutzig machen.

15. Februar 1939 | Mittwoch

> Werfet euer Vertrauen nicht weg, welches eine große Belohnung hat. *Hebräer 10, 35*

Gar nicht genug danken kann ich für die Bestätigung, die ich für meine Arbeit jede Woche von neuem, ja manchmal jeden Tag erfahre!

Anruf von Werner, nunmehr Kirchenmusikdirektor an der Potsdamer Garnisonskirche: sein Drängen nach einem Oratorientext von mir. Aber ich sagte ab. Und die auch von mir selbst ersehnten Oratorien »Die himmlische Stadt« und »Paulus« werden erst zu einem anderen, mir noch unbekannten Abschnitt meines Lebens möglich sein. Das behält man für sich. Jetzt ist das A und O der Arbeit: »Das ewige Haus« – für mich ganz gewiß, nach menschlichem Ermessen, eine schwere Prüfung. Auch Hanni erkämpft es direkt, indem sie, nachdem sie im Haushalt entlastet ist, mir abnimmt, was sie nur abnehmen kann, von den diffizilen Steuererklärungen angefangen.

Ich schreibe wieder jeden Tag sieben dichtbeschriebene Seiten, trotz des schlechten Schlafes. Nun ist auch das Zentrum des letzten Filmes schon erreicht; alle Personen sind nun im Spiel. Das ist immer ein wichtiges Stadium solcher Arbeit, – die mich dramaturgisch, so gern ich sie hinter mich gebracht wissen will, immer mehr interessiert. Wie wenig läßt sich für solche Umformung nun wirklich vom Roman übernehmen. Wie steht alles nun unter völlig veränderten Bedingungen!

16. Februar 1939 | Donnerstag

> So bekräftige nun, Herr, Gott, das Wort in Ewigkeit, das du über deinen Knecht und über sein Haus geredet hast, und tue, wie du geredet hast! *2. Samuel 7, 25*

Bei Wergin zum Wegerechts-Notariatsakt. Wergin zeigte uns interne Verfügungen für die Auslegung der Judenmaßnahmen:

keine Ausdehnung des Judenbannes, kein Kündigungszwang für Wohnungen, keine Sperrung der Verkehrsmittel (jedoch der Schlaf- und Speisewagen); große Loyalität, wenn man es nun schon mit den Augen der Regierung sehen will, für die in Heer und Wirtschaft wichtigen vielen Mischlinge; keine Zwangsscheidung; Vermögensübertragung zulässig. Aber wirklich ausgestoßen zum Judentum und so viel schlechter gestellt als die Jüdinnen mit arischem Mann: die Arierinnen in jüdischer Mischehe. Auf ihnen sammelt sich alles Unglück, das uns anderen nach dem gegenwärtigen Stand der Maßnahmen erspart bleiben darf! Eine Kürzung der Beamtenpensionen soll erwogen, die Pension aber nicht entzogen werden. –

Heute war nun auch der große Tag der Instrumentenbesichtigung: der modernen Kleinklaviere und der historischen Rekonstruktionen bei der Vertretung vom berühmten Neupert in Nürnberg. Das Klavichord ist gar zu zart, zu sublim für unsere einfache Choralmusik; nach Klang und Form für unsere Wohnung und unsere Zwecke sehr verlockend: das Spinett.

Abends beim späten Abendbrot ein Anruf, der uns so freute: die Evangelisch-Theologische Fachschaft der Universität Berlin. Da mich die junge Theologenschaft als den Dichter ihrer Theologen-Generation empfände, bäten mich die in einem der neuen Studentengemeinschaftslager Ende Februar vereinigten vier Fachschaften von Berlin, Rostock, Greifswald und Kiel, zu ihnen zu kommen, ihr Gast zu sein und einen Abend bei ihnen zu lesen. Ich sagte wie immer ab. –

Hanni und ich meinen, dies alles ist noch zu früh, mit dem wenigen, das ich geschrieben habe, noch zu unverdient. Aber wie dankbar sind wir für all das Unerwartete! Ich danke Gott täglich für alle diese Bestätigungen, den schönsten »Erfolg«, den ich mir je ersehnte; aber ich habe das klare Gefühl, als geschehe es nach Gottes Willen, daß ich nicht zu meinen liebsten Lesern gehe: den Pastoren und den Gemeinden und den jungen Theologen.

Renerle hat eine schwere Halsentzündung. Frau Dr. Hornung kommt trotz aller Judenedikte aufs interessevollste zur Behandlung.

17. Februar 1939 | Freitag

> Jesus Christus ist der Eckstein, auf welchem der ganze Bau ineinander gefügt wächst zu einem heiligen

Tempel in dem Herrn, auf welchem auch ihr mit erbaut werdet zu einer Behausung Gottes im Geist.

Epheser 2, 20–22

Hanni und ich haben uns nun fürs Spinett entschieden. Das Messen im Bau hat den letzten Ausschlag gegeben. Und wo, wenn
nicht bei uns, sollte wohl ein altes Instrument seinen Platz finden –
könnte man fragen. Wird es uns Musiker mit alten Instumenten
ins Haus bringen? Wir werden Chemin-Petit und Kirchenmusikdirektor Werner darauf aufmerksam machen. –

18. Februar 1939 | Sonnabend

So gehe nun hin: Ich will mit deinem Munde sein und
dich lehren, was du sagen sollst.   *2. Mose 4, 12*

Neupert hat mir das Spinett »zum Ansehen und Anhören« über
Sonntag geliehen. Es sieht in den alten Stuben gar zu reizend aus
und erfüllt sie mit einem ihnen sehr gemäßen Klang. Hanni versucht sich an den Chorälen der Matthäuspassion. Auch hören
wir doch nun einmal die Vertonung meiner Lieder, von denen
die von Beers-Paris schwach sind. –

20. Februar 1939 | Montag

Siehe, ich breite aus den Frieden wie einen Strom.

Jesaja 66, 12

Dr. Privats Schwägerin schreibt bereits direkt wegen neuer Unterlagen und scheint sich als zuverlässig zu erweisen. Ach, ginge es
nun nur nicht zu schnell mit den Töchtern. Aber sie wollen es
wie die anderen halten.
Der »Friede von München« und seine »Vierer-Pakt-Idee« (Deutschland, Italien, England, Frankreich) vom September werden nun
bereits als »endgültig überholt« bezeichnet. Durch den Rückhalt
an Amerika ist für England und Frankreich eine neue Situation
entstanden. Die westlichen Demokratien stehen wieder beieinander. Zu den faschistischen, totalitären wird nun das unglückliche Spanien des Generals Franco treten. Der 10. November mit
seinen neuen Maßnahmen gegen die Juden in Deutschland hat
den Münchener 30. September zuschanden gemacht. Dieses Wochenende scheint voll latenter Krisen gewesen zu sein. Amerika,
England und Frankreich scheinen sich fürs Frühjahr kriegsfertig
zu halten. Die Rüstungslücken scheinen geschlossen. –

> Blaset mit Posaunen zu Zion, heiliget ein Fasten, rufet
> die Gemeinde zusammen!
> So wird denn der Herr um sein Land eifern und sein
> Volk verschonen. *Joel 2, 15. 18*

Das Kirchenjahr mit seiner immer erneuten Vergegenwärtigung
und Darstellung des Lebens Christi bis zur Ausgießung des Heiligen Geistes ist das größte Kunstwerk der Menschen; und Gott
hat sich dazu bekannt und gewährt es Jahr für Jahr, »sendet seine
Güte und Treue« (Psalm 57) und schenkt stets von neuem und
stets in ganzer Fülle sein Wort zu Advent, Weihnacht, Passion,
Ostern, Himmelfahrt, Pfingsten; schenkt es in immer neuem
Lichte, als begegnete es einem zum ersten Male!

Renerle sagte heute, sie wolle doch noch nicht nach England und
möchte wenigstens noch einen Sommer bei uns in Nikolassee
sein. Ihr Herz ist etwas angegriffen, und sie muß noch eine Woche
liegen, worüber sie sehr drastisch ergrimmt ist. –

In der Politik nur einer, mit dem man konform gehen kann: der
alte Chamberlain. Roosevelts Deutschenhaß ist keine Politik mehr.
Auch entspricht das, was er für die Juden positiv tut, keineswegs
seinem Fanatismus in der Ablehnung der totalitären Staaten. Die
Kriegspsychose im Ausland ist jetzt viel größer als im Inland. –

24. Februar 1939 | Freitag

> Ich bin gekommen um deinetwillen! *Daniel 10, 12*

Die 150. »Vater«-Kritik ist ein großer Aufsatz im »Deutschen
Pfarrerblatt«.

Nun schon wieder etwas Neues, von dem man gar nicht weiß, wie
man es ansehen soll, ob als neue Schikane, letzte Konsequenz oder
ein Eingeständnis latenter deutscher Wirtschaftsnot (nun können
die jüdischen Auswanderer nur noch Kleidung und Möbel mitnehmen): »Alle Juden deutscher Staatsangehörigkeit und alle
staatenlosen Juden müssen die ihnen gehörenden Gegenstände aus
Gold, Silber und Platin sowie Edelsteine und Perlen binnen
zwei Wochen an die eingerichteten öffentlichen Ankaufsstellen
abliefern. Die Ablieferung erfolgt gegen Entschädigung. Die
Richtlinien über die Bewertung und die Festsetzung der Entschädigung hat der Reichwirtschaftsminister erlassen.«

Wir stellen den Antrag beim Reichswirtschaftsminister, ob

Schmuck als Entschädigung für die Kontribution auf mich übertragen werden kann. Doch sehe ich diese Sache pessimistischer an, da ja eine Entschädigung vom Staat für den Schmuck festgesetzt wird. Aber was will uns das alles noch bedeuten, nachdem uns die Zwangsscheidung erspart blieb!

Bisher hat auch in allen Geldangelegenheiten Gott längst vorgesorgt: was mich oft mit Scham erfüllte.

Neue Einkommensteuerverordnung, nach der ich bis zu 43 Prozent meines Einkommens Steuern zu zahlen haben könnte. Was ist mit den Staatsfinanzen? Denn nun fällt jeder Ansporn für die weg, die eines Ansporns bedürfen. Unverheiratete werden bis zu 55 Prozent besteuert. Was wird aus Strebsamkeit und Sparsinn? Es ist wie eine – ab 31. 3. 1939 – laufende allgemeine Kontribution. Für die, welche das Leben rein ethisch betrachten, kommt Schlag auf Schlag. Die Deutschen werden in einen ganz neuen Fatalismus geraten: Fatalismus auch in Friedenshoffnung, nachdem der Fatalismus dem so leicht möglichen Kriege gegenüber nur mit Not und Mühe immer wieder überwunden werden kann.

In der Verbindung mit den Prunkbauten und der Umgestaltung der Städte wird dies Neue für das Volk psychologisch kaum zu bewältigen sein. Denn an die Bauten, nicht an die Aufrüstung wird jeder zuerst denken. Die Rüstungsausgaben sind aber selbst für das reiche England schon ein furchtbares Problem geworden. – Hanni und ich rücken in die zweithöchste Steuerklasse auf, da für Brigitte und Renate als jüdische Kinder jede steuerliche Vergünstigung wegfällt.

Abends um halb elf noch Anruf Pauck: Herr von Demandowski, der bisherige Reichsfilmdramaturg und nunmehrige Produktionschef der Tobis, will morgen das »Vater«-Projekt vorgelegt haben. Da das kurze Gesamtexposé, das ich für die Tobis entwarf, in den Händen von Jannings ist, kommt sich P. morgen früh schnell einen Durchschlag bei mir abholen. –

27. Februar 1939 | Montag

> Ich bewahre mich in dem Wort deiner Lippen vor
> Menschenwerk.   *Psalm 17, 4*

Anruf Tobis vom Sekretariat Schmidt: man bittet um Optionsverlängerung bis 20. März. Auch »Das goldene Schiff« hat man vervielfältigen lassen, damit die an der Entscheidung beteiligten Stellen gleichzeitig prüfen können. Herr von Demandowski als der neue Produktionschef hat den »Vater« als Nummer eins auf die Liste der rasch zu entscheidenden Projekte gesetzt. Also scheinen die großen Umstellungen im Film für mich doch wenigstens keine Verzögerung zu bringen.

28. Februar 1939 | Dienstag

> Gedenke alles des Weges, durch den dich der Herr, dein Gott, geleitet hat. – So erkennst du ja in deinem Herzen, daß der Herr, dein Gott, dich gezogen hat, wie ein Mann seinen Sohn zieht. – So hüte dich nun, daß du des Herrn, deines Gottes, nicht vergessest, – daß, wenn du nun satt bist und schöne Häuser erbaust und darin wohnst und Silber und Gold und alles, was du hast, sich mehrt, daß dann dein Herz sich nicht überhebe. – Du möchtest sonst sagen in deinem Herzen: Meine Kräfte und meiner Hände Stärke haben mir dies Vermögen ausgerichtet. Sondern gedenke an den Herrn, deinen Gott, denn er ist's, der dir Kräfte gibt, auf daß er hielte seinen Bund.
>
> *Aus 5. Mose 8*

Hanni in unseren diversen Steuersachen auf den verschiedenen Ämtern. Alle trotz der »Johanna Sara« gefällig.

Ein merkwürdiger, ungezeichneter Aufsatz über Luftschutzdisziplin in der DAZ, der wie eine psychologische Kriegsvorbereitung für die Frauen wirkt. Vielleicht nur eine Luftschutzwerbung – aber der Unterton klingt gefährlich.

Die vorletzte Manuskriptsendung, wie immer je 50 Seiten, an die Tobis abgeschickt.

DAZ: »Thüringens evangelische Kirche schließt Juden aus«. Das habe ich nicht für möglich gehalten. Ich sehe darin das Ungeheuerlichste, das bisher im Dritten Reich geschehen ist. –

Noch vier Szenen! Doch der fehlende Schlaf macht sie schwer.

1. März 1939 | Mittwoch

> Du bist der Gott, der mir hilft; täglich harre ich dein.
>
> *Psalm 25, 5*

Man darf alles, alles vor Gott bringen. Das Zuammentreffen von Beendigung des Baues und dritter Kontributionsrate hat alle Schrecken verloren.

Dr. Privats Schwägerin bearbeitet die Sache der Töchter nun wirklich – als erste von allen, an die wir uns wandten! – ernsthaft und zuverlässig. Für Renerle – unter 18 – besteht keine Aussicht; für Brigitte ist der Antrag gestellt.

Die Diphtherie hat bei Renerle eine Wandlung gebracht: sie will noch nicht auswandern.

Trotz des katastrophalen Schlafes kann ich mein Tagespensum aufarbeiten. Aber in dem Zustand, den der Anfang eines neuen, großen Buches verlangt, bin ich nicht. – Die drei Filmtreatments werden nun doch ein Manuskript von über 500 Seiten. Was hat auf den Monaten auch dieser Arbeit gelastet: die Kriegserwartung im Herbst; der 9. November; die Kontribution; die Sperrung des Geldes von der Reichsbahn. –

Aber immer muß weiter gearbeitet sein, weil Gott immer wieder führt, hilft und schützt. Auch der vieljährige Plan des »Ewigen Hauses« muß angepackt werden, obgleich alle Welt vom Krieg im Frühjahr spricht: Tunis hat die Tschechoslowakei abgelöst. Die Mächtegruppierung ist dieselbe.

2. März 1939 | Donnerstag

> Der Herr ist unser Richter, der Herr ist unser Meister, der Herr ist unser König; der hilft uns! *Jesaja 33, 22*

Franco ist nun anerkanntes spanisches Staatsoberhaupt, der Bürgerkrieg zu Ende; und Spanien geht nun unsern und Italiens Weg.

Das Konklave hat begonnen. Die Kardinäle sind vollzählig da, auch die amerikanischen. Es ist eine große Stunde für den Katholizismus: im Hinblick auf Deutschland und Italien.

Noch zwei Szenen des Filmes. Es ist im Bau alles richtig aufgegangen. Ich konnte durchgehend bei der ursprünglichen Konzeption der ganzen Trilogie bleiben.

3. März 1939 | Freitag

> Das Reich Gottes – ist Gerechtigkeit und Friede und Freude in dem heiligen Geiste. Wer darin Christo dient, der ist Gott gefällig und den Menschen wert.
> *Römer 14, 17. 18*

Nach einem Tage ist die Papstwahl beendet. Pacelli – mit den deutschen Verhältnissen besonders vertraut, in England, Frankreich und Amerika hochangesehen –, der Kardinalstaatssekretär Papst Pius' XI., ist gewählt und hat den Namen Pius XII. angenommen. Nicht ein seelsorgerlicher Papst, wie das politische Rom

und wie Berlin es wünschten, sondern ein hochpolitischer Papst
ist gekommen. Für diese bedeutungsvolle Papstwahl müssen auch
die Protestanten beten.

4. März 1939 / Sonnabend

> So demütigt euch nun unter die gewaltige Hand Got-
> tes, daß er euch erhöhe zu seiner Zeit. Alle eure Sorge
> werfet auf ihn; denn er sorgt für euch. *1. Petrus 5, 6. 7*

Gleich nach dem Frühstück schrieb ich wieder weiter und beendete bis um zwölf Uhr das letzte Treatment, so daß ich Hanni,
die um eins mit Hartmann auf dem Bau verabredet war, nach
Nikolassee begleiten konnte. Das Haus steht nun ohne Gerüst da.
Daß es an jeder Ecke einen Baum hat, umrahmt es schön. –
Die deutsche Presse erweist sich bei der Papstwahl durchaus
als taktvoll: nur daß sie publizistisch ein Ereignis zweiten Ranges
daraus macht. Pius XII. könnte nach Ansehen und Werdegang
wieder ein großer Papst werden.
Heute kam die DVA-Abrechnung vom Weihnachtsquartal: 20
»Kahn«(!), 673 *„In tormentis pinxit"* (was Pagel ausreichend findet);
»Vater«: zweibändige Ausgabe 61, einbändige Ausgabe 4184
Stück. Hanni war beim Eintreffen der Abrechnung ganz auffallend froh und stolz.
Zweite Auflage von »Soldatenkönig und die Stillen im Lande«
gleichzeitig mit dem 18. und 19. Tausend des »Vater« erschienen.
(Vorerst aber erst in Stuttgart fertig.) Heute vor zwei Jahren
holten die Töchter die ersten 10 »Vater«-Exemplare von der DVA
ab.

5. März 1939 / Sonntag (Reminiscere)

> Ich will euch tragen bis ins Alter und bis ihr grau wer-
> det. Ich will es tun, ich will heben und tragen und er-
> retten.
> *Jesaja 46, 4*

Das ist der Losungsspruch an Renerles 17. Geburtstag.
Nach der Rückkehr aus der Kirche baute ich meinem Renerle
droben auf der oberen Diele vor seinem Krankenstübel den Geburtstagstisch mit Ostereiern, Goldbändern, Frühlingsblumen
und Frühlingszweigen auf. Und von den eleganten Dingen, die
das Kindlein erhielt, hoffe ich noch immer, daß sie noch nicht
für Renerles Auswanderung sind.

Damit Renerle nicht so allein sei, habe ich in der oberen Diele vor ihrem Krankenzimmer, so daß sie es durch einen Türspalt sah und hörte und unterhalten werden konnte, eine kleine Kaffeegesellschaft arrangiert: blauer Lichterkranz mit gelben Kerzen; lauter kleine Tische auf der Diele, im Gang, bis ins Birkenzimmer, goldene Bänder von der Ampel übers Treppenhaus, wo das Pittel es sieht, Weidenkätzchen, Birkengrün, Margeriten. Und beim Renerle Tulpen, Hyazinthen, Tausendschönchen. Und das Kind war hochzufrieden. –

7. März 1939 / Dienstag

> Meinst du, daß Gott unrecht richte oder der Allmächtige das Recht verkehre? *Hiob 8, 3*

Ich war heut so stolz auf Hannis Eleganz, die Sicherheit ihres Auftretens, ihr hübsches Französisch. Das Frühstück bei der Kaiserin war nett und lebhaft und aufmerksam. Besonders schöne Blumen. Die Kaiserin selbst durch ärztliche Behandlung angegriffen, aber zu uns wieder von betonter Aufmerksamkeit, zog sich auch nach Tische mit uns beiden in eine Sofaecke zurück, sagte, wie resultatlos ihre Bemühungen um die Töchter wären; was sie sagte, können wir aus eigenem Wissen nur bestätigen: Holland und Amerika greifen das Dritte Reich fanatisch an, ohne den von seinen Maßnahmen Betroffenen zu helfen. In ihrer eigenen Machtlosigkeit sah sie nur den Ausweg, uns mit dem Gesandten von Uruguay und seiner Tochter einzuladen. – Es war ein aufmerksames Frühstück in kleinem Kreise: der gewandte, alte Oberst von Giese als eine Art Hofmarschall; der Uruguay-Gesandte Sompagnaro, lebhaft und eigentlich recht französisch, als Hannis Tischherr; der etwas steife, nur durch Gesinnung charakteristische frühere Kaiserliche Gesandte in Spanien mit seiner frischen, natürlichen, reizenden Frau; meine Tischdame, Fräulein Sompagnaro, mit der Hanni und ich sofort in beste Beziehung kamen: lebhaft, gescheit, bescheiden und mondaine. Hanni und sie fuhren gleich zusammen in dem pompösen Auto des Gesandten, mit ihrem Vater, ins Hotel Esplanade zum Mokka, wo sie wohnen, von dort zur Modenschau bei der Topell; und es hat mir Freude gemacht, Hanni – in dieser politischen Situation! – in dem Diplomatenauto unter fremder Flagge durch Berlin brausen zu sehen! –

Wie wird Hanni immer wieder über die Isolierung der Jüdin hinweggeholfen! –

> Weh den Verzagten! denn sie glauben nicht; darum
> werden sie auch nicht beschirmt.
> *Sirach 2, 15*

Das Darlehen der Deutschen Bank und der DVA sind nun schon ausgegeben.

Alle dringen immer in mich, ich müsse reisen; nur Hanni weiß, warum's nicht geht. Ich denke manchmal, daß, wenn's von Gott her an der Zeit ist, noch große Reisen vor mir liegen: gewährt er den »Voltaire«, Genf, gibt er den »Paulus« – Rom, Korinth, Athen! – Und dann ist's vielleicht wieder so, daß Hanni mit mir reisen kann!

Abends kam Lic. Käte Staritz. Dieses Wiedersehen und die Bekanntschaft mit Hanni nach dreizehn Jahren ist so wunderschön geglückt, und Hanni behielt Käte Staritz nach ihrem anstrengenden Sitzungstage über Nacht da, so daß wir behaglich drei Stunden zusammen sitzen konnten, alle in der herzlichsten Aufgeschlossenheit für einander. Und nun war das Schönste für mich: ich durfte zuhören, und Käte Staritz erzählte uns vom Amte einer Theologin. Dabei war so ganz besonders interessant für uns, daß sie gerade die Emigrationsbetreuung der Breslauer Judenchristen unter sich hat. Auch sie findet, daß in Berlin alles objektiver und beruhigender ist.

Zweierlei machte großen Eindruck auf mich: von meinen Mitschülern haben sich so viele das Leben genommen; von den Kommilitonen, wie ich nun hörte, sind mehrere geistes- und gemütskrank geworden. Die Jugend des Krieges –! Erschreckend, wie viele politisch und kirchlich umgefallen sind! Zwischen uns war alles so klar.

Das zweite: ich glaube, ein gutes Gedächtnis zu haben. Und nun sah ich aus Kätes Erzählungen, daß kranke, wirre, verzweifelte Dinge, die gefährlich klingen, mit mir los waren; und daß wie in einem tiefen Schlaf alles, alles in eine Schicht völligen Vergessens versinken durfte und daß in mir, obwohl jede Erinnerung ausgelöscht war, nur das Gefühl lebte: »Wäre Hanni nicht gekommen, wäre ich verrückt geworden.« Nun sagte Hanni: Jetzt glaube sie es!

Mein Gott ist meine Stärke.   *Jesaja 49, 5*

Fräulein Hirsch in London hat überaus zuverlässig gearbeitet: das Permit aus London für Brigitte ist da. Und bereits ein Brief vom Berliner Britischen Konsulat, daß Brigitte den Paß fürs Visum beschaffen soll, Brigittes Freude, als wir's ihr nach der Schule bei Tische sagten, war so groß und ehrlich, daß Hanni und ich, zumal wir ja alles nur aus Gottes Händen nehmen, jeden schmerzlichen Gedanken zurückstellen und nur dankbar sind.

Brigitte geht nun nicht mehr in die Handelsschule; wir lassen sie aber noch bei der Telschow in Porzellanmalen und bei der Rießer in Graphik ausbilden. –

11. März 1939 | Sonnabend

Er ist ein Erlöser und Nothelfer, er tut Zeichen und Wunder im Himmel und auf Erden.   *Daniel 6, 28*

War der Kampf ums Haus, um die Zukunft der Töchter oder doch gar der Film so schwer, daß meine gegenwärtige seltsame Erschöpfung gerechtfertigt ist?

Nach Brigitte war nun Hanni zur Anfertigung des Fingerabdruckes für die Kennkarte auf die Polizei bestellt. Auch diesmal die Beamten nicht bloß väterlich, sondern auch ritterlich zu den Jüdinnen, aber auch den Juden. – Es ist ergreifend, wenn Hanni – so einfach – die Töchter ermahnt, nie zu vergessen, daß die nationalsozialistische Regierung nicht Deutschland ist und daß sie sich im Ausland niemals gegen Deutschland aufhetzen lassen; und wie selbstverständlich und entrüstet die Töchter einen solchen Gedanken ablehnen. –

12. März 1939 | Sonntag (Oculi)

Zeige deinen Knechten deine Werke und deine Ehre ihren Kindern.   *Psalm 90, 16*

Gestern abend sprach man von Truppentransporten in Schlesien. Die tschechisch-slowakische Spannung ist zu einer volksdeutschen Frage dramatisiert worden. Slowaken und Deutsche gehen zusammen. Das Ganze ist jäher und darum erregender als die Septemberkrise. Kein Mensch hat jetzt mit einem neuen Tschechoslowakei-Konflikt gerechnet.

Brigitte verbrachte den Sonntag mit Erda bei zwei Brüdern: einer

Student; einer bei der Geheimen Staatspolizei und SS, vor der alles zittert! Die Eindrücke, die ein Mensch von sechsundzwanzig Jahren, also nicht mehr ganz jung, dort hat, sind so, daß er das für seine Laufbahn Ungeheuerliche wagt, seinen Beruf bei der Gestapo aufzugeben und gar aus der SS auszutreten. –

Brigitte wird mündlich und schriftlich zu dem Brief von Fräulein Hirschs Büro und vom Britischen Konsulat in Berlin wie zum »Großen Los« beglückwünscht, als sei etwas ganz Ungewöhnliches geschehen, völlig den allgemeinen Erfahrungen entgegen. Ist's wirklich und wahrhaftig so, daß Gott nur den restlosen Verzicht auf alle »Taktik«, »Verbindungen«, »Aktionen« will und daß man's nur vor Augen und im Herzen haben muß:

»– es muß erbeten sein«?

Wie drängte man uns immer, wir müßten nach England und in alle Welt kabeln und was nicht noch sonst. –

13. März 1939 | Montag

> So spricht der Herr: Ein Weiser rühme sich nicht seiner Weisheit, ein Starker rühme sich nicht seiner Stärke, ein Reicher rühme sich nicht seines Reichtums; sondern, wer sich rühmen will, der rühme sich des, daß er mich wisse und kenne, daß ich der Herr bin, der Barmherzigkeit, Recht und Gerechtigkeit übt auf Erden; denn solches gefällt mir, spricht der Herr.
>
> *Jeremia 9, 22. 23*

Die deutsche Presse sehr beunruhigend, und man faßt nicht die sachliche Begründung. Eine Nation kann nur kopfschüttelnd davor stehen, warum und wofür sie empört oder begeistert sein und letzte Konsequenzen tragen soll – von einem Tag zum anderen ohne zu verstehen, was sich da ereignet hat. –

Ich glaube, die Filmarbeit hat mich darum gepackt, mitgerissen und freilich auch seltsam erschöpft, weil ich hier nun nicht Wissenschaftler zu sein brauchte, sondern alles um Erfindung, Fabel, Konstruktion und Komposition, Phantasie und Organisation mit einer bezwingenden Fülle von Mitteln ging. Mitteln freilich, von denen ich weiß, daß sie mit dem nächsten technischen Fortschritt einen Film als Kunstwerk veralten sein lassen. Dort steckt überhaupt das Kernproblem der technischen Künste.

Am späteren Nachmittag unheimlich starker Flugzeugverkehr. Man erschrickt wieder einmal vor jedem Glockenläuten.

Die gestrige Papstkrönung ist in der Presse nur sehr sekundär behandelt.

England scheint Hanni und mir so nahegerückt, die privaten Beziehungen sind so mannigfach, daß wir immer wieder aufatmen, daß Brigitte nicht wie die vielen anderen nach Südamerika oder neuerdings gar ins chinesische Kriegsgebiet geht. Daß sie – aus Lebensfreude – weg will, wie später auch Renerle, daran ist gar nicht zu zweifeln. –

Alles vorbereitet für die Wiederaufnahme und, das heißt, gebe es Gott, den endgültigen Beginn der Arbeit am »Ewigen Haus«. Auch einen neuen Tagesplan dafür entworfen, der acht Stunden Arbeit am »Ewigen Haus« vorsieht: drei Stunden Präparation und fünf Stunden Schreiben.

14. März 1939 | Dienstag

> Darum so begürtet die Lenden eures Gemütes, seid nüchtern und setzet euere Hoffnung ganz auf die Gnade, die euch angeboten wird durch die Offenbarung Jesu Christi.   *1. Petrus 1, 13*

Gestern hieß es in den Schlagzeilen: »Bedrohliche Verschärfung«, heute »Die Lage unhaltbar geworden«, »Der Brandherd Europas«. Doch betont man die Möglichkeit einer Lokalisierung des neuen Tschechenkonfliktes. Der Laie muß sich fragen: wie kann der tschecho-slowakische Reststaat ihn heraufbeschwören, wenn er nicht das deutschfeindliche Ausland hinter sich weiß?

Hanni bekam auf ihre Eingabe wegen der Schmuckablieferung vom Reichswirtschaftsministerium rasch Bescheid. Die Frage ist generell gelöst. Jüdische Frauen arischer Männer brauchen nicht abzuliefern. Und das bedeutet ja vor allem immer wieder die Anerkennung der Mischehe! Der Schmuck der Töchter ist ganz unwesentlich, zumal ja Brigitte doch nichts mit hinausnehmen dürfte.

Löschung von Hannis Hypothek von 20 000 Mark auf dem Haus in Nikolassee. Damit ist nun Hannis ganzes Vermögen auf mich übertragen.

Nun ist Hanni Katharina von Bora noch ähnlicher. Sie sagt, es sei schön, allen Besitzes ledig, ihn dennoch zu genießen.

In der Stadt die Abendzeitungen: eine selbständige Slowakei ausgerufen, was ja nur durch deutschen Beistand möglich scheint. Die Lage der Deutschen unter den Tschechen wird so hingestellt, daß man noch immer mit dem Einmarsch unserer Truppen rechnen muß. –

Wergin sagt, in seiner arisch-jüdischen Klientel mache niemand die positiven Erfahrungen wie wir. Alle hätten entsetzlich Schweres durchzumachen. Viele Selbstmorde von Juden. Eine neue Panik ist hervorgerufen durch die willkürliche und über alles Erwarten geringe Abfindung bei der Schmuck- und Silberabgabe.

Alles zum Beginn des »Ewigen Hauses« fertig. Der Tagesplan dafür eingerichtet.

15. März 1939 | Mittwoch

> Zu Abram geschah das Wort des Herrn: Fürchte dich nicht, Abram! Ich bin dein Schild und dein sehr großer Lohn.   *1. Mose 15, 1*

Der Losungsspruch des heutigen Tages ist zugleich der Leitspruch des ersten Kapitels vom »Ewigen Haus«. Gebe Gott, daß es nun wirklich der bisher immer wieder aufgehaltene Beginn des Buches sei. In welcher neuen politischen Bewegtheit geht er vor sich!

Wieder scheint Hitlers dynamische Risikopolitik sich gegen die juristisch-diplomatische Politik der großen Westmächte zu behaupten. Wieder folgt der Revolution ohne Blutvergießen ein dritter »Krieg ohne Schlacht« (ach, daß die Juden nicht immer wieder die einzigen Opfer sein müßten!).

Die Zeitungsüberschriften:

»Erster Heeresbericht vom Einmarsch in Böhmen und Mähren. Auch deutsche Flieger schon über die Grenze. Zirkularnote des neuen Staates der Slowakei an alle Mächte. Proklamation an die deutsche Nation.

Der tschechische Staatspräsident Dr. Hacha legt das tschechische Schicksal vertrauensvoll in unsere Hände (nachdem gestern noch »das Leben jedes Deutschen unter den Tschechen bedroht« war).

Führerbefehl an die Wehrmacht: Widerstand wird sofort mit allen Mitteln gebrochen. Prager Befehl: Keinerlei Widerstand.

Der Führer bei den Truppen in Böhmen und Mähren. Deutsche Soldaten in Prag. Hakenkreuzfahnen über Prag. Nirgends Zwischenfälle.

Frankreich und England sind an dem Streit nicht beteiligt. Volles Einverständnis Italiens.

»Deutschlands Ansehen unvorstellbar gesteigert.«

Hitler hatte »vor den Grenzen des Volkstums haltmachen« und »in Europa keine territorialen Forderungen mehr stellen« wollen. – Es schwindelt einem vor der dynamischen Politik. Das Unheimliche ist, wie er sich in seinen Stationen an die »Jahrestage« hält: vor einem Jahr Österreich; vor fünf Jahren die Wiedereinführung der allgemeinen Wehrpflicht. –

16. März 1939 | Donnerstag

> Der Herr harret, daß er euch gnädig sei, und hat sich aufgemacht, daß er sich euer erbarme.   *Jesaja 30, 18*

Hitler in Prag.

Protektorat Böhmen und Mähren gehört dem Reichsgebiet an. Kein Krieg!

»Die deutschen Rassengesetze gelten selbstverständlich nur für volksdeutsche Einwohner des Protektorates.« Ein ganz geringer Lichtblick. Der Gedanke an die Juden erschöpft einen völlig. Das Ausland: bittere, aber ruhige Aufnahme der Ereignisse. Berlin unbewegt, fast unbeteiligt; es ist zum Erstaunen, aber das kennt man nun schon.

Aus allen Ereignissen muß man entnehmen, daß die Sowjetunion überhaupt kein Machtfaktor mehr ist; und hier kann man nur sagen: Gott sei Dank! So schwer alles sonst ist; so dämonisch und magisch alles wirkt; denn es geschieht ohne den Aufblick zu Gott. –

Pagel bat mich zu sich: zu bitten, daß ich »Das ewige Haus« nun noch für die Herbstproduktion fertig mache. Aber das mußte ich klar ablehnen. Aber wie nett seine Art und sein Ton. Er habe noch nie einen Roman geschrieben und vergleiche nicht mit seinen Büchern. Selbst Reinhold Schneiders seien leichter zu schreiben.

Man darf Gott um alles »Äußere« bitten. Ich habe es immer nicht fassen wollen.

Zum ersten Mal hatte man das Gefühl: der Bau geht einem spürbaren Ende zu! –

17. März 1939 | Freitag

> Ich will gedenken an meinen Bund, den ich mit dir gemacht habe zur Zeit deiner Jugend, und will mit dir einen ewigen Bund aufrichten. – Ich will meinen

> Bund mit dir aufrichten, daß du erfahren sollst, daß
> ich der Herr sei, auf daß du daran gedenkest und dich
> schämest und vor Schande nicht mehr deinen Mund
> auftun dürfest, wenn ich dir alles vergeben werde,
> was du getan hast, spricht der Herr.
>
> *Hesekiel 16, 60. 62. 63*

Nach dem Frühstück reiste Renerle mit Skiern, Skihose und
Rucksack hochgemut nach Wolfshau ab, nachdem sie gestern
noch von Werner Milch erfuhr, daß man von Krummhübel nach
Wolfshau nur mit Pferdeschlitten gelangen kann. Die Töchter
sind noch nie Pferdeschlitten gefahren! Hanni in der Stadt. Brigitte
hat graphischen Unterricht. Das Haus sehr friedevoll und still.
Ein guter Tag zur Arbeit.
Die autonom erklärte Slowakei hat sich bereits Hitler unterstellt.
Weder das Inland noch das Ausland sind darüber im mindesten
erstaunt. Doch alles fragt sich, wohin der Schwung solcher Dynamik, der Bindungen und Versprechungen hinwegfegt, ziele. –

18. März 1939 | Sonnabend

> Ich liege und schlafe ganz mit Frieden; denn allein du,
> Herr, hilfst mir, daß ich sicher wohne.   *Psalm 4, 9*

Die Entrüstung über Deutschland löst in Frankreich und Eng-
land namentlich innerpolitische Schwierigkeiten aus.
Neurath ist der Protektor des Reiches für Böhmen und Mähren.
Das ist dem völlig vor den Kopf gestoßenen England, das ihn
gut kennt, gegenüber sehr geschickt. – Der französische und der
englische Botschafter zur Berichterstattung nach Paris und London abberufen: umgekehrt auch unsere Botschafter.
Die jüdisch-arabische Palästinakonferenz in London gescheitert.
England wird dekretieren müssen.
Nach wiederholten Absagen an Ihlenfeld und R. A. Schröder bei
seinen Berliner Aufenthalten heute mit ihnen am späteren Abend
zusammen, bei Ihlenfelds. Endlich war's auch einmal gelungen,
Harald Braun dazu zu bekommen. Er ist sehr extensiv und expansiv
geworden und denkt in Filmmaßen und -massen.

19. März 1939 | Sonntag (Laetare)

> Er ist unser Friede.   *Epheser 2, 14*

Nachmittags ein hübscher Kaffee bei uns. Die beiden Brüder
Heine, sechsundzwanzig- und dreiundzwanzigjährig, machten mir

eine Sondervisite in meinem Zimmer. Und hier war ich nun wirklich überrascht. Zwei junge Durchschnittsleute, getragen von allen Chancen, die die Zeit den jungen Deutschen bietet, und, in aller Jugend und Gesundheit, gebrochen von ihr – bis zu einem Grade abgewendet, daß man ihnen immer klarmachen muß, daß das Dritte Reich mit seinen revolutionären Erscheinungen nicht das Deutschland aller Zeit ist. Und das ich in meiner Lage einem jungen Mann von der SS und Geheimen Staatspolizei gegenüber!! Es hat mich viel mehr beeindruckt als manches »große« Gespräch meines Lebens, als die Gespräche, deren Unwert und Zwecklosigkeit ich längst erkannte. Ja, es war die erste tiefere Verständigung mit einer späteren Generation. Solche junge Deutsche wollen weg aus Deutschland!

Harald Koenigswald rief an: er hat am 21. 3. Geburtstag und wollte mit uns seinen und meinen Geburtstag feiern, von dem er erfahren hat; es hat mich gefreut, ja, [aber] es hat mir weh getan, ihm abzusagen. Aber ich muß es immer wieder von neuem lernen, daß ich, der ich die Geselligkeit so liebe, keine Zeit verfahren, verreden, vergeuden darf: denn ein Vergeuden ist's. Was an Gutem ist zwischen anderen Menschen und mir, ist noch nie in geselligem Rahmen zustande gekommen.

Was die jungen Mädchen von heute angeht, so habe ich den Eindruck, daß sie dem jungen Manne von heute überhaupt nicht genügen, daß er leer bei ihnen ausgeht, weil sie seine restlose Politisierung und deren Tragödie der Freiheit und des Gewissens nicht begreifen. Renerle – das sagt auch Hanni – ist anders: auch sie liebt Vergnügen, Tanz, Flirt, Schallplatte, Kino, Mode. Aber es soll nur einer von ihr es fordern: und sie wird der treueste, tapferste, schweigsamste Gefährte sein. –

20. März 1939 | Montag

> Schaffe uns Beistand in der Not; denn Menschenhilfe
> ist nichts nütze.   *Psalm 108, 13*

Paris und London haben – an Chamberlains 70. Geburtstag – ein diplomatisches Wochenende erlebt wie am Vorabend eines Krieges. Es ist zuviel geschehen: die Verkürzung der deutschen Südostgrenze von 2000 auf 60 Kilometer; die Erwerbung der Skoda-Werke; der Verzicht auf jede vorangehende diplomatische Fühlungnahme mit dem Ausland. Die Erbitterung gegen Deutschland ist unvorstellbar; man hatte Hitler geglaubt, daß er die

Grenzen des Volkstums respektieren und territoriale Forderungen in Europa nicht mehr stellen werde. Nun steht alles gegen uns, außer Italien, dessen Politik mit der deutschen ja so eng verquickt ist. Auch Sowjetrußland ist nun wieder auf dem Plan. Und den »Frieden von München« haben alle *ad acta* gelegt. –

22. März 1939 | Mittwoch

> Ich will das Verlorene wieder suchen und das Verirrte wiederbringen und das Verwundete verbinden und des Schwachen warten. *Hesekiel 34, 16*

Mein 36. Geburtstag.
Gott kennt die Daten und Termine der Menschen. – Jeden Tag »studiere« ich ein Kirchenlied. Heute war, welch ein Geburtstagslied!, an der Reihe: »Ich singe dir mit Herz und Mund, Herr, meines Herzens Lust« von Paul Gerhardt.
Der letzte Geburtstag in diesem Hause; es kam mancher Anruf, der das neue Haus betraf, und morgen müssen wir wieder hinaus: »Komm und sieh es!«
Vor dem Frühstück fand in meinem Zimmer auf dem Beuthener Barocktisch die Einbescherung statt: zwei gelbe Kerzen in den roten Beuthener Biedermeierleuchtern schmückten ihn, blaue Hyazinthen und ein blaues Seidenband.
Ich bekam von Hanni Seeckts Erinnerungen, die ich mir sehr wünschte, und Luther, dargestellt von Zeitgenossen mit reichem Bildmaterial an Lutherstätten; Briefkarten und Briefbogen mit dem Aufdruck »Nikolassee. Teutonenstraße 23«! Renerle hat mir die Sammlung »Kamerad Pferd«, Pferdebilder und Pferdegeschichten geschenkt, zu Studien für Katharina von Boras Pferde. Brigitte malte mir als erste Arbeit bei der Telschow einen überraschend gut gelungenen KPM-Aschenbecher[190], und als »Schrift« den heutigen Losungsspruch, als wirklich aufmerksamen Dank für die Ausbildung bei der Telschow und der Rießer.
Das Frühstück zu vieren dauerte lange, weil die Briefe diesmal doch zum Teil sehr allgemeines Interesse unserer kleinen Runde beanspruchten. Da war vor allem Renerles bezaubernder Geburtstagsbrief aus dem hohen Märzwinter von Wolfshau mit klugen und warmherzigen Beobachtungen. Meschkes mit dem sechzehn Seiten langen sehr ernsten, ersten Bericht [aus Schweden[191]], der so gut und einfach gehalten ist, wie mir noch kein Brief von ihnen erschien. Herzlicher, langer Anruf vom Geburtstagskumpan

Koenigswald, der aber abends nicht kommen kann. Und Karbe mit der großen politischen Meldung, bevor die Presse sie brachte: das Memelland von der litauischen Regierung an Deutschland zurückgegeben. –

In der Tschechoslowakei wie im Memelland das gleiche: als erstes der massenweise Versuch der Juden, zu fliehen.

Kaum einer faßt mehr die Vorgänge: weder die Vorgeschichte von Versailles; noch die aktuelle Dynamik; noch die möglichen positiven und negativen Folgen. Italien! Mögen die Gebete in diesen Tagen nicht fehlen.

Bis zum Eintreffen der Gäste schrieb ich des großen Korrespondenzeinganges wegen die dringlichsten Briefe.

Es ist ein rechter Kampf ums gute Gespräch auch bei gepflegtester Gastlichkeit geworden. So sehr sind alle Menschen von den Wirrnissen der Zeit und den Anstrengungen ihrer Berufe oder ihren Kämpfen absorbiert. Und unheimlich ist, wie die Welt zusammengeschmolzen ist. Europa ist überhaupt nichts mehr – und doch politisch das Kraftfeld welcher Spannungen! –

Gerade angesichts des Rätsels Hitler und der Vernichtung des Versailler Vertrages, ohne Gott, bedeutet mir das Seeckt-Buch ein so großes Geburtstagsgeschenk.

Wer eine Haushaltungsstelle in England hat, klagt recht, daß man eben wirklich nur als Haushaltsangestellte aufgenommen wird, die man braucht.

Auch aus diesem Grunde hüten Hanni und ich uns vor jeder Glorifizierung des Auslandes, zu der viele verbitterte Deutsche heute so neigen, ohne sich zu sagen, daß es nicht um die Länder untereinander, sondern um die Welt vor Gott geht! –

24. März 1939 | Freitag

> Zur selben Zeit wird man sprechen zu Jerusalem: Fürchte dich nicht! und zu Zion: Laß deine Hände nicht laß werden! Denn der Herr, dein Gott, ist bei dir, ein starker Heiland; er wird sich über dich freuen und dir freundlich sein und vergeben und wird über dir mit Schall fröhlich sein. Die Geängsteten, so auf kein Fest kommen, will ich zusammenbringen.
>
> *Zephanja 3, 16–18*

Gewaltiges Wirtschaftsabkommen mit Rumänien: die Antwort auf die Verweigerung der alten Kolonien. Wie weit Rumänien sich dem entziehen wollte und konnte, weiß ein politischer Laie nicht.

Gäste und Korrespondenz nehmen den dritten Tag in Anspruch. Es macht einen dankbar – stimmt einen aber sehr nachdenklich.

Gott, der mich immer wieder so behütet und beschenkt, wird mir auch die Zeit zum neuen Buch nicht versagen!

Ein festlicher, gastlicher Abend voller Treue und Wohlwollen und einer Übereinstimmung, die immer nur der Andeutung bedurfte: nach dem Abendbrot beim Rotwein nur die beiden Ehepaare, Professor Hermann und wir.

Es ist erschreckend zu sehen, wie die eiskalte Machtpolitik des Dritten Reiches bei den besten Deutschen einer durch keine Erfolgsdynamik beirrbaren Kälte begegnet: »Euer Riesenreich ist nicht mehr Deutschland. Und daß ihr immer Volk und Blut und Boden proklamiert, besagt, daß ihr das deutsche Volk nicht deutsch regiert«. Die Geduld aber, mit der alles Schwere und Fremde und Unfaßliche als göttliche Prüfung hingenommen wird: die ist die einzige Hoffnung.

25. März 1939 / Sonnabend

> Aber ich weiß auch noch, daß, was du bittest von Gott, das wird dir Gott geben. *Johannes 11, 22*

Und ein anderes Leben als in Christo kann nicht helfen. An die Macht dieses Gebetes aber soll man denken, wenn einem die alte murrende und zweifelnde Frage auf die Lippen kommt: »Warum hast du uns aus Ägypten geführt, daß wir sterben in der Wüste?« (4. Mose 21, 5). Diese Frage darf nicht sein.

Zu all den hohen, neuen Steuern kommt nun noch eine: 30 Prozent von dem Mehreinkommen, das man 1938 gegenüber 1937 hatte! »*Pour le roi de Prusse*« schreibt die DAZ. Aber das ist es ja eben –. Für mich bedeutet es an Höhe eine volle fünfte Kontributionsrate: 2000–3000 Mark Sondersteuer.

»Die deutschen Rassegesetze gelten nur für die volksdeutschen Einwohner des böhmisch-mährischen Protektorates«. Aber aus Furcht vor Deutschland schließen die Tschechen in einer Berufsgruppe nach der anderen die Juden aus, und die Tragödie wird immer größer! Der große französische Staatspräsidentenbesuch in London fiel mit dem Rumänienvertrag zusammen. Nun folgt Francos Einmarsch in Madrid und die große Mussolini-Rede mit der Anmeldung der »italienischen Aspirationen«.

Das »Ewige Haus« soll eben nicht von »Vater«-Rücklagen geschrieben sein, sondern alles soll auch weiterhin täglich genommen werden aus Gottes Hand. Wie hatte ich die Rücklagen ersehnt; wie wurden sie mir gewährt; und nun wieder genommen. –

28. März 1939 | Dienstag

> Wo der Herr nicht das Haus baut, so arbeiten umsonst,
> die daran bauen. – Es ist umsonst, daß ihr früh aufstehet und hernach lange sitzet und esset euer Brot
> mit Sorgen; denn seinen Freunden gibt er's schlafend.
> *Psalm 127, 1. 2*

Unser achter Hochzeitstag! Sieben Jahre in Südende. In diesem Jahre hat dieser Gedenktag Hanni viel mehr beschäftigt als sonst. – Was hinter mir liegt, weiß ich aus der »Wusterhausener Schlafkrankheit«, die mich – leider nur des Tags – seit Beendigung der Treatments befallen hat. –

Kurt Meschke ist da! Er kommt auch am Abend. Ein gut Teil meiner Erschöpfung ist darauf zurückzuführen, daß gar so viel Menschen kommen. Das Absagen, wo wir eingeladen sind, hilft nicht annähernd. – Und Briefe und Telefone. Und die »Aktionen« für andere, über denen das Eigene zerrinnt.

Franco hat Madrid: wenigstens ein Ende der Bürgerkriegsleiden des spanischen Volkes! Nun tritt zu Hitler und Mussolini noch Franco!

Ehe die abendlichen Gäste eintrafen, ein Brief von Juliane (Meschke), wie der Abschied vom Amt am schwersten war. Und wie nun die Zweifel kommen, ob der Abschied vom Amt und von Deutschland richtig war. – Ich halte mich daran, daß »denen, die Gott lieben, alle Dinge zum besten dienen« müssen. – Und daß man das »Laienpriestertum« und also die Gemeinde und das Jüngertum erst außerhalb des Pfarramtes begreift, zumal, wenn man, wie Meschkes und ich, zu einer derart katholisierenden Verehrung fürs Pfarramt und Pfarrhaus neigt. –

Manchmal gibt es wirklich Tage, in denen man das Urchristentum begreift: haben, als besäße man nicht; freuen mit den Fröhlichen; weinen mit den Traurigen; herbergen und teilen. Über alledem die Forderung des Wachens und Betens; und des Wirkenmüssens, solange es Tag ist. Und dies letztere dauernd von allem anderen bedroht! – Nur insoweit sie Schicksal ist, bleibt einfache Festlichkeit im Hause tragbar. –

> Gelobet sei Gott und der Vater unsers Herrn Jesu
> Christi, der Vater der Barmherzigkeit und Gott alles
> Trostes, der uns tröstet in aller unsrer Trübsal, daß wir
> auch trösten können, die da sind in allerlei Trübsal,
> mit dem Trost, damit wir getröstet werden von Gott.
> *2. Korinther 1, 3. 4*

Wie habe ich dieses Wort schon erfahren!

Hanni auf der – von Ariern verwalteten – Zentralstelle für jüdische
Auswanderung. Entgegen den bitteren Gerüchten, die ja z. B.
in Nürnberg und Breslau von Tatsachen ausgehen, alles sehr
korrekt. Brigittes nicht geringe Liste an Reisegut in keinem Punkt
beanstandet. Nur muß Hanni noch ihren Vormundschaftsnach-
weis erbringen. –

Inzwischen war ich zu Pagel beordert: morgen ist Pagel zur Tobis
gebeten; zwischen zwei Reisen von Herrn von Demandowski
und bei Ablauf der Option soll nun morgen über die Rechte verhandelt werden. Ob, welchen, wie viele der »Vater«-Filme: darüber
läßt sich in dem allgemeinen Tobis-Wirrwarr noch nichts sagen.
Bei den Verhandlungen soll von einem »Vater«-Film ausgegangen werden.

> Ich liege und schlafe und erwache; denn der Herr hält
> mich. *Psalm 3, 6*

Gerhard Schwarz rief an: ob wir, da er in Berlin ist, nächste
Woche zusammen Lieder für den Bärenreiter-Verlag arbeiten können; die vier Weihnachtslieder aus dem »Kyrie« sind für das Weihnachtsheft, das Quempasheft, schon angesetzt. –

Anruf Pagel. Von der Tobis aus wäre alles perfekt; nur hat er
mit einer Mehrforderung die Verhandlungen noch verzögert, da
die Tobis doch wohl nur an einen Friedrich-Wilhelm-Film denkt
und immer noch zwischen den drei Treatments schwankt.

Über der Teutonenstraße in Nikolassee der erste Zitronenfalter. – Zum ersten Male sah man kreiselnde Kinder.

Soviel Unruhe um Polen, das eindeutig als Gegner Deutschlands
von England-Frankreich gewonnen werden soll, weil der ganze
benachbarte Osten geradezu magisch von Deutschland gebannt
ist.

> Heile du mich, Herr, so werde ich heil; hilf du mir, so
> ist mir geholfen; denn du bist mein Ruhm. Siehe,
> sie sprechen zu mir: Wo ist denn des Herrn Wort?
> Laß es doch kommen! Aber ich bin nicht von dir ge-
> flohen, daß ich nicht dein Hirte wäre; so habe ich den
> bösen Tag nicht begehrt, das weißt du; was ich ge-
> predigt habe, das ist recht vor dir. Sei du mir nur nicht
> schrecklich, meine Zuversicht in der Not!
>
> *Jeremia 17, 14–17*

Der erste Zitronenfalter nun auch über dem Südender Garten.
In Steiners Garten sind von gestern auf heute die weißen, gelben,
blauen Krokusse aufgeblüht. Stark die Schatten der Äste und
Stämme im ergrünenden Rasen. Strahlen, Leuchten, Himmelsbläue!

Das große Ordnen der Papiere des ersten Quartals, zugleich für
den Umzug gedacht, bei immer radikalerer Beschränkung des
überwuchernden Büro- und Archivbetriebes. In allen Stücken
muß es spürbar werden, daß jetzt alles nur noch eingestellt sein
darf auf die Arbeit am »Ewigen Haus«. Aus allem verschwinden!
Nur darauf begrenzen!

Brigitte bei den Heines. Das ist ein Zeit-Mirakel: sie und ihr
guter Freund von der Gestapo!

3. April 1939 | Montag

> Herr, du bist meine Zuversicht, mein Teil im Lande
> der Lebendigen.   *Psalm 142, 6*

Gleich früh rief Schneider an und kam bald zu uns heraus, mit
herrlichem weißen Flieder für Hanni und einem Inselbändchen
für mich, seiner mir noch unbekannten Novelle »Elisabeth Tara-
kanow«.

Er bindet sich noch sehr an andere Menschen; besuchen und besucht werden –. »Ob man's glaubt oder nicht, ob man es wahrhaben will oder nicht«, sagt er, der Bescheidene, »man gehört der
Öffentlichkeit.« Die Flucht nach Freiburg war völlig vergeblich.
Es geht ihm wie uns: er ist des Kultes mit dem Ausland nicht
fähig; es hat ihn nichts dort gehalten. Er sieht es genau wie ich:
es geht nicht um die Völker untereinander, sondern um die Völker vor Gott. Und da steht's mit allen gleich bitter. – Auf alle
Vorwürfe der Ausländer aber kann auch er nur erwidern: »Ver-

sailles«. – Schneider sagt: er hat innenpolitisch nie aufs Heer vertraut. Es ist nur Waffe.

Der Kürze seines Aufenthaltes wegen bat er, daß wir ihm morgen nachmittag einige Leute einladen. Und nun sage man: Nein. – Man kann nur noch Gott bitten, »daß man nicht der Öffentlichkeit gehöre«, – ehe Person und Werk reif dafür ist. Schneider hat die großen Pläne *ad acta* gelegt; er arbeitet nur noch am Vormittag; »im Gespräch zu wirken, ist vielleicht heute das Wichtigste«. Das fasse ich nicht. Selbst unser Gespräch heute war ja im Grunde in wenigen Momenten völlig erfüllt. Ich glaube an diese unsere Wirkung nicht, weder meine noch seine.

Es ist gelungen, all die angesagten Besuche auf morgen zu konzentrieren. Wir atmen auf. Bei solchen Konzentrationsversuchen staune ich immer wieder, mit welchem Eifer die Menschen einander kennenlernen und einander wiedersehen wollen, indes Hanni und ich nur noch »das zerstörte Paradies« in aller Geselligkeit zu erkennen vermögen!

Anruf an Anruf – jeder Anruf, der kommt, bedeutet so und so viel ungeschriebene Zeilen. Im Buche aber, soweit es Bibelexegese durch gelebtes Leben darstellt, darf man vielleicht wirken –. Denn da wird alles langsam, unter schweren Prüfungen Gottes.

Die Geselligkeit und die Vorlesungen – und die Exzerpte: die sind die gar zu einfache Flucht aus der von Gott auferlegten Not des Schaffens, in dem er bezeugt sein will, wenn er seine Gnade gibt zu dieser Not. Gegen Abend rief Pagel an: der Tobis-Vorstand will, nachdem Schmidt die DVA-Forderung präsentiert hat, nur bis zu 15 000 Mark gehen; Sondervereinbarungen für einen eventuellen zweiten »Vater«-Film; die Trilogie scheint gar nicht mehr aufzutauchen. Ich finde es völlig genug, weil ich ja niemals mit den irrsinnig hohen Filmschauspielergagen vergleiche.

Bore bäckt für morgen; dabei schmunzelt sie manchmal, weil es ihr, wie mir, gar so seltsam vorkommt, mit welchem Eifer alle zusagen, umdisponieren, um nur ja dabei zu sein.

4. April 1939 | Dienstag

> Du bist der Trost Israels und sein Nothelfer.
>
> *Jeremia 14, 8*

Nach frühem Regen weiche Sonne: zum ersten Male feuchte Wärme des Frühlings. Einen schönen, feierlichen und behaglichen Nachmittagsempfang für Schneider gerüstet, weil wir nun immer mehr wissen, daß er darauf großen Wert legt und welche Freud es ihm macht.

Dann freilich saß er müde, aber immer von einem kleineren Kreise umgeben, in einem seiner bei uns für ihn traditionellen großen Sessel. Erst war's ein feierlicher Empfang im Barockzimmer, bei dem uns Bücher und herrliche Blumen für Hanni mitgebracht wurden; dann im Refektorium eine wunderschön gedeckte lange Kaffeetafel, der Männer wegen mit Rauch- und Cognactischen, danach im Barockzimmer Sesselgruppen, kleine Tische, herrlicher Rotwein. Es kamen: Harald von Koenigswald mit seinem Schwiegervater, Exzellenz Falkenhausen; Alexander Zinn[192], der seine Komödie auch gerade an die Terra als Film verkauft hat, gepflegter, alter, sehr sicherer Mann, früherer Hamburgischer Staatsrat; der reizende, einfache Hans Pflug[193], Gerhard Schwarz; Ihlenfeld, Dr. Wolde, Wolf von Heintze, der enthusiasmiert von dem wirklich lebhaften Nachmittag war, der auch über des armen Schneider Müdigkeit hinwegtrug; und selbst angemeldet, weil er durch Schneider von dem Nachmittag hörte, zu unserer wirklich großen Freude: Pagel, unmittelbar nach einer Verhandlung mit Schmidt-Tobis. Unser geliebtes, immer wieder so bewundertes Haus ist in solchen Stunden so festlich, daß, glaube ich, die Problematik der Geselligkeit keinem bewußt wird. Es wirkte wahrhaftig nicht so. –

Ich bin unsagbar stolz auf Haus und Frau – unsagbar dankbar. Ich staune, wenn ich in der Zeitung blättere, immer wieder, wieviel Bekannte einem in den Zeilen begegnen!

Aber Hanni läßt sich durch alles das nicht beirren; sie freut sich über die darin ausgesprochene Anerkennung, will dies aber nicht mit dem Ausfall der Freude über das dauernd behinderte Bora-Buch bezahlen. –

5. April 1939 | Mittwoch

Ihr werdet singen wie in der Nacht eines heiligen Festes und euch von Herzen freuen.   *Jesaja 30, 29*

Von der Anstrengung des gestrigen Tages nur sehr allmählich erholt.

Hanni mußte gleich wieder in die Stadt: denn zum ersten Male eine Schwierigkeit in Brigittes Angelegenheiten. Der arische Sachbearbeiter auf dem Auswanderungszentralamt jedoch überaus entgegenkommend und artig. Es ist bis jetzt, als sollten alle Greuel, alles Grauen an uns vorübergehen.

Der spanische Bürgerkrieg ist nun »offiziell« beendet, an eine Restauration der Monarchie kaum zu denken.

Gegen zehn Uhr abends kam Renerle mit Werner Milch aus Wolfshau, beide sehr wohl aussehend. Eine schöne, kleine abendliche Runde mit Wein und Blumen erwartete sie. Das braungebrannte, muntere Renerle war aber bei aller seiner Aktivität und Energie doch sehr mitgenommen davon, daß sie unsere Verstimmung gespürt hatte, weil sie so wenig schrieb; und daß sie nicht daran dachte, daß Brigitte nun diesmal von vorösterlicher Arbeit recht befreit sein soll. Das tapfere Renerle weinte – sie mit ihrer »frechen Schnauze« – weil sie es nicht aushalten könne, wenn sie spüre, es stehe auch nur irgend etwas zwischen uns! –

6. April 1939 | Gründonnerstag

> Er hat ein Gedächtnis gestiftet seiner Wunder, der gnädige und barmherzige Herr.
> *Psalm 111, 4*

Die letzte, hohe Festzeit im »alten Hause« hebt an. Es ist von den Frauen alles wacker gerüstet und vorbereitet worden, so daß feiertägliche Stille heute schon sich ankündigt.

Diesmal gehe ich nicht zum Gründonnerstag-Abendmahl. Das gemeinsame Abendmahl mit Hanni Weihnachten soll das letzte in Südende gewesen sein. Hanni will nicht so oft wie ich bisher, zu jedem Feste, zum Abendmahl gehen. Und hier werde ich nie drängen.

Hanni wird mir gegenüber immer inniger und weicher, »vor der Welt« immer klarer, fester, tätiger. –

Die Töchter und die Zeitung melden: ungeheure Fülle auf den Bahnhöfen und in den Geschäften. Und im Ausland solche Kriegspsychose, unserer deutschen militarisierten Diplomatie wegen.

7. April 1939 | Karfreitag

> Ich bete, Herr, zu dir zur angenehmen Zeit; Gott, durch deine große Güte erhöre mich mit deiner treuen Hilfe. Erhöre mich, Herr, denn deine Güte ist tröstlich; wende dich zu mir nach deiner großen Barmherzigkeit.
> *Psalm 69, 14. 17*

Still, kühl, grau und unbewegt. Und doch ein Tag von solcher Zartheit, weil alle Sträucher und Büsche zarte, helle Blätter tragen, auch die Kastanien die ersten glänzenden Knospen.

Hanni und ich fuhren nach Mariendorf zum Karfreitagsgottes-
dienst. Es war wieder eine der großen Predigten Kurzreiters,
über Lukas 23, 33. 34. Die Kirche sehr voll: und wirklich ein
Ausschnitt des Volkes: jung und alt, Männer und Frauen.
Renerle will mit uns und der Topell in die Matthäuspassion, will's
versuchen, obwohl die Alte Garnisonkirche wieder ausverkauft
ist. Nach dem Kaffee mit der Topell brachen wir in deren Wagen
auf: und nun war eine solche Fülle von Anwärtern auf eventuell
zurückgegebene Karten, daß Renerles Bemühungen vergeblich
waren. Hanni bestand darauf, selbst zu verzichten, weil sie sich
so müde fühlte. Renerle sah bezaubernd aus, nur Interesse, keine
Spur von Ermattung – die Topell, für die es ebenfalls das erste
Mal war, fassungslos begeistert. Renerle und ich saßen für uns,
aßen aber dann noch mit der Topell, und sie fuhr uns um zwölf
wieder heim. Welcher Trost wieder das Publikum: Ehepaare,
Familien, Einsame, Diakonissen, junge Soldaten, Soldaten. Die
Chöre etwas vulgärer im Klang; der Knabenchor schwach; die
Striche im zweiten Teil etwas hart: sonst war's eine herrliche
Aufführung unter Schumann; herrlich vor allem durch die Leisner, die Merz-Tunner und durch Watzke. – Wenn man die ungekürzte Fassung zweimal gehört hat, ist einem die gekürzte doch
schmerzlich. – Mir ist nun erst das Grab des Joseph von Arimathia
aufgegangen! Barrabas, Simon von Kyrene, Joseph von Arimathia. Diese drei muß ich in einer Gedichttrilogie zu erfassen
suchen.

8. April 1939 / Stiller Sonnabend

Und es war der Rüsttag, und der Sabbat brach an.
Lukas 23, 54

Das Haus, indes so nahe Häuser schon fallen, schickt sich zu
seinem letzten großen Feste. Nun ist der Tag, in dem im Hause
alles sein Gepräge erhält von dem Grablegungchristus unter dem
Madonna-und-Kind-Bilde; dabei ein großer Strauß Palmkätz-
chen.
Die Töchter so munter und unbeschwert. In der Küche Backen
und Silberputzen; das Haus bereitet wie zu seinem ersten, nicht
zu seinem letzten Feste.
Anrufe von Gästen, die sich ansagen; Einladungen, die der eigenen Gäste wegen abgesagt werden dürfen. Nun bin ich dessen
innerlich Herr, weil ich's verstanden habe, daß es um den Rest

des gerichteten paradiesischen Zusammenlebens im gewährten, bedrohten Garten Eden des Hauses geht. – Reisen und Anregungen sollen wohl für mich nicht sein. Gott bestimmt die Erfahrungen, die ich für meine Arbeit machen muß. Ich komme heute wieder zum Arbeiten. Ja, so mußte es sein: »Der Vater«. – »Das Haus«. – Wie liebe ich den Ostersonnabend! Auf den Abend zu ist alles schon Fest. Um sechs, als das Kapellenglöckchen läutete, lag noch einmal ferne, kühle Sonne über den herben Gärten. In der achten Stunde, beim überlieferungstreuen Abendbrot des Ostersonnabends, läuteten die Glocken von all den Türmen rings. –

Am Abend die Zeitungsmeldung, daß die faschistische Politik keinen Osterfrieden kennt: Italien hat Albanien besetzt. –

Den Abend ruhige Arbeit, aber doch noch immer mit einem sehr kaputten Kopf. Kühler Abend. So still, als gäbe es keine Weltstadt und keine Weltpolitik.

9. April 1939 / Ostersonntag

> Gott aber sei Dank, der uns den Sieg gegeben hat
> durch unsern Herrn Jesus Christus!
>
> *1. Korinther 15, 57*

In dieser Nacht hatte ich einen Traum, nach dem ich es nun ahne, warum es im Glaubensbekenntnis heißen muß: »Niedergefahren zur Hölle«; und 1. Petrus 3, 19 »Und hat gepredigt den Geistern im Gefängnis«. Und Epheser 4, 8–10!

Vom Läuten zu den Ostermetten erwacht. Denn heute finden in vielen Kirchen drei Gottesdienste statt. Ein strahlender Morgen von gläserner, herber Klarheit, zart, kühl und durchsonnt, wie auch der ganze Tag blieb, immer wieder erfüllt von Kapellenglocken und großem Kirchengeläut. Zartgrüne Sträucher, gelbe Forsythien, kahles Geäst, Krokusse und Primeln.

In der sehr vollen Südender Kirche im durchaus feierlichen Ostergottesdienst. Renerle und Fräulein Anni waren tief enttäuscht vom Domgottesdienst. Der Dom überfüllt. Sehr voll auch die Friedenauer Kirche. Und überall fällt es auf: die Fülle junger Menschen, junger Männer, Soldaten! Geschieht es unter der Überlast des staatlichen Anspruches?

Von den Töchtern eine Kunstmappe als Ostergeschenk, »Arbeit und Feier im Mittelalter«, für Kostümstudien zum neuen Buch. Gerade heute eine große Erklärung leitender kirchlicher Persön-

lichkeiten, die den Protestantismus zum Knecht des Nationalsozialismus und Luther zum Vorläufer Hitlers machen will.
Und das angesichts dieser ergreifenden Bereitschaft des Volkes
zum Christentum, nicht etwa nur zu einer allgemeinen Religiosität! Hart kommt mir der Gemeindegesang an; hart die »Agende«;
es herrscht ein furchtbarer Verfall der Liturgie, und Feierlichkeit
herrscht in den Gottesdiensten kaum mehr: Gottes Wort ist noch
da; Feier und Gottesdienst nicht mehr.

10. April 1939 / Ostermontag

> Ihr werdet erfahren, daß ich der Herr bin, wenn
> ich mit euch tue um meines Namens willen und nicht
> nach eurem bösen Wesen und schädlichen Tun.
>
> *Hesekiel 20, 44*

Der Himmel noch blauer, der Frühlingswind noch linder, die
Sonne noch strahlender; Hähnekrähen, Vogelzwitschern, Glok-
kenläuten. Hanni und ich frühstückten wieder allein und gingen
zu Kurzreiters Osterpredigt nach Mariendorf; die Kirche wieder
voll; unter dem Liturgischen leide ich in diesen hohen Feiertagen
mehr denn je. Als wir heimkamen, erwartete uns auf der Terrasse
Frau Marx, brachte wunderschöne blaue Iris, zu denen am Nachmittag noch Flieder von Harts kam. Mit ihrer Mutter trafen sie
ein. Nachdem ich dreieinhalb Jahre lang das Wiedersehen abgelehnt hatte, tat ich's nun nicht mehr um Brigittes willen; denn
Harts sind doch Engländer, sie durch die Heirat. Ihre Hilfsbereitschaft steht außer Frage; aber es gibt keinen legalen Weg, und
Hanni und ich können uns nicht zu solchen Schritten, wie sie
üblich geworden sind, entschließen.
Die Opposition, die die anderen miteinander verbindet, wirkt auf
uns trennend.
Anruf von Koenigswalds: wir sollen den Ostermontag in Potsdam
verleben. – Anruf von Dessoirs: wir sollen zu ihnen kommen,
der Feiertag werde uns doch endlich Zeit lassen. –
Anruf Wetzel: Einladung mit Heidkamp (»F.W.I.«), Kluge (»Herr
Kortüm«). – Wir müssen an eine völlige Umstellung unserer
Lebensweise denken. Hanni ist ganz verzweifelt. Es müssen sehr
feste Entschlüsse gefaßt werden. Ich habe nach außen ganz zu
verschwinden. Zwei Jahre lang haben wir keine Lösung gefunden. – Unvorstellbar der Gedanke, daß ich noch bei den »Sieben
Tagen« wäre! Was Hart erzählt, von Kriecherei und ödester Arbeit, ein Angsttraum.

11. April 1939 | Dienstag

> Auf dich, Herr, sehen meine Augen; ich traue auf dich,
> verstoße meine Seele nicht. *Psalm 141, 8*

Wie ist das Fest noch durch die schönen Blumen im ganzen Hause spürbar. Wiederum so lind, so strahlend; allmählich grünt's nun auch sichtbar, und in Südende und Nikolassee arbeiten die Nachbarn in den Gärten. Wieder große Konferenz auf dem Bau. Man »garantiert« uns noch den Einzug am 5. Mai; wir disponieren aber bereits um.

Die große »Verzweiflungsaktion« läuft: den angesagten Gästen wird abgesagt; Mitarbeitsanfragen ebenso; Hanni verleugnet mich am Telefon; so schwer mir solche Schritte fallen: es muß sein. – Die Bäume sind in den Himmel gewachsen. Und all das ist durch die eine Leistung des »Vater« nicht gerechtfertigt. Meine Schlaflosigkeit war weniger durch unsere Sorgen und Schwierigkeiten bedingt, als durch die Angst vor den vermeidbaren Störungen der Arbeit. Ich war wie verstört. –

Es sagt genug, wie lange ich kein Kirchenlied geschrieben habe. – Weder Person noch Leistung kommt alles das zu; Person und Leistung aber sind durch all das Interesse, all die Freundlichkeit für die Zukunft aufs schwerste gefährdet. – Es ist aber auch viel Gedankenlosigkeit in all dem Zusammenschluß- und Geselligkeitsbedürfnis der Kreise um uns.

Mit einem wahren Feuereifer, in all ihrer Müdigkeit, nimmt Hanni die radikale Umstellung vor. Sie will ein neues Buch und gerade dieses neue Buch sehen. Alle anderen Arbeiten wären Ausflüchte. –

Die radikale Umstellung ist ein Bruch vor allem auch mit der Eitelkeit.

16. April 1939 | Sonntag (Quasimodogeniti)

> Siehe, wir kommen zu dir; denn du bist der Herr,
> unser Gott. – Wahrlich, es hat Israel keine Hilfe denn
> am Herrn, unserm Gott. *Jeremia 3, 22. 23*

Eine große, direkte Botschaft Roosevelts an Hitler und Mussolini, die in der DAZ sehr unwillig kommentiert wird. Noch einmal wird der Versuch einer großen allgemeinen Vereinbarung vorgeschlagen: in einer Weise, der man nicht zustimmen kann.

Schneider verabschiedete sich noch einmal telefonisch, nachdem er eine Einladung nach der anderen zu absolvieren hatte. – Er

sagte: für ihn stand immer fest, daß er, wäre er in Potsdam geblieben, nach Nikolassee gezogen wäre! – Am Freitagabend war
er zusammen mit einer Dramaturgin der Tobis, einem Fräulein
von Clewitz, eingeladen. Die sprach gleich rühmend vom »Vater«-
Buch und »Vater«-Treatment, was mich ausgesprochen freut; der
»Hauptdarsteller« solle noch Schwierigkeiten machen; und nun
fiel der Name Paul Wegener; aber im Juni solle die Arbeit an der
»Vater«-Verfilmung beginnen. – Eine Notiz in der »Filmwelt«
kündigte sie bereits an. – Und doch dieses lange Zögern? – Und
eigentlich doch seltsam dieses Schweigen über seine Arbeit dem
Autor gegenüber. – Schneider, des wissenschaftlichen Teiles seiner Arbeit müde, will »der Phantasie mehr Raum lassen« (wie ich
das verstehe!) und fährt für eine Papstnovelle in die Abruzzen.
Ich schrieb viel nach der sehr gestörten Woche. –

17. April 1939 | Montag

> Hüte dich, daß du nicht des Herrn vergessest, der dich
> aus Ägyptenland, aus dem Diensthause, geführt hat.
> *5. Mose 6, 12*

Den Umzug nach Nikolassee haben wir nun auf den 22. Mai, den
Montag vor Pfingsten, umbestellt.
Während die Presse noch im Zeichen der publizistischen Vorbereitung von Hitlers 50. Geburtstag am 20. 4. steht, wird für den
28. schon die Einberufung des Reichstages, die ja neuerdings
immer sehr erregend wirkt, angekündigt: vor diesem Forum will
Hitler Roosevelt antworten.

21. April 1939 | Freitag

> Welchen nichts davon verkündigt ist, die werden's mit
> Lust sehen; und die nichts davon gehört haben, die
> werden's merken.   *Jesaja 52, 15*

Wenn Freunds kein Wort des Dankes schreiben, nur »Ihr werdet
einen Rat wissen!« und »Helft uns!«, so muß es schlimm, ganz
schlimm mit ihrem Zustand sein. Nach allem, was in Deutschland über sie hereingebrochen ist, hat die Juden seit der Konzen-
trationslagerzeit November/Dezember die Psychose gepackt, sie
seien bei einem Kriege – den sie für unabwendbar halten, alle –
Geiseln des »Weltjudentums« in Deutschland.
Eine freundliche Einladung von Adalbert Alexander Zinn nach
Hamburg, bevor er am 6. Mai verreist. Das würde an sich mit

den Tagen von Brigittes Abreise von Hamburg zusammenpassen. Aber wie wird einem da sein?

Brigitte hat ihren Paß; zunächst von jedem anderen nur unterschieden durch das große, rote »J« und den Namen Sara; gültig für ein Jahr, für In- und Ausland.

Harald von Koenigswald will mit mir zu den Marwitz nach Groß-Kreuz fahren. Aber selbst dazu, obwohl es doch den unmittelbaren Studien dafür gilt, kann ich mich nicht entschließen, ehe nicht etwas mehr Manuskript vom »Ewigen Haus« vor mir liegt.

R. A. Schröder schickt das eben erschienene zweibändige Buch seiner »Reden und Aufsätze«. Unter den sechs darin aufgenommenen Bücher-Essays: »Der Vater«. Das ist viel.

Ich denke immer wieder an eine Mittagstunde aus dem November 1936, in dem ich *in tormentis* den »Vater« beendete. Hanni und die Töchter saßen noch bei Tisch; ich mußte lesen. Eine fragte, wohl Renerle: »Warum dauern andere Bücher bei anderen Schriftstellern nicht so lange?« Eins sagte: »Dafür ist's bei Jochen dann große Kunst.« Da bekam ich vor Verzweiflung einen Heulanfall, so schlecht und kaputt erschien mir das Buch. Seiner Mängel bin ich mir auch heute bewußt, aber nun liebe ich es heiß und erkenne ihm auch zu, daß es in der Produktion dieser Jahre einen guten Platz beanspruchen darf. – Doch diesen schönen, gesunden Erfolg hatte ich auch nach den großen Besprechungen niemals erwartet!

Nun glaube ich, Meschkes Entschluß, von ihnen noch wohl als Schuld empfunden, ist zu Recht gefaßt. Die Sonderstellung der Pastoren gegenüber den anderen Beamten hört auf. Kurt wäre mit aller Wahrscheinlichkeit so frühe pensioniert worden. Punkt um Punkt weicht die Kirche zurück. Wahrhaftig, ein Gericht über dem Hause Gottes hat angefangen. Die Kirche fürchtet sich vor dem Staat, nicht vor Gott. Das sage nun ich mit meiner mir so oft zum Vorwurf gemachten »Obrigkeitsmystik«. –

23. April 1939 / Sonntag (Misericordias Domini)

> Redet mit Jerusalem freundlich und predigt ihr, daß ihre Dienstbarkeit ein Ende hat; denn ihre Missetat ist vergeben.
>
> *Jesaja 40, 2*

Mir ist es noch unfaßlich, daß ich nun wirklich in der Lage sein soll, »Das ewige Haus« von Rücklagen zu schreiben: 7000 Mark

Guthaben bei der DVA und 12500 Mark Anteil am Film-Hono-
rar! Davon behalte ich 2500 Mark gleich für die neuen, hohen
Steuern zurück und für einzelne kleine Garderobenanschaffungen.
Das andere bleibt auf dem Honorarkonto bei der DVA.

Käme es nicht von Gott – mir wäre bange davor, wie all das Ersehnte in Erfüllung geht. So aber sind mir die Worte der Bibel
eingeprägt, in denen Gott während der Arbeit am »Vater« zu mir
redete, in denen alles Schwere und all das Gute vorbereitet war.

24. April 1939 / Montag

> Siehe, ich bin mit dir und will dich behüten, wo du
> hinziehst.   1. Mose 28, 15

Dazu der Liedervers:

> Wir reisen, Herr, in deinem Namen,
> sei du Gefährte, Weg und Stab;
> die Helden, die zu Jakob kamen,
> send auch zu unserm Schutz herab;
> mach Aus- und Eingang so beglückt,
> daß uns kein Fall das Ziel verrückt.

Als die heutige Losung noch aufgeschlagen auf dem Schreibtisch
lag, rief Brigitte an: Sie hat auf dem Britischen Konsulat das
Visum erhalten. Noch ehe sie nach seinem Worte fragt, bietet
Gott es ihr zu ihrem Schutze an. »Glauben wir nicht, so bleibt
er treu. Er kann sich selbst nicht verleugnen.« – Auf Renerle
wirkte dies sehr; Hanni las es zweimal.

Hanni fuhr sogleich in die Stadt zu Brigitte, den Schiffsplatz zu
buchen; und zwar für ein Schiff am 10. Mai.

Anruf Joachim Konrad, der frühere Kommilitone, der unlängst
zu meinen Büchern schrieb[194]. Er ist für einige Tage in Berlin; seine
Bitte, mich besuchen zu können, wagte ich nicht abzuschlagen,
so sorgenvoll klang sein Anruf. Ich weiß, was auf ihm lastet, der
so glücklich begann: Pastor, Lic., Dr. Privatdozent, Vater von
vier Kindern – viel Unglück mit unheilbarer Krankheit zweier
Kinder; Pfarramt und Dozentur verloren; als Bekenntnistheologe
aus Schlesien ausgewiesen! Er in Ostpreußen, seine Frau in der
alten Gemeinde.

Anruf Pagel: beim Aufsetzen des Vertrages wollte die Tobis
noch einen Punkt abgeändert haben. Für zwei weitere »Vater«-
Filme, da doch nun nur einer gedreht wird, hatte Pagel zwei Jahre

Option eingeräumt. Man will drei Jahre, zahlt dann aber bei weiterer Optionsverlängerung immer 1000 Mark. –
Trotz aller diplomatischen Offensiven und Gegenoffensiven ist politisch bis zu Hitlers Reichstagsrede am 28. alles in der Schwebe. – Doch der englische Botschafter kehrt von London nach Berlin zurück.

25. April 1939 | Dienstag

> Das Blut soll euer Zeichen sein an den Häusern, darin ihr seid, daß, wenn ich das Blut sehe, ich an euch vorübergehe.
> 2. Mose 12, 13

Besuche empfangen ist eitel. Besuche ablehnen wirkt eitel. Wer ahnt die Not, die dahinter steht: die Angst um meine Arbeit. Daß an diesem Punkte einmal ein solches Problem entstehen würde, wie hätten wir es je geahnt!
Nach unergründlichen, sicher sehr weisen Maximen entscheidet jetzt Hanni, wer »empfangen« wird, auf die Dauer einer Mahlzeit begrenzt. Heute war's Joachim Konrad, der Breslauer Kommilitone. Bis auf die Tatsache einer zu großen Vorliebe für die Literatur, wo es um Verkündigung geht, hat er uns sehr gefallen. Der Jahrgang 1903 hat ja natürlich ein sehr besonderes Interesse für mich. – In allen seinen Schwierigkeiten hat er immer Gehalt bekommen; auch spricht er sehr loyal von seinen Gegnern und anerkennt wie ich jede Hilfe, die einem von der Gegenseite zuteil wird. Von meiner Situation wußte er noch nichts. Nur der Katharina-von-Bora-Plan war nach Ostpreußen gedrungen. – Sachverständige Begeisterung übers Haus. Alle erschrecken, wenn sie von dem nahen Abbruch hören. – Gewandter, sicherer Mensch. Der Wissenschaft so überdrüssig wie ich des Literaturbetriebes. In der Theologie sieht er nur noch fadenscheinige, dürftige Leistungen. – Er bekommt nun wieder eine Gemeinde, darf aber nur in dieser predigen, sonst nirgends reden.

26. April 1939 | Mittwoch (Mein Tauftag)

> Fürchte dich nicht, denn ich habe dich erlöst; ich habe dich bei deinem Namen gerufen; du bist mein.
> Jesaja 43, 1

Der Hitlerrede vor dem Reichstag, die Berlin im Gegensatz zu den anderen Hauptstädten mit Ruhe erwartet, geht eine breit angelegte Anti-England-Propaganda voran. Und doch erwartet man bei aller Ablehnung der diskriminierenden Rooseveltbotschaft eine auf Frieden abgestellte Rede: freilich, Wehrversammlungen; Hitler gleich nach den Geburtstagsfeierlichkeiten auf dem Truppenübungsplatz Döberitz: das ist die Ouvertüre.

Die Tobis hat noch einen zweiten Juristen für den Vertrag eingesetzt: man möchte wohl gar zu gern das Bewußtsein haben dürfen, mich mit der Trilogie-Vorspiegelung in eine Falle gelockt zu haben! Man erschrickt vor Pagels Formulierung, daß einem »Vater«-Film »im wesentlichen« nur ein Treatment zugrunde gelegt werden kann. Da besteht man auf einer anderen Formulierung, die »Anleihen« bei den anderen Treatments gestattet. Praktisch können wir es uns nicht vorstellen: so völlig habe ich Personen und Situationen in den drei Handlungen getrennt. Pagel und mir liegt ja auch allein an der Nachzahlung, falls ein weiterer »Vater«-Film gedreht wird, der praktisch bei einer anderen Filmgesellschaft nun nicht mehr in Frage kommt. So willigen wir in die Abänderung ein.

Brigitte hat nun Schiffs- und Fahrkarte und die genehmigten zehn Mark Devisen – alles Geld, das mitzunehmen erlaubt ist!

Auch der französische Botschafter ist nach Berlin zurückgekehrt.

Erst jetzt ersahen wir aus Brigittes genehmigten Gepäcklisten, daß wir keinen Golddiskont dafür zu zahlen haben; um diese doppelte Bezahlung der Sachen – wieder wie durch ein Wunder – herumgekommen. Wieder Schonung des arischen Mannes?

27. April 1939 | Donnerstag

Mir ist gegeben alle Gewalt im Himmel und auf Erden.
Matthäus 28, 18

Zinn schreibt aufs freundlichste, daß er mit dem besten Hamburger Hotel Fühlung genommen hat, damit wir eventuell mit Brigitte dort wohnen können, ohne mit dem Namenszusatz »Sara« Schwierigkeiten zu haben. In Zinn scheinen wir einen neuen Freund gewonnen zu haben.

Der zu Ende gehende Bau und Brigittes bevorstehende Auswanderung: die stellen in jeder Weise hohe Anforderungen. Selbst eine Hanni bewältigt kaum mehr die Organisation!

Längerer Anruf Pagel: der Entwurf des Filmvertrages ist da. Nun muß Pagel unterschreiben; dann bedarf es des entscheidenden Schlußaktes: der Rückbestätigung der Tobis. – Der die Einzelabmachungen begleitende Normalvertrag ist, sowohl was die Rechte wie die Treatments anging, noch genau so ver- und halsbrecherisch wie eh und je! Da darf man gar nicht hinsehen, will man nicht alles scheitern lassen!

Pagel schloß in seiner guten Art das Gespräch mit der kleinen Nachbemerkung, daß eine Neuauflage des »Vater« eingeleitet sei: das 20. Tausend.

Wie können Hanni und Renerle sich mit einem freuen!

England hat die – allerdings sehr begrenzte – Wehrpflicht eingeführt!

In England herrscht nun wirklicher Haß gegen die Deutschen. Von Andrews englischen Verwandten hörten wir Einzelheiten.

28. April 1939 | Freitag

> Bei Gott ist mein Heil, meine Ehre, der Fels meiner Stärke; meine Zuversicht ist auf Gott. *Psalm 62, 8*

Hanni und Brigitte, die vor der Hitlerrede zu Besorgungen weg waren, Renerle, die nach der Rede unterwegs war, von ihrem Schneiderkursus kam, berichteten, daß in der Stadt nichts zu spüren sei. Es ist ein ernster, wichtiger Tag!

Unser Geldbriefträger, ein braver und vernünftiger Mann, berichtete mir, daß in den Häusern Südendes nach der Rede die Stimmung zuversichtlich und ruhig sei. Und daß man den außenpolitischen Erklärungen als guter Deutscher, auch wenn man kein Nationalsozialist sei, zustimmen müsse. Und er ist ein guter Deutscher solcher Art! Solcher Briefträgermeinung kann ich mich nach dem Studium der Rede nur anschließen; dabei umschließt sie große, schwerwiegende Fakten: Kündigung des Nichtangriffspaktes mit Polen, des Flottenabkommens mit England! Und doch gibt sie eine Grundlage ab für neue Einigungen – verstünden die anderen Versailles – hätte Hitler Menschlichkeit gegenüber den Juden – hätte Hitler ernsthafte Achtung vor dem Christentum. –

Die Monarchie spielt diese trennende Rolle nicht; Hitlers Erfolge als Staatsmann sind zu groß! Wäre nicht all das Furchtbare um das Judentum, all das Trennende, und darum Richtende, gegenüber dem Christentum, Hitler hätte wirklich, was jetzt nur proklamiert wird, das ganze Volk hinter sich, so sehr es unter dem Totalitätsanspruch des Staates seufzt.

Zum ersten Mal hat man eine strenge Regierungsmaßnahme gemildert: die 30 Prozent Mehreinkommensteuer neben der übrigen Einkommensteuererhöhung wird, nachdem dies auch durch die Presse vorbereitet wurde, einige Auflockerungen erfahren; namentlich gilt das auch für die freien, künstlerischen Berufe. Der Sprung in meinem Einkommen freilich scheint zu groß, als daß ich auf Vergünstigungen hoffen könnte. Denn die Kontributionszahlung für Hanni wird man mir da nicht anrechnen! Versuchen will ich alles. Verschleierungen meines Einkommens habe ich immer abgelehnt.

Hitler pflegt immer von »ewig«, »tausendjährig« zu sprechen. Er spielte einst gegen Hindenburg seine Jugend aus. Wer seine Sprache kennt, steht nun betroffen vor einem Satze seiner heutigen Rede, der einen völlig, völlig neuen Ton hat. Er war bereit, einen 25 jährigen Nichtangriffspakt mit Polen abzuschließen »..also einen Pakt, der weit über mein eigenes Leben hinausreichen würde.« Schwach und schwimmend wird die Rede, wo Hitler sich mit Chamberlain über die Zusicherungen im Frieden von München auseinandersetzt.

Die deutschen Juden in ihrer Verängstigung hatten eine krankhafte Furcht vor dem heutigen Tage. Renerle: »Die Juden können nur noch sich sehen.« Renerles, des Kindleins, Reife ist erstaunlich. – Der Kampf gegen das Judentum ist in dieser Rede ganz peripher.

Und nun sei Gott in aller Welt über diesen Stunden nach jener Rede, auf die die Welt in einer schweren Psychose gewartet hat. Jetzt sind die Stunden der Beter. »Meine Zuversicht ist auf Gott!«

29. April 1939 / Sonnabend

Gedenket seiner Wunderwerke, die er getan hat, seiner Wunder und der Gerichte seines Mundes. *Psalm 105, 5*

Die erste Aufnahme der Rede im Ausland doch: Friedensrede. Renerle träumt von Krieg und Flucht in Wolfshau; ein Auto wollte der Familie über die Grenze helfen, konnte aber immer nur einen mitnehmen. Renerle: »Zuerst muß der Jochen fort.« So etwas erzählt sie völlig unbefangen und absichtslos.

Es ist nahezu bewegend, mit welcher Innigkeit und Zärtlichkeit bei uns ein häuslicher Tag beginnt. – Aber Renerle hat erst heute wieder zu Hanni gesagt: spätestens im Herbst will auch sie nach England; und Brigitte hat abgelehnt, ein späteres Schiff als das am 10. abzuwarten. Beide sind aus Tatkraft und Lebenslust zu dieser Entscheidung gelangt. Beide sprechen voll der größten Dankbarkeit davon, wie gut sie es bei uns haben: aber sie wollen dies aufs Haus begrenzte, für Beruf und Ehe zukunftslose Leben nicht mehr, so sehr wir alles Für und Wider ihnen bewußt zu machen suchen. Nach dem, was wir ihnen hier gegenwärtig an Besitz noch hinterließen, fragen sie nicht. Darin liegt bei aller Unerfahrenheit doch eine gewisse Größe. – Zum ersten Male sagte heute Hanni: »Ich will meine Kinder behalten.« Aber sie wollen nun ihr eigenes Leben. Dabei ist alles bei ihnen ohne jede Emigrantenpsychose.

Vormittags mit Hanni das Haus in Nikolassee nach der Gebrauchsabnahme besichtigt.

In acht Tagen soll die obere, in vierzehn Tagen unsere untere Wohnung bezugsfertig sein. Wir bleiben beim 22. Mai.

Im Garten in Nikolassee blüht ein Kirsch- und Pflaumenbaum vor den dunklen Kiefern.

Nach der Heimkehr saßen wir beim Mittagskaffee, da rief Pagel gutgelaunt und hocherfreut an: der Tobis-Vertrag ist unterschrieben wieder in seinen Händen. Der Film ist perfekt, soweit es meinen Teil, die Rechte am Buch, angeht. Die Freude am Familientisch war ungeheuer – zumal ich gerade einen Brief der DVA aus Stuttgart vorgefunden hatte, daß nicht das 20. Tausend, sondern das 20.–22. Tausend in Druck gegangen sei!

Ich werde mir das von Gerhard Schwarz so befürwortete Manborg-Kleinklavier kaufen und den Garten in Nikolassee sehr schön machen lassen!

Welche Entspannung: Hitlers Rede kein Kriegssignal! Der Film! Nun wird der Kopf viel klarer für die Arbeit am »Ewigen Haus«. Unter welchen Zeichen des Schutzes steht nun das schwere neue Buch!

Und zu allem, allem Gottes Wort!

30. April 1939 / Sonntag (Jubilate)

> Er hat gesagt: »Ich will dich nicht verlassen noch versäumen.«
> *Hebräer 13, 5*

Zu unserer Freude äußerte Brigitte den Wunsch, mit uns noch einmal nach Potsdam zu fahren. Und auch Hanni wollte so sehr gern wieder die Kirschblüte in der Russenkolonie sehen; jenen herrlichen Winkel, nach dessen Entdeckung wir nie mehr in den Trubel von Werder fahren. – Endlich sind zur Blüte nun die Bienen gekommen. Welche Menschenmengen waren heute unterwegs! Und in Potsdam: junge Soldaten, Soldaten!

Wir gingen durch die weiten, stillen Pflaumen-, Kirsch- und Birnengärten des Russendorfs, den Königsweg nach Sanssouci hinüber und fuhren mit einem alten Kutschwägelchen, endlich einmal der immer erneuten Einladung folgend, zu kleinem Tee nach Bornim zu Koenigswalds hinaus, damit Hanni nun auch die Kinder kenne. Die Koenigswalds sind so gar nicht menschenmüde; sie freuen sich so ehrlich über Besuch, daß wir uns fast schämen. – Zum ersten Male nach dem *tormento* der »Vater«-Entstehung ist mir's wirklich wie eine Entspannung, und ich bin plötzlich dementsprechend kaputt. Was lag aber auch zwischen der Beendigung des Buches und seinem 20. Tausend! Zum ersten Male warte ich auf keine schwerwiegende Entscheidung, sondern nur auf ein neues Buch, dessen Anfang Gott nach so großen Erschütterungen nun so behütet. –

Die Zeitung erfordert mehr und mehr ein gründliches Studium. Die Auslandsstimmenübersicht, die das Propagandaministerium zuläßt, erweist, auf wie wenig und wie matte positive Stimmen man sich in diesen Tagen stützen kann.

Vor der Heimfahrt von Potsdam waren wir an der Garnisonkirche: denn dort stehen, auf Wagen mit Tannengrün und von Posten bewacht, seit gestern die vier neuen Glocken: die größte »Dem Andenken des Soldatenkönigs König Friedrich Wilhelm I.« mit seinem Wort »Wenn ich baue und verbessere Land und mache keine Christen, so hilft es alles nichts.« Hanni war ganz bewegt; sie sagte: »Soll es nicht mit deinem Buche in einem Zusammenhang stehen?« So ruft nun die Glocke F. W. I. des Sonntags zu seiner Kirche! Und straft viele Greuelmärchen Lügen. Die anderen drei Glocken: Königin Luise – Friedrich II. – *Ora et labora* (Hindenburg). –

1. Mai 1939 | Montag

> Erhöre mich, Herr, erhöre mich, daß dies Volk wisse, daß du, Herr, Gott bist, daß du ihr Herz danach bekehrest. *1. Könige 18, 37*

Trüber, regnerischer, dunkler, ja seltsam gedrückter Maianfang. Wie habe ich in den beiden Ullsteinjahren unter der Maifeier gelitten, weil dadurch für mich das Problem des Gesinnungszwangs akut wurde. Und nun so frei von alledem.

Daß Hitler nach seiner großen Rede heute schon wieder spricht, verstehe ich nicht recht. Das Volk steht den vielen Feiern, dem Immer-wieder-Flaggen ablehnend gegenüber.

Auf den »Verdi« hin rief ich heute nach vier Monaten einmal bei Nowaks an. Auch sie sind beruflich – und Hans gesundheitlich – bewunderungswürdig gut durch diese schweren Monate gekommen. Wie sie sich um Weihnachten in negativen Gerüchten um die Mischehen übersteigerten und wir ihnen tatsächlich energisch entgegentreten mußten, so tun sie es nun im Positiven: Kein rotes J im Paß und keine Kennkarte für jüdische Frauen arischer Männer; Erlaubnis für sie, Theater, Kino, Ausstellungen etc. mit ihren Männern zu besuchen; 60 solcher Frauen haben diese Genehmigung schon?!

Auch hier treten wir, nun dem Optimismus, entgegen. So einfach wird ein so tiefgehendes Problem sich nicht lösen, zumal solche Lösung publizistisch noch gar nicht unterbaut ist. Die Meldung über die 60 Frauen »mit Dispens« halte ich aber für möglich: es werden die Frauen der Göring unterstehenden Staatstheaterschauspieler und Vier-Jahres-Plan-Wirtschaftler sein. – Doch hoffe und erbitte ich zuversichtlich, daß Hanni eine Art Besuchspaß für England bekommt. – Werden spätere Zeiten sich dies alles vorstellen können? – Hanni ist so zuversichtlich und gefaßt: ohne Furcht und Hoffnung, voller Glaube. –

Wie die deutschen Juden in ihrer Verängstigung nun alles mißverstehen und mißdeuten und ihresgleichen verwirren, ist fürchterlich!

7. Mai 1939 / Sonntag (Kantate)

> Du bist der Geringen Stärke, der Armen Stärke in der Trübsal, eine Zuflucht vor dem Ungewitter, ein Schatten vor der Hitze.
>
> *Jesaja 25, 4*

Vor einem Jahr war ich das erste Mal in Nikolassee in der Kirche. Heute bei Kurzreiter nun doch noch einmal in Südende. Aber was Gott vom neuen Hause verhieß, hat er gehalten. Sehr gute Predigt Kurzreiters. Aber wie primitiv war Kirchenmusik und Kirchengesang in den Südender Jahren.

Fornaçon schickte als Kantate-Gruß – diesen Sonntag liebe ich besonders – eine Vertonung meines Morgenliedes. Nun sind's schon über 50 »Kyrie«-Melodien. Daß ich gar kein Kirchenlied mehr schreibe, sagt genug über alle diese Monate.

Wie der Zustand des Hauses jetzt auch sei: den Umzugstermin

des 22. Mai will Hanni nun nicht mehr abändern. Und mir scheint's gut, daß er sich für Hanni gleich an Brigittes Abreise schließt; trotz der Anstrengung.

Über dem Abschluß von Brigittes Kindheit und Jugend bei uns steht nun das Gefühl von etwas völlig Unerfülltem. –

Gerade deshalb hatte ich sie halten wollen. –

9. Mai 1939 | Dienstag (Brigittes Auswanderung)

> Mache dich auf und richte es aus; der Herr wird mit
> dir sein!   *1. Chronik 22, 16*

Als wir nach dem Frühstück mit Brigitte aufbrachen, sagte Hanni nur zu mir: »Nimm dir doch ein Beispiel an mir.« Und das kann man wahrhaftig.

Der Zug war voll, aber Hanni und Brigitte hatten gute Plätze. Viel Juden im Hamburger Zug, von vielen Juden begleitet. Aber das übrige Publikum bemerkte sie gar nicht. Es ist sehr, sehr viel leichter für meine drei, daß sie gar nicht jüdisch aussehen.

Renerle bestand darauf, daß wir vom Zuge weggingen, bevor er abfuhr; denn nun war's um ihre große Fassung doch geschehen.

Von den wenigen, die vom Plan des »Ewigen Hauses« wissen, sind doch schon soviel Gerüchte im Umlauf, daß der Verlag schon Bestellungen auf meine »Katharina von Bora« hat, wie überhaupt die Buchhändler sehr nach meinem neuen Buche fragen sollen.

Welcher unendliche Trost ist von meinem Beruf her gekommen! Jetzt ist Hanni mit Brigitte schon am Schiff. Es ist ein so tiefer Eingriff – manchmal denke ich, ein Eingriff, den Brigitte vornimmt, dessen Gott sich aber annimmt. –

Es war ein Abschied, ein Abschluß so ohne Erfüllung.

Ihlenfeld kam abends zu mir: nun immer wieder mit der Bitte um Mitarbeit. Und wenn ich noch an einer Zeitschrift mitarbeiten möchte, dann tue ich es ja bestimmt in erster Linie an seinem »Eckart«. Er kam vor allem, um mit mir die Situation zu besprechen, die durch die christentumsfeindlichen Maßnahmen in der Sphäre des Schrifttums auf der Buchhändlerkantate[195] in Leipzig entstanden ist. Ich sehe die Maßnahmen als undurchführbar an, betrachte die Tage überhaupt viel ruhiger. Wir besprachen eine Umstellung des »Eckart«, die ihm den esoterischen Charakter nimmt. Um elf traf ich mich mit Renerle am Lehrter Bahnhof. Hanni kam sehr ruhig und nur ein wenig abgespannt zurück. Brigitte war munter bis zum Schluß, wurde beim Abschied von Hanni am Hafenomnibus nur einen Augenblick blaß. –

11. Mai 1939 | Donnerstag

> Welche auf ihn sehen, die werden erquickt, und ihr Angesicht wird nicht zu Schanden. *Psalm 34, 6*

In der – überfüllten – Matthäuskirche in Steglitz zur Uraufführung von R. A. Schröders »Osterspiel« mit der Musik von Hermann Simon. Schöne dichterische Einzelzüge. Die Musik im Niveau mehr als schwankend. Kammerorchester schön. Chor gut. Laienspielaufführung anmaßend, unfähig, hart am Blasphemischen. Und nun dazu noch christlicher, gesellschaftlicher, literarischer Snob-Betrieb. Ich sprach Schröder, seine Schwester, Suhrkamp[196], der nun den S. Fischer-Verlag hat. Ich traf P. Hans Dannenberg, einen früheren Kommilitonen, und seine reizende junge Frau und nahm sie noch mit zu uns; Hanni hatte sich zeitig gelegt, war ihrer großen Müdigkeit wegen auch nicht mit ins »Osterspiel« gekommen. Welche Verständigung mit beiden Dannenbergs auf der ganzen Linie. Leider haben sie in ihrem schönen Pfarrhaus kein Kind.

Durch P. Dannenberg erfuhr ich etwas sehr Interessantes. Vor einer Kommission von Geistlichen, die die kirchliche Lage mit ihm erörterte, äußerte der gefürchtete Kirchenminister Kerrl, er gebe zu, daß es noch einige literarische Werke gebe, in denen der Protestantismus einen lebendigen Niederschlag für die Gegenwart gefunden habe, wie Ina Seidels »Lennacker« und Jochen Kleppers »Vater«. – Auch diese Äußerung ermöglicht mir wieder, Greuelmärchen entgegenzutreten.

12. Mai 1939 | Freitag

> Der Geist des Herrn wird über dich geraten; – da wirst du ein anderer Mann werden. *1. Samuel 10, 6*

Das ist ein herrliches und großes Wort!
Die erste Nachricht von Brigitte! Eine Karte aus Le Havre.
Ich freue mich sehr, nun das letzte Stück Weges kennenzulernen, das Katharina von Bora gegangen ist. Morgen Mittag fahre ich nach Leipzig; Hanni lockte es nicht; es ist doch wohl gar zu wenig Altes da. Ja, nur so reisen: den Romangestalten nach! Renerles Bekannte können nicht verstehen, daß sie nicht aus-

wandern will. Es ist rührend, Renerle so munter sagen zu hören:
»Ich habe doch hier alles, was ich brauche und mir wünsche –
und mehr.«

Verleger und Buchhändler völlig konsterniert durch das »Christliche Ghetto«, in das alle Verlage hinein sollen, die auch nur ein
christliches Buch verlegen oder als Buchhandlung ausstellen.

Die Aktion geht gegen den christlichen Verleger, Autor, Buchhändler, Leser! Ich habe die Verordnungen gesehen. Ich halte sie
für undurchführbar. Weil es aber hier letztlich um Gottes Wort in
Deutschland geht, bin ich ganz ruhig. Sie sehen's wieder rein
irdisch.

13.|15. Mai 1939 | Sonnabend | Sonntag | Montag
Die Reise nach Leipzig und Nimbschen

> Wie heilig ist diese Stätte! Hier ist nichts anderes denn
> Gottes Haus, und hier ist die Pforte des Himmels.
>
> *1. Mose 28, 17*

Am Sonnabendmorgen mit Hanni auf dem Bau. Vom Bau fuhr
Hanni, die ungeheuer viel Besorgungen in der Stadt hatte, mit
mir zum Anhalter Bahnhof, und das ungewöhnliche Ereignis
einer Reise, allein, wurde Wirklichkeit! Die Zeit des jungen Bir-
kengrüns und der Apfelblüte machte selbst die Fahrt durch die
leere Ebene schön. Und wo gar keine Landschaft mehr ist, war es
ein so interessanter Einblick in die Ausdehnung der Rüstungsindustrie, der Truppenübungsplätze (vorbildliche Kasernenbau-
ten), der Reichsautobahn. – Auch habe ich an »Modernem« sehr
die Sachsen studiert, und die Leipziger »helle«, witzig, verbind-
lich, vif und aufgeschlossen empfunden.

Sofort nach der Ankunft machte ich mich an die Entdeckung des
alten Leipzig: und wieder fiel vor dem allmählich darauf geschul-
ten Auge Schicht um Schicht des Neuen ab. Die Leipziger Höfe!
– Ein großes Volksfest, das »Leipziger Löwenfest«, mit erstaunlich offenem, politisch sarkastischem Einschlag wirkte sogar deko-
rativ-belebend.

Schöner, einfacher Gottesdienst in der Nikolaikirche, mit wunderbarer Kantate der Thomaner, mit dem Gewandhausorchester,
unter Straube. In der Thomaskirche wohnte ich anschließend
einem Abendmahlsgottesdienst von ferne bei; mit feierlicher
Liturgie erwies auch er, wie stark in Leipzig allenthalben die Reformation zu spüren ist.

Danach: Grimma. Ich mietete mir ein Auto, und ließ mich ans Kloster Nimbschen fahren, aber auch an alle alten Stätten des überraschend hübsch gelegenen Grimma. Wie schön, daß ich in der Klosterruine war, die Bäume, in Katharinas altem Kloster gewachsen, im jungen Laube sah! Nach der Rückkehr an Bachs Grab. Im alten »Kaffeebaum«, dem Treffpunkt der Musiker und Buchhändler. Montag frühzeitig fuhr ich auf Altenburg zu nach Kieritzsch, dem Gute, in dem Katharinas Zülsdorf als einstiges Nachbargut aufgegangen ist. Schon mit dem nächsten Zuge fuhr ich nach Leipzig zurück, reiste nach Wittenberg, und fuhr auf Katharinas Güter Wachsdorf und die Boos; Thulins und Angermanns traf ich nicht an, nur Jordan; weilte kurz im Wohnzimmer des Schwarzen Klosters, blickte in Bores Gärtlein, sah den dichten Flieder an dem Brunnen des Hofes blühen. Und schon um halb sieben war ich wieder in Berlin; das zärtliche Kindlein holte mich am Südender Bahnhof ab und erzählte mir von Brigittes guter Ankunft in London und von der herrlichen, herzlichen Aufnahme, die sie vorerst in einem reichen Apothekerhause in Croydon gefunden hat. Hanni bereitete mir nach der »Reise« einen richtigen kleinen Empfang und las mir beim Abendbrot gleich Brigittes so beruhigenden und beglückenden Brief vor jene wunderbare Bestätigung für unsere einzige »Weisheit«:

> Mit Sorgen und mit Grämen
> und mit selbsteigener Pein
> läßt Gott sich gar nichts nehmen.
> Es muß erbeten sein.

Dieses Wort hat uns durch die ganze Vorbereitung von Brigittes Auswanderung getragen und unserem Hause alle Bitterkeit und Erregung einer Emigration völlig erspart. –

17. Mai 1939 | Mittwoch

> Bitte im Glauben und zweifle nicht; denn wer da zweifelt, der ist gleich wie die Meereswoge, die vom Winde getrieben und gewebt wird.   *Jakobus 1, 6*

Bei Koch im Ministerium, mich nach dem Zustandekommen des Filmvertrages bei ihm für seine Fürsprache bei Demandowski zu bedanken; vor allem: unter Vorweisung der beiden gar so verschiedenen Schreiben an Schauspieler und Schriftsteller in Sachen Sondergenehmigung für den armen B. zu werben. Aber er

konnte mir nur einen Umweg raten. – In meiner Sache will er
den Film, nach Fertigstellung, zum Anlaß nehmen, die Wiederaufnahme in die Kammer zu beantragen. Den Antrag auf offizielle
Befreiung von der Vorlagepflicht (inoffiziell habe ich sie) lassen
wir deshalb ausfallen. – Er fragte sehr nach dem neuen Buch:
nichts, was mich nach all den Neuregelungen für christliche Literatur beunruhigen müßte. –

19. Mai 1939 | Freitag

> Es sollen dir danken, Herr, alle deine Werke und deine
> Heiligen dich loben.   Psalm 145, 10

Zum letzten Mal, mit Hanni, auf dem »Bau«; wenn ich das nächste
Mal hinauskomme, ist's »Das Haus«. Und doch scheint's noch
weit bis dahin: so unfertig ist noch alles. Ich hatte so gehofft,
daß der fertige Bau eine Woche würde trocknen können. Dazu
kam es nun nicht. Welche Poesie der alten Dinge. Wir nahmen
in zwei Koffern die gebrechlichen Heiligenfiguren mit hinaus. So
haben nun als erste der Schmerzensmann, die Hirten, die Engel
und die lieben Heiligen Einzug gehalten! –
England und Rußland finden noch immer nicht die Formel der
bolschewistisch-demokratischen Einigung gegen Faschismus und
Nationalsozialismus. Rußland steht nun wieder so im Vordergrund.
Heute wird in Berlin das italienisch-deutsche Militärbündnis
unterzeichnet. –

21. Mai 1939 | Sonntag (Exaudi)

> Die Geduld unsers Herrn achtet für eure Seligkeit.
>   2. Petrus 3, 15

Der Südender Abschiedsgottesdienst im fliedergeschmückten
Kirchlein. Wie hat Gott in diesem Gottesdienst vor dem Weg vom
alten Haus ins neue – und was bedeutet das im Jahr 1939! –
durch die Lieder zu uns geredet; und nie werde ich Hannis Ausdruck über diesen Liedern vergessen. Es waren Lied 295 und
491 unseres Gesangbuches: Philipp Spittas »Ich und mein Haus,
wir sind bereit« und Johann Heermanns »Laß dich, Herr Jesu
Christ, durch mein Gebet bewegen, komm in mein Herz und
Haus« –.
Die Abschiedsvisiten in der Nachbarschaft, bei Andrews und

Steiner: welche Herzlichkeit! Ich glaube auch ganz gewiß, daß wir uns in unseren neuen Häusern besuchen werden.

Über dem ganzen Tage standen die beiden Schlußlieder des Gottesdienstes:

> »Laß unser Haus gegründet sein
> auf deine Gnade ganz allein
> und deine große Güte« –

und

> » ... bis wir wallen
> heim und oben
> dich in deinem Hause loben.«

und

> »All Arbeit, Müh und Kunst
> ohn dich nichts richten aus.
> Wo du mit Gnaden bist,
> kommt Segen in das Haus.«

Ach, alle die Verse –!

Noch nie hat Gott geschwiegen, wenn ich vor einem sichtbaren Abschnitt des Lebens sein Wort dazu erbat. Und wie oft habe ich nun spüren dürfen, daß Gott sich zum Kirchenliede bekennt und seinen heiligen Geist dazu gibt.

Was umschloß dieses Haus! Gottes Segen ist an dieser großen Wende so spürbar!

22.–25. Mai 1939 | Montag bis Donnerstag | Einzug in Nikolassee

> Ich betrachte meine Wege und kehre meine Füße zu deinen Zeugnissen.   *Psalm 119, 59*

Renerles Bericht an Brigitte und Meschkes – der ist wohl das beste Dokument dieser Tage. Renerles Lebenslust, der Glanz ihres Wesens haben alle unsere Mühen heiter gemacht. Welches Geschenk auch der Brief mit all den guten Nachrichten von Brigitte!

Nun habe ich meine Helferpflichten gegen meine geplagten Damen erfüllt, bin mit allem Eigenen eingerichtet; man beginnt wieder Boden unter den Füßen zu fühlen.

Man möchte überströmen vor Dank –. Und manchmal ist mir's, als spürten nun schon die anderen Menschen, wie Gott über uns wacht. – Hanni entsinnt sich, da die Gesetze über das Wohnen der

Juden heraus sind, immer wieder, wie ich einmal sagte: »Wenn Gott es will, so kann er in Gesetzen ‚Lücken‘ für uns schaffen.« Es ist so gekommen. Dieses Haus ist erbetet. –

28. Mai 1939 | Pfingstsonntag

> Und ich will meinen Geist in euch geben, daß ihr wieder leben sollt, und will euch in euer Land setzen, und sollt erfahren, daß ich der Herr bin. Ich rede es und tue es auch, spricht der Herr.　*Hesekiel 37, 14*

Hanni und ich gingen zur Kirche: welch feierlicher schöner Kirchgang war's an diesem trüben, rauhen Pfingstmorgen, der Weg über die Rehwiese, den Steig zum Kirchhügel empor, der von den Kirchgängern reich bevölkert war. Die Kirche war wunderschön mit Birken, Goldregen- und Weißdornzweigen geschmückt, mit Flieder. Auch Hanni hatte ihre große Freude an dieser gut singenden Gemeinde. P. Dr. Wieses Predigt gut und ernst und klug. Zum ersten Male hörte ich Hanni das Vaterunser mitbeten.

Renerle und Anni erwarteten uns an schön geschmücktem Frühstückstisch. Und es war reiche Pfingstpost eingetroffen; von den Freunds kam sogar ein Kästchen Grapefruits. Vor allem: an ihrem Geburtstagsmorgen, dem 19. Geburtstag, ein langer, munterer Brief von Brigitte. Von der früheren Sekretärin von Furtwängler hat Brigitte bereits eine Theaterkarte für die »Verkaufte Braut« gehabt. –

29. Mai 1939 | Pfingstmontag

> Der heilige Geist der Verheißung ist das Pfand unsers Erbes zu unsrer Erlösung.　*Epheser 1, 14*

Heute war ich allein in der Kirche, die am zweiten Feiertag nicht sehr besucht war. Nun sehen die Pastoren die Kirche schon als zertrümmert an – wie die christlichen Verleger und Buchhändler das christliche Buchwesen als ruiniert betrachten. Soweit ist es ganz gewiß noch nicht. Und nun beziehen sie eine sehr unchristliche, politische, kaufmännische Position und die einzig richtige nicht: das Gebet, daß Gott über seinem Wort im deutschen Buche wachen möge. Durch Ihlenfeld stehe ich ja mit diesen Dingen in sehr naher Berührung und gehöre mit Schröder, Schneider, Winnig, Ina Seidel zu den besonders betroffenen Autoren. Soll denn die staatliche polemische Kulturpolitik bei uns auf gar kein Gottvertrauen stoßen? Ich habe es immer weit·von mir gewiesen, eine Aufgabe zu haben. Seit heute ist mir's, als könnte wider Willen, Begreifen und Vermögen, entgegen all meinem Ausweichen eine vor mir liegen, die ich nicht weiß und kenne.

Der große Gegner der christlichen Literatur ist der Präsident der Schrifttumskammer, Hanns Johst. Wir um den Eckart-Verlag waren es, die um 1928, als keiner von ihm wissen wollte, so für ihn eintraten! –

30. Mai 1939 | Dienstag

> Beweise deine wunderbare Güte, du Heiland derer,
> die dir vertrauen. *Psalm 17, 7*

Zuschrift zum »Vater« von einem deutschen Pastor aus Polen: »Herrn Pfarrer Jochen Klepper.« Auf dieser Karte steht das Lutherwort, das so völlig aussagt, was mich angesichts der neuen Maßnahmen gegen die Kirche bewegt: »Es ist hier mehr Betens not, denn Ratens. Denn wider Gewalt ist kein Rat, sondern allein Gebet. Das gebe euch der barmherzige Gott von Herzen und kräftiglich zu vollbringen« (1531).

Die Einkreisung des privaten Lebens durch die gleichberechtigten Mächte Staat und Partei geschieht heute nach einem Einzug sehr rasch und gründlich: Volksfürsorge, Luftschutz, Ortsgruppen-Block und -Zelle; der Obmann, ein alter, ehemaliger Buchhändler, suchte mich heute eine halbe Stunde auf, und es ging alles sehr sachlich und ruhig ab. Auf Diskretion darf man bei dieser Umklammerung von den verschiedensten Stellen her kaum hoffen.

Am Abend waren Milchs nach dem endgültigen Abschied von Wolfshau bei uns. Noch acht Tage sind sie hier, sich von ihren Freunden zu verabschieden. Zunächst gehen sie zu Werners Verleger in die Schweiz, dann nach England. Daß Werner Milch auf gar so kurze Abwesenheit von Deutschland hofft, ist wohl eine Autosuggestion, die ihm den bitterschweren Abschied erleichtern soll. –

31. Mai 1939 | Mittwoch

> Der Herr macht im Meer Weg und in starken Wassern
> Bahn. *Jesaja 43, 16*

Ich erhielt einen Brief, der mir bis jetzt als die Krönung meines »Vater«-Erfolges erscheint, der mich bewegt und mich sehr dank-

bar stimmt, auch wenn ich, wie in allen vorangegangenen Fällen,
eine Absage erteilen muß: bei der 125-Jahr-Feier der Preußischen
Hauptbibelgesellschaft und der v. Cansteinschen Bibelanstalt soll
ich in der Dreifaltigkeitskirche in Berlin einen Vortrag über den
»Einfluß der Bibel auf die heutige Kultur« halten. Wie man hier
an mich schreibt, es kann einen nur beschämen.

Äußerlich: nach dem Wunsche des Ministeriums darf ich nicht
zusagen; kann es auch nicht, um nicht die Bibelgesellschaft zu
belasten. Innerlich: es gehört tief in meinen Glauben hinein, daß
ich dergleichen noch nicht tun soll.

Die Kirche, nun sie immer mehr abgesondert wird, hält – etwas
zu taktisch – rege Ausschau nach »ihren« Laien. –

5. Juni 1939 | Montag

> Der Herr bewahrt die Seelen seiner Heiligen.
>
> *Psalm 97, 10*

Endlich wieder geschrieben! (Hanni sagt: Ein Tag ist schon
nicht verloren, wenn du so etwas Schönes schreibst!): Die deutsche Umdichtung[197] des ambrosianischen Hymnus »*Iam lucis orto
sidere*« für den Kirchenmusik-Kreis des Burckhardthauses (evangelische Jungmädchenverbände), der mich darum gebeten hatte;
leider während der Umzugstage.

Hier kann nur noch Gott helfen, daß ich wieder zur Arbeit
komme.

Die Alten und die Jungen gleich müde. –
Die Österreicher scheinen sehr unglücklich.

6. Juni 1939 | Dienstag

> Wenn du den Herrn, deinen Gott, suchen wirst, so
> wirst du ihn finden, wenn du ihn wirst von ganzem
> Herzen und von ganzer Seele suchen. *5. Mose 4, 29*

Der jugoslawische Prinzregentenpaar-Besuch mit ungeheurem
Gepränge vorüber. Deutschlands Gegenmaßnahmen gegen die
Einkreisung durch England–Frankreich–Rußland gehen schneller
als die Einkreisung selbst.

Zum ersten Male stehe ich nun wieder im »Literatur«-Kürschner.
Ob sie sich dafür eine Genehmigung beschafft haben?

Ich habe immer wieder, wenn ich glaubte, das neue Buch dürfe
beginnen, Mißbrauch mit dem Losungswort des Tages getrieben:
es muß bei dem einen ersten Worte bleiben, das vor all den lan-

gen, langen Unterbrechungen stand: »Wir haben einen Gott, der da hilft, und den Herrn, der vom Tode errettet.«

Schwerer als die Sorgen und Wirren der vergangenen beiden Jahre lastet auf dem Werden des neuen Buches die an sich so beglückende Folge des alten: wie die Menschen schreiben und kommen.

Heute bin ich ganz verzweifelt darüber und kann die Post, die mich mit Freude erfüllen müßte, nur mit Sorge lesen.

Gottes Wille kann auch hier wie bei den Vorlesungen und Vorträgen nur sein, daß ich mich ganz zurückziehe. Er wird das Zeichen nennen, nach dem ich mich nicht mehr zurückziehen darf. –

Fast verzweifelt beginne ich heute im neuen Haus »Das ewige Haus«. Wie oft habe ich im alten Hause geglaubt, es sei der Beginn: und durfte und durfte nicht über der Arbeit bleiben!

Wieviel Gefangene und Vertriebene sind durch unser Haus gegangen!

Es ist seltsam: man sagt »unser Haus« und meint das alte und neue in einem!

Nach dem Abendbrot kam mich Dr. Panick auf der Terrasse besuchen. Da wir nun »vertraulich« miteinander sprachen und Panick quasi unser Haus betrat, benützte ich diese Gelegenheit, mit ihm über unsere Situation zu sprechen und ihn als beamteten Arzt davon zu entbinden, angesichts der bestehenden Vorschriften unseren Besuch zu erwidern. Und hier hat er sich nun bewährt: offen, herzlich, großzügig und in einer für den Älteren dem Jüngeren gegenüber ungewöhnlich freundlichen Weise Sympathien bekundend.

Das werden spätere Zeiten nicht verstehen: was das heute in Deutschland zwischen Nachbarn bedeutet.

Panick sagte, es gebe für ihn zwei Grenzen, die er nicht von der Politik überschreiten ließe: seine Ehe und das Halten zur – katholischen – Kirche. Da möchte ich wissen, wie wir keine Verständigungsmöglichkeit finden sollten, wenn man in so entscheidenden Dingen übereinstimmt.

Und genau wie ich ist er sich klar darüber, daß man als Nachbarn auf so engem Fleck und mit gemeinsamem Wege ja doch auf Gedeih und Verderb aufeinander angewiesen ist; eine völlig neutrale Basis ist da nicht möglich. –

3. Juli 1939 | Montag

Gott zürnt nicht mir mir. *Jesaja 27, 4*

Wie hat mich – 1931 schon –, als ich solchem Projekt unmöglich
gewachsen sein konnte, der Plan eines Danzig-Romans beschäftigt!
Kiepenheuer fand damals – wir verhandelten wegen der »Großen
Directrice« – das Thema »nicht mehr interessant«. Nun ist Danzig
das Hauptproblem geworden: der Friede hängt davon ab! –
Welche Gerüchte haben die Völker wieder über das Wochenende
gequält und verwirrt: der geplante deutsche Putsch in Danzig.
Die große Entscheidung, ob das englisch-französisch-russische
Bündnis zu den russischen Bedingungen zustande kommt, ist
noch immer nicht gefallen. –

7. Juli 1939 | Freitag

Mein Volk soll meiner Gaben die Fülle haben.
Jeremia 31, 14

Nun wirkt der Garten grün. Wie von einer gewissen Schwermut
ist man befreit: es war so tot ums junge Haus auf der Höhe des
Sommers!
Diese Tage waren noch einmal wie Einzug.
»Reichsvereinigung der Juden« verfügt. Ich ersehe daraus nur
eins: daß man wohl die Unmöglichkeit der raschen und totalen
Auswanderung, die am Ausland scheiterte, erkannt hat.

9. Juli 1939 | Sonntag

Herr, so du willst, kannst du mich wohl reinigen.
Matthäus 8, 2

In der Kirche, die auch in den Ferien recht gut besucht ist, eine
überraschende gute und reife Predigt des jungen P. Lilge über
1. Petrus 3, 8–17: Not der damaligen und der heutigen Gemeinde.
Der Sonntag muß wieder Arbeitslücken der Woche ausfüllen.
Das Haus ist nun ein beendetes Werk. Der Gedanke an das Buch,
das in ihm entstehen soll, ist schwer. Was Bauen ist: unsere Zeit,
unser Land läßt's einen wieder begreifen. –
Die Zoller und Packer bei der jüdischen Emigration: das ist ein
Stück Geschichte der Deutschen geworden. Ein hohes Lied der
Menschlichkeit. –
In welche namenlose Unruhe blickt man rings um sich! –

> Unser Fleisch hatte keine Ruhe; sondern allenthalben
> waren wir in Trübsal: auswendig Streit, inwendig
> Furcht. Aber Gott, der die Geringen tröstet, der trö-
> stete uns.   *2. Korinther 7, 5. 6*

In der Reihe der Pastorenbesuche heute einer doch recht ungewöhnlich: einer der führenden Männer der Bekenntniskirche
suchte mich auf, der sehr namhafte Generalsuperintendent Dibelius[198]. Er suchte die Fühlung zwischen mir und der Dahlemer Gemeinde herzustellen: mich hält fern, daß diese sich zu »der Gemeinde« erhebt. Er wollte von mir ganz konkrete Lieder für das
geplante Gesangbuch der Bekenntniskirche: ich fürchte, daß in
allen Gruppen der armen, zerrissenen Kirche heute »das neue
Lied« – einschließlich Eckart-Verlag – auf eine gar sehr menschliche Weise arg forciert wird.
Ich kann warten und muß warten, weil Gott mir zu alledem noch
schweigt. Ich höre nur Menschen. –
An meiner Dankbarkeit ändert das nichts, aber es bestimmt mich
zu allergrößter Zurückhaltung.
Die Ortsgemeinde, wo mir noch eine begegnet, wird mir immer
als von Gott gewiesen erscheinen. Noch habe ich immer eine
finden dürfen.
Endlich habe ich es nun gelernt, in solchen Unterredungen sehr
wenig zu sagen.
Vor meinen Augen steht mein ungeschriebenes Buch. Am Kirchenliede arbeite ich jeden Tag. Aber ich kann warten. Das Lied
hat andere Voraussetzungen, als die ahnen, die es von der Zeit
gefordert sehen: sehr harte Voraussetzungen. Leicht läßt Gott
uns nicht singen.
Sehr seltsam war's mir heute, daß ein Generalsuperintendent in
mein Haus kam: war's doch immer eine große, feierliche Sache
im Beuthener Pfarrhaus, wenn der Generalsuperintendent zur
Generalkirchenvisitation eintraf zu Festgottesdienst und Festmahl bei den Eltern, mit dem Superintendenten und vielen Amtsbrüdern des Kirchenkreises und den Häuptern der Stadt.

14. Juli 1939 | Freitag

> Wer unter dem Schirm des Höchsten sitzt und unter
> dem Schatten des Allmächtigen bleibt, der spricht zu

> dem Herrn: Meine Zuversicht und meine Burg, mein
> Gott, auf den ich hoffe. *Psalm 91, 1. 2*

Ungeheurer Einsatz der Studentenschaft, Beamtenschaft, HJ etc. für die Ernte (Offiziell).

Urlaubssperre für kriegswichtige Betriebsgruppen (Inoffiziell).

Daß der Pakt London-Moskau-Paris von Woche zu Woche vertagt wird, soll, nach Gerüchten, daran liegen, daß sehr intensiv zwischen Berlin und Moskau verhandelt wird (Gerücht aus Diplomatenkreisen). Aus Pressekreisen hören wir, daß zur Zeit in der deutschen, nationalsozialistischen Presse nichts mehr gegen den Bolschewismus geschrieben werden soll.

Die Südtiroler kommen nun ins Reich zurück. Südtirol aber nicht. So werden große Unterschiede in Ehren- und Lebensfragen des deutschen Volkes gemacht.

Menschliches Denken kann die Möglichkeiten der Erhaltung des Friedens nun kaum mehr erkennen, so spitzt sich die Lage von Tag zu Tag zu. Es zehrt mehr an einem denn je.

15. Juli 1939 | Sonnabend

> Auch die Haare auf eurem Haupt sind alle gezählt.
> *Lukas 12, 7*

Im Johannesstift in Spandau. Ein eigenartiger Ertrag des Buches. Herbert Schulze, der Erbauer der gegenwärtig bedeutendsten Orgel, der die Orgelabteilung des Spandauer Kirchenmusikinstitutes leitet, der das Buch gerade gelesen hat und uns zu seinen Gästen, Tappolets aus der Schweiz, herausbat, spielte uns die gewaltige Orgel vor: Scheidt, Bach, Buxtehude. – Zwischen der Orgelmusik und der Deutschen Messe am Abend, die zugleich Gottesdienst ist, ein sehr eigenartiges, frugales Abendessen im kalvinistisch-puritanischen Orgelbauerhause mit den Schweizern; denn auch Frau Schulze ist Schweizerin, Pastorentochter. Hatte viel Kolorit, auch in allem Äußeren: das kühle, primitive, arme Empire der Wohnung. Das Spandauer Stift mit seinem klösterlichen Abendgottesdienst machte großen Eindruck auf uns.

In all der sauberen Arbeit, die die großen Maßstäbe wieder anlegt und den Anschluß an die große Tradition wiederherstellt, ist nur eine große Gefahr: das Museale, Rekonstruierende.

Sehr schön war es, wie man mich gerade hier so freundlich und freudig begrüßen kam, als man von unserer Anwesenheit erfuhr: Kirchenmusikschulleiter, Pastor, Anstaltsdirektor. –

Gott gebe mir das neue Buch. –

Es ist für mich sehr bewegend, Hanni so in den kirchlichen Kreisen zu sehen: so zurückhaltend, klar, sicher und ernst.

Diese Arbeitsunterbrechung war lohnend und befriedigend und hatte hohen Studienwert. Ein Eindruck für sich: die Vitalität und Größe einer Vorstadt wie Spandau. Militär, Militär. –

16. Juli 1939 | Sonntag

> Fürchte dich nicht, liebes Land, sondern sei fröhlich und getrost; denn der Herr kann auch große Dinge tun.
> *Joel 2, 21*

Er muß es, sollen wir nicht verloren sein.

Es ist kein menschlicher Ausweg mehr zu sehen.

Danzig ist Prestige. Wohin zielt Hitler darüber hinaus? Immer wieder sickert hindurch, welch lebhaftes Treiben auf der Russischen Botschaft in Berlin herrsche; daß Deutschland auch in Moskau verhandelt. Nun wird mit allergewagtestem Einsatz gespielt.

Selbst ein so männlicher, ruhiger, überlegter Mann wie Pagel vermag sich der Lähmung und Müdigkeit nicht mehr zu entziehen. –

17. Juli 1939 | Montag

> Kämpfe den guten Kampf des Glaubens; ergreife das ewige Leben, dazu du auch berufen bist. *1. Timotheus 6, 12*

Hannis Taufspruch.

Ich hatte alle die Arbeit so belastenden Unterbrechungen auf diesen Tag konzentriert, auch alle Besuchsanmeldungen aus Berlin und von Durchreisenden, soweit es sich nur irgend vereinigen ließ. Von vier Uhr nachmittags bis zwei Uhr nachts Gäste in wechselnden Gruppen an Barock- und Empirekaffeetafel im Refektorium und auf der Terrasse und zu sommerlicher Pfirsichbowle am Abend. Von der Schönheit der Rehwiese, zu der wir immer mit Gästen einen kurzen Spaziergang machen, sind alle überrascht. Es hat sein besonderes Kolorit, wenn die Trüpplein unserer Gäste am Birkenwäldchen an der Kirche entlangpilgern. Es war eine Atmosphäre großen, allgemeinen Wohlwollens. –

Ich stehe sehr sorgenvoll vor der heillosen Übersteigerung des Führerkultes und des Führerhasses. Dieses ganze Volk hat ein Trauma. All die Männer mit dem Trauma müßten endlich schweigen lernen! –

Wird es uns nun gelungen sein, uns für eine längere Frist freigemacht zu haben von den vielen Gästen? Denn alle noch so freundliche Begegnung mit Menschen ist resultatlos und hindert, daß etwas Neues entsteht, das gewagt sein muß auch angesichts des Krieges.

18. Juli 1939 | Dienstag

Wohlan, ich will dich wiederum bauen.   *Jeremia 31, 4*

Weil ich öffentlich nicht lese, soll ich für die Hamburger Pastoren in geschlossener Veranstaltung lesen oder sprechen. Aber ich tue auch das nicht. Man denkt: aus politischen Gründen, aber es sind ganz persönliche, allein religiöse. Es gibt innerlich keine Möglichkeit mehr für mich, Menschen zu mir zu lassen oder zu Menschen zu gehen. Gott, ganz ohne Zweifel Gott, hat sie mit überstarken Zeichen verwehrt. Er allein kann diese Möglichkeit wieder erschließen. Gott, der meine Schwäche kennt, leitet mich mit erschreckend klaren Zeichen, die keinen Zweifel mehr zulassen. Und doch habe ich um kein Zeichen mehr gebetet seit dem Tage, an dem Hanni die Kreuzvision vor Jahren auf der Fahrt nach Breslau hatte. Ich halte mich an das eine Zeichen, das gesetzt ist, das Kreuz.

Anruf: ich soll, da man weiß, daß ich öffentlich nicht lese, auf einem Offenen Abend des Breslauer Studentenpfarrers lesen. Mich beschäftigt vor allem der Gedanke, der auch für Hanni im Vordergrund steht, daß ich nichts Neues zu lesen hätte, wenn ich vorlesen wollte.

20. Juli 1939 | Donnerstag

Laß mich deine Herrlichkeit sehen.   *2. Mose 33, 18*

Selbst ein Optimist wie Dr. Panick bangt nun vor dem Kriege. – Es ist keiner mehr, der menschlich noch hofft. Keiner faßt, daß alles wirklich allein von der Führerentscheidung abhängen soll. »Nach der Ernte«, das ist das furchtbare Wort dieser Sommerwochen. –

21. Juli 1939 | Freitag

Nun, unser Gott, wir danken dir und rühmen den Namen deiner Herrlichkeit.   *1. Chronik 29, 13*

Während man überall nur ein »Unmöglich« hörte, ist es Juliane [Meschke] gelungen, nun auch ihrer Schwester Annemarie eine

Stellung in Schweden zu verschaffen. Sie darf auch das Kind mitbringen. Ob Werner Öhlmann folgen darf? Ob Wehrpflichtige jetzt überhaupt die Ausreiseerlaubnis bekommen? Autos und Motorräder werden bereits wieder requiriert, Urlaube für August gesperrt.

Kommt Krieg: für Hanni darf ich hoffen, daß sie arischen deutschen Frauen gleichgestellt bleibt. – Aber Renerle! Das ist der quälendste Gedanke. Renerle sagt: »Wenigstens im Kriege richtig dazugehören.« In einem solchen Worte liegt die ganze Tragödie.

Immer muß ich an den Spruch des Jahres denken: Johannes 11, 40.

Brigitte schreibt nun doch von Bangigkeit »des Nachts«. Hanni will Renerle auch für den Kriegsfall hierbehalten; Renerle selbst äußert nichts. Ob überhaupt jetzt die Möglichkeit bestünde, Renerle rasch nach England zu bringen, überblicken wir nicht.

24. Juli 1939 / Montag

> Der Herr bestätigt das Wort seines Knechtes und vollführt den Rat seiner Boten. *Jesaja 44, 26*

Die Tage, in denen Menschen da waren, wirken in unheimlicher Erschöpfung nach.

Endlich habe ich wieder Kirchenlieder geschrieben:
Das »Christbaum«-Lied Hosea 14, 9 und ein Abendliches Trostlied[199] Jeremia 15, 16.

26. Juli 1939 / Mittwoch

> Hoffnung läßt nicht zuschanden werden. *Römer 5, 5*

Heute beginnt nun die große, mehrtägige Luftschutzübung. Die Menschen denken doch stark an den Ernstfall, haben aber kein Zutrauen zu den Abwehrmaßnahmen, da z. B. die Volksgasmasken und die Gasschutztüren für die neuen Luftschutzkeller nicht lieferbar sind.

In den Fern-Ost-Konflikten ist jetzt die Tientsin-Krise Japan-England mit einem schweren Prestige-Verlust Englands beigelegt. Die Krise ist abgelöst durch eine russisch-japanische: Nordsachalin. Über allem als akuteste Gefahr: Danzig. England, reich und groß, ist alt und müde geworden. Es steckt in der weiten Welt eine diplomatische Schlappe nach der anderen ein, um alle seine Kräfte, an die die Welt nicht mehr glauben will, gegen

Deutschland zu sammeln. Alle Dynamik kommt heute von den armen Völkern her: Deutschland, Italien, Japan; alte Macht, alter Reichtum gelten vor dieser Dynamik nicht mehr. Die Welt ist wohl in einer Neuordnung. Und diese Neuordnung ist ohne Gott.
Aber sind die anderen Völker Gott noch näher? Auch wenn sie eine Christentumsbekämpfung durch ihre Regierung, wie wir sie nun erleben, nicht kennen? –

27. Juli 1939 | Donnerstag

> Ich erkenne, daß du alles vermagst, und nichts, das du
> dir vorgenommen, ist dir zu schwer.　　*Hiob 42, 2*

Gerhard Schwarz hat nun schon das Christbaum-Lied vertont. Er schreibt, immer auf der Reise: »Die Form, die Sie hier gefunden haben, entspricht dem Gesetz des alten Liedes. Ich glaube fest, daß von hier aus der Weg weiterführt. Freilich werden wir damit rechnen müssen, daß Wort und Weise nicht so ohne weiteres angenommen werden.«
Ich will nun, um endlich zu einer Lösung zu kommen, deutlich unterscheiden zwischen Lesegedichten (»Kyrie«) und Liedern (»Der Verlorene Sohn«, »Christbaumlied«), die ohne die Vertonung überhaupt nicht veröffentlicht werden sollen. –

28. Juli 1939 | Freitag

> Ist jemand in Christo, so ist er eine neue Kreatur; das
> Alte ist vergangen, siehe, es ist alles neu geworden!
> 　　　　　　　　　　　　　　　　*2. Korinther 5, 17*

Die Filmgesellschaften künden ihre Produktionsprogramme für 1939/40 an. »Der Vater« ist bei der Tobis als einer der drei großen – wie es so schön heißt: Groß- und Spitzen-Jannings-Filme der neuen Jahresproduktion angekündigt, doch wieder stur als Behandlung des Vater-Sohn-Konfliktes; nur eine Zeitung schreibt richtig und vorsichtig: ein Film aus der Zeit F. W. I. Das Ganze beginnt eigentlich wieder recht degoutierend. Und doch ist's bei der heutigen Überbewertung des Filmes so wichtig für mich beim Ministerium.
Hannis und Renerles Reisepläne haben etwas Quälendes: alles gesperrt, alles verboten an Badeorten, Schlössern etc. In Städten dem Zufall ausgeliefert, ob sie ein Hotel aufnimmt oder nicht.

Und doch will Hanni Renerle das Opfer bringen, weil Renerle so gern noch etwas von Deutschland sehen möchte.

Der »Vater« war mit *„In tormentis"* abgeschlossen. Die Filmangelegenheit wird nicht dem »Vater« dienen, sondern sie ist ein großes Geschenk an Geld fürs »Ewige Haus«.

29. Juli 1939 / Sonnabend

> Der Herr erweckte den Geist – des ganzen Volkes, daß
> sie kamen und arbeiteten am Hause des Herrn Zebaoth,
> ihres Gottes. *Haggai 1, 14*

Auf der vereinsamten Staatsbibliothek. Auf der Victoria-Lebensversicherung wegen des Rückkaufs von Hannis auf mich übertragener Lebensversicherung. Die Mischehe macht für die Auszahlung keine Schwierigkeit: es ist nur Mitteilung an das Polizeiamt und das Finanzamt nötig. Im Ministerium:

1. Die kirchenfeindlichen Maßnahmen der Schrifttumskammer werden sich nicht aufrechterhalten lassen.

2. Aus der »Vater«-Verfilmung will Dr. Koch alles nur erdenkliche Kapital für mich herauszuschlagen suchen, da der Minister sehr auf Filme, aber nicht auf Bücher reagiere –.

3. Die Nachrichten, daß arische Männer jüdischer Frauen für ihre Frauen – genannt waren 60 Fälle – »Passierscheine für Reise, Kino, Theater, Konzerte, Museen, Schlösser« hätten, sind Erfindung. Koch weiß nicht einen Präzedenzfall. – Die Judenmaßnahmen vom November 1938 werden zwar sehr negativ beurteilt: diese Verbote hält aber die SS unter Himmler noch eisern fest in Händen.

4. Jede Freiheit in der bisher eingehaltenen Linie meiner Arbeit. Sofortige Genehmigung der neuen Lieder. Aber Rat und Bitte, weiter auf Fotos, Vorträge, Vorlesungen zu verzichten.

5. Politisches: Man ist heftig dabei, die Rückholung Danzigs ins Reich vorzubereiten. Zur Zeit solle es trotz der Aufregung in der Weltpresse ruhig vor sich gehen, und man hofft, es werde nicht zum Kriege führen.

6. Da ja aber der Gedanke an einen Krieg immer wieder ins Auge gefaßt werden muß, faßt Dr. K. es nicht, wie immer wieder die, die man als Soldaten braucht, derart brüskiert werden können: die Konfessionen, insbesondere die Katholiken, die arischen Männer mit jüdischen Frauen.

7. Ihn hält im Ministerium, daß er noch Möglichkeiten sieht, für

einen nicht unwesentlichen Rest von Recht und Menschlichkeit zu kämpfen.

Wie wird man auf das allerkonzentrierteste, engste, intensivste häusliche Leben verwiesen! Alles in unserem Leben wird nach innen verwiesen. Schwer ist's, Renerles Jugend so eingeengt zu sehen. – Dies macht sehr müde.

Brigitte schreibt jetzt doch häufiger von Bangigkeit. Von ihrem englischen Kreis in Croydon schreibt sie, niemand spräche vom Kriege. – Unsere Presse stellt es ganz, ganz anders dar. Doch erwähnt sie die Menge der irischen Attentate. –

1. August 1939 | Dienstag

> Gott wird meine Seele erlösen aus der Hölle Gewalt; denn er hat mich angenommen.   *Psalm 49, 16*

Der Kriegsausbruch ein Vierteljahrhundert her – welch ein ruheloses, unheilschwangeres Vierteljahrhundert.

Durch Pauck-Tobis erfuhr ich, daß die Presseankündigungen über die »Vater«-Verfilmung gar keinen realen Hintergrund haben können. Mir ist völlig bewußt, warum ich mich von diesem Film nicht so ganz leicht löse. In diesen drei Treatments habe ich noch einmal etwas von der sinnlichen Freude künstlerischer Arbeit gespürt, während ich nun nur noch gar nichts anderes als Qual empfinde angesichts der Stoffe, die mir zu groß sind und an denen ich nicht vorüberkann. Denn außer ans »Ewige Haus« vermöchte ich ja nur an »Paulus« und an »Voltaire« zu denken. Freude des Schreibens empfinde ich überhaupt nicht mehr. Und die Bibel als Kernstück meiner Pläne bildet einen fast unerträglich strengen Maßstab. –

3. August 1939 | Donnerstag

> So sollst du nun wissen, daß der Herr, dein Gott, ein Gott ist, ein treuer Gott, der den Bund und die Barmherzigkeit hält denen, die ihn lieben und seine Gebote halten, in tausend Glieder.   *5. Mose 7, 9*

Es ist noch immer so, bei aller Müdigkeit: habe ich eine Pause von alle dem von außen Auferlegten, schreibe ich sofort –.

Aber von einem Arbeitstage scheint nie mehr die Rede sein zu dürfen, obwohl alles von mir aus darauf abgestellt ist. – In der Einsicht in das Verflüchtigende, Überwältigende (nicht mehr leb-

und gestaltbare) aller Weite, in meiner so groß gebliebenen, gewordenen Angst vor Weite, habe ich mich seit Jahren auf die engste Begrenzung zurückgezogen, lasse das ganze Leben an mich nur noch heran in der einen jeweiligen Arbeit, die ich als von Gott auferlegt betrachten muß, wie auch ihr Ausgang sei, und soll doch äußerlich meines Lebens nicht Herr werden können. Auch dadurch nicht, daß dieses arme Leben Gott als Herrn anheimgestellt ist –.

Was sich leben läßt, ist nur noch ein immer blasseres, unruhigeres Bild dessen, was man als die Lösung seines Lebens begriffen und ergriffen hat. Diese Diskrepanz wird nun zum Durchleben eines schweren Gerichtes. Dies ist das Los des »christlichen Hauses«. Es wäre unerträglich, wenn auf der einen Seite nicht gesetzt wäre »Überwindung und Geduld in der Welt« und auf der anderen gegeben »Gottes Treue gegenüber der Welt«.

Oft ist mir sehr bange nach Beuthen, und ich male mir aus, unser Haus stünde dort. Aber auf welche politische Atmosphäre würden wir gestoßen sein! Berlin, erst unentrinnbar aufgezwungen – wie wir jede Wahlheimat abzulehnen geneigt sind – ist als Heimat ein großes Geschenk, ein Schutz geworden. –

7. August 1939 / Montag

Wo soll ich hingehen vor deinem Geist? *Psalm 139, 7*

Pagel schreibt von seiner Hanse-Reise nach Riga, Schneider von einer Genf-Reise zu der Ausstellung der während des Spanischen Krieges dorthin gebrachten Madrider Gemälde. Mir ist's sehr seltsam, daß Schneider wirklich den persönlichen Umgang mit Menschen als einen wesentlichen (helfenden!!) Teil unserer Wirkung und Arbeit betrachtet. Hier unterscheiden wir uns sehr. Denn meine Beobachtung geht dahin, daß wir auf die am meisten wirken, die sich nicht mit solchen »Begegnungen« selbst belügen. – »Helfen« –? Helfen kann nur der, auf den unser armes Werk blickt!

Schon heute früh um acht Uhr kam das Klavier, in der Tat eine Ideallösung für die neuen, kleinen Wohnungen. Nur, weil's äußerlich zu den alten Möbeln nicht schön sein kann, hat es seinen Platz in dem hellen, puritanischen Kämmerchen bekommen, das mit Schreibmaschine und Wandschrank unser Büro ist.

Viel Autos, Motorräder, Pferde vom Heer beschlagnahmt; viel Reservisten eingezogen.

Gerade heute abend schreibt P. Brinkmann, den ich so schätze, von der »Hilfe« durchs Trostlied –.

Mich selber weiß ich nur im Tod, im Leben kaum zu trösten. Das Problem meines Lebens ist die Heiligung geworden, jener Zusammenfluß von Glaube und Ethik, der gewährt sein könnte – Wirklichkeit werden muß?!

Der Glaube ist eine Gewißheit. Die Heiligung nicht.

Hanni, die in der Stadt war, brachte mir ein großes Choralbuch mit. So habe ich nun zum ersten Male gespielt. Es ist ein eigenes Gefühl, daß nun ein Instrument im Hause ist.

Renerle sagte nur: »Nun wirst du noch melancholischer werden.« Ich erhoffe das Gegenteil –.

8. August 1939 | Dienstag

> So demütigt euch nun unter die gewaltige Hand Gottes, daß er euch erhöhe zu seiner Zeit.   1. Petrus 5, 6

Auf Staats- und Universitätsbibliothek. Die Fülle der unerläßlich notwendigen Literatur fürs »Ewige Haus« wirklich und wahrhaftig beängstigend.

Die Schlagzeilen der Zeitungen bereiten die gewaltsame Lösung des Danzigkonfliktes, an der immer noch der »Generalkrieg« zu hängen droht, vor: suchen zu einem Volke zu sprechen, das der immer gleichen publizistischen Mittel sehr müde geworden ist.

Angesichts der dauernden Kriegserwartung in Deutschland haben die Emigrantenabschiede viel von dem unerträglichen Gegensatz in der Situation der Scheidenden und der Zurückbleibenden verloren.

9. August 1939 | Mittwoch

> Gott donnert mit seinem Donner wunderbar und tut große Dinge und wird doch nicht erkannt.   Hiob 37, 5

Aufs Ganze gesehen ist es nun doch so gekommen, daß Filmarbeit und Hausbau genau ein Jahr – von August 1938 bis August 1939 – eingefordert haben. Das ist sehr bitter. Was wurde in früheren Zeiten in einem Jahre produziert! Film-Arbeit und Bau: begonnen, durchgeführt und beendet in immer erneut gesteigerter Kriegserwartung. – Aber eben das Leben unter der Bedrohung macht ja so weithin den Inhalt des »Ewigen Hauses« wie zuvor des »Vaters« aus. Wieder am einen, großen Buche arbeiten dürfen!

Als ich in all der Kriegserwartung so weit war, daß ich fast mir wünschte, Reni möchte den Entschluß fassen, zu gehen, geschah nun das Gegenteil. Renerle hat den Gedanken an ihre Auswanderung weit aufgeschoben.

10. August 1939 | Donnerstag

> Wir können's ja nicht lassen, daß wir nicht reden sollten, was wir gesehen und gehört haben.
>
> *Apostelgeschichte 4, 20*

Wieder ein sanfter, sonniger Vormittag, so daß wir wieder einmal einen Morgenspaziergang machten: aber jedes Gespräch, auch wenn man so ruhig bleibt wie wir, muß beim Kriege münden.

Rundfunkrede des Oberbefehlshabers des Heeres, Brauchitsch, an alle Rüstungsbetriebe Deutschlands. Göring auf großer Besichtigungsfahrt. Der italienische und der deutsche Außenminister treffen in sich Salzburg. Neue »Volkskartei« für die Verwendung aller nicht Wehrpflichtigen, auch der Frauen. Sonderkartothek für Juden. Die Presse nun ganz auf die Propaganda gegen Polen eingestellt. Nirgends auch nur ein Ansatz zu Verständigung und Vermittlung. Jeder Tag ist ein Abbrechen letzter Brücken.

Ilse konnte nun doch von einer unerwarteten Landung in Valparaiso schreiben. Die Fahrt verläuft gut. Und immer wieder hören wir, wie ordentlich sich das deutsche Schiffspersonal von A bis Z gegen die jüdischen Emigranten benimmt.

12. August 1939 | Sonnabend

> Herr, mein Gott, da ich schrie zu dir, machtest du mich gesund.
>
> *Psalm 30, 3*

Universitätsbibliothek: das Entscheidende, endlich, – Ranke.
Die Reichsautobahnen nach dem Osten sind für den zivilen Verkehr gesperrt, erzählt man. Aber ich glaube nicht, daß sie überhaupt schon fertig sind.
Wie hatten wir im November/Dezember uns schon darauf gefaßt gemacht, in ein Ghetto ziehen zu müssen. Und nun sind wir hier! Von uns hatte es kaum noch einer glauben wollen, daß wir hier einziehen würden. –

> Ich vertilge deine Missetaten wie eine Wolke und deine
> Sünden wie den Nebel. Kehre dich zu mir: denn ich
> erlöse dich. *Jesaja 44, 22*

Die Kirche sehr, sehr voll. Nun hebt sich für mich schon deutlich der Stamm der Gemeinde ab.

Stiller, langer und dringend notwendiger Arbeitsabend.

Längerer, über die politische und verlegerische Situation recht
bedrückter Anruf von Ihlenfeld. R. A. Schröder ist schwer krank,
schrieb ihm geradezu einen Abschiedsbrief, in dem er uns grüßen
ließ.

Italien und Deutschland treten völlig einig auf. Man bangt vor
der Forderung, die Italien als Gegenstück zu Danzig erheben
wird. –

Beunruhigende Nachrichten aus Königsberg, als stünde der
Einmarsch in Danzig unmittelbar bevor. Nach dem gegenwärtigen Stand der Bündnisse wäre damit der Kriegsfall gegeben.

16. August 1939 | Mittwoch

> Gott, schweige doch nicht also und sei doch nicht so
> still; Gott, halt doch nicht so inne! *Psalm 83, 2*

Man spricht keinen Menschen, der noch auf Frieden hoffte. –
Erwachen und Zur-Ruhe-Gehen treffen einen in der gleichen
Müdigkeit.

Hanni sagte heute, daß sie die Filmdinge doch heimlich viel mehr
mit Groll erfüllten, als sie zugäbe; und was mich besonders
rührte: »– der Pastoren wegen, die nun vielleicht sehr enttäuscht
werden«.

Selbstverständlich lastet auch auf mir alles, was »Resultatlosigkeit«
heißt. Ich kann nicht nur für Geld arbeiten.

Heute war wieder »starker Bau« im Hause, wie Hanni-Bore es
noch immer liebt und ich einmal so sehr geliebt habe, bis es sich
zur ernsten Gefährdung der Arbeit auswuchs.

Abends kam Topell heraus. Es gab nur das eine Gespräch, den
Krieg. Der Verstand aller sieht logisch Schritt für Schritt alles dem
Kriege zudrängen; und das Gefühl keines einzigen hält für mög-
lich, daß er wirklich kommt. –

> Sie lassen sich nicht sagen und achten's nicht; sie
> gehen immer hin im Finstern; darum müssen alle
> Grundfesten des Landes wanken.   *Psalm 82, 5*

Genau so stark wie Danzig werden nun der »Korridor« und Ost-
oberschlesien in den Mittelpunkt gerückt. So ist nun das ganze
Problem bezeichnet. Was sind Nichtangriffspakte wert! Der mit
Polen ist erst zur Hälfte abgelaufen.

Nach den kirchlichen Verlagen tritt nun auch die Gesangbuch-
kommission des Brandenburgischen Konsistoriums an mich
heran und sucht die Fühlung mit mir. Diesem unpersönlichen
Hervortreten verschließe ich mich nicht. Die Arbeit am Kirchenlied ist das einzige, was ich neben dem »Ewigen Haus« noch
durchführe. Erzählung für den »Eckart«; Bugenhagen-Biographie
für die Reihe der »Eckart«-Bücher mußte ich absagen.

Reni sagt: »Was auch in einem Kriegsfall die Juden trifft, – ich
habe ja nichts anderes durchzumachen als das, was auch Tausende
von anderen Juden aushalten müssen.« So fest ist sie entschlossen
zu bleiben. Es ist ein ganz bewußter und überlegter Entschluß.
Und er wird ja nicht nur ihre Sache sein, sondern von Gott her
kommen. –

18. August 1939 | Freitag

> Bei dem Herrn findet man Hilfe. Dein Segen komme
> über dein Volk!   *Psalm 3, 9*

Jeden Tag treibt die einheitlich gelenkte Presse, genau nach der
Methode der tschechischen Krise, den Konflikt weiter dem Gipfel-
punkt zu.

Das Haus ist fertig. Am 8. 8. 38 hatten die Ausschachtungsarbei-
ten begonnen; am 25. 8. 38 war die Grundsteinlegung. Nach
einem Jahre steht nun das Haus. In welcher geschichtlichen
Stunde!

»Der Nervenkrieg« ist ein internationales Schlagwort geworden.
Aber mehr noch ist's ein Krieg gegen Seele und Geist.

Die Volkskarteikarten für die Erfassung der Zivilbevölkerung
wurden heute abgeholt. Hanni und Renerle müssen ihre besonderen Karten auf der Polizei abholen und sie selbst wieder hin-
bringen.

> Ihr sollt euch nicht wenden zu den Wahrsagern, und
> forscht nicht von den Zeichendeutern, daß ihr nicht
> an ihnen verunreinigt werdet; denn ich bin der Herr,
> euer Gott. *3. Mose 19, 31*

Das ist für Deutschland ein wichtiges Wort geworden, da die
Astrologie für die Staatsführung eine hohe Bedeutung erlangt
hat. –
Ich muß oft darüber nachdenken, von welcher völligen Bedeu-
tungslosigkeit es ist, daß Deutschland nun ein katholisches Staatsoberhaupt hat. Wie lange ist es her, daß dies etwas ungeheuer
Einschneidendes gewesen wäre! Ja, es hätte sogar manche
Wunde zu schließen vermocht.
Danzig hat nun seine deutsche Heim-Wehr, SS. Es verläuft alles
wie im Vorjahr. Nur daß niemand mehr glaubt, daß dann der
letzte Schritt wie damals wieder von den anderen Nationen hingenommen wird. Hätte Hitler nicht das Odium des unmensch-
lichen Vorgehens gegen die Juden auf sich und den Sturz der
Tschechoslowakei, der seiner Lehre vom Volkstum widersprach:
Ostoberschlesien, Danzig, der Korridor hätten Ziele der Nation
werden können.

21. August 1939 | Montag

> Gott ist ja mein König von alters her, der alle Hilfe
> tut, die auf Erden geschieht. *Psalm 74, 12*

Viel Auslandspost: aus der Schweiz, aus Palästina; Santiago; von
Brigitte. Und keiner schreibt von Kriegserwartung des Auslands.
Das am abenteuerlichsten scheinende Gerücht hat sich bestätigt;
noch immer hat der Nationalsozialismus etwas »völlig Neues«
bereitgehalten: Nichtangriffspakt Moskau und Berlin. Und das,
während in Moskau nach monatelangen Beratungen und aktiv-
sten diplomatischen Vorverhandlungen bereits die englischen und
französischen Militärkommissionen paktieren.
Bewahrt uns dies vor dem Kriege, so ist's doch menschliche, ja
diabolische Klugheit. Gott gibt so den Frieden durch zwei diame-
tral entgegengesetzte, aber gleich gottlose Regierungen nicht.
Die Möglichkeit, daß Friede bleibt, ist nun aufgetaucht. Die »Einkreisung« Deutschlands, wie der Terminus lautet, läßt sich nun

nicht mehr durchführen. Kommt Krieg – er könnte fast eine neue Teilung Polens werden, bevor England und Frankreich einzugreifen vermögen.

Es ist das alte europäische Widerspiel von Stagnation und Aktivität.

Man fühlt sich entlastet – und abgestoßen. Aber denen, die Gott lieben –.

22. *August 1939 | Dienstag*

> Verlaß mich nicht, Herr! Mein Gott, sei nicht ferne von mir!
> *Psalm 38, 22*

Wieder ein Hochsommertag voller Glanz.

Die Schlagzeilen der Zeitungen so groß wie noch nie.

Welch wunderbares Sommerbild: die heiter belebten Ufer des Sees, eine sanfte Waldhöhe mit dem Turm der Kirche von Wannsee, auf dem See unter ihr achtzehn weiße Segler, die dann langsam in der Mittagsonne mit dem warmen Wind über den See glitten. Das schwimmend zu sehen, ist herrlich. Die Möwen und Schwäne! Sanfte Nachmittagsonne eines heißen Tages über dem in allen Tönungen von Grün leuchtenden Garten. Des Abends die sich füllende Mondsichel in weichem Gewölk über den dunklen Kiefernwipfeln.

Große, bunte Sträuße von Phlox aus Südende, rote Rosen von Kurt Ihlenfeld, der mit Oberkonsistorialrat Söhngen um fünf zu einer fast dreistündigen Besprechung zu mir kam. Es war ein wirklich interessanter, diesmal kirchenbehördlicher Besuch, die Gesangbuchreform und sogar liturgische Fragen betreffend. Ganz besonders stand der Mangel an Trauliedern zur Debatte, und das Tauflied. Für diese beiden Gebiete bittet man am dringlichsten um meine Mitarbeit. Und ich habe mich ja längst schon so entschieden: nur noch Arbeit am Kirchenlied und am Roman. Nur hatte ich nie für möglich gehalten, daß die Kirche so rasch meine Mitarbeit in so direkter Weise suchen würde. – Leider erschöpfen mich auch solche Besprechungen in einer nahezu unfaßlichen Weise.

Auch diese beiden sehr Loyalen nennen, was politisch nun vollbracht wird, ein diabolisches Werk. Bleibt Friede – es ist kein Friede von Gott.

Manche politische Kreise des Auslandes scheinen doch noch sehr stark mit einem deutschen »Blitzkrieg« gegen Polen zu rechnen, der Polen niederwirft, ehe Frankreich und England eingreifen können.

»Ribbentrop in Moskau« – es ist die abenteuerlichste Schlagzeile, die man sich vorstellen kann. Der Teufel und Beelzebub schließen ein Friedensabkommen.

24. August 1939 | Donnerstag

> Er ist der Herr, unser Gott; er richtet in aller Welt.
> *Psalm 105, 7*

Die Zeitungsmeldungen zerrädern einen weiter.

»Der Führer und Italien haben sich für die Freundschaft entschieden.« Der Polenkonflikt wird weiter auf die Höhe getrieben.

»Das Manometer steigt auf unerträglich.«

Aus Schweden melden Meschkes, daß man dort die »Unabwendbarkeit« noch nicht sehe.

Man kann keine Gruppe heiterer Schwimmer mehr sehen, ohne an die grauenhaften Verstümmelungen zu denken, die ein Krieg bringt.

Welch unfaßlicher, ja, einen ganz erschöpfender Friede: Dämmerung, Glockengeläut zur Bibelstunde, das Sprengen und Gießen der durstigen Gärten nach dem glühenden Tage. Mond- und Sternennacht, warmer Wind um die üppigen Wipfel und ernsten Kiefern.

Mehr noch als vom Parteitag des Friedens am 2.–11. 9. erwartet man von der großen Tannenbergfeier am Sonntag vor den Frontkämpfern des Weltkrieges ein Ultimatum an Polen.

25. August 1939 | Freitag

> Fürchtet euch nicht vor denen, die den Leib töten, und die Seele nicht können töten; fürchtet euch aber vielmehr vor dem, der Leib und Seele verderben kann in die Hölle.
> *Matthäus 10, 28*

Heute ist's, als ginge es nun nur noch um Stunden bis zum Ausbruch des Krieges mit Polen, dem England und Frankreich, das Kernproblem begreifend, weiter ihren Beistand zusagen.

Die großen Demokratien sehen die Dämmerung ihrer Macht. Welche »Weltmächte« haben wir nicht in der jüngsten Politik zusammenbrechen oder ausscheiden sehen: die Dynastien, den politischen Katholizismus; das Judentum.

Der alte Chamberlain ist eine Gestalt von symbolischer Tragik.

Am Vorabend der Tannenbergfeier, Sonnabend, wird Generaloberst von Brauchitsch über den Rundfunk eine Ansprache »An
die deutschen Soldaten« halten.

Die Schlagzeilen der Abendzeitungen treiben weiter auf den Höhepunkt zu. Das äußere Gesicht der Zeitungen hat sich in den
letzten Tagen völlig verändert. Den deutschen Forderungen werden die italienischen folgen –.

Die Regierungszentren nicht nur Europas in Kriegserwartung.
Friedensappell des Papstes, dessen Stimme vor der neuen Sprache,
die geredet wird, verhallen muß.

Mobilmachung in Polen. Frankreich wird in der Presse schonender behandelt als England.

26. August 1939 / Sonnabend

> Weil du so wert bist vor meinen Augen geachtet, mußt
> du auch herrlich sein, und ich habe dich lieb.
>
> *Jesaja 43, 4*

Noch immer hat mein Taufkapitel seine besondere Sprache mit
mir geredet. Dieser Morgen hob sich nun deutlich ab: nicht
durch das Anwachsen der Propaganda so sehr, wie die kleinen
greifbaren Zeichen: keine Milch, der Milchmann eingezogen;
Abschiede von einberufenen Reservisten; die Omnibuslinie nach
dem Wannsee eingestellt, da Fahrer und Wagen in zu großer
Anzahl einberufen sind.

Zwei Briefe von Brigitte mit der gleichen Post; der erste noch
ganz nichtsahnend; der zweite sehr erschreckt: Croydon wird geräumt.

Über diesen Brief war Hanni doch sehr erschrocken, bald aber
wieder ruhig. Denn was Besseres wüßten wir für Brigitte?

In Haushalt, Garten, am Schreibtisch führen wir alle Arbeit weiter geregelt fort. Das hilft am besten. Uns bedeutet ja der deutsche
Osten zuviel, als daß wir nicht alles verstehen müßten, was sich
dort nun entscheiden soll, sehr bald von einem selbst vielleicht
mitentschieden werden soll.

Sehr quälend die lachenden Bilder Ribbentrops und Stalins, der
gestern noch ein »asiatischer Verbrecher« und der »Weltfeind« war,
in allen Zeitungen. Seit unsere Presse nichts gegen Rußland mehr
brachte, verzichtete die deutsche Kriegspropaganda auch auf die
Hetze gegen den »Kriegsschürer Judentum«; das war eine große
psychische Erleichterung für die, die alle Folgen solcher Hetze

kannten. Heute wird nur kurz und zynisch berichtet, daß die polnischen Juden bestimmte Bahnhöfe überfüllten und sich »rechtzeitig davonzumachen suchten«.

Die große Tannenbergfeier ist abgesagt. – Das ist mehr als alle Nachrichten. Abgesagt auch die Brauchitsch-Rede.

Der Eisenbahnverkehr soll für die Zivilbevölkerung gesperrt sein; wir entnehmen, ab morgen abend nur partiell und vorübergehend.

Wir hören Meldungen im Rundfunk: die Nachrichten sind Wiederholungen. Auch die Abendpresse bringt keine Steigerung mehr. Es ist wie ein Anhalten während letzter, geheimer Verhandlungen.

27. August 1939 / Sonntag

> Zuflucht ist bei dem alten Gott und unter den ewigen Armen. *5. Mose 33, 27*

Das war der Text der einen der beiden heutigen Predigten; der der anderen – in verhängnisvoller Begrenzung auf die wahre Kirche, die allein das Strafgericht eines Krieges überstehen werde – war das 6. Jesajakapitel. Um der Schwere dieses Sonntags willen sprachen beide Pastoren, Dr. Wiese und Lilge. Die Lieder waren sehr bedacht gewählt: Flemings »In allen meinen Taten«, Gellerts »Ich hab in guten Stunden«, Paul Ebers »Wenn wir in höchsten Nöten sein«. Die Kirche war nicht voller als sonst, die Gemeinde sehr ernst. Nun sind schon viele Männer einberufen. Hanni war wieder mit mir in der Kirche. Noch einmal ist es wie ein Tag des Anhaltens für Verhandlungen. Denn zu dem polnischen Angriffsakt, auf den die deutsche Propaganda abgestellt war und der die Situation England gegenüber sehr erleichtert hätte, ist es nicht gekommen.

Danzig ist nun nur noch ein Teilproblem, war es ernstlich natürlich immer, wie ja ohne Frage über »Systemzeit« und Nationalsozialismus hinweg große deutsche Probleme auszutragen sind.

Man erschrickt davor, daß all die Leiden der Deutschen in Polen, die den Kriegsanlaß bieten und bilden, ganz, ganz genau so den Juden in Deutschland eben zugefügt werden.

Der »Parteitag des Friedens«, der am 2. 9. beginnen sollte, ist abgesagt.

Für Teile des Heeres und der Luftwaffe wurde eine mehrtägige Postsperre eingeführt. – Einschränkungen des Bahn- und Luftverkehrs. – Ab morgen wird eine Bezugscheinpflicht für eine Reihe lebenswichtiger Verbrauchsgüter eingeführt. –

Heute scheint das Schwergewicht in London zu liegen: nach vierstündigem Bericht des englischen Botschafters in Berlin bei seiner Regierung zweimal Kronrat.

Friedlich sitzen die Menschen in ihren Gärten: aber wie sorgenvoll sind ihre Gesichter; welche Gedanken bewegen sie!

Alle Menschen, denen man begegnete, wirkten sehr gefaßt und ernst.

Der Ton der Rundfunkmeldungen viel ruhiger als im Vorjahr bei der Tschechenkrise. Man scheint den ganzen Sonntag verhandelt zu haben. Die inoffizielle Mobilmachung wurde nur in einem Nebensatz berührt: man erwarte alle Disziplin und alles Verständnis von den Hausfrauen, die nun ihre Männer und Söhne hätten zur Wehrmacht gehen lassen müssen. –

Hitler hat vor den Abgeordneten des Reichstags, ohne die sonst übliche Funkübertragung, in seiner Reichskanzlei über den Ernst der Stunde gesprochen, »und es wurden ihm stürmische Ovationen bereitet«.

Aber das ist ja eben eine der Hauptfragen: wie kann ein Volk einen Krieg bestehen so ohne alle Begeisterung, derart niedergeschlagen?!

28. August 1939 | Montag

> Er ist ein Erlöser und Nothelfer, und er tut Zeichen und Wunder im Himmel und auf Erden.   *Daniel 6, 28*
>
> Was bei den Menschen unmöglich ist, das ist bei Gott möglich.   *Lukas 18, 27*

Das sind die Losungssprüche des heutigen Tages.

Und die gelten, was auch kommt. Die hat Gott zu seinem Volk nun unter allen Völkern gesprochen.

Weiter Verhandlungen. Das Objekt und die Gesprächspartner weiß man nicht. Einer der Führenden unserer Regierung soll in London sein. Briefwechsel Hitler–Daladier.

Von überall her trifft einen die Nachricht: Einberufen.

Durch die sofortige Einführung der Bezugskarten herrscht heute große Unruhe im Einkaufswesen.

Der Unterschied zwischen den arischen und jüdischen Volkskarten zur eventuellen Erfassung der Zivilbevölkerung besteht

– zur vorläufig doch großen Beruhigung – darin, daß Hanni und Reni ihre Karte selbst holen und bringen mußten; den anderen wurde sie gebracht; ihre Karten tragen ein rotes »J«, sonst ist's das gleiche.

29. August 1939 | Dienstag

> Ich freue mich und bin fröhlich in dir und lobe deinen Namen, du Allerhöchster.　　　　*Psalm 9, 3*

Das Freuen und Fröhlichsein ist schwer. Das Loben seines Namens ist es nicht.

Der Tag war meist verhüllt, gedämpfte Nachmittagssonne. Truppentransporte zur Grenze; höchste diplomatische Aktivität in den Hauptstädten. Die Rheingrenze von Frankreich gesperrt. Gestern und heute wurde der Luftschutzkeller kontrolliert. Heute holte ich die Ausweiskarten für den Haushalt; eine große Beruhigung liegt in dem Vermerk »ohne Rücksicht auf Rasse«.

Nach der Abendpresse, die nur polnischen Terror meldet, zu schließen, hat der nächtliche Besuch des englischen Botschafters Henderson nach seiner Rückkehr aus London bei Hitler keine Entspannung herbeigeführt.

Den Aufsatz über den Christbaum für das Weihnachtsbuch 1939 des Furche-Verlages beendet.

30. August 1939 | Mittwoch

> Wisset, daß ihr dazu berufen seid, daß ihr den Segen erbet.　　　　*1. Petrus 3, 9*

In der Politik trotz Mobilmachung in so vielen Ländern und trotz unablässiger diplomatischer Aktionen kein Schritt voran und kein Schritt zurück. Wie Koenigswald zu uns kam, so ruft Ihlenfeld an, so schreiben Schröder und Schneider: bestimmte Gruppen drängt es in so schweren Tagen zusammen; nur ich bringe von mir aus keinen Schritt auf Menschen zu mehr fertig. Es ist, als habe ich mich selbst mehr und mehr allenthalben ausscheiden müssen. Das kann nur Gott wieder heilen. –

Alle Gerüchte, die einen erreichen, wollen von politischer Entspannung wissen; seit gestern schon – vom Redakteur bis zum kleinen Kolonialwarenhändler im Eckladen, von der NSV-Blockwalterin bis zu den befreundeten Ausländern in Berlin ist's e i n Gerücht. Mir ist noch bange. Es ist alles gar zu menschlich, dies Einander-»freie Hand«-Geben in Europa, Asien, Afrika. Die

Zeit der »neuen Kreuzzüge«, des »Kampfes der Ideologien« jedenfalls ist vorüber. Die Größe menschlicher Macht wird uns demonstriert, der Sinn *ad absurdum* geführt. Mir ist noch sehr bange.

31. August 1939 | Donnerstag

> Ach, daß du den Himmel zerrissest und führest herab!
> *Jesaja 64, 1*

Dieses Wort hat man von Jahr zu Jahr mehr begreifen lernen.
Gesamtmobilmachung in Polen befohlen.
In Deutschland Ministerrat für die Reichsverteidigung gebildet.
Und alles soll wirklich nur psychologisches Druckmittel von Nation zu Nation sein?
In Berlin wieder nächtliche Besprechung mit dem englischen Botschafter. Es geht ja um den ganzen Rest des Versailler Vertrages. Die Völker werden in völliger Unklarheit gelassen – und hoffen, hoffen. – Chamberlain in der gleichen Nacht beim König von England.

1. September 1939 | Freitag

> Suchet den Herrn, solange er zu finden ist; rufet ihn an, solange er nahe ist.
> *Jesaja 55, 6*

Der zweite Spruch der Losung heute ist: »Sehet, jetzt ist die angenehme Zeit, jetzt ist der Tag des Heils.« 2. Korinther 6,2.
Wie die Stunden dieses schweren Tages ablaufen, soweit es die große Politik betrifft, das halten Zeitungen und Dokumente fest.
Uns erreicht die Nachricht von dem Beginn der Kämpfe gegen Polen über Dr. Panick frühzeitig, da für sechs Uhr er als Arzt, um sieben sie als Ärztin an ihre schon vorher bezeichneten Kriegsdienststellen berufen wurden.
Um zehn Uhr hörten wir in der Zimmermannschen Wohnung die Übertragung der Reichstagssitzung mit der Führerrede. Selbst das junge Renerle erschrak: Kein Wort von Gott in dieser Stunde. – Das ist der stärkste Eindruck dieses bitterschweren Tages. Es mag ehrlicher so sein; aber nun wird erst allen bewußt werden, was mit Deutschland ist. – Die Rede klang sehr ernst. Der Anfang der Kämpfe soll eine Apotheose des Willens sein.
In den Tagesbefehlen an die drei Wehrmachtsteile heißt es nur

in dem von Brauchitsch unterzeichneten an das Heer: »Mit Gott«.
Für die Marine (Raeder) und die Luftwaffe (Göring) hat man es
unterlassen; dabei gilt Raeder als besonders kirchlich.

Um halb acht abends der erste Fliegeralarm, nachdem wir gerade
– was vor kurzem noch Übungssache war, nun Ernst – das Haus
verdunkelt hatten. Er wurde bald beendet.

Aus den Abendmeldungen erfuhr man, daß die deutschen Truppen auf der ganzen Linie in Polen eingedrungen sind und die
ersten Bombardements stattgefunden haben.

Kriegsfreiwillige dürfen sich nicht melden. Doch gilt dies bis
jetzt nur für die Nationalsozialistische Partei, die für ihre Angehörigen Sonderaufträge bereithält. Es war ein lähmender Abend.

An den künftigen Abenden, an denen die Verdunkelung aufrechterhalten bleibt, wollen wir nach der Verbesserung unserer Maßnahmen in den abgedunkelten Zimmern arbeiten wie immer.

Die allgemeine Mobilmachung, die mich wegriefe, ist noch nicht
erfolgt.

Alles wartet auf Englands Entschlüsse.

Ein Stimmungsbericht der DAZ sucht lauter schöne Gründe dafür, daß die Berliner heute gar so ernst und still waren und es
zu patriotischen Kundgebungen nicht kam.

2. September 1939 | Sonnabend

> ´Er nahm sie auf und trug sie allezeit von altersher.
>
> Jesaja 63, 9

Ich zeichne nur auf, was nicht in den Zeitungen steht. Die Menschen sind abgehetzt und bedrückt.

In den enger zusammenlebenden Gruppen sucht man ganz besonders freundlich zueinander zu sein.

Trotz der Erwartung nächtlicher Fliegerangriffe haben wir, wie
erschöpft, geschlafen; selbst ich zum ersten Mal seit langem, gerade diese Nacht. Wir empfinden es als ein großes Glück, gerade
in den ersten Tagen der Umstellung noch nicht voneinander getrennt zu sein. Renerle ist besonders zärtlich. Hanni sieht wieder
so schlecht aus wie im November. Wir tun alles weiter wie immer.
Ich glaube, die meisten halten es so.

Die Sondergenehmigung zwei Jahre her.

Zwischen Mann und Frau rühren Blicke, Worte, Gesten jetzt ans
letzte.

O du Kleingläubiger, warum zweifeltest du?

Matthäus 14, 31

Mit Hanni in der Kirche, die heute sehr voll und sehr ernstge-
stimmt war. Gott kann von diesem Volke nicht lassen.

Es kommen jetzt zu viele Besuche, die ein Symptom der erregten Tage sind. Uns bedeuten sie ein Negativum. Wir wollen keine
Prognosen, die der furchtbaren deutschen Zwiespältigkeit entspringen. Wir können nicht aus Bitterkeit gegen das Dritte Reich
Deutschland den Untergang wünschen, wie viele es tun. Das ist
ganz unmöglich. Wir können auch in dieser von außen so bedrohten Stunde nicht hoffen auf Rebellion und Putsch. – Nur
Pagels Besuch tat uns wohl. Mit ihm und Ihlenfeld stimmen wir
am meisten überein. Auch darin, daß man sich den Blick nicht
trüben lassen darf für das, was wirklich für die Nation ausgetra-
gen wird. Pagel hoffte noch nach einer interneren Nachricht auf
eine Begrenzung des Polenkrieges auf Grund von Mussolinischen
Vermittlungsaktionen, die Fristen bis zum heutigen Abend, elf
Uhr, vorsahen. – Kaum war er heimgefahren, da brachte Fräulein L. die eben am Rundfunk gehörte Sondermeldung: England
greift in den Krieg ein –.

An diesem fast verklärt zu nennenden ersten Septembersonntag
nun diese furchtbare Entscheidung, um die alles noch in Hangen
und Bangen war – und in letztem Hoffen.

Ein strahlender, herrlicher Tag ist's in klarem Glanze, weichem
Winde, tiefer Verwobenheit der reifenden, noch in voller Buntheit blühenden Gärten, in denen die efeu- und geißblattumwach-
senen Kiefern so ernst und feierlich wirken. Es ist die vollendete
Stille, Friede, der unverlierbar scheint.

Der dritte so herzliche Brief vom »Deutschen Pfarrerblatt«, das
mich ja durch meine ganze Jugend begleitete und in dem meine
allerersten Veröffentlichungen, noch aus meiner Studentenzeit,
erschienen und das nun – was mich doch bewegt – das Bild meines
Hauses für die Pfarrhäuser bringen will.

Das Bibelwort, das diesen Tag bestimmt, ist Römer 14,8: »Leben
wir, so leben wir dem Herrn; sterben wir, so sterben wir dem
Herrn. Darum, wir leben oder sterben, so sind wir des Herrn«.

Die Aufgabe ändert sich nie und heißt immer: Glauben bezeugen.

Aufrufe an Ost- und Westarmee, Partei, Volk: in den beiden letzteren taucht nun der »jüdische Weltfeind« wieder sofort auf. –

Nun ist von »jenem Herrgott« die Rede, der »denen hilft, die sich zu helfen entschlossen sind«.

Keine nationalen Kundgebungen und, was am meisten auffällt: Danzig ist deutsch, und es wird nicht geflaggt, weil diesmal das »spontane Flaggen« nicht befohlen wurde; beides wohl, um die Stimmung zu erkunden. Erst heute wartende Mengen auf dem Wilhelmsplatz.

Strahlender, stiller, klarer Sternenabend. Groß und herrlich leuchtend der Mars. Auch er ist Gottes Gestirn. So ist es nun doch im Zeichen der nahen Marsbewegung geschehen.

Wie deutlich steht der Moment vor einem, in dem einen die Kriegsnachricht 1914 erreichte: Wir wohnten damals am Markt; Vater und ich standen auf dem Balkon; Baumeister Walter kam vom »Dreiviertelsieben-Zug« und rief die Kriegsnachricht, die er aus Glogau mitbrachte, herauf. Bald fiel er. Diesmal geht der Krieg nicht ins Bewußtsein ein.

4. September 1939 | Montag

Es stehe Gott auf!   *Psalm 68, 2*

Auch heute ist es bei allen so, die man spricht: Man begreift die Wirklichkeit des Krieges nicht, er scheint fern, widerruflich. – Nur Niedergeschlagenheit, nur Ernst, nur Sorge – von einigen törichten Äußerungen alten, allgemeinen, chauvinistischen Stiles abgesehen. –

Seit gestern 17 Uhr befindet sich auch Frankreich mit uns im Kriege. Die Publizistik verzichtet nach wie vor auf Angriffe gegen Frankreich. – Italiens Haltung wird in der Bevölkerung nun bereits als unklar empfunden. –

Die Menschen aller Schichten ernst, still, gefaßt, unheimlich ruhig. Ein Krieg ohne Kriegserklärung, ohne Mobilisation. In der Stille werden die Männer geholt. Ein Tag Krieg mit Frankreich: und nichts an der Westfront vorgefallen, als könne man sich nicht zum Kampf entschließen. –

Die Seltsamkeit des Kriegsbeginnes lastet wie ein Rätsel, ein schicksalschweres, auf allen – erfüllt manche mit einer verzweifelten, manche mit einer gläubigen Hoffnung.

> In der Zeit meiner Not suche ich den Herrn; meine
> Hand ist des Nachts ausgestreckt und läßt nicht ab; denn
> meine Seele will sich nicht trösten lassen.
>
> *Psalm 77, 3*

Auch diese Nacht war wieder ruhig. Wie man das gelernt hat,
dafür zu danken. Wir haben es freilich schon im November begriffen, als soviel Leid über die jüdischen Häuser kam. –
Nun ist's ein neues Seufzen, über die hohen Kriegssteuern für die,
die nicht im Felde sind. Der Schritt von der Einschränkung zur
Entbehrung scheint bereits nahe zu sein. Aber alles gilt nichts
gegen die nur scheu vorgebrachten Gefallenennachrichten.
Ich arbeite weiter, kann aber keine lobenswerte Haltung darin
erblicken, auch ist's eine gänzlich kraftlose Leistung; und doch
sehne ich mich nur nach ihr.
Es ist so furchtbar, daß es nach allen Kämpfen um die Arbeit nun
gleichgültig geworden ist, ob man arbeitet oder nicht. Es ging
mir durch und durch, als Hanni heute »noch einmal« nach Potsdam wollte. Es war ein Tag voll immer reinerer Klarheit, immer
reinerem Glanze, von wunderbaren Beleuchtungen. Potsdam war
sehr verändert. Das Leben der vitalen Stadt so reduziert. Die
Dampfer auf der Havel lagen still; auch kein Boot war zu sehen;
und fast nur Militärautos und requirierte Wagen; endlose Reihen
von Lastautos zur Soldatenbeförderung und übende Truppen am
Rande der Stadt und der stillen Parks, die man sonst kaum einmal ohne Scharen von Menschen sah. Wir gingen durch den Park
von Sanssouci, mit Renerle, durchs Paradiesgärtlein, übers Belvedere und kamen zu Hans Pflugs Haus am Waldrand; wir sprachen aber nur Frau Pflug, er ist schon eingezogen; er ist vier
Jahre älter als ich und körperlich sogar schwächer. – Dann gingen
wir nach Bornim zu Koenigswalds. Friede, Friede über dem para-
diesisch reich blühenden Garten, aus dem wir mit riesigen, bunten Sträußen heimkehrten in die gleiche Stille, den gleichen Frieden. –

> Ziehet an den Harnisch Gottes.
>
> *Epheser 6, 11*

Die Hoffnung taucht auf, daß Frankreich so lange nicht eingreift,
wie auch Italien nicht marschiert; die Hoffnung, daß England mit

dem vollen Einsatz zögert, bis ein Regierungswechsel in Polen ihn erübrigt. – Hoffen, hoffen, wo einer nur die fernste Möglichkeit ahnen zu dürfen glaubt.

Gott schweigt noch über diesem Kriege.

7. September 1939 | Donnerstag

Friede sei in diesem Hause! *Lukas 10, 5*

Welch ein Wort über ein neues Haus im Kriege! Leuchtend steht es im sonnenüberglänzten Garten auf seinem grünen Hügel, vom warmen Winde umspielt. Ringsum, bald ihre volle Farbe gewinnend, reifen die Früchte an den Bäumen. Die großen Vasen in den Zimmern vermögen kaum die Fülle der Spätsommerblumen und Frühherbstblumen zu fassen. Auch jetzt verliert das Haus nicht seine Festlichkeit. Die vielen Kiefern am Abschluß des Gartens sind wie ein Waldrand. Immer wieder zieht es den Blick vom Schreibtisch zu ihnen hin.

Die Entscheidungsschlacht im Osten scheint seit gestern im Gange zu sein. Noch immer ist es wie ein Krieg ausschließlich zwischen Deutschland und Polen. Das Eingreifen Englands scheint noch nicht spürbar zu sein. Und an der Westfront nach wie vor Stille. Das Rätsel und die Hoffnung bleiben; die Hoffnung verdichtet sich immer mehr. Aber alle haben sich vorbereitet auf große, große Einschränkungen.

Der Krieg ist da – und so völlig anders, als die Welt den »neuen Weltbrand« sich vorstellte. Gerade den Einsatz hatte man so radikal erwartet. – Die Verluste sind in Polen nicht so furchtbar, wie die ersten »vertraulichen Mitteilungen« besagten.

8. September 1939 | Freitag

Ringet danach, daß ihr durch die enge Pforte eingeht! *Lukas 13, 24*

Stille im Westen. Kein Eingreifen Englands. In der deutschen Presse so haßerfüllte Propaganda gegen England – kein Wort gegen Frankreich –, daß man bangen muß, ein Sieg in Polen bedeutet nicht den Frieden. – Alle politischen Kombinationen und Spekulationen entspringen innenpolitischen Wünschen.

Was bedeutet Englands Zaudern? Der führende Mann ist in Wahrheit nicht mehr Chamberlain, sondern Churchill! Und das bedeutet Haß.

> Herr, wie lange willst du mein so gar vergessen? Wie
> lange verbirgst du deine Antlitz vor mir? *Psalm 13, 2*

Von Haß erfüllt auch die plötzlich angesetzte, aus den Borsig-
Werken übertragene Rede Görings, nach der man mit einem langen englischen Kriege nach dem polnischen Blitzkrieg rechnen
muß. Die sehr massive Rede, ganz auf breiteste Massenwirkung
eingestellt angesichts der ersten Stimmungskrise, hat mir Göring –
der einzige, an den sich die Gedanken noch immer zu halten suchten – sehr ferne gerückt. – Wie der Allmächtige nun doch zitiert
wurde, ist nur abstoßend. – Göring: »Wir haben eine Führung,
die vor Energie rast.« – Und ein müdes Volk. –

10. September 1939 | Sonntag

> Siehe, selig ist der Mensch, den Gott straft; darum
> weigere dich der Züchtigung des Allmächtigen nicht.
> Denn er verletzt und verbindet; er zerschlägt, und
> seine Hand heilt. Aus sechs Trübsalen wird er dich
> erretten, und in der siebenten wird dich kein Übel
> rühren; in der Teuerung wird er dich vom Tod er-
> lösen und im Kriege von des Schwertes Hand. – Und
> wirst erfahren, daß deine Hütte Frieden hat, und wirst
> deine Behausung versorgen und nichts vermissen.
>
> *Hiob 5, 17–20. 24*

Ich hab's ja schon so oft erlebt. –

In der Kirche waren wieder sehr viel Menschen, wenn auch nicht
so viel wie am ersten Kriegssonntag. Gute Predigt von P. Wiese
über Psalm 68, 20, dies große und mir so teure Wort.

Es war eine große, feierliche Stille vor dem Regen, als wir mit
den Gästen unseres Hauses auf der Terrasse saßen. Aber wieder
erwies sich, daß das Zusammensein mit Menschen weder vertieft
noch ablenkt. Nun wird ja auch der Kreis spürbar kleiner.

Politische Hypothesen gibt es so viel wie Menschen; danach fragt
man nicht mehr. Aber wenn man spürt, wie die Deutschen gar
nicht mehr wissen, was sie Deutschland überhaupt wünschen
sollen, dann quält es einen sehr. Man selbst ist in die Zweifel und
Ungewißheiten mit einbezogen. In diesem Kriege wird auf alle
Freiwilligen bis jetzt verzichtet. An die Stelle der Freiwilligkeit –
das gilt selbst für die Versorgung der Soldaten- und Reservisten-
züge mit Liebesgaben, die 1914 für die Daheimgebliebenen eine
so große Rolle spielten – ist die totale Organisation getreten.

> Ich habe die Erde gemacht und Menschen und Vieh,
> so auf Erden sind, durch meine große Kraft und
> meinen ausgestreckten Arm und gebe sie, wenn ich
> will. *Jeremia 27, 5*

Über dem »Vater« steht wohl als geheimes Motto Luthers Wort:
»Es ist alles voller Bibel!« Über dem »Ewigen Haus«, darf es werden, wird wohl einmal heimlich Luthers Ausspruch: »Welt war
Welt, Welt ist Welt, Welt bleibt Welt« geschrieben sein müssen. –
Aber Gott hat gesagt: »Ich werde sein, der ich sein werde.« Alle
Berührung mit Menschen macht eben so niederschmetternd klar,
daß der Wandel der Menschen nicht geschieht. Das gibt ein gewisses, sehr bedingtes Recht auf den Versuch des zurückgezoge-
nen, häuslichen Lebens. – Die Arbeit geht so müde und kläglich
vor sich, daß sie gar nichts mehr rechtfertigt.
Ein paar Tage konnte man unter dem Eindruck des ungeheuer
raschen Vordringens ein Aufleben der Begeisterung beobachten.

12. September 1939 | Dienstag

> Seine Knechte werden ihm dienen und sehen sein An-
> gesicht; und sein Name wird an ihren Stirnen sein.
> *Offenbarung Johannes 22, 3. 4*

In all den gerechtfertigten sehr schweren Sorgen dieser Wochen
darf die Frage an die Zukunft nie lauten: Was soll mir genommen
werden?, sondern es darf gefragt werden: Was will Gott mir
mit diesem Strafgericht und dieser Prüfung geben? Denn Er
kann nicht zerstören, wie die Welt zerstört.
Ich glaube nicht, daß jemals in christlicher Zeit ein Krieg so
wenig als Strafgericht angenommen und begriffen worden ist wie
dieser, der sich nach Menschenwillen sogar erst noch steigern
soll. –

13. September 1939 | Mittwoch

> Es wird ein Stern aus Jakob aufgehen und ein Zepter
> aus Israel aufkommen. *4. Mose 24, 17*

Pastor Koch-Essen schreibt, daß ihn im Falle der Einberufung
das »Kyrie« begleiten würde; Pastor Noltensmeier-Wien, das
»Kyrie« habe ihm in den vergangenen Tagen auch den gangbaren
Weg aus der Not gezeigt, die ihn angesichts seiner ersten Kriegs-

predigt bedrängte. Bin ich auch sehr illusionslos, ja ungerechtfertigt abweisend gegenüber dem Zutrauen zur Wirkung der
Dichtung, so steht doch ohne Frage fest, daß Gottes Wort, wie
und wo es eingefangen ist oder was es sich auch gefangenge-
macht hat, wirken muß. So allein sehe ich auch den Erfolg des
»Vater« an.

Darum kann ich auch in all der peinigenden Müdigkeit nicht
lassen vom »Ewigen Haus«, so sehr dieser große Plan gerade jetzt
wieder auf mir lastet, so undurchführbar nach menschlichem Ermessen er gerade jetzt erscheint.

Mit dem Kriegsbeginn habe ich gleichsam die immer wieder ver-
störte, gestörte, ja zerstörte Arbeit wieder ganz von neuem aufgenommen im Vertrauen auf meinen Spruch für dieses Kriegs-
jahr: »Habe ich dir nicht gesagt, so du glauben würdest, du solltest die Herrlichkeit Gottes sehen?«

Ein langer, sehr herzlicher Anruf von Dr. Koch, der in aller
neuen Belastung mein Manuskript für das Pfarrhausbuch schon
wieder geprüft hat und mir wohl zu verstehen geben wollte, daß
die schwere Situation für mich noch nichts ändert. Auch ohne
Anlaß soll ich ihn im Ministerium besuchen. –

14. September 1939 | Donnerstag

> Ich achte es noch alles für Schaden gegen die über-
> schwängliche Erkenntnis Christi Jesu, meines Herrn.
>
> *Philipper 3, 8. 9*

Während der Tobis-Kulturfilm-Vorschlag vorerst noch große
Zurückhaltung erfordert, verlangt ein Ihlenfeldscher Plan für die
Eckart-Bücher sofortige Bereitschaft, denn in ihm geht es um den
Kern der Arbeit: Bibelsprüche mit Auslegungen fürs Feld; das
Vaterunser für die Front; Gesangbuch-Auswahl für die drau-
ßen. – Solche Dinge besorgen heute die namhaftesten Autoren.
Die Zeit der Traktätchen ist vorüber.

Aus den Briefen zum »Kyrie« sehe ich – ob Laien oder Theologen
schreiben – so ergreifend deutlich: die Gewißheit des Trostes,
die brauchen sie am meisten. – Und die gibt die Schrift so überreich, daß man es sein Leben lang »exegesierend« nicht wird
»ausdichten« können. –

Daß jetzt, wo so vieles stockt ringsum, nach der eigenen Arbeit
gefragt wird und man nicht ausgeschlossen ist, hilft sehr. –

18. September 1939 | Montag

> Sei nur stille zu Gott, meine Seele; denn er ist meine
> Hoffnung. *Psalm 62, 6*

Am späteren Nachmittag waren Ihlenfeld und Siegbert Stehmann
zu langer Besprechung über das »Vaterunser«-Buch und das Buch
»Das halte fest!« (Bibelsprüche und Auslegungen für diese schwere
Zeit)[200] bei mir. Mit meinem dringlichsten Anliegen, einem Weihnachtsbuch 1939, konnte ich mich all der neuen äußeren Schwierigkeiten, Autoren und Druckereien betreffend, nicht durchsetzen,
so einig wir uns über die Wichtigkeit gerade dieses Dienstes
waren. Das Einverständnis und sofortige gegenseitige Begreifen
mit Ihlenfeld wie immer, mit dem jungen Stehmann auf gutem
Wege. – Er wollte, ich sollte als Flugschrift eine Rede zum Weihnachten 1939 schreiben, »die die Pastoren reißend abnehmen
würden«. Aber das war mir zu vermessen.

19. September 1939 | Dienstag

> Er wendet sich zum Gebet der Verlassenen und ver-
> schmäht ihr Gebet nicht. *Psalm 102, 18*

So auffallend viel Pastoren und Pastorensöhne sind im Feldzug
in Polen gefallen. Nicht nur uns ist das in den Todesanzeigen
der Zeitungen so aufgefallen.
Um fünf Uhr plötzlich Hitler-Rede von Danzig aus im Rundfunk:
eine würdige und durchaus tragbare Rede. Auf einen raschen
Frieden hoffe ich nicht mehr. –
Der Rede sind zuviel entgegengesetzte Reden und Taten voran-
gegangen. – Nicht leicht zu tragen Stellen wie: »Ich habe das
deutsche Volk so erzogen –«.
Was wirtschaftlich vor uns liegt, ist nach offiziellen Erklärungen
eigentlich unbarmherzig klar: Kriegsfinanzierung aus dem Einkommen – Vermögensvernichtung, Ersparnisverzehr und Ein-
kommensverzicht – Drosselung des Verbrauchs und der Kapital-
bildung.
Zu den Todesanzeigen Gefallener kommen nun auch die in Polen
Ermordeter. Diese Morde und das Franktireurwesen haben diesem Kriege seine besonders schreckliche Eigenart gegeben.
Wir sind sehr dankbar, wie behütet noch immer unser Leben verlaufen darf; fast ist es unfaßlich. – Des Morgens nach stiller Nacht
zu danken, das hat man gelernt. –

> So kehret euch nun zur Festung, ihr, die ihr auf Hoff-
> nung gefangen liegt; denn auch heute verkündige ich,
> daß ich dir Zwiefältiges vergelten will.
>
> *Sacharja 9, 12*

Einladungen bei Pagels und Gert Pohl, der nun nach der tapferen
Beendigung seines Romans nach Berlin gekommen ist, und
bei Generalsuperintendent Dibelius mit Niemöllers Nachfolger
P. Gollwitzer[201] habe ich der schweren und berechtigten Sorge um
die Arbeit wegen nicht angenommen. Auch will ich künftig die
Mitarbeit an den Eckart-Büchern einstellen, wie an all den kirch-
lich-literarischen Sammelwerken, und mich auch diesen nächst-
stehenden Stellen gegenüber begrenzen auf Kirchenlieder und biblischen Roman. Das kann nicht gegen Gottes Willen sein: denn
Geduld und Wagnis des Glaubens liegen allein bei der großen,
so bedrückenden Arbeit, der man entrinnen möchte. –

23. September 1939 | Sonnabend

> Ihr sollt merken, daß ein lebendiger Gott unter euch
> ist.
>
> *Josua 3, 10*

Ohne Gottes Wort an jedem Tage würde weder Kraft noch Geduld reichen. Und doch steht das Schwerste noch bevor – »der
eigentliche Krieg«, wie man nun sagt.
Durch nachlässige Prüfung der Volkskarteikarten – obwohl doch
kaum noch Juden in Nikolassee wohnen – wurde heute unser
Haushalt als nichtarisch behandelt, und wir gewannen Einblick
in eine seit gestern laufende Aktion. Ein Polizist erschien, um ein
eventuell vorhandenes Rundfunkgerät einzuziehen, was übrigens
ohne Entschädigung geschieht. Das Ganze am Versöhnungsfest.
Ab Montag neue Lebensmittelkarten; Regelung »auf lange Sicht«;
Einschränkungen, als stünden wir schon lange, lange im Kriege.
Man blickt auf die Gefallenen-Anzeigen in der Zeitung und sagt
kein Wort, auch nicht angesichts der nun Tatsache gewordenen
ungeheuerlichen Steuerbelastungen. Aber man macht sich voll
bewußt, daß Gott Aufbau, Sicherheit, irdische Freude so ernst
durchstreicht. Nur daß er auch in einem solchen ernsten Leben
nahe bleibt. –
Der frühere Oberbefehlshaber des Heeres, Generaloberst von
Fritsch, ist in vorderster Front vor Warschau gefallen. An ihn
hatten sich Jahre hindurch die Erwartungen auf eine innen-

politische Wandlung durch die Armee geknüpft. Sein Name war auch bis in den Krieg hinein nicht verstummt. Nach Seeckt war er der größte deutsche Soldat. Dieser Mann nimmt viele Geheimnisse mit ins Grab; um das wahre, leidende Deutschland hat er wohl wie kein anderer gewußt. Wenn einer die gequälte Frage nach dem Sinn seiner großen Leistung stellen mußte, dann er. Doch hatte ich nie Gelegenheit, die Mythen, die um ihn entstanden, auf ihren wirklichen Gehalt zu überprüfen[202]. –

30. September 1939 / Sonnabend

> Es soll die Herrlichkeit dieses letzten Hauses größer
> werden, denn des ersten gewesen ist, spricht der Herr
> Zebaoth; und ich will Frieden geben an diesem Ort.
> *Haggai 2, 9*

Der erste Monat des Krieges ist um: die jähe Vernichtung, die Europas Städte erwarteten, hat das eine Land Polen getroffen.

Die Welt harrt und harrt, daß noch Friede werden möchte, ehe »der eigentliche Krieg« Leid über alle Vorstellung auferlegt.

Heute ist »der Friede von München« ein Jahr her – nie mehr sollte Krieg sein zwischen Deutschland und England. –

Auch jetzt im Kriege noch verhält sich das feindliche und neutrale Ausland in Sachen der Juden-Emigration aus Deutschland unverändert schikanös.

1. Oktober 1939 / Sonntag (Erntedankfest)

> Alle gute Gabe und alle vollkommene Gabe kommt
> von oben herab, von dem Vater des Lichts, bei wel-
> chem ist keine Veränderung noch Wechsel des Lichts
> und der Finsternis. *Jakobus 1, 17*

Hanni, Renerle und ich sind heute ganz allein.

An strahlendem Morgen, schimmernd von taufeuchten Bäumen, still und grün wie im Walde, durchwoben von zartblauem Glast, ein sehr feierlicher, sehr würdiger Erntedankfestgottesdienst im Kriege. Die Kirche voll wie an den höchsten Feiertagen, die Kinder der Gemeinde in den Gottesdienst mit einbezogen: die Kette der Zeugen reißt nicht ab. Das bewegt einen in dieser Zeit sehr. Die Altarkerzen brannten über den Blumen, den Schalen mit Früchten und Körben mit Gemüsen, den Erntegaben aus den Gärten von Nikolassee. –

2. Oktober 1939 | Montag

> Gleichwie ich über sie gewacht habe, – abzubrechen und
> zu verderben, also will ich über sie wachen, zu bauen
> und zu pflanzen, spricht der Herr.   *Jeremia 31, 28*

Eine wohl noch entscheidungsreichere Woche als die erste Sep-
temberwoche beginnt.

Staatsbibliothek, Universitätsbibliothek und auf die vielen Anrufe, weil es sich ja mit der Bibliothek ohne Zeitverlust verbinden
ließ, Verhandlungen Tobis-Kulturfilm-Abteilung. Ich verhandle
artig, aber reserviert. Meine Bedingungen habe ich mir nun genau
überlegt: ich will an Einnahme nicht mehr erzielen, als meine
Steuerbelastung ausmacht, und dafür zeitlich – nur gegen Fixum,
in keinem Fall für Zufallshonorare – ganz begrenzt arbeiten, auf
der Linie der – zunächst wieder einmal sehr begehrten! – alten
Funk-Hörfolgen 1932/33. Alles andere wäre schwerer Schaden
für den Roman. –

5. Oktober 1939 | Donnerstag

> Ist nicht der Herr unter uns? Es kann kein Unglück
> über uns kommen.   *Micha 3, 11*

Ich werde der Müdigkeit nicht mehr Herr; jener qualvollen Müdigkeit, die nicht von der Leistung her kommt, sondern davon,
daß alle Umstände sich immer hartnäckiger gegen die Arbeit
verschwören. Und hier geht's um die ganze Existenz.

Die Bekenntnis-Geistlichen suchen weiter die Fühlung zu mir zu
gewinnen: eine erneute Einladung von Dibelius, Besuchsankün-
digung von Drews. An meiner Haltung kann sich aber nichts
mehr ändern: soweit es nicht einzelne ernstlich verletzt, muß ich
allen fernbleiben. Ich weiß, was es heißt: »Des Satans Engel«. –

13. Oktober 1939 | Freitag

> Meine Gerechtigkeit ist nahe; – und meine Arme wer-
> den die Völker richten.   *Jesaja 51, 5*

Nach Hitler hat Daladier, nach Daladier nun – wohl ausschlag-
gebend – Chamberlain geredet. Man hat nur das eine Gefühl, daß
alle Führenden einander nicht verstehen wollen. In diesen Tagen
rührt einen Renerles Lebenslust doppelt – zumal Renerle doch
schon von so viel Schwerem weiß. Hanni sagte heute, sie, die
doch so selbständig war, sei es nun gar nicht mehr.

Aber das erklärt sich wohl hauptsächlich aus der noch völlig im Dunkeln liegenden Situation der jüdischen Frauen einberufener Männer. Hätte man nicht die quälende Erfahrung hinter sich, wie mit den Witwen und Kindern im Weltkrieg gefallener deutscher Juden, jüdischen Frontkämpfern und Kriegsverletzten verfahren wurde: man müßte meinen, daß ich niemals einen so starken Schutz für Hanni – und Reni? – bedeuten könnte wie als Soldat. –

14. Oktober 1939 | Sonnabend

> Es ist Zeit, daß anfange das Gericht an dem Hause Gottes. So aber zuerst an uns, was will's für ein Ende werden mit denen, die dem Evangelium Gottes nicht glauben?
> *1. Petrus 4, 17*

Besuch von Pfarrer Dreß, der nun an der Dahlemer Kirche, der Hochburg der Bekenntniskirche, ist und – aus genau denselben Gründen wie ich immer mehr davon abrücke. Als Lazarettpfarrer bei den Schwerverwundeten des Dahlemer Oskar-Helene-Heimes hat er positive Eindrücke; von Pastorenfeindlichkeit dort nichts; viel Schlesier und Westfalen. Ihre Kriegserlebnisse fürchterlich. Und wie muß es nur in denen aussehen, die bereits im Weltkrieg waren und nun »zum Anlernen« wieder mit hinaus mußten!

Ich sollte in diesem Lazarett lesen, auch auf einem – seiner Zusammensetzung nach bestimmt interessanten – internen Abend führender Dahlemer Leute. Es bleibt aber bei dem alten, dem strikten Redeverbot[203] für mich.

Aus Meschkes Brief spricht die ganze schwere Sorge, die in den nordöstlichen Ländern durch das von Deutschland ermöglichte Vorgehen Rußlands herrscht. Diese Sorge teilen viele Deutsche und empfinden den Russenpakt mehr als Gefahr denn als Schutz. Meschkes Brief nennt unter schwedischem Aspekt Rußland »den großen Sieger«. –

15. Oktober 1939 | Sonntag

> Er ist der lebendige Gott, der ewiglich bleibt, und sein Königreich ist unvergänglich, und seine Herrschaft hat kein Ende. Er ist ein Erlöser und Nothelfer, und er tut Zeichen und Wunder im Himmel und auf Erden.
> *Daniel 6, 27. 28*

Ein Oktobersonntag von ergreifender Schönheit. Es läßt sich nicht anders sagen.

Die Fülle in der Kirche läßt nicht nach. Hanni und Renerle holten mich ab, und wir gingen über die Rehwiese und den Nikolassee zum Großen und Kleinen Wannsee. Von solcher Schönheit waren die Seen noch nie. Nach Regenmorgen stiller, warmer, strahlender Mittag; das Wasser so blau, wie im Sommer nie; Halbinseln mit Gärten, in denen alle Farben in den sanftesten Tönungen leuchteten, über sattem, grünem Rasen; am Ufer vor uns hellgelbe Kastanien; auf dem See ein letzter Segler, drei Boote. Wir sind so glücklich über die schönen, schönen Spaziergänge, die wir hier haben. Den ganzen Tag, bis um fünf Uhr, nun schon um fünf, die Sonne sank, standen die Terrassentüren offen, die Gartenmöbel wurden noch einmal hervorgeholt; an allen spürte man die scheue Ergriffenheit ob all des Friedens. – Über den lichten Häusern, den Terrassen, Gärten, dem schönen, dicht umwachsenen Hügelweg, auf dem die Frauen im Gespräche standen, über den rauschenden Wipfeln, den wehenden Blättern – es war der erste Tag des großen Blätterfalls – schwebte ein fernes, mattgoldenes Licht: ein Licht, wie ich es nur aus den Landschaften meiner Träume kenne, die von einem Glücksgefühl, für das es kein Gleichnis gibt, erfüllt sind: den seltenen Träumen, die jedoch immer wiederkehren.

Wenn Frühling der Jugend, der Sommer der Reife, der Herbst dem beginnenden Alter entspräche – was müßte der Oktober des Lebens umschließen: Erfüllung, Wunschlosigkeit, Stille, Seligkeit, die über jedem gelben, welkenden Blätterbaum goldene Paradiesesbäume aufleuchten sieht!

Und wie schwer sehe ich das Alter vieler, vieler Menschen! –

Ein Lied[204] über das mir so nahe gekommene Wort »Zuflucht ist bei dem alten Gott und unter den ewigen Armen« geschrieben. Und ein Weihnachtslied über »Nun ruht doch alle Welt und ist still und jauchzt fröhlich. Auch freuen sich die Tannen«.

16. Oktober 1939 | Montag

> Ich will gedenken an meinen Bund, den ich mit dir gemacht habe zur Zeit deiner Jugend, und will mit dir einen ewigen Bund aufrichten. *Hesekiel 16, 60*

Jeder Brief, jeder Anruf, jedes Gespräch ist heute so beschwert mit großer eigener und allgemeiner Sorge. Brinkmann nimmt nun auch an, daß er aus dem Lazarett im Harz gleich wieder an die Westfront kommt. Auch Pagel, der allem nur durch seine Verletzung aus dem Weltkrieg entkommen ist, so niedergedrückt; und doch rief er an, um mir eine so schöne Mitteilung zu machen: Das 23.–25. Tausend des »Vater« ist angezeigt. – Da war auch Hannis und Renerles Freude wieder groß. Und schwere Zeit macht doppelt dankbar.

Nach diesem Anruf machten wir, was am Wochentag ja wirklich sehr ungewöhnlich ist, einen zweistündigen Spaziergang. Denn als man am Morgen die Fensterläden aufschlug, war's in den Gärten ein einziges, goldenes Wogen von Sonne, Wind und gelben Blättern, vom blauen Himmel überwölbt. Wir gingen zur Pfaueninsel – durch gewundene Waldstraßen, die immer wieder den Blick auf die Havel freigaben, über Ufertälern voll gelber Birken, roter Buchen, bronzener Eichen, dunkler Kiefern am Wasser; auch als die Sonne bald schwand, war's noch immer eine große Pracht: das Schönste war der Blick von der Höhe von Nikolskoe auf die herbstliche, still gewordene Havel drunten, die man sonst im heiteren, bewegten sommerlichen Treiben sah. Nun erst ist's rechte Heimat hier draußen. Doch begegnete man selbst am Montagmorgen vielen stillen Spaziergängern; ein Rudel Rehe. Durch den Glienicker Park gingen wir bis zur Brücke, zum Abschluß den Blick auf Potsdam zu tun; so nahe ist's, für uns in unserer Liebe zu Potsdam so beglückend nahe. Über die Rehwiese kamen wir heim. Ums graue Schieferdach der Kirche weht das Goldlaub der Birken, der Himmel war vom Mittag an dunkel, der starke Herbstwind wirbelte die Blätter durch die Gärten. Und was hat es für Bedeutung gewonnen, daß noch immer das Haus einen umschließt! Kein Tag, an dem ich nicht an die denke, die nach dem Weltkrieg in den Polenkrieg und nun an die Westfront mußten. Was auch noch komme: wieviel blieb einem schon erspart! –

21. Oktober 1939 | Sonnabend

> Der Herr ist freundlich dem, der auf ihn harrt,
> und der Seele, die nach ihm fragt. Es ist ein köstlich
> Ding, geduldig sein und auf die Hilfe des Herrn hoffen.
> *Klagelieder 3, 25. 26*

Nun heißt der Krieg, dessen stets bereite Furchtbarkeit noch immer keiner auszulösen wagt, gar schon der »Krieg der Langeweile«. –

Sechs Stunden mit Ihlenfeld und Stehmann das Buch »Das halte fest« fertiggestellt. Es ist ein wärmender Gedanke, daß hier nun bereits drei Generationen »neue Kirchenlieddichter« gemeinsam am, wenn auch kleinen, Werk sind. Wird es der schweren Zeit gewachsen sein? Die »Kyrie«-Auflage geht nun zur Neige. –

26. Oktober 1939 | Donnerstag

> Ich bin bei dir, spricht der Herr, daß ich dir helfe.
>
> *Jeremia 30, 11*

Wie tut jeden Tag Hilfe not.

Außer der Bibel weiß ich nur einen Trost: Luthers Auslegung der Schrift.

Die Rede des Außenministers Ribbentrop und was über ihr Echo im Ausland veröffentlicht werden darf, deutet darauf hin, daß Deutschland nun zur Offensive – nur gegen England? – übergehen wird. Alles klingt so, als trennten uns nur noch Tage vor der großen Wende zum »eigentlichen Krieg«. –

»Kampf« – »Mit den Waffen« – »Auf lange Sicht« – das sind in diesen Tagen die Losungsworte der Zeitung. »Krieg der Langeweile« – »Krieg der Geduld«: das sind seine Namen auch im Ausland. Die Ungeduld eines Teiles unserer Truppen an der stillen Westfront soll kaum mehr zu zügeln sein: so tief liegt in den friedliebenden Völkern die männliche Leidenschaft zum Kriege?

27. Oktober 1939 | Freitag

> Ich weiß wohl, was ich für Gedanken über euch habe, spricht der Herr: Gedanken des Friedens und nicht des Leides, daß ich euch gebe das Ende, des ihr wartet.
>
> *Jeremia 29, 11*

Stuttgart teilt mir mit, daß nun auch von *„In tormentis pinxit"* eine Neuauflage erscheint. Auch das hilft tragen: wie die Bücher ihren Weg weitergehen, während ich durch Sorgen und Störungen immer wieder zu solcher Stagnation der Arbeit gezwungen werde. Denn daß ich jeden Tag viele Stunden am Schreibtisch sitze und meinen festen Plan durchzuhalten versuche, besagt noch nicht gar so viel für die Leistung.

Eigentlich hält mich bei der Arbeit nur der Gedanke aufrecht – denn ihre Last ist ungeheuer –, daß Gott es so beschlossen hat: er will auch durch unsere vergänglichen Werke wirken. Des

Doppelsinnes des Wortes Vergehen bin ich mir immer bewußt. Auch das wird immer klarer: Glaube ohne Heiligung ist wie die Konzeption einer Dichtung ohne ihre Gestaltung. Wie die Konzeption einem keine Ruhe läßt, sondern gegen alle Widerstände Gestalt werden will, sie sei noch so torsohaft: so läßt auch der Glaube einen nicht ruhen in aller Schuld, allem Schmerz, aller Sorge; er muß das Leben ergreifen. Man kann nicht dagegen an, obwohl Welt »Welt war, Welt bleibt, Welt ist«.

Die Menschen, die wir sprachen, leiden sehr, wie dieser Krieg bei Militär und Bevölkerung, sowohl was die Stimmung über die Liebestätigkeit wie den Patriotismus und den Reflex großer, militärischer Leistungen angeht, eisern organisiert ist. Alles ist geleitet, geregelt, hier unterdrückt, dort hochgetrieben. Ein Eishauch liegt über der Volksseele. Es ist ein Triumph der Organisation und der Propaganda, der mir bange macht. –

Von der Dämmerung an Regen. Es ist wie tiefer November.

29. Oktober 1939 | Sonntag

> Heile du mich, Herr, so werde ich heil; hilf du mir, so ist mir geholfen; denn du bist mein Ruhm. Siehe, sie sprechen zu mir: Wo ist denn des Herrn Wort? Laß es doch kommen!
> *Jeremia 17, 14. 15*

Und es ist immer wieder gekommen.

Über diesem stillen Sonntag lag wieder der helle Schein der EIRENE und AGAPE[205], von dem man, ebensowenig wie vom Reiche Gottes, sagen kann »Hier oder da ist er«, und der doch genau so klar und stark spürbar ist.

Mit Hanni in der wieder so vollen Kirche.

Dann kam die ganze Familie Pagel, mit schönem Blumentopf, der später in den Garten soll; mit so viel Herzlichkeit. Pagel erzählte uns, daß ich nun neben Ina Seidel und Hervey Allen der am häufigsten von den Buchhandlungen angeforderte Autor bin.

Etwas anderes freute mich aber noch mehr: daß ich in und um den Verlag so ziemlich der einzige sei, der nicht mit der Bitte gekommen wäre, vom Verlag beim Militär reklamiert zu werden: zu ihm, dem im Weltkriege schwer Verletzten! –

Am Abend ruhige Arbeit am »Vaterunser«-Buch. Beendigung meines Beitrags. –

> Es ward eine dicke Finsternis in ganz Ägyptenland
> drei Tage. – Aber bei allen Kindern Israel war es licht
> in ihren Wohnungen.
> *2. Mose 10, 22. 23*

Das ist der Losungsspruch zu Hannis 49. Geburtstag. Welch
tiefen Sinn hat er in unserer Lage gewonnen! Ein stiller, stiller
Geburtstag: ohne Gäste; ohne Gratulanten, und – außer einem
Luftpostbrief von Meschkes – ohne Briefe und Pakete. So sind
die Menschen auseinandergerissen.

Wäre nicht der Gedanke an Brigitte, sähe Hanni aber in solcher
Stille einen Gewinn.

So viel bescheidener der Geburtstagstisch gegenüber den Vor-
jahren geworden ist, war er doch wunderschön: auf dem Zinnleuchter, dem Hauptgeschenk, eine Kerze aus Bienenwachs von
herrlichem, klösterlichem Duft: um die 28 Eckart-Bände – das von
mir bis heute aufbewahrte Geschenk des Verlages an mich – zarte,
grüne Ranken. Bei dem alten Stich vom Nonnenkloster Biberach
eine üppige, blaue Weintraube, darüber ein Strauß dunkelroter
Astern unter dem sizilianischen Barockengel; zur Rechten ein
mächtiger Korb gelber Astern. –

Der Tag hob sich von den letzten, gleichmäßig lichtlosen Tagen
ab. Erst tastete sich nach Einbescherung und gar puritanischem
Geburtstagsfrühstück zarte, silberne Sonne ins Zimmer; dann
war sie bald nicht mehr fahl, sondern brach durch unruhevolles
Gewölk und in wachsendem Winde sich entlaubende Bäume. –
Das kleine Geburtstagsmahl ganz in sonnedurchströmtem Zimmer.

Wie hätten wir es im September gedacht, daß wir diesen Geburts-
tag noch zusammen verleben dürften! Er ist nun das erste
Familienfest, wahrhaftig ein sehr häusliches Fest, des neuen
Hauses.

6. November 1939 | Montag

> David stärkte sich in dem Herrn, seinem Gott.
> *1. Samuel 30, 6*

Post von Brigitte. Wir wissen noch nicht einmal, auf welchem
Wege. Der Brief stammt vom 11. Oktober.

Wir atmen sehr auf. –

Immer wieder hören wir, wie sich aller Juden eine quälende Unruhe bemächtigt, je näher die Jahrestage der Novemberschrecken kommen. Auch ich träumte, ich sähe Hannis Gesicht, entstellt, auf dem »Schweißtuch der Veronika«, und es sprach: »Ich habe Angst.« Dann: daß wir uns das Leben nehmen wollten, und es Renerles wegen nicht taten.

Juden dürfen ohne Genehmigung der Geheimen Staatspolizei ihren Wohnort nicht verlassen. Abends haben sie sich in ihren Wohnungen aufzuhalten. Davor fürchten sie sich so, weil sich in den Wohnungen der Nürnberger Juden voriges Jahr so Schreckliches abspielte.

All das wird nicht mehr publiziert, sondern nur in der jüdischen Gemeinde bekanntgegeben. Dadurch erfahren wir es erst immer auf Umwegen.

Renerle kam gerade von Hilde Adler zurück: auch die war gewarnt worden: es schwebe eine Aktion auch gegen die Frauen. Und sie steht wenige Tage vor ihrer Auswanderung.

Sofort hatte Renerles Gesicht wieder den scharfen, leidenden Zug um den Mund, mit dem sie im Dezember aus Wolfshau zurückkam.

7. November 1939 | Dienstag

> Ich gelobte dir's, und begab mich mit dir in einen
> Bund, spricht der Herr, daß du solltest mein sein.
>
> *Hesekiel 16, 8*

Poelchaus und Ilse Jonas sagen sich an; Gert Pohls Abschied von Berlin soll abends mit uns bei Pagels begangen werden. Die Zeit, daß man nicht nur zu vielem, sondern zu allem nein sagen darf, wird wohl nie kommen oder nur mit großem Unglück erkauft. Auch zu Koch soll ich wieder kommen. Es ist mir alles eine Last. Sorgen und dauernde Störungen der Arbeit haben mich gar zu mürbe gemacht.

Bei Pagels abends war es gut und nett. Politisch ist's ein allgemeines Rätselraten: die einen erwarten die Offensive von Spanien und Italien her, denen wir dann Beute schaffen wie für Rußland; die anderen rechnen mit dem baldigen Durchmarsch durch Belgien. Diese sehen Himmlers Einfluß (SS) steigen, jene – was dem allerdings entspräche – haben etwas gehört vom Rücktrittsangebot Brauchitschs, Rundstedts und Reichenaus, dreier so hoher Militärs. –

Renerle hatten wir zu Brasch geschickt. Wenn einer etwas ahnen kann, dann er, der dauernd auf der Gestapo, den Ministerien und auf der Reise zwischen den großen jüdischen Gemeinden ist: als Syndikus der Berliner Jüdischen Gemeinde und kommissarischer Leiter des Kulturbundes.

Danach verhält es sich so, daß man den in Deutschland um ihren Erwerb gebrachten jüdischen Handwerkern Aufbauarbeit in Polen angeboten hat. Sehr viele Wiener Juden sind schon dort. – Es gibt nur diese Abwehr der Gerüchte: an den wenigen vertrauenerweckenden Stellen sofort Richtigstellung einholen. – Die Vermögenssteuer geht nun für mich auch sehr in die Höhe, da Juden keinen freien Anteil mehr haben, während bisher für Hanni, Renerle und Brigitte je 10 000 Mark abgezogen wurden.

Ich könnte alle Schwierigkeiten für die Arbeit noch überwinden, wenn niemand mehr käme, ich zu niemand mehr ginge: so unnatürlich erschöpft mich's. Nur um diesen Preis der Verkürzung und Verengung des Lebensbereiches könnte ich noch einmal vielleicht annähernd so arbeiten wie früher. Und darum muß ich diesen unnatürlichen Zustand immer wieder herbeizuführen trachten. So muß ich mich entscheiden, der ich mich so an der Wärme menschlicher Beziehungen freue. Was will Gott hier? –

9. November 1939 | Donnerstag

> Wenn ich mitten in der Angst wandle, so erquickst
> du mich. *Psalm 138, 7*

Ja, mitten in der Angst!

Gestern abend, nach Hitlers Rede vor den Alten Kämpfern der Partei bei ihrer Erinnerungsfeier, ist in München im Bürgerbräukeller ein Sprengstoffattentat verübt worden, nachdem Hitler gerade vorzeitig aufgebrochen war. Man weiß noch nicht den Täter: aber was eben noch den Menschen, die davon erfuhren, durch den Sinn ging als erschreckender Gedanke, war nach einer Stunde publizierte Drohung: Strafe den Juden, Strafen, gegen die die Novembermaßnahmen des Vorjahres noch milde waren.

Mich erreichte die Nachricht auf dem Wege zu Dr. Koch, dem es die neuen Manuskripte für den Eckart-Verlag vorzulegen galt. Er war warm, interessevoll, herzlich wie immer, und in meinen Angelegenheiten steht alles so gut, wie es nur sein kann. Aber seines Amtes ist Koch sehr müde. – Auch er erwartet nun das Bitterste für die Juden – obwohl man den Attentäter nicht weiß! K. sagte, es gebe nur eine Möglichkeit, daß das Attentat nicht den Juden zugeschrieben werde: die Kriegserklärung Amerikas. Barmherziger Gott – wer mögen die Schuldigen sein?

In der Stadt war so sehr merkwürdig, daß keinerlei Erregung oder Spannung wahrzunehmen war, außer daß mehr Menschen vor den Zeitungsaushängen standen. Kann man denn von Jahr zu Jahr so Schweres erleben – und immer weiter arbeiten – mit so zusammengepreßtem Herzen und betäubtem Kopf?

Gibt es noch einen Weg, daß Neues, Entsetzliches von den deutschen Juden abgewendet wird?

Auch der Krieg – als dürfe uns die doppelte Belastung nie mehr erspart bleiben – wird wohl nun, nach der gestrigen Münchener Rede, in eine neue Phase treten. Eben hatte er wieder ein neues Prädikat erhalten: »Der unkriegerische Krieg«. Bald, sehr bald kann er der »totale Krieg mit allen Mitteln« sein. Stille – wir kennen seit langem immer wieder nur die Stille vor neuem Entsetzen.

Aber Gott war bei uns selbst immer wieder zur Seite.

Renerle ist heute nicht bei uns.

Für was alles müssen wir in dieser Nacht vielleicht schon bangen? –

10. November 1939 | Freitag

> Ach, Herr, höre, ach Herr, sei gnädig, ach Herr, merke auf und tue es, und verzieh nicht um deiner selbst willen, mein Gott. *Daniel 9, 19*

Von Tag zu Tag wird es nun wieder schwerer, und kaum fasse ich, wie Hanni und ich so ruhig sind. Am Morgen noch vermied die DAZ, das Attentat in Beziehungen zum Judentum zu setzen; und das Verhalten dieser Zeitung ist symptomatisch; sie ist wie ein letzter Wall. In der Abendausgabe ist nun die Propaganda ganz groß aufgenommen: Juden, Juden, Juden.

Und bereits ein Vorschlag, für den arischen Partner einer Mischehe noch eine »Anfechtungsfrist« für ein Jahr zu geben, damit er seine Ehe scheiden lassen kann und »die endgültige Bereinigung des jüdischen Problems möglich wird«. Unser Renerle ist nun schon die zweite Nacht nicht bei uns. –

Der Bärenreiter-Verlag schickt weiter schöne Buchgeschenke und will für eine Matthias-Claudius-Briefausgabe ein Vorwort von mir, »dessen ganze Arbeit auf die Bibel gegründet ist«.

Wie söhnt es einen aus, wie dankbar macht es einen, daß die Arbeit so verstanden ist. –

12. November 1939 | Sonntag

> Der Herr wird's für mich vollführen. Herr, deine Güte ist ewig. Das Werk deiner Hände wollest du nicht lassen.
>
> *Psalm 138, 8*

Ein sanfter, dunkler, stiller Novembersonntag, nur dem Kirchgang und den Gästen bestimmt: Hannes Moltke und Karbe, Harald und Dorothea Poelchau, Ilse Jonas und der Telschow, die miteinander und nacheinander kamen, von vormittags um viertelzwölf bis abends um zehn. –

Wenn Menschen zu mir kommen, ist's immer so schön, daß fremde Leser mich grüßen lassen. Auch hören die Zuschriften noch immer nicht auf.

Die allgemeine Stimmung bleibt erregt, bedrückt und wie auf eine Entscheidung hin gesteigert. Auch ich kann diesen Eindruck nicht mehr von der Hand weisen.

Renerle verlebte den Sonntag halb mit uns, halb mit ihren neuen Freunden und bleibt weiter der Schlafschützling von den guten Pagels.

Von einem Bekannten beim Rassenpolitischen Amt hat Poelchau von denselben Maßnahmen gegen die Juden gehört wie ich: Zwangs-Aufbauarbeit in Polen, in der Gegend um Lublin; Ausmerzung der Juden aus Deutschland und Enteignung ihres restlichen Vermögens und Eigentums. Doch glaubt man nun nicht mehr an eine Aktion in unmittelbarer Verknüpfung mit dem geheimnisvollen Attentat.

An der Front ist's weiter wie eine »bewaffnete Beobachtung«.

13. November 1939 | Montag

> Der Herr ist deine Zuversicht; der Höchste ist deine Zuflucht. Es wird dir kein Übel begegnen, und keine Plage wird zu deiner Hütte sich nahen.
>
> *Psalm 91, 9. 10*

Der Krieg heißt nun auch noch der »Warte-Krieg«, in England gar »der komische Krieg«: und doch hält nur die Scheu vor so unermeßlichem Grauen die Heere und Völker zurück.

Das Paradoxe der Situation recht anschaulich zu machen, waren heute Peter Körner, der Sohn des Reichstheaterkammerpräsidenten, und Curt Götz jr.[206] zum Abendbrot bei uns. – Wir widmeten uns den jungen Leuten, weil uns doch immer sehr viel daran liegt, Renerles Freunde zu kennen.

14. November 1939 | Dienstag

> Er begehrt mein, so will ich ihm aushelfen; er kennt meinen Namen, darum will ich ihn schützen. Er ruft mich an, so will ich ihn erhören; ich bin bei ihm in der Not.
>
> *Psalm 91, 14. 15*

Über Frau Hart Post von Brigitte. Sie schreibt so dankbar und zufrieden über alles, was Hanni ihr so umsichtig mitgegeben hat. Auch schreibt sie, daß sie täglich in der Losung lese: dort stehe »soviel Hoffnung und Trost«.
Heute schweigt die Zeitung von dem Attentat.
Die aufgestauten Bora-Quellen und die leere Manuskriptmappe sind eine gar zu ernste Mahnung.
Nur die »Zeitwende« bekommt noch ihren Aufsatz über den christlichen Roman. Dann nehme ich endgültig Abschied vom Publizieren bis zum nächsten Roman und Liederbuch. –

17. November 1939 | Freitag

> Ich aber will zu Gott rufen, und der Herr wird mir helfen.
>
> *Psalm 55, 17*

Ein unruhiger und bedrückter Tag.
Wir bekamen den Bescheid, daß Hanni die Kontributionsnachzahlung in der vollen Höhe zu entrichten hat.
Ich war auf dem Finanzamt Zehlendorf, wo ich auf einen sehr unfreundlichen Dezernenten stieß. Dann fuhr ich gleich zu Justizrat Scholz, der aber den Sachverhalt nur bestätigen konnte. Maßgebend ist der Stand der jüdischen Vermögensangabe vom Sommer 1938. Die genehmigten Übertragungen von Hannis Vermögen auf mich ändern daran nichts. So müssen nun wieder 2450 Mark von meinem Verlagskonto abgehoben werden.
Daß nach dem schönen »Vater«-Erfolge (30. Tausend) das »Ewige Haus« nun doch in so schweren Sorgen geschrieben werden muß! Mir kam heut Paul Gerhardts Lied: »Auf den Nebel folgt die Sonn« und das Lutherwort vor Augen: »Wer Gottes Gnade ersehnt, muß es dulden, daß Gott wunderlich mit ihm umgeht.« –
Anruf von Schneider, Zeilen von Koenigswald – ob Briefe oder Gespräche –, aus allem klingt einem das gleiche entgegen: daß

es ja so nicht mehr weitergehen kann; daß in dem Volke etwas vorgeht, das nicht mehr in Agonie verrinnen kann.
Dem gegenüber die Lebensfreude der Berliner Abende. Finde sich hindurch, wer kann! –

19. November 1939 | Sonntag

> Siehe, Gott steht mir bei, der Herr erhält meine Seele.
> *Psalm 54, 6*

Verfügung, daß wegen der »Anspannung der Kräfte« der Bußtag auf den Totensonntag verlegt wird. In einem Kriege hätte man den Bußtag nicht ausmerzen sollen. Eine militärische Anordnung, die dem modernen, technisch raffinierten Kriege wieder seltsamerweise die Züge früherer, primitiver Kriege zurückgibt: nur noch zu den Hauptgottesdiensten, und zwar nur drei Minuten, dürfen nun die Glocken läuten, (damit der Feind bei schlechter Sicht aus der Höhe sich nicht durch Hören orientiert). –

22. November 1939 | Mittwoch (Bußtag)

> Tröste mich wieder mit deiner Hilfe, und mit einem freudigen Geist rüste mich aus. *Psalm 51, 14*

Dies ist nun der erste Bußtag ohne Glockenläuten und Gottesdienst. –
Heute wurde bekanntgegeben, wer der Täter, die Auftraggeber und der Organisator des Münchener Attentates seien. Außen- und innenpolitische Konsequenzen vermag ich nicht zu ermessen. Doch glaube ich, daß man für das deutsche Judentum in Verbindung mit dem Attentat nicht zu fürchten braucht, während die Verschickung der deutschen Juden nach Polen immer wieder behauptet wird.
Hanni, die so tapfer und ruhig ist, mag nie mehr allein sein. So behütet sie und Reni, während ich in der h-Moll-Messe bin, Curt Götz jr. Die Aufführung unter Professor Schumann war herrlich; die h-Moll-Messe für mich etwas völlig Unbekanntes. Ungeheuer der Eindruck des Schlußchors: *Dona nobis pacem.* Sehr, sehr voll, viel Uniformen. Das Ganze hat heute mehr als nur künstlerischen Charakter: nicht nur bei Dirigent und Sängern. Ohne Frage war in diesem Konzert in der Philharmonie wirkliche Kirche. –
Hanni und Renerle fand ich treu behütet: nicht nur Curt Götz,

auch Peter Körner war bei ihnen. Ein Bild so großen Behagens über dem Grunde eines so erregenden und bedrückenden Anlasses, daß man abends das Haus nicht mehr verläßt, ohne Frau und Tochter – diese Frau und diese Tochter – vor Polizei und Geheimer Staatspolizei aufs allernotdürftigste geschützt zu wissen. Obwohl es da kaum einen Schutz gibt: nur Zeugen für die Mischehe. –

23. November 1939 | Donnerstag

> Ich rief zu dem Herrn in meiner Angst, und er antwortete mir.
> *Jona 2, 3*

Meschkes haben also von Hilde Adler Nachricht wegen Renerle erhalten. Sie bemühen sich, sie nach Viggbyholm zu bringen, zu dem Adoptivkind einer dortigen Deutschlehrerin. Gleichzeitig haben Curt Götz-Sohn, seine Mutter und Curt Götz-Vaters Schwester einen Schritt bei dem hiesigen Attaché der Schweizer Gesandtschaft eingeleitet, den sie gut kennen. Auch ist der Vater Götz ja Schweizer geworden und hat seinen großen Besitz dort. Das für Juden sonst Unmögliche, die Einwanderungserlaubnis, soll hier möglich gemacht werden, wenn sich ein Haus findet, das Renerle aufnimmt.

Wir wagen es – auch innerlich – nicht mehr, uns zu widersetzen; und auch Renerle hat nun das Zutrauen zu Deutschland verloren. Hanni und ich sind aber ganz ruhig. Nach Schweden würde Renerle sehr ungern gehen.

Intensive Arbeit, starke Ausnützung des Tages: und doch kein Vorwärtskommen. Ist nun wirklich etwas Entscheidendes in einem gelähmt oder gebrochen? –

26. November 1939 | Sonntag

> Das Geheimnis des Herrn ist unter denen, die ihn fürchten; und seinen Bund läßt er sie wissen.
> *Psalm 25, 14*

Totensonntag, letzter Sonntag des Kirchenjahres in Schnee- und Regenschauern, starkem Wind, Dunkelheit und tiefer Stille. Heute begleitete mich Fräulein Anni einmal in die – sehr volle – Kirche. Über dem Text Johannes 11 wurde mir erst bewußt, wie ich trotz des täglichen Bibellesens in so schwerer Zeit wochenlang nicht an den Spruch des Jahres dachte: Johannes 11, 40

»Habe ich dir nicht gesagt, so du glauben würdest, du solltest die Herrlichkeit Gottes sehen?« –

An diesem Sonnabend-Feierabend und Sonntagmorgen war zum ersten Mal das kurze Kriegsgeläut.

Ich habe in dem Frieden dieses Sonntags in der Woche nicht Bewältigtes nachgearbeitet. –

Meine Betrachtung über den Christbaum in dem Weihnachtsbuch des Furche-Verlages erschienen. Durch meine verschiedenen Belegexemplare habe ich immer eine ganze Reihe von Weihnachtsgeschenken zur Verfügung. Durch diese Beiträge wie die Weihnachtslieder beginnt ja im Dichterhause die Vorweihnachtszeit überhaupt sehr früh.

Das darf mein Jahrgang ja nun hoffen: Weihnachten noch zu Hause zu sein.

28. November 1939 / Dienstag

> Es müssen dein sich freuen und fröhlich sein alle, die nach dir fragen; und die dein Heil lieben, müssen sagen allewege: ‚Der Herr sei hoch gelobt!‘ Denn ich bin arm und elend; der Herr aber sorgt für mich. Du bist mein Helfer und Erretter; mein Gott, verziehe nicht!
> *Psalm 40, 17. 18*

Hanni und Renerle waren beim Orgelbauer Schulze und seiner Schweizer Frau in Spandau. Frau Schulze wird versuchen, ein Schweizer Haus – in erster Linie Tappolets – für Renerle zu finden, das sie aufnimmt. Doch kann sie sich auch dann nicht denken, daß die Vollmachten des hiesigen Attachés für eine jüdische Einwanderung, die einfach unmöglich scheint, ausreichen.

Eva-Juliane schreibt heute, daß sie keinen Weg sehe, Renerle nach Schweden zu holen. Dabei ist es ihr durch die Tatsache, daß sie jetzt jeden Tag Briefe mit der gleichen Bitte bekommt, besonders dringlich geworden, indes Renerle nur im äußersten Notfall nach Schweden und recht gern nach der Schweiz möchte. Für Hanni und mich bedeutet der so jäh aufgetauchte Auswanderungsplan keinen entscheidenden Schmerz mehr. Bangt man sich doch jeden Monat vor dem Polenprojekt der Regierung; fürchtet man doch bei jeder Lebensmittelkarten- und Bezugsscheinausgabe, Renerle möchte nicht mehr berücksichtigt sein.

Nun ist's drei Jahre, daß ich den »Vater« beendete – und das neue Buch noch so weit. –

> Wie teuer ist deine Güte, Gott, daß Menschenkinder
> unter dem Schatten deiner Flügel Zuflucht haben!
>
> *Psalm 36, 8*

Hanni und ich waren in der Kirche. Unverkennbar ist ihr Lieb-
lingslied geworden »Macht hoch die Tür«. Dies hat sich ihr als
erstes eingeprägt. Es wurde gespielt, als wir vor unserer kirchlichen Trauung in der Brauthalle der Mariendorfer Kirche warteten. Wieses Predigt gut: aber es fehlte das Mitdenken und Mit-
fühlen mit den einzelnen Häusern seiner Gemeinde, auf denen
der Krieg schon spürbar lastet. Hier ist ja keine Großstadtge-
meinde. Man weiß mehr voneinander. Wie ist's anders in Paul
Gerhardts »Wie soll ich dich empfangen!« Der große, große Adventskranz, der gestern an unserem Haus vorbei zur Rehwiese
gefahren wurde, im Leiterwägelchen, schmückte die Kirche am
Chor. Auf dem Altar mit seinen hohen Kerzen und weißen Blumen standen zwei Adventsbäumchen; der große Adventsstern
der Brüdergemeine schwebte über dem vollen Kirchenschiff.
Der zarte Mädchenchor. –
Hanni und ich fuhren nach Dahlem, zu einer Adventsvesper in
der alten Annenkirche (Hammerschmidt, Bach, Schütz, Corelli,
Händel). Es war um die Zeit der Dämmerung; vor jedem Platze
im Gestühl brannte eine kleine Kerze. Und das war sehr märkisch:
auf dem Taufstein stand zwar die kleine Adventstanne, der herrliche, alte, goldgemalte Altar aber war mit Kieferngrün geschmückt.
Auf dem Heimweg nur die Sterne: kein leuchtendes Fenster,
keine freundliche Laterne. Und selbst in den stillen Vororten:
Soldaten, Soldaten auf Sonntagsurlaub.
Am Abend wurden dann bei uns die Kerzen des Adventskranzes
zum ersten Male im neuen Hause angezündet.
Kein Advent mehr, an dem nicht in einem Kirchenblatt mein
»Du bist als Stern uns aufgegangen« stünde. –

5. Dezember 1939 | Dienstag

> Aus Zion bricht an der schöne Glanz Gottes.
>
> *Psalm 50, 2*

Erst seit dem vorjährigen Weihnachten ist mir klargeworden,
wie das Dichterhaus seine ganz eigenen weihnachtlichen Zeichen
hat: die schönen Schriften, die man von eigenen Gedichten er-

hält, die Notenblätter, auf denen sie vertont sind, die Jahrbücher, Kalender, Sammelwerke mit den eigenen Beiträgen zum Fest.

Dieses Jahr erfahre ich's auch im Advent, daß Leser Adventsgrüße schicken: alles mit solcher Wärme. Und was das Wichtigste ist: immer wieder sind es Zeichen der Frömmigkeit der Deutschen.

Ihlenfeld rief mich an: »Kyrie« 6.–8. Tausend.

Es ist für Hanni und mich ein solches Gefühl der Erfülltheit, daß Freude zu wenig ist als dessen Ausdruck. –

Hegel war zum Abendbrot bei uns und hatte viel zu erzählen, so daß ich schweigen durfte. Und nur so tun mir Gäste wohl.

Die Lage im Osten ist sehr schwierig; das Schicksal der Juden furchtbar; die Spannung zwischen Wehrmacht und Partei nicht mehr zu verhüllen; das Bedürfnis nach Religiösem groß; das Erotische anarchisch; der Geist des Heeres intakt. –

6. Dezember 1939 | Mittwoch

> Da ich den Herrn suchte, antwortete er mir und errettete mich aus aller meiner Furcht. Welche auf ihn sehen, die werden erquickt, und ihr Angesicht wird nicht zuschanden.
>
> *Psalm 34, 5. 6*

Heute gelangte die Reichskleiderkarte zur Verteilung, auf die man seine gesamte Kleidung zu beziehen hat. Im Rathause hingen bereits zwei große Plakate: »Juden erhalten keine Kleiderkarte.« Hanni und Renerle waren auf meiner Familienkartothekkarte gestrichen. Der Beamte sagte nur: »Es muß ja später eine Regelung kommen. So geht es ja nicht.« – Wie hatte ich bisher für Hanni und Renerle sorgen können! Noch ist dies alles da. – Mich wundert am meisten, daß die Regierung diesen Einblick in ihre Warenknappheit gibt.

Wo ist nun die Grenze der äußersten Maßnahmen? Es macht so müde. – Wie hat man die Bitte sprechen gelernt: »Unser täglich Brot gib uns heute.« –

8. Dezember 1939 | Freitag

> Darum seid ihr auch bereit; denn des Menschen Sohn wird kommen zu einer Stunde, da ihr's nicht meinet.
>
> *Matthäus 24, 44*

Mit den antisemitischen Maßnahmen geht es trotz der Vernichtung des Judentums weiter: nicht nur keine Kleider, keine

Wäsche, sondern auch keinerlei Nähmittel. Und keine Schuh-
sohlen.

Und heute war, ehrlich erregt und bekümmert, Frau Dr. E. (NSV)
bei mir, die neuen Lebensmittelkarten zu bringen; auch auf diesem einschneidenden Gebiet nun Sonderregelung für Hanni und
Reni. Es soll sich um den Aufdruck eines roten J auf ihre Karte
handeln, besondere Einkaufszeiten, Entzug der Rationen an
Schokolade und Pfefferkuchen etc. Am Dienstag wird den Juden
das Nähere auf der Kartenstelle bekanntgegeben. Möge keine
einschneidendere Beschränkung der Ernährung kommen! –
Wann wird ein Ende sein?

Aber welche Wohltat, wie hier in diesen Angelegenheiten alles
nur eines Sinnes ist. In anderen Stadtteilen könnte das anders
sein.

Nur die Anonymität ist nun nicht mehr möglich. – In ganz Nikolassee sollen, nach Frau E.s Kenntnis, im ganzen noch drei
jüdische Familien sein.

Da die antisemitischen Maßnahmen so unpopulär geworden sind,
veröffentlicht man sie nicht mehr. Es werden einem kleine rote
Handzettel zugeteilt. Heute kamen meine Freiexemplare vom
30. Tausend »Vater«. Mein Leben verläuft in seltsam gegensätz-
lichen Linien. Es ist sehr schwer, in diesen Tagen zu schreiben.

In Renerles Sache rührt sich in der Schweiz noch niemand. –

10. Dezember 1939 / Sonntag (Zweiter Advent)

> Ich weiß, Herr, daß des Menschen Tun steht nicht in
> seiner Gewalt, und steht in niemands Macht, wie er
> wandle oder seinen Gang richte.   *Jeremia 10, 23*

Heute nacht ist's uns klargeworden,
wie mein Taufspruch alle Angst meines Lebens ankündigt:
»Fürchte dich nicht« – Jesaja 43, 1 –
wie Hannis Taufspruch für ihr weiteres Leben von Kämpfen
weiß, in denen ihr Glaube sich bewähren muß: »Kämpfe den
guten Kampf des Glaubens; ergreife das ewige Leben, dazu du
auch berufen bist« – 1. Timotheus 6, 12 –
wie aber unser Trauspruch, auf den ich so lange Jahre unserer
Ehe warten mußte, uns sagt: »Freuet euch in dem Herrn allewege.

Und abermals sage ich: Freuet euch! Eure Lindigkeit lasset kund sein allen Menschen! Der Herr ist nahe! Sorget nichts! sondern in allen Dingen lasset eure Bitten im Gebet und Flehen mit Danksagung vor Gott kund werden. Und der Friede Gottes, welcher höher ist denn alle Vernunft, bewahre eure Herzen und Sinne in Christo Jesu!« – Philipper 4, 4-7.

Sehr ernste Predigt des jungen P. Lilge über Lukas 21 – auch von der Endzeit, und daß unsere Zeit sie noch nicht sei, sprachen wir diese Nacht. Noch ist's nicht die unerträgliche Ungerechtigkeit und Trübsal der Endzeit – aber soviel ist's in unserem Leben, daß wir Christi Worte von der Endzeit mit unserem Herzen zu begreifen vermögen. In unserem Leben, auch in unserem, nach manchem Leben zuvor, fängt dieses an zu geschehen.

Wie folgt heute eine Gemeinde einer Predigt, wie singt sie die alten Lieder, in denen nichts von »Adventszauber« ist! Und der adventliche Schmuck der Kirche gemahnt nur noch an den Befehl: »Laßt eure Lenden umgürtet sein und eure Lichter brennen und seid gleich den Menschen, die auf ihren Herrn warten.« Lukas 12, 35. 36.

Hanni geht es wie mir: nachdem im Vorjahr unsere Verzweiflung über den möglichen Abschied von Renerle so groß war, sind wir nun ganz ruhig, arbeiten an der Auswanderung in die Schweiz mit aller inneren Geduld.

Unser Herz wird darüber nicht bitter.

Immer wieder frage ich mich: Wie groß muß die Herrlichkeit der verklärten Welt sein, wenn unser arges und gequältes Herz allein in ihrer Erwartung von solchem Glanz erfüllt sein kann!

Indirekte Nachricht von Arthur Stein: sie sind in Montevideo – nach großen Leiden. Denn auf der Reise sind sie nun nach Kriegsausbruch in Marokko festgehalten worden; und nun hat man sie nicht als Juden, sondern als Deutsche behandelt; Arabergefängnis, Zuchthausunterbringung. – Das nach dem Konzentrationslager hier! Die Juden wissen schon mehr von der Trübsal, die, währet sie länger, keiner ertragen kann, und der Ungerechtigkeit, über der die Liebe erkaltet.

Ich glaube, daß Gott mich das »Ewige Haus« schreiben läßt – obwohl ich abschließen mußte mit der Welt, nur noch die Trennung von Reni wünschen darf; und Hanni, daß sie nicht alt werden möge; wenn Deutschland so bleibt. Nur auf Gottes Gabe darf ich noch hoffen. Und das muß sein, auch wenn ich nur noch Zusammenbruch sehe. Aber Gott, der ja auch im Irdischen unendlich gnädig an mir gehandelt hat und handelt, will, daß ich keine seiner herrlichen und freundlichen Verheißungen für Zeit und Ewigkeit je vergesse. So muß ich's glauben: die Ehe; das Buch; das Haus. –

12. Dezember 1939 / Dienstag

> Dem Gerechten muß das Licht immer wieder aufgehen
> und Freude den frommen Herzen.   Psalm 97, 11

Weihnachtsbitten und Weihnachtswünsche von Pastor Kurzreiter; ich freue mich, daß die Beziehung nicht abreißt.

Nun steht's ganz offiziell in der Presse: daß die Weihnachtsfeiertage und der Neujahrstag nicht ausfallen. Das deutsche Volk muß man überhaupt von Weihnachten her begreifen. Und nun in einem Advent voll so tiefer Sorge und so großer Unzufriedenheit!

Mit Hanni bei der Kartenstelle zu der für Juden festgesetzten Zeit. Die beauftragten Unterbeamten freundlich und höflich, wollten auch ruhig die Kartenausstellung hinauszögern, bis ich auf dem Ministerium war, wohin ich am Donnerstag bestellt bin. Aber ohne Frage handelt es sich ja um eine generelle Bestimmung, die am härtesten die arischen Frauen jüdischer Männer trifft und sie so kraß unterscheidet von den arischen Männern jüdischer Frauen. Welche Rolle spielt nach der großen Emigration und den vielen Scheidungen doch noch immer die Mischehe.

Die Kleiderkarte bleibt Hanni und Reni also versagt. Die Einschränkungen für die Lebensmittelkarte sind folgende: Wegfall von seltenen Lebensmitteln wie Reis; Kürzung der Butter- und der Fleischration; keine Sonderzuteilungen wie Schokolade, Pfefferkuchen zu Weihnachten.

Und was die besonderen Einkaufszeiten betrifft, so schienen das die hiesigen Geschäftsleute ganz und gar nicht zu wünschen, wie sie überhaupt zu Hanni bei der Neueintragung sehr freundlich waren. Hanni, nun die Gleichheit der Situation erkennend, schien mir plötzlich verwandelt ohne jeden inneren Widerstand, nicht mehr bedrückt, ruhig, freundlich und klar: Bore, wie sie immer war, ging sie nach der Heimkehr an die Weihnachtspfefferkuchenbäckerei.

Es wird mir auch geschrieben, wo man ein Weihnachtslied von mir singt, ein Gedicht von mir bei Adventsfeiern spricht. Und Zeilen von mir sollen »eine liebe und teure Gabe« sein? Ich stehe immer wieder staunend davor, daß es den Weg vom Schreibtisch zu den fernen Menschen gibt. Und diese Freude ist durch nichts zu trüben: denn was sich mir in den noch so fragwürdigen Menschen zuwendet, ist ja nicht Künstlerisches, sondern Religiöses. –

14. Dezember 1939 | Donnerstag

> Jauchzet, ihr Himmel, denn der Herr hat's getan; rufe, du Erde hier unten; ihr Berge, frohlocket mit Jauchzen, der Wald und alle Bäume darin. Denn der Herr hat Jakob erlöst und ist in Israel herrlich. *Jesaja 44, 23*

Wieder ein Tag voll großer Unruhe – wieder ein Tag so erfüllt vom Advent! Bei Dr. Koch. So heimlich sind die neuen Judenaktionen gemacht, daß nicht einmal er etwas wußte! Wieder die gleiche Wärme und Hilfsbereitschaft. Jedoch ist möglich nur: Gesuch an Hinkel, von dem ich die Sondergenehmigung habe, mit dem Antrag, meine Bitte an die zuständigen Kartenstellen weiterzuleiten. –

Um einhalbvier erschien ein Trüpplein Studenten und Studentinnen, zwei Theologen, ein rer. pol., zwei Medizinerinnen: eine Kurrende, mir meine Lieder und andere, alte Adventslieder zu singen: aufs schönste. – Und das mir, der ich mich so nach den Liedern der Festzeit im Hause sehne! Das war eine feierliche Dämmerstunde; am strahlenden Adventskranz war's so festlich und schön: die Singenden mit der großen Kerze, den »Kyrie«-Büchlein und den Notenblättern, der Flöte. – Das Schönste: Nach »Die Nacht ist vorgedrungen«, »Morgen- und Abendlied« das »Gründonnerstag-Kyrie«. – Und nun: »Wie soll ich dich empfangen« – »Mit Ernst, o Menschenkinder« – »Wie schön leuchtet der Morgenstern«. Das war eine fast ergreifende Freude.

Sehr herzlicher Anruf von Pagel wegen unserer neuen Sorgen. Und daß ich nur ja weiter am großen Buch bleiben möge, dessen Anfang er nun kenne. Und da war nichts als Freude und Anerkennung. Und: das 30. Tausend des »Vater« wird für Weihnachten kaum reichen!

Im Eckart-Verlag aber wird täglich von den Buchhandlungen wegen der neuen »Kyrie«-Auflage gemahnt.

15. Dezember 1939 | Freitag

> Siehe, des Herrn Auge sieht auf die, so ihn fürchten,
> die auf seine Güte hoffen, daß er ihre Seele errette vom
> Tode und ernähre sie in der Teuerung.
>
> *Psalm 33, 18. 19*

Zum ersten Male, so lange ich nur denken kann, seit meinen Kinderjahren, entspricht mein Zeitgefühl wirklich dem Kirchen- und Kalenderjahr, und ich bin nicht betroffen und erstaunt, daß es wieder Weihnachten wird. –

Karbe hat in Hannis Sache einen spontanen Schritt unternommen. Er war bei Generaldirektor Lehmann von der Tobis. Dieser wird Montag bei Jannings in St. Wolfgang anrufen und um seine Fürsprache bei Hinkel bitten und meinen Brief ankündigen.

Das ist sehr schön, aber auch im Negativen bezeichnend: auf kulturellem Gebiet kann man sich nur noch hervorgetrauen unter dem Schutze von Filmleuten. Ein Brief von Generaldirektor Kilpper von der Deva gälte nichts. – Gewiß – ich schreibe alle angeratenen Briefe. Aber ich weiß, daß es nur eines gibt, das Gebet: »Laß mich am ersten nach dem Reiche Gottes trachten; so wird mir alles solches zufallen.«

16. Dezember 1939 | Sonnabend

> Seid getrost und unverzagt, alle, die ihr des Herrn
> harret! *Psalm 31, 25*

Zum Tee Braschs. Sie, die immer so zuversichtlich waren, sind so bedrückt. Er ist jetzt der Leiter des Jüdischen Kulturbundes. Es gibt in Deutschland noch 200 000 Juden, davon 90 000 in Berlin. Noch immer stehen wir unter dem Eindruck des Adventssingens in unserem Hause. Wohl hat sich mir eingeprägt, wie schwer die Adventszeit der vergangenen Jahre war: aber wie ist auch immer wieder eine besondere, große Freude gerade um die Weihnachtszeit gekommen, als wolle Gott dem zagenden Glauben sichtbar auch im Äußerlichen helfen, vom Inneren ganz zu schweigen!

17. Dezember 1939 | Sonntag (Dritter Advent)

> Wie groß ist deine Güte, die du verborgen hast für die,
> so dich fürchten, und erzeigest vor den Leuten denen,
> die auf dich trauen! *Psalm 31, 20*

Ein Tag von klarer Kälte und in gedämpften goldenen und bronzenen Tönen. Über dem kleinen Tal der Rehwiese lag es wie ein goldener, eisiger Dunst; die Kiefernstämme leuchteten rötlich, die Wipfel dunkelgrün, in Glanz getaucht, vor blauem Winterhimmel. –

Recht tiefe Predigt von P. Wiese über Johannes im Gefängnis: wie Jesus ihm nicht hilft und doch so hoch von ihm redet.

»Trotz« der Nähe des Festes die Kirche fast voll. Welch ernste Adventspredigten können die Menschen nun ertragen. Das Lied, das mir sehr fehlen würde, müßte ich es einmal missen: »Mit Ernst, o Menschenkinder«. –

Ein stiller, friedevoller Tag, allein mit Hanni. Vor einem Jahr war Hannis Taufe, unsere kirchliche Trauung. Ein Wunder erscheint einem der Friede der Vorweihnachtszeit so tief in einem Kriege. –

Wie hätte ich das im Herbst gedacht, diese Adventszeit noch zu Hause verleben zu dürfen. –

19. Dezember 1939 / Dienstag

> Der Herr ist mein Licht und mein Heil; vor wem sollte
> ich mich fürchten! Der Herr ist meines Lebens Kraft;
> vor wem sollte mir grauen! *Psalm 27, 1*

Wieder ist's die schneelose Kälte, die Klarheit, der Glanz, das winterliche Lichtgespinst, der goldene Glast nach einer Morgendämmerung in eisigem Nebel.

Wieder erfahre ich, wie man Advents- und Weihnachtsfeiern mit meinem »Kyrie« begeht. Und da nun so stark nach ihm gefragt wird, ist's doch sehr schade, daß der Eckart-Verlag die neue Auflage nicht mehr bewältigen kann.

Ohne daß der Verlag es veranlaßte, hat das Oberkommando der Wehrmacht den »Vater« von neuem empfohlen. Daraufhin bin ich nun auch für die Volksbücherei nicht mehr verboten. –

Am Abend schrieb Hanni für viele Menschen mein neues Weihnachtslied ab, und dagegen wehre ich mich nicht. Mich hat's auch getröstet. –

Den Aufsatz für die »Zeitwende« über den christlichen Roman endgültig beendet: Abschied auch von diesem Arbeitsgebiet.

20. Dezember 1939 / Mittwoch

> Wollt ihr dem Herrn nach eurem Gefallen Zeit und
> Tag bestimmen, wann er helfen soll? *Judith 8, 11*

Auch in der Woche vor dem Fest Einladungen, Besuchsankündigungen, Versuche von Verabredungen in solcher Fülle, daß man nur danken – aber auch wirklich danken – kann und festbleiben muß beim Nein. Anruf an Anruf.

Und wer uns etwas Besonderes, Rares vermitteln kann zum Fest, tut es. Wir haben alles, was nur je Sitte für die Festmahlzeiten war! Ja, die Geschäfte hier reagieren auf die gestrichenen Stellen in Hannis und Renerles Karten mit besonders großen Rationen, die alles ausgleichen sollen. Ganz stillschweigend. Selbst die raren Nüsse sind im Hause! Auch alles, worauf wir zum Feste leichten Herzens verzichtet hätten, ist uns zugebracht worden.

Eins aber hat einen großen, ernsten Eindruck auf uns gemacht. Wir hatten alle Einsamen für den Heiligen Abend eingeladen; und alle haben abgesagt; der »Weihnachtsmelancholie« wegen; oder weil man es nicht fertig bringe, in einer Familie zu sein; oder um den Heiligen Abend zu verschlafen; alle, alle; nur Ilse Jonas hat einen echten Grund: sie gehört auch einmal zum Weihnachtsfest in ihr Bibelschulheim.

Ich bin leicht geneigt in allem, das mir versagt wird, ein Gericht Gottes zu sehen. Hier aber mußte ich zu Hanni sagen: »Diese Absage, glaube ich, haben nicht wir, sondern hat Gott bekommen.« Und sie meinte: »Da tust du recht daran, das zu glauben«. Uns beiden kam der Gedanke an das große Abendmahl.

Was sich für Weihnachten nur rüsten ließ, haben Hanni und ich beendet. Alles ist eingebracht, alles ist ausgesandt. An nichts ist im Hause Mangel. Selbst Wachslichter sind uns vergönnt. –

23. Dezember 1939 / Sonnabend

> Es ist erschienen die heilsame Gnade Gottes allen Menschen und züchtigt uns, daß wir sollen verleugnen das ungöttliche Wesen und die weltlichen Lüste und züchtig, gerecht und gottselig leben in dieser Welt und warten auf die selige Hoffnung und Erscheinung der Herrlichkeit des großen Gottes und unseres Heilandes, Jesu Christi. *Titus 2, 11–13*

Lind und so dunkel und still. Zum ersten Mal erhielt nun das geliebte neue Haus seinen weihnachtlichen Schmuck: Zweige an den Balken mit bunten Kugeln und silbernen Glocken in Renerles Mansarde; einen schönen Tannenstrauß im weißen Treppenhaus; geschmückt ist auch die Diele; der Barockengel im Schlafzimmer trägt wieder sein Kerzlein im Gelock und den silbergeschmückten Tannenzweig in Händen; über dem Madonnenbild im Refektorium ein mächtiger Tannenzweig mit Silber und beim Schmerzensmann mit der großen Kerze eine große Tonvase mit allen edlen Tannenarten und Kiefern. Den Christbaum habe ich diesmal sehr feierlich ganz in Rot und Gold geschmückt; rote Äpfel, goldene Nüsse, rote Kugeln, goldene Kugeln, Tannenzapfen, zartes Goldlametta, die goldene Mutter Gottes von Rauschgoldengeln umschwebt, gelbe Wachslichter – es ist ein so festlicher, strahlender Baum, noch ehe die Kerzen leuchten. In langer Sternenreihe stehen die Kerzen fürs Refektorium bereit. –

Am Abend übten wir auch noch die Lieder des Heiligen Abends, als die Frauen, während ich den Christbaum schmückte, ihr großes häusliches Werk vollbracht hatten. Denn morgen soll's schon vor dem Heiligen Abend still im Hause und Letzter Advent sein. Der Heilige hat sein Schwert wieder mit dem Lichtlein vertauscht. Der große Rundgang durch Haus und Garten ist gehalten; die Liederbücher und Quempashefte für morgen sind vorbereitet.

24. Dezember 1939 | Sonntag (Vierter Advent)

> Heute erkennen wir, daß der Herr unter uns ist.
>
> Josua 22, 31

Lind, dunkel, stürmisch. Die Kiefern, Fichten, Tannen, »die sich heute freuen«, wogen, rauschen, wehen. Die Dunkelheit wächst von Stunde zu Stunde. Nun sind die Christbäume ringsum aus den Gärten, von den Terrassen und Balkonen zum Schmücken in die Häuser geholt. Auf dem Frühstückstisch brannte – der Morgen ist ja noch Advent – der Adventskranz. Und die Predigt des jungen P. Lilge hat's verstanden, den Vierten Advent als den Morgen des Heiligen Abends auszulegen, wie Gottes Verheißung die Erfüllung in sich trägt. Am Altar standen hinter den Adventsbäumchen schon die Weihnachtstannen bereit.

Und nun, nach der Kirche, gingen Hanni und ich ans Aufbauen der Gabentische. Und bei den niederbrennenden Kerzen des Adventskranzes gab's ein bescheidenes Mahl, damit am Abend die Frauen frei wären von allem Dienste. Auch wurde nun die Weihnachtspost verlesen, in reicher Fülle. –

Wir waren eine stattliche Zahl, die zur Kirche zog. Zur Kriegschristnacht mußte nun die Kirche auf dem Hügel im Dunkel liegen. Obwohl schon um vier Uhr eine Christnacht abgehalten worden war, war auch die spätere um sechs Uhr sehr voll. Wir haben das Bedürfnis, die Feier des Heiligen Abends nun auch wirklich auf den Abend zu legen. Die Kirche war schön geschmückt. Der Kerzenglanz der hohen Tannen berührte in der tiefen Dunkelheit besonders stark. Tannenkränze und Tannengirlanden um Fenster und Chor. Ehe die Feier begann, brannten die Lichter des Adventskranzes nieder. Der Feier mangelte nichts an Wort und Lied, wenn sie auch nicht die ganze Fülle und Schwere dieser Weihnacht umschloß.

Und nun versammelten sich die Frauen in der Diele, und ich steckte die Lichter des ersten Christbaumes im neuen Hause an, und alle Schönheit und Feierlichkeit der Südender Weihnacht schimmerte wieder auf. Hanni und ich bescherten uns auf unseren lieben, alten Schreibtischen ein. Renerles Freude war noch einmal so rührend und zärtlich, kindlich und überschwänglich. Für mich war das schönste: die Lutherausgabe des Christian Kaiser-Verlages. Es war eine große Freude und Zufriedenheit. Den Gästen wurde bei dem Christstern einbeschert.

Dann versammelten wir uns im kerzenstrahlenden Refektorium am großen Tisch, der wiederum mit Kerzen, roten und goldenen Bändern, Tannengrün und den Schätzen Bores geschmückt war. Glas um Glas mußte aufgetragen werden. Denn nun ward es doch ein Fest, reich an Gästen. Nicht die Einsamen kamen, wie wir es dachten. Sondern die Nachbarn und Hausgenossen. Und das ist ein rechtes Zeichen für das, was Nikolassee uns brachte. Und man nahm es besonders dankbar auf, weil es doch ein Weihnachten war, an dem keiner des anderen Christbaum am Fenster sehen durfte. –

Und so war es nun ein volles und hübsches Weihnachtssingen zum neuen Instrument; ein Singen, wie ich es mir fürs neue Haus nicht von ferne erhofft hatte. Die Schar der Sänger versammelte sich im kleinen »Klavierkämmerchen«, die Türen zum Weihnachtszimmer und dem Refektorium standen offen, die Lauschenden saßen dort beisammen. –

Auf Hannis Weihnachtstisch lagen nun all die neuen Bücher mit meinen Beiträgen: »Pfarrerspiegel«, »Vaterunser«, »Das halte fest«, »Evangelische Weihnacht«, Kalender und Weihnachtsliederbuch. Und doch war's ein Jahr so gehemmter und verstörter Arbeit und ohne große Leistung.

Die Vollmondnacht nur spürbar als eine ferne Helligkeit über grauem, dichtem Gewölk.

»Nun ruht doch alle Welt und ist still und jauchzt fröhlich. Auch freuen sich die Tannen«.

»Ihr werdet singen wie in der Nacht eines heiligen Festes.« Diese Nacht ist's wieder. – Wie hat es die Christengemeinde gespürt – als in der Predigt das Wort fiel: »Er ist der Sohn einer jüdischen Mutter, und wer es nicht glaubt, muß sehen, wie er fertig wird mit Sünde, Not und Tod«.

25. Dezember 1939 | Montag (Erster Christtag)

> Das ist gewißlich wahr und ein teuer wertes Wort, daß Christus Jesus gekommen ist in die Welt, die Sünder selig zu machen.   *1. Timotheus 1, 15*

Wieder war's am Morgen nebenan im Weihnachtszimmer der süße Duft, – der herbe und würzige zugleich der Tanne in der Morgenkühle. Hanni war mit mir im Festgottesdienst, zu dem, dem argen Wetter zum Trotz, viele Menschen gekommen waren. Auch Hanni hatte es sich gewünscht, heute zum Abendmahl zu gehen. Das ist unser größtes Geschenk unter den Christbäumen der Kirche. Wir waren sechs Menschen. Zum Abschied begrüßte P. Wiese sie alle. Und da er uns allein nicht kannte, fragte er nach dem Namen. Und nun diese Freude, daß ich »der Schriftsteller Jochen Klepper?« sei und zu seiner Gemeinde gehöre. Wir sollen ins Pfarrhaus, Pastor Wiese will zu uns kommen. Nun erst ist's ganz Heimat hier. Ich kann dem Pfarrhaus meiner Gemeinde nicht fremd sein, darf aber wiederum keinen Schritt tun, mich bekannt zu machen. Hannis Freude über Wieses Überraschung war so rührend. –

26. Dezember 1939 | Dienstag (Zweiter Christtag)

> Da aber erschien die Freundlichkeit und Leutseligkeit Gottes, unsers Heilandes, – nicht um der Werke willen der Gerechtigkeit, die wir getan hatten, sondern nach seiner Barmherzigkeit.   *Titus 3, 4. 5*

Stille, Finsternis, Eisregen und Schneefall, dann und wann weht starker Wind. Der Schnee zerweht und vergeht. Schweres, graues Nachmittagsgewölk. In der Kirche war es nicht sehr voll. P. Wiese hielt den Gottesdienst aber sehr festlich und legte die Weihnachtsgeschichte in einem dritten Teil aus: am Heiligen Abend die Weihnachtstat, am ersten Feiertag die Weihnachtsbotschaft, am heutigen Festtag den Weihnachtsglauben. Vom Altar nickte er mir so freundlich zu.

Das Fest der Kirche stand im Zeichen der Luther- und Paul Gerhardt-Weihnachtslieder. –

So nahe geht es mir, so sehr erfüllt es mich, daß ich zu diesem Fest die Arbeit lasse und mit dem Hause und der Nachbarschaft feiere, die an den Weihnachtstagen über meinen Büchern sitzt! So ist von Gott gefügt, was mich so beängstete, als wir uns von Südende trennen mußten! –

Klar, wie es bereitet war, ging das Fest auch wieder zu Ende. Und das junge Haus hat seine entscheidende Wandlung durch sein erstes Weihnachtsfest erfahren.

27. Dezember 1939 | Mittwoch

> Das Leben ist erschienen, und wir haben gesehen und bezeugen und verkündigen euch das Leben, das ewig ist, welches war bei dem Vater und ist uns erschienen.
>
> *1. Johannes 1, 2*

Keine kriegerischen Ereignisse über das Fest. Die Reden der Regierung zum Fest zeigen die ganze Kluft zwischen Führung und Volk, das weithin wirklich Weihnachten feierte. Ich habe einen Abzug der umgedichteten Weihnachtslieder gesehen. – Aber die Kirchen waren voll.

Heute war es noch wie ein zarter Abschied vom Fest. Der Glanz des leuchtenden Christbaums in der Dämmerung so weich. Der Duft der Maiglöckchen und des Tannengrüns auf dem Teetisch lag über den Räumen. Das Kerzenlicht war so milde, und man faßt es nicht, daß dies alles noch sein darf.

Welch ein Verhältnis zu meinen Verlegern, zu dem zugehörigen Kreis von Autoren, zu den Lesern, zu den Pastoren, zu den Nachbarn und Hausgenossen, ja, neuerdings selbst zur Jugend –

Was hat über diesem Weihnachtsfeste aufgeleuchtet! AGAPE und EIRENE – in diesem Jahr haben wir sie begriffen. Und dieses Fest hat Hanni und mich sehr bewegt.

Mit einer mich ergreifenden Intensität liest Hanni das »Vaterunser«-Buch. Es ist, als möge sie gar nichts mehr lesen als die Bücher vom Glauben. Einige Beiträge sind groß, echt und schön, darunter natürlich die von Schröder und Schneider.

Nun habe ich meinen Arbeitsplatz wieder an meinem Schreibtisch – vor mir den Christbaum: so, wie er dieses Jahr geschmückt ist, habe ich, glaube ich, die für uns schönste Art gefunden. Und hatte doch schon manches Jahr edler gewachsene Tannen. Nur hatte ich dieses Jahr überhaupt nicht zu hoffen gewagt, daß ich noch eine immerhin so hübsche Tanne finden würde. Die ist uns ja das liebste Geschenk, und an ihr sparen wir nicht.

Renerles Weihnachtsgeschenk, die Skier und das Reisegeld, hat nun erst volle Gültigkeit. Der ungeduldig erwartete und heißersehnte Anruf aus Wolfshau ist da: sie kann zu Gert und Martel kommen, trotz mehrerer Gäste – wie Renerle es liebt – ist Platz; und herrlicher Schnee. –

29. Dezember 1939 | Freitag

> Ich hoffe darauf, daß du so gnädig bist; mein Herz freut sich, daß du so gerne hilfst. Ich will dem Herrn singen, daß er so wohl an mir tut.   *Psalm 13, 6*

Sehr herzlich schreibt wieder Kilpper. Das, was er mir für das neue Jahr wünscht, scheint freilich unerfüllbar: Es möge den glücklichen Abschluß des neuen Buches bringen –. Dazu war das alte Jahr zu belastet, zu gehemmt, zu verwirrt. –

Heute schrieben endlich Tappolets wegen Renerle. Sie nehmen sie, nicht nur fürs erste, gern und suchen auch noch weiter für sie. Die Einwanderungsverhältnisse in der Schweiz sind aber so schwierig, daß die Einreise- und Aufenthaltserlaubnis von der hiesigen Schweizer Gesandtschaft beschafft werden muß. –

Renerle ist heute früh in voller Skiausrüstung strahlend nach ihrem geliebten Wolfshau abgereist. Das ist die schönste Silvester- und Neujahrsfeier für sie und der reichliche Ersatz für alles, was wir ihr hier nicht mehr bieten können. –

Ich kann nun nicht mehr anders, als mir Renerles Auswanderung zu wünschen. – Dort liegt die einschneidendste Veränderung und Wandlung, die dieses Jahr gebracht hat. –

31. Dezember 1939 | Sonntag nach Weihnachten (Silvester)

> Wir wissen, daß der Sohn Gottes gekommen ist und hat uns einen Sinn gegeben, daß wir erkennen den Wahrhaftigen, – in seinem Sohn Jesus Christus. Dieser ist der wahrhaftige Gott und das ewige Leben.
>
> *1. Johannes 5, 20*

Reiner, weicher, dichter Schnee. Im Aufsteigen leuchtete die Sonne des endenden Jahres matt, fern und groß auf. Dann verhüllte Schneegewölk das Himmelslicht. Der Himmel wurde dunkler von Stunde zu Stunde; die Erde war still und weiß.

In der gar leeren Kirche eine sehr befriedigende Predigt über Simeon und Hanna. –

Im Silvesterabend leuchtet noch einmal die hohe Feier des Heiligen Abends auf, klingt tröstlich und friedevoll nach.

So endet nun das Jahr, über dem für mich stehen durfte: »Habe ich dir nicht gesagt, so du glauben würdest, du solltest die Herrlichkeit Gottes sehen?« Und ist es einem einmal gegeben – gilt dieses Wort nicht jedem Jahr?

Es endet in Frieden und Gnade ein zerrissenes, schweres, reiches Jahr. Es kann nur enden in Dank und Lob und mit dem Blick – den die Welt so erschreckt – auf die Zuflucht bei dem alten Gott und unter den ewigen Armen!

Wir gingen mit Ilse Jonas zur Jahresschlußandacht in voller Kirche. In der Liturgie, sehr eindrucksvoll, die Gebote und die Seligpreisungen. Und die Predigt über »Meine Gedanken sind nicht eure Gedanken –«

Was war's für ein Blick auf friedevolle Winterlandschaft, verschneit in tiefdunkler Nacht unter den ernsten Sternen, als wir mit der Schar der Kirchgänger den Hügel hinabgingen.

Bald begann das »Lichterfest«, das den ganzen Abend währen sollte. Waren es am Heiligen Abend im Refektorium gelbe Kerzen gewesen, so mußten's diesmal – denn Wachslichter sind rar – rote sein; jedoch gab's eine feierliche Wirkung, zumal auch der Tisch mit all der guten Gabe des Silvesterabends für uns drei geschmückt war mit einer langen, geraden Reihe von Kerzen. So saßen wir nun in tiefer Stille, mit guten, oft freilich gar belasteten Gesprächen; die Welt ringsum schien ganz zu schweigen. In der zwölften Stunde strahlte nun der Christbaum. Wir öffneten eine der Terrassentüren zum Garten – nur die Kirchturmuhr schlug zwölf. Keine Glocke läutete diese Jahreswende ein; nur zur Jahresschlußandacht rief ein kurzes Geläut. Eine halbe Stunde nach der großen Wende und den Wünschen, die wir uns zu sagen hatten, gingen wir zur Ruhe.

In unseren Abendgesprächen hatte sich's unvermerkt so stark gezeigt, wie wir alle drei nun Wünsche an das Leben nicht mehr haben, lebenssatt sind in dem nur von der Bibel her verständlichen Sinne, mit dem biblischen Wort aber auch sprechen müssen: »Es ist genug«, und ohne daß es Absicht und Führung des Gespräches war, brach die Jahres- und Jahrzehntwende an über einem Gespräch vom Stern von Bethlehem.

ZUFLUCHT IST BEI DEM ALTEN GOTT UND UNTER DEN
EWIGEN ARMEN

5. Mose 33, 27

1. Januar 1940 | Montag (Neujahr)

> Siehe, ich bin bei euch alle Tage bis an der Welt Ende.
> *Matthäus 28, 20*

Welch ein Neujahrsmorgen am Anfang eines so ernsten, neuen
Jahres! Sonnenglanz, Klarheit, Kälte, Schnee, das durchsonnte,
warme, lichte Haus bunt von Blumen!

Als wir nach dem gemeinsamen Frühstück an zartblauer kleiner
Tafel zur Kirche aufbrachen, machte sich auch Ilse Jonas wieder
nach Potsdam auf. Die Kirche war sehr gut besucht, wenn auch
nicht voll, und die Häuser der Teutonenstraße waren wieder treu
vertreten. Es war ein feierlicher Gottesdienst und die beste Predigt, die wir von P. Wiese bisher hörten. Wie aber mußte es uns
berühren, als das Wort des Eingangsspruches vom Altar war:
»Zuflucht ist bei dem alten Gott und unter den ewigen Armen.«

Wie hat Gott noch immer die Worte, unter die er einen stellt,
dem Zweifel (nämlich an sich selbst als dem Wählenden!) enthoben.

Nach der Kirche war's das große Gratulieren von Haus zu Haus.
Und wieder war es wie Weihnachten; wieviel tiefer, wärmer und
bewußter sind die Wünsche der Menschen untereinander geworden.

Wie hat es auch die Gemeinde in dieser Festzeit in den Gottesdiensten gesungen: ». . . und Friede auf Erden und den Menschen
ein Wohlgefallen.« Und ich glaube nicht, daß sie nur den Frieden
der Völker meinten.

Wieder reden die Briefe eine Sprache, die an das Entscheidende
drängt, namentlich die beglückenden Zuschriften, aus denen ich,
wie aus Erzählungen, erfahre, wie der »Vater« wieder auf den
Weihnachtstischen lag und meine neuen Lieder unter den Weihnachtsbäumen gelesen wurden. Was hatte ich mir einst als das
Höchste vorgestellt? So zu schreiben, daß die Menschen meine
Werktagsarbeiten auch beim Glockenläuten lesen könnten. Und
nun geschieht es auch unter den Weihnachtskerzen.

Politisch und militärisch war's auch über dieses Fest still – die
politischen Neujahrsbotschaften reden von der Gewißheit des
Sieges. Nur Generaladmiral Raeder schreibt auch von Gott über
dem neuen Jahr.

3. Januar 1940 / Mittwoch

> Wir haben desto fester das prophetische Wort, und
> ihr tut wohl, daß ihr darauf achtet als auf ein Licht,
> das da scheint in einem dunklen Ort, bis der Tag an-
> breche und der Morgenstern aufgehe in euren Herzen.
>
> 2. Petrus 1, 19

Den Arbeitsplan des alten Jahres fürs neue wieder voll in Kraft
gesetzt.

Soll denn – was die Briefe dieser Festzeit täglich sagen – meine
arme, mühevolle, zersplitterte Arbeit wirklich etwas bedeuten
für diese Zeit?

Noch immer Menschen. Wir suchen alles, was seit Jahr und Tag
verlegt ist, auf die zu Ende gehende Festzeit bis Epiphanias zu
vertagen.

Der große politische Vorgang dieser Tage ist, daß in großen,
repräsentativen Besuchen Vatikan, Mussolini, das Königshaus
sich zusammenfinden, Spanien sich der italienischen Politik an-
gleicht, Frankreich als Italiens Hauptgegner freundlich kommentiert wird, Italiens Verhältnis zu Rußland erkaltet.

Täglich soll Hitler sehr tragbare Friedensangebote erhalten, auf
die er nicht eingeht: Wiederherstellung der Tschechoslowakei
ohne Heer und ohne die sudetendeutschen Gebiete; Wiederherstellung des Polens von 1914; Österreich bleibt bei Deutschland.

> Die Könige zu Tharsis und auf den Inseln werden
> Geschenke bringen; die Könige aus Reicharabien und
> Saba werden Gaben zuführen. Alle Könige werden ihn
> anbeten; alle Heiden werden ihm dienen. – Er wird
> leben, und man wird ihm Gold aus Reicharabien geben.
> – Täglich wird man ihn segnen.   *Psalm 72, 10. 11. 15*

Trotz neuer Bitten der »Zeitwende« nur noch Lieder und Roman.
Es ist hohe Zeit.
Wie habe ich mich in der ganzen Weihnachtszeit danach gesehnt,
es endlich schreiben zu dürfen: das Ineinander von Tod und
Weihnacht im Sterben Katharina von Boras. Und noch bin ich
bei der Osternacht ihrer Flucht.
Der »Voltaire«-Plan, nach zwölf Jahren der Treue, scheint mir mit
dem alten Jahr abgestorben. Er ist für mich der herrlichste Stoff
für die Epik. Aber er läßt die zentrale, einfache Aussage über
das, was not tut, nicht zu. Der Vater: F. W. I. – Die Mutter,
das Haus: K. v. B. – Der Einsame, Besitz- und Heimatlose:
Paulus? Aber welche Veränderung meines Lebens wäre das,
welche räumliche, beängstigende Weite! –

6. Januar 1940 | Sonnabend (Epiphanias)

> Und siehe, der Stern ging vor ihnen hin.
>
> *Matthäus 2, 9*

In all der herrlichen Schönheit des gestrigen Tages erglänzt auch
heute Epiphanias. In der strahlenden Sonne der schneidenden
Kälte am Schlachtensee: ein Glanz von Silber und reinem Weiß
über dem Eise, den gewaltigen Kiefern, einer herrlichen Trauer-
weide. Und tiefe Stille. Noch ist im neuen Jahr der Bogen der
Sonne gar niedrig.
Welcher Friede über unserem Weihnachten, dem Kriegsweihnachten, Friede vom ersten Adventssonntag bis heute zum Heiligen-
dreikönigstag!

7. Januar 1940 | Sonntag

> Fürchtet nur den Herrn und dienet ihm treulich von
> ganzem Herzen; denn ihr habt gesehen, wie große
> Dinge er an euch tut.   *1. Samuel 12, 24*

Und deshalb kann man es so still hinnehmen, wenn irdische
Bitten einem verweigert werden. Hinkel-Propagandaministerium

hat entschieden: von diesem Ministerium aus kann in Hannis
Kleider- und Lebensmittelangelegenheit nichts unternommen
werden. – Denn ich bin ja nicht »Film«. – Was aber bleibt, ist
das: »Unser täglich Brot gib uns heute« und »Trachtet am ersten
nach dem Reich Gottes, so wird euch solches alles zufallen«.
Die Predigt handelte nur davon – die Kirche war nach den Festen
wieder leer –, wie Gott auch die Seinen warten läßt: »Was habe
ich mit dir zu schaffen?« – »Meine Stunde ist noch nicht gekommen«. »Und offenbarte seine Herrlichkeit. Und seine Jünger glaubten an ihn.« Und wieder am Eingang des Jahres: Jesaja 43, 1. –
Der jüdische Kriegsminister Englands, Hore-Belisha, ist zurückgetreten. Wäre es zu dieser für die deutschen Juden so quälenden Herausforderung, Deutschland einen Juden als Kriegsminister gegenüberzustellen, in der ganzen Welt aber jüdische Emigranten aus Deutschland nicht mehr aufzunehmen, nie gekommen! Auch als innerenglische Angelegenheit haben Hanni und
ich das nie verstanden.
Nun haben viele Geschäfte hier das Schild, daß »auch jüdisch
Versippte nur zu bestimmten Zeiten«, auf den Märkten praktisch
gar nicht einkaufen dürfen. –
Seit Neujahr waren schon wieder über 50 Briefe zu beantworten.
Das ist genau so erfreulich, genau so gefährlich und genau so
beschwerlich wie die Einladungen und Besuche.
Denn alles drängt: Das Buch – Der Krieg! –

14. Januar 1940 | Sonntag

> Das Geheimnis ist des Herrn, unseres Gottes; was aber
> offenbart ist, das ist unser und unserer Kinder ewiglich.
>
> *5. Mose 29, 28*

In der Kirche waren nun wieder 140 statt 40 Menschen, und
hoffentlich ergibt sich auch erneut der gleiche Eindruck, den die
Zeit vom Kriegsausbruch bis zu den Festen bot.
Immer wieder fällt mir in den Briefen an mich auf, wie es von
meiner Arbeit nicht mehr nur heißt »für die Kirche«, sondern
auch »für das Volk«.
Und das alles darf ich schon mit einem so schmalen Gesamtwerk,
einem gerade erst begonnenen, erleben! Das Pfarramt der Kaiser-
Wilhelm-Gedächtnis-Kirche hat mein Weihnachtslied »Sieh nicht
an, was du selber bist« als Weihnachtsgruß an alle Gemeindeglieder versandt. Und nun ist die Zahl der Dankbriefe so groß, daß

man mir davon berichtet. Das alles ist eine solche Hilfe, wenn man angesichts der schweren, wirren Zeit verzagen möchte am neuen, großen Buch. Wie weiß Gott einen immer wieder am Werke zu halten. Während wir unter dem Eindruck in die Tiefe wachsender Christlichkeit stehen, macht mich sehr betroffen, was Professor Hermann mir heute schreibt: vier Hörer im Dogmatik-Kolleg, zwei im Seminar!

Nachmittags besuchten uns Herr und Frau Pastor Wiese; es war ein längerer Besuch und natürlich abseits vom Gesellschaftlichen. Etwas schwierig dadurch, daß er erstens in mich drang, der Bekenntniskirche beizutreten; zweitens, daß er mich für einen Vortrag oder eine Vorlesung im Gemeindehaus gewinnen wollte; und beides mußte ich doch abschlagen. Und wieder sah ich bestätigt: die Bekenntnispastoren haben nicht mehr das Gefühl dafür, daß noch Gemeinde da ist außerhalb dieser Gruppe. Das verstand er wohl nicht recht, was für mich so entscheidend ist: daß Spaltung nur geschehen dürfe wider menschlichen Willen, aufgetragen und aufgezwungen von Gott. – Wir sprachen davon, daß doch der Maßstab die Abendmahlsgemeinde sein müsse. Und da freilich, gestand er, verändere sich das Bild dieser guten Gemeinde Nikolassee sehr trübe. –

Sehr wohl tat uns, was Pastor Wiese, ehe er von unseren Verhältnissen wußte, von dem furchtbaren Versagen der Kirche gegenüber der Judenpolitik des Dritten Reiches sagte.

Nachdem ich nun erlebt habe, wie man mit seiner Arbeit im Dienst der hohen Feste stehen darf, beginnt man nun bereits wieder wegen Beiträgen für die Passionszeit bei mir anzufragen. Aber ich bleibe nun fest. Auch innerhalb des geistlichen Bereiches gibt es ja die Gefahr der Zersplitterung. –

17. Januar 1940 | Mittwoch

> Gott ist nicht ein Mensch, daß er lüge, noch ein Menschenkind, daß ihn etwas gereue. Sollte er etwas sagen und nicht tun? Sollte er etwas reden und nicht halten?
>
> *4. Mose 23, 19*

Brinkmann, der den ganzen Polenfeldzug in vorderster Linie als einfacher Soldat mitgemacht hat, ist nun plötzlich Divisionspfarrer geworden und sehr glücklich, im Kriege sein Amt zu behalten. Namentlich durch die Pfarrer erfahre ich doch immer wieder über den Weg des »Vaters« bei den Offizieren. Als Pfarrer macht Brinkmann mit den Offizieren die gleichen guten Erfahrungen wie Hegel, ebenso mit dem katholischen Amtsbruder. Ich werde aber nie darüber hinwegkommen, daß der deutsche Offizier den jüdischen Frontkämpfer des Weltkrieges preisgegeben hat. Das bewahrt mich davor, jemals noch auf Menschliches zu hoffen. Hier lag die äußerste Probe.

Nachts im Traum – es dauerte sehr lange, bis ich von diesem und nicht vom Südender Hause träumte – sah ich das Haus mit eingestürzter Ostwand, zertrümmertem Dach, umgebrochenen Tannen. Dies Gefühl des verzweifelten Schmerzes kann man fast wie eine Erfahrung betrachten. –

Nachdem ich für Gerhard Schwarz das Prinzip der freien Form »bis zum Rest« durchgeführt habe, will er zu meiner Freude nun doch wieder auf die Linie der Kyrie-Lieder zurück. Vom Heldengedenktaglied schreibt er nur: »Es ist wunderbar!« Es war sehr schwer.

20. Januar 1940 | Sonnabend

> Was du jetzt geredet hast, will ich auch tun; denn du hast Gnade vor meinen Augen gefunden, und ich kenne dich mit Namen.
> 2. Mose 33, 17

Wie gehört dieses Wort zu meinem Taufspruch; man kann es nicht lesen, ohne an Jesaja 43, 1 zu denken.

Einmal, in meiner Ullsteinzeit, habe ich so beten müssen, daß ich's nie vergessen kann, Gott möge meine Zeit nicht vergehen lassen über so sinnloser Arbeit. – Und bald kam meine Ullsteinentlassung, die, so furchtbar sie einen traf, der sichtbare Anfang der Gebetserhörung war. Und nun muß ich bitten, daß Gott – wenn nun Unruhe über alle Welt verhängt bleiben soll – mir gewähren möge, in aller Unruhe zu arbeiten.

Die Unruhe ist groß. Und ich leide doppelt darunter, weil ich wieder so völlig im Schreiben am »Ewigen Haus« bin.

Heute war's wieder Abend, als ich zum Schreiben kam. Wieder eine lange Besprechung mit Dr. Koch, der gerade ein negatives Gutachten (»Die Welt ist zum mindesten unter dem Nationalsozialismus gut, und bei Klepper ist sie es nicht«!!) mit dem Vermerk »Idiotisch« abgelegt und meinen Aufsatz über den christlichen Roman für die »Zeitwende« freigegeben hatte. – Von dem Hinkelschen Bescheide sagte er, daß mein Brief H. nicht vorgelegen haben könne, sondern alles von subalterner

Stelle bearbeitet sein müsse und H. der fertige Wisch vorgelegt sei. Wegen Hannis »Teilnahme an kulturellen Veranstaltungen und Besuch kultureller Institutionen« soll ich nun an Koch einen Antrag zum Weiterleiten an Hinkel richten. Der Ausgang sei ihm ungewiß, denn Ausnahmen seien doch eben nur bei den im Dritten Reich so verhätschelten Schauspielern gemacht worden. – Auch Koch fürchtet nach wie vor die »Umsiedlung« der deutschen Juden nach Polen um Lublin und sprach lange mit mir über Renerle. –

Als Schmerzlichstes rückt nun ganz in den Vordergrund, Renerles Auswanderung zu ermöglichen. Es bleibt nur noch der eine Ausweg: Tappolets in Zürich, die so gutherzig und gutgläubig auf Renerle warten. Aber mit der Einreisegenehmigung ist's fürchterlich. Gegenwärtig verhandelt Dessoir für sie mit einem Neffen, der Sekretär beim Bundesrat ist. Der aber will grundsätzlich die Schweiz vor aller Überfremdung schützen. –

Für die Wehrkreisbücherei des Generalkommandos Posen sind 100 »Vater« unterwegs.

Dies und die besondere Empfehlung des »Vaters« durch das Oberkommando der Wehrmacht hält Koch für so wichtig. Und da ich noch die Förderung durch den heute so einflußreichen Film habe, versteht er gar nicht, wie ich überhaupt noch auf Schwierigkeiten stoße –.

24. Januar 1940 | Mittwoch

> Ich bin zu gering aller Barmherzigkeit und aller Treue, die du an deinem Knechte getan hast.   *1. Mose 32, 11*

In großen Sorgen soll man immer wieder so sprechen. Sorgen und Unrast sind groß, aber unser geliebtes Haus birgt uns wie ein kleines Kloster und Schlößchen in einem und redet immerzu vom »Ewigen Haus«, von dem Hanni sich Seite um Seite zur Abschrift einfordern muß.

Mehrere Ministerien ohne Kohle. Immer radikalere Beschränkungen.

Dennoch glaube ich an den Sieg. Das Heer ist zu großartig. Gestern bewegte es mich sehr, als Renerle sagte: »Was wird nach einem Siege aus den Juden? Aber besser, die wenigen Juden gehen unter als das ganze deutsche Volk.« Dabei bleibt sie auch fest in aller wachsenden Furcht und Verbitterung.

> Suchet den Herrn, alle ihr Elenden im Lande, die ihr
> seine Rechte haltet; suchet Gerechtigkeit, suchet De-
> mut, auf daß ihr am Tage des Zorns des Herrn möget
> verborgen werden.   *Zephanja 2, 3*

Die Renerle zuliebe angenommene Einladung bei Paul Bildt
brachte doch auch für uns einige Überraschungen: nicht nur,
daß man alle meine Arbeiten kannte oder verschenkte; sondern
vor allem: Kenntnis der religiösen Dichtung, der wesentlichen
Berliner Pastoren; Kreuz und Kruzifix, nicht etwa als Antiqui-
täten, in der Wohnung; erklärungsloses Verständnis in allen entscheidenden Dingen, die Kunst und Glauben betreffen. – Das
Theater in seiner hohen äußeren Blüte finden Bildts menschlich
und kulturell zugrunde gegangen. – Von all unseren bekannten
Schauspielerinnen weiß er nur eine, die evangelisch-kirchlich ist:
Maria Koppenhöfer. Von den Männern keinen! – Auch er hält
für unmöglich, den Menschen künstlerisch darzustellen, ohne ihn
gesehen zu haben unter dem göttlichen Licht, das erst offenbar
macht, was im Menschen ist.
Bildt, der aufs Publikum angewiesene Mann, kann die Gemeinde
nicht entbehren. Diesmal haben wir es nicht bereut, unter Menschen gegangen und Arbeitszeit verloren zu haben. –

> Ich hebe meine Augen auf zu den Bergen, von welchen
> mir Hilfe kommt.   *Psalm 121, 1*

Immer wieder sehe ich mein Leben dem Zusammenbruch ausgeliefert, obwohl ich weiß, daß Gott ihn jeden Tag aufhalten kann.
Aber in meinem Beruf ist nur Bestätigung; es ist, als wolle Gott
mich ganz fest bei der Arbeit halten, die äußerlich sinnlos gemacht
wird und für die ich mich zu müde fühle. Alles, alles ist bedroht;
aber der Wirkung meiner Arbeit werde ich immer wieder verge-
wissert. Je mehr mir zerstört und genommen werden soll, desto
deutlicher wird es mir gezeigt, daß Gott auch alle äußere Hilfe
geheftet hat an meine Arbeit. Und in ihr ist seine Nähe wie im
Gottesdienst. Die schwere, große Arbeit an dem bedrückend weit-
räumigen Buch muß sein. Was hilft all mein äußerstes Begrenzen!
Am schwersten trage ich an der Angst um Renerle; heute taucht
zum ersten Mal in der Presse ein Hinweis auf die »Umsiedlungs-
pläne« für »volksfremde Bevölkerungsteile« auf.

Vom 10. 1. ein langer Brief von Brigitte. Weihnachten hat sie »deutsch« mit Ostermanns gefeiert.

Ach, wenigstens um Brigitte keine Angst! Als Jüdin – doch als Einwohnerin englischer Städte? Weihnachten war sie in einer Christmesse; und trotz des Krieges: eine deutsche Ansprache. Nachdem Deutschland noch Monate um Frankreich warb und es von England zu trennen suchte, ist nun die ganze Propaganda umgestellt auf »Haß gegen Frankreich«. Und England und Frankreich stehen uns in nichts nach. – Plötzlich angesetzte Rede Hitlers – als zweifle einer noch daran, daß die anderen »den Kampf haben sollen, den sie wollen«. In dieser Rede walteten nun »die Götter«. –

Auch die Sprache, die Gott durch diesen harten Winter mit dem ganzen Erdteil spricht, wollen die Staatsmänner nicht verstehen. Mit der Kohlenversorgung wird es immer schwieriger. Schulen werden schon geschlossen.

3. Februar 1940 | Sonnabend

> Bis hieher hat uns der Herr geholfen. *1. Samuel 7, 12*

Unter dem brüchigen Schutz des Umstandes, daß mein Gesuch für Hanni bei Hinkel noch läuft, haben wir es noch einmal gewagt, in ein Konzert zu gehen und das herrliche F-Dur-Konzert für Orgel und Orchester von Händel gehört. Und dann traf auch schon die Ablehnung des Gesuches ein, »daß dem Antrag auf Genehmigung zum Besuch von deutschen Kulturstätten für Ihre volljüdische Ehefrau aus grundsätzlichen Erwägungen nicht entsprochen werden kann.« –

5. Februar 1940 | Montag

> Neiget eure Ohren her und kommet her zu mir, höret, so wird eure Seele leben. *Jesaja 55, 3*

Gerade nun, wo mein Antrag bei Hinkel »aus grundsätzlichen Erwägungen« abgelehnt ist, kommt ein Brief von Jannings von seinem Besitz in Sankt Wolfgang: »Eine schwere Grippe, von der ich mich nur langsam erhole, verhinderte mich, Ihnen Ihren Brief zu beantworten. Was Sie mir schreiben, ist tragisch, und ich werde, wenn ich nach Berlin komme, was in vierzehn Tagen der Fall sein dürfte, etwas für Sie unternehmen. Ich kann Ihnen aber nicht versprechen, ob meine Intervention Erfolg haben wird. Aber ich hoffe es!« Helfen können in Deutschland nur die Schauspieler. –

> Sei mir gnädig, Gott, sei mir gnädig! Denn auf dich
> traut meine Seele, und unter dem Schatten deiner Flü-
> gel habe ich Zuflucht, bis daß das Unglück vorüber-
> gehe. *Psalm 57, 2*

Harald Koenigswald schreibt über die menschliche Seite seiner
Hallenser Soldatenzeit nicht unbefriedigt. Nie allein sein können,
fällt ihm am schwersten. In jeder Weise kann ich auf seinen Erfahrungen am meisten aufbauen. Die anderen Einberufenen, die
ich kenne, stehen ganz allein oder haben sehr gesicherte Posi-
tionen. Daß Hanni – solange ich lebe – nicht wie andere Soldaten-
frauen behandelt werde, wage ich noch gar nicht zu denken.
Das Wort, das am meisten ausdrückt vom Verhältnis des Bürgers
zum Staat, ist der verbreitetste *terminus technicus* »erfaßt«. – Keine
Woche, in der man nicht von irgend einer Stelle »erfaßt« würde.
Möchte die Kirche das begreifen. Meiner physischen Müdigkeit
bin ich allmählich mit meiner Arbeit wehrlos ausgeliefert. Der
schlechte Schlaf, die quälenden Träume: nun sind es immer wieder stürzende Häuser. – Einst waren es Schächte und Labyrinthe.
Gäbe es nicht das Leben in der verklärten Welt, ich wüßte nicht,
wie man es ertragen sollte, die Zukunft nicht anders als dunkel
sehen zu dürfen. Gott hat die Gebete um Frieden nicht erhört.
Warum aber hat Polen bisher das furchtbarste Gericht getroffen?
Ich weiß, was es heißt, durch eine vergehende Welt in eine verklärte Welt zu gehen. –

9. Februar 1940 | Freitag

> Erwache und begegne mir und siehe drein.
>
> *Psalm 59, 5*

Und wieder ist's ein herber, strahlender Wintertag geworden
(13 Grad Kälte). In den tulpengeschmückten Zimmern der feierliche Teetisch, ganz in Sonnenlicht getaucht, für den »Pfarrkon-
vent«, der sich heute bei uns zusammenfand: Pastor Wiese mit seiner Frau, Pastor Gollwitzer-Dahlem, der jetzt führende Mann der
Bekenntniskirche (trotz allem Trennenden positive Begegnung),
Pastor Grosch von der Kaiser-Wilhelm-Gedächtniskirche, die
Lizentiatin Käte Staritz und später noch die »Frau Vikarin Jonas«,
die sich nach Jahren bei uns wiedertrafen. Über der Teerunde
war ein wunderbarer Sonnenuntergang, eine so sanfte Dämmerung. An solchen Nachmittagen erfahre ich immer viel über den

Weg des »Vaters«. Und des letzten Weihnachtsliedes. Für mich hatte der Tag wieder viel von schönsten väterlichen Pfarrhauserinnerungen; dabei weiß ich in Dankbarkeit, daß in solchen Pastorenzusammenkünften in unserem Hause die Gespräche eine Weite und Tiefe erreichen, wie sie »meine« alte Diözese Freystadt-Neusalz nicht erreicht hat, so sehr ich auch jetzt noch an Gesprächen laboriere.

Im Hintergrund und im Mittelpunkt aller Gespräche die Drohungen der Zeit, die manchmal etwas von den Schrecken der Endzeit annehmen. –

12. Februar 1940 | Montag

> Gehe hin mit Frieden! Der Gott Israels wird dir geben deine Bitte, die du von ihm gebeten hast.
>
> *1. Samuel 1, 17*

Es sind zuviel Bitten in so schwerer Zeit. Eine wiegt schwerer als die andere, ist bänger denn die andere – es muß alles gelegt sein ins Vaterunser!

Ich streiche am »Ewigen Haus« schon wieder mehr, als ich schreibe; so fürchterlich ist mir der »Vater« in Erinnerung. Und dennoch wünschte ich mir noch einmal die Naivität zurück, mit der ich die erste Fassung des »Vaters« schrieb.

In Berlin sind allein 8000 Mietshäuser ohne Heizung. In Warschau aber soll es furchtbar sein. Jedoch Europa verharrt im Haß. Und ein Gegner täuscht sich über den anderen, über Recht und Macht. – Was Frankreich und England sich von diesem Kriege versprechen, ist mir nicht faßlich.

In der großen, allgemeinen Gefahr leidet man sehr darunter, noch innerhalb der gemeinsamen Bedrohung ausgeschlossen zu sein. –

14. Februar 1940 | Mittwoch

> In der Welt habt ihr Angst; aber seid getrost, ich habe die Welt überwunden. *Johannes 16, 33*

Feldpost von Brinkmann; nun er Soldaten und Offizieren nicht mehr als kämpfender Soldat, sondern als Divisionspfarrer gegenübersteht, sind die Eindrücke zwiespältiger; aber immer wieder auch ganz unerwartete positive Eindrücke: z. B., was die Nachfrage nach dem kirchlichen Schrifttum betrifft. – Ein sehr schöner Brief vom Dekan der theologischen Fakultät Leipzig, wo ich am 28./29. 2. lesen soll. Dieser Brief macht mir diesmal meine unerläßliche Absage ausgesprochen schwer. – Das Lesen und Sprechen wäre bei dieser Fülle der Anfragen wie ein eigener Beruf; den hat Gott mir noch nie gewiesen, sondern mir immer das »Nein« vor Augen gestellt; trotzdem weiß ich, daß dieses »Nein« ein »Noch nicht« sein kann. Es ist für mich keine periphere Angelegenheit, sondern reicht in die tiefsten, innersten, beladensten Schichten des Herzens. Auch solche Art des Sich-Selbst-Verleugnens kann uns von Gott gesetzt werden. Ich trage viel schwerer daran, als einer nur ahnen kann. Noch immer fasse ich es nicht, daß ich den Theologen soviel bedeuten darf. –

15. Februar 1940 | Donnerstag

> Der Herr ist mein Licht und mein Heil; vor wem sollte
> ich mich fürchten! Der Herr ist meines Lebens Kraft;
> vor wem sollte mir grauen! *Psalm 27, 1*

Ich soll – was in meiner Lage nicht uninteressant ist – für das Luftfahrtministerium, speziell für die Offiziere der Luftwaffe, in einer Reihe über große deutsche Feldherrn über Friedrich Wilhelm I. schreiben. Aber ich bin noch recht abgeneigt. Los vom alten, schon viel zu alten Buche. Und bei dem Grundsatz bleiben: Roman und Kirchenlied. Und doch rettet mich auch schon diese Begrenzung nicht mehr. Es ist wahrhaftig wie ein Fluch. Es ist kein Sinn darin zu sehen.

Doch, was klage ich? Die anderen verbringen in großer, großer Zahl diesen Winter in Untätigkeit und unruhevoller Erwartung in Kasernen und Bunkern.

Und ich bin bei Hanni, Reni, im geliebten Hause.

Was wird unserem lieben Hause alles gesagt: ». . . von Kultur gesättigt –«. –»Sie, die Sie die Kultur im Hause haben –«. Die Männer, die noch kommen, betrachten jedes gastliche Zusammensein in dieser Welt der Schönheit und des Friedens als Abschied.

Das Menetekel dieses harten Winters will kein Volk verstehen. Ab heute werden die Kinos – und welche Rolle spielt im Dritten Reich das »*panem et circenses*«! – der Ufa und die Geschäftshäuser nicht mehr mit Kohle beliefert.

Der Plan des Luftfahrtministeriums stellt sich als gar zu primitiv heraus. Also sagte ich wieder ab. Aber die Absage an die theologische Fakultät Leipzig ist mir wirklich schwergefallen.

Der Schmerzensmann, die Schneeglöckchen, die brennende

Wachskerze noch von der Adventszeit her – dies sind Anblicke, die im tiefsten Herzen versinken. –

17. Februar 1940 | Sonnabend

> Du wirst ferne sein von Gewalt und Unrecht, daß du dich davor nicht darfst fürchten, und von Schrecken, denn es soll nicht zu dir nahen. *Jesaja 54, 14*

Wieder viele Einberufungen. Und wieder quälende Gerüchte um die Evakuierung von Juden. – Grüber[207] und Gollwitzer nehmen sich beide sehr zuverlässig, doch ohne Hoffnung, Renerles an.
Ein sieben Seiten langer Brief von Generalsuperintendent Dibelius, neben manchem sehr brauchbarem Kritischem zu meinen Liedern so viel Trennendes in Sachen Bekenntniskirche. Sie sind ja alles andere als die »Stillen im Lande«, als die »urchristliche Gemeine«. Sie wissen ja gar nicht, was unentrinnbares, von Gott her notwendiges Leiden ist. Sie haben den Blick für Volk und Gemeinde verloren. Sie richten Mauern auf, und über allem kämpferischen Bekenntnis schweigt die Verkündigung der Botschaft der Liebe. Diese Kirche wird mich nie singen lehren.

19. Februar 1940 | Montag

> Sollte aber Gott nicht auch Recht schaffen seinen Auserwählten, die zu ihm Tag und Nacht rufen, und sollte er's bei ihnen lange hinziehen? Ich sage euch: Er wird ihnen ihr Recht schaffen in Kürze. *Lukas 18, 7. 8*

Hanni und Renerle bei Pastor Grüber, dem Leiter der großen Hilfsstelle für Judenchristen, der sich uns so bereitwillig angeboten hat – wenn auch ohne Hoffnung. –
Nach dem Gespräch schien es nicht mehr ganz so hoffnungslos. Jedenfalls behandelt Grüber – um des »Vaters« willen! – Renerles Sache als besonderen Fall. Er ist unbedingt dafür, daß Renerle weggeht. Ja, er meint, man könne von diesen Dingen nur noch sagen, Satan sei am Werk. – Das Gerücht stimmt: aus Stettin sind 1200 Juden nach Lublin deportiert, ohne alles Eigentum, mit dem notwendigsten Proviant und Gepäck. Auch ganz alte Leute sind darunter. Vor den Mischehen wurde haltgemacht. Und zum ersten Male auch vor den Judenchristen. – Dieser Vorgang in Stettin stellt Grübers schwerste Sorge dar. –
Als ich von diversen nachbarlichen Kriegshilfsdiensten zurückkam, erwartete mich Hanni mit der Nachricht, Pagel habe ange-

rufen: vom 35. Tausend »Vater« seien schon die letzten Pakete ausgeliefert; das 36.–40. Tausend sei im Druck!

Soll's wirklich möglich werden, daß über allen Hindernissen, Belastungen und Verlusten Gott das »Ewige Haus« werden läßt? Dabei bin ich innerlich schon so völlig auf Soldatwerden eingestellt. Kann's sein, daß vor und nach dem Soldatsein das Buch weitergeschrieben werden darf – dieses Buch, das noch soviel mehr als der »Vater« mein eigentliches Buch zu werden versprach?

26. Februar 1940 | Montag

> Du bist der Geringen Stärke, der Armen Stärke in der Trübsal, eine Zuflucht vor dem Ungewitter, ein Schatten vor der Hitze, wenn die Tyrannen wüten wie ein Ungewitter wider eine Wand.
> *Jesaja 25, 4*

Nachdem auch in westpreußischen Städten die Juden deportiert sein sollen und von der Stettiner Deportation Einzelheiten durch Zeugen bekanntwerden (von abends sieben bis früh fünf als ganze Frist der Vorbereitung, 10 Mark, Handgepäck, das jeder selbst tragen kann), schreibt auch Fränze heute schwer bekümmert aus Königsberg. Alle ihre Aktivität bringt sie in ihren Auswanderungsbemühungen nicht ein Stück weiter.

Tappolets schreiben wegen Renerle aufs herzlichste; aber sie sind so völlig weltfremd und berichten nicht einmal, ob sie die ihnen von uns gewiesenen Schritte unternommen haben.

Sonne, Klarheit, neuer Frost. Bis sechs Uhr hell. Weit, hell, klar. Gestern eine Führerrede, die mit »Und wenn die Welt voll Teufel wär« schloß – da wurde einem der ganze Weg bewußt, den Deutschland jetzt genommen hat, daß dieses Lied so angewendet werden kann. – Und wieder: maßloser Antisemitismus. Und das stellt in diesem Falle ein Programm dar. –

28. Februar 1940 | Mittwoch

> Es erschien ihm aber ein Engel vom Himmel und stärkte ihn.
> *Lukas 22, 43*

Wieder freundliche Post von Tappolets in Renerles Sache; nun haben sie alles ganz gut begriffen.

Helene von Koenigswald schreibt mir: »Eben habe ich festgestellt, daß es eine neue Verfügung gibt, die aber nicht veröffentlicht werden darf, auf Grund deren die Männer in Ihrer Lage einbe-

rufen werden. Die Frauen sind in dem Falle genauso unterhalts-
berechtigt wie alle anderen.« Kaum wird aber der Glaube und
seine Geduld noch Herr der politischen Sorge, Angst, Bitterkeit
und Verzweiflung.

Und lähmender als alles: die Unternehmungen für Renerles Auswanderung! Ich als der, der Renerles Auswanderung ersehnt!
Das heißt das Herz von allem reißen; dies hier ist grundlegend. –

29. Februar 1940 | Donnerstag

> Aber der Herr wandte sich nicht von seiner Barmher-
> zigkeit und änderte nicht sein verheißenes Werk.
>
> *Sirach 47, 24*

Das verheißene Werk – wie habe ich gelernt, nur noch auf das
Wort Verheißung zu sehen.

In den kommenden Tagen ist's nun drei Jahre her, daß der
»Vater« erschien. Daß drei Jahre hingegangen sind, ohne daß das
neue Buch stark im Werden ist, bedrückt mich furchtbar. Und
wie lange können die Belastungen und Hemmungen noch dauern!
Ja, auch vom Werk habe ich mich schon gerissen. Über Wirkung
und Erfolg, die der »Vater« über alles Erwarten brachte, liegt
Trauer und Sorge.

Die Schwierigkeiten bei den Schweizer Behörden veranlassen jetzt
Tappolets zu täglichen Schreiben. –

Heute schrieb ich nun ein Hochzeitslied[208], über unseren Trautext
Philipper 4, 4–7.

2. März 1940 | Sonnabend

> Weißt du nicht? Hast du nicht gehört? Der Herr, der
> ewige Gott, der die Enden der Erde geschaffen hat,
> wird nicht müde noch matt; sein Verstand ist unaus-
> forschlich.
>
> *Jesaja 40, 28*

Kilpper will der Papierkalamität wegen schon das Papier für das
»Ewige Haus« bereitstellen lassen. – »Ich bitte Sie deshalb, meine
heutige Anfrage nach dem Stand und den Aussichten der Arbeit
an Ihrem neuen Buch nicht als Mahnung oder Drängen auffassen
zu wollen.« – Ach, was hilft hier fremdes Mahnen und Drängen;
was eigenes Wollen und Sehnen? Die Zeit wird mir entrissen,
kaputt gemacht. Auch Hanni erschrak heute beim Eintreffen von
Kilppers Brief, daß drei Jahre seit dem Erscheinen des »Vaters«
vergangen sind und an den Druck des neuen Buches noch nicht

entfernt gedacht werden kann. – Und das alles ist noch nicht eigentlich der Krieg, der freilich alles entreißen und kaputt machen könnte. Es ist ein durch und durch in Unordnung (Überorganisation, Überbeanspruchung, Überwachung) geratenes Staatswesen, das nicht mehr produzieren läßt, sondern »erfaßt«. Weil alle mit all dem Ihren »erfaßt« sind, ordnen sich die Leistungen der Menschen untereinander nicht mehr. – Bei den deutschen Juden aber ist's schon die lähmende *tabula rasa*.

So wenig ich lese: den Guardinischen »Pascal« lese ich in kurzen Abschnitten mit großer Intensität. Immer deutlicher wird mir der Zusammenhang des »*Le moi est haïssable*«[209] mit der christlichen Selbstverleugnung. –

Hitler und Außenminister Ribbentrop empfingen den amerikanischen Unterstaatssekretär Sumner Welles mit dem hiesigen amerikanischen Geschäftsträger. Soll man noch einmal eine schwache Hoffnung auf Verhandlungen haben?

Ein halbes Jahr Krieg.

3. März 1940 | Sonntag (Laetare)

> Lasset uns aufsehen auf Jesus, den Anfänger und Vollender des Glaubens.
> *Hebräer 12, 2*

Auch diesen Sonntag habe ich immer ganz besonders geliebt. Die Kirche war wieder sehr voll.

So verschüttet ist in den Gottesdiensten das Göttliche. So drängt das Menschliche sich hervor. Und doch bekennt Gott sich zu der Armseligkeit und Unechtheit unserer Gottesdienste.

Zum Tee Professor Beyer, der Leipziger Kirchenhistoriker. – Ich ließ mir viel von der Leipziger theologischen Fakultät erzählen, die innerlich hervorragend geschlossen, äußerlich schwer bedroht ist. Als die Leipziger Universität nun im Verlaufe der ersten Kriegsmonate wieder geöffnet wurde, sollte die theologische Fakultät geschlossen bleiben. Der Lehrstuhl des Systematikers bleibt unbesetzt. – Schwerer Kampf um die Thomaner, die nur noch als ein weltlicher Chor und unter der Trennung von der Thomaskirche bestehen bleiben sollen. Ihre Konzertreisen sind ihnen verboten! Und so ist alles auf allen Gebieten. Ohne daß ich die Parallele herausforderte, klagte Professor Beyer: Nur verhandeln, nur telefonieren, nur Eingaben machen – und kaum noch jemals die eigentliche Arbeit leisten dürfen! – Die theologische Fakultät Leipzig hat noch 50, die Berliner 35 Hörer. –

Mir ist's, als sei es den Theologen eine heimlich oft ersehnte Bestätigung ihres Wirkens, daß Gott nun die Dichter sagen läßt: »Was ihr treibt, ist uns, die wir es nicht treiben müßten, das A und O.« Abends rief P. Grüber noch einmal an, mit Informationen für Renerle; so interessevoll nimmt er sich ihrer an, daß er selbst am Sonntagabend Zeit für sie findet. Als Hanni ihn fragte, ob wir ihm eins meiner Bücher zum Dank schicken dürften, sagte er: »Die besitzen wir alle – auch alle, in denen er mit einem Beitrag vertreten ist.«

Die Ankunft des amerikanischen Unterstaatssekretärs des Äußeren hat völlig geheimgehalten werden müssen. Erst nach dem Empfang durfte die Presse berichten. Sonst ist nichts zu erfahren. Auch Heß und Göring haben jenen Sumner Welles empfangen.

Die Theologen sprechen von einer »starken Laienbewegung durch die Dichter«. Kennzeichnend für sie ist, daß die Dichter nichts Eigenes wollen, sondern in Liebe, Dankbarkeit, Ehrfurcht dem Kern einer so zerfallenen Kirche gegenüberstehen – vielleicht ist's bei Ina Seidel etwas kühler, vielleicht bei Winnig etwas repräsentativer: aber die Kirchendichtung, nicht mehr wegdenkbar trotz aller Mängel im einzelnen, ist da. – Und mich bewegt im besonderen der Anteil, den Hanni daran nimmt, »nachdem in der Literatur alles das so verschüttet war«. – Ich selbst gestehe, daß mir eine dankbar wahrgenommene »Bestätigung« die christlichen Naturwissenschaftler sind: ein Planck, der Biologe Hartmann. –

4. März 1940 | Montag

> Herr, gedenke an mich, wenn du in dein Reich kommst.
> *Lukas 23, 42*

Genauso herzlich, wie Professor Beyer zu mir sprach und an mich schrieb, schreibt nun heut an mich Professor Bornkamm-Leipzig und sendet mir, als Spezialist für die für mich so wichtige sächsische Kirchengeschichte, drei seiner Schriften über die Reformation in Sachsen.

Beim Abendbrot sprach Hanni so rührend davon, wie sie gar nichts anderes sein möchte – obwohl ursprünglich der Malerei mehr zugetan, als die Frau eines Schriftstellers. Und wie nur so der Umgang mit namhaften Menschen für sie tragbar sei, wenn er die Frucht des Werkes bedeute und »ohne Zutun« und »ohne gesellschaftlichen Ehrgeiz« sei.

5. März 1940 | Dienstag

Uns, Herr, wirst du Frieden schaffen. *Jesaja 26, 12*

So will ich dies Losungswort des heutigen Tages getrost auf uns
drei beziehen, die wir Renerles neues Lebensjahr in so großen
Sorgen um Renerle beginnen.

Der 18. Geburtstag – in all seinem schweren Ernst doch von soviel
Zauber erfüllt, wie er ja von Renerle selbst ausgeht!

Dunkelheit, Sturm, wehender Schnee. Auf dem Barocktisch in
meinem Zimmer unter dem zarten Engel der Lichterglanz, die
durch den Krieg spärlicheren, rareren Gaben, viel zartes Grün,
Azaleen, Tulpen, Primeln, Veilchen, Alpenveilchen, Maßliebchen – nach diesem harten Kriegswinter alles Kostbarkeiten.

Niemand ist leichter zu erfreuen und zu begeistern als unser in
seinem jungen Leben mit soviel Kummer und Sorge und Furcht
belastetes Renerle. So haben wir ihm denn auch alles Erdenkliche angetan, zumal doch alle Glückwünsche und Gaben der
Freunde fehlten. Wir haben im Esplanade soupiert.

Das Esplanade war voll; nachher in der Edenbar sehr voll. Und
wie ich mir's für Renerle wünschte: elegantes Publikum und
Bühnenprominenz. Ein seltdamer Eindruck: die verdunkelte
Riesenstadt, die verdunkelten Eingänge, dann die Lichterfülle
der vollen Restaurants mit gepflegten, heiteren Menschen; natürlich viel Uniformen. Die verdunkelten Weltstadtbahnhöfe – ein
recht deprimierender Eindruck. Die von Schneewolken verhüllte
Nacht, in der Stadt tiefdunkel, hier draußen erhellt vom unbe-
rührten, neuen Schnee. Hanni und ich haben jedes Verständnis
für »Ausgehen« verloren.

Wir haben dem Kind sein Fest bis Mitternacht gefeiert und alle
Wünsche erfüllt. –

7. März 1940 | Donnerstag

Du hast deinen Namen über alles herrlich gemacht
durch dein Wort. *Psalm 138, 2*

Lange Feldpostbriefe der Wartenden. – Fritz Werner, statt Kirchenmusikdirektor nun Unteroffizier, will vaterländischen Kan-
tatentext; sehr, sehr schwer. Doch er schreibt: »Volk, nicht
Partei«. – Da ich aber weiß, daß es sich um eine Kantate für
Feiern der Partei handelt, kann ich es nicht, so sehr mich jetzt
oft Sonette vom Vaterland beschäftigen.

> Christus hat einmal für unsre Sünden gelitten, der Ge-
> rechte für die Ungerechten, auf daß er uns zu Gott
> führte, und ist getötet nach dem Fleisch, aber lebendig
> gemacht nach dem Geist.   *1. Petrus 3, 18*

Zum Tee kamen Pastor Lilge, der zweite Geistliche hier, sehr
einfach, herzlich und bescheiden, und Herbert Bahlinger[210], auf
kurzer Dienstreise von Posen in Berlin. Er sagt, so glorreich das
Heer den militärischen Sieg über die Polen errungen hat, so
völlig ist seine innere Niederlage gegenüber der Partei (SS), die
furchtbar mit der polnischen und nun gar der jüdischen Bevölkerung verfährt! Doch sollen die Deportationen und Evakuationen
nun dadurch zum Stillstehen kommen, daß in dem dafür verfügbaren östlichen Gebiet kein Raum mehr ist. –
Der Mann, der bei der Wehrmacht diese jüdischen Angelegenheiten bearbeitet, soll sehr unsympathisch sein.

13. März 1940 | Mittwoch

> In deiner Hand steht es, jedermann groß und stark
> zu machen.   *1. Chronik 29, 12*

Ich habe noch einmal Filmverhandlungen geführt: über den alten
Kulturfilmplan »Der preußische Stil« vom Januar 1938, an dem
ich doch hing. – Verhandlung im »Haus der Presse« mit Oertel,
Pleister, früher, zu meiner Zeit, am Deutschlandsender, und Fiedler, dem Filmkritiker der DAZ, der jetzt im Kriege das Film-
referat beim Oberkommando der Wehrmacht hat. Aber trotz
OKW, abgesehen von Pleister[211], traf ich wieder auf die üblen
Filmusancen. Darum habe ich die Verhandlungen abgebrochen,
und zwar mit Heftigkeit. Ich habe nun einmal in dieser Sphäre
nichts mehr zu suchen.
Tappolets schreiben weiter treu und herzlich wegen Renerle. Von
der Fremdenpolizei war in Zürich ein »Detektiv« zu Rückfragen
bei ihnen. In dem ruhigen Arbeiten an Renerles Auswanderung
erkenne ich mich selbst nicht wieder.
Die heutige Zeitungsschlagzeile »Der russische Friede. Eine Niederlage der Westmächte« ist wohl getrost zu erweitern: »Ein
deutscher Sieg«. Die Ausweitung des Krieges, mit der England
und Frankreich die Westfront entlasten zu suchten, ist durchkreuzt.

> Ihr seid teuer erkauft; darum so preiset Gott an
> eurem Leibe und in eurem Geiste, welche sind Gottes.
>
> *1. Korinther 6, 20*

Bei Staatssekretär von Kühlmann, der R. A. Schröder nahesteht,
einem Diplomaten des kaiserlichen Deutschlands und der Nachkriegszeit von hohem Ansehen, um seine Hilfe für Renerles Einreiseerlaubnis in der Schweiz zu erbitten. Ich traf auf große Höflichkeit des alten Mannes und Hilfsbereitschaft. Er will mir die
Beziehung zu Burckhardt[212] vermitteln, der bis zum Kriege jetzt
der Völkerbundskommissar für Danzig war und den »Vater« gelesen hat. Gerade gestern ist Professor Burckhardt zu kurzem in-
offiziellem Aufenthalt in Berlin eingetroffen. Aber will Gott denn
seine Führungen und Fügungen so sichtbar machen?

Gerade heute wurde uns auch wieder bewußt, in wie unnatürlicher Angst Renerle aufwächst – dies lebensfrohe Kind. Zwei
SS-Männer der Totenkopf-SS (die die jüdischen Maßnahmen
unter sich hat, Konzentrationslager, Deportation usw.) fragten
nach Renerle. Wir waren sehr, sehr erschrocken. Denn kann es
nicht jede Stunde hier wie in Wien, Stettin heißen: Deportation?
– Als ich nun wieder als der Arier auftreten konnte, meinten sie:
»Dann ist ja hier alles gut.« Hier – und »dort«? Das blonde, blau-
äugige Renerle sahen die sehr adretten, korrekten, jungen SS-
Männer ganz betroffen an. Als sie dann als Ariernachweis meinen
Paß zu sehen verlangten, fragte ich den einen, ob ich mir nun
für Renerle Sorgen machen müsse. – Er sagte sehr ruhig und
sicher: »Nein, Sie haben für Ihre Stieftochter nichts zu befürchten.«
Aber was mag da wieder im Gange sein? Wir denken, daß es sich
zur Zeit vor allem um Wohnungen und Besitz für die ins Reich
geholten Baltendeutschen handelt; in den Ostgebieten wird es
so gehalten. Die Juden müssen ihnen alles übergeben.

Dabei müßte man annehmen, da zur Zeit, unter Einbeziehung
des Papstes, international soviel verhandelt wird, daß man gerade jetzt neue Maßnahmen gegen Juden vermeidet. –

Heute fragte mich Renerle zum ersten Male, was einer glaube,
der sich taufen läßt. Da sich mir das Wort so sehr eingeprägt
hat: »Es ist nicht wichtig, mit einem Menschen über Gott zu
sprechen, sondern mit Gott über den Menschen«, war es das erste
wirkliche Gespräch über den Glauben mit Renerle. Sie war sehr

bewegt und ganz, wie ich sie mir auch hier vorstellte. »Ihr«
Spruch im »Kyrie« Josua 1, 9, den ich für sie erbetet habe, ist
wohl doch schon ein starker Halt in ihrem bedrohten jungen
Leben.

15. März 1940 | Freitag

> Alle Hilfe, die vorzeiten und hernach je geschehen
> ist, die hast du getan; und was du willst, das muß ge-
> schehen. Denn wenn du willst helfen, so kann's nicht
> fehlen. *Judith 9, 3. 4*

Noch einmal trat man wegen des Preußen-Kulturfilms an mich
heran; da sich ja aber an den unerfreulichen Begleiterscheinungen
nichts geändert hat, bleibt es bei meiner Absage. »Sachlich« kann
ich mich nicht mehr so begeistern, da letztlich alles politischer
Propaganda und Tendenz dient; auch ist ein Preußenfilm, obwohl mit mir verbunden, so eigentlich meine Sache nicht.

Auch P. Grüber, der heute Renerle wieder zu einer Besprechung
zu sich bestellt hatte, stellte nun die Frage nach Renerles Taufe.
Nicht, als ob das sein persönliches Eintreten für sie beeinflußte.
Aber alle Stellen und Personen, an die er sich wendet, nehmen
es natürlich als selbstverständlich an, daß Grübers Schützlinge
getaufte Juden sind.

Renerle und Hilde haben die aus Juden gebildeten Schneeschipper-
kolonnen bei der Arbeit gesehen. Und dies ist das Geringste,
Tragbarste. –

In das große, unruhevolle Wandern im Osten sind nun auf besonders tragische Weise die 600 000 Finnen einbezogen, deren
Heimat im Zeitraum von drei Tagen an Rußland fällt.

Der Juden aber, die das Ihre lassen müssen, nimmt sich niemand
an: der Juden aus Deutschland, Österreich, der Tschechoslowakei,
Polen. –

16. März 1940 | Sonnabend

> Er begehrt mein, so will ich ihm aushelfen; er kennt
> meinen Namen, darum will ich ihn schützen.
> *Psalm 91, 14*

Wie viele Verheißungen sah ich erfüllt; wie entsinne ich mich
jeder einzelnen. Wieviel hat Gott mir gegeben; wie oft hat Gott
mir geholfen. Wie läßt er meinen Glauben an ihn durch gar
nichts mehr anrühren. Und doch ist alles in mir gespalten, durch

und durch. Kein Tag, der nicht ins Grauen führte. Und keinen Tag ein Müdewerden, das nicht völlig durchtränkt wäre mit der Sehnsucht nach dem Tod. Und ich trage doch immer unerträglich schmerzend das Bild blühendsten, von Gott gewollten Lebens in mir. In meinem Leben und Wesen ist alles, Zug um Zug, auf die heftigsten Kontraste gestellt. –

Ich erhielt heute die Weihnachtsabrechnung über den »Vater«: 8232 Exemplare. Von Weihnachten zu Weihnachten hat der Leserkreis des »Vaters« sich genau verdoppelt. Aber auf uns lastet zu schwer, daß von Jahr zu Jahr nichts Neues entsteht. Und dabei: Wie lebt es in mir in aller meiner Müdigkeit! Ich bin so zermürbt. – Die Polarität und der Dualismus meiner Natur und meines Schicksals – mein ganz besonderes Los – erschöpfen mich allmählich. Aus welchem Zwiespalt kommt mein Glaube!

Nun, unmittelbar vor seiner Abreise, kam der ersehnte Anruf: um vier Uhr sollte ich zu Professor Burckhardt kommen. Diese Begegnung zähle ich doch zu den wesentlichen Berührungen mit Menschen. Einer der wichtigsten Diplomaten vor dem Ausbruch dieses Krieges, der lauter dasteht vor allen Parteien: geleitet von einer tiefen Frömmigkeit, letztlich in allem der Kirche – über den Kirchen – dienend. Wir kamen – nachdem er sogleich für Renerle allen Beistand zusagte, ihr auch sein Haus öffnen will, mir, wenn Renerle in die Schweiz käme, die Möglichkeit schaffen möchte, sie besuchen zu können – in die wesentlichsten, herzlichsten Gespräche, die dadurch vorbereitet waren, daß er den »Vater« so intensiv gelesen hatte. – Die politische Zukunft sieht er sehr ernst an. In die schwebenden Verhandlungen hat er nur wenig Zutrauen, da es in ihnen ja nur um Machtproben geht. Renerles – und zwar baldige – Auswanderung hält er für dringend geraten.

Der schweizerische Gesandte hier in Berlin, Minister F., ist in der Angelegenheit vorerst noch zurückhaltend. Unmittelbar nach dem Gespräch mit mir war nun bis zur Abfahrt Burckhardts gerade ein Zusammensein zwischen diesen beiden angesetzt! So konnte er noch alles mit mir besprechen; und er war nicht ohne Hoffnung!

Burckhardt sieht alle Völker, die er kennt, in tiefem Abstieg um des großen Abfalls willen. »Die Deutschen aber«, sagt er, »an denen ich besonders hänge, sind so komödiantisch geworden; äußere Effekte, Terminologie, Massenwirkung –.« »Was«, sagt er,

»wollen wir von dieses oder jenes Sieg, von Frieden und Vertrag erwarten, die ohne Glauben sind?«

Wenn er einmal privat in Berlin weilt – diesmal war es in schwierigen Verhandlungen für das Rote Kreuz –, will er uns aufsuchen und Reinhold Schneider bei uns kennenlernen.

In allem Kummer sind Hanni und Renerle so sehr stolz, wer alles sich für unser Kind einsetzt. Ich meine, daß gerade in religiöser Hinsicht dies sehr auf Renerle wirkt.

17. März 1940 / Sonntag (Palmarum)

> Die ihm vertrauen, die erfahren, daß er Treue hält.
> *Weisheit 3, 9*

Es ist bezeichnend für das kirchliche und häusliche Leben in Nikolassee, daß der Konfirmationssonntag den ganzen lieben Ort in Festlichkeit taucht. Die Kirche faßte diesmal die Menschen nicht, es war eine würdige, ernste Feier, ganz in der Zeit und ganz gerichtet auf das Ewige, unberührt von allem »Aktuellen«. – Heute kam noch ein hilfsbereiter Brief von dem alten Schweizer Schriftsteller Ernst Zahn, der mich in Renerles Sache dem Schweizer Gesandten empfiehlt. – Und ebenso ein sehr freundliches Schreiben von Staatssekretär von Kühlmann.

Heute hat uns Renerle in die Kirche begleitet und das Vaterunser mitgebetet. Auch war ihr – und Hannis und mein – Spruch unter den so bedacht gewählten Konfirmationssprüchen, die jedes Jahr wieder wie eine Woge des Segens und der Verheißung über mich hingehen. Renerles Taufe ist nun Hannis klarer Wunsch. Fast begreift sie nicht mehr meine Zurückhaltung.

18. März 1940 / Montag

> Gedenket an den, der ein solches Widersprechen von den Sündern wider sich erduldet hat, daß ihr nicht in eurem Mut matt werdet und ablasset. *Hebräer 12, 3*

Bereits heute bekam ich auf meinen gestrigen Brief einen Anruf von einem Attaché der Schweizerischen Gesandtschaft: morgen um eins bin ich zu Minister F. bestellt.

Zum Tee sagte sich plötzlich Reinhold Schneider an. Er kam, weil er den Brauch aufrechterhalten wollte, daß wir alljährlich in der Karwoche zusammen sind. – Auch er sieht mit höchster Besorgnis, daß die Wehrmacht nach der grandiosen Leistung des Polenkrieges und vor vielleicht noch nie dagewesenen Leistungen,

deren man sie für so fähig hält, nach der eigentlichen Aufgabe
an Volk und Land nicht fragt.

Was die Zusammenkunft mit Pater Georg betrifft, so steht der
ausgesprochene Wunsch des Kronprinzen von Sachsen[213] dahinter, in eine Beziehung zu Schneider und mir zu kommen.

19. März 1940 | Dienstag

> Ich will gedenken an meinen Bund, den ich mit dir
> gemacht habe zur Zeit deiner Jugend, und will mit dir
> einen ewigen Bund aufrichten.   *Hesekiel 16, 60*

Das blasse Renerle frühe nach Wolfshau abgereist, nachdem es
sehr ungewiß war, ob nicht eine Reisesperre verfügt wäre oder
noch verfügt würde. Aber es ist ihr gelungen. Sie rief vom Görlitzer Bahnhof aus noch einmal an. Ungeheurer Reiseverkehr nach
dem Riesengebirge. Wie seltsam ist das alles im Kriege.

Mittags in der Schweizer Gesandtschaft. Der Minister betonte die
grundsätzliche Unmöglichkeit, entschloß sich aber mit dem Hinweis auf Burckhardt zu einem »Ich werde es also tun«: nämlich
den Antrag mit seiner Befürwortung zur letzten Entscheidung
nach Bern einreichen. – Das war nun die letzte Aktion, die ich
unternehmen konnte. Und nun heißt's warten und beten und gar
nichts anderes mehr. –

Tappolets schreiben nach neuem Vorstoß in Verbindung mit
Pfarrer Schloß in Bern (über Grüber) bei der Fremdenpolizei in
Bern: »Bewilligung so gut wie ausgeschlossen«. Mit welcher
Wärme nehmen sie sich unser an; wie treu und stetig warten sie
auf Renerle; welche Beruhigung wäre es, das Kind gerade bei
ihnen zu wissen; und das besonders um ihrer tiefen Frömmigkeit
und großen Kunstliebe willen.

20. März 1940 | Mittwoch

> Denn sie waren alle zugleich mit einerlei Kette der
> Finsternis gefangen.   *Weisheit 17, 18*

Professor Dessoirs Neffe, Sekretär im Bundesrat, schreibt heute
aus Bern: es sei angesichts der generellen Maßnahme für Renerle
nichts zu machen, da »der Fall nicht interessant genug sei«, die
Norm zu durchbrechen. An den untergeordneten Stellen ist der
Antrag also so gut wie abgewiesen. Nach Ostern fährt nun Pastor
Grüber in die Schweiz und will zu erfahren suchen, ob die Aktion
»von oben« nun läuft.

Sumner Welles ist auf der Rückreise von Genua nach Amerika. Hitler und Mussolini haben sich auf dem Brenner getroffen. Vorgestern hat ein deutscher Bombenfliegerangriff auf Scapa Flow, gestern ein englischer auf Sylt stattgefunden.

21. März 1940 / Gründonnerstag

> Jesus sprach zu seinen Jüngern: Mich hat herzlich verlangt, dies Osterlamm mit euch zu essen, ehe denn ich leide.
> *Lukas 22, 15*

Hanni mußte auch heute liegen. So hat sie mich nun nicht zum Abendmahl am Ausgang des alten Lebensjahres begleiten können. Da es das erste Abendmahl der neuen Konfirmanden war, wurde es ein großer, feierlicher Gottesdienst in voller Kirche. Es war ein Abend, an dem man hätte glauben mögen, der Garten Gethsemane läge am Fuße des Kirchhügels. Zartes Mondlicht, linder Wind, ein Streifen letzten Schnees am Rehsprung, die Abendlandschaft in milden Schimmer getaucht, klar und dunkel der Umriß der Kirche. Bei der Heimkehr hatte sich der Mond mit trübem Gewölk umhüllt. Durch den stillen Ort, den Kirchenhügel hinab, über die Rehwiese pilgerte in kleinen Scharen die Gemeinde heim, manches nachbarliche Haus: Eltern und Kinder. Beim Schmerzensmann und dem Palmkätzchenstrauß brannte die Kerze. Ja, dies ist meine neue Heimat.

Am Ausgang dieses schweren, an Schaffen leeren Lebensjahres stand nun das Wort: »Den Frieden lasse ich euch, meinen Frieden gebe ich euch. Nicht gebe ich euch, wie die Welt gibt, euer Herz erschrecke nicht und fürchte sich nicht. Solches habe ich mit euch geredet, daß ihr in mir Frieden habet. In der Welt habt ihr Angst; aber seid getrost, ich habe die Welt überwunden.«

Wie sind dem Herzen und dem Geiste nun der Heilige Abend und der Gründonnerstag so nahe verbunden.

22. März 1940 / Karfreitag (Mein 37. Geburtstag)

> Der Herr wird dir seinen guten Schatz auftun, den Himmel, daß er deinem Land Regen gebe zu seiner Zeit und daß er segne alle Werke deiner Hände.
> *5. Mose 28, 12*

Auf diesen Losungsspruch des heutigen Tages weist mich auch der überraschende Glückwunsch von Pastor Lilge hin, damit das Wort mir heute recht gehöre. Mein Renerle wünscht mir als erstes »Zeit, Zeit, Zeit!!!« und, daß ich nicht in den Krieg müsse. Wie hätte ich es für möglich gehalten, diesen Tag noch zu Hause feiern zu dürfen. – Ein sehr liebenswürdiger Brief von Staatssekretär von Kühlmann mit einem Buch von ihm.

Noch vor dem Kirchgang wurde ich an den mit blauen Hyazinthen geschmückten Geburtstagstisch geführt; das Hauptgeschenk ist eine sehr kleine Bibel für den Tornister, wenn ich fort muß.

Was ist's für ein Geburtstagsmorgen, den man inmitten des gedrängt vollen Gotteshauses beginnen, an dem man mit der Karfreitagsgemeinde singen darf: »O Haupt voll Blut und Wunden.« Eine groß zu nennende Predigt von P. Wiese. Dann kamen all die raren Frühlingblumen ins Haus: Kätzchen, Schneeglöckchen, Veilchen, Maßliebchen. Das waren zwei schöne und festliche Vormittagsstunden; sonst gehörte der Tag ganz uns, mit großer Stille und Muße, dem feierlichen kleinen Fastenmahl: und nun – dazu fühlt Hanni sich wieder fähig – als die große Feier des Geburtstags und Karfreitags: die Matthäuspassion in der alten Garnisonkirche!

Es war eine schöne, feierliche Aufführung in der vollen, vollen Kirche. Die uns so vertrauten Solisten: die Leisner, Merz-Turner und Watzke, der herrliche Christus-Sänger. Nun geht man in der Matthäuspassion wie in einem wohlbekannten Garten ein und aus. –

Es war wohl einer meiner schönsten, wenn nicht der schönste Geburtstag: der Gottesdienst, die stille, häusliche Feier, die Matthäuspassion. Und dieser Geburtstag überhaupt im Kriege ein solches Geschenk. –

24. März 1940 / Ostersonntag

> Fürchte dich nicht! Ich bin der Erste und der Letzte und der Lebendige. Ich war tot, und siehe, ich bin lebendig von Ewigkeit zu Ewigkeit.
>
> *Offenbarung 1, 17. 18*

So ist nun auch dieses Fest noch ohne Schlachten! Nur in geringen Äußerlichkeiten – außer daß man so viele Männer von den Ihren getrennt weiß – spürt man den Krieg.

Hanni empfindet es nur als wohltuend, daß die Feste sich immer mehr nach innen wenden, im Inneren aber ihren Glanz und ihre Feierlichkeit so mächtig und so friedevoll erweisen.

Nun hat jedes der hohen Feste das neue Haus einmal erhellt! Schließt sich der erste – bleibt er der einzige Kreis?

Für meine Schrift über den christlichen Roman fehlte mir noch die Kenntnis eines Buches, Kramps »Fischer von Lissau«. So ist nun doch wieder einmal ein zeitgenössischer Roman für Hanni und mich zum großen Eindruck geworden. So wenig ich lese: das Notwendige erreicht mich ja doch von der Arbeit her zur rechten Stunde. Ja, es gibt eine neue christliche Dichtung! Und ich darf zu ihren Trägern gehören! Die anderen Bücher freilich bedeuten eine große Enttäuschung.

Aber Kramp: das ist evangelischer Roman!

25. März 1940 | Ostermontag

> Ich lebe, und ihr sollt auch leben. *Johannes 14, 19*

Als ich aus der Kirche kam – Hanni fühlte sich heute doch wieder zu angegriffen, mich zu begleiten –, lag Nikolassee schon in weißem, reinem, österlichem Licht. Über jedem Durchblick in einen blauen, kleinen Grund, auf dunkelgrüne Kiefernwipfel, weiße Kiefernstämme war ein Gespinst von Glanz und Glast. Und alle Menschen, die sich an der Rehwiese ergingen, schienen sich zu freuen. Über den alten, geliebten Plastiken, die wie Hüter und Wächter des Kirchenjahres dastehen, über den blauen Hyazinthen und gelben Osterglocken des Hauses: Glanz, Glanz!

In der Kirche waren heute nur etwa 100 Menschen; Lilges Predigt sehr gut; das ist so heimatlich, wie einen die Pastoren selbst vom Altar her freundlich grüßen. Und heute machte uns nun auch der dritte Nikolasseer Pastor, Pfarrer Wenzel, seinen Besuch. Wie wird mir meine Liebe zu diesem Stande vergolten! Wie fühle ich mich ihm, obwohl mein Weg zuerst so hart und traurig von ihm abgezweigt wurde, verbunden!

Auf unserem Spaziergang trafen wir P. Lilge, den wir nun gleich besuchten; er zeigte uns das ganze, große, schön und sinngemäß angelegte Gemeindehaus, das mit Pfarrhaus und Kirche am Waldstreifen der Rehwiese ein so schönes Bild gibt. Dort hat er seine Hilfspredigerwohnung. Um die Dämmerung saßen wir in seiner puritanischen Studierstube am offenen Fenster, den Blick auf Kirche und Friedhof. Wie sollte man nicht des »Herr, bleibe bei uns, denn es will Abend werden« gedenken. Da war's auch mehr als ein Besuchsgespräch.

Gebe Gott, daß wir auf diesem Friedhof einmal ruhen dürfen!

27. März 1940 | Mittwoch
> Du wirst ja daran gedenken; denn meine Seele sagt
> mir's. Das nehme ich zu Herzen, darum hoffe ich noch.
> *Klagelieder 3, 20. 21*

Tappolets, in ihren Aktionen ganz ratlos, schreiben in ihrem
Ostergruß nun schon ganz »verwandt«: »Euch dreien Eure Tappolets.« Noch wissen sie durch die Postzensurverzögerungen
nicht, daß ihre Unternehmungen durch Burckhardt vielleicht nun
doch nicht mehr vergeblich sind. Die Schweizer Gesandtschaft
schickte heute Formulare und Fragebogen.

28. März 1940 | Donnerstag
> Alles, was Odem hat, lobe den Herrn! Halleluja!
> *Psalm 150, 6*

Wieder ein strahlender Brief vom Kindlein, das sich auch die
mißglückte Wintersportreise zum Fest macht. Abends sprach ich
Renerle telefonisch, weil ich ihm die heute stundenlang ausgefüllten Schweizer Formulare zur Unterschrift hinsandte. – Ich
spürte sehr bedrückt, wie Renerle erschrickt, wenn von Fragebogen und Formular die Rede ist, weil sie gleich denkt, es handele
sich um Recherchen der Gestapo. Das zeigt die ganze Krank-
haftigkeit der Zustände. Ebenso die Aufregung um einen Ein-
schreibebrief für Renerle – ihrer Unterschrift wegen; denn in
Wolfshau weiß man nicht, daß sie Jüdin ist, und hier liegt die
Gefahr für Gert Pohl.
Ich habe nun in diesen Tagen Vorlesung, Vortrag und Teilnahme
bei der Kirchenmusiker-Theologentagung des Reichsverbandes
für Kirchenmusik und des Konsistoriums abgesagt: aber habe
ich die Zeit für die Arbeit verwenden dürfen?!
Und war nicht bei all diesen Absagen immer die Zeit der zweitwichtigste Grund? Hier bin ich geschlagen von etwas, das ich
nicht nennen kann.
Ist's eine Prüfung Gottes? Ist's der Teufel, der Gottes Werk auch
am »Ewigen Haus« hindern will? Und nun lastet das Zwiespältig-
ste auf mir: das Betreiben von Renerles Auswanderung.

29. März 1940 | Freitag
> Gelobt sei der Herr, der seine Barmherzigkeit und
> seine Wahrheit nicht verlassen hat.   *1. Mose 24, 27*

Wie wurde wieder von den Gästen dieses Tages das Haus »als
eins der schönsten, stimmungsvollsten Dichterhäuser ganz

Deutschlands« gerühmt. – Aber auch daran darf ich mich nicht mehr freuen, so zehren die Briefe und Besuche in steigendem Maße die Zeit auf. Hier liegt für mich die schwerste Versuchung, weil ich so gern Gäste habe. Und was hat es bedeutet, daß immer gerade dann, wenn mein Herz so hart zu mir sprach, die Menschen mir mit dieser Freundlichkeit und Achtung begegneten, auch alte und berühmte. Habe ich doch von dem, was über Buch und Ehe und Töchter gesprochen wird, so überhaupt nur erfahren, und es war ein solcher Trost.

Und doch muß ich mich abwenden wie von den Einladungen, literarischen Aufträgen, Vorlesungsaufforderungen: eine gar nicht mehr zu meisternde Gefahr ist entstanden, und von dort her darf mir kein Trost mehr kommen. Was als Gabe Gottes erscheinen müßte, muß ich hinlegen, weil es zur Trennung von Gott wird, der den Dienst will, nicht daß ich gefeiert werde. Es ist ein tiefer Einschnitt, eine große Wendung, und dem Herzen macht es bange. Und die am entschiedensten darum kämpft, ist Hanni, obwohl auch sie es mit Dank und Freude wahrnimmt, wie die Zimmer sich mit Blumen füllen, die Briefe sich mehren, die Gäste einander am Tisch ablösen. *Cor accusator, deus defensor*. – Nur aus seinem Wort darf ich noch den Trost hören.

Auf ganz anderer Ebene habe ich noch einen Warner und Mahner: Professor Hermann, der so darüber wacht, daß ich vor allem Künstler bleibe und nicht zu sehr zum Theologen werde – er, mein theologischer Lehrer! »Sie werden ja die kirchlich-pfarrerliche Aufgabe in sich nicht zu stark werden lassen?«

Auch das ist wieder ein Zeichen einer Kursverschärfung, daß Hanni und Renerle sich doch wieder mit ihren – allerdings mir zugestellten – Lebensmittelkarten auf der Kartenstelle melden müssen. Ehre und Demütigung stehen in meinem Leben so dicht beieinander.

Aus Breslau berichtete Käte Staritz, die wie Grüber ja diese Dinge von Amts wegen bearbeitet, wie man dort den jüdischen Frauen arischer Männer, sogar wenn diese Soldat sind, zusetzt: da die Männer sich nicht scheiden ließen, müßten die Frauen eben auswandern und in acht Wochen Unterlagen beibringen, welche Schritte sie unternommen haben, sonst müßten sie in ein »Schulungslager«. – Gewiß: lokal, illegal. – Aber ist nicht immer wieder später im Großen geschehen, was vorher im Kleinen »illegal« erprobt wurde?

Nachts um zwölf die erste Ruhe. – Aber nicht von der Arbeit, sondern von den Arbeitsstörungen. So groß ist aber weder meine Leistung noch die Wirkung meiner Person, daß dies gerechtfertigt wäre.

»Glimmenden Docht« und »zerstoßenes Rohr« – die heilt nicht Trost durch Erfolg, durch Wirkung. Die heilt nur Gott, der Gott der Sünder. *Cor accusator, deus defensor.* –

1. April 1940 | Montag

> Der Herr hat mich den Weg geführt.   *1. Mose 24, 27*

Und bei dieser Gewißheit muß es bleiben. Auch dieser Tag ist im Gedanken an die Arbeit wieder zum Verzweifeln. Bis halb vier Aktionen für Renerle. Auf der Kartenstelle. Hanni und Renerle müssen ihre Lebensmittelkarten nun doch wieder vorlegen. Hannis Karten bleiben wenigstens »unverändert«. Bei Renerle ändert es sich von Austeilung zu Austeilung. – Viele Briefe nach der Schweiz geschrieben. P. Grüber, der in Bern war, hat erfahren, daß der Chef der Fremdenpolizei weder im Besitz des Tappoletschen Antrages vom 12. 2., noch eines Hinweises von Professor Burckhardt ist. –

Hans Nowak, der nicht wegen »Prominenz«, sondern als Schwerkriegsverletzter noch der Schrifttumskammer angehörte, ist nun auch auf Sondergenehmigung gesetzt. Drei alte Damen in Stettin, darunter eine Tante von Ed Nowak, sind mit nach Lublin deportiert worden und alle drei schon tot.

Warum muß so jäh und stark, wie Gebete nur ganz selten sind, gerade dies gebetet sein: »Gott, hole uns heim«, dessen Sinn verborgen bleibt?

2. April 1940 | Dienstag

> Laß meinen Gang gewiß sein in deinem Wort und laß
> kein Unrecht über mich herrschen.   *Psalm 119, 133*

Die Belastung meines Tages bleibt die gleiche und beweist die Notwendigkeit der radikalen Umstellung, soll nicht Woche um Woche ohne Arbeit am »Ewigen Haus« verrinnen, an das ich nur noch gequält denken kann. –

Die Friedensaktion von Sumner Welles scheint mir gescheitert. Denn seit Tagen ist das deutsche Pressethema: Polemik gegen die amerikanischen Diplomaten in Europa, und zwar sofort wieder mit antisemitischer Wendung, da die Mutter des einen eine geborene Horowitz ist! Die Rücksicht auf Amerika aber bedeutete einen letzten, fernsten, schwachen »Schutz« für die deutschen Juden, die sich in der Lage von Geiseln befinden.

Abends um neun Uhr kam unser Renerle heim; nach wie vor so schmal und zart, aber braungebrannt. War's ihre letzte Heimkehr? Wird sie nun gehen, und wir werden ans Wiedersehen auf lange, ungewisse Zeit nicht denken dürfen? Sie hat aufs rührendste kleine Lebensmittel für uns eingekauft; erklärte Moltkes, die sie schnell noch zu Frau von Moltkes Geburtstagsfeier einluden, erst gehe die Familie vor, saß an Hannis Bett, aß heißhungrig, erzählte, erzählte und feierte dann doch noch bis lange nach Mitternacht den Nachbarschaftsgeburtstag mit, kam heißgetanzt – in ihrer Skibluse und den Jungenshosen – nachts noch an unser Bett und überschüttete uns mit Küssen. –

3. April 1940 | Mittwoch

> Gott ist ja mein König von alters her, der alle Hilfe tut, die auf Erden geschieht.
> *Psalm 74, 12*

Mit ihrer Unterschrift versehen, sind nun Renerles Antragsformulare an die Schweizerische Gesandtschaft abgegangen, desgleichen eine Mitteilung an Burckhardt, damit die Schritte übereinstimmend erfolgen. –

Meinen Aufsatz über den christlichen Roman zur Broschüre erweitert; da ich kein großer Freund von Broschüren bin, hätte ich Ihlenfelds Drängen nicht nachgegeben, wäre mir damit nicht die Möglichkeit geschaffen, Professor Hermanns mir so wichtigen Einwand zu berücksichtigen: »Ist denn das Handeln Gottes nicht oft wirklich nicht zu erkennen? Und wenn die künstlerische Intuition dabei fehlgreift, handelt dann nicht auch sie nicht christlich?«

Das soll mein Abschied sein von dem Gebiet auch dieser Tätigkeit. Wenn auch vielleicht nicht für immer, so doch, bis das neue Buch und ein neues Bändchen Kirchenlieder geschrieben sind, vielleicht aber darüber hinaus. Denn ich befinde mich ja immer wieder nur zu leicht in der Gefahr, das Dichterische in mir zu unterdrücken oder gar zu fliehen, weil der Schaffensvorgang bei mir so quälend geworden ist. –

> Sehet zu, daß ihr den nicht abweiset, der da redet.
>
> *Hebräer 12, 25*

Heute gewinnt man den Eindruck, als begönne der Krieg nun wirklich: und zwar durch eine doppelte Neutralitätsverletzung der skandinavischen Länder durch England und Deutschland. Den provozierenden Schritt hat ohne Frage England getan.

Nachdem es nach dem polnischen Krieg wie ein Krieg in Schlaf und Schatten war, werden nun wieder Zeiten äußerster Gespanntheit kommen. Der Gedanke an Brigitte und an Meschkes macht alles noch schwerer; und wie viele sind es außer ihnen, die in dieser fürchterlichen Gefahr und Zerrissenheit sind. Je entschiedener ich mich zurückziehe, desto herzlicher und dringlicher wird seitens der kirchlichen Kreise nach mir gefragt.

Norwegen und Dänemark unter deutschem Schutz. Norwegen leistet noch Widerstand; gebe Gott dem Land und Volk, daß es nicht zu lange geschieht. – England vermag die deutsche Dynamik noch immer nicht zu begreifen; es flüchtet sich von einem Trugschluß in den anderen. Und bei uns folgt Handlung auf Handlung.

> Sprich zu meiner Seele: Ich bin deine Hilfe!
>
> *Psalm 35, 3*

In Renerles Sache müssen wir immer wieder neue Briefe in die Schweiz schreiben. Das Wesentliche läßt sich aber nicht erfahren, ob ein Schritt von Professor Burckhardt erfolgt ist. Ein Versagen dieses ausgezeichneten Mannes würde mich schwer treffen. Dieser Eindruck war doch zu ungewöhnlich.

Nach unserem zweiten Gespräch – es nimmt sie noch immer sehr mit – hat Renerle sich zur Taufe entschlossen. Es waren nur die Äußerlichkeiten – genau wie einst bei Hanni –, die sie zurückhielten, die Scheu vor religiöser Frage und Antwort im Unterricht. Hätte Hanni 1938 ihre Taufe nicht verheimlicht, sagte Renerle, sie hätte sich damals sogleich mit ihr taufen lassen; sie habe damals nichts anderes »gedacht« als heute.

In der Losung steht heute der Spruch: Jeremia 31, 3 und Johannes 15, 16. –

> Das ist eine große Gnade, daß Gott den Sündern
> steuert, daß sie nicht fortfahren. *2. Makkabäer 6, 13*

Morgens waren Hanni und ich bei P. Wiese in der Sprechstunde.
Renerle hat sich nun doch zu dem Natürlichsten entschlossen,
sich bei ihm taufen zu lassen, nicht bei Kurzreiter. Bei vielen
Pfarrern hätte es uns heute geschehen können, daß sie solche
Taufe abschlügen; so ist der Zustand in der Kirche nun doch.
Immer wieder bin ich in diesen Tagen bewegt und überrascht,
wie tief und klar alles, was den Glauben betrifft, in Renerle ist;
wie gerade das »Ich glaube, daß ich nicht aus eigener Kraft« und
»Ihr habt mich nicht erwählt, sondern ich habe euch erwählt«
sie durchdringt. Wie spürbar ist hier Gott am Werk gewesen.
Renerle hat Gott wirklich allein in Christo gesucht und gefunden. Von allgemeiner Religiosität ist hier keine Rede. – Für mich
ist's ein großer Abschluß.
Reinhold Schneider schreibt aus dem Dom-Pfarrhaus in Dresden,
daß man mich dorthin einlade; und daß sich in Dresden »die Geschichten unserer Kirchen verschlingen so innig wie die Stengel
und Blätter der Wunderblume, an der das Wort erblüht. Auch
Katharinas Weg ging nicht vorüber«.

17. April 1940 | Mittwoch

> Fraget nach dem Herrn und nach seiner Macht; suchet
> sein Antlitz allewege! *Psalm 105, 4*

Heute ist Renerle aus der Jüdischen Gemeinde ausgetreten. Es
entspricht ganz ihrer Art, daß auch sie wollte, daß ich der Jüdischen Gemeinde im Zusammenhang mit ihrem Austritt in dieser
für das Judentum so schweren Zeit für sie einen Geldbetrag für
den Hilfsfonds überweise.
Heute nacht träumte ich, unser Haus stünde neben dem Beuthener Pfarrhause im Apfelgarten des alten Schlosses. –

18. April 1940 | Donnerstag

> Ich bin's, der Gerechtigkeit lehrt und ein Meister ist
> zu helfen. *Jesaja 63, 1*

Norwegen scheint uns viele Opfer zu kosten. Der norwegische
Widerstand, trotz englischer Unterstützung, ist aber nicht zu begreifen. Haben die letzten Jahre nicht deutlich gelehrt, daß Eng-

land die kleinen Völker im Stiche läßt oder ihr Land gar als Kriegsschauplatz sucht, wenn es sie »garantiert«? Ja, es ist ein tiefer Abstieg in der ganzen Welt. Deshalb verleiht diese Welt sich allenthalben so herrliche Prädikate. –

Heute spürt man eigentlich zum ersten Male Frühlingsweichheit. Reisigfeuer rings in den Gärten. Sanfte Frühlingsabendsonne. Rundgang mit dem Gärtner und dann mit Hanni von Baum zu Baum, von Strauch zu Strauch. Es ist doch mehr erfroren, als es erst den Anschein hatte. Ich habe, was Hanni in aller Sparsamkeit aufs freudigste begrüßte, bestellt: vier Birken zu den vielen Kiefern, eine Fichte, zwei Efeu, sieben Johannisbeersträucher und eine Schattenmorelle. Das berührt uns seltsam, nun im Kriege noch daheim sein und pflanzen zu dürfen.

21. April 1940 | Sonntag (Cantate)
Fröhlich laß sein in dir, die deinen Namen lieben.

Psalm 5, 12

Am Sonntag Cantate vor zwei Jahren war es, daß ich den ersten Gottesdienst in Nikolassee besuchte, bevor die Grundstücks- und Bauverträge abgeschlossen werden sollten. Ich sehe noch das Stücklein waldigen, besonnten Gartens, auf dem heute das lichte Haus steht.

Was war das heute für ein großer, feierlicher Cantate-Gottesdienst in gedrängt voller Kirche, in einer stark und frisch singenden Gemeinde. In unserer Nikolasseer Kirche werden die Sonntage zwischen Ostern und Pfingsten ganz besonders festlich gestaltet als die Sonntage christlicher Freudenzeit.

Unser Renerle zog's gleich von der Kirche zum Bootsstand, sein Boot zu rüsten nach dem Winter. Ich bin sehr glücklich, daß ich das noch einmal mit dem Kind erlebe.

Es ist Sonntag, herrlichster Sonntag. Nur daß der Krieg um vieler Herzen eine Klammer legt.

Das Renerle kam schon leicht sonnengebräunt vom Wannsee zurück. Ihr ist der Wannsee und die Havel geworden, was mir einst die Oder war. –

22. April 1940 | Montag
Wer seine Hand an den Pflug legt und sieht zurück,
der ist nicht geschickt zum Reich Gottes. *Lukas 9, 62*

Ein neuer Brief von Tappolets. Auch er atmet wieder soviel Treue, Herzlichkeit und große Frömmigkeit.

Längeres Telefongespräch mit Dr. Koch. Wir erörterten die Aufhebung meiner Manuskriptvorlagepflicht, nachdem nun in zwei Jahren »Überwachung« sich nichts ereignete: Aufhebung auf innerdienstlichem Wege, zur Büroentlastung; denn ein Antrag von mir würde zur Zeit genauso brüsk abgelehnt werden wie das kulturelle Gesuch für Hanni. Die ganze Strähne ist wieder so negativ. – Dabei ist das Seltsame, daß die nicht geförderten Autoren die erfolgreicheren und angeseheneren sind; anscheinend tut die große staatliche Pflege und Organisation den meisten nicht gut; oder die vorhandenen Begabungen rechtfertigen sie gar nicht. Das Ganze ist rein propagandistisch aufgezogen und läuft infolgedessen in politischem, nicht künstlerischem Bereich ab. –

24. April 1940 | Mittwoch

> Das zerstoßene Rohr wird er nicht zerbrechen, und den glimmenden Docht wird er nicht auslöschen.
>
> *Jesaja 42, 3*

Starke Sonne, herbe Luft, Klarheit des Himmels. Was auf der Sonnenseite wächst, treibt mächtig vorwärts; was zur Schattenseite gehört, ist noch kärglich und spröde. Der Nachmittag dunstiger und schwüler: zum ersten Mal. Gleichzeitig ist's ein anderes, weicheres Singen der Vögel. Die Farben erwachen: hinter zartgrünem Gesträuch die erste hellgelbe Forsythie.
An diesem Tage die Erfahrung des Antichrists, die immer nur von innen kommen kann, darum aber um so furchtbarer ist.

25. April 1940 | Donnerstag

> Stärke uns den Glauben!　　　　　　　　　*Lukas 17, 5*

Wind und Wärme. Sonne und weicher Dunst. Die Knospen ganz junger Kastanien beginnen sich zu Blättern zu entfalten. Die erste Birke steht in zartem Grün. Die Ahornbäume haben sich mit ihren lindgrünen Knospenkronen geschmückt.
Alljährlich habe ich sehr darunter gelitten, wie das eigene Werk so gefesselt zurückbleibt hinter dem starken Fortschreiten der Natur. Dieses Jahr, wo das Werk gelähmter ist denn je, geht es mir nicht so: Ich bin nur erstaunt und bewegt, daß ich diese erste Wiederkehr des Frühlings in Nikolassee noch daheim miterleben darf.

Tappolet schickt mir einen Brief von Professor Burckhardt, der uns sehr bedrückt: »Nach Ihrer Mitteilung habe ich leider das Gefühl, daß die Angelegenheit Frl. Steins dilatorisch behandelt wird. Ich bin in so vielen Einreise- und Aufenthaltsangelegenheiten um Hilfe angegangen worden, daß meine Möglichkeiten zur Zeit etwas verbraucht sind. Am wirksamsten wäre es, wenn Herr Klepper nochmals persönlich bei Herrn Minister F. vorsprechen würde. Als Referenz stehe ich jederzeit zur Verfügung.«

Wie herrlich war hier alles von Gott gefügt – und was machen nun wir Menschen wieder daraus. Nur Tappolets sind so treu – gerade sie, mit denen ich die Korrespondenz eingestellt hatte.

Ich habe noch einmal sehr dringlich an Burckhardt geschrieben. Was kostet dies alles für Zeit und Kraft, geduldig und gesammelt zu bleiben.

Der Krieg in Norwegen scheint sehr ernst zu verlaufen.

26. April 1940 | Freitag

> So erkennst du ja in deinem Herzen, daß der Herr, dein Gott, dich gezogen hat, wie ein Mann seinen Sohn zieht.
>
> 5. Mose 8, 5

Mein Tauftag.

Das Schreckliche des eigenen, das Gnädige des göttlichen Weges im eigenen Leben lasten auf dem Herzen.

Wo überall ich absage und ablehne, muß ich sagen: der Arbeit wegen. Der wahre Grund ist: Ich ertrage es in dem immer quälenderen Zustand, was Gott in einem zu wirken vermag und was der Mensch in sich zerstört, nicht, von den kirchlichen Kreisen so begehrt zu werden. Ich bin nicht der, dem dies alles zukommt. Ehe Wirkung von mir ausgeht, muß noch etwas gar Entscheidendes von Gott in mir gewirkt sein; nicht, als gäbe es Gott gegenüber auch nur eine Bedingung. Aber dies kann ja nur Gott selbst sein, der unter für mich so großen Schmerzen mir die Möglichkeiten des ersehntesten Wirkens zeigt und in meinem Herzen zugleich mich zurückweist, so daß ich's einfach nicht vermag, hervorzutreten dort, wo es allein für mich sinnvoll ist: in der Kirche.

Die Fragen der kirchlichen Kreise nach mir hören nicht auf. Jetzt wieder ist's die Hauptbibelgesellschaft durch ihren Präsidenten Burckhardt, die meinen Rat für die dichterische Seite des neuen, sehr gewissenhaften und theologisch tiefen »Probe-Testamen-

tes« will; für mich eins der wichtigsten Stücke in der Zusammenarbeit zwischen Dichtern und Theologen, zudem so tief mit
Luthers Arbeit, in einem kleinen Ausschnitt, verbindend. Präsident Burckhardt war heute lange bei mir; auch hier, wo alles
mich hindrängen müßte, spüre ich nur das: es darf noch nicht
sein. – Noch heißt es nicht: überhaupt nicht. –

27. April 1940 | Sonnabend

> Ich bin arm und elend; mein Herz ist zerschlagen
> in mir. – Stehe mir bei, Herr, mein Gott; hilf mir
> nach deiner Gnade!   *Psalm 109, 22. 26*

Alle diese Worte der Schrift, eins ums andere, erfährt man als
vor allem zum eigenen Inneren gesprochen. Aller Heilung und
Hilfe geht nach wie vor die Vergebung voran.

Pagel rief an: nach einer Mitteilung aus Stuttgart werde gleich
anschließend an das 36.–40. Tausend des »Vaters« das 41.–45. Tausend gedruckt. Ach, unter dem Schutz des alten Buches doch noch
nach allen verzweifelten, fast vergeblichen Ansätzen das neue
Buch beenden dürfen; und reiße der Krieg auch die Arbeiten noch einmal mitten entzwei: Psalm 68, 21 – das ist ja für mich
selbst der Spruch dieses Buches.

28. April 1940 | Sonntag (Rogate)

> Eile mir beizustehen, Herr, meine Hilfe!   *Psalm 38, 23*

Nach so vielen Jahren des Wartens ist es nun Wirklichkeit ge-
worden: der gemeinsame Kirchgang mit Hanni und Renerle.
Etwas ganz Seltenes: eine Radfahrt mit Renerle durch die hüb-
schen Villenstraßen zu Pagels, Bücher von dem Katharina-von-
Bora-Studium zurückzubringen.
Unablässig die treuesten Briefe von Tappolets: Renerles Antrag
ist nun in Bern eingegangen. Also hat die gefürchtete hiesige
Gesandtschaft verhältnismäßig rasch gearbeitet.

30. April 1940 | Dienstag

> Ach Herr, höre, ach Herr, sei gnädig, ach Herr, merke
> auf und tue es, und verzieh nicht um deiner selbst
> willen, mein Gott!   *Daniel 9, 19*

Der norwegische Krieg verläuft sehr hart. Unsere Heeresberichte
wirken ehrlich; sie reden nicht von billigen Fortschritten. Sie

bereiten wohl in den Siegesmeldungen auf bittere Verlustlisten vor.

Ich glaube nicht, daß die wirtschaftliche Überlegenheit der Gegner Deutschlands sich behauptet gegen die militärische Überlegenheit Deutschlands. Der Westen neigt schon lange dazu, das Wirtschaftliche weit zu überschätzen.

Die Zeit aber, in der es schien, als ginge es um Ideen, ist wieder vorüber. –

2. Mai 1940 | Donnerstag (Himmelfahrt)

> Im Schweiße deines Angesichts sollst du dein Brot essen, bis daß du wieder zu Erde werdest, davon du genommen bist. Denn du bist Erde und sollst zu Erde werden.
>
> *1. Mose 3, 19.*

Von diesem Worte her begreift man viel von Himmelfahrt.

Mich erreichte eine geheime Nachricht: Krüppel, Schwachsinnige, Jugendliche und Senile, die als unheilbar gelten, werden aus den Unterbringungsanstalten herausgezogen, nach unbekanntem Ort gebracht – nach einiger Zeit erhalten die Angehörigen die Urne mit der Asche; der Patient wäre gestorben und einer Infektionsgefahr wegen eingeäschert worden. Diese Nachricht, die um ihrer Schrecklichkeit willen wohl nicht einmal Gerücht werden wird der hohen Strafen wegen, habe ich von dem Leiter einer der größten christlichen Anstalten, die in der ganzen Welt berühmt ist.

Von Monat zu Monat wird das Unglück in der Welt größer, so daß man das den Juden auferlegte Leid nicht mehr isoliert sieht; das wirkt auf Hanni und Reni sehr stark.

Mich macht sehr sorgenvoll, daß gerade auch in kirchlichen Kreisen so oft die Auffassung einem begegnet, Deutschland könne nicht siegen, weil dieses Regime das Strafgericht ereilen müsse. Da scheint mir dringend not zu erwägen, ob nicht der Sieg und die restlose Behauptung des Nationalsozialismus, über den Haß der Welt und das Unglück der besten Deutschen hinweg, viel mehr das Strafgericht über uns, die Kirche, sein könnte und daß dieses dringlicher sei, weil wir erfuhren, was jene nie ahnten.

Auch dürfen wir im Gebet »Und erlöse uns von dem Übel« nie an die Obrigkeit denken oder nur, indem wir zugleich beten: »Wandle sie von innen her«.

Der Sieg in Norwegen verspricht so überraschend und glanzvoll zu werden wie der in Polen, nur viel opferreicher. Gerade die tieferen Deutschen sind aber schmerzlich enttäuscht von dieser herrlichen Armee, die sich mit der ruhmvollen militärischen Aufgabe hinwegtäuschen läßt über die Frage, wofür dies alles geschehe und auf welchen Weg Deutschland gerate. Eine einzigartige Armee, die jede Leistung auf sich nimmt und die Verantwortung scheut.

Ich für mein Teil habe mich ganz für den Sieg als das schwerste Schicksal Deutschlands vorbereitet, auf einen Aufstieg, der den tiefen inneren Verfall so verdeckt, daß keiner wird davon reden können. Es ist sehr schwer, ob Sieg oder Niederlage, nicht mehr wünschen, sondern nur noch fürchten zu können.

3. Mai 1940 | Freitag

> Das ist der Herr, auf den wir harren, daß wir uns freuen
> und fröhlich seien in seinem Heil. *Jesaja 25, 9*

Der Sieg in Norwegen ist nun wohl entschieden. Welchen Eindruck wird das auf die von England umworbenen Völker des Balkans machen. Nun hat ja – anders als in der Tschechoslowakei, Polen und Finnland – England eingegriffen. Siegbert Stehmann kommt aus seiner militärischen Ausbildung gleich nach Norwegen. Wer von Bekannten sonst noch dort war und ist, wird man erst allmählich erfahren. Über die Zahl der Toten und Verwundeten ist noch nichts bekannt. Über das, was wir aus den Kreisen hoher Militärs hörten, sind wir sehr erschrocken: fünfmal soviel wie im Polenfeldzug, Verluste vor allem unserer zu kleinen Flotte.

5. Mai 1940 | Sonntag (Exaudi)

> Es kann die Stadt, die auf einem Berge liegt, nicht verborgen sein. *Matthäus 5, 14*

Grau, still, verhängt und kühl. Die Wintersaat steht noch so niedrig, daß die Felder wie weite, grüne Wiesen wirken. Allenthalben die leuchtende, schwebende, zarte Kirschblüte. Da und dort noch Reste von Vorfrühlingshochwasser. Noch viele Bäume kahl. Das Ganze aber durch Kirschblüte und Birkengrün zart und schön. Große, stille Weite. Flüchtige, kühle Regenschauer. Wir waren nämlich unterwegs. Renerle hatte sich eine wunderschöne Überraschung ausgedacht. Adamek, der noch immer die Tarnung der Reichsautobahnen gegen Fliegersicht durchführt und darum den »roten Winkel«, die Genehmigung, sein Auto zu fahren, besitzt, nahm uns auf der Dienstfahrt nach Halle mit nach Wittenberg, so daß ich mit Hanni und Renerle, der· großen und der kleinen Bore, zusammen in Wittenberg war. Und das bedeutet mir ja viel mehr als eine große, schöne Reise: vor allem, wenn Renerle wirklich noch in die Schweiz gehen sollte.

Der besondere Reiz dieser Fahrt war nun noch, daß sie direkt von Potsdam nach Wittenberg führte: durch das ärmste, sandigste Gebiet der Mark Brandenburg, die Zauche.

Für Wittenberg gilt außer dem Worte Matthäus 5, 14 leider auch das bittere: »Ich weiß deine Werke und deine Arbeit und deine Geduld und, daß du die Bösen nicht tragen kannst; und hast versucht die, so da sagen, sie seien Apostel, und sind's nicht, und hast sie als Lügner erfunden; und verträgst und hast Geduld und um meines Namens willen arbeitest du und bist nicht müde geworden. Aber ich habe wider dich, daß du die erste Liebe verlässest. Gedenke, wovon du gefallen bist, und tu Buße und tu die ersten Werke. Wo aber nicht, werde ich dir bald kommen und deinen Leuchter wegstoßen von seiner Stätte, wo du nicht Buße tust.« Offenbarung 2, 2–5. Dennoch bedeutet es mir so viel, daß dort, wo Wittenberg sein Erbe, wenn auch unter mancher politischen Entstellung, wahrt, uns ein so herzliches Verhältnis mit den Leitern der Lutherhalle, des Predigerseminars und des Pfarrhausarchivs samt ihren Frauen und gar Kindern verbindet.

Nach der Besichtigung aller Stätten, die ich Renerle nun zeigen durfte, fuhren Reni und Adamek nach Halle weiter; und Hanni und ich besuchten Thulins; er ist gerade Professor geworden. Schon auf dem Wege ergaben sich neue Einladungen – aber wir waren ja mit der Uhr in der Hand da, genossen dennoch den Ausschnitt einer gar behaglichen theologischen Sonntagsrunde. Daß es soviel wirkliche Freude bereitet, Freude und Stolz, wenn man erscheint!

Bei Schomerus[214], den Ephorus des Predigerseminars, größte Herzlichkeit schon nach den Augenblicken der Begrüßung. Dieser Besuch hatte einen bestimmten Anlaß: Professor Hermann hatte mir geschrieben, daß – in seiner Verbotsangelegenheit wichtig – Schomerus über besonders gute Beziehungen zum Kirchenministerium verfüge. Nun erfuhr ich, daß es gar keiner Empfehlung dorthin bedürfe. Ministerialdirigent Stahn, der diese Angelegenheit gleichzeitig in Kirchenministerium und OKW während des Krieges, bearbeite, habe erst vor kurzem so Positives von meinen Büchern gesprochen – was wieder zeigt, daß man an der »offiziellen Kirche« nicht gar so zu verzweifeln braucht. Nun kenne ich Wittenberg wirklich. Heute ist's eine vitale Soldatenstadt. Soldaten auch, statt in Kino und Café, an allen Lutherstätten.

6. Mai 1940 | Montag

> Dieweil du hast bewahrt das Wort meiner Geduld, will ich auch dich bewahren vor der Stunde der Versuchung, die kommen wird über den ganzen Weltkreis, zu versuchen, die da wohnen auf Erden.
>
> *Offenbarung 3, 10*

Meine Aktion für Hermann ist wohl doch nicht vergeblich. Das OKW hat bereits positiv entschieden. Und morgen bin ich bei Stahn im Kirchenministerium. Was Schomerus sagte, stimmt. Telefongespräch mit Ihlenfeld: Wir bereiten nun die dritte, erweiterte Auflage des »Kyrie« vor!
Endlich schrieb ich wieder ein Lied[215], endlich. Ein Himmelfahrtslied über den 47. Psalm.

7. Mai 1940 | Dienstag

> Lasset uns halten an dem Bekenntnis der Hoffnung und nicht wanken, denn er ist treu, der sie verheißen hat.
>
> *Hebräer 10, 23*

Bei Ministerialdirigent Stahn im Kirchenministerium, wo ich wirklich mit großer Zuvorkommenheit behandelt wurde. Freilich sind die Kirchenmänner mit dem Parteiabzeichen eine problematische Angelegenheit. Stahn, der in Südende wohnt, habe ich oft in der Südender Kirche gesehen; und am Sonntag, bei den Thomanern, war er unser Nachbar! –
Er wird nun Hermanns Sache in die Hand nehmen, die sonst rettungslos versandet wäre.
Die drei verschiedenen Aktionen – Propagandaministerium, Kirchenministerium, Oberkommando der Wehrmacht – für Hermann, der immer wieder so besorgt um seine einzige Wirkungsmöglichkeit schreibt, zusammenzubiegen, war ich anschließend bei Koch, der ja solche Kompetenzprobleme auch auf die einfachste und menschlichste Weise zu lösen sucht. So darf man hier

wohl einmal hoffen. Aber auch solche Hilfsaktionen kann ich mir nicht mehr leisten.

Gleich nach unserem Telefongespräch vom 22. April hat Koch den Brief an mich fertiggemacht, der mich von der Vorlagepflicht befreit, und ihn mit der innerdienstlichen Begründung an Hinkel geschickt. Koch war zuversichtlich. Heute sprach er auch zum ersten Male von einem privaten Zusammensein.

Stahn sprach sehr offen über den Kirchenminister Kerrl, der, »ein wunderlicher Autokrat mit einer etwas willkürlichen Theologie«, doch der Rechte am Platz sei. Wunsch des Führers und der höchsten Partei- und Regierungsstellen ist die Ausschaltung der Kirche; und wenn Kirche, so ohne Christus. Da hat sich nun aus dem engsten Kreise um Hitler allein Kerrl gefunden, sich der Kirche anzunehmen. Und da über die Kirche vor Hitler nicht geredet werden darf, hat er die rechte Form des ganz primitiven Schlagwortes gefunden: »Kirche ohne Christus – das ist Nationalsozialismus ohne Adolf Hitler.« So primitiv und naiv geht es zu; aber man muß die Dinge von der Partei in ihrer totalen Macht her sehen und da allerdings dankbar sein, daß sich einer hergibt, das heißeste Eisen anzupacken und zu erklären: »Ein deutsches Volk, dem ihr den Glauben an Christus nehmt, seid ihr überhaupt nicht mehr imstande zu regieren.« Auch hier wird Gottes Hand noch spürbar sein. –

10. Mai 1940 | Freitag

> Mußte nicht Christus solches leiden und zu seiner Herrlichkeit eingehen? *Lukas 24, 26*

Nun ist der Krieg, der gar schon der »Halbfriede« hieß, der große Krieg geworden. Die deutschen Truppen sind in Holland, Belgien und Luxemburg einmarschiert. Diesen Morgen erfolgte die Mitteilung.

Aus der Schweiz die definitive Absage für Renerle: Der Kanton Zürich verweigert den nachgesuchten Aufenthalt – Überfremdung – Belastung des Arbeitsmarktes – die Wiederausreise ist nicht gesichert.

Ich vermag mich nicht zu freuen, daß unser Kind uns bleibt. Zwar ist die Sorge um die Deportation zurückgetreten, seit der ganze Vorgang wegen Überlastung der polnischen Gebiete stockt. Aber nun sind's die Arbeitseinberufungen der deutschen Juden und Jüdinnen zu öffentlichen Arbeiten.

Nach wie vor ein Trost: das Fragen der Kirche, der offiziellen wie der Bekenntniskirche, läßt nicht nach. Mein Nein ist nicht nur ein Kampf um meine Arbeit – es ist auch ein harter Strich durch meinen Ehrgeiz. Aber der Trost bleibt mir, daß die Kirche meine Arbeit so dringlich will. Und wenn ich nun in den Krieg muß: dies hat viel in mir gewirkt. Ich kann nicht mehr anders als dankbar sein.

Sosehr Renerle anerkennt, wie gut sie es immer noch bei uns hat, ist sie doch sehr bedrückt. So ohne Plan, so ohne Zukunft – bei ihrer Lebensfreude und Klarheit!

Die ersten Nachrichten der neuen Kriegsphase, von der Hitler sagt: »Der heute beginnende Kampf entscheidet das Schicksal der deutschen Nation für die nächsten tausend Jahre.«

11. Mai 1940 | Pfingstsonnabend

> So denn ihr, die ihr arg seid, könnt euren Kindern gute
> Gaben geben, wieviel mehr wird der Vater im Him-
> mel den Heiligen Geist geben denen, die ihn bitten!
> *Lukas 11, 13*

Vor wenigen Tagen, als er vom Dresdener Sanatorium wieder nach Freiburg im Breisgau zurückging, schrieb Reinhold Schneider: »Ich bin sehr dankbar dafür, daß ich hierher zurückkehren und die alten, geweihten Räume heute, am Tage der Ankunft, wieder betreten konnte. Alles wird zum höchst sonderbaren, schönen, furchtbaren Traum.« – Heute nacht ist Freiburg von drei feindlichen Fliegern bombardiert worden, und 24 Zivilpersonen sind getötet. – Das ist von Feindesseite der Eintritt in die neue Phase des Krieges.

Welche schweren Stunden auch für den alten Kaiser in Doorn. – Chamberlain zurückgetreten; ich sehe in ihm doch eine der wahrhaft tragischen Gestalten unserer Zeit.

Dem deutschen Volk in seinem harten, unruhigen Leben hätte man das ersehnte Idyll der Pfingsttage noch einmal so gegönnt, wurden doch gerade so viele Urlauber erwartet. – Daß wir drei auch dieses Fest noch gemeinsam verleben dürfen!

Im Hause war das Fest mit ganz besonderer Umsicht gerüstet. Draußen blüht alles in einer Zartheit und Frische, in einer Leuchtkraft, Reinheit und Herbheit, die in dieser schweren Stunde des Abendlandes ergreifend wirkt. Es ist, als blühe es zum ersten Male auf Erden: aber man blickt auf die jungen Blüten und Blätter, als sähe man sie zum letzten Male. Unter den ernsten, dunklen Kiefernwipfeln blühen – eine zarte Wolke voller sanfter Schönheit – zu den letzten Kirschbäumen nun Apfel, Birne und Pflaume, alle zugleich, am schönsten und reichsten der ein wenig windschiefe Apfelbaum in unserem Garten. –

Der zweite Tag der neuen Kriegsphase scheint sehr ernst verlaufen zu sein. Die Flugzeugverluste auf beiden Seiten gleich. – Unter den 24 Toten von Freiburg sind 13 Kinder, die auf einem Platze spielten. – Nun hört man wieder all die Städtenamen aus dem Weltkrieg.

Gar mühselig wieder am Buche geschrieben. –

12. Mai 1940 / Pfingstsonntag

> Der Tröster, der Heilige Geist, welchen mein Vater senden wird in meinem Namen, der wird euch alles lehren und euch erinnern alles des, das ich euch gesagt habe.
>
> *Johannes 14, 26*

Ein Morgen von gläserner Klarheit, strahlendem Glanz und herber Kühle. Auf dem Weg zur Kirche, den die bunten Gärten und die dunklen, hohen Kiefern schmücken, schimmerte die Rehwiese weiß von Wiesenschaumkraut. Der ganze Kirchhügel über dem Birkengrunde ist nun begrünt; auch die Ebereschen haben ihr Laub. Und im Garten haben sich die schmalen, glänzenden Buchenknospen zu rötlichen Blättern entfaltet, die wunderbar abgetönt sind zur hohen Birn- und Apfelblüte im Garten.

Die hohen Birken am Altar, die Kerzen im jungen Grün. Die langen Reihen aufgeschlagener Gesangbücher; über dem Liede »Komm, Heiliger Geist, Herre Gott!« leuchtete groß das Wort »Pfingsten« hundertfach vor all den Menschen der großen, ernstgestimmten Pfingstgemeinde. Hanni liebt besonders das Lied »Nun bitten wir den Heiligen Geist« als eines, »in dem Bores ganze Zeit ist«. Wie war auch alles Schwere dieses Kriegspfingsten in diesem Liede beschlossen. Der Predigt fehlte ein Wesentliches: daß der Heilige Geist uns gesandt ist als der Tröster. – Zu dem Tröster Heiliger Geist schien uns die Pfingstgemeinde, in der man nun schon so viele Bekannte und Befreundete hat, aber gerade gekommen. Bei dem – nicht kleinen – Abendmahl hob sich von anderen ab, daß viele Ehepaare da waren; auch der Evangelist der Matthäuspassion mit seiner Frau, Professor Walter, der im Gottesdienste Bach gesungen hat. – So ruft Gott sich immer wieder seine Sänger und Dichter zu seinem Tische. –

Von Renerle bekamen wir zu Pfingsten einen großen Strauß des immer noch sehr raren Flieders. Renerle, so wenig sie sich gehen läßt, ist von der Schweizer Entscheidung sehr mitgenommen. Das ist ein großes Problem: Renerles Leben sowohl Möglichkeiten der Arbeit wie der Freude zu erringen und ihm eine Ordnung zu geben, die sich nicht sogleich als völlig sinnlose Fiktion erweist.

13. Mai 1940 | Pfingstmontag

> Wir haben nicht empfangen den Geist der Welt, sondern den Geist aus Gott, daß wir wissen können, was uns von Gott gegeben ist. *1. Korinther 2, 12*

Ich schrieb ein Bußtagslied[216] über Daniel 9 und das »Herr, erbarme dich unser – Christe, erbarme dich unser« der sonntäglichen Liturgie; nun erst, mit dem Himmelfahrts-, dem Oster- und dem Bußtagslied, ist das »Kyrie« abgeschlossen, und ich freue mich der erweiterten Auflage, die diese vollständige Form des gar zu schmalen Bändchens ermöglicht.

Lüttich gefallen. Das erleben wir nun zum zweiten Male.

Zum 200. Todestag Friedrich Wilhelms I. sollte ich auch im Königsberger Sender sprechen. Ja, Deutschland hat mir nun durchs Schreiben offen gestanden; ich, der ich nicht reise, hätte alles, alles sehen können. Ich reise nämlich gern, wenn nicht immer die Last unbewältigter Arbeit mich bedrückte – die Last unverarbeiteter Eindrücke, die einen so empfindlich machen gegen alles Neue. Ich reise gern, seit ich überall ein privates Haus offen habe.

15. Mai 1940 | Mittwoch

> Wir müssen durch viel Trübsale in das Reich Gottes gehen. *Apostelgeschichte 14, 22*

Nun habe ich, glaube ich, etwas gefunden, das dem Kinde wieder Lebensfreude und seine alte Frische gibt: Reiten. In Fräulein Mertens Reitschule im Grunewald fragt kein Mensch nach der Rasse der Reiter. – Und solche Gelegenheit muß man sofort wahrnehmen. Ein wahrer, listenreicher Kampf aber um die Reitgarderobe ohne Kleiderkarte und Bezugschein! Aber nun ist's wieder unser munteres Renerle.

Die Königin von Holland in England, wo alle gestürzten Staatsoberhäupter der letzten Jahre ihr Asyl haben. Es ist wie die letzte

Funktion, die dem König von England noch bleibt: die Gestürzten zu empfangen. Die Königin von Holland – ich könnte mir denken, daß sie nur zu Verhandlungen in London ist – und Albert von Belgien genießen einen ausgezeichneten Ruf, dem auch die gegenwärtige Gegenpropaganda nichts anhat. –

Tappolets schreiben, wie die besorgtesten Eltern nicht anders schreiben können. In welch gute Hände wäre Renerle dort gekommen. Er hat noch einmal petitioniert und bekam den Bescheid, »irgend noch etwas zu unternehmen, sei völlig aussichtslos. Es sei ausgeschlossen, jemand jetzt noch hineinzubekommen; unter der verschärften Kriegslage versucht man umgekehrt, Ausländer noch abzuschieben, die bereits die Aufenthaltsbewilligung hatten. Da würde auch so jemand wie Prof. Burckhardt nichts mehr machen können.«

19. Mai 1940 / Sonntag (Trinitatis)

> Gott, du hast uns versucht und geläutert, wie das Silber geläutert wird.   *Psalm 66, 10*

Der Abschiedsgottesdienst für die Glocken fand eine volle Kirche. Als am Ende der Liturgie jede der Glocken »Friede«, »Freude«, »Gottvertrauen«, dann alle drei gemeinsam läuteten, hörte man viel Schluchzen. Das ist nicht Sentimentalität. Es waren die Namen der Glocken, während im Westen jeder die Schlacht in dieser Wucht weiß. Es war alles das, was dieser Abschied an anderen Abschieden jedem bewußt werden ließ. Der Gedanke an den Weltkrieg kam hinzu. – Wenn das deutsche Volk schon seine Kirchenglocken so schwer hergibt, sie so liebt: was würde geschehen, wenn man ihm in den Kämpfen gegen die Kirche Entscheidenderes nähme! – Die Einschränkungen an Kleidung, Heizung, Nahrung, Steuern hat man im Gedanken an das Heer höchstens mit objektivem Interesse vermerkt: das Glockenopfer ist das wirkliche, gemeinsame, schweren Herzens dargebrachte Opfer der Heimat. – Bis sie nun abgeholt werden, sollen die Glocken jetzt jeden Morgen und Abend noch läuten. Wie hat es zur Feierabendstille des Sonnabends, der Sonntagmorgenfeierlichkeit von Nikolassee gehört, daß »Friede«, »Freude«, »Gottvertrauen« sie mit ihrem Geläut allen einprägten. Auch uns sind sie hier nun schon Weihnachts-, Oster- und Pfingstglocken gewesen! Was aber sind Glocken für den, der unter ihnen in einem Pfarrhause aufgewachsen ist!

Frankreich steckt die jüdischen Emigranten aus Deutschland in Konzentrationslager.

Hanni sagte, es vergehe kein Tag, ohne daß sie an zweierlei denke: wie innerhalb all der furchtbaren Judengesetze für die Mischehen so erträgliche Möglichkeiten durch widerspruchsvolle Ausnahmen geschaffen wurden und wie, nachdem bis auf zwei Jahrgänge aus dem Weltkriege (wohl bis 1889–1900) und aus der Nach-Weltkriegszeit (1902, 1904–1921) schon einberufen oder zum mindesten gemustert sind, mein Jahrgang zu jenen beiden letzten gehört! Was hat Gott damit schon in einem gewirkt: Dankbarkeit, Ruhe, Geduld, ja die Bereitschaft, daß man allein um der anderen Männer willen dabei sein müßte.

20. Mai 1940 | Montag

> Deine Augen sahen mich, da ich noch unbereitet war,
> und alle Tage waren auf dein Buch geschrieben, die
> noch werden sollten, als derselben keiner da war.
>
> *Psalm 139, 16*

Nach dem Sturze Daladiers, Chamberlains auch der Gamelins: »Am zehnten Tag der deutschen Offensive mußte Frankreich den Oberbefehl wechseln.« Das sagt genug über die Wirkung der deutschen Offensive. – Wieder wird auf dem Schlachtfeld der Somme-Schlacht von 1916 gekämpft. – Eupen und Malmedy sind wieder mit dem Deutschen Reich vereinigt. – Die besetzten niederländischen Gebiete haben wie Norwegen einen Reichskommissar erhalten. – Das ist der »eingefrorene Krieg«, »der Halbfriede«. –

22. Mai 1940 | Mittwoch

> Hoffet auf ihn allezeit, liebe Leute, schüttet euer Herz
> vor ihm aus; Gott ist unsere Zuversicht.
>
> *Psalm 62, 9*

Der Jahrestag des Einzugs in Nikolassee, der Jahrestag des Hauses. Was umschließt dieses Jahr in unserem Hause. Was lastet in dieser Stunde auf ihm. Welche Verheißungen sind mit ihm schon erfüllt und dürfen noch weiter auf ihm ruhen.

Unlängst sagte erst Pagel, was es bedeute, daß dies Haus noch fertig wurde und daß wir es entgegen allen drohenden Judenbann-Schrecknissen alle drei beziehen durften. –

Auch Aachen soll bombardiert sein. – Was erreicht aber der

Feind damit militärisch? Nichts. Nur die gefährlichste Verschärfung der Kriegsmethoden.

Diesmal übertreiben die Superlative nicht: »Die größte Angriffsoperation der Weltgeschichte«. »Das Gelände der Märzoffensive 1918 weit überschritten.« – Die Dichtung schweigt auch zum Kriege. Was von den »offiziellen Dichtern der Zeit« als Kriegslyrik herauskommt, ist elend.

27. Mai 1940 | Montag

> Ich will euch Mund und Weisheit geben, welcher nicht sollen widersprechen können noch widerstehen alle eure Widersacher.
> *Lukas 21, 15*

Prinz Wilhelm, der älteste Sohn des Kronprinzen, ist gefallen. Drei Tage, nachdem er an der Spitze seiner Kompanie in Belgien einen Bauchschuß erhielt, ist er im Lazarett gestorben. Es ist wie eine Entsühnung der Flucht des Kaisers im November 1918. Und so bewegt es auch die Menschen sehr. Welch gesteigerter Ernst liegt nun über den kommenden großen Gedenktagen des Hauses Hohenzollern, dem 31. Mai! – Dieser Prinz – der nahe bei Beuthen und Glogau als Rittergutsbesitzer und Reserveoffizier lebte – wäre in einer deutschen Monarchie der Kaiser meiner Generation geworden! Denn daß er die seine Thronfolge ausschließende Ehe mit einem Fräulein von Salviati einging, war ja nur eine Folge der Abdankung des Kaisers und des Kronprinzen und muß mit besonderen Maßstäben betrachtet werden.

Am Abend, sehr bewegt, waren wir im geliebten Potsdam. Die Stadt war wie verzaubert von der Fülle blühenden Flieders und blühender Kastanien. Soldaten, Soldaten. Das ganze Leben der Stadt scheint sich des Abends auf der Straße abzuspielen. Das wirkt doppelt stark, seit man kein einziges Auto mehr sieht. Wir waren in Potsdam, uns die große Tonfilmwochenschau vom Einmarsch in Holland und Belgien anzusehen; denn hier in Berlin trauen wir uns doch nicht, weil zu viele Menschen uns kennen und in dieser Woche alles des Kriegsfilms wegen ins Kino geht. Diese Aufnahmen sind ungeheuer, vor allem die vom Absprung der Fallschirmjäger und dem zerstörten Rotterdam. So war der Weltkrieg nicht! Und immer wieder wird mir's eingeprägt: was ist mir erspart geblieben, daß ich dies nicht miterleben mußte, das so vielen, die jünger oder älter sind als ich, auferlegt wurde. Wieder stiegen nachts so viele Flieger auf.

> Siehe, Gott steht mir bei; der Herr erhält meine Seele.
>
> *Psalm 54, 6*

Diese Nacht hat Luftgefahr für Berlin bestanden.

Was in der Presse verschwiegen wird, erfährt man nun aus den verschiedenen Städten aus Briefen: Köln, Düsseldorf, besonders Bonn, wo viele Privathäuser völlig zerstört sind, haben schwere Luftbombardements erlebt.

Bedingungslose Kapitulation der belgischen Armee: 500000 Mann und ihr König, dessen Tapferkeit auch von Deutschland anerkannt wird. In 18 Tagen der Sieg über Polen, in 18 Tagen auch der Sieg über Belgien. Vielleicht wird man den König von Belgien einmal den »letzten König« nennen.

29. Mai 1940 | Mittwoch

> Nun begehre ich nicht, meines Lebens zu schonen in dieser Trübsal; denn ich bin nicht besser denn meine Brüder und begehre nicht, es besser zu haben denn sie.
>
> *1. Makkabäer 13, 5*

1640 der Regierungsantritt des Großen Kurfürsten,
1740 der Friedrichs des Großen,
1840 der Friedrich Wilhelms IV.,
1940 die Entsühnung der Flucht Kaiser Wilhelms II. durch den wahrhaften Heldentod seines von der Thronfolge ausgeschlossenen ältesten Enkelsohnes. Er fiel allein als deutscher Oberleutnant.

Die Monarchisten tun gut daran, mit diesem Prinzen mehr zu Grabe zu tragen als einen Sohn dieses großen Fürstenhauses, den Sohn, auf den als einzigen zum ersten Male wieder die Allgemeinheit blickt. Der Gedanke an die Monarchie muß begraben sein. Die Hilfe dieses Gleichnisses ist uns nicht mehr gewährt. Nur ihr Gleichniswert, zu dem Gott sich bekannte, hat mich zum Monarchisten gemacht.

Elf Kaiserenkel sind im Felde, zwei gefallen, einer schwer verwundet. Keiner unter ihnen hat die Verbindung mit Reinhold Schneider und mir gesucht.

Wir waren beide, wenn auch getrennt, zu der Beisetzung des Prinzen Wilhelm in Potsdam.

Es war, als habe Gott es mir vergönnt, in einem ernsten, großen

Bilde noch einmal abschließen zu dürfen, was mir die Monarchie bedeutet.

In diesem einen ist ja eine geheime, tiefe Verwandtschaft zwischen Friedrich Wilhelm I. und mir: daß ich die Bilder so brauche. Welch ein Bild war dies: die Reste des Kaiserlichen Hauses im Trauerkleid – die Ehrenwache der beiden von der Front beurlaubten Brüder Louis Ferdinand, Prinz Hubertus, der beiden Fliegeroffiziere. Dahinter, in der zerknitterten, verwitterten Uniform, wie sie von der Front kamen, zwei einfache Soldaten aus der Kompanie des Prinzen Wilhelm am Altar.

Es war wie eine besondere Fügung, daß ich durch die Begegnung mit Gräfin Schlieffen, der früheren Oberhofmeisterin der Kronprinzessin, die ich von Kaiserin Hermine her kannte, entgegen allen Absperrungen in dem engsten Kreise der Trauergäste weilen durfte, ganz nahe bei den Hohenzollern: Kronprinz, Kronprinzessin, der Witwe, Prinzessin Cäcilie, den Söhnen (Friedrich ist vor Kriegsausbruch nicht aus England zurückgekehrt!); Herzogin Viktoria Luise von Braunschweig, der schönen Kaisertochter; Prinzessin Louis Ferdinand, der Großfürstin Kyra von Rußland – den Kaisersöhnen Prinz Oskar, Prinz Eitel Friedrich, August Wilhelm. Wie ähnelt der Kronprinz Friedrich dem Großen; wie erinnert Eitel Friedrich an Friedrich Wilhelm I. Wie nahe war mir mein König, der mich so gewandelt hat, noch einmal in der Trauer der Seinen – in dieser großen und tragischen Stunde seines Hauses, die fast auf die 200. Wiederkehr seines Todestages fiel.

Die politisch und theologisch gleich ausgezeichnete Predigt hielt der Garnisonkirchenprediger Dammrath, von der Front beurlaubt. Dammrath ist es, der allen Eltern seiner Konfirmanden als Geschenk für ihre Kinder den »Vater« ans Herz legt. Und so nahm einen gewichtigen Platz in seiner Predigt das Wort ein: »Könige müssen mehr leiden können als andere Menschen.« Aus der Predigt erfuhr ich, worum es mir vor allem ging, daß auch das Leben dieses Prinzen unter einem Bibelwort stand und daß es das Wort war: »Wer aber beharret bis ans Ende, der wird selig.«

Durch und durch Soldat, ähnelte im Wesen Prinz Wilhelm am meisten Kaiser Wilhelm I. Weite und Tiefe fehlten: aber es waren da Ritterlichkeit, Glaube, Güte.

Nahe bei mir saß ein anderer Leser: der greise Generalfeldmarschall Mackensen, der, ehe er den Sarg mit dem Marschallstabe grüßte, lange betete. Und, nahezu bewegt, daß er neben mir im

Trauerzuge ging, berichtete mir ein Lehrer des Prinzen, Dr. Richter, viel von dem Toten. So nahe war alles – der König, mein Buch, der Tote.

Nach einem schwankenden und ungewissen Vormittag war es über der Friedenskirche und dem Antikentempel[217] im Park von Sanssouci, wo die rein militärische Beisetzung stattfand, ein strahlender Nachmittag und ein verklärter Abend geworden.

Unzählbar die hohen Offiziere der alten und der neuen Armee; unübersehbar, wider jedes Erwarten, die Menschenmengen, die zum Schluß dem Kronprinzenpaar zuriefen. Seit früh um neun hatten die Straßenbahnen die Menschenmassen nicht bewältigen können: Potsdam und Berlin. So stark ist also noch die Anhänglichkeit. – Die Trauerfeier fand um fünf Uhr statt. Man sah viele Offiziere mit Tränen in den Augen, ja weinend. Die Neugier der Massen trat sehr zurück hinter wirklicher Teilnahme und Treue, obwohl sehr Störendes und Abstoßendes sich bei solchem Anlaß immer eindrängen wird.

Aber hier war noch einmal, aus alter und neuer Zeit – in Wehrmacht und Jugend – noch einmal ein Kern des wahren Deutschlands. Und über vielen Menschen und diesmal auch über den Hohenzollern lag eine große Würde. Meinem Herzen am nächsten rückten der Kronprinz, Prinz Hubertus, der so männlich die Tränen niederkämpfte, Herzogin Viktoria Luise von Braunschweig. Kronprinz und Kronprinzessin waren so gefaßt, daß sie die Strophen der Lieder sämtliche mitsangen. Es waren die soldatischen: das Niederländische Dankgebet, »Ich bete an die Macht der Liebe«.

In dieser Stunde in der Friedenskirche war eine Lösung für das ganze deutsche Volk gefunden, auch vom Dritten Reiche her.

Dafür darf man sich den Blick nicht trüben lassen.

Dieser Tag zählt zu den großen Eindrücken meines Lebens, reich an Symbolen.

Leider hatten Hanni und Renerle mich nicht begleitet. Aber Renerle ist nun mit einem Schlage sehr gepackt von allen monarchischen und dynastischen Fragen, und wir machen sie ihr klar von ihrem religiösen Untergrunde her.

Nun sind die neuen, gewaltigen deutschen Siege doch wieder mit dem Hause Hohenzollern verbunden.

30. Mai 1940 | Donnerstag

> Alle Völker auf Erden sollen erkennen, daß der Herr
> Gott ist und keiner mehr.   *1. Könige 8, 60*

Ein stiller, verhängter Tag. Leichter, flüchtiger Abendregen. Wir
hatten gemeint, als wir in der »Deutschen Zukunft« – dieser letzte
Hort journalistischer Noblesse muß nun auch verschwinden –
lasen: »Der Vater« 55. Tausend, es sei ein Druckfehler. Aber
Pagel konnte nur bestätigen, daß das 46.–55. Tausend in Auftrag
gegeben sei. Ach, nun nur eins: daß endlich mehr vor mir liegen
möchte als diese armseligen ersten 100 Seiten »Ewiges Haus«!
Um seiner herrlichen »Fischer von Lissau« willen hatte ich meine
Reserve durchbrochen und an Willy Kramp geschrieben. Er
schreibt aufs herzlichste und in wirklicher Verbundenheit zurück. Als Heerespsychologe schreibt er mir, »wie der ‚Vater‘
nicht nur in den uns nahestehenden christlichen Kreisen, sondern
auch etwa unter Offizieren den gleichen starken Eindruck macht
wie auf uns«.

31. Mai 1940 | Freitag

> Meine Lippen und meine Seele, die du erlöst hast, sind
> fröhlich und lobsingen dir.   *Psalm 71, 23*

Der 200. Todestag Friedrich Wilhelms I.
Der Sieg in Flandern scheint entschieden. Die ersten, die aus
Holland kommen, berichten, daß keine Katastrophe die Hollän-
der so getroffen habe wie die Flucht ihrer Königin.
Am Abend hörten wir bei Moltkes die Königsberger Sendung
»Der 31. Mai 1740«, schöne Barockmusik und die Sterbeszene
aus dem »Vater«. Doch war das Christusgebet des sterbenden
Königs gestrichen!

1. Juni 1940 | Sonnabend

> Die Pforten der Hölle sollen meine Gemeinde nicht über-
> wältigen.   *Matthäus 16, 18*

Der Junianfang ist trübe und kühl. Die Gästerunde des Sonnabends, diesmal Renerles Gäste, muß sich deshalb im Refektorium
an langer Tafel versammeln. Am Abend ein durchaus lohnendes
Zusammensein mit dem historisch ungewöhnlich bewanderten
Prinzen Friedrich Ernst von Altenburg; es hat für mich natürlich

immer besonderen Reiz, mit den Nachkommen der Romanfiguren in Fühlung zu stehen; nach Hohenzollern nun Wettin in »Pater Georg« und Prinz Altenburg, dem wir als großem König- und Schneider-Verehrer nun zu seiner großen Überraschung gleich das Zusammensein mit beiden vermitteln können.

2. Juni 1940 | Sonntag

> Der Herr, dein Gott, ist ein barmherziger Gott; er wird dich nicht lassen noch verderben, wird auch nicht vergessen des Bundes, den er deinen Vätern geschworen hat. 5. Mose 4, 31

Sonnig und herb. Stille Abendsonne. Auch dieser Sonntag hat noch sein Geläut der Kirchenglocken. Auch Hanni findet Renerle im Gottesdienst so rührend. Am 9. oder 16. Juni soll nun die Taufe sein.
Die Sonntagsbesuche. Geselligkeit muß ein tiefes Symbol für das paradiesische Leben sein: daß die Menschen einander so gern besuchen. Zur Hälfte solches Symbol: für die Freude aneinander, zur Hälfte verkehrt ins Widerspiel, ins Gegenteil: Klatsch, gesellschaftlicher Dünkel usw.

3. Juni 1940 | Montag

> Meine Gedanken sind nicht eure Gedanken, und eure Wege sind nicht meine Wege, spricht der Herr; sondern soviel der Himmel höher ist denn die Erde, so sind auch meine Wege höher denn eure Wege und meine Gedanken denn eure Gedanken. Jesaja 55, 8. 9

Ich erhielt heute die DVA-Abrechnung für das erste Quartal dieses Jahres, die für mich sehr günstig ist: 5042 »Vater«, 610 ›In tormentis‹ und einige vierzig »Kahn der fröhlichen Leute«.
Dr. Koch deutete mir telefonisch an, daß er in große Schwierigkeiten geraten sei durch den Antrag, mich von der Vorlagepflicht zu befreien. Über die Ablehnung hinaus hat man diesen Anlaß zu einem Schritt gegen Dr. Koch beim Propagandaminister benützt. Nein, der Krieg ändert nichts.
Hanni ist heute mit dem Prinzen Altenburg bei Leo von König und Reinhold Schneider. Die Beziehung zu diesem schönen Hause pflege ich ja doch sehr gern; dort ist wahres Deutschland und bestes Europa in einem letzten Widerschein.

Ich bin der Herr, dein Arzt.   *2. Mose 15, 26*

Nun wird der flandrische Sieg als »die bisher größte Vernichtungs-
schlacht aller Zeiten« gefeiert. »Das Ausmaß des Sieges übertrifft
alles, was die Weltgeschichte bisher kannte. Deutschland feiert
den Sieg, mit dem der Endsieg durch die völlige Vernichtung des
Feindes verbürgt ist.«

Auch so läßt Gott Menschen reden, das Ihre gelingen, auch so
überläßt Gott Menschen sich selbst.

Es ist wohl so: das Gericht fängt an am Hause Gottes.

Nun ist jeden Tag die große Zahl der Gefallenenanzeigen in den
Zeitungen. Auch der jüngste Sohn von Generalsuperintendent
Dibelius ist gefallen.

Nachdem man aufatmete, Harald von Koenigswald als Vater seiner drei Kinder außer Gefahr zu wissen, ist sein siebenjähriger
Junge heute überfahren worden: ein schwerer Schädelbruch, der
wenig Hoffnung läßt. Bewußtlosigkeit und Gehirnkrämpfe.

Bei Dr. Koch, der mir berichten wollte, was anläßlich seines Antrages für mich geschehen ist. Es ist ein häßlicher, hinterhältiger
Schritt Hinkels gegen Koch bei Goebbels, dem Hinkel übrigens
nahelegt, den Antrag nicht zu genehmigen, während er im allgemeinen selbst direkt abschlägt. Alles richtet sich gegen Kochs
Loyalität mehr der Kirche als den jüdischen Versippten gegenüber.
Mit mir hat die Sache nahezu nichts zu tun. Man wollte Koch ver-
dächtigen, daß er das christliche Schrifttum protegiere! – Ein
vernünftiger Ministerialdirektor bei Goebbels hat die Sache auf
ein totes Gleis geschoben, zu den Akten gelegt und nicht an den
Minister herankommen lassen.

Die Gedichte für die erweiterte »Kyrie«-Auflage hat Koch sofort
wieder freigegeben. »Das ewige Haus« will er laufend prüfen, um
es jederzeit genehmigen zu können, wenn er einmal auf einen
neuen Platz gestellt werden sollte. Denn darin läge, menschlich
gesehen, eine große Gefahr. – Auch in dem Hinkelschen Bericht
an Goebbels wird mir nach wie vor nichts zur Last gelegt als die
»volljüdische Frau«.

Seit heute morgen fünf Uhr ist im Westen wieder eine neue große
Offensive im Gange.

In einem Aufruf Hitlers an das deutsche Volk ein völlig neuer
Klang. »Ich befehle weiter auf die Dauer von drei Tagen das

Läuten der Glocken. Ihr Klang möge sich mit den Gebeten vereinen, mit denen das deutsche Volk seine Söhne von jetzt ab
wieder begleitet.«
Ist es wieder nur ein Mittel der Politik, weil man die Frömmigkeit
der Deutschen erkannt hat? Oder könnte geschehen, was allein
eine Hoffnung zuläßt und worum ich am inständigsten bete: daß
Hitler sich wandelt? –

9. Juni 1940 | Sonntag (Renates Taufe)

> Gott ist mein König von alters her, der alle Hilfe tut,
> die auf Erden geschieht.   Psalm 74, 12

Als ich nach der Heimkehr in Potsdam anrief, in dem Krankenhaus, in dem der kleine Harald von Koenigswald liegt – erfuhr
ich, daß er gestorben ist. Was ist nun der gleiche Tag in Harald
und Helene Koenigswalds und in unserem Leben!
Renerle hat der Tag so viel bedeutet, und sie hat ihn als so feierlich empfunden, so klein die Feier gehalten war. Für mich hat nun
zehnjähriges geduldiges Warten seine Erfüllung gefunden.
P. Wiese hatte den Gottesdienst sehr würdig gestaltet mit schönem
Blumenschmuck des Altars und Orgelspiel, obwohl außer Fräulein Anni nur noch – der ebenfalls so schön singende – Pastor
Lilge und Frau P. Weise der Feier beiwohnten. Renerle war sehr
ergriffen, aber in den Antworten und im Aufsagen des Glaubens-
bekenntnisses sehr sicher. P. Wiese hielt eine längere Ansprache –
über den gleichen Text, den P. Kurzreiter für Hannis Taufe
wählte: den Kämmerer aus dem Morgenlande. Am Schluß der
Predigt stand Psalm 97, 11: »Dem Gerechten muß das Licht immer
wieder aufgehen und Freude den frommen Herzen.«
»Der Herr ist mein Licht und mein Heil; vor wem sollte ich mich
fürchten! Der Herr ist meines Lebens Kraft; vor wem sollte mir
grauen!« Psalm 27, 1. Dieser Spruch steht ja dem sehr nahe,
den ich Renerle in ihr »Kyrie« schrieb und den sie ganz als den
Spruch ihres Lebens angenommen hat: »Siehe, ich habe dir geboten, daß du getrost und freudig seist. Laß dir nicht grauen und
entsetze dich nicht; denn der Herr, dein Gott, ist mit dir in allem,
was du tun wirst.« Josua 1, 9. Das Lied der Tauffeier war Paul
Gerhardts: »Ist Gott für mich, so trete gleich alles wider mich.«
In Spruch und Lied war das Besondere von Renerles Erfahrungen
und ihrer Lage ausgedrückt. Sonst fehlte nichts als der Hinweis
auf ihren Namen[218], der nun erst seinen Sinn erhielt: »Renata«. –

> Hilf uns, Gott, unser Heiland, und sammle uns und
> errette uns aus den Heiden, daß wir deinem heiligen
> Namen danken und dir Lob sagen.
>
> *1. Chronik 16, 35*

Auch auf dem einsamsten, nördlichsten Posten, in Narvik, haben
die Deutschen nun gesiegt. Auch der König von Norwegen und
seine Regierung sind nach England geflohen.

Renerle ist nicht nur getauft, sondern auch in die Gemeinde von
Nikolassee aufgenommen. Das ist heute durchaus nichts Selbst-
verständliches. Und wo sie überall ausgeschlossen ist, bleibt diese
Aufnahme nicht ohne großen Eindruck.

Italien hat England und Frankreich den Krieg erklärt. Man hat
den Eindruck, daß es in Deutschlands Wünschen lag, daß es nicht
eher geschah.

11. Juni 1940 | Dienstag

> Es soll geschehen, wer den Namen des Herrn anrufen
> wird, soll selig werden.   *Apostelgeschichte 2, 21*

Am Nachmittag fand der Empfang für den Kronprinzen von
Sachsen, der seinen Besuch bei mir angesagt hatte, statt. Es war
alles so wunderschön arrangiert: fünf kleine Teetische im offenen
Halbkreis, damit man sich von Tisch zu Tisch gut unterhalte, im
Refektorium. An denen fanden sich ein: Prinz Altenburg – die
Vetternbegegnung gab dem Ganzen einen persönlichen Ton –,
die guten Nachbarn und die beiden Verleger Pagel und Ihlenfeld,
Baron Guttenberg, Dr. Wolde, Baron und Baronin König, Reinhold Schneider. Für mich hatte es einen ungeheuren Reiz, Hanni –
Katharina von Bora unter den Wettinern zu sehen. Trotz des
gesellschaftlichen Rahmens kam ich mit dem Kronprinzen in ein
warmes und tiefes Gespräch, so daß er gleich am Abend noch
einmal aufs herzlichste anrief. – Renerle hat nun ihre gesellschaftliche Probe glänzend bestanden. So erlebt sie noch ein Stück der
Fürstendämmerung mit.

Mit Pater Georg von Sachsen, dem Jesuiten, weiß ich mich einig
darin, daß niemals die gemeinsame politische Bedrohung den
ökumenischen und irenischen Antrieb geben kann, sondern daß
zwischen den Konfessionen nur das eine einigend wirken kann:
die Verehrung des göttlichen Geheimnisses und die Erkenntnis

der menschlichen Schuld in der Spaltung der Kirchen. – So einfach der Kronprinz als Pater sich gibt, ist er im Umgang mit Menschen doch ganz der sichere und gewandte Fürst. – Von den Hohenzollern schätzt er besonders Prinz und Prinzessin Oskar, mit denen er auch über mich korrespondierte.

Priester zu sein: das ist auch vor der Geschichte eine Lösung für das Leben eines, der nicht König sein darf.

Der gesellschaftliche Rahmen ist keine Lösung für den Umgang mit Menschen; nur das Gespräch am Familientisch oder am Schreibtisch schaffen sie. Mir ist alles Abschied, nicht Anknüpfung, Verbindung, Aufbau. –

13. Juni 1940 / Donnerstag

> Hilf du, mein Gott, deinem Knechte, der sich verläßt
> auf dich.   *Psalm 86, 2*

Über mich ist eine Müdigkeit gekommen, die von Monat zu Monat mehr zur inneren Lähmung wird. Alle Hoffnung in mir ist ausgelöscht. Es bleibt das Leben als Überwindung. Es gibt nichts Dankenswertes, wofür ich nicht dankte. Aber was hilft's? Die Lähmung besteht für sich und ist durch keine dankbare Einsicht zu heilen.

Der Kampf ums Buch – das liebevolle häusliche Leben: dies sind die letzten beiden Bezirke, in die ich mich zurückgezogen habe. Liegen sieben doch seelisch zu schwere Jahre hinter mir? Keine Verwundung aber von außen her ist so schwer wie die von innen her, die mich jeden Tag an Paulus denken läßt. »Mir ist gegeben ein Pfahl ins Fleisch, nämlich des Satans Engel, der mich mit Fäusten schlage, auf daß ich mich nicht überhebe. Dafür ich dreimal zum Herrn gefleht habe, daß er von mir wiche. Und er hat zu mir gesagt: Laß dir an meiner Gnade genügen; denn meine Kraft ist in den Schwachen mächtig.«

Hanni ist ganz auf Tätigkeit eingestellt: es soll etwas werden, entstehen. Und welchen Weg das Gewordene nimmt, soll Gott anheimgestellt sein. Hanni, die von den letzten sieben Jahren auch physisch sehr mitgenommen und gealtert ist, sieht nichts lieber, als daß wir uns auf den kleinsten Kreis zurückziehen und arbeiten. Aber ich bin nicht mehr schöpferisch.

Renerle hat das Reiten, das Boot, den eigenen Bekanntenkreis, das noch immer so behütete, gepflegte häusliche Leben: so geht kein Druck von uns aus.

Ich sehe mit Schrecken, daß Wirkung und Erfolg kein Ansporn sind, so hoch ihr Wert und ihre Heilkraft als Bestätigung sind. Mir ist, als würde ich immer widerstandsloser und gelähmter in etwas Schweres und Dunkles hinabgezogen, das ich nicht kenne. Aber die verklärte Welt sehe ich immer im Glanz. Der Glaube kann nicht mehr irre werden. Nun helfe Gott hindurch.

Auch darunter leide ich sehr, daß der große Erfolg des »Vaters« nicht imstande ist, mich von der demütigenden und allmählich recht gefährlichen Vorlagepflicht zu befreien.

Arbeiten dürfen, Sinnvolles tun dürfen, heraus aus dieser quälenden Verzettelung und Einschnürung eines politischen Apparates, der sich gegen die richtet, die zu den zuverlässigsten Bürgern eines Staates geschaffen sind. Ich lege alles hin, was nicht unmittelbar meine schwere Sache des Schreibens ist. Auch hier gilt: »Trachtet am ersten nach dem Reiche Gottes, so wird euch solches alles zufallen.«

Manchmal ist es Hanni und mir, als wäre die Gegenwart nur erträgbar, weil wir erst durch den »Vater« und nun durch das »Ewige Haus« zugleich in einer anderen Epoche lebten – und überwinden sahen. Und im Leiden leisten. Die Welt ist nur erträglich, weil der noch einmal wiederkommen wird, der sie überwand.

Über die allgemeine Sorge hinaus spreche ich über das, was mich bedrückt, auch mit Hanni nicht. Aber heute sagte sie von selbst: »Zwänge man sich nicht, innerlich ganz primitiv zu leben – eine Stunde des Nachdenkens müßte einen wahnsinnig machen.«

Hanni leidet am schwersten an der Ungerechtigkeit.

Wieviel lastet auf den einzelnen Familien außer dem Kriege!

Ein mir bekannter Staatsanwalt G. hat sich erschossen, weil er den Kriegsdienst nicht ertrug. Das ist ein furchtbarer Irrtum: dem Kampf für das dritte Reich sich durch den Tod zu entziehen!

Ein uns gut bekannter Freund von K. im Irrenhaus!

Koenigswalds –

Die Juden in Europa –

Als der Flandernsieg nachts im Rundfunk so groß vorbereitet wurde, soll es im Grunde um eine ganz andere Mitteilung gegangen sein: den Waffenstillstand mit Frankreich. Er soll an Frankreich gescheitert sein.

Endlich, endlich das 1. große Kapitel »Die klugen und die törichten Jungfrauen« beendet!

14. Juni 1940 | Freitag

> Darum sorget nicht für den andern Morgen; denn der
> morgige Tag wird für das Seine sorgen. Es ist genug,
> daß ein jeglicher Tag seine eigene Plage habe.
>
> *Matthäus 6, 34*

Heute habe ich nun die Aufforderung zur Stammrolle bekommen. Rührenderweise begleitete mich Hanni zur Anfertigung der Wehrpaßlichtbilder unter dem Vorwand von Besorgungen nach Steglitz. Mit den Fotos und einer Uhrenreparatur war es nicht so einfach: kein Personal mehr; Verweigerung der Annahme. Dies alles – wie nach wie vor das Anstehen auf den Märkten – wird angesichts der gewaltigen militärischen Leistungen von der Bevölkerung vorbildlich getragen. Auf dem Heimweg erfuhren wir die Übergabe von Paris. Viele empfinden diese Wucht des Sieges als unheimlich und unwirklich. –

Was die Ablehnung des Geselligen und Gesellschaftlichen betrifft, so spüre ich nun deutlich, daß Hanni dreizehn Jahre Entwicklung vor mir voraushat. Aber nun ist es mir wie Schuppen von den Augen gefallen: von der Begegnung mit Burckhardt und Kühlmann bis zu dem »Prinzentee« – der Menschlichkeit und der Tiefe können in der Gesellschaft nur Momente abgerungen werden, oft nur so trügerische Momente. Wie ich auf das Hervortreten verzichte, muß ich auch dem Heranlassen und Heranziehen absagen: in der Not der Arbeit führt Gott mich immer wieder in den kleinsten Kreis zurück, in dem er dem Menschen, dem *moi haïssable*, so groß begegnet. Und indem er mich mit dem glücklichen, häuslichen Leben beschenkt, bewahrt er mich davor, ein Sonderling zu werden. – Er will das Leben in der Buße. Wo in dem Leben der Gesellschaft hat die Buße Raum? Nur den tiefen Beziehungen kann es gelten: freuen mit den Fröhlichen, trauern mit den Traurigen.

17. Juni 1940 | Montag

> Wo wenig Trost im Herzen ist, da macht das Verzagen bänger denn die Plage selbst. *Weisheit 17, 13*

Die Ereignisse überstürzen sich: Paris –. Verdun –. Die Maginotlinie, dieses Symbol der Sicherheit, umzingelt. Reynaud, der Ministerpräsident, gestürzt. Der greise Weltkriegsmarschall Pétain tritt die politische und militärische Führung an. Er kann nur noch Hitler die Kapitulation anbieten. Hitler und Mussolini treffen sich zur Festlegung der Bedingungen.

Heute ist es so, daß die Menschen mit den Nachrichten zueinander laufen. So wie die Kapitulationsbereitschaft Frankreichs hat in diesem unfaßlichen Kriege noch nichts gewirkt!

Hanni und mir geht es immer wieder durch und durch, wie die Frommen (nicht die allein von dem politischen Ressentiment Bestimmten, auf die wir nicht hören!) unerschütterlich von dem »dämonischen Siege« sprechen. Alle Prognosen, die der leidenschaftlichen Anhänger und die der heimlichen Gegner des Dritten Reiches, waren völlig falsch. Keine Parallele reicht aus. Alles ist überboten, alles anders.

Aber Gott ist der alte, bei dem die Zuflucht ist, auch ein »dämonischer Sieg« – und wer will entscheiden, ob er das ist? – kann Gottes Mittel, an uns zu handeln, gnädig an uns zu handeln, sein. Und wie vermöchte man es, nicht zu danken, daß durch die Eile der Blitzkriege, die diesen Gesamtkrieg ausmachen, die Opfer begrenzt werden? Wieviel wahre Gebete haben doch dem Sieg gegolten. An diese Geheimnisse soll keiner zu rühren wagen.

Durch unsere besondere Situation sind wir drei gezwungen, in diesen großen nationalen Vorgängen abseits zu stehen. Das macht das Herz nicht kühler, den Blick aber weiter. Es verhütet, daß der Erfolg zum Maßstab wird.

Das christliche Abendland ist an der Schuld seiner Fürsten, Führer und Völker gescheitert. Nun wird, wenn das Rätsel des Englandkrieges gelöst sein wird, vielleicht ein sehr aktives, vitales, ja blühendes Europa kommen – unter der Führung eines unchristlichen Deutschlands? Oder lenkt Gott auch das Herz dieses geheimnisvollen Mannes Hitler wie die Wasserbäche?

19. Juni 1940 | Mittwoch

> Von der Welt her hat kein Auge gesehen einen Gott
> außer dir, der so wohltut denen, die auf ihn harren.
>
> *Jesaja 64, 3*

Das Herz wird von Tag zu Tag wunder, der Geist von Tag zu Tag müder – aber der Glaube besteht. Wie soll man es fassen.

Die publizistische Vorbereitung der Münchener Führer-Duce-Bedingungen deutet nicht auf den »weisen Frieden« hin, den ich mit manchem anderen erwarte. Sollte das Unfaßliche geschehen und das Unheil von Versailles sich, umgekehrt, noch einmal wiederholen?

»Man muß sich einmal bewußt machen: Die Hakenkreuzfahne

über Berlin, Wien, Prag, Warschau, Oslo, Kopenhagen, Amster-
dam, Brüssel, Luxemburg, Paris!«
So schreibt der »Evening Standard«.

20. Juni 1940 | Donnerstag

> Samuel sprach: Ist's nicht also? Da du klein warst vor
> deinen Augen, wurdest du das Haupt unter den Stäm-
> men Israels. *1. Samuel 15. 17*

Die deutschen Truppen in Metz, in Straßburg – jeder Tag bringt
eine solche Meldung.

Mir ist in diesen Wochen, als würde mein Wesen auf seinen Kern
zusammengepreßt; aber dieser Kern ist gespalten; und vielleicht
morsch. Meine Erschöpfung ist weniger durch die Umstände als
durch das innere Wesen bedingt. Jene sind noch erträglich; dieses
ist unerträglich. Und wüßte ich nicht von Luther und Pascal –
ich müßte vergehen.

Der Glaube ersteht in immer neuen Einbrüchen, denen jedesmal
der völlige Zusammenbruch voranzugehen droht. Was ist's? Daß
die Heiligung nicht die Bewährung und Bestätigung des Glaubens
wird, sondern vielmehr immer wieder durchlitten werden muß:
»Wenn der unsaubere Geist von dem Menschen ausfährt, so durch-
wandelt er dürre Stätten, sucht Ruhe und findet sie nicht; so
spricht er: Ich will wieder umkehren in mein Haus, daraus ich
gegangen bin. Und wenn er kommt, so findet er's gekehrt und
geschmückt. Dann geht er hin und nimmt sieben Geister zu sich,
die ärger sind denn er selbst; und wenn sie hineinkommen, wohnen sie da, und es wird hernach mit demselben Menschen ärger
denn zuvor.« Das ist schlimmer als der Krieg.

Die Sprache gegen Frankreich wird immer erbarmungsloser. Das
Unheil von Versailles soll nicht enden. –

21. Juni 1940 | Freitag

> Sei du mir nur nicht schrecklich, meine Zuversicht in
> der Not! *Jeremia 17, 17*

Glanzvoller Sommeranfang!
Früh zur Eintragung in die Stammrolle gemeldet.
Über die Abstammung der Ehefrau mußte für die Stammrolle
eine besondere Erklärung abgegeben werden, was dem Polizei-
beamten gar nicht behagte und jedem natürlich Fühlenden zuwider sein muß. Wir sind über alles das nun hinweg.

Heute: »Die Vergeltung gegen England begann.«
Am Abend hört man im Rundfunk, am gleichen Tage, den ersten
Ausschnitt der Waffenstillstandsverhandlungen mit dem besiegten
Frankreich im Walde von Compiègne – im gleichen Salonwagen,
an der gleichen Stelle, an der November 1918 Marschall Foch der
deutschen Delegation die Bedingungen diktierte. Es geht einem
durch und durch. – Möchten die Bedingungen nicht rückwärts-,
sondern vorausschauen! – Morgen wissen wir mehr!

23. Juni 1940 / Sonntag

> Ich will auf den Herrn schauen und des Gottes
> meines Heils warten; mein Gott wird mich hören.
>
> *Micha 7, 7*

Der deutsch-französische Waffenstillstand ist unterzeichnet. Die
Feindseligkeiten gehen weiter, bis auch der französisch-italienische
Waffenstillstand geschlossen ist. »Über den Inhalt des Waffenstill-
standsvertrages kann zunächst nichts bekanntgegeben werden.«
Nun wird der Krieg gegen England beginnen. Brigitte! Und wie
viele bangen mit uns um ihre nächsten Angehörigen! – Der Blitzkrieg ist ein Krieg der Straßen.
Man ist nur noch Sorge. Und Angst, auf die mein Leben verwiesen
ist durch meinen Taufspruch, der auch heute wieder den Gottesdienst einleitete.
Die anderen sprechen: »Nach dem Siege« – »Wenn wieder Friede
ist«. – Aber dort beginnt für uns das große Dunkel.
Wenn Hanni gerade zuversichtlich und geduldig bleibt in der
Hoffnung auf das, was ich noch schreiben werde, so trifft das nur
den Kern meiner Depression, derer ich nicht mehr Herr werde:
aufgerieben zwischen dem *moi haïssable* und dem politischen Druck
halte ich das Künstlerische in mir für erschöpft und erloschen. Ich
sehe von mir aus keinen Weg mehr zum neuen Buch und künftigen Büchern. Der Widerruf der Sondergenehmigung würde
mich mehr entlasten, statt mich zu vernichten. Noch gibt es ja
primitive Berufe, in denen eine jüdische Frau keine solche Belastung darstellt. Ich bin zum Tragen aller Konsequenzen bereit,
weil mein Kopf nicht mehr so ist, daß ich noch schreiben, anderes
als höchst überflüssige Aufsätze schreiben könnte. Ich fürchte,
ich darf mir die Frist nicht zu lang setzen, bis ich die Folgerungen
aus dieser totalen Erschöpfung und Zermürbung ziehe: drei Jahre
ist nun unter innerem und äußerem Druck nichts entstanden, was

wirkliche Leistung und Grundlage zu Neuem bedeutet. Und nichts deutet darauf hin, daß dieser Zustand sich ändere. Auch Dr. Koch, der ja nur die äußere Belastung weiß, ist höchst sorgenvoll gegenüber meiner literarischen Zukunft. Jetzt zeigt sich, welche Gefahr darin liegt, daß mir die Literatur nichts bedeutet oder besser gesagt: nicht mehr als alles andere auch! An diesem Punkte wird der *homo religiosus* in einem zum Zerstörer. Besitzen, als besäße man nicht. Also ist es nicht so schwer, die Literatur hinzugeben.

Wie fremd mir meine Berufssphäre ist, sehe ich am besten daran, welche Aufregung um den Angriff in der Neuen Literatur[219] auf mich ringsum herrscht. Ich muß immer wieder Entgegnungen verhindern.

Jedoch habe ich niemals meinen Beruf als verfehlten Beruf empfunden; auch habe ich ihn sehr geliebt; aber er ist kein eigenes Ziel, kein Selbstzweck, kein eigener Wert geworden.

Ich möchte vermeiden, daß das Erlöschen der künstlerischen Kraft in mir zu einem Erlöschen der Lebenskraft wird. Dazu brauchen Hanni und Reni den Schutz meiner Existenz zu sehr. Sonst: ich wüßte nichts Schöneres als den Tod: nach all den irdischen Zusammenbrüchen Anfang ohne Ende und immer am Ziel und immer daheim sein! –

25. Juni 1940 / Dienstag

> Du nahest dich zu mir, wenn ich dich anrufe, und sprichst: Fürchte dich nicht!   *Klagelieder 3, 57*

Kirchenministerium und OKW geben eine neue Zeitschrift für die Armee heraus; von Anfang an hat man mich, auch zu den Besprechungen, hinzugezogen; ich beschränke mich aber auf die Überlassung von Zweitdrucken. Der Entschluß ist so spät gefaßt, daß ich mir nichts Gedeihliches mehr davon verspreche. Das üble Soldatenmagazin »Erika« war rechtzeitig zur Stelle . . . Der italienisch-französische Waffenstillstandsvertrag ist nun ebenfalls unterzeichnet, ohne daß die Bedingungen bekanntgegeben werden. Italien ist für seine »Nichtkriegsführung« (statt Neutralität) die reife Frucht kampflos in den Schoß gefallen. – Seit heute nacht wird nun mit Frankreich nicht mehr gekämpft. In knapp sechs Wochen ist Frankreich besiegt. Das hat niemand für möglich gehalten. Wer hätte geglaubt, daß gerade dem Balkan der Krieg erspart bleiben würde. Auf dem Kontinent wird nicht mehr gekämpft. Es ist noch unfaßlich. Nur die englischen Luftangriffe auf West- und Norddeutschland dauern noch an. Und nun mag der Angriff auf England, der anders sein wird als alles andere, schon begonnen haben. Der Gedanke an Brigitte verläßt einen keine Stunde mehr.

26. Juni 1940 | Mittwoch

> An dem Ort, da man zu ihnen gesagt hat: »Ihr seid nicht mein Volk«, wird man zu ihnen sagen: »O ihr Kinder des lebendigen Gottes!«
>
> *Hosea 2, 1*

Die Waffenstillstandsbedingungen für Frankreich sind nun bekanntgegeben: hart, doch ohne Sensation. Ein Rückschluß auf künftige Friedensbedingungen läßt sich noch nicht ziehen.

Das Versagen der Maginotlinie ist der Zusammenbruch einer Weltanschauung: des Glaubens an irdische Sicherheit.

Auch das Gold wird nun entthront. Dieser Krieg ist nicht ein Krieg um, sondern gegen das Gold. Was der künftige Wert sei, der Mensch und seine Arbeit, bestimmt die starke Macht des armen Deutschlands. –

4. Juli 1940 | Donnerstag

> Bewahre meine Seele und errette mich, laß mich nicht zuschanden werden; denn ich traue auf dich.
>
> *Psalm 25, 20*

Auch darin sind Hanni und ich uns einig; was hinter uns liegt, ist schwer, aber nicht unerträglich. Unerträglich droht es nur gerade für die besondere Art meines Berufes zu werden: die über Jahre sich erstreckenden großen Bücher. Aber auch da wage ich meinem Schicksal nicht eigenmächtig vorzugreifen. Doch wird die Sorge um das Buch von Tag zu Tag größer. Was die Zukunft angeht, so sagen wir uns, daß für uns in unserer besonderen Lage nichts so gefahrvoll, ja fürchterlich sein kann, wie ein verlorener Krieg es gewesen wäre, als dessen Urheber man das »Weltjudentum« sah, für das wir hatten büßen müssen. Diese Buße, nur nicht so vernichtend, wird uns vielleicht auch nach einem gewonnenen Kriege nicht erspart bleiben.

Geduld und Beharrlichkeit tragen meine Arbeit längst nicht mehr. Es steht nur noch bei Gott.

Ich habe so lange und so oft in großen Wunschträumen mich meiner Gegenwart, ja meinem ganzen Wesen zu entziehen getrachtet. Nun lebe ich ganz in ihr; und halte es kaum aus, weiß aber, daß es anders nicht geht. Es ist sonst das alte Verbergen Adams vor Gott nach dem Sündenfall. Es ist so schwer zu sagen: »Hier bin ich – Der bin ich.«

Selbst von den Studien zur Arbeit her kommt eine große Lähmung. Der Blick auf die christliche Geschichte kann sehr verpflichtend wirken – er kann aber auch nahezu völlig lähmen. Nur Gott steht immer gleich vor einem. Und dieser Aussage ist nicht zu entrinnen. Darum kann ich mir die Arbeit nicht leichter machen, kann Stoffe nicht wählen. Dem *moi haïssable* ist nicht erlaubt, sich zu verbergen.

Ich, der ich mich in immer engere Begrenzungen zurückgezogen habe, stehe zuletzt vor dem Grenzenlosen ganz allein.

Ich bin wie verschüttet unter der Last der Geschichte des Glaubens: die großen Taten Gottes und der Mensch! –

8. Juli 1940 | Montag

> Ich will sie mehren und nicht mindern, ich will sie
> herrlich machen und nicht geringer. *Jeremia 30, 19*

In meinem Leben sind so oft alles beherrschende, alles verdunkelnde Probleme aufgetaucht, die lähmend auf der jeweiligen Gegenwart lasteten: als unmittelbare, unabwendbare Zukunft. Aber bevor sie Gegenwart wurden, hat unfaßliche, überwältigende, wenn auch oft sehr schwere Führung sie in aller ihrer Realität ins Nichts verkehrt. Was alles im eigenen Leben zu bestimmen drohte, sank plötzlich am Rande dieses eigenen Lebens hin. Daher kommt, daß ich den dringlichsten Problemen unserer Zukunft – einschließlich des »Ewigen Hauses« – einen beherrschenden Raum in Gefühlen und Gedanken nicht mehr einräumen kann. Trachtet am ersten . . .

10. Juli 1940 | Mittwoch

> In der Welt habt ihr Angst; aber seid getrost, ich habe
> die Welt überwunden. *Johannes 16, 33*

Die Verluste unserer kleinen Flotte scheinen eine Hemmung für den Beginn der Englandoffensive darzustellen.

Die aus dem Westen heimgekehrten Truppen sollen weithin nach dem voller Ungewißheiten steckenden Osten kommen.

Die Mischlinge, die die Feldzüge in Polen, Norwegen, Belgien,

Holland, Frankreich mitgemacht haben, werden nun entlassen, damit man ihnen keinen Dank schulde. Aber den schuldet man nun schon.

Die mächtige, ruhmvolle Wehrmacht fügt sich dem allem nach wie vor. Hanni ist, mit manchem anderen, oft ganz erschüttert davon, wie gleichgültig in der Bevölkerung weithin die gewaltigen Siege aufgenommen werden – so gleichgültig wie umgekehrt das Negative. Ein doch durch Sensationen abgestumpftes, aber zu jeder Leistung zu bringendes Volk?

Wie wenig hilft einem die Geschichte, die eigene Zeit zu verstehen.

Rumänien, von Rußland Beßarabiens und der Bukowina beraubt, in seiner England-Garantie gescheitert und anlehnungsbedürftig, ahmt nun Deutschland restlos nach, fingiert, seltsam schattenhaft, eine nationale Revolution; Frankreich gibt sich eine totalitäre, autoritäre Verfassung; Deutschland geht kühl darüber hinweg. Rumänien und Frankreich werden nicht die letzten Kopisten sein. – Pétains Rolle ähnelt der Hindenburgs nach der Revolution.

11. Juli 1940 | Donnerstag

In meines Vaters Hause sind viele Wohnungen.

Johannes 14, 2

Ich habe nicht gewußt, was ich auf mich nahm, als ich das »Ewige Haus« zu schreiben begann. Aber Gott hat es ja von Anfang an gewußt, und bei ihm steht auch das Ende. Wäre dies nicht: ich müßte es hinlegen.

Von den Gerüchten um englisch-italienische Verständigung, Balkankrise, glaube ich, daß es sich um die üblichen Produkte der professionellen Gerüchtemacher handelt. Mit einer Spannung im Osten mag es anders aussehen, auf weitere Sicht. Und daß gegen England der nun fünfmal bewährte Blitzkrieg nicht ohne weiteres anwendbar ist, scheinen ja die Tatsachen zu bezeugen. Die große Offensive bleibt noch aus. –

15. Juli 1940 | Montag

Hier ist Geduld der Heiligen.   *Offenbarung 14, 12*

Ich arbeite wieder nur über den Quellen, um im Falle einer Einberufung ‚wenigstens endlich die Vorarbeiten im notwendigsten abgeschlossen zu haben.

Fräulein Rießer, Brigittes graphische Lehrerin, besuchte uns. Es
ist also wahr: die Mischlinge waren zwar bisher mit im Kriege,
kulturelle Berufe dürfen sie aber nach neuer, genereller Regelung
nicht ausüben; es gibt für sie keine Sondergenehmigung mehr.
Man muß nun abwarten, wie das die Frontkämpfer unter den
Mischlingen abzuwenden suchen. Oder sollte für sie doch eine
Ausnahme gelten? Die Teilnahme am Kriege 1914/18 hat keine
Ausnahme begründet! Die Entlassung der Mischlinge aus dem
Heeresdienst muß große Sorge machen. Sie wird uns nun Fall um
Fall bestätigt.

Das sehe ich immer mehr: wie die Zeit in ihrer Dichtung Brot
braucht, Brot, das auf das Brot des ewigen Lebens weist. Für
Literatur ist überhaupt kein Raum mehr. Aber wir bleiben mit
ihr überschwemmt.

17. Juli 1940 | Mittwoch

> Nun, Herr, das Wort, das du geredet hast über deinen
> Knecht und über sein Haus, werde wahr ewiglich, und
> tue, wie du geredet hast.　　　　　*1. Chronik 17, 23*

Woche um Woche noch weiter begraben in Studien. Und keine
neuen Kirchenlieder. Aber das hat auch – wie Kirchenlieder nie
entstehen können im Zustand der Zerrissenheit – seinen Grund
darin, daß ich in dieser Zeit – wenn ich nicht schlafen konnte oder
im Garten morgens arbeitete – zu stark, ja, wie gehetzt, in Gedanken und Vorstellungen, bis in jede Einzelheit, die positiven und
die negativen Möglichkeiten durchlebt habe, die im Ansatz meines
Lebens einst beschlossen waren, es war ein Leben »in den anderen
Lösungen«. Das ist sehr gefährlich und sehr erschöpfend, zumal
der Traum vollendet, was etwa dem Tag erspart bleibt: wie die
Anklage so heiß ersehnter Kinder, die ich mit Hanni nicht haben
kann. – Zweierlei bleibt unverrückt: Beruf und Ehe. – Was ist
das Ganze, das einen in solchen Wochen, in denen es im geheimen
auf Tod und Leben geht, mit sich reißt? Ich glaube, erstlich und
letztlich ist es eine Umschreibung für die Unfaßlichkeit der göttlichen Vergebung und der Gewißheit, daß Gott einen – auch wenn
alle Teufel in das gereinigte Haus der Seele zurückgekehrt sind –
dennoch unwandelbar führen will. – Es ist zugleich in unsäglicher
Verzweiflung und in endlicher Tröstung das Erfassen der Drei-
heit, unter der unser Leben verläuft: Ebenbild Gottes, das ohne
Christus, und bis wir bei ihm sind, verloren ist – Bild, das allein

möglich ist durch Gottes Hilfe, aber immer zugleich als unsere Lüge – Zerrbild dessen, was wir von Gott her jeder sein sollten: das wir nun von uns aus sein müssen im furchtbaren Schicksal der Polarität und des Dualismus. – Ich weiß, ich weiß, was Heilsungewißheit ist. Aber wo mündet schließlich alles? Im gehorsamen und vertrauenden Glauben!

18. Juli 1940 | Donnerstag

> Unsre Seele ist entronnen wie ein Vogel dem Stricke des Voglers; der Strick ist zerrissen, und wir sind los.
>
> Psalm 124, 7

Einzug der ersten Berliner Division durchs Brandenburger Tor. Aber nun erscheint der Endsieg nicht mehr so nahe. So bleibt die Insel also doch die Insel? Oder ist alles Plan?

Auch Renerles Leben, in dem ihr politisches Schicksal und die dadurch bedingte, letztlich deprimierende und sinnlose momentane Freiheit – in Verbindung mit unserem Bestreben, ihr alle erdenklichen Ausgleiche an Lebensfreude zu schaffen – eine gar zu schwierige Diskrepanz bilden, soll nun seine Ordnung bekommen. Alle Probleme mit Renerle werden im Gespräch mit ihr als ebenbürtigem Partner gelöst; hier war ein Problem. Die Gegenwart angesichts ihrer ungewöhnlich ungewissen Zukunft ist für Renerle so zu gestalten, daß sie das Schwere ausgleicht, aber fähig macht, etwa künftiges, noch schwereres Los zu ertragen. Das Gefühl der sinnlosen Freiheit muß schwinden.

Großes Geläut für die einziehenden Divisionen am frühen Abend. Noch fehlt diesem großen Einzug das Gefühl der Entscheidung, der Endgültigkeit, der Heimkehr, so sehr man diesen Truppen gönnt, daß sie gefeiert werden.

19. Juli 1940 | Freitag

> Herr, laß mir deine Gnade widerfahren, deine Hilfe nach deinem Wort.
>
> Psalm 119, 41

Der Reichstag einberufen. Hitler-Rede. Abschluß des kontinentalen Westkrieges und letzter Appell an England. Ich staune, Jahr um Jahr, immer wieder über die Gewalt dieses Hasses. Ich habe durch den Nationalsozialismus die Reformationszeit erst ganz verstehen gelernt: sie, die »deutscheste Epoche«, um derentwillen ich mich nur als Deutschen denken kann. Nun weiß ich auch um ihren Haß. Wir sind in den »Sog« eines großen Mannes geraten; was das heißt, können nur verwandte Zeitalter verstehen. – Die heutige Rede wurde von 1000 Sendern übernommen und in 30 Sprachen übertragen. –

23. Juli 1940 | Dienstag

> Ich will euch trösten, wie einen seine Mutter tröstet.
> *Jesaja 66, 13*

Englische Luftangriffe auf Wismar, Bremen, Hamburg, Paderborn, Hagen, Bochum, Schwerin, Wilhelmshaven, Kassel, so daß nun nach dem Appell der Hitler-Rede die Vorbedingungen für die große Offensive gegeben sind und wohl nur noch Meer und Wolken und Mond die Entscheidungen beeinflussen können.

Heute ist das 55. Tausend vom »Vater« erschienen.

England hat sein endgültiges Nein durch Halifax ausgesprochen. Mißbrauchte Sprache des Christentums.

Was mir Jahr um Jahr fürs Herz und immer noch sachlich fürs »Ewige Haus« fehlt: zum Erntebeginn auf dem Gute des Spandauer Johannesstiftes. Die Felder lagen zum Beginn der Mahd waldumkränzt unter blauem Himmel, weißen Wolken. Die vier Flakgeschütze und die beiden Bunker im Ährenfeld. Soldaten und Schnitter, jeder an seinem Werke. Der junge Inspektor, der Bore und mich außer dem wirtschaftlichen Leiter des Johannesstiftes führte und mir alles erklärte, was heute in der Ernte ist, wie es 1540 war, war gerade aus dem norwegischen Feldzug zurückgekommen; ein starker Eindruck: was für ein Mann, Soldat, Landwirt, Christ.

Das Johannesstift Spandau ist wie ein unmittelbares Erbe von Friedrich Wilhelm I. und August Hermann Francke. Dort habe ich auch besondere Freunde.

Von starkem Kolorit zuvor der Kaffee in dem armen, strengen, schweizerisch-klassizistischen, vornehmen Salon des Orgelbauers Schulze. Seine eben aus der Schweiz zurückgekehrte Frau berichtete uns die näheren Umstände von Brigittes Telegrammwechsel mit ihr. Jetzt herrscht leider Briefsperre zwischen England und der Schweiz.

Immer wieder Razzien, Kontrollen, quälende Gerüchte in den jüdischen Angelegenheiten, die Renerle sehr mitnehmen. Hanni und ich haben abgeschlossen; aber der Gedanke an Brigitte und

Renerle! In Rumänien ist nun fast alles wie in Deutschland; in Frankreich fängt es an.

Die kleinen baltischen Staaten haben sich zu Sowjetrepubliken erklären müssen, nachdem nun alle Deutschen von dort umgesiedelt worden sind.

Unter den geflohenen Fürsten in Amerika nun Zita und Otto von Habsburg. Welche Unruhe in der Welt. Und nun soll der Stern von Bethlehem wiederkommen, »doch nicht im Zeichen der Fische, sondern des Widders«. Darüber kann man wohl nachts lange wachliegen.

26. Juli 1940 / Freitag

> Der Herr wird für euch streiten, und ihr werdet still sein.
>
> *2. Mose 14, 14*

Juden haben nur noch eine Stunde Einkaufszeit pro Tag, abendliches Ausgangsverbot, Arbeitspflicht (für oft sehr schwere und sehr niedere Arbeit), von der Renerle bisher wirklich wie durch ein Wunder befreit ist, und täglich zudem die Bedrohung des Judentums nach Kriegsende durch die Presse, keine Kleiderkarten, Auflagen für die Lebensmittelkarten, gesperrte Bezüge ihres eigenen Geldes, den Zwang, nach dem Kriege allen Grundbesitz zu verkaufen – alles das aber ist nicht das harte Los, das alle für die Juden in Deutschland während des Krieges erwartet haben. Nichts aber, was noch als »endgültige«, bittere »Regelung« kommt, kann so schlimm sein wie das, was ein verlorener Krieg heraufbeschworen hätte. – Denn scheint auch der Krieg gegen England nicht einfach – an dem Siege zweifeln wir nicht.

(Da die Juden beim Verkaufen ihres Grundbesitzes im Preise ja gedrückt wurden – was ihnen, sofern sie auswandern konnten, fast gleichgültig war, da sie doch kein Geld mitnehmen durften –, müssen solche arischen Gelegenheitsgewinnler nun eine Ausgleichszahlung zugunsten des Reiches leisten; dies aber auch dann, wenn der jüdische Verkäufer heute noch im Lande ist.)

Der Kriegsgefangene der fremden Nation hat alle erdenklichen Vorrechte vor dem jüdisch-deutschen Frontkämpfer des Weltkrieges.

Die Ungerechtigkeit in der Welt so offen, so nahe miterlebt zu haben, ist eine elementare Erfahrung. Verwertbar ist sie nicht. Und erholen kann man sich von ihr nicht mehr. Und dennoch will das Herz sich ganz dem Leben verbinden. Familie, Haus, Arbeit. Nur hat es das Ende aller Dinge nahe gesehen.

Wenn Hanni und ich um keines Menschen Tod mehr zu trauern vermögen, so hat diese Erfahrung starken, negativen Anteil daran: vornehmlich das Zerreißen der Familien!

Was Glaube ist, hebt sich immer klarer ab. Der Glaube allein hat den positiven Anteil daran, daß wir unfähig wurden zur Trauer und selbst einander nicht mehr zu wünschen vermögen, das Leben möchte lang sein; wir könnten nicht einmal um Brigitte, um Renerle trauern! Das ist aus einem geworden. Und dennoch ist umgekehrt eine Fähigkeit zur Freude – und vornehmlich eines durch den anderen und gerade durch Renerle geblieben.

27. Juli 1940 | Sonnabend

> Ich hebe meine Augen auf zu den Bergen, von welchen mir Hilfe kommt. *Psalm 121, 1*

Die innenpolitische Frage »Was wird die Armee nach dem Friedensschluß tun?« gibt es für uns drei nicht mehr. Die Armee hat sich entschieden. Und unseres Erachtens hat es auch die Kirche getan, so vieles bei Heer und Kirche heute noch in eine andere Richtung zu deuten scheint. – Das Dritte Reich steht. Ich glaube, von dieser Einsicht aus muß man nun sein Verhältnis zu Kirche und Staat ordnen. Die sichtbare Kirche bleibt für die unsichtbare eine große Aufgabe, darf nicht zum Gegner werden. –

29. Juli 1940 | Montag

> Herr Herr, meine starke Hilfe, du beschirmst mein Haupt zur Zeit des Streits. *Psalm 140, 8*

Hanni und ich, die wir der Kunst einen fast unfaßlich engen und zu tiefen Raum im Leben gewähren, weil wir den Glauben und das Leben selbst über sie stellen, sind allmählich doch schwer bedrückt von der Entwicklung, die in Deutschland die Kunst, mit ungeheuren Mitteln propagiert, zusehends nimmt: Film ist indiskutabel; Theater im Verfall bei ständig ausverkauften Häusern; das neue Drama Tendenz ohne Kunst; die neben Film und Theater am meisten geförderte bildende Kunst ist von solch erschreckender Leere, daß nur noch das Alte als Trost bleibt. Musik und Buch sind noch nicht derart in den öffentlichen Kurs gerissen.

Was die Einberufungen, ein Veto gegen sie betrifft, so gibt es für das OKW eine Liste der »500 Talente«, vom Propagandaministerium aufgestellt; ich erfuhr aus ihr einige Namen. Nun – ein Reinhold Schneider ist nicht darunter. Und der Film dominiert selbstverständlich.

Der heute gefeiertste Künstler ist der Bildhauer Arno Breker, den wir auch persönlich kennen; er vereinigt die drei heute wesentlichsten Elemente: Monumentalität, Klassizismus, Naturalismus; alles zudem in einem wagnerischen Stil; alles propagandistisch. Ein Leo von König aber steht heute völlig abseits und im Hintergrund; ein Reinhold Schneider kann die Regierungseinladung nach Portugal nicht annehmen. Es wird immer unfaßlicher, immer schwerer zu tragen, daß wir nicht die deutsche Kunst sein sollen; daß man uns höchstens im Winkel duldet; freilich kommen viele der besten Deutschen freiwillig zu uns in den Winkel; das ist unser Erfolg trotz unserer Bedrückung. Von Unterdrückung mag ich noch nicht reden, so viele es tun. Neben der unsichtbaren Kirche ein heimliches Deutschland: es ist nicht leicht für die, denen Ordnung etwas Selbstverständliches ist und die ein derart positives Verhältnis zu Volk und Staat haben.

Und auch hier – sowohl was die »Liste der 500 Talente« wie speziell die »Dichterfahrt«[220] an die Front, in die Kriegsgebiete und ins Hauptquartier angeht, beugt das Heer sich wieder völlig der Partei.

30. Juli 1940 | Dienstag

Ich bin der Herr, dein Arzt.   2. Mose 15, 26

Heute kam der Gast, den, als die große Sperre verhängt wurde, selbst Hanni vorgesehen hatte um seiner »Fischer von Lissau« willen: Willy Kramp. Ein einfacher, junger, wirklich junger Mensch mit 31 Jahren, noch voller Freude an Schaffen, Erfolg, Menschen, Gesprächen, Plänen. Mir gibt es einen Stich durchs Herz, weil solche Begegnungen und Gegenüberstellungen so unerbittlich zeigen, was alles in mir erloschen ist. Welche Fülle von Plänen vor allem war einmal in mir; und nun stoße ich alles ab, sofern es nicht erlischt und von selbst schwindet. Nur zwei Pläne bleiben noch nahe: »Paulus« und »Voltaire« – dieser nun im vierzehnten Jahr, immer größer und tiefer; die Darstellung des unchristlichen Menschen als Zeugnis des Glaubens. – Aus der

Gegenwart bin ich ausgeschlossen. Eine eindeutige Situation, ein eindeutiger Zwang. Nie werde ich »Hoffnungslosigkeit«, den alten Plan, ausführen können.

Jeder Mensch hat für seine Wandlungen seine besonderen Zeichen, die ihm am sinnfälligsten und kennzeichnendsten sind; für mich ist es dieses: ich habe in der Tat keine Freude an Gästen mehr, so herzlich die heutige Begegnung war.

Wir leben alle in einem heimlichen Fieber: die Fragen nach dem Zeitpunkt, nach der Technik – nach den Waffen des Englandkrieges bewirken es.

Von Tag zu Tag – und damit stoße ich nun zur letzten Schicht des »Ewigen Hauses« hindurch – begreife ich es mehr, was es heißt: Das Gericht fängt an am Hause Gottes.

Es hat angefangen bei dem Hause Israel.

Mit den Schritten für mich gegen den Angriff auf mich in Vespers »Neuer Literatur« will es nicht still werden, so still es sonst jetzt um mich geworden ist, so still wir es um mich gemacht haben. Nicht ohne Schmerz, doch aus innerer und äußerer Notwendigkeit. *Cor accusator* –.

31. Juli 1940 | Mittwoch

> Gelobet sei Gott, der mein Gebet nicht verwirft noch
> seine Güte von mir wendet. *Psalm 66, 20*

Eine der wesentlichsten Krisen, die das »Ewige Haus« mit sich gebracht hat, ist die Krise dem Protestantismus und Luther gegenüber überhaupt. Nicht im Hinblick auf den Katholizismus, sondern auf den Abfall innerhalb des Protestantismus und Luthers selbst: Abfall von dem Gottgewirkten; Vordrängen des Menschlichen und Teuflischen; Ausbleiben der Heiligung: das Kernproblem bis heute, bis ins tiefste Ich! –

2. August 1940 | Freitag

> Meine Hilfe kommt von dem Herrn, der Himmel und
> Erde gemacht hat. *Psalm 121, 2*

Die Gedanken gehen gestern und heute genauso wie in den kommenden Krieg so zum Weltkriegsbeginn. Wie hat das Leben bisher, außer den frühen Kindheitsjahren, unter dem Zeichen gestanden: Krieg. – Wie ich nun den großen Krieg meiner Generation miterlebe, ist so »anormal«. Wäre nicht das »normale« Dasein leichter zu tragen: Beruf, Ehe, Familie, Kampf, Zugehörigkeit, wohl Todesgefahr – aber auch Lebens- und Friedenshoffnung? Es ist in meinem Leben alles so anders. Gefährdung des Berufes, Bedrohung der Ehe, keine Kinder, kein Kampf, keine Zugehörigkeit, zwar keine Todesgefahr, aber dafür auch keine Lebens- und Friedenshoffnung –. Und wie habe ich immer davor gewarnt, daß Menschen sich für hoffnungslos halten: sie wüßten dann meist von der Schwere des Lebens zu wenig, sonst klammerten sie sich mit aller Gewalt an den Rest einer Hoffnung (die ich scharf vom Glauben trenne, der seine ganz andersartige Hoffnung hat, auch wenn Gott sehr viel auf Erden verheißen und erfüllen will).

»Er, der die Welt allmächtig hält, wird mich in meinen Tagen als Gott und Vater tragen« (Gellert).

Mit der ganzen Last unserer Hoffnungslosigkeit muß Gott uns tragen. –

Vor sieben, acht Jahren hat bei mir der Glaube eine große Rolle gespielt, in so schwankenden Zeiten müsse man Rückhalt haben an einer »Gruppe«. Und wie habe ich's nun erfahren, daß man allein ist mit Gott und alles andere nichts ist. –

4. August 1940 | Sonntag

> Ich will vor deinem Angesicht alle meine Güte vorübergehen lassen und will ausrufen des Herrn Namen vor dir. Wem ich aber gnädig bin, dem bin ich gnädig; und wes ich mich erbarme, des erbarme ich mich.
>
> *2. Mose 33, 19*

Den Juden werden nun auch die Telefone entzogen. Diese Zermürbung durch Jahre hindurch ist fürchterlich.

Es ist nun so weit gekommen, daß Besuch mich quält. Wie man sich mit äußeren Wunden nicht zeigt, so ist es auch mit den inneren. Man will sich nur noch verbergen. Das ist auch einer der Gründe, weshalb ich nicht vorlese und auf die herrliche Möglichkeit verzichte, überallhin in Deutschland als gerufener Gast reisen zu können, mein mir so wenig bekanntes Vaterland auf die denkbar schönste Art kennenzulernen, weithin sogar als der Gast gerade seiner Pfarrhäuser. Noch einmal los von dem Gefühl, daß der Höhepunkt meines Lebens überschritten ist; noch einmal heraus aus der Haltung des Abschiedes, Abbaues, Verzichtes und Verlustes, Zusammenbruches. –

> Solches machst du dir selbst, weil du den Herrn, deinen
> Gott verlässest, so oft er dich den rechten Weg leiten
> will. *Jeremia 2, 17*

Der Verzicht auf Gäste, Besucher, Vorlesungs- und Vortragsreisen bedeutet, daß man die Freuden des Berufes durchstreicht und nur seine Lasten behält. Da muß man wissen, was man tut. – Ich sehe aber überhaupt nur noch eine Lebensmöglichkeit, nachdem ich die Last meines Lebens ganz begriff: die Überwindung. Jene Überwindung, von der in Römer 8 die Rede ist.

Keins der Probleme des realen, faktischen, schweren, meines Lebens ist gelöst, ja ins Nichts aufgelöst worden, ohne daß die Lösung nicht ein völlig neues, noch schwereres in sich barg; das entscheidende Beispiel bleibt: Rettung vor Beuthen durch die Ehe; und was die Ehe dann zu völlig ungewöhnlichem Schwerem (diese glückliche Ehe!) brachte, liefert alles Eigene immer wieder dem Zusammenbruch aus. Es gibt Zeiten, in denen mich die Sorge um Renerle halb wahnsinnig macht. Und dann tritt Gott vor einen und läßt einem sagen, daß er einen den rechten Weg leiten will, wir ihn aber verlassen. Auch der Glaube, der uns rechtfertigt und selig macht, ist etwas, das von Gott unausgesetzt gerichtet werden muß.

Heute abend besuchte uns eines der Mischehepaare von Nikolassee, Schillers, die sich das schöne Barockhäuschen am Waldrand geschaffen haben. Wie wir es in Südende gehalten hatten, waren beide zu gleichen Teilen als Besitzer eingetragen. Und weil nun Juden keinen Grundbesitz mehr haben dürfen, beantragten sie die Übertragung des Ganzen auf ihn, den arischen Teil. Das wurde nur unter der Bedingung genehmigt, daß Frau Schiller vom Erbe ausgeschlossen wird! Ein Mann in unserer Situation soll nicht einmal für seine Witwe gesorgt haben dürfen! Daß, wenn sie mich überlebt, Hanni dies Haus behalten dürfe, haben wir in unseren Gedanken angesichts der Gesetze ausgeschlossen; aber daß der Wert erhalten bleibt, das mußte man immer noch hoffen, muß ich heute noch, obwohl nun durch den Fall Schiller eine ganz neue Gefahr auftaucht. Der erste Mann von Frau Schiller ist im Weltkrieg gefallen; der zweite, jetzige, war im Weltkrieg Offizier. – Daß die Armee ihre Kameraden preisgibt – und nun bei den Mischlingen von neuem sich dazu anschickt –, ist für uns alle eine der größten Erschütterungen.

Hätte ich nicht den auf geistige Produktivität angewiesenen Beruf – es wäre nicht so entsetzlich schwer, wie es nun ist. Wiederum ermöglicht nur die Kunst, das eigene Unglück in einen Anlaß zu verwandeln, noch größeres, größtes, symbolisches Unglück in seiner Beziehung auf Gott zu begreifen. Dies dauernde Verwandeln des Eigenen und Begreifen des Fremden bedeutet aber eine religiöse Erhöhung. –

11. August 1940 | Sonntag

> Glaubet an den Herrn, euren Gott, so werdet ihr sicher sein.   *2. Chronik 20, 20*

Renates erstes Abendmahl. So tief im festlosen Hochsommer ein großes, feierliches Abendmahl an dreißig Menschen. Welcher Unterschied zwischen Südende und Nikolassee: allein aus der Teutonenstraße waren wir sechs Menschen. Die Feierlichkeit des Abendmahles hat auf Renerle stark gewirkt.

Renerle wieder in Potsdam. Bei Hanni Trude Weill, zum Klavierspiel. Jedes Zusammensein mit Juden: eine Lawine von Sorge, Angst und Verzweiflung, die für uns endlich alle auf Renerle zielen; und auch die Zukunft unserer Ehe bleibt in völliger Ungewißheit. Dem Menschen kommt es hart an, nur noch mit dem Blick über die Welt hinaus durchs Leben gehen zu müssen. Es gibt kaum einen Schmerzensruf der Psalmen – außer denen vom physischen Leiden –, der nicht durchlebt wäre.

Es ist furchtbar, wenn in dem Begriffe Vaterland das Väterliche ganz für einen ausgelöscht wird und der Drohung weicht. Schwer, schwer tut das himmlische Vaterhaus sich uns auf. –

Wir waren zu einem sehr schönen Klavierkonzert (Bach, Brahms, Schubert) im Marmorpalais, einer geschlossenen Veranstaltung des Musikinstitutes für Ausländer. Dort hatte ich uns Zugang verschafft. Denn ich muß sehr erfinderisch sein, wenn ich dann und wann noch eine Möglichkeit erspähen will, daß wir drei gemeinsam Musik hören »dürfen«! Zum ersten Male machte die Potsdamer Gesellschaft auf uns einen makabren Eindruck.

Die Englandoffensive scheint begonnen zu haben, jedoch nicht mit dieser Eindeutigkeit und Endgültigkeit wie die im Osten, im Norden, im Westen. Eine große Luftschlacht. –

Abendlicher Weg zu dreien an der geliebten, stillen Rehwiese, deren Wege immer tiefer von vollen Wipfeln überwölbt sind. In zerrissenem schwarzem und grauem Gewölk die Sichel des neuen Mondes.

> Jesus sprach zu seinen Jüngern: So oft ich euch ausge-
> sandt habe ohne Beutel, ohne Tasche und ohne Schuhe,
> habt ihr auch je Mangel gehabt? Sie sprachen: Nie-
> mals. *Lukas 22, 35*

Die dritte große Luftschlacht über England. Aber Inland und
Ausland spüren, daß es noch nicht »der eigentliche Krieg« ist.
Das kranke Renerle wird aus der Nachbarschaft mit Blumen und
Büchern bedacht. Ihr Zustand gefällt uns noch gar nicht.
Abends rief Pagel an: das 56.–65. Tausend des »Vaters« ist in
Druck gegeben. Was anderes soll da das Herz bewegen als die
Losungssprüche dieses Tages: Lukas 22, 35 und 1. Mose 39, 5:
». . . und war eitel Segen des Herrn in allem, was er hatte, zu Haus
und auf dem Felde.« Möchte uns Gott nur Renerle im Hause las-
sen. Welche Gedanken ließ die Erkrankung wieder aufkommen:
wie dies alles sein müsse im Falle einer Deportation.

> Da ich ihre Wege ansah, heilte ich sie und leitete ich
> sie und gab ihnen wieder Trost. *Jesaja 57, 18*

Welch großes, freundliches Begrüßen ist's jetzt jeden Sonntag an
der Kirche, heimatlich wie in Beuthen. Auch das erinnerte daran:
daß der Pastor auf Gastpredigt nach dem Gottesdienst mit kleinem Kreise sich bei uns einfand. Während P. Wieses Urlaub predigte heute hier Gollwitzer; auch hier vor sehr voller Kirche mit
vielen »Nachgereisten«. Während wir privat wieder ausgezeichneten Konnex mit ihm fanden, konnten wir in der Predigt–obwohl
er uns ganz als *homo religiosus* erscheint – wieder nicht den großen
Prediger entdecken, als der er gilt; die »Bannkraft« schien mir
wieder von einigen politischen Sätzen auszugehen. Zudem formt
ihn das feudale Berlin als, heute positiv, »bäuerlichen Typ«.
Soldaten ist es neuerdings verboten, auf ihren Stuben und Quar-
tieren Gespräche über Religion zu führen: als so reale Macht
schätzt man den Glauben ein.

> Wer Dank opfert, der preiset mich, und da ist der Weg,
> daß ich ihm zeige das Heil Gottes. *Psalm 50, 23*

Heute erhielt ich die Gestellungsaufforderung für die Musterung
am 7. September. Ich war schon ein wenig besorgt gewesen wegen

des Reverses über die Mischehe bei der Eintragung in die Stammrolle. Auch Hanni scheint erleichtert.

Über Portugal ein Brief von Brigitte aus dem Mai, seit langem
einer wieder von ihr selbst. Hanni ist stolz auf Brigittes nicht
erahnte Tüchtigkeit. Renerle ist nun wieder ganz gesund.

28. August 1940 | Mittwoch

> Herr Herr, sei du mit mir um deines Namens willen;
> denn deine Gnade ist mein Trost. *Psalm 109, 21*

Wie ist der Trost einer der beherrschenden, tragenden Begriffe
meines Lebens geworden. Und man wird immer trostbedürftiger;
aber was auch immer an neuer Last und neuem Kummer nach
Trost verlangen läßt: man sucht ihn nur noch an einer Stelle.
Der alte Trost läßt geduldig der neuen Sorge und dem neuen Leid
begegnen, das alte weitertragen; er ist noch älter und half durch
noch Schwereres.

Unversehens haben die Menschen sich von dem Gedanken des
raschen, endgültigen Sieges gelöst und auf einen zweiten Kriegs-
herbst, ja -winter, umgestellt. – Der Sommer hat durch die »skandinavische Speisekammer« und den »holländischen Garten« den
Deutschen sehr geholfen; daneben Frankreichs Gärten, Erz und
Holz des Nordens, Rumäniens Erdöl. In den gegenwärtigen Luft-
kämpfen sieht niemand mehr den Beginn der großen Offensive
gegen England.

Ein konkretes Beispiel zum Mischlingsproblem: ein Pianist, der
mit besonderem Schneid (ganz gewiß auch, um die Situation seiner Eltern zu verbessern) gekämpft hat und ausgezeichnet wurde,
hat sich um die Wiederaufnahme in die Musikkammer beworben;
sie ist ihm abgeschlagen worden. Danach kann er nicht einmal
Musikstunden geben. –

29. August 1940 | Donnerstag

> Tröste mich wieder mit deiner Hilfe, und mit einem
> freudigen Geist rüste mich aus. *Psalm 51, 14*

Ein freudiger Geist – diese Worte dürfen dem beschwerten Herzen nicht ganz fremd werden.

Heute bekam Renerle die Aufforderung, sich mit Arbeitsbuch
und Kennkarte auf dem Arbeitsamt zu melden, am Montag. Das
bedrückt uns sehr, denn mehrere Mädchen in Renerles Alter und

Lage arbeiten schon zwangsweise hier in der Rüstungsindustrie. –
Renerle sagt: »Nur einmal das Gefühl haben dürfen, daß es nicht
immer noch schwerer kommt.«

Deine Gnade ist mein Trost. *Psalm 109, 21*

Meinem Kinde

Nun sich das Herz von allem löste,
was es an Glück und Gut umschließt,
komm, Tröster, Heiliger Geist, und tröste,
der du aus Gottes Herzen fließt.

Nun sich das Herz in alles findet,
was ihm an Schwerem auferlegt,
komm, Heiland, der uns mild verbindet,
wo uns die Welt nur Wunden schlägt.

Nun sich das Herz zu dir erhoben
und nur von dir gehalten weiß,
bleib bei uns, Vater. Und zum Loben
wird unser Klagen. Dir sei Preis!

30. August 1940 | Freitag

Ich stärke dich, ich helfe dir auch, ich erhalte dich
durch die rechte Hand meiner Gerechtigkeit.

Jesaja 41, 10

Ich sprach einen der leitenden Männer der Inneren Mission, der
gerade von einer Konferenz mit den wichtigsten Kollegen, u. a.
Bodelschwingh, aus Hannover zurückkam. Man hatte sich aus den
verschiedenen Anstalten gegenseitig die Zahlen derer mitgeteilt,
die als »unlebenswertes« Leben (Kriminelle, Krüppel, Irre) vom
Staat für die Vernichtung angefordert wurden. Es sind bereits
15 000 getötet. Der glimmende Docht wird ausgelöscht, das zer-
stoßene Rohr wird zerbrochen.
Renerles Erfassung durch das Arbeitsamt – durch die Konstellation des »arischen Haushaltes« schien sie aus allen Listen verschwunden, die die anderen Altersgenossinnen da oder dort er-
faßten – bedeutet eine ungeheure Gefahr für die eventuell für eine
Deportation anzulegenden Listen; sie kann nun vielleicht nicht
mehr in unserem Haushalt, wie man das nennt, untertauchen.

Das ist so schwer: kein eigenes Kind zu haben; sein Stiefkind so zu lieben, daß man ein eigenes um nichts anders haben möchte – und es dann in dieser entsetzlichen, wachsenden Bedrohung zu wissen. –

2. September 1940 | Montag

> Ich danke dir ewiglich, denn du kannst's wohl machen; ich will harren auf deinen Namen, denn deine Heiligen haben Freude daran.
>
> *Psalm 52, 11*

Dieser Tag gehört Renerle.

Von halb sieben bis halb zwei war es auf dem Arbeitsamt gewesen, mit vielen Gefährtinnen, und ist für Siemens, also für die exponierte Rüstungsindustrie, bestimmt. In diesen neuen schweren Abschnitt geht Renerle, wie ihr Bibelspruch es sagt: getrost und freudig. Der Ton auf dem Arbeitsamt war freundlich. An solchen Tagen habe ich plötzlich unversehens immer wieder einmal ihre Hand in meiner, als wäre sie noch klein und wir gingen zur Christnacht. Das ist ihr wohl unbewußt. –

Die andere Seite der Zwangsarbeit: viele verarmte Juden begrüßen sie als ihre vorläufige Rettung.

Wie den Entwurf zu »Frickfrack und Elvira« hat Renerle nun auch das Manuskript der »Großen Directrice« verschlungen. Manchmal meine ich, daß beide Buchfragmente für mich nicht verloren sind: daß sie in dem, was Wert an ihnen hat, wiederkehren können in »Voltaire«, der Darstellung des einsamen, ungläubigen Menschen, die mich nicht losläßt. –

Nikolassee bekommt Einquartierung: wir wissen nicht, ob Militär oder Evakuierte. Auch hier scheiden sich wieder die Geister: so viele suchen sich dieser Verpflichtung zu entziehen.

Hanni, die auch sehr ruhig ist, und ich werden alles tun, um Renerle in den kommenden Strapazen zu pflegen und um auszugleichen, wie wir nur können, daß ihrem Leben noch ein wenig Jugend bleibt. Denn vor allem unseretwegen ist Renerle nicht mit Brigitte nach England gegangen; es wäre damals durch die gleichen Verbindungen genau so wie für Brigitte möglich gewesen. –

Eine weitere Scheidung der Geister: die einen freuen sich, daß Deutschland sich aus den besetzten Gebieten versorgen kann; die anderen bangen sich auch um die Zukunft dieser Nationen.

4. September 1940 | Mittwoch

> Wenn ich mich fürchte, so hoffe ich auf dich. *Psalm 56, 4*

Heute ist's kühl und grau. Aber der Nachmittag erfüllt sich mit reinem, klarem Licht, einer sanften Wärme und milden Gedämpftheit; alles leuchtete, schimmerte und war doch verhalten und ferne. Die letzten freien Tage des Kindleins ein wenig auszuzeichnen, waren wir mit ihm in Stahnsdorf spazieren: Heidelandschaft in der Sonne, Birken, Kiefern, Erika: Kapellenglockenläuten von den Waldfriedhöfen her.
Gollwitzer ist aus Berlin verwiesen und hat Rede- und Predigtverbot in ganz Deutschland. Er nahm noch Abschied von uns.

5. September 1940 | Donnerstag

> Sei mir gnädig, Gott, sei mir gnädig! Denn auf dich traut meine Seele, und unter dem Schatten deiner Flügel habe ich Zuflucht, bis daß das Unglück vorübergehe. *Psalm 57, 2*

Wir trafen P. Gollwitzer, der sich nach seiner Ausweisung aus Berlin zunächst in Potsdam aufhält, das Dringlichste abzuwickeln und einzuleiten. Welche Unruhe über uns allen.
Renerle war früh zum zweiten Mal aufs Arbeitsamt bestellt, zur ersten Eignungsprüfung; sie ist für die Siemens-Schuckert-Werke vorgesehen. Der Ton war wieder korrekt und freundlich, wenn auch sehr nachdrücklich. Zwei Wendungen: »Sie wissen, was es heißt, daß Sie als Jüdinnen in Berlin wieder arbeiten dürfen« und »Besser, arbeiten in Berlin als in Lublin.« – Siemens soll unter den besonderen Verhältnissen das beste sein. Daß die Arbeit bezahlt wird, unterscheidet sie ja doch nicht unwesentlich von bloßer Zwangsarbeit; hier liegt für Renerle auch ein kleines Moment der Freude. –

6. September 1940 | Freitag

> Gott erzeigt mir reichlich seine Güte. *Psalm 59, 11*

Milde, sanft; gedämpftes Licht. Mutters Lieblingsblume konnte ich nun selbst am Kirchhügel zu ihrem Geburtstag pflücken; lichte, blaue und tieflila Erika. Großer, strahlender Sonnenuntergang.
Mutter hatte sich gewünscht, daß wir Berliner Geschwister ge-

meinsam gratulieren kämen. Und auch mir war ja, besonders durch den Krieg, an einer Aussöhnung gelegen. Es ging alles sehr gut, da auch Erhard und Billum nicht ohne Herzlichkeit waren. So saßen wir nun alle um den kleinen Geburtstagstisch, Mutter war außer Bette, im Sessel, erst sehr aufgeregt und in ihren quälenden Vorstellungen befangen, dann mehr gerührt und bewegt (die Zusammenkunft schien aber keine Bedeutung mehr zu haben, nun sie vollzogen war), ihr Blick war viel ruhiger und fester. Daß Hanni und Renerle ihr gratuliert und sie beschenkt hatten, wirkte sehr auf sie. Zum ersten Male fand ich Mutter unter dem Eindruck eines Bibelwortes, des 23. Psalms, und in ihm waren es die Worte: »Und ob ich schon wanderte im finstern Tal«, die sich ihr eingeprägt hatten. –

7. September 1940 | Sonnabend

> Fürchte dich nicht und zage nicht! Gott der Herr wird mit dir sein und wird die Hand nicht abziehen noch dich verlassen, bis du alle Werke im Hause des Herrn vollendest.
> *1. Chronik 28, 20*

Welch ein Wort für mich in meiner besonderen Lage! Renerles Eignungsprüfung und Vorstellung bei Siemens-Schuckert. Akkord-Feinarbeit; wochenweise abwechselnd Tag- und Nachtschicht; welche Sorge bei den Luftangriffen! Der Ton auch dort freundlich. Aber heute war Renerle doch so bedrückt, daß sie am letzten freien Sonnabend nichts mehr unternehmen möchte. Am Montag ärztliche Untersuchung und Dienstantritt.

Von neun bis drei meine Musterung. Vorzüglich im Ton, auch unter den vierzig Gemusterten. Militärisch sehr guter Eindruck von Stabsarzt, Major, Leutnant, Feldwebel, Unteroffizier, sorgfältige Musterung. Ich bin kriegsverwendungsfähig/Ersatzreserve I. Darüber freue ich mich, und das hat Hanni auch gefreut. Mit der Einberufung, wurde uns bekanntgegeben, hat unser Jahrgang in absehbarer Zeit noch nicht zu rechnen; mit ihm ist nun die Musterungslücke vom Weltkrieg her geschlossen. Es ist ungeheuer, welchen Reichtum Deutschland an wehrfähigen Männern hat. F. W. I., an den ich heute so viel dachte: »Menschen sind der größte Reichtum.« – Erstaunlich, wie sich in solcher Situation zusammenfindet, was zusammengehört; das gilt nicht nur fürs Soziologische. Einer der neuen Kumpane, ein Schauspieler aus Nikolassee, besuchte mich gleich gegen Abend mit

seiner kleinen Tochter; er sagte: »Das Ganze hatte den guten
Geist von Nikolassee.« – Nichts Parteipolitisches. – Jedoch Revers über die Mischehe. – Hannis und meine besondere Freude:
daß ich nun nicht für die Hilfspolizei ausersehen bin, sondern
fürs Heer. –

8. September 1940 | Sonntag

> Wenn aber dieses anfängt zu geschehen, so sehet auf
> und hebet eure Häupter auf, darum daß sich eure Er-
> lösung naht. *Lukas 21, 28*

Renerle ist noch einmal im Boot auf dem Wannsee. Nachmittags
Brinkmann[221] kennenzulernen, kam sie heim. Und sie hat es
nicht bereut.
Der Gottesdienst (ein Bruder von P. Wiese predigte). Der Spruch:
»Wir haben einen Gott, der da hilft, und den Herrn, der vom Tode
errettet«, der mir ganz besonders ein Wort für die Arbeit am
»Ewigen Haus« geworden ist. – Als sei auch das eine Mahnung
von Gott, schreibt Schneider mir jede Woche vom »Ewigen
Haus«.
Brinkmanns Besuch war so befriedigend. Wir haben ja nun
die »Annahme« von Besuchen auf Kriegsteilnehmer beschränkt.
Einmalige, literarische Besuche werten wir nicht hoch. Daß aber –
und nun auch aus dem Felde – immer wieder einmal einer kommt,
bewerten wir anders. In diesem heutigen Falle war es nun so,
daß ich – trotz der Korrespondenz – gar nicht gewußt habe, wie
nahe Brinkmann mir steht; daß Hanni sagte: »So ist kein Pastor,
den wir kennen, und eigentlich keiner unserer Bekannten«; daß
Renerle meinte, »solchen Eindruck habe selten ein Mann auf sie
gemacht«. Und es war ein wahrhaft sonntägliches Zusammensein,
mit dem wahren Ernst, der wahren Heiterkeit, der starken, keiner
Bestätigung bedürfenden Zusammengehörigkeit. Wie besonders
schön war auch zwischen den Mahlzeiten und Gesprächen der
kurze Weg mit Brinkmann über die Rehwiese, hinauf zum Kirchhügel in der herrlichen Nachmittagssanftheit, dem weichen
Glanz.
Auch diesen Tag – ehe nun das Neue, Schwere für sie beginnt –
wollte Renerle in Potsdam beschließen; und auch Brinkmann war
gerade darüber so besonders erfreut. Der abendliche Aspekt der
Garnisonkirche und des Stadtschlosses, die klare Silhouette in
der Abenddämmerung, ohne Laternenschein, schien uns schöner

denn je. Wir saßen noch eine Weile beim Wein und ließen uns Brinkmanns Kriegsbilder zeigen, vom Kriege in Polen (dort war er noch einfacher Soldat), von Holland, Belgien und Frankreich erzählen; das Eiserne Kreuz ist ein vielbeachteter Schmuck der Kriegspfarreruniform. Brinkmann sagte mir, außer einem primitiven, sehr leicht zu erschütternden Vorsehungsglauben sei er Glauben unter den Soldaten kaum begegnet. Traf er aber auf Christen, so haben sie sich – kämpfend und leidend – besonders bewährt; er fand nur einen, der ein schlechter Soldat war. –

Von großer Bewunderung für das Heer erfüllt, sieht auch Brinkmann doch der Zukunft nur mit schwerer Besorgnis entgegen.

Immer mehr zeigt sich, wie sehr Hanni sich das kleine Landhaus im Gebirge wünscht, damit die Frage nach unseren Reisemöglichkeiten und -unmöglichkeiten verstummt. Diesen Sonntag haben wir nun ein Inserat im Hirschberger »Boten aus dem Riesengebirge« aufgegeben.

Manchmal steht es über einem Tage: »Denn ich muß heute in deinem Hause einkehren.« (Lukas 19, 5.)

9. September 1940 | Montag

> Du hast aber doch ein Panier gegeben denen, die dich fürchten, welches sie aufwarfen und das sie sicher machte.
> *Psalm 60, 6*

Renerle war heute zur ärztlichen Untersuchung bei Siemens. Trotz ihrer Zartheit: volltauglich. Und sofortiger, anschließender Arbeitsbeginn, Herstellung von Plättchen für Lampen. Der Ausweis: »Renate Sara Stein, Montiererin.« Sehr bedrückend im Hinblick auf die Fliegeralarme die Arbeitszeiten; abwechselnd eine Woche Früh-, eine Spätschicht: 6.10–14.40 Uhr; 14.40–23.10 Uhr. Die Jüdinnen müssen aber immer noch eine Viertelstunde eher sich versammeln. Jeden zweiten Sonntag Sonntagsarbeit. Stundenlohn 50 Pfennig, 75 Pfennig pro Tag Steuerabzug. Später dann Akkordarbeit. Und das alles ohne eine Hoffnung für die Zukunft. Oder liegt hier ein Anfang? Beim Gutenachtkuß sagte Renerle: »Es war so schön.« Und war doch schon schwer und zwiespältig. –

Luftangriffe und Renerles Fabrikarbeit haben nun jeden Gedanken an eine Reise ausgeschaltet. Hanni fehlt sie sehr, aber sie betrachtet sie als das geringste Opfer, das der Krieg verlangt. –

12. September 1940 | Donnerstag

> Wenn ich mich fürchte, so hoffe ich auf dich.
>
> *Psalm 56, 4*

Hanni hat jetzt doch Sorge, ich möchte Renerle in der Zeit ihrer unfreiwilligen, schmerzlichen Freiheit in meinem Bestreben, auszugleichen, was ihr auferlegt und versagt wird, doch zu sehr verwöhnt haben. Aber hier ging es doch um die Illusion einer schönen, unbelastet scheinenden Jugend – ach, eine sehr schwache Illusion, die Renerle schon recht bewußt mitzuretten versuchen mußte!

Renerle arbeitet bei Siemens im fünften Stock eines älteren Fabrikgebäudes; von der Verwaltung aus ist alles ordentlich organisiert (Mitbenutzung der Kantine usw.), der Ton unter den subalternen Vorgesetzten aber wenig nett, und Renerle muß sich noch sehr wappnen. Renerle ist mit der Herstellung undefinierbarer Plättchen beschäftigt (600 pro Tag, doch genügend Anlerntage). –

Von der Firma Siemens aus findet Renerle weiter alles recht in Ordnung. Unter den Gefährtinnen schließt sie sich erst an eine etwas an. Sowohl beim Arbeitsamt wie bei Siemens erregte Renerle durch ihr arisches Aussehen einiges Befremden.

13. September 1940 | Freitag

> Ich will auf den Herrn schauen und des Gottes meines Heils warten; mein Gott wird mich hören. *Micha 7, 7*

Brinkmann sendet zum Dank für den »unvergeßlichen Sonntag« Andreas Markussons »In der Finsternis wohnen die Adler«, das uns Kramp und Ihlenfeld auch so rühmten. Er zitiert ein Hölderlinwort von der Unrast und der Besinnung in der freundschaftlichen Begegnung. Mich rührt es immer wieder, wenn Männer in meinem Alter, in dem jugendlicher Schwung die Lippen nicht mehr öffnet, während die Herzen noch offenstehen, so scheu das Geständnis ihrer Freundschaft umschreiben. Daß dieser Sonntagsbesuch von anderen Leserbesuchen sich abhob, haben wir alle gespürt.

Renerle war heute nach der Fabrikarbeit reiten; das half ihr mancherlei abstreifen. Wenn es sie nur körperlich nicht so sehr anstrengte. –

Heute nacht träumte ich einen seltsamen Traum, so intensiv und beängstigend, daß Hanni mich weckte: ein alter Kupferstich begann zu leben; Adam und Eva drangen in das Paradies ein;

Christus und Maria verließen es; Gott stieg weinend von seinem Thron.

15. September 1940 / Sonntag

> Es ist unmöglich, daß Gott lüge, so daß wir einen starken Trost haben, die wir Zuflucht haben und halten an der angebotenen Hoffnung.
>
> *Hebräer 6, 18*

Der Kirchgang schöner als der Gottesdienst. –

Auch die Nacht verlief ohne Fliegeralarm. Die Diskrepanz zwischen den deutschen und englischen Unternehmungen wird immer sichtbarer. Ein einziges Mal haben die Engländer versucht, mit 70 Flugzeugen zu kommen, während wir täglich hunderte schicken. –

Das arme Renerle ist gleich heute am ersten Sonntag zur Sonntagsarbeit in der Fabrik ausersehen worden und war sehr unglücklich. Und doch haben wir gestern abend sehr ernst mit Renerle reden müssen; denn, dem Judentum völlig entfremdet, verstand sie ihre neue Lage, ihr neues Schicksal überhaupt nicht, verstand nicht, daß sie das jüdische Schicksal in Deutschland als Christin unter Juden mittragen muß. Durch mein dauerndes Bestreben, ihr Ausgleiche zu schaffen, war Renerle in den nun so jäh abgebrochenen $1^3/_4$ Jahren zu einer Einstellung gelangt, die eben nur jenen Ausgleich ins Auge faßte; darüber war sie nicht mehr herzvoll und drohte, oberflächlich zu werden, so daß Hanni in letzter Zeit oft Sorge hatte. Zudem war Renerle sehr eitel, vor allem auf ihr »arisches Aussehen«. – Gott macht immer wieder vollen Ernst mit uns.

Hanni, die eigentlich nie Wünsche äußert, weil ihr alles Vorhandene genügt und sie mit Dank erfüllt ist, hängt doch immer mehr an dem Plan des Gebirgshäuschens. Nun hat unser Hirschberger Inserat ein klägliches Ergebnis gehabt: ein Maklerangebot für ein Mietswohngrundstück; sonst nichts.

Das erste Mal, daß ich Hanni ein Wort der Schrift und des Herrn erwähnen hörte, war mahnend vor Renerle, sie möge sprechen lernen: »Dein Wille geschehe.« –

19. September 1940 / Donnerstag

> Der Herr erhält alle, die da fallen, und richtet auf alle, die niedergeschlagen sind.
>
> *Psalm 145, 14*

Heute eine Nachricht, die ich nach dem Musterungsbescheid nicht erwartet hätte und die mich sehr betroffen macht, während ich die militärische Einberufung mit vielen positiven Gefühlen aufgenommen hätte: der Bescheid der Erfassungsstelle des Schutzpolizei-Gruppenkommandos West, Charlottenburg, daß ich in der nächsten Zeit mit der Einberufung in die Polizeireserve zu rechnen habe. Fragebogen.

Es soll zu keinem planmäßigen Arbeiten mehr kommen; und hier ist der Sinn nicht zu sehen, den das Soldatische immer noch hat.

Die Engländer haben Bodelschwinghsche Anstalten in Bethel getroffen: neun Kinder tot, zwölf verletzt. – Und Bethel hat gerade das schwere Schicksal der Tötung lebensunwerten Lebens hinter sich. – Heute heißt es auch in der politischen Presse »Die Stadt der Barmherzigkeit!« Es soll »unbarmherzig vergolten werden«. Man ist so müde. –

Renerle brachte ihr erstes Geld aus der Fabrik heim: 24 Mark seit Arbeitsantritt. Wenn sie davon leben müßte!!

20. September 1940 | Freitag

> Sei mir ein starker Hort, dahin ich immer fliehen möge,
> der du zugesagt hast, mir zu helfen; denn du bist mein
> Fels und meine Burg.   *Psalm 71, 3*

Ich beneide jetzt jeden Mann, der Soldat ist. Jede Reklamation bei einer militärischen Einberufung hätte ich abgelehnt; und ich weiß auch, wie Pagel über die reklamationssüchtigen Autoren denkt, die ihr Werk für das Vaterland so überaus hoch ansetzen. Aber nun liegt der Fall anders, und ich bin auf Pagels Vorschlag eingegangen, daß er, obwohl ein Verlag seine Autoren nicht reklamieren kann, einen Antrag auf Zurückstellung an die Polizeierfassungstelle richtet, den Dr. Panick als Polizeiarzt in die richtigen Hände leiten will. Aussicht haben freilich nur Anträge von wehrwirtschaftlich wichtigen Unternehmen für ihre Angestellten. Soldatengedichte sind eine große Sache; wie schöne schreibt Siegbert Stehmann in Norwegen! Aber Polizistengedichte –? Dort liegt der Unterschied! Ferner, man könnte in meiner Lage wohl einmal auf dem Propagandaministerium sagen: »Ich bin ja auch Soldat gewesen.« Aber Polizist?

Bodelschwinghs Bethel scheint nun der Anlaß zur endgültigen Kriegsverschärfung zu werden, gerade Bethel –.

Amerika scheint in diesem Kriege seltsamerweise keine Sphinx zu werden. Doch spricht man jetzt viel von einer englischen

Union in Amerika, die Englands Abtreten bedeutete, den Krieg jedoch erschwerte. –

Manchmal denke ich, weil ich die Kühle, das Abendwerden, den Herbst, das sich neigende Jahr so liebe, wird meine eigentliche Zeit vielleicht einmal das Alter sein. Das Joch habe ich ja nicht nur in der Jugend getragen; ja, je besser es mir ging, desto schwerer wurde auch das Joch. Dabei bleibt das Letzte unaussprechliches Geheimnis, nur zwischen Gott und mir aussprechbar. Paulus –. »Laß dir allein an meiner Gnade genügen.« –

22. September 1940 / Sonntag

> Sie aßen Engelbrot; er sandte ihnen Speise die Fülle.
>
> *Psalm 78, 25*

Das ist sehr wohl ein Wort für einen häuslichen, gastlichen Sonntag im Kriege.

Großer, feierlicher Gottesdienst eines jungen, unbekannten Pastors. Es gibt Sonntage, an denen der Gemeindegesang einen plötzlichen, großen Aufschwung spüren läßt. (»Nun lob, mein Seel, den Herren«)

Ein sanfter, leuchtender Tag voller nachbarlicher Freundlichkeit.

Alle Gäste sprachen vom – nach der Stagnation (außer im Luftangriff) – baldigen Kriegsende als einem neuen Anfang: und dort ist für uns der große Strich und das Dunkel. Es ist wirklich und wahrhaftig so gekommen, daß wir eine irdische Hoffnung nicht mehr haben. Gerüchte hassen wir mehr und mehr. –

23. September 1940 / Montag

> Herr Zebaoth, wohl dem Menschen, der sich auf dich verläßt!
>
> *Psalm 84, 13*

Dr. Panick war mit Pagels Verlagsbrief auf dem Polizei-Gruppenkommando; man gab ihm eine mündliche Zusage für meine Zurückstellung, aber er hält für gut, auf die schriftliche zu warten. Die Antwort erhält der Verlag. Die Einberufung für mich soll inzwischen schon unterwegs sein.

Das Bedürfnis, den Kreis des Lebens, des so stark bedrohten, des so leicht zerrissenen und verflüchtigenden Lebens, immer enger zu ziehen – um Hanni, Renerle, das Haus und die quälend gehemmte Arbeit –, wird immer stärker. Immer wieder muß ganz neu angefangen werden: aber Grund und Weg und Ziel solchen

Anfangs wandeln sich nicht mehr: »Ich bin der Weg, die Wahrheit und das Leben.« Auf diesem Wege wird man durch alle Zusammenbrüche getragen, vor denen man sonst in Angst vergehen müßte. –

24. September 1940 | Dienstag

> Willst du uns denn nicht wieder erquicken, daß sich
> dein Volk über dich freuen möge? Herr, erzeige uns
> deine Gnade und hilf uns! Ach, daß ich hören sollte,
> was Gott, der Herr, redet; daß er Frieden zusagte seinem
> Volk und seinen Heiligen.   *Psalm 85, 7–9*

Renerle hat uns vom ersten Lohn beschenkt: Hanni mit kostbaren Chrysanthemen »fürs Schnittenmachen für die Fabrik«, mich mit einem eleganten Zigarrenabschneider »für die nächtliche Abholung«. Und nun werde ich sie auch früh zur Bahn begleiten, dann »habe Siemens alle Schrecken für sie verloren«. In der Fabrik, Arbeit wie Menschen, sucht Renerle sich wieder ihrem Wesen getreu die besten Züge heraus. Die Arbeit selbst ist nicht schwer, und Renerle so geschickt. –

Am Morgen war der Gestellungsbefehl für die polizeiliche Musterung gekommen. Am Nachmittag, bald nach unserer Heimkehr, kam der Anruf eines Polizeimeisters vom Gruppenkommando West, ich solle den Gestellungsbefehl annullieren; man nehme von meiner Einberufung Abstand; der Verlag erhalte Bescheid. – Und bald übermittelte ihn mir Pagel; die Befreiung ist sogar ohne Befristung ausgesprochen.

Das ist etwas so Unerwartetes, etwas so Tiefgreifendes: wieder in der Arbeit weiterblicken zu können; nicht die leise Bitterkeit verspüren müssen, welch nichtige Arbeit allenthalben als reklamationsfähig galt, indes ich keinen Weg sehen konnte. Unser Dank und unsere Freude sind sehr groß. Es ist wie ein neuer Abschnitt. Das Soldatwerden wäre etwas ganz, ganz anderes gewesen. Dem aber, Polizist zu sein, hätte ich nur mit der Geduld, ohne jedes positive Gefühl, begegnen können. Der Schwerpunkt lag hier bei Dr. Panick als höherem Polizeiarzt, und die Nachbarschaft hat sich als eine gar besondere Fügung erwiesen. Seltsamerweise hatten die Musterungskumpane K. und v. B. den Polizeigestellungsbefehl nicht bekommen; das hatte Hanni besonders bedrückt, weil es meine Einberufung zur Hilfspolizei als so sinnlosen Zufall erscheinen ließ, obwohl mir ein schwerer Sinn aufgegangen war, über den ich nicht reden konnte.

Die Befreiung ist ein großes Geschenk und eine große Verpflichtung, mich aus meiner Müdigkeit aufzuraffen. Darum bangt auch Hanni am meisten, daß es gelingen möge.

Immer wieder müssen wir es sagen: Ich habe nicht gewußt, was ich auf mich nahm, als ich in dieser Zeit das »Ewige Haus« zu schreiben »beschloß«; Gott hat es gewußt, was er mir »auferlegte«, und hilft tragen. »Wir haben einen Gott, der da hilft.«

Auf den vertraut auch Renerle fest. Und der möge sich auch Brigitte bezeugen. –

26. September 1940 | Donnerstag

> Siehe, ich habe vor dir gegeben eine offene Tür, und niemand kann sie zuschließen; denn du hast eine kleine Kraft, und hast mein Wort behalten und hast meinen Namen nicht verleugnet.
>
> *Offenbarung 3, 8*

Dieses Wort wurde seit 1937 zu dem einst so ersehnten Gotteswort zum »Vater«.

Renerle hat heute morgen noch den Brand des Elmowerkes bei Siemens vom gestrigen Luftangriff gesehen; eine Schicht Arbeiter mußte umkehren. Der früheren Alarme wegen sind Renerles Schichten vorverlegt, 6–14 und 14–22 Uhr; eine halbe Stunde fällt weg. Am Sonnabend soll Renerle wegen einer Inventur frei haben. Und nun plant sie mit Begeisterung von ihrem ersten Monatseinkommen eine Wochenendreise zu Erda Steinke nach Leipzig. Möchte ihr das vergönnt sein. Die Freude und Energie sind rührend. –

Erst heute – und hier bin ich nun freilich in der letzten Schicht »meiner Theologie« angelangt – habe ich die Vaterunser-Bitte begriffen: »Und führe mich nicht in Versuchung.« Von ihr her habe ich alles Unheil der Welt begriffen, ich glaube, so weit ein Mensch im Bilde überhaupt begreifen darf.

Dreimächtepakt Deutschland, Italien, Japan unterzeichnet; die Warnung an Amerika. Japan hat die drittgrößte Flotte der Welt.

30. September 1940 | Montag

> Der Herr ist mit mir, mir zu helfen. *Psalm 118, 7*

Frühmorgens kehrte sehr vergnügt und hochbefriedigt das Renerle von Leipzig heim. Was sie sich wünscht und was sie freut, ist doch sehr primitiv. –

Renerle hat zum ersten Male Spätschicht mit der einen Stunde Vorverlegung der Alarme wegen. Und wie gut ist diese Regelung. Denn kaum hatte ich sie um elf abgeholt, da kam, noch ehe ich ausgezogen war, der Alarm, fünf Stunden lang, mit sehr heftigem Schießen nach langen Intervallen; die Haustür dröhnte und zitterte. Ich lese nun durch die durchwachten Nächte mehr als sonst, zur Zeit das grandiose, aber abstoßende »Germinal«[222], das ich noch nicht kannte. Ich lerne aus allem. Je unproduktiver ich bin, desto lernbegieriger – jedoch nur in meinem eigensten Fach – werde ich. Auf alle Weite habe ich seit Jahr und Tag endgültig Verzicht geleistet. –

2. Oktober 1940 | Mittwoch

> Ich freute mich über die, so mir sagten: Lasset uns ins Haus des Herrn gehen! *Psalm 122, 1*

Ich war in dem repräsentativsten Philharmoniekonzert, das ich bis jetzt mitgemacht habe, zum Besten des Roten Kreuzes, mit Ministerium, Diplomatie, Heer und dem exquisiten Berliner Publikum. Obwohl ich nun Hanni nicht mitnehmen konnte, vermochte ich Bachs Konzert d-moll für drei Klaviere (Furtwängler, Wilhelm Kempff, Conrad Hansen) und Streicher nicht zu widerstehen; es wurde auch zu einem der herrlichsten Eindrücke, deren ich mich entsinnen kann; so völlig abseits von allem Artistischen, Virtuosen. Dann, als wäre sie vordem noch nie gespielt, Beethovens Fünfte. Dies immer wieder alles »erstmalig hören« ist Furtwänglers Größe, und nur der Snobismus der Superklugen kann behaupten, daß er nachlasse und zu »prominent« geworden wäre.

Die morgendliche und abendliche Begleitung für Renerle war ein neues Problem für die Arbeit geworden; nun haben wir einen Wächter der Wach- und Schließgesellschaft gefunden, der Renerles Abholung in seinen Nachtrundgang mit einbaut. –

5. Oktober 1940 | Sonnabend

> Herr Herr, meine starke Hilfe, du beschirmst mein Haupt zur Zeit des Streits. *Psalm 140, 8*

So glücklich und dankerfüllt Hanni über unsere finanzielle und meine berufliche Lage ist, spüre ich doch, wie sehr sie die anhaltende Stockung in meiner Arbeit bedrückt. Es ist nicht leicht zu erfahren, daß, was auch Luther so fest und gewiß nicht weniger schmerzlich glaubte, Gott uns selbst dann erhalten kann, wenn uns unser Vermögen in der Arbeit verläßt.

So geduldig wir alles erwarten und jede vorzeitige Sorge ablehnen, lastet doch neuer Druck auf uns: Renerle hat bei Siemens festgestellt, daß auch Frauen, eine sogar älter als Hanni, aus Mischehen dort erfaßt sind.

Ich habe jahrelang, in meinen besten Jahren, nichts geschaffen. Aber ich habe in ihnen das Vaterunser beten gelernt und fand alle meine Gedanken und Gefühle und Erfahrungen allein darauf bezogen.

Nun helfe mir Gott zum Werk in seinem Dienst.

Auch in seiner zweiten Spätschichtwoche ist das Renerle vor Alarmen unterwegs bewahrt worden.

7. Oktober 1940 | Montag

> Siehe, so habe ich getan nach deinen Worten. Siehe, ich habe dir ein weises und verständiges Herz gegeben.
>
> *1. Könige 3, 12*

Ein unruhiger Tag; viel in der Stadt unterwegs, wie ich es gar nicht mag. Als mich Hanni am Nachmittag begleitete, sahen wir die recht grausig bombardierten Häuser am Lehrter Bahnhof. Ungeheure Vitalität der Stadt; dazu Soldaten, Soldaten; vor den Cafés im Westen saß so viel elegantes Publikum. Berlin im Kriege ist sehr sonderbar. Deprimierende Warenknappheit: für Hannis Geburtstag sind meine dabei recht trivialen Geschenke – z. B. Briefbogen mit Namensaufdruck – nur mit Mühe zu bekommen. Ein sehr bezeichnendes, nahezu anekdotenhaftes Intermezzo, mein Kampf um ein Paar schwarze Schuhe. Ich habe zwei Paar braune; so darf ich ein drittes Paar nicht haben. Von der Kartenstelle Nikolassee an die Reichsstelle für Lederwirtschaft gewiesen, falls ich sie beruflich benötige. – So mußten all die Aufforderungen zu Vorträgen und Vorlesungen zu diesem Zweck herhalten. Schriftliche und telefonische Vorverhandlungen. Heute endlich zu persönlicher Rücksprache zur Reichslederstelle bestellt. Erster Dezernent befürwortet; Abteilungsleiter will, daß ich ein Paar braune einfärbe. Erster Dezernent telefoniert mit vielen Stellen: alles negativ. Selbst Bescheinigung der Reichsschrifttumskammer und des Propagandaministeriums würden nicht ausreichen, da es keine Berufskleidung für Schriftsteller gibt. Da kam dem Dezernenten ein Gedanke: dem obersten Chef, der negativ entschieden hatte, wollte er die »schönen Einladungen von den theologischen Fakultäten« vortragen; der sei nämlich Pastorensohn »und hänge sehr an seinem Elternhaus«. Und wirklich hat das geholfen. Der Chef genehmigte, falls der Dezernent den Schein »auf seine Gefahr hin« ausstelle. Und der tat es; denn er war ein heimlicher Dichter; und so verließ ich die Reichsstelle für Lederwirtschaft mit einem »Ermächtigungsschein für ein Paar schwarze Straßen- oder Gesellschaftsschuhe«, zwei historischen Dramenmanuskripten und dem Manuskript einer Untersuchung über »das Melos der Sprache und die Melodie in der Vertonung lyrischer Gedichte«.

Dieses Abenteuer amüsierte höchstlich Dr. Flesch, den früheren Berliner Funkintendanten, der nun als Buchhalter in einer Schuhfabrik am Alexanderplatz sein jäh abgebrochenes Dasein fristet und dauernd »mit den Verbrechern« von der Reichslederstelle zu tun hat. Wir sollten ihn am Nachmittag in der grausigen kleinen Fabrik am Alexanderplatz aufsuchen. Welch ein Gegensatz, wenn man Flesch zuletzt in seinen Intendantenräumen im Berliner Funkhaus gekannt hat! Aber aus dieser Zeit verfügt er noch über große Verbindungen, die er freilich nur für Dritte auswerten kann. In diesem Falle ist's unser Renerle; er besprach mit uns den etwas geheimnisvollen Weg, wie Renerle vielleicht von Siemens frei zu bekommen sei, als meine Stieftochter. –

16. Oktober 1940 | Mittwoch

> Der Sohn Gottes hat gemacht die Reinigung unserer Sünden durch sich selbst und hat sich gesetzt zu der Rechten der Majestät in der Höhe. *Hebräer 1, 3*

Heute nacht träumte ich von einem Gespräch mit Hitler über Hannis Lage. Im Anschluß daran wurde ich sogleich einberufen. Heute morgen kam die Mitteilung des Wehrmeldeamtes, daß ich demnächst mit meiner Einberufung zu rechnen habe. Wie froh bin ich nun über meine Reklamation vom Polizeidienst. Denn das hätte mich sehr getroffen, Hilfspolizist zu sein und dann zu erfahren, daß andere meines Jahrganges nun doch Soldat wurden! Wie rasch hat sich aber die Situation schon wieder geändert!

Mittags rief Jakubowski an: Renerle soll heute den letzten Tag bei Siemens sein, morgen durch einen völlig orientierten Be-

amten des Arbeitsamtes ihr abgeschlossenes Arbeitsbuch zurück-
erhalten, daß sie zum Zwecke der Umschulung freigestellt sei
und vor·erneuter Einberufung gesichert werde. Für diese Umschulung haben wir über eine der drei Kolleginnen, mit denen
Renerle sich bei Siemens angefreundet hat, schon bei einem zur
Umschulung noch zugelassenen Kindergärtnerinnenseminar, das
auch getaufte Jüdinnen aufnimmt, vorgefühlt. Welch eine Entlastung wäre das gerade jetzt! Und welche unerwartete Fügung!
Hanni fällt es doch schwerer, als ich dachte, daß ich Soldat werde.
Aber sie versteht es vollkommen, daß ich trotz meiner mangel-
haften Eignung und trotz alles Negativen, das wir wissen, Soldat
sein will. Militär ist nicht Polizei! Dies bedeutet nun etwas für
das ganze Leben. Dies muß der Mann erfahren haben.

18. Oktober 1940 | Freitag

Ich bin ein Gast auf Erden.　　　　　*Psalm 119, 19*

Viel unterwegs mit Hanni zu Besorgungen für meine Einberufung: es ist wieder eine große, diesmal unerwartete Einberufungs-
welle. Als wir abends heimkamen, saß Renerle droben stopfend
in ihrer grünen Mansarde! Entlassen bei Siemens: es ist wirklich
und wahrhaftig wahr! Und wirklich der Grund: daß Renerle
»die Stieftochter eines bekannten Schriftstellers ist«. Frei für Umschulungskursus. Wieviel leichter wird mir nun die Trennung
fallen. Renerle hat zufällig in ihren Siemenspapieren die Notiz zu
sehen bekommen: »Freizustellen für Umschulungskursus für die
Auswanderung, auf Anweisung der Gestapo.«
Je stärker ich über die Metaphysik des Soldatentums nachdenke
– ein sehr brach liegendes Gebiet –, desto klarer wird mir, wie
zunächst alles voller Tragik ist. Die Metaphysik führt eben
doch ungleich tiefer als die Ethik.
Renerle hat ihre letzten beiden Wochenlöhnungen von Siemens
abgeholt, 21 und 26 Mark. Darauf war sie doch sehr stolz. Auch
Hanni kann nun nicht mehr Mitglied der Krankenkasse sein; wo
die Mischehe Vorrechte gewährt und wo nicht, ist noch sehr
uneinheitlich!
Hanni und ich sind allein. Ich arbeite das Bildmaterial der Reformationsgeschichte durch. An Quellen, an die ich erst nach
meiner Soldatenzeit herangehen kann, fehlen noch die über die
Nebenfiguren des Buches. So ist ein später Abschluß erreicht.

> Ich will nicht auf euch werfen eine andere Last; doch
> was ihr habt, das haltet, bis daß ich komme.
>
> *Offenbarung 2, 24. 25*

Heute habe ich bereits die Familienunterstützungsregelung für die Dauer meiner Einberufung in Angriff genommen; der Höchstsatz beträgt 200 Mark für die Frau, 30 Mark pro Kind. Ein Unterschied zwischen arischer und nichtarischer Frau soll angeblich nicht gemacht werden. Es müssen wieder sehr viel Formulare ausgefüllt und Unterlagen beigebracht werden. Ich erwarte gar nichts, lasse aber nichts unversucht, was getan werden kann. 19 Unterlagen sind beizubringen! Renerle war heute auf dem Arbeitsamt zur Schließung ihres Arbeitsbuches. Ihr wurde gesagt – von dem bezeichneten Manne (der sonst von Juden sehr gefürchtet ist) –, sie möge vor Juden sagen, sie sei krankheitshalber entlassen. Sie wurde mit großer Zuvorkommenheit behandelt und sagt, sie habe noch keinen krasseren Gegensatz erlebt als ihr erstes und ihr zweites Erscheinen auf dem Arbeitsamt. Ich bin so glücklich, daß sie nun so entscheidend einmal als meine Stieftochter anerkannt wurde. –

22. Oktober 1940 | Dienstag

> Wenn ihr aber hören werdet von Kriegen und Kriegsgeschrei, so fürchtet euch nicht. Das muß geschehen.
>
> *Markus 13, 7*

Die Historie von meinen neuen schwarzen Schuhen hat nun noch einen reizenden Abschluß gefunden: der betreffende Referent der Reichsstelle für Lederwirtschaft schickt mir heute zwei Vertonungen aus dem »Kyrie«, das Weihnachtskyrie und das Morgenlied! Auch diese ganze Episode ist für das Verständnis des Nationalsozialismus nicht unwesentlich. Den Liedern lag ein langer Brief bei; es sind Ländler! –
Wir bemühen uns jetzt für Renerle auch bei der letzten noch zugelassenen jüdischen Mode- und Kunstschule, die freilich etwas problematisch ist. Doch scheint sich auch noch ein genehmigtes Schneideratelier zu finden; freilich so ziemlich ohne alle Stoffe! Jeden Tag jetzt nach ihrer Entlassung ist unser Renerle bei einer ihrer vier Siemenskolleginnen, mit denen sie sich so gut stand, eingeladen – und sie geht gern hin.

23. Oktober 1940 | Mittwoch

> Laß dir nicht grauen und entsetze dich nicht! Denn
> der Herr, dein Gott, ist mit dir in allem, was du tun
> wirst.   *Josua 1, 9*

Immer wieder tauchen frühere Kommilitonen als meine Leser
auf.

Heute wurde mir von einem »Vater«-Exemplar in einem Unter-
suchungsgefängnis geschrieben, in dem die Worte stehen:
». . . habe ich in den beiden Gefängnissen in Waldenburg (7. 2. bis
1. 4. 39) gelesen; ich danke von Herzen für allen reichen Trost
und für alle Stärkung, die ich daraus empfangen habe . . . Jeremia
17, 5–7.«

Drei Tage habe ich für die Berechnungen und Beschaffung der
Unterlagen für den Antrag auf Familienunterstützung gebraucht;
und das bei unserer Ordnung!

Aber ich schrieb das Weihnachtslied[223]: »Wer warst du, Herr, vor
dieser Nacht?«

25. Oktober 1940 | Freitag

> Wo man leidet in des Herrn Furcht, da ist Reichtum,
> Ehre und Leben.   *Sprüche 22, 4*

Hanni und Renerle nehmen Renis neugeschenkte Freiheit wahr
und hielten großen Besorgungstag in der Stadt; immer wieder
bringen sie in diesen Tagen etwas für meine Einberufung heim:
Brustbeutel und Kochgeschirr, Fahrtenmesser und Feldbecher
und was nur irgend nützlich und sinnvoll – und zu bekommen
ist!

Nun habe ich alle meine Geschenke für Hannis Geburtstag aber
doch im Hause. Stille, friedevolle Nacht. Und nun habe ich schlafen gelernt.

26. Oktober 1940 | Sonnabend

> Es sollen wohl Berge weichen und Hügel hinfallen;
> aber meine Gnade soll nicht von dir weichen, und der
> Bund meines Friedens soll nicht hinfallen, spricht der
> Herr, dein Erbarmer.   *Jesaja 54, 10*

Herr Schiller ist von einer zweiten Riesengebirgsreise zurückgekehrt, und beide kamen zum Tee. Ja, nun hat Herr Schiller ein
neues, kleines Landhaus – in Niederschreiberhau gefunden, das

aller Wünsche restlos erfüllt und angesichts der Häuserknappheit geradezu ein kleines Wunder darstellt. Hanni wünscht es sich so sehr, daß ich es, wahrhaftig nur mit Gott, wagen möchte, Bore ihr Zülsdorfer Reiseasyl zu schaffen, wie auch Herr Schiller für seine Frau es möchte. Das ist angesichts der Einberufung gar seltsam.

28. Oktober 1940 | Montag

> Ich will ihr Trauern in Freude verkehren und sie trösten und sie erfreuen nach ihrer Betrübnis.
>
> *Jeremia 31, 13*

Auf einer dienstlichen Besprechung hat Dr. Panick erfahren, daß aus den Jahrgängen 1901–03 drei Divisionen aufgestellt werden, weil wohl ein großer Teil aktiver Truppen für Afrika bereitgestellt ist.

Hitler–Mussolini am Brenner, Hitler–Franco, Hitler–Laval, Hitler–Pétain, Hitler–Mussolini in Florenz; während der militärischen Stille höchste politische Aktivität. Man erwartet Sonderfrieden mit Frankreich.

Europa ist im Werden; und Berlin ist eine Völkerstadt: Slowaken, Ungarn, Bulgaren auch in Nikolassee, Gärtner und Arbeiter, viel fremde Lieder, aber alles hat ein anderes Vorzeichen bekommen, Europa wie die Völkerstadt.

Auf dem Wehrbezirkskommando, ob ich jetzt noch einige Tage nach Schreiberhau fahren dürfe. Im November noch. Die Einberufung ist – unverbindlich – für Dezember oder Januar vorgesehen. Renerle beschäftigt es so sehr, ob ich Weihnachten hier sein werde.

Da für Renerle der Schneiderkursus ohne Material illusorisch ist, hat Hanni sie auf der zugelassenen jüdischen Schule für einen Kursus im Modezeichnen und im Korsettschneidern, das im Ausland sehr gesucht ist, angemeldet.

Den ganzen Abend hat Hanni telefonische Beratungen mit Schillers über den Landhauskauf, da uns Option nur bis Sonntag eingeräumt ist, was bei diesem raren, schönen Objekt nur zu verständlich ist. Wenn Hanni mich ansieht, lächelt sie; so sehr wünscht sie es sich.

Eine wunderliche Zeit: in einem Halbjahr bangt man sich vor der Deportation – im anderen plant man den Kauf eines Landhauses zum Stadthaus! Dann: Kontributionssorgen für die Zukunft. –

> Jauchzet, ihr Himmel, freue dich, Erde, lobet, ihr
> Berge, mit Jauchzen! Denn der Herr hat sein Volk ge-
> tröstet und erbarmt sich seiner Elenden. *Jesaja 49, 13*

So sind wir doch noch gereist; gereist, das Landhaus zu besichtigen. Sehr wesentlich war für uns die Erfahrung, daß wir
also noch miteinander reisen können: Ausweise werden nur vom
Ehemann verlangt; dieser kann auch alle Anmeldungseintragun-
gen für Mann und Frau vornehmen. Auch für Kinder und Stiefkinder!
Italien im Kriege mit Griechenland: dem letzten Lande, das sich
durch eine englische Garantie in den Krieg reißen ließ.
Vielleicht kann ich überhaupt nur s o mit Freuden reisen: in die
Heimat, dort etwas »Eigenes« zu suchen. Aber ein Zwang zu
diesem Domizil liegt nun nicht mehr vor. Hanni und ich dürfen
noch zusammen reisen; es ginge nach den Eintragungen auch mit
Renerle! Nur ohne mich wäre es nicht möglich.

> Euch aber habe ich gesagt, daß ihr Freunde seid.
>
> *Johannes 15, 15*

Die Fahrt nach Schreiberhau: in herrlichen, tiefen Bergwinter.
In Niederschreiberhau zu dem Landhaus hinaufgestapft: bis an
die Knie im Schnee!
Das Haus eine Enttäuschung: die Ausführung für den Preis von
28 000 Mark viel zu minderwertig; die Lage in einer Siedlung
über dem Bahnhof abseits des ländlichen hübschen Ortes, der
noch nicht so sehr Badeort ist, hielt nicht entfernt, was das Photo
versprach.
Auf der Fahrt nach Oberschreiberhau hinauf gestand mir Hanni,
daß sie dieses Haus nicht möchte, und mir fiel ein Stein vom
Herzen.
Trotz dieser Enttäuschung waren es wunderschöne, wenn auch
sehr kurze Nachmittagsstunden in dem winterlichen Oberschreiberhau, und wir fühlten uns wie auf einer weiten Reise.
Wir trafen Vaters letzten Kantor, Rothe, wieder, der nun Rektor
in Schmiedeberg und Leutnant beim Wehrmeldeamt in Hirschberg ist und einer der ganz wenigen war, der zu unserer Hochzeit

einst beim Beuthener Boykott Blumen schickte. Auch er weiß
kein Haus im Gebirge.

Die schlesische Betulichkeit, Redseligkeit, Geschäftigkeit, Freundlichkeit, die Zärtlichkeit der Sprache haben uns wieder so gefangen, daß wir ein Landhaus nirgends anders als in Schlesien haben
möchten. Solche ständige Verbindung mit der Heimat hätte auch
ihren tiefen Sinn. Aber der Plan muß nun, lange, ruhen.

31. Oktober 1940 | Donnerstag (Hirschberg-Warmbrunn)

> Dir, Herr, ist niemand gleich; du bist groß, und dein
> Name ist groß, und kannst es mit der Tat beweisen.
> *Jeremia 10, 6*

Morgen- und Mittagstunden ganz voll der Freuden architektoni-
scher Entdeckungen: Hirschberger Renaissance und das überraschende Warmbrunner Barock. Winterstille über dem Warmbrunner Park am prunkvollen Schaffgottschschloß. Manchmal riß
der von Schneewolken verhüllte Himmel auf, und Sonne leuchtete auf. Der Tag war milder.

Der barocke Prunk des Altars der Gnadenkirche, die herrlichen
Arbeiten der schlesischen Schnitzer und Glasbläser für ihre Kirchen.

Ungeheure Vitalität des Treibens der Bürger, Soldaten, Bauern
auf dem Markte dieser lebenserfüllten Gebirgsstadt. Darin doku-
mentierte sich die Kriegsreise: an den Lauben und Marktständen
kauften wir Gemüse und Karpfen, die es in Berlin nicht gibt, für
Hannis Geburtstagsmahl.

Auf der Rückreise lag bis weit hinter Görlitz Schnee. Auch in
Berlin war am 30. ein flüchtiger Schneefall niedergegangen. Die
erste Heimkehr ins liebe Nikolassee, ins heißgeliebte Haus. Die
Behaglichkeit der Begrüßungsstunde half Renerle über die Enttäuschung hinweg, daß wir unverrichteterdinge aus ihrem geliebten Riesengebirge wiederkamen. –

2. November 1940 | Sonnabend | Hannis 50. Geburtstag

> Gott, dein Weg ist heilig. Wo ist so ein mächtiger
> Gott, als du, Gott, bist?   *Psalm 77, 14*

Die Nacht zum Geburtstag war seltsam. Es war eine Sternennacht, die sich erst allmählich bewölkte.

Es war ein Viertel zehn. Renerle und ich begannen den Geburtstagtisch aufzubauen; Hanni und Fräulein Anni backten und kochten: da kam der früheste Fliegeralarm, den wir bisher erlebten. Und zeitweise wurde das Schießen so heftig – es ist auch ein Bombenblindgänger ganz in der Nähe, nahe der Potsdamer Chaussee, niedergegangen –, daß wir unsere Vorbereitungen wieder unterbrechen und in den Keller mußten. Trat Ruhe ein, so wurden sie beim Scheine einer Kerze wieder fortgesetzt. Da nun gerade um Mitternacht eine längere Stille war, fand um zwölf Uhr die Einbescherung statt: im Silberleuchter brannten die fünf großen Kerzen, die Blumen und die zarten grünen Ranken um die Gaben auf dem Beuthener Barockschreibtisch leuchteten gar wundersam. Mein Hauptgeschenk waren eine hohe Glasvase für langstielige Blumen, ein mächtiger Tonkrug für die Madonna im Refektorium, die drei erlesen gerahmten Stiche vom Potsdamer Stadtschloß und Monbijou und Wittenberg, die sich als eine wirkliche Geburtstagsüberraschung erwiesen. So saßen wir nun bis zur Entwarnung mit einem Glase Wein am Geburtstagstisch; wir lasen Lottes Geburtstagsbrief aus Nürnberg: aus dem sprach die Zeit am furchtbarsten; nach den Judenevakuationen in Baden und Pfalz leben die Nürnberger (»Stadt der Parteitage«) und Münchener (»Hauptstadt der Bewegung«) in der Angst vor baldiger Deportation!

Um eins kam die Entwarnung, um drei bis drei Viertel fünf – ein neuer Alarm.

Am Geburtstagsmorgen rief Hanni gleich bei P. Grüber an, der uns – was wir vermuteten – sagte, daß es sich bei der jüdischen Evakuation in Baden und der Pfalz nach Rückfrage bei der Gestapo – vorerst? – um eine harte Sonderregelung für das westliche Grenzgebiet und die neu hinzukommenden eroberten Gebiete handele. –

Für Hanni bedeutet ihr 50. Geburtstag nicht die mindeste Alterspsychose, wie es bei einem so erfüllten Leben in so schwerer Zeit auch gar nicht anders sein kann.

Hannis Freude über die drei wirklich herrlichen, uns so nahestehenden Stiche ist sehr groß. Gleich am Montag sollen sie das Haus schmücken. Das Refektorium mit der zeitgenössischen Cranachkopie und dem Wittenbergstich, den einfachen Renaissancemöbeln ist nun recht ein »Wittenberger Zimmer«, das Barockzimmer ein »Potsdamer Zimmer« geworden!

Der Fliegeralarm diese Nacht dauerte von halb drei bis vier Uhr.

3. November 1940 | Sonntag

> Siehe, Gott ist mein Heil, ich bin sicher und fürchte
> mich nicht; denn Gott der Herr ist meine Stärke und
> mein Psalm und ist mein Heil.   *Jesaja 12, 2*

Ein großer, feierlicher Reformationsfest-Gottesdienst, auch wenn–
wie immer nach nächtlichem Fliegeralarm – die Glocken schwie-
gen mußten. Das Abendmahl, mit dem wir drei nun Hannis neues
Lebensjahr recht eigentlich erst begannen, war mit der großen
Festliturgie in den Gottesdienst eingebaut: einmal eine sehr
wesentliche Erhöhung der Feierlichkeit, sodann aber auch eine
wirkliche Probe, ob die Gemeinde nun das Wesentliche und Entscheidende zu tragen vermag. Und diesen Eindruck hatten wir
nun allerdings. Auch war das Abendmahl reich besucht genug,
um seinerseits die Anwesenheit einer so zahlreichen Gemeinde
zu tragen. Zur Linken hatte ich Hanni und Renerle, zur Rechten
P. Lilge; das war ein warmes und starkes Gefühl. Es muß einen
sehr erstaunen, wie sich, wie nach einer streng eingehaltenen
Vereinbarung, der Stamm der Gemeinde an den gleichen Festtagen zum Abendmahl zusammenfindet; es ist Gott, der so deutlich ruft.
Ein Sonntag der Stille. Als Gäste waren Trude Weill und Herr
Sachs bei uns. Von den aus Baden und der Pfalz evakuierten
Juden hört man nur, daß sie nach den französischen Pyrenäen
gekommen seien. Trude Weills aus Belgien zurückgebrachter
Sohn ist noch immer von der Breslauer Gestapo in Haft gehalten.
Was lastet auf den Menschen, die ins Haus kommen.
Trude Weill spielt uns Beethoven. Sachs' Hände sind durch die
schwere Eisenbahnarbeit, die er als Jude leisten muß, fürs Klavier-
spiel jetzt unbrauchbar.

4. November 1940 | Montag

> Herr, du bist vormals gnädig gewesen deinem Lande
> und hast die Gefangenen Jakobs erlöst.   *Psalm 85, 2*

Der Herbst bringt wieder neue Bücher ins Haus, und durch die
nächtlichen Alarme lese ich ja wieder.
Immer wieder finden auch englische Luftangriffe auf die besetzten, im Anfang des Krieges den Engländern verbündeten Gebiete statt.
Harald von Koenigswald hatte einem Offizier vom Infanterie-

regiment 9, dem alten Potsdamer Traditionsregiment, von meiner zu erwartenden Einberufung erzählt; daraufhin hat dieser Kompaniechef mich bei meinem Wehrbezirkskommando angefordert. Ein Plan, dessen Durchführung dahinsteht, aber schon als Plan Hanni und mich sehr freut. –

7. November 1940 | Donnerstag

> Jauchze, du Tochter Zion! Rufe, Israel! Freue dich und sei fröhlich von ganzem Herzen, du Tochter Jerusalem! Denn der Herr hat deine Strafe weggenommen und deine Feinde abgewendet. *Zephanja 3, 14. 15*

In Amerika ist Roosevelt zum dritten Male als Präsident gewählt; was es für den Krieg bedeutet, läßt sich noch nicht erkennen.

Neuerdings beginnen nun wieder die vorjährigen Schwierigkeiten und Schikanen um die Lebensmittelkarten für Mischehen-Haushalte. Das alles erfordert unsägliche Geduld, so sehr wir uns hüten, uns mit solchen Dingen aufzureiben.

In der ersten Novemberwoche pflegt seit den letzten Jahren eine »Woche des Buches« und eine Dichtertagung (diese in Weimar) stattzufinden, bei der es mit den Dichtern hoch hergeht. Daß die in Mischehe lebenden Sondergenehmigungsautoren wie Josef Winckler und ich übergangen werden, ist selbstverständlich. Es wurden jedoch auch außer acht gelassen alle »christlichen« Autoren schlechthin: Schröder, Winnig, Schneider, Kramp. Ob System oder Zufall, ist nicht zu ermessen.

Ich mag nicht lesen und ich mag nicht schreiben: für einen Schriftsteller ist das wahrhaftig nicht gut. Und daran ändert der herrliche Erfolg des »Vaters« nichts! –

12. November 1940 | Dienstag

> Nun aber sind auch eure Haare auf dem Haupt alle gezählt. *Matthäus 10, 30*

In den Sorgen der gleichen Situation schreibt mir Josef Winckler, dessen neues Buch gerade erscheint, daß nach dem Abkommen mit Frankreich, die Juden Badens und der Pfalz in das gefürchtete Pyrenäenlager Perpignan aufzunehmen, alle Juden aus Baden und der Pfalz deportiert wurden außer den Mischehen.

Täglich gehen wegen der neuen Schwierigkeiten, die uns mit der Lebensmittelkartenverteilung gemacht werden, jetzt wieder wie

in der vorjährigen Adventszeit die Anrufe zwischen den untereinander bekannten Mischehenpaaren hin und her. An sich ist's
so gefährlich nicht, was auferlegt wird: nicht Zustellung der
Karten wie in den anderen Haushalten, sondern Abholung auf
der Kartenstelle. Aber daß überhaupt wieder Unterschiede gemacht werden. Und was wird den jüdischen Familienmitgliedern,
wie im Vorjahr, weggestrichen werden?

Über den Pohlschen offenen Brief an mich im Umbruch des
Dezemberheftes der »Deutschen Rundschau« über meine Schrift
»Der christliche Roman« ist Ihlenfeld so aufgebracht, daß er den
von ihm für diese Auseinandersetzung vorgesehenen Beitrag
zurückgezogen hat. Er haßt wie ich die literarischen Fehden. Im
Deutschen Pfarrerblatt läuft darüber eine warme, aber unklare
Diskussion.

13. November 1940 | Mittwoch

> Ich will mich mit dir verloben in Ewigkeit, ich will
> mich mit dir vertrauen in Gerechtigkeit und Gericht,
> in Gnade und Barmherzigkeit. Ja, im Glauben will ich
> mich mit dir verloben, und du wirst den Herrn er-
> kennen.   *Hosea 2, 21. 22*

In Hannover ist das Gerücht verbreitet, für »Lennacker«, »Fischer
von Lissau« und »Vater« würde kein Papier mehr bewilligt. Der
Buchhandel hat jetzt große Lieferungsschwierigkeiten.

Über Schloß Bellevue weht die Sowjetfahne. Ich sah es auf der
Fahrt zur Staatsbibliothek. Nach meinen Träumen, die ich ja
nicht ganz als *quantité négligeable* behandeln darf, ist uns der Russen-
besuch letztlich nicht gut.

Am Abend des Molotow-Besuches Fliegeralarm von halb neun bis
elf Uhr; heftiges Einflugschießen, sonst Stille.

15. November 1940 | Freitag

> Der Herr Zebaoth hat geschworen und gesagt: Was
> gilt's? es soll gehen, wie ich denke, und soll bleiben,
> wie ich es im Sinn habe.   *Jesaja 14, 24*

Auf der Staatsbibliothek. Nun gilt es die letzten – soweit man das
bei diesem Buche sagen kann – Quellen, die Biographien der
Nebenfiguren. Ein rechter Friedrich-Wilhelm-Eindruck: unter
den wenigen Besuchern der Staatsbibliothek die studierenden
Soldaten.

Juden erhalten weder die Kaffee- noch die Schokoladen- noch die Konservenzuteilung. Möchte es im Winter nicht um Wichtigeres gehen!

Allmählich stellt sich heraus, was bisher noch nicht in Erscheinung trat: auch unter den Fachhistorikern habe ich durchaus meine Anhänger, die mich kennenlernen wollen. Danach hatte Hanni besonders gefragt, denn es war nur schwer zu verstehen, daß sie das rein forschungsmäßig Neue nicht sahen, das ich gebracht habe – allein dadurch, daß ich mit Hinrichs als erster bestimmte Friedrich-Wilhelm-Briefe entziffern konnte.

Herrlicher Mondschein; zarter Nebel über dem Erdreich, jeder Zweig aber in äußerster Klarheit, stille, friedvolle Nacht.

16. November 1940 | Sonnabend

> Mein Herz hält dir vor dein Wort: „Ihr sollt mein Antlitz suchen." Darum suche ich auch, Herr, dein Antlitz.
>
> *Psalm 27, 8*

Nebel. Mittägliches Leuchten. Sanfte, allmähliche Verhüllung. In der Stille des sich senkenden Tages die festliche kleine Teerunde um den Kronprinzen von Sachen, der sich so herzlich wieder bei uns eingeladen hatte, und Reinhold Schneider, der sich nach seiner Rückkehr aus Freiburg meldete. So hatten wir wieder einmal »kombiniert und konzentriert«, erwiderten auch zugleich die Glumsche Einladung[224], und nun zeigte sich erst, wie gut wir im Geist der Häuser – obwohl das ihre ausgesprochen »Großes Haus« ist – zusammenpassen, und wie uns alle die Kirche bindet. Doch bleiben die Gespräche nicht am Kirchlichen haften, denn es war ja auch noch ein junger Geschichtsprivatdozent der Berliner Universität da. Das zweite Hauptthema wurde unversehens die Musik. Über allem der schwere politische Ernst. Uns fällt auf, wie allmählich alle Prognosen, die man sonst »aus sichersten Quellen« hatte, geschwunden sind. Die Beziehung zu dem Kronprinzen von Sachsen ist sehr warm geworden.

Mit der heutigen Einladung, der ein stiller Abend folgte, waren wir sehr zufrieden, wenn auch nicht so wie unsere Gäste.

Reinhold Schneider und der Kronprinz von Sachsen glauben an eine wachsende Verfolgung der Kirchen nach dem Kriege. (Meine neuen Kirchenlieder sind wieder unangefochten freigegeben.) Luther: »Was fürchten wir nun die überwundene Welt gleich als wäre sie der Überwinder!«

> Siehe, hier bin ich. Der Herr mache es mit mir, wie es
> ihm wohlgefällt. *2. Samuel 15, 26*

Auch an diesem verschleierten Novembersonntag, der in Regen-
sanftheit endete, leuchteten die Mittagsstunden herrlich. Renerle
und ich waren in der Kirche, die recht voll war, weil der Bußtag
nun schon heute begangen wurde. Nachbarschafts- und Leser-
besuch. Am Nachmittag ein überaus subtiles Hauskonzert – Tele-
mann, Bach, Händel – mit alten Instrumenten bei der Cembalistin
Schlee-Michalke, zu dem uns auch Renerle begleitete.

Die wachsende Hausmusikströmung beobachten wir mit Freude;
mit Skepsis dagegen, daß die Autoren nicht nur dauernd auf
Dichterabenden lesen, sondern daß auch immer mehr Vorlesungen vor geladenem Kreis in Privathäusern stattfinden. Ich liebe
meine Leser von Herzen, aber ich fürchte die Atmosphäre der
Verlogenheit, die bei allen solchen Veranstaltungen herrscht.

Unsere Sonntage haben nahezu eine Vollendung; der Werktag
hat sie nicht; das Buch beherrscht ihn nicht mehr; er erstickt in
immer neuen Gefährdungen. Dabei ist fast erschreckend, wie
gebieterisch der Plan des Buches bleibt, das ich nach menschlichem Ermessen als gescheitert ansehen müßte.

Unser Haus könnte jeden Sonntag ein großes Auditorium sein,
aber Gott verschließt mir die Lippen. Es ist nicht gewährt, sich
durch Reisen, Vorlesungen, Vorträge hinwegzutäuschen über
Lähmung und Unterhöhlung der Arbeit.

Eine primitive Ethik meint, man könne einen Strich unter Ver-
gangenes ziehen und neu beginnen. Der Glaube sieht die Dinge
ganz anders: in einer dauernd bedrohenden und bedrohten Welt
muß Gott aus Lasten und Trümmern unseres Lebens sein Werk
unter uns errichten.

Raum und Frist, in denen man denken kann, sind immer enger
geworden. Das Ende des Krieges – Renerles Zukunft – angesichts
solcher Ungewißheiten lassen sich außerhalb des Glaubens gewisse Schritte nicht mehr tun!

> Mein Herz ist fröhlich in dem Herrn; – denn ich freue
> mich deines Heils. *1. Samuel 2, 1*

Erst jetzt – Hanni und Renerle, die sehr blaß aussieht, waren noch
einmal den ganzen Vormittag unterwegs – sind die von der Jüdi-

schen Gemeinde aus sehr umständlichen Formalitäten für Renerles Aufnahme in den Modekursus erledigt, und heute beginnt sie mit einem Kursus in Modezeichnen und Schnittanfertigung (in Papier, da es Stoff doch nicht gibt). Renerle freut sich darauf, so fremd ihr das Milieu ist. Man wollte wieder einmal durchaus nicht glauben, daß Renerle Jüdin ist.

19. November 1940 | Dienstag

> Du bist der Gott, der Wunder tut; du hast deine
> Macht bewiesen unter den Völkern.   *Psalm 77, 15*

Die zuletzt, mit rechter Mühe, aus der Staatsbibliothek beschafften Boraquellen bringen mich äußerlich und innerlich ein großes Stück weiter: ich habe nun die so spärlichen Biographien der »Nebenfiguren«. Nun wird alles »menschlich«, lebendig in mir, die trostlosen Lücken füllen sich. Und diese Quellen können zur Not wirklich als ein Abschluß gelten, den es ja völlig beim historischen Roman nie gibt!
Luther: »Den Gedanken der Verzweiflung und Zuversicht mußt du bei jedem Werke haben; der Verzweiflung dein und deines Werkes halber; der Zuversicht Gottes und seiner Barmherzigkeit wegen. Darum sei du zuerst dein Richter und klage dich samt seinem Werke als solcher an und bekenne dich dafür vor Gott. Dieses Bekenntnis und Anklage wird (weil sie aus Furcht vor dem göttlichen Gericht kommt, vor dem kein Werk bestehen kann) machen, daß es angenehm sei; ja nicht sowohl das Werk, als jene Anklage gefällt Gott.«

24. November 1940 | Sonntag

> Der Herr ist gütig und eine Feste zur Zeit der Not und
> kennt die, so auf ihn trauen.   *Nahum 1, 7*

Mit Renerle in Potsdam. Das Glockenspiel über der lichten, morgendlichen Stadt. Im Totensonntagsgottesdienst.
Danach das Brahms'sche Requiem, das–trotz sehr guter Solisten– nicht den erwarteten Eindruck auf uns machte. Wie viele Bekannte hatten wir auch in der Potsdamer Garnisonkirche zu grüßen. Das freute uns sehr. Renerles Sinn für Musik ist sehr erschlossen. Ach, die schwere Sorge um Reni. An der bin ich müde geworden in allem Glauben; aber der allein wird uns hindurchhelfen. Nach Tische erst gab mir Hanni den morgens eingetroffenen Be-

scheid, daß meine Einberufung für den 2. 12. vorgesehen ist und daß ich mich morgen auf meinem Wehrbezirkskommando zu melden habe. Hanni und Renerle sind sehr traurig, daß nun die Einberufung doch noch vor Weihnachten erfolgt. Aber auch dadurch will Gott reden. –

25. November 1940 / Montag

Heute ist diesem Hause Heil widerfahren.

Lukas 19, 9

Mit Renerle in der Stadt, doch noch wenigstens einige Weihnachtsbesorgungen für Hanni zu machen, außer der Taube des Heiligen Geistes und einer Handtasche, die Renerle besorgte. Dem Kind konnte ich noch manchen Wunsch ablesen, Ring und bestimmte Bücher. Aber für Hanni fand ich nur ein Schinkelbuch und eine Kunstmappe über Chartres. Alles andere wären Verlegenheitsgeschenke gewesen.

Am Nachmittag war ich auf das Wehrmeldeamt bestellt, meinen Einberufungsbefehl entgegenzunehmen: am 3. 12. bei der 5. Fahr-Ersatzschwadron 3, Fürstenwalde. – Man gewann, da Sonderwünsche überhaupt kaum mehr berücksichtigt werden konnten, den Eindruck – bei einem freundlichen und verständigen Unteroffizier –, daß alle Truppenteile überfüllt sind; zum Schluß war man bei der Zuteilung ganz ratlos, wohin die Leute zu stecken seien. Flak, Artillerie, Nachrichten – alles besetzt.

Als Weihnachtsgeschenk ließ ich für Hanni auch kommen: die von Clemen herausgegebenen Briefe Luthers an Katharina.

Hanni und Renerle sind mit dem Bescheid des Wehrmeldeamtes sehr zufrieden (ich wäre gern »aktiverer« Soldat geworden, nehme aber alles, auch dies »Sinnlose«, aus Gottes Hand); Renerle sagt: »Der liebe Gott steht uns doch bei.« Denn manche kommen zur Ausbildung gleich nach Polen. Heute waren es alles andere Gesichter als bei der Musterung. Viele waren erregt und bedrückt. Gott gebe, daß ich auch zu Hannis und Renis Bestem Soldat werden darf.

Graf Matuschka – von Koenigswald veranlaßt – ist es nicht gelungen, mich zum Infanterieregiment 9 nach Potsdam zu bekommen, da ihm ein anderer Jahrgang zugeteilt worden ist.

Es hätte die Möglichkeit bestanden, Sanitäter zu werden, wo alles sinnvoll wäre. Aber da hat mich eine seltsame Furcht gefaßt, gerade die weichen und dienenden Züge in mir zu verstärken,

wo es um das andere geht. Für etwaigen Mangel aber hätte ich
mich zur Verfügung gestellt.

27. November 1940 | Mittwoch

> Nach dem allem, was über uns gekommen ist um
> unserer bösen Werke und großer Schuld willen, hast
> du, unser Gott, unsre Missetat verschont und hast uns
> eine Errettung gegeben.
>
> *Esra 9, 13*

Es dürfte mich bei keiner Bestätigung wundern, daß Hanni mich
bis in jede Einzelheit begreift, auch wo ich nur andeuten kann. So
klar und zustimmend versteht sie es auch nun wieder, daß ich nicht
Sanitäter wurde, sondern Fahrer; obwohl sie meinte, »wenn jemand
zum Sanitäter geeignet sei, dann sei ich es«. – Eine Wahl war es
nicht gewesen: ich bat um Zuteilung zu einer wirklichen Truppe,
und dann fiel diese Entscheidung, die mich tief deprimierte, bis
ich nun heute von der Aussicht hörte, daß Fahrer beritten sind
und richtig reiten lernen. Also nicht vielleicht bloß Radfahrer!
Und dies wäre ja, was ich so brauche: etwas was nicht Haus und
Schreibtisch, die ich zu sehr liebe, sondern Männersache ist – und
doch so mit dem Bore-Studium verbände. Welche unermeßliche
Wohltat ist dieses nie versagende Verstehen, dies immer völligere
Begreifen, das Hanni unentwegt für mich hat, dies Wissen auch
um die Gefahren meiner Natur.
Wieder habe ich es durch und durch erfahren, daß alle Entscheidung voller Schuld ist.
Nachdem nun alles Finanzielle erledigt ist, kam heute die abschließende Korrespondenz an die Reihe. Stundenlang ließ Hanni
sich diktieren, danach tippte sie, während ich bei Mutter war.
Der erste Abschied.
Bei der Heimkehr – Hanni erwartete mich wie einen Gast an
schönem Kaffeetisch – sprachen wir noch einmal von allem, was
die Stunde umschließt. Wie »Der Vater« – und was umschließt
dieser Name – in so schwerer Zeit für uns sorgt. Wie wohl versehen mein Haus ist. Wie die gelähmte und versäumte und un-
vollbrachte, zusammenstürzende Arbeit am »Ewigen Haus« gerade
in den letzten Tagen durch einen Prozeß der inneren Heilung
ging, in dem mir alles wie neu geschenkt ist nach großer Verzweiflung. Renerle –. Sie ist in ihrer neuen Schule schon wieder
aller Liebling. Alle Gebete münden in dem um ihre Zukunft.
Immer wieder mußten Hanni und ich auf den unbeschreiblich

herrlichen Sonnenuntergang über dem Garten blicken. Auch wo alles als Abschied, Verlust, Ungewißheit erscheint, schenkt Gott und schenkt.

Unser kleines Klavier ist gerade für Weihnachten neu gestimmt; das nehme ich mir noch einmal für die Adventslieder wahr.

Das Holz der eigenen Bäume, vom Bau her, steht gespalten und gestapelt bereit; für den Kriegswinter hat Bore im Keller so treu und klug und fleißig vorgesorgt.

Viel bange Frage ist im Herzen – aber noch viel mehr Vertrauen und Dank. Nun heißt's, die gerade in Arbeit befindlichen Bora-Quellen zur Rückgabe fertigmachen. An die führe mich Gott wieder zurück. Nun habe ich ja in ihnen die Menschen gefunden, die mir fehlten! Nun heißt's die Bora-Arbeitsmappen im »Archiv« verstauen. Wie bedrängt einen Unvollbrachtes und zu Vollbringendes. Äußeres geschieht: aber innerlich ist's ein Gott-in-die-Hände-Legen! Gott gebe, nun alles abgeschlossen, abgebrochen sein muß, einst einen neuen Anfang! Esra 9, 13.

Es gibt kein »Halt!« von Gott her, das nicht ein Ruf zur Buße wäre – und zugleich verkündete, daß das Himmelreich nahe herbeikommen will!

Schwer und groß will es Advent für uns werden. Hannis Bedürfnis, die hohen Feste ohne die menschliche Verschleierung und Entstellung zu begehen, ist von Jahr zu Jahr stärker geworden.

28. November 1940 | Donnerstag

> Ich will dem Herrn singen, daß er so wohl an mir tut.
> *Psalm 13, 6*

Es ist so seltsam und erschütternd: die große, schwere Frage nach dem eigenen, neuen Anfang ist für mich unlösbar verknüpft mit der Frage nach der Lage der Kirche beim Kriegsende. Die ist Existenzfrage für uns geworden! Die ist zur Frage nach Deutschland geworden. Es steht bitter um die Kirche: der Braunschweiger und der Naumburger Dom sind für weltliche Feiern enteignet, stehen für Gottesdienste nicht zur Verfügung.

Die jungen Theologen und Theologinnen, die noch nicht im festen Amt sind und wie viele Bekenntnis-Vikare keins finden, werden für »gemeinnützlichere Zwecke« umgeschult.

Der Leiter des Warthegaus meldete mit Stolz, daß es dort keine Kirche mehr gebe.

> Ich hoffe auf den Herrn, der sein Antlitz verborgen
> hat vor dem Hause Jakob; ich aber harre sein.
>
> *Jesaja 8, 17*

So sehr Renerle mein Herz erfüllt – wie wünsche ich mir gerade
in diesen Tagen, daß wir ein Kind hätten, auch weil ja nach dem
gegenwärtigen Stand der uns betreffenden Gesetze ein Mischling
noch einen so starken Schutz für den jüdischen Elternteil bedeutet. Wie hat die Sehnsucht nach einem Kinde an Schwere immer
noch zugenommen!

Noch sind Mischlinge ein Schutz: aber auch sie werden – noch
wird es aber nicht einheitlich gehandhabt – beunruhigenderweise
aus dem Heeresdienst entlassen, da und dort auch arische Männer
mit jüdischen Frauen. Das wünsche ich mir nicht.

30. November 1940 | Sonnabend vor dem Ersten Advent

> Der Herr wird unser Friede sein.   *Micha 5, 4*

Auf der Preußischen Staatsbank, der alten Seehandlung, an der
Herr Schiller tätig ist, hat er erwirkt, daß ich einen Koffer mit
allen Arbeits- und Materialmappen zum »Ewigen Haus« in den
neuen Luftschutz-Tresor bringen durfte, in dem die Staatlichen
Museen ihre kostbaren Schätze für die Kriegsdauer unterge-
bracht haben. So steht nun der Bora-Koffer neben dem Schutz-
kasten für den Kopf der Nofretete –! So schwere Not das Buch
bedeutet: der letzte Blick auf den Koffer fiel mir bitterschwer.

Auf dem Propagandaministerium bei Dr. Koch zu kurzem,
freundlichem Abschied. Außer dem Buch soll ich nun keinesfalls
mehr etwas einreichen zur Prüfung.

In dem Glück und der Geborgenheit meines Hauses in so schwerer Zeit hat es nichts, nichts gegeben, das ich nicht Tag für Tag
mit aller Inbrunst und allem Dank nicht wahrgenommen hätte
als tägliches Geschenk von Gott.

Es scheint ein rechtes Geheimnis zu sein, was heute im modernen
Heer ein Fahrer ist. In Fürstenwalde kann es speziell Fahrer bei
den Sperrballonabteilungen sein. Was werde ich von der alten
Armee meines Königs wiederfinden? Ich kann und darf nichts
anderes sein als nun wirklich nur Soldat meines geliebten, schmer-
zensreichen Königs, darf nicht an das denken, was ich verlasse.
Und nun ist Feierabend nach all den wichtigsten Erledigungen.

Siehe, dein König kommt zu dir.   *Matthäus 21, 5*

Es heißt nun, aus allem zu gehen. Aber da steht geschrieben:
»Siehe, dein König kommt zu dir.«
So sehe ich es nun noch zu Hause Advent werden! Und welcher
Glanz, welche Verwandlung: Sonne und Rauhreif!
Auf dem Frühstückstisch mit seinem Tannengrün brannte ein
weißes Licht. Der Adventskranz stand auf dem alten Schränkchen
neben dem Schmerzensmann, für den Abend bereit. Am Kron-
leuchter des Barockzimmers hängt der goldene Adventsstern.
Wir drei gingen zur Kirche, die gefüllt war wie zu einem hohen
Feste, geschmückt mit Stern und Kranz und Adventsbäumchen.
Die große Feiertagsliturgie wurde gehalten, das täglich jetzt mein
Herz bewegende »Wie soll ich dich empfangen?« gesungen, auch
»Macht hoch die Tür«, Hannis »erster Choral«. Nach freundlichem
Gruß von der Kanzel betete P. Wiese zum ersten Mal »für die,
die gerade in diesen Tagen einberufen werden«. Die Gemeinde
für sich beten zu wissen, geht doch sehr ins Herz. Der Abschied
von den Pastoren, von Kirchgängern; von den Nachbarn – überall spüre ich, welche Sympathien Hanni entgegengebracht werden;
und was bedeutet das für uns!
Mit Frau und Kind und einem schönen, großen Christstern für
Hanni kam Pagel, Abschied nehmen, so herzlich und verständnisvoll. Er kam mit einem klaren Plan, mich, wenn die Kriegslage
es gestattet, nach meiner Ausbildung freizubekommen; kann mir
auch, trotz Koch, das Soldatsein beim Propagandaministerium
nicht helfen – beim Heere, sagt er, sei er dessen gewiß, weil zu
viele hohe Offiziere meine Leser sind; davon hätten welche schon
bald nach dem Erscheinen des »Vater« bei meinem Ausschluß
eingegriffen, wenn ich damals schon Soldat gewesen wäre. Schneider drang gestern geradezu in mich, meine »einzigartige Situation
den hohen Offizieren gegenüber auszunützen« und mich für die
Arbeit freistellen zu lassen. Aber das ist falsch: ich muß erst Soldat sein. Und Hanni, ja Renerle hat dafür ein so klares Verständnis.
Post wegbringend gönnte ich mir mit Renerle noch einen kurzen
Weg an der Rehwiese im Reif der Dämmerung. Die zarte Sichel
des »Christmondes«, die früh erstrahlenden Sterne. Wir trafen
noch Pastor Lilge, und diese kurze Begegnung umschloß so viel,

was Nikolassee, die liebe neue Heimat, mir bedeutet. So groß war die Freude. Und im Abschied machte er mir das spröde Männergeständnis, daß ihn nichts so an seine Nikolasseer Gemeinde binde wie die Beziehung zu mir. Daß in meiner Kirche für mich gebetet wird, das weiß ich fest. Renerle sagte: »Der Abschied heute morgen in der Sakristei war so bewegt.« Und sie wolle nun jeden Sonntag in die Kirche gehen, sonst sei es kein Sonntag.

Am Abend leuchteten im Refektorium die Kerzen des Adventskranzes, die Kerze beim Schmerzensmann, mein Karfreitags-Geburtstagslicht, war angezündet. Noch einmal die geliebten Gesichter um den Adventskranz. Was umschließen diese Stunden! Wie jeden Advent, so erschien auch heute mein Lied »Du bist als Stern uns aufgegangen« –.

Im Herzen ist Friede und Dank. Denn Gott schweigt nicht über dem Unbekannten. Und von Hanni und Reni her trägt mich ein Strom von Liebe in die Zeit der Trennung.

2. Dezember 1940 | Montag

> Hilf du uns, Gott, unser Helfer, um deines Namens Ehre willen; errette uns und vergib uns unsre Sünden um deines Namens Ehre willen. *Psalm 79, 9*

Der letzte Tag vor dem Aufbruch: morgen früh neun Uhr Sammelstelle Deutschlandhalle. Nun gilt es, die Hand ans Letzte zu legen.

Ich gehe, Gott befohlen; und ich befehle Gott das Meine an. »Zuflucht ist bei dem alten Gott und unter den ewigen Armen.«

Weihnachten 1940 | Der Kriegs-Weihnachtsurlaub

> Wie sollte er uns mit ihm nicht alles schenken. *Römer 8, 32*
>
> Der Geliebte des Herrn wird sicher wohnen; allezeit wird er über ihm halten. *5. Mose 33, 12*

Das große, unerwartete Geschenk des Weihnachtsurlaubs, nachdem die schwere Soldaten-Adventszeit gelebt war im Aufblick zu dem Kreuz im Lichthof der Kaserne, dem Kreuz zwischen den Reiterfahnen, zwischen den Fenstern mit dem Blick in den Kiefernwald.

Sonntag, den 22. 12., am frühen Nachmittag durfte ich von Fürstenwalde aufbrechen – mit der Fähre durch die schmale Fahrtrinne der vereisten Spree. Die Glocken läuteten. Ein stiller, grauer Tag von mäßiger Kälte, der Waldboden mit leichtem Schnee bedeckt. Um einhalb sechs traf ich in Nikolassee ein. Hanni holte mich ab – und erkannte mich erst nicht. Auf dem Balkon des geliebten Hauses stand der Christbaum bereit. Auf dem Kaffeetisch brannten die Lichter des Adventskranzes. So habe ich den Beginn des Advents zu Hause erleben, den Beschluß des Advents zu Hause feiern dürfen! Später kam das Kindlein heim, um dessentwillen ich Weihnachtsurlaub erhalten habe. Und nun erst erfuhr ich die freudige Nachricht von Brigittes Verlobung! Das Haus so liebevoll zum Fest gerüstet.

23. Dezember 1940 / Montag

Stille des nahenden Festes über Häusern und Gärten. Ein zum Sonnenuntergang hin immer klarer werdender Tag – über dem lieben Garten wieder jener herrliche Sonnenuntergang, wie er mich in Fürstenwalde so oft sehnsüchtig nach Nikolassee denken ließ. Nun durfte ich doch in diesem Jahr das Haus mit Tannen und Kerzen zum Feste – durfte den Christbaum mit seinen Äpfeln, Tannenzapfen, goldenen Nüssen, Rauschgoldregen, roten und goldenen Kugeln schmücken wie Jahr um Jahr!
Wie Gott mich zum Feste heimgeholt hat, so weiß er auch heute schon die Stunde meiner endgültigen Heimkehr! Das hilft alles tragen und Gottes Fest mit dankerfülltem Herzen feiern!

24. Dezember 1940 / Dienstag

Nur im Aufgehen leuchtete die Sonne in der Morgendunkelheit in den Kiefernwipfeln vor meinen Bibliotheksfenstern tiefrot auf. Dann war der Tag – es waren zehn Grad Kälte – verhüllt, still, dämmrig bis zum Dunkeln des Heiligen Abends. Das Haus erglänzte von Tanne und Gold. Um halb vier gingen wir zur Christnacht den geliebten Weg zum Hügel auf. In der Kirche drängten sich die Menschen. Renerle war so stolz, daß ich nun als Soldat in der Christnacht zwischen Hanni und ihr saß. Die freundliche Begrüßung durch die Pastoren. Nach der Christnacht – mit den herrlichsten der Weihnachtslieder – die häusliche Bescherung im kerzenschimmernden Barockzimmer. Tulpen, Maiglöckchen, Alpenveilchen – die dieses Jahr so kostbar, so

selten sind – schmückten die Zimmer. Der Heilige Abend versammelte uns um den Refektoriumstisch. Kerzen zu Füßen der Madonna, Kerzen in goldenen Sternen auf den alten, herrlichen Schränken, der hohe Silberleuchter auf dem Tisch. Alle Heiligen und der Engel im Schlafzimmer hielten wieder ihr Lichtlein, der Engel seinen großen Tannenzweig. Hannis schönstes Geschenk: die barocke Taube des Heiligen Geistes; meines: der zinnerne, antike Blumenkübel; Renerles: der Ring. Das Kindlein war wieder so selig über die Fülle der Gaben, die der »Vater« ermöglicht hat (allein an diesem Tage sind hier im Verlag noch 850 »Vater«-Exemplare eiligst abgeholt worden; 1000 hatte der Verlag von der neuen Auflage nur hereinbekommen). – Ein stiller, ernster, froher Heiliger Abend. Uns so sehr erfreuende nachbarliche Blumen und Geschenke; und Briefe und Grüße in Fülle; fast alle aus tiefer Verbundenheit des Glaubens.
Und kein Luftangriff. Tiefe Stille der Heiligen Nacht. Grund über Grund zum Danken!

25. Dezember 1940 | Mittwoch (Erster Christtag)

Der Tag erstrahlte im Glanz der Weihnachtssonne. Wohl fehlte manche traditionelle Äußerlichkeit – aber was ist es für ein reiches, behütetes, gesegnetes und nun nur noch tieferes Fest. Die Kirche sehr voll, die Predigt sehr schön. Mir fehlte das Abendmahl – und da sprach P. Wiese nach dem Weihnachtsevangelium mein »Abendmahlslied zu Weihnachten«. Fast war's zuviel für das bewegte Herz. Wie wärmend war es: wie uns wieder die Pastoren in der Kirche, die Kirchgänger von allen Seiten mit so warmen Wünschen begrüßten! Hier, hier ist Heimat.
Von Jahr zu Jahr ist Weihnachten tiefer und reicher geworden. So habe ich das Weihnachtsevangelium noch nie gehört wie dieses Jahr. Die Schwere des Jahres wird getragen von der Gnade dieses Festes. –
Ich war aus allem gegangen: ich bin in alles heimgekehrt; ich muß nach dem Feste wiederum aus allem gehen. Aber das Gleichnis bleibt von der endgültigen Heimkehr ins himmlische Vaterhaus und die ewige Heimat. – Noch nie war mir ein Weihnachten so erfüllt von der Erwartung der Wiederkehr dessen, der Weihnachten gekommen ist. Daß er wiederkommt: das ergreift uns am tiefsten.

Den Gottesdiensten gab es ihr besonderes Gepräge, daß die vielen hier arbeitenden ausländischen Proletarier dichte Reihen füllten, kein Wort verstehend, nur dem Anblick des weihnachtlich geschmückten Altars hingegeben.

26. Dezember 1940 / Donnerstag

Mit Renerle, die nun so gerne zur Kirche geht – es war das erste Weihnachten, das wir als christliche Familie verlebten –, in P. Lilges Weihnachtsgottesdienst, der von der Umkehr der Hirten handelte, dem, was auch mich vor dem Aufbruch so bewegt: »und kehrten um« ... Auch dieser Feiertagsmorgen war verklärt von Lied und Gotteswort und dem Glanz der Lichterbäume am Altar. Friede, Freude, Festlichkeit lagen an diesem ernsten, ernsten Weihnachtsfest über dem Hause, mit dem Gott mich so überreich beschenkt hat, in dem so unsägliche Liebe und Treue mich umgibt. Der Plan, daß Mutter uns heute mit Hilde besuchte, scheiterte an Mutters Befinden und daran, daß es kein Auto gab. So fuhr ich hin, in Erhards Wohnung; in seiner Empirestube brannte der kleine Christbaum, stand das alte »Brüdergemeinbett« aus dem Beuthener Pfarrhaus für Mutter, die wieder schwächer, aber sehr liebevoll und bewegt war, daß ich nun als Soldat kam; so war ich auch zum Fest mit Mutter und den Geschwistern kurz zusammen; ach, es ist alles sehr unstet und zerrissen dort, wo bei uns Klarheit und Festlichkeit herrscht: und doch bin ich so froh, daß diese freundlichen und friedlichen Begegnungen nun wieder möglich sind.

27. Dezember 1940 / Freitag

Und wieder früh das Haus im Lampenschein, wieder an dem milden Wintermorgen feiner, leichter Schnee auf Dächern, Tannen, Kiefern, Wegen, Hängen. Der Tag blieb verhängt und dunkel. Die Gabentische sind abgeräumt; der herrliche Christbaum bleibt in seiner ganzen Pracht, auch der Tannenschmuck der Zimmer. Über der Tür vom Barock- zum Renaissancezimmer schwebt nun als Supraporte die Taube des Heiligen Geistes.
Über allen schweren Gefühlen des Abschieds – denn wir sollen ja nun so rasch von Fürstenwalde zur Fronttruppe kommen –

steht der Dank und das Vertrauen, in denen Hanni und ich völlig
eins sind. Wie wird das beschwerte Herz von dem Geschenk
dieser Weihnachtstage leben!

Die Kriegslage ist sehr viel ernster, als nach den Siegen des
Sommers einer glauben möchte.

Noch einmal umfängt mich all die weihnachtliche Schönheit und
Geborgenheit zum Abschied.

Aufbruch und Heimkehr sind Gott anheimgestellt.

Gott sei an dieser ernsten Jahreswende mit mir, den Meinen und
dem Meinen. Das Herz ist schwer, der Sinn von Dank erfüllt.

*

*Mit der Einberufung Jochen Kleppers zur Wehrmacht brechen die regel-
mäßigen Tagebucheintragungen ab. Vom gleichen Zeitpunkt an, dem 5. Dezember 1940, liegen Briefe vor, die Frau Hanni Klepper täglich oder einen
um den anderen Tag an ihren Mann schrieb. Wenn diese zehn Monate wäh-
rende Korrespondenz auch Kleppers eigene Aufzeichnungen nicht ersetzen
kann, so gibt sie doch einen genauen, kontinuierlichen Bericht von dem
Leben in Nikolassee, den guten und bösen Erfahrungen im engeren und
weiteren Umkreis der in der Teutonenstraße allein Zurückgebliebenen. Die
Schilderung der kleinen und alltäglichen Dinge, die Sorge auch um das leib-
liche Wohl des anderen nehmen in den Briefen einen breiten Raum ein, Zeichen einer inneren Verbundenheit, für die nichts unwesentlich ist, was in
irgend einer Beziehung zum anderen steht. Die zunehmende Schwere aber
des jüdischen Schicksals wird in ihnen überall in immer stärkerem Maße
spürbar.*

*Auch über den Soldaten Klepper, seinen Dienst, seine Erlebnisse und
Chancen beim Heer erfährt man manches aus diesen Briefen, wenn auch
nur indirekt im gefühlsbetonten Reflex der Schreiberin, und darum oft un-
bestimmt und nur angedeutet. Während der Ausbildungszeit, deren Anstrengungen Klepper unerwartet gut überstand, sahen sich Kleppers noch
mehrmals, zuletzt am 26. Januar 1941 zum Abschied in Nikolassee.
Drei Tage später rückte Klepper als berittener Fahrer mit seiner Kolonne
von Fürstenwalde aus. Im Frühjahr ist er im besetzten Polen, lange
Märsche auf dem Balkan führen ihn bis ins südliche Bulgarien und zuletzt
in den russischen Feldzug. Jochen Klepper erfreute sich der allgemeinen
Zuneigung seiner Kameraden und des Wohlwollens seiner Vorgesetzten bis
hinauf zu den Offizieren des Divisionsstabes. Viele kennen den „Vater"
und sind bemüht, Klepper mit besonderen Aufgaben zu betrauen, die seiner*

egabung und seinen geistigen Fähigkeiten mehr entsprachen als Stalldienst und Pferdepflege. Er hält Vorträge vor den Mannschaften der Kolonne und spricht vor den Offizieren des Stabes über Themen aus seinem Arbeitsgebiet. Daneben laufen in der Heimat Bemühungen, Klepper von bestimmten Dienststellen des OKW (Lektorat) oder OKH (Heeresfilm) anfordern zu lassen, die jedoch erfolglos blieben. In den Briefen der ersten Monate schwingt noch der Unterton einer stolzen Freude und über manchem schwebt eine gewisse Hoffnung. Es war der Gedanke, als Soldat seine Frau und Tochter eher vor den Folgen neuer Ausnahmegesetze schützen zu können, denn als Zivilist in der Heimat, der Jochen Klepper den Abschied erleichtert hatte und ihn alle Strapazen willig ertragen ließ. Aber dann kommen Enttäuschungen: Beförderung und Auszeichnung werden seines Fragebogens wegen abgelehnt, und in einem Brief von Frau Klepper findet sich bereits am 20. April die Künftiges vorausahnende Frage: „Und wenn die Situation so ist, daß Dich nur ein Nicht-Akutwerden eines neuen Fragebogens vor Entlassung schützt, was soll dann in Zukunft für Dich zu erwarten sein?" Und vier Tage später: „Wir wissen um unser tragisches Idyll, und ich genieße es bewußt jeden Tag ... Wenn ich Dich nur wieder habe. Sonst wäre das Leben schwer erträglich."

Der Ort dieses tragischen Idylls ist das Haus und der Garten in Nikolassee. Wie in Kleppers Tagebüchern kehren, besonders in den festlichen Tagen des Jahres, die schönheitsgesättigten Bilder der Wohnräume, des Gartens im Wechsel der Jahreszeiten und der oft ländlich anmutende Zauber der Rehwiese in Frau Kleppers Briefen immer wieder. Das Haus bleibt auch während dieser Monate der magische Raum, in dem alle für Jochen Klepper, seine Frau und Tochter wesentlichen Ereignisse sich vollziehen oder auswirken.

Brigitte hatte sich im Dezember mit Karl Molnar verlobt, einem Maschinenbauingenieur, der aus Österreich emigriert war (die Nachricht kam am 6. Februar von einer Freundin in USA). Am 23. April starb Kleppers Mutter. Auf die Nachricht hin erhielt Klepper in der ersten Maihälfte einen Sonderurlaub. Zur selben Zeit wurde Renate für einen Konfektionsbetrieb dienstverpflichtet, und schließlich erhielt im Juli Wilhelm Klepper (Billum) seine Einberufung zu einer Kraftfahr-Ersatzabteilung. Über all diesem Geschehen aber steht das Wort Kleppers, das ein Februarbrief wieder aufnimmt: „Es gibt nichts Tröstlicheres, als daß wir beide Kreuz und Sterne sehen."

Mit den engeren Freunden, die in diesem Hause aus- und eingegangen waren, blieb Frau Klepper auch während Jochens Abwesenheit in naher Verbindung. Ihlenfeld wurde nicht einberufen, sondern für den Verlag freigestellt. Klepper schickte ihm kleinere Erzählungen für den „Eckart" wie „Die grüne Maske" und „Die Teestube". Ihlenfeld war es auch, dem Frau Klepper am liebsten Einblick in Jochens Briefe gab: „Wie fremd einem hier letzten Endes die Menschen doch sind, sehe ich daraus, daß ich Deine Briefe original nur Ihlenfeld vorlesen möchte, weil er das Christliche und das dichterische Erlebnis allein zusammen verstehen würde" (14. 6. 41). Öfter war Frau Klepper bei Koenigswalds draußen in Bornim, zum Nähen und Stricken für die Kinder und um Obst und Blumen zu holen. Ausführlich berichtet sie von der Feier des siebzigsten Geburtstages Leo von Königs, auf der sie mit Renate zu Gast war. Hier sprach sie Reinhold Schneider, den sie dann noch einmal am Pfingstmontag wiedersah. Schneider hielt treulich die Verbindung, auch von seinen Reisen, und seine Worte waren „immer wieder sehr herzlich und tröstlich". In schweren Stunden meldet sich auch Helmut Gollwitzer. Schillers bewähren sich stets als treu und hilfsbereit, Meschkes bemühen sich, zwar vergeblich, um die Einreise-erlaubnis für Renate und die in Wien in armseligen Verhältnissen lebenden Eltern von Karl Molnar.

Im engeren und weiteren Umkreis blieben Frau Klepper manche menschlichen Enttäuschungen nicht erspart, die sie nicht allen ihren Briefen anvertraut hat. Sie nehmen zu, je größer die persönlichen Schwierigkeiten für sie und Renate werden. Je mehr der Ring der Angst sich schließt, um so dringender wird das Verlangen nach Jochen Kleppers Rückkehr aus dem Felde. Während Klepper fast bis zuletzt an der Überzeugung festhält, die Seinen „draußen", als Soldat, mehr schützen zu können als zu Hause, hat Frau Klepper diese Hoffnung längst aufgegeben: „Ich will Dir die Illusion, daß Du uns durch Dein Verbleiben draußen mehr nützen kannst, nicht rauben. Ich bin nach allem, was man hier hört und sieht, anderer Meinung" (30. 6. 41). Der Besuch des politischen Leiters, die Ankündigungen neuer Maßnahmen, „erschütternde Berichte aus Breslau" erhöhen das Gefühl der Angst, ohne Jochens Gegenwart allem Kommenden wehr- und schutzlos preisgegeben zu sein. Frau Klepper hatte eine sehr gute Witterung für das Künftige, Drohende („Wir, die wir stündlich dem Tod ins Auge zu sehen gewohnt sind" 18. 8. 41), und die Entwicklung hat ihr recht gegeben. Jochen Klepper aber war im Feld, Soldat, der, nachdem die Lücken in der Ausbildung geschlossen waren, sich darauf vorbereitete, „eine wesentlich soldatischere Existenz" zu führen, er war trotz der stets wachen Sorge um die Seinen den Vorgängen in der Heimat zu fern, um sie in ihrer erbarmungslosen Deutlichkeit sehen zu können. Es ist darum nur zu verständlich, daß der Ruf der Frau Klepper nach Jochens Heimkehr immer dringender wird, besonders, nachdem im Reichsgesetzblatt die Verordnung über das Tragen des Judensternes vom 20. September an erschienen war, eine Maßnahme, die Renate schwerer als alles bisher traf. Von jetzt an leiden Renate und ihre Mutter unter der Gegenwart fast soviel wie unter dem Gedanken an die Zukunft. Zu allem Kummer und aller Sorge kommt nun auch mehr und mehr das Gefühl des Isoliert- und Verlassenseins: "Es kümmert sich ja niemand um uns"; und gewiß wollte sich mancher aus menschlicher Schwäche durch den Verkehr mit den beiden Frauen nicht belasten, von denen die jüngere den Judenstern trug. Nach einer Karte von Gollwitzer (6. 10. 41), schreibt Frau Klepper, daß dies nun die Menschen in ihrem Umkreis unterscheide, ob und wie sie sich bei ihnen melden.

Während Renate noch ihre letzte Hoffnung auf Kleppers baldige Rück- kehr setzte und eigentlich nur noch im Hinblick auf seine Wiederkehr lebt, fordert ein Artikel der Berliner Börsenzeitung Maßnahmen zur Lösung der Judenfrage "ohne jede Sentimentalität". Frau Kleppers Ge- danken bewegen sich nur noch im Bannkreis der Angst: Welches werden die nächsten Maßnahmen sein? Deportation? Vielleicht früher als man erwartet? Mit "Zittern und Beben" füllt sie die neuen Haushaltslisten aus, alles deutet auf eine mögliche zwangsweise Änderung hin, und nach alle- dem – auch Pfarrer Wiese ist verhaftet worden – die Frage: "Vielleicht bekehrst Du Dich nun zu unserer Anschauung und zu unseren Wünschen."

Da taucht in einem Briefe Kleppers von Mitte September (am 4. 10. traf er erst in Nikolassee ein) der Satz auf: "An den Gedanken meiner Ent- lassung habe ich mich gewöhnt" – einer Entlassung allerdings nicht auf eigene Initiative, die hätte er wohl in dieser Richtung kaum ergriffen, son- dern auf Grund einer Verfügung, die Klepper bald danach vor Poltawa erreichte: daß er aus dem Heer wegen "Wehrunwürdigkeit", im Hinblick auf seine "nichtarische Ehe", zu entlassen sei. Seine Vorgesetzten hatten zwar für den Obersoldaten Klepper, der Autor des "Vater" war, noch Schritte unternommen, aber er war nicht mehr zu "halten". Von diesen Bemühungen erfuhr Frau Klepper erst Anfang Oktober, und sie begriff sie nicht, sie hoffte nur auf die Heimkehr, unter welchen Umständen auch immer. Ihr letzter Brief ins Feld vom 8. 10. 41 endet mit den Worten: "Ich schließe es wie ein Geheimnis in mir ein, daß Du vielleicht so bald schon da bist."

Daß Jochen Klepper auch während seiner Soldatenzeit ein Tagebuch ge- führt hat, wurde dem Bearbeiter erst nach Erscheinen der ersten Auflage des vorliegenden Buches bekannt. Diese Kriegstagebücher erschienen 1958 unter dem Titel "Überwindung. Tagebücher und Aufzeichnungen aus dem Kriege".

8. Oktober 1941 | Mittwoch

> Mein Volk soll meinen Namen kennen zu derselben
> Zeit; denn ich bin's, der da spricht: Hier bin ich!
> *Jesaja 52, 6*

Um nicht ganz mit leeren Händen heimzukommen, besorgte ich
in Fürstenwalde noch schöne Rosen für Hanni und Nelken für
Renerle. Der Wald im Osten und dann der heimatliche Wald im
Westen Berlins war noch so herbstlich-schön, und in der weichen
Dämmerung bot Nikolassee, noch so reich an Blumen, ein so
friedvolles, schönes Herbstbild. Es war ums Dunkelwerden, als
ich heimkam; und Renerle kam mir die Treppe entgegengeeilt,
sehr schmal, sehr blaß und sehr anlehnungsbedürftig, als könne
sich durch mich alles ändern; und ich weiß doch, daß dies nicht
der Fall sein kann. Und weil sie Renerles Jubel hörte, kam auch
schon Hanni ins Treppenhaus; es war nun doch noch eine sehr
unerwartete Heimkehr, denn Hanni hatte nur die erste Nachricht von bevorstehender Entlassung und dem Divisionsantrag[225]
und überblickte die Situation noch nicht klar. Es war ein so behütetes und doch so trügerisches Bild: beide so elegant, ihr
Abendbrottisch so besonders schön gedeckt. Und alles so be-

droht; und Renerle so gequält, obwohl sie alle Konsequenzen, die mir bewußt sind, noch immer nicht klar sehen will. Meine Entlassung bedrückt Hanni und Renerle nicht, so völlig überwiegt die Freude, mich überhaupt und gerade jetzt bei sich zu haben. Auch Hanni sieht sehr, sehr angegriffen und mitgenommen aus.

Den ersten Abend hatten wir ganz für uns, zumal in Nikolassee niemand meine Heimkehr bemerkt hatte. Der Abend gehörte der Auflösung meines letzten Soldatengepäcks, den Erzählungen dessen, was, hier wie dort, nicht hatte in den Briefen stehen können. Es war kein Gefühl, auch kein den Augenblick verhüllendes, von Freude in meiner Heimkehr, so tief es einen anrührt, wieviel Liebe und Schönheit einen umfängt; so tief der Dank geht, unversehrt aus diesem Kriege heimzukommen. Aufs Irdische gesehen habe ich nur das Gefühl, einem Abgrund entgegenzuleben – angesichts dessen ich mich klammere an die Bibelworte über unser dreier Leben.

Nun mag es wohl in letzter Tiefe gehen. Ich komme aus dem Kriege, aber der Zukunft vor allem gilt das Gefühl, das mich bei der Heimkehr beherrscht: »Ich bin hindurch« (Römer 8).

Das Schicksal heißt für mich »Überwindung«, die Aufgabe »Trost«. Das ist mir immer klarer geworden. Das »Ewige Haus« ist nichts als ein Buch von Überwindung und Trost.

Bin ich nun, von Engeln geleitet, an dem Ort, den Gott mir bereitet hat?

9. Oktober 1941 / Donnerstag

> Ich will dir ein Freudenopfer tun und deinem Namen, Herr, danken, daß er so tröstlich ist. *Psalm 54, 8*

Früh um halbvier Uhr stand ich wieder auf und fuhr mit dem ersten Zug noch einmal nach Fürstenwalde zurück zur endgültigen Entlassung: mit wem ich es auch zu tun hatte, überall begegnete ich der gleichen Freundlichkeit und derselben Haltung meiner Situation gegenüber; vielleicht macht dies aber, daß weder Volk noch Heer hinter den Maßnahmen stehen, alles noch schwerer. Doch tat die Haltung in Fürstenwalde sehr wohl. So umfangreich eine solche Abwicklung ist, wurde sie doch über alles Erwarten schnell durchgeführt: Arzt (»Nun, mich geht es ja nichts an –, mich geht es ja nichts an –«); Abgabe der Sachen

auf der Waffen- und Bekleidungskammer, wobei die Vollzählig-
keit bewundert wurde; Abrechnung auf der Zahlmeisterei, wo
ich die 50 Mark, wie die »in Ehren entlassenen« Soldaten bekam,
so daß ich mit 320 Mark soldatischen Ersparnissen heimkam.
Sehr herzlicher Abschied vom alten, aber auch vom neuen Spieß,
der von Stunde zu Stunde wärmer und interessierter wurde, mir
sehr betont den gedruckten Dank des OKW an entlassene Soldaten gab. Mit wie herzlichen Wünschen wurde ich in meiner
schwierigen Lage aus Fürstenwalde entlassen! Recht rührend
legte man großen Wert darauf, daß ich noch eine Henkersmahl-
zeit dort einnähme. Auf der Fähre, auf der wir als Rekruten zur
Bahn, zum Sonntagsurlaub nach Berlin über die Spree setzten,
fuhr ich jetzt in der Morgendämmerung und am Spätnachmittag
allein, früh noch in Uniform, jetzt in Zivil. Am anderen Ufer
begegnete ich noch Leutnant B., dem Königswusterhausener
Pastor, und es war nicht ohne Symbolik, daß gerade er mir nun
zum Schluß noch ein Stück das Geleit beim Soldatenabschied
gab.
Es tat mir wohl, auch jetzt in Nikolassee noch niemand zu begegnen. Am Abend begann ich noch nichts, soviel war noch mit
Hanni und Renerle zu besprechen. Noch einmal – obwohl die
Entlassung vom Militär soviel Bedrohung umschließt – scheinen
die Mischehen so bevorzugt, da hier der Gelbe Stern wegfällt –
auch für jüdische Männer, deren Kinder aus der Mischehe christlich erzogen sind: zum ersten Male spielt die Konfession eine
Rolle.
Welch vergebliche Hoffnungen setzt Renerle auf meine Anwesenheit! Und ich weiß doch, daß meine Sondergenehmigung und
mein »Name« gar nichts bedeuten und daß ich einen Schutz nur
bedeute, soweit Gesetze und Verordnungen ihn – für Hanni –
durch mich vorsehen. Alles andere ist doch gescheitert. Noch
immer einmal will Renerle fröhlich und lebenslustig sein wie bisher, aber es ist so gebrochen, nur noch wie ein Schatten seiner
selbst, so wie es auch äußerlich beängstigend zart geworden ist.

10. Oktober 1941 / Freitag

> Unser Glaube ist der Sieg, der die Welt überwunden
> hat.   *1. Johannes 5, 4*

Ich war bis zum späten Nachmittag unterwegs, auf all den Stellen, auf denen ich mich zurückzumelden habe. Auf dem Polizei-

revier. Auf den Bezugskartenstellen, wo für die Heimkehrer aus dem Felde wirklich alles großartig organisiert ist, bis sie wieder datenmäßig den normalen Anschluß an die Kartenzuteilung haben. Auf dem Arbeitsamt; das gilt auch für freie Berufe mit über 1000 Mark Monatseinkommen (bisher die Grenze). Auf dem Wehrmeldeamt, wo man sich in der Haltung in nichts von Fürstenwalde unterschied und etwas bitter meinte, wenn man unsereinen bei langer Kriegsdauer brauchte, würde man ihn schon wieder holen. Und damit war ich nun Zivilist.

Schon auf den morgendlichen Wegen durch Nikolassee traf ich viele Bekannte. Aber alles Herzliche und Gesellschaftliche bei solcher Rückkehr besticht mich nicht mehr, und ich stelle mir nur die Frage: Wer hat nach Hanni und Renerle überhaupt auch nur gefragt? Wie wenige waren es! Hanni, die über Einsamkeit am wenigsten klagt, sagt, sie war so einsam, wie man nur einsam sein kann.

Dankbar verspüre ich die Ruhe vor Luftangriffen. Denn ich bin sehr müde, sonst aber kerngesund aus dem Kriege heimgekehrt und habe in meiner ganzen Soldatenzeit sogar zehn Pfund zugenommen.

Es hat sich schon wieder eine große Korrespondenz angesammelt, die ich erst nach und nach bewältigen kann, denn ich muß nun meine Tageseinteilung wieder neu organisieren, woran in den ersten Tagen noch nicht zu denken ist.

Wie horcht man auf, wenn man nun wieder daheim die Abendglocken hört!

11. Oktober 1941 / Sonnabend

Gelobet sei Gott und der Vater unsers Herrn Jesu Christi, der Vater der Barmherzigkeit und Gott alles Trostes, der uns tröstet in aller unsrer Trübsal, daß wir auch trösten können, die da sind in allerlei Trübsal, mit dem Trost, mit dem wir selber getröstet werden von Gott.   *2. Korinther 1, 3. 4*

Das ist nun auch eins der zentralen Worte für mich geworden, eins, das die Lebensaufgabe im Kern angeht.

Soldaten auf der Straße und in der S-Bahn sieht man noch mit seltsamen Augen an. Sonst ist die Umstellung auf das zivile Dasein rasch vor sich gegangen. Auch für diesen Fall gilt wohl, daß in der Phantasie alles schon so stark vorher durchlebt ist.

Die Art, wie ich an der Front und in der Garnison verabschiedet worden bin, hat dem Abschied soviel von seiner Bitterkeit genommen.

In der Heimat scheint man mir mit Beförderungen und Auszeichnungen unterdes etwas gar zu splendid umgegangen zu sein, wie ja wohl überhaupt immer, von der Liebe nächster Angehöriger abgesehen, von der Heimat sehr stark über die Front hinweggelebt wird.

Der Luxus, dem man begegnet, scheint mir weithin auf einem Raubbau an den besetzten Gebieten zu basieren. Er hat das *air* der Schamlosigkeit

Europa ist ein Erdteil unglücklicher Völker geworden, und das Gegenteil muß von ihnen ausgesagt werden: sie würden glücklich.

Von den zur Aussage Berufenen scheint einer nach dem anderen verstummen zu müssen, läge es an Menschenmacht. –

12. Oktober 1941 / Sonntag

> Bewahre mich, Gott; denn ich traue auf dich.
>
> *Psalm 16, 1*

Der erste Gottesdienst, so erwartet, war recht leer, innerlich und äußerlich. Und dennoch war der erste Kirchgang hinauf zum Hügel, unter den herbstlichen Birken, im Geläut etwas Besonderes.

Nach dem Gottesdienst gab es natürlich mancherlei Begrüßungen, danach die Besuche in Haus und Nachbarschaft, da mich zu viele schon gesehen hatten: aber all diese Freundlichkeit, die Hanni und Reni gegenüber so ausgesetzt und versagt hat, sehe ich nun sehr ernüchtert, erkaltet und abgewandt, so wenig mich der Krieg sonst gewandelt hat.

Ich muß immer wieder an das denken, was ich aus dem Felde an Hanni und Renerle schrieb, als auch soldatisch alles so wunderbar für mich schien: »Führt mich Gott dazu so wunderbar durch den Krieg, um mich mit furchtbarer Heimkehr zu strafen?« –

Die Tatsache, daß den jüdischen Frauen in Mischehe der Gelbe Fleck erspart bleibt, legt nun wieder nahe, daß man stillschweigend wieder »Gleichberechtigungen« annehmen kann.

Ich fand Karten für ein Brahmskonzert der Philharmonie vor.

Ganz gewiß geht neben dem behaupteten auch ein wirkliches Kulturleben während des Krieges weiter. Ginge nur nicht neben alledem das namenlose, stumme Unheil und Unglück her.

Ja, ich habe das Unglück der Völker gesehen und stehe so nahe an dem mystischen Unheil des einst auserwählten Volkes. Muß es alle Schuld selbst abbüßen? Rettet es Gott, indem er es durch »unschuldiges und stellvertretendes Leiden« Christus ähnlich macht? Wirkt er das Seine unter den Juden durch die Judenchristen, deren äußeres Schicksal sich nicht unterscheidet? Schon erfährt man von den Schwierigkeiten, die sie unter den anderen Juden haben –.

13. Oktober 1941 | Montag

> Ihr werdet aus Gottes Macht durch den Glauben bewahrt zur Seligkeit, welche bereitet ist, daß sie offenbar werde zu der letzten Zeit.   *1. Petrus 1, 5*

Vorerst ist jeder Tag noch ein Herantasten an die Ordnung und Wiederaufnahme aller Dinge. Aber in welcher Ordnung finde ich meinen Hausstand und alles, was mit ihm zusammenhängt, unter Hannis Regime vor! –

Die Reisepläne, die auftauchen, versinken sofort wieder um des Kindes willen, so sehr ich das Bedürfnis hatte, Hanni versäumte Reisen nachholen zu lassen, nun der Wegfall des Gelben Sternes für sie eine Möglichkeit zeigt. Nach wie vor glauben wir nicht, daß damit eine endgültig positivere Lösung getroffen ist. Noch bleiben – durch die Entlassungen vom Heer – beide Wege offen. Wir haben freilich von 1933 an gewußt, daß »Gott Gesetze für uns ändern und besondere Gesetze schaffen kann«.

Das Schwergewicht unseres Schicksals liegt jetzt ganz bei dem Kinde.

Den Juden werden die Wohnungen gekündigt, ohne daß sie neue mieten dürfen. Sie haben Listen ihres restlichen Eigentumes einzureichen, ihr – sehr begrenztes – Gepäck bereitzuhalten. Welch fürchterlicher Schwebezustand, welche Quälerei ist wieder entstanden.

Der Gelbe Stern ist schon wieder überholt; man würde sich mit ihm abfinden, wäre nicht schon wieder die neue, größere Bedrohung –.

Deutschland bietet mir nach meiner Heimkehr ein einziges, trübes Bild. Es ist ein Seufzen ohnegleichen bei allen, denen es um das wahre Deutschland geht. (Wie seufzen z. B. meine katholischen Kameraden.) Die Brüchigkeit all der Fiktionen von Einheit, Aufstieg usw. hat etwas Quälendes und Erregendes.

Daheim und draußen: alles scheint jetzt den totalen Sieg der Partei zu erkennen. Die Partei hat über Volk und Heer gesiegt. Ihr Staat steht durch eiserne Härte.

Meine Heimkehr aus dem Kriege ist wohl noch viel schwerer, als eine Heimkehr 1918 war. Denn wer bangte sich davor, daß die Seinen von ihm gerissen werden!

14. Oktober 1941 | Dienstag

> Herr, wes soll ich mich trösten? Ich hoffe auf dich.
>
> *Psalm 39, 8*

Ich war, dem Rate eines Anwalts folgend, für Renerle auf dem Polizeipräsidium in der Abteilung »Nürnberger Gesetze«. Es ist ein ganz besonders seltsames Faktum, daß diese Abteilung in den Händen des Regierungsrates a. D. vom Rath liegt, des Vaters jenes in Paris ermordeten Legationssekretärs Ernst vom Rath, durch dessen Tod die furchtbaren Novemberaktionen 1938 ausgelöst wurden! Ein sachlicher, korrekter, nobler Beamter alten Stils, an dessen persönlicher Loyalität kein Zweifel aufkommen kann. Er weiß von keinem Schritt, den ich für Renerle tun könnte. Die Verordnung ist streng auszulegen. Alle Abweichungen für Mischehen und Mischlinge sind festgelegt, darüber hinaus keinerlei Sonderregelungen vorgesehen. –

Einmal unterwegs, machte ich mich trotz solch schmerzlicher Kombination auf den Weg für Hannis Geburtstag. Ich war im Antiquitätenviertel, wo man doch so gut bekannt ist. Aber ich fand nichts als einen sehr schönen Empire-Spiegel für die Diele zu meinen Beuthener Möbeln. Der Antiquitätenmarkt, der doch Zufuhr aus den besetzten Gebieten in Frankreich und Holland hatte, ist sehr erschöpft und unsinnig verteuert.

Am Abend waren wir zur Begrüßung bei Schillers zum Tee; aber selbst da schlief uns unser abgespanntes Kindlein fast ein. Schillers haben sich Hannis und Renis am wärmsten angenommen. Während sie für die Mischehen jetzt wieder hoffen, hoffen sie für Renerle jetzt auch nicht mehr.

All dieses Unglück, von Menschen erdacht, Alten, Frauen, Mädchen, Kindern auferlegt, ist von so entsetzlicher Unnatur.

> Ich harrte des Herrn; und er neigte sich zu mir und
> hörte mein Schreien und zog mich aus der grausamen
> Grube und aus dem Schlamm und stellte meine Füße
> auf einen Fels, daß ich gewiß treten kann.
> Du aber, Herr, wollest deine Barmherzigkeit von mir
> nicht wenden; laß deine Güte und Treue allewege mich
> behüten. Denn es hat mich umgeben Leiden ohne
> Zahl; es haben mich meine Sünden ergriffen, daß ich
> nicht sehen kann.
> Laß dir's gefallen, Herr, daß du mich errettest; eile,
> Herr, mir zu helfen!
> Denn ich bin arm und elend; der Herr aber sorgt für
> mich. Du bist mein Helfer und Erretter; mein Gott,
> verziehe nicht! *Aus dem 40. Psalm*

Nun, nachdem ich eine Woche zu Hause bin, gelingt es, wieder
meinen geregelten Tagesplan aufzunehmen.

Am Schreibtisch verbrachten wir auch den Abend. Alles neu
ordnend, einrichtend, wiederbeginnend, wird mir, ein wenig erschreckend, bewußt, wie vielfältig gegliedert auch ein so zurück-
gezogenes, gesammeltes Leben wie das meine ist.

Heute abend, was mich sehr erschütterte, sollte ich Renerle ausmalen, »wie ihre Jugend verlaufen wäre, wenn nicht –«

Renerle sagte, sie vermöge nicht zu denken, daß Gott nicht
weiterhelfe, nachdem er uns durch acht, fast neun Jahre Drittes
Reich so wunderbar hindurchgerettet hat.

16. Oktober 1941 | Donnerstag

> Ist meine Hand nun so kurz geworden, daß sie nicht
> erlösen kann? Oder ist bei mir keine Kraft, zu erretten?
> *Jesaja 50, 2*

So spricht das Bibelwort durch die Losung fort und fort in die
schweren Tage meiner Heimkehr hinein. Bei Hanni spüre ich
immer wieder: meine Heimkehr ist ihr uneingeschränkte Freude.

Ich hatte – Renerles Stellung und Zustand vorausgesetzt – mit
Hanni verreisen wollen, weil man ja befürchten muß, daß die
gegenwärtige Lösung ohne den Gelben Fleck nicht endgültig
Gutes bedeutet; augenblicklich hätte sie eine Reise ermöglicht.
Aber wir können uns des Kindes wegen gerade in diesen Tagen
nicht zur Reise entschließen, kommt Renerle doch allabendlich

mit Nachrichten aus ihrem Betriebe zurück, daß Juden sich sofort zur Räumung ihrer Wohnungen bereithalten müssen, und
zwar nur mit ganz wenigem Gepäck; und das bedeutet: Baracken-
lager oder Deportation (Litzmannstadt-Lodz). So auch in Schillers und Trude Weills Bekanntenkreise. In Schlesien z. B. ist dies
alles schon sehr weit gediehen. Man überblickt schon mancherlei
Erfahrungen, von denen die bitterste die Trennung der Familien
in Männer- und Frauenlager ist. Und dies alles, nachdem das
Tragen des Gelben Flecks unter der Bevölkerung zu keinerlei
Schwierigkeiten führte. Es geht um die Wohnungen; warum
aber auch um allen Besitz?
Für Renerle klammern wir uns an irdische Hoffnungen nur noch
an die eine: daß sie keine Wohnung hat.

17. Oktober 1941 | Freitag

> Ich bin erfüllt mit Trost; ich bin überschwänglich in
> Freuden in aller unsrer Trübsal.   *2. Korinther 7, 4*

Hanni war lange in der Stadt, und indes machte mir über Mittag
Ihlenfeld in sehr herzlicher Weise einen Begrüßungsbesuch,
brachte mir Gedichte, für Hanni schöne Chrysanthemen; mit ihm
kann ja von allem so gesprochen werden, wie es in seiner letzten
Wirklichkeit ist. Auch er ist so hoffnungslos. Und auch er hat
doch so lange wie ich nach Brücken zu der neuen Zeit gesucht. –
Schon bei einem solchen intimen, einzelnen Besuch sehe ich, daß
ich jetzt unter Menschen nicht zu gehen vermöchte, und nun gar
unter unbeteiligte, gedankenlose. Mit Ihlenfeld habe ich mich in
allem heute wieder sehr verstanden, eben auf der letzten, tiefsten
Grundlage.
Den vorläufigen häuslichen Frieden genieße ich dankbar jede
Stunde. Dies alles ist von einer vollkommenen Schönheit, aber
das Herz zittert immerzu: nicht mehr von Angst, aber von
Schmerz. –

18. Oktober 1941 | Sonnabend

> Wo nicht dein Angesicht vorangeht, so führe uns nicht
> von dannen hinauf.   *2. Mose 33, 15*

Häusliche Stille am Schreibtisch. Bild, Bild.
Sonnabend kommt das Kind zum Glück schon mittags aus dem
Dienst, so daß ihr dieser Tag doch mehr gehört. Heute hat sie

Besuch von Erda Steinke, die als Studentin zuletzt als Straßen-
bahnschaffnerin in Leipzig dienstverpflichtet war. Wie gern und
leicht würde sich Renerle mit dergleichen abfinden.
Immer wieder verdichten sich die Deportationsgerüchte. Gilt es
den Wohnungen? Gilt es den Personen überhaupt? Und nichts,
nichts läßt sich prophylaktisch tun. Und wenn dies Furchtbare
eintritt? Dann kann nur Dr. Flesch, der sich jetzt ganz zurückhält, den Namen jenes Mannes von der Geheimen Staatspolizei nennen, der Renerle von Siemens weghalf. – Welche
Nachrichten für Renerle wird uns der nächste Brief von
Meschkes bringen?

19. Oktober 1941 / Sonntag

> Du bist mein Schirm; du wirst mich vor Angst be-
> hüten, daß ich errettet gar fröhlich rühmen kann.
>
> *Psalm 32, 7*

Hanni und ich waren in der Kirche. Und wieder war es ein recht
leerer, gar so unzulänglicher Gottesdienst. Allein in der Kirche
bin ich noch nicht heimgekehrt, während sonst dieser große, unerwartete Schritt so selbstverständlich geschah – vielleicht gerade deshalb, weil Gut, Besitz, Sicherheit für mich so unterhöhlt
ist. Aber als Gnadenspruch Renerles Taufspruch, Psalm 27, 1.
Renerle beschäftigt sich, sie, die Sorglose, damit, ob sie für den
Fall, daß sie abgeholt wird, schon alles bereithalten soll, um dann
nicht das wenige Gewährte zu vergessen. – »Sie hat sich mit dem
Gedanken abgefunden«, sagte Hanni. Und als ich zu Hanni sagte:
»Und wir nicht im Grunde auch schon, weil wir nicht mehr
hoffen?«, weinte Hanni zum ersten Male wieder seit den furcht-
baren Novembertagen 1938. Bei Brigittes Auswanderung hat
Hanni nicht geweint.
Renerle sucht uns immer wieder klarzumachen, wie schön die
Jahre seit Brigittes Weggang für uns waren und wie sie sie nie
missen möchte. Aber geschieht es nicht nur, um unsere Selbst-
vorwürfe zu beschwichtigen? Am schwersten ist es, wenn das
Kind noch lacht, so schattenhaft dies Lachen ist.
Während doch nur das Wort der Schrift die irdische Hoffnung
ablöst, lastet gerade in »Renerles Psalm« das Wort so auf mir:
»Denn mein Vater und meine Mutter verlassen mich; aber der
Herr nimmt mich auf«. Man bangt sich um jede tägliche Heim-
kehr unseres Kindes.

Doch nun ist Renerle kein Kind mehr; so gebrochen, so zerbrochen.

Dr. Flesch, der einzige, der uns bis jetzt eine wirksame und einflußreiche Verbindung nachweisen konnte, erfuhr in Angelegenheiten seines Betriebes, daß wegen Einspruchs großer Firmen, die die Dienstverpflichteten nicht entbehren können, die Deportationsaktion bis auf weiteres eingestellt werden soll, während andere schon die nahen Deportationstermine wissen wollen und so viele schon den Befehl zur Bereithaltung ihrer Wohnungsaufgabe haben.

Welch eigentümlichen Sinn hat in »Renerles Psalm« auch der 5. Vers gewonnen: »Er verbirgt mich heimlich in seinem Gezelt.«

20. Oktober 1941 | Montag

> Ich will sie lehren und meine Hand und Gewalt ihnen
> kundtun, daß sie erfahren sollen, ich heiße der Herr.
> *Jeremia 16, 21*

Renerle liegt der Gedanke an den Selbstmord fern. Sie hofft, alles, was kommen kann, zu überstehen, weil sie jung sei und Millionen – denn nun, durch den Osten, sind es Millionen – ihr Schicksal teilten. Doch ist sie nun durch verschiedene nervöse Störungserscheinungen so kaputt, daß sie nicht in den Dienst gehen konnte.

Hanni sagt, der Selbstmord, der ihr so oft nahe war, stehe ihr jetzt ferner; sie möchte – das »Ewige Haus« noch geschrieben sehen. Nur eins habe ihr festgestanden: trenne uns eine Zwangsscheidung und müsse sie außer Landes, ich aber hierbleiben, so sei sie zum Selbstmord entschlossen, weil er nicht die unvergebbare Sünde sei, von der die Bibel sagt.

Wir wissen, was der Selbstmord in unserem Falle wäre: dreifacher Mord, Ungehorsam gegen Gott, Preisgabe der Geduld, Flucht aus der Führung Gottes, Behaupten der negativen dem Menschen belassenen Macht, Hinwerfen des Vertrauens –.

Aber er ist nicht die unvergebbare Sünde gegen den Heiligen Geist, ist nicht mehr als die Sünde, die der Christ unter dem *fortiter pecca* mit sich schleppt bis ans Ende. Ach, auch unser bis ans Ende getragenes Leben ist ein gar schlechtes Zeugnis für Gott. Ich kenne keinen Christen in der »Heiligung«.

Wir hatten – und dadurch erfuhren wir erst von Renerles Entschlossenheit zu leben – nur den Wunsch, daß Renerle sich nicht etwa allein mit Selbstmordgedanken quäle, sondern wisse, daß wir bereit sind, mit ihr zu sterben. Und nun ist es so gekommen, daß ich es bin, der den entsetzlichen Wunsch am inständigsten hegt. Das Kind hat entschieden. Es hat das Erstaunliche gesagt, daß wir, selbst wenn es »draußen« wäre, seinetwegen nicht leben sollten. Aber der Lebenswille des Kindes bindet uns.

In allem ist kein Zerfall mit Gott, trotz der Bereitschaft zu so furchtbarer Sünde. Die Sünde, die unser Leben noch bringen wird, ist nicht geringer.

Vielleicht spricht bei mir die Furcht vor dem Weiterschaffen-müssen mit: nicht etwa die Sorge, die nur zu berechtigte, daß Bücher meiner Art gar nicht werden erscheinen dürfen. Dies nämlich betrifft auch alle anderen christlichen Autoren.

Die radikale Lösung der Judenfrage, die Konfiskation der Klöster, die Abschaffung der konfessionellen Schule, die Möglichkeiten zur Tötung lebensunwerten Lebens – dies alles wird nun durchgeführt, während das Heer im Felde gebunden ist. Nachher können die Offiziere die Hände in Unschuld waschen. Auch diese Brücke ist nun diabolisch gebaut.

An alle Werktätigen ist im Zusammenhang mit dem Gelben Fleck ein Flugblatt verteilt, ein grausiges, für die Behandlung der Juden. Und das angesichts dieser so ganz andersartigen Haltung der Bevölkerung.

Heute habe ich Minister Frick, der so oft den »Vater« verschenkt hat, auf Renerles Bitte um eine Audienz gebeten; wir haben noch einmal an Meschkes geschrieben und uns mit der Tochter der in Schweden lebenden Familie des Ministers Schacht in Verbindung gesetzt –; ohne Hoffnung.

Ich tue alles. Ich bete; das ist ungleich mehr. Aber als Mensch hätte ich mit Hanni und Renerle sterben mögen, sterben auch um des »Satans Engel« willen. Ich werde so ruhig weiterleben, wie ich gestorben wäre. »Christus lebt in uns –«. Er muß es erweisen.

Wir wissen auch von Gottes Macht, daß er den Selbstmord noch in der Ausführung hindern kann, wissen, daß ich tot sein könnte und Hanni und Renerle weiterleben müßten.

Das Kind ist so abgefunden mit allem und hofft doch noch so, daß es an ihm vorübergehe.

Hanni ist so tätig, so fleißig, so dankbar, daß sie nun um mich nicht mehr in solcher Sorge sein muß. Aber es ist doch wie eine große Enttäuschung in uns beiden, daß durch Renerle der Schritt zum Selbstmord nicht nahegebracht, sondern ferngerückt ist.

Nun verwehrt Gott gerade in Renerle – ihrem Lebensmut, aus dem der Glaube wachsen kann – unseren Selbstmord.

Sollte denn nun der Engel von mir gehen? Ich war so wunderbar durch den Krieg geführt; und nun das Dunkel der Heimkehr. –

22. Oktober 1941 | Mittwoch

> Ich will die müden Seelen erquicken und die beküm-
> merten Seelen sättigen.   *Jeremia 31, 25*

Heute mittag schon, wider Erwarten und obwohl ich die Telefonnummer gar nicht angegeben hatte, rief das Ministerbüro des Innenministeriums an, daß sich Minister Frick morgen um einhalbeins für mich zum Empfang bereit halte. Nun heißt es, das Herz fest in Händen zu halten, daß man nicht wieder hofft und nicht wieder sichtbare Führungen erkennt, wie damals, als es um Renerles Auswanderung nach der Schweiz ging, und in allen meinen militärischen Angelegenheiten. Und doch muß Gott alles zugetraut sein, und versagt er's, darf kein Zweifel, keine Bitterkeit entstehen –. Wir waren über diesen Anruf sehr überrascht.

Allgemeine Erledigungen und Korrespondenz fressen mich noch immer auf, und nur durch Luthers Predigten vermag ich mich allmählich an das »Ewige Haus« heranzutasten. Luthers Predigten zu lesen, bedeutet freilich eine Heimkehr ganz für sich.

Abends kam Karbe und erzählte uns, daß sich eben Sigrid Schacht, die Nichte des Reichsbankpräsidenten, für zehn Tage aus Stockholm in Berlin, bei ihm gemeldet habe. Es greift alles wieder ineinander wie im Falle Burckhardt; und gerade das macht einem so bange.

23. Oktober 1941 | Donnerstag

> Du bist gekommen zu dem Herrn, daß du unter seinen
> Flügeln Zuversicht hättest.   *Ruth 2, 12*

Renerle ging wieder in den Dienst. Ich war zur Audienz bei dem Innenminister. Zum mindesten kein rein negativer, sondern ein problematischer Eindruck; was am meisten für ihn spricht, ist, daß Frick gequält aussieht. Die Formen beherrscht er sehr sicher, ob die Haltung einer gewissen Menschlichkeit mehr ist als eine Pose, läßt sich nicht entscheiden; auch nicht, ob ihn die Dinge so beschäftigen, wie er es wirken ließ. Die persönliche Artigkeit war groß; und dieser Weg ist nicht endgültig abgeschlossen, abgeschnitten.

Hinter den Maßnahmen steht der entschiedene Wunsch des Führers, und ohne ihn – wie ich erwartete – läßt sich nichts tun. Er sei aber bereit, meine Sache in Verbindung mit Renerle vor dem Führer zu vertreten, sobald meine militärische Sondergenehmigung positiv entschieden wäre; dies wäre ein Anknüpfungspunkt, wo sonst keiner ist. Was die Deportation, als das Entscheidende, angeht, hat die »Aussiedlung« zum Ziel die Schaffung von Wohnraum angesichts der Wohnungsknappheit und der Bauschwierigkeiten. Minister Frick hält Renerle, als zu meinem Hause gehörig, nicht für bedroht, aber er ist bereit, zur Befreiung von diesem Druck »im Interesse meiner Arbeit« zu veranlassen, daß sie davor auf weitere Sicht – das Beste sieht er in der Auswanderung nach Schweden – bewahrt bleibe. Dies könne er auf sich nehmen. Ich habe nun mein Anliegen noch einmal schriftlich vorzutragen, darf nur die Bitte um Befreiung von dem Gelben Stern nicht äußern, der eben der »entschiedene Wunsch des Führers« sei; von dem das Gesetz keine Ausnahme über die Mischehen hinaus vorsehe. Ich habe in meinem nachträglichen Schreiben zu betonen, daß – so wie auch das Gespräch geführt war – schriftstellerische Sondergenehmigung und Antrag auf militärische Sondergenehmigung beweisen, daß man mich und meine Arbeit will; nur nach den Bedingungen, unter denen meine Arbeit erfolge, sei nicht gefragt, und da gehe ein allmählich nicht mehr tragbarer, lähmender Druck auf die Schaffensfreudigkeit aus. – Nur um die Arbeit, die das Dritte Reich wünscht, darf es ja in solcher Audienz und solchem Antrag gehen. Wesentlich war mir aber, daß Minister Frick mit keiner Silbe andeutete, daß Renerles Anwesenheit in meinem Hause eine zu starke Belastung für mich bedeute.

Bei aller großen Zurückhaltung und Vorsicht erklärte Minister Frick doch noch, daß »wir es damit«, Renerle »aus dem Arbeitseinsatz und der Dienstverpflichtung herauszubekommen«, im Falle einer Einwanderungserlaubnis nach Schweden schaffen würden. Irgendein Schritt außerhalb des Gesetzesrahmens kann aber nicht getan werden. Ich glaube, heute würde man ihn auch *in puncto* Sondergenehmigung für uns Künstler nicht mehr tun.

Unterdes war Hanni bei der alten Talka Gerstel, deren 70jährige

Schwester Nanni nun – nachts um drei Uhr aus ihrem Zimmer abgeholt – nach Lodz deportiert ist. – Die Selbstmorde sollen sich so gehäuft haben, daß den Juden in den »Sammel-Synagogen« Scheren, Nagelfeilen etc. abgenommen werden. Auch sonst, noch in den Wohnungen, viele Selbstmorde. Weithin bringt die arische Bevölkerung den Juden Lebensmittel; vor der Synagoge in der Levetzowstraße soll es zum ersten Mal nahezu Demonstrationen gegeben haben. –

Um ein halb sieben kam Renerle heim, sehr bedrückt, weil aus ihrem Betrieb nun auch wieder einer verschwunden und fortgebracht ist. Renerle, Hanni und ich sind heute – indes all dies verzweiflungsvolle Unheil weitergeht – doch viel ruhiger. Das Entsetzlichste steht nicht so unmittelbar vor einem. So führt Renerle zwar ein Leben ohne alle Freude – aber doch in behütendem Elternhause, nicht so furchtbarer Trennung und Gefahr preisgegeben.

In die Auswanderung nach Schweden, gelänge sie – obwohl sie auch dann noch keine endgültige Lösung darstellte –, haben wir drei ja nun auch innerlich eingewilligt, ja, hoffen auf sie als letzte irdische Hoffnung. –

Immer wieder muß ich mich fragen: bedeutet der beharrliche Wunsch zu sterben einen »Bruch« im Glauben, einen Bruch mit Gott? Und immer wieder, ohne etwas zu beschönigen, muß ich sagen: Nein. Denn was auf Erden war mir mehr als das Evangelium? Was auf Erden habe ich mehr geliebt, verehrt, an was mich mehr gebunden gefühlt, an was mehr geheftet als an alles, was Glaube und Kirche heißt? So ist es auch bei Hanni. Und bei Renerle fordert, in aller Schwere der Erfahrungen und so auch dem Ernst ihres Glaubens, ihre Jugend ihr Recht. Das quält so. –

Familienweise jüdische Selbstmorde. An Reni treten ja durch den Betrieb diese Dinge immer sofort heran.

Die dienstverpflichteten Juden verdienen, durch hohe Abzüge, im Akkord entsetzlich wenig. Und nur Reni braucht doch nicht davon zu leben.

Von Hannis Tante Nanni leben drei Kinder in drei Ländern verstreut, all ihr Eigentum – ihr gehörte das große Gerstel-Geschäft in Köln – war hin; nun ist das letzte mit ihr geschehen.

Hanni sagt, die Kartenangelegenheit berühre sie angesichts der Deportationen überhaupt nicht mehr. Ja, es ist, als wäre selbst der Gelbe Stern schon ganz in den Hintergrund getreten. Die Bevölkerung so vorbildlich.

> Ich bin ein elender Mann, der die Rute seines Grimmes sehen muß.
>
> Er hat mich geführt und lassen gehen in die Finsternis und nicht ins Licht.
>
> Er hat seine Hand gewendet wider mich und handelt gar anders mit mir für und für.
>
> Er hat mich vermauert, daß ich nicht heraus kann, und mich in harte Fesseln gelegt.
>
> Er hat meinen Weg vermauert mit Werkstücken und meinen Steig umgekehrt.
>
> Er hat mich mit Bitterkeit gesättigt und mit Wermut getränkt.
>
> Ich sprach: Mein Vermögen ist dahin und meine Hoffnung auf den Herrn.
>
> Gedenke doch, wie ich so elend und verlassen, mit Wermut und Galle getränkt bin!
>
> Du wirst ja daran gedenken; denn meine Seele sagt mir's.
>
> Das nehme ich zu Herzen, darum hoffe ich noch: Die Güte des Herrn ist's, daß wir nicht gar aus sind; seine Barmherzigkeit hat noch kein Ende, sondern sie ist alle Morgen neu, und seine Treue ist groß.
>
> Der Herr ist mein Teil, spricht meine Seele, darum will ich auf ihn hoffen.
>
> Denn der Herr ist freundlich dem, der auf ihn harrt, und der Seele, die nach ihm fragt.
>
> Es ist ein köstlich Ding, geduldig sein und auf die Hilfe des Herrn hoffen. *Aus Klagelieder 3, 1–26*

Steht dies also über meiner Heimkehr? Es ist nicht gut, unversehrt und behütet von der Front heimzukommen und nur den Tod zu ersehnen.

Zum zweiten Male wird Klagelieder 3 zum Ausdruck dessen, was ich erlebe. Beim ersten Mal war es (3, 37) beim Ausschluß aus der Schrifttumskammer. –

26. Oktober 1941 / Sonntag

> Ich habe dich je und je geliebt; darum habe ich dich zu mir gezogen aus lauter Güte. *Jeremia 31, 3*

Dies war der Spruch beim heutigen Abendmahl, dem ersten nach meiner Rückkehr. Vielleicht ist unser Leben wirklich nur noch ein Leben von Abendmahl zu Abendmahl.

Es waren etwa dreißig Menschen zum Abendmahl, darunter Frau Thomas und Hanni als getaufte Jüdinnen und Friedmann als Mischling. Das Abendmahl war wieder sehr feierlich mit der Festtagsliturgie in den Hauptgottesdienst eingebaut.

Ich schrieb den von Frick gewünschten Brief an ihn, der noch einmal alles darstellt.

Hanni und ich sind ganz allein.

Eins – das Abendmahl steht ja ganz für sich – war auch in der Kirche endlich »Heimkehr«: Paul Gerhardts »Sollt ich meinem Gott nicht singen?« –

29. Oktober 1941 | Mittwoch

> Laß dir an meiner Gnade genügen; denn meine Kraft
> ist in den Schwachen mächtig.   *2. Korinther 12, 9*

Wäre es ein Heimaturlaub von der Front – morgen müßte ich wieder zurück. Wie schwer waren diese ersten Wochen. Erst jetzt konnten alle Photos und Unterlagen für den Divisionsantrag abgehen. Seit ich bei Minister Frick war, hat sich Hanni vielleicht ein wenig mit diesem Antrag ausgesöhnt.

Frick ließ mir meinen Brief vom 25. bereits durch seinen persönlichen Referenten bestätigen, und wir dürfen daraus wohl entnehmen, daß er bei dem, was er mir zugesagt hat, bleibt. Hanni beruhigt es doch sehr, überhaupt – was so schwer hält – etwas »Schriftliches« in der Hand zu haben –. Der Brief lautet: »Im Auftrage von Herrn Reichsminister Dr. Frick teile ich Ihnen auf Ihr Schreiben vom 25. 10. 41, in dem Sie Ihre häusliche und persönliche Lage nochmals referieren, mit, daß Sie wegen des Verbleibens Ihrer Stieftochter Renate Stein bei Ihnen sich keine unnötigen Sorgen zu machen brauchen. Sie fällt nicht unter die Maßnahmen, die in Verbindung mit dem Evakuierungsprogramm zur Zeit durchgeführt werden.«

30. Oktober 1941 | Donnerstag

> Wer bin ich, Herr, Herr, und was ist mein Haus, daß
> du mich bis hierher gebracht hast?   *2. Samuel 7, 18*

Der Tag stand wieder ganz im Zeichen der Anrufe und Aktionen, der hoffnungslosen, für Renerle.

Wie schön schien alles wieder ineinanderzugreifen: Karbes Freundin Sigrid Schacht ist eine gute Bekannte von Kurt Meschke; sie lernten sich durch ein »Vater«-Gespräch bei einem Schulfest in Stockholm kennen. Als sie jetzt, zur Reise nach Berlin, zum

Flugplatz fuhr, traf sie Kurt! Aber die Nachrichten lauten schlecht: in seiner unentschiedenen Lage sperrt sich Schweden gegen jede Einwanderung.

Auch ihr schwedischer Onkel, der Generaldirektor der National-bank, konnte Sigrid Schacht für jüdische Freunde nicht mehr helfen. Schachts haben viel getan. –

Jetzt soll ich die Beziehungen zur Schwedischen Kirche auf-nehmen.

Man berät, handelt – und weiß doch, daß man nur noch passiv sein kann. Druck, Druck und Unruhe.

Das Schlimmste ist, daß der Bestechung noch Wege offenstehen. –

31. Oktober 1941 | Freitag (Reformationsfest)

> Seid stille und erkennet, daß ich Gott bin.
>
> *Psalm 46, 11*

Wie paßt das Gesangbuchgebet des Gesangbuches von 1931 zur Gegenwart; auch mit diesen »gedruckten« Gebeten ist es etwas sehr Eigentümliches.

Renerle freut sich unbefangen auf Hannis Geburtstag, den wir Renerles wegen feiern, weil es andere Abwechslungen und Ab-lenkungen für sie ja nicht mehr gibt.

Sigrid Schacht, die vor der Abreise nach Stockholm noch einmal nach Berlin zurückkehrt, wird von Schweden aus die Korrespon-denz für Renerle mit Friedlaenders in New York führen. Aber warum sollten so fremde Menschen helfen, wo Verwandte ver-sagen? Und wird nicht der Krieg mit Amerika kommen?

Es gibt keine menschlichen Lösungen mehr.

2. November 1941 | Sonntag (Hannis Geburtstag)

> Siehe, wir kommen zu dir; denn du bist der Herr, unser Gott.
>
> *Jeremia 3, 22*

Noch war's, um neun, trübe und umhüllt, als wir Hanni einbe-scherten; der Geburtstagstisch ist in diesem Jahre, an diesem so ernsten Geburtstag, besonders schön: der schmale, edle Empire-Spiegel für die Diele, der frühe, einfache Barocksessel davor mit seinem verblaßten rosa Samt, die herrlichen, edlen Renaissance-Kirchenwandleuchter, die Fülle der Alpenveilchen, Astern, das Halbrund der Kerzen in den zarten, grünen Ranken. – Auch von Brigitte bescheren wir immer ein Geschenk ein (diesmal die Briefe der Königin Luise).

Kerzen brannten auf dem Frühstückstisch mit seinen Primeln, alten Porzellanen – aber da schwebte bald lindes Sonnenlicht durch die Gartenzimmer, lag über dem Geburtstagstisch; in der Morgenkühle schwebte auch der Sonnenglanz um den Kirchhügel beim Geläut. Auf der Rehwiese und im Garten Schneestreifen.

Bores Geburtstag und das Reformationsfest fallen nun in diesem Jahre zusammen, und so hatte Hannis Geburtstagsgottesdienst die großen Lieder und die große Liturgie.

4. November 1941 / Dienstag

> Du bist der Gott meiner Stärke; warum verstößest du mich? Warum lässest du mich so traurig gehen, wenn mich mein Feind drängt? Sende dein Licht und deine Wahrheit, daß sie mich leiten und bringen zu deinem heiligen Berg und zu deiner Wohnung, daß ich hinein gehe zum Altar Gottes, zu dem Gott, der meine Freude und Wonne ist, und dir, Gott, auf der Harfe danke, mein Gott.
>
> *Psalm 43, 2-4*

Eine Einladung, die ich nicht ablehnen konnte und wollte, weil ich überhaupt jeden Besuch dort schuldete: beim Kronprinzen von Sachsen. Ich war erst bei ihm im Canisiuskolleg – solch modernes Mietshaus-Kloster ist sehr garstig. Dann gingen wir zur Frau von Kracker, die den Empfang gab. Die Gastgeberin bezaubernd durch ihre Güte, die all das Gesellschaftliche – sehr großer Form, Tradition und Konvention – überstrahlte. Und diese Freude, daß ich überraschend in ihr Haus kam, diese wirkliche Freude auch anderer Gäste. So skeptisch Hanni und ich sind: manche meiner Leser müssen den »Vater« und das »Kyrie« wirklich lieben. Ich glaube ja nun schon lange zu wissen, worauf ich verzichte, indem ich vor meinen Lesern nicht spreche und lese. Es war wieder eine jener katholisch-evangelisch-monarchistischen Zusammenkünfte – was ich vorher nicht wußte –, gegen die ich so große Bedenken habe: manch guter und bekannter Name, wie Gertrud Bäumer, die ich noch aus meinen Anfängen aus Berlin kannte, August Winnig; die kirchlichen Verleger, Furche-Verlag, Dr. Hans Lilje[226], sonstige Literatur- und Kirchenkreise, wie der Prior des Berliner Dominikanerklosters. Vor dem »intellektuellen« Teil, Vortrag und Diskussion, die ich in solchen Zeiten der Ohnmacht so peinlich empfinde, verabschiedeten ich und die Bäumer uns mit den nötigen artigen Begründungen. In der Tat scheinen all diese Kreise unter einer wirklichen Depression durch die jüdischen Dinge zu stehen: gerade die Kreise, in denen immer ein politisch begründeter, berechtigter Antisemitismus zu finden war.

Ich hörte durch Prinz Georg Ereignisse, die meine Entlassung doch noch in anderem Lichte erscheinen lassen. Gleichzeitig mit uns Männern in Mischehe und den Mischlingen sind aus dem Heer entlassen alle doch erst kürzlich eingezogenen Jesuiten und 21 Prinzen der Häuser Hohenzollern, Wettin, Wittelsbach und Habsburg, nachdem auch sie vorher nicht mehr befördert werden konnten! Es ist auch keine Angelegenheit mehr allein des OKW und des Führers als Obersten Befehlshabers der Wehrmacht, sondern die Gestapo ist als Instanz eingeschaltet.

Prinz Georg macht einen sehr viel mehr verbitterten Eindruck als früher. Der Fürst im Priester ist doch stark in ihm spürbar. Der Katholizismus wächst an Intensität immer mehr. Unter den namhaftesten Offizieren der neuen Wehrmacht, den berühmten Fliegern Mölders und Galland, hat wenigstens der Katholizismus zwei mutige Verteidiger gefunden. Wären es mehr: sie wären eine Macht.

Es ist doch so gekommen, daß man laut stöhnt – sich oft dabei ertappt.

Prälat Lichtenberg, der in der Hedwigskirche für die katholischen Juden gebetet hat, ist auch verhaftet. –

8. November 1941 | Sonnabend

> Da dieser Elende rief, hörte der Herr und half ihm aus allen seinen Nöten.
> *Psalm 34, 7*

Erst mit dem heutigen Sonnabend bin ich hindurch; nun kann es zugleich und bereits als der große Jahresabschluß gelten, und nun erst gewinnt die Arbeit ihren vollen, festen Platz: das, worauf Hanni und ich am meisten gewartet haben.

Nun kommen, von uns abgelehnt, all die Einladungen, die in der Zeit meiner Abwesenheit an Hanni und Renerle hätten ergehen müssen.

Von den Gedanken an die Kameraden geht für uns noch eine gewisse Wärme aus. Sonst ist alles so kalt geworden; wahrhaftig nicht durch uns.

> Wir warteten auf die selige Hoffnung und Erscheinung
> der Herrlichkeit des großen Gottes und unseres Hei-
> landes Jesus Christus.   *Titus 2, 13*

Der häusliche Sonntag war wieder sehr lebhaft. Renerle empfing
Jugend bei sich zum Tanz, nette und artige Jugend, und immer
wieder macht es so großen Eindruck auf sie, wenn wir ihr die
Wohnung zur Verfügung stellen und uns für einen Sonntag mit
den Mansarden begnügen.

In der blauen Mansarde, die doch soviel Stimmung hat, hatten
wir P. Lilge zum Kaffee, der sich nachmittags zu einem Besuch
angesagt hatte.

Als ich im Felde war, hat er sich ja neben Ihlenfeld als der Treueste gezeigt. Ich besprach mit ihm die Probleme der Abendmahls-
feier für die wenigen jüdischen Gemeindeglieder.

Ein langer, so freundlicher Anruf von Major Eras[227] nach seiner
Rückkehr, der mich wirklich überraschte. Gleich nach der Heim-
kehr hat er sich mit Görings Neffen in meiner Sache in Verbin-
dung gesetzt. Hauptmann Göring ist nicht mehr Adjutant des
Reichsmarschalls, sondern anderweitig in der Luftwaffe verwendet.
Die Adjutantur des Reichsmarschalls hat sich verpflichtet, in den
militärischen Entlassungsangelegenheiten, soweit sie nicht die
Luftwaffe Görings betreffen, nicht beim Führer zu intervenieren.
Eras läßt sich nun in meiner Sache bei dem obersten Dezernenten des OKH anmelden, sobald er von seiner Kur zurück ist.
Er fragte, ob sich meine Stellung gegenüber dem Antrag geän-
dert habe. Wir waren uns weiter einig. Er hatte die Möglichkeit,
jetzt als Ministerialrat von seinem Ministerium reklamiert zu werden, will aber angesichts der Probleme der Zukunft auch »das
Ende dieses Weltkrieges ja als Soldat, nicht als Zivilist erleben«.
Unsere Division soll nach dem Kaukasus. Sie hatte nur noch
einen Luftangriff.

10. November 1941 | Montag

> Der Herr sucht alle Herzen.   *1. Chronik 28, 9*

Auch diese Woche steht noch im Zeichen der Schritte für das
Kind: in kirchlich-schwedischen und ökumenischen Bezirken
(Legationspfarrer Forell[228] und Dr. Lilje).
Doch sehe ich in meiner Tagesführung nun Raum für die Arbeit;

viel später, als ich bei der Heimkehr meinte. Erst in der fünften Woche!

Noch unverbürgt, erreichte uns die Nachricht, daß der Schauspieler Joachim Gottschalk, der im gleichen Zuge mit mir – durch Wiemans Schritt – die Sondergenehmigung erhielt, sich mit seiner jüdischen Frau das Leben genommen hat, nachdem er vorher seine Kinder tötete. Ihm war jetzt die Filmtätigkeit untersagt worden, seine Bühnentätigkeit galt als bedroht.

Mir ist, als arbeitete ich nur noch, weil darin der größte Trost für Hanni liegt, die nur will, daß ich schreibe, und sei es auch nun nicht mehr für diese Zeit.

Wie sind auch die Kirchenlieder in mir verstummt!

Hanni betrachtet alles, was die militärische Sondergenehmigung betrifft, mit großer Ruhe. Von der Ablehnung des Antrages ist sie fest überzeugt. Und daß ich gerade in diesen schweren Wochen bei Hanni und dem Kinde sein konnte und noch kann! –

12. November 1941 | Mittwoch

Sprich zu meiner Seele: Ich bin deine Hilfe!

Psalm 35, 3

Das ist vielleicht das Zerrüttendste an dieser Zeit, daß sie dem Beten das freudige Amen geraubt hat. Aber der in uns ist, ist größer als der, der in der Welt ist.

Heute war ich bei dem schwedischen Legationspfarrer Forell für das Kind. Was ich nicht erwarten konnte: er war völlig über mich im Bilde. Vor zehn Tagen war er in Schweden, um den dortigen Behörden die Not der deutschen Juden ans Herz zu legen; diese Reise benützte er, um über eine schwedische »Vater«-Übersetzung zu verhandeln, wie er schon lange für mich, Schröder, die Seidel warb, »damit man in Schweden sähe, daß das alte Deutschland auch in der neuen Dichtung noch lebe«.

Denn in Schweden ist es nun soweit, daß man in Deutschland nur noch das Dritte Reich sieht.

P. Forell schreibt an den Rektor von Viggbyholmsskolan[229], der Meschkes erlaubt hat, Renerle zu sich zu nehmen, und sich selbst um die Einreiseerlaubnis für sie bemüht.

Was das bedeutet, daß Renerle zu Meschkes soll!

Was ich über Dr. Lilje versuchen wollte, hatte P. Forell bereits vorgesehen; mich mit dem schwedischen Vertreter der protestantischen Weltkonferenz zusammenzubringen, nur ahnte er nicht, wie sehr mir um meiner Sorgen willen daran gelegen ist. Jener Kirchenmann, dem es endlich erlaubt ist, sich der Gefangenen in Deutschland anzunehmen, wird in zehn Tagen auf der Durchreise erwartet.

Fügung scheint in Fügung zu greifen; aber unser Herz bleibt davor starr und stumm, wahrhaftig nicht aus Unglauben, sondern aus der tiefsten Beugung vor Gott.

Heimgekommen fand ich einen Brief von Juliane vor, der von all jenen Schwierigkeiten berichtet, von denen mir auch P. Forell sagte: Schweden, soweit Deutschland nicht die Ausreise unmöglich macht, nimmt nur noch Juden auf, deren nächste Verwandte schon in Schweden leben, um in diesem schwachen Maße das Auseinandergerissenwerden der Familien zu verhindern; ferner jüdische Kapazitäten.

Man wird müder und müder. Mein Schlaf ist wieder ganz hin, auch Mittel helfen nur noch selten.

Jeder kleinste Funken Hoffnung läßt das Kind sofort wieder so aufleben; und wir wissen doch, daß der Glaube jenseits aller dieser Hoffnungen bestehen muß. –

14. November 1941 | Freitag

> Ein Demütiger harret der Zeit, die ihn trösten wird.
> *Sirach 1, 28*

Abends, was es früher selten tat, sitzt das Kind jetzt oft noch bei mir; aber es ist immer sehr müde.

Nun ist es auch mit Hanni, die nie weinte, auch bei keinem Abschied von mir, auch nicht beim Abschied von Brigitte, soweit, daß sie beim Anblick jüdischer Kinder, junger, alter Juden weinen muß, wenn sie so sichtbar geängstigt in ihren hilflosen Aktionen unterwegs sind. Im »Reich«[230] ein grausiger Artikel »Die Juden sind schuld«, dessen Grund und Anlaß offensichtlich sind: die Menschlichkeit, mit der die Bevölkerung auf den Gelben Stern und die Deportationen reagiert.

15. November 1941 | Sonnabend

> Tröste uns, Gott, unser Heiland, und laß ab von deiner Ungnade über uns! Herr, erzeige uns deine Gnade und hilf uns!
> *Psalm 85, 5. 8*

Beim Kaffee, den wir dem Kinde, das am Sonnabend früher heimkommt, besonders hübsch gestalten, hatten wir den im Zusammenhang mit dem »Vater« vielleicht seltsamsten Besuch: Fehlows Nachfolger im Arnold-Zimmer-Institut für Rheumaforschung, Dr. Ludwig, der sich schon wiederholt mit Hanni in Verbindung gesetzt hat. Er arbeitet an einem Werk über die Gicht auf neuen Forschungsgrundlagen und will darin die beiden Autoren behandeln, denen in der Literatur die »vollendete Darstellung des gesamten Krankheitsbildes gelungen ist: Hauff und Klepper«. Da ich medizinische Studien dafür überhaupt nicht gemacht habe, war dieser Besuch wirklich eine wichtige Bestätigung für die Sicherheit der Intuition. Dr. Ludwig war nicht unbedingt sympathisch, gewann aber sehr in der Erzählung aus dem Beruf und der Forschung gerade durch die fanatisch einseitige medizinische Betrachtungsweise aller Erscheinungen. –

16. November 1941 | Sonntag

> Abraham glaubte dem Herrn, und das rechnete er ihm zur Gerechtigkeit.   *1. Mose 15, 6*

In Rußland ein Kälteeinbruch, wie er sonst nur Mitte Januar üblich ist.

Der Sonntag hatte das alte Nikolasseer Gepräge, nur daß ich dem, was mir so lieb war, innerlich ferner gerückt bin, wenn ich auch noch die gewisse Freundlichkeit der Situation spüre.

Der Selbstmord der Gottschalks hat sich bestätigt und erweist, wie stark in uns Mischehepaaren der Wunsch zu sterben ist.

Weihnachten vorbereiten, das Haus pflegen, Gäste empfangen und zu Gast sein, ordnen und arbeiten: alles ist nur noch wie zum Schein. Es geschieht, aber wie in einem luftleeren Raum.

Wird einmal eine Zeit kommen, in der man in seinem Tagebuch dies alles als die Geschichte der wunderbaren göttlichen Führung wieder liest? Dazu führe ich Tagebuch.

Oder wird man eines Tages alle Habe aufteilen und jedes solche Dokument seines Lebens vernichten und so ruhig aus dem Leben gehen, wie wir es alltäglich jetzt vermöchten? Alle Entscheidung liegt bei Renerle, die immer noch auf Schweden hofft.

Daß Gott uns gerade jetzt so straft mit Gottesdiensten, in denen alles stumm und leer bleibt. Und wie habe ich mich im Felde nach den Gottesdiensten gesehnt, wie wissen wir auch jetzt nichts Tieferes, Lieberes, Höheres als alles, was Gott in Christus heißt!

Unvorstellbar der Gedanke, daß Hanni, Reni und ich in diesen Wochen getrennt gewesen wären und zwischen brieflicher Frage

und Antwort sechs Wochen und mehr vergehen müßten! Ist dies
nun ein göttliches Geschenk, ein Stück von 1. Korinther 10, 13?
Es ist nun keine menschliche Versuchung mehr. –
So tief einer in der Buße steht, steht er auch in der Gnade.
Wird man nun Bücher, die dies zum Inhalt haben, im Deutsch-
land unserer Zeit noch veröffentlichen dürfen? Wird sie einen die
Zeit überhaupt noch zu schreiben fähig lassen? Ich sehe den
Weg dazu bei mir noch nicht.

17. November 1941 | Montag

> Erbauet euch auf euren allerheiligsten Glauben, betet
> im Heiligen Geist und erhaltet euch in der Liebe Got-
> tes, und wartet auf die Barmherzigkeit unsers Herrn
> Jesus Christus zum ewigen Leben. *Judas 20–21*

Was wir aus Karbes Munde nur für vage Gerüchte aus dem leidigen Milieu der künstlerischen Berufe hielten, bestätigt sich
diesmal. Es geht also um die Mischehen der Künstler, und zunächst gerade der Schauspieler, die die beachtlichsten Privilegien
besaßen. Durch den Fall Joachim Gottschalk ist plötzlich alles
offenbar geworden. Er wurde zu Hinkel zitiert wegen der Goeb-
belsschen Alternative: Beruf oder Ehe. Er antwortete: Ehe und
einen anderen Beruf, und sei es: Arbeiter. – Hinkel: Auch das
würde ihm nichts nützen; er habe die künftigen Erlasse in seiner
Mappe; Gottschalk würde seine Frau nicht bei sich behalten und
sie nicht vor der Deportation bewahren können. (Die Gott-
schalksche Ehe stellte den günstigsten Fall dar: er Arier, ein
Kind, alle christlich, berufliche Sondergenehmigung.)
Gottschalks haben aus ihrem Tod kein »Fanal« gemacht. Der
Selbstmord, in den sie ihren Jungen einbezogen, erfolgte durch
Veronal und Gas, in aller Stille. Bildts haben sie gut gekannt und
wissen, daß beide fromme Christen waren.
Als wir von Gottschalks Tode hörten, nahmen wir an, daß er
vielleicht von den Künstlern mit Sondergenehmigung deren Ent-
zug abwenden könne.
Inzwischen geht aber alles schon weiter. Schon wieder sind zwei
der Mischehen-Theaterleute, der Regisseur Felsenstein, der schon
in der Schweiz gewesen war und mit seiner Frau mit großen Zusicherungen zurückgeholt wurde, und der Schauspieler Fiedler zu
Goebbels oder Hinkel beordert worden.
Gründgens, der als Intendant der Staatstheater seine Schauspieler

beruhigen wollte, versprach, sich zu informieren, hat sich aber noch bei keinem wieder gemeldet. Außer ihm setzt sich noch immer wieder Hermine Körner ein, wohl die letzte große Schauspielerin, die viel mit Frau Göring verkehrt. Göring soll nun in diesen Angelegenheiten ganz kapituliert haben; das einzige, was er noch tun will, ist, daß er den Schauspielern die Auswanderung ermöglichen will; wenn ein Land sie aufnimmt.

Auch dies – denn Bildts werden mit Hermine Körner über uns sprechen – wollen wir um Renerles willen noch versuchen, haben ja aber nicht einmal mehr Hoffnung für das Kind allein.

Für uns ist eine Erleichterung, daß Renerle außer uns niemand hat. Sie für den äußersten Gefahrenfall im Sinne des Selbstmords zu beeinflussen, ist weniger grausam, als sie dem Schicksal der Deportation auszuliefern, das zunächst Zwangsarbeit im Elend und bei wachsendem Mangel im Kriege Verhungern und Erfrieren heißt. Viele aber werden erschossen, von Frauen hörten wir es glaubhaft noch nicht. Das Furchtbarste ist, daß die Familien auch in der Deportation getrennt werden. Bei einem Transport aus Breslau ist der arische Teil, der mit in die Deportation gehen wollte, nicht mit über die Grenze gelassen worden.

Von einem glaube ich mich frei zu wissen: mich je selbst zu rechtfertigen vor Gott. Eines aber wird auch vor Gott bestehen: daß mich nicht Angst vor dem eigenen Schicksal leitet – ich traue mir im Ertragen sehr viel zu –, sondern daß das Mitleid mit Hanni und Renerle unerträglich wird. Dahinter stehen alle ihresgleichen.–

Eine Auswanderung nach Schweden, als dem Land der *ultima ratio* für uns, bedeutet für den Fall, daß Hitler den Krieg gewinnt, nur eine Zwischenstation, von der aus sofort die weitere Auswanderung nach Amerika, das sich so verschließt, ohne alle Mittel betrieben werden müßte. – Auch das Ausland handelt furchtbar.

Verliert er, trotz diesem Deutschland, den Krieg: Hitler würde dem Zusammenbruch die Vernichtung alles Jüdischen, das in seiner Hand ist, vorangehen lassen.

Es ist bei uns wie B.'s dasselbe: man steht davor, einen so furchtbaren Schritt zu tun, an dem sich vor Gott nichts entlasten läßt an Schuld. Aber man wird im Glauben nicht irre. Auch erfüllt einen Dankbarkeit für alles, was durch Gott und uns untereinander im Leben so reich gewesen ist. Auch freut einen noch alles, was schön, was voller Liebe ist oder einen auch nur freundlich berührt.

Daß wir das »Ewige Haus« nicht als letzten Ertrag unseres Lebens – und das wird Hanni schwerer als mir – zurücklassen, ist wohl schwer, aber was besagt es, gemessen daran, daß ein so lebensfrohes Geschöpf wie Renerle durch unsere Beeinflussung sterben soll, ohne so müde zu sein wie wir; ohne zu ahnen, was in der Welt an Unglück vor uns läge.

Das Unglück der Juden verkürzt uns nicht den Blick und verengt uns nicht das Herz dafür, welch namenloser Jammer jetzt auf der Welt überhaupt und in Europa besonders herrscht. Aber wiederum sind die Juden ein »Urbild«.

Was für eine Welt, in der eine so liebevolle Tochter wie Eva B. so ruhig von dem Entschluß ihrer Eltern spricht, im Falle der gewaltsamen Trennung – und das muß ja geschehen, sobald sie sich ankündigt – zu sterben; in der Eltern – denn was heißt hier noch Stiefvater? – den Tod eines so geliebten Kindes wünschen und nach dem am Leben bleibenden Kinde nicht mehr fragen.

Gerade an den über das allgemeine Privileg hinaus mit Vorrechten ausgestatteten, »prominenten« Mischehen scheint nun die SS, mit furchtbaren Machtmitteln ausgestattet, als Träger und Vollstrecker der Hitlerschen Gedanken ihre Macht erproben zu wollen.

Bei allem zweifeln wir an, daß ein Hinkel künftige Erlasse »in der Mappe« haben soll. – Auch erwägen wir, daß Frick, nun er sich überhaupt einmal wohlwollend einstellte, so dringlich riet, Renerles Auswanderung, wenn irgend möglich, dringlich zu betreiben, während er nicht andeutete, ich solle es doch für uns drei tun.

Später.

Wir sind einen großen Schritt weiter.

Wie jeden Abend haben wir Renerle erzählt, was am Tage vorfiel, hat Renerle uns berichtet, was im Betrieb sich ereignete. Dabei sagte sie, daß die achtzehnjährige Elisabeth A. und sie entschlossen wären, sich im Falle der Deportation das Leben zu nehmen. So war es nicht so quälend für uns. So wollen wir, tritt dies Schreckliche ein und vermag kein Frick noch sonst jemand es abzuwenden, uns drei mit Gas vergiften. Einen Augenblick freilich weinte Renerle sehr, und sie weint wie Hanni fast nie. Und das Mitleid mit Renerle läßt nun manchmal auch Hanni weinen.

Unser Leben führen wir weiter wie bisher, arbeiten auch – obwohl nun auch Hanni daran zweifelt, daß ich noch »den Kopf dafür haben könnte« –, sparen auch, freuen uns dankbar alles Guten in unserem Leben. Wir wollen sterben: aber über diesem Sterbenwollen, so unfaßlich es ist, steht der Glaube: »Ich weiß, daß mein Erlöser lebt.«

Erstaunlich ist Renerles Einsicht, in der sie will, daß wir nicht am Leben bleiben sollen, wenn ihr die Auswanderung nach Schweden noch gelingt und Hanni und ich dann etwa getrennt werden. Denn wollte Renerle leben, so wollten Hanni und ich ihr dies Schreckliche nicht antun, uns das Leben zu nehmen. Hier sind wir aber nun entbunden. Diese Qual will sie uns nicht aufbürden, denn für uns wäre es kein ertragbares Leben mehr, während ihr Leben, wenn auch sehr schwer, beginnen könnte.

Jeder Tag, jede Situation zeigt es: wir haben nur uns drei. Das macht es leichter. Auch bei Hanni ist es ein Tod aus Mitleid. Und bei Renerle wäre er es, wären wir die Bedrohten und nicht sie selbst.

Wir wissen, daß Gott noch alles wenden kann. –

19. November 1941 | Mittwoch (Bußtag)

> Mein Gott, betrübt ist meine Seele in mir; darum gedenke ich an dich.
> *Psalm 42, 7*

Ihlenfeld kam von Vorträgen in Ostpreußen und Thüringen zurück; er sagt, es sei, als wäre der »Vater« eben erst erschienen, so erfülle er meine Leser. Er müsse im Weihnachtsheft des »Eckart« ihnen etwas von mir bringen.

Schon nach kurzer Zeit konnte ich ihm eine Heilige-Drei-Könige-Erzählung zusagen, in der – jedoch nicht etwa autobiographisch – die Erlebnisse meines Kindertheaters verschmolzen sind mit der geheimnisvollen Geschichte der alten Gräfin Schlabrendorff-Seppau, die eine »Mohrin« war. Der alte Sanitätsrat Demel in Beuthen hatte sie noch gut gekannt; Alfred von Schlabrendorff lebte längere Zeit in unserem Hause. Dieser Plan vermochte mich plötzlich als erster wieder lebhaft zu beschäftigen, gerade durch seine Beschränkung, auf die mein mürber, müder, von Schmerzen wie nur je geplagter Kopf angewiesen ist.

Unter dem Druck, unter dem er steht, mußte Kurt Ihlenfeld ablehnen: 1. ist die Mohrin aus rassischen Gründen unmöglich; 2. ist unmöglich, daß sie aufs Englische angewiesen war; 3. geht nicht das christliche Thema.

Wieder sehe ich: ich habe überhaupt nichts anderes zu schreiben als Christliches.

Hanni bäckt Pfefferkuchen, packt viele Weihnachtspäckchen, so wenig es zu kaufen gab, für die Kameraden. Was nur an weihnachtlichem Schmuck möglich war, haben wir den Kameraden in ihre Einöde geschickt. Es rührt mich immer so, wenn Hanni sagt »die Kameraden«, nicht »Jochens Kameraden«. Dies Sorgen für ihr Weihnachten hat uns wirklich Freude gemacht.

20. November 1941 | Donnerstag

> Die vom Volk, so ihren Gott kennen, werden sich ermannen und es ausrichten.　　　　*Daniel 11, 32*

Nach dem Reiten traf ich mich mit Eras zu einem Zusammensein, das bei diesem kühlen, feudalen Manne im Zeichen ganz besonderer Herzlichkeit stand. Von den Verhältnissen, wie er sie bei der Rückkehr vorfindet, ist er sehr deprimiert: » – überall die Partei; und Göring hat nichts mehr zu melden.« Er war bereits bei den für meine Sache zuständigen Dezernenten des OKW, allerdings entsetzt über die Interesselosigkeit, mit der das Dezernat eingerichtet ist. Eras reagiert sehr nüchtern: er stellt die Gefahr, in der Hanni und Renerle sich befinden, gegenüber dem Umstand, daß nichts in Erfahrung zu bringen ist, ob ich bei positiver Entscheidung durch Hitler befördert werden kann und, was das A und O ist, ich für Hanni, geschweige denn Reni, etwas erreichen kann. Erhalte ich da keine Klarheit, muß ich, nach seiner und unsrer Meinung, bei positiver Entscheidung ablehnen. Daß diese Unklarheit besteht, geht ja am besten daraus hervor, daß Frick im Falle der Sondergenehmigung seinen persönlichen Schritt beim Führer für notwendig hielt; und reicht ein Frick aus, wo ein Göring nicht mehr gilt? – .

Allabendlich stellen uns die Fakten, die Renerle aus dem Umkreis des Betriebes zu berichten hat, wieder vor das ganze Grauen. Dies entsetzliche Auseinandergerissenwerden der Familien!

Auch Eras sagt: Nach dem großen Goebbels-Aufsatz im »Reich« kann man doch gar nichts mehr anderes erwarten als die Vernichtung des Judentums, namentlich nachdem er so betont höhnisch von den »unschuldigen alten, gebrechlichen Frauen und den putzigen Babies der Juden« schrieb, der Juden, die »am Tode jedes deutschen Soldaten schuld seien«.

> Gott ist nicht ein Mensch, daß er lüge, noch ein Menschenkind, daß ihn etwas gereue. Sollte er etwas sagen und nicht tun? Sollte er etwas reden und nicht halten?
>
> *4. Mose 23, 19*

So sehr wir apokalyptische Stimmungen ablehnen – für viele Menschen gilt nun 1. Petrus 4: »Es ist das Ende aller Dinge nahegekommen.« Aber es ist, als vermöchten wir drei nicht »zu beharren bis ans Ende«. –

1. Petrus 4, 7–9 zitiert heute Charlotte Staritz in einem Brief an Hanni, in dem sie von Käte Staritz berichtet, die das getan hat, was wir an den anderen Pastoren vermißt haben: »Meine Schwester Käte befand und befindet sich noch durch diese Aktion in einer recht gefährlichen und ungeklärten Lage. Sie hatte, als die Stern-Verordnung herauskam, an alle Breslauer Amtsbrüder ein Schreiben gerichtet, das die Geistlichen auf die aufbrechende Not für unsere Gemeindeglieder, die durch diese Verordnung betroffen werden, aufmerksam machen sollte. Sie hatte auch in dem Schreiben Hinweise und Vorschläge gegeben, wie man verhüten könne, daß der Gottesdienst durch irgendwelche Provokationen gestört werde und wie die Gemeinde sich in taktvoller Weise der gezeichneten Gemeindeglieder annehmen könne. Dieses Schreiben wurde von der Stapo beschlagnahmt, d. h., nachdem es den Amtsbrüdern zugestellt worden war, nur die restlichen Exemplare. Es wurde an sämtliche Parteistellen, bis zum Ortsgruppenleiter, weitergegeben und nun in Parteiversammlungen von dem ‚Weib‘ geredet, das die Juden protegiere. Das Konsistorium beurlaubte Käte unter Weiterzahlung des Gehalts, aber sie sollte Breslau verlassen. Kätes Arbeit (Fürsorge für die getauften Juden) liegt z. Z. völlig brach, für eine Vertretung ist bisher noch nicht gesorgt worden.«

Ich war heute nach seiner Rückkehr in Renerles Sache bei Dr. Lilje. Er sieht in Renis Falle positive Möglichkeiten, eben in dem auch von Forell angestrebten Zusammenwirken mit dem schwedischen Kirchenmann Söderström. Selbst an den Erzbischof will er sich wenden, da man gerade diesen Männern gegenüber so für uns deutsche evangelische Autoren eingetreten ist, damit Schweden Deutschland richtig sehe. Vor allem begriff Lilje sofort, daß der ungewissen Lage Schwedens wegen gleich ein Schritt für Renerle in Amerika erfolgen muß, ehe eine Kriegserklärung es unmöglich macht. Liljes Verbindungen zur Amerikanischen Kirche[231] sind genauso fundiert wie die zur Schwedischen Kirche; und gerade morgen ist er mit seinen Verbindungsleuten zusammen.

In diesem Zusammenhang erwog Lilje, ob man nicht für uns drei besser zusammen verhandle, da ich doch alter Funkmann sei und die Amerikanische Kirche eigene Sender besitze. Was ich für Renerle als erschwerend ansehe, könne vielleicht sogar erleichternd sein. – Hanni und ich sind zur Auswanderung bereit. – Die Dringlichkeit, Renerle nach Schweden zu bringen, erkennt Lilje vollkommen.

Als ich heimkam, war ein Brief der Jüdischen Gemeinde, über die alle Mitteilungen der Gestapo gehen, da: »Frau Renate Stein, Teutonenstraße 24« mit Vermerk des Briefträgers: »Empfänger Teutonenstraße 24 unbekannt.« Für uns kein Zweifel: die übliche Aufforderung an Juden, die Wohnung zu räumen und die Listen für das Eigentum aufzustellen, auf der Gemeinde vorzusprechen – jener Vorgang, der die Deportation einleitet. Der Brief trägt die Nummer 5833. Wir ließen ihn noch uneröffnet.

Renerle kam abends mit der Frage heim: »Ist die ‚Kündigung‘ da? Heute haben sie alle mit dem Buchstaben S bekommen.« Sie war also völlig vorbereitet.

Nun muß der Frick-Brief erweisen, ob er hilft.

So schnell schon ist es dahin gekommen.

Und gleich beim Abendbrot gab das Postamt ein Telegramm an mich durch: »Stockholm. Veranlaßt Referenz von Söderström und Forell über Reni. Kurt Meschke.« Es muß also auf meinen Brief nach meinem Besuch bei P. Forell hin ein Schritt erfolgt sein.

Wie werden unsere Herzen hin und her gerissen. Die Angst um das Kind steigt nun aufs höchste.

Renerle sagt, sie lese jeden Tag die Losung, ob Gott in ihr etwas zu unserer gegenwärtigen Angst sage. »Aber was hat Gott versprochen, das er halten wolle?« Ich weiß nur die eine Antwort: »Daß Christus unser Erlöser ist.«

Aber das menschliche Herz kann nicht anders, als an die Bedrängnis des Augenblicks denken.

Immer wieder sagen Hanni und Renerle so ergreifend: »Daß du jetzt da bist.« – Aber ich bin vor Gott ganz scheu geworden; das, was nicht geschehen durfte.

Tröste mich wieder mit deiner Hilfe.   *Psalm 51, 14*

Der Tag war wieder sehr besetzt, ohne Arbeitstag zu sein.

Meine Partner erschweren es mir sehr durch ihre Angst vor Telefonüberwachung. Es ist schwer, in Berlin jemand aufs geratewohl aufzusuchen.

Bei Dr. Lilje, der über Sonntag verreist, Montag aber seine amerikanischen Gewährsleute spricht.

Bei Legationspfarrer Forell wegen der Referenz über Renerle. Er wurde aber erst abends von einer Reise zurückerwartet. Immerhin konnte ich von seinem Büro bei der Schwedischen Gesandtschaft anrufen lassen, um festzustellen, daß Söderström von seiner Reise noch nicht in Berlin eingetroffen ist.

Forell kam nachmittags schon zurück und rief an: bereit zur Referenz über Reni, die er Stockholm selbst angeboten hat.

Gott sei Dank hatte das Kind auch heute wieder einige Jugend bei sich, sieht aber sehr schlecht aus.

Inzwischen hatte sich auch Sigrid Schacht für morgen angesagt.

Es ist immer noch nicht zu fassen, daß ich jetzt gerade hier bin, obwohl ich weiß, daß Gott mich nicht braucht.

23. November 1941 | Sonntag (Totensonntag und letzter Sonntag des Kirchenjahres)

Siehe, wir preisen selig, die erduldet haben.

Jakobus 5, 11

Zum Frühstück Karbe und Sigrid Schacht; ihre Vermittlung in Renerles Sache brauchen wir zur Zeit gar nicht so, da doch stärkere Helfer gefunden sind, immerhin jedoch – P. Forell – im Zusammenhang mit ihr.

Anruf P. Forell: heute um fünf soll ich mit Renerle zu ihm und Söderström ins »Excelsior« kommen, also gleich nach Söderströms Ankunft.

Renerle lernte dann aber – im Hotel mußte sie ihren Judenstern ängstlich mit einer Mappe verdecken und wartete lieber in P. Forells Auto – nur Forell kennen, da Söderström krank zu Bette lag. Dennoch führte er ein fast anderthalbstündiges Gespräch mit mir. 1. Er kennt Rektor Sundberg, Viggbyholmsskolan gut. 2. Er geht am Freitag in Stockholm in Renis Sachen zu dem ihm wohlbekannten Dezernenten des Einwanderungsressorts. 3. Morgen senden

Forell und Söderström gemeinsam die aus Stockholm angeforderte
Referenz von der Schwedischen Gesandtschaft aus mit dem Kurierflugzeug ab, so daß die Referenz Dienstag schon in Stockholm
ist. 4. Die Hauptsache sei, daß die Auswanderungsgenehmigung
mit Frick besprochen sei. Denn Schweden verschanze sich bezüglich der Einwanderungsgenehmigung dahinter, daß sie angesichts
der deutschen Sperre gar keinen Sinn habe. Wiederum müsse man
nun sehr vorsichtig sein, damit Schweden nicht eine »Nazi-Schie-
bung« wittere.

Wie erinnert alles an Professor Burckhardt! Auch die Verbindung
von Diplomat, Kirchenmann, gepflegtem »Herrn« in Söderström;
seine christlich-humanitäre Mission in dieser Zeit, die genau der
Burckhardts entspricht; der ausgezeichnete Konnex im Gespräch,
in dem das Kirchliche freilich stark durchsetzt war mit dem mir
nun schon so schmerzlich gewohnten Literarisch-Gesellschaft-
lichen. Doch bot mir dies den Ausweg aus dem Politischen; denn
für den Deutschen ist es ja nun bitterschwer, vor Ausländern über
sein Vaterland zu sprechen.

Hanni kämpft um die Zeit für mich, »wenigstens das Bora-
Material abzuschließen«.

24. November 1941 | Montag

> Erfreue die Seele deines Knechtes, denn nach dir,
> Herr, verlangt mich.   *Psalm 86, 4*

Beide haben wir den Wunsch, daß Renerle Weihnachten schon
in Schweden verlebt.

Jetzt ist aus Renerles Betrieb auch eine 49jährige taubstumme
Frau deportiert, deren Sohn zum Unglück auch noch in Rußland steckt.

Kriegsverletzte Juden aus dem Weltkrieg haben Kleiderkarte und
normale Lebensmittelkarten, müssen aber den Stern tragen.

Es ist ein solches Seufzen im Lande.

Für die Deportations-»Reise« muß jeder Jude 200 Mark bezahlen.

25. November 1941 | Dienstag

> Die Strafe liegt auf ihm, auf daß wir Frieden hätten.
>   *Jesaja 53, 5*

Der Tag begann und schloß mit einem Telefongespräch mit Lotte
in Nürnberg. Hugo – 64 Jahre, Oberlandesgerichtsrat a.D. – und

Lotte[232] werden übermorgen in ein Judenlager in Riga deportiert. Lotte ist sehr gefaßt. In Nürnberg kam alles ohne längere Vorbereitung, und dort werden zuerst die Beamten, die noch ihre Pension bekamen, deportiert.

So nahe ist nun alles gerückt. Es gibt keine Möglichkeit mehr. die Augen auch nur einen Augenblick davor zu schließen. Auch will man es nicht. Es muß ja für den schlimmsten Fall noch so viel bedacht werden.

Renerle wird in dem Entschluß zum Selbstmord, wenn die Auswanderung scheitert und die Deportation unentrinnbar wird, immer fester, so sehr sie noch hofft.

26. November 1941 | Mittwoch

> Verlasset euch auf den Herrn ewiglich; denn Gott der
> Herr ist ein Fels ewiglich.
>
> *Jesaja 26, 4*

Jedes Moment der Erregung fällt weg: doch alles, was von innen oder außen jetzt an einen herantritt, bestätigt den Entschluß zum Tode, der vor Gott bei alledem bleibt, was er immer war.

Ich sollte wieder in Braunschweig lesen, sage aber natürlich ab. Es ist ja nun wieder ganz anders gekommen, als es mir im Felde erschien.

Und daß nun selbst meine Kriegserinnerungen schriftstellerisch brachliegen müssen. Dieses kann ich nicht schreiben, weil ich aus dem Heer entlassen bin; jenes nicht, weil es zu kirchlich ist. Und endlich muß jetzt das Vorlegen von Arbeiten beim Propagandaministerium möglichst ganz vermieden werden. Zur Arbeit am »Ewigen Haus« aber – für eine weitere Sicht – bin ich noch nicht frei, noch nicht fähig. –

29. November 1941 | Sonnabend

> Gott ist unsre Zuversicht und Stärke, eine Hilfe in
> den großen Nöten, die uns getroffen haben.
>
> *Psalm 46, 2*

Der Sonnabend vor dem ersten Advent. Ein Tag in großer Klarheit und bronzenem Glanz. Bei der Madonna steht ein mächtiger Tannenstrauß, ein großer Tannenstrauß auch an meinem Bibliotheksfenster; die Taube des Heiligen Geistes über der Tür ist mit Tanne umsteckt, ein besonders adventliches Bild, mit dem sich das des Ölblattes, das die Taube bringt, verbindet. Und die

Glaskugel im Treppenhaus ist gefüllt mit Tannenzweigen und bunten Strohblumen. Es ist alles wie sonst. –

Juliane schreibt, daß am Dienstag schon die Referenzen von Forell und Söderström da waren. »Nun halten wir den Atem an. Besser ließe sich das alles nicht ordnen. Die Formulierung der Referenzen war sehr glücklich abgefaßt.« Wir nehmen an, daß die Entscheidung rasch fallen wird. Nun ist nötig, »daß das Herz stark werde«. Renerle baut noch zu fest auf Frick. Das macht es schwer für uns. Diese Lebensfreude, wo sich nur eine Hoffnung zeigt!

Nun ist Feierabend, und der Advent wird eingeläutet. Der Gedanke ist einem nun schon vertraut, daß diese Adventszeit den letzten, geschlossenen Abschnitt unseres Lebens bedeuten könnte. »Das Ende aller Dinge ist nahegekommen.« Für uns gilt es nun. Der furchtbare Bruch unseres Lebens liegt darin, daß wir durch einen schuldbeladenen Tod zu Gott wollen, indes der Herr verheißen hat, zu uns zu kommen. Es heißt, »mehr sündigen als andere Menschen«, wenn der Tod nicht hingenommen wird als »der Sünde Sold«, sondern selbst zur schwersten Schuld des ganzen Lebens wird. Aber es ist nicht die Sünde wider den Heiligen Geist.

Das Unfaßlichste ist, daß unser Herz so erfüllt ist vom nahenden Advent. Größeres als der Glaube ist uns nicht begegnet.

30. November 1941 | Sonntag (1. Advent)

> Durch die herzliche Barmherzigkeit unsers Gottes hat uns besucht der Aufgang aus der Höhe, auf daß er erscheine denen, die da sitzen in Finsternis und Schatten des Todes.
> *Lukas 1, 78. 79*

»– die da sitzen in Finsternis und Schatten des Todes.« So haben wir dies Wort des 1. Advent noch nie gehört. Menschlich gesehen halte ich unser Verhängnis für unentrinnbar; der Advent hat dennoch nichts von seiner Leuchtkraft eingebüßt; hier eben geht es um etwas, das nicht menschlich ist.

Immer mehr wird mir bewußt; das, woran ich an unserem Hause so hänge, ist ja gar nicht ein bürgerliches Glück. All das Schöne verlangt ja soviel Liebe, weil es umwoben ist von der Weihe seiner kirchlichen Herkunft: die gotische Madonna, die Taube, die Hirten, die Engel, der »Leichnam Christi«, der Schmerzensmann.

Immer wieder gingen heute unsre Blicke zu ihm; denn auf dem kleinen Renaissanceschrank, auf dem der Schmerzensmann steht, ist der schönste Platz für den Adventskranz, und das war ein wundersames Bild: der sinnende Schmerzensmann bei dem Tannenkranz und den Kerzen.

Die Kirche hatte all jenen naiven Schmuck, den man von Jahr zu Jahr mit der alten Liebe begrüßt: den Stern aus der Brüdergemeine, den Kranz mit dem ersten brennenden Licht unterm Chor, die Adventsbäumchen zu seiten des Altars. Ein Mädchenchor. Eine sehr volle Kirche. Die beiden Lieder »Macht hoch die Tür« und das von Jahr zu Jahr unerschöpfliche »Wie soll ich dich empfangen«; das »Gelobt sei der da kommt im Namen des Herrn« der großen Liturgie; das Abendmahl, an dem die halbe Gemeinde teilnahm (wir nicht), während der letzten Strophen von »Wie soll ich dich empfangen –«.

Die Predigt über Psalm 12, 6: »Ich will eine Hilfe schaffen dem, der sich darnach sehnt.« Es war die erste Predigt, die P. Wiese seit seiner Verhaftung und Erkrankung hielt. –

2. Dezember 1941 / Dienstag

> Ich sehe ihn, aber nicht jetzt; ich schaue ihn, aber nicht
> von nahe. Es wird ein Stern aus Jakob aufgehen, und
> ein Zepter aus Israel aufkommen.   *4. Mose 24, 17*

Wie stark redet die Losung wieder jeden Tag zu einem. »Herr, du bist meine Stärke und Kraft und meine Zuflucht in der Not.« Jeremia 16, 19. Wie aus der Bibel, so lese ich auch aus den Adventsliedern in diesem Advent immer Neues heraus: »O Herr von großer Huld und Treue / o komme du auch jetzt aufs neue / zu uns, die wir sind schwer verstört. / Not ist es, daß du selbst hienieden / kommst zu erneuern deinen Frieden / dagegen sich die Welt empört.« (Rückert)

Heute kam zum zweiten Male das Schreiben der Jüdischen Gemeinde, die mit der Zusammenstellung der zu Evakuierenden beauftragt ist, an Renerle. Ich war sofort bei der Gemeindestelle, wo all die unglücklich Hinzitierten in Scharen warteten. Als Arier wird man peinlicherweise sofort abgefertigt (unter anderem von einem Juden, der 1914/18 als 38 jähriger im Felde und kriegsverletzt war). Die unterste Stelle war einfach dazu verpflichtet, die »Räumungsliste« für Renerle auszufüllen. Obwohl ich mir vorgenommen hatte, den Frickbrief nur als äußerste Reserve einzusetzen, mußte ich nun zum mindesten den Sonderfall der Audienz bei Frick erwähnen. Darauf wurde ich sogleich zur obersten Stelle geführt. Wieder berief man sich auf die Verpflichtung, die Listen, die alle Personalien des Haushalts umfasse, ausfüllen zu müssen. Solche Erfassung machte mir aber die größte Sorge. So mußte ich nun mit dem Frickbrief operieren, zumal man mir nur so schwache Tröstungen gab wie: »Die Sache würde sich doch wohl durch den arischen Haushalt günstig klären. – Ein Parallelfall sei auch positiv entschieden worden; von der Behörde (Gestapo) habe der arische Stiefvater die Genehmigung erhalten, daß seine Stieftochter bei ihm und seiner Frau bleibe. – Es seien ja noch drei Tage Spielraum für solche Aktion, zwischen der Zustellung des Deportationsbescheides und der Deportation selbst. – Im Dezember fänden keine Transporte mehr statt.« Nach Vorlegen des Frickbriefes erreichte ich nun folgendes: Die Liste wurde nicht von mir ausgefüllt und das Schreiben an Renerle zurückgenommen und für die Behörde mit dem Vermerk versehen: »Laut vorgelegtem Schreiben des Persönlichen Referenten des Herrn Reichsministers des Innern vom . . ., an den Stiefvater von Renate Stein, Herrn . . ., kommt R. St. für eine Evakuierung nicht in Frage.« Für uns gibt es nur noch solch etappenweise Lösung.

Die Inhaber von Weltkriegsauszeichnungen sollen nun diese der Gemeinde anzeigen. Nachdem sie sie des »Sterns« wegen nicht mehr tragen durften, hoffe ich nun doch auf ihre Rückstellung bei der Deportation. Wieder soll Göring dahinter stehen.

Eine Rede von Goebbels spricht von der letzten Konsequenz, mit der man die Vernichtung der Juden durchführen werde!

3. Dezember 1941 | Mittwoch

> Das Volk, das im Finstern wandelt, sieht ein großes Licht; und über die da wohnen im finstern Lande, scheint es hell. *Jesaja 9, 1*

Vor einem Jahr wurde ich Soldat. Auch jetzt sind wieder Männer über Männer einberufen.

Renerle hat heute wegen Betriebsausfluges der Arier in ihrer Firma einen freien Tag, und deswegen hatten wir eine Einladung bei Schillers angenommen. Aber durch eine Karte von Juliane steht dieser Tag doch wieder von früh an unter großem Druck für sie.

Ein Zusammensein mit Menschen in der gleichen Situation wie Schillers kann noch sehr schön sein; alles andere Zusammensein mit Menschen ist dagegen so quälend geworden.

Hanni und ich sagen uns jetzt manchmal, wäre nicht das Kind, man brauchte nicht auf den zugespitzten Anlaß zum Tode zu warten, so müde ist man von der Ohnmacht und dem Ekel.

Dabei sind wir uns im klaren, daß es durchaus auch so kommen kann, daß die Kriegslage die Wiedereinberufung der Mischehen-Männer und Mischlinge bedingt, die Mischehen solange geschont werden, ich weg muß, Renerle mit dem ungewissen Schutz des Frickbriefes zurückbleibt –. Gott hat viele Wälle, wenn er den Selbstmord hindern will.

4. Dezember 1941 / Donnerstag

> Siehe, der Herr läßt sich hören bis an der Welt Ende: Saget der Tochter Zion: Siehe, dein Heil kommt!
>
> *Jesaja 62, 11*

Nachmittags war ich zu zweistündiger Unterredung über das Testament (das von Hanni und mir für den Fall des Selbstmordes überlegt ist) bei Justizrat Scholz. Welche Noblesse, welches Wohlwollen, welches Interesse des alten Mannes. Aber ich sage mir immer wieder: keiner hat in meiner Abwesenheit nach Hanni gefragt, keiner darauf hingewiesen, daß sie inzwischen, wäre ich gefallen, das Haus nicht hätte erben dürfen, da doch inzwischen die neuen Verordnungen herauskamen!

Mit Christus bete ich Tag um Tag: »Dein Wille geschehe!« Aber mein Menschenherz spricht dazu: »Das bist du nicht, Vater –.« Über dem allen gilt für mich allein: »Da dachte ich: Wohlan, ich will sein nicht mehr gedenken und nicht mehr in seinem Namen predigen. Aber es ward in meinem Herzen wie ein brennendes Feuer, in meinen Gebeinen verschlossen, daß ich's nicht leiden konnte, und wäre schier vergangen« Jeremia 20, 9.

5. Dezember 1941 / Freitag

> Der Herr, der König Israels, ist bei dir, daß du dich vor keinem Unglück mehr fürchten darfst.
>
> *Zephanja 3, 15*
>
> »Ihr Armen und Elenden / zu dieser bösen Zeit, / die ihr an allen Enden / müßt haben Angst und Leid –«

Auch dieser Tag gehörte keineswegs der Arbeit, oder doch nur begrenzt. Es ist kaum zu fassen. Was ist das alles?

Die Einzelheiten aufzuzählen, lohnt kaum. Es ist eine Kette bedrückender und lästiger Erledigungen.

Bei Erhard; mit einem Kunsthändlerehepaar, Herrn und Frau Berger, die eine Kunsthandlung in Berlin und eine in Schweden haben, in Stockholm, wo Herr Berger elf Jahre gelebt hat. Ein älterer Freund, Konsul Hellberg, ist ein naher Freund des schwedischen Ministerpräsidenten; und so geht nun in Renerles Sache noch ein Brief an Konsul Hellberg hinaus, ihn um sein Eingreifen bei dem Ministerpräsidenten zu bitten. – Aber ich tue alle diese Schritte, wie die Zusammenkunft mit Berger, eigentlich nur noch mechanisch, ohne Hoffnung.

Neue Gerüchte über Zwangsscheidungsgesetze für den Anfang des kommenden Jahres. Von 1933 bis jetzt haben sich, während alle anderen Gerüchte falsch waren, die auf die jüdische Tragödie sich beziehenden alle erfüllt –.

Ich konnte mich lange mit Hilde zurückziehen und die Testamentsangelegenheiten mit ihr besprechen, die Regelung, die die Hälfte unseres Erbes für Brigitte nun in Hildes Hände legt, das andere für Hilde bestimmt. Hilde hat nicht versagt.

7. Dezember 1941 | Sonntag (2. Advent)

> Ich gedenke an die Taten des Herrn, ja, ich gedenke
> an deine vorigen Wunder.   *Psalm 77, 12*

Ein vorweihnachtlicher Sonntag in seiner ganzen Stille und Würde, von einer sanften Geborgenheit. – Meine Lieder sind in den Gemeinden.

In all den Frieden bricht der schwere Ernst der Zeit. Sjörma und seine Mutter erhielten die »Räumungsliste« für die Deportation; Hannis Nichte Thea in Prag schreibt unmittelbar vor ihrer Evakuierung; und sprechen Hanni und ich uns allein, sind noch immer die Angelegenheiten der Hinterlassenschaft für Hilde zu bereden, der wir die ganze schwierige Übernahme unseres Besitzes so leicht wie möglich machen möchten. Und es ist, als entfalte sich in diesem letzten Ordnen noch einmal unsere ganze Vitalität.

So sehr wir dem Kinde noch jeden Tag seines unter Schmerzen so geliebten Lebens wünschen, erschrecke ich fast davor, es könnte noch etwas unseren Tod aufhalten, wenn die schreckliche Verschärfung aller Maßnahmen unerbittlich fortschreitet.

Spräche ich: Finsternis möge mich decken! so muß
die Nacht auch Licht um mich sein. Denn auch Finsternis nicht finster ist bei dir, und die Nacht leuchtet wie
der Tag. Finsternis ist wie das Licht. *Psalm 139, 11. 12*

Auch dieser Tag geht ganz in Dämmerung hin. Die Nachricht
vom Kriege zwischen Japan und Amerika. »Roosevelts und Judas
Werk«, »Getreu den Befehlen des Weltjudentums«, »England,
dieses dem Kontinent vorgelagerte Protektorat«, »Der höchstbe-
zahlte Knecht des Judentums«, »Satanische Hirne des Judentums« – alles nimmt nur noch diese eine Wendung und verdichtet sich für uns zu dem Gedanken, daß wir über den Anfang
des kommenden Jahres hinaus kaum werden am Leben bleiben
können.
Des Kindes wegen muß ich noch sehr aktiv sein, wenn auch
ohne jedes Zutrauen und im größten Pessimismus gegenüber der
Zukunft Schwedens. Bei Erhard, jenen Brief Herrn Bergers an
den Konsul Hellberg im Deutschen Verlag abzuholen; bei Pfarrer
Forell, um ihn zu bitten, ein erläuterndes Schreiben nach Viggbyholm wieder mit dem Kurierflugzeug der Gesandtschaft beför-
dern zu lassen.
Für die halbe Stunde, die ich bei Forell in seinem recht behäbigen
und repräsentativen Pfarrhaus war, umgab einen noch einmal die
Illusion der Geborgenheit bei einem kleinen, noch »gesicherten«
Volk. Tannen- und Blumenschmuck im Empire-Empfangszim-
mer, die Fülle echter, gezogener Kerzen zum morgigen Lucia-
fest, der Teetisch am Kamin mit all den schwedischen Weih-
nachtsbäckereien – Wohlgerüchen, wie wir sie seit Jahren nicht
kennen; die ungeheure Geschäftigkeit in der riesigen, blitzenden
Küche.
England hat auch an Finnland, Ungarn und Rumänien den Krieg
erklärt.
Das Unheil wächst und wächst; und in diesem neuen Ansturm
erreicht es uns vielleicht unter den ersten Opfern. –
Nun alle große Arbeit nicht mehr entstehen kann, werde ich
wohl auch kein Gedicht, kein Kirchenlied mehr schreiben können; es geht von innen und von außen nicht mehr, obwohl die
Liebe zu Gott sich nicht wandelt. Aber im Vertrauen und im
Gehorsam und in der Hoffnung ist ein Bruch.
Ich träume manchmal, ich sei wieder Soldat, und träume es ohne

die Beziehung zu der Entlassung. Sonst träume ich schwer, ja, es geht bis zu beängstigenden, furchtbaren Unwettern und dem Traum von einem vernichtenden Zusammenstoß der Sterne. Ich träume von Verfolgung und Flucht, und das Erwachen bestätigt; wie nahe alles dies ist. –

11. Dezember 1941 / Donnerstag

> Die Sünden sind euch vergeben durch seinen Namen.
> *1. Johannes 2, 12*

Sturm und Dunkelheit und große Mildigkeit. In der Gärtnerei am Kirchhügel holte ich heute unseren Christbaum, nachdem ich mir schon gleich am Anfang der Woche, als die – in diesem Jahr mit so viel Ungewißheit erwarteten – Weihnachtstannen eintrafen, einen ausgewählt hatte. Ich habe eine schlanke, tiefgrüne, sehr ebenmäßig gewachsene Tanne bekommen. Es soll zum Fest alles so schön und feierlich sein wie immer.

Ein Pastor aus Schlesien hat uns vier Säcke Kartoffeln und Kohl als Kriegsvorrat geschickt.

Bei meinem »treuesten Leser«, Eras, zum Kaffee. Bei weiterer Zuspitzung in meinen Sachen will er mich nun persönlich mit Görings Staatsrat Gritzbach zusammenzubringen suchen. Selten war in unserem Umkreis jemand so zuverlässig wie Eras. Und Meschkes.

Von den Kameraden im Osten erfährt er nur, daß wir in unseren Stellungen bis an die letzten Eisenbahnpunkte zurückgehen müssen, sonst ist die Versorgung der Truppe nicht möglich.

Um drei Uhr war der Reichstag einberufen: die Kriegserklärung an Amerika. –

Einen neuen Krieg nehmen die Deutschen nur noch *ad notam*, und ich glaube, der größte Teil des Volkes mit völliger Resignation. Berlin, so hören wir, reagiert überhaupt nicht. –

13. Dezember 1941 / Sonnabend

> Siehe, ich will mich wieder zu euch wenden und euch ansehen. *Hesekiel 36, 9*

Zum dritten Male das Adventseinläuten. So seltsam ist alles: daß man nun aus so traurigem, beunruhigendem Grunde die Adventszeit zu Hause verlebt, all dies Schöne noch einmal erfahren darf. Mit zu dem Schwersten und Ergreifendsten gehört, daß ich Renerle immer wieder ausmalen soll, wie alles wäre, wenn –. In alledem spüre ich mehr und mehr, daß Renis ganzes Wesen mich so als Vater aufgenommen hat wie ich sie als Kind.

Hanni und ich haben nun alles beraten, wie wir dem Kind die Festzeit so schön wie nur irgend möglich machen.

War sonst Renerle mein Geschenk-Marschall – nun, wo sie keine Zeit für sich hat, bin ich der ihre. Möglichkeiten bestanden überhaupt nur im Antiquitätenviertel, wo ich immerhin einige kleine, wenn auch zum Teil sehr teure, Sachen fand. Aber Renerle will viel schenken, weil sie ja mit ihrem Gelde nichts beginnen kann. Der Krieg mit Amerika bleibt weiter ohne Eindruck auf die Menschen, zumal die vielen neuen Einberufungen schon vor seinem Ausbruch erfolgt waren und die Folgen fürs zivile Dasein wohl erst im neuen Jahre sichtbar werden sollen.

14. Dezember 1941 | Sonntag (3. Advent)

> Siehe, ich stehe vor der Tür und klopfe an. So jemand meine Stimme hören wird und die Tür auftun, zu dem werde ich eingehen und das Abendmahl mit ihm halten und er mit mir.
> *Offenbarung 3, 20*

Und wieder brannte in dem Morgendunkel der Kirche ein Licht mehr am Kiefernkranz und an den beiden kleinen Fichten. Das Lied: »Mit Ernst, o Menschenkinder.« Die Predigt – für unbelastetere Zeiten wär's eine gute Predigt gewesen.

Ich habe Hanni und mir wieder alle Advents- und Weihnachtslieder durchgespielt, mich mit allen Liedern dieser Festzeit befaßt. Dieses harte Faktum steht fest: Lieder vermag ich nicht mehr zu schreiben, es sei denn das Klagelied des großen Sabbats. Liebe, Lob, Dank tragen also das Lied nicht: es ist nicht möglich ohne das Vertrauen. Und hier ist dem Widersacher gelungen, mich zu verstören. –

16. Dezember 1941 | Dienstag

> Wir haben desto fester das prophetische Wort, und ihr tut wohl, daß ihr darauf achtet als auf ein Licht, das da scheint in einem dunklen Ort, bis der Tag anbreche und der Morgenstern aufgehe in euren Herzen.
> *2. Petrus 1, 19*

Vermag der Stern auch noch in unseren Herzen aufzugehen? Ist es nicht so, daß unsere Sterne untergehen, wir aber wissen, daß der Morgenstern aufgeht über unseren Untergang hinweg; und untergehend noch, durch fremde und durch eigene Schuld können wir den Blick an gar nichts anderes mehr heften als an jenen Morgenstern, der in unseren Herzen nicht mehr aufgehen soll.

Der dunkle Morgen brachte viel Post, darunter einen langen Brief von Kurt und Juliane, der uns die endgültige schwedische Absage für Renerle mitteilt. Hanni und ich haben nicht mehr gehofft. Aber das Kind konnte nicht anders, als immer noch hoffen, so sehr auch die Zukunft ganz Schwedens in Frage gestellt ist. –

Renerle nahm den Meschkeschen Brief sehr ruhig auf; sie sagt, seit dem Eintritt Amerikas in den Krieg habe sie keine Hoffnung mehr gehabt. Manchmal ist einem bange vor der eigenen Ruhe.

17. Dezember 1941 | Mittwoch

Er wird unser Friede sein.   Micha 5, 4

Nach dem »Ewigen Haus« fragt Gott nicht mehr; ich bin auf unheimliche Weise von allem entbunden; ich komme einfach nicht mehr zur Arbeit; heute sind wieder die Z.schen Angelegenheiten an der Reihe. Äußerlich nimmt es einen so in Anspruch; innerlich steht es einem so fern.

Das Kind, das Kind! Was will alles andere davor besagen.

Es gibt ein Bibelwort ums andere, das man nicht mehr in den Mund nehmen zu dürfen glaubt; so jenes: »Ich werde nicht sterben, sondern leben und des Herrn Werke verkündigen.«

Immer tiefer aber werden wir in die Vaterunser-Bitte geführt: »Und führe uns nicht in Versuchung.«

Rätselhaft ist, daß man sich an allem Schönen und Guten, das einem noch begegnet, freut. –

Drei von Renerles Kolleginnen sind für die nächste Deportation am 6. Januar bestimmt. Welches Weihnachten für die getauften Juden, denen nun dieser Termin mitgeteilt ist.

18. Dezember 1941 | Donnerstag

Gottes Wort wird weit auskommen.   Micha 7, 11

Heute ist der dritte Jahrestag von Hannis Taufe und unserer kirchlichen Trauung.

»Kämpfe den guten Kampf des Glaubens.«

»Freuet euch in dem Herrn allewege! Und abermals sage ich: Freuet euch! Eure Lindigkeit lasset kund sein allen Menschen!

Der Herr ist nahe! Sorget nichts, sondern in allen Dingen lasset eure Bitten und Flehen mit Danksagung vor Gott kund werden –.« Drei Jahre haben wir von diesem Wort gelebt; und tun es noch, doch zagend. Es ist sehr schwer, alle Schuld seines Lebens zu einer einzigen, großen, offenbaren Schuld zu verdichten.

19. Dezember 1941 | Freitag

> Herr, wer ist dir gleich, der so mächtig, heilig, schrecklich, löblich und wundertätig sei?   2. Mose 15, 11

Weitere Kameradenbriefe. Und nun – über zwanzig auf einmal – die letzten Briefe, die noch an mich ins Feld gingen; all die Briefe, die mir die Kameraden nach meinem Abschied schrieben; und die letzten Briefe von Hanni und Renerle, die so erschütternd nach meiner baldigen Heimkehr verlangen, während ich schon auf der Heimfahrt war.

Aus den Kameradenbriefen spricht eine große Wärme, sie sind eine Bestätigung für mein Leben unter den Männern, die ich nicht missen möchte. –

Dann von A., als Eras' Nachfolger, das offizielle Schreiben: Der Antrag auf Bewilligung einer Ausnahme zum Weiterverbleib in der Wehrmacht »konnte von der Division nicht weitergegeben werden«. – Eras ist sehr erbittert darüber und macht dem General große Vorwürfe. Es war ihm fest zugesagt.

»Sie werden angewiesen, von sich aus, wenn Sie die Wiedereinstellung in die Wehrmacht anstreben, einen entsprechenden Antrag bei Ihrer zuständigen Wehrersatzdienststelle zu stellen.«

Auch dies, so aussichtslos es für uns scheint, muß ich wohl noch tun. Aber Hanni schien mir durch die Absage von einer letzten geheimen Sorge befreit.

Ich sehe nur, daß ein Schritt um den anderen scheitert, kann darüber nicht mehr reflektieren und auch nichts empfinden. –

20. Dezember 1941 | Sonnabend

> Wie der Hirsch schreit nach frischem Wasser, so schreit meine Seele, Gott, zu dir.   Psalm 42, 2

Nun werden auch die Juden deportiert, die als Partner einer Mischehe mit Rücksicht auf diese – arische Ehegatten wie Mischlingskinder – getrennt von ihrer Familie gewohnt haben. Während Hilde bezüglich unserer Zukunft so zuversichtlich bleibt, sehen wir Schritt für Schritt die Katastrophe auf uns zukommen. In

alledem das unfaßliche Glück: uns gehörte noch eine Adventszeit, wir gehen noch einem Weihnachten gemeinsam entgegen.

Am Abend Aufruf von Dr. Goebbels über alle Sender: Um
Wintersachen für die Soldaten an der Ostfront.

Es scheint, als habe man wirklich nicht mit diesem Winterfeldzug
gerechnet und als sei nichts da und nichts mehr aufzutreiben.

Wieder hören wir von den Massenerschießungen von Juden im
Osten. –

21. Dezember 1941 | Sonntag (Vierter Advent)

Bist du doch unser Vater.   *Jesaja 63, 16*

Der letzte Adventssonntag hat ja immer seine besondere Feierlichkeit, wird auch erfahrungsgemäß die Kirche schlecht an ihm besucht. Hanni und ich waren bei dem guten Lilge. Aber er gab
diesem letzten Adventssonntag, was ihm vor allen anderen Sonntagen zukommt: die große Schlußliturgie mit dem »Gelobt sei,
der da kommt.« Und Jahr um Jahr ist's immer wieder so feierlich,
wenn das vierte Licht am Kranze und an den Bäumchen am Altar
brennt; ich dachte an die vorjährige gottesdienstlose Soldaten-
adventszeit; und wie ich als Soldat nur den einen März-Gottes-
dienst in Neidenburg mitmachen konnte.

Sonst war's ein echter Nikolasseer Sonntag mit nachbarlichen
Begrüßungen und Besuchen. Und wieder – damit nimmt's zum
Glück kein Ende – kamen so schöne Blumen ins Haus. Aber das
Nachbarlich-Freundliche spielt sich für mich nur in einer großen
inneren Ferne ab.

Heute spielten wir uns die Lieder für den Heiligen Abend durch.
Welch eine schöne Adventszeit war's in allem unfaßlich Schweren. –

22. Dezember 1941 | Montag

Ihr wisset die Gnade unsers Herrn Jesus Christus.

2. Korinther 8, 9

Wenn auch vielleicht nicht der schwerste Tag meines Lebens, so
doch der meiner größten Verzweiflung.

So weit also hat einen die Verzweiflung gebracht, daß auch ich
zu jener Hellseherin ging, zu der so viele Künstler, aber selbst
Offiziere gehen. Wohl war sie sympathisch; wohl wirkt sie sehr
sympathisch – aber ich sehe nur, wie aus dem Aberglauben der
Meineid entspringen soll, Renerle (wie sinnvoll wäre es dabei

dem Herzen!) sei mein Kind. Dort läge auch die Rettung für unsere Ehe.

Aberglaube, Meineid, Selbstmord – welche Gedanken! Welche entsetzlichen Zeichen der Ausweglosigkeit, während Gott doch den Weg zu Ihm für uns weiß, würden wir auch auf Erden so grauenerregend auseinandergerissen. –

Ein politisch spannungsreicher Tag: Hitler hat das Oberkommando des Heeres übernommen. Brauchitsch ist um seinen Rücktritt eingekommen. Darüber hinaus sickert hindurch, daß auch Halder, der Chef des Generalstabes, Rommel, der Afrika-Heerführer, die Generale von Kleist, von Bock und Rundstedt zurückgetreten sind. Auch Frick soll bedroht sein, das Innenministerium an den Reichsführer SS Himmler, den Vollstrecker all der Judenmaßnahmen, übergehen.

Der Heeresbericht verschleiert kaum mehr die schwere Offensive der Russen, das »Verkürzen« unserer Front – nachdem es hieß, der Feind im Osten sei geschlagen und werde sich nie mehr erheben –, die große Krise unserer Afrika-Armee.

Wieder große Plakate, die ankündigen, daß die Wehrmacht nicht die Waffen aus der Hand legen werde, bis der Jude vernichtet sei. Die Gegenüberstellung Wehrmacht – Jude ist neu. –

23. Dezember 1941 / Dienstag

Er entäußerte sich selbst.   Philipper 2, 7

Ich holte die Blumen fürs Fest, was nicht ohne Mühe war. Ich gab dem Hause seinen weihnachtlichen Tannenschmuck, brachte in den Mansarden die bunten Zweige der Mädchen an, schmückte dem Kinde sein Zimmer, putzte den Christbaum in seiner ganzen rotgoldenen Pracht, steckte – auch in diesem Jahr des Mangels ist es nun gelungen – die Kerzen zum morgigen Lichterfest auf – alles in dem namenlos seligen und bangen, bangen Gefühl, daß dies alles noch einmal für unser Kind geschehen darf.

Hanni, in all den großen Lasten, schmückt ein liebevolles Gabenpäckchen nach dem anderen aus.

Am Spätnachmittag kam Professor Glum, seinerseits noch einmal seine Hilfe anzubieten, die zunächst und vielleicht endgültig nur in – recht interessanten – Informationen über jenen Dr. Langsdorff[233] bestand, der den Frickbrief unterzeichnete. Auch er hörte die Gerüchte um Frick. –

Es ist alles bereitet wie sonst: der Tannenzweig über dem Madonnenbilde, die Lichtlein in den Händen der Heiligen, der Tannenschmuck der Diele und des Treppenhauses, der silberschimmernde Tannenzweig im Arme des Puttos, – Tanne, Weidenkätzchen, Stechpalme und Mispel im Zinnkübel, die Lichtersterne; es duftet und leuchtet von Tanne, es schimmert von Silber. Und der Christbaum steht bereit mit seinem Goldlametta, seinen roten und goldenen Glaskugeln, Rauschgoldengeln; Tannenzapfen und goldenen Nüssen. Die Taube des Heiligen Geistes schwebt in Tannengrün auf – es ist noch einmal so unsagbar schön in allem namenlos Schweren. Und ist doch nicht nur wie das Feiern einer Erinnerung – wir haben ja das Kind, das sich noch so zu freuen vermag in der ganzen Härte seines Schicksals, das so sehr Kind geblieben, immer mehr mein Kind geworden ist.

Und Gott redet und redet im Herzen, das nur noch ein Stück Qual ist.

24. Dezember 1941 | Mittwoch (Heiliger Abend)

> Es soll nicht mehr gehört werden die Stimme des Weinens noch die Stimme des Klagens. *Jesaja 65, 19*

Tiefe Dunkelheit, als wir aufstanden. Und der Morgen – wie wahr ist dieses Wort – graute nur, um immer mehr sich umdunkelnden Stunden zu weichen. Sturm und Regen und wogende Tannenkronen, Kiefernwipfel, eine stetig wachsende Verhüllung hin zu der Heiligen Nacht, die ja nicht die fröhliche und die glückliche, sondern eben die Heilige heißt und den furchtbarsten Ernst zu bergen vermag.

Ich wüßte nicht, was diesem Tag des Heiligen Abends gefehlt hätte an all dem häuslichen Zauber, den er je und je besaß, vom Aufbauen der Gabentische an bis zum Anstecken der Lichter am Baum, von der kleinen Bescherung für die gute Bülow an bis zum Austragen der kleinen Geschenke in die Nachbarschaft, vom mittäglichen Tee im Lampenschein beim Heimkommen des Kindes bis zum Anzünden kleiner Tannenzweige, damit das ganze Haus erfüllt wäre von weihnachtlichem Duft.

Wie alljährlich waren alle Vorbereitungen so abgeschlossen, daß wir vor der Christnacht noch eine kleine Weile völliger Ruhe und Muße hatten. Wir gingen alle vier zur Kirche, zur zweiten Christmette, um sechs, weil wir es ja lieben, daß die große Feier wirklich auf den Abend des Heiligen Abends fällt. Als die Glocken läuteten, saßen wir schon in der Kirche, jedoch nicht auf dem gewohnten Platz, sondern dahinter, weil Renerle mit ihrem gelben Stern hinter einer Säule verborgen sein wollte –. Am Vormittag war eine Dame der Jüdischen Gemeinde bei mir gewesen und wollte Renerles Personalien und eine Abschrift des Frickbriefes, weil nun die Angelegenheit erst an die Behörde ginge. Unter dem Vorwand, ich müsse mir nach den Festen erst eine ministerielle Erlaubnis für solche Abschrift beschaffen, konnte ich wieder einen Aufschub gewinnen, zugleich auch den Anlaß, Fricks persönlichen Referenten, eben den Dr. Langsdorff, um Rücksprache zu bitten.

Und die Christnachtpredigt enthielt einen Abschnitt über »den Gott, der Rat und Hilfe weiß, wo wir keinen Ausweg mehr sehen«, der zu uns hin gesprochen war; auch sonst gedachte die Predigt diesmal aller, die mit schwerem Herzen der Weihnacht entgegengehen.

All das Qualvolle dieser Weihnacht mußte durchlitten sein, als ich, Hanni und Renerle noch einmal neben mir, in der Christnacht saß.

Dann gelang es, so schön wie jedes Jahr, für unser Kind den Heiligen Abend zu feiern.

Indes ich die Lichter am Baum anzündete, versammelten sich – in großem Abendkleide – Hanni, Renerle, die wenigen Gäste in der Diele, und selbst das Glöckchen, mit dem ich zur Einbescherung rief, war – das alte, blanke Evangelistenglöckchen – von jener edlen weihnachtlichen Schönheit wie alle Dinge unseres Festes. Den Engel aber und die Hirten hatten wir zu einer Gruppe von erlesenster, zartester Barockschönheit zusammengestellt. Beherrscht war der weihnachtliche Festraum von dem großen, großen, ergreifenden Geschenk, das ich von Hanni erhielt: dem herrlichen Crucifixus aus der Reformationszeit!

Trotz aller Bücherknappheit häuften sich die Bücher, – hatte doch nach der Deva auch der Bärenreiter-Verlag wieder Bücher und Kalender übersandt.

Welch sakrales Gepräge hat mein Weihnachtstisch: der Crucifixus auf rotem Brokat, die Zinnschale – wie ein Taufbecken.

Es war schon neun Uhr, als nach der Einbescherung die Lichter am Baum gelöscht wurden und wir uns zu einem kleinen, sehr feierlichen Abendbrot niederließen.

Danach begann das »Kerzenfest«: die lange Lichterreihe – ein aufbewahrter Schatz vom Vorjahr – auf dem flachen Renaissance-schrank, die Lichtersterne vor der Madonna, bei dem Schmerzens-mann, auf dem Klosterzahltisch; die Kerzen in den Wandleuchtern, die roten Leuchter auf dem alten Eichentisch mit seinen roten und goldenen Bändern, dem Fayencekübel mit einer blauen Hyazinthe, den alten Meißener Tellern, Zinn, Äpfeln, Pfefferkuchen, sogar ein paar Nüssen, den Wappengläsern – es war ein solcher Glanz, so vollendete Schönheit und Fülle und Wärme.

Und nach abermals einer Stunde gab's ein Singen; und weil ich zwei so wackere Sänger hatte, war's ein großes Singen, weit über »Stille Nacht« und »O du fröhliche« hinaus: »Vom Himmel hoch«–, »Gelobet seist du, Jesus Christ«, »Lobt Gott, ihr Christen allzu-gleich«, »Nun singet und seid froh«, »Dies ist die Nacht, da mir erschienen« –.

So ward's Mitternacht, sternenreiche, stürmische Nacht. Noch im dunklen Weihnachtszimmer leuchtete es rotgolden vom Christ-baum her.

Renerles Augen hatten den ganzen Heiligen Abend wieder den alten Glanz gehabt.

Hanni aber kamen vor dem Feste Zweifel an unserem Entschluß zum Tode.

Ich aber vermag zu Gott nur zu beten, uns sterben zu lassen, ehe die große, mir unausweichlich scheinende Stunde der äußersten Versuchung kommt, der ich nicht mehr zu widerstreben vermag.

So habe ich es Weihnachten noch nie gebetet: »Und führe uns nicht in Versuchung. Sondern erlöse uns von dem Übel.«

Wir wissen, in welcher Wende wir stehen.

Weihnachten ist da, und noch immer schreit das Herz: »Ach, daß du den Himmel zerrissest und führest herab!«

Und er ist doch herabgefahren; und wir glauben es fest. Und sind doch in so entsetzliche Verwirrung und Versuchung und Ver-irrung geraten.

Der Gedanke an das Weihnachten der Kameraden trat zurück hinter dem Gedanken an das Weihnachten der deportierten christlichen Juden. Vielleicht ist bei ihnen heute »Kirche« wie nirgends sonst.

Zu diesem Heiligen Abend wurden mir in Briefen so viele Bibel-worte geschrieben. Aber sie meinen alle die Errettung aus der äußeren Not; sie meiden das Wesentlichere.

Ganz gewiß kann Gott aus der äußeren Qual erretten. Aber zu

dieser Weihnacht und mancher hat er viele, viele an sie durch die Menschen ausliefern lassen.

Dies ist nicht das Entscheidende. In Römer 8 steht alles.

25. Dezember 1941 | Donnerstag (Erster Weihnachtsfeiertag)

Gott ist geoffenbart im Fleisch.   *1. Timotheus 3, 16*

Von vielen Worten der Heiligen Schrift ausgeschlossen, darf ich dies bewahren. Dies besteht über einen selbst hinweg.

Wir, Hanni und ich, waren in der Kirche, einem großen Gottesdienst mit dem Abendmahl; wir waren auch zum Abendmahl, obwohl mich Angst und Entsetzen noch im Gottesdienst zurückzuhalten drohten, Angst, daß wir nicht zum Abendmahl gehen dürften. Aber noch ist die Hoffnung, daß Gott uns, auch wenn er uns den Menschen übergibt, in der »Stunde der Versuchung« bewahrt vor uns selbst. – Es war das erschütterndste Abendmahl, dessen ich mich entsinnen kann, denn während wir unter den Weihnachtsbäumen am Altare knieten – es gingen wohl dreißig Menschen mit uns –, sang die übrige Gemeinde die Strophen von »Fröhlich soll mein Herze springen –«

»Gottes Kind, das verbind't sich mit unserem Blute –«

»Sollt uns Gott nun können hassen –«

»Sollte von uns sein gekehret, der sein Reich und zugleich sich selbst uns verehret?«

Hanni hatte sich einen stillen Feiertag gewünscht. Wir waren ganz für uns, nur wir drei. Da freilich nehmen die Gespräche die Wendung zum Schwersten, denn in jedem Herzen, in jedem von uns dreien, mahnt und ruft Gott. Um nichts anderes geht es: zu Weihnachten auszulöschen – nicht zu sterben, sondern auszulöschen in aller Qual und allem Elend, die Gott auch über die Seinen kommen ließ und läßt, und einzugehen allein in sein Licht, indes das Menschliche im Herzen zerbricht.

Es ist das Weihnachten, an dem der Crucifixus das große, große Geschenk war.

»Und führe uns nicht in Versuchung. Sondern erlöse uns von dem Übel.«

Die Weihnachtslieder gehen uns nicht aus dem Ohr, nicht aus dem Herzen.

»Sollt uns Gott nun können hassen –« »Sollte von uns sein gekehret –«

Renerle war nicht mit zum Abendmahl. Man hat noch keine Lösung für die christlichen Sternträger »überlegt«. – Welche Worte schafft diese Zeit, wie dies nun zum grausigen *terminus technicus* gewordene: die »Sternträger« –.

Heute war kein Jude mit dem Stern in der Weihnachtskirche.

Das schwere Weihnachten der unterworfenen Völker.

26. Dezember 1941 | Freitag (Zweiter Weihnachtsfeiertag)

Das war das wahrhaftige Licht. *Johannes 1, 9*

Auch in der herrlichen Mittagssonne ist Renerle nicht zu einem Spaziergang zu bringen. Erst Herrn Schiller gelang es dann, sie zum Gang durchs weihnachtliche Nikolassee zu bewegen.

Schillers, Ursula F. und Hilde waren heute unsere Feiertagsgäste, und es war eine Feier von ganz besonderer Festlichkeit, in der unser Haus noch einmal seine ganze Schönheit entfaltete.

Ich hatte den Eindruck, daß so wie heute unser Haus in seiner ganzen Atmosphäre auf Hilde noch nie gewirkt hat; zum ersten Male sah Hilde unseren Prunk an Silber, und als alle, alle Lichter des Weihnachtsabends noch einmal strahlten, auch der Christbaum, saßen alle wie verzaubert an dem kerzen- und blumen- und bändergeschmückten Kaffeetisch mit unserem unvergleichlichen Meißener Barockporzellan. Es war, als hätte die Welt durch mehr als zwei Jahrhunderte den Atem angehalten; vollendete Schönheit und Stille war's. Draußen war der sonnige Tag grau und kalt geworden, und der feine Schnee blieb liegen.

Hilde blieb auch über den Abend, und als unsere anderen Gäste gegangen waren, gab's noch einmal ein großes, großes Weihnachtssingen aller, aller »unserer« Weihnachtslieder.

Es war einer der schönsten Weihnachtstage, die wir je verlebten. Es war zum ersten Male wieder wie ein Bannkreis gegen Kummer, Angst und Sorge und alles getragen von so großer gegenseitiger Freundlichkeit.

27. Dezember 1941 | Sonnabend

Denn die Hilfe ist des Herrn. *Jona 2, 10*

Heute wurden die Gabentische abgeräumt, und all die neu erworbenen schönen alten Dinge sind nun dem Hause eingeordnet, das kaum noch weiter solchen Schmuck aufnehmen kann, so reich ist alles. Und die Bücher: auch die Empireschränke in der Diele stehen voller Bücher, was das Kolorit noch erhöht. Das Tannengrün zu all den weißen Bücherrücken!

Die Heeresberichte lauten für den Heiligen Abend und die Feiertage sehr, sehr ernst; zumal man diese Sprache in diesem Kriege noch so gar nicht gewöhnt ist: »Heftige Kämpfe bei 35° Kälte. Tag für Tag stellen die Truppen aller Waffengattungen an der gesamten Ostfront ihre Abwehrkraft den schweren bolschewistischen Angriffen entgegen.« »Höchste Anspannung aller Kräfte.« Das Nachschubproblem wird offen zugegeben. Der Krieg in Afrika aber scheint nahezu verloren.

Der Crucifixus hat noch einmal eine Verwandlung unserer Räume nach sich gezogen. Von selbst hat sich nun ergeben, daß die gotische Madonna, der Crucifixus, der Schmerzensmann und der Grablegungschristus in dem ernsten, strengen Renaissanceraum des »Refektoriums« vereinigt sind, der strahlende Paulus in der Waffenrüstung und die sizilianischen Krippenfiguren aber die Festlichkeit meines Barockzimmers bestimmen. Wirklich, der eine Raum ist »Feierlichkeit«, der andere »Festlichkeit«.

Werden wir noch ein Fest darin feiern? Wie drängen sich schon wieder die das Innen und Außen entscheidungsvoll-belastenden Erledigungen und Schritte für die Tage nach Neujahr zusammen; wie denken auch Unbelastetere, Ungefährdetere mit Grauen an das neue Jahr.

Man klammert sich an die Tage des alten Jahres, in dem noch soviel Gutes war; man klammert sich an sie, als »könne in ihnen nichts mehr geschehen«. Aber wieviel Opfer erfordern sie allein an der Ostfront. Man klammert sich an sie, nur um nicht ausgeliefert zu werden an das neue, als wäre es nicht mehr Gottes Jahr.

28. Dezember 1941 | Sonntag nach Weihnachten

> Dieweil wir in der Hütte sind, sehnen wir uns und sind beschwert; sintemal wir wollten lieber nicht entkleidet, sondern überkleidet werden, auf daß das Sterbliche würde verschlungen von dem Leben.
>
> *2. Korinther 5, 4*

Es kam auch heute Gast um Gast, und um des Kindes willen nehmen wir es gern auf uns. In der Dämmerstunde, beim Kerzenschein war's wieder ein großer Teetisch, und die Zimmer leuchteten nur so von all den Blumen und den sanften, schönen, edlen

Farbtönen der alten Sesselsamte. Auch kam, da sie wohl ein großes menschliches Interesse gewonnen hat, jene »Hellseherin«; und nur noch ihre oft bewiesene Hilfsbereitschaft Juden gegenüber steht zur Debatte, während ihre fürs Allgemeine negativen, fürs Persönliche für uns positiven »Gesichte« keine Rolle für uns spielen; diese Verirrung ist abgetan und alles, was aus ihr hätte folgen können an vielleicht verhängnisvollen Schritten, von uns abgelehnt, während ich an dem Gedanken an unsern Tod, auch unter der Einwirkung von Weihnachten, nicht mehr vorbeikann; hier kann nur noch Gott retten, ich traue mir die Kraft zur Einwilligung in das Schwerste nicht mehr zu, wohl kann sie aber eines Tages gerade von Hanni und Renerle und dem, was Gott in ihnen wirkt, ausgehen. –

30. Dezember 1941 | Dienstag

> Gott, du bist mein Gott, frühe wache ich zu dir. Es dürstet meine Seele nach dir.   *Psalm 63, 2*

Es ist alles erledigt, was im alten Jahr noch erledigt sein sollte, an das ja vom Werke her zum ersten Male keine Forderung gestellt war. Schon über diesem Tage liegt die große Feierlichkeit eines in Schmerzen und dennoch in so viel Dank zu Ende gehenden Jahres.

Es ist wie zu der Zeit der Christgeburt: man kann vor ausweglose innerer und äußerer Not nur noch des Wunders harren. Für den Silvesterabend des Kindes ist gesorgt – Hans und Ed Nowak haben uns eingeladen; wären wir auch lieber daheim – für Renerle freuen wir uns.

31. Dezember 1941 | Mittwoch (Silvester)

> Bist du doch unser Vater.   *Jesaja 63, 16*

Die Bibellesung der Losung für den Silvesterabend ist der 27. Psalm: »Laß mich nicht und tue nicht von mir die Hand ab, Gott, mein Heil!«

Heute lege ich nun meine Soldatenlosung mit all den Eintragungen aus all den Ländern, in die mich der Krieg geführt hat, aus der Hand.

Es hat sehr schwer gehalten, daß auch dieses Jahr auf unseren Weihnachtstischen und denen der Geschwister wie alljährlich das Losungsbüchlein für das neue Jahr lag.

Reif und Nebel, und nach langer Morgendunkelheit ein tiefverhüllter Tag (sechs Grad Kälte). Blumen, Kerzen, Tannengrün sind zur häuslichen Silvesterfeier frisch geordnet, ein letzter Rundgang durchs ganze Haus ist gehalten, alle Unrast daraus verbannt, und frühe kann die feierliche Stille des letzten Tages sich ausbreiten. Die letzten zwölf Stunden brechen an.

Unser Kind kam heim. An einem zauberhaft gedeckten Tisch hielten wir beim Kerzenschimmer unser sehr bescheidenes Silvestermahl; Dämmerung und Feierlichkeit erfüllten die geschmückten Räume. Danach gingen wir zur Jahresschlußandacht, die sehr voll und deren Stärkstes wieder die Schriftverlesung und das gemeinsame Vaterunser war.

Kirchgang im Rauhreif. Auf dem Heimweg für einige freundliche Augenblicke bei Glums.

Dann blieb uns bei der Heimkehr noch eine kleine, stille Weile für unser Kerzenfest, für den Christbaum. Von Mal zu Mal scheint einem dieser weiche Glanz in den alten Räumen herrlicher – es ist die Stunde, zu der unsre sakralen Plastiken ihre höchste Schönheit enthüllen.

Ich gedachte des Vorjahres in der Kaserne.

Alles Weitere war ein Opfer ans Kind. Wir fuhren zu Nowaks, wo wir mit Birkenfelds, also diesmal drei Schriftstellerehepaare, Silvester feierten. Birkenfeld hatte Renerle zehn Jahre nicht gesehen und war wie Hans Nowak und die Frauen wie gebannt von Renerles Zauber und Liebreiz, wie sie dastand in Taft, Tüllschleier, die Herzlein um den Hals – ein Bild, so süß, wie es auch Renoir nicht gemalt hat.

Um zwölf hörte man nur eine Glocke, weil es ja Weihnachts- und Neujahrsgeläut aller Kirchen im Kriege nicht mehr gibt. Auf den Straßen blieb es diesmal ganz still, so viele Menschen unterwegs gewesen waren.

Die Silvesternacht war milder geworden, der verhüllte Himmel vom verborgenen Monde erhellt. Über allem stand nur das Bewußtsein, Hanni und Renerle an meiner Seite zu haben.

1942

WER IST ABER, DER DIE WELT ÜBERWINDET, WENN NICHT,
DER DA GLAUBT, DASS JESUS GOTTES SOHN IST?

1. Johannes 5, 5

1. Januar 1942 | Donnerstag (Neujahr)

> Siehe, ich breite über Jerusalem Frieden aus wie einen
> Strom. *Jesaja 66, 12*

Alles, alles muß Gott tun.

Das Herz erzittert vor dem neuen Jahr, als habe man eine Weite des Grauens betreten, sei in sie hineingewiesen.

Welches Gewicht haben an diesem Neujahrsmorgen die einzelnen Strophen des Liedes »Nun laßt uns gehn und treten« – gehabt. Der einzige Kalender, den wir heute erhielten, ein Kalender christlicher Soldaten, schließt mit meinem letzten Lied. Um vier begaben wir uns zu einem kleinen Neujahrsdiner zu Schillers.

Es war sehr behaglich bei Schillers, und dennoch blieb das Herz so zusammengepreßt; so blaß, so elend, so appetitlos ist unser Kind, das doch die menschgewordene Lebensfreude war! Es wird sehr schwer, Renerle noch abzulenken.

Zwischen dem Kirchgang und der Neujahrsfeier bei Schillers: noch immer die Briefe.

Ich habe während der ganzen Festzeit die Erfahrung gemacht, daß das Herz in diesen Feiern, die die letzten sein mögen, alle vorangegangenen, von Kindheit an, in Dankbarkeit noch einmal mitgefeiert hat. Das galt auch für diesen Neujahrstag in seiner Zukunftslosigkeit.

Der Aufruf Hitlers zur Jahreswende ist wieder erfüllt von dem maßlosen Haß gegen das Judentum. Und nun wissen wir ja, durch fast neun Jahre, was jeder solcher Haßausbruch für die Betroffenen an realem Schicksal bedeutete.

Eine Qual ganz für sich ist der unschöpferische Zustand, in den ich seit 1939 geraten bin; also doch, seit es um die Trennung von den Kindern ging, nachdem so viele und so schwere andere Krisen überstanden waren.

2. Januar 1942 | Freitag

> Solches habe ich mit euch geredet, daß ihr in mir Frieden habet. In der Welt habt ihr Angst; aber seid getrost, ich habe die Welt überwunden. *Johannes 16, 33*

In das neue Jahr, sofern es nicht umflossen ist von dem »gottseligen Geheimnis« der Festzeit, vermag man sich kaum hineinzutasten. Ist es denn nur noch ein Zustand des Ausgeliefertseins? Kommt uns Gott im neuen Jahre denn nicht mehr entgegen? Oder heißt er uns denn nicht, zu ihm zu kommen, wie Petrus über das Meer schritt? Es ist ein Gefühl des Versinkens und Zermalmtwerdens zugleich.

Der quälendste Gedanke ist: ich werde bei der Fülle neuer Einberufungen neu eingezogen, während Renerle noch vor der Deportation bewahrt ist – und dann, dann geschieht das Entsetzliche, wir können nicht zusammen sterben.

Oder ist das Jahr unseres Todes da? Oder das Jahr des größten Wunders in unserem Leben? Eine Mitte gibt es wohl nicht mehr – es geht um den Tod oder das Wunder oder die grenzenlose Qual. So gern und willig ich Soldat war – der Gedanke an meine Einberufung hat etwas Furchtbares: denn er umschließt auch nicht die leiseste Hoffnung für Renerle.

Man gerät in einen ganz dumpfen Zustand, der aber scharf geschieden ist von der Ergebenheit in Gottes Willen.

3. Januar 1942 | Sonnabend

> Des Herrn Auge sieht auf die, so ihn fürchten, die auf seine Güte hoffen, daß er ihre Seele errette vom Tode und ernähre sie in der Teuerung. *Psalm 33, 18. 19*

Heute besuchte uns Fräulein Neumann, die Leiterin der aufgelösten Modeschule, auf der Renerle soviel lernte. Fräulein Neumann ist jetzt auch in einem der mit der Evakuierungsvorbereitung beauftragten Büros der Jüdischen Gemeinde angestellt. Ich muß nun die Kopie des Frickbriefes herausgeben, kann es nicht länger hinauszögern. Aber zu Frick oder auch nur Dr. Langsdorff gehe ich nicht, denn natürlich habe ich doch den Brief zu solcher Verwendung erhalten. Und ich möchte nicht eine Situation heraufbeschwören, daß man mir sagt, der Brief könne weiterhin seine Wirkung nicht tun. Die Auswahl für die Deportation ist völlig geheimnisvoll, hinter das System der Reihenfolge nicht zu kommen. – Ich konnte mit dem Einsatz des Frickbriefes auch nicht mehr warten, damit nicht eines Tages seine Wirkung durch einen Ministerschub verloren ist. Noch ist Frick der Innenminister und zuständig. –

5. Januar 1942 | Montag

Ist nicht Ephraim mein teurer Sohn und mein trautes Kind? Denn ich denke noch wohl daran, was ich ihm geredet habe; darum bricht mir mein Herz gegen ihn, daß ich mich sein erbarmen muß, spricht der Herr.
Jeremia 31, 20

Den vollen Arbeitsplan des Jahres aufgenommen, aber es erscheint einem als höchst trügerisch und provisorisch, ja spielerisch, daß man so handelt. Jetzt kommen die Todesbotschaften von der Front, vom Beginn der russischen Winteroffensive. Nun ist es wie 1917/18, als der Vater immer in der Gemeinde die Todesnachrichten austragen mußte; überall hört man es: Gefallen – der Bräutigam, der Bruder, der Sohn –.
Hanni war bei den vier Schwestern von Onkel Ludwig, die – alles für die Auswanderung nach Kuba fertig – nun aus Deutschland nicht herauskönnen.

6. Januar 1942 | Dienstag (Epiphanias)

Siehe, Finsternis bedeckt das Erdreich und Dunkel die Völker; aber über dir geht auf der Herr, und seine Herrlichkeit erscheint über dir. *Jesaja 60, 2*

Welchen adventlichen Klang haben noch einmal die Bibelworte des Epiphaniasfestes. Ich werde es nie verwinden, daß dieses Fest, als der große Abschluß der Weihnachtszeit, erstorben, durch das karnevalsmäßige Silvester abgelöst ist.
Immer wieder sind es die kirchlichen Kreise und meine Leser in

ihnen, die Renerle helfen wollen. Diesmal sind es besonders der Schweiz nahestehende Kreise, die eine Kurierverbindung mit der Schweiz haben, so daß man also unzensierte Briefe schreiben kann. Aber die kirchlichen Kreise erkennen weder ihre Ohnmacht noch die völlig unzulängliche »Geltung« meines Namens.

All solche Versuche unternehme ich nur noch mechanisch, ohne Hoffnung. Vielleicht steht die Beugung unter Gottes Willen hinter der freilich sehr erschreckten Erkenntnis, wie Gott unseren Selbstmord durchkreuzen kann durch meine Einberufung und einen anderen Entschluß des Kindes. Denn Renerle hofft wohl mit aller Intensität ihrer gesunden Jugend.

Die Festzeit hat uns noch einmal als ein geschlossener Kreis unseres Lebens gehört und für den man voller Dankbarkeit sein muß in allem, was er auch an schwerer, schwerer Last umschloß.

Seit 1937 war es aber wohl das erste Weihnachten oder Jahreswende, zu dem ich kein Lied schrieb. Den Weg zum Liede sehe ich überhaupt nicht mehr: das Lied ist ohne die völlige Einwilligung in Gottes Willen nicht möglich. Möglich ist aber – nach allem, was an Glaubenserfahrung durch mein Leben gegangen ist – die Darstellung eines »anderen«, eben Katharinas, Lebens unter Gott. Von anderem als dem Leben unter Gott wüßte ich aber nach wie vor nicht zu schreiben.

7. Januar 1942 | Mittwoch

> Ich sehe aber an den Elenden und der zerbrochenen Geistes ist und der sich fürchtet vor meinem Wort.
>
> *Jesaja 66, 2*

Meschkes schreiben wieder einen ihrer rührenden Briefe, hinter denen soviel Tat steht. Auch Konsul Hellberg, der engste Freund des schwedischen Ministerpräsidenten, hat für Renerle nichts vermocht.

Renerle wird nun innerlich doch auch recht zum Zerrbild: Hoffnung, Angst, das Bedürfnis, aus ihrem armen Leben herauszuholen, was noch möglich ist, die ständige Gefährdung und Bedrohung.

Jeder Tag bringt neue Hilfsaktionen für Renerle. So ohnmächtig sie erscheinen, so umständlich sie sind, darf ich nichts außer acht lassen. Ich vertraue keinem dieser Schritte. Nun also wieder die Schweiz –. Und ich weiß doch, daß in alledem der Weg nicht mehr da ist.

Über allem entsteht in meiner Arbeit nichts mehr. Das erschöpft mehr als alle Leistung.

Ich bin allmählich verzweifelt, daß in mein Leben keine Ordnung mehr zu bringen ist, ohne die Schaffen doch unmöglich ist.

Renerle und ich werden über alledem zum Zerrbild, Hanni nicht. Denn sie hat mit allem Schluß gemacht, und wo Renerle und ich es nicht vermochten, möchte sie es und will nur das eine: daß ich schreibe bis zu dem Tage, an dem alles für uns zusammenbricht.

8. Januar 1942 | Donnerstag

Herr, erhebe dich in deiner Kraft.   *Psalm 21, 14*

Telefon und Briefe, Briefe und Telefon, Verabredungen zu Besprechungen, und Hanni und ich wissen doch: dies alles ist nichts. Aber so läuft nun die neue Aktion in der Schweiz.

Da uns Fräulein Neumann über den Stand von Reneries Angelegenheit beruhigt hat, Hanni die immer wieder aufgeschobene, seit Jahren vertagte Reise sehr, sehr braucht und wir auf meine Wiedereinberufung gefaßt sein müssen, habe ich heute in dem Hotel in Hain, in dem sich Erhard so wohlgefühlt hat, angefragt. Doch braucht man jetzt für jede Reise ein Attest. Beide zieht es uns ins Riesengebirge am meisten; am wichtigsten in unserer Lage aber ist, ein Hotel zu wissen, in dem wir versuchen können, ohne Schwierigkeiten für Hanni unterzukommen. Mir selbst fällt der Entschluß zur Reise so absonderlich schwer, wie immer. –

9. Januar 1942 | Freitag

Es soll geschehen, wer den Namen des Herrn anrufen wird, soll selig werden.   *Apostelgeschichte 2, 21*

Bei Baronin Stengel, die die Einreiseerlaubnis in die Schweiz bekommen soll; ihre Reise hat in Wirklichkeit den Grund, die Möglichkeiten der Adoption für jüdische Freunde zu erkunden; sie hat uns selbst angeboten, sich für Renerle mit Tappolets in Verbindung zu setzen. – Auf mich wirkt entsetzlich niederdrückend, daß alle Helfer jetzt immer gleich die ganze Skala auf der Zunge haben: Adoption im Ausland, Scheinehe, andere Vaterschaft.

Noch nie aber habe ich gehört, daß gutsituierte, hilfsbereite arisch-christliche Kreise sich zusammengetan hätten, Juden nach ihrer furchtbaren finanziellen Beraubung mit Subventionen zu helfen, ihnen heimlich Zuwendungen in Höhe des Verlorenen oder auch nur eines Teils des Verlorenen zu machen.

Heute gingen nun auch vier Briefe von mir durch diplomatischen Kurier in die Schweiz. – Ich bin all dieser Verbindungen, dieser »glänzenden Verbindungen« so müde.

Die »erbitterten Abwehrkämpfe« im Osten dauern an. Aus der Tatsache, daß z. B. in Moddelkau nun wieder Quartiermacher erscheinen, kann man schon wieder seine Schlüsse auf die Truppenbereitstellungen für das Frühjahr ziehen. Wo soll's hinaus mit diesem Jahre, das ein Erbe von nichts als Unsegen angetreten hat? Man erkennt nichts als Verhängnis. Ich glaube, ich bin nur noch in einem Zustand der Angst. Und brauchte doch nur einzuwilligen in Gottes Willen und wäre hindurch durch alles Grausen, das zu kommen droht.

Es gibt also eine »Wahl«, eine »Entscheidung«?

»Und führe uns nicht in Versuchung.«

Trotz Truppenverschiebungen und Winterversorgung der Ostfront und der komplizierten Verkehrslage: die Deportationen gehen weiter, – morgen – zwei in der neuen Woche – vier oder fünf Transporte allein von Berlin aus in diesem Monat.

10. Januar 1942 | Sonnabend

> Schrecken ist um und um; sie ratschlagen miteinander über mich und denken, mir das Leben zu nehmen. Ich aber, Herr, hoffe auf dich und spreche: Du bist mein Gott!
>
> *Psalm 31, 14. 15*

Jeden Tag geht es nun so weiter: Nachrichten über die Bestechungssummen, die an SS-Leute für Arisierungsvorgänge, falsche Pässe gezahlt werden, für illegale Transporte über die Schweizer Grenze; Nachrichten über illegale Vaterschaften, die konstruiert werden; Scheinehe; Adoption; unsinnige Gesuche an die höchsten Stellen, indiskutables Paktieren mit der Unterwelt. – Was soll das alles uns?

Heute war eine Vikarin bei uns, die, bei Siemens dienstverpflichtet, eine Jüdin dort kennt, die – mit großen Offiziersverbindungen – durch eine Hilfsaktion von Frau Sauerbruch, der Frau des großen Arztes, und Frau Goebbels arisiert wurde. Nun soll ich mich an Frau Sauerbruch wenden. Dabei wird der letzte Schritt doch immer Geheimnis bleiben und bei solchem Ausnahmefall unwiederholbar sein.

Alles dies ist nicht der Weg, der Weg Gottes mit uns vor den Menschen.

Das Ergebnis für mich ist lediglich, daß ich mit drei Schlafmitteln früh um halbsechs noch wach liege und meine Migräne immer quälender wird. Renerle wird nur noch mehr hin und her gerissen.

Anrufe, Anrufe, die mich doch so seltsam erschöpfen. Das »Evangelische Deutschland« schreibt: »Zur kirchlichen Stellung evangelischer Juden haben die evangelischen Kirchen und Kirchenleiter von Sachsen, Hessen-Nassau, Schleswig-Holstein, Thüringen, Mecklenburg, Anhalt und Lübeck eine Kundgebung und entsprechende Kirchengesetze erlassen; die kirchliche Mitgliedschaft von Judenchristen wird danach in den betreffenden Kirchengebieten aufgehoben.«

11. Januar 1942 | Sonntag

> Sei nicht ferne von mir, denn Angst ist nahe; denn es
> ist hier kein Helfer.   *Psalm 22, 12*

Bei dem Deportationstransport, der heute nacht nach dem Osten abgeht, hatte Renerle dabei sein sollen. Bei diesem oder dem nächsten.

Renerle ist noch immer sehr angegriffen.

Trotz Gästen war der heutige Sonntag wohltuend still; die Gäste waren Ilse Jonas von Potsdam aus und vorübergehend Frau Marx. Dadurch, daß man nur zuzuhören brauchte, war der Besuch ganz wohltuend, wie sich ja überhaupt diese Beziehung zu Ilse, nunmehr auf Hanni und Renerle ausgedehnt, wohl schon im 20. Jahre bewährt.

Wo man mit Menschen aus der kirchlichen Arbeit spricht, hört man nur von immer größerer Einengung von außen bei immer stärkerem Bedürfnis von innen her.

Wir sprachen auch, theoretisch, über den Selbstmord, und waren uns einig, was alles er an Hinwerfen des Vertrauens, an Auflehnung gegen Gott bedeutet; daß er schwerer wiegt als der Mord, weil man Gott keinen Raum in der Zukunft des eigenen Lebens mehr läßt; daß der Selbstmord von Christen in dieser Zeit das Zeugnis für das Evangelium belastet (obwohl Gott dieser Zeugen nicht bedarf); daß Selbstmord so besonders gefährlich ist, weil er in so erregten Zeiten so leicht um sich greift. Aber eine andere Sünde als alle übrige Sünde ist er nicht. Auch er kann uns von Gott nicht trennen.

Ein sehr bekannter Nervenarzt sagte Ilse Jonas aus den Erfahrungen seiner Praxis: »Für alles, für alles gibt es einen Ausweg. – Nur für die Juden in Deutschland nicht.«

Diesmal, so unglücklich der Moment scheint, habe ich mich Hannis Reiseplänen überhaupt nicht widersetzt, so elend sieht Hanni aus.

Jede Trennung von Renerle hat ein so lastendes Gewicht.

Fräulein Neumann hat mir Renerles Papiere, die Deportation betreffend, von der Jüdischen Gemeinde wieder alle zugestellt und versichert, daß ich jetzt »unbesorgt« reisen könne.

Auch der Gedanke an die Möglichkeit meiner Wiedereinberufung hat den Entschluß zu der Reise mit Hanni mitbestimmt.

13. Januar 1942 | Dienstag (Hirschberg)

> Stricke des Todes hatten mich umfangen und Schrecken des Verderbens hatten mich getroffen; ich kam in Jammer und Not. Aber ich rief an den Namen des Herrn: O Herr, errette meine Seele! *Psalm 116, 3. 4*

Renerle sagte: »Du kannst dich wohl gar nicht von deinem ‚Häuslin‘ trennen.« Renerle war über unsere Abreise ganz vergnügt, einfach, weil ihr glückliches Temperament aus jeder Veränderung sich eine Illusion zaubert, diesmal wohl die, Herrin des Hauses zu sein.

Die Reise war nicht so kriegsmäßig wie befürchtet. In Hirschberg wohnten wir im »Braunen Hirschen«, wie am 10. Oktober 1940 vor meiner Einberufung, als wir das Haus in Schreiberhau besichtigen fuhren. Das ist wohl der hübscheste Winkel von Hirschberg: der Blick auf die Gnadenkirche, den Friedhof, Pastorat und Kantorat. Und nun hatte es auch frisch geschneit. Die Verdunkelungsdepression, der man an jedem Ort neu erliegt, war bald überwunden. Meine Reisedepression auch, merkte ich doch, wie zufrieden Hanni schon im Zuge war.

14. Januar 1942 | Mittwoch (Hain im Riesengebirge)

> Jesus sprach zu ihnen: Was seid ihr so furchtsam? Habt ihr denn keinen Glauben? *Markus 4, 40*

Hanni zog es so nach den Bergen, in die Stille, zur Ruhe, daß wir am Morgen gleich mit der Talbahn – über den schönen Schloßplatz von Warmbrunn – durch einen kalten Wintermorgen durch Schnee, wechselnd Nebel und Sonne, nach »Himmelreich« und von dort nach Hain fuhren, um sogleich vom schönsten

Vorgebirgswinter umfangen zu werden. Die Lage von Hain, der kleine, sich mit der gewundenen Bergstraße hochziehende Ort ist sehr viel hübscher, als wir es auch nach Erhards Beschreibungen erwartet hatten. Still und doch nicht ohne Lebendigkeit, freundliches winterliches Treiben. Pferdeschlitten, Hörnerschlitten, großer Friede.

15. Januar 1942 | Donnerstag

> Sollte Gott nicht Recht schaffen seinen Auserwählten, die zu ihm Tag und Nacht rufen, und sollte er's bei ihnen lange hinziehen? Ich sage euch: Er wird ihnen ihr Recht schaffen in Kürze.   *Lukas 18, 7. 8*

Dorf und Landschaft sind Friede und Stille. Schon in der Frühe lag rötlicher Schein über dem Schnee, dann stieg mit großer Klarheit die Sonne empor. Die weichen Täler, die Höhenzüge darin, der Kamm des Riesengebirges, die verschneiten Wälder lagen in Glanz; nur die Berge im Norden – die aber am Nachmittag in ihrem Formenreichtum besonders klar hervortraten – lagen noch im Nebel. Es war so still im Walde – kein Mensch, kein Windhauch – nur wenn ein Vogel durch die Tannenwipfel strich, stiebte Schnee herab. Wir gingen ein Stück auf Agnetendorf zu, ruhten nach Tische kurz, waren im Dorf mit seinen kleinen Läden und Ämtern, tranken einen Glühwein, freuten uns an den skifahrenden und rodelnden Kindern, den Bauernschlitten, die Holz aus den Bergwäldern herabbrachten. Es gibt reizende Bauernhöfe in alten Obstgärten, mit hohen Holzstößen davor, eine Wassermühle tief drunten an einem der vier Wildbäche, zwischen deren Eis man das reine, klare Wasser rinnen sieht. Es ist alles lieblich, heimatlich, zauberhafter Bergwinter. Uns, in unserem Mangel an Holz, macht der Holzreichtum jedes verschneiten Holzstapels Eindruck. –

16. Januar 1942 | Freitag

> Setzet eure Hoffnung ganz auf die Gnade, die euch angeboten wird durch die Offenbarung Jesu Christi.
> *1. Petrus 1, 13*

Welcher Winterglanz! Die Tage haben – auch bei unserer Müdigkeit und Resignation und Depression – etwas Mitreißendes. Zudem ist es meine erste wirkliche Winterreise.
Früh mußten wir freilich ins Dorf hinunter, rasch wieder Post an

das Kind wegbringen; denn es hatte wieder sehr besorgt geschrieben, da es von der Jüdischen Gemeinde die Aufforderung zur Abgabe von Wintersachen, Skiern, Pelz erhielt.

Wir suchten uns dann einen neuen hübschen Nebenweg zu unserer Höhe hinauf, wohnen wir doch ganz hoch droben im Dorf, gingen auch noch ein Stück weiter hinauf, weil der Ausblick auf den klaren Kamm so großartig war, weil die verschneiten Wälder unter dem blauen Himmel ganz in strahlendem Glanze standen, kein Lufthauch bei der strengen Kälte – 17 Grad – sich rührte. Mittags-, Berg- und Winterfriede von vollendeter Schönheit.

Gleich nach Tische brachen wir wieder auf – selbst Hanni, die so müde ist, ließ es heute keine Ruhe. Wir gingen durch den hohen Winterwald den gemächlich steigenden und fallenden Weg nach Agnetendorf, begegneten im Walde nur Holzfällern mit ihren Fuhren, und ich spüre immer wieder, welche Liebe zu Pferden ich habe, keineswegs nur zum Reitpferd.

Nach einer kurzen Rast im Gasthaus, die Hanni noch ausdehnte, fuhr ich mit einem Bauernschlitten, der mich überholte, hinauf zum Landsitz Gerhart Hauptmanns, der recht erträglichen und, gemessen an heutigen Prominentenansprüchen, bescheidenen Kopie eines Renaissanceschlößchens auf einem dichten, wunderbaren Tannenhügel mit dem Blick hinunter aufs Tal von Agnetendorf, das ja wirklich noch viel mehr ein Riesengebirgsdorf als ein Badeort ist, und dem Blick hinauf auf die Schneegruben. Das Gebirge war blaßblau und stand in völliger Klarheit hinter einem zarten Glast.

Gerhart Hauptmann und Knut Hamsun sind ja wohl die letzten, die das Fluidum der Dichterfürsten umgibt.

Insofern lockte mich ein Besuch auf seinem Landsitz.

Wir hatten in Berlin erwogen, ob wir uns zu einem Besuch bei Gerhart und Margarete Hauptmann ansagten, zu dem natürlich mannigfache Beziehungen vorliegen: über seinen Sekretär; seinen Verleger Peter Suhrkamp, der S. Fischer übernommen hat; über Leo von König, der ihn malte; über Rudolf Alexander Schröder.

Denn daß Hauptmann mich kennt, glaube ich nicht. Wir kamen aber davon ab: denn Hanni will wenigstens hier einmal keine Menschen; dann sagte ich mir, daß ich ja zu Hauptmann über seine schlesischen Dramen hinaus kein Verhältnis habe; endlich aber verbot es der Respekt vor dem noch immer schaffenden Greis, der nun in diesem Jahr 80 Jahre alt wird. Freilich weiß ich, daß Prominente lieber Störungen als die völlige Wintereinsamkeit auch nur vorübergehend ertragen, und nun gar ein so geselliger Zecher wie der alte Hauptmann.

Vergeblich bemühte ich mich um einen Pferdeschlitten für Hanni zur Heimfahrt. Aber kaum waren wir hinter Agnetendorf in den Wald eingebogen, überholte uns ein junger Bauer im Pferdeschlitten – und nun war's in der weißen Dämmerung eine wunderbare Heimfahrt nach Hain durch Wald und Schnee. Dann stiegen wir durch den sternenreichen Winterabend – welcher Glanz der Venus! – zu »Marthas Höhe« empor. Einem abendlichen Gebirgsdorf gibt auch die Verdunkelung nichts Lastendes. Es ist großer Friede, große Schönheit.

17. Januar 1942 | Sonnabend

> Gedenke, Herr, an deine Barmherzigkeit und an deine
> Güte, die von der Welt her gewesen ist.   *Psalm 25, 6*

In diesem Dorfe ist kein Winkel, kein Weg ohne Reiz und Lieblichkeit; und was wir brauchen, ist in Fülle da: schöne kleine Spaziergänge, denn wir sind halt doch sehr angegriffen und mitgenommen. Von diesem Orte könnten wir uns sehr wohl denken, hier – käme noch einmal ein Wandel der Verhältnisse – ein kleines Anwesen zu besitzen; mit Schillers den gescheiterten Schreiberhauer Plan wieder aufleben zu lassen. Wir können ja nun einmal überall nur ein Stück Heimat suchen. – Aber was müßte da geschehen!

Renerle schreibt, ohne uns sei es doch traurig und einsam, aber es koste den Reiz aus, Hausherrin zu sein. – Zum ersten Mal spürt man aus den Briefen des Kindleins, daß es nun eben doch erwachsen ist: und um den Preis welcher Erfahrungen! –

18. Januar 1942 | Sonntag

> So spricht der Herr Zebaoth: Ist solches unmöglich
> vor den Augen dieses übrigen Volkes zu dieser Zeit,
> sollte es darum auch unmöglich sein vor meinen
> Augen?   *Sacharja 8, 6*

Das ist wieder eins der Worte, das einem über den Sonntag ohne Gottesdienst hinweghelfen kann.

Wieder erschien der Morgen erst schneeverhängt, und dann brachte die Mittagsstunde doch die Vollendung all der winterlichen Pracht. Denn die Sonne lag wie eine blasse, matte Scheibe im Schneegewölk, brach über den Bergen strahlend hervor, und nun glänzten all die Tannen, Birken, Fichten, Buchen, die gewaltigen Linden, Kastanien – die ja auch ohne Laub so charaktervoll sind, – die Lärchen und die Sträucher alle, Apfel- und Kirsch-, Pflaumen- und Birnbäume in dem unbeschreiblichen Glanze ihres Rauhreifes auf: in jedem Glitzern und Strahlen, das auch jeden Kristall unter den Füßen zu einem Stück Weltwunder machte.

Wir gingen wieder am Waldrand auf unserer Höhe an Gehöften in den Obstgärten, die für Hain an seinen Berghängen so kennzeichnend sind, vorüber; ganz gefangen von der Schönheit der gewaltigen Nußbäume und Linden, mit ihren verschneiten Bänklein darunter – welche Blicke aufs Gebirge und ins Tal durch die glitzernden, verschneiten Zweige. Aller schlechte, gequälte Schlaf ist vergessen –. Es ist noch einmal die Stimmung, die man als Kind an einem sonnigen, verschneiten Neujahrstage empfand. »Siehe, ich mache alles neu.« Und das ist ja nicht nur ein Kindheitsgefühl, sondern ein Bewußtsein, das über jeden Tod hinausreicht. Der Himmel ist nun rein und blau. Und was noch nicht erglänzte, steht im Glanz. –

Dem Lautsprecher ist in Deutschland nicht mehr zu entrinnen. Und deshalb – weil ich nicht mehr so unabhängig bin von der Umwelt wie früher – werde ich wohl auch hier keine neue Novelle schreiben (»Der goldene Berg«, »Die Mohrengräfin«), was ich mir so sehr wünschte, um überhaupt wieder ins Schreiben hineinzukommen. Aber lieber keine Fragmente hinlegen –. Noch harrt ja auch die Nachschubschrift ihrer Beendigung – Eras zuliebe soll auch sie nicht Fragment bleiben – und ich habe mein Material für sie mit hier.

Renerle träumte von unserer sofortigen Heimkehr, weil Hanni im Hotel die Anmeldung selbst hätte unterschreiben müssen; so tief greift der ganze Wahnwitz. Auch hier kein Haus ohne das Schild »Juden Eintritt verboten«, das doch durch den »Stern« gänzlich überflüssig geworden ist.

19. Januar 1942 | Montag

> Ich habe meine Gerechtigkeit nahe gebracht; sie ist
> nicht ferne, und mein Heil säumt nicht.   *Jesaja 46, 13*

Heute war die Sonne, vor Mittag, nur einmal als eine ferne, matte Scheibe über den Bergen. Wachsende Verhüllung und noch tiefere Stille des nahenden Schneefalls bereitete sich vor. Am späteren Nachmittag schneite es, leise, dicht und unaufhörlich.

Den zweiten Tag ohne Post; das vermerken wir dankbar. Wir wollen ja nur vom Kinde hören. Renerle hat nun die kleine Kur wegen ihrer Magenbeschwerden beendet und geht ab heute wieder in den Dienst. Ihr Betrieb soll auf Soldatenkleidung umgestellt und als kriegswichtig erklärt, seine Angehörigen sollen in Sachen Deportation reklamiert werden.

Ich stehe vor der niederdrückenden Erkenntnis, daß ich noch einmal – obwohl ich ganz gewiß über einen Fundus schriftstellerischer Fähigkeiten und Fertigkeiten verfüge – mühselig schreiben lernen muß; – gleichsam in »Etüden«. Solche Etüden sind »Ghiorghi« und »Der goldene Berg«, für die von innen und außen keinerlei zwingender Anlaß vorliegt, ohne den ich eigentlich nichts mehr schreiben wollte, weil der jeweilige große Buchplan Zwang genug in sich trägt und alles beherrscht. Aber eben, um wieder ein Buch schreiben zu können, bedarf es der Etüden.

20. Januar 1942 | Dienstag

Gottes Gaben und Berufung können ihn nicht gereuen.   Römer 11, 29

Wir haben festgestellt, daß es ein Land- oder Bauernhaus auch hier nicht mehr zu kaufen gäbe. Aber solche Gedanken waren ja für uns auch nur noch ein schmerzliches Spiel. Stehe ich doch dem Fortgang des Lebens nur noch mit furchtbarer Bedrücktheit gegenüber.

Zwei Briefe von Renerle. Sie berichtet von einem sehr unsympathischen Anruf des Politischen Leiters von Nikolassee, der ja wirklich etwas Teuflisches, Gespenstisches hat. Was für Menschen sollten sich auch für solche Inquisitionsämter sonst hergeben? Und für uns in unserer besonderen Lage ist solcher Mann eben sehr wichtig. Leider verläßt einen das Bewußtsein für das, was in Berlin auf einen wartet, überhaupt nicht. Ach, daß wir nicht wenigstens unser geliebtes Haus für uns selbst haben; daß wir beim Bauen dem Erfolg des »Vater« so wenig trauten. Freilich, nun gibt die Papierknappheit unserer Vorsicht wieder recht.

Für mich bedeutet diese kleine Winterreise das Wiedersehen mit deutscher Landschaft überhaupt. –

Ich war den ganzen Nachmittag und Abend allein im Schreibzimmer und schrieb. Darum geht es ja für mich vor allem: wieder das Gefühl kennenzulernen, stundenlang schreiben zu dürfen. Die Leistung selbst steht noch gar nicht zur Debatte. Dazu bedürfte es eines langen Genesungsprozesses von innen, einer Schonzeit von außen her –!

Wie soll dieser Krieg mit seiner besonderen Last für Hanni, Renerle und mich überstanden werden –! Immer wieder, auf den stillsten und schönsten Spaziergängen schüttelt es einen, was alles geschehen ist, noch geschieht, noch geschehen kann.

Und doch – trotz alles Versagens und Versiegens in einem – dieser unfaßliche Friede mit Gott.

21. Januar 1942 | Mittwoch

> Es sei euch kundgetan, daß den Heiden gesandt ist dies Heil Gottes; und sie werden's hören.
>
> *Apostelgeschichte 28, 28*

Aus den verwehenden Wolken stieg klar und stark die Sonne. Die Nacht hatte neuen Rauhreif, neuen Schnee gebracht, und nun lag der Winterwald so rein und strahlend da, als könne es auf Erden nichts Quälendes und Niedriges geben. Wir gingen im Walde bergan – auf Wegen, auf denen nur die Spuren der Tiere waren. Jetzt kommen die Rehe ins Dorf, so hart ist der Winter geworden. –

Nachmittag – die Sonne blieb in ihrer großen Pracht – ging ich zu unseren kleinen Einkäufen ins Dorf hinunter, das mir so lieb geworden ist mit seinen Bauernhäuschen unter hohen Tannen, seiner alten, alten Wassermühle tief drunten am tannenumsäumten Bergbach, den verstreuten Gehöften in weiten, verschneiten Waldlichtungen und Tannengründen.

Dann ruhige Arbeit.

Renerle schreibt jeden Tag ausführlich; hin und wieder hat sie einen Gast. Heute konnte uns Renerle einen Brief von Brigitte senden, der über Pfarrer Rohr – Schweiz kam. Er muß mehrere Wochen zurückliegen, denn er redet Brigittes Schwiegereltern[234] mit großem Optimismus zu, den Karl – wohl doch noch etwas zu jugendlich mit 32 Jahren – wohl zu weitgehend mit Glaube verwechselt; jedoch glaube ich, daß Brigittes Taufe und kirchliche Trauung gerade unter Karls Einfluß erfolgt ist. Nun haben sie die furchtbare Nachricht von der Deportation der Eltern, dem Tode des Vaters, der Verlassenheit der Mutter im Ghetto von Litzmannstadt noch vor sich.

> Lobet, ihr Völker, unsern Gott; lasset seinen Ruhm
> weit erschallen, der unsre Seelen im Leben erhält und
> läßt unsre Füße nicht gleiten. *Psalm 66, 8. 9*

– »der unsre Seelen im Leben erhält –«

Wir waren heute in Warmbrunn. Das ging für uns doch schlecht
an, so schöne Architektur in unserer Nähe zu wissen, ohne sie
wiedergesehen zu haben. Und wir waren wieder sehr entzückt
vom verschneiten, winterbeglänzten Warmbrunner Barock, den
reizenden Winkeln um die Kirchen, dem Park.

Trotz der Grabeskühle besichtigten wir im alten Kloster die
80 000 Bände umfassende Schaffgottsche Bibliothek, namentlich
die frühesten, kostbarsten, illustrierten Stücke, und den Pilsener
Revers[235] mit den Unterschriften der Piccolomini, Butler, Isolani.
Sehr sympathisch durch seine Pietät die Führung durch den
Bibliotheks-Expedienten, bei dem jede Erklärung ein still und
versonnen geführter Kampf für die Tradition war. –

Die abendliche Arbeit an den »Etüden« unterbrach ich durch
einen kurzen Spaziergang mit Hanni. Wir wollten noch einen
Blick tun auf die Pracht der Winterbergnacht. Und die war groß.
Über den Schneegruben stand die sich füllende Sichel des Mondes.
Ihr klarer, stiller, erster Schein floß ins Tal mit dem dunklen Dorf
an den vier Wildbrücken; unter dem Eise hörte man das Wasser
wie Brunnen rauschen; klar und edel hoben sich die von Wäldern
dunklen, weißverschneiten Höhenzüge um den Berg der Burg-
ruine Kynast ab. Der Orion strahlte wie in einer heiligen Nacht;
Sterne, Sterne glänzten allenthalben, und noch zu Füßen leuchtete der reine, frische Schnee der Vornacht. Kein Laut als das
Knirschen des Schnees unter unseren Füßen.

Wir sind noch einmal so nach Schlesien heimgekehrt, wie es nur
sein kann – mit allen heimatlichen Gefühlen.

23. *Januar 1942* | *Freitag*

> Dies ist der Tag, den der Herr macht; laßt uns freuen
> und fröhlich darinnen sein. *Psalm 118, 24*

Die Losung gibt einem solchen Spruch in die Hände, und man
soll ihn festhalten mit seinem ganzen Wesen, was auch das Herz
bedrängen mag; und bedrängen ist ja zu wenig, viel zu wenig
gesagt: es ist ja ein Zustand unausgesetzter Qual. Der Schlaf

ist wieder elend; und die Träume sind Ausdruck einer Verzweiflung, wie ihn der Tag gar nicht kennt.

In der ersten Reisenacht, kaum daß der erste Abstand zu Berlin eingetreten war, durchfuhr es mich immer wieder: jener Satz in Fricks Brief »sie fällt nicht unter die Maßnahmen, die mit dem Evakuierungsprogramm in Zusammenhang stehen«, ist ja genau das, worum ich Frick bat: mir zu schreiben, Renerles Angelegenheiten unterstünden einer Sonderregelung.

Anderes, als solche nicht ganz konkrete, absichtlich in der Schwebe gelassenen Briefe haben ja auch die Staatsschauspieler nicht in Händen! Anderes, als solche »Brücken« lassen ja die Gesetze nicht zu! Heute schreibt Renerle, die nun wieder auf Anraten der Ärztin probeweise in den Betrieb geht: »Frau Stein und die beiden anderen Frauen dort sind gestern abtransportiert worden. Der Brief an Frau Molnar ist zurückgekommen mit dem Aufdruck, den seit neuestem alle Briefe haben: ,Zurück. In dieser Straße ist zur Zeit keine Postzustellung.'« Entweder Typhus oder das völlige Abgeschnittensein dieser Leute von nun an? –

Ich habe mich übrigens heute erkundigt, ob die Sterngeschichte mit der Deportation in Zusammenhang steht. Daraufhin wurde mir gesagt: Natürlich. Denn alle, die ihn tragen, abgesehen von Reklamationen, fallen unter die Bestimmung. Alle, die ihn nicht tragen, fallen nicht darunter. Ich lese also jetzt meinen abfotografierten Brief sehr deutlich ... Wir waren einfach feige. Das ist so wahr: Frick wollte die äußerste, mögliche Brücke bauen!

Tappolet-Zürich schreibt einen Brief, sehr undurchsichtig, aber dringlich genug, der sich mit unserer durch Kurier an ihn beförderten Post gekreuzt haben muß: danach scheint die Schweiz Juden zu vorübergehender Kur gegen ausreichendes Attest aufzunehmen, wenn Deutschland sie herausläßt. Dieser Schritt wird nun wohl der erste nach der Rückkehr nach Berlin sein.

24. Januar 1942 | Sonnabend

> Freuet euch in dem Herrn allewege, und abermals sage
> ich: Freuet euch!   *Philipper 4, 4*

Sooft Tauf- und Trauspruch einem begegnen, bleiben sie einem die große und besondere Gabe des Lebens.

Des großen Winterglanzes ist kein Ende. Welch wolkenloser, blauer Himmel. Wie umhüllt einen in der strengen Kälte von 20 Grad – die, ohne Schnee, auch Berlin hat – die Sonne mit

Wärme. Wir gingen heute vom unteren Dorf her in all dem Mittagsglanz nach Hain hinauf zum grandios vereisten Hainfall – wieder, ohne einem Menschen zu begegnen. Heute redeten die gewaltigen Steine, auf denen oft hohe Tannen und ganze Baumgruppen wachsen, ihre besondere Sprache zu einem. Überall leuchtete der blaue Himmel in die winterliche Waldschlucht. Zum ersten Male rauschte hoch droben Winterwind durch die Wipfel und trug in weichem, glänzendem Wirbel Kaskaden aufschimmernden Schneegestäubes von den Ästen.

Juliane schreibt, daß eine Adoption für Renerle in Schweden ausgeschlossen sei. Söderström, »ehrlich traurig«, war mit ihnen anläßlich eines Vortrages zusammen; er will die Bemühungen für Renerle noch einmal aufnehmen; es gäbe jetzt manchmal ein solches Hin und Her in den Maßnahmen; man müsse auf eine andere Welle hoffen; man müsse zur Zeit eben nur warten können. – Er gedenkt, mich wieder in Berlin auf seiner neuen Reise zu sehen.

25. Januar 1942 | Sonntag

> Ein geängstet und zerschlagen Herz wirst du, Gott
> nicht verachten. *Psalm 51, 19*

Nun ist das Gebirge, sind die Täler, das Dorf von großem Schneefall verschleiert. Vor den einzelnen kleinen Schneeflocken stand man wirklich wie vor großen Wundern: Sterne, ebenmäßige, glitzernde Sterne.

Renerle schreibt uns täglich und scheint sich, während sie doch sonst jede veränderte Situation als etwas Herrliches auskostet, sehr nach uns zu sehnen.

Hanni und ich, so seltsam ist das Schicksal gekommen, sind uns nicht zum Verhängnis geworden, Renerle und ich sind es. Renerle bin ich zum Verhängnis geworden, weil sie, genau spürend, daß sie »das Kind« für mich ist, trotz aller Abenteuerlust und trotz mancher Last, die damals schon hier auf ihr ruhte, meinetwegen nicht mit Brigitte nach England ging; ich zerstörte ihre schönsten Jugendjahre: und das wäre noch die mildeste Lösung, wenn dieser entsetzlichen Jugend noch ein anderes Leben folgte. Renerle aber ist mein Verhängnis, weil in meinen für das Schaffen wohl wichtigsten Jahren alle Arbeit so qualvoll durchkreuzt ist. Hanni aber steht nun mit allem eigenen Unglück zwischen dem besonderen Unheil, das über mich und Renerle hereingebrochen ist

und vielleicht sehr bald für uns drei zum Tode führt. Die Mischehe, so sehr ist man nun an das Verzerrte, Quälende gewöhnt,
ohne Renerle wäre sie, wie die Dinge bisher sich gestalteten und
zur Zeit noch liegen, nicht unerträglich. Was mit Renerle zusammenhängt, das kommt dem Unerträglichen nahe. Das Gewicht solcher Worte hat man nun sehr genau erkannt.

Es ist wie im Felde: auch ohne Gottesdienst, so sehr man ihn entbehrt, verleugnet sich und versagt sich dem Herzen der Sonntag
nicht –.

Viel Post, in deren Beantwortung Hanni und ich uns teilen.

27. Januar 1942 | Dienstag

> Saget Dank allezeit für alles Gott und dem Vater, in dem
> Namen unsers Herrn Jesus Christus.   *Epheser 5, 20*

Nun rüsten wir die Heimfahrt. Nach der Weihnachtszeit war die
kleine Winterreise wieder ein geschlossener Kreis zu einer Zeit,
von der ich am Ende des vorigen Jahres oft meinte, wir würden
in ihr nicht mehr am Lesen sein. Ist das wie eine neue Weise
unseres Lebens – daß sich noch ein kleiner Kreis an den anderen
schließt?

Ich hatte nicht geglaubt, daß wir hier zwei Wochen würden
bleiben dürfen, ohne durch eine Schreckensnachricht oder nur
einen schwierigen Fall nach Hause zurückgerufen zu werden. –

28. Januar 1942 | Mittwoch (Hain/Nikolassee)

> Deine Güte ist besser denn Leben.   *Psalm 63, 4*

Sehr freundlicher Abschied. Wir fuhren mit dem Auto, mit einem
anderen Hotelgast, nach Hirschberg und wollten in den Antiquitätenläden noch ein paar Kleinigkeiten zum Mitbringen einkaufen, eine solche Minderwertigkeit und solcher Wucher, daß
fast mein alter Jähzorn noch einmal auflebte. Sonst schien uns
Hirschberg trotz der schönen Kirchenpartie und des Ringes sehr
öde, garstig, unfreundlich – die Warenknappheit, die vielen geschlossenen Läden; mit meiner ganzen Liebe zu den schlesischen
Kreisstädten stand ich samt Hanni ratlos da.

Um viertelelf abends waren wir wieder daheim – fanden das Haus
so schön bereitet vor. Renerle sah ohne Frage wesentlich wohler
aus. Es gibt ja wirklich nur die eine große Freude: das Kind,
das Haus. –

Wie schön lag bei der Ankunft das weiße Haus im Mondschein da. Man vermag nicht zu fassen, wenn man in die Schönheit und den Frieden seiner Räume tritt, was es umschließt an Angst.

29. Januar 1942 | Donnerstag

> Unsre Augen sehen auf den Herrn, unsern Gott, bis
> er uns gnädig werde. *Psalm 123, 2*

Dr. Kilpper schreibt mir, daß er als Generaldirektor aus der Deva ausscheidet; sein Sohn übernimmt als Geschäftsführer die Verlagsabteilung[236]. So glaube ich nicht gleich an große politische Hintergründe des Vorganges; die schwierige Verlagsführung mag Kilpper, der schon lange rechte Herzbeschwerden hatte, in der Tat überlastet haben. Kilpper schreibt, er betrachte uns weiter als Verleger und Autor; ich vermerke jede Artigkeit besonders gern, aber großen Eindruck macht alles derartige wie dieser Wechsel nicht mehr auf mich.

Auch in all diesen, oft quälenden menschlichen Beziehungen – siehe Haus, siehe Verlag, siehe die große Enttäuschung an der Division, siehe Familie – gilt: »Lasset euch dünken, daß ihr dem Herrn dienet und nicht den Menschen« Epheser 6, 7.

Und hier ist der einzige Punkt, in dem ich Hannis Einfluß nicht nachgeben zu sollen glaube, obwohl ich sehr wohl weiß, daß mir gerade ein guter Schuß Härte fehlt. Die muß ich an wichtigerem Orte beweisen.

30. Januar 1942 | Freitag

> Harre des Herrn, der wird dir helfen. *Sprüche 20, 22*

Ich habe mich nun entschieden, den Vortrag in Württemberg und die Vorlesungsreihe in Nürnberg, genau wie in all den vorangegangenen Fällen, abzusagen. Nach meinen Erfahrungen als Soldat hätte ich mich dazu entschließen können, wenn Hanni diese Reise mit mir machen dürfte; aber gerade das geht ja nicht an. Auch glaube ich, daß diese Klausur noch immer nicht von Gott aufgehoben ist: in keinem Falle, solange der Entschluß zum Selbstmord nicht widerrufen ist. Wie sollte ich da wirken – in der Kirche?!

Es ist ja doch so, daß in der Verwirrung und Verengung meines Lebens alles sehr spürbar noch einmal einen neuen Anfang haben müßte; jetzt ist es noch immer ein Leben mit Krücken und

Brücken über Abgründe, die in der Tat gar nicht zu nennen sind. Über solchen Abgründen aber »tritt man nicht hervor«.

31. Januar 1942 | Sonnabend

> Deine Gerechtigkeit steht wie die Berge Gottes und dein Recht wie eine große Tiefe. *Psalm 36, 7*

Ich las die gestrige Führer-Rede, die die alte Sprache redet von der Vernichtung der Juden in Europa. Alles gipfelt in dem Ruf: Munition und Waffen!

Über alledem wurde so friedevoll der Sonnabend-Abend eingeläutet.

Es ist seltsam: während ich keines neuen Kirchenliedes mehr fähig bin – glaube ich, ließe man mir von außen ein wenig Ruhe, »Das ewige Haus« wie aus einer unauslöschbar eingeprägten Erinnerung schreiben zu können. Es ist hier eben so, daß das fremde Leben, Katharinas, völlig in mir dominiert. Der Technik des Schreibens suche ich mich ja nun seit Hain in den »Etüden« wieder zu vergewissern. –

4. Februar 1942 | Mittwoch

> Fürchtet nur den Herrn und dienet ihm treulich von ganzem Herzen; denn ihr habt gesehen, wie große Dinge er an euch tut. *1. Samuel 12, 24*

Juden erhalten nunmehr weder Mehl noch Brötchen noch Kuchen noch Rasierseife.

Bei Todesfällen müssen sie auf die Bestattung in Berlin eineinhalb Wochen warten: Überlastung durch die zwanzig bis dreißig täglichen jüdischen Selbstmorde, von denen durch die Isolierung der Juden das Volk nicht erfährt.

In einer Zeit, in der mich so vieles fast zu zerbrechen scheint, kommt immer wieder soviel Bestätigung von der Anhänglichkeit der Kameraden her. Mein Stab lebt also weiter in erträglichen städtischen Verhältnissen. Von meiner Kompanie lebt nur noch knapp die Hälfte. –

5. Februar 1942 | Donnerstag

> Gott hat mich lassen wachsen in dem Lande meines Elends. *1. Mose 41, 42*

Wie Meschkes aus Schweden, so schreiben auch Tappolets aus der Schweiz, daß eine Adoption Renerles Nationalität nicht ändern würde. – Der undurchführbare Vorschlag, Renerle solle auf ärztliches Attest in ein Schweizer Sanatorium kommen, bleibt so dunkel und verklausuliert, daß ich bei der Schweizer Gesandtschaft nicht einmal Rückfrage halten kann. Wegen eines Passes mich an Frick zu wenden, ist aber überhaupt nicht möglich, wenn ich eine Einwanderungserlaubnis für Renerle in Schweden oder der Schweiz hätte. Zu der Frage nach dem zugesagten Paß kommt es ja nun durch die Haltung dieser Länder gar nicht; insofern würde der sonst einschneidende Ministerwechsel kaum noch eine Erschütterung bedeuten; und der Frickbrief kann durchaus noch weiter seine stille Wirkung tun.

Die elenden, elenden Nächte. Das Herumquälen mit der Arbeit am Tage. Dieses verzweiflungsvolle Entgleiten dessen, was man im Beruf schon fest hatte. Die Last der unerhörten, damit aber nicht erlassenen Gebete, die man durch sein Leben schleppt. Das ergreifende häusliche Glück. Man beginnt, verbringt, beschließt den Tag wie ein Kranker. Dabei altere ich viel weniger als andere Menschen. –

7. Februar 1942 | Sonnabend

Glaubt ihr nicht, so bleibt ihr nicht.   *Jesaja 7, 9*

In dieser Woche – owohl ich nun nahezu von Schlaflosigkeit reden muß – habe ich endlich mein volles Tagesprogramm einmal wieder regelmäßig durchführen können. Das nimmt mir schon die fatalistische Resignation, es gäbe überhaupt keine Arbeitswoche mehr für mich, sondern nur noch die schweren, quälenden Störungen durch all die sinnlosen und doch unabweisbaren Schritte, zu denen unsere Situation uns zwingt. –

9. Februar 1942 | Montag

Herr, sei mir gnädig, denn ich bin schwach!
Psalm 6, 3

In den kurzen Intervallen, in denen ich nach drei Uhr zu schlafen beginne, muß mich Hanni auch noch immer wieder einmal wekken, so stöhne ich in diesen kurzen Strecken elenden Schlafes. Heute nacht träumte ich, daß – so wie ich in Rußland planlos Flüchtlingsströme aneinander vorbei aus Städten und in Städte irren sah – in ganz Deutschland, im ganzen besetzten Gebiet alles floh und ratlos umherirrte, hin und zurück, nach allen Richtungen und aus allen Richtungen: Deutsche, Norweger, Polen, Holländer, Franzosen, darunter die Juden all der Völker.

Die Etüde »Ghiorghi« beendet. Einmal wieder etwas beendet. Katharina-von-Bora-Material kann wieder in Erwägung gezogen werden. –

11. Februar 1942 | Mittwoch

> Stehe auf, Herr; Gott, erhebe deine Hand, vergiß der Elenden nicht! Warum soll der Gottlose Gott lästern und in seinem Herzen sprechen: Du fragest nicht danach? Du siehest ja, denn du schauest das Elend und den Jammer; es steht in deinen Händen.
>
> *Psalm 10, 12–14*

Besuch von Frau Bildt. Durch sie erfuhren wir, wie die Sache des Regisseurs Felsenstein weiterlief. Zu Hinkel bestellt, wurde er von Herrn von Loebell empfangen, der auch mit meiner Sondergenehmigungsangelegenheit zu tun hatte. Es wurde nun nicht mehr mit so zugespitzten Drohungen gearbeitet wie gegenüber dem armen Gottschalk; aber L. erklärte, es sei der Wunsch des Führers, daß alle Kulturschaffenden in Mischehe sich scheiden ließen. Felsenstein entgegnete, eher würden wir wohl alle den Weg von Gottschalk gehen. – Seitdem ist nichts mehr erfolgt. Es scheint, als habe Gottschalk und seine Frau mit dem Selbstmord ein Opfer für uns andere Künstlermischehen gebracht, das wenigstens für eine Frist für uns wirksam ist.

Hermine Körner, wohl die letzte große Schauspielerin zu unserer Zeit, ist häufig mit Bildts zusammen. Sie ist ja die unerschrockene und unermüdliche Fürsprecherin für ehemals namhafte jüdische Kollegen und die Schauspielermischehen. Göring und Frau Göring erklären, sie hätten bei Hitler nichts mehr zu sagen.

Auf dem Wege über ihre Angehörigen erfährt man, daß viele SS-Leute von den Wach- und Exekutionskommandos in den Deportationsghettos schwere Nervenzusammenbrüche haben.

16. Februar 1942 | Montag

> Fürchte dich nicht, denn ich habe dich erlöst; ich habe dich bei deinem Namen gerufen; du bist mein.
>
> *Jesaja 43, 1*

Heute, heute erst habe ich die »Ewige-Haus«-Mappen wieder in meiner Kommode im Arbeitszimmer eingeordnet, habe zum ersten Male wieder Quellen, die bei der Einberufung abgebrochenen, bestellt. Hanni sah es und sagte sehr glücklich: »Endlich.«

Ich will, nachdem zwei Wochen normaler Lebensführung sich als möglich erwiesen haben, nun auch die Arbeit am »Ewigen Haus« wieder aufnehmen. Denn das Stadium, das wir drei jetzt durchleben, betrachte ich als eine uns gewährte Pause unserer Schicksalsschläge. Vielleicht kann auch in Pausen noch etwas entstehen. In jedem Falle, solange Gott unser Leben noch so behütet, besteht die Verpflichtung, es noch einmal mit dem großen Buch zu wagen.

Vorher, seit ich aus dem Felde zurückkehrte, war äußerlich und innerlich, vor allem aber von außen her, keine Möglichkeit dazu. —

18. Februar 1942 | Mittwoch

> Fürchte dich nicht vor ihnen; denn ich bin bei dir und
> will dich erretten, spricht der Herr.   *Jeremia 1, 8*

Wieder einmal in der Stadt. Ich machte Dr. Pagel den von ihm schon vor längerer Zeit erbetenen Besuch.

Ein neuer Vorstoß für Papier für den »Vater« läuft; obwohl Dr. Kochs Vorgesetzter, Dr. E., den »Vater« nach wie vor für ein »ausgezeichnetes Buch« erklärt, geht es doch nicht ohne die Entscheidung des Abteilungsleiters H. ab. Man erwartet ein »Nein« und bereitet einen neuen Schritt beim OKW vor.

Dr. Koch wird nun vom Propagandaministerium nicht mehr reklamiert; an seine Stelle kommt ein SS-Mann, der mit dem »milden Geiste« in Kochs Ressort aufräumen soll. Es berührt mich nicht mehr: denn meine Geschicke sind zu verworren geworden, als daß ein Dr. Koch mich noch retten könnte.

Ich schreibe »Das Ewige Haus« und habe nun alles für unseren Tod vorbereitet; so ist es auch Hannis Wille. Durch das »Ewige Haus« wird Gott unsere inneren und äußeren Geschicke führen.

Ich kann nun gar nichts tun, als überhaupt auf jedes Hervortreten zu verzichten; weder Vorlesung, noch Vorträge, noch Einreichen von Manuskripten beim Propagandaministerium. Es liegt nun alles in den Händen der SS, jener Armee Hitlers gegen das Heer. Wir, die wir das Eine Reich so glorifizieren, sind mit zwei Heeren im Krieg.

Die Erschießungen der Juden in den Deportationslagern sollen aufgehört haben, weil man die Juden im Osten nun doch zu dringend als Arbeiter braucht.

19. Februar 1942 | Donnerstag

> Der Herr richte eure Herzen zu der Liebe Gottes und zu der Geduld Christi.   *2. Thessalonicher 3, 5*

Mit dem Telefon ist es wieder einmal nahezu unheimlich, so viele Anrufe. Ihlenfeld machte mir eine kurze Visite.

Den »Goldenen Berg«, den er noch im Manuskript für den »Eckart« mitnehmen wollte, gab ich nun nicht. Auf einem Felde nach dem anderen gilt nun für mich der Rückzug. Das Los, für den Schreibtisch auf ungewisse Zukunft zu schreiben, teilen aber viele deutsche Autoren mit mir, wenn auch vielleicht bei den meisten der Verzicht nicht so radikal sein muß wie bei mir. Wieder sagte mir Ihlenfeld, ich könnte allein von den Vorlesungen leben. Und: ich könne mir »von der Nachfrage nach dem ‚Kyrie‘, für das nun kein Papier mehr bewilligt wird, gar keine Vorstellung machen«. Das ist nun das Schicksal meiner besten Jahre: Verzicht und noch einmal Verzicht.

Schneider, der Weihnachten einen Sonderdruck seiner unveröffentlichten Sonette erscheinen ließ, soll auf Grund dieser Sonette Schreibverbot haben. Nun ist die geistige Freiheit wirklich fast völlig hin, und die Papierknappheit ist zum unfehlbaren politischen Mittel geworden.

20. Februar 1942 | Freitag

> Deine Macht wissen, ist eine Wurzel des ewigen Lebens.   *Weisheit 15, 3*

Soviel schwerer anderes auf mir lastet, manchmal bedrängt es mich doch sehr, daß mein Instinkt, Hannis Klugheit, die Vorsicht meiner Verleger, daß mein Schicksal im Dritten Reich nach meinem entscheidenden Erfolge und in meinen besten Jahren von mir verlangen, mich so völlig abzusperren, zurückzuhalten, nahezu auszulöschen und für eine ungewisse Zukunft zu schreiben. Der letzte Rest Eitelkeit, vielleicht aber auch die Freude soll wohl in einem getilgt werden, und nur die Last des nie mehr von mir angezweifelten Auftrags, Dichter der Kirche zu bleiben, besteht fort; die Last der großen Gestalten und Stoffe. Daran vermag ich seltsamerweise trotz alles dessen, was in und an mir dagegenspricht, nicht mehr irre zu werden, befinde mich aber in

einem recht gequälten Zustand. Vielleicht gibt Gott mir noch
einmal die Freude und meine lieben Leser wieder. –

22. Februar 1942 | Sonntag (Invocavit)

> Er begehrt mein, so will ich ihm aushelfen; er kennt
> meinen Namen, darum will ich ihn schützen. Er ruft
> mich an, so will ich ihn erhören; ich bin bei ihm in der
> Not; ich will ihn herausreißen. *Psalm 91, 14. 15*

Der Sonntag des 91. Psalms, der mir im Kriege immer bedeutsamer geworden ist.
So beginnt nun mit dem Eingangssonntag der Passionszeit noch
einmal ein neuer Lebenskreis, von dem Hanni und ich fürchten,
daß wir sein Ende und seine Erfüllung nicht mehr erleben.
Ein Sonntag in reiner, starker Sonne über dem dichten, glitzernden Schnee. Tiefe Stille im blumengeschmückten Hause. Am
Morgen zwölf, am Mittag ein Grad Kälte; schöner, silbriger,
dann noch einmal mit Gold sich füllender Sonnenuntergang in
grau, dann blaßgrün werdendem Gewölk.

23. Februar 1942 | Montag

> Siehe, in die Hände habe ich dich gezeichnet.
> *Jesaja 49, 16*

Zwei Nächte geschlafen, ohne daß die Mittel versagten. Die sonn-
tägliche Blumenpracht des Hauses geleitet uns in die Woche.
Nun führe ich das Bora-Quellenstudium an der Stelle fort, an
der ich es vor der Einberufung abbrach.
Die Tage sind wieder sehr ausgefüllt.
Die russische Winteroffensive wird als mißlungen betrachtet.
Die innenpolitischen Erschütterungen, die mehr als Gerüchte
waren, scheint man zurückgestellt zu haben – mit jener ganzen
Dispositionsfreiheit des totalitären Staates. So bleibt Frick noch
immer Innenminister.

24. Februar 1942 | Dienstag

> Mein Bund war mit ihm zum Leben und Frieden, und
> ich gab ihm die Furcht, daß er mich fürchtete und
> meinen Namen scheute. *Maleachi 2, 5*

Ruhe zur Arbeit, wenn auch der arbeitshemmende »Bürobetrieb«
noch immer zu groß ist. Aber es sind jetzt Wochen ohne Erschütterungen, Bedrohungen, verzweifelte Aktionen. Dennoch

beschäftigt mich der Gedanke, daß unser Leben sich vielleicht schon seit vier Jahren in der Auflösung befindet, in Fiktionen und verzweifelten Aktionen (auch im Hinblick auf die Arbeit) besteht, zerrinnt, stürzt, unter übermäßiger Belastung zusammenbricht. Der Gedanke an den Selbstmord, der ja immerhin zur überlegten Vorbereitung geworden ist, bedeutet nur ein Bewußtwerden dieses Prozesses, in dem unser dreier Leben sich längst auflöst. Wie leicht ist Martyrium gegen das, was die Juden durchmachen. –

25. Februar 1942 | Mittwoch

> Dies ist eure Stunde und die Macht der Finsternis.
>
> *Lukas 22, 53*

Hitlers Botschaft aus seinem Hauptquartier zum 22. Jahrestag der Parteigründung ist wieder von dem furchtbaren Haß gegen die Juden, von der entsetzlichsten Drohung erfüllt. Und man weiß, was es heißt, wenn dieser Mann droht. – Immer wieder, bis zur Erfüllung unserer Leiden oder zu der Rettung durch Gott (hinter beiden aber stehen keine verschiedenen Ziele, sondern steht nur eines) werden unsere Tage beladen sein mit Angst, Verwirrung, Müdigkeit.

Auf den ihm durch Kurier gesandten Brief hin hat Prof. Burckhardt sich nun gemeinsam mit Tappolets doch noch einmal für Renerle verwendet – selbst ein Burckhardt vergeblich.

Kameradenbriefe, Briefe auch von unseren Offizieren, letzte Bilder von mir als Soldat unter den Kameraden.

Traum: in einer Schlacht wurde der Befehl zum Fliehen gegeben, bei einem furchtbaren Sabotageakt; ich floh – plötzlich mit den toten Eltern, anderen Toten, an denen man hing. Aber Verwundete riefen mich zurück, noch schwerer Verwundete zu bergen – und ich konnte nicht bei den Toten bleiben.

26. Februar 1942 | Donnerstag

> In der Welt habt ihr Angst, aber seid getrost, ich habe
> die Welt überwunden.　　　*Johannes 16, 33*

Es ist nun in wenigen Tagen fünf Jahre her, daß der »Vater« von keinem neuen Buche, außer dem »Kyrie«, gefolgt (*„In tormentis"* und »Die Stillen im Lande« gehören zum »Vater«), erschien: ein Gedanke, der mit zu denen gehört, die meine Nächte so verzweifelt machen. Dabei waren diese fünf Jahre, die die

Höhe des Lebens bedeuten müßten, erträglich, weil sie ausgefüllt waren von dem wachsenden Erfolg des »Vaters«; sie waren am erträglichsten in den zehn Monaten, in denen ich Soldat war. Nun reißt der Erfolg, wenn auch nicht die Wirkung des »Vaters« jäh ab; dazu der Verzicht auf jedes andere Hervortreten; und in diesem abgedrosselten Zustand, angesichts all unserer anderen, schweren Belastungen, geht es nun, während wir materiell dabei vom Kapital zehren, das wir im Verlagskonto, Gott sei Dank, schaffen durften, in den nochmaligen, entscheidenden, Jahre einfordernden Versuch, »Das Ewige Haus« als den uns durch nichts ersetzlichen Buchplan durchzuführen; und das in dem Bewußtsein, daß nur tiefgreifende politische Wandlungen das Erscheinen des Buches ermöglichen könnten. Politische Wandlungen! Es geht also schlechthin um eine Wundertat Gottes. –

28. Februar 1942 | Sonnabend

> Gott will nicht das Leben wegnehmen, sondern bedenkt sich, daß nicht das Verstoßene auch von ihm verstoßen werde.   *2. Samuel 14, 14*

Die erste Woche, in der ich wieder für »Das ewige Haus« gearbeitet, wenn auch noch nicht an ihm geschrieben habe.

Da heute keine Gäste kommen, noch Stunden ruhiger Abendarbeit. Hanni saß den ganzen Abend nähend bei mir am Schreibtisch. Wir waren allein.

Mit Renerle, der man doch gerade alles ausgleichen und leicht machen möchte, muß man manchmal sehr ernst reden, weil sie, ist das Äußerste von ihr abgewendet, alles, alles von sich abzustreifen sucht, was unserem Leben auferlegt bleibt und – darf das Leben uns überhaupt erhalten bleiben – es bestimmen muß.

Der Bibelspruch des Tages – 28. September 1941 –, an dem ich von Rußland her die Heimfahrt antrat, sagte: »Der Herr sprach zu Gideon: Friede sei mit dir! Fürchte dich nicht; du wirst nicht sterben.« Richter 6, 23. –

2. März 1942 | Montag

> Den Frieden lasse ich euch, meinen Frieden gebe ich euch. Nicht gebe ich euch, wie die Welt gibt. Euer Herz erschrecke nicht und fürchte sich nicht.
> *Johannes 14, 27*

War es einmal Barrabas, der mich in der Passionszeit am stärksten beschäftigte, so ist es nun Pilatus – vor den letzten sieben

Worten Christi am Kreuz die letzten sieben Worte der Menschen über Christus.

Hanni ist unterwegs, unterwegs und müht sich, für die März-geburtstage etwas herbeizuschaffen, was für Renerle erstaunlicherweise auch gelingt.

Für mich ist es ein ruhiger Arbeitstag. Die abendliche Heimkehr der Frauen erfüllte das Haus mit so besonders spürbarem freundlichem, freudigem Leben! Im Osten immer wieder: »Schwere Abwehrkämpfe.« Vor einem Jahr begegnete mir der Spruch von dem Engel, der vor mir hergesendet ist. Bin ich nun an dem mir bereiteten Ort? Ist so die Gabe des *deus absconditus*? Der Glaube möchte »Ja« sprechen und danken. Aber die Müdigkeit, die gerade jene Heimkehr bewirkte, will nicht weichen. –

5. März 1942 | Donnerstag

> Da sie hörten, daß der Herr die Kinder Israel heimge-
> sucht und ihr Elend angesehen hätte, neigten sie sich
> und beteten an.
> 2. Mose 4, 31

Unseres Kindleins 20. Geburtstag! Unter wie namenlos schweren Zeichen, die kaum ertragbar wären, stünde über ihnen nicht das Zeichen des Kreuzes. Ich hatte nicht geglaubt, daß wir Renerles 20. Geburtstag erleben.

Rosen, Tulpen, Nelken, Freesien und Osterglocken schmücken das Geburtstagszimmer und die Tafel für Renerles Gäste, zur abendlichen Einbescherung und Feier, wenn das Kind aus dem Dienst kommt. Zwei rote Lichtlein – für jedes Jahrzehnt eines: mehr war nicht möglich.

Um halb sieben ging ich das Geburtstagskindlein, immer noch in starkem Wind und Schneefall, abholen. Es kam aus dem Dienst, beide Arme voller Blumen von seinen armen Kollegen und Kolleginnen.

So fand nun in der Dämmerstunde die Einbescherung im Barockzimmer statt; auch Hilde war schon erschienen. Hanni und Renerle haben sie zu meiner Freude sehr gern um sich, und Hilde feiert doch so furchtbar gern Familienfeste mit. Und das war es ja nun wirklich; für mich besonders schön, da ich doch voriges Jahr so fern war. Hilde nahm als einziger Gast an dem kleinen Geburtstagsessen teil; und danach gab es im Geburtstagszimmer einen kleinen Empfang für die Gratulanten, ganz wie Renerle sich solche Feierlichkeit vorstellt: die Damen im Abendkleid, die

Männer in Schwarz, (unser letzter) Sekt im Stehen gereicht. Daran schloß sich ein sehr behaglicher und heiterer Abend. Im Refektorium waren zwei bezaubernde Teetische gedeckt. Bore hatte wieder gezeigt, was sie durch ihr Sparen und Einteilen noch zu backen vermag, und die Festlichkeit war erhöht durch die vielen schönen Blumen, die noch gebracht worden waren: Rosen, Tulpen, Primeln, Narzissen, Mimosen. –

9. März 1942 | Montag

> Vor ihrer Macht halte ich mich zu dir; denn Gott ist mein Schutz.
> *Psalm 59, 10*

Mit dem Aufhören meines äußeren Erfolges, meines materiellen Erfolges ist meine letzte irdische Bastion gefallen. Das gibt eine eigentümliche Ruhe.

10. März 1942 | Dienstag

> Des Menschen Sohn ist nicht gekommen, der Menschen Seelen zu verderben, sondern zu erhalten.
> *Lukas 9, 56*

Unruhiger Tag: Verlagsbesprechung (Josef Winckler und ich bekommen also wegen unserer Ehen kein Papier; Verlag für Frontschrifttum[237] verhandelt über Lizenzauflage vom »Kahn«; nachdem die Deva Stuttgart ihr Verlagsexemplar *„In tormentis"* für Eras gab, erhielt ich von der Deva Berlin ihr letztes Stück für Minister Frick zum 65. Geburtstag).

Dr. Koch ist nun nicht mehr im Propagandaministerium; man hat ihn nicht mehr reklamiert, sondern ihn Soldat werden lassen, damit nun an seiner Stelle ein rigoroser SS-Mann, H. W. Hagen[238], seines wichtigen Amtes waltet. Dieser Wechsel ist für mich so wichtig, daß ich keinerlei kleine Manuskripte mehr einreichen werde – wovon Dr. Koch mich dispensierte – und eben, wie aus allen schwerwiegenden Gründen längst beschlossen, nur am »Ewigen Haus« arbeite: auf qualvolle Weise, qualvoll dunkle Sicht. Denn immer eindeutiger wendet sich das Propagandaministerium gegen alles Kirchliche, so daß ich doppelt belastet bin.

Dr. Koch hat viele Schwierigkeiten abgebogen; er hat erleichtert, was er erleichtern konnte; zu erfüllen, was er versprach, reichten seine Kompetenzen nicht immer aus.

Nach allen Störungen doch noch intensive, wenn auch nicht sehr produktive Arbeit. –

> Die Blinden will ich auf dem Wege leiten, den sie nicht
> wissen; ich will sie führen auf den Steigen, die sie nicht
> kennen.
> *Jesaja 42, 16*

Ja, wie die Blinden; auf Steigen, die wir nicht kennen; so sind
wir. Denn wie man handelt, plant, arbeitet – das ist ja nur ein
Akt dumpfen Gehorsams (den Gott jederzeit in vertrauenden
Gehorsam verwandeln kann), ist wie ein über einen hinweg laufender Mechanismus (doch kann unter diesem Anschein Gott
uns gerade am Werk erhalten).

Tag und Nacht sind gleich schwer; doch gibt es immer wieder
einmal eine Nacht erschöpften Schlafes.

Wie seltsam, daß nach außen der Zustand, in dem man sich befindet, als große Ruhe wirkt. Aber es ist gut so.

Heute schreibt mir Professor von Soden, der Marburger Kirchenhistoriker: »Käte Staritz ist am 4. März hier im Auftrag der Stapo
verhaftet worden. Die Gründe sind nicht bekannt geworden,
ebenso wenig die Stelle, von der der Auftrag ausging.« . . . »Hier
in Marburg ist nichts geschehen, was zu ihrer Verhaftung Grund
geben könnte; es sei denn, daß es ihr zum Vorwurf gemacht
würde, daß sie neben ihren theologischen und sprachlichen Studien im Kindergottesdienst und im kirchlichen Religionsunter-
richt ausgeholfen und in der hiesigen Frauenhilfe wie im Evangelischen Frauenbund je einen Vortrag über biblische Themata gehalten hat.«

Ob es solche »illegale« kirchliche Tätigkeit der in Schlesien vom
Amte suspendierten Vikarin ist, ob es Schneiders Versendung
von Privatdrucken heute nicht zu veröffentlichender Gedichte
ist – hier steckt das gleiche Problem.

Dies ist nicht Gottes Weg, uns zu Bekennern und Märtyrern zu
machen. Wir müssen lernen, daß Gott auch ohne uns wirken kann.
Wissen wir, was Gott in uns wirkt, indem er uns zu dieser Zeit
Schweigen auferlegt? Auch Hanni, die so temperamentvoll, so
gradlinig, so entschieden, so kämpferisch, so rechtlich denkend,
so aktiv ist, stimmt vorbehaltlos mit mir überein: für uns und die
in irgendeinem Sinne unsersgleichen sind, heißt es schweigen,
tragen, warten; und nicht hoffen auf das Irdische. Im Irdischen
kann uns Gott zugrunde gehen lassen; er hat es je und je auch an
den Frömmsten getan. Es steht bei ihm, wodurch er wirken will.

Noch ist es aber in uns völlig ungeklärt, ob die Ruhe und Geduld aus der Vorbereitung auf den Selbstmord als *ultima ratio* kommt oder aus dem Glauben. – Ich möchte meinen: von uns aus der Vorbereitung auf den Selbstmord; von Gott aus aber ist auch dies Führung zum Glauben hin.

Der ganze Tag und lange, lange Nachtstunden sind ein einziges geheimes Stöhnen – indes alles Äußere weitergeht –, Gott möge die Last von einem nehmen, sie wenigstens tragbar machen. Denn es ist mit keinem Worte zuviel: die Last ist kaum mehr tragbar. Es ist nicht gut, zu wissen, was »des Satans Engel« ist, der mit Fäusten schlägt. Das Aufeinanderprallen innerer und äußerer Schicksale vermag einen aufzureiben, auch wenn das Aushalten fast schon etwas von Gewohnheit angenommen hat (was der christlichen Übung zur Geduld nicht zu widersprechen brauchte). –

Manchmal ist großer Friede in mir: es geht nicht um das Entsetzen vor dem Abgrund im Menschen, es geht um den Glanz Gottes, der noch den Abgrund überstrahlt, über ihm, sich vollendend, sich verklärt.

15. März 1942 | Sonntag (Lätare)

> Freuet euch mit Jerusalem, und seid fröhlich über sie, alle, die ihr sie liebhabt; freuet euch mit ihr, alle, die ihr über sie traurig gewesen seid! *Jesaja 66, 10*

Sehr, sehr voller Heldengedenkgottesdienst, der durchaus befriedigend war.

Ich bin sehr angenehm davon berührt, daß Minister Frick über die gedruckte Danksagung hinaus mit einer Zeile für „*In tormentis*" zu seinem 65. Geburtstag dankt.

16. März 1942 | Montag

> Ihr werdet meine Zeugen sein – bis an das Ende der Erde. *Apostelgeschichte 1, 8*

Gerade angesichts eines solchen Wortes erschrecke ich manchmal vor dem Gedanken, jene Zurückgezogenheit, Zurückhaltung, jenes Schweigen, die ich mir auferlege, seien schon der Anfang der Herauslösung aus dem Leben (die etwas so Ersehntes wäre, stünde sie für uns drei unter dem »Komm, lieber Jüngster Tag!«).

Ihlenfeld in mancher Sorge wegen der immer weitergreifenden Konversionsbewegung gerade im Umkreis unseres »Eckart«; und diesem Faktum steht nicht ein einziger Übertritt vom Katholizismus zum Protestantismus gegenüber. –

18. März 1942 | Mittwoch

> Ich freue mich im Herrn, und meine Seele ist fröhlich in meinem Gott; denn er hat mich angezogen mit Kleidern des Heils und mit dem Rock der Gerechtigkeit gekleidet.
>
> *Jesaja 61, 10*

In diesem Schriftwort klingt das ganze Torgauer Schlußkapitel des »Ewigen Hauses« an!

Die seit meiner Heimkehr von uns immer wieder hinausgeschobene Einladung bei Glums. Dort war eine Absage auf die Dauer nicht möglich. Auch hatten sie uns mit Guardini eingeladen, der ja im katholischen Berlin, nicht nur im wissenschaftlichen, eine so große Rolle spielt. Ein anderer Gast, auch Dozent, trat weniger hervor. Die Begegnung mit Guardini durchaus lohnend, trotz unserer grundsätzlichen Skepsis gegenüber allen Prominenten-Begegnungen.

So ungern ich dies mag, ging das Gespräch – fast unausweichbar und unabweisbar – auf ihn und auf mich über, weil es von ihm aus sehr bald die katholisch-protestantische Irenik[239] der Gegenwart berührte.

Ich empfand wieder die ganze Tragik der protestantischen Position – dies viel mehr als eine etwaige Ungleichheit der Dialogfähigkeit zwischen dem alten und dem jüngeren Mann, der alten und der jungen Kirche. Jene bange Frage taucht für den Protestanten immer wieder auf: »Ist, was ich nicht preisgeben kann, nun wirklich biblisch bestimmt – in tieferer Auslegung, als der Katholizismus sie besitzt – oder aber etwa ›nordisch, deutsch‹?«

Eins glaube ich fest: das Bild, das der Katholizismus vom gläubigen Menschen besitzt, ist nicht der Sünder unter der Gnade, wie er uns in der Bibel begegnet. Dem sind wir Protestanten näher. Der Katholizismus tritt uns heute sehr milde, achtungsvoll und bußfertig entgegen. Aber Einigung, die er so nennt, kann für ihn immer nur unsere Rückkehr sein. Wir begegnen dem Katholizismus mit liebevollem Respekt.

Völlige Einigung mit Guardini darin: jeder aktuelle, politische Impetus muß erst ausscheiden, ehe die wahre, tiefe Auseinandersetzung erfolgen kann. Die gemeinsame politische Bedrohung begründet zu wenig.

20. März 1942 | Freitag

> Ich bitte nicht, daß du sie von der Welt nehmest, sondern daß du sie bewahrest vor dem Bösen.
>
> *Johannes 17, 15*

Dr. Fischer vom Oberkirchenrat in Wien machte mir seinen Besuch. Er spricht auf seinen Vortragsreisen über »Kyrie« und »Vater«. Bei den Begegnungen mit den Österreichern, wie unlängst mit P. Noltensmeyer, spürt man ihre ganze furchtbare Enttäuschung. Was haben sie vom Großdeutschen Reich erträumt! Auch in Österreich die Abwanderungswelle der »besten Protestanten« zum Katholizismus. – Der Protestantismus wird immer schmerzhafter dezimiert. Gleichzeitig fallen die politisch Ängstlichen und politisch Ehrgeizigen von ihm ab. Möchte dann wenigstens in dem Rest die Substanz rein hervortreten. In der protestantischen Bevölkerung ist das Wissen um ihre Kirche sehr gering.
Ehe der »Vater« zu Ende ging, sind – so erfuhr ich heute – große Mengen in die Gefangenen- und Internierungslager im Ausland herausgegangen, und die Resonanz soll stark sein. Über den Weg des Buches in meiner dunklen Zukunft darf ich nun gar nicht mehr nachdenken. –

21. März 1942 | Sonnabend

> Meine Seele ist stille zu Gott, der mir hilft. Denn er ist mein Hort, meine Hilfe, mein Schutz, daß mich kein Fall stürzen wird, wie groß er ist. *Psalm 62, 2. 3*

Frühlingsanfang in großem Glanz und großer Himmelsklarheit. Welch feierlicher, stiller Vorabend, als der Glanz der Sonne über all den bunten Bücherrücken matter wurde; als die Glocken den Sonntag meines Geburtstages einläuteten. Vollendete Klarheit der Dämmerung. Der Tag des Ordnens und Abschließens am Ende eines alten Lebensjahres, eines sehr besonderen Jahres, umschloß es doch bisher für mich die Frontsoldatenzeit, ist es doch gekennzeichnet von dem Dualismus meiner Heimkehr; und auch von Mutters Tod.
Die ersten Geburtstagsblumen treffen ein. Die fernen Briefe sind schon da: Von den Kameraden aus Rußland, von Meschkes aus

Schweden. Immer wieder möchten sie Schritte für Renerle tun, aber sie wissen ja von vornherein, daß neue Unternehmungen zur Aussichtslosigkeit verurteilt sind. – Wir drei haben mit den Hoffnungen auf einen sichtbaren, erwägbaren Ausweg abgeschlossen. –

22. März 1942 | Sonntag (Judica)

> Dein Licht wird hervorbrechen wie die Morgenröte,
> und deine Besserung wird schnell wachsen.
>
> *Jesaja 58, 8*

Ein Geburtstag, wie man ihn sich nur vorstellen kann und kaum zu wünschen wagt, so strahlend, so feierlich! Welche Reinheit und Klarheit! Der Himmel blau, der letzte Schnee im Schmelzen, weiße Birken, dunkle Kiefern leuchtend, keine Kältegrade, reine Luft.

Als die Morgenglocken läuteten, gedachte ich des Geläutes der Dorfkirche neben dem rumänischen Gutshof im vorigen Jahr, dem ersten Rastort auf dem Balkanvormarsch. Den ganzen Tag vor einem Jahre fuhr ich durch ödes, fremdes Land.

Indessen hörte ich die Frauen schon Blume auf Blume, im Keller bereitgehalten, heraufholen, und um neun Uhr fand die Einbescherung statt. Mein ganzer Schreibtisch war von einem Goldregenstrauch überkrönt, von Blumen umstellt, deren nun vom Morgen bis zum Abend immer mehr wurden, zumal ich diesmal fürs Gärtlein beschenkt wurde und auch noch einen großen Rhododendronstrauch und eine Zwergzypresse bekam. So voller Blumen waren wohl unsere Räume doch noch nie: Nelken, Mimosen, Tulpen, Anemonen, Maiglöckchen, Krokusse, Azaleen, Osterglocken, Hyazinthen – tiefblau, meine traditionellen Geburtstagsblumen –, Amaryllis; und nun wiederum Nelken und Tulpen in Rosa und Rot und Weiß, Gelb, und Osterglocken in besonderer Fülle. Allein von den Blumen ging etwas so Beschwingendes aus! Hanni hat doch noch ein Buch der Le Fort und eine neue Biographie Moritz' von Sachsen auftreiben können; Renerle hat zwei herrliche große Fotos von sich machen lassen; Noten des Orgelauszugs zu meinen »Badener Liedern«. Zu meiner Freude erhielt ich auch noch drei Kunstbücher: Menzel-Faksimiles; ein Leo-von-König-Buch; Passionsdarstellungen.

Es war ein Tag, ganz unter dem Zauber erster Frühlingssonne; des Morgens war ein schwebender Glast um die Blumen und Gaben; des Mittags alles verklärendes, erfüllendes Scheinen; des

Nachmittags brachen breite Strahlenbahnen all des Glanzes durch die Gartentüren in das Geburtstagszimmer, lagen über dem Tisch der Gäste, dem anmutigsten, Frühling atmenden Teetisch.

Und was bedeutet es, daß an die Einbescherung und das Familienfrühstück mit den alten Beuthener Tassen sich der Kirchgang am Geburtstagsmorgen schließen konnte. Den Gottesdienst hielt heute P. Lilge. Sein Mittelpunkt war, obwohl nicht der Text der Predigt, das Wort Jesaja 42, 1.

Um dreiviertelsechs begann der »Empfang« für unsere Gäste, eine hübsche Form der Geselligkeit, die wir gewählt haben, seit eine große, zentrale Festmahlzeit für mehrere Gäste nicht mehr möglich ist. Durch Hannis unerschöpfliche Fähigkeit, Geschenke und Päckchen konnten wir die Gäste, die mich so reich beschenkten, sehr vielseitig und aufmerksam aufnehmen. Der Kreis war klein, aber Renerle war begeistert, zumal sie nicht ahnte, was wir an kleinen Überraschungen bereit hatten. Die Stimmung war so lebhaft, so herzlich; es wurde Mitternacht, bis wir uns trennten.

Den ganzen Tag über ging es nicht aus dem Bewußtsein, daß ich ihn daheim, mit Hanni und dem Kinde feiere – den Geburtstag, von dem ich gemeint hatte, daß ich ihn nicht mehr erlebe. Nun bin ich im 40. Jahr –! Und nur der »Vater« und das »Kyrie« –! Welches Geschenk macht Gott uns immer noch und immer wieder in unseren Festen, vornehmlich in seinen Festen. Denn über dem heutigen Sonntag lag schon so viel Österliches. –

Am Abend, als das Kind sich schon gelegt hatte, sagte Hanni, der Gedanke an den Selbstmord rücke ihr immer ferner; wir müßten alles tragen, alle drei, auch Renerle, bei der doch noch mehr natürliche Hoffnung sei als Glaube. Das kann aber nur der Glaube: einwilligen in die entsetzlichsten Möglichkeiten des Lebens, und ich kann nur warten, was Gott in Renerle wirkt; und damit in mir, nun es in Hanni geschehen ist.

2. April 1942 | Gründonnerstag

> Gehet hin in die Stadt zu einem und sprecht zu ihm:
> Der Meister läßt dir sagen: Meine Zeit ist nahe; ich
> will bei dir Ostern halten mit meinen Jüngern.
>
> Matthäus 26,18

Es ist kühler, dunkler, regnerisch und stürmisch. Aber der Garten ist bereit, und man denkt im Gärtlein an den Garten Gethsemane.

Und das Haus ist gerüstet, und man denkt daran, daß er einem in der Stadt sagen ließ: Meine Zeit ist nahe; ich will bei dir Ostern halten.

Die Arbeit ist in ihren einzelnen Zweigen wenigstens in kleinen Abschnitten zu einem Abschluß gebracht, alles zu Erledigende sonst ist getan; jeder Brief beantwortet.

Die Passions- und Ostergeschichte ist gelesen, alle Lieder dieser Zeit von neuem gründlich studiert.

Nun ist's späterer Nachmittag, und das Fest kündet sich an, die große, ernste Feier.

Als das Kind zu seinem viertägigen Osterurlaub aus dem Dienst heimkam, erwartete es schon ein festliches, friedvolles Haus. Jeden Tag muß ja Renerle erst sehr trübe Eindrücke aus dem Dienst überwinden. Die letzten Deportationen sind ohne jede vorherige Benachrichtigung erfolgt. Diesmal kostete das »Reisegeld« nur 50 Mark statt 200, und es heißt, es sei eine Evakuation in Arbeitslager innerhalb Deutschlands – ohne mehr Gepäck als einen Koffer. – Alle, die im Betrieb seinerzeit mit Renerle zusammen die Zustellung erhielten, sind nun deportiert. – Manchmal sieht man sein Schicksal, wie die Menschen es einem bereiten wollen, so deutlich vor sich.

Und auch dies: wie Gott einen durch alle Gesetze des Staates hindurchretten kann.

Um sieben Uhr, nach der Mahlzeit mit dem Kinde, gingen wir, bei Amselgesang, zu dem Kirchlein hinauf, das zum Abendmahle ganz gefüllt war, weil heute zum ersten Male die neuen Konfirmanden teilnahmen. Was ist das für eine schöne, tiefe Sitte: daß nun seit einigen Jahren Gründonnerstag-Abendmahl gehalten wird. Würde nur auch die eine, gewaltige Geschichte dieses Abends und dieser Nacht gepredigt, würden nicht Geschichten erzählt! Aber dem Abendmahl kann es nichts nehmen. Jetzt erst habe ich's begriffen: den Kelch beim Mahl des Osterlammes und den Kelch im Garten Gethsemane. –

3. April 1942 / Karfreitag

Herr, gedenke an mich!   Lukas 23, 42

Die Kirche, heute nur mit ernstem Tannengrün geschmückt, war gefüllt bis auf die letzte Bank. Die Predigt war wieder einmal recht gut. »O Haupt voll Blut und Wunden« wurde ganz gesungen. Auf Renerle wirkt die volle Kirche immer sehr stark, heute großes Abendmahl.

Es ist der erste Karfreitag, an dem das Haus den Cruzifixus birgt. Von den Hirten bis zur Taube – dem Herzen sind jene Bilder der Feste im Hause so ungleich mehr als Kunst.

Die befriedigende Lektüre dieser Feiertage: Gertrud von Le Forts »Schweißtuch der Veronika«. Immer klarer spüre ich die Grenze zum Katholizismus. Diesen Feiertag verleben wir drei ganz für uns. In den Stunden, die nicht dem Familienleben und dem Gottesdienst gehören, Arbeit am Schlußabschnitt des »Goldenen Berges«. Alles andere ruht über das Fest.

Wenn je die furchtbarste Stunde der Versuchung zum Selbstmorde kommen sollte, vor der eigener Entschluß uns nicht bewahren kann, vermag auch nur das Gebet des Karfreitags uns zu retten:

> ». . . so tritt du dann herfür;
> wenn mir am allerbängsten
> wird um das Herze sein,
> so reiß mich aus den Ängsten
> kraft deiner Angst und Pein.«

Stiller Abend am Schreibtisch, Hanni bei mir; Renerle hatte sich frühe schon wieder gelegt. –

5. April 1942 | Ostersonntag

> Da begegnete ihnen Jesus und sprach: Seid gegrüßet!
> Und sie traten zu ihm und griffen an seine Füße und
> fielen vor ihm nieder. *Matthäus 28, 9*

Welche wunderbare Entsprechung zwischen dem Weihnachtsevangelium des Lukas und dem Osterevangelium des Matthäus. Wieder hat sich für uns noch einmal ein Kreis des Lebens schließen dürfen. Ein so schönes, feierliches, so friedvolles Osterfest! Als wir alle vier zur Kirche gingen, war's noch wie ein Kirchgang zum Ersten Advent, so rauh, so herb, so lichtlos. Dann aber, vom Mittag an, wurde der Tag so wunderbar mild; linder Wind, und in all dem weichen Grau doch immer wieder Sonne. – Welch eine Heimkehr aus dem Ostergottesdienst! Wie habe ich ihn voriges Jahr, im Winter des Arabakonakpasses, entbehrt. Welche Fülle in der Kirche – wie Heiliger Abend. Grüne Tannenkränze, Osterglocken, Tulpen, Nelken. Und welches starke, freu-

dige Singen, insbesondere das geliebte alte »Christ ist erstanden«.
Welch ein Hallelujasingen, nachdem in der Passionszeit das
Halleluja in der Kirche verstummt war. Man soll nicht immer so
sehnsüchtig an eine weite Vergangenheit denken. Dies österliche
Hallelujasingen dieser Kriegsostern werde ich nie vergessen!
Der Abend gehörte den Kunstbüchern, die Hanni mir zu Ostern
schenkte (darunter nun doch noch die Lübecker Marienkirche).
Und Gertrud von Le Forts »Schweißtuch der Veronika«.
Reinhold Schneider schickte als Ostergruß eine neue Novellen-
broschüre »Das getilgte Antlitz«. Sehr schön; aber eben aus jenen
Bezirken der Steigerung in das Heilige, in die unsere Frömmigkeit
nicht zu folgen vermag.

7. April 1942 | Dienstag

> Wie lieblich sind deine Wohnungen, Herr Zebaoth!
>
> *Psalm 84, 2*

Den vollen Arbeitsplan nach dem Feste wieder aufgenommen.
Welche Wohltat, nach Feiertagen nicht in Stadt, Betrieb, Büro
zu müssen wie die Mehrzahl aller Männer. Über dem ersten
Werktage nach einem Feste pflegt bei uns, auch wenn wir sogleich wieder fleißig arbeiten, noch ein so stark spürbarer Abglanz des vorübergegangenen Festes zu liegen.
Wird uns auch die Freudenzeit der Kirche zwischen Ostern und
Pfingsten noch als ein neuer Kreis unseres Lebens gehören?
In der Buchhandlung Amelang sagte man Hanni heute, man
könne sich der Nachfragen nach dem »Vater« und nicht minder
nach dem »Kyrie« gar nicht mehr »erwehren«. Gerade in der
großen Stagnation mit ihren unabsehbaren Folgen tut einem das
doch wohl.
Immer wieder mache ich die schwer zu bewältigende Erfahrung,
daß in den Zeiten um die hohen Feste Gottes das Dämonische,
das den Menschen von Gott reißen will, mit der furchtbarsten
Gewalt aufsteht.

8. April 1942 | Mittwoch

> Wenn ich hingehe, euch die Stätte zu bereiten, so will
> ich wiederkommen und euch zu mir nehmen, auf daß
> ihr seid, wo ich bin. *Johannes 14, 3*

Um dessentwillen, was man als Mensch ist, möchte man nicht
Christliches schreiben; aber es ist ganz unmöglich; man kann

nichts anderes mehr aussagen; alles andere hat nur den Wert einer Etüde, an der man innerlich ganz unbeteiligt ist. Auf einer ganz anderen Linie liegt mein in 15 Jahren nicht abgestorbener Voltaireplan. –

Heute war jener »Abgesandte« des Göttinger Studentenkreises bei mir, der mich auf einer Freizeit am Semesterende bei sich haben wollte. Es ist nicht leicht, abzusagen, wenn so saubere und tiefe Jugend nach einem fragt. Aber ich kann es nicht, und fielen auch alle politischen und kulturpolitischen Belastungen mit einem Schlage weg; ich kann nicht mehr als christlich schreiben (weil ich nichts anderes weiß), alles würde immer wieder nur die eine Wendung nehmen; aber ich muß es ganz trennen von meiner Person, und nur Gott kann dies ändern, von dem Luther sagt: *cor accusator, deus defensor.* Auf göttliche Entscheidung zu warten, habe ich aber gelernt, so wenig ich auch sonst gelernt haben mag.

Hanni hat Trude Weill bei sich; Anfang 60, hat Trude Weill nun die Aufforderung für die Deportation bekommen. – Wie sollen die Juden dies alles ertragen. Und mit welcher Gewöhnung an ihr Unheil tragen sie es.

Mischlinge und Männer in Mischehe sollen, wenn Ersatz notwendig, wieder einberufen werden können. Man hört es nur noch mit Bitterkeit. Zuviel ist geschehen, seit wir vom Heere weggeschickt wurden.

9. April 1942 / Donnerstag

> Erzeige dich gegen die, so von Anfang dein Eigentum gewesen sind; und erfülle die Weissagungen, die in deinem Namen verkündigt sind.　　　*Sirach 36, 17*

Die Tage recht fest in der Hand, das Herz aber gar nicht.

Unter dem Zerrbild Europas, unter den Leiden der Menschen unter dem Kriege, unter dem grandios geführten deutschen Kriege, auf dem aber der Makel des Raubzuges lastet, würde man viel mehr leiden, wäre nicht alles in den Schatten gestellt durch die nicht endenwollende, wachsende Qual des Judentums. – Nun beten viele für die Juden.

Was die deutsche Habgier ist, das weiß ich nun aus der Gegenwart und der Reformationsgeschichte zugleich. Die deutsche Grausamkeit habe ich vordem nicht gekannt.

Der Patriotismus macht in dieser Zeit einen ähnlichen Läuterungs- und Vertiefungsprozeß durch wie der Glaube.

Heute ist's ein halbes Jahr her, daß ich heimkam. Wieviel ist in diesem Zeitraum erlebt, wie wenig geschaffen. –

12. April 1942 | Sonntag (Quasimodogeniti)

> Eure Augen haben die großen Werke des Herrn gesehen, die er getan hat.
> *5. Mose 11, 7*

Die Kirche wieder voll, wie an einem hohen Feiertag, und weil ein Jugendkreis in unserem Gemeindehaus tagte, war's endlich mal ein großes, starkes Singen, das sonst in der Nikolasseer Gemeinde leider fehlt.

Ich ahnte nicht, daß diese Jugendtagung eine gewisse Bedeutung für mich erlangen würde. Als ich die Kirche verließ, kam ein junger Soldat auf mich zu, der mich fragte, ob ich nachmittags zu den Jungen ins Gemeindehaus herüberkommen würde, nun man mich in der Kirche gesehen hätte, bei ihr zu lesen oder zu sprechen. Dies mußte ich ja wieder ablehnen. Die weitere Frage war, ob die Jungen, die den »Vater« und das »Kyrie« gelesen hätten, mir einen ganz kurzen Besuch machen dürften, da es für sie eine solche Überraschung war, daß man mich im Gottesdienst sah. Das konnte ich gern zugestehen.

Es kam ein größerer Kreis sympathischer Jugend. Und nun erfuhr ich, daß auf die Frage, wer mein Leser sei, sich von den reichlich 100 Jungen 99 gemeldet hatten. Da mußte man den Kreis sehr begrenzen; aber die anderen seien sehr enttäuscht gewesen und ließen mich sehr bitten, doch wenigstens als Gast eine Viertelstunde an ihrer Bibelarbeit teilzunehmen. Ich war so inkonsequent, dies zu tun, weil die Jungen im Hause einen so sehr guten Eindruck machten. Aber ich ahnte nicht die Begrüßung; solches Trampeln habe ich in Kollegs nur selten gehört; auf solche Freude war ich nicht gefaßt. Ich habe auch nur ganz kurz gedankt – denn man empfand ja nur Liebe und Scham – und einige Worte gesagt von der Frömmigkeit der Soldaten, nun ich unter so vielen sauberen, frischen Jungen stand, die über der Bibel saßen, und dies, Jungen über der Bibel, war der entscheidende, der ergreifende Eindruck. Es wird nicht enden – nein, es wächst. Diese Jugend, die sich da über der Bibel zusammenfand, ist eine von Staat und Partei überbeanspruchte Jugend.

Ganz deutlich habe ich gesehen, daß mir dies alles nicht zukommt und daß ich bei meiner Zurückhaltung bleiben muß; denn dies darf nicht sein, daß solche Ansprachen an mich gehalten werden, wie der Berliner Studentenpfarrer sie hielt. – Daß Studenten meine Leser sind, habe ich gewußt; nicht aber, daß ich sie unter den Vierzehn- bis Siebzehnjährigen habe. – Diese heutige, unerwartete Begegnung hat mich recht mitgenommen. Ich erfuhr, daß in der evangelischen Jugend, seit es das »Kyrie« nicht mehr gibt, meine Lieder zu vielen in Abschriften verbreitet werden. – Renerle war so stolz. – Tiefe, tiefe Wandlungen müßten in mir geschehen, ehe ich unter die Menschen darf. –

13. April 1942 / Montag

> Alle Menschen werden sich fürchten und sagen: »Das hat Gott getan!« und merken, daß es sein Werk sei. – Und alle frommen Herzen werden sich des rühmen.
>
> *Psalm 64, 10. 11*

Der gestrige Tag mit seinen freudigen Überraschungen hat mich ungewöhnlich mitgenommen, löste er doch ohne Frage die Krise in dem nicht so leicht von der Hand zu weisenden Zweifel aus: Soll ich unter die Menschen gehen oder nicht? Ich werde es nicht. Obwohl es durch die Umstände, die das »Ewige Haus« so schleppend entstehen lassen, besonders schwer fällt, derart ab- und nicht hervorzutreten. Ich bin alles andere als Asket, Märtyrer – weiß, daß es ungeforderte Opfer vor Gott nicht gibt; aber dies darf nicht sein, ohne daß nicht große und eindeutige Wandlungen in mir geschehen sind. So beginne ich auch diese Woche, indem ich eine Absage schreibe. –

Zum Frühstück traf schon wieder ein Gast ein: Lotte Staritz aus Brieg. Wie hatte es auch in diesem Leben bei dem Besuch vor Ostern nach sichtbarer Fügung ausgesehen. Und wie sehe ich auch hier in anderem Leben, daß dies nicht Gottes Weise ist, zu handeln. Lotte Staritz kommt in großen Sorgen um Käte, die ihr schreibt, daß sie von Kassel weggebracht wird, was inzwischen geschehen ist. Die wenigen Andeutungen, die ein solcher Brief aus dem Gefängnis ermöglicht, sind sehr beunruhigend; sie deuten auf Konzentrationslager oder gar Deportation mit einem Judentransport, wie es auch mit einem katholischen Pfarrer geschah. Es ist ein solches Seufzen im Lande, in Europa, in der Welt. »Welt war Welt, Welt ist Welt, Welt bleibt Welt«; aber manchmal verdichtet sich die Macht des Fürsten dieser Welt fast zur Unerträglichkeit, und nicht alle Zeitalter dieser Welt scheinen gleich beladen mit Schuld und Schmerz. Daß man mit so schweren, inneren Wunden noch immer so leben kann. Der geringste Anstoß von außen genügt, um ihre ganze Tiefe und Schwere offenbar zu machen.

Lotte Staritz steht mitten in ihren Verhandlungen mit Kirchenbehörden, Geheimer Staatspolizei und Anwalt und muß bei uns bleiben, mindestens wohl noch morgen und übermorgen.

Bei Trude Weill scheint alles auf eine rasche Deportation hinzutreiben; diesmal sind vor allem – des Arbeitseinsatzes der Jüngeren wegen – die Sechzig- bis Siebzigjährigen erfaßt.

Es wird immer dunkler um einen, so dunkel, daß man sich manchmal fragt, ob dies Gottes Wille ist, daß wir Renerle im häuslichen Leben noch immer Ausgleich, Entspannung, Ablenkung zu schaffen suchen, auf einen so furchtbaren Ernst wird unser Leben verwiesen.

Sein Volk in Schmerzen, Zorn und Verzweiflung zu lieben, kommt einem sehr hart an. Ach, ein wie großer Teil lebt immer gedankenloser hin, nur noch darauf bedacht, recht vieles Rare aufzutreiben. Berlin wirkt so belebt, leichtfertig, gefallsüchtig. Nur die Kirchen und die großen, religiösen Konzerte mildern dieses Bild.

So aufgewühlt, so unterhöhlt, so zerstört ist der irdische Untergrund, auf dem wir leben.

14. April 1942 | Dienstag

> Wenn ich nur dich habe, so frage ich nichts nach Himmel und Erde.
>
> *Psalm 73, 25*

Die Freundlichkeit, Feierlichkeit, Friedlichkeit, Tätigkeit und Schönheit unseres häuslichen Lebens greift einem immer mehr ans Herz. Es ist alles in zu tiefen Schmerz getaucht.

Charlotte Staritz ist heute in ihren Unternehmungen nicht weitergekommen. Hanni und ich sind müder denn je. Unser eigenes Unglück sehen wir so tragbar an, gemessen an dem Leiden, das uns umgibt. Es ist also nicht die Verzweiflung über das Eigene, die so erschöpft. Wir haben ja eine »Pause«; wir sind vielleicht von Gott schon hindurchgerettet. Aber unser Gefühl, immer belasteter, läßt uns meinen, das Unglück um uns habe seinen tiefsten Punkt noch gar nicht erreicht. – Unser Schmerz ist der gleiche am Morgen wie am Abend, er geleitet einen durch den ganzen Tag; und was in Gegensatz zu ihm tritt und sich nicht von ihm einschmelzen läßt, fällt einem vielleicht am schwersten. Es kann doch nicht sein, daß man mit solcher dauernden seelischen Verwundung lebt und schafft – nur leben und tragen ist denkbar! Auch ich schlafe nun wieder einen tiefen, erschöpften Schlaf.

15. April 1942 | Mittwoch

> Der Herr tut nichts, er offenbare denn sein Geheimnis den Propheten, seinen Knechten. Der Herr redet, wer sollte nicht weissagen?
> *Amos 3, 7. 8*

Ich denke an Vaters Geburtstag in Beuthen.

Ich schreibe konzentriert, doch innerlich unbeteiligt an »Die Ströme« und »Der goldene Berg«. Am »Ewigen Haus«, das allein mich beschäftigt, kann ich das zweite Kapitel noch nicht beginnen, weil mir immer zu viele Einzelfiguren fehlen; auch stärkste Begrenzung der Quellen führt noch nicht zum Ziel.

Lotte Staritz ist noch immer Stunde um Stunde unterwegs. Ich konnte ihr wenigstens die Verbindung zu dem Dezernenten im Kirchenministerium herstellen, der, ohne daß man darum wußte, Kätes Fall bearbeitet. Die Gestapo scheint sie in das Frauenkonzentrationslager Ravensbrück in Mecklenburg gebracht zu haben.

16. April 1942 | Donnerstag

> Er wendet sich zum Gebet der Verlassenen und verschmäht ihr Gebet nicht.
> *Psalm 102, 18*

Von Tag zu Tag wird mir mehr bewußt, daß unser Schmerz wie unsere Hoffnung irgendwelchen Schwankungen des Gefühls überhaupt nicht mehr unterliegt.

Ruhige Arbeit.

Charlotte Staritz, nachdem sie heute noch erstaunlich viel Leute zu sprechen bekam, reist nun doch mit einem gewissen Resultat ab: nachdem das Breslauer Konsistorium und der Berliner Oberkirchenrat so schändlich versagten, stellt sich nun die höchste Stelle, das vielgeschmähte Kirchenministerium, allein hinter Käte. Gewiß: es hat keine Macht. Aber es könnte bei anderer Haltung die Lage verschlimmern. Meine Warnung vor der Beglückung durch sichtbare Fügungen verstand Charlotte Staritz sofort. In ihnen zeigt Gott nur, daß er sehr wohl helfen könnte auf menschliche Weise. Aber wie schwer ist es danach, nun erst recht seinem unsichtbaren, göttlichen Plan zu vertrauen. Darin waren wir uns bald, auf Grund sehr schwerer Erfahrungen, einig.

17. April 1942 | Freitag

> Vernimm, Herr, mein Gebet und merke auf die Stimme meines Flehens.
>
> *Psalm 86, 6*

Gleich nach der morgendlichen Gartenarbeit – unser Baum- und Rasengärtlein verlangt ja nicht viel – kann ich jetzt jeden Tag an meine Arbeit gehen. Freilich spielt das Telefon noch eine große Rolle. Aber möchte es nur so bleiben, wie es jetzt noch ist, – ich beginne wieder unter all dem Druck, all der Angst zu arbeiten; sie ist ertragbar geworden, ich vermag sie zur Voraussetzung meiner Tage zu machen. Doch der Kopf plagt mich sehr.

Und Hanni ist in dem Ihren ja immer unermüdlich. Und das Kind bewältigt das Seine, zumal es ja in der Konfektion soviel leichter ist als seinerzeit bei Siemens.

18. April 1942 | Sonnabend

> Du erhörst Gebet.
>
> *Psalm 65, 3*

Fräulein Neumann und Trude W. bei Hanni und Renerle; daß ab 1. Mai das Fahrverbot für Juden auf sämtlichen Verkehrsmitteln in Kraft tritt, lastet furchtbar auf ihnen. Nun wird die völlige Isolierung im Unglück erreicht; eine solche Kaffeestunde bei uns war alles, was sie noch an Abwechslung hatten. Und nun gar die, die zu ihren Kranken wollen. Wer von seiner Arbeitsstätte mehr als sieben Kilometer entfernt wohnt, darf fahren. Die anderen, vor und nach ihrem langen Dienst, müssen laufen. In welche Trostlosigkeit muß man solche Gäste aus seinem Hause entlassen.

Im Anschluß an meine Begrüßung der Jungen bei ihrer Bibeltagung am vorigen Sonntag kam heute noch die Bitte um meine engere Fühlungnahme mit den Kreisen der Bekennenden Kirche. Aber ich werde ja keinesfalls aktiver werden. Meine Arbeit gehört ja sowieso der Kirche. Gerade indem ich an den bewußt nicht-kirchlichen Etüden schrieb, sah ich, wie alles andere (»Voltaire« bleibt ein Sonderfall, empfängt sein Licht ja aber auch allein

vom Glauben her, sagt das gleiche vom Gegensatz her) mich
nichts mehr angeht. –

22. April 1942 | Mittwoch

> Du wirst meine Seele nicht dem Tode lassen und nicht
> zugeben, daß dein Heiliger verwese. Du tust mir kund
> den Weg zum Leben; vor dir ist Freude die Fülle und
> liebliches Wesen zu deiner Rechten ewiglich.
>
> *Psalm 16, 10. 11*

Von der Reichsschrifttumskammer wurde mir mitgeteilt, daß ich
an »Gebühr für Sondergenehmigung« ein Guthaben hätte.
Nun ist Mutter ein Jahr tot.
In den Träumen immer wieder: ein krankes, entstelltes, winziges,
kaum lebensfähiges, aber unendlich zärtliches Kind, das gegen
allen Zweifel am Leben erhalten wird. Die Träume von Mutter
werden frei von aller Entstellung durch Mutters Krankheit.
Dann: die orgiastisch gefeierte, gefährliche, bedrückende Vereinigung der deutschen und der russischen Armee in Berlin – mit
Mord und Bacchanal.

26. April 1942 | Sonntag (Jubilate)

> Da es aber Gott wohl gefiel, daß er seinen Sohn offen-
> barte in mir, – alsobald fuhr ich zu und besprach mich
> nicht darüber mit Fleisch und Blut.   *Galater 1, 15. 16*

Dies Wort gilt auch für den schweren Entschluß, in dieser Zeit,
in dieser meiner Lage »Das ewige Haus« zu wagen.
Mein Tauftag. Durch Hannis und Renerles Taufe ist der Tauftag,
Gott sei Dank, wieder zum im Herzen gefeierten Erinnerungs-
tag geworden; jahrelang hatte ich nicht daran gedacht, daß ich
mit Jordanwasser, einem von Vaters Mutter erdachten Geschenk
aus der Brüdergemeine, getauft bin.
Der Gnadenspruch gerade des heutigen Gottesdienstes war mein
Taufspruch, Jesaja 43,1.
Der Gottesdienst war wieder sehr besucht, und ein Drittel der
Gemeinde ging zum Abendmahl; so stark das Bedürfnis ist, an
jedem Abendmahl teilzunehmen, beschloß ich doch, bis zum ge-
meinsamen Abendmahl mit Hanni und vielleicht auch Reni zu
Pfingsten zu warten.
Der unveränderten, glanzvollen Schönheit des Tages entsprach
die herbe, reine, vollendete klare Mondnacht. Wie viele Menschen

sind heute schon zum Wannsee hinausgezogen. Nachmittags war der Reichstag zu einer Rede Hitlers einberufen worden, in der er sich durch Reichstagsbeschluß in seiner Eigenschaft als Führer der Nation, als Oberster Befehlshaber der Wehrmacht, als Regierungschef und oberster Inhaber der vollziehenden Gewalt, als oberster Gerichtsherr und als Führer der Partei als nicht mehr gebunden an bestehende Rechtsvorschriften erklären ließ.

Die Rede kündet die Vorbereitungen für den nächsten Kriegswinter an und spricht, was wohl keiner erwartete, von Situationen, in denen an der Front »die Nerven brachen, der Gehorsam versagte oder mangelndes Pflichtbewußtsein bei der Meisterung der Aufgaben in Erscheinung trat«; da habe er »harte Entscheidungen getroffen, und zwar kraft des souveränen Rechtes, das ich glaube von meinem deutschen Volke hierfür bekommen zu haben«.

27. April 1942 | Montag

> Ihr sollt erfahren, daß ich der Herr bin. Ich rede es und
> tue es auch, spricht der Herr. *Hesekiel 37, 14*

Besuch des schwedischen Legationspfarrers Forell, der mich für morgen zu einer Zusammenkunft bat, was ich nicht abschlagen mag, da er nach wie vor darüber grübelt, wie wir Renerle nach Schweden bringen. In Schweden selbst durch seine ungewöhnliche Kenntnis der deutschen Verhältnisse noch einen letzten Versuch zur Hilfeleistung an den deutschen getauften Juden zu machen, ist der Hauptgrund, aus dem er nun Deutschland verläßt. Über die Ohnmacht, in der die Hilfsbereiten sich befinden, ist er recht verzweifelt. Von den Schweden sagt er, daß sie einfach die deutschen Verhältnisse nicht mehr überblicken, das Martyrium, das vor sich geht, nicht im entferntesten ermessen können.

28. April 1942 | Dienstag

> Ich bin gekommen, daß sie das Leben und volle Ge-
> nüge haben sollen. *Johannes 10, 11*

Im Pfarrhaus der Schwedischen Kirche. Begegnung von Deutschen, Schweden, Dänen; von Deutsch-Russen; von Katholizismus, Protestantismus und Ostkirche. Theologen, Physiker, Ärzte, Diplomatie und ich für die Literatur. Der Kronprinz von Sachsen. Das Ganze viel leichter tragbar als sonstige Zusammenkünfte, auf denen gar so hilflos geredet wird: denn im Mittelpunkt stand der ganz ausgezeichnete Vortrag eines deutsch-russischen, griechischorthodoxen Kunsthistorikers über die Ikone, der auch meine Vortragsmüdigkeit besiegte; nun war ja, nach Rußland, Rumänien, Bulgarien, dieses Thema für mich ganz besonders geeignet. Am besten ins Gespräch kam ich mit Almqvist, dem Ersten Legationssekretär der hiesigen Schwedischen Gesandtschaft, einem ungemein gebildeten, bescheidenen jungen Mann, der, am Anfang seiner Karriere, müde der heutigen Diplomatie, sein Hauptinteresse nur noch findet in der Religiosität der unglücklichen Völker Europas. Dies lag sehr stark über der Stimmung des Abends: das bürgerliche Pfarrhausbehagen schwedischer Prägung, jenes leichte Timbre des Diplomatisch-Gesellschaftlichen, die spürbare Ohnmacht der letzten neutralen Mächte; im Mittelpunkt der gestürzte Fürst im Priesterkleid, Pater Georg.

Haupteindruck: auf welch hohen Voraussetzungen des Religiösen und Ästhetischen Vortrag und Gespräch von vornherein mühelos aufgebaut werden konnten; was heute die Kirchen voneinander wissen und aneinander verehren. Über alledem wird mir der Protestantismus immer klarer, in dem allein ich mich als der Sünder ganz verstanden fühle.

Manchmal ist mir jetzt, als sei der einzige Halt und Kern dieses unglückseligen Europas allein wieder die Kirche, auch diese schuldbeladene, so oft versagende Kirche. Aber hier ist etwas, über das zwischen den Völkern als eine Substanz und Existenz gesprochen werden kann.

Das Ganze hat mich wieder maßlos angestrengt, so daß sich schon dadurch meine Zurückhaltung bedingt, zumal ich jede Nacht wieder drei Schlafmittel brauche. Zur Geselligkeit veranlagt, fehlt mir doch die Kraft und Fähigkeit, sie in mein halbzerstörtes Leben einzubauen. Auch scheint sie mir nicht mehr der schweren Zeit gemäß. Diese neue, gerade aus dem Ernst der Zeit erwachsend scheinende Geselligkeit aber ist nicht ohne Gefahr: die Empfänge im Hause Kracker-Schwarzenfeld; die Abende der »Weißen Blätter«; die Autorenlesungen bei dem kulturpolitischen Redakteur der DAZ – dies alles scheint mir doch ein politisches Forum derer, die heute beiseitegestellt sind und bereitgehalten werden sollen. Ich gehe nicht gern zu Zusammenkünften, auf denen gebeten wird, die Namen der Anwesenden zu vergessen. Dort ist nicht mein Platz, wie ich auch niemals zu denen gehören werde, die man bereithält. – Für die Kirche aber bin ich niemals bereiter, als wenn ich still am Schreibtisch bleibe.

> Du hast mein Leben aus dem Verderben geführt, Herr,
> mein Gott.
> *Jona 2, 7*

Ungestörter Arbeitstag. Von gestern wieder viel mehr mitgenommen, als es sein dürfte.

Von dem verstorbenen nationalsozialistischen Kirchenminister Kerrl, dessen Posten bis heute nicht besetzt ist, verlautet aus seinem engsten Kreise, daß er sich zum Ende seines Lebens ganz von der Partei, die heute alles ist, hinweg und zu der Kirche hin entwickelt hat, zum Schluß der Meinung, daß Nationalsozialismus und Kirche unvereinbar seien. Er gehörte zu den gläubigsten, treuesten Anhängern Hitlers.

Der Rang, den heute die Theologen uns Künstlern zuerteilen, zahlt überreich die Ehre zurück, die wir der Theologie erweisen. Man muß vielleicht so gebrochen sein wie ich, um nicht zu einer falschen Meinung über sich selbst zu gelangen: so begegnet man uns.

Gerade aber auch dadurch leide ich nur noch stärker unter der Verstörung und Verzweiflung und Erschöpfung, in die ich geraten bin. Und kein Ausgleich im Schlaf, sondern elendste Nächte.

> Laß uns in die Hand des Herrn fallen, denn seine
> Barmherzigkeit ist groß; ich will nicht in der Menschen Hand fallen.
> *2. Samuel 24, 14*

Welchem Menschen wird es, so wie mir, beschieden, daß – abgesehen von der Kinderlosigkeit – sein Leben ganz das wird, was er sich wünschte, was er erstrebte, erbetete? Und nun doch diese Qual, in der dieses eigene, erfüllte Leben nur noch erträglich ist als Bild! Und nun doch diese Qual, nachdem alles, was schon gescheitert schien, noch einmal gut, so gut wurde!

Wie sehe ich mein Leben – 2. Samuelis 24, 14 – zugleich in Gottes und der Menschen Hand. –

Mit 16, 17 Jahren begann ich unter dem unwiederbringlichen Ablauf der Zeit ausgesprochen zu leiden. Und welche Rolle haben dann, bis auf diesen Tag, die verlorenen Jahre in meinem Leben gespielt!

> Es ist umsonst, daß ihr früh aufstehet und hernach
> lange sitzet und esset euer Brot mit Sorgen; denn
> seinen Freunden gibt er's schlafend.   *Psalm 127, 2*

Nun ist's ein Jahr her, daß die letzten 20000 »Vater« angekündigt
wurden. Und nun steht man schon tief in dem großen Vacuum.
Die innere Last der Tage wird von Woche zu Woche größer. Man
staunt, daß man noch lebt. Aber innerlich ist es nur ein Vege-
tieren. Ich werde nicht mehr fertig mit den Belastungen unseres
Lebens, wobei mir in jedem Augenblick bewußt ist, was Hanni,
Renerle und mir noch gewährt ist. Aber die Kreise des Unglücks,
die um einen gezogen sind! Und nur Perspektiven des Unglücks
vor einem: das Ende des Krieges nicht denken zu dürfen!

Hanni findet, daß die Heimat, sofern es sich nicht um nächste
Angehörige handelt, in ungleich größerem Maße als im Weltkrieg
die Front vergißt: ich war damals zu jung, um nun vergleichen
zu können. Auch ich bin betroffen von der Gleichgültigkeit. Aber
die sieht ja auch nicht das Unheil im Lande, das wächst und
wächst. Man lebt weithin in flachestem Fatalismus und stellt sich
die Zukunft in *deus-ex-machina*-Lösungen vor.

Aus allen Kameradenbriefen klingt die eine furchtbare Enttäuschung, daß der Frühling da ist und nun auf weite, weite Sicht
nicht an Urlaub gedacht werden kann. Unter der Trennung von
den Ihren leiden sie wohl alle am meisten; hier zeigt sich der
schönste menschliche Zug.

Wie lange kann denn der Mensch leben unter dauernden, immer
gleichen Verwundungen, ohne Heilung?

Mein Arzt erzählt mir viel von der steigenden Entkräftung der
arbeitenden Bevölkerung. Wir haben uns oft genug gefragt: wie
soll der körperlich schwer arbeitende Mensch bestehen, wo wir
doch höchstens noch einmal am Tage satt werden? Und wir gehören wahrhaftig nicht zu denen, die über Mängel dieser Art
auch nur mit einem Worte klagen! Aber auch wir stehen schon
vor Problemen: Renerles Proviant für die elfeinhalb Stunden,
die sie jeden Tag von Hause weg ist.

Was soll man Einzelheiten nennen von Front, Heimat, Beruf,
von Stimmungen und Tatsachen, Rückblicken und Prognosen?
Es wäre ja larmoyant.

Über dem Weg des deutschen Volkes und darüber, daß das
Judentum wieder zum Prototyp menschlichen Leidens geworden

freie, schöpferische Künstlerische gar nicht wiedererlangen. Beide
nehmen wir eine eigentümliche Zwitterstellung ein; beide sind
wir in der Gefahr des Verlöschens, nur daß hinter Schneider schon
ein großes Werk steht. Seine äußeren Schicksale sind sehr viel
leichter als meine; von den inneren meine ich, daß sie genauso
schwer sind; die, die das eigenste Ich angehen. Jener Schleier,
der über sein ganzes Wesen gebreitet ist, verrät mir viel.

15. Mai 1942 | Freitag

> Ich will euch tragen bis ins Alter und bis ihr grau wer-
> det. Ich will es tun, ich will heben und tragen und
> erretten.   *Jesaja 46, 4*

Es ist ein Jahr her, daß ich vom Urlaub nach dem Balkan zurückkehrte. Damals fing die schöne, an irdischen Hoffnungen reiche
Wendung meines Soldatenlebens an. Vielleicht ist aber in allem
Tragischen nun alles sehr wunderbar gekommen, und ich in
meinem großen Kummer weiß es nur nicht recht, obwohl das
Herz Gott schon immer dafür danken möchte. Ich habe nur eine
zu große Scheu vor den »erkannten« Fügungen bekommen.
Intensiv gearbeitet, aber – außer bei den Bora-Quellen – innerlich
unbeteiligt und unter der großen Last meiner eigentümlichen Beängstigungen, die mich keinen Tag mehr verlassen.

16. Mai 1942 | Sonnabend

> Ich schreie mit meiner Stimme zu Gott; zu Gott schreie
> ich, und er erhört mich.   *Psalm 77, 2*

Den ganzen Tag über kam Besuch, der aber mehr Hanni galt als
mir; darunter die arme Trude Weill, die nun schon die Listen des
Eigentums abgeben mußte; das ist das letzte Stadium vor der
Evakuation.
Zu einem Abendessen in kleinem Kreise bei dem Ersten Legationssekretär der schwedischen Gesandtschaft, Almqvist, der in seiner
bescheidenen und für die tieferen Aspekte so aufgeschlossenen
Art auch Hanni gut gefiel; außer uns nur noch einer der schwedischen Attachés mit seiner Frau, Baron und Baronin Essen. Einladungen um Sonnabend und Sonntag nehmen wir ja an, und
Einladungen in Gesandtschaftskreisen zudem wagen wir Renerles und der Verbindung mit Brigitte wegen, trotz allen Enttäuschungen und Einsichten, nicht abzusagen. Es war eine durchaus
ihtensive Unterhaltung möglich. Den Schweden, mit denen ich

zu tun hatte, kann man nicht absprechen, daß sie sich große Mühe geben, durch das heutige Deutschland hindurch das eigentliche Deutschland zu erkennen. –

17. Mai 1942 | Sonntag

> Fürchte dich nicht; denn von dem ersten Tage an, da du von Herzen begehrtest zu verstehen –, sind deine Worte erhört.
> *Daniel 10, 12*

Heute erhielt ich vom Wehrmeldeamt einen Fragebogen, der nach ziviler Dienstverpflichtung für die Wehrmacht aussieht. So scheint dies die Lösung für die aus dem Heer entlassenen Männer in Mischehe zu werden. Angesichts des jüdischen Schicksals nimmt man alles wortlos hin. – Möge Gott nun wachen über der Arbeit am »Ewigen Haus«, nachdem fünf Jahre verloren sind! Über dem Leben der Deutschen ist soviel Angst und Zwang. – Jener unheimliche Gedanke, daß das Buch, wenn Deutschlands Schicksal sich nicht wandelt, nicht erscheinen kann.

Zum ersten Mal – von Schillers aus, denn ich ergreife auf diesem Gebiet nie die Initiative – kam heute, was ja eigentlich zwischen uns bei so naher Beziehung endlich einmal der Fall sein mußte, das Gespräch auf Religiöses, und zwar sehr konkret auf den christlichen Glauben. Ich machte wieder die Wahrnehmung, wie auf die dem Christentum Fernstehenden immer den stärksten Eindruck macht, wie wir Christen von der vergleichenden Religionsgeschichte und der Textkritik her die ungleich wirksameren Einwände gegen das Christentum erheben können als sie selbst und unser Glaube unberührt bleibt von diesem unserem kritischen Wissen, ja an ihm nur wächst.

Alles Leid, das sich vor einem auftürmt; alle Beunruhigung und Behinderung, die einen einkreisen, drängen einen immer wieder nur zu der einen Frage: Was wirkte Gott dadurch in unserem Glauben?

19. Mai 1942 | Dienstag

> Weil wir ein solch Amt haben nach der Barmherzigkeit, die uns widerfahren ist, so werden wir nicht müde.
> *2. Korinther 4, 1*

Viel Post, darunter auch Käte Staritz, die sich der Situation in dem Arbeitshaus – einem alten Kloster – völlig gewachsen zeigt, und diese Situation scheint auch noch durchaus tragbar, so hart und unverdient dieser bittere Eingriff in Kätes Leben ist.

Ein Bekannter von Renerle, der gestern abend bei Hanni und ihr war, vom Generalkommando, hat sich heute für mich erkundigt, was wohl der Fragebogen bedeuten könne, den ich vom Wehrbezirkskommando erhielt. Es handelt sich zunächst um eine Angelegenheit der Wehrüberwachung; Näheres weiß man nicht; der Sachbearbeiter im Generalkommando erwies sich als ein Leser des »Vater« und war sofort bereit, die Verbindung zwischen dem für mich zuständigen Wehrbezirksoffizier und mir herzustellen, damit ich klarer sehe und eventuell geraten scheinende Schritte einleiten kann. Damit hat sich schon herausgestellt, daß eine neue Geheimverfügung besteht, nach der Männer in Mischehe und Mischlinge, die aus dem Wehrdienst entlassen sind, mit Genehmigung Hitlers wieder Soldat werden können. Über ihre familiären Verhältnisse fehlt wieder jeder Passus. Seltsam, daß uns, die diese Geheimverfügung angeht, keinerlei Mitteilung davon gemacht wird. Jedenfalls ist das Ganze doch so wichtig, daß ich mich bei dem zuständigen Wehrbezirksoffizier anmelden lasse.

Diese Woche schon wieder überbesetzt, und die Arbeit hat in ihr wieder nicht den Raum, nach dem sie dringend verlangt.

Vor der Schwere und dem Aufruhr meiner Träume, ihren Handlungen, ihren Landschaften und selbst ihrer Architektur, stehe ich wie vor etwas Fremdem, Unfaßlichem. Die Totengespräche in ihnen! (Mutter)

21. Mai 1942 / Donnerstag

> Schaffe uns Beistand in der Not; denn Menschenhilfe
> ist nichts nütze. *Psalm 108, 13*

Ich hatte mich, auf seinen Vorschlag, mit Pagel getroffen. Wir sprachen all die schwebenden Fragen durch: holländische Übersetzung, Schritte für Papierbeschaffung für den »Vater« im Zusammenhang mit dem Plan einer Lizenzausgabe für die Luftwaffe und einer mir heute von Kilpper zugesandten ganz neuen Besprechung des »Vater« in dem vertraulichen Führerorgan der NSDAP »Der Hoheitsträger«; Neuerscheinen des alten »Kahn«, für den eine noch nicht ausgeführte Papierbewilligung vorlag; Exportverbot für die Bücher der Sondergenehmigungsautoren mit jüdischer oder halbarischer Frau.

Mich geht von alledem nur der »Vater« etwas an.

Und im übrigen können ja Gespräche von gar nichts anderem handeln als vom Kriege. Auch Pagel, der mir in seiner Betrachtung durch seine Sensationslosigkeit immer noch mit am nächsten steht, glaubt nun nicht mehr an die Möglichkeit des Sieges, so hoch wie wir den neuen Sieg bei Kertsch ansetzen und so fest wir mit neuen großen Erfolgen im Osten rechnen. Die Wirtschaft hält Pagel mit den Leuten, mit denen er zusammenkommt, schon für zusammengebrochen, die Ernährungslage noch nicht ganz. Zum ersten Male erfuhr ich von Demoralisationserscheinungen bei der Truppe, die mir in den vielen Kameradenbriefen noch nicht wahrnehmbar waren.

23. Mai 1942 | Sonnabend

> So denn ihr, die ihr arg seid, könnt euren Kindern gute
> Gaben geben, wieviel mehr wird der Vater im Himmel
> den Heiligen Geist geben denen, die ihn bitten!
> *Lukas 11, 13*

Ein Tag von zartem Glanze, linder Wärme, weicher Luft und reinen Düften. Kaum daß eine Wolke über den Himmel ging.
Um zwölf Uhr mittags waren Haus und Garten für das Fest (des dritten Jahrestages des »Hauses«) aufs schönste gerichtet.
Dann kam ein ganz unerwarteter Anruf: Hauptmann Cartheuser, einer schweren Erkrankung seiner Mutter wegen auf Sonderurlaub in Berlin. Wir trafen uns bei Kranzler. Ich hatte wohl das Gefühl, daß er, wie er sagte, Genaues über Hanni, Reni wissen und sich nochmals ganz zur Verfügung stellen wollte; darüber hinaus war wohl aber der Hauptgrund des Zusammenseins, daß er es daheim bei der Heimkehr nicht aushält; daß er einen von seinen Soldaten sprechen mußte: so nimmt ihn die plötzliche Heimkehr mit, so lastet die Rückkehr an die Front auf ihm, so mitgenommen ist dieser naive, massive Mann von den furchtbaren Eindrücken dieses russischen Kriegswinters. Wie Menschen, Tiere, Wagen, Material an die letzte Grenze gebracht wurden, geht auch über alle meine Vorstellungen; über alle Vorstellungen auch, als welcher Gegner die Russen sich erweisen. Was der Moskauer Sender verkündete, nennt er wahr: unsere Division ist aufgerieben; die jetzige 76. Infanteriedivision ist eine fast völlig andere. – In meiner alten Kompanie neun Amputationen nach Erfrierungen; und das ist nichts, nichts gegen das, was die den Regimentern der Division direkt unterstellten Kolonnen durch-

gemacht haben, zu schweigen von ihnen selbst, die z. B. an einem Morgen je 800 Mann verloren haben und schließlich in Kompanie-stärke zurückblieben. Was blieb mir erspart –!

Hanni und ich gestanden uns, was man angesichts des Krieges kaum wagt, wie schwer uns jede Trennung nur auf Stunden fällt.

Es wird Pfingsten; aber in mir klingt immer noch das »Mann der Schmerzen und der Qual« aus dem »Messias« nach.

24. Mai 1942 | Sonntag (Erster Pfingstfeiertag)

> Wir sollen im neuen Wesen des Geistes dienen.
>
> Römer 7, 6

Nun habe ich alle Feste wieder daheim verlebt: Weihnachten, Ostern, Pfingsten!

Es war wieder ein großer Kirchgang über die mailiche Rehwiese, mit mancher Begrüßung und Austausch der Pfingstwünsche, wie sie auch die Post vor dem Aufbruch gebracht hatte, namentlich Soldaten- und Pastorenpost.

Die Kirche war sehr voll, der Altar mit hohen Birken und Flieder geschmückt; auch hat die Kirche immer noch Kerzen. P. Wieses Predigt zählte diesmal wieder zu seinen besten. Die drei großen Lieder: »Komm, Heiliger Geist, Herre Gott!«, »Nun bitten wir den Heiligen Geist« und »O Heiliger Geist, kehr bei uns ein«. Danach ein großes Abendmahl. Wir waren mit Renerle zum Abendmahl. Ich denke jetzt oft, vielleicht weiß Gott längst, daß wir auch im Schwersten in seinen heiligen Willen eingewilligt haben, und wir selbst ahnen es noch nicht, vermögen noch nicht zu begreifen, was er allein wirken kann.

Der Spruch, den P. Lilge mir heute sandte, hat sich diesem Pfingst-fest besonders eingeprägt: »Ich werde nicht sterben, sondern leben und des Herrn Werk verkündigen.« Psalm 118, 17.

27. Mai 1942 | Mittwoch

> Ja, im Glauben will ich mich mit dir verloben, und du
> wirst den Herrn erkennen.   Hosea 2, 22

Die Nachfragen nach jener Geheimverfügung, nach der ich wie-der Soldat werden könnte, haben ergeben, daß es sich nur um falsche und flüchtige Interpretationen jener Verfügung handelt,

auf Grund derer ich entlassen worden bin. Jene in ihr vorgesehenen Ausnahmen, die nur Beförderte, Ausgezeichnete, mit
Mischlingen Verheiratete betrafen, kamen und kommen für mich
nicht in Frage. Jener neue Fragebogen des Wehrbezirkskomman-
dos dagegen bedeutet in der Tat, daß die entlassenen Mischlinge
und Männer in Mischehe durch das Wehrmeldeamt – für das
Arbeitsamt erfaßt werden sollen. Es sieht nicht aus, als sollte ich
in ermeßbarer Zeit noch einmal zu meiner Arbeit gelangen. Das
macht mich verwirrt und erschöpft; denn der Auftrag zu dieser
meiner Arbeit ist ja durchaus nicht von mir genommen. –

30. Mai 1942 | Sonnabend

> Seine Zeichen sind groß, und seine Wunder sind mäch-
> tig, und sein Reich ist ein ewiges Reich, und seine
> Herrschaft währet für und für.   *Daniel 3, 33*

Bei den Herren Andrews und Steiner (Dietrich Reimer-Verlag),
die in der herzlichsten Weise bereit waren, mich bei sich dienstverpflichten zu lassen. Auch sie sahen die Sache als sehr dringlich an, denn zum Ersatz für die vielen, vielen neu zur Wehrmacht
Einberufenen werden alle verfügbaren Berufe, alle, deren Arbeit
nicht unmittelbar kriegswichtig ist, »ausgekämmt für den kriegs-
wichtigen Einsatz«. Und nun noch meine militärische Situation.
Ich soll *pro forma* als Lohnbuchhalter verpflichtet werden, werde
aber als solcher gar nicht ausgebildet, sondern soll zur 100-Jahr-
Feier des Verlages im nächsten Jahr die Geschichte des Verlages
schreiben und – vor allem! – im Interesse meiner eigenen Arbeit
nur halbtags beschäftigt sein oder nur einen Tag um den anderen. Das ist über alles Erwarten. Andrews stellt sogleich fest,
ob diese Verpflichtung zu meinem Schutz rasch geschehen muß,
oder ob ich noch einen Spielraum habe, der eine übereilte Prophylaxe (gegen die ich so sehr bin) überflüssig macht.
Bei Dr. Pratje, dem Direktor der Märkischen Kabelwerke, der
mich auch sogleich für einen Büroposten dienstverpflichten lassen
will. Zum ersten Male lernte ich einen – sehr kultivierten – Leser
aus der Großindustrie kennen. Wir einigten uns, daß er erst etwas
unternimmt, wenn das Projekt Dietrich Reimer-Verlag scheitern
sollte. Es kam aber auch ein sehr freundlicher Anruf von einem
Direktor (und seiner Frau) der Hollerith-Gesellschaft, der durch
Prof. Glum von meiner Dienstverpflichtungsangelegenheit ge-

hört hatte und mir auch sogleich einen Posten anbot. Dieses Entgegenkommen, diese sofort funktionierende Hilfsbereitschaft ist über alles Erwarten. Auf einem solchen Gebiete hatte ich dies nie erwartet. Die Haltung von Steiner und Andrews aber, die so an den Schutz meiner eigenen Arbeit denken, bewegt uns sehr. Bei der Deva sind inzwischen jene 10 000 »Vater« erschienen, die als offizielle Auflage[240] nicht in Erscheinung treten und einfach noch unter dem 65.–85. Tausend mitlaufen, eine große finanzielle Hilfe, sind doch nun die Steuern dieses Jahres gedeckt.

Von überallher erreichte uns heute die Nachricht, daß wieder 400 Juden ins Konzentrationslager gebracht sind. 250 von ihnen sollen erschossen sein. Die Gründe sind unbekannt.

Hanni bei Trude Weill, die sich für Montag früh zur Deportation bereitzuhalten hat. Es ist so furchtbar, dies aus der Nähe mitzuerleben. Eine sechzigjährige, kranke Frau, der ihre Söhne schon genommen sind. Wohin, wohin führt dieser Weg des Grauens? –

Welche Gebete haben wir in diesen Jahren lernen müssen! Und noch schweigt Gott.

Hanni kommt der Gedanke, die Dienstverpflichtung – wenn Andrews' Plan sich durchführen läßt – könne mir sogar dazu verhelfen, daß ich wieder mehr am »Ewigen Haus« arbeite. Denn nun könnte ich alles absagen, wäre dem Telefon entzogen, könnte die Korrespondenz mit glaubhafter Begründung absagen. Denn wir würden nichts darüber verlauten lassen, daß es sich um eine Halbtagsbeschäftigung handelt.

Welche Hilfe Gottes wäre dieser Ausweg, nun meine Arbeit noch einmal von neuem so gefährdet ist. Wenigstens die Vorarbeiten für das »Ewige Haus«, das ich nicht aufgeben kann, durchführen dürfen! Noch einmal heraus aus diesem entsetzlichen Zustand, daß Jahr um Jahr unter furchtbarem Druck vergeht, ohne daß noch etwas entsteht!

Herz, Geist und Wille sind über Deutschland und dem Judentum fast am Zerbrechen. Aber noch immer rettet Gott uns drei hindurch – durch all die furchtbaren Gesetze und Maßnahmen, die so unausdenkbar sind. Noch weiß niemand, was mit den Deportierten geschieht.

Von den Bekenntnistheologen ist Prof. Günter Dehn nach Verbüßung seiner Gefängnisstrafe nicht freigelassen, sondern ins Konzentrationslager gebracht worden.

Gefangene, Deportierte – was ist aus den Menschen um uns geworden.

Und die Mahnung dieses grauenvollen Krieges bleibt ungehört.

31. Mai 1942 | Sonntag (Trinitatis)

> Sie werden unter sich die Erde ansehen und nichts finden als Trübsal und Finsternis; denn sie sind im Dunkel der Angst und gehen irre im Finstern. Doch es wird nicht dunkel bleiben über denen, die in Angst sind.
> *Jesaja 8, 22. 23*

Der Trinitatis-Gottesdienst war gut besucht. Mein besonderer Bora-Spruch: »Wir haben einen Gott, der da hilft, und den Herrn, Herrn, der vom Tode errettet.«

Als wir uns vor dem Kirchgang auf dem Balkon zum Frühstück zusammenfanden, kam eine Karte von Juliane Meschke: »Folgendes überschwänglich frohe Telegramm erhalte ich eben von Brigitte: Mutti und Jochen sollen im November Großeltern werden. Herzliche Pfingstgrüße allen. Brief folgt.«

In der großen Freude war aber doch ein dreifacher Schmerz: die unabsehbare Trennung von Brigitte; die Bitterkeit, die diese Nachricht für unser Renerle hat, das doch auch schon Mutter werden könnte; der Schmerz, daß wir selbst kein Kind haben. Und Karls Mutter in der Deportation. –

Zu einem frühen und langen Tee am Abend kam mit seiner Frau Hans Bolewski-Kiel, gestern nach dem Lehrgang in Halle Leutnant geworden. Sehr viel Sinn bei beiden für unser Haus. Die Gespräche unserer Besucher steuern immer wieder auf das gleiche Ziel zu: Kirche, Dichtung, Una sancta. Sie greifen mich sehr an, erschöpfen mehr als Arbeit. Und meine Skepsis gegen die neue Christlichkeit der Gebildeten ist doch so groß; meine Skepsis gegenüber der Wirkung durchs Gespräch noch größer. Ich bin keinesfalls der Mann, dem so zu wirken bestimmt ist. –

Gerade im Gespräch staune ich immer wieder, welche Entwicklung Hanni durchgemacht hat: sie, die sich so zurückhält, sagt wirklich nur Dinge, die ins Schwarze treffen, aus großer Tiefe kommen und die klarste Formulierung ohne den entferntesten Anstrich des Intellektuellen haben.

Hans Bolewskis nordrussische Erfahrungen entsprechen meinen südrussischen im Hinblick auf Volksbildung, Volkshygiene, Religiosität. Auch er neigt zum Katholizismus. Sie sehen wie gebannt auf die Einheit der katholischen Kirche, nicht auf Christus.

1. Juni 1942 | Montag

> Wer den Herrn fürchtet, der darf vor nichts erschrek-
> ken noch sich entsetzen; denn er ist seine Zuversicht.
>
> *Sirach 34, 16*

Andrews' Erkundungen beim Arbeitsamt haben ergeben, daß er mich rasch verpflichten soll. Zum 15. Juni. Es geht nun nur noch um die Zustimmung des Arbeitsamtes.

Renerle ist heute wieder im Dienst. Sie kam gleich wieder in so trübe Eindrücke hinein.

Hanni war bei Frau Berger, um zu fragen, was aus Trude Weill geworden ist. Heute früh um halb acht ist sie von einem Kriminalbeamten zur Deportation abgeholt worden.

Köln hatte heute nacht einen schweren Luftangriff. 44 englische Bomber sind abgeschossen, wie viele mögen es da gewesen sein.

Und nichts deutet in den Menschen darauf hin, daß diese Prüfungen ein Ende nehmen könnten. – »Welt war Welt, Welt ist Welt, Welt bleibt Welt.«

Margots Mann ist Generalmajor geworden.

2. Juni 1942 | Dienstag

> Dein Wort ist meines Herzens Freude und Trost.
>
> *Jeremia 15, 16*

So sehr ich darunter leide, wie die Zeit zerrinnt und dahinrast, lebe ich doch wieder ganz in der Identität mit der Jahreszeit. Das war schon sehr oft nicht der Fall.

Heute kam der Antrag vom Dietrich Reimer-Verlag auf meine Dienstverpflichtung. Den ganzen Vormittag verbrachte ich auf dem Arbeitsamt und sah wieder einmal mit Entsetzen, wie die Überorganisation eines in seinem Inneren in Unordnung geratenen Staates Hunderte von Menschen an einer einzigen solchen Stelle für Stunden lahmlegt. Morgen muß ich wieder hin; und es soll noch länger dauern. Dabei handelt es sich zunächst um das Primitivste: die Ausstellung des unerläßlichen Arbeitsbuches. Der Abend brachte einen Anruf von Hilde nach einem Ferngespräch aus Hildesheim. Durch den Fernschreiber ist Margot durch Eberhards Kommandantur – während er in Sizilien ist – mitgeteilt worden, daß Jost am 8. Mai bei dem Angriff auf

Kertsch in eine Lage geraten sei, in der er mit dem Fallschirm abzuspringen gezwungen wurde; wahrscheinlich sei er in russische Gefangenschaft geraten. – Die letzte Nachricht hatte Margot vom 6. Mai unmittelbar vor dem Start aus Bukarest.

Das ist so furchtbar für Margot und Eberhard, wie uns Renerles Deportation –. Nein, es ist da noch etwas anderes. Aber die Qual, die Margot jetzt durchmacht, ist unausdenkbar.

Gerade in diesen Tagen schrieb mir Margot erst, sie sei selbst erstaunt, wie sie in aller Sorge um den Jungen im tiefsten Innern ganz ruhig sei.

Wenn dieser Krieg zu Ende ist, werden wir wohl alle das Lachen verlernt haben; fassen Hanni und ich es doch schon nicht mehr, daß man nicht ganz versteinert ist.

Die schweren Träume von einer bolschewistischen Zukunft Deutschlands, die alle von einer so unheimlichen Konsequenz sind. Bleibe uns das erspart, was ich im Traume erfahre!

Was ich um Renerle im Traum durchmache, zehrt noch an der Kraft, die dem Tag gehören soll.

3. Juni 1942 | Mittwoch

> Herr, erhebe über uns das Licht deines Antlitzes!
>
> *Psalm 4, 7*

»Denn wir sind im Dunkel der Angst und gehen irre im Finstern.«

Den Vormittag verbrachte ich wieder auf dem Arbeitsamt. Doch traf ich diesmal auf einen vernünftigen Mann, der das weitere schriftlich und telefonisch erledigt. Es wird noch eine Weile dauern, war also Zeit; noch überschneidet sich nichts mit der Aktion Arbeitsamt-Wehrmeldeamt, die alles hätte durchkreuzen können. Herr Andrews, den ich auch wieder sprach, ist von dem Gelingen seines Schrittes für mich überzeugt.

Mittags gelang es, Margot zu erreichen. Wohl vermochte sie vor Weinen kaum zu sprechen, aber es war nichts, was im Hinblick auf ihren Nervenzustand beängstigend gewesen wäre. Eberhard ist aus Sizilien schon zurückberufen, und Hilde, die ihren Urlaub schnell verlegen konnte, auf der Fahrt nach Hildesheim.

Jost ist nicht abgeschossen worden, sondern über der schmalen Landzunge von Kertsch mit einem deutschen Flugzeug in Berührung geraten, so daß er und noch ein anderer mit dem Fallschirm abspringen mußten. Hinterher hat man ihn, als die Russen dort vertrieben waren, nirgends gefunden. Durch was für Ängste und Fragen müssen Margot und Eberhard jetzt durch. Ich sehe nur einen Weg, ihnen zu helfen: über Prof. Burckhardt und einen Herrn aus Schweden, die diese Dinge von der Schweiz und von Schweden aus bearbeiten, festzustellen, ob Jost in einem Gefangenenlager in Rußland aufzufinden ist. –

6. Juni 1942 | Sonnabend

> Herzlich lieb habe ich dich, Herr, meine Stärke! Herr, mein Fels, meine Burg, mein Erretter, mein Gott, mein Hort, auf den ich traue, mein Schild und Horn meines Heils und mein Schutz!　　*Psalm 18, 2. 3*

Anruf von Eberhard. Der Schritt, den ich bei Burckhardt und dem Schweden zur Feststellung, ob Jost in russischer Gefangenschaft sei, tun will, sei überhaupt das einzige, was zur Zeit getan werden könne. Eberhard schien mir freilich mehr auf Josts Tod gefaßt zu sein, und auch bei Margot sind die Stunden, in denen sie ihren Jungen verloren gibt, in quälendem Übergewicht über die Momente der Hoffnung. Margot hat das Wiedersehen mit Eberhard noch besonders erschüttert, aber ihre Gesundheit hält wieder stand; Eberhard, der furchtbar getroffen ist, trägt die schwere Nachricht sehr fest. Ich empfand es so erleichternd, daß ich schon seit langem die Aussöhnung gesucht habe. Nun haben wir uns seit so vielen Jahren wieder gesprochen. Nur mit Jostel war es ein Wechsel weniger Zeilen; an ihm habe ich immer unverändert gehangen, eine so fremde Entwicklung er nahm. – Soll denn keines von uns fünf Geschwistern ein Kind haben? Das bedrückt auch Hanni so, daß Gottes Nein so deutlich zu werden droht. Sie nimmt so rührend an Margot und Eberhard teil.

11. Juni 1942 | Donnerstag

> Laß mich frühe hören deine Gnade; denn ich hoffe auf dich.　　*Psalm 143, 8*

Ich habe Verzicht geleistet auf alle Kunst, außer einem Minimum alter, sakraler Musik, das zu entbehren mir noch sehr hart ankäme, auch wenn ich sofort an das Los der musikalischen Juden denke; ich habe Verzicht geleistet auf alle Wissenschaft, einschließlich der Theologie, sofern sie nicht meinen engsten Arbeitsbereich berühren; Verzicht auf Reisen; Verzicht auf die Vorlesungen und Vorträge vor meinen Lesern; Verzicht auf die Pflege aller beruflichen Beziehungen. Verzicht auf Gesellschaft; Verzicht auf Sprachen; Verzicht auf Klavierspiel; fast alle Lektüre; Verzicht auf alle Abwechslung: und das alles war nicht imstande, meine Arbeit vor der Zerstörung durch diese Zeit zu retten –.

Bleiben die ältesten Freunde; und neu: die Kameraden. Aber auch hier ist nun die Frage dringend geboten: Wem liegt ernstlich an mir? An wem ist umgekehrt mir gelegen?

Und so wird man auch hier sehr bald zu einer vorerst zwar noch schmerzlichen, zugleich aber schon dringend gebotenen negativen Entscheidung kommen müssen. Ich will ja niemand wiedersehen; und will selbst verborgen bleiben, wie es nur sein kann. Ich will nur noch mein Buch sehen, manchmal kommen jetzt auch Hanni Zweifel, ob es je entsteht; und dies ist doch ihr Buch. Nein, nicht noch diesen Kummer, der an unsere ganze Existenz rührt, zu allem Schweren, das Hanni zu tragen hat. –

16. Juni 1942 / Dienstag

> Es ist Zeit, daß der Herr dazutue; sie haben dein Gesetz zerrissen.
> *Psalm 119, 126*

Krümperwagen, Ponygespanne als Autoersatz geben Nikolassee noch einmal das Gepräge seiner Entstehungszeit. Die Papierknappheit hat eine Art Zäsur geschaffen, die einen überblicken läßt, was in den letzten Jahren sich als Haupteindruck im Schrifttum abhob: Die Herausgeberarbeiten; die Anthologien; die Tagebuchveröffentlichungen, die sich auch sehr stark in die Zeitschriften gedrängt haben. Dies alles sind die typischen Merkmale einer Produktion ohne Gestaltungskraft. Die große geistige Erschöpfung zeigt sich hier ganz deutlich. Mit solchen Hilfsmitteln vermöchte ich mir aber nicht mehr vorzutäuschen, ich wäre doch produktiv; ich muß mich schutzlos meinem Unglück ausliefern. Tag für Tag muß dieser Schmerz von neuem überwunden werden. Häuslicher Friede und häuslicher Fleiß um mich nun auch heute. Ruhe zur Arbeit. Aber immer jener schwere Druck im Herzen.

Siegbert Stehmann, in den schwersten Kämpfen, schreibt noch viele Gedichte. Und doch sind es auch bei ihm nur wenige, die man nicht missen möchte; und gerade die Läuterung zum Einfachen und Wesentlichen fehlt ihnen noch. – Aber er dichtet noch; und in mir ist alles versiegt. Ich leide auch unter den Soldatenliedern, die ich für die Kameraden als Gelegenheitsgedichte schrieb; dies hätte ich keinesfalls tun dürfen. Je ferner ich der Lyrik, wie sie in Erscheinung tritt, rücke, desto klarer erkenne ich, welch unabdingbare ernste Voraussetzung des ganzen Lebens und Wesens eines Dichters das echte Gedicht hat, das mir seit Jahr und Tag versagt ist. –

17. Juni 1942 | Mittwoch

> Du bringst dich in Unglück; denn dein Heil steht allein
> bei mir. *Hosea 13, 9*

Jeder Tag, den ich nun unerwarteterweise noch ganz für mich haben und zu Hause verbringen kann, ist ein großes Geschenk. Und in diesen Tagen herrscht auch gerade Stille vor Menschen, Anrufen, Post, und ich sehe, wie ein allein der Arbeit bestimmtes Leben sein könnte.

Es kann nicht anders sein: Gott muß mein Leben zurückreißen zu sich; ich kann es ihm nicht darbringen. Wie aber soll es geschehen ohne die Einwilligung in das Leben, die mir noch immer so schwerfällt, daß ich sie mir in Gedanken an neue Prüfungen nur unter furchtbaren Beängstigungen vorzustellen vermag. Mit jenen Prüfungen meine ich immer wieder: Hanni und Renerle.

In den Verlust meines Berufes und meines Talentes habe ich längst gewilligt und glaube, daß Gott diese durchaus nicht von mir fordert, sondern daß solche Einwilligung vielmehr eine Flucht bedeutet. Denn es ist viel schwerer, in die Fortführung meines Berufes zu willigen.

Die politische und wirtschaftliche Zukunft aber scheint nur Bitteres zu verheißen, ja fast Unerträgliches für die, welche im allgemeinen Schicksal noch ein besonderes Schicksal trifft.

Was aber bedeutet ein Sieg der Russen! Man braucht nur das Einzelgebiet des kirchlichen Schrifttums herauszugreifen, um sich recht konkret vorzustellen, daß hier wie dort furchtbare Gefahr droht und wie erschreckend die Parallelen sind.

Denn daran scheint doch wohl kein Zweifel: im Falle eines feindlichen Sieges muß England Deutschland der russischen Politik überlassen, weil nur durch Rußland solcher Sieg möglich wäre. Aber alle Prognosen und Kombinationen sind Torheit; vor uns liegt ein einziges, undurchdringbares Dunkel, das heute schon jeden unserer Tage einfordert.

Ganz gewiß will Gott von uns den äußersten Ernst, und in unserem Leben gibt es keine Adiaphora[241] mehr. Aus jener Entwicklung, in der man so viel von sich abgetan und auf so vieles Verzicht geleistet hat, geht man nicht befreit, sondern tief gebeugt und beraubten Gefühls hervor, freigeworden jedoch für die von Gott auferlegte Last. Erst im Werk kann eine neue Erfüllung, Befreiung und Erholung liegen. Denn noch deutet diese Entwicklung in nichts darauf hin, daß das Werk abgetan und auf das Werk verzichtet werden soll, das doch in seinen Grenzen längst erkannt ist. Aber Gott will im Werke zu mir reden, an mir handeln. Das ist Erfahrung, was es heißt: Die Seele schreit Tag und Nacht zu Gott.

20. *Juni 1942 | Sonnabend*

> Er wird auftreten und weiden in der Kraft des Herrn
> und im Sieg des Namens des Herrn, seines Gottes.
>
> *Micha 5, 3*

Gestern Anruf des Arbeitsamtes, heute Anruf Andrews' nach mehrmaligem Verhandeln mit dem Arbeitsamt: die Dinge sind wirklich zu Tode organisiert; über lauter Organisation ist nicht vom Fleck zu kommen. Jetzt geht es darum, welches denn mein eigentlicher Hauptberuf sei, auf den das Arbeitsbuch auszustellen ist. Obwohl ja darüber keine Zweifel bestehen dürften, ist darüber auch diese Woche vergangen. Das soll mir sehr recht sein, wenn nicht eines Tages die »Abtretung« durch das Wehrbezirkskommando an das Arbeitsamt, die doch an sich schon läuft, schon akut wird, ehe ich »freiwillig« – denn das ist es formal ja noch – dienstverpflichtet bin.

Aber von dieser Woche darf ich doch endlich wieder einmal sagen, daß sie eine Arbeitswoche war.

Ich habe die Nachschub-Schrift für Major Eras und das OKW beendet, wenn auch noch das Material für einige ergänzende Skizzen da ist, die Eras gern nachgeliefert haben möchte. Auch diese Skizzen, nicht chronologisch, sondern jede unter einem Thema, zählen zu den »Etüden«.

Auch die größere »Übungsarbeit« »Der goldene Berg« ist nun unmittelbar bis zum Abschluß geführt.

Und immer weiter: Nebenfiguren zum »Ewigen Haus«. Hätte ich Sorglosigkeit, Friede, unbegrenzte Zeit und Geld: diese Studien sind keine Flucht in meiner heutigen Situation; sie blieben auch in jener idealen Situation unerläßlich. Die Menschen des Buches um Luther und Katharina leben noch nicht. Es liegt ein Trost darin – im Hinblick auf meinen geistig zermürbten Zustand –, daß, auch bei strenger Selbstprüfung, diese Quellenarbeit noch sein muß. Und welche Hilfe, daß ich sie finanziell noch aushalten kann. –

22. Juni 1942 | Montag

> Du lässest mich erfahren viele und große Angst und machst mich wieder lebendig und holst mich wieder aus der Tiefe der Erde herauf. Du machst mich sehr groß und tröstest mich wieder. *Psalm 71, 20. 21*

Dieser Tag gehörte zu vielen Stunden dem Sommer; und ich habe diesmal die Arbeitsunterbrechung nicht bereut, denn auch dieser Tag, weil die Dienstverpflichtung noch aussteht, ist ja ein großes Geschenk.

In der Stille des Montagmorgens, weil es gar so herrlich war, gingen Hanni und ich durch den Wald nach Nikolskoe. Sonne, Frische, Himmelsbläue, reine Klarheit, sommerliche weiße Wolken; in einer Waldlichtung ein Ährenfeld, Roggen, noch grün, aber schön hoch (dahinter eine Flakbatterie); die Uferwälder der Havel und der Seen, vornehmlich durch die vielen alten Buchen, so klar und frisch; Duft der Akazien und Holunderblüte, der Kiefern in der Sonne, der Heumahd; die stillgleitenden Segel. Aber wie mußte ich bei dem Blick von der russischen Kirche und dem alten russischen Holzhaus von Nikolskoe auf die Havel hinunter an den Dnjepr denken; und was umschließt solche Erinnerung; heute vor einem Jahr erfuhren wir in Corni von der Kriegserklärung an Rußland. –

Heute hat mich's nicht gereut, daß ich erst um vier Uhr an den Schreibtisch ging. Denn solcher Tag ist ja für Hanni ein Ersatz für Reise. Wieder wurde uns freudig bewußt, wie nahe es ist von Nikolassee nach Potsdam. Von der Glienicker Brücke, an Prinz Friedrich Karls schönem, wildem, altem Park, fuhren wir mit dem Dampfer heim und sahen schon von weitem vom Wannsee her den Kirchturm von Nikolassee. So sehr man alten Wünschen Schweigen gebieten lernte, Hannis Wunsch bleibt im geheimen doch der abgelegene, kleinere Besitz bei Würzburg oder namentlich Meran. Ich wünsche mir einen größeren Garten, der uns mehr von den Nachbarn trennt. Niemals aber möchten wir mehr ein Haus, das wir nicht ganz allein bewohnen. Diese Abgeschieden-

heit ist ja die Vorbedingung des tragischen Idylls, das das Leben
als Bestes für uns bereit hatte. –

Lotte Staritz schreibt, daß Käte nach einem Vierteljahr Arbeits-
anstalt in das mecklenburgische Frauenkonzentrationslager Ravensbrück gebracht worden sei. Das war die am meisten gefürchtete Wendung.

Nach Hildes Anruf zu schließen, scheint bei Margot wie Eberhard
der Wunsch, daß ich bald komme, so dringlich, daß Hanni und
ich der Meinung sind, ich solle bald fahren, da sie gerade zu
Eberhards Geburtstag übermorgen so sehr darum bitten. Kommt
ein Zwischenfall mit dem Arbeitsamt, so beruft Hanni mich telefonisch zurück.

23. Juni 1942 | Dienstag (Hildesheim)

> Ich hatte viel Bekümmernisse in meinem Herzen, aber
> deine Tröstungen ergötzten meine Seele.
>
> *Psalm 94, 19*

Vormittags reiste ich ab.

Ich bereue den Entschluß zu meiner Reise in keiner Weise und
bin froh und dankbar, daß nun auch, ohne daß von Vergangenem
die Rede war, diese Aussöhnung, als letzte ausstehende in der
Familie, vollzogen ist. Margot macht mir manchmal doch Sorge,
weil sie in den Stunden der großen Niedergeschlagenheit doch
an Mutter in ihrer Krankheit erinnert.

Vor meiner Abreise hatte ich gerade die Nachricht von Professor
Burckhardt, daß er in Rußland gar nichts unternehmen, von dem
Schweden, daß er nur einleiten und vorbereiten kann und es
intensiv tut; aber er hat noch keinerlei Genehmigungen von der
russischen Regierung. Im Juli will er nach Berlin kommen.

Man müßte annehmen, daß unter der Einwirkung Englands und
Amerikas Rußland sich den charitativen Bestrebungen allmählich
zugänglicher zeigt.

Ich glaube, daß Eberhard und Margot mich besonders deshalb
hier haben wollten, weil ich doch Rußland kenne; es ist aber auch,
das spürt man deutlich, ihrer religiösen Fragen wegen. Die
Losungen empfanden sie als besonderes Geschenk.

Nach zehn Jahren einer so bitteren Trennung haben wir sogleich
eine ungezwungene Basis gefunden, wie das Unglück mit Jost
sie bedingt. –

Auf der Reise war es für mich etwas Besonderes, an Bores Helmstedt, Braunschweig, Magdeburg, Königslutter, dem Lappwald in der Pracht dieses Sommernachmittags vorüberzufahren.

Im Hause manche liebe Erinnerung an Beuthen, das ja bei diesem Wiedersehen Gedanken und Gefühle – und zwar sehr beschwerend – stark bestimmt.

Im Nachrichtenarchiv des Horstes, in dem auch Margot tätig ist, ist als »Blitzmädel« auch Eberhards sehr nette Nichte Ulla Fischer, in Renerles Alter. Im Hollandfeldzug ist ihr Bräutigam als Oberleutnant mit seinem Bomber abgestürzt und mit seinem Flugzeug im Augenblick zerrissen worden. Ich denke, wenn ich Ulla sehe, an mein Renerle. Von ihr und Hanni spricht Margot sehr unbefangen. Doch schweige ich von all dem Meinen. Dies ist mir ein Bedürfnis geworden. –

25. Juni 1942 | Donnerstag

Ich will euch nicht Waisen lassen; ich komme zu euch.
Johannes 14, 18

Kühl, grau, windig. Es war sehr angenehm für die Besichtigung der Stadt. Während Margot und Eberhard auf ihren Dienststellen waren, ließ Eberhard mich durch einen gebildeten, netten, gescheiten jungen Hauptmann, Experten für Hildesheim, durch die Altstadt führen. Das war ein großer Eindruck, war noch einmal wie eine Reise in die Welt am Rande der Welt Bores. Und ich war noch einmal von einer Aufnahmefähigkeit wie in meinen künstlerisch stärksten Zeiten. Wie nahe steht dies alles Bores Welt! –

Margot las in diesen Tagen immer wieder im »Kyrie«, das ich ihr mitbrachte. Von Hanni sagte sie, daß es ihr sehr schwerfiele, daß sie mich allein nach Hildesheim bitten mußten, weil doch zuviel Menschen von meiner Ehe wüßten; und ob Hanni dies und alles Vorangegangene ihr und Eberhard nicht nachtragen würden.

Am Abend saßen wir noch zu dreien eine Stunde vor dem Schlafengehen zusammen, man merkt, wie es Fischers wohltat, von ihren glücklichen Zeiten zu sprechen. Diesmal kam das Gespräch aber auch auf meine Dinge, wobei auch Eberhard sehr taktvoll und teilnahmsvoll war. Man spürt deutlich, daß sie mit meiner Scheidung gerechnet hatten.

Eberhard sagte, so viele hohe Offiziere haben es getan! –

Freitag gegen Abend, es war mild und sonnig geworden, traf ich wieder in Nikolassee ein, und es wurde mir ein Empfang bereitet, als sei ich Wochen weg gewesen. Nun bin ich schon so lange verheiratet und kann es immer noch nicht fassen, wieviel Liebe mich umgibt.

29. Juni 1942 | Montag

> Du wirst erfahren, daß ich der Herr bin, an welchem nicht zu Schanden werden, die auf mich harren.
>
> *Jesaja 49, 2*

Der Krieg lastet von Woche zu Woche schwerer auf einem. Aber Gottes Stunde ist noch nicht gekommen, und es ist, als hätten die Mächtigen der Erde freie Hand.

Ich bin nun nach meiner Rückkehr mit allem wieder in Ordnung und im Zuge und warte nur noch auf Klarheit in der Dienstverpflichtungsangelegenheit.

Margots, Erhards, mein Leben haben nun äußerlich, was sie einst ersehnten; aber wie anders ist nun alles, da die Wünsche erfüllt sind. Der Gedanke an die Eltern war in Hildesheim so quälend. –

3. Juli 1942 | Freitag

> Habe ich dir nicht gesagt, so du glauben würdest, du solltest die Herrlichkeit Gottes sehen?
>
> *Johannes 11, 40*

Möchte sich Margot an die herrlichen Losungssprüche dieser Tage nicht mit zuviel irdischer Hoffnung klammern. Auch ich muß das Herz fest in beide Hände nehmen, es nicht zu tun. Unter diesem Spruch stand das Jahr 1939. –

4. Juli 1942 | Sonnabend

> Die Güte des Herrn ist's, daß wir nicht gar aus sind; seine Barmherzigkeit hat noch kein Ende, sondern sie ist alle Morgen neu, und seine Treue ist groß.
>
> *Klagelieder 3, 22. 23*

Gerade gestern dachte ich daran, daß Klagelieder 3, 27 »Es ist ein köstlich Ding einem Mann, daß er das Joch in seiner Jugend trage« schon längst für mich nicht mehr gilt. Die Jugend ist vorbei, das Joch ist geblieben. Aber Gottes Treue blieb auch. Heute vor einem Jahr in Sapta Bani war's, als uns gesagt wurde, es bestünde Gefahr für uns, bei dem großen Panzerdurchbruch der Russen in Gefangenschaft zu geraten, da wir ohne Abwehrmöglichkeiten waren. –

7. *Juli 1942* | *Dienstag*

> Ich dachte ihm nach, daß ich's begreifen möchte; aber
> es war mir zu schwer, bis daß ich ging in das Heiligtum
> Gottes.   *Psalm 73, 16. 17*

Ich will nur daheim, in meinem Garten, an meinem Schreibtisch, dieser sorgenvollen Stätte sein, so sehr ich die schöne Umwelt von Nikolassee liebe. Ich bin immer befreit, wenn ich heimkehrend Nikolassee mit seiner hübschen Kirche in seinem dichten, grünen Grunde liegen sehe. Der furchtbare Druck, der auf einem lastet, verläßt einen bei keinem Schritte mehr. Es gibt gar kein Entrinnen mehr. Auch physisch fühlt man sich davon ganz elend.

8. *Juli 1942* | *Mittwoch*

> Gott ist weise und mächtig; wem ist's je gelungen,
> der sich wider ihn gelegt hat?   *Hiob 9, 4*

Heute war ich wieder einmal in der Staatsbibliothek. Der Kronprinz fuhr langsam die Linden entlang; niemand nahm ihn mehr wahr.

Charlotte Staritz als Logiergast bei uns, um wieder in Kätes Sache zu verhandeln, in der, seit sie ins Konzentrationslager gebracht ist, alles wie abgerissen ist.

Als Tischgast zum Abendbrot auf der Terrasse Sjörma Sch., der eine kurze Nachricht von seinem (sehr jungen) Vater aus dem Deportiertenlager in Lublin hat. Die Eltern sind in der Deportation getrennt! Das ist alles. Sjörma, bei der schweren Arbeit in der Munitionsfabrik und der Unterernährung aller Juden, sieht so elend aus.

Wir bekommen jetzt manchmal ein Brot geschenkt: von Margot aus Hildesheim, von Charlotte Staritz aus Brieg. Das bedeutet für den Haushalt sehr viel. Darin sehe ich ein Positivum schwerer Zeiten: wenn in allen Schichten hochzivilisierter Völker das Brot wieder als große Gabe verstanden, vom Brote wieder gesprochen wird. Die Brotknappheit ist jetzt schon einer der einschneidendsten Notstände. Für solch geschenktes Brot fehlt jetzt aber manchmal schon der Aufstrich, und man ißt's schon als etwas Besonderes trocken.

Jüdische Krüppel, auch solche, die nur an einem Stock gehen müssen, dürfen sich nicht mehr auf der Straße zeigen, um mit dem Stern nicht Mitleid erregen zu können. – Nachdem den

Juden alles genommen ist, müssen sie nun auch als Letztes ihre Aktentaschen und Uhren abgeben. Dies alles wird nur in internen Mitteilungen über die Gemeinde bekanntgegeben. Es ist ein grausiger Untergang ganz in der Stille – aber so nahe von uns. Die Angst in meinen Träumen!

9. Juli 1942 | Donnerstag

> Darum daß dein Herz weich geworden ist und hast dich gedemütigt vor Gott, da du seine Worte hörtest, – und hast vor mir geweint, so habe ich dich auch erhört, spricht der Herr. *2. Chronik 34, 27*

Eine besonders nette Frau, die ganz neuerdings in Renerles Betrieb auftauchte, bekam von heut auf morgen den Deportationsbescheid für sich und ihre 13jährige Tochter, ohne alle Vorbereitung. Drei ihrer Töchter hatten noch zu emigrieren vermocht. Renerle, davon sehr mitgenommen, hilft ihr beim Packen. Charlotte Staritz fuhr nachmittags nach Fürstenberg, einen Weg zu Käte zu suchen. Die Kirchenbehörde hat ihr jetzt ihr Gehalt gesperrt. –
Die letzte Hand an das Übungsmanuskript »Der goldene Berg« gelegt.

10. Juli 1942 | Freitag

> Tue neue Zeichen und neue Wunder. *Sirach 36, 6*

Ob Morgen, Mittag oder Abend: man kann seine Last kaum mehr ertragen. Auch Margot schreibt wieder so traurig. Es wird immer schwerer für sie.
Anruf von Andrews: ich bin vom Arbeitsamt für den Dietrich Reimer-Verlag bewilligt. Da Herr Steiner jetzt auf Urlaub ist und Herr Andrews Ende Juli auf Urlaub geht, soll ich erst kurz vorher, am 20. 7., meinen »Posten« antreten, zunächst eine Woche hindurch jeden Vormittag; dann – dies ist die große Überraschung – nur jeden zweiten Vormittag! Möglich, daß die ganze Dienstverpflichtung noch nicht akut war; wäre sie es aber, so steckt diese Sache voll solcher Probleme, daß ich über diese – erstmalig! – vorgreifende Lösung sehr glücklich und für sie sehr dankbar sein muß, zumal alles mit soviel Freundlichkeit und Verständnis und im Interesse meiner Arbeit durchgeführt worden ist. Ich weiß, daß es endgültige Lösungen auf diesen Gebieten

nicht gibt; ich darf aber hoffen, daß mir dieser Schutz für eine längere Frist gewährt bleibt! Auch Hanni ist sehr froh darüber. Möchte dies von Gott kommen!

Immer wieder ist Renerle – durch den Einblick in Vergleichsmöglichkeiten, den sie durch ihre Kolleginnen erhält – so erfüllt von dem Glück unseres häuslichen Lebens, erfüllt auf eine so rührende Weise. Sie wisse einmal, sagte sie, wie man eine Ehe führe. Ach, dieses tragische »einmal« – ! –

13. Juli 1942 | Montag

> Durch Stillesein und Hoffen würdet ihr stark sein.
>
> *Jesaja 30, 15*

Trüber, windiger, regnerischer Tag. Am Spätnachmittag Sonne. Das Haus mit frischen Blumen, Rittersporn und Margeriten, und dem lieben Farnkraut geschmückt, und zur Abendmahlzeit ein vollbesetzter, freundlicher Tisch, da sich, alle für diesen Tag, Hilde nach der Rückkehr aus Hildesheim, Erhard nach der Heimkehr aus Matrei und Willi Kramp und seine Frau während ihres Aufenthaltes in Berlin heute abend angesagt hatten.

Ich, der ich so gastfreudig war, rücke immer mehr vom Gästehaben ab: Schön sind nur die Augenblicke, in denen ein Haus seine Gäste erwartet und sein ganzes Wesen gleichsam erhöht ist. Dann beginnt schon der Fluch über allem menschlichem Zusammensein (und ich bin zudem nun einmal viel kaputter, als ich mir eingestehen will).

Frau Kramp ist sehr einfach und nett, voller Freude, daß ihr Mann nun in Berlin ein bekannter Gast ist. – Bei dem großen Pastorenmangel in Ostpreußen predigt Kramp öfter in seiner Gemeinde (wie Otto von Taube als christlicher Autor in Gauting Lesegottesdienste hält). Kramp, Erhard – sie sind noch ungebrochen produktiv, voller Freude an der Arbeit. Da empfinde ich einen unsinnigen Schmerz. Es muß ja eine große, große Hilfe geschehen, wenn ich noch einmal schreiben soll. In dieser Zeit soll kein Kirchenlied mehr von mir geschrieben werden? Und von dorther fällt ein unerbittlich klares Licht auf alles andere. –

Die Lyrik dieses Krieges ist sehr schlecht, dabei geht es weithin um gänzlich unpolitische Dichtung. Weit voran steht Siegbert Stehmann, wenn seinen Gedichten auch die Klarheit fehlt. Ich habe nicht ein Gedicht im Kriege geschrieben. Nur ein nicht starkes Kirchenlied. Ich bin ganz erdrückt von der Zukunft und erschöpft von der Vergangenheit. –

18. Juli 1942 | Sonnabend

> Fürchtet ihr euch nicht – und lasset euch nicht grauen;
> sondern heiligt den Herrn Zebaoth.   *Jesaja 8, 12. 13*

Wir drei waren einmal ganz für uns. Auch das ist Geschenk.
Freilich müssen wir gerade nach dieser·Zeit wieder einmal sehr ernst mit Renerle reden; wir wollen es nur an ihrem kostbaren Sonnabend und Sonntag nicht tun. In ihrem Bedürfnis, das Schwere ihres Lebens auszugleichen (worauf Hanni und ich so bedacht sind), geht Renerle zu weit; sie droht herzlos, egoistisch und oberflächlich zu werden. Das kann ja aber unmöglich der Sinn eines Lebens sein, das unter so besonderen Zeichen steht.
Auch spürt Renerle überhaupt nicht, wie kaputt Hanni und ich sind. Der Lebensfreude um jeden Preis willen verbiegt Renerle ihr so vorzüglich angelegtes Wesen.
Unser Leben heißt aber Überwindung, nicht Ausflucht. –

19. Juli 1942 | Sonntag

> Zur selben Zeit wird man sprechen zu Jerusalem:
> Fürchte dich nicht! und zu Zion: Laß deine Hände
> nicht laß werden! Denn der Herr, dein Gott, ist bei
> dir, ein starker Heiland.   *Zephanja 3, 16. 17*

Was wir neulich schon mit Kramp, der doch so sehr Bekenntniskirchenmann ist, besprachen, bestätigte auch wieder der heutige, der Zeit nicht von ferne gewachsene Gottesdienst: für jeden verhafteten Pastor wird möglichst auch namentlich gebetet: die Fürbitte für die kriegsgefangenen Deutschen fehlt – wie auch jede noch so ferne Hindeutung auf die Gebetspflicht für die getauften Juden in ihrem nicht mehr faßbaren Unglück, von aller missionarischen Bitte ganz zu schweigen.
Die Dienstverpflichtung, deren geringes Ausmaß kein Außenstehender weiß, setzt mich in die Lage, die Besuche und Verabredungen, die die unmöglich gewordenen Einladungen abzulösen drohen, abzusagen, mich am Telefon ohne Prätention verleugnen zu lassen und meine Antwortbriefe noch kürzer zu halten als bisher.

> Du bist der Geringen Stärke, der Armen Stärke in der
> Trübsal, eine Zuflucht vor dem Ungewitter, ein Schat-
> ten vor der Hitze. *Jesaja 25, 4*

Antritt im Reimer-Verlag, Beginn meiner Dienstverpflichtung.
Ganz gewiß ein neuer Abschnitt, so leicht mir auch alles gemacht
wird. Aber gegen die Depressionen, die mich sonst angesichts alles
Neuen befallen, bin ich diesmal gewappnet; sehe ich doch die
Dinge *sub specie belli*. – Freundlichste Begrüßung; ich solle überzeugt sein, daß der Verlag genauso wie ich von unserer Abmachung profitiere, so freue man sich, daß ich ihm seine Hundert-
jahrschrift schreibe. – Um bei Arbeitskontrollen über ein Sach-
gebiet mich wirklich ausweisen zu können, habe ich einen kleinen Sektor aus der Tätigkeit des jungen Andrews als »Abrech-
ner« (Kartenaufträge der Marine, des Verkehrsministeriums, der
Institute für Raumplanung und Bodenforschung) wirklich übernommen: eine Stunde am Tag. Drei Stunden arbeite ich an dem
Buchauftrag – dann ist mein Dienst beendet, für den ich mir die
Zeit von acht bis zwölf und die Tage Montag, Mittwoch, Frei-
tag gewählt habe. Nur in dieser ersten Woche gehe ich jeden
Tag hin. Was das bedeutet; mir bleiben ganze Tage daheim, mit
Morgenglockengeläut und morgendlichen Gartenstimmungen!
Nicht jeden Tag die vollen S-Bahn-Züge, die häßliche Stadt.
Vor dem Aufbruch noch ein wunderlicher Besuch. Ein Pfarrer
aus dem Warthegau kam, ganz unangemeldet, um »mich zu sehen
und mir zu danken«, und brachte mir ein Weißbrot. Von der
Lage der Kirche in diesen Ostgebieten sagte er, wenn dies ein
Experiment sei, das nach dem Kriege auf das ganze Reich ausgedehnt werden solle, so gnade uns Gott. Die Kirche dort ist
nur noch auf freiwillige Gaben der Gemeinden angewiesen und
aller öffentlichen Geltung beraubt. Ich sehe in diesem harten Weg
aber auch viel Positives. –

21. Juli 1942 | Dienstag

> Euer Herz erschrecke nicht! Glaubet an Gott und
> glaubet an mich! *Johannes 14, 1*

Alles, worunter ich in den beiden Jahren bei Ullstein so litt: die
Betriebsatmosphäre mit ihren Obmännern und politischen Über-
wachungsorganen, den Zellen, die Einfügung in ein Netz von

Formalitäten – – all dies berührt mich nun durch die Gewöhnung jener Jahre kaum mehr und erleichtert mir diese neue Wendung. Möchte es nur bei dieser Lösung bleiben dürfen! Fast erscheint es zu leicht. Aber Gottes Gaben können so sein: Zuflucht vor dem Ungewitter. Schatten in der Hitze.

Andrews fragte mich, wieweit ich »mein Inkognito gewahrt haben möchte«, da viele im Verlag sich sehr freuen würden, »wenn sie nun auch meinen Vornamen erführen«. Ich will nur alles meiden, was nach besonderen Prätentionen aussieht; mir ist genug an Sonderstellung eingeräumt! Es erinnert an meine Soldatenzeit, nach meiner Rückkehr vom Urlaub!

Bei der wachsenden Teuerung und der totalen beruflichen Stagnation fallen die 250 Mark, die ich mir mehr verdiene, wenn auch viel Steuern und Abzüge abgehen, materiell und psychisch durchaus ins Gewicht. Das Leben von Entnahmen meines Kontos, ohne die Möglichkeit, es auch nur entfernt auffüllen zu können, lag mir gar wenig. Ich denke an meine armen Zeiten und sehe diese neue Monatseinnahme nicht gering an.

Vom Kriege muß ich jetzt immer denken: Wir können wohl siegen, siegen, aber wir können den Krieg nicht beenden. –

22. Juli 1942 | Mittwoch

> Du bist der Trost Israels und sein Nothelfer; warum
> stellst du dich, als wärst du ein Gast im Lande und ein
> Fremder, der nur über Nacht bleibt? *Jeremia 14, 8*

Nach dem Dienst zum Mittagessen im »Kaiserhof«, der nicht mehr Regierungshotel zu sein scheint. Man sah viel gutes Publikum des alten Schlages. Die Küche dort gibt sich noch große Mühe, doch staunten die Ausländer über die geringen Quantitäten und Qualitäten, mit denen wir Deutschen uns begnügen, und über die Geduld, mit der wir in den Restaurants warten. Ich traf mich zu Tische mit dem Schweden und einem dänischen Pfarrer Chr., der nun schon seit zweieinhalb Jahren in Berlin in der Kriegsgefangenenhilfe arbeitet, einem sehr sympathischen alten Herrn. Ich hörte wieder viel Freundliches über den »Vater«.

Rußland weigert sich zum 14. Mal, den Schweden die deutschen Gefangenenlager bereisen zu lassen, die der Däne im [ersten] Weltkrieg drei Jahre betreuen durfte. Rußland erklärt sich für desinteressiert an seinen Gefangenen in Deutschland: sie seien Deserteure; Rußland könne sich nicht um die Menschen kümmern, »die nicht mehr in den Verband der Sowjetunion gehörten«; so solle Deutschland auch nicht nach den Gefangenen in Rußland fragen. Welche Schlüsse muß man daraus ziehen?! Wie wenig Hoffnung kann ich Margot und Eberhard machen! Welch ein Warten und Bangen!

Der Schwede hat die Erlaubnis, die deutschen Gefangenen in England zu besuchen; die meisten sind in Kanada, und es geht ihnen gut. Gegen die Behandlung der Gefangenen in Deutschland sei kein Einspruch zu erheben; hier walten die Gepflogenheiten des alten Heeres; und Zwang, Not und Mühsal sei ja eben auch schon für das deutsche Volk sehr groß.

Kein kluger Ausländer denkt mehr an politische Hypothesen und Prognosen. Der Deutschenhaß werde immer größer; aber unablässig kämpft ein Teil immer wieder für das Verständnis für das echte, »unsichtbare«, eigentliche Deutschland.

Für Renerle werden neue Schritte eingeleitet, da jetzt in dem zuständigen Ressort ein Bekannter von S. an die zweitwichtigste Stelle aufrückt. Man soll doch Renerle, die Frick aus Deutschland herauslassen will, einen der »Plätze« einräumen, der schon einem deutschen Juden bewilligt war und nun der Auswanderungssperre wegen nicht in Anspruch genommen werden durfte! In die Deportationslager bekommt niemand Einblick. Dies sei eine innerdeutsche Angelegenheit, und – hier handle Deutschland wie Rußland –.

23. Juli 1942 | Donnerstag

> Du hast dich mit einer Wolke verdeckt, daß kein Gebet hindurch konnte. *Klagelieder 3, 44*

Von meinem kleinen Büro in der Wilhelmstraße aus sehe ich wenigstens noch ein kleines Stück von Hindenburgs Palais, dem Schwerinschen Palais aus Friedrich Wilhelms Zeit: ganz ohne Historie und ohne Natur geht es ja für mich nur sehr schwer. So aber weiß ich, bedrückt von so viel Häßlichkeit ringsum: Dies eine hat der König gesehen!

Vom Generalsuperintendenten von Hannover bekam ich Brinkmanns letzte Predigten, auch eine über Jesaja 43, 1, sein Bild und die letzten Nachrichten über sein Ende. Man hat die Leiche mit entblößtem Körper gefunden; und in die Brust war ein großes Kreuz eingeschnitten –. Der hat überwunden. Auch Brinkmanns

Nachfolger ist gefallen. Seine Soldaten kommen weiter treu zum Feldgottesdienst.

Heute wird bekanntgegeben, daß Mischlinge in Hauptschulen, Mittelschulen und Höheren Schulen nicht mehr aufgenommen werden dürfen, respektive von bestimmten Klassen, sofern sie nicht vor dem Abschluß stehen, abgehen müssen.

28. Juli 1942 | Dienstag

> Unsere Zeichen sehen wir nicht, und kein Prophet predigt mehr, und keiner ist bei uns, der weiß, wie lange.
>
> *Psalm 74, 9*

Heute ist mein freier Tag, zum ersten Male, und ich habe wieder meine Morgenglocken hören können, bei deren Geläut ich sonst schon unterwegs bin in der durch »Neuplanung« und Kriegsplanung so grausig entstellten, freudlosen, von aller Schönheit ausgeschlossenen Stadt.

Aus Breslau auch so bedrückende Deportationsnachrichten, aus dem ehemaligen Freundschen Kreise; immer geht es jetzt um die Alten, die für eine Dienstverpflichtung in Deutschland nicht mehr in Frage kommen.

Wie wunderbar werden Hanni, Renerle und ich durch all das Grauen, all die Gefahr um uns getragen! Und soll da am Ende die Vernichtung stehen? Und darf mein Geist da so entsetzlich müde sein? –

Ich durchlebe in meinen Gedanken gar keine Utopie, durchlebe in ihnen nur, was das Leben für mich schon bereit gehabt hatte.

1. August 1942 | Sonnabend

> Ich will meinen Geist in euch geben, daß ihr wieder leben sollt.
>
> *Hesekiel 37, 14*

Wie man solcher Worte wartet in dieser Zeit gehäuften Todes und soviel grausigen Endes, auch ohne die Waffe, von Menschen erdacht.

Ich habe nun bei Bekenntnis- und »offizieller« Kirche Schritte aufgenommen, daß endlich die Fürbitte für die Kriegsgefangenen und Vermißten in das Kirchengebet aufgenommen und jene unfaßliche Unterlassung aufgehoben wird.

Wie ich mich noch des Weltkriegsausbruches erinnere – 28 Jahre!

> Wir sind Kinder der Heiligen und warten auf ein
> Leben, welches Gott geben wird denen, so im Glauben
> stark und fest bleiben vor ihm.   *Tobias 2, 17. 18*

Im Gottesdienst wieder ein neuer Vertreter, bieder, nicht mehr.
Kleine Gemeinde, jedoch jetzt immer einige Soldaten von unserer
Nikolasseer Flak. Nach der Kirche Besuch eines jungen Griechen,
Mitarbeiter des »Eckart«. Wie es so oft ist: er kam von Reinhold
Schneider und plant den Besuch bei R. A. Schröder. Es ist im-
mer der gleiche Turnus, in dem uns etwas zu viel Ehre angetan
und Zeit genommen wird. Ich habe es aber nun gelernt, auch
sonntägliche Visiten ohne Prätention zu begrenzen, so daß sie
mich weder belasten noch dadurch deprimieren, daß ich von mir
reden müßte. Gerade heute entsetzte uns in dieser Hinsicht ein
»Offener Brief« von Hans Grimm an seine Frau zum 60. Geburtstag. Man erkennt am warnenden Beispiel immer wieder, was der
Autor generell durchaus nicht schreiben darf, alle Grade des
Rangunterschiedes dabei berücksichtigend.

Ich sah das private Foto der letzten Plastik der nun fünfund-
siebzigjährigen, fast gelähmten Käthe Kollwitz: das erschütternde
Antlitz eines von der Zeit, aller Zeit vernichteten Menschen.
Politisch quält man Käthe Kollwitz nicht, aber finanziell geht es
ihr sehr schlecht. Wir werden uns sogleich erkundigen, ob etwas
für sie geschehen muß.

Nachricht von Käte Staritz aus dem Konzentrationslager: »Ich
gehe hin in Frieden und sorge nicht und vertraue, daß der mir
bisher von einem Tag zum anderen geholfen hat, das auch weiter
tun wird. Ihr könnt darüber, wie über die Arbeit, beruhigt sein.
Auch bin ich nicht ohne kleine Freuden.« Daß man ihr Gehalt
gesperrt hat, und zwar das Breslauer Konsistorium, scheint sie
noch nicht zu wissen, denn sie verfügt darüber.

Das Kind hat Sonnabend wie Sonntag hübsch eingeteilt, nahm
das Mittagbrot mit uns ein und geht abends mit uns zu Almqvists. Es war ein feierliches Abschiedsessen in kleinem Kreise
für Legationspfarrer Forell und Frau Forell, die man beim zweiten Male nun doch als ein echtes Original schätzen lernte, ur-
wüchsig, vital, gescheit – und von welch einer Liebe zum eigentlichen Deutschland! Dem Renerle haben wir mit diesem Abend
etwas sehr Schönes geboten: das für uns Deutsche nahezu sagen-
hafte Souper, die edlen Weine; der reizende kleine Barockspeise-

saal in dem Graf Goltzschen Hause in Dahlem, das Almqvists jetzt bewohnen; die in Schwedisch, Deutsch, Französisch und Englisch geführte Unterhaltung, die wirklich Gespräch und nicht Konversation war und zum Teil bestimmt war durch die persönliche nahe Bekanntschaft mit heute führenden Männern in der ganzen Welt; der schöne Abend in dem dunkel werdenden Garten; der Ernst, die Liebe, das tiefe Verständnis, die in diesem Kreise für alle Fragen der Kirche herrschen, der Kirche in dieser aufgewühlten, undurchdringlich dunklen Zeit; die Hilfsbereitschaft, mit der dieser unser schwedischer Kreis immer wieder Renerles Angelegenheiten bei seiner Regierung in Angriff nimmt (doch vermögen uns solche Aussichten nicht mehr zu bewegen). Wie müssen sich heute neutrale Diplomaten durch einen Hohlraum beinahe völliger Isolierung tasten, bekommen sie doch nur noch eine Fassade gezeigt. Von der Zukunft Europas wird nur mit der tiefsten Sorge gesprochen.

18. August 1942 | Dienstag

> Wir treffen das kaum, was auf Erden ist, und finden
> nur schwer, was unter den Händen ist; wer will denn
> erforschen, was im Himmel ist? Wer will deinen
> Rat erfahren? Es sei denn, daß du Weisheit gebest, und
> sendest deinen Heiligen Geist aus der Höhe.
>
> *Weisheit 9, 16. 17*

Die Deportationen verdichten und beschleunigen sich wieder; ein Kollege von Renerle mit zweijährigen Zwillingen; Harald von Koenigswalds Mieter, ein zweiundachtzigjähriger Rechtsanwalt, dessen Sohn (Mischling) im Weltkrieg gefallen ist.
Tante Paula, mit 82 Jahren, nach einem Leben so voller Glanz, deportiert! Und wie noch bei der Deportation die Familien auseinandergerissen werden. Und von den bereits Deportierten keine Nachricht.
Auf der Arbeit lasten die hausväterlichen Pflichten für Haus und Garten sehr; und im Kriege ist doch keine Hilfe zu bekommen.
In unseren Gesprächen und Gedanken kommen wir von dem Grausigen, das an uns geschieht, nicht mehr los. Fast tritt dahinter der Gedanke an die Verwundeten und Gefangenen zurück; so entsetzlich ist diese kalte, organisierte, erdachte, im Programm eines Jahrzehnts entwickelte Grausamkeit.
Allmählich zerstört es einen ganz und gar. –

24. August 1942 | Montag

> Die Elenden werden wieder Freude haben am Herrn,
> und die Armen unter den Menschen werden fröhlich
> sein in dem Heiligen Israels.   *Jesaja 29, 19*

Die schweren, schweren Angstträume, immer wieder von Zwangs-
trennung, Deportation und SS, von denen jeder so leicht Wirklichkeit werden könnte, lasten oft über dem ganzen Tage. Man
geht nicht nur geängstet und gebeugt durch die Tage, sondern
auch durch die Nächte und erwacht vor Entsetzen, wie schwer
und fremd das eigene Leben geworden ist.
Ruhe zur Arbeit, aber der Kopf sehr verstört.

25. August 1942 | Dienstag

> Warum währt doch mein Leiden so lange, und meine
> Wunden sind gar so böse, daß sie niemand heilen
> kann? Du bist mir geworden wie ein Born, der nicht
> mehr quellen will.   *Jeremia 15, 18*

Am Abend bei Almqvists. Da dies eine der ganz seltenen Einladungen ist, die Hanni gern, das Kind aber besonders gern annimmt, habe ich mich nicht gesperrt, obwohl sie in die Woche
fällt.
In der DAZ las ich, daß in einem Konzert Lieder von mir, »sehr
schöne Verse«, in der Vertonung von Micheelsen, die ich nicht
kenne, gesungen wurden. Ehe wir zu Almqvists fuhren, kam
nach einem sehr dringlichen Telefongespräch Ihlenfeld noch zu
mir heraus: es läuft wieder eine große Aktion gegen die christlichen Verleger, die einen schon für ein Jahr ins Gefängnis gebracht hat. Auch Ihlenfeld ist in großer Sorge. Wer muß sich
nicht heute alles bangen! –

26. August 1942 | Mittwoch

> Wir wollen täglich rühmen von Gott und deinem
> Namen danken ewiglich.   *Psalm 44, 9*

Nachmittags kamen Almqvists plötzlich heraus. Er will endlich
genau wissen, was für Renerle in Stockholm nun wirklich geschehen ist, da die Gesandtschaft Informationen hat, nach denen
nun die Deportationen noch mehr beschleunigt werden sollen.
Er telefoniert heute mit Söderström und Forell, der inzwischen
schon in Schweden ist. Und er will – da er noch einige Tage Ur-

laub hat – nach Stockholm fliegen, um Klarheit für Renerle zu gewinnen. Unser Herz weiß von nichts Sichtbarem mehr, aber das ändert nichts an unserer Dankbarkeit.

Es ist nicht etwa die Erschütterung, die auf den Berichten lastet. Diese sollte es sogar mehr, viel mehr sein. Aber eher beginnt der Krieg zur Gewohnheit zu werden, für Heer und Volk.

Von Tag zu Tag werde ich gebeugter und müder.

Von den Juden ist das Gebot der Frucht der Leistung genommen. Da ist nur noch Überwinden der maßlosen Leiden dieser Zeit. Mein Leiden ist noch nicht von solcher Art, ist noch zu deutlich davon abgegrenzt. Ich muß noch weiter. –

27. August 1942 | Donnerstag

> Die den Herrn fürchten, glauben seinem Wort –, bereiten ihr Herz und demütigen sich vor ihm und sprechen: Wir wollen lieber in die Hände des Herrn fallen als in die Hände der Menschen; denn seine Barmherzigkeit ist ja so groß, wie er selber ist.
>
> *Sirach 2, 18. 21–23*

Von dem Wenzelschen Pfarrhaus her, beim Abschluß einer Tagung der – schwer bedrohten – Inneren Mission tönt der große Lobgesang herüber in den großen Glanz des glühenden Nachmittags. Welches Leuchten. Welcher Friede. Und der Krieg. Und die Deportationen. Almqvist, der weder Söderström noch jemand aus der Umgebung des zuständigen Sozialministers erreichte, noch Forell, ist heute um halb drei dennoch nach Stockholm geflogen, natürlich auf unsere Kosten; er hat keine Ruhe mehr – unter dem Eindruck der Informationen, die der Schwedischen Gesandtschaft über die Deportationen zugingen. Der Erste, der spontan zu helfen sucht. –

28. August 1942 | Freitag

> Jesus Christus hat dem Tode die Macht genommen und das Leben und ein unvergängliches Wesen ans Licht gebracht durch das Evangelium.
>
> *2. Timotheus 1, 10*

Gegen meine Fahrt in die Stadt und mein bißchen Dienst hat mich der russische Sommer sehr viel immuner gemacht, als ich vorher war, wie ich auch gegen die nahezu epidemisch auftretenden gastrischen Erkrankungen nun viel besser gefeit zu sein scheine. Hanni liegt schon als Rekonvaleszentin einige Stunden im Liegestuhl im

Garten: etwas, wozu sie in gesunden Tagen nie kommt. Renerle ist wieder versuchsweise im Dienst. So muß ich heut allein nach Caputh und Schwielowsee fahren, das heute fällige Obst und Gemüse zu holen, das verfallen zu lassen wir uns nicht gestatten können. Aber dies alles ist eine ziemliche Last. An Geld, Zeit, Mühe hat man an diese Fahrten dasselbe setzen müssen, wie wenn man einen großen Garten hätte. Freilich haben wir aber auch den entsprechenden Ertrag eingebracht. – Goldraute, Sonnenblumen, Blaukohl, von allen Blumen umblüht. Wie mußte ich an Friedrich Wilhelm denken: diese Orte sind ein einziger, großer Marlygarten, Caputh im Kriege Gärtner- und Soldatenstadt. –

30. August 1942 | Sonntag

> Seid stark in dem Herrn und in der Macht seiner Stärke.
> *Epheser 6, 10*

Gedämpftes Morgenlicht. Das Familienfrühstück und der Kirchgang. Am Kirchhügel blüht nun das Heidekraut, der Altar mit Goldraute geschmückt. Eine volle Kirche; immer mehr zieht mich die Tonsprache Johann Crügers[242] an. – Das Gebet für die Gefangenen fehlt noch immer. –
Nach der Kirche wieder Besuchsempfang aus der Nachbarschaft, Lektüre der Korrespondenz. Und zu Tisch Frau Schiller, während er nun nur ohne sie im Riesengebirge sein kann, und Hilde, also unsere dankbarsten Gäste. Es war auch so festlich, so sommerlich: die Blumen, die Sonne, auf dem Tische die Ernte meiner Schwielowseefahrt.
Glanz, Stille, Glut in einer Fülle, die etwas Feierliches hat. Die Läden der Türen und Fenster gegen das Übermaß der Spätsommersonne geschlossen. Nun hat man doch den Sommer noch einmal ganz erfahren.
Das Auge sieht ein schönes Sommerbild nach dem anderen, aber das Herz kann keinen Augenblick mehr froh oder auch nur ein wenig leichter werden.

1. September 1942 | Dienstag

> Deine Hand schütze das Volk deiner Rechten und die Leute, die du dir fest erwählt hast. – Laß uns leben.
> *Psalm 80, 18.19*

Drei Jahre Krieg. Und für uns waren sie noch mehr als Krieg. Auch der heutige Aufruf zum vierten Kriegswinterhilfswerk von maßlosem Haß gegen die Juden. Die große Last muß weitergetragen werden; aber als Künstler versage und versiege ich nun völlig. Dabei leide ich noch besonders darunter, daß Hanni nichts von dem von ihr so ersehnten Bora-Manuskript zu sehen bekommt; dies würde ihr über die ganze, schwere äußere Berufsstockung hinweghelfen. Es ist doch ihr Buch! –

Almqvist ist aus Stockholm zurück. Ich sollte gleich abends zu ihm kommen. Das entscheidende Ergebnis von Almqvists Flug für Renerle nach Stockholm: starker Verdacht, daß der Preis für Fricks Hilfe und Schutz die Verpflichtung zur Spionage ist!

Gerade von Forell befürwortete deutsche Juden in Stockholm in Spionageaffären verwickelt: wohl durch Drohungen bei ihrer Abreise, daß man ihre Angehörigen als Geiseln in Deutschland habe.

Rektor Sundberg will Renerle nach wie vor zu sich nach Viggbyholm nehmen. Almqvist will seiner Regierung Garantien schaffen über uns drei. Wie könnte er es? Und steht Frick noch zu der Zusage der Ausreiseerlaubnis? Schweden ein Hexenkessel der Spionage. Es ist ja nur noch die Schweiz, Schweden und Portugal übriggeblieben: und welcher Schnittpunkt zwischen Deutschland, England und Rußland ist Schweden! Die schwedischen Politiker und Diplomaten meinen, daß es nur diesem letzten Hort der Spionage, den Schweden darstellt, zu danken ist, daß weder Deutschland noch Rußland Schweden bis jetzt annektiert haben.

Almqvists nehmen an unserer Not teil wie sonst wohl nur Meschkes. Es hat ihnen keine Ruhe gelassen: er mußte seine letzten Urlaubstage für den Flug für Renerle vergeuden. Was wühlen solche Aktionen immer wieder in uns auf –. Er handelt weiter, während wir nur noch tun, was er von uns verlangt, und sonst ganz stumpf geworden sind.

2. September 1942 | Mittwoch

> Ich bin bei dir, spricht der Herr, daß ich dir helfe.
>
> *Jeremia 30, 11*

Und der zweite Losungsspruch dieses Tages:

> So sei nun stark, mein Sohn, durch die Gnade in Christus Jesus!
>
> *2. Timotheus 2, 1*

Aber das bange Herz darf, darf diese Verheißung nicht auf das äußere, immer mehr es bedrängende Schicksal beziehen! Welch verzweifelte, flehentliche Gebete in äußerster menschlicher Not um die äußere Rettung hat Gott in dieser Zeit nicht erhört! Ich weiß nichts davon, was er in den Herzen derer gewirkt hat, zu denen er dennoch sprach: »Ich bin bei dir, daß ich dir helfe.« Darüber bin ich sehr müde und verzweifelt geworden. Darüber habe ich – und wer weiß, ob nicht für immer – die Kunst verloren geben müssen.

Und was von Gott her nicht sein darf, ist der Fall geworden: es wurde zur Gewöhnung, daß Tag für Tag alle Gedanken immer den gleichen qualvollen Kreis durchschreiten, auch in Stunden, in denen man alles Schöne und Dankenswerte voll wahrnimmt. Zur Gewöhnung geworden ist die Qual, die das Herz in seiner großen Angst jeden Tag durchmacht. Die Erschöpfung durch die hinter einem liegenden Leiden und Erschütterungen tritt zurück vor der Angst vor dem, was kommen kann. Keine Gabe Gottes, die ich nicht jeden Tag dankbar, wie auch Hanni, erkenne. Und doch schleppen wir uns nur durch die Tage. Dies darf nicht sein, daß der Trost im Tode liegt. –

Ich drohe an der nicht mehr von mir erfüllbaren Forderung meines Lebens zu zerbrechen, nachdem ich durch die Angst um Hanni und Renerle schon gebrochen bin.

Ich habe wieder den ganzen mir gehörenden Tag gebraucht, um die von Almqvist noch gewünschten Unterlagen zusammenzustellen. Auch dies habe ich nur noch mechanisch getan; Hanni wollte selbst dies nicht mehr. Renerle ist zu jung, um nicht getroffen und enttäuscht zu sein, so tapfer sie alles trägt, was auch Almqvists so bewundern. Aber es ist wohl die Jugend, nicht der Glaube. – Renerle brachte Almqvists abends noch alles Aufgezeichnete in die Wohnung. Das wollte er. So sehr fürchtet auch ein ausländischer Diplomat heute in Deutschland Post und Telefon.

4. September 1942 | Freitag

> Ich freue mich und bin fröhlich über deine Güte, daß du mein Elend ansiehst und erkennst meine Seele in der Not.
> *Psalm 31, 8*

Tag um Tag werden hingebracht wie in einer furchtbaren Umklammerung. »Ich bin hindurch« – das war mein Gefühl, als ich aus dem Felde kam, auch dem Künftigen gegenüber. Nun ist fast ein Jahr von dem »Künftigen« schon Vergangenheit. Ich bin nicht hindurch. Möge Gott mich hindurchretten mit Hanni, dem Kinde. Das Grauen, das sich des ganzen Wesens und Bewußtseins bemächtigt hat, ist so hart, so wirklich begründet; in diesem Grauen gibt es keine Stimmungen mehr. Wenn mich der Gedanke an die Kunst jetzt manchmal gar so quält, kommt es mir doch ein: *cor accusator, deus defensor*. Aber der nicht zu stillende Schmerz bleibt.

Ich war schließlich Soldat im Kriege: diese Zeit war leicht gegen das, was ihr folgte. Diese große Erfahrung liegt hinter mir. Doch nehme ich es mehr und mehr als ein Geschenk Gottes, bei Hanni und Renerle zu sein.

Da Prozeßmaterial gegen die christlichen Verlage nicht vorhanden war, hat man nun dem Eckart-Verlag und dem Furche-Verlag einfach ihre Papiervorräte beschlagnahmt und die Verlage geschlossen. – Von allen Seiten wird man eingekreist: dort ausgeschlossen und hier »erfaßt«. Gott hat uns dem Arm der Welt übergeben – ach, möchte er es nicht in allen Stücken tun. Denn dann wäre das Ende da, das Ende ganz im Dunkeln und ohne jede Erfüllung.

5./6. September 1942 | Sonnabend | Sonntag

> Siehe, um Trost war mir sehr bange. Du aber hast dich meiner Seele herzlich angenommen, daß sie nicht verdürbe; denn du wirfst alle meine Sünden hinter dich zurück.
> *Jesaja 38, 17*

Dies, dies ist die Rettung, die Gott verheißen hat – verheißen freilich auch über den Selbstmord hinaus. –

Pagel war bei mir, ziemlich lange.

Auch er sieht mit Sorge den neuen Auftrag des neuen Justizministers an, ein neues Volksrecht in Fühlungnahme mit dem Führer zu schaffen, das dem nationalsozialistischen Volksempfinden entspricht und für das vom bestehenden Rechte abgewichen werden kann. Wie wird es sich auswirken für die Mischehen, sei es nur in der Frage des Grundbesitzes bis hin zu der entscheidenden Frage nach der Anerkennung der Mischehe überhaupt?

Kommt der Sieg, so sind wir wohl verloren. Kommt die Niederlage, so wird immer noch soviel Macht und Zeit bleiben, alles Jüdische und dem Jüdischen durch die Ehe Verbundene zu vernichten.

Die OKW-Papierbewilligung für den »Vater« noch nicht definitiv. Dabei dürfte ein Buch, das diese Resonanz beim Heer gefunden hat, auch heute noch nicht in Frage gestellt sein; und auch heute noch nicht dürfte meine Sondergenehmigung auf diesem kalten Wege annulliert werden.

Die katholischen Geistlichen und Konventualen, die weiter aus dem Heer entlassen werden, werden sofort nach ihrer Entlassung dienstverpflichtet, und zwar möglichst fern ihrer Heimat.

Wie erschöpft geht man aus einer Woche hervor: und ist doch nicht erschöpft von der Arbeit. Ach, dürfte dies wieder sein!

Nach der Kirche der übliche und am Sonntag mir auch durchaus genehme Nikolasseer Besuchsempfang.

7. September 1942 | Montag

> Gott, schweige doch nicht also und sei doch nicht so still; Gott, halt doch nicht so inne! *Psalm 83, 2*

Heute vor einem Jahr gingen wir über den Dnjepr. Was blieb mir mit dem russischen Winter erspart.

Wie in einer zweiten Schicht des Wesens und Lebens durchlebe ich in der Vorstellung mein Leben mit all den Möglichkeiten, die in ihm schon verwirklicht waren, – ohne Ausschmückung, ohne Utopien: einen heilenden Traum, der mir das Ertragen der Gegenwart ein wenig leichter macht. Suche ich mich der Gegenwart völlig hinzugeben, was ich für das Richtigere halte, drohe ich doch zusammenzubrechen.

Daß nun auch noch die schwere Prüfung im Beruf gekommen ist! Ich habe sie im Erfolg noch einmal erwartet. Nun ist sie da; und so seltsam – ohne Mißerfolg eine so schwere Prüfung, in der alles zu Ende zu sein droht. Nur wieder schreiben, nur schreiben, wenn auch nicht veröffentlichen, wirken und verdienen zu können; nur nicht dieses Versiegen in mir in diesen Lebensjahren, die doch die Höhe des Lebens darstellen müßten! –

9. September 1942 | Mittwoch

> Wer kann seine große Barmherzigkeit erzählen? Man kann sie weder mindern noch mehren und kann seine großen Wunder nicht begreifen. *Sirach 18, 4. 5*

Regen in der Morgendämmerung. Milder, verhüllter Tag. Der Rasen, zum zweiten Mal in diesem Jahr, im Gärtlein gemäht, vier große Haufen langen Grases. So lange hat es gedauert, wieder einmal einen Gärtner zu bekommen. So feierlich sah das Gärtlein in der Abenddämmerung aus.

Und wir empfanden's wieder mit besonderer Dankbarkeit, weil wir in der Stadt gewesen waren und uns nach meinem Dienst zu Tisch im »Kaiserhof« und zu ‾Besorgungen getroffen hatten. Selbst in einem so angesehenen Hotel wie dem »Kaiserhof«: wie verstimmend war's. Die Gereiztheit und Unaufmerksamkeit der Kellner; das kärgliche und recht belanglose, dort noch besonders gerühmte Essen – wie festlich, ja wie feierlich oft sind doch die Mahlzeiten daheim –, das Publikum, das sich so verändert hat. Wo in den feudalen Restaurants und Geschäften ist noch gutes Publikum? Eine völlige Umwälzung der Ständeordnung hat stattgefunden, das ganze Straßenbild ist davon bestimmt. Welcher Ungeschmack und welche Auffälligkeit beherrschen die Straße und das Schaufenster der von Waren entleerten Geschäfte. Die uns bekannten Antiquitätengeschäfte im Lützowviertel nur zu ganz ungewissen Stunden geöffnet. In meinem Stiche-Antiquariat: mit Mühe und Not noch ein Potsdamer Stich für Karbe als Hochzeitsgeschenk gefunden, sogar gerahmt; denn nun gibt es für Rahmen weder Glas noch Holz; solche Aufträge dürfen nicht mehr angenommen werden. Als Letztes hat man mir – nun im September – das Choralbuchblatt aus Toledo noch gerahmt, sehr schön und sehr teuer; das wird nun ein Geburtstagsgeschenk für Hanni. – Stiche aber sind nun alle als Vermögensanlage aufgekauft! Was wir im Hause haben, stellt nun einen kostbaren Besitz dar. Aus Breslau hören wir von den ersten Wohnungsschwierigkeiten privilegierter Mischehen.

Hannis Tante Hedwig Secklmann schreibt uns heute, daß auch sie sich im Zeitraum von acht bis vierzehn Tagen, so alt und krank, für die Deportation bereitzuhalten hat.

Welcher Querschnitt durch eine furchtbare Zeit bedeutet jeder Tag, auch ein an sich nichtiger Tag wie der heutige. –

11. September 1942 | Freitag

> Stärket die müden Hände und erquicket die straucheln-
> den Knie!   *Jesaja 35, 3*

»Information« durch unseren Anwalt RA Wergin: Bis zum November sollen alle Juden aus Deutschland deportiert sein; das Gesetz über die Mischehen will der Führer erst nach dem Kriege unterzeichnen.

Almqvists baten in Renerles Sache wieder zu sich. Hanni fuhr nach der Heimkehr des Kindes und unserer Mahlzeit mit Renerle zu ihnen, damit ich an meinem Schreibtisch bleiben könne. Es hat sich nichts ereignet: Gesuche, Formulare, Fotos – alles, was schon einmal in Stockholm war. –

13. September 1942 | Sonntag

> Eurer und eurer Kinder ist diese Verheißung und aller, die ferne sind, welche Gott, unser Herr, herzurufen wird. *Apostelgeschichte 2, 39*

Dieser Sonntag ist einmal frei von Korrespondenz, und ich kann lesen, Privatlektüre und Quellen. Ein stiller Sonntag, der ganz uns gehört.

Stalingrad, wo jetzt meine Division liegt, rückt zur Zeit in den Mittelpunkt des Interesses, wobei man sich freilich immer fragen muß, wie weit publizistisches Interesse propagandistisch gelenkt ist, denn als der gefährlichste Punkt der Front erscheint durch indirekte Formulierung Rschew, während es um den Kaukasus-vormarsch merkwürdig still wird.

Meine »Aktion« hat es nun erreicht, daß die Fürbitte für die Kriegsgefangenen ins Kirchengebet aufgenommen ist. Dazu hatte es Josts Schicksal bedurft. Bis dahin hatte auch ich diese unfaß-liche Lücke im Gebet der Gemeinde hingenommen. Der Gottes-dienst leidet sonst an einer Hypertrophie der Gebete, denen die Gemeinde überwiegend ganz gewiß nicht einmal aufnehmend folgt. –

16. September 1942 | Mittwoch

> In der Not rufe ich dich an; du wollest mich erhören. *Psalm 86, 7*

Der Herbst ist meine Zeit. War so auch die Entwicklung meines Lebens angelegt, daß sein Herbst erst seine Akme[243] brachte? Auch »Vater« und »Ewiges Haus« waren Herbst-»Pläne«; selbst der kleine »Kahn« war ein Herbstbuch. An manchem Tage zit-tert das Herz von früh bis spät unter der großen Last, die es zu tragen hat.

Sollte ich mit Hanni noch jemals frei werden von dem Gedanken an den Selbstmord – über den Renerle immer oberflächlicher hin-zuleben sucht, wie sie uns jetzt überhaupt trotz unseres glück-lichen Zusammenlebens mehr entgleitet –, so wird sich, glaube ich, meine Einstellung zum Selbstmord grundsätzlich nicht mehr ändern. Er ist vergebbare Sünde wie alle andere. Gott hat nur »eine Sünde« ausgenommen: die gegen den Heiligen Geist. Auch dieses Wort bleibt in Ewigkeit. Daß man der Sünde im Sexuellen (Zeugung) und dem Selbstmord (Tod) ein solches Übergewicht gegeben hat, kommt lediglich davon her, daß man alle »übrige Sünde« nicht groß genug ansieht; vielleicht, weil das Spannungsverhältnis zwischen anderen »Sündenpaaren« nicht so wirkungsvoll ist wie der Gegensatz Zeugung–Tod. Vor Gott gelten solche Unterschiede nicht; er hat nur jenen einen Unterschied gemacht.

Oft erstaune und erschrecke ich darüber, ein wie dünner Wall (von Gott her) zu durchbrechen ist zu jenem »Ich bin hindurch«, mit dem ich aus dem Felde heimzukehren meinte. Aber menschlich gesehen ist es die völlige Auslieferung an die völlige Qual, über der dann nur noch die jenseitige Botschaft von Weihnachten, Karfreitag, Ostern und Pfingsten steht. –

27. September 1942 | Sonntag

> Gott, mache dich auf und richte die Erde! *Psalm 82, 8*

Am Hause Gottes hat das Gericht schon angefangen. Wie läßt auch jeder Gottesdienst es spüren! Doch war es wieder ein größeres Abendmahl (wir gehen zum Abendmahl nur Weihnachten, Ostern, Pfingsten und zum Reformationsfest, wobei Ostern zugleich Renis und meinem Geburtstag und das Reformationsfest Hannis Geburtstag gilt), in den Hauptgottesdienst eingebaut.

Wir gingen mit Glums heim, besichtigten bei ihnen eine einzigartige gotische Plastik: Ruhe auf der Flucht, die sie im Tausch gegen ein romantisches Gemälde (Kügelgen) erworben haben.

An diesem Sonntag ist's dem Tage nach ein Jahr, daß ich meine bittere Heimfahrt von Rußland antrat; welch ein Jahr liegt hinter mir – das schwerste meines Lebens; und die Zukunft verspricht keine Erleichterung –.

Zur Glumschen gotischen Plastik: komme ich noch mit Kunst rezeptiv in Berührung, bin ich mit einem Male wieder ganz Künstler. Was aber die Lähmung und Zerrüttung – denn nicht weniger ist es – des Produktiven angeht, so denke ich jetzt manchmal an den schwachen Trost, daß der Weltkrieg – der ihm doch persönlich nichts auferlegte – Rilke zehn Jahre verstummen ließ; und dann brach das Schöpferische noch einmal so neu und voll hervor. Das gebe mir Gott. Und was umschließt diese Bitte für unser dreier Leben.

Im Frieden des Sonntagnachmittags Anruf des Politischen Leiters, des alten, entsetzlich gespenstisch wirkenden M., »wegen Ergänzungen von Hannis und Renerles Personalien«, das bedrückt immer sehr, obwohl es gefährlich erst wird, wenn man auch von anderen gleichgelagerten Fällen dasselbe hört. –

28. September 1942 | Montag

> Wohl denen, die in deinem Hause wohnen; die loben
> dich immerdar.   *Psalm 84, 5*

Deportationen, Deportationen – die Alten; die Kranken. Und nichts mehr Gerücht, sondern Menschen, die man kennt. –
Der Krieg allein war schwer genug; und nun noch das. – Heute besuchte mich Herr Andrews in meinem kleinen Büro und sagte mir, ich sähe so schlecht aus, daß er mir Urlaub geben möchte, damit ich in diesem Jahr noch verreisen kann. Nun beginnt der Plan der Reise Hanni doch noch einmal zu beschäftigen, aber so ferne und freudlos, aber der Antrieb in uns ist gar schwach. Doch möchte ich es Hannis wegen. Denn muß man nicht immer wieder sich darauf gefaßt machen, daß ihre Dienstverpflichtung kommt und sich nicht so über alles Erwarten leicht gestaltet wie die meine? Das macht eine Reise auch Renerle gegenüber vertretbar. Denn Hanni wirkt erschreckend elend. Wunder freilich kann auch eine Reise bei uns nicht wirken. – Unsere Last ginge mit uns –. Denn wir gehen wie benommen und schwindlig herum, todmüde vom Morgen bis zum Abend, unruhig in der Nacht.
Nach kühlem grauem Morgen (10 Grad) ein lichter Mittag (20 Grad) und ein sanft beglänzter Nachmittag, ein Nachmittag von solcher schimmernder Lindigkeit, daß alle Bäume, Blumen, Dinge wie in ein zartes Gespinst von Glanz gehüllt sind. Der Tag hat eine solche Klarheit und Holdseligkeit gewonnen, daß es einem, in den Wirren und Lasten dieser bitterschweren Zeit, ins Herz schneidet.

29. September 1942 | Dienstag

> Er offenbart, was tief und verborgen ist.   *Daniel 2, 22*

Und verbirgt in der Tiefe, was so offenbar schien.
An Hannis und meinem Zustand zeigt sich, daß der Mensch dies beides nebeneinander nicht kann: für das Leben für nahe und

ferne Sicht sorgen und gleichzeitig den Tod vorbereiten. Man sorgt und ordnet in beidem – und doch ist's tiefste Unordnung und ohne Boden unter den Füßen. Wir finden aber keine andere Lösung mehr.

30. September 1942 | Mittwoch

> Wenn ich dich anrufe, so erhörst du mich und gibst meiner Seele große Kraft. *Psalm 138, 3*

Dies wieder erfahren dürfen, wie es schon durchlebt und erfahren war. – Nun am letzten Tag des Monats ist es noch einmal September, wie es nur September sein kann. Früh, als ich in meinen Dienst fuhr, stand in der Morgenkühle und Morgenklarheit noch der verbleichende Mond über dem Garten, aber über der taufeuchten Rehwiese war schon stark und klar die Sonne aufgegangen, und von nun an erfüllte sich der Tag mit Glanz und Lindigkeit.

Heute sagte mir Herr Andrews, ich könnte schon von diesem Sonnabend ab für drei Wochen verreisen; sonst lohne es nicht. Es ist wirklich über alles Erwarten. Aber Hanni und ich finden den Absprung zur Reise noch nicht, müssen ja nun auch erst die Möglichkeiten erkunden.

4. Oktober 1942 | Sonntag (Erntedankfest)

> Du, Herr, bist der Schild für mich und der mich zu Ehren setzt und mein Haupt aufrichtet.
>
> *Psalm 3, 4*

Morgennebel, Morgenkühle, noch ums Glockenläuten. Aber schon der Kirchgang in Tau und Glanz, und danach ein Erntedankfest in Himmelbläue und herbstlichem Gold.

Im Gottesdienst die großen Lieder des Dankes, zum Glaubensbekenntnis den ersten Artikel, der in meiner Lage sehr erschütternd wirkt – und wieder zeigte, daß »Das ewige Haus« in aller Verstörung mein Buch bleibt. Die Kirche so voll wie zur Christnacht – es sind wohl alle die Menschen, die vom Lande oder aus der Kleinstadt stammen. Die Kirche geschmückt mit Kränzen und Girlanden von Eichengrün, allen Blumen des Herbstes und den Gaben an Obst und Gemüse, freilich sehr einfachen, die als Spenden für unsere wenigen Gemeindearmen gebracht worden waren. –

> Tröste uns, Gott, unser Heiland, und laß ab von deiner
> Ungnade über uns! *Psalm 85, 5*

Der Tag von der gleichen edlen Schönheit und Klarheit wie der gestrige. Da wir am Nachmittag nach Potsdam fuhren, dort zu kaufen, was wir hier nicht bekommen, benützten wir diese Gelegenheit zu einem Spaziergang durch den Neuen Garten in der ersten, kaum spürbaren Färbung der Bäume und aller Pracht der Dahlien, der selten so schön wirkte wie in dem klaren, milden Glanze dieses herrlichen Oktobertages. Aber man kann nur noch an das Schwere, Qualvolle denken.

Als wir heimkamen, trafen gerade überraschend Professor Hermann und Frau Hermann ein, die für zwei Tage in Berlin sind. Wie elend wirkt das Aussehen der Menschen, die man lange nicht gesehen hat! Und wen man nach gemeinsamen Bekannten fragt: ob Eras, ob Hermann – die Antwort: Ein Sohn gefallen –. Auf Professor Hermann lastet es doch ganz offensichtlich, daß er Jahr für Jahr vor höchstens fünf Hörern liest.

Immer quälendere, undurchsichtigere Gerüchte über das Schicksal der Deportierten. Ich vermag von unseren Lasten fast gar nicht mehr zu reden, auch vor Hermann und Eras nicht.

Den Versuch der Reise geben wir noch nicht auf. Nachdem Baden-Baden gescheitert ist, verhandeln wir nun noch mit Würzburg. Diesmal wollten Hanni und ich es uns gegenseitig leicht machen, weil unser Herz schon gar so schwer ist. –

Der Dom war gestern zum Erntedankfestgottesdienst so überfüllt, daß Hermanns keinen Platz darin fanden. Das ist viel: daß dies in Deutschland noch sein darf. Wir erschrecken davor, daß wir auch einen Besuch wie den von Hermanns nur noch als Last empfinden. Es geht eben nicht mehr: für eine Stunde auf der Terrasse zu sitzen und zu meinen, man könne noch wie einst nach dem anderen fragen. Alle Zusammenkünfte zerbrechen heute sofort unter dem eben nicht mehr latenten Druck. Und uns, so kaputt wir sind, ist alles Mühsal.

6. Oktober 1942 | Dienstag

> Du bringst dich in Unglück; denn dein Heil steht
> allein bei mir. *Hosea 13, 9*

Ich habe alle offiziellen Reden gelesen, die zu Beginn des neuen Kriegswinters gehalten wurden, die Hitlers, Görings, Goebbels', Ribbentrops, und mir ist bange vor dieser Sprache.

Zum Tee Renerles frühere Modeschulleiterin Fräulein N., deren 71jährige, kranke Mutter jetzt deportiert ist. Tag um Tag bricht das Schwere auf einen ein.

Wir haben noch keinen Menschen gefunden, uns eingeschlossen, an dem spürbar würde, daß Gott sein Werk in all dem Schweren durchzusetzen vermöchte: Welt war Welt, Welt ist Welt, Welt bleibt Welt. Was, was muß Gott geschehen lassen, bis wir uns endlich zu ihm allein finden? –

8. Oktober 1942 / Donnerstag

> Gib mir, mein Sohn, dein Herz, und laß deinen Augen
> meine Wege wohl gefallen.   *Sprüche 23, 26*

Jede Einzelheit des Vorjahres steht einem vor Augen: Der Jahrestag meiner Rückkehr aus Rußland. –

Oktavia von Moltkes Schwiegervater, Professor Burkheiser in Würzburg, hat uns dort ein Zimmer beschaffen können, so daß wir nun nach Würzburg fahren, und zwar heut in einer Woche. Für mich ist Würzburg ja eine ganz neue Welt, und Hanni, soweit dies noch für uns möglich ist, scheint sich zu freuen; auch bei mir ist ja nun die krankhafte Abneigung gegen das Reisen, seit ich aus dem Felde zurück bin, ganz überwunden.

Gerade jetzt, vor der Reise und Hannis Geburtstag, ein so beruhigender, ausführlicher, konkreter Brief von Brigitte, der es auch gesundheitlich vor der Niederkunft weiter so gut geht. Wie schwer ist solcher Brief für Renerle; wie schwer für sie schon unsere Reise. Aber Hanni tut sie sehr, sehr not.

12. Oktober 1942 / Montag

> Nach dir, Herr, verlangt mich. Mein Gott, ich hoffe
> auf dich; laß mich nicht zu Schanden werden!
>   *Psalm 25, 1. 2*

Am Montag kommt Renerle immer ganz besonders angegriffen aus dem Dienst: da stürmt nach der Pause des Sonnabendnachmittags und -abends und des Sonntags all das jüdische Unglück immer wieder von neuem, verstärkt auf sie ein. Juden, die nicht durch privilegierte Mischehe geschützt sind, bekommen nun überhaupt kein Fleisch mehr. Von Gemüse nur ganz wenig. Es ist nicht zu sagen, wie elend sie durch Kummer, Angst und Hunger aussehen.

13. Oktober 1942 | Dienstag

> Meine Seele liegt im Staube; erquicke mich nach dei-
> nem Wort.   *Psalm 119, 25*

Der dienstfreie Tag sehr willkommen für alles das, was vor der
Reise abgeschlossen und erledigt und vorbereitet werden muß,
vom Luftschutzkellerkoffer bis zu den Verabschiedungsanrufen.
Ich möchte mich so gern auf die Reise freuen, aber das Herz ist
gar zu bedrückt. Mit welcher Müdigkeit geht man auf eine so
schöne Reise. Wir erwarten ja auch nichts anderes als ein wenig
Ablenkung der dauernd geängstigten und belasteten Gedanken
und Gefühle – Ablenkung, die ich früher immer abgelehnt habe –
und für Hanni das Freikommen von den Anstrengungen der
Kriegshaushaltsführung, zu der doch durchaus noch eine Dienstverpflichtung treten könnte. Und Renerle –.
Brächte mir die Reise doch dies: daß ich nach der Rückkehr wieder zu schreiben vermöchte! So gesehen, soll ja die Reise nicht
nur für Hanni sein, sondern auch für mich –.
Durch die Wehrmacht ist also für Weihnachten das Papier für
5000 Exemplare »Vater« aufgebracht. Freilich, wie Pagel mir
sagt, ein Tropfen auf den heißen Stein. Gerade auf der Weimarer
Dichtertagung, die mich natürlich schneidet, ist er wegen des
»Vaters« bestürmt worden; und in vier Weimarer Buchhandlungen
war er merkwürdigerweise ausgestellt, wurde aber als unverkäuf-
lich zurückgehalten.

15. Oktober 1942 | Donnerstag (Würzburg)

> So richtet nun euer Herz und eure Seele, den Herrn,
> euren Gott, zu suchen.   *1. Chronik 22, 19*

Um vier aufgestanden, bei dem Frühstück im durchwärmten,
blumengeschmückten Häuslein noch einmal seine ganze Schönheit
empfunden, von der ich mich doch nur so schwer trennen kann,
daß erst die harte Kur der Soldatenquartiere nötig war, um mich
überhaupt erst einmal von der Reisepsychose, die zum größten
Teil eine Hotelpsychose ist, zu kurieren. Denn vor der Erschöpfung durch neue Eindrücke brauche ich mich bei meiner müde
gewordenen Produktivität ja nicht mehr zu fürchten –. Ich
wünschte, ich dürfte es wieder.
Ein großer Eindruck der Bahnhof in der Morgenfrühe: die S-Bahn-
Züge und die Vorortzüge schon voller Bevölkerung, die zur Ar-

beit fahren; die ungeheure Anzahl von Soldaten, die ruhig und geduldig auf ihre stark verspäteten Fronturlauberzüge warten; der Zug nach Paris; der Zug nach Krakau.

Der Andrang zu unserem D-Zug war mäßig, so daß wir zu Recht III. Klasse gelöst hatten; denn Reise-Erfahrene hatten uns gesagt, daß heute die II. Klasse voller besetzt sei, da die Leute das Geld nicht mehr ansehen.

Wir durchfuhren noch einmal Nikolassee, und dann ging an blauem Himmel über den Wäldern groß und strahlend die Sonne auf, der blaue Himmel des Mittags und Vormittags hatte weiches, seidiges, weißes Gewölk. Die Wälder in erster Färbung des Laubes, für die Wintersaat frischgepflügte Felder, noch sommerlich grüne Weiden zu den herbstlichen Bäumen, viele Schafherden; Stimmungen, Tönungen und Färbungen, die an den frühen Frühling gemahnten. Die schönste Landschaft der Reise, Thüringen um Oberhof, wurde zur Wetterscheide. Der Tag umhüllte sich, Nebel zog um die hohen, hohen Tannen. Stimmung wie vor einem großen Regen, auch als wir nach fünf Uhr in Würzburg eintrafen, mit nur geringer Verspätung.

Was hatte auf der Reise an den Krieg gemahnt?

Die Sorge um den Platz war nicht ungerechtfertigt gewesen; der Zug wurde sehr voll, aber wir hatten doch eine sehr bequeme Reise.

Viele Soldaten im Zuge. Auch fremdes, armes Volk, das jetzt von überallher in Deutschland überall Dienste annimmt. In unserem Zuge waren es Finnen.

Kein Speisewagen mehr, alle Bahnhofskioske geschlossen. Man reiste allgemein mit einem Proviantkörbchen, auch wir mit einem Rucksack aus Bores Haushalt.

Lazarettzug. Züge, vor denen jüngste gemusterte Jahrgänge auf den Abtransport zur Garnison warteten.

Wir sahen die herrliche Salzburg (Bad Neustadt), die 1000jährige Kaiserpfalz, auf denen seit 800 Jahren die Guttenbergs sitzen. Schon lange sind wir dort eingeladen, wie überhaupt Schlössereinladungen wieder einmal eine Rolle spielen. So bei den Verwandten vom Kronprinzen von Sachsen; aber auch in den Coburger Hofkreisen will man uns einführen; und ganz aus der Ferne macht uns dies sogar Spaß. Was ich mir aber wirklich wünsche: in jeder Stadt in einem Hause zu Gast sein zu dürfen; denn das Hotelelend ist groß. Abgesehen von einer erträglichen, kleinen Halle, die aber unruhig ist, wirkt das Würzburger Hotel sehr unfreundlich. Das Essen ausreichend und ganz gut; ein Schoppen Wein, erst ab neun Uhr erhältlich, wurde aber bereits als Rarität hingestellt!

Ehe Dunkelheit und Verdunkelung des milden, trüben Abends es unmöglich machten, noch ein kurzer Gang zum Haus »Drei Falken« und zum Juliusspital, um wenigstens die schönen Umrisse dessen zu sehen, was wir nun morgen besichtigen werden. –

16. Oktober 1942 / Freitag

> Ich bin mit dir gewesen, wo du hin gegangen bist.
> 2. Samuel 7, 9

Nach dem Frühstück machten wir uns zunächst einmal auf den Weg, uns Karten für die nächsten beiden Konzerte zu sichern, einen Beethoven-Klavierabend und eine Aufführung von Händels »Herakles«. Dabei überließen wir dem Zufall, was sich uns von der Stadt bereits präsentieren würde. Und der erste Anblick der Höhen mit dem Käppele und der Feste Marienburg, der Mainbrücke mit den Heiligen, der Residenz, der Domschulstraße, in die nichts Neues sich zu drängen vermocht hat, ist ja ganz gewiß etwas, das solche Reise auch im Kriege lohnt: denn einmal ist ja wohl in dieser Stadt, deren Häuser den Heiligen gehören, die Weite des Himmels und der Erde begriffen worden. Die Gegenwart bot von der vielgepriesenen Beschwingtheit Würzburgs nichts.

Die Stadt wirkt vital, die Menschen scheinen nicht unfreundlich, sehr primitiv und recht provinziell. Hin und wieder das fränkische Gesicht alter Plastiken, aber sehr, sehr selten.

Ich muß eine Stadt in ihren Häusern kennen. Ich bin dem Haus zu sehr verschrieben. Auch darum ist es so furchtbar, daß das »Ewige Haus« so schleppend und gequält entsteht. Entsteht es denn noch? Gibt Gott mir mein Werk und mich dem Werke zurück? Kann diese Reise etwas dafür bedeuten? Und kann noch irgend etwas für mich Bedeutung erlangen, was nicht in diese Frage eingeht?

Wenn ich die Lösungen meines Lebens überdenke, so sage ich von neuem Ja zu Nikolassee in seiner Verbindung mit Potsdam als der Lebensform, in Berlin zu leben. Auch Hanni rückt hier der Gedanke an die Wahlheimat am Main, in ihrer fränkischen Heimat, wieder ferner, wie uns ja überhaupt das ganze Problem der Wahlheimat unlösbar scheint. Auch hier geht es nur mit der starken, vielleicht sogar strengen, Führung durch Gott.

Für mich war es nach wie vor ein großer Schritt, aus dem Bannkreis von Oder, Elbe, Havel herauszugehen: aber es gilt doch Deutschland.

So sehr wir unter allem Störenden leiden, sind wir all der großen reichen Schönheit der berühmten Partien Würzburgs voll aufgeschlossen. Die Kirchenfassaden, die Tönungen des roten und gelben Sandsteins tun dem Auge noch in der abendlichen Erinnerung wohl. Das Südliche der hohen, weiten, festlichen Häuser hat uns stark gefangen. Aber noch will das Herz durchaus nicht weit werden und kann sogar das Gefühl einer leisen Enttäuschung nicht ganz überwinden.

Am Nachmittag in der Residenz mit all ihren Vorzügen und Nachteilen des Rokoko, das wir ja so in uns tragen, daß uns Neues durch Würzburg nicht vermittelt werden kann. Das Schönste der Innenbesichtigung: die Blicke in den Hofgarten in der Laubfärbung und dem Leuchten noch vieler Blumen.

Tröstlich ist, daß man die katholische Stadt doch noch dann und wann spürt: die vielen Priester und Schwestern im Straßenbild, die brennenden Weihkerzen vor den Altären, das häufige Läuten sanfter Glocken. Mehr ist es nicht.

Die schöne Stadt aber, die wir suchen, ist nicht zu finden.

Es gibt das – unleugbar vorhandene und begeisternde – Schöne nur in der Entstellung durch den Makel und den Frevel und die tiefe, tiefe Unordnung. Das Rokoko-Würzburg aber ist voller vieler freundlicher Lüge und ersehnter oder gewollter Täuschung. Doch ist manches auch von echter Überwindung geprägt.

Das Urteil über die Gegenwart, im weiten Sinne, wird immer härter und bitterer.

An Glatz und Grüssau kommen einem in Würzburg freundliche Gedanken.

17. Oktober 1942 | Sonnabend

> Die Erde wird wie ein Kleid veralten, und die darauf wohnen, werden im Nu dahinsterben. Aber mein Heil bleibt ewiglich, und meine Gerechtigkeit wird kein Ende haben.
> *Jesaja 51, 6*

Wie ein Kleid veralten –. Wie gilt dies auch von der Schönheit der Städte! Und alles ist Schuld.

An dem reizenden, einfachen, behäbigen Theater waren hier genau wie in Berlin Theaterkarten im Vorverkauf nicht zu bekommen; auch in den Buchhandlungen keine Bücher. Ich suchte Guardini und Schneider. Das Kolorit der Universitätsstadt kommt eigentlich hier allein von den vielen Buchhandlungen und den schönen alten Apothekenbauten her. –

Obwohl man die Riemenschneiders während des Krieges nun schmerzlich entbehren muß, bricht durch das Rokoko und Barock von Würzburg doch da und dort noch die Tiefe, Schwere und Größe der Gotik und frühen Renaissance durch. Das Herbe, Einfache lebt in den (nicht sehr starken) Brückenfiguren. Vom Städtebild des süddeutschen Katholizismus des 18. Jahrhunderts habe ich ein zu helles Bild in mir getragen, als daß man nun nicht empfindlich sein müßte gegen alle unechte und unehrliche Schwärmerei, Verliebtheit, Exaltation, die bei den Würzburgreisenden üblich ist, dabei bin ich doch mit Hanni niemals durch Opposition bestimmt.

Der Prospekt der Residenz auch unter grauem Himmel sehr, sehr schön. Überall, wo das Bild des Alten noch geschlossen erhalten ist, fühlte man sich wie von einem Alb befreit.

Im Dom, wo, wie in den anderen Kirchen, alle wertvollen Plastiken entfernt, die Epitaphe ummauert und die Altargemälde abgenommen sind, sahen wir immerhin den in einem Gewölbe abgestellten Marientod und wissen, was wir entbehren, solange Krieg ist.

18. Oktober 1942 | Sonntag

Ich lebe, und ihr sollt auch leben.   *Johannes 14, 19*

Zum Hochamt in der wunderschönen Hofkapelle; gut besucht; fremd und fern. Der protestantische Gottesdienst mit allen seinen Mängeln ist eben doch kein leerer Wahn. Wie kühl und unfeierlich und dem Herzen verwehrt war dieser Gottesdienst. Nur: die Glocken zum Sonntagmorgen. Sonst nichts, was in dieser katholischen Stadt das Bild des Kirchgangs am Sonntagmorgen geprägt hätte, was wir uns so gewünscht hatten. Anders als hier ist es in Magdeburg oder Brandenburg auch nicht. Alles ist eine Rechtfertigung meiner Verteidigung des Nordens gegenüber der Überschätzung des Südens Deutschlands. Alle Anklagen dort gelten auch hier. Der Süden ist überheblich. Von Kirche zu Kirche gegangen. Renaissance und Gotik, Romanik und Barock nebeneinander aufmerksam, doch ohne stärkere innere Beteiligung gesehen. Zuviel Störendes. Die Hauptstraßen meiden wir, wie wir nur können. Wie entstellt ist das bezaubernde Haus zu den »Drei Falken« durch Ladenschilder und Geschäftsfassaden!

Aber wie hatte ich noch nach der großen Erfahrung Würzburg verlangt. Dies zu kennen, bedeutete ja direkt ein Stück Entwicklung für mich.

Früher lehnte ich eine Ablenkung der Gedanken vom schweren Schicksal ab: nun suche ich sie in äußerster Notwehr. Und Hanni ist dafür dankbar wie ich. Wie haben wir uns doch auch im Hinblick aufs Reisen aufeinander zu entwickelt: ich war endlich reisebereiter, Hanni erstmalig reisefeindlicher geworden. Man wird immer privater, immer ruhebedürftiger, immer verwundbarer.

Aber nichts Schönes, das uns entginge. Aber im ganzen doch Enttäuschung. Ich darf dem Osten und dem Norden verschrieben bleiben. Wäre ich ihm nur wieder »verschrieben«, wie es meines Amtes ist. Künstlerisch löst Würzburg nichts in mir. Man trauert nur um den Frevel am Schönen und Frommen.

Diese Reise wird mir keinen Vers, keine Skizze entlocken, mich aus meiner Stummheit nicht befreien, hat mich aus größter Aufgeschlossenheit in Abwehr gebracht.

Das Würzburg, in dessen Anblick Kleist auf der Alten Mainbrücke erfuhr, daß er ein Dichter werden müsse, hat die Enttäuschungen und Verwundungen, denen wir heut ausgeliefert sind, noch nicht bereit gehabt.

Im Hotel bekamen wir nun als etwas dauerhafte Gäste spät eine Flasche Steinwein. Und in dem lernt man ja nun wirklich ein Stück Franken kennen; herb und klar und schwer. Wein tut mir mehr und mehr wohl wie ein stark entbehrtes Medikament. Dazu heute der Eindruck der Feste Marienburg. Zu der großen Architektur so schön im alten Wallgraben die Obst- und Rasengärten in Laubfärbung und Blätterfall.

Manchmal ist's so schön in allem Disharmonischen hier: eine noch üppig blühende Dahlienstaude vor einem Barockhaus, der Blick auf Wipfel im hellsten Gelb und tiefsten Rot des Herbstes durch eins der erlesenen Barock-Schmiedeeisen-Tore. Und immer wieder die Heiligen und Madonnen an den Häusern. Viel Kolorit hat auch die Verbindung von Bäckerei und Weinstube.

Juden sieht man in Würzburg nicht mehr. Aber Hanni und ich halten an uns und schweigen davon.

20. Oktober 1942 | Dienstag

> Es ist ein köstlich Ding, geduldig sein und auf die
> Hilfe des Herrn hoffen.   *Klagelieder 3, 26*

Im Hofgarten. Von leichtem Regendunst verhängt, dennoch milde
leuchtende Blumen, tiefgrünes Gras, roter wilder Wein um die
schönen Treppen und Brüstungen und die oft rührenden Putten.
Gelbe Nußbäume und Kastanien, rote Akazien; und immer noch
üppig grüne Wipfel. Mittagsglocken. Der Hofgarten hat innerhalb
der Barockkonventionen doch viel reizvolle, liebenswürdige
Eigenart: aber am schönsten waren seine Wirkungen durch die
Fensterausschnitte der Residenz gewesen. Aber nun haben wir,
nachdem auch die Gassen durchstreift und Hoftore um Hoftore
geöffnet sind (Höfe lieben wir ja so als letzte Inseln der Geschlossenheit alter Städtebilder), in Würzburg nichts mehr zu besich-
tigen. Und die Stadt hält uns nicht.
An Kriegsnachrichten immer nur die eine: Häuserkämpfe in
Stalingrad –. Und in den Straßen: Verwundete, Verwundete.
Ablenkung der Gedanken gibt es wohl. Aber die Schwere des
Herzens will nicht weichen –. Nicht eine Stunde.

21. Oktober 1942 | Mittwoch

> Nähme ich Flügel der Morgenröte und bliebe am
> äußersten Meer, so würde mich doch deine Hand da-
> selbst führen und deine Rechte mich halten.
>
> *Psalm 139, 9. 10*

Der morgendliche freundliche Eindruck von Park und Schlößchen Veitshöchheim; das intimere Barock empfinden wir immer
wohltuender.
Mittags in Ochsenfurt. Wiederum: großartige Einzelheiten; doch
alles ohne Kolorit und Atmosphäre, entstellt und verstört. Und
das Herz bleibt stumm, soviel mir – solange ich das »Ewige Haus«
nicht aufgeben kann – jede Berührung mit der mittelalterlichen
Kleinstadt bedeutet. Das Kruzifix vor dem gotischen Rathaus.
Landgespanne mit leuchtendem, üppigem Kraut auf dem Marktplatz – aber die Kleinstadt findet man nirgends mehr. Das Martyrium unter dem Lautsprecher. Die Verelendung durch den Krieg.
Die Schein-Vitalität in großen und kleinen Städten. Das Land ist
im Versiegen und Erstarren.
Mainfranken hat diesen Herbst weder eine Obst- noch eine Wein-
ernte gehabt. Manchmal sieht man noch Küfertreiben in einem

Hof, fährt noch ein Leiterwagen mit großem Faß durch die Stadt: es wirkt traurig.

Den mittelalterlichen Mainstädten werden wir nun nicht mehr nachfahren. Was wir suchten, ist in Deutschland nicht mehr da, und wir sind zu müde, noch so liebevoll und eifrig zu suchen wie früher. Wir fahren nach Nürnberg weiter. Hanni wünscht sich, daß wir noch einmal zusammen in ihrer – im Menschlichen so bitter veränderten – Heimat sind.

22. Oktober 1942 | Donnerstag (Nürnberg)

> Der Herr ist meine Stärke und mein Schild; auf ihn hofft mein Herz, und mir ist geholfen.   *Psalm 28, 7*

Mit eineinhalb Stunden Verspätung – während deren aus einem Lazarettzug Bahre um Bahre getragen wurde – in überfülltem Zuge ins regenverhängte Nürnberg gereist.

Wie sollte ich dem Entschluß zu dem Aufenthalt in Nürnberg nicht aufgeschlossen sein? Fünf Jahre hat Hanni ihre schöne und berühmte Heimat nicht gesehen und sie mit mir zu sehen gewünscht, – nun, wo alles sich für sie so schmerzlich gewandelt hat, noch mehr.

Heute nacht habe ich so intensiv von Beuthen geträumt, das mir durch die Menschen verwehrt ist.

23. Oktober 1942 | Freitag

> Gott werde in allen Dingen gepriesen durch Jesus Christus, welchem sei Ehre und Gewalt von Ewigkeit zu Ewigkeit.   *1. Petrus 4, 11*

Trübe und oft regnerisch.

Aber hier sind ja die Hotels aufs Behaglichste geheizt, endlich! Und wir haben uns sogleich, da ein Zimmer frei wurde, entschlossen, in das Grand-Hotel umzusiedeln, das gerade das hat, was uns auf der Reise bisher fehlte, schöne Halle, mehrere Gesellschafts- und Speiseräume, ruhiges Schreibzimmer; das Geschmackliche durchaus erträglich. So wohnt man nun so fürstlich im großen Hotel der Stadt, in der man einmal als blutarmer Student[244] gelebt hat. Und doch ist alles anders, als die Zeichen scheinen lassen.

Überall auf den Wegen von Hannis Kindheit und Jugend! Ihr Elternhaus, – in dem bei dem Luftangriff auf Nürnberg auch viele Scheiben zersprungen und nun, wie allenthalben, wegen Glasmangels mit Holz verschalt sind –, ihr Schulweg, ihre Schule, Bäckerei, ihr Café, die Geschäfte, aus denen ihre Ausstattung stammt –.

Und für mich ist's ja auch die Stadt, aus der zu Weihnachten Großmutter unsere Spielsachen und Lebkuchen sandte. Nun ist's ein Nürnberg ohne Spielzeug und Pfefferkuchen.

Die großen Eindrücke sind heute nicht anders als damals, nur, daß man eben gegen das Entstellende viel empfindlicher geworden ist als in der Kindheit und Jugend. Das alte Nürnberg sehe ich diesmals vor allem als das Nürnberg, aus dem Hieronymus Baumgartner[245] nach Wittenberg kam.

24. Oktober 1942 / Sonnabend

> Herr, kehre dich doch wieder zu uns und sei deinen Knechten gnädig!
>
> *Psalm 90, 13*

Auf der Burg, dem großen Bauwerk, das Hannis Jugend beherrschte, und das auch für mich so viele Erinnerungen umschließt. Auch an der Burg mancherlei Zerstörungen durch Bombenwürfe.

Bei Hannis alter Antiquitätenhändlerin, einer rührenden Seele. Welche Freude über den Besuch der »Gersteltochter«, welche wirkliche Anteilnahme, ob Hanni vor den schweren Geschicken ihrer Nürnberger Verwandten bewahrt blieb. Zum ersten Male ist Hanni hier, ohne einen der Ihren zu sehen. Aber das hatten wir vorher mit uns abgemacht, als wir uns zu der Fahrt nach Nürnberg entschlossen. – Lottes Wohnung ist längst von der Gestapo aufgelöst und in Besitz genommen. Wenn man nun Würzburg und Nürnberg, dieses als die Stadt der Parteitage, beobachtet: wo, wo eigentlich ist denn der Nationalsozialismus in den Herzen der Deutschen verankert? Welche Sprache die Verbitterung führen die Menschen!

Die tiefe Depression und Mißstimmung, auf der wir auf der Reise allenthalben treffen, macht einem die allgemeine Ohnmacht besonders bewußt.

25. Oktober 1942 / Sonntag

> Der Herr sprach zu Mose: Du hast Gnade vor meinen Augen gefunden, und ich kenne dich mit Namen.
>
> *2. Mose 33, 17*

Hanni schlief erschöpft und lange. Ich ging nach St. Lorenz zum Gottesdienst, namentlich auch durch das Liturgische sehr befriedigt. Und St. Lorenz hat manche Schutzbauten im Inneren so vorsichtig durchgeführt, daß die Schönheit des Kirchenraumes erhalten blieb.

Am Nachmittag – uns willkommen, da am Sonntag auch Hanni sich nach der häuslichen Atmosphäre sehnt – zum Kaffee und recht guter Unterhaltung im Hause des Generalsuperintendenten, Oberkirchenrat Schieder. Er hatte mich zweimal zu Vorlesungen eingeladen, darum hatte ich mich nun wenigstens telefonisch bei ihm gemeldet, und er hatte uns gleich für den Sonntag eingeladen, mit einer Freude, die fast beschämend ist. Warum ich nicht lese, konnte ich ihm nun erklären. Eine zweite Einladung aber, mit Nürnberger Pastoren, konnte ich nicht ablehnen, ohne verletzend zu sein und undankbar zu scheinen. Zu einer Vorlesung aber konnte ich mich nicht entschließen. Ich hätte hier wohl einen größeren Hörerkreis aus den Nürnberger Gemeinden gehabt.

27. Oktober 1942 | Dienstag (Augsburg)

> Der Herr wird mich erlösen von allem Übel und mir aushelfen zu seinem himmlischen Reich.
>
> *2. Timotheus 4, 18*

Oktobertag von vollendeter Schönheit, linde, weich und strahlend. So freundliche Bilder der fränkischen Waldlandschaft und ihrer Dörfer und Kirchen auf der Fahrt nach Augsburg, immerhin doch auch einer »peripheren« Bora-Reise. Durch den »Vater« so freudige und freundliche Aufnahme auch dort; ohne unser Zutun waren der Superintendent, Kirchenrat Bogner, und der Pfarrer von St. Ulrich schon auf unsere Ankunft telefonisch vorbereitet und zu unserer Führung durch Augsburg bereit.

Auch hier schöne, schöne Einzelheiten – aber das Ganze spricht nicht mehr zu einem. Großer Verfall der kostbaren Architektur. Viele uns ungewohntere Züge des Barock. Die größten Eindrücke aber in den noch reich gefüllten Antiquitätenläden: edelste, frühe kirchliche Plastik zum Teil in liebevollen und kundigen Händen, wenn auch teuer.

Wir beraten und überlegen, rechnen und wägen ab, was wir etwa verkaufen könnten, um zu erwerben: einen gotischen segnenden Christus und einen gotischen Auferstehungschristus, die uns sehr ergriffen haben. Man möchte gar kein Geld mehr für den Hotelwucher ausgeben! Man möchte sich in seinen Ausgaben auf solche, solche Erwerbungen konzentrieren – das letzte Schöne,

Fromme, das erreichbar und doch erschwinglich ist, in sein Haus zu bringen.

Zu den schönsten Eindrücken heut in Augsburg gehörte der Pfarrhausgarten von St. Ulrich und St. Anna mit dem gotischen Pfarrhaus am Kreuzweg. Auch bedeutete es uns durchaus etwas, im goldenen Saal an dem Tisch zu stehen, an dem die Confessio Augustana übergeben wurde.

28. Oktober 1942 | Mittwoch (Nürnberg)

> Herr, Gott Zebaoth, tröste uns, laß dein Antlitz leuchten, so genesen wir. *Psalm 80, 20*

Genesen! Ach, nur eine Spanne des Vergessens haben –. Daß uns eine Reise nicht »genesen« lassen kann, das wissen wir. – Nun ist so wunderbarer Herbst, so linde und leuchtend, in strahlender Sonne und sanftestem Blätterfall – aber wir können uns doch nicht mehr dazu entschließen, für den Rest meines Urlaubs noch in die bayrischen Berge zu fahren, so groß unsere Sehnsucht nach Landschaft ist. –

Zu Hannis Geburtstag wollen wir daheim sein, beim Kinde. Man spürt doch so deutlich durch die Briefe, wie schwer die quälenden Eindrücke aus dem Dienst auf Renerle lasten, und ahnt man es nur, zittert einem das Herz. –

Das künstlerische Schwergewicht der Reise hat sich ganz verlagert auf die Gedanken an den Erwerb der beiden gotischen Plastiken, des (beschwörend) segnenden Christus und des (noch so schmerzerfüllten) Auferstehungschristus, die so wunderbar rein erhalten sind.

Wir haben uns nun entschieden, den segnenden Christus zu erwerben und auf den Auferstehungschristus uns ein Vorkaufsrecht einräumen zu lassen.

31. Oktober 1942 | Sonnabend (Reformationsfest)

> Wir glauben an Jesus Christus. *Galater 2, 16*

Wieder daheim, bei dem Kinde und dem Meinen. Was das bedeutet in einer Zeit so namenloser Gefährdungen und Erschütterungen!

An diesem Tage zeigte sich der Herbst noch einmal in seiner vollen, klaren, strahlenden Schönheit, und die Fahrt durchs Fichtelgebirge und durch Thüringen in der höchsten Färbung des Herbstes bildete noch einmal einen besonderen Abschnitt der

Reise. Wir fuhren durch Wittenberg, in milder Dämmerung. Ein großer Eindruck: der ungeheure Reiseverkehr auf dem Anhalter Bahnhof bei der Ankunft abends um halb acht, wo wir im unübersehbaren Gewühl von Renerle gleich gefunden wurden. Militär, Militär.

Bis zum Abend unserer Ankunft hatte Renerle ein hübsches, vollbesetztes Programm gehabt, das ihr über die klug und tapfer bestandenen Aufregungen während unserer Abwesenheit, von denen sie nicht schrieb, hinweggeholfen hatte. Eine Kontrolle des Arbeitsamtes in ihrem Betrieb hatte festzustellen, wer noch deportiert werden kann; und der Frickbrief hat Renerle nun sogar zum Teil angenehmere Beschäftigungsmöglichkeiten und das Interesse ihres Chefs erschlossen. Das Schicksal der anderen noch ganz ungewiß. Uns stockte auf der Reise bei jedem Transport ausländischer Arbeiter das Herz in Gedanken an jene Transporte.

Das geliebte Haus aber umfing uns wieder mit allem Frieden, aller edlen Schönheit, warm und licht.

1. November 1942 / Sonntag (Reformationssonntag)

> Unser Herr ist groß und von großer Kraft; und ist unbegreiflich, wie er regiert.   *Psalm 147, 5*

Da wir gestern abend noch unsere Reise so völlig abgeschlossen haben, hatten wir heute einen friedvollen, klaren Sonntag, einen schönen Tag der Ruhe vor Hannis Geburtstag.

Ein voller, festlicher Reformationsgottesdienst mit einem großen Abendmahl, zu dem auch Hanni und Renerle mit mir waren.

Mit dem geliebten Kirchweg war's ein wahres Wiedersehen nach entbehrter Trennung. Letzte Laubfärbung, Blätterfall, rotes und gelbes Laub in mildem Grau, weicher Regen. Es ist viel spätherbstlicher hier als in Süddeutschland. So still, so milde, so dunkel war dieser Allerseelen- und Reformationsfestsonntag.

Ordnen am Schreibtisch, lange Mahlzeiten mit viel Erzählen, am Abend Aufbauen von Hannis Geburtstagstisch, mit meinem Renerle als Helferin.

Wir sind alle drei so froh, daß wir zum Sonntag und zum Geburtstag wieder daheim sind.

Vielleicht ist Hanni zu ihrem Geburtstag nun schon Großmutter!

2. November 1942 | Montag (Hannis Geburtstag)

> Eine ewige Gnade wird aufgehen, und du wirst deine
> Wahrheit treulich halten im Himmel.   *Psalm 89, 3*

Hannis 52. Geburtstag; und wir verleben ihn im Kriege wiederum
zusammen. In den letzten schweren Jahren pflegte unser Glückwunsch zu sein: daß es wenigstens so bleiben möge wie im vergangenen Jahr. – Diesmal ist daran etwas anders geworden: Gott
möge es innerlich leichter werden lassen! Erholt fühlen Hanni
und ich uns von der Reise nicht.

3. November 1942 | Dienstag

> Seid getrost und unverzagt, alle, die ihr des Herrn
> harret!   *Psalm 31, 25*

Mit diesem Schlußvers aus »dem« Psalm Katharina von Boras
gratulierte heute P. Lilge Hanni, wie nun doch auch sonst noch
manches Glückwunschschreiben kam. Der Brief aus Viggbyholm
vom 29. 10. enthält noch keine Nachricht über Brigitte.

Wir feiern noch immer Wiedersehen mit all dem Schönen unseres
Hauses.

So wunderbare Töne von novemberlichem Grau, von Gelb und
Bronze und Gold, von silbern verblichener Goldraute. Und trotz
des großen Blumenmangels ist eine solche Pracht von Blumen
in den Zimmern, ein starkes, warmes Leuchten. Nun schmücken
das fränkische Barockbildchen und das Chorbuchblatt die Stuben;
neben der Bücherwand hängt das alte, herrliche Notenblatt mit
dem Text: *„Qui verbum meum audit et credit ei, qui misit me, habet
vitam aeternam.“*[246] Tiefdunkler Abend. Große Ruhe, tiefe Stille.
Mit allem wieder eingerichtet, aber noch frei in der Zeiteinteilung,
da ja mein Urlaub noch bis Freitag läuft.

Nach längerer Pause wieder Kameradenpost: sie haben nun Bunker vor Stalingrad gebaut – das aber zum Falle reif sein soll –
und hausen in Erdlöchern. Allmählich wird dieser Krieg dem
Kriege 1914/1918 doch sehr viel ähnlicher, und die allgemeine
Resignation ist groß.

Aus Rußland wird mir die »Deutsche Zeitung im Ostland« vom
11. 10. 1942 mit einer »Vater«-Rezension geschickt –. »Ein erschütterndes Epos, das deutsch, urdeutsch ist und jeden Volks-
genossen heute, morgen und immerdar angeht.« Aber Papier bekomme ich nicht, obwohl für arge Nichtigkeiten noch immer
wieder einmal Neuauflagen bewilligt werden. – Und selbst bei

der allgemeinen Büchersammlung für die Front wird mein Haus mit dem Listenvermerk »Mit einer Jüdin verheiratet« ausgelassen. Allmählich bin ich nicht mehr frei von Verbitterung. Es wäre auch unnatürlich. –

5. November 1942 | Donnerstag

> Des Herrn Wort ist wahrhaftig; und was er zusagt, das hält er gewiß.
> Psalm 33, 4

Heinz F. schreibt sehr bedrückt über die Rückkehr nach seinem bitteren Urlaub in die Erdhöhlen bei Stalingrad, in denen sie sich nun einzuwintern beginnen. Auch der Stab hat nun längst keine Quartiere mehr.

Täglich, stündlich steht die Last, die auf den Völkern und dem Judentum lastet, einem so bedrückend und drohend vor Augen, und ich empfinde es als entlastend, daß die Diskrepanz der Reise aufgehört hat. Hanni ist aber für das wenige, das sie ihr geboten hat, so dankbar.

Es ist keine Zeit mehr, der man begegnen könnte mit Handeln; es ist eine Zeit des Seufzens und Tragens, und der Aufblick zu Gott ist immer scheuer geworden.

Aus Augsburg kam heute der Segnende Christus, mein Weihnachtsgeschenk für Hanni. Das Wiedersehen mit dieser Plastik, als ich sie im Keller auspackte, ging einem nahe.

Es ist ein solcher Friede, soviel Schönheit um einen, man hat eine so luxuriöse Reise hinter sich: wie kann man nur so schwindlig, so benommen, so müde und verwirrt und bedrückt sein – muß es sein –.

6. November 1942 | Freitag

> Es ist unmöglich, daß Gott lüge.
> Hebräer 6, 18

Ich habe meinen Dienst wieder angetreten. Aber ich hätte es damit nicht so genau zu nehmen brauchen; man hat mich erst nächste Woche wieder zurückerwartet. So leicht alles dort ist, empfand ich doch einen ziemlichen Widerstand, wieder – wenn auch nur für drei Vormittage in der Woche – mit einer so sinnlosen Tätigkeit zu beginnen.

Auch meine private Arbeit habe ich nun voll wieder aufgenommen: müde und verzweifelt. Ach, nur einen Lichtstrahl von Gott in diesem entsetzlichen Dunkel!

9. November 1942 | Montag

> Du bist mein Vater, mein Gott und Hort, der mir hilft.
>
> *Psalm 89, 27*

Wie viele Daten sind nun schon mit schweren Erinnerungen belastet. Müde und verzweifelt. Aber Gott ist ja mit uns noch nicht am Ziel, und wo anders könnte der Ausweg für uns liegen als bei den göttlichen Zielen?
Der Krieg in Afrika scheint nun große Ausmaße zu gewinnen. Die Invasion der Amerikaner in den französischen Kolonien bedeutet eine neue Phase.

12. November 1942 | Donnerstag

> Also trug er Geduld und erlangte die Verheißung.
>
> *Hebräer 6, 15*

Bei Hanni und mir ist es das gleiche: von dem Gedanken an den Selbstmord kommt uns keinerlei Ruhe, keinerlei Gefühl der Befreiung. Wir wissen, daß Gott viele Wege hat, solchen Plan zu durchkreuzen. Daß wir aber der Versuchung standzuhalten vermögen, glauben wir nicht. Das Jahr geht hin, und wir vermögen uns nicht zu finden in das »So will ich unverdrossen an mein Verhängnis gehn«. Von meiner abendlichen Zusammenkunft mit Söderström glaube ich, daß er sich ihr nur nicht entzog, weil Almqvist sie ihm so dringlich gemacht hatte, und weil über Almqvist – Baron Essen alles wieder so gesellschaftlich verquickt ist. Jetzt fährt er nach Genf, zu Professor Burckhardt –. Und beide sollen unserem Renerle nicht helfen können?
Söderström wird nun in Stockholm mit dem Englischen Gesandten sprechen, was er zu dem Quäker-Plan, Renerle, wie seinerzeit Brigitte, über Schweden nach England zu holen, meint.
So namenlos schwer ist es, einen geliebten Menschen mit menschlichen Mitteln retten zu wollen!

13. November 1942 | Freitag

> Du bist meine Zuversicht, Herr Herr, meine Hoffnung
> von meiner Jugend an.
>
> *Psalm 71, 5*

Da durch den Mischehe-Haushalt doch immer wieder lokale Schwierigkeiten auftauchen, habe ich mich, so müde ich dessen bin, doch entschlossen, noch einmal mit der Ortsgruppe und der Kreisleitung der NSDAP – mit letzterer zum ersten Mal – zu verhandeln. Auf der Basis der beruflichen Sondergenehmigung, die ja als solche noch besteht, durch den Frickbrief und die beiden neuen Kritiken in dem Partei-Organ »Der Hoheitsträger« und der »Deutschen Zeitung für die besetzten Ostgebiete« ist das noch möglich, und ich werde sehr bald immer sehr höflich behandelt – was es sachlich nützen wird, kann erst eine neue Unterredung »nach Information« ergeben. Im Hintergrund spürt man bei den Parteileuten immer die Instruktionen: die Juden werden ja doch alle deportiert.

15. November 1942 | Sonntag (Bußtag)

> Gott, der du mich tröstest in Angst, sei mir gnädig
> und erhöre mein Gebet!   Psalm 4, 2

Kirchgang; ein kurzer Spaziergang mit dem Kinde. Die Nikolasseer Nachbarschaftsvisite fand sich an diesem Sonntag erst abends ein.

Alles, was einmal künstlerisches Reagieren in mir war, ist nun verdrängt durch einen anderen, dauernden Vorgang: das Wittern immer neuer Gefahr –. Immer wieder gehen unsere Gedanken zu dem beschwörenden, um die Seele ringenden, segnenden, retten wollenden Christus der Augsburger Plastik. Wird das »Ewige Haus« noch je geschrieben: dieser Christus ist der Christus meines Buches.

16. November 1942 | Montag

> Gott tröstet die Geringen.   2. Korinther 7, 6

Der Tag war sehr besetzt, zumal mich der politische Hoheitsträger der NSDAP unseres Bezirkes schon heute zu sich bestellte. Wir hatten eine lange Unterredung, die ich mit großen Bedenken und er mit großer Reserve begann, die aber dann mit starkem Interesse geführt wurde. Ich darf wohl den Eindruck eingestehen, daß die Sache in den rechten Händen liegt und daß jener Herr G., sicher ein tüchtiger Emporkömmling, der menschlich geblieben ist, das Seine tun wird, zu versuchen, lokale und singuläre Schwierigkeiten, die immer wieder für mich auftauchen, zu beheben. Auf das Gelingen selbst darf ich noch nicht hoffen. Zum mindesten vertrat er den Standpunkt: was dem Schauspieler recht ist, ist dem Schriftsteller billig. Daß solche Unterredungen große Erschütterungen und große, große Erschöpfung bedeuten: werden spätere Zeiten das verstehen? Über welchen Wall hinweg müssen

da Mann und Mann, Deutscher und Deutscher sich zu verständigen suchen, muß Mensch dem Menschen zugestehen, daß es auch
noch rein Menschliches gibt. Zum mindesten scheint G. zu denen
zu gehören, die es noch achten, wenn man sich nicht scheiden
läßt. Wie werde ich nun immer wieder zu Taktik gezwungen, die
mir so fremd ist.

Als eine große Entspannung empfinde ich, daß meine schwierige
Unterredung, die mir vorher quälende Nachtstunden bereitet
hatte, nun schon hinter mir liegt. Der Brief, den ich Herrn G.
im Anschluß daran schreiben sollte, ist auch schon abgegangen.
Und nun wache und helfe Gott auch hier, daß wenigstens doch
durch diesen Schritt kein Schaden angerichtet werde. Zum mindesten gibt es nun dem lokal zuständigen Parteimann gegenüber
in Renates schwierigem Fall keine Unklarheiten mehr. –

21. November 1942 | Sonnabend

> Herr Zebaoth, wohl dem Menschen, der sich auf dich
> verläßt!   *Psalm 84, 13*

Hanni und ich verbrachten den Abend in großer Stille, sofern
nicht die mich so anstrengenden Anrufe sie durchbrachen. Der
letzte von Ihlenfeld: wie stark es von den »Eckart«-Lesern empfunden werde, daß ich seit zwei Jahren schweige. Und nun soll
ich's fürs Neujahrsheft tun, daß ich wieder schreibe –. Ja, unversehens ist aus der äußeren Abschnürung die innere Abdrosselung
geworden, und aus der Kaltstellung die innere Lähmung. Dabei
weiß ich doch sofort, was ich für den »Eckart« schreiben würde.
Und doch drängt mich alles – weiter zu schweigen.

Die wenigen Schriftsteller in der gleichen ehelichen Situation
machen sich so viel Kopfzerbrechen darüber, ob wir auf Grund
unserer Sondergenehmigung in diesem und jenem offiziellen
Schriftstellerverzeichnis noch geführt werden oder nicht, ob diese
oder jene Ausstellung unsere Bücher zeigt oder nicht, ob die
Schauspieler noch diesen oder jenen Vorzug vor uns voraus
haben –. Von alledem sind Hanni und ich völlig los – auch dann,
wenn es noch manchmal etwas Positives gibt wie den Umstand,
daß ich auf der Gerhart Hauptmann-Ausstellung mit ausgestellt
bin; denn ein Wink der Partei hätte ja genügt, und ich wäre
wieder daraus verschwunden. Von solchen Einzelheiten her läßt
sich unsere Situation nicht mehr beurteilen. Fest steht das eine:
daß ich besonders betroffen bin durch die doppelte Belastung

durch Mischehe und »Christlichkeit«. Das ist Pagel beim Propagandaministerium klipp und klar gesagt worden.

22. November 1942 | Sonntag (Totensonntag)

> Der Herr wird sein Volk nicht verstoßen noch sein
> Erbe verlassen.
> *Psalm 94, 14*

Wieder ist das Leben Christi in einem Kirchenjahr an uns vor-
übergezogen, und die Sehnsucht nach dem letzten Jahr wird von
Jahr zu Jahr stärker. Der Gottesdienst war nur ein Totensonntagsgottesdienst, nicht der des letzten Sonntags im Kirchenjahr. Er
handelte vom Krieg, nicht von der Eschatologie.
Durch Artur P. erfuhr ich wieder, wie schwere Angriffe der
Russen meine Division auszuhalten hatte und wie schlecht die
Kriegslage auch in diesem Frontabschnitt ist. Doch ist die Versorgung der Truppe gut. Wir finden auch die Ernährung der
deutschen Zivilbevölkerung noch überraschend, so bescheiden
sie ist. Nur der große Mangel an allen Gebrauchsgütern. Über
das Elend der besetzten Gebiete gehen die Deutschen hinweg.
Vielleicht erscheint es den meisten wie eine natürliche Vergeltung
dessen, was nach dem Weltkrieg bei uns war.
In welchem Frieden, welchem Glück, welcher Liebe und Schönheit gehen unsere Tage hin; und wie geängstigt, belastet, zerrissen! –

24. November 1942 | Dienstag

> Wir müssen durch viel Trübsale in das Reich Gottes
> gehen.
> *Apostelgeschichte 14, 22*

»Einberufung« zu einer Luftschutzübung; Gestellungsbefehl zu
einer Musterung; mit alledem wird wohl noch lange kein Ende
sein. Wegen des Gestellungsbefehls, der mich nunmehr nicht
mehr ruhig bleiben ließ im Gedanken an die furchtbaren Gefahren
einer neuen Trennung, entschloß ich mich doch zu einem Anruf
beim Wehrmeldeamt, ob in meinem Falle von Entlassung nicht
ein Irrtum vorliege. Ich bekam höfliche und präzise Antwort:
Überprüfung des Arbeitseinsatzes von Zurückgestellten und Entlassenen, nicht militärisch. Nun muß sich der Wert der Dienstverpflichtung bei Reimer erweisen, jenes einzigen prophylakti-
schen Schrittes –.
Ganz deutlich zeigt sich nun, daß ich nicht mehr Soldat werden
mag. So kann ich Renerle nicht helfen. Hans Marcuses 8ojähriger

Vetter ist deportiert, obwohl der Sohn Mischling ist, Weltkriegs-Oberleutnant und Träger des EK I. –.

25. November 1942 | Mittwoch

> Siehe, ich will meine Worte kommen lassen über diese
> Stadt zum Unglück und zu keinem Guten, und du
> sollst es sehen zur selben Zeit. Aber dich will ich er-
> retten zur selben Zeit, spricht der Herr, und sollst den
> Leuten nicht zuteil werden, vor welchen du dich fürch-
> test. Denn ich will dir davonhelfen, daß du nicht
> durchs Schwert fallest, – darum, daß du mir vertraut
> hast, spricht der Herr. *Jeremia 39, 16–18*

Trüber Tag in steter Dämmerung und Nebel. Tiefe, tiefe Stille, in der aber nicht für einen Augenblick das Bewußtsein der aufge-wühlten Zeit von einem weicht.

Wie habe ich früher gelitten unter dem Vergehen der Zeit; vor allem dann, als Jahre ohne Frucht und Leistung kamen und gingen. Nun ist es anders. Ich lebe in dem Gefühl des Vergehens und empfinde Vergänglichkeit als Entlastung: vielleicht rettet Gott uns hindurch durch die davonstürzende, in sich zusammen-stürzende Zeit, ohne daß wir der Versuchung des Selbstmordes erliegen.

Hanni, Frau Schiller, Frau Winckler, Edith Nowak – wovon reden nun ganz neuerdings die Frauen in Mischehe? Daß es so kommen kann, daß sie, wie so viele Juden, eines Tages von der Gestapo abgeholt und von ihren Männern ohne Scheidung weg-gebracht werden! Und man kann es nicht abtun als Hirngespinst, sondern erliegt auch dieser lähmenden Angst. –

Almqvist bekommt in Renates Angelegenheiten keine Antwort aus Schweden. Ihn, den einzigen wirklichen Helfer, drückt es sehr nieder. Er rät Renate zur Flucht in die Schweiz. Wir wissen, daß auch das längst Utopie ist. Es ist nun so gekommen, daß man lebt, von Angst und Schrecken gepeinigt, und die Frage nach allem, was das Leben eines Mannes lebenswert macht, für einen verstummt. –

28. November 1942 | Sonnabend

> Der Herr ist nahe! *Philipper 4, 5*

Auch auf dem Vorabend des ersten Advents lastet wieder erneu-ter Druck: von neuem werden alle Juden statistisch erfaßt, auch die in privilegierter Mischehe lebenden. Und der Rückhalt, den Renerle durch den Frickbrief hat, kann fragebogenmäßig so schwer in Erscheinung treten.

Erst jetzt überblicken wir, welche Gefahren die Reise für Hanni umschloß. Immer wieder meldet sich in dieser Zeit Ihlenfeld, ich solle für das Neujahrsheft des »Eckart« schreiben. Ganz gewiß steht mir nichts in der Sphäre des Schrifttums so nahe wie der »Eckart«. Aber ich kann nicht. Dabei ist vielleicht die Lähmung durch die Vorlagepflicht gegenüber dem Propagandaministerium nicht das Entscheidende, obwohl es ganz gewiß nicht leicht ist, zu wissen, daß man mir kein Papier gibt, der doppelten Belastung wegen: Mischehe und christlicher Autor.

Die Lähmung liegt aber tiefer. Wie kann ich »Christliches« schreiben, solange der Gedanke an den Selbstmord nicht überwunden ist? Anderes aber als Christliches ist mir nicht schreibenswert, nicht lebenswert. Ich kann von dem nicht los, auch völlig versagend nicht, was mich da angerührt hat. Und wäre alles Irrtum: ich wüßte nur von diesem Irrtum als dem Größten, das unter die Menschen trat, zu sagen. Nein, mein Schweigen ist noch nicht zu Ende, und vielleicht bedeutet die harte Zeit, die hinter mir liegt, nur den Anfang des endgültigen Schweigens.

Hanni und ich wissen doch nun, wie furchtbar man noch einmal an Gott verzweifeln mußte – aber wir können nicht zweifeln, können vom Glauben nicht los, nachdem er doch so schmerzhaft in uns geschieden ist von irdischer Hoffnung. –

Auch Renerle seufzte heute sehr auf unter der erneuten »Erfassung«. Inzwischen wissen wir auch schon, daß die neue Musterungsaktion (wohl für Dienstverpflichtungen) allen Männern in Mischehe und allen Mischlingen im wehrpflichtigen Alter gilt. Was kündigt sich in der einen wie der anderen Aktion wieder an?

Manchmal, wenn man von Dingen der häuslichen Fürsorge oder von Weihnachtsvorbereitungen spricht, sieht man plötzlich einander mit den »eigentlichen« Augen an, und die ganze Trostlosigkeit unserer Existenz tut sich vor einem auf, ohne daß man ein Wort darüber sagt. –

Wie schwer war von 1935 an jede Adventszeit. –

Was aber den Zusammenbruch und die Lähmung des Werkes betrifft – gilt nicht vielleicht auch hier das wahrhaft tröstende »*cor accusator, deus defensor*«? Und da das »Ewige Haus« der Niederschlag all dieses Schweren ist – kann es denn noch mitten im Vorgang des Geschickes »schon« künstlerisch bewältigt werden? Wie könnte ich jetzt aber etwas bewältigen? Peripheres aber vermag ich nicht zu schreiben.

Erst in einem Gedicht, das ganz von selbst entsteht, könnte wieder die erste Lösung liegen. Aber auch diesem Advent begegne ich stumm.

29. November 1942 | Sonntag (Erster Advent)

> Ihn hat er uns bereitet zum neuen und lebendigen Wege.
> *Hebräer 10, 20*

Früh war der frische, duftende Tannenkranz zu Füßen des Crucifixus mit den vier Adventskerzen besteckt. Und aus dem Gärtlein holte ich einen Strauß von Fichten-, Tannen- und Wacholdergrün, von jedem Baum und Strauch ein Zweiglein.

Da Hanni sich nicht wohl fühlte, begleitete mich Renerle in den sehr feierlichen, vollen Ersten Adventsgottesdienst. Wie es einem durch und durch geht, wenn es auch mit dem neuen Kirchenjahr wieder anhebt: ». . . wie es war im Anfang, jetzt und immerdar und von Ewigkeit zu Ewigkeit. Amen!« –

Zum Kaffee bei Schillers, die den Ersten Advent mit uns zusammen verleben wollten, obwohl er ihnen ja nur im Hause etwas bedeutet: aber sie wollen von dem anderen, eigentlichen doch wenigstens wissen. In all dem Behagen, all der Freundlichkeit, nahmen die Gespräche doch wieder die Wendung zu dem furchtbaren Druck, der auf uns lastet. Das komplizierte Ausfüllen des neuen Fragebogens –.

Den Abend verlebten wir drei für uns. Ich spielte die Lieder des Ersten Advents, und die letzte halbe Stunde des Sonntagabends, den wir früh beschlossen, gehörte dem Adventskranz. –

1. Dezember 1942 | Dienstag

> Die Nacht ist vorgerückt, der Tag aber nahe herbeigekommen.
> *Römer 13, 12*

Die Musterung war doch eine militärische Musterung, nur daß die wenigen Männer in Mischehe und die etwas zahlreicheren Mischlinge sogleich herausgezogen und nur im Hinblick auf ihre Personalien und die Kriegswichtigkeit ihres Arbeitseinsatzes überprüft wurden. Alles in besonders höflichem Ton. Einwandfrei hat sich herausgestellt, daß ich überhaupt nicht hätte einberufen werden dürfen. In meiner Soldatenzeit dennoch einen Sinn suchen zu wollen, hüte ich mich. Ich tue es nirgends mehr. Dies alles ist nun wirklich Gott übergeben, fern von allem Fatalismus.

Abends Einladung im Pfarrhaus. Eine Einladung im Pfarrhaus unserer Gemeinde würden wir ja nie ablehnen. Und nun war es, ganz offensichtlich unter der Einwirkung der beiden ältesten Kinder, ein so hübscher, gastlicher und adventlicher Abend, der Abschied für den ältesten Sohn, der sich die Bekanntschaft mit mir gewünscht hatte, bevor er als Soldat wieder nach Norwegen zurückgeht; als Theologe arbeitete er bisher in der Schweiz.

Die Pastoren der Bekenntniskirche stehen wieder einmal unter strenger Kontrolle: Haussuchungen, Recherchen, Überwachung des Gottesdienstes. Und immer wieder: Strafmaß von mehr als einem Jahr Gefängnis, weil sie nach einem Jahr die Fähigkeit einbüßen, ihr Amt auszuüben.

2. Dezember 1942 | Mittwoch

> Alle Völker auf Erden werden sehen, daß du nach dem
> Namen des Herrn genannt bist.   5. Mose 28, 10

Bei Reimer habe ich nach meinen Bücherkäufen, bei denen man mich trotz des Mangels gut versorgt hat, auch einen schönen Globus, sonst gar nicht mehr aufzutreiben, bekommen, zu Weihnachten fürs Kind. Von der Deva werde ich wohl diesmal keine Bücher kommen lassen können: bei einem Luftangriff auf Stuttgart ist außer dem Bahnhof gerade die Deva getroffen, und die raren Bücher sind vernichtet.

Zu Weihnachten gibt es für jeden Haushalt fünf Christbaumlichter! Hanni hat sie schon besorgt. Das große mühevolle und dem Herzen so schwer ankommende Beschaffen der Weihnachtsgeschenke hat Hanni nun abgeschlossen; so ist auch in diesem Jahr noch einmal für alle etwas gefunden, aber mit welcher Mühsal und wie oft mit schwerer innerer Überwindung. Aus Bequemlichkeit, Apathie und Resignation aber, wie es jetzt so oft geschieht, soll man das Schenken auch in diesem Jahr nicht aufgeben. Alles, was man noch darf, ist ja ein Geschenk.

Immer quälendere Gerüchte: der Untergang des Judentums in Deutschland ist nun wohl aber auch schon nach den Tatsachen in sein letztes Stadium getreten. Durch welche Ängste muß unser Herz auch in dieser Adventszeit. Die Gedanken aber sind oft schon wie in einem Wahn in dem Ausmalen dessen, was an

Gutem in dem eigenen Dasein hatte Wirklichkeit werden wollen –
für Hanni, für Renerle, für mich.

3. Dezember 1942 | Donnerstag

> Durch die herzliche Barmherzigkeit unseres Gottes
> hat uns besucht der Aufgang aus der Höhe, auf daß er
> erscheine denen, die da sitzen in Finsternis und Schat-
> ten des Todes, und richte unsere Füße auf den Weg des
> Friedens.   *Lukas 1, 78, 79*

Wieder schimmerte nur am Mittag weich die Sonne auf, und der
Rasen des Gartens begann noch einmal zu leuchten. Und sonst
war's abermals ein dunkel hindämmernder Tag. Den Vormittag
habe ich noch einmal dem Garten gewidmet, ihn endgültig für
den Winter bestellt, noch einmal Körbe mit Laub entfernt – der
Garten ist wirklich ein kleiner Wald! – und die Blumenknollen
und -zwiebeln eingedeckt. – Tiefdunkle Abende.
Weihnachtsvorbereitungen und Testamentsergänzungen gehen in
diesen Tagen nebeneinander her.
Genaue Berichte von Meschkes. Von Brigitte haben sie noch
keine Nachricht. Söderström und Forell haben noch einmal Schritte
für Renerle unternommen; eine andere maßgebende Persönlichkeit soll jetzt nicht mehr so ablehnend sein – wir lesen über
solche Berichte nur noch hin; wir glauben, auch Renerle hofft
auf diesem Wege nicht mehr –.

5. Dezember 1942 | Sonnabend

> Habt ihr nicht geschmeckt, daß der Herr freundlich ist?
>   *1. Petrus 2, 3*

Wieder ist's einer der Tage, an dem man sein Herz fest in beide
Hände nehmen muß; an dem man die Augen schließen muß, die
die Fügungen Gottes zu sehen wähnen. Es darf, es darf nicht sein.
Heute früh kam ein Telegramm von Meschkes aus Stockholm:
»Katharina und Brigitte wohl«. So ist Brigittes Kind geboren und
heißt, was Karl und Brigitte mir schon lange in Aussicht stellen
ließen, Katharina nach Katharina von Bora.
Wie schmerzlich ist es, daß man so dafür danken muß, daß das
Kind nicht in Deutschland, dem Deutschland dieser furchtbaren
Gegenwart, geboren ist.
Am Vormittag kam ein Anruf von Almqvist: das schwedische
Ministerium des Äußeren hat angerufen, daß für Renate die Ein-
reiseerlaubnis erteilt ist. –

Wir haben es dem Kinde nicht zu verheimlichen vermocht, als es heimkam, obwohl ja der schwerste Schritt nun noch aussteht: eine zweite Audienz bei Minister Frick, um die ich ihn sogleich gebeten habe, bei der sich nun erweisen muß, ob er zu dem steht, was er mir im Hinblick auf Renerles Ausreise im Oktober vorigen Jahres sagte –.

Nachmittags waren Renerle und ich zu Almqvist auf die Schwedische Gesandtschaft bestellt. Almqvist lehnt allen Dank ab; er sei nur das Werkzeug Gottes gewesen. Und wieder heißt's das Herz festhalten. Auch Baron E., der hinzukam und heute Morgen den Anruf seines Außenministeriums erhielt, sagt, es sei etwas völlig Außergewöhnliches geschehen.

Söderström soll noch einmal – nun nach einem Jahr – mit großer Energie für Renerle eingetreten sein. – Die Einreiseerlaubnis, nur formal auf drei Monate begrenzt, gilt für sofort. Im Hinblick auf die Übersteigerung der Judenmaßnahmen in Deutschland rät man uns zur Eile. Mit dem Englischen Gesandten in Stockholm wird bereits darüber verhandelt, ob man, wie Brigitte, auch Renerle durch die Quäker nun von Schweden nach England bringen kann.

Was kann schon die kommende Woche bringen!

Am Abend teilte Hanni telefonisch den wenigen Menschen, die hier noch Brigitte kennen, Katharinas Geburt mit. –

Der Morgen war rauh und windig, der Abend regnerisch und windig. Hanni und Renerle schneiderten für Weihnachten. Und wenn ich sie ansehe, kann ich nur denken, ob ich den neuen Schritt bei Frick auch auf eine Bitte um einen »Schutzbrief« für Hanni ausdehnen kann. Meine Sorgen sind ja ohne Maß, sind schon Qual.

Soll denn noch einmal ein Ende sein mit der furchtbaren Selbstanklage, daß wir Renerle 1939 nicht mit Brigitte nach England geschickt haben –?

6. Dezember 1942 | Sonntag (Zweiter Advent)

> Wenn aber dieses anfängt zu geschehen, so sehet auf und erhebet eure Häupter, darum, daß sich eure Erlösung naht.
> **Lukas 21, 28**

Dunkel, stürmisch und regnerisch; so trübe, daß zu allen Mahlzeiten die Lampe brennen mußte.

Mit Hanni im Adventsgottesdienst. Die beiden ersten Adventssonntage schon haben die großen, ernsten und die freudigen Lieder des Advents gebracht. Das Lukasevangelium des Zweiten Advents bedeutet uns ja immer besonders viel. –

Und welches Bild des Friedens war dieser Adventssonntag in Kerzenschimmer, Tannengrün und Blumen, mit seiner stillen kleinen Feier von Katharinas Geburt, Advent und St. Nikolaus. Abends schrieb Hanni an Meschkes für Brigitte, »durcheinander und elend vor Freude und Spannung und Glück«. Und namenloser Angst. Und doch so gesammelt und voller Liebe und Güte! Nur die Kinder gerettet wissen – das erfüllt Hanni jetzt mit einer ergreifenden Leidenschaft.

7. Dezember 1942 | Montag

> Selig sind die Knechte, die der Herr, so er kommt, wachend findet.
> *Lukas 12, 37*

Sonnabend, nach der Nachricht aus Stockholm, habe ich an Frick geschrieben. Heute, als ich aus dem Dienst kam, hatte das Ministerbüro schon am Vormittag angerufen, daß Frick mich morgen um elf Uhr erwarte, und am Nachmittag wurde der Bescheid nochmals wiederholt. Das alles ist sehr viel, war in dieser Präzision nicht zu erwarten. –

In diesen Tagen drängt sich zuviel fast unausdenkbares Schicksal zusammen.

Wie konnte ich je glauben, Katharina von Bora, in der sich alles das verdichtet hat, zu schreiben, solange dieses, Hannis Schicksal noch in den erregtesten, aufgewühltesten Ereignissen abläuft? Dies ist keine Selbstbeschwichtigung. Gott muß noch Wunder über Wunder tun, innen und außen, bevor dieses Buch Wirklichkeit wird. Dieses Buch, das wie eine Entscheidung auf Tod und Leben geworden ist. Und doch – was ist auch dieses Buch gegen das Los unseres Kindes. –

Und ängstet uns nicht immer wieder schon die Frage nach Hannis Los? – In welchen Bannkreis der Angst sind wir geraten!

8. Dezember 1942 | Dienstag

> Unser Herr Jesus Christus wird kommen, daß er herrlich erscheine mit seinen Heiligen und wunderbar mit allen Gläubigen.
> *2. Thessalonicher 1, 10*

Wird mich in dem Abgrund, der sich vor uns nun mit endgültiger Klarheit auftut, das zweite Wort der heutigen Losung noch erreichen: »Sei getrost und sei ein Mann und warte des Dienstes des Herrn, deines Gottes«?

Des Dienstes des Herrn, meines Gottes –.

Ich war bei Frick. Er hatte noch alles klar im Gedächtnis. Er, einer der wichtigsten Minister und im Kriege der Generalbevollmächtigte für die Zivilverwaltung, steht zu dem, was er im Oktober 1941 zugesagt hat: er will Renate aus Deutschland heraushelfen.

Aber hier kann er sie nicht mehr schützen. Niemand kann es.

Er kann mir auch keinen noch so umschreibenden Schutzbrief, wie seinerzeit für Renerle, mehr geben für – Hanni. Nur den Rat und die Zusicherung, zur Ausreise zu verhelfen für Hanni, nach Reni nach Schweden zu gehen.

»Noch ist Ihre Frau durch die Ehe mit Ihnen geschützt. Aber es sind Bestrebungen im Gange, die die Zwangsscheidung durchsetzen sollen. Und das bedeutet nach der Scheidung gleich die Deportation des jüdischen Teils.«

Dies seine Worte. Er war erregt und bedrückt und lief am Schreibtisch auf und ab.

»Ich kann Ihre Frau nicht schützen. Ich kann keinen Juden schützen. Solche Dinge können sich ja der Sache nach nicht im geheimen abspielen. Sie kommen zu den Ohren des Führers, und dann gibt es einen Mordskrach.« Für ihn, der seinerzeit Hitler erst die Möglichkeit geschaffen hat, gewählt zu werden. –

Das Gespräch über die Zwangsscheidung wäre nicht geführt worden, hätte ich Frick nicht noch um die Beantwortung der Frage gebeten, ob ich für Hanni die gleichen Schritte unternehmen müsse wie für Renerle. Denn er hatte mich schon entlassen, nachdem er einen Major der Polizei hinzugezogen hatte und Ministerialrat Draeger, der sogleich damit beauftragt worden war, die Schritte gegenüber dem Sicherheitsdienst, dieser neuen Einrichtung, der gefürchtetsten der Geheimen Staatspolizei, einzuleiten, damit sie Reni aus dem jüdischen Arbeitseinsatz entläßt und ihr die Ausreisegenehmigung erteilt. Denn dies ist nun das Neue, Erschwerende, wohl kaum Überwindbare: Frick kann als Innenminister eine solche Ausreisegenehmigung nicht mehr ausstellen. Dieser Machtbereich ist ihm entzogen.

Vergeblich suchte Ministerialrat Draeger die beiden zuständigen Herren des Sicherheitsdienstes für mich telefonisch zu erreichen. So müssen wir in furchtbarer Spannung weiter warten.

Und nun ist es so weit, daß ich für Hanni, für mich zur schwedischen Gesandtschaft mußte. Der arme Almqvist hat eine harte Aufgabe; mußten wir doch gerade erklären, daß kein Verwandtes von Renerle mit gleichem Ansinnen mehr kommen würde. Auch jetzt habe ich mich verpflichten müssen, daß Hanni ihren Antrag zurückzieht, wenn er Renerles Einreise gefährdet; daß ich den meinigen widerrufe, wenn er die Genehmigung für Hanni erschwert.

Denn so weit vermögen wir es nicht, Gottes Wille nicht standzuhalten, daß wir nicht die Trennung ohne Scheidung auf uns nähmen, so furchtbar der Gedanke ist, daß ein Sieg Deutschlands uns für immer trennt und vielleicht Hanni und Renerle auch im Ausland einmal so bedroht wie in Deutschland.

Gott weiß, daß ich es nicht ertragen kann, Hanni und das Kind in diese grausamste und grausigste aller Deportationen gehen zu lassen. Er weiß, daß ich ihm dies nicht geloben kann, wie Luther es vermochte: »Nehmen sie den Leib, Gut, Ehr, Kind und Weib, laß fahren dahin –.« Leib, Gut, Ehr – ja! Gott weiß aber auch, daß ich alles von ihm annehmen will an Prüfung und Gericht, wenn ich nur Hanni und das Kind notdürftig geborgen weiß. –

Den Gedanken an Flucht – viele fliehen jetzt, und welch' furchtbare Maßnahmen werden sich gegen sie und ihre Beschützer wenden – hat Renerle aufgegeben. Verweigert der Sicherheitsdienst trotz Fricks Fürsprache ihre Ausreise, so will sie mit uns sterben; dann bleibt uns auch nur noch eine ganz kleine Frist für letzte Erledigungen, so nahe und groß ist dann die Gefahr, nun hinter dem Schutzbrief keine Macht mehr steht und die neu ausgefüllten Fragebogen gerade auf ihn verweisen mußten.

Gelingt Renerles Ausreise, so will das Kind in all seinem Jammer doch weiterleben. Dann bleibt uns auch noch eine kleine Frist, und ich werde mir noch eine letzte Information über den Zeitpunkt der Scheidungsmaßnahmen von Draeger zu beschaffen suchen, eine entfernte, noch so verklausulierte Andeutung –.

Das Letzte ist besprochen.

Noch schreibe ich dies in der Hoffnung, daß ich es dereinst, den Weg meines Lebens, Gottes Weg in meinem Leben, überblickend, wiederlesen werde.

Aber was nun begonnen hat, ist uns nicht mehr unfaßlich. Es ist auf furchtbare Weise ganz in das Bewußtsein eingegangen.

Ein dunkler, stürmischer, milder, trüber Tag – wie verdämmerndes und verwehendes Geschick.

Gott ist größer als unser Herz. – Das Wort soll uns noch in den Tod begleiten.

Noch ist eine Hoffnung, eine ganz schwache Hoffnung.

Renis Einreiseerlaubnis nach Schweden nannten Frick und Draeger (Präsident der Deutsch-Schwedischen Gesellschaft) ganz unfaßlich. Ist doch selbst Sven Hedin ein Antrag für einen Schützling von seiner schwedischen Regierung abgelehnt worden.

Wie, wie sich verhalten gegenüber den anderen Mischehen? – Stürben Hanni und das Kind, Gott weiß, daß sich nichts in mir gegen seinen Willen auflehnte. Aber nicht dies.

Welche Verwandlung hat unser Leben nun von neuem erfahren – in einem einzigen Gespräch.

Hanni ist keiner Träne mehr fähig.

9. Dezember 1942 | Mittwoch

> Wenn des Menschen Sohn kommen wird, meinst du,
> daß er auch werde Glauben finden auf Erden?
>
> *Lukas 18, 8*

Vormittags wurde Hanni zu Almqvist auf die Schwedische Gesandtschaft bestellt, um alle ihre Personalien einzutragen.

Nachmittags war ich bei Eichmann vom Sicherheitsdienst, nachdem Ministerialrat Draeger am Vormittag alles vorbereitet hatte. Er glaubte, Eichmann werde die Genehmigung erteilen; er wolle die Sache rasch betreiben. Auch Eichmann fragte nach der sofortigen Ausreise. Das deutet auf neue, drohende Maßnahmen. Morgen soll ich endgültigen Bescheid bekommen. Es muß noch festgestellt werden, ob sicherheitspolizeiliche Bedenken gegen Reni vorliegen.

E. »Ich habe noch nicht mein endgültiges Ja gesagt. Aber ich denke, die Sache wird klappen.«

Unter Androhung sicherheitspolizeilicher Maßnahmen stehe ich nun unter strengem Schweigegebot über die nun folgenden Schritte im Falle der Ausreise.

Ich war nun in der Welt meiner Träume, es waren die Menschen, die Stimmen, die Räume –.

Dort, dort liegt die Macht.

Die Frage, ob Hanni im Lande bleibt, wurde gestellt. Ich: »Die Situation meiner Frau überblicke ich noch nicht.«

E. »Eine gemeinsame Ausreise würde nämlich nicht gestattet.«
Rätsel um Rätsel. Und das Ganze so unbegreiflich: ein Mann in meiner Lage bei Frick, beim Sicherheitsdienst –. Betrachtet man Hanni als Geisel für Reni? Würde man Hanni als meiner Frau verweigern, was man Renerle als meiner Stieftochter vielleicht zugesteht?

Morgen um drei bin ich wieder zur Sicherheitspolizei bestellt.

Da ich am Telefon jetzt so wenig sagen kann, kam Hilde, die sehr teilnimmt, abends nach dem Dienst zu uns. Nun ist alles so nah, womit wir sie in der Adventszeit des vorigen Jahres schon so belasten mußten.

Diese stillen, stillen, dunklen, trüben Tage. So lind, so voller Trauer des Himmels.

»Wenn der Herr die Gefangenen Zions erlösen wird, so werden wir sein wie die Träumenden.«

Noch ein Tag so qualvollen Wartens. Und doch geht alles so rasch –. Abends die arme Hilde bei uns zur Testamentsbesprechung.

Hannis armes Herz trauert noch immer um »Das ewige Haus«.

Brigitte – Katharina.

10. Dezember 1942 | Donnerstag

Nachmittags die Verhandlung auf dem Sicherheitsdienst.

Wir sterben nun – ach, auch das steht bei Gott –

Wir gehen heute nacht gemeinsam in den Tod.

Über uns steht in den letzten Stunden das Bild des Segnenden Christus, der um uns ringt.

In dessen Anblick endet unser Leben.

ANHANG

Jochen Klepper, dessen Roman »Der Vater« ein neues, gültiges
Bild des preußischen Soldatenkönigs, Friedrich Wilhelms I., geschaffen hat, von dessen geistlichen Liedern sechs in das Gesangbuch der evangelischen Kirche in Deutschland aufgenommen wurden, hat in den Jahren 1932 bis 1942 Tagebücher geschrieben.
Jochen Klepper wurde am 22. März 1903 im niederschlesischen
Beuthen an der Oder, einer Kleinstadt von wenig mehr als 3000
Einwohnern, im evangelischen Pfarrhaus geboren. Vier Geschwister wuchsen mit ihm heran, die älteren Schwestern Margot
und Hildegard, die jüngeren Brüder Erhard und Wilhelm (Billum). Seine Entwicklung bestimmt das Pfarrhaus. Wie selbstverständlich bezieht er, der älteste Sohn, nach der Schulzeit die Lan-
desuniversität Breslau, um Theologie zu studieren. Doch führt
das Studium, zeitweise auch in Erlangen betrieben, ihn nicht auf
die Kanzel, wenn er auch schon einmal den erkrankten Vater pre-
digend in der heimatlichen Kirche vertreten hat. Seine Gesundheit ist so ungesichert, daß der Arzt nach einem Zusammenbruch
empfiehlt, von einem geistigen Beruf überhaupt Abstand zu nehmen. Aber sicher sind auch andere, in tiefere Schichten reichende
Gründe vorhanden, die den Studenten bestimmen, nicht ins Pfarramt zu gehen. Der Evangelische Presseverband in Breslau – unter
Dr. Ihlenfelds Leitung –, der Rundfunk – unter dem Intendanten
Friedrich Bischoff – bieten Lehre und Bestätigung eigener Begabung und Leistung. Aber auch Rückschläge und Kämpfe bleiben
nicht aus, die Tagebücher lassen im Rückblick dunkle und
wirre Zeiten ums Jahr 1930 vermuten, Zeiten der Verzweiflung
und des Zwiespaltes, aus denen Jochen Klepper sich durch die
Ehe mit Frau Johanna Stein, die er 1929 kennenlernte, gerettet
fühlt. Sie war der Mensch, der in unbedingter Bejahung und
helfendem Verstehen zu ihm hielt. Frau Hanni, geborene Gerstel,
aus alter, vornehmer jüdischer Familie, am 2. 11. 1890 in Nürnberg geboren, war in erster Ehe mit dem ebenfalls jüdischen
Rechtsanwalt Dr. Felix Stein in Breslau verheiratet, der im Jahre
1925 gestorben ist. Zwei Töchter brachte Frau Hanni aus dieser
Ehe mit, Brigitte und Renate, die nun Stieftöchter des eben erst

28jährigen Jochen Klepper werden. Die Ehe wird am 28. März 1931 geschlossen, aber diese Hochzeit bedeutet die Trennung vom Vaterhaus und von der Heimat.

Bald nach der Hochzeit verläßt Jochen Klepper Schlesien, er zieht, zunächst allein, nach Berlin, um eine neue Existenz aufzubauen, ein Heim für seine Familie zu suchen. Die erste Wohnung wird in Süd-. ende gefunden. Hier setzen die Tagebücher ein, die genau die Zeit vom 29. März 1932 bis zum Todestag, dem 11. Dezember 1942, umfassen und – zumindest vom Frühjahr 1933 an mit Ausnahme der Soldatenzeit vom 5. Dezember 1940 bis zum 8. Oktober 1941 – täglich geführt werden. In ihrer Ausführlichkeit und unbedingten Ehrlichkeit geben diese echten Tagebücher der zehn Jahre, deren Schreiber nie an eine Veröffentlichung gedacht hat, das ganze Leben Jochen Kleppers, das äußere wie das innere, das Auf und Ab seines Berufsweges, Anstellung und Entlassung beim Funk als den Beginn der nun immer mehr sich steigernden judengegnerischen Maßnahmen des Nationalsozialismus, Anfang und Ende der Tätigkeit im Ullstein-Verlag, das Ringen um sein dichterisches Werk, den Ausschluß aus der Schrifttumskammer, die Erteilung der Ausnahmegenehmigung, den Bau des Hauses in Südende und später in Nikolassee, die Emigration der älteren Tochter Brigitte kurz vor Kriegsausbruch, die quälenden, hemmenden und schließlich doch erfolglos verlaufenden Bemühungen, die jüngere Tochter Reni vor der drohenden Deportation zu retten, den inneren Weg des gläubigen Christen bis zu dem furchtbaren Entschluß zum gemeinsamen Tod – und alles dieses ohne irgendwelche Vorbehalte, mit bedingungsloser Offenheit in der Preisgabe auch der geheimsten Gedanken.

Die Aufzeichnungen Jochen Kleppers spiegeln, gekürzt zwar, aber unverändert, die Leidensgeschichte des Deutschen, des Christen, des Schriftstellers im Dritten Reich wider und sichern ihm, Jochen Klepper, damit den Eingang in die große deutsche Geistesgeschichte.

Bei der Kürzung war alles zu erhalten, was das Werden und Reifen des Epikers und Lyrikers, was den notvollen Weg des gläubigen Menschen, was den tragisch-aussichtslosen Kampf des Familienvaters für die Seinen festhält, alles auf dem Hintergrund der Zeit, die geprägt war von der unheilvollen, ungerechten, verbrecherischen Macht einer Staatsführung, die als solche zu negieren dem lutherischen Preußen Klepper so sehr schwer fiel.

Weggelassen wurde alles, was nur privat, tagbedingt und ohne Zeugniswert für den Menschen, das Werk, den Glauben und die Zeit schien – weggelassen wurden auch die sich fast täglich wiederholenden Aufzeichnungen über das Wetter, obwohl sie, wie die als Beispiele stehengebliebenen Beobachtungen zeigen, äußerst reizvolle Hinweise auf die Schaffensweise des Dichters, seine Beobachtungskraft und Genauigkeit in der Wiedergabe geben.

Die Bibelworte, die anfangs nur gelegentlich, seit dem Sommer 1934 regelmäßig die Tageseintragungen eröffnen, sind meist den Losungen der Brüdergemeine entnommen, oft aber auch von Klepper selbst für den Tag gesuchte Stellen. Sie sind hin und wieder auch nicht nach dem Lutherischen Text, sondern offenbar nach eigenen Übertragungen aus dem Urtext gegeben (so am 24. 12. 34, am 13. und 14. 1. 42).

Den kursiv gedruckten Text Seite 954–957, der die Zeit von der Einberufung Jochen Kleppers zum Wehrdienst bis zu seiner Entlassung überbrückt, schrieb, auf der Grundlage der Briefe von Frau Hanni und Erinnerungen von Frau Hildegard Klepper, Herr Dr. Karl Privat in Berlin. – Zu dieser die Sicht der in Nikolassee zurückgebliebenen Familie wiedergebenden Darstellung Dr. Privats tritt ergänzend das 1958 unter dem Titel »Überwindung« veröffentlichte Kriegstagebuch Jochen Kleppers, das in diesem Band nicht aufgenommen wurde.

Klammern () im Text stammen vom Tagebuchschreiber selbst, nur die wenigen eckigen Klammern kennzeichnen Einfügungen des Bearbeiters. Namen sind durchweg nach der Handschrift wiedergegeben, nur gelegentlich unwichtige abgekürzt, oder einmal aus notwendiger Rücksichtnahme verändert. In den Anmerkungen wurden nur die für das Verständnis notwendigen Hinweise, Erklärungen und Erläuterungen gegeben; in das Register wurden, um es nicht unübersichtlich werden zu lassen, Namen von Personen und Orten nicht aufgenommen, die nur gelegentlich und ohne Bedeutung für das Leben Kleppers auftauchen. Ebenso fehlen hier die nächsten Familienangehörigen und die beiden Hauptwerke, da diese wie jene das tägliche Leben durch alle Jahre begleiten bis zum letzten Tag und in die letzte Stunde.

Am 11. Dezember 1942 endete Jochen Klepper, gemeinsam mit seiner Frau und der knapp 20jährigen Reni, sein Leben. Die drei fanden ihr gemeinsames Grab auf dem Friedhof der evangelischen Kirche in Nikolassee.

S. 16   [1] »Die Familie auf Jalna« von Mazo de la Roche.

S. 16   [2] »Hoffnungslosigkeit«: Plan zu einem Roman, der nicht ausgeführt wurde, Klepper aber lange beschäftigte.

S. 17   [3] Dr. Max Tau (1897–1976): damals Lektor bei Bruno Cassirer
in Berlin; er emigrierte 1938 nach Norwegen, von wo er 1942
nach Schweden fliehen mußte. 1943 wurde ihm die schwedische Staatsbürgerschaft verliehen. Nach 1945 Cheflektor
bei verschiedenen Verlagen in Oslo. Für seine Friedensarbeit
wurde ihm 1950 als erstem der Friedenspreis des Deutschen
Buchhandels verliehen.

S. 17   [4] Erich Reiß: Verleger in Berlin.

S. 17   [5] Beuthen: K.s Geburts- und Heimatort in Niederschlesien.

S. 18   [6] Billum: K.s jüngster Bruder Wilhelm.

S. 20   [7] Jakob Hegner (1882–1962): Verleger, damals in Leipzig. Er
emigrierte 1936 und gründete nach seiner Rückkehr 1949
erneut einen Verlag in Köln, der vor allem durch seine katholischen belletristischen, theologischen und philosophischen
Werke bekannt wurde.

S. 20   [8] Erhard: der ältere der beiden jüngeren Brüder K.s; begann
als Modezeichner in Berlin und veröffentlichte 1955 eine
»Weltgeschichte für die Dame«.

S. 21   [9] Dr. Harald Braun (1901–1960): nach literarischen Anfängen
(Hörspiel, Drehbuch) Filmregisseur; in der Nachkriegszeit
bekannt geworden durch Filme wie »Nachtwache« (1949),
»Königliche Hoheit« (1954) u. a.

S. 23   [10] Nielsenzeit: Zeit, in der K. von Asta Nielsen, der großen
Schauspielerin der Stummfilmzeit, stark beeindruckt war.

S. 23   [11] Wilhelmine Butenhof: Hauptfigur in K.s Roman »Kahn der
fröhlichen Leute« (Stuttgart 1933).

S. 25   [12] Margot: die älteste Schwester K.s, verheiratet mit Eberhard
Fischer, späterem General der Flieger.

S. 37   [13] Dr. Jürgen Eggebrecht (*1898): Lyriker, Erzähler und
Essayist; 1928 bis 1933 Lektor der Berliner Zweigstelle der
DVA; 1939 bis 1945 im OKW tätig. Nach dem Krieg Leiter der Sendereihe »Das kulturelle Wort« beim NWDR
(1949 bis 1959).

S. 38   [14] Dr. Lang: Mitarbeiter in der Berliner Zweigstelle der DVA;
nicht identisch mit Martin Lang (gest. 1955), dem langjähri-
gen Lektor der DVA in Stuttgart.

S. 40   [15] Hilde: die zweite Schwester K.s; Reni (Renate): die jüngere der beiden Stieftöchter K.s, aus der ersten Ehe seiner Frau Hanni (Johanna, geb. Gerstel) mit dem Breslauer Rechtsanwalt Dr. Felix Stein (gest. 1925).

S. 62   [16] Brigitte: die ältere Stieftochter K.s.

S. 67   [17] Ilse Freund: eine nahe Freundin von Frau K. in Breslau; als Jüdin bald verfolgt.

S. 73   [18] »Die Literatur«: ›Monatsschrift für Literaturfreunde‹, die seit 1922 bei der DVA erschien und damals von W. E. Süskind redigiert und herausgegeben wurde; im Verlauf des Krieges »eingestellt«.

S. 74   [19] *deus absconditus – deus revelatus:* der verborgene und der enthüllte Gott; Begriffspaar aus der Theologie Luthers.

S. 89   [20] »Eckart«: protestantisch orientierte literarische Monatsschrift; 1933 (9. Jg.) bis zur erzwungenen Einstellung 1943 von Kurt Ihlenfeld herausgegeben. Erneut erschienen 1951–1960, herausgegeben von Kurt Ihlenfeld, Heinz Flügel u. a.

S. 96   [21] Vornamen: K. hatte damals einige kleinere Arbeiten und Gedichte unter dem Pseudonym Georg Wilhelm in Zeitungen veröffentlicht.

S. 96   [22] Taufspruch K.s: »Fürchte dich nicht, denn ich habe dich erlöset; ich habe dich bei deinem Namen gerufen; du bist mein.« Jesaja 43, 1.

S. 105   [23] Dr. Kurt Meschke: Pfarrer; er und seine spätere Frau Eva-Juliane geb. Anker waren mit K. aus dessen Breslauer Zeit befreundet; sie blieben bis zu K.s Tod eng mit ihm verbunden.

S. 108   [24] Otto Rombach (*1904): Autor historischer Romane; damals Redakteur am Berliner Rundfunk; kehrte nach dem Krieg wieder in seine schwäbische Heimat zurück.

S. 109   [25] Das Berliner Schloß: von Andreas Schlüter erbaut, im Zweiten Weltkrieg stark beschädigt und später abgerissen.

S. 110   [26] Eugen Diesel (1889–1970): Sohn des Erfinders Rudolf Diesel, bekannt als Erzähler und Verfasser kulturhistorischer Werke.

S. 111   [27] Schloß Ferney bei Genf: Wohnsitz Voltaires nach seinem Aufenthalt am Hof Friedrichs des Großen.

S. 112   [28] Der Leiter eines der 1933 neugegründeten Verlage in Berlin hatte kurz zuvor sein Interesse für den »Vater« bekundet.

S. 128   [29] Hans Christian Andersen (1805–1875): der dänische Märchenerzähler.

S. 128   [30] Karl Barth (1886–1968): namhafter Schweizer Theologe, der mit seiner »dialektischen Theologie« über theologische Kreise hinaus große Wirkungen ausübte.

S. 140   [31] Umbruch der Funkzeitschrift »Sieben Tage« bei Ullstein.

S. 140 [32] »Die literarische Welt«: 1925 von Willy Haas gegründet, eines der wichtigsten Literaturorgane der Weimarer Zeit. 1933 wurde die Zeitschrift von Karl Rauch fortgeführt als »Die literarische Welt. Neue Folge« (1940 eingestellt). K. hatte den Auftrag zu laufender Funkkritik erhalten.

S 144 [33] Dr. Karl Pagel: 1933 Nachfolger Jürgen Eggebrechts in der Berliner Zweigstelle der DVA; selbst Autor historischer Werke (»Die Hanse« 1942 u. a.). Pagel gab 1951 den Roman »Die Flucht der Katharina von Bora« aus dem Nachlaß K.s heraus.

S. 150 [34] Kaspar Hauser (verm. 1812–1833): der berühmte Findling rätselhafter Herkunft, der seit seinem Auftauchen 1828 in Nürnberg immer wieder Gegenstand der Forschung und der Literatur war.

S. 164 [35] Rudolf Hermann (*1887): namhafter Luther-Forscher und Professor für Systematische Theologie; lehrte zu K.s Studienzeit in Breslau; zuletzt an der Humboldt-Universität Berlin (em. 1955).

S. 169 [36] Unser kleiner Junge: eine Zufallsbekanntschaft (s. Anm. 58).

S. 170 [37] Sorgen um Beuthen: gemeint ist zunächst die schwere Erkrankung von K.s Vater, dann aber auch die bedrückende innere und äußere Trennung von Eltern und Geschwistern, die durch seinen Berufswechsel (Aufgabe des theologischen Studiums) und die Heirat verursacht worden war. »Beuthen« ist so in den Tagebüchern zum Schlüsselwort für die jahrelange Beschattung seines Lebens geworden.

S. 194 [38] Harald Poelchau: aus der Geschichte des Widerstands bekannter Pfarrer in Tegel (»Die letzten Stunden. Erinnerungen eines Gefängnispfarrers« 1949).

S. 205 [39] In die Zeit vom 1. bis 10. September 1934 fällt eine Urlaubsreise an die Ostsee mit Besuch der Orte Doberan, Brunshaupten, Wismar, Stralsund und Greifswald.

S. 209 [40] Friedrich Bischoff (1896–1976): schlesischer Schriftsteller; mit K. aus dessen Breslauer Zeit bekannt. Bischoff war von 1926 bis 1933 Intendant des Schlesischen Rundfunks, wurde dann amtsenthoben und politisch verfolgt; 1945–1965 Intendant des Südwestfunks Baden-Baden.

S. 211 [41] Fischers: die älteste Schwester K.s und deren Mann (s. Anm. 12).

S. 214 [42] Rudolf Mirbt (*1896): Dramatiker und Laienspieldichter; schon vor 1933 in der Volkstumsarbeit tätig. Mit K. seit dessen Breslauer Zeit beim Ev. Presseverband bekannt.

S. 215 [43] Reichsbischof: der von Hitler gegen den Willen der evangelischen Kirchen zum »Reichsbischof« nominierte und von der Nationalsynode 1933 berufene ehemalige Marinepfarrer Ludwig Müller, Schirmherr der »Deutschen Christen« (s. Anm. 46).

S. 217 **44** Elise Topell: bekannte Modeschöpferin; Vorbild der Hauptfigur in K.s unveröffentlichtem Roman »Die große Direktrice".

S. 217 **45** Hausverkauf: Frau Hanni K. hatte ein ihr gehörendes Haus in Breslau verkauft.

S. 218 **46** »Deutsche Christen«: völkische Kirchenbewegung; seit 1927 unter der Führung der Pfarrer Siegfried Leffler und Julius Leutheuser mit dem Ziel einer »Deutschen Christlichen Nationalkirche« tätig; die »nationalsozialistische Revolution« wurde zum Bestandteil der Verkündigung, das Alte Testament abgeschafft und das Neue Testament sowie das Gesangbuch »entjudet«. Seit 1932 wirkten die »Deutschen Christen« unter der Führung des Pfarrers Hossenfelder als Glaubensbewegung. Gegen die »Deutschen Christen« und ihren Machtanspruch richtete sich nicht zuletzt die »Bekennende Kirche«.

S. 222 **47** Hans Nowak (1897–1958): Schriftsteller; wie Klepper aus einem schlesischen Pfarrhaus stammend; seine Frau Edith, meist Ed genannt, war wie Hanni K. Jüdin. Nowaks Roman »Aus Zink wird Gold« (1937) interessierte K. besonders, weil sein Großvater mütterlicherseits den dort beschriebenen Prozeß um die Erbschaft eines Hüttenwerks geführt hatte.

S. 229 **48** Ernest Lavisse: La jeunesse de Frédéric le Grand (Paris 1891).

S. 242 **49** Grundstücksauflassung: nach langem Suchen war in Südende, Karlstraße 6, nicht weit von der bisherigen Mietwohnung, ein Grundstück gekauft worden.

S. 249 **50** »Dem *scriptor vitae regis borussiae*«: »Dem Schreiber des Lebens des Königs von Preußen«.

S. 249 **51** Luíz Vaz de Camões (1525–1580): der portugiesische Nationaldichter, über den Reinhold Schneider eine Biographie verfaßt hatte: »Die Leiden des Camões« (1930).

S. 249 **52** Der erste Dichter: Reinhold Schneider (1903–1958).

S. 250 **53** Niederschönhausen: Elisabeth-Christine von Braunschweig-Bevern, die Gemahlin Friedrichs des Großen, verlebte nach der Trennung von ihrem Gatten lange Jahre in dem kleinen, im Osten Berlins gelegenen Schloß Niederschönhausen.

S. 250 **54** Paretz: westlich von Berlin an der Havel gelegenes Schloß, 1797 erbaut von David Gilly, bekannt als Lieblingsaufenthalt der Königin Luise.

S. 251 **55** Diese Einteilung war nicht die endgültige; das fertige Buch enthält in zwei Teilen 15 Kapitel; auch entsprechen die hier genannten Bibelstellen nicht denen, die den Kapiteln vor angestellt wurden.

S. 252 [56] Die russische Kolonie Alexandrowka wurde nach dem Tod des Kaisers Alexander von Rußland zur Erinnerung an die Waffenbrüderschaft in den Befreiungskriegen erbaut. Dort wohnte ein Dutzend russischer Soldaten, die schon vor Tauroggen in preußische Gefangenschaft geraten und später ins preußische Heer aufgenommen worden waren.

S. 259 [57] Scharnhorst und Boyen: die Reorganisatoren des preußischen Heeres nach der Niederlage von 1806.

S. 262 [58] Männerle: der kleine Junge vom Priesterweg aus der Baracke am Bahndamm (s. Anm. 36).

S. 263 [59] »Der Mann und das Kind«: eine unausgeführte Buchidee K.s; geplant mit vielen Bildern und wenig Text.

S. 268 [60] Marly: der prunkvolle Barockgarten bei Versailles. Friedrich Wilhelm I. nannte einen einfachen Küchengarten vor dem Brandenburger Tor in Potsdam »mein Marly«, in betontem Gegensatz zu seinem prunkliebenden Vater, der sich nach dem Vorbild Marlys bei Oranienburg die Meierei Frederickdaal hatte bauen lassen.

S. 276 [61] »Frick-Frack und Elvira«: ein von K. schon sehr früh geplanter Roman aus dem Artistenmilieu, das ihn in seiner Breslauer Zeit sehr angezogen hatte.

S. 279 [62] RDS: Reichsverband Deutscher Schriftsteller (1933–1935); nationalsozialistische Zwangsorganisation, organisatorische Zwischenstation auf dem Weg zur Reichsschrifttumskammer.

S. 279 [63] »Herr, laß uns wieder einen König sehen«: das erste der »Königsgedichte«, die zusammen mit den »Olympischen Sonetten« (s. S. 368) erst in dem 1947 erschienenen Band »Gedichte« veröffentlicht werden konnten.

S. 294 [64] »Acker Jeremias«: s. Jeremias 32, 43 (vgl. Bibelspruch vom 19. September 1935).

S. 296 [65] Kösener Seniorenkonvent: führender Verband der Korpsstudenten an deutschen Universitäten.

S. 301 [66] Die »Evangelische Michaelsbruderschaft« wurde 1931 vom Berneuchener Kreis (nach seinem Tagungsort so genannt) gestiftet. Dieser Kreis hatte sich als Erneuerungsbewegung des kirchlichen Lebens nach dem Ersten Weltkrieg zusammengeschlossen; führende Männer waren Wilhelm Stählin (s. Anm. 100) und Karl Bernhard Ritter; Organe des Kreises waren die »Jahresbriefe« und das »Gottesjahr«.

S. 302 [67] *Te totum applica ad textum; et rem totam applica ad te:* Binde dich ganz an den Text; und die ganze Sache binde an dich; aus der *Praefatio* (Vorrede) des schwäbischen Theologen

I. A. Bengel zu dessen »Novum testamentum graece manuale« (1734).

S. 305 68 Johann Rist (1607–1667): bedeutendster literarischer Vertreter des Frühbarock in Norddeutschland; Verfasser zahlreicher weltlicher Gedichte und geistlicher Lieder (»O Ewigkeit, du Donnerwort« u. a.).

S. 310 69 Claus Harms (1778–1855): Theologe aus Schleswig-Holstein; bekannt geworden durch die von ihm 1817 aus Anlaß des Luther-Jubiläums veröffentlichten 95 Thesen, die gegen den Rationalismus gerichtet waren und als Dokument der theologischen Restauration gelten. K.s Büchlein erschien nicht im Eckart-Verlag, sondern 1936 im Verlag des Ev. Presseverbandes für Deutschland.

S. 310 70 Hanns Johst (*1890): expressionistischer Dramatiker, der sich zum repräsentativen Dramatiker des Dritten Reiches entwickelte; er hatte zahlreiche literaturpolitische Ämter inne, war u. a. Präsident der Reichsschrifttumskammer und der Deutschen Akademie der Dichtung.

S. 321 71 Karl Heidkamp: »Friedrich Wilhelm I. Ein deutsches Vorbild« (Potsdam 1934). Dieses Buch ist im Gegensatz zum vorher genannten Roman von Hans Heyck (»Friedrich Wilhelm I. Amtmann und Diener Gottes auf Erden« Berlin 1936) eine historische Biographie.

S. 330 72 Die Nürnberger: die Verwandten von Frau K.

S. 334 73 *cor accusator, deus defensor:* das Herz ist Ankläger, Gott der Verteidiger.

S. 345 74 Schiffbruch: Szene aus dem Leben des portugiesischen Dichters Camões: bei einem Schiffbruch rettete er nur das Manuskript seines Hauptwerkes »Die Lusiaden« (1572).

S. 345 75 Enttäuschung um das Haus: K. trug eine Weile schwer daran, daß seine Frau nur ihre Töchter, nicht aber auch ihn als Mitbesitzer des von ihrem Geld gebauten Hauses eintragen ließ (s. auch 10. Juni 1936).

S. 350 76 Rehbergs »Friedrich Wilhelm I.«: Schauspiel (1935) des Dramatikers Hans Rehberg (1901–1963), der mehrere Dramen mit Stoffen aus der preußischen Geschichte geschrieben hatte.

S. 350 77 AGAPE: der christliche Begriff der Liebe im Gegensatz zum antik-heidnischen EROS.

S. 358 78 Nehring, Gilly und Schinkel: drei der großen in Potsdam und Berlin wirkenden Baumeister, die Arthur Moeller van den Bruck in seinem Werk »Der preußische Stil« (1916) behandelt hat.

S. 359 79 Zu Schneiders 33. Geburtstag, den er in Rom verlebte, hatte K. ein Bild »König David im Arbor Jesse« geschickt.

S. 363 [80] Mittenwalder-Töpchiner Gebiet: etwa 30 km südöstlich von Berlin.

S. 363 [81] Zülsdorf: Symbol für »Katharina von Bora« wie Potsdam für den »Vater«.

S. 364 [82] Zinzendorfs Briefe behandelte K. später in seinem Buch »Der Soldatenkönig und die Stillen im Lande« (Berlin 1938).

S. 367 [83] Der Grüne Hut: ein alter Turm innerhalb des großen Komplexes des Berliner Schlosses, Rest der ursprünglich markgräflichen Wasserburg.

S. 368 [84] »Olympische Sonette«: s. Anm. 63.

S. 372 [85] Die Begegnung: K. bezieht sich auf das gemeinsame Erscheinen seines Beitrags »Der Geburtstag« und Schneiders Aufsatz »Das Berliner Schloß« in der Zeitschrift »Das innere Reich. Zeitschrift für Dichtung, Kunst und deutsches Leben« (ersch. 1934–1944), die auch einer Art Gegenliteratur zum Nationalsozialismus offen stand.

S. 381 [86] England-Buch Reinhold Schneiders: »Das Inselreich. Gesetz und Größe der englischen Macht« (1936).

S. 382 [87] Rudolf Thiel, der Verfasser des von K. sehr geschätzten »Luther«-Buchs (1935), hatte für das Augustheft des »Inneren Reiches« einen Beitrag über Friedrich den Großen geschrieben. Darauf erfolgte ein massiv fälschender und denunzierender Angriff in der Wochenzeitung der SS »Das schwarze Korps«, der ein – später wieder rückgängig gemachtes – Verbot der Zeitschrift nach sich zog.

S. 392 [88] Prof. Anton Kippenberg (1874–1950): seit 1905 Leiter des Insel-Verlages in Leipzig.

S. 394 [89] Cossenblath: ein kleines märkisches Gut mit einem »dürftigen« Schloß im Kreis Beeskow, das Friedrich Wilhelm I. gekauft hatte. Frau K. war bei der Lektüre von Fontanes »Wanderungen« darauf gestoßen (s. 1. November 1936).

S. 394 [90] Hildebrand: der unter dem 20. September erwähnte Freund der ältesten Tochter.

S. 401 [91] »Von Zeit und Strom« (1935; dt. Berlin 1936): das Hauptwerk des Amerikaners Thomas Wolfe (1900–1938).

S. 416 [92] Schwarzes Kloster: gemeint ist das ehemalige Augustinerkloster in Wittenberg, Luthers Wohnsitz. K. liebte es, sein Haus mit dem Schwarzen Kloster zu vergleichen, wie er auch gern seine Frau als Katharina von Bora begriff und von ihr als der ›Bore‹ sprach (vgl. auch 10.–13. September 1937).

S. 419 [93] Die Mutter wohnte nach dem Tod des Vaters nicht mehr in Beuthen, sondern seit einem Jahr in Berlin, ohne daß K. sie während dieses Jahres gesehen hätte.

S. 422 [94] Die Volkskunde vermutet Fruchtbarkeitssymbole in den fetten Fastnachtskrapfen wie auch in den Brezeln.

S. 424 [95] Zwischen 1933 und 1945 gehörten 23 Titel der DVA von Autoren wie K., Stefan Andres, Albrecht Goes, H. v. Keyserling, Josef Winckler, Georg Herrmann u. a. zur »unerwünschten« Buchproduktion, zwischen 1937 und 1940 allein 14 Bücher.

S. 427 [96] Gemahlin des Kaisers: Hermine, die zweite Frau Wilhelms II., die er im Exil nach dem Tod der Kaiserin Auguste Viktoria geheiratet hatte.

S. 429 [97] In der »Bücherkunde« (»Amtliches Organ der Dienststelle des Beauftragten des Führers für die gesamte geistige und weltanschauliche Erziehung der NSDAP und der Reichsstelle zur Förderung des deutschen Schrifttums«; ersch. 1934–1944) war über Schneiders »Inselreich« eine »vernichtende« Kritik erschienen.

S. 429 [98] Geschäftigkeit im Winkel: Schneider war beteiligt an dem monarchistischen Kreis um Karl Ludwig Freiherr von Guttenberg, den Herausgeber der »Weißen Blätter«, die zu den oppositionellen literarischen Zeitschriften gehörten. K. arbeitete auch weiterhin an dieser Zeitschrift mit. Guttenberg wurde im April 1945 von der Gestapo »liquidiert«.

S. 431 [99] Steiner: Buchhändler und Verleger, Mitinhaber des Berliner Verlages Dietrich Reimer. Der »andere« Nachbar war der Verleger Andrews.

S. 432 [100] D. Wilhelm Stählin (*1883): 1926 bis 1945 Theologieprofessor in Münster; 1945–1952 Bischof von Oldenburg. Stählin war führend im Berneuchener Kreis tätig (s. auch Anm. 66).

S. 434 [101] Der »Stürmer«: das mit allergröbsten Mitteln arbeitende antisemitische Wochenblatt des Nürnberger Gauleiters Julius Streicher.

S. 436 [102] VDA: der »Verein für das Deutschtum im Ausland«, dessen Schrifttumsarbeit Mirbt damals leitete.

S. 438 [103] Heinrich Bauer (*1896): »Götter kämpfen« (1936).

S. 439 [104] Dr. Bruno E. Werner (1896–1964): langjähriger Schriftleiter der »Deutschen Allgemeinen Zeitung« in Berlin. 1952–1961 Kulturattaché der Deutschen Botschaft in den USA. Sein Roman »Die Galeere« (1949) schildert die Situation des geistigen Menschen unter der Diktatur.

S. 440 [105] In der Zeitschrift »Die Literatur« 39. Jg. (1936/37), S. 400 bis 402.

S. 447 [106] Stolz, daß alle sich für ihn einsetzten: der Maler Leo von König, der Historiker von Jagow (Hohenzollern-Museum und Hausarchiv) sowie die Schriftsteller August Winnig,

Otto von Taube und Rudolf Alexander Schröder, die dem Eckart-Kreis angehörten.

S. 453 [107] Geheimrat Prof. Dr. Ulrich Stutz (1868–1938): Rechtshistoriker und ev. Kirchenrechtler an der Berliner Universität.

S. 459 [108] *Fortiter pecca!:* Das Luther-Wort (aus einem Brief an Melanchton) *Pecca fortiter – crede fortius:* »Sündige tapfer, aber glaube noch tapferer« (d. h. vertraue auf Gottes Gnade!).

S. 459 [109] Schoepke-Merseburg: Buchhändler und Verleger, der eine Zeitlang mit K. in Glogau die Schule besucht hatte.

S. 466 [110] Pfarrer Kurt Meschke hatte für die Sommermonate die Stelle eines Badegeistlichen in Misdroy angenommen; Renate ging zur Betreuung von Meschkes Kindern mit.

S. 466 [111] 1937 unter dem Titel »Kaiser Lothars Krone« erschienen.

S. 469 [112] Harald von Koenigswald (*1906): bekannt geworden als Autor einiger Bücher über Preußen (»Schicksalswende« 1932, »Pflicht und Glaube« 1936, »Potsdam« 1936 u. a.); 1931 hatte er die Kriegstagebücher des 1918 gefallenen Bernhard von der Marwitz herausgegeben.

S. 470 [113] Beim Ev. Presseverband für Deutschland (vgl. K. Ihlenfeld: »Freundschaft mit Jochen Klepper«, Witten/Berlin 1958).

S. 472 [114] Die Bildhauer Georg Kolbe, Hugo Lederer (Hamburger Bismarckdenkmal), Renée Sintenis; die Maler Leo von König und Emil Nolde.

S. 473 [115] Dr. Arthur Pfeiffer: Autor literarhistorischer Werke (»Georg Büchner. Vom Wesen der Geschichte, des Dämonischen und Dramatischen« 1934 u. a.).

S. 474 [116] Der Maler Otto Dix (1891–1969).

S. 474 [117] Die Genannten gehörten zu den bedeutendsten Vertretern der modernen Malerei und Bildhauerei in Deutschland.

S. 475 [118] Bernt Grönvold: Maler und Kunstsammler, der sich besonders um die Wiederentdeckung des romantischen Malers Friedrich Wasmann verdient gemacht hatte (»Friedrich Wasmann, ein deutsches Künstlerleben von ihm selbst geschildert« Leipzig 1915).

S. 476 [119] Vgl. Anm. 60.

S. 478 [120] Der Aufsatz erschien unter dem Titel »Von Sinn und Rechtfertigung des historischen Romans« im April 1938 in »Das innere Reich« (5. Jg., S. 103–106).

S. 480 [121] Die 700-Jahrfeier der Stadt Berlin.

S. 483 [122] Carolath: Ort bei Beuthen, dicht an der Oder gelegen.

S. 484 [123] *volo, sed non possum:* ich will, aber ich kann nicht.

S. 487 [124] Dieser Essay über Kant, Voltaire und den Maler Ludwig Richter, den Paul Fechter für das »Berliner Tageblatt« haben wollte, erschien unter dem Titel »Vollendung der Einsamkeit« in der »Deutschen Zukunft«, 6. Jg. (16. 1. 1938), S. 8.

S. 497 [125] Alexej von Rußland: ältester Sohn Peters des Großen; Braunschweigerin: Charlotte Christiane von Braunschweig.

S. 513 [126] Sonderdruck: Das Gedicht »Du bist als Stern uns aufgegangen« wurde als Flugblatt vom Eckart-Verlag 1937 veröffentlicht.

S. 513 [127] Von der Marwitz: Alte preußische Familie, der der große »Frondeur« und Gegner der Hardenbergschen Reformen, Friedrich August von der Marwitz, und der im Ersten Weltkrieg gefallene Bernhard von der Marwitz (s. auch Anm. 112) entstammten. Schloß Friedersdorf liegt im Kreis Lebus im Oderbruch.

S. 516 [128] Helmstedt-Aufsatz: er entstand aus den Tagebuchaufzeichnungen von der Reise Anfang September.

S. 516 [129] »Das evangelische Pfarrhaus und die deutsche Nation«, erschienen in dem 1940 von Siegbert Stehmann im Eckart-Verlag herausgegebenen »Pfarrerspiegel«, S. 163–195.

S. 518 [130] Jetzt in dem Gedichtband »Kyrie«, S. 60 (zitiert nach der 16. Auflage 1976).

S. 518 [131] Hans Eberhard Friedrich (*1907): 1935 bis 1941 Redakteur bei der »Deutschen Allgemeinen Zeitung« in Berlin. Prof. Fritz Klatt (1888–1945): Pädagoge; bekannt durch sein Buch »Die schöpferische Pause« (1921).

S. 520 [132] In dem Streit zwischen Bekennender Kirche und Deutschen Christen (s. Anm. 43 und 46) hatte Hitler im Februar 1937 Wahlen zu einer ev. Generalsynode angeordnet, aber bald einsehen müssen, daß damit die Möglichkeit zu einer Demonstration gegen das Regime gegeben war; Kirchenminister Kerrl erklärte darum am 23. November, daß die Wahlen »wegen der chaotischen Zustände in der Kirche« auf unbestimmte Zeit verschoben werden müßten.

S. 529 [133] Hans Hinkel (1901–1960): Reichsorganisationsleiter das nationalsozialistischen Kampfbundes für Deutsche Kultur; Staatskommissar im Preußischen Ministerium für Wissenschaft, Kunst und Volksbildung und Sonderbeauftragter des Propagandaministeriums für die »Überwachung der im deutschen Reichsgebiet geistig und kulturell tätigen Nichtarier«. Wilfrid Bade (*1906): Ministerialrat im Propagandaministerium; Abteilungsleiter der Abteilung »Zeitschriftenpresse – Kulturpresse«.

S. 531 [134] In »Kyrie«, S. 29.

S. 531 [135] In »Kyrie«, S. 26.

S. 539 [136] In »Kyrie«, S. 43.

S. 543 [137] Ike: Prinzessin Ulrike, Schwester Friedrichs des Großen.

S. 544 [138] Für das noch im selben Jahr erscheinende Buch »Der Soldatenkönig und die Stillen im Lande«.

S. 544 [139] Alfred Richard Meyer (1882–1956): Verleger des Expressionismus, unter dem Pseudonym Munkepunke als Lyriker bekannt geworden.

S. 545 [140] Ewersmann: Kammerdiener Friedrich Wilhelms I.

S. 548 [141] »*In tormentis pinxit*«: (»Unter Qualen gemalt«). Das Buch erschien noch 1938; beim Brand der DVA 1944 in Stuttgart wurden Vorräte und alle Druckplatten des Buches vernichtet.

S. 548 [142] Der erste und einzige Band dieser Biographie von Carl Hinrichs erschien 1943 mit dem Untertitel »Jugend und Aufstieg«.

S. 550 [143] Mit der »bunten Stadt im Schatten« ist Helmstedt gemeint.

S. 554 [144] Dr. Moras-Europäische Revue: »Die europäische Revue«, 1925 von Karl Anton Prinz Rohan begründet, erschien bei der DVA; Joachim Moras (1902–1961) redigierte die Zeitschrift seit 1933 und zeichnete ab 1939 als deren Herausgeber. Nach dem Krieg gab Moras von 1947 bis zu seinem Tod gemeinsam mit Hans Paeschke die ebenfalls in der DVA erscheinende kulturpolitische Zeitschrift »Merkur« heraus.

S. 560 [145] K.s hatten erwogen, Berlin zu verlassen und in eine der herrnhutischen Gemeinden, etwa Gnadenfrei, zu ziehen.

S. 564 [146] Der Verleger Leopold Klotz in Gotha, bei dem auch die »Christliche Welt« erschien, verlegte 1935 das Buch von Stefan Hirzel über die Brüdergemeine »Der Graf und die Brüder«.

S. 564 [147] K. plante, für die »Deutsche Allgemeine Zeitung« eine Reise durch die Brüdergemeinden in Schlesien und Sachsen zu machen und darüber zu berichten; der Plan wurde nicht ausgeführt.

S. 571 [148] Vassilière: Architekt, der das Haus in der Teutonenstraße baute.

S. 574 [149] Dr. Hugo Koch betreute lange schützend und helfend K. und seine Arbeit, bis er sich, von seinem Posten abgelöst, zum Wehrdienst meldete.

S. 576 [150] In »Kyrie«, S. 75.

S. 577 [151] D. Erich Stange: Pfarrer in Kassel, Herausgeber der »Pastoralblätter«.

S. 577 [152] In »Kyrie«, S. 9.

S. 579 [153] In »Kyrie«, S. 45.

S. 581 [154] K. hatte bei Schleiermacher gelesen, wie dieser sich gelegentlich vor dem Weg zur Kirche sein Frühstück selbst zubereitete und allein verzehrte.

S. 582 [155] Johann Nikolaus Götz (1721–1781): anakreontischer Lyriker aus dem Halleschen Dichterkreis; Pfarrer in Winterburg, zuletzt Superintendent. – Im Maiheft des »Eckart« 1938 ist der Aufsatz nicht erschienen.

S. 583 [156] In »Kyrie«, S. 52.

S. 586 [157] Olly Budjuhn: Schriftstellerin (»Gesänge aus Griechenland« 1934), mit K. aus seiner Studienzeit bekannt.

S. 587 [158] Markiewicz: Häuser- und Grundstücksmakler, der den Kauf in Nikolassee vermittelte.

S. 589 [159] Werner Milch (1903–1950): Literaturhistoriker; nach der Rückkehr aus der Emigration Professor in Marburg. Er hatte wie Gerhart Pohl in Wolfshau (Riesengebirge) gewohnt.

S. 602 [160] In »Kyrie«, S. 12.

S. 603 [161] Pittel: schlesischer Kosename, von K. gern für Renate gebraucht.

S. 604 [162] In »Kyrie«, S. 39.

S. 605 [163] Der Dante-Übersetzer Friedrich Freiherr von Falkenhausen.

S. 607 [164] Schillersdorf: das Pfarrdorf des Freundes Meschke in der Nähe von Stettin.

S. 612 [165] Gerhard Schwarz: aus der Jugend-Musikbewegung kommend, wirkte er später als Leiter der Landeskirchlichen Musikschule in Wuppertal.

S. 613 [166] Oertels berühmter Michelangelo-Film war zwei Tage vorher vor einem kleinen Kreis, dem auch K. angehörte, uraufgeführt worden.

S. 615 [167] In »Kyrie«, S. 67.

S. 615 [168] Dieser und die folgenden Briefe enthalten viele Einzelheiten über den Hausbau und werden daher gekürzt wiedergegeben.

S. 626 [169] Zur Ufa, die sich nun plötzlich entschlossen hatte, den »Kahn« zu verfilmen. Das Projekt wurde jedoch nicht realisiert. Der Roman wurde erst 1950 von der Defa unter der Regie von Hans Heinrich verfilmt.

S. 629 [170] Konzentrationslager Buchenwald.

S. 647 [171] Benediktinerkloster Grüssau, südlich von Landshut in Schlesien gelegen; barocke Klosterkirche aus dem Jahr 1735. Die Grüssauer Mönche fanden nach der Vertreibung 1945 neue Heimat in Wimpfen am Neckar.

S. 647 [172] »princeps pacis«: »Fürst des Friedens« (Teil der lateinisch gesungenen Vesper).

S. 647 [173] Schönberg: im Südwesten des ehemaligen Regierungsbezirks Liegnitz. »Die zwölf Apostel« und »Die sieben Brüder« waren von Webern bewohnte zusammengehörende Häuserreihen.

S. 651 [174] »Unter der Last des Kreuzes werden wir getragen«.

S. 655 [175] Auf ihrer Reise im Juli 1938 war Frau K. einige Zeit in Beuron (im oberen Donautal) gewesen.

S. 666 [176] »Corona«: literarische Zweimonatsschrift; herausgegeben von Martin Bodmer und Herbert Steiner, erschienen 1930 bis 1944; eine Zeitschrift mit hohem literarischem Anspruch, zu deren Hauptbeiträgern Rudolf Borchardt, Rudolf Alexander Schröder, Karl Voßler und Josef Nadler gehörten.

S. 669 [177] Der von Friedrich dem Großen 1740 gestiftete Orden »Pour le mérite« hatte seit 1842 auf Veranlassung A. v. Humboldts auch eine Friedensklasse für Wissenschaft und Künste, der Ernst Barlach angehörte.

S. 670 [178] Von Werner Bergengruen (1892–1964) lagen damals u. a. »Der Großtyrann und das Gericht« (1935) und »Der Starost« (1938) vor.

S. 672 [179] S. Anm. 72.

S. 672 [180] »Die heiligen zwölf Nächte. Zu Ina Seidels Lennacker«; in: Eckart 14. Jg. (1938), S. 505–512.

S. 674 [181] »Las Casas vor Karl V. Szenen aus der Konquistadorenzeit« von Reinhold Schneider, Leipzig 1938.

S. 677 [182] Es handelt sich um die Familie Freund in Breslau (s. Anm. 17).

S. 685 [183] Im Eckart-Verlag erschienene Anthologie: Kurt Ihlenfeld (Hrsg.): Das Buch der Christenheit, Berlin 1939.

S. 688 [184] Dr. Ludwig Wolde (1884–1949): Erzähler und Übersetzer.

S. 709 [185] Der französische Romancier George Bernanos (1888–1948) läßt in seinem Erstlingswerk »Die Sonne des Satans« (1926; dt. Hellerau 1927) wie Dostojewskij den Satan als Person auftreten.

S. 710 [186] Siegbert Stehmann (1912–1945): Theologe, trat früh als Lyriker hervor; Kurt Ihlenfeld edierte sein Gesamtwerk (»Opfer und Wandlung« 1951, »Das Gleichnis« 1954).

S. 716 [187] Ernst Glaeser (1902–1963): Schriftsteller, u. a. Verfasser des vor 1933 sehr bekannten Romans »Jahrgang 1902« (1928) und des Romans »Der letzte Zivilist« (1935), der schon eine Auseinandersetzung mit dem militanten Nationalsozialismus war.

S. 716 [188] Leonhard Frank (1882–1961): Autor bekannter Romane wie »Die Räuberbande« (1914), »Das Ochsenfurter Männerquartett« (1927) und der Lebenserinnerungen »Links, wo das Herz ist« (1952). Frank emigrierte 1933 und kehrte erst 1950 wieder nach Deutschland zurück.

S. 722 [189] Dr. Karl Privat: Redakteur im Ullstein-Verlag; gab unter anderem »Philipp Otto Runge. Sein Leben in Selbstzeugnissen, Briefen und Berichten« (1942) heraus.

S. 742 [190] KPM: Königliche Porzellan-Manufaktur Berlin.

S. 742 [191] Kurt Meschke hatte inzwischen das um seiner jüdischen Frau willen lang erstrebte Asyl in Schweden gefunden und dafür sein Pfarramt aufgegeben.

S. 749 [192] Adalbert Alexander Zinn (1880–1941): »Flucht vor dem Reichtum« (Komödie 1936).

S. 749 [193] Hans Pflug (1899–1950): Schriftsteller; gab 1937 ein Deutschland-Buch heraus (»Deutschland, ein Handbuch. Landschaft, Volkstum, Kultur«). Nach 1945 Dozent an der Pädagogischen Akademie Wuppertal.

S. 757 [194] Dr. Joachim Konrad (*1903): Pfarrer; 1938 Ausweisung aus Schlesien und Redeverbot, mehrfach inhaftiert. Nach dem Zweiten Weltkrieg Professor für Systematische Theologie und Religionsphilosophie; 1950–1954 Ministerialrat im Kultusministerium Nordrhein-Westfalen.

S. 765 [195] Buchhändlerkantate: die bis in den Krieg hinein übliche Buchhändlermesse um den Sonntag Kantate in Leipzig.

S. 766 [196] Peter Suhrkamp (1891–1959): Verleger; führte nach der Emigration von Gottfried Bermann Fischer 1936 den S. Fischer Verlag fort; 1944 KZ-Haft. Suhrkamp erhielt 1945 eine der ersten Verlagslizenzen (S. Fischer Verlag Berlin). 1950 trennte er sich von Bermann Fischer und gründete seinen eigenen Verlag mit einem Teil der S. Fischer-Autoren.

S. 773 [197] In »Kyrie«, S. 7: »Schon bricht des Tages Glanz hervor«, nach der Hymne »Ad primam« des Aurelius Ambrosius (340 bis 397).

S. 776 [198] D. Otto Dibelius (1880–1967): Theologe; seit 1921 Mitglied des Oberkirchenrates, seit 1925 Generalsuperintendent der Kurmark, 1933 amtsenthoben. Dibelius war von 1945 bis 1966 Bischof von Berlin-Brandenburg und von 1949 bis 1961 Ratsvorsitzender der EKD.

S. 780 [199] In »Kyrie«, S. 19, Trostlied am Abend.

S. 805 [200] »Das halte fest!« Ein Weggeleit aus Gottes Wort. Ausgelegt von Jochen Klepper, Siegbert Stehmann, Rudolf Alexander Schröder, Berlin 1940.

S. 806 [201] Prof. D. Helmut Gollwitzer (*1908): Theologe; seit 1939 Referat-Leitung der Bekennenden Kirche Thüringen und Preußen; 1938–1940 Pfarrer in Berlin-Dahlem. 1940–1945 Wehrdienst. Seit 1950 Professor in Bonn und an der Freien Universität Berlin.

S. 807 [202] Generaloberst Werner Freiherr von Fritsch (1880–1939): ab 1935 Oberbefehlshaber des Heeres, im Februar 1938 aufgrund einer Verleumdung verabschiedet.

S. 809 [203] Redeverbot: kein offizielles, sondern eines, das K. sich selbst gegeben hat.

S. 810 [204] Dieses wie auch das Weihnachtslied in »Kyrie«, S. 41 und 36.

S. 813 [205] EIRENE und AGAPE: Friede und Liebe.

S. 819 [206] Curt Götz jr.: Sohn des Schriftstellers Curt Goetz (1888 bis 1960), dessen Lustspiel »Dr. med. Hiob Praetorius« (1934) K. besonders schätzte.

S. 851 [207] Grüber: Heinrich Grüber (*1891), späterer Propst, 1949 bis 1958 Beauftragter der EKD bei der Regierung der DDR. In den dreißiger Jahren Pfarrer in Berlin und ab 1937 Leiter der von ihm gegründeten Hilfsstelle für evangelische Rasseverfolgte; 1940–1943 KZ Sachsenhausen und Dachau.

S. 853 [208] In »Kyrie«, S. 72.

S. 854 [209] Pascal: Romano Guardini »Christliches Bewußtsein, Versuche über Pascal« (1935). »Le moi est haïssable«: »Das Ich ist hassenswert«, Sentenz von Blaise Pascal (1623–1662) aus den »Pensées« (1670); ein zeitgenössischer Kommentar erläutert, daß das Wort moi bei Pascal die Eigenliebe (l'amour propre) bedeutete.

S. 857 [210] Herbert Bahlinger: ein Bekannter K.s aus der Breslauer Rundfunkzeit, damals als Offizier im Heeresbüchereiwesen, nach dem Krieg am Südwestfunk tätig.

S. 857 [211] Dr. Werner Pleister (*1904): 1932–1937 Leiter der Literaturabteilung beim Deutschlandsender; 1938–1945 Produktionsleiter der Reichsstelle für Unterrichtsfilm. Nach 1945 Programmdirektor und später Fernsehintendant des NWDR.

S. 858 [212] Carl J. Burckhardt (1891–1974): bedeutender Schweizer Historiker und Diplomat; seit 1932 Professor in Genf; 1937 bis 1939 Völkerbundskommissar in Danzig; 1944–1948 Präsident des Internationalen Roten Kreuzes und 1945–1950 Gesandter in Paris. Burckhardt erhielt 1954 den Friedenspreis des Deutschen Buchhandels.

S. 862 [213] Der Kronprinz von Sachsen war nach dem Thronverzicht seines Vaters als Pater Georg dem Jesuitenorden beigetreten.

S. 878 [214] Dr. Hans Schomerus (*1902): nach dem Zweiten Weltkrieg Mitherausgeber von »Christ und Welt« und Leiter der Ev. Akademie Karlsruhe (Herrenalb).

S. 879 [215] In »Kyrie«, S. 50.

S. 883 [216] In »Kyrie«, S. 58.

S. 889 [217] Antikentempel: ehemals Aufbewahrungsort der berühmten Antikensammlung Friedrichs des Großen; er diente seit 1921 als Mausoleum der Kaiserin Auguste Viktoria.

S. 893 [218] renata: die Wiedergeborene.

S. 901 [219] In der seit dem Anfang der dreißiger Jahre nationalsozialistisch orientierten Zeitschrift »Die neue Literatur« veröffentlichte Gerhard Schmidt im Juni 1940 den Beitrag »An-

merkungen zum historischen Roman«, in dem er dem »Vater«
den Rang eines Kunstwerks absprach.

S. 910 [220] Dichterfahrt: Aufklärungsfahrt parteigenehmer Autoren
(Dwinger, Blunck, Pleyer, Johst, Graff u. a.) in die westlichen Kampfgebiete auf Einladung des Propagandaministeriums und des OKW.

S. 921 [221] Brinkmann: Pfarrer aus Hannover, dem K. durch einen
Briefwechsel näher getreten war (am 28. Januar 1942 in
Rußland gefallen).

S. 929 [222] »Germinal«: Sozialkritischer Roman (1885; dt. Dresden
1885) von Emile Zola (1840–1902) über den Bergarbeiter-
streik in Anzin 1884.

S. 934 [223] In »Kyrie«, S. 24.

S. 942 [224] Glumsche Einladung: K.s waren acht Tage vorher bei Prof.
Dr. Friedrich Glum (Staatsrechtler an der Berliner Universität und Generaldirektor der Kaiser-Wilhelm-Gesellschaft zur
Förderung der Wissenschaft) in Nikolassee eingeladen gewesen.

S. 959 [225] Divisionsantrag: dieser hatte die Wiedereinberufung K.s
zum Ziel; damit hatte K. auch bei Minister Frick operiert
(s. 23. Oktober 1941).

S. 977 [226] D. Dr. Hanns Lilje (*1899): ab 1927 Generalsekretär der
Deutschen Christlichen Studentenvereinigung (bis 1935) und
des Lutherischen Weltkonvents (bis 1944); 1944–1945 Ge-
stapohaft. Lilje war dann von 1947 bis 1971 Landesbischof
der Ev.-Luth. Landeskirche Hannover und bis 1973 Mitglied
des Rates der EKD.

S. 979 [227] Major Dr. Ernst-Heinrich Eras: K.s Abteilungskommandeur
im Osten.

S. 979 [228] Pastor Birger Forell: nach dem Krieg Beauftragter für
Flüchtlingshilfe im Hilfswerk der Schwedischen Kirche.

S. 980 [229] Kurt Meschke war an dieser Schule tätig.

S. 981 [230] »Das Reich«: 1940 gegründete Wochenzeitung; Publika-
tionsorgan des Propagandaministers Josef Goebbels, der
lange Zeit die Leitartikel verfaßte – wie auch den von K. genannten.

S. 989 [231] »Amerikanische Kirche« meint die lutherischen Kirchen in
den USA, mit denen Hanns Lilje über den Lutherischen
Weltbund in Verbindung stand.

S. 992 [232] Hugo und Lotte Ehrenberger: nahe Verwandte von Frau K.

S. 1004 [233] Dr. Alexander Langsdorff (*1898): einer der jüngsten Freiwilligen des ersten Weltkrieges (veröffentlichte 1920 »Flucht-
nächte in Frankreich«). Er studierte germanische Archäologie, war Custos an den Staatlichen Museen in Berlin und

geriet auf diesem Weg in den Kreis des Regimes. Die »interessanten Informationen« Prof. Glums betrafen wohl diesen Weg von der Jugendbewegung in die SS bis zur Stellung eines persönlichen Referenten bei Minister Frick.

S. 1026 [234] Brigittes Schwiegereltern: das ebenfalls jüdische Ehepaar Molnar in Wien.

S. 1027 [235] Im Pilsener Revers vom 12. Januar 1634 gelobten die genannten Obersten, sich mit dem letzten Blutstropfen für Wallenstein einzusetzen. Die Szene ist aus Schillers Drama bekannt.

S. 1031 [236] Dr. Gustav Kilpper war seit 1910 Generaldirektor der DVA gewesen. Dem Verlag waren auch eigene technische Betriebe angegliedert.

S. 1041 [237] Einen »Verlag für Frontschrifttum« hat es nicht gegeben. Über den Verlag der Deutschen Arbeitsfront wurden Lizenzausgaben hergestellt, für die das OKW Papier zur Verfügung stellte; so konnte es Einfluß auf die Auswahl und die Auflagenhöhe der Bücher nehmen.

S. 1041 [238] Dr. Hans W. Hagen: Referent in der Schrifttumsabteilung des Propagandaministeriums, selbst nicht SS-Mann.

S. 1044 [239] Irenik: Bemühung um Frieden, um friedlichen Ausgleich – hier zwischen Katholizismus und Protestantismus.

S. 1069 [240] Der Verlag hatte Papier für ein amerikanisches Werk, das nach dem Kriegseintritt der USA nicht mehr gedruckt werden konnte, für eine Neuauflage des »Vaters« verwendet, obwohl keine Bewilligung vorlag. Darum durfte diese Auflage nicht mitgezählt werden.

S. 1076 [241] Adiaphora: in der christlichen Ethik Dinge oder Handlungen, die weder geboten noch verboten sind, also außerhalb ethischer Beurteilung stehen.

S. 1093 [242] Johann Crüger (1598–1662): protestantischer Kirchenmusiker, der u. a. »Nun danket alle Gott« vertonte.

S. 1099 [243] Akme: Höhepunkt, Gipfel.

S. 1112 [244] Als Student: K. hatte auch in Erlangen studiert und wohnte während dieser Zeit im nahen Nürnberg.

S. 1113 [245] Hieronymus Baumgartner: geschichtliche Gestalt aus der »Flucht der Katharina von Bora«.

S. 1117 [246] »Wer mein Wort hört und glaubt dem, der mich gesandt hat, der hat das ewige Leben.«

DAS WERK JOCHEN KLEPPERS

Die Angaben in Klammern bezeichnen die letzten Auflagen nach dem
Stand von 1976

Selbständige Veröffentlichungen

Der Kahn der fröhlichen Leute. Roman. Stuttgart 1933 (Hamburg 1972, =
    Siebenstern Taschenbuch 166)
(Hrsg., anonym) *Deutsche Gespräche von ewigen Dingen.* Berlin 1934
(Hrsg., anonym) *Claus Harms.* Berlin 1936
Du bist als Stern uns aufgegangen. Gedichte. Berlin 1937
Der Vater. Der Roman des Soldatenkönigs. Stuttgart 1937 (Stuttgart
    1974)
(Hrsg.) *In tormentis pinxit.* Briefe und Bilder des Soldatenkönigs.
    Stuttgart 1938
Kyrie. Geistliche Lieder. Berlin 1938 (Bielefeld/Frankfurt 1976, = Der
    Eckart-Kreis 10)
Der König und die Stillen im Lande. Begegnungen Friedrich Wilhelms I.
    mit August Hermann Francke, Gotthilf August Francke, Johann
    Anastasius Freylinghausen, Nikolaus Ludwig Graf von Zinzen-
    dorf. Berlin 1938 (Witten/Berlin 1962)
(Mitverf.) *Das halte fest.* Ein Weggeleit aus Gottes Wort. Ausgelegt von
    Jochen Klepper, Siegbert Stehmann, Rudolf Alexander Schröder,
    Berlin 1940
Der christliche Roman. Berlin 1940
Gedichte. Olympische Sonette. Der König. Berlin 1947
Das ewige Haus. Geschichte der Katharina von Bora und ihres Besitzes.
    Romanfragment. Aus dem Nachlaß herausgegeben und eingeleitet
    von Karl Pagel, Stuttgart 1951
Unter dem Schatten deiner Flügel. Aus den Tagebüchern der Jahre 1932 bis
    1942. Mit einem Geleitwort von Reinhold Schneider, herausge-
    geben von Hildegard Klepper, ausgewählt und mit Anmerkungen
    und einem Nachwort versehen von Benno Mascher, Stuttgart 1956
    (Stuttgart 1976; Taschenbuchausgabe München 1976)
Dass. Gekürzte Volksausgabe, Stuttgart 1971
Überwindung. Tagebücher und Aufzeichnungen aus dem Kriege. Mit
    einem Nachwort und Anmerkungen von Benno Mascher, heraus-
    gegeben von Hildegard Klepper, Stuttgart 1958

Gast und Fremdling. Briefe an Freunde. Herausgegeben von Eva-Juliane Meschke, Witten/Berlin 1960

Nachspiel. Erzählungen, Aufsätze, Gedichte. Herausgegeben von Kurt Ihlenfeld, Berlin/Witten 1960

Das Ende, Witten/Berlin 1962 (Witten/Berlin 1970, = Der Eckart-Kreis 24)

Ziel der Zeit. Die gesammelten Gedichte. Witten/Berlin 1962 (Witten/Berlin 1967)

Bleibe mit mir im Gericht. Eine Auswahl aus seinen Tagebüchern von Benno Mascher, Bamberg 1963

Der Sand soll blühen. Worte aus seinen Tagebüchern geschrieben von Kurt Wolff, Wuppertal 1971

Briefwechsel 1925–1942. Herausgegeben von Ernst G. Riemenschneider, Stuttgart 1973

Aufsätze und Beiträge in Sammelwerken, Zeitschriften und Zeitungen

Gedichte. In: Kurt Ihlenfeld (Hrsg.): *Geistliche Gedichte.* Berlin 1935

Rheinsberg und Hoenslardyck. In: Weiße Blätter 5. Jg. (1936), S. 312–320

Die Bilder des Königs. Zu meinem Roman »Der Vater«. In: Die Literatur 39. Jg. (1936/37), S. 398–400

Der Prophet. In: Eckart 13. Jg. (1937), S. 432

Vollendung der Einsamkeit. In: Die deutsche Zukunft 6. Jg. (16. 1. 1938), S. 8

In Qualen gemalt. Zum 250. Geburtstag Friedrich Wilhelms I. am 14. August. In: Weiße Blätter 7. Jg. (1938), S. 225–229; unter dem Titel *In tormentis pinxit* auch in: Deutsches Adelsblatt 56. Jg. (1938), S. 1087–1290

Zur Bedeutung des evangelischen Pfarrerstandes. Aus dem Wittenberger Pfarrhausarchiv. In: Christliche Welt 52. Jg. (1938), S. 226–231; auch in: Weiße Blätter 8. Jg. (1939) S. 100–109

Berühmte Pastorensöhne in der Literatur. In: Zeitwende 14. Jg. (1937/38), S. 608–614

Die heiligen zwölf Nächte. Zu Ina Seidels Lennacker. In: Eckart 14. Jg. (1938), S. 505–512

Offenbarung 21.22 (Gedicht). In: *Werke und Tage.* Festschrift für Rudolf Alexander Schröder zum 60. Geburtstag am 26. Januar 1938, Berlin/Hamburg 1938, S. 72–73

Das Werk Reinhold Schneiders. In: Weiße Blätter 8. Jg. (1939), S. 36–41

Edith Telschow. Das Gesicht des dienenden Menschen. In: Die neue Schau 1. Jg. (1939), S. 163–166

Der Christbaum. In: Hanns Lilje (Hrsg.): *Evangelische Weihnacht.* Ein Buch von Weihnachtsglaube, Weihnachtskunst und Weihnachtssitte. 2. Folge, Berlin 1939, S. 96–104

Das Göttliche Wort und der menschliche Lobgesang und *Der Prophet.* In:
Kurt Ihlenfeld (Hrsg.): *Buch der Christenheit.* Betrachtungen zur
Bibel. Berlin 1939, S. 128–162 und S. 214

Die fünfte Bitte. In: *Das Vaterunser.* Eine Auslegung. Dargeboten von
deutschen Dichtern, Berlin 1940, S. 91–119

Die Besonderheit des christlichen Romans. In: Zeitwende 16. Jg. (1939/40),
S. 161–167

Rheinsbergs letzte Nacht. Zum 200. Regierungsjubiläum Friedrich des
Großen am 31. Mai. In: Weiße Blätter 9. Jg. (1940), S. 112–120

Die Flöte des Soldatenkönigs und die Musik. In: Gut Ton, Zeitschrift für
deutsche Volksmusik (1940), S. 151

Das evangelische Pfarrhaus und die deutsche Nation. In: Siegbert Stehmann
(Hrsg.): Der Pfarrerspiegel. Berlin 1940, S. 163–195

Die Stadt der Feier. In: Weiße Blätter 10. Jg. (1941), S. 37–40

Theater des Soldatenkönigs. In: Weiße Blätter 11. Jg. (1942), S. 142 bis
144

Das Bild eines Leo von Königs. In: *Leo von König.* Festschrift zum 70. Geburtstag, Berlin 1942, S. 46–50

Jochen Klepper und die Deutsche Verlagsanstalt. Nach Jochen Kleppers
Tagebüchern. In: *Im 110. Jahr.* Almanach der Deutschen Verlags-
anstalt Stuttgart im Jahre der Wiedererrichtung ihres Verlags-
hauses. Stuttgart 1958, S. 88–110

Das Ende. In: *Homo viator.* Moderne Christliche Erzählungen. Bd. 2,
Köln/Olten 1966, S. 37–64

ÜBER JOCHEN KLEPPER

Arnim, Hans von: *Jochen Klepper.* In: H. v. A.: *Christliche Gestalten
neuerer deutscher Dichtung.* Berlin 1961, S. 135–169

Baumann, Klaus: *Die Bedeutung der Bibel in Theorie und Wirklichkeit der
Dichtung bei Jochen Klepper.* Zum Problem der Einheit von Glaube
und Wortkunst. Hamburg 1967 (Diss.)

Becher, Hubert: *Jochen Klepper und Robert Musil in ihren Tagebüchern.* In:
Stimmen der Zeit 160. Bd. (1956/57), S. 328–342

Burkhardt, Joachim: *Die theologische Krisis der dichterischen Aussage bei
Jochen Klepper.* In: J. B.: Die Krisis der Dichtung als theologisches
Problem. Zürich 1962, S. 75–77

Buschbeck, Friedrich: *Rudolf Hermanns Bedeutung für Jochen Klepper.*
Nach den Tagebüchern 1932 bis 1942. In: *Solange es »Heute« heißt.*
Festgabe für Rudolf Hermann zum 70. Geburtstag. Berlin 1957,
S. 52–55

J. Dr. (Jörg Drews): *Der Kahn der fröhlichen Leute.* In: *Kindlers Literatur
Lexikon.* Bd. VI, Zürich 1970, S. 5108–5109

Fratzscher, A.: »*Das Wittern immer neuer Gefahr*«. Vom Weg eines deutschen Schriftstellers im Dritten Reich. In: Börsenblatt für den Deutschen Buchhandel. Frankfurter Ausgabe 13. Jg. (1957), S. 817 bis 1818

Gajek, Bernhard: *Jochen Kleppers Abendlied*. In: *Moderne Lyrik als Ausdruck religiöser Erfahrung*. Göttingen 1964, S. 35–40

Groeger, Alfred C.: *Jochen Klepper, ein Knecht des Göttlichen Wortes*. In: Schlesien 5. Jg. (1960), S. 219–224

Huder, Walther: *Über Jochen Klepper*. In: Welt und Wort 23. Jg. (1968), S. 79–80

Ihlenfeld, Kurt: *Der Roman des Soldatenkönigs*. In: Eckart 13. Jg. (1937), S. 440–441

Ihlenfeld, Kurt: *Freundschaft mit Jochen Klepper*. Witten/Berlin 1958

Ihlenfeld, Kurt: *Überwindung*. Erinnerungen an Jochen Klepper aus Anlaß seines 25. Todestages. In: Zeitwende 38. Jg. (1967), S. 831–841

Ihlenfeld, Kurt: *Jochen Klepper*. In: Herbert Hupka (Hrsg.): *Große Deutsche aus Schlesien*. München 1969, S. 328–338

Jonas, Ilse: *Jochen Klepper*. Dichter und Zeuge. Ein Lebensbild. Berlin 1966

Kantzenbach, Friedrich Wilhelm: *Jochen Kleppers Tagebücher – eine theologische Konfession*. In: Luther. Zeitschrift der Luther-Gesellschaft 39. Jg. (1968) S. 32–38

Keller, Ernst: *Das Bild des Vaters*. Jochen Klepper. In: E. K.: *Nationalismus und Literatur*. Bern/München 1970, S. 146–158

Klein, Tim: *Ein Königsleben und seine Weihe*. In: Zeitwende 15. Jg. (1938/39), S. 180–183

Knab-Grzimek, Fränze: *Jochen Kleppers Tagebücher*. In: Welt und Wort 12. Jg. (1957), S. 78

Koenigswald, Harald von: *Über Sinn und Rechtfertigung des historischen Romans*. In: Das innere Reich 5. Jg. (1938), S. 103–106

Koenigswald, Harald von: *Gottes dringliche Anrede*. Zum 10jährigen Todestag Jochen Kleppers am 10. Dezember 1952. In: Die neue Furche 6. Jg. (1952), S. 801–807

Koenigswald, Harald von: *Zum 20. Todestag Jochen Kleppers*. In: Deutsche Rundschau 88. Jg. (1962), S. 1079–1083

Koenigswald, Harald von: *Jochen Klepper*. In: H. v. K.: *Die Gewaltlosen*. Dichtung im Widerstand gegen den Nationalsozialismus. Herborn 1962, S. 17–47

Koenigswald, Harald von: *Begegnung mit Jochen Klepper*. In: Mitteldeutsche Vorträge 1965/II, Bonn 1965, S. 57–72

Krauss, Rudolf: *Jochen Klepper*. In: Neue Wege zur Unterrichtsgestaltung 18. Jg. (1967), S. 489–498

Krauss, Rudolf: *Jochen Klepper: Olympische Sonette*. In: Neue Wege im Unterricht 23. Jg. (1972), S. 44–51

Mascher, Benno: *Jochen Klepper* 1903–1942. In: Pfarramtskalender 1967. Neustadt/Aisch 1966

Mascher, Benno: *Jochen Klepper*. In: Otto Mann (Hrsg.): *Christliche Dichter im 20. Jahrhundert*. Beiträge zur europäischen Literatur. Bern 1968, S. 398–409

Mettler, Artur: *Die protestantische Krankheit*. Zu Jochen Kleppers Buch »Der Vater«. In: Kirchenblatt für die reformierte Schweiz 126. Jg. (1970), S. 98–103

Minder, Robert: *Das Bild des Pfarrhauses in der deutschen Literatur von Jean Paul bis Gottfried Benn*. In: R. M.: *Kultur und Literatur in Deutschland und Frankreich*. Frankfurt 1962, S. 44–72

Nabersberg, Uwe: *Zeit der Trauer*. In: *Almanach für Literatur und Theologie* 2. Jg. (1968), S. 115–122

Nadolny, Erwin: *Der Gott von Geldern. Aus dem Werk eines Dichters zur Wirklichkeit*. In: Eckart 29. Jg. (1960), S. 117–121

Pagel, Karl: *Erinnerung an Jochen Klepper*. In: Neue Deutsche Hefte 2. Jg. (1954/55), S. 551–553

Pagel, Karl: *In tormentis scripsit*. Zu Jochen Kleppers Tagebuch. In: Merkur 11. Jg. (1957), S. 1190–1199

Pfeiffer, Johannes: *Jochen Klepper*. In: J. Pf.: *Dichtkunst und Kirchenlied*. Hamburg 1961, S. 151–164

Reininger, Anton: *Jochen Klepper. Der Vater*. Christentum und Preußentum. In: *Studi di letteratura religiosa tedesca*. In memoria di Sergio Lupi. Florenz 1972, S. 591–624

Renner, Rudolf: *Zeit in seinen Händen*. Das Neujahrslied Jochen Kleppers als Unterrichtstext. In: Evangelische Unterweisung 24. Jg. (1969), S. 273–281

Riemschneider, Ernst G.: *Der Fall Klepper*. Eine Dokumentation. Stuttgart 1975

Saalfeld, Hans: *Erinnerung an Jochen Klepper*. In: *Jahrbuch für schlesische Kirchengeschichte* N. I. Bd. 48 (1969), S. 99–101

Schmidt, Gerhard: *Anmerkungen zum historischen Roman*. In: Die neue Literatur 41. Jg. (1940), S. 132–137

Schneider, Reinhold: *Friedrich Wilhelms Wiederkehr*. In: Die Literatur 39. Jg. (1936/37), S. 400–402

Schneider, Reinhold: *Jochen Klepper*. In: Welt und Wort 9. Jg. (1954), S. 371–372

Schneider, Reinhold: *Jochen Klepper*. In: R. Sch.: *Verhüllter Tag*. Köln 1954, S. 111–118

Schneider, Reinhold: *Jochen Klepper I/III*. In: R. Sch.: *Die Sonette*. Köln 1954, S. 116–118

Schröder, Rudolf Alexander: *Jochen Klepper, Der Vater (1937)*. In: R. A. Sch.: *Gesammelte Werke*. Bd. 2, Berlin 1952, S. 1115 bis 1120

Schwarz, Hans: *Die Tagebücher Jochen Kleppers*. In: Eckart 26. Jg. (1957), S. 81–83

Seier, Hellmut: *Kollaborative und oppositionelle Momente der Inneren Emigration Jochen Kleppers*. In: *Jahrbuch für die Geschichte Mittel- und Ostdeutschlands* Bd. VIII. Tübingen 1959, S. 319–347

Tappolet, Walter: *Jochen Klepper*. In: Schweizer Rundschau 67. Jg. (1968), S. 394–409

Tappolet, Walter: *Ich liege, Herr, in deiner Hut*. Monographie über ein Abendlied Jochen Kleppers. Witten/Berlin 1968

Teschner, Fritz: *Jochen Klepper*. In: Alfons Hayduk (Hrsg.): *Schlesische Studien*. Silesia 1968, S. 255–268

Wentorf, Rudolf: *Jochen Klepper*. Ein Dichter im Dennoch. Gießen/ Basel 1964

Wentorf, Rudolf: *Jochen Klepper in Berlin*. Berlin 1967

Wentorf, Rudolf: *Dichter der Kirche*. Rudolf Alexander Schröder, Jochen Klepper, Siegbert Stehmann. Gießen/Basel 1967

Wentorf, Rudolf (Hrsg.): *Nicht klagen sollst du: loben*. Jochen Klepper in memoriam. Zum 10. Dezember 1967. Gießen/Basel 1967

Werthemann, Helene: *Jochen Klepper*. In: Reformatio. Zeitschrift für evangelische Kultur und Politik 17. Jg. (1968), S. 159–169

In das Register wurden vornehmlich Namen aus den literarischen, kirchlichen und zeitgeschichtlichen Bereichen aufgenommen.

Der große Roman Jochen Kleppers:

Der Vater

Roman eines Königs
842 Seiten
Deutsche Verlags-Anstalt

„Der Vater" ist das dichterische Hauptwerk Jochen Kleppers,
der durch die Veröffentlichung seiner Tagebücher erst „den
ihm gebührenden Ort und Rang in der geistigen Realität uns
unserer Zeit erlangt hat" (Reinhold Schneider). Aus den Selbst-
zeugnissen haben wir erfahren, was dieser Roman dem in seiner
Existenz zerstörten, gläubigen und tapferen Mann bedeutete.
Die „äußere und innere Geschichte" Friedrich Wilhelms I. von
Preußen entzündete sich an einem intensiven, ja begeisterten
Quellenstudium – sie ist aber mehr als ein historischer Roman.
Sie ist ein Ergreifen überzeitlicher Werte. Der Dichter erlebte als
Gnade, daß in einer qualvollen Zeit und in einer feindlichen
Welt seine künstlerische Kraft nicht ausgelöscht war. Er konnte
seine Sehnsucht verwirklichen, „in der Filterung des unprivaten,
unpersönlichen Buches" zu sprechen.
Der erwartete Erfolg des „Vater" blieb nicht aus, wenn er sich
auch fast im geheimen vollziehen mußte, denn jede größere
Propaganda im Buchhandel und in der Presse wäre eine Gefährdung gewesen. (Klepper wurde im März 1937 aus der
Reichsschrifttumskammer ausgeschlossen.) Auflage nach Auflage konnte erscheinen; die Resonanz wuchs ins Unübersehbare
und fand ihren Ausdruck in einer für den Autor kaum zu bewältigenden Korrespondenz. Heute liegt das Werk bereits im
283. Tausend vor.
„Mehr als um das Bild des ‚Soldatenkönigs', des bedeutenden
Organisators und Neuerers Friedrich Wilhelm I., der im Herzen
eines altersschwachen Europas einen festgefügten Staat der
Ordnung ins Leben ruft, geht es hier um die Erscheinung eines
Herrschers, der sich ohne Kompromiß und Abstrich zur strengen Gültigkeit der christlichen Grundlagen des Staates bekennt
und diese Idee inmitten einer Welt der sittlichen Fäulnis mit der
ganzen Wucht seines leidenschaftlichen Willens zu verwirklichen
sucht. Von daher empfängt der großangelegte, den weiten,
hintergründigen und geschehnisreichen Raum einer ganzen
Epoche umfangende Roman seine überzeitliche und mahnende
Bedeutung."   Literarischer Ratgeber

Die Akten einer Verfolgung

Ernst G. Riemschneider
Der Fall Klepper
Eine Dokumentation
148 Seiten mit 5 Dokumenten in Faksimile
Deutsche Verlags-Anstalt

„Der Fall Klepper" zeigt den Leidensweg des Schriftstellers
Jochen Klepper von der Machtübernahme der Nationalsozialisten bis zu dem Tag, an dem – wegen der drohenden Deportation seiner Frau Johanna und seiner Stieftochter Renate,
beide „Volljuden", – für Jochen Klepper kein Ausweg mehr zu
erkennen war.

Ernst G. Riemschneider veröffentlicht erstmals die Akten der
Reichsschrifttumskammer und des Propagandaministeriums
zum Fall Klepper. Er verschafft damit Einblick in Institutionen
des totalitären Regimes und ihre sogenannte „Kulturpolitik".
Er zeigt, welche Hoffnungen, Zweifel und Enttäuschungen das
Leben Jochen Kleppers durch die Maßnahmen dieser Einrich-
tungen begleitet haben. Dies beginnt mit dem Ausschluß aus
der Reichsschrifttumskammer, was einem Publikationsverbot
gleichkam, gefolgt von der Sondergenehmigung, die im wesentlichen seinem auch heute noch viel gelesenen Hauptwerk „Der
Vater. Roman des Soldatenkönigs" zu verdanken war. Als jedoch die „Endlösung der Judenfrage" immer näher rückte und
schließlich Adolf Eichmann die Ausreisegenehmigung für Frau
und Stieftochter nicht erteilte, war die Entscheidung gefallen;
in der Nacht vom 10. zum 11. Dezember schieden sie gemeinsam aus dem Leben.

„Der Fall Klepper" steht für den gewaltlosen und leidenden
Widerstand, als Beispiel für viele, auf die das Wort Widerstands-
Kämpfer nicht zutrifft, denen aber ihr Glaube, ihr Gewissen,
ihre Menschlichkeit den Weg gewiesen haben.

Professor Dr. Ernst G. Riemschneider, geboren 1921, lebte bis
1953 in Berlin, wo er zuletzt in der Meinungsforschung tätig
war. Er studierte in Berlin und an der University of Kentucky,
lehrte in Monterey und Philadelphia und ist seit 1965 Associate
Professor am Keuka College in USA.

Ein Dokument der Zeit

Jochen Klepper
Briefwechsel 1925–1942
Herausgegeben von Ernst G. Riemschneider
235 Seiten
Deutsche Verlags-Anstalt

Jochen Klepper ist mit seinen Selbstzeugnissen der Nachwelt
näher gerückt als mit seinem literarischen Werk. Das gilt für
seine Tagebücher und gilt jetzt auch für diese Briefe. Das tragische Ende des Schriftstellers und seiner Familie hat die Teilnahme an dem Menschen Klepper und seinem persönlichen
Schicksal geweckt, das als erschütterndes Zeugnis der Hitlerzeit
richtig verstanden worden ist.

Die Briefe stehen zwischen dem schriftstellerischen Werk und
dem Tagebuch, zum Lesen, aber nicht zum Veröffentlichen bestimmt, von den Erlebnissen, den Gedanken, den Sorgen des
Verfassers geprägt, bis hin zu den fehlgeschlagenen Versuchen,
die jüdische Tochter ins Ausland zu retten. Der Briefwechsel mit
dem Schweizer Kirchenmusiker Walter Tappolet dreht sich
hauptsächlich um diese Bemühungen, die beiden anderen
großen Korrespondenzen mit dem theologischen Lehrer
Kleppers, Professor Rudolf Hermann, und dem Freund Reinhold Schneider umfassen die ganze Skala der inneren und
äußeren Existenz Kleppers.

Ernst G. Riemschneider hat sich systematisch um die Sammlung
von Briefen von und an Jochen Klepper bemüht, um neben die
von Eva-Juliane Meschke unter dem Titel „Gast und Fremdling"
herausgegebenen Briefe an Freunde eine möglichst vollständige
Sammlung stellen zu können.